"十五"国家重点图书出版规划项目

社会工作经典译丛 **Social Work Classic Series**

主编 隋玉杰　　副主编 范燕宁

助人技巧

个人、家庭、小组和社区工作方法

第八版

The Skills of Helping Individuals, Families, Groups, and Communities, Enhanced (Eighth Edition)

[美] 劳伦斯·舒尔曼（Lawrence Shulman）著

隋玉杰　吴 蕾　张会平　何 欣　祝玉红 译

中国人民大学出版社

·北京·

主编简介

隋玉杰，中国人民大学社会工作系副教授，博士生导师。首届全国社会工作者职业水平评价专家委员会委员、中国社会工作教育协会副秘书长暨老年社会工作专业委员会主任委员、北京市社会工作者协会常务理事、国家开放大学特聘教授。担任全国多地十余家实务机构的顾问。作为专家组成员参与了民政部和前国家人口和计划生育委员会推动社会工作职业化、专业化的多项工作，包括民政部《老年社会工作服务指南》（MZ/T 064-2016）行业标准的制定工作。主要研究领域为老年人服务需求综合评估与社会支持、心理健康、临终关怀与丧亲服务、社会工作职业化与专业化。主持了多项国家社会科学基金项目、北京市社会科学基金项目，以及民政部、国务院发展研究中心、联合国教科文组织、亚洲开发银行等组织机构的十余项招标和委托课题。

副主编简介

范燕宁，北京大学哲学硕士（1988），香港理工大学社会工作专业硕士（MSW，2007），首都师范大学社会学与社会工作系主任、教授、博士生导师。中国社会工作联合会专家委员会委员、中国社会工作教育协会常务理事。北京市海淀睿博社会工作事务所所长、2016年度中国十大社会工作人物之一。主要教学、研究、社会服务方向为：当代社会发展理论与社会问题、社区矫正、青少年社会问题等。代表性作品有：《矫正社会工作研究》（范燕宁、席小华主编，中国人民公安大学出版社，2009）、《社会问题：事件与解决方案》（第五版）（扎斯特罗著，范燕宁等译，中国人民大学出版社，2010）、《社区矫正社会工作》（范燕宁、谢谦宇、罗玲等编著，中国人民公安大学出版社，2015）。

总　序

社会工作正面临着前所未有的发展契机。

所谓契机，一是大的社会背景为社会工作的发展提供了舞台。随着改革的深入，中国在取得举世瞩目的成就的同时，如一些社会学家所言，也出现了"发展困境"的苗头或"类发展困境"的现象。新千年，政府在工作报告和政策文件中明确提出要关心弱势群体、加强就业和社会保障工作。与社会工作传统的工作对象，如贫困者、残疾人、妇女、儿童、老年人相关的一系列政策法规纷纷出台。这些都为开展社会工作提供了良好的政策环境。

二是社会工作专业本身已经步入组织化、规范化的轨道。中国社会工作联合会、中国社会工作教育协会等组织开始发挥行业指导和自律的作用。此外，经过多年的酝酿，2004年劳动和社会保障部办公厅制定的《社会工作者国家职业标准》在上海出台，明确了社会工作者的专业人员地位，一改多年来社会工作人员师出无名的状况，同时也为社会工作者在专业上不断发展提供了方向和路径。社会工作职业化、专业化有了突破性进展，在政府认可上迈出了坚实的一步。

进入新千年后，许多迹象表明，社会工作正在朝着进入新的发展时期的方向迈进。

然而，社会的需要和认可也给社会工作带来了挑战。社会工作是否已经拥有了完备的知识储备，成了一个羽翼丰满的专业，能发挥社会所期待的作用呢？

在今天，对中国的许多社会工作者来说，社会工作发展伊始弗莱克希纳提出的问题"社会工作是一个专业吗？"仍是个具有挑战性的问题。弗莱克希纳之所以断言社会工作不具备一个专业的资格，是因为他认为社会工作不是建立在科学知识的基础上的。按照格林伍德提出的著名观点，成为一个专业应该具备五个特性：拥有自己的理论体系、具有权威性、得到社会的认可、有专门的伦理守则以及专业文化。其中排在第一位的就是专业知识的建构。

应当说，自1986年国家教育委员会同意北京大学、中国人民大学、吉林大学等高校设置社会工作与管理专业以来，中国社会工作理论与实务知识的建构已经有了可喜的收获。然而，在总体上，社会工作的专门知识仍然十分匮乏，对国外的社会工作仍缺乏系统的介绍，而本土的理论仍未形成。拿知识建构的领军团体社会工作教育界来说，情况也不容乐观。中国社会工作教育协会开展的中国社会工作教育发展状况调查的结果表明，以在学术期刊上公开发表论文的数量、出版专著数、编写教材数、承担课题数等数据来衡量，社会工作教育院校教师的科研情况总体上水平不高。在这一形势下，社会工作教育却在经过十几年的缓慢发展后，在世纪之交进入了高速扩张期。据中国社会工作教育协会统计的数据，截至2000年，协会的团体会员只有32个，到2003年12月已经达到148个。近80%的会员是在2000年之后的三年新加入的。于是有了这样的景象，一方面是知识提供和传输上的不足，另一方面是跨入社会工作之门的莘莘学子嗷嗷待哺。这便有了策划和出版社会工作经典译著的最初动因。我们希望通过这一系列书籍能够较为全面地介绍在西方已有上百年历史的社会工作专业的核心知识，为建立中国自己的社会工作知识体系做参考。

在整体结构上，"社会工作经典译丛"由三类书籍构成，即社会工作的基础理论、社会工作的基本方法和社会工作的价值观。这也是基于对社会工作知识体系构成的基本共识。具体来讲策划这套书主要有以下几点考量：

其一，完整性。整个译丛力图完整地呈现社会工作作为一个学科的全貌。译丛精选了社会工作理论、人类行为与社会环境、社会政策、个案工作、小组工作、社区工作、社会工作督导、社会工作研究和社会工作伦理等方面的书籍，全面涵盖了社会工作专业知识的三大组成部分，即基础理论、工作方法和价值观。考虑到价值观方面的教学一直是专业教育中非常重要的一部分，也是专业教育中的难点，所以本套丛书特别精选了再版7次的专门用来帮助学生认识伦理问题和困境，并适当加以处理的有关社会工作伦理的专著。其中涉及的保密原则和隐私权问题、当事人的知情权和自决权问题、临终关怀问题、艾滋病问题等在中国的社会工作实践中已经出现，由于处理不当而引发的争端和法律诉讼也曾见诸报端。这方面的论述相信不仅对于社会工作学生，对于社会工作从业人员也不无借鉴作用。

其二，经典性。所选书籍都是广受好评的教材或论著，对社会工作的知识有精到的描述和评说。作者都是各自领域的专家和知名学者，有着丰厚的积累，在书中详细展现了与所述主题相关的专业知识，特别是融合了许多最新研究成果和实务动态，对读者来说极具参考价值。这些书在许多国家都被社会工作教育者采用。几乎每本书都再版过多次。经过了使用者的检验和编写者的不断完善，这些书非常适合做社会工作专业教学的配套教材使用。

其三，适切性。为了能更好地配合教育部高等教育司组织制定的对社会工作专业主干课程教学的基本要求，译丛所选择的书籍基本都是社会工作专业主干课程的教材或论著。各书的框架也多与国内教学所要求的主体结构相契合，更能配合教学用途。

其四，实用性。一方面，所选书籍在内容的编排上注重方便读者使用。受以实证为本的工作方法的影响，大部分书籍穿插了与所涉及内容相关的研究结果和案例讲解，将理论与实践相结合。在语言上也大多深入浅出，贴近读者，减少了他们在消化吸收知识上的障碍。另一方面，书籍所涉及的内容也多是国内社会工作界涉足和关心的领域。如通才社会工作实务模式，操作层面的社会工作方法，社会政策的研究、分析与应用，身为社会工作教育和高层次管理人员开展督导的方法，等等。书中推荐的一些专业网站更可以帮助读者找寻更多的资源，丰富对书中相关内容的理解和把握。

其五，时代性。丛书中的每本书都是近两年来的最新版本，书中的内容涉及社会工作实务领域的一些最新发展，整套书如同一个多棱镜折射出社会工作学科的发展现状。大到社会福利体制管理上的变革，小至一些新的工作方法的使用，都有鲜明的时代特点。比如其中谈到的管理型卫生保健制度，个案管理，基因技术对社会工作的影响，网络技术对社会工作的影响，以实证为本的实践，私人执业，充实生活性质的社会工作，等等。一些实验性的工作方案在书中也有所介绍。这些无疑会拓展读者的视野。

2003年的一场"非典"像是对整个社会运行机制的一次检测，留下了许多宏观层面的问题，有待社会工作者去思考和解决。比如，社会危机处理机制、弱势群体保障机制、社会捐赠机制、基层社区的疾病预防和康复机制、志愿者的动员与使用机制等。而2004年的马加爵杀人案则给开展微观层面的社会工作提出了许多问题。比如，如何更有效地建立个人的社会支持系统、如何筛查处于危机边缘的人、如何提供更有效的危机防范与干预方法等。

德国著名哲学家恩斯特·卡西尔在《人论》中说："当领悟了一门外语的'神韵'时，我们总会有这样的感觉：似乎进入了一个新的世界，一个有着它自己的理智结构的世界。这就像在异国进行一次有重大发现的远航，其中最大的收获就是学会了以一种新的眼光来看待我们自己的母语。"歌德也说过："谁不懂得外国语，谁也就不了解本国语。"我们希望"社会工作经典译丛"的面世能起到这样的作用，让读者能有一次异国社会工作之旅，看到社会工作在专业发展比较成熟的国度里的情况。虽然译丛中谈到的都是国外社会工作的状况以及他们的问题与处理方法，但对我们反观自身、处理中国的问题应当说不无启示。

译丛的策划得到了中国人民大学出版社潘宇博士，首都师范大学教授、博士生导师范燕宁和中华女子学院教授刘梦的鼎力相助。在甄选书籍的过程中，笔者同她们进行了反复的讨论，最后确定的书目是笔者与她们共同斟酌的结果。丛书的译者队伍也都是各高校的教师，有较丰富的社会工作专业积累，为翻译质量提供了保证。在此对上述参与本丛书策划和翻译等工作的人员一并表示衷心感谢。

虽然参与本丛书的人都倾尽了心力，但仍难免挂一漏万，希望广大读者对不当之处能给予指正。

隋玉杰

2004 年 10 月 14 日

献给我至爱的妻子希拉

美国社会工作教育委员会《教育政策与认证标准》（分章列表）

美国社会工作教育委员会的《教育政策与认证标准》（Educational Policy and Accreditation Standards，EPAS）要求所有社会工作学生培养九项能力，并推荐教授和评估 31 个相关行为要素，即下表列出的九项能力及相关行为要素。花瓣图标（参见边图）和每章末尾的"能力要点"将各章的课堂教学与这些重要能力标准融汇贯通在一起，这些能力标准在下面的表中以加粗的字体呈现出来。

九项能力与 31 个行为要素（EPAS，2015）	参照的章
第一项能力 体现符合伦理的专业行为：	所有章
a. 运用《全国社会工作者协会伦理守则》、相关法律和法规、做伦理决定的模式、研究伦理操守和适用于其他具体情形的伦理守则做出合乎伦理的决定	1，2，5，7，11，12，16
b. 运用反思和自律管理个人的价值观并在实践中保持专业性	1～4，6，8～11，13，15，16
c. 在行为、外表，以及口头、书面与电子沟通中体现出专业风范	1～7，10～12，14
d. 合乎伦理地、恰当地运用技术来促成获得工作成果	1，2，15
e. 运用督导和咨询来指引专业判断和行为	1，2，4
第二项能力 将多样性和差异性融入工作实践：	1～6，8～13，15，16
a. 在微观、中观和宏观工作中运用并能交流对多样性和差异在塑造人生经验中的重要性的理解	1～3，5，6，8～13，15，16
b. 以学习者的身份与服务对象和不同群体建立关系，将他们视为自身经验的专家	1～3，5，9～11，13，15
c. 运用自我意识和自律，管理在与形形色色的服务对象和不同群体一道工作时个人的偏见和价值观的影响	1～3，8～11，13，15，16
第三项能力 促进人权和社会、经济与环境公正：	1，8～10，12
a. 运用自身对社会、经济和环境公正的理解，在个人和制度层面倡导人权	1～13，15，16
b. 投身促进社会、经济与环境公正的工作	1～5，7，8，11～13，16
第四项能力 投身实务与研究的结合和研究与实务的结合：	1
a. 运用实务经验和理论来进行科学探索与研究	1，2，6，13
b. 运用批判性思考来分析定量与定性研究方法及研究发现	1，2，4

c. 运用并转化研究证据来指导和改进实践、政策和社会服务	1，2，4，7，8，13，15
第五项能力 投身政策方面的工作：	1，2，7
a. 识别本地、州和联邦层面影响福祉、服务递送和服务获取的社会政策	1，4，6～11
b. 评估社会福利和经济政策对社会服务递送与获取的影响	1，2，4～16
c. 运用批判性思考分析、制定和倡导促进人权和社会、经济与环境公正的政策	1，2，4～16
第六项能力 与个人、家庭、小组、组织和社区建立关系：	1，2，4
a. 运用人类行为与社会环境、情境中的人和其他多学科的理论框架，与服务对象和不同群体建立关系	1，5，14
b. 运用同理心、反映和人际技巧有效地与多样性的服务对象和不同群体建立关系	1，4，5，8，12～14
第七项能力 预估个人、家庭、小组、组织和社区：	1，2，4，13，14
a. 收集和组织数据，运用批判性思考解读从服务对象和不同群体处获得的信息	1～6，8～16
b. 运用人类行为与社会环境、情境中的人和其他多学科的理论框架，分析和预估从服务对象和不同群体处获得的数据资料	1，3～9，13～16
c. 基于批判性地预估服务对象和不同群体内在的优势、需要和挑战，形成相互同意的干预目的和目标	1，3～5，9～16
d. 基于预估、研究知识和服务对象及不同群体的价值观和偏好，挑选合适的干预策略	1，3～5，9～16
第八项能力 对个人、家庭、小组、组织和社区进行干预：	1，2，4，13～15
a. 批判性地选择和落实干预措施，实现工作目的，并增强服务对象和不同群体的能力	1～6，8～16
b. 运用人类行为与社会环境、情境中的人和其他多学科的理论框架，对服务对象和不同群体进行干预	1，3～5，7～9，13，14，16
c. 恰当运用跨专业合作获得有益的工作成果	1，2，4，5，7～13，15
d. 同各种各样的服务对象和不同群体一道并代表他们做协商、调解和倡导工作	1～13，15，16
e. 促进加快达到相互同意的目的的工作转换和结案	1，4，10，12，15，16
第九项能力 评估个人、家庭、小组、组织和社区：	1，2，4
a. 选择并运用适当的方法做结果评估	1，4
b. 运用人类行为与社会环境、情境中的人和其他多学科的理论框架方面的知识，进行结果评估	1，4，5，13
c. 批判性地分析、监测和评估干预和项目过程与结果	1，4，13，14
d. 运用评估发现提高微观、中观和宏观层面的工作成效	1，4

导言和背后的假设

本书的落脚点是方法，即社会工作者一方在助人过程中要做些什么。我相信给予和接受帮助的动态过程并非无法言传的神秘过程。助人技巧可以被界定、说明和教授。助人过程是复杂的；必须清楚地呈现出来，并分解成可控的各个部分。它需要发展理论和简便易行的模式来为理解和指导干预提供工具。

本书致力于将通用的实务模式概念化并加以说明，同时不遗失社会工作者在实践中所采取的具体工作方式的细节。多年来通用一词一直在以不同的方式使用，有时指的是实务模式，这些模式如此抽象，理论性如此之高，以至于人们很难在描述中找到社会工作者或服务对象的身影。在此，通用的落脚点不仅是我们所知晓、珍视和渴求的共同的东西，也不仅是描述服务对象的常见模式（例如，系统、优势视角、认知行为、生态或心理动力理论），而是助人者在行动中的共同要素和技巧。

这种方法背后的信念是，社会工作者需要做好准备，以最适合服务对象的模式（个人、小组、家庭、社区），而不是以工作者感觉最舒服的模式，向其提供服务。本书的一个目的是帮助读者领会，一旦发展出某个水平的开展个人工作的技巧，就有可能在与多人（如，家庭、小组或社区组织）一起工作时，拓展这种理解并进一步发挥这种技巧。接下来是几个其他的假设。

假设助人过程有核心的（恒常的）要素

本书基于这样一个假设：我们可以在所有的助人关系中识别出一个基本过程。无论何时，当一个人试图帮助另一个人时，都可以观察到这个过程以及与之相关的整套核心技巧。这些技巧被称为助人过程中恒常的要素。读者会注意到，核心概念和技巧首先出现在开展个人工作的章节中，然后随着重点转移到家庭、小组、社区、组织和机构，它们会重现，甚至在追求在机构、社区、州和国家层面改变社会政策的社会行动中重现。

例如，发展一种积极的工作关系的重要性，有时在临床实务中被称为"治疗联盟"。发展这种关系所需的互动技巧跨越了干预模式（例如，个人、家庭或小组工作）以及理论取向（例如，寻解治疗、认知行为治疗或动机访谈）。

时间对助人关系的影响以及对每个单独接触的影响也被当作恒常要素。了解助人互动有准备阶段、开始阶段、中间阶段和结束阶段，有助于解释某些动态现象（例如服务对象可能会在会谈开始的时候间接地提出难题）以及所谓的"门把手疗法"现象（即服务对象在会谈要结束的时候透露一个重大问题，有时候就是在他们正开门要离开办公室的时候）。

助人过程的变动要素

当你读这本书后，助人过程的共同要素和技巧会变得更加清晰，并且在任何一个社会工作者的行动中都可以观察到。虽然助人有恒常的核心要素，但也有一些因素导致会存在变动要素。

例如，读者会注意到在第一次会谈中订立契约的概念和技巧的重要性，这是所有助人关系的核心。澄清目的和社会工作者的角色，寻求服务对象的反馈，找到两人之间的共同基础以及解决权威问题，这些技巧对于建立最初的工作框架，把服务对象从束缚中释放出来，投入解决自身的问题，至关重要。工作者必须在结构性和开放性之间做出选择的想法是几个错误的二分法之一。即认为我们需要在两个截然相反的理念间做抉择。实际上，通过与服务对象订立契约等步骤，一个良好的结构应该能为社会工作者和服务对象带来自由，而不是限制自由。

虽然这是一个核心或恒常的实务要素，但是订立契约的方式和问题——或者我所称的服务对象"关切的主题"——会因为以下一些变动要素的影响而有所不同。

- 订立契约的场所（如，学校、医院、家庭辅导机构、儿童福利机构或社区行动组织）；
- 实务形态（如，个人或家庭辅导、小组工作、社区组织或政策倡导）；
- 年龄和服务对象生命周期的阶段（如，儿童、青少年、青年或老年和退休阶段）；
- 服务对象带来的特定生活问题（如，情感和/或身体健康问题、成瘾、失业、身体或性虐待、贫困、军事或其他创伤事件导致的创伤后压力，或养育子女问题）；
- 服务对象是自愿还是非自愿参加活动（如，就处理孩子的事情寻求帮助的青少年父母的自愿小组与因醉驾而被法院强制要求参加醉驾小组的不同）；
- 可能与社会和/或情绪问题相互作用的人口因素（如，种族、民族、性取向、身体能力或经济阶层）；
- 是在机构（agency）或主办场所（host setting）（如，学校或医院）还是私人执业场所见到服务对象。

　　讨论具体翔实的实务案例，而不仅仅是一般的案例介绍，会帮助读者了解这些例子中的恒常要素和变动要素，以及在我们的实务中常见的许多其他要素。

　　社会工作者还会把一些个人因素带到助人过程中，相关的此类因素包括所受教育和经验、个人的生活事件以及工作者可以得到的支持和督导的有效性等。例如，当工作者带领一个亲子小组时，自己也身为父母会有一些好处。然而，如果一个技巧娴熟的工作者了解互助的过程涉及小组成员之间的相互帮助，以及小组带领者从小组成员身上学到的东西至少和自己传授的一样多，那么他仍然可以有效地带领这样一个小组。社会工作者不必"走过同样的路""经历过同样的事"（有过康复经历，参加过康复小组，如匿名戒酒会），才可以帮助那些挣扎着开始或继续康复过程的服务对象，只要社会工作者愿意从一系列来源（例如，文献、督导、工作坊）学习新知识，并向服务对象学习，就可以开展工作。

　　尽管实务有不同的方面，但当我们仔细研究交互作用时，相似的方面就会显现出来。本书阐述了范围广泛的助人情形，相信每个社会工作者都可以把这一模式融入自己的实际工作中。此外，来自我自己的对社会工作实务、督导、管理和医务实践的研究发现，以及其他人的研究发现，为这些构成实务的恒常要素的核心技能的重要性提供了实证支持。本书不仅在可能的情况下回顾了"循证"实践模式，还汲取了实践智慧——我把它称为正在涌现的模式——这一模式仍有待获得研究支持，从而使这些方法能正式被称为基于实证。

施加专业影响的技巧

　　本书的另一个假设是，存在一些共同因素，可以让我们在与其他专业人士合作时提高我们的工作效率。这一技巧发展领域被称为专业影响。有一论点将被提出，并用大量的例子加以说明，即直接的实务工作技巧（如，订立契约、倾听、共情、坦诚对待自己的感受）在与其他专业人士（如，教师、医生、法官、其他社会工作者）和系统（如，学校、医院、法院、机构）一道工作时就像在开展对服务对象的工作时一样重要。

　　这些技巧和其他技巧在调解服务对象与系统间的关系（例如，高中生与老师之间的冲突）或积极争取为服务对象得到服务（例如，健康保险公司未给予的服务）时，非常重要。事实上，在与其他专业人员一道工作时，这些技巧正变得越来越重要。一位社会工作者要想让另一位也许来自另一个学科的专业人员理解和看重某个服务对象，那么他若能理解并看重这个专业人员，成效会更好。在这本书中，我们会提出这样的观点：一个人有时必须"言语响亮"，即跟其他系统抗衡，同时也要做好"轻言细语"的准备，即与其他专业人员有效合作。一系列的实例说明了本书发展出的专业影响力技巧模式。

　　尽管专业影响这一主题在第十五章的"宏观实务"（开展更大的系统的工作）部分做了详尽的阐述，但是如果不介绍社会工作者与系统打交道的重要性，就不能来谈个人、家庭和小组工作实务。因此，视系统（如，机构、学校、医院）为"第二个服务对象"的理

xxx

念是所有章节的主题，直到在第十五章中做更详细的讨论。

本书的组织安排

为了简化描述核心方法论这一复杂任务，本书呈现了一个可称为互动模式（interactional model，IM）的单一参考框架。该框架描述了一个助人过程理论、几个把理论与实务联系在一起的模式（中层描述）、已识别出的将框架转化为行动所需的技巧以及支持这一框架的大的要素的实证数据。第十七章总结了其他模式，包括循证模式和新兴模式，以便协助将互动模式放入实际情境之中。第十七章中的其他实务模式的要素也贯穿全书，作为如何将概念整合到一个单一框架中的例子，以阐述和强调实务方法。

在考虑如何组织这本书，把理论介绍放在什么地方的问题时，一种说法是把第十七章这一理论章的内容放在第一部分。而另一种说法是，也可以在第一部分中包含较少的理论，并尽快转入实务技巧和解说。基于我作为一名实务教师的经验，我决定在前面的章节中更加注重简要描述其他模式，因为我借用了它们的有用概念和干预措施。读者要等到第十七章，才能看到关于目前社会工作者可以运用的循证模式和新兴模式的全面的讨论；当然，如果有人要早点看第十七章也是没有问题的。

本书六个部分的内容安排

本书的第一部分由两章组成，介绍互动模式的主要理论，为全书做铺垫。此外，还介绍价值观、伦理、法律等对实务的影响，并讨论社会工作者或许会面对的几类伦理困境以及可能的解决方法。第二部分的四章侧重于开展个人工作，分工作阶段来看这一过程，包括准备阶段、开始阶段、工作阶段和结束/转换阶段。这些章节中的描述选取范围广泛的场所的素材，揭示出这一工作的共同要素和变动要素。

在第三部分和第四部分，我们考察对不止一位服务对象开展工作的复杂问题。这两部分分别侧重于家庭社会工作和小组工作。第一部分建立的模式的共同要素，在与家庭和小组一道工作的背景下再次引入。这些部分的内容也用工作阶段组织在一起；我们会再次考察家庭和小组工作的准备、开始、工作和结束等阶段涉及的独特问题。

第五部分从微观或临床层面上升为侧重宏观层面，包括两章内容，探讨开展针对社区以及对服务对象意义重大的更大系统和组织中的人员的工作所涉及的技巧。第十五章阐述社会工作者影响自己的机构或环境及其他组织所涉及的动力和技巧。这些理念和策略很多作为所有社会工作者角色的组成部分在前面的章节中已有所介绍和说明。第十六章介绍社区的核心概念和社区工作的原则。该章举例说明社会工作者如何帮助社区成员（例如，街坊邻里、住房项目成员或精神病院的病房小组）通过聚焦他们个人关切的相关社区问题来为自己赋权。与教师、医生和政治家的对话有助于说明对其他专业人士的有效影响。第十六章还重点介绍社会工作者投身社区内的社会行动和政治行动的责任。核心技巧、时间的影响和工作阶段再一次被用作组织本章内容的原则。

　　本书的第六部分为最后一章，概述几个不同的实务模式。这让读者可以把互动模式放入情境之中。这部分用个人和小组的例子呈现和说明从诸如认知行为治疗（cognitive-behavioral therapy，CBT）、寻解治疗（solution-focused therapy，SFT）和动机访谈（motivational interviewing，MI）等循证模式获取的概念。对循证实践概念以及评估模式的标准的介绍让所呈现的三种模式落到实处。

　　第十七章另一部分介绍从研究和实践智慧中产生的，但还不符合循证标准的模式。它们包括：关系中的自我、女性主义、心理动力、短程治疗、宗教和精神、创伤和极端事件、正念，以及对女同性恋者、男同性恋者、双性恋者和跨性别者的社会工作。此外，还讨论处理助人专业人员所经历的替代性和继发性创伤的模式。这些模式中的许多概念都在前面的章节中有所介绍并贯穿到了内容中，只要它们能帮助读者更有效地理解和开展工作，我们就会涉及。在第十七章中，模式本身进入前台，进行更深入的讨论。

本版的新内容

　　在即将修订这一版时，我再次幸运地得到了我的出版商收集的一些社会工作教职员工提供的意见，他们中有些人用这本书上课，有些人现在还没用。我尽力采纳了大量的建议，感谢那些花时间提供回应的评阅人。当然，我不能采纳所有的建议，尤其是当一些建议与我的假设和实务模式不一致或与其他评阅人的建议相冲突时。下面是一些重大修改的简要列表以及对这些修改的讨论。　　　　　　　　　　　　　　　　　　　　　　xxxii

　　● 更注重场所的影响，有具体的章节谈论在儿童福利、健康和精神健康场所，戒毒治疗机构，以及学校开展社会工作受到的影响。每一部分都从讨论社会工作者在某一特定场所的工作开始。

　　● 更新了研究发现，包括与循证实践有关的研究成果，以及如何将其纳入通用框架。

　　● 在讨论实务模式时包括了额外的循证实践、女性主义实务、宗教和精神、正念，开展男女同性恋、双性恋和跨性别服务对象的工作，以及应对创伤和极端事件的工作内容。

　　● 拓展了关于在倡导政策改变时，社会工作者的角色和技巧的讨论，关注在地方、州/省和国家层面政治参与的重要性。讨论了赖特·米尔斯（Mills，1959）的观点，他提出的公共问题与私人问题之间的联结为社会工作角色提供了哲学和理论基础。

　　● 儿童和成人社交媒体互动的迅速崛起增加了力量的来源，同时也带来了严重的威胁，特别是对儿童。与备受瞩目的学生自杀有关的当面欺凌和网络欺凌显著增加，这成为学校社会工作讨论的问题，其中包括我自己的一个为期三年的项目的发现。该项目开展纽约州布法罗市被停学的学生的工作，旨在解决学校系统里的暴力、持有武器和滥用毒品问题。此外，基于我指导的纽约州资助的一个预防校园暴力项目的讨论，说明了这一重要和新兴的社会工作的角色。该项目为城市中心区的一所布法罗中小学校提供服务。

● 第一章扩展了对范式和范式转变的讨论，更详细地描述了四步医学模式（研究、诊断、治疗和评估）与互动模式之间的比较。

● 最后，对跨文化和文化内实务所涉及的动力和技巧给予了更多关注，它们被放在了实务关系中这些问题可能总是显而易见的概念之下，而如果不加以处理，这些问题或许会成为建立工作关系（或者是当前文献中所描述的治疗联盟）的重大障碍。除了上一版讨论的人群外，本版还关注了美国穆斯林和穆斯林移民所面临的独特问题。

不断演进的应对不幸的实务知识

本书第七版于 2012 年出版。从那时起，社会工作者在许多新兴的实务领域进一步加深了理解，专精了技能。实务工作在性质上有所变化，以回应下列问题：艾滋病和其他传染病；无家可归；人口老龄化；可卡因和其他物质滥用；经济变化的强大影响，包括在最近的小萧条中丢掉工作和失去住房；社会和军队中的性暴力；等等。这些仍属前沿性工作。从两场战争中归来的士兵所经历的创伤后压力和其他情感与身体问题造成的影响终于得到了应有的重视和治疗。我们对诸如"9·11"、卡特里娜飓风、康涅狄格州纽敦镇桑迪胡克小学枪击案中的学生和教师、墨西哥湾深海石油钻探灾难以及随之而来的破坏等社区创伤的影响的认识持续增加，我们的应对策略也是如此。随着对这些问题有了新的认识，新的干预策略产生，这些领域中的每个工作也在快速地更新迭代。

当前影响实务的一些问题

此外，服务对象和社会工作者也受到重大社会政策的影响，比如管理型照护和福利改革，以及已被通过的通常被称为"奥巴马医改"的可负担医疗保健立法的影响。这些继续深刻影响着服务对象的生活和我们的实务工作的性质。许多这样的重大社会变化也对我们的专业提出了挑战，需要我们思考已经出现的专业伦理问题，例如我们提供临终关怀的责任，或者我们如何在法律法规不断出台以及法庭对堕胎和其他问题提出质疑从而带来限制的情况下，合乎伦理地开展工作。来自这些领域的例证使实务理论更贴近当今学生和从业人员的现实。最后还涉及开展女同性恋、男同性恋、双性恋和跨性别（LGBT）[①] 服务对

---

① 后文亦有用 GLBT，二者意思基本相同。——编者注

象工作的扩展知识。

就像早期的每一个版本一样，本版分享了当涉及具体的实务问题时关于人类行为的理论和建构。这些有的得到了研究支持，有的来自实务经验。运用这种方式，当前所知晓的有关助人动力、压迫和脆弱性、抗逆力、小组过程、物质滥用、家庭互动、重大社会和个人事件的影响等方面的知识，就能直接与工作者跟服务对象的互动、与相关的系统联结在一起。

此外，本版更注重介绍新涌现的有关二次创伤对社会工作者的影响的研究成果，这些创伤既包括在应对重大危机时开展服务对象工作带来的直接创伤（如桑迪胡克枪杀案），也包括长期跟服务对象一起解决极端情绪、身体和性虐待等问题而累积的创伤。一个关键理念是，如果忽视自己的情感和身体需求，社会工作者就无法有效地关切他人的需要。我的督导和"平行"工作也比较充分地结合在书里，我的经验表明，如何督导一线社会工作者会对他们开展服务对象的工作产生深远影响。此外，本版还讨论了员工可以从同事那里获得的至关重要的互助支持。压力因素对一线督导员，例如对从事儿童福利的督导员的影响也有所述及。

整合互动研究的成果

xxxiv

我的想要发展一个整体性实务理论的研究和理论建设工作的想法（Shulman，1991）放入了本版。该理论认识到社会工作实务的复杂性。只关注社会工作者与服务对象的互动会忽略许多因素，如督导、资源的可及性、服务对象的动机和能力、成本控制努力的冲击、创伤对服务对象的影响以及对员工的继发性创伤的影响（例如服务对象死亡）。第一章介绍了这些研究及其主要发现。

本书系统地阐述了这些发现以及其他的实务要素，也更新了我们现有的知识库，包括社会工作界以及相关专业的其他研究者的研究成果。太多时候，专业就像在一个信息孤岛里运行，我们只阅读自己的专业文献，而没有整合相关专业开发的知识。作为由美国国家药物滥用研究所资助的为期五年的国际和跨学科临床督导会议的联合筹办人和联合主席，作为临床督导杂志的共同编辑，我与一些来自相关行业（如心理学、辅导、护理、婚姻家庭辅导等）的杰出同事有密切的专业上的接触。这一联手工作增强了我的信念，即适当的情况下需要将相关的模式和研究整合进来。

优势和抗逆力视角

本版在考虑受压迫和弱势群体的实务工作时，会继续以优势和抗逆力视角为出发点。社会工作者不仅需要了解导致个人、家庭和社区问题的社会经济因素，还必须认识、理解和重视帮助人们应对问题的现存优势和抗逆力。本书第一章介绍了这个社会取向的理解个人、家庭、群体和社区行为的框架的主要思想，然后贯穿全书，用适当的例子对之加以说明。关于这一主题的资料本版做了更新，以反映我们当前在这些领域的新认知。

循证和新涌现的模式

本版延续了依托服务对象的优势开展工作的概念并加以拓展，纳入了新涌现的有前景的模式和最新研究（例如，宗教和精神的重要性）以及被认定对不同人群均有助益的循证实践（例如，动机访谈、认知行为治疗和寻解治疗）。除了讨论和说明这些在开展个人、家庭工作时的模式及干预策略外，对小组工作中的循证干预的讨论也有了显著扩展。

鉴于督导支持对于一线工作人员的重要性，我们也会讨论在督导中运用循证实践的相关研究发现。本书的观点是，无论是直接督导还是直接实践，都要有一个整合性的模式，这一模式吸纳不止一个理论，它所建立的实务模式面向每一位社会工作者，可以让他们有自己的艺术性的表达。本书讨论了科学与艺术之间的错误二分法，认为科学应该增加我们个人的艺术性，而不是施加限制。正如美国国家卫生研究院所指出的，实施循证实践的可持续性问题部分归因于过于严格地遵守操作手册，限制而非拓展了社会工作者的实践。

我的立场是，不提倡将任何一种模式用于所有情况和所有服务对象。特别是对于学生或初入行的从业人员来说，在自己的工作中获得某种程度的确定性，是很诱人的。这是人的部分天性，为了寻求确定性而力求有定论，避免或忽略模糊性。然而，这种努力可能导致试图把服务对象塞进模式，而不是用适合服务对象的干预来给予回应。

本书的另一个建议是，使用一系列循证实践中的概念、理论和干预策略，来设计和实施一个适合服务对象、场所、实践形式、问题等的框架，有效运用一些被证明有帮助的好的概念和干预措施。

本书特色

本版的一个主要特色是在内文中包括实务要点和实务总结。我会在一段的开头用黑体的"实务要点"一词，这个段落讨论接下来的例子中阐述的重要理念。我还在接着实务例子的段落的开头用黑体的"实务总结"一词。这两个添加的内容应该会使实践模式与后面或前面的说明之间的联系更清晰地呈现给读者。因此，即使是在比较长的例子中，读者也会看到一个对实务例子节选内容的即时讨论和分析。

参考文献和术语表放在了书的结尾。此外，还提供了主题和案例索引。这会便于快速获取特定的资料。例如，主题索引能把对青少年感兴趣的读者导向书中谈论这一年龄群体的所有地方。读者也可以查阅案例索引，找到涉及青少年的案例材料，不管涉及的是个人、家庭、小组还是社区工作。

　　本书面向的是攻读社会工作学士或硕士学位的学生在基础年的实践需要。它有充分的实质性内容，可以作为一整年的实务课程教材。它被设计成可以在多个课程中使用，可以先用于一个学期的实务课，然后用于教授具体方法的课程。比如，书中和网上的深度讨论、大量的例子使它对高级课程很有用，例如小组工作高级课程。［注：本模式中描述的小组工作在作者的《小组辅导的动力和技巧》（圣智，2011）一书中有详细介绍。］

　　经验更丰富的从业者也会发现本书值得继续学习。它提供的模式有助于厘清从业者可能通过实践经验已经形成的概念。运用这些模式，任何从业者都可以变得更加有系统性，更加富有成效。一个清晰地建立起来的框架会增加工作前后的一致性，并有助于解释为什么有些工作活动进展顺利，而有些则不然。

最后，给社会工作学生的一些忠告

　　我在布法罗大学社会工作学院当了 6 年的院长，我给每个社会工作硕士毕业生同样的忠告。我告诉他们，如果做到了下面这些，那么身为教师，我们就很好地完成了工作。 xxxvi

● 使他们具备入门级的专业理解和实务技巧水平。

● 帮助他们理解，他们需要容忍模糊性，并对新想法保持开放态度，以免过早对外屏蔽。

● 教他们如何借助服务对象的反馈、研究发现、自己的督导员以及专业内部和其他学科的同事来继续学习。

● 帮助他们理解，作为社会工作者，他们总是有两个服务对象：一个是他们直接开展工作的服务对象；另一个是他们的第二个"服务对象"，即机构、主办场所（如学校或医院）、社区、政治系统和对自己的服务对象产生重大影响的社会政策。

● 最后，要求他们将自己的专业发展视为一项终身任务，在这一旅途中，他们要不畏风险，从错误中吸取教训，缩短犯错误与回到服务对象身边纠正错误之间的距离，并通过犯前所未有的更高级的错误来继续成长。

　　我和本书的读者分享同样的建议，他们可能刚刚开启作为专业社会工作者的令人兴奋和满足的职业生涯。

致谢

　　我要感谢为这本书做出贡献的许多人。威廉·施瓦兹首先描述了交互主义的观点，这是我大部分工作的基石。比尔的大量工作为我们专业开创了一个范式转变，他是第一个将互助、订立契约、工作要求和其他概念引入社会工作的人。他于 1982 年去世，至今仍被人们怀念；然而，他仍鲜活地长存于本书中。

我还要感谢我的妻子希拉，她一直以我难以言表的方式支持我的工作。

本书报告的我的早期研究得到了埃德娜·麦康奈尔·克拉克基金会、加拿大卫生与福利部福利拨款委员会和不列颠哥伦比亚省温哥华 P. A. 伍德沃德基金会的支持。最近关于儿童福利和校园暴力的研究，特别是在我担任布法罗大学社会工作学院院长期间的研究，得到了纽约州教育处和一些地方基金会的支持，其中包括大布法罗社区基金会、约翰·R. 奥伊斯海伊基金会、玛格丽特·L. 温特基金会、古德伊尔基金会。

新近与布法罗大学社会工作学院的同事们的合作也很有帮助；尤其要感谢丹尼斯·克劳斯、马克·卡梅隆和史蒂夫·斯图曼，他们开发了《互动性助人技巧》——其中有一个强化本书的相关视频教学节目。丹尼斯还准备了与本书配套的问题和手册。

哥伦比亚大学的亚历克斯·吉特曼是我的一位同事，他一直是我的实务想法的意见征询人。我们的联合编辑工作和共同带领的工作坊也丰富了我的理解。

我还要感谢圣智的编辑团队，该团队由社会工作产品经理戈顿·利领导。该团队包括制作经理露丝·萨卡塔·科利、媒体开发人员约翰·切尔和产品助理斯蒂芬·拉各斯。内容开发人泰德·科奈特和项目经理普拉山特·卡马瓦拉普负责监控本书从手稿到出品的过程。最后，我要感谢参与所引述的研究的工作者和服务对象、分享自身实务经验的工作者和学生，以及允许我为了帮助他人而分享他们的经验的我的服务对象。这些工作者和服务对象共同提供的例证，为理论赋予了生命，此外，他们也奉献了他们的专业承诺和勇气。

目 录

第一部分

助人过程模式

　　第一部分由两章组成，介绍和说明互动取向的社会工作实务的几大主题。第一章为本书的其余部分奠定基础，它讨论互动模式背后的假设、社会工作专业的简要发展历程，以及整合个人自我和专业自我的重要性，拒绝把个人自我和专业自我错误地用二分法设限。最后，有一部分介绍范式概念和范式转变。我会提出现在到了放弃医学模式的时候，即放弃从医学中借用的四阶段模式，包括研究、诊断、治疗和评估，并考虑一种更具互动性的方法。第二章探讨人类行为与社会环境的两个核心理论：一个是压迫模式，另一个是关注为我们的实务工作提供了依据的服务对象的抗逆力的模式。其他的理论框架会整合进接下来的各章中。

互动取向的助人

早期会谈中社会工作者遭遇的问题

过去几年在我开办的数百个实务工作坊中，参加者一般会提出一些共性问题。在这些时刻，有经验的工作者、新手和学生社会工作者都会感到不知所措。下面是一些例子：

- 一位年轻的未婚社会工作者第一次与一位有六个孩子的中年母亲进行交流，这位母亲突然转向社会工作者问道："你有几个孩子？"社会工作者一个都没有，而且感觉受到冒犯，便回答说："我们是来说你的事，不是我的。"然后这位社会工作者可以感觉到这位母亲不想再说了。

- 一位有一些经验，但对在物质滥用康复机构工作并不熟悉的社会工作者开始小组的第一次会谈①，小组的成员为男性，被法院强制要求参加小组会谈，不然就要入狱。他发现所有男人都抱着双臂看着前方，发出了不想来这里的非语言信号。他想让大家聊起来，但在自我介绍和说明了小组的目的之后，所有人都默不作声。他想自己是否该带部电影来！ *3*

- 一位一年级的社会工作专业学生被派到一所中学带领一个愤怒管理小组。参加该小组的人是老师转介来的有行为问题的学生，但是小组刚开始几分钟就进行不下去了，因为学生对他的开场白回以大声吵闹、愤怒和搞怪行为，切实表明了为什么他们会被转介到这

---

① 一般情况下，本书中的"会谈""面谈"并无本质区分，故存在交叉使用情况。此外，"会面"一词有时亦表达相似的意思。——编者注

个小组。校长助理看到房间里的情况，问："你需要什么帮助来控制这些孩子吗？"

- 一位新来的医院社会工作者来看望一位 90 岁的女病人，询问她是否需要社会服务机构的帮助。在愉快的谈话之后，当这位工作者要离开时，她问病人是否愿意第二天再和她聊聊。这位女病人说她非常想聊："上帝啊，愿意！"当走向电梯时，这个社会工作者自语："哦，天哪，她都不知道自己明天是否还能活着。"

- 一名非洲裔美国男性儿童福利工作者在一家儿童福利机构的儿童保护部门工作，由于接到一个匿名电话，暗示父母疏于照顾孩子，他被指派去拜访一个白人家庭。该家庭住在一个白人工人阶层的聚居区。家中的妻子回答了他的问题，称他为"先生"。几分钟后，沉默的丈夫用讽刺的语气对妻子说："你不必叫他先生。"这位社会工作者认为这是种族歧视言论，感到愤怒，但还是继续进行，好像他没听到似的。当他和他的白人督导员讨论家访情况时，没有提及那位丈夫的言论。

- 一位拉美裔工作者同一名拉美裔服务对象在一家机构首次会谈，她是该机构最新的也是唯一的西班牙裔员工。在自我介绍之后，服务对象说："我很高兴你是我的工作者，因为你知道的，我在这里遇到的其他员工不理解我们这些人。"这位员工感觉到了服务对象是想表示跟她是站在一起的，但她不知道该如何回应。她刚刚参加过机构的几次员工会议，也觉得员工不了解西班牙裔服务对象，这些感受使她的情绪更加复杂。

- 在第一次家庭辅导会上，父亲愤怒地讲述了他十几岁女儿的不良行为。母亲默不作声地坐在那里盯着地面。女儿看起来快要哭了。父亲问工作者要花多长时间才能修理好他的孩子。工作者在想："有这样的父亲，我也会做出格的事。"

- 一位社区组织（宏观）社会工作方向的学生被指派帮助在一个公共住房项目中建立一个租房人委员会。在挨家挨户招募之后，一大群房客来到这里参加第一次会议，吐槽让他们生气的管理不善和被员工及房管经理恶劣对待的事情。在倾听并认可这些强烈的感受后，社会工作者招募志愿者组成租房人的委员会来解决问题。对这一请求，房客们都默不作声。社会工作者说："好吧，要开始这方面的工作，也许我该和经理谈谈。"

- 一个家庭辅导机构的家庭支持工作者参加了一个跨学科的会议，参会的还有做转介的儿童福利机构的专业人员、做孩子工作的临床心理学家和每周与母亲见一次面的家访护士。从会议一开始，很明显，每个学科对于如何预估问题和制订适当的处置计划都有自己的想法。社会工作者对于她所经历的关于"谁拥有服务对象"的微妙斗争感到挫败。大家的对话是一种"工作错觉"，实际上什么都还没有做。社会工作者开完会后感到沮丧，因为并没有进一步研究出怎样才能最好地帮助这个服务对象。

- 一位社会工作者有了一个新服务对象，是学校转介的一个十几岁的男孩。这个男孩在第一次会谈时回答每一个问题都要么用"是"要么用"不是"，而没有多余的解释。这个工作者感觉就像拔牙一样。

- 一家医院里有个面向照顾重症患儿的家长的小组，成员每周都有见面会，但是一旦快要讨论痛苦的感受时，有位家长就把话题转移到看似无关的话题上，并让其他人插不上嘴。其他家长显然很沮丧，小组的带领者也是。

这些和其他许多具体的例子在本书中都会论及，本书力求用新的方式去理解该过程（互动），让社会工作者建立更有效的回应策略。在每一种情况下，假定社会工作者能够触动服务对象，甚至被强制要求参加小组的服务对象也准备改变，那么社会工作者便有或许会推进工作的"下一步"可做的事。这些干预措施以互动实践理论为指导，可以为分析问题和有效回应提供一个框架。

本章介绍互动性社会工作实务理论的核心思想。首先，简要讨论在社会工作中理论建设的过程，呈现这一工作的背景。本章视服务对象处于与许多重要的社会系统，诸如家庭、朋辈、学校和医院的动态互动中。本章还提出关于人与社会环境的关系的本质的基本假设。

我们对预估过程的讨论将围绕优势视角展开，而不是服务对象病理学（医学模式的一个版本）。社会工作专业在调处个人与社会的联结中的作用可以追溯到这个专业的源头，历史上它既关注个人遭遇的困扰，也关注公共议题。

因而，社会工作实务技巧会被描述为社会工作者致力于与服务对象建立积极的工作关系的方法，目前在文献中称为治疗联盟，这种关系让社会工作者可以提供帮助。我们会查看社会工作者自我的影响，也就是他的感情、伦理或价值观对其专业实践的影响。此外，本章还会探讨范式与范式转变概念，提出需要从传统的医学四阶段思维方式转向更具动态性和互动性的取向。

互动性社会工作实务理论

本书建基于互动模式的社会工作实践，其中借鉴了许多用来指引助人专业的不同理论。到 20 世纪 80 年代末，助人专业正处于库恩所说的前科学阶段（Kuhn, 1962）。社会工作专业刚刚开始运用理论把实证研究转化为实践。相比之下，在科学阶段，研究结果被用来修正理论，然后用来指导新的研究。

20 世纪 90 年代，社会工作专业走向科学阶段，并开始发展以实证为基础的实务理论。今天，我认为助人专业已经实现了转型，用库恩的话说，现在正处于科学发展阶段的早期阶段。因此，本书综合了最近的运用定量和定性方法的研究成果。它论及被称为循证实践的模式以及新涌现出来的一些尚未达到这一阶段的方法。

由于社会工作专业仍处于至关重要的理论建构的早期阶段，因此可能会有形形色色的观点。近年来，社会工作运用实证方法加强理论建设的力度有了显著的提升。我自己完成的工作是建立一个整体性的基于实证经验的社会工作实务理论，其核心是互动取向

5

教育政策 6a

的助人（Shulman，1991）。这一模式的理念被吸收到本书中，还有我与之相关的研究发现。

　　我特别注重种族、性别、性取向、身体和心理能力等因素对服务对象所经历的压迫的影响；通过讨论抗逆力理论和优势视角，驳斥不实之说。这一理论和视角被作为模式用来理解人类行为以及服务对象如何克服他们生活中的强大障碍。

　　所有从业者最终都会发展出自己的实务框架，有些比较明确，有些则不那么明确，然后根据他们对实务工作的解释力来做出评判。本书所描述的社会工作框架对我自己的实践、理论建设和研究都非常有帮助。然而，它不是金科玉律。经过 50 多年的发展，只要它看起来还能发挥作用，我就会继续运用这个框架。你应该验证这一框架的理念，就像用所有模式一样，对照你自己对现实的感知，使用那些看起来有用的部分。我鼓励我的学生"写你自己的书"。我说的不是字面上的意思——尽管我希望也期望一些人会这样做，而是说，他们需要创建属于自己的助人过程模式。

　　本书中的许多技巧和中间模式并不只适用于一种取向，它们可以很容易地嵌入其他理论框架。来自其他模式的理念，其中一些在第十七章中有所介绍和总结，只要有助于丰富核心框架，就会被整合到里面。例如，寻解实务模式的策略和干预会被添加到在工作的开始阶段从业人员可用的工具列表中。动机访谈方法的基础概念在考虑如何与服务对象，特别是那些被强制要求并抗拒接受服务的人建立关系时，也可以很好地嵌入这个框架。认知行为治疗中描述的预估和干预概念在工作的早期阶段对于帮助服务对象摆脱自我挫败的内化也有用处。

实务理论要素

　　因为我在全书中都提到了实务理论、模式和技巧，所以简要地解释一下我是怎么使用这些术语的可能会有所助益。一个实务理论首先是描述我们对人类行为和社会组织都知道些什么。然后社会工作者基于这些背后的假设订出一整套具体的目标或成果。最后，对工作者实现这些具体目标的干预措施的描述会完成这一实务理论。简单地说，我们对人们的了解（知识）会让我们去想在自己的实践中要成就什么（推崇的结果），这继而会指导我们的干预（技巧）。

　　这种理论化实践的方法贯穿全书。例如，当我们查看工作的开始阶段时，关于人们在新情境下的行为的假设会与工作者希望在最初的会谈安排中取得的成果息息相关。这些结果继而又与工作者的具体活动联结在一起，稍后我会将其视作订立契约的一部分进行更详细的描述。

　　举例来说，服务对象有些拿不准辅导关系是否会对他们有帮助、怎么帮助，以及社会工作者是否会理解他们的担忧。这种对服务对象通常如何处理新的辅导关系的理解，会使社会工作者在最初的会谈中设定一个目标，帮助服务对象了解可以得到什么类型的帮助、社会工作者的角色，以及服务对象的需要与机构服务之间可能的交汇处或共同点。基于这一理解和这些直接目标，社会工作者会使用澄清目的和角色以及寻求服务对象的反馈的技巧。（这些具体技巧在第四章中有更详细的描述。）在此我们的目的是，展示我们对新情境下服务对象的了解（知识）与我们的直接目标（推崇的结果）之间的关系，这些目标继而昭示社会工作者在工作开始阶段所需的技巧和干预措施（订立契约）。这些都是本书所描述的实务理论的要素。

模式、技巧和实证支持

模式一词用来描述对现实的呈现。人们可以建构一个模式来帮助简化对复杂过程或对象的解释或描述。任何参观过天文馆的人都知道（至少在到一定年龄之后）天花板上围绕太阳旋转的星球不是真的行星。这是一个太阳系的模式，也是现实的一种呈现。

在本书中，模式用于描述助人过程（例如，开始、中间或结束阶段会谈所需的动力和技巧）、个体和社会心理学（例如，抗逆力和压迫理论）以及专业人员工作的实体（例如，家庭、小组、社区或组织）。

技巧一词是指工作者在助人过程中运用的具体行为。本书描述的许多技巧都是核心的关系技巧，在履行专业职责和处理个人事宜上都有用。例如，同理心技巧对于同父母、配偶和朋友相处来说都需要。我开始相信，对于许多助人专业人员来说，发展自我了解和提高个人技能是最初激励我们考虑选择助人专业的重要因素。帮助他人也很重要，因为每个申请进入社会工作学院的人都认同这是一个核心动机。在此，重点会放到这些技巧的运用上，因为它们与社会工作专业的功能息息相关，但是如果读者时不时地把它们与生活中其他重要的人际关系联系在一起也不足为奇。

最后，尽管我一直在对实务理论所包含的假设做实证检验，但是这个工作应该被视为一个持续的过程。格拉泽和施特劳斯（Glaser & Strauss，1967）在社会学领域首次描述的运用扎根理论方法的理论构建，引领了我的工作。实践中的正式和非正式的观察被用来发展理论的结构。进行正式研究是为了检验命题和生成新的命题。我起初的研究中一些最有趣的发现并不支持我一开始提出的假设。这些帮助我拓展了理论的结构，并发展出本书内文所呈现的更通用的整体性理论（Shulman，1991）。

我早期研究中关于技巧的许多核心发现都得到了社会工作和相关领域研究的支持。一些发现已经开始达到可重复验证的水平，用罗森博格（Rosenberg，1978）的术语来说，可以称之为理论上的概括。这些发现在我的许多研究中一再得到支持。在介绍这些发现的时候，我会引用支持性的文献。然而，即使是这些发现，也必须追随进一步的实证工作的成果开放地加以修正完善。本着不断演进的精神，本书分享这些发现。

服务对象系统的互动

助人过程的一个关键因素是工作者怎么看待服务对象。在早期试图将这一过程概念化的过程中，助人专业人员借用了医生建立起的医学模式。近年来，医学模式一词也被用来描述关注疾病的服务对象视角和病理学；然而，我使用这一术语有另外的意义。医学模式在这里被定义为思考实务工作的四个步骤，通常描述为研究、诊断、治疗和评估。在这个框架中，专业人士研究服务对象，尝试做出准确的预估或诊断，制订治疗计划，评估结果。评估的结果如果没有积极成效，可能会导致重新思考预估或是调整具体的治疗计划。

教育政策 9b

这是在跟其他专业人员开督导会和/或案例会时有时采用的方法。在很多情况下，这种方法遗漏了对过程的关注，即社会工作者与服务对象之间的互动。我不认为这单纯是疏忽，它是指引我们思考社会工作实务的范式导致的结果，因为它一开始就以案例而不是过程为关注点。下一部分将讨论医学模式和范式概念以及范式转变。

医学模式和范式转变

教育政策 9b

8

在我讨论医学模式，或者更准确地说医学模式范式之前，我需要描述一下这个范式的概念以及范式如何转变。科顿（Cottone，2013）在提到辅导和心理治疗时主张：

> 咨询范式是一个包罗万象的哲学、理论和政治结构，它对咨询理论进行相应的分类。可以说，范式是"超级理论"。范式框架代表了一种有关辅导理论的理论。相对于范式框架内和跨范式框架的种种理论而言，它具有元理论性。它是大格局。（p. 55）

托马斯·库恩（Kuhn，1962）在其经典著作《科学革命的结构》中，将范式描述为科学学科指导理论建设和研究的框架。他举了一个例子，指出托勒密及其范式认为地球是宇宙的中心。这一地球中心范式指引了天文学家几个世纪。但有一些无法解释的观测结果，比如，一颗星星或月亮朝着"错误"的方向移动；然而，当观测到这些异常时，它们被忽略不计了。范式本身没有受到挑战。

发明望远镜后，范式发生了转变，突然间，我们的大多数天文学家——不是所有的天文学家——看到太阳是我们宇宙的中心。这一转变此时解释了许多观察到的按托勒密观点为异常的现象。库恩认为这就是科学运行的方式：不是渐进性地一个研究接着一个研究，而是通过强有力的思维范式转变。

我相信由研究、诊断、治疗和评估四个步骤组成的医学模式本身就是一个范式。它作为一个超级穹顶模式指导着我们的大部分实务工作，其他理论，包括循证实践也栖息在其中。当通过这个镜头来看实务工作时，如果不彻底改变我们对实务工作的思考方式，就很难理解另一种范式。

读者可能还记得在格式塔心理学的课上，会看到用线条勾勒出的一位老妇人或一位年轻女士的图，看到什么取决于个人如何改变自己的视角。当我在一节课上让大家看这张图时，班上大约一半的学生看到的是位老妇人，而另一半看到的是位年轻女士。我要指出的是，人们不能同时看到这两个人。你需要在头脑里放下一个才能看到另一个。我的一些学生卡住了，无法完成这一转换。一个在助人专业里被许多人共用的实务范式也是强大的，难以放下。

明确地说，我在这里质疑的不是医学模式的要素（研究、诊断、治疗和评估），而是对过程所做的线性描述。我认为，助人过程并不是以这样一种有序的方式进行的，而是一种互动模式或范式，其中服务对象和实务工作者几乎每时每刻都在施加影响和受影响，这才能够更准确地描述助人过程。与个人、夫妻、家庭、小组、社区或其他专业人士一道工作的专业人员在会面前后会做大量的思考和计划工作，但是他在工作时的即时回应会受对目的和角色的清楚感知、本能、情感和服务对象当下的行为的引导。本书的内容将贯穿对这种思考与回应、行动与反应、施加影响与受服务对象影响的方式的描绘。

医学模式的几个问题之一是特别注重研究阶段，在这一阶段，社会工作者尝试获得有关服务对象的大量信息（例如，家族史、工作经历和诊疗史），以开展心理社会研究，并以此为依据做出诊断、制订治疗计划。在早期阶段获取此类信息非常重要，在某些情况下，这些信息对于获得公共部门的报销至关重要，但是问答的方式可能会导致工作者忽视与服务对象订立契约和开始发展工作关系这两个同等重要的工作过程。我们将在后文谈预估、诊断问题，它是当下社会工作实务的重要组成部分。此刻我想说的是，社会工作者需要获得做适当的预估和制订最终的治疗计划所需的信息，同时还要通过技巧娴熟的订立契约过程与服务对象建立关系。下面的例子做了解说。

与抑郁服务对象的第一次会谈

实务要点：（请注意，本书在段落开头使用的"实务要点"一词表示文本内容是对接下来的详细示例的解释。）下面的示例说明了一位社会工作专业学生如何在第一次会谈期间开始与她的新服务对象建立联结，在转换到了解家族史时丢掉了服务对象，然后又找补回来，因为她重新与服务对象在情感层面建立了联结。还值得注意的是，这位学生/社会工作者没有对有关经验的问题做出防御性的回答，而是直接回答了问题，然后询问来访的原因。

工作者：请进来坐下。如果你觉着太冷，告诉我，我关上窗户。

服务对象：不用，挺好的，外面挺不错。那么，你有什么经验，你的专长是什么？别人跟我说这是要问的一个重要问题。

工作者：嗯，我是社会工作学院的二年级研究生。这是我第二次实习。我的第一次实习是在儿童福利办公室。我可以告诉你我学到的所有理论和我读过的书，但我认为对你来说更重要的是看你和我在一起有多自在。

服务对象：我以前从未接受过治疗，所以我想我们会成为一个很好的团队。

工作者：今天什么事让你来这里？

服务对象：我感觉像是正把车开进河里。我离开了在佛罗里达的丈夫，我回家了。我觉得这里是我应该待的地方。基本上，我觉得我快要淹死了。（她眼含泪水。）

实务要点：重要的一点是，这位社会工作者通过明确表达服务对象的感受这一技巧来回应服务对象的情感表达（在后面的章节中会详细讨论）。服务对象没有说出痛苦这个词，然而，这位社会工作者从她的言语和面部表情中感受到了痛苦。通过说出痛苦，而不是简单地询问服务对象感觉怎么样，社会工作者展现出了她的同理心和理解能力。她也让服务对象可以表达自己的感受，并开始建立工作关系（治疗联盟）。

工作者：听起来你现在很痛苦。（服务对象沉默，低头）你是什么时候离开佛罗里达的？

服务对象：两个半星期前。一年前我去佛罗里达是为了挽救我的婚姻。我为他放弃了一切，我的朋友、家人、工作，我认识到牺牲不值得。孩子们不在身边，我正经历空巢综合征。我不得不适应他的家庭，他的生活方式。我们之间没有交流。我害怕了！我觉得更像是他的室友。我总是要照顾每个人！

工作者：听起来你很生气。

服务对象：是的，我受够了！

实务要点：注意，这位社会工作者在服务对象的陈述中捕捉到了愤怒的语气，甚至还在她说"听起来你很生气"的时候把这种情绪指了出来。然而，就在这一刻，这位社会工作者变换了谈话的语气、情绪和内容，转到做研究和提问。在某种程度上，这对于获得机构所需的信息是必要的，比如，用来建立档案和/或核算费用。然而，我的感觉是，这位社会工作者对表达痛苦感到自在，对表达愤怒却不那么自在。请注意，服务对象在回答问题时又回到自己的情绪，社会工作者暂时放下了收集信息，再次对这些感受做出回应。

工作者：因为现在是接案，我需要问你一些问题，来完成会谈文字记录部分的工作。

服务对象：哦，对不起。请继续。

工作者：别说对不起。我只是想让你知道我们需要转移一会儿重点。

服务对象：来吧，没关系的。

工作者：跟我说说你的家庭情况吧。

服务对象：我有五个成年孩子：帕姆、简、约翰、凯西和蒂娜。她是我的宝贝。她最近生了个孩子……（泪水充满了她的眼睛。）这是另一个话题。

工作者：看来孩子对你来说是个一言难尽的话题。

服务对象：（开始哭）没关系的。继续，问你的问题吧。

工作者：这些现在没有你的感觉重要。我们后面会有足够的时间来完成这个表格。

实务总结：（在本书中，术语"实务总结"用于介绍对前面描述的实务示例的总结性点评。）当在课堂上讨论这个示例时，这位社会工作者意识到，就在服务对象表达出强烈的愤怒情绪时，她转向了提问模式。班上的其他学生承认，一个结构化的第一次会谈，让他们可以集中问一系列问题，这会让他们感觉更舒服，但可能会让服务对象感觉不舒服。他们还可以看到，一直贴近服务对象的感受是多么重要。很多问题在会谈过程中都会得到解答，这位社会工作者在最后总能留出一些时间来获取缺失的数据。

预估与建立关系的整合：沟通行为

因为预估和诊断通常会恰当地融入社会服务机构的实务中，所以即使认识到医学模式的局限性，我也尽力帮助我的学生建立一种可行的方法。我们发展出了创造性的方法来获得所要求的信息，并在第一次会谈时技巧娴熟地与服务对象建立关系。吸收服务对象积极参与工作过程，讨论收集信息的原因，确保研究阶段不会替代订立契约工作，这些都是必不可少的要素。

在讨论特定的服务对象时，例如在案例会议上，鼓励学生找到方法与团队联结起来，可能会带来对服务对象的态度从关注病理转变为关注优势。在后面的章节中，我们会更详细地查看预估模式以及与其他专业人员和系统一道工作。作为这一讨论的前期预备工作，我会提出社会工作者总是有两个服务对象，一个是与之会谈的服务对象，另一个是机构或主办场所（如学校、医院）。事实上，我认为社会工作专业角色的一个独特方面，就是关注并试图富有技巧地影响这个第二个服务对象。

医学模式的另一个问题是，它倾向于静态地呈现服务对象。该模式鼓励用描述性特征来对服务对象进行归因（比如，抗拒、难以接近）。在极端情况下，工作者可能会用诊断术语来指代服务对象，如"我在做一个边缘型人格障碍的工作"，而不是"一个诊断为有边缘型人格障碍的服务对象"。社会工作者甚至经常使用术语"治疗"来描述所做的个人、家庭和小组工作（例如，小组治疗或家庭治疗），意味着服务对象有需要梳理的问题。

动态系统理论：愿景、诚信、结构与责任项目中心案例

多年来，动态系统理论深刻地影响了助人专业人士看待服务对象的方式。一个核心理念是强调把服务对象视为处在与其他人的互动中。工作者不再把服务对象看成是分析的对象，而是开始关注服务对象与其重要系统互动的方式。事实上，根据这一观点，除非了解他人行动施加的影响，否则永远无法理解服务对象的行动。服务对象被视为在与他们直接的和更宏大的社会环境互动，以交互方式彼此影响和被影响。例如，在我们仔细查看社会工作者试图与服务对象建立关系的方式前，服务对象可能会被认为是抗拒的。这种抗拒可能是工作者的行动，或是过去与其他工作者打交道的经历的直接结果，而不是服务对象固有的。

举个例子，让我们来思考一下我在一个项目中指导的工作。该项目要解决一个中等规模的市中心学区的校园暴力问题，其中相当大比例的学生因暴力侵害教师或其他学生、有毒品或武器而被停学。他们经济状况也很差，在学校学业至少落后一年。我们在大学校园内设立了项目中心，名为"愿景、诚信、结构与责任"（Vision，Integrity，Structure，and Accountability，VISA），为学生提供一个为期2周的短期学业和行为干预方案以及给这些学生家庭提供服务。

从学校系统的角度来看，问题出在学生身上，诊断结果常常是"学习障碍""对立行为障碍""边缘人格"或"情绪障碍"。通常的处置方法是正式停学，让学生回家待两周，每天接受一位老师1小时的家庭辅导，或让学生参加在学校或当地机构开办的愤怒管理项目。这个学区的重犯率很高，许多学生返校后不久又被停学。

从我们的角度来看，学生的行为反而是为应对他们所面临的一些生活状况寻求帮助。我们从一个假设开始：这种行为并不是问题所在，而是一种应对互动上的挣扎的不良适应方式的表征，即象征他们在与家庭、同龄人、学校、社区以及更大层面的社会的互动中的挣扎。

愿景、诚信、结构与责任项目中心是在正式停学听证会上为学生及其家长提供的自愿选择。除了学业指导，行为模块的设计都基于从学生的角度出发所面对的问题和关切的事情。例如，关于物质滥用的模块并没有用讲座的方式教导药物对身体造成的伤害，这些学生对此非常清楚，而是把重点放在对学生的生活造成的损害上。例如，内容包括他们家庭中的物质滥用问题，他们面临的吸毒同伴的压力难题，他们自己在尝试戒毒方面的困难，与物质滥用有关的刑事司法方面的风险，以及毒瘾很重、让他们担心但又不知道如何去帮助的朋友。

互助支持小组的重点是他们生活中的问题，包括从身体虐待或性虐待到因害怕"丢

脸"而参与打架斗殴，加入附近的帮派活动的压力（如果只是为了保护自己），因目睹家庭暴力或驾车枪击而造成的创伤后压力，由于家庭成员死于暴力和监狱而抑郁，对在就读的学校和更大的社区感受到的种族歧视的愤怒，以及对他们的未来感到无望。最后这个问题典型地体现于一个 16 岁孩子的令人心酸的话中，他说："我为什么要完成学业？反正我也活不过 20 岁！"

交互作用观让干预措施是和学生一道解决问题而不是对学生做工作。关于这个项目的更多细节将在本书后面的内容中介绍；现在的重点是，通过避免将学生视为问题，并将重点放在学生与眼前和更大的环境之间的相互作用上，我们能够转换对话的方式。通过理解学生在 VISA 中心的行为不断地在与员工和其他学生的互动中影响他人，也受他人的影响（比如，小组动力），我们能够以更具动态性和个人化的方式看待学生。

一个面向愤怒的十五六岁女孩的愤怒管理小组 另一个把行为理解为传递信息的例子是已经完成的对十五六岁的非洲裔美国女孩的一个小组工作，这些女孩因为犯罪活动而在服缓刑，她们被法官转介给愤怒管理小组，代替入狱。来自几次小组会谈的简短摘录说明了处理导致不良适应行为的问题和感受的重要性。

在最初几次的小组会谈中，两位年轻的白人女性中产阶层小组带领者需要说明小组的目的，摸清成员对强制参加小组的反应，解释她们身为小组带领者的作用，并解决跨文化问题：生活在郊区的中产阶层白人工作者跟低收入的城市中心区非洲裔美国人服务对象一道工作。在敞开谈论非自愿参加这个问题时，小组成员莫妮卡说：

> 我们决定要不要留下来有什么关系？我们必须来这里。我真的觉得很愚蠢，我不得不坐在这里和我不认识的人在一起，从两个老女人那学习我应该怎么做。

实务要点：两位小组带领者都 20 岁出头，后来在课堂上披露，她们对老女人的说法反应尤为强烈。她们的瞬时反应是防御性的，很快改变了话题并介绍一个练习。在后面的一次小组会谈中，带领者直接处理了种族、年龄和阶层问题。

> 我在会谈一开始时，让女孩们依次在房间里转一圈并说一件她们这周经历的事。女孩们毫无问题地照做了，直到轮到莫妮卡，她说："你们干吗关心我的一周？反正你们谁也不会理解我经历的事。"我问莫妮卡，她是否担心我和金姆不会理解，因为我们是白人，比她老得多。莫妮卡说这是部分原因，还有我们与她住在不同的地方。此刻，我们在浓厚的权威主题（再一次）上是正确的。我说："莫妮卡，我认识到我和金姆可能看起来和你不一样。我们是不同。而且，老实说，我们可能不会总是理解你或其他小组成员经历的事情。我唯一能告诉你的是，我们想试着去理解，但只有你给我们机会，我们才能这样做。"

实务要点：这种对带有禁忌性的问题的富有勇气的直接回应，有助于在带领者和小组成员之间建立更积极的关系。后来经过讨论才清楚，这些女孩很早就经历过性虐待和身体虐待。她们还描述了在拘留中心（有一个是在成人监狱）发生的事件，她们目睹或听说其他囚犯被迫向狱警提供"性方面的好处"。小组带领者决定引入"宽恕"理念，以此来摆脱她们一直潜在的愤怒。莫妮卡已经成为小组内部带领者，她再次有所表示。

> 莫妮卡马上就开始说话了。她说："我希望你不要以为我会原谅我该死的父亲，如果他死了，我会原谅他。"我问莫妮卡这么说是不是因为仍对他对自己所做的一些事生气。莫妮卡同意。然后我问她是否介意说一下发生的事情。她开始讲她父亲的情况。她很小的时候，父亲为了阻止啤酒瓶从山上滚下来，造成她的胳膊五处骨折，因为他把她的胳膊猛地撞在了车门上。她接着解释说，在她10岁的时候，她的继父曾猥亵过她；她父亲知道这件事，但是什么也没做。

实务总结： 我们很容易理解这些女孩的愤怒。愤怒的表达和消极行为的升级常常是在发出求助信号。它们会一直持续到有人听到伤害并开始对行为的含义做出回应。这两个小组带领人很快就认识到，持续不断的压迫以及情感和身体上的创伤会导致宣泄愤怒，然后系统（如学校、少年司法体系）会将其作为问题来处理，从而忽略了潜在的信息。这是将所有行为理解为沟通信息的一个引人注目的例子。

在精神病病房里开展一个抑郁的中年妇女的工作 在另一个非常不同的例子中，这种思维上的转变可以通过一个抑郁的中年妇女被送进医院的精神病区的事来说明。最初，人们可以选择只关注她的抑郁和其他症状。事实上，目前对某些类型的抑郁症的生物学起源的知识要求专业人士意识到可能采用的治疗方法，包括使用精神药物。

另一个工作框架是去识别她生活中必须应对的那些重要系统：她的丈夫、她的孩子、她的工作、她的同龄人、她的父母或兄弟姐妹、她所在的社会及其许多性别歧视态度等等。此外，还可以包括医院、她的医生、病房工作人员和其他病人。图1-1呈现了这个框架的视图。

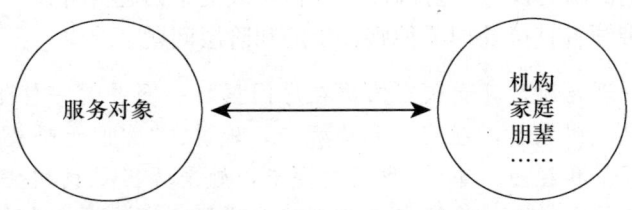

图1-1 服务对象与系统的关系

这一视角上的重要变化改变了工作者头脑中想问的问题类型。不是简单地关注患者的心理健康状况、抑郁程度及可能的原因（例如，童年创伤或物质滥用），工作者同样想探究患者与每个相关系统之间的互动状态。

这个女人和她丈夫之间的关系的性质是怎样的？他们能交谈和互相倾听吗？这一关系在情感上或者生理上带有虐待吗？工作者还对病人和医院之间的关系感兴趣。病人融入病房的情况怎么样？她会主动结识其他病人并建立一个非正式的支持团体吗？还是她被切断了与他人的联系，陷入孤立？

这些不是工作者在早期会谈中要向服务对象提的问题（早期会谈的结构将在稍后讨论），而是助人过程可能要关注的潜在工作领域的例子。此外，工作者不会只关注服务对象在互动中的所作所为。正如前面说过的，服务对象的行动只能根据她周围人的行动来理解。家人、朋友和其他服务对象跟她接触得怎么样？这些互动的部分结果取决于服务对象的投入，但其余部分取决于这一系统的回应。事实上，如前所述，这种关系是交互性的，每个人的行动都会不断影响其他人的行动。

除了了解服务对象与她所处的环境的互动，考虑与她的性别相关的社会情境及该情境对她生活的影响也很重要。女性主义实践包括许多模式和框架，试图解决我们社会中妇女面对的独特问题。包括社会和政治压迫问题，以及在性别方面普遍处于从属地位的影响。还有的努力是发展独特的妇女心理学，探究她们如何与他人交往和联结。这个模式将在后面的章节中更详细地探讨。

将各种理论整合到一个考虑性别因素的单一框架中的一个例子，是米勒（Miller，1987，1988；Miller & Stiver，1991，1993）以及吉利根、里昂和哈默（Gilligan，Lyons，& Hammer，1990）发起的重新思考妇女心理学的努力中萌生的关系自我理论（self-in-relation theory），它是哈佛大学妇女心理学与女童发展项目的一部分。此外，还有马萨诸塞州韦尔斯利的斯通中心的其他人的贡献（例如，Fedele，1994；Jordan，1991，1993）。

值得注意的是，在早期发表关于关系模式的著述之后，斯通中心的研究人员把注意力放在了他们最初工作中固有的、得到承认的偏见上。乔丹（Jordan，1993）在提到早期工作时说道：

> 它在很大程度上代表了白人、中产阶层、受过良好教育的异性恋者的经验。在我们努力避免重蹈一个亚群体说它的情况就是现实时所发生的错误时，我们不可避免地受到自己的盲点和偏见的束缚。我们越来越意识到谈论"所有女性"或为所有女性代言的危险性，我们实际上是在谈论"一些女性"或许多女性经历的部分方面。我们对多样性的认识需要拓展和深化。（p.1）

乔丹指出，后来的一些著述工作是继续阐释和探索关系理论，重点放在性、羞耻、愤怒和抑郁等主题上，以及与女性的多样性生活经历有关的复杂性上。

> 虽然所有妇女都在父权制社会中遭受磨难，我们的经验没有在主流话语中呈现，但是多文化/族裔群体中的妇女因种族、性取向、社会经济地位、身体健全问题和年龄而遭受更多的边缘化。被边缘化的女性也会发展出不同于白人、有优越性的异性恋女性的优势。（p.1）

请记住乔丹对推而广之的担忧，如果我们要部分使用这一理论，我们可能要从悖论的角度重新思考这位服务对象的境遇。例如，在一篇关于小组工作中运用关系理论的文章中，费代莱（Fedele，1994）描述了米勒首先发现的一个核心悖论。如下所述：

> 这一悖论指出，在我们的一生中，为了建立联结并在情感上易于接近，我们都会经历受伤害或遭侵犯，这导致我们需要发展出一些策略，使属于我们自身的大部分东西不与外界联结。面对对联结的强烈渴望，为了维系唯一可以得到的关系，我们发展出策略，让越来越多的自己脱离联结。简单地说，最好的办法就是为了保持联结，我们让自己的某些部分脱离联结。（Miller，1988，p. 10）

通过断开联结来保持联结的悖论，为理解服务对象抑郁的潜在原因提供了额外的洞察力，抑郁的根源在于她当前的经历，也可能是过去的经历。它还提示了如何帮助服务对象找到方法建立新的联结（与家人、医院、互助支持小组中的其他妇女等），而不需要保持断开联结的防御。（第十三章会更详细地讨论关系模式。）

此外，为了真正了解服务对象，工作者需要知晓服务对象在其所处环境中的种种互动。我们现在更加清楚我们的社会对女人和男人的刻板印象是怎样影响了关系的。在许多例子中，当查看一些中年女性抑郁背后的原因时，会发现一种可以理解的愤怒，甚至怒不可遏，它与男性主导的特权社会对性别角色的刻板化和压迫有关。女性的经历是能够影响自己的社会环境，还是使她感到无能为力？（Weick & Vandiver，1982）在她的生活中有成为牺牲品的重大经历吗？（Berlin & Kravetz，1981）这是要为服务对象赋权的重要情形吗？（Smith & Siegal，1985）如果工作者采用索尔尼尔（Saulnier，1996，2000）总结的众多女性主义模式中的一种开展工作，比如自由主义女性主义、激进女性主义或后现代主义女性主义，那么对这位抑郁母亲的情况的看法会改变吗？

如果服务对象也是一个有色人种并在经济上处于劣势，那么我们就有典型的与性别、种族和阶层有关的三重压迫。严重的抑郁很可能是一种可以理解但适应不良的防御反应，以应对日益增加的贫困女性化状况强加给她们的压迫性条件，或是福利改革的影响，即要求受助者在得不到工作和资源有限的情况下找到工作。

交叉性、嵌套压迫与社会位置

最近，女性主义学术研究转向了交叉性、嵌套压迫和社会位置等概念的发展（Butterfield，2003；Hancock，2007；Hulko，2009）。交叉性是指不同身份的交集方式，例如，作为一个女人、有色人种、女同性恋与只是一个女人受到的影响程度会不同。嵌套压迫是指与交叉性相关联的压迫和特权（或缺乏特权）。胡尔科（Hulko，2009）指的社会位置呈现在下面的陈述中：

> 社会位置是一个动态的概念，它与语境有关，它的属性反映了当代和历史上的从属和支配过程。身份交叉和压迫嵌套的方式是流动变化的，因为赋予身份类别的意义

和赋予或否定特定社会群体的权力建立在这些社会过程发生的社会文化背景的基础上。(p.52)

胡尔科和其他人强调了社会工作者和社会工作学生懂得承认拥有"不劳而获的特权"的重要性，比如，那些与他们的白人或异性恋身份有关的特权。胡尔科提出帮助个人"超越负罪感而采取负责任的行动"的重要性（p.53）。

教育政策 2a
教育政策 2b
教育政策 2c
教育政策 3a

法农：内部压迫者与外部压迫者

法农阐述、布尔汗（Bulhan，1985）细化的压迫者心理学，将在下一章更详细地讨论。法农（Fanon，1968）认为长期暴露在压迫中会导致服务对象内化"外在的压迫者"，并有消极的自我态度和自我形象。内化的愤怒，通常用抑郁来掩盖，会导致服务对象对自己和他人做出适应不良的、具有破坏性的行为。"外在的压迫者转化为内在的压迫者"（p.126）。根据法农的说法，这样的人通过参与对自身的压迫而成为一个"自动压迫者"。

具有讽刺意味的是，由于长期遭受压迫而导致的适应不良行为，随后成为多数人和更有特权的群体继续刻板化和压迫这一群体的正当借口，维持着一种恶性循环。我们当然观察到了这种适应不良形态和社会对我们 VISA 中心的学生工作对象的反应，他们因为有暴力行为而被停学。他们的许多行为都是自暴自弃，甚至他们使用的语言和自嘲的称谓及表达方式，也常常透露出一种内化了的负面形象。

如果服务对象也是个易受伤害的人，例如，缺乏强有力的家人或朋友的社会支持系统，那么其本质上的适应不良反应就更容易理解了。此外，鉴于服务对象的处境，我们会惊叹于服务对象只是为了能生存下来而顽强拼搏所表现出的力量。通过运用优势视角和抗逆力模式并结合本书后面讨论的寻解策略，社会工作者就可以聚焦在服务对象已经证明有能力有效处理生活问题的部分。当然，在开展 VISA 项目期间，当我们与 350 多名被停学的学生一道工作时，他们的生存技能给我们留下了深刻印象，我们禁不住思量，如果面对像他们那样的常常压得人透不过气的生活状况，我们是否能够应付，甚至是达到不良的适应状况。[①]

从这个角度出发，工作者会对找出服务对象对的地方而不是错在哪里更感兴趣。例如，工作者会希望帮助他们识别自己在生活中曾经有效应对的时候以及所需的资源，而不是关注他们遇到的麻烦；不是只关注在物质滥用康复过程中复发的原因，而是希望帮助服务对象思考如何在复发间隔期保持康复。对于我们的被停学的学生来说，在他们又被停学前能留在学校里更长时间，被视为一个积极的成果。如果他们先是因为暴力行为而被停学，然后是因为非暴力行为而被再次停学，这也被视为进步。这些常常是不易察觉的生命

---

① 　VISA 中心由一个纽约州的立法提案资助，运行了 2 学年。

和力量的象征，是工作者在试图帮助服务对象战胜压迫的影响时所要去实现的目标。

让我们回到之前的抑郁妇女服务对象的例子，随着服务对象与系统的交互作用得到确认，她的抑郁可能会被赋予新的含义。悲伤和被动并不是问题，相反，它们是这些重要的互动崩溃的症状，是所经历的压迫的后果。抑郁不是需要治愈的疾病，而是她生活中重要的互动领域已经崩溃的信号。工作者不会试图"治愈"服务对象，而是会去影响服务对象应对和改变的能力，影响她怎么看待自己的感受和问题，以及她和这些重要系统如何互动。

解决问题的方法并非来自专业人员的治疗计划，而是来自服务对象对自身情况的日益了解和自身的努力，加上工作者的支持，她可找到新的方式与对她而言重要的系统进行互动，要么主动去接触这些系统，要么切断与它们的联系，寻找新的支持来源。同样，系统（例如，家庭）可能需要找到新的方法来主动了解这个服务对象以与她重新建立联结。服务对象和系统可能都发现要完成这一过程有困难。此时，社会工作者的工作起着至关重要的作用。在某些情况下，可能需要精神药物来治疗导致抑郁的生理/身体因素，但这并不能排除通过心理辅导帮助服务对象的必要性。

此刻，你可能有很多问题，可能还有一些反对意见。如果服务对象太脆弱，无法跟系统打交道，不想让人帮助，或者拒绝在互动方面下功夫，那该怎么办？也许问题就出在系统上，比如学校。正如前面提到过的，如果抑郁症与需要药物治疗的生物因素有关，也许还需要同时提供辅导，会发生什么？在接下来的讨论中，我们将细说这些和其他的反对意见。现在，先试着把它们放在一边。此刻，要捕捉的最重要的点是要去帮助的服务对象：被停学的初中生或高中生，正在康复的瘾君子，或是抑郁的妻子或伴侣。他们被视为一个互动的实体，常常是个矛盾体，他们必须讨价还价，按照系统的各种要求去行动并做出反应。这些系统也会被同样看待，并在本书中被称为"第二个服务对象"。

在这个通用模式中，每个服务对象都是一个特殊的个案。儿童福利机构的未婚怀孕青少年可能要与多个系统打交道，包括该机构、孩子的生父、家人、朋友、反映在福利法规中的社会态度、总体上对妇女和性行为的偏见、反对堕胎的压力等等。同样让她忧心的问题可能还有收入（靠福利或工作）、住房、孩子的照顾和医疗制度。如果她住在集体照顾之家，家里的父母和其他居住者就成为她生活中活跃系统的组成部分。她对自己作为一个女人的感觉，她对社会规范的反应，以及她自己对自己的常常是苛刻的评判（内心的压迫者），都可能是她要去处理的事情的一部分，但这些总是同她与那些对她重要的系统打交道的方式有关。

无论这本书中讨论的服务对象是教养中心的孩子、寻求婚姻辅导的丈夫、学业失败的学生、患有绝症的病人、学习与艾滋病共生的病人、处在物质滥用康复早期阶段的病人、从战场归来并有创伤后应激症状的士兵，还是公民社区行动小组的成员，他们都会被视为在与自身的社会环境互动，并被认为有潜在的优势。

互动模式背后的假设

　　所有的社会工作实务模式都是基于关于人及其社会环境的假设。这些都是理论建构的起点，需要明确。尽管本书要对关于人和助人过程的许多假设进行检验，但在这里我要介绍奠定互动模式的三个核心假设。第一个是共生假设，认为人与其所处的社会环境之间存在必不可少的共生关系。第二个假设是，这种相互需要受到一些障碍的系统性阻隔，一些源自服务对象，而另一些源自服务对象必须与之协商的系统。第三个假设是，社会工作者必须始终认定服务对象（和系统）有改变的优势并去发掘它们。这些假设将在下面的章节中进行探讨。

共生假设

　　既然我们已经把服务对象放到与影响他们的各种系统的互动之中，那么我们就需要查看这一关系的实质。如果我们回到前文关于抑郁的中年妇女的例子，我们对如何帮助这个服务对象的看法，将取决于我们对于个人与社会之间的联结的假设。如果我们查看她与周围环境的互动，我们可以感知到某种程度的矛盾。她在有些地方似乎对生活和周围的人积极主动，尽管微乎其微。另一方面，她退缩、抑郁，总体上发出的信号似乎是退出生活。她可能经历过日子过得太艰难，感觉太痛苦，无法面对，对她的种种要求似乎不可能满足。

　　部分的她似乎要放弃，说如此挣扎看起来毫无用处。可以看到她在自己和这些系统之间设置了屏障，包括对待正在伸出援手去帮助她的那部分系统（工作者）。与此同时，她也在寻求活下来、成长并向身边的重要系统求助，这些系统正渐行渐远。

　　施瓦茨（Schwartz, 1961）提出的实务理论的核心是，假定我们自身有一部分总是朝着健康而努力。借用人类关系的"共生"模式，他将个人-社会互动视为——

　　　　一种个人与滋养他的群体之间的关系，我们称之为"共生关系"——每一方都需要对方来维系自己的生命和成长，并且在特定时刻尽其所能走向对方。(p.15)

　　"共生"一词用来描述个人与对他们重要的系统间的相互需要。这位妇女的需要可以通过与周围世界的互动而不是完全从中抽离出来得到最好的满足。同样，社会与这位服务对象保持积极、参与、独特性和融入息息相关。共生努力的理念与前面描述的关系模式的建构非常吻合。

　　不幸的是，共生这个词有不健康的相互间过度依赖的专业含义，比如在母亲和孩子之间。在生物学界，共生实际上描述的是两种有机体生活在一种互惠的关系中。而一个有机体受另一个有机体的利用被描述为寄生关系。

　　施瓦茨用这个词来强调我们之间的相互依赖以及我们彼此的根本利益。它陈述的是相互依存，即认为这一相互依存是社会对每个个体的福利负有责任的根基。它还认识到，每个人都会通过与他人建立积极的关系来满足生活的需要。尽管这一假设并非总是陈述得很明确，但这一假设是我们为贫困和其他被落下的人群所做的大量专业的权益倡导工作的基石。例如，为所有人提供足够的医疗保健和充分的教育，不仅符合服务对象的利益，也符合更广泛的社会的利益，因为这个社会需要健康和受过教育的人口来为国家的发展做出贡献。

20　　　此刻，你可能会疑惑，这种共生模式的假设如何与经验相关联，因为个人-社会互动经验似乎与共生模式相去甚远，事实上，常常被认定是压迫性的。施瓦茨（Schwartz，1961，p. 15）指出，在一个复杂的、时常被扭曲的社会中，个体与社会的共生关系在不同程度上日益淡薄和含混不清，表现为从儿童在其文化中成长所遇到的正常的发展性问题，到共生纽带似乎彻底受损的严重病态问题。

　　人们自身的利益与其周围系统的利益的交互性常常模糊不清，这为助人专业人员创造了工作的基础。目睹人们及其系统经常违背彼此的利益并不能成为反对共生模式的理由，相反，它是帮助系统和服务对象重获相互联系在一起的感觉的支持证据。

　　按照这一模式，工作者不仅要看服务对象这一方在与系统互动时做出的努力，还要看家人、朋友、同伴群体和医院系统这一方对病人做的工作。例如，如果丈夫在家庭会议中表现得疏远妻子，封闭自己的感受，那么工作者可能要去探寻他甚至自己都不愿承认的背后的失落感和受伤害的感觉。当医院的规定、程序和服务似乎与病人的最佳利益相背离时，助人者要尝试去影响系统中关心其服务对象的部门、人员；在这样做时，工作者会采取多个策略，通常首先是发展盟友，例如做调解、经纪或倡导工作（Schwartz，1971）。

　　在本书一个接一个的例子中，你会注意到助人者与服务对象的行动，每时每刻的干预都会受到工作者对个人-社会关系的看法的影响。在互动的关键时点，你会发现丈夫与妻子、父母与孩子、学生与老师、社区团体与政治家、单独的群体成员与群体等之间的联结，因为助人者在寻找这样的联结。这一理念被称为"两个服务对象建构"，在这一建构中，社会工作者总是被认为有两个服务对象。第二个服务对象在每种情形下会发生变化。在目前的例子中，可能是这位妇女的家庭、医院系统、朋友等等。

　　这一哲学假设有重要的实践意义。例如，在我们的女性服务对象的案例中，工作者相信帮助她找到与身边的人的联结十分重要，并相信这位妇女曾为建立这种联结做出一些努力，这会让工作者去寻找服务对象在情感上仍有生机并在做出努力的微弱线索。工作者不会被服务对象的防御蒙蔽，而是会关注仍然存在的生命火花，它们常常表现为埋藏在抑郁和淡漠之下的愤怒，甚至是暴怒。助人者的工作不是去重新激发服务对象的动机，而是去发现和支持早已存在的动机。帮助服务对象了解她内化了的压迫者的本质，是帮助她控制自己的生活并开始处理外部压迫者的重要一步。在本书后面描述的一个例子中，工作者所做的工作是帮助受父母性虐待的幸存者小组中的青少年女性成员理解并挑战她们内化了的"损坏的物品"的自我形象。

信奉这一共生模式并不一定排除个人与系统之间关系非常紧张并有真正的利益冲突。生活中的互动包括冲突和对抗。并非所有的利益都是相互的。压迫是有原因的。有效的助人者会把这些隐藏的差异公开化，这样，关系的建立是一个真正的人性化的过程，有多种多样的感情投入。有很多例子表明，技巧娴熟的助人者会借助主动接触和要求做实际的工作来挑战冲突各方已达成一致的假象。共生模式让工作者感觉有了一个可能的共同基础，在此之上可以构建服务对象和重要的生命系统间的关系。

工作者要有效地发挥这一角色的作用，需要认识到，在任何情况下，压迫很明显会给多数人群体带来某些心理上和物质上的好处。我们最近的文献聚焦在特权问题上，有特权，某些群体就获得了优势，并与保护特权一直利害相关。例如，当一个男人使用殴打和恐吓来控制他生活中的某个女人时，他会从这种互动中得到心理上和物质上的好处。如果我们来思考一下黑格尔 1807 年（Fanon，1968）提出的主人-奴隶范式，会发现它是压迫理论的要素，没有安全感的主人寻求通过奴隶不求回报的承认来承认或定义自己（Bulhan，1985）。事实上，男性殴打者用对女性伴侣的征服来增强自我感，让伴侣承认他而他不必去承认她。

在考虑这种关系时，社会工作者首先关心的应该是保护受压迫的服务对象，并让压迫者为他们的行为负责。殴打是一种刑事犯罪，必须依法受到惩处。跟受虐待的妇女一道工作常常涉及帮助她找到自己的力量和社会资源，以便安全地离开这一虐待关系。

然而，在与男性殴打者一起工作时，工作者需要认识到，这种使用暴力来控制他人的行为可能会对他有明显的负面影响，包括法律后果、自己情感上的损害以及失去基于交互性和平等的亲密关系———一种相互承认的关系。跟殴打他人的男性一道工作经常会发现，这些人在童年时是虐待（情感、性和身体上）的受害者，这有助于解释他们的行为，但不是开脱的借口。我们已经懂得，如果希望帮助他们消除使用虐待的模式以及在与他人打交道时控制的需要，那么就需要把他们当成有自身权利的服务对象来对待。这通常也意味着要解决他们的物质滥用问题，而这一问题往往是他们逃离早期受压迫的一种方式。这一点将在后面的章节中加以说明，重点放在男性殴打者的小组工作上。

当我们认识到支持这种残暴的压迫形式的更广泛的性别歧视态度可以用社会心理学的心理动力来解释时，我们可以把个体心理学拓展到社会心理学。性别歧视带来的不仅是心理上的回报，还有物质上和具体的经济上的回报。当女性做相同的工作所支付的报酬一直低于男性时———即使是在非营利组织中，男性收益也会更高，当"玻璃天花板"阻止妇女（和其他少数人群体）在商业或政府机构中获得晋升时，男性、多数人群体和特权群体的成员就可以得到更高的职位。但这些收益会被这种短视做法所付出的长期的社会、道德和经济上的代价抵消。

在更广泛的范围内，所有多数人群体对所有少数人群体的压迫，如对有色人种、妇

22 女、移民、男女同性恋者以及患有精神疾病或身体能力面临重大挑战的人的压迫，会为多数人群体带来具体的经济上的好处和心理上的获益。然而，却常常忽视巨大的个人、社会甚至经济上的代价。

举例来说，当艾滋病被视为一个只影响同性恋者、海地人和静脉注射毒品的人的问题，其中许多人都住在城市中心区的贫民区时，美国政府，包括时任总统罗纳德·里根，基本上对这个问题视而不见。一些极端的宗教团体实际上宣称，这种疾病是对"不道德"行为的报复，认为死亡人数增加是对社会的净化。虽然这些是极端的观点，但它们可能代表了一种更普遍的种族主义和恐同心理的暗流，这种暗流在更广大的社区中助长了冷漠和无所作为。你只需想象一下，如果这种流行病最初袭击的是中产阶层、异性恋白人，而不是这些少数族裔群体，那么反应会有多么不同。

对少数族裔群体在医学研究和医疗供给上的差别对待是一种致命的压迫。直到最近，多数人群体才意识到有关这种流行病的增加及其向多数族裔群体蔓延所带来的令人难以置信的社会和健康方面的代价。如果去考虑美国向贫困者和受压迫的人提供的不充分的卫生保健服务的真正代价，情况也是如此。与加拿大、欧洲和一些拉丁美洲国家制订的方案形成鲜明对比的是，美国这个国家缺乏全民卫生保健体系。希望《平价医疗法案》的实施能够解决其中一些问题，前提是它战胜一个非常坎坷的开端，以及最主要是为了阻碍其实施而持续不断的政治上的角力。

这方面的例子可以添加到许多有文献记载的医学种族主义事件清单中，包括"亚拉巴马州梅肯县令人震惊的和可耻的黑人梅毒塔斯基吉实验"（Bulhan，1985，p.87）。该实验在参与者不知情并且未提供可获得的治疗的情况下对 400 名黑人男性及其家庭的疾病不做治疗的影响观察了 40 多年。直到 1997 年，当时的总统比尔·克林顿才代表美国人民公开承认这些行动并道歉。

美国历史上有许多对弱势群体进行压迫和剥削的有力例证，但这并没有改变人们与其社会环境之间的关系在本质上共生的性质。相反，这些例子揭示了我们对这些联结是多么忽视。它们也为本章后面描述的社会工作专业的独特功能性角色提供了依据。

建立关系中的阻碍假设

到目前为止，我们都聚焦在服务对象与重要的环境系统的互动上。个人和系统皆通过相互需要来建立至关重要的联结。每一方都动用当下所有的力量和能量去接触其他一方并使这一接触更为有效。接下来的问题是：哪里出了错呢？相互依靠可能会因种种障碍而被阻断或变得模糊不清。我们现在简要地来看看个人和社会系统间的互动可能会有的三个障碍：变动的社会系统、自身利益与相互利益的冲突和人际沟通的动力。

23 **人类社会系统日益增加的复杂性** 一个问题是诸如家庭之类的人类社会系统越来越复杂。父母与孩子之间、丈夫与妻子（或者同性伴侣）之间关系的维系变得越来越困难。随着现代核心家庭倾向于与祖父母和其他亲属分开居住，各代人的重要社会支持来源都有所缩减。由于社会规范和价值观的变化比过去几代人都要快，家长们被迫调和自己的信念和孩子们更新的价值观。此外，工作上消耗了更多的时间和精力，往往使父母很少有机会培养家庭的稳定性。单亲家庭的显著增加给既要承担赡养人的责任，也要承担其他所有角色的单亲父母带来了额外的负担。这可以去承担，实际也做到了，但通常这位家长和孩子要付出一些代价。

中年父母会发现自己要尽力为处于青少年期（通常是年轻成人）的孩子提供支持，与此同时又感到对自己年迈的父母的福祉负有责任。有人称他们是"三明治一代"，他们时常问："什么时候我才有自己的时间？"这是所谓的"婴儿潮"一代的普遍表达，这一代指的是那些在二战后生育高峰时期出生的人。现在，随着这一代人中已满退休年龄的人数达到创纪录的水平，问题变成了"谁有时间陪我"。人们对老年社会工作兴趣的增长和老年信息在我们的社会工作课程中的明显增加，是这一重大人口变化的标志。鉴于所有这些变化，家庭成员有时发现处理彼此的关系相当复杂还有什么奇怪吗？

教育政策 9a

我们对家庭的定义发生了巨大的变化。几代人以前典型的双亲家庭已经被越来越多的单亲家庭取代。由于预算削减，这些家庭以及低收入双亲家庭面临越来越大的压力，因为正式的支持网络——政府的"安全网"已经崩溃。1996 年的《福利改革法案》的全面影响一直挥之不去，研究表明，至少一些被中断福利的家庭无法实现预期的向工作和独立过渡，并且现在的情况比以前糟糕得多。我们开始认识到，早期的积极发现可能更多地与经济的繁荣有关，而不是方案改革的功劳。

日托、低成本住房、经济补贴和充分的医疗保健的可获得性几乎与需求的增加成比例地减少。一些政治和经济领导人强调了"我优先"的道德观，鼓励大多数人无视被剥夺权利的人群的需要。起初，我们对城市街道上出现无家可归者感到震惊，然后政治领袖们鼓励我们对这些人感到愤怒，他们让我们认为任何真正想进庇护所的人都可以进去。

我们的经济周期性地遇到严重问题，破坏了就业的稳定。依赖于临时工、企业重组和解聘中层管理人员的雇佣模式比以前更加普遍。经济全球化的加剧以及企业将工作外包或转移到其他国家以增加利润的能力，导致人们担心，即使在美国经济看似强劲的情况下，失业可能仍然是一个持续存在的问题。

当失去高收入的工作，替代的是低收入的工作，而且这些工作往往没有福利时，美国人口中相当大的一部分会陷入贫困和脆弱状态，而不是进入经济和社会保障体系。高失业率和不确定性导致家庭关系紧张加剧。在我早期的一个研究项目中（Shulman，1991），不列颠哥伦比亚省的加拿大工人中虐待儿童案件的数量和严重程度显著增加，这似乎与经济压力（如丢掉工作或担心失业）有关。当父母面临经济压力或必须应对——用一位参加研究的人的话说——失业的"地震"时，正常的家庭紧张关系，如父母与青少年之间的冲突，会变得更加严重。

房地产市场的崩盘和按揭贷款违规行为的曝光可能导致许多人发现自己处于"水深火

热"的境地，这意味着他们的房屋价值低于按揭贷款的本金，造成丧失抵押品赎回权和明显的与失去住房有关的家庭压力。许多快退休或正处于退休年龄段，曾指望房屋净值提供实质性保障的人都感到失望。

即使是在经济稳定的情况下，政治上分裂的联邦政府，关于平衡预算的争论，提供税收减免的压力（这主要有利于富人），普遍的医疗保健成本的上升，尤其是处方药，也都要求"小政府"。联邦政府放弃责任，由州控制的健康和社会福利方案取而代之。这导致了贫富之间、健康的人和病人之间、完全能参与到我们社区中的成员和那些被排除在外的人之间的差距越来越大。

更普遍地说，随着穷人在城市中聚集，以及为他们服务的机构（福利、医疗、教育）越来越复杂，人们与这些重要系统之间的基本关系必然会受到阻碍。人们只需想想自己在新学校的第一天或是进入繁忙的医院时的反应，就会记起这个系统看起来是多么奇怪、令人难以忍受和没有人情味。与复杂性相关的障碍是固有的，它们常常在不经意间从系统的运行中冒出来。

合法和非法移民已经成为一个影响非比寻常的社会和政治问题。有趣的是，人们对越来越多的移民，特别是来自墨西哥及中美洲和南美洲其他国家的移民产生了情绪上的强烈抵制，这往往是基于那些寻求政治利益的人或迎合观众偏见的脱口秀主持人推波助澜的不实之说。例如，大规模移民导致低工资的谬论受到了研究的质疑。研究表明，大规模移民实际上会使普通民众的工资更高。值得注意的是，那些依赖移民从事其他人不愿去做的工作或虚位以待训练有素的工人的主要行业，也已联合起来，提议修订移民法和获得公民身份的路径，他们认为这对自身行业的生存至关重要。这是一个例子，说明即使是在社会冲突的时刻，也有可能识别出我们更大的社会与受压迫和脆弱群体之间本质上的共生性质。

个人利益与社会利益的分歧　第二组障碍跟人们与对他们重要的系统在利益上的分歧有关。生活不仅仅是相互关心和相互依存。有时，个人利益与他人的利益会直接有冲突。事实上，作为成长过程的一部分，每个人都必须学会放下自己眼前的需要，以便切合社会秩序。

举例来说，在婚姻或伴侣关系中，男人可能会认为他有一些砝码保持传统的、有特权的性别角色。这种关系中的行为规则、规范和传统结构为享有特权的男性伴侣提供了一些收益。一个能发展出有别于丈夫和家人的自我身份意识的自信的女人可能是一个更有趣的人，但她也可能会吓到一个为自身价值感所困扰的伴侣。共生关系的障碍可能是由家庭成员对改变的矛盾心理造成的。快速的变化给我们社会中的所有人带来焦虑，所以我们经常试图维持现状和保持延续性。

复杂的系统对它所服务的人也是矛盾的。例如，政客们可能会把社区行动压力团体视为眼中钉。这些群体在曝光重要的未被满足的需要的同时，也显露出难以处理的问题。政府机构面临着方方面面分经济蛋糕的要求，而公民团体加剧了这一压力，带来了新的困难。学校理事会可能鼓励家长成立团体组织，但当家长团体公开质疑教育质量，而不是去支持销售烘焙糕点和学校组织的旅行时，学校理事会就不那么积极了。

虽然增强和接纳最脆弱的人群对社会而言有重要益处，但也有一个经济上的自利因素，使社会维持贫困人口并助长责备穷人自己导致了问题的刻板印象。很容易看出，对作为我们社会反馈来源的强大、活跃的社区压力团体的需要如何被对和平与宁静的眼下需要所遮蔽。类似地，像学校这样的大型机构发现，与顺从、不惹麻烦、遵从当前秩序的学生和家长打交道更容易。这些学校往往没有意识到它们在家长参与孩子的学习方面所付出的代价。

人际沟通问题　第三组主要障碍是与人际沟通有关的问题。分享和理解痛苦或禁忌的想法与感受是很困难的。人们发现很难说出关于性、权威、种族、亲密、依赖、失落、性取向等的感受。我们社会的强大规范会渗透到每个人际关系中，常常使相互理解难以达成。人与人之间最重要的对话都是通过很难被破译的间接沟通进行的。

举例来说，丈夫如果因为妻子对性关系明显缺乏兴趣而感到受伤害和被拒绝，他可能会在完全不相干的地方用敌意或讽刺性的言论来表达。反过来，妻子可能会通过对性行为缺乏兴趣来表达对丈夫总是批评自己的反击。每个人都可能感觉到非常需要另一个人，而这种需要为不成熟的沟通方式所产生的积怨所掩盖。

如果学生觉得老师总是对他们不利，或是种族主义者，或是不喜欢他们，或是让他们觉得自己在学业上无能，或对他们的期望较低，他们就可能回之以学业失败、不为上课做准备、攻击性行为和逃课。

在我们基于学校的 VISA 项目中，有一个学生——一个年轻女孩，在走廊里与一位老师发生了口角，还差点发生肢体冲突，之后她被停学，其中缺乏清晰的沟通令人痛心和震惊。在做了大量的工作让她有安全感来分享这件事后，这位学生才在我们的一个互助小组中描述了事情的经过。当时她正和朋友们一起走着去学校的一头上课，老师对她说应该往另一个方向走。没有交代的是，她最近被转介到一个特教班，她的朋友们对此一无所知。她之所以向错误的方向走，是因为要隐瞒她需要去上一个用她的话说是给"傻瓜"的课。她拒绝改变方向是一种间接的沟通，她的老师没能领会。老师没有给学生一个谈谈这件事的机会，而是把它变成了一场意愿之争，结果每个人都输了。支持小组成了一种方式，帮助学生重新思考自我形象并建立更好的沟通策略以避免自毁行为。

教师由于无法触及孩子们的内心，便常常回之以增加训诫或惩罚，或者在某些情况下基于种族、阶层、民族或性别对孩子形成刻板印象。对孩子们来说，教师发出的信息是不在乎他们。而对教师来说，孩子们（或他们的父母）发出的信息也是不在乎他们。

在大多数情况下，他们都错了。孩子们成功完成学业以及老师帮助学生度过困难的学习时段的利害关系，可能会被他们之间的误解压制。学生和老师不但没有加强关系，反而互相疏远了。当对公办教育的财政支持减少，导致班级人数增加、支持性服务减少和提供给有特殊需要的儿童的资源也减少时，克服这些障碍的难度就更大了。

　　教师可能没有意识到社区和家庭的问题会极大地影响到学生。物质滥用、身体和性虐待、目睹社区暴力造成的替代性创伤、亲属因吸毒和其他犯罪而被监禁以及其他一些问题都可能严重影响哪怕是最健康的人。学校里的行为问题常常都是求救信号。

　　在我指导的另一个城市中心区中学的暴力预防项目中，受过培训的工作者使用恢复性司法模式，每周与学生和老师会面三次，以确定发生冲突的问题，并要求整个小组研究解决冲突的方法。欺凌、消极的旁观者行为等问题得到了讨论，使学生和老师的压力和冲突明显减少。

　　最近，人们对网络欺凌问题的关注集中在受到网络人身攻击的学生的暴力行为和自杀行为上。最近通过的纽约州《尊严法案》试图解决在校园和路途中出现的这些问题，然而，网络欺凌问题以及缺乏网络旁观者有助益的回应，要求有技术性的干预来识别和影响使用社交媒体的这种形式的欺凌。它还必须解决隐私问题，这可能与识别对自己和他人的威胁以及网络欺凌的工作有冲突。

　　再举一个例子：曾经因为同性恋而被家人拒绝的男同性恋者，后来被诊断为艾滋病病毒阳性，他可能会强烈地感到需要修复断裂的原生家庭关系。由于受到家人的深深伤害，他可能不愿意与父母联系，告诉他们他的病情。对家庭来说，儿子生病的危机可能是打破拒绝的循环、允许某种形式的家庭团聚和疗愈所需的催化剂。他担心再次被拒绝的痛苦可以理解，这可能会阻断他表达需要家庭关系的沟通能力。

　　在父母与子女、医院病房与病人、学生与学校、艾滋病患者与家人、个人与群体之间的关系中，即在个人与社会交往的每一种特定情况下，必不可少的相互需要是脆弱的，并且很容易因为复杂的情况、各种不同的需求或者沟通的困难而面目全非。

　　正是由于这一始终存在的共生性消散的可能性和丧失清楚的共生努力意识，社会对社会工作专业的需求才应运而生（Schwartz, 1961）。该专业的任务直接关乎这样一个事实：障碍很容易遮蔽个人与重要系统之间的相互依赖性。当双方都看不到这一重要联结时，就需要第三方力量来帮助他们重新获得对此的理解。根据施瓦茨（Schwartz, 1961）的观点，社会工作专业的历史牢固地植根于关注个人福祉和社会公正这两大源流，最独特地适合这一角色。第三种力量的观点产生了在本章后面描述的社会工作专业人士的功能。

改变的力量假设

　　相信存在共生努力与另一个关于个体和社会联结的假设密切相关：个人和系统都包含着实现这种相互性的力量。这一假设基于的观点是，人们（和复杂系统）能不受制于过去的经验，为了自身的利益行事。从哲学的角度来看，这可以被认为是一个"存在主义"的模式，在这一模式中，个体在行动中强大。

　　另一种观点认为，人们基本上是根据过去经验积累的力量和技能来采取行动。用哲学上的语言作类比，就是目的论的观点，即个人是根据自己的本性和能力行动。一个人现在明显不愿行动，与早期的创伤性事件有因果关系。简单地说，它是两种不同观点之间的争论，一种是什么样的人便做什么样的事，另一种是你做什么样的事成就了你是什么样的人。这里所主张的是，当指的是服务对象时，他们的行动力强他们就强大。

虽然从逻辑上讲似乎是过去的经验会影响个人尝试与新环境协调的方式，但是这一观点有其危险性，即会先入为主地判断和低估服务对象（或系统）的抗逆力、优势和变革能量。在这里介绍的框架内，对于个人的描述最好借助于行动，他是强大还是软弱取决于在当前时刻自身行动的强弱。这种态度的实践意义是，工作者必须相信，个人或制度有能力为自身利益而行动，哪怕只是小步迈进，而这种迈进会带来力量的增强和更多的改变。下一章会更充分地讨论这些优势和抗逆力视角。

头脑里装着这一基本假设及互动视角的助人者应当始终给服务对象设置"工作要求"。当工作者敦促服务对象有效地完成自身的任务，并投入精力和情感时，就是提出了工作要求。工作本身，即过程目标（即使是被强制的服务对象）必须由服务对象分担，而不单单是由工作者强加给服务对象。通过这种方式，所要完成的任务正是服务对象同意要求处理的问题。这种要求还必须伴以支持，即所谓的"带有同理心地提出工作要求"。当我们促使服务对象迈出艰难的下一步，直面痛苦的感受，接触对他而言重要的人，或者是冒一个风险时，正是服务对象最需要我们的支持和同理心的时候。类似的工作要求也会提给系统（例如医生和教师），我认为我们与其他专业人员的共情能力同等重要。

在这一点上，一个常见的表达是"抓住服务对象的优势"，这意味着，获取优势的行动本身，即表达相信服务对象具备完成任务的潜能，甚至拒绝接受服务对象说自己的不足，是帮助服务对象采取行动的要义。可能服务对象陷入目前的僵局，正是因为从重要他人那里获得的所有信号都强化了自己无能为力的信念。相比之下，社会工作者做事的基本原则是：不管情况看起来有多绝望，总可以迈出下一步。

在我自己的小组工作实践中，我遇到了一群艾滋病患者，他们显然已经放弃了与他人建立非剥削性的、无毒品和酒精的亲密关系的能力。我告诉他们，必须放下自己的顾虑和问题，成为彼此互相支持的团体。我喻示他们有互相帮助的能力，通过帮助别人，他们自己也会得到帮助。这是互助支持小组的一个关键概念。我的工作要求源于这样一个信念：即使是这样一些多年有多种物质滥用、入狱服刑、卖淫和童年创伤的服务对象，仍然有力量在小组中走近彼此，小组则充当宏大社会中的小环境。小组成员的回应以及他们互相关心的能力归功于自己，也是对优势视角和互助模式的肯定。

刚刚展示的假设会在本书描述的模式和例子中重点相互作用。工作者会一直寻找微妙的联结，并要求服务对象和系统发挥潜力，采取行动，寻求改变。这种实践观建立在对相互依赖理念的深信不疑，视服务对象为改变、疗愈和成长的能量之源，相信服务对象的力量，以及关注健康的方面而非疾患方面上。

这一立场并不否认这样一个事实，即由于许多复杂的原因，某些服务对象和某些系统在某个特定时点无法运用工作者的帮助。助人过程是相互作用的，工作者一方会尽最大努力履行自己的职责。即便如此，服务对象一方仍有需要发挥作用的地方，而且他们的力量帮助决定了结果。例如，无论工作者技巧多么娴熟，他可能都无法接触到滥用毒品的服务对象，直到这个人进入戒毒中心并停止使用可卡因或鸦片。

我们将在本书中运用我自己和其他人的研究成果，探讨压力、承认问题和动机如何影响服务对象在任一特定时点接受和使用帮助的方式。然而，另一个核心概念是，服务对象在生活中的某个特定时点不能使用帮助，并不意味着他以后不能使用帮助。在我指导的一个项目中，我们开展即将过渡到独立生活（长到一定年龄后离开寄养系统）的较大的寄养儿童的工作，我们发现服务对象在十七八岁时已准备好应对这些问题，而在十五六岁时明显还没考虑。我相信，社会工作者早些年运用娴熟技巧所做的工作，可能为一旦服务对象准备好了，我们的工作便能取得进展铺平了道路。

社会经济因素，诸如收入、住房和就业趋势，也极大地影响社会工作的结果。因此，社会工作者必须关心影响人们处境的社会政策。意识到社会政策的变化并致力于改变社会政策是助人工作的组成部分。认识到某个特定的服务对象当时可能无法使用帮助，但工作者仍会始终尝试寻求服务对象的力量，因为这正是能给予帮助的方式。

社会工作专业：简要的历史视角

到目前为止，我们试图将每个服务对象看作我们社会中更普遍的个人与社会互动的一个特例。我们现在要探讨的问题是社会工作专业在这一过程中所扮演的角色。虽然详细讨论这个专业发展的复杂历史不是本书的范畴，但对其独特的历史根源的大体了解会有助于我们正确看待助人角色。

为什么这很重要？我相信每一个专业都经过多年的发展来满足我们社会的特定需要。例如，教育的实质是用来将我们社会的知识传递给每一代人，以满足我们社会和个人对见多识广、知识渊博和技能娴熟的群体的需要。医学和护理是扮演重要角色的专业的例子，它们通过预防和治疗工作满足我们的健康需要。另外，法律专业得到了总的授权，处理制定规则问题，用来指导我们以有组织的方式在一起工作和生活。当然，每一个专业都有更广泛的授权（比如医学研究），但每一个专业的出现都有一个核心目的。那么为什么我们的专业——社会工作——会发展出来呢？

教育政策 8a
教育政策 8d
教育政策 5a

专业根基

我们现在所知道的社会工作专业，产生于对助人过程的两种基本思想的融合。其中一个思想渊源是那些对社会变革问题感兴趣的人的工作。有一个例子是早期的社区睦邻运动，最常被提及的是简·亚当斯（Jane Addams）在建于 1889 年的赫尔大厦的工作（Addams，1961）。这场运动起源于英国，是世纪之交为应对城市化、工业化和大量移民涌入北美所造成的压力而发起的众多运动之一。这些早期社区取向的社会机构的使命包含帮助移民和其他贫困家庭更有效地融入美国社会。与此同时，这些运动的领导者，主要是当时的中上层自由主义者，向这些人群所遭遇的社会状况开战。破败的住房和糟糕的医疗服务、童工、城市工厂压榨工人的状况都成为社会变革的目标。

尽管让简·亚当斯声名远播的是她以其相对激进的取向，积极地让她为之工作的受压迫者参与变革，但在社区睦邻运动中的许多人却用"为你而做"的取向开展目标人群的工作。很少有人致力于通过赋权，真正组织贫困者，有效地反击与阶层、性别、种族、民族等有关的压迫力量。赋权过程包括让服务对象（个人、家庭、群体或社区）发展出自己的力量，以便在个人和政治层面上更有效地应对对他们很重要的系统。早期社会运动的领导者倘若试图以这种方式动员服务对象群体，他们很可能会被视为过于激进，面临政治打压，就像早期的工会和争取妇女投票权的妇女参政呼吁者面临的境遇一样。

此外，这场早期的社会公正运动还将贫困者的文化适应作为一项主要任务，即让他们接受工作者自身的中上层社会的价值观和信仰。培养对艺术的鉴赏力，如古典音乐和文学，以及参加其他"高雅"的活动，被视为自我完善和品格塑造的途径。工作者通常住在服务对象所在的居民区；助人被视为是做些实实在在的事情。举个例子，如果城市生活环境过于拥挤和不健康，那么孩子们就需要在夏天被转移到在乡村的营地。20 世纪 30 年代之前，这一社会变革取向就加入新兴的社会工作专业的主流中。这种早期对弱势群体社会公正的关注，成为当下社会工作专业身份的一个重要组成部分。小组工作方法和社区组织方法的起源可以追溯到这些专业先驱者。

专业发展的另一大主流植根于满足个人的需要。这一潮流的奠基人通常被认为是玛丽·里士满（Richmond，1918），她在慈善组织协会的工作为社会工作的专业化做出了重大贡献。她致力于把社会工作从理解为给贫困者做慈善的"友好访问员"转变到系统性的、专业的助人工作。里士满对助人过程很感兴趣，想把它记录下来，加以分析，然后教授。

到了 20 世纪 30 年代，社会工作领域出现了两个新的专业方向：小组工作和社区组织。小组工作与非正式教育和社会化运动密切相关。早期的领军人物有格雷斯·科伊尔（Coyle，1948）和格特鲁德·威尔逊与格拉迪斯·瑞兰（Wilson & Ryland，1949）等。他们的工作重点是运用朋辈小组来帮助人们应对生活中的常规任务。一个典型的小组可能由一些十几岁的青少年组成，成为社区中心的一个社交俱乐部；会有一位指定的小组工作者帮助他们学习如何有效地一起做事。诸如游戏、唱歌、手工艺或保龄球之类的活动为小组成员提供了娱乐和做事的途径，以完成适当的个人和小组发展任务。

从 1959 年到 1961 年，我在哥伦比亚大学社会工作学院主修小组工作。在我们 30 名学生中，有 29 名在社区中心、居民区、基督教男青年会和希伯来男青年会实习。除了我们的核心社会工作课程，主修小组工作的学生还参加一些活动课程，包括游戏、唱歌、跳舞和其他一些方案活动，主修个案工作和社区组织的学生也参加这些课程。我清楚地记得，当我们的个案工作同事走过我们敞开的教室门时羡慕的表情。

早期的社区组织活动旨在通过社会机构的委员会等协调社会服务。第二个作用是通过社区基金会（community chests）之类的组织为私人的社会福利活动募集资金，这些组织是今天联合之路筹款活动的先驱。直到 20 世纪 50 年代末 60 年代初，响应当时的社会活动家的主题和民权运动，并借鉴诸如索尔·阿林斯基（Saul Alinsky）等活动家发展出的社区行动与组织者模式（Reitzes & Reitzes, 1986），社区组织实践才转向注重组织服务对象和社区其他成员并为其赋权，以实现社会变革。

施佩希特[①]和考特尼（Specht & Courtney, 1993）描述了 20 世纪 30 年代中期的三个源流，即个案工作、小组工作和社区组织，汇聚到一起，形成了社会工作的三位一体。

> 社会工作实务已经演进出专门化的方法：社会个案工作、社会小组工作和社区组织。每个都借鉴了不同的理论。社区组织显而易见与社会个案工作栖息的组织框架有关联，这种关联使两者建立关系切实可行，尽管社区组织与社会个案工作在哲学和理论上并不相投。社会小组工作始于对社会进步和弱势群体道德提升的哲学关注。然而社会个案工作侧重于问题的个人原因，社会小组工作侧重于公民的社会行动和社会发展教育。(p. 36)

因此，这三种主要的实务模式，每一种都按其目标服务对象（个人、家庭、小组和社区）来定义，合并成为现代社会工作专业。

1955 年，联合的专业组织创建。美国小组工作者协会（American Association of Group Workers）、美国医务社会工作者协会（American Association of Medical Social Workers）、美国精神病社会工作者协会（American Association of Psychiatric Social Workers）、美国社会工作者协会（American Association of Social Workers）、全国学校社会工作者协会（National Association of School Social Workers）、社会工作研究组（Social Work Research Group）和社区组织研究协会（Association for the Study of Community Organizations）等七个独立的社会工作组织联合组成了一个共同的专业组织——全国社会工作者协会（National Association of Social Workers，NASW）。社会工作者有了共同的伦理守则、价值观体系、知识和技巧；然而，社会工作者仍然按照工作方法把自己归为不

---

　　① 哈利·施佩希特（Harry Specht）是 20 世纪 60 年代早期发展社区行动计划“青年动员”项目的核心人物。该项目由肯尼迪政府资助，投入 1 300 万美元，通过综合性的工作影响纽约市下东区的社会福利、教育和社会服务，打击青少年犯罪。这个项目由社会工作者设计和负责。它是全国性的志愿服务美国（Volunteers in Service to America，VISTA）志愿者计划发展的原型。施佩希特博士是我社会工作硕士课程第一年实习的指导老师，帮助我形成了关于社会工作在社会公正领域中的作用的看法。

同的群体，称自己为个案工作者、小组工作者或社区组织者。

对于个案工作者来说，最初的友好访问员的"友谊"变成了临床工作者与服务对象的"关系"。除了少数例外，精神分析理论的强大影响在社会工作学派中显而易见，医学的诊断模式，即研究、诊断和治疗的三阶段模式，被视为值得效仿的专业性模式。

在接下来的演变中，这三种实务模式被归入两个更宽泛的类别。个案工作、家庭工作和小组工作被合并为"微观"或"临床"实践。社区组织与"宏观"类的政策和管理取向的社会工作更加密切地联结在一起。一种不强调专门化的趋势导致了"通才实务"一词的广泛使用，这一术语描述的是社会工作从业人员有广博的知识和技能，并能全面地预估问题及其解决方案。通用社会工作一词经常与通才实务互换使用，尽管前者更多特指强调共同核心知识和技能与社会服务的提供相关联的社会工作取向。

这一历史回顾对社会工作专业的发展做了极简的描述。就我们而言，目的主要是阐明专业是一个独特的混合体，它融合了对个人疗愈的兴趣和对通过社会变革致力于社会公正的兴趣。这是将要呈现的"两个服务对象"观念的历史基础，它是社会工作互动模式的核心。对于个体服务对象与其社会环境（"第二个服务对象"，如社会、社区、家庭、小群体）之间的复杂互动，社会工作专业人员总是会被识别出来，因为他们关注两个服务对象。虽然共同的价值观、知识、信仰、技巧、专业协会、伦理守则等有助于把专业力量联合在一起，但是社会对于社会工作者的作用的感知才使工作者的专业与众不同。

社会工作专业的功能

在形成自己对社会工作专业在社会中的作用的看法时，施瓦茨（Schwartz，1961）不接受广泛秉持的观点，即仅基于共同的知识、价值观和技能来定义社会工作专业。他还反对在描述这一专业的作用时仅能解读为渴求积极的总的结果，例如"增强社会功能"或"促进个人的成长和发展"。他的理解是，社会工作专业需要一个总括的、具有独特性的功能说明，以指引所有社会工作者的行动，而不管他们的从业场所怎样。尽管实务的许多要素都要借助于服务对象面临的特定问题与机构或主办场所的使命、服务的模式（如个人、小组或家庭辅导）、服务对象的年龄和人生阶段等来描述，但是施瓦茨认为专业的功能是所有社会工作实务理论的核心和恒常元素。

教育政策 5a
教育政策 5c

功能在这里被定义为每个社会工作专业人员在助人过程中所扮演的具体角色。为了更好地理解这个词，思考一下如果汽车发动机的所有部件都像人一样，它可能会怎样运转。如果我们把化油器的功能定义为"帮助汽车移动"，那么我们是根据结果来定义功能。对化油器来说，这并不能提供具体的工作指针，它只能自己去想在这一过程中该做哪部分工作。相反，如果我们明确地将化油器的功能定义为混合空气和汽油，产生雾化气体，然后由火花塞点燃，我们的拟人化的化油器就会清楚地知道如何发挥自身的作用。如果发动机的所有部件都清楚地了解自身的功能性角色并有效地做了该做的事情，汽车就会开始移动。

这种精准的功能正是施瓦茨所认为的每个在日常实践中面临许多复杂情况的社会工作者需要理解的自己所扮演的角色。这一专业角色会跟随社会工作者前往任何任职工作机构或接待机构，并在一定程度上定义社会工作者在任何特定时点的干预。我们会认出社会工作者的行动，并将他们与其他具有类似知识、价值观和技能的专业人员区分开来，因为我们会看到他们干预措施背后的功能性角色。

施瓦茨对社会工作专业功能的定义基于先前描述的个人与社会的关系本质上是共生的基本假设。他检视了这一专业的历史，并试图识别出可以用来定义他的独特角色的最精粹的功能性任务。他对社会工作专业的功能的定义是："借助自我实现的相互需要，对过程进行调解，让个人和社会相互联通。"（Schwartz，1961，p.9）因此，第三种力量被引入了一个假想的服务对象试图与几个重要系统打交道的图中（见图 1-2）。

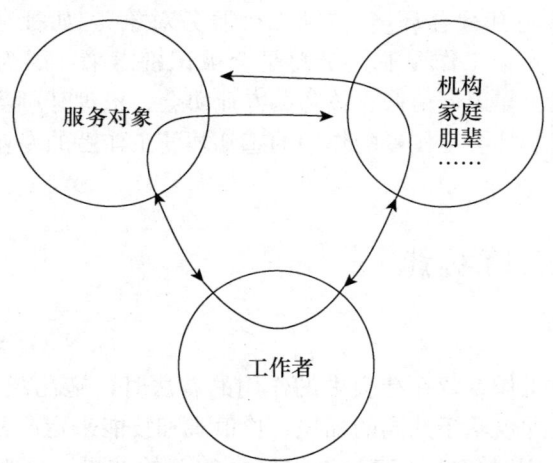

图 1-2 服务对象、系统和工作者的关系

加上工作者，基本的三角形模式就成形了。左侧是服务对象，正尽其所能与重要的系统沟通协商，却往往同时抛出防御措施，切断他与所需系统的联结。右侧是向服务对象伸出手，要将服务对象纳入其中的系统，但在这样做的时候往往带着矛盾。最下面是社会工作者，他们发挥功能，调动技能，努力帮助服务对象和系统克服阻碍他们建立关系的障碍。

34 思考一下做前面描述的那些因暴力或其他负面行为而被学校停学的学生的工作时这种功能性角色的运用。而其他职业（如管教辅导员、心理学工作者、学校护士）可能会将自己的角色局限于直接开展学生的工作，而且事实上是有一定成效的，而一个清楚自身角色的社会工作者则必须把学校、学校的行政管理部门和员工、家庭甚至社区视为第二个服务对象。社会工作者的功能性角色会要求他技巧娴熟地开展工作，去影响系统，这样系统才能更有效地理解和回应学生的行为。

这个角色本质上会关心社会和教育政策、资助决定以及任何会影响学校和学生的事情。这一独特的责任和功能性角色也可以在试图对医院、养老院、住宿机构等施加影响的社会工作者身上看到。第十五章将重点阐述这一独特的社会工作角色以及在形形色色的场所社会工作者落实该角色所需的动力和技巧。

有人可能会说，我也同意，所有的助人专业在其特定的场所中以及在更广阔的社会中，都对社会变革负有一定的责任。然而，社会工作是唯一继承了这一角色的专业，事实上，这有助于阐释我们的工作的独特性。跟随本书的内容，并看到如何开展个人、家庭、小组和社区的工作，读者会反复了解到明确这一角色如何为社会工作干预提供了方向和力量。在关键时刻，当社会工作者似乎不确定下一步该做什么时，读者也会看到角色功能上的混乱是如何使工作停滞不前，并导致干预效果不佳的。

有些人可能认为这种功能性陈述太有局限性。我已经指出，调解一词是广义的，会包括对抗和倡导等其他活动。有时候，助人者和系统之间的关键工作需要采取冲突策略和施加社会压力。在本书引用的一个例子中，一位社会工作者帮助房客群体对抗房管局和政治制度，因为住房项目的管理人员对房客没有回应（参见第十六章）。

即使使用了广义上的调解，可能还是有人认为这种功能性陈述过于有限。但是，如果助人者对于助人的功能非常清楚，并且对该功能有明确的界定，那么持续发挥该功能的机会就会增加。杰西·塔夫特（Taft，1942）强调了这一观点。她是宾夕法尼亚大学功能派社会工作实务的先驱之一。此外，服务对象了解助人者会做什么，即助人者提供帮助的方式，便能更好地使用工作者的服务。

伴侣辅导就是个很好的例子。伴侣之间的分歧常常导致他们认识的大多数人（家人、朋友、同事）偏袒一方或另一方。在进入辅导过程时，最初经常在双方的脑海中出现却没有说出来的问题是"社会工作者会站在哪一边"。只有通过讲解和示范，技巧娴熟的工作者才能让伴侣明白，工作者必须同时站在双方的立场上才能帮助他们。实践经验让大多数工作者懂得，一旦他们只与其中一方而不与另一方站在一起（这是一个功能混乱的例子），对那位感觉自己被孤立的服务对象来说，社会工作者就没有什么作用了。

清楚自己在助人过程中的专业功能和角色对于有效地开展实务工作至关重要。当社会工作者清楚地知道自己在互动中的角色时，他就不太可能取代服务对象的角色，换句话说，就是包办服务对象的事，而不是和服务对象一道解决问题。一旦社会工作者整合专业功能和角色意识，沟通、人际关系和问题解决技巧就成为他们把自身功能付诸行动的工具。

长期以来，我一直相信并观察到，大多数学生和新从业者已经具备许多助人所需的基本人际关系技巧。一旦他们对自己作为社会工作者的通常功能有了明确的认识，并与在特定场所跟特定服务对象的具体接触方式、特定的实务模式（如家庭工作或小组工

35

作）相结合，那么随之而来的就是发展出更精深的技能。这样一来，清楚地了解自身的角色意义重大；初出茅庐的工作者只要清楚地知道自己的角色和目的，便能从一开始就做得很好。

同样，一个专业与其他专业的区别在于它的功能性角色，而不是它的知识、价值观和技巧。例如，在医院里，同理心技巧对社会工作者、医生和护士都很重要。每个专业人员都必须运用这些技巧来实现各自的功能。

在这本书的许多例子中，你会发现，当社会工作者对自身的功能没有清楚的感知时，便会在实践中常常遇到麻烦。例如，你会读到一些在家庭工作中发生的事，社会工作者站在孩子一边而与父母无法沟通。这样的工作者不再能帮助家庭解决问题。在另一个例子中，一位新工作者声称他通过周日带服务对象去教堂"解决了"他的问题，这也可能是社会工作者不清楚自己的角色边界。

人们可能会把持续的专业发展看作社会工作者不断加深对助人功能的理解以及知晓可能导致功能混乱和消解的情况。功能消解指的是当社会工作者试图为每个人做所有的事而失去工作重心时的情况。然而，功能消解不是不治之症，通常通过一剂功能澄清剂就能治愈。

此时，你可能想知道，一般来说这一调解任务是怎么践行的。我们会在本书余下的内容中，用从不同场景中选取的各种类型的个人、家庭、小组和社区工作的事例来尽力解答。在每个例子中，你应该设身处地把自己想象成那位工作者。这样做的理由是，工作者在特定的互动时刻对下一步的感知，会受到内化了的功能感知的重大影响。

这些讲解性的点评会呈现在对运用通用过程模式每一步的分析中，贯穿全书。实务案例部分会进一步阐释这一功能和工作者的任务。

社会工作技巧与工作关系

教育政策 6b
教育政策 8d

社会工作实务的互动理论的核心是助人过程模式，在这一模式中，工作者运用技巧帮助营造积极的工作关系，有些地方称之为"治疗联盟"。继而，这一关系充当媒介，工作者通过它影响实务工作的结果。这个简单的模式可以用图呈现出来，请参见图 1-3。

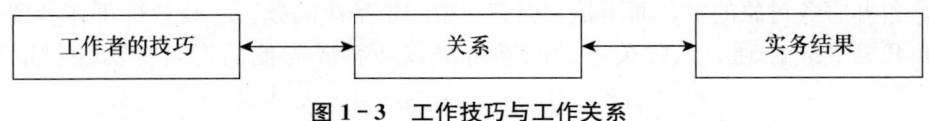

图 1-3　工作技巧与工作关系

虽然这一模式喻示，技巧的运用会带来工作关系，进而影响结果，但双箭头暗示这一模式

是动态的。例如，工作关系的变化会影响工作者所运用的技巧。工作者可能会受到其与服

务对象的互动中关系性质的变化的影响（比如，积极的关系会带来工作者一方更有同理心）。同样，对服务对象来说，积极或消极的结果也可能会影响其对关系的感知。

结合到这一理论里面的另一个模式是有关服务对象情感管理的能力和处理问题的能力之间的关系。这些想法是我理论构建工作的部分成果，我在其他出版物中有所描述（Shulman，1978，1981，1991）。这个理论建构是基于这样一个假设，即我们的感受强有力地影响着我们的行动。感受和行动之间的关系是交互的：我们的行动也会影响我们的感受。

对于这种感受与行动的联系，我们可以添加第三个元素：认知。认知是指服务对象看待自己及其环境的方式。认知行为理论（Berlin，1983）有助于拓宽我们对下列问题的理解：服务对象对现实的感知，如何对自我形象、认识问题的本质以及应对能力的自我评估产生强大的影响。在本书中，我认为以循环交互的方式，服务对象的想法会影响他们的感受，继而影响他们的行动。书中呈现的模式可以称之为认知-感受-行动框架，以区别于整合认知行为方法的其他模式。

例如，正如我们前面提到的，一些童年时期遭受过性虐待的女性幸存者在进入青少年时期时，称自己是"损坏的物品"。这些服务对象对所经历的压迫的回应方式可能是内化消极的自我形象，认为要对发生在自己身上的事负某种责任。她们可能会表达有负罪感并担心自己可能诱惑了实施性虐待的成年人，从而用自责的方式将问题的责任转移到自己身上。这是一个现实的内化压迫者的例子（压迫模式在第二章会有更详细的讨论）。抑郁症状和个人的淡漠往往掩盖了潜藏的怒火，孩子为了生存而学会了压抑它。喝酒、吸毒是一种逃避，远离遭受虐待所带来的痛苦，这也是前面描述的自我毁灭行为的一个例子。这样的行为使受压迫的服务对象变成了自动的压迫者。

这些低自我形象的认知以及与之联系在一起的可能衍生出的感受（如羞耻感），可能会导致这些青少年幸存者进入延续剥削的关系和生活形态。例如，低自尊可能会让一个女人跟那些剥削她的男人生活在一起，这些男人用身体、情感和性暴力来维持对女性生活的控制。吸毒和被裹挟进街头文化可能会导致卖淫。服务对象的这些行为，与她们的感受有关，反过来可能加深了"损坏的物品"的感觉。因此，服务对象的感受、想法和行动之间的消极交互关系导致生活问题不断加重。当然，对于许多幸存者来说，保护性因素（在下一章中描述）可以减轻虐待对她们生活的影响。

需要采取干预措施来打破这种恶性循环。随着工作者帮助服务对象看到埋藏着的痛苦和愤怒，并直面内在的压迫者，有时是直面实际的压迫者，服务对象就可以开始控制自己的情绪，并能更有效地加以管理，而不是为情绪所困。有效的实务工作可以帮助服务对象在认知上重新界定问题的根源，并开始将自己视为幸存者而不是牺牲品。在本书后面也会描述的寻解治疗的技术，能够帮助服务对象看到自身的力量，并开启疗愈过程。用第十四章描述的一个幸存者支持小组成员写的一首诗的话来说，服务对象可以克服痛苦，看到自己"活下来并欣欣向荣"。

为了达到目的而处理情感的原则是，工作者帮助服务对象看到自身的感受和认知与行动之间的联系。意识到我们的所思、所感和行动之间的联系是控制这些想法和感受以及我们行为的最初的一步。随着服务对象能更好地管理这些感受，并对自己和情况有更准确的评估，他们就可以开始更有效地处理自己的生活问题。成功地应对生活中的问题，反过来，又会影响他们的想法和感受。

举例来说，一位十几岁的虐待幸存者，可能先从自己做起，迈出第一步，开始改变自暴自弃的行为。接受帮助戒除毒瘾，进庇护所不在街上流浪，或者试图打破受虐待和剥削的关系，这些都可能是她向着挣脱牢笼迈出的第一步。她为了自身利益而迈出的每一步，无论多小，都能让她对自己有更积极的感受，并使她更坚定地迈出下一步。因此，管理她的感受有助于处理她的问题，而处理她的问题有助于管理她的感受。这是本章前面描述的存在主义方法的一个例子。这个服务对象的强大源自她采取的每一步行动都在增强她的力量。

随着对这一模式的探查，我们会看到，如果工作者要帮助服务对象管理他们的感受，工作者必须能管理自己的情绪。例如，由于感觉到服务对象的痛苦，帮助性虐待幸存者的工作者可能会过早地试图安抚并未受损伤的服务对象。或者，工作者可能会让这个妇女把怒火转到剥削她的男人身上，这可能会抢先一步，让服务对象没机会自己做些必要的功课，面对自身的愤怒。工作者的这两种可以理解的情绪反应都可能会阻断服务对象管理自己情绪的能力。而工作者要做的是分享自己对服务对象的痛苦的感知，而不去尝试减轻痛苦。例如：

> 我听你说的时候，我感觉到了你有多痛苦，你一定感到受了多么大的伤害。我很想说："别这样想！你是个有价值的人。"但我知道不管我说什么，痛苦都在那里，我不能让它消失。

38　　工作者也可以分享对剥削他人的男人的愤怒，例如，对性虐待的父亲，但是方式是能帮助服务对象面对自己的愤怒，而不是代替她处理情绪问题。例如：

> 当我想到本应照顾你、保护你的人对你做的事时，我就很愤怒。但从你对我说的话来看，你现在的感受很复杂。听起来在很大程度上，你希望自己的家庭不是这样，能够改变，你们仍然可以像一个真正的家庭。

在这一模式中，工作者分享自身的感受，我称之为整合个人和专业的自我，是一个至关重要但也有些争议的要素。再来借用医学界的观点，该领域的许多人以及社会工作文献都普遍禁止社会工作者在任何时候分享自己的感受。我会在整本书中论证并说明这是一种错误的二分法，事实上，根据我自己对医患关系做的一些研究（Shulman & Buchan, 1982），这一原则甚至不适用于医学专业。问题在于，我们如何在适当的边界内，恰当地、专业地"使用自我"，而不是在呈现设定的情绪空白中"丧失自我"。全书会对这个问题做更多的探讨。

我的研究（Shulman，1991）检验的八个技巧在我之前的研究（1978，1979b）中被证明是最重要的技巧。（本章最后一部分概述了该研究及其结果。）早期的研究考察了 22 个具体技巧，在这 22 个技巧中有 10 个与建立积极的关系和工作者助人有着显著的相关。尽管所有这些技巧（和其他技巧）会在接下来的各章中进行讨论，但是重点会放到近期工作中所考察的八个技巧上。这八个技巧分为两组，如下所示：

工作者帮助服务对象处理感受的技巧：

- 探寻沉默的内涵；
- 将服务对象的感受转化为语言；
- 显示对服务对象感受的理解；
- 分享工作者的感受。

工作者帮助服务对象处理自身问题的技巧：

- 澄清工作者的目的和角色；
- 寻求服务对象的反馈；
- 拆分服务对象关注的问题；
- 在禁忌领域支持服务对象。

所有这些技巧在实务工作的各个阶段都很重要。然而，每个技巧在关系的不同阶段可能有不同的意义或影响。鉴于助人过程如此复杂，在不同的工作阶段之下对各个技巧进行分析是很有价值的。本书描述了下述四个工作阶段：

初始（或准备）阶段；

开始（或订立契约）阶段；

中间（或工作）阶段；

结束和转换阶段。

初始、开始、中间、结束和转换，每一个阶段的工作都有独特的动力，要求具备专门的技巧。塔夫特（Taft，1949）是最早关注时间对社会工作实务的影响的人之一。施瓦茨（Schwartz，1971）将这一维度结合到自己的工作中，增加了初始阶段，并将结束阶段修改为"结束和转换"阶段。

初始（或准备）阶段指的是第一次与服务对象见面之前的一段时间。开始（或订立契约）阶段是指工作者与服务对象订立契约并开始建立工作关系的第一次会谈。中间（或工作）阶段是完成各项事宜的时期。最后，在结束和转换阶段，工作者让服务对象做好准备，结束关系并向新的经验转换。

另一种看待这些阶段的方式是把它们视为一系列的决定。服务对象（个人、家庭、群体或社区）在开始阶段必须做出的第一个决定是，是否要面对自己的问题并与工作者订立关系。即使是被强制的服务对象（如儿童福利、法院命令或缓刑领域）也必须做出该决定才能使工作开始生效。第二个决定是在服务对象向中间阶段过渡并决定处理更困难、更痛苦的问题时做出的。第三个决定是服务对象在准备结束关系时做出的，以一种通常被称为"门把手疗法"的方式，提出最有冲击力、最困难的工作问题。这些过程在本书均衡列举的微观（临床）和宏观实务的例子中可以看到。

我们在第三章开始探索这些结构，该章的重点是开展个人工作的初始阶段。在本书的其余部分，个人、家庭、小组和社区工作模式也会沿用这一分工作阶段的组织原则。例如，我们会讨论如何准备带领第一次的小组会议，开始阶段我们的订立契约工作会是什么样，在中间（工作）阶段可能会出现的问题，以及如何结束小组工作。

个人自我与专业自我的整合

正如早前提到的，医学模式的另一个遗留物，也是从医学实践中借鉴来的，是重视保持专业自我。大多数助人专业都强调专业角色以及需要抑制个人感情和反应。例如，当开展压力大的病人的工作时，可能必须控制自己的真实反应，以避免表现出评判态度。专业工作者以前被描述为能够控制情绪，不会生气或带入太多情绪，不会当着服务对象的面哭泣，等等。对工作者的指令似乎是"带着你的专业自我去工作，把你的个人自我留在家里"。这种专业化的形象曾经（现在仍然）被广泛接受；我以前的许多社会工作专业学生在开始他们的职业生涯时都在想，作为一名社会工作者，他们是否会因为"感情太丰富"遇到麻烦。

我的一项研究表明，这种错误的二分法甚至不适用于医生（Shulman & Buchan，1982）。我让我的私人医生充当关键信息提供人，要求他识别出他认为应该列入医生在与患者会面后立即完成的调查条目。他很乐于助人，但后来，正当我认为调查清单都已完成时，他说有些东西漏掉了。他说："你让护士把一些病人看病的时间安排在一天结束的时候，因为你不想自己的一天先从这些病人开始，这算什么情况？"我问："因为你不喜欢他们？"他很快回答说不，不是这样。（我当时认为医生对病人有这样的感觉是不够专业。他不能说他不喜欢这些病人，即使事实上如此。）

经过一番讨论，我们找到了把这一点放入研究中的方法。调查时要求医生们在接触病人后立即评价他们对特定患者的态度，选项有正面、中性或负面。然后将他们的回复与病人对医生对他们的态度的看法做比较，使用的是相同的量表。数据分析表明，两者的看法有显著的相关，尽管研究中的大多数医生认为他们没有表露自己的负面态度。在这项研究中，医生对病人的态度也与一些结果指标显著相关。

本书呈现的实务模式提出，当我们认为必须在个人自我和专业自我之间做出选择时，我们是在用错误的二分法。事实上，我认为，当我们能够把个人自我整合到我们的专业角色中来，综合两者时，我们的工作才处于最佳状态。

在我主持的一个直接实务工作坊中，关于什么是专业自我在观点上的冲突被戏剧性地清楚展现出来。一位儿科的肿瘤社会工作者讲述了一件事，有位母亲由主治医生转介给她，出现在她的门口。这位母亲刚刚被告知她 7 岁的女儿得了绝症。在向社会工作者说了情况后，她崩溃地哭了起来。

当我问这位工作者做了些什么时，她描述了自己怎样被这位母亲的悲伤淹没。她所能做的就是坐在那里握住这位母亲的手，和她一起轻声地哭。我坚持认为，尽管在这种情况下有许多工作需要去做（例如在接下来的几个月里帮助这位母亲处理要去世的女儿和家里的事），但在此刻，这位母亲最需要的不是建议，而是有人陪伴她。事实上，当这位工作者部分地感受到母亲的痛苦并用自己的眼泪分担时，她把自己的感受作为重要礼物送给了这位服务对象。最贴切地说，这位工作者所做的是专业的。其他工作者可能不会和服务对象一起哭，但他们可能会通过面部表情、充满尊重的沉默或者是把手放到服务对象的肩膀上，用不同的方式给他们同样的礼物，每个工作者会以跟自己的个性相一致的方式来回应。关键是工作者愿意诚实面对并分享自己的感受。

在这个例子中，这位工作者继续讲她的故事，告诉我们她的督导员走过敞开的门，把她叫到外面，并严厉斥责她的不专业行为。督导员说："你怎么能让自己这样崩溃呢？如果你自己抵挡不住，你就帮不了你的服务对象。"我问这位工作者，她从这段经历中学到了什么，她回答："我学会了关好心门。"虽然许多听到这个故事的人对这位督导员很不满，但我没有。我意识到她可能和我受过一样的训练，在那个时候，表达个人情感被认为是不专业的。即使是在刚刚描述的事件中，更高一级的领导对督导员的要求也可能是强调同样的错误二分法。

我问这位工作者，她的部门是否建立了任何形式的支持小组来帮助那些不得不面对儿童癌症和极度伤心抑郁的父母的专业人员。她表示她们那没有，我认为这是一个"制度性问题"，医生和她的督导员的行为是缺乏支持的表征。运用之前描述的两个服务对象的观念，我建议她可以看看是否能找到可能的盟友，也许是一个有同样想法的护士，如果有这样的人，她可能会愿意和他们一起制定策略，找到方法在员工会议上提出获得这一缺失的支持的建议。我说只是关上自己办公室的门，把所有这些感受带回家，最终会导致继发性创伤问题和职业倦怠。

我鼓励这位社会工作者和她的督导员谈谈，因为我觉得，如果她要继续为服务对象提供这种帮助，获得督导员和同事的支持至关重要。我的研究（Shulman，1979b）强调了社会工作者获得正式和非正式社会支持的重要性。这名工作者是在给服务对象制作一份礼物，表示自己愿意在她生命中最糟糕的时刻与她"在一起"。这位工作者是否能够继续为该服务对象服务，在某种程度上取决于她是否有什么人——督导员也好，同事也好，或这两者同时——陪伴在她身边。工作者需要支持以给服务对象提供支持这个问题，现在在"继发性创伤"的文献中有所讨论。第十七章有这一领域的一些新近思考和研究。

在我的研究、教学和有关督导过程的著述中也谈到了这个问题（Shulman，2010）。

在本书中，我探讨了"平行过程"，即督导员受督导的方式会影响督导员与一线工作者的工作方式，进而影响工作者与服务对象的关系。

这种常常人为地把个人自我和专业自我分割开的状况，是由专业可以理解的担忧造成的。它担心助人专业人员会不当地使用自我。例如，对反移情的担忧，反移情指的是工作者可能会将自己未完成的家中事宜投射到服务对象身上（例如，将服务对象家庭中的父亲视为自己的父亲）。这一专业的有些工作者带来了麻烦，他们用"一时冲动"来为对待服务对象的出格行为辩护，比如不恰当地发泄愤怒、评判或诉说自己的问题（"如果你认为你和孩子有问题，让我告诉你我家的事吧"）。

对服务对象有违背伦理的行为，滥用助人所建立的纽带的强大力量，对脆弱的服务对象进行性剥削，是另一个例子。这些例子每一个都说明了个人自我和专业自我缺乏整合。关于运用个人自我的担忧，过去是将来仍会是完全能成立的。不幸的是，把个人自我和专业自我分开，这一解决方案带来的问题比解决的问题还多。

本书贯穿始终的观点是，我们每个人都会把自己的个人风格、艺术性、背景、感受、价值观和信念带到专业实践中。不应否认或压制这些东西，而是需要在实务中更多地认识自己，并找到运用自我来发挥我们的专业作用的方法。在这一过程中，我们会犯很多错误，说一些我们过后会后悔的话，再向服务对象道歉，从中吸取教训，改正错误，然后犯我称之为"更高级"的错误。

换言之，我们是平常人，尽自己所能去完成困难的工作，而不是呈现完美形象的美德典范。当我们向服务对象展现我们的人性、脆弱、冒险的意愿、自发性、诚实以及不设防（或者防御，稍后又为此道歉），我们正是示范了希望在服务对象身上看到的行为。因此，当工作者或者学生问我"我应该表现得像专业人士还是我自己"，我的回答是，这个问题所隐含的二元论并不存在。如果他们想成为专业人士，就必须做自己。幸运的是，我们有整个职业生涯可以去学习如何实现和完善这种整合。

研究发现

教育政策 4b
教育政策 4c

我的许多研究都对本书分享的见解有所贡献。多年来，我开发了测量社会工作实务技能的工具，并将这些技能的使用与同服务对象建立积极的工作关系（也称为治疗联盟）以及技能和关系对有效助人的影响联系起来。研究结果随后被用来批判性地分析实务方法，以验证一些假设，同时为未来的研究发展出新的假设。每一项后续研究都建立在前一项研究的基础上，也建立在社会工作和相关专业及学科发展出的知识基础上。

我要说的是，我一直对我称之为"过程研究"的事感兴趣。也许，缘于我整个专业生涯的身份兼具从业者、研究者和教育者，因而我对助人过程的机制和干预的结果都感兴趣。换言之，许多研究探寻的是："社会工作实务（或者一种特定模式）有效吗?"而我同样还感兴趣的问题是："当我们详细审视社会工作实务时，它是怎么一回事?"我想探求自变量（实务技巧）的操作化，并把研究重点放在这上面，然后了解其对中介变量（工作关系）以及因变量或结果变量的影响。为了持续研究互动模式，我一直尝试用一系列工具来了解和测量社会工作者与服务对象之间的互动，这些工具包括为此目的开发和施测的问卷和录像观察系统。

若想进一步了解这一研究范式，读者可以参考我的其他出版物（Shulman，1970，1978，1979a，1979b，1981，1991），获得对每个研究的方法论及其发现的更详细的介绍。尽管本书中提到的所有研究发现都是初步成果，并应该考虑到每项研究的局限性，但是在我的研究和其他研究者的研究中，有些发现已经得到了重复验证。随着重复验证的增加，我对这些发现的信心也在增加。

尽管读者非常想看到刚刚被引用的出版物中关于方法论的更完整的讨论，但是我只能在下文中简要概述一下我在本书中最常引用的主要研究。

研究设计

这一互动模式的过程研究框架之下的主要研究是在加拿大不列颠哥伦比亚省的一个政府儿童福利机构进行的。项目工作人员查看了在 68 个地区办事处新建的家庭工作档案。在 1 056 个被确定为可能的研究对象的家庭中，有 348 个（33％）同意参加研究。最后的样本包括共有 449 个孩子的 305 个家庭，他们由在这 68 个地区办事处的 171 位社会工作者提供服务。

大部分数据是在项目的前 3 个月收集的。对父母做了入户访谈，同时对各级工作人员（工作者、督导员、经理等）做了邮件调查。项目工作人员还翻阅了参与的服务对象的机构的资料。大部分分析都是基于这段时间获得的数据。在随后的 15 个月里，通过定期向服务对象和工作者邮寄调查问卷来获得后续数据。项目工作人员还每 3 个月查阅一次家庭档案。本研究开发并施测了 23 个问卷和访谈提纲。

研究参与者描述

五位执行主任有社会工作硕士学位；然而，只有 60％的区域经理、44％的街区督导员和 20％的社会工作者拥有该学位。当把社会工作专业硕士学位、社会工作学士学位和其他专业学位包括在内时，90％的经理、60％的督导员和 68％的社会工作者都有专业学位。

三分之二的家庭是单亲家庭。三分之一的家庭有"一些"或"严重"的身心健康方面的残障、学业问题或毒品和酒精问题。14％的人说自己有一些或严重的酒精或毒品问题。8％的人说他们的配偶也有类似的问题。三分之一的家庭失业。47％的家庭靠福利或失业保险金生活。最后，在10％的家庭中，至少有一个家庭成员来自加拿大土著家庭。

家庭问题包括周期性地严重疏于照顾儿童、父母没有能力照顾儿童（因为疾病、成瘾等），以及身体和性虐待。到研究结束时，28％的家庭已经被登入虐待儿童名单系统。在研究期间，49％的家庭至少有一个孩子在接受照顾服务。

研究限制

这项研究受到参与家庭自我选择的限制。我们在几个变量上比较了参与组和非参与组，发现两组之间没有显著差异。当不列颠哥伦比亚省削减对全省儿童福利方案的资助和服务时，又增加了一个研究限制。特别是，这些削减导致600多名家庭支持工作者不再续约。由于不同地区的削减情况有所不同，所以我们可以收集随着时间的推移它所带来的冲击。也因此，我们可以把这些削减的影响纳入研究设计中。

这项研究在这方面的发现今天有了额外的意义，因为社会工作者面临着一个日益保守的氛围，鼓励政治人物竞相证明他们能粉碎多年来为保护我们最脆弱的人群而建立起来的安全网。当前的经济问题正影响到各级政府的社会服务预算，公营私营皆如此，它们是一些首先被牺牲去平衡预算的部分。鉴于大规模持续失业对个人和家庭的影响，以及因丧失抵押品赎回权而失去住房的情况，现在正是我们应该扩大而不是压缩给处于风险之中的服务对象的服务的时候。

这些研究发现会放到当前的社会政治背景下加以审视，并明确呼唤社会工作者更积极地参与到政策性和政治性事务中。我自己是一个政治上活跃的社会工作者，我会用自己的经历来举例说明。

社会工作实务中的价值观与伦理

除了知识和专业功能意识之外，具体的价值观和伦理也指引着社会工作者的实务工作。在准备跟服务对象会面时，社会工作者需要考虑这些方面，它们会在很大程度上影响实务工作的过程和内容。尽管不可能对每一个可能发生的事情都做好准备，但是熟悉对专业工作的基本期望会提醒工作者注意可能会出现的严重情况和可能的失误，从而鼓励工作者向同事或督导员咨询。

在这一章中，我会首先对价值观和伦理及其对社会工作实务的影响做一个概括性的介绍。在后面各章中，我将重点讨论那些与该章内容更相关的具体问题，例如知情同意在工作和订立契约的初始阶段的重要性。这里的概括性介绍将为后面讨论更具体的相关伦理问题奠定基础，例如，开展家庭工作、第一次的服务对象小组会谈等。但首先，我们需要做一些概念界定。

价值观与伦理的定义

价值观在《社会工作词典》中被定义为"一种文化、一群人或一个人渴求的风俗习惯、信仰、操守和原则"（Barker，2003，p.453）。该词典将伦理规范定义为"一套道德原则和对正确与错误的看法的体系，由此产生借助个人、群体、专业或文化践行的操守哲学"（p.147）。

洛温伯格和多戈夫（Loewenberg & Dolgoff，1996）将专业伦理定义为：

> 个人自愿选择成为一个专业人员，诸如社会工作者，从而产生的特殊义务。专业伦理澄清了专业实践中伦理方面的问题。专业社会工作伦理是要帮助社会工作从业人员认识到如何在实际工作中做到道德上正确无误，学会在各种专业工作情形下如何正确地做出符合伦理要求的决定并采取行动。（p.6）

多戈夫、洛温伯格和哈林顿（Dolgoff，Loewenberg，& Harrington，2005）强调了伦理和价值观之间的区别：

45

> 就像许多其他人一样，社会工作者常常分辨不出诸如**价值观**、**伦理**和**道德**（或**美德**）之间有何区别。他们相当宽泛地使用这些词，就好像它们的意思都是一样的。然而，价值观与美德不同，尽管这两个词常常会彼此替代使用。价值观与伦理也不同。（p.16）

作者认为，价值观意味着一种优先权或偏好，而社会工作的价值观常常是来自更广阔的社会的价值观。他们提出：

> 人们对于社会工作的价值观总体上有一个共识。比如，大多数社会工作者赞同当事人参与、自决和保密原则属于社会工作的基本价值观。然而，当把这些概括性的专业价值观付诸实施的时候，就有可能出现分歧。社会工作者在把这些概括性的价值观用于实践时可能会对优先次序、具体的目标以及所需采用的方式有不同的意见……所以，"增强生命的尊严感"这一价值观可能被一位社会工作者用来支持服务对象流产或者是协助其自杀，而她的社会工作同事却会秉承同一价值观在这些专业决定中劝说服务对象生下孩子或者是继续接受临终照顾。实际上，这些例子说明了"非专业性的"或者是"更高层次"的价值观会影响实际工作中的决定。（p.18）

《全国社会工作者协会伦理守则》

全国社会工作者协会制定了一个伦理守则，对适用于所有身为全国社会工作者协会会员的社会工作者的价值观、规章和原则做了阐释。最初的社会工作者伦理守则隐含在 1951 年的《美国社会工作者协会专业实践标准》中。全国社会工作者协会于 1960 年制定了一个正式的守则，随后进行了多次修订，最新修订于 2017 年（《全国社会工作者协会伦理守则》）。

《全国社会工作者协会伦理守则》的起草者认识到了专业人士尝试根据一般性原则做出具体决定时所涉及的困难。他们还介绍了同行评议和同行评判伦理行为的标准。

就其本身而言，这一守则并不是一套规定社会工作者在所有复杂的专业生活中的所有行为的准则，而是提供了指导操守的一般原则，以及在涉及伦理问题的情况下对操守的明智判断。它为在伦理行为发生前后做出判断提供了依据。通常情况下，特定的情况决定了适用的伦理原则及其运用方式。在这种情况下，不仅要考虑特定的伦理原则，还要考虑整个伦理守则及其精神。我们必须根据具体情况判断伦理原则的具体应用。在特定情况下，合乎伦理的行为不仅要符合社会工作者的个人判断，还要符合专业同行组成的无偏见的评判委员会的判断。

伦理问题与困境

当然，如果所有情况都是清楚明了的，如果伦理守则足够明确，能够为所有场合提供具体的指导方针（而且所有的专业人员对此都没有异议），那么实务工作要合乎伦理就只涉及学习和严格执行都同意的实践标准。然而，现实中并不是这么回事。例如，洛温伯格和多戈夫（Loewenberg & Dolgoff, 1996）描述了"伦理问题"和"伦理困境"的下述重要区别：

> 伦理问题涉及的问题是：在特定的实际工作情形下做什么才是正确的？在同一情形下社会工作者怎样做才能避免有悖伦理的行为？伦理困境出现在社会工作者必须在两个或者更多的彼此有关系但矛盾的伦理要求中做选择的情形，或者是出现在每个选择都会使一个人或更多的人有不想要的结果的情形下。（p. 8）

价值观、伦理和实务工作之间的相互作用很少是简单明了的。工作者经常面临伦理上的困境，在这种困境中，几种可能的解决方案同样都可取或都不可取。

老年服务对象与其成年子女：价值观和伦理的冲突　让我们来设想一下，比如，一位做老年外展项目的社会工作者遇到的情况。该项目尝试把服务（举例来说，家务服务）直接提供给服务对象，通常是上门服务或社区服务。在这个案例中，社会工作者是协助一位老人及其成年子女。在此可能会出现一个常见的价值观冲突的例子，在第一次会谈时，服务对象表示他想留在家里，但他的成年子女希望他为了安全搬去护理院。多方和多组织的价值体系可能最终会影响到这位工作者的决定，包括老年服务对象、其家庭（第二个服务对象）、机构、社区、整个社会、社会工作专业和社会工作者个人的价值观。如果其中任何一方与其他方发生冲突，那么这位工作者该以哪条伦理原则为指引呢？

　　例如，一个普遍接受的社会工作伦理原则是自我决定，即服务对象有权做出自己的选择，这似乎提供了明确的工作方向。这位工作者必须支持服务对象的决定。然而，如果服务对象身体虚弱，独自生活可能会给自己和邻居带来一些危险，又该如何处理呢？尽管服务对象坚持说他可以照顾自己，但是他的公寓急需打扫。服务对象说他今天感觉不太好，因为他有时忘记吃药。他说要去拿药，却打开了壁橱的门而不是厨房的门，似乎是一时糊涂。他把还点着的香烟放在烟灰缸的边缘，快要掉下来了，长长的烟灰意味着它可能已经被遗忘了。旧报纸散落在地板上和咖啡桌下。

　　让这事更难办的是，有位社会工作者的年迈的祖父独自一人生活，不能安全地照顾自己，他忘了火炉上有一个锅，不小心让房子被点着了。由此引发的火灾几乎让这位祖父丧命，并对邻居构成了严重威胁。

　　在这个例子中，服务对象看重他的自立，社会工作专业的价值观体系支持他做决定的权利。该机构也看重帮助老年人留在家中的工作成果。给机构的资助甚至可能取决于它能让多少老年人不进护理院。该机构负责人的一份备忘录鼓励工作人员"保持数字上升"，因为该机构正准备与医疗保险提供商重新谈判其生存所依赖的合同。

　　家庭成员重视服务对象的安全和自己感到安心。这位社会工作者的专业和个人价值观体系，部分地基于自己的生活经验，使他认同家人。社区的价值观体系通常体现在州的立法中，社会工作者可能是强制报告人，如果老年服务对象对自己或他人构成潜在威胁，他要向有关当局报告。在这一个案中，危险的严重程度是模糊不清的，法律规定在提供具体指导方面也有些不明确。哪些伦理原则可以指导这位社会工作者的行动？当某些伦理原则与其他原则相冲突时，这位工作者要怎么做？

可能会影响伦理决定的因素

　　一些伦理问题本身相当明了，并有公认的明确指南。例如，禁止社会工作者与服务对象发生性行为。鉴于助人者和服务对象之间的权力差别，以及极有可能对服务对象造成长期的损害，此类行为受到普遍谴责。《全国社会工作者协会伦理守则》在这一点上非常明确：

　　　　社会工作者在任何情况下都不应与现有服务对象进行性活动或性接触，无论这种接触是自愿的还是被迫的。（National Association of Social Workers，1999，Section 1.09）

　　在一些地方，法律视这种不专业的行为为犯罪，违者将受到刑事处罚。然而，许多伦理困境并不这么一目了然，需要仔细思考，甚至在采取行动前要先咨询。

　　洛温伯格和多戈夫（Loewenberg & Dolgoff，1996）识别出几个导致这种严重不确定性情况的因素。例如，在这位老年服务对象的事例中，我们看到了相互不兼容的价值观（自决权和保护服务对象的需要）、多服务对象系统（这位老年服务对象和他的家人）、工作者难以保持客观性（工作者人生经历的影响）以及个案情况本身的模糊性（给服务对象造成危险的程度不明确）。只要重新认识导致困境的因素，工作者就能着手掌控问题，而不是让问题来控制工作者。

　　机构价值观冲突咨询伦理委员会　社会工作者必须认识到，在一定情形下的干预行动本身就带有价值观预设，而不是天真地以为社会工作实务"价值无涉"并以此指导工作。在一个日益复杂和不断变化的社会中，同时伴随价值观体系的不断变化，每个社会工作者都必须知晓当前的伦理困境，并且必须在出现价值观和伦理冲突时具备分析的方法论。许多机构和健康场所都设立了伦理委员会来协助开展相关的工作。

48　　　　例如，在老年服务对象的例子中，这位社会工作者应该在督导会或员工小组中进行专题讨论，提出这个个案征询意见。应该营造氛围，让社会工作者在这种情况下可以自由坦诚地分享自己的个人价值观冲突，从而缓解冲突带来的压力。

　　也许该机构应该成立一个委员会，审查要求工作者必须履行强制报告人职责之前，用来确定危险程度的具体标准。基于这些标准的核查表是否会有助于减少这种情况下的不确定性？是否可以帮助工作者认识到在调解服务对象和其家人之间的冲突中可以发挥的作用，从而使他们相互关心的事实能够清楚地表达出来？服务对象和家庭成员能否参与到他们都觉得自己的顾虑得到尊重的决策过程中？机构不会给一个复杂的问题提供简单的答案，但是会为认识和处理复杂性本身创造条件。此外，机构会负责任地积极协助工作者处理这些问题。

　　伦理审核和风险管理策略　鉴于出现伦理困境时尝试做出适当反应的复杂性，雷默（Reamer，2000）提出了一个社会工作伦理审核与风险管理策略（p. 355）。他指出，机构通常会进行财务审计，他建议伦理审核确认以下事项：

　　1. 基于总结针对社会工作者的实际伦理投诉和诉讼，以及总结伦理委员会、法院的调查结果和处理结果的实证趋势数据，社会工作者对工作场所中已知的伦理相关风险的熟悉程度；

　　2. 现行机构处理伦理问题、困境和决定的程序和操作手册。（p. 356）

　　雷默（Reamer，2000）进一步提出，每一个主题，例如保密程序，都可以做评估并归入四个风险类别之一：

　　1. 无风险。现行做法可以接受，不需要修改。

　　2. 最低风险。现行做法是合理的，做些微修改就可以。

　　3. 中等风险。现行做法存在问题，需要进行修改以将风险降至最低。

　　4. 高风险。现行做法存在严重缺陷，必须进行重大修改，以尽量减少风险。（p. 356）

　　他识别出了审核中要核查的领域，包括服务对象的权利、保密性和隐私权、知情同意、服务递送、边界问题和利益冲突、文件档案、名誉损害、督导、培训、咨询、转介、欺诈、终止服务，以及从业人员损伤（pp. 357－359）。雷默（Reamer，2013a）指出：

> 最近，数字技术和其他电子技术在社会工作中的迅猛发展，如在线咨询、视频咨询、阿凡达疗法和电子邮件治疗，考验和挑战了这一专业对临床关系和核心伦理概念长久以来广泛接受的观点。（p. 2）

他呼吁在数字环境下重新审视人们惯常接受的许多关于伦理实践的观点，以及已经出现的新问题。

最后，内桑森、吉福兹和卡尔德隆（Nathanson，Giffords，& Calderon，2011）开发了一个量表来测量在特定情况下对社会工作伦理选择的遵守程度。该量表在两个社会工作硕士项目中做了测试。样本包括第一年（入学）和第二年（退学）的学生以及社会工作毕业生。量表（Nathanson，Gifford Ethics Scale，NGES）描述了几个实务情形和干预措施，然后要求被试对建议的行动按照同意或不同意进行评分。尽管这项研究仅限于两所院校，样本相对较少，但它确实发现了大学（城市和农村）之间以及刚入学的学生和毕业生之间的差异。作者呼吁进一步研究社区环境对教授伦理标准的影响，并进一步分析新入校学生和退学学生之间缺少差异的研究发现。

一些书详细论述了本节介绍的问题，并为面临伦理困境的工作者提供了有用的模式。（参见 Dolgoff et al.，2005；Gambrill & Pruger，1997；Reamer，1990，1998，2000，2013b）

本章小结

社会工作实务的互动理论认为服务对象与其社会环境处于一种共生关系中。个人与其社会环境的相互需要被一些障碍阻隔，常常让这一需要变得模糊，使人看不见。

从社会工作的历史角度来看，这一专业根植于对个人福祉和社会变革的双重关注之中。因此，社会工作专业的功能是在服务对象和对其重要的系统之间进行调解。实务方法、沟通和人际关系技巧是社会工作者将其功能付诸行动的工具。实务技巧是发展积极工作关系所需的工具，是社会工作者影响服务对象的媒介。

工作者绩效的核心是整合个人自我与专业自我的能力。社会工作者的实务工作也受到一套专业和个人的价值观以及明确界定的专业伦理守则的指引。价值观和伦理问题，以及伦理守则和立法，可能会影响实务工作，必须加以考虑。当存在伦理困境时，社会工作者需要有机会向机构伦理委员会咨询。机构有义务进行伦理审核，并制定出风险管理模式，以检查机构的工作。

能力要点

下面列出了本章援引的社会工作教育委员会在《教育政策与认证标准》（2015 年）中

为社会工作学生推荐的能力和实务行为。

第一项能力 体现符合伦理的专业行为：

a. 运用《全国社会工作者协会伦理守则》、相关法律和法规、做伦理决定的模式、研究伦理操守和适用于其他具体情形的伦理守则做出合乎伦理的决定

b. 运用反思和自律管理个人的价值观并在实践中保持专业性

c. 在行为、外表，以及口头、书面与电子沟通中体现出专业风范

e. 运用督导和咨询来指引专业判断和行为

第二项能力 将多样性和差异性融入工作实践：

a. 在微观、中观和宏观工作中运用并能交流对多样性和差异在塑造人生经验中的重要性的理解

b. 以学习者的身份与服务对象和不同群体建立关系，将他们视为自身经验的专家

c. 运用自我意识和自律，管理在与形形色色的服务对象和不同群体一道工作时个人的偏见和价值观的影响

第三项能力 促进人权和社会、经济与环境公正：

a. 运用自身对社会、经济和环境公正的理解，在个人和制度层面倡导人权

第五项能力 投身政策方面的工作：

a. 识别本地、州和联邦层面影响福祉、服务递送和服务获取的社会政策

b. 评估社会福利和经济政策对社会服务递送与获取的影响

c. 运用批判性思考分析、制定和倡导促进人权和社会、经济与环境公正的政策

第六项能力 与个人、家庭、小组、组织和社区建立关系：

a. 运用人类行为与社会环境、情境中的人和其他多学科的理论框架，与服务对象和不同群体建立关系

b. 运用同理心、反映和人际技巧有效地与多样性的服务对象和不同群体建立关系

第七项能力 预估个人、家庭、小组、组织和社区：

d. 基于预估、研究知识和服务对象及不同群体的价值观和偏好，挑选合适的干预策略

第八项能力 对个人、家庭、小组、组织和社区进行干预：

a. 批判性地选择和落实干预措施，实现工作目的，并增强服务对象和不同群体的能力

d. 同各种各样的服务对象和不同群体一道并代表他们做协商、调解和倡导工作

压迫心理学、抗逆力与社会工作实务

在第一章讨论理论构建中，我指出，我们对一般人，特别是服务对象的了解构成了指导我们工作的人类行为与社会环境的知识基础。这一知识帮助我们形成在工作的特定阶段我们看重的结果（例如，我们希望在工作的开始或订立契约阶段实现的目标）。这又进一步指引我们的策略和具体干预措施。

尽管探索我们专业所借鉴的广泛的理论、模式和研究发现超出了本书的范围，但是压迫心理学和抗逆力理论对于建立互动视角尤为关键，所以我们会做简要的介绍。

本章阐述人类行为与社会环境模式的一些基本原理和研究成果。本章还通过举例说明，将这种理解服务对象的基本方法与我们的实务工作框架联结到一起。其他与人类心理学、变革过程、家庭、群体、社区和组织动力等相关的框架将在后面的章节中更详细地探讨。鉴于这些观点的核心重要性，这里有必要单辟一章加以介绍。

压迫心理学

社会工作者需要借鉴社会科学和有关人的发展、行为和社会环境的影响的庞大理论和知识基础。这一理论知识基础可以帮助从业人员用新的方式理解服务对象，并倾听不这样做可能会错失的服务对象的心声。它还为增强我们的干预措施的有效性提供了建议。

教育政策 2a
教育政策 3a
教育政策 9a

弗朗茨·法农的压迫心理学

我选择弗朗茨·法农的经典压迫心理学作为一个可以指导社会工作实务工作的理论的

例子。简要介绍一下法农的生平、观点和心理学，有助于为运用他的核心理念和其他建基于他的工作的人的思想奠定基础。法农是压迫心理学的早期倡导者，一位黑人，西印度群岛具有突破性的精神病学家，于 1925 年出生在法国殖民地马提尼克岛，36 岁去世。

布尔汗（Bulhan，1985）记录了他短暂的一生。17 岁时，法农在第二次世界大战中加入法国军队与德国作战。后来他开始对精神病学感兴趣并进行研究。他在阿尔及利亚的一家精神病院担任服务主任期间，私下支持反对法国殖民政府的民族解放阵线并提供医疗服务。他辞职后成为民族解放阵线发言人，驻扎在突尼斯。这些经历和其他经历塑造了他对心理学的看法，他的观点挑战了当时被广泛接受的由欧洲裔美国人、白人和男性主导的心理学。布尔汗记述道：

> 在他的经典著作《全世界受苦的人》（Fanon，1968）的第一章中，法农阐述了压迫情形下展现的暴力动力和人类戏剧。他大胆地从结构、制度和个人层面分析了暴力。法农分析了在一个种族主义社会中生活，心理和存在方面的状况。他强调了黑人的经验特征和隐藏的心理情感伤害，以及他们采取的各种防御策略。另一个未言明的目标是相当个人化的：他自己也经历过这些伤害，写下这些伤痛是接受自己的一种方式。（Bulhan，1985，p. 138）

尽管法农的心理学源于他对种族压迫的分析，特别是白人、欧洲殖民地对有色人种的相关压迫，但他的许多关键概念适用于任何受压迫的人群。运用此类概念，工作者需要认识到服务对象所经历的压迫在程度和类型上的重要区别。例如，非洲裔美国人之所以受压迫，其根源在于独特的奴隶制经历，而这必须被视为美国城市地区仍然面临的最重大的一个社会问题。

此外，我们必须谨慎看待压迫的影响，因为我们可能会无意中忽视受压迫的服务对象和社区所表现出的意义重大的优势和抗逆力。这种片面的观点可能导致在工作中认识不到现有的支持来源（例如大家庭、教会、社区领袖群体等），或者是不能与服务对象一道解决问题。本章下面几部分将补充介绍这一压迫模式，总结抗逆力模式和优势视角，它们有助于揭示服务对象应对的优势。

如果社会工作者宽泛地思考压迫、脆弱性和抗逆力问题，他们则可以运用这一模式，在一定程度上理解自己的许多服务对象。精神病患者、性虐待幸存者、艾滋病患者、严重身心残障者、长期失业者、有色人群、无家可归者、居住在护理院的老年人、被疏于照顾和受虐待的儿童，以及物质成瘾或正在康复的服务对象，都可以纳入压迫、脆弱性和抗逆力的框架来理解。

这些概念将在本书探讨的实务案例中加以说明。基于这一心理学角度的理解，社会工作者的干预策略会指向帮助服务对象处理内在的压迫者——内化的自我形象——和外在的压迫者。事实上，有人会主张，除非拓宽对自己的许多服务对象的问题的理解，把它们看作在本质上是动态的、系统的，并与压迫有关，否则社会服务机构、社会工作部门和那些试图帮助这些服务对象的专业人士可能会在不经意间成为压迫系统的一部分。

内化的负面自我形象

反复遭受压迫，无论是不易察觉的还是直接的，都可能导致被压迫群体中的弱势成员将外部压迫者或外部压迫者投射的负面自我形象内化。外部压迫者可能是个人（例如，儿童的性虐待者）或社会的某个方面（例如，对有色人种长期存在的种族刻板观念、对妇女的性别刻板观念）。负面自我形象的内化，压抑与压迫有关的愤怒，可能导致对自己和他人的破坏性行为，因为受压迫者变成参与压迫自己的自动压迫者。由此，外部的压迫者变成了内部的压迫者。

这一过程可以从受压迫者社区（例如，有色人种居住的城市或农村地区，人们可能也贫穷和/或失业）不当使用成瘾性物质和发生内部暴力得到证明。布尔汗（Bulhan，1985）指出：

> 受压迫者可能会形成一种受害者情结，将所有的行动和沟通都视为进一步的攻击或就是表明他们的受害者地位。这是受压迫者中可以看到的"适应性偏执"的一个例子。（p. 126）

偏执是一种适应，因为压迫无处不在，一个人如果不经常对它的存在保持警觉，就会适应不良。在我带领的一个督导工作坊中，一位非洲裔美国人——也是一位儿童福利督导员——这样说："我在生活中常常遇到直接和间接的种族主义，所以我不得不时刻保持警惕。我有时担心，如果我太过警觉，可能会无中生有。"

压迫模式与跨文化和文化内实务工作

对于白人工作者的服务对象是有色人种，男性工作者的服务对象是女性，异性恋工作者的服务对象是同性恋等情况，我称为跨文化实务工作，这一解读对建立有效和信任的工作关系具有重要意义。跟与我们类似的人一起工作时，与压迫有关的重要问题也会出现，我称之为文化内实务工作。例如，一位中产阶层的美国土著社会工作者和一位领取福利的美国土著服务对象可能会面临类似的适应性偏执。服务对象可能会直接或间接地将该工作者视为"背离者"或"苹果"：外表是红的，里面是白的。据我观察，社会工作教育侧重于跨文化实务工作，而往往忽视与文化内实务工作相关的难度更大、更令人痛苦的问题。这方面的例子将在本书的后面分享，并解说如何解决。

人们常常认为，社会工作教育方案教了种族主义、压迫或文化多样性，受过培训的工作者在面对服务对象时会知道该怎么做。我将这称为归纳谬论，即如果获取了足够的服务对象信息，我们就能够归纳出该如何采取行动。如第一章所述，这些信息确实很重要，但

54

是我们最终的目的是要用它们来推衍期望的结果和所需的干预措施。

　　例如，我对大家庭之于许多拉美裔人的重要性的了解，以及我利用所有可能的帮助来源的愿望，可能会导致我在征得服务对象同意的情况下，纳入甚至是邀请所有家庭成员参与工作过程。我在这里把"许多"这个词放在拉美裔人之前，因为另一个常见的错误是不承认多样性中的多样性。当我们提到说西班牙语的服务对象时，我们是指奇卡诺人、波多黎各人还是中美洲人？尽管他们说的是同一种语言，但是文化要素可能会差别非常大。同样的情况也适用于来自不同部落、有不同历史和文化的美洲土著。某个特定群体的所有成员不尽相同，我们既要尊重他们的相似之处，也要尊重他们的不同之处。这些影响将在后面的章节中探讨，这些章节包括了一些在工作者和服务对象之间建立积极的工作关系和治疗联盟所涉及的动力和技巧。

压迫的标志

教育政策 2a
教育政策 3a

　　布尔汗（Bulhan，1985）识别出了客观评估压迫的几个关键标志。他认为"所有的压迫情形都侵犯了一个人的空间、时间、精力、流动性、联结和身份"（p. 124）。他以奴隶为例说明了这些标志：

　　　　男奴不允许拥有可以称之为自己的空间的地方。女奴可以提出的空间要求甚至比男奴还少。甚至她的身体也是别人的财产。普遍被忽视的是，这种对一个人的身体的占用意味着会给女奴带来更为可怕的后果。奴隶醒着的时间未经同意也被侵占了：奴隶为了主人的收益和舒适，在田里和厨房里不停劳作。奴隶的行动受到限制：没有"通行证"，他绝不能冒险越过指定的区域。

　　　　奴隶与他人的联结，甚至母子之间的自然联结，都受到践踏和侵犯。在种族隔离制度下，同样的对空间、时间、精力、流动性、联结和身份的侵犯也大行其道，这实际上就是现代的奴隶制度。（p. 124）

　　奴隶制是将空间、时间、精力、流动性、联结和身份作为压迫标志的一个极端例子。人们也可以找到当下这些限制的例子。北美对有色人种（如非洲裔美国人、土著美国人、西班牙裔移民等）的制度性种族主义，提供了当前对这六个标志加以限制的例证。有一些社区授权执法部门，拦截西班牙裔人，检查他们的证件，以证明他们有合法身份，这样做时并没有明确的标准来判定某个受怀疑的对象是非法的。这一得到国家领导人支持的政策，可以被视为侵犯空间、时间和流动性的一个例子。

　　在一些非洲裔美国人居住的城市中心区发生的拦截搜查是另一个例子，种族似乎是警察运用的标准。最近，特别是"9·11"事件之后，显而易见，伊斯兰社区的成员也遇到过类似的问题。这些警察权力的扩大正受到质疑，因为它侵犯了公民权利。在诸如纽约的一些城市，选举新市长和任命新警察局局长带来了制止任意搜查的重大改变。纳尔逊·曼德拉的去世提醒我们，正如布尔汗的评说所示，就在没多久之前，还有一个压迫性的白人政府通过实行种族隔离统治南非。

尽管非洲裔美国人在北美受奴役的经历应被视为压迫的一个特例，但是这些标志也可以用来评估其他人群受压迫的程度。这样，一个通用的心理模式能帮助我们理解压迫关系中的共性因素。在你阅读下面节选出的一段关于庇护所里被殴打妇女对自己生活的描述时，考虑一下布尔汗（Bulhan，1985）援引的六个标志，即空间、时间、精力、流动性、联结和身份的侵犯。

被虐待的妇女和压迫标志

实务要点：注意，第一位工作者的干预是就她感到被虐待的一个理由进行询问。

> 坎蒂说，有件事她不喜欢，她的丈夫必须一直是家里的老大。他觉得自己甚至应该比孩子们更重要。她说："男人一定要是头号人物，就像总统一样。他是个男人，他是头号人物。你看不到女总统，对吗？"我说："你是说男人有权虐待他的伴侣吗？"她说不，然后转身对女人们说："但是，谁是那个总是屈服的人？女人。"所有的女人都点头同意这句话。琳达说："为了家庭的安宁。"

> 坎蒂说："从长远来看，我们是错误的，因为我们没有离开受虐待的处境。"她说，她最终意识到，她的男人永远不会对她有任何帮助。从长远来看，她觉得如果她现在给孩子们一个美好的生活，孩子们会帮助她。她对孩子有非常强的责任感。

56

实务要点：注意在下一段摘录中工作者是如何克制自己的，即在成员描述她们的经历时保持沉默。在某个时点，小组带领者运用同理心清楚说出了这些妇女所经历的屈辱感。

> 另一名妇女蒂娜说，当她报警求助时，他们认为是个大笑话。她说，当她必须在警察局填写一份报告时，警察拿这件事开玩笑。小组里的妇女们谈论她们自己在警察局的经历，这些经历都不太好。一名妇女在丈夫把一块砖头扔进卧室窗户后报警，不得不等了35分钟，警察才接她的电话。我说："和警察打交道的经历对你们所有人来说一定是一种耻辱。你正需要帮助，他们却嘲笑你。这是不对的。"

> 乔伊斯说她想杀了她的丈夫。这一愿望是一名受虐待妇女在上一次小组会谈中表达过的。小组里的其他妇女说，不值得。"他总是对我吼叫。他让我每天午饭时间去他工作的地方。孩子们和我得坐着看他吃饭。他从不给我们买吃的。另外，他想每时每刻都知道我在哪儿。他暗示我整天坐在家里无所事事。"

> 玛丽说她前夫过去也一直这样说她。她说："但现在我要从离婚协议中拿回我在家里'从未做过的工作'的报酬。"

实务要点：随着对这个小组越来越信任，一位妇女利用这一时间讲了自己早年被猥亵的痛苦经历。在她哭泣时，社会工作者提供了支持，并认识到在小组中提这件事的不易。

尽管没有必要说明服务对象的眼泪所表达的经历的伤痛，但是重要的是要肯定服务对象提这一经历的力量。

> 然后乔伊斯说她要告诉我们一些她一生中只告诉过另外两个人的事情。乔伊斯说，她从 5 岁到 7 岁一直受到隔壁邻居帕特的猥亵。她说帕特对她父母很友好。她妈妈会说："去给帕特送杯柠檬水。"她第一次去送的时候，他就猥亵她。这之后，当母亲叫她给帕特送东西时，乔伊斯会设法逃脱，但她母亲会坚持让她送过去。帕特对乔伊斯说不要把发生的事告诉任何人。

> 这时，乔伊斯哭了起来。我说我明白这对她来说是一个很艰难的处境。坎蒂说："乔伊斯，这不是你的错。"乔伊斯说，这件事她隐瞒了差不多 25 年。最后，当她告诉丈夫时，他说："你可能是自找的。"乔伊斯说她想杀了他。

57   **实务要点：** 随着谈话转到离开施虐者的问题，社会工作者再一次克制了自己，尽管她可能想说："你为什么不离开他？"留在虐待关系中或是离开，这一问题错综复杂。如果工作者以可能被视为评判的话语进行干预，那么可能会阻断这位妇女承认自己的矛盾感受的能力。就像常有的情况一样，一位小组成员接续了这个话题，既讲述了挣扎，也表明了即便不为自己，至少为了孩子而肯定自己的重要性。

> 坎蒂说她看见过父亲打她母亲。她说她曾经问过妈妈为什么要忍受。她说，现在她明白了，摆脱一段关系说来容易做起来难。坎蒂说，从长远来看，离开更好。留下来，孩子们会看到父亲虐待他们的母亲。"这会给孩子们树立什么样的榜样？"她觉得离开丈夫孩子们会更幸福。

> 乔伊斯说她的孩子们很高兴离开自己的父亲。她说："他们厌倦了听他一直大喊大叫。"她说儿子对丢下狗比离开父亲感到更难过。琳达说另一个离开的好理由是爱自己。她说："到了这个时候你知道如果你还留在他身边，他会杀了你。"

仔细阅读前面的节选，能看到侵犯这些妇女的空间、时间、精力、流动性、联结和身份这六个已确定的压迫标志的例子。其他侵害标志数量不等、程度不同的例子可能包括：在严格受约束的精神病院中住院的病人；面对缺乏无障碍通道的建筑物的坐轮椅的人；身为组织中唯一的非洲裔妇女，因"玻璃天花板"而晋升受阻，并被排斥在"老男孩网络"之外；一位失业的 55 岁男人因年龄而无法获得工作面试机会；养老院的一位老人因员工短缺而整天被绑在椅子上或被打了镇静剂；一个贫困的大家庭被迫住在设施不完善的房子里、无家可归者的庇护所或是街头。在某种程度上，每个服务对象的空间、时间、精力、流动性、联结和身份都可能受到了侵犯。

    性虐待幸存者："损坏的物品"综合征   后面章节中的例子将说明压迫是如何导致被视为病态的症状的。在第十三章详细讨论的一个例子中，一群童年受性虐待的幸存者描述导致她们丧失自我认同和女性身份的屈从模式。由此而来的内化了的她们是"损坏的物品"的信念，以及对发生在自己身上的事情感到内疚，深刻地影响了她们当前的生活和关系。

实务要点：通过小组的社会支持，可以看到她们被激活的自我和身为女性的身份感得到发展和强化。当这个小组进入一起工作的最后阶段时，可以看到激进的表达，即法农的心理学中提到的对压迫的一个反应：小组成员决定加入社区"夺回夜晚"游行，并积极抗议针对妇女的暴力行为。这带来了她们致力于改变社区对遭受性虐待儿童的理解和态度。

58

9 月 18 日

然后小组成员让我和她们一起回顾本地"夺回夜晚"游行的信息。几周前我们告诉她们有个抗议针对妇女的性暴力的游行，在探讨了她们对参加公开示威的恐惧之后，她们决定集体参加游行。我支持小组准备独立行动，在新的经历中相互支持。我和她们分享了我对她们想一起游行感觉很棒，并给她们提供了所需的信息。

9 月 25 日

我们支持这个小组日益独立，并与成员们分享了我们的感受：当小组成员讲到游行带给她们的感受时，简和我分享了看到她们在那，游行，不停地喊口号和唱歌时，我们感到多么有力量。我们还分享说，对我们来说见到她们和知道这个小组即将结束，并不容易。这个小组对我们来说很特别，很难让它就这么完结。

实务要点：当小组快要结束的时候，我们看到这一内化的负面自我形象，即她们是"损坏的物品"的观念，开始发生变化，因为她们认识到对发生在自己身上的事没有责任。这种变化体现在一位成员写的诗中，她在小组中做了分享。这首诗是一个可以动员服务对象的抗逆力和力量的例子，会在下一节讨论。

琳达和不同的小组成员谈到有段时间自己感到多么绝望。我主动去引出她应对痛苦的能力："琳达，我刚刚听到你说现在有那么多的痛苦和悲伤，我在想，对于所有的伤害你做了些什么。"她说，她哭了很久，只是让自己感受悲伤，她还写日记，写诗。她提到她今天刚刚写了一首诗，描述了她的痛苦和痛苦带给她的感受。有几个人问她是否愿意读一下，她照做了。诗的名字是《彩虹之子》，它描述了光束在透过一滴水的时候如何破碎散落，又如何形成生机勃勃的彩虹再现。这首诗说的是，她和所有康复中的幸存者就像一束光；如果她们能挺过痛苦，就会变得充满活力、美丽和完整。我们几个人（包括我在内）都热泪盈眶，当她说完，大家都在一阵沉默中感受到了力量。

对压迫心理学理论中一些中心思想的这一简要总结为后面章节中使用这些建构的概念体系奠定了基础。虽然还有许多其他模式可以帮助工作者了解他们的服务对象并制定有效的干预策略，但这是一个非常有用的模式，可以用来思考开展受压迫和弱势群体的工作，而这些在社会工作者的从业中占了很大一部分。在我们考虑压迫的影响时，我们还必须知晓有助于个人、家庭、社区和整个人群在逆境中生存并且常常兴旺发展的抗逆力要素。

59

抗逆力理论与研究

教育政策 4b

　　20 世纪 70 年代和 80 年代，发展研究聚焦到了似乎是与服务对象的负面结果联系在一起的风险因素。一个在充斥毒品和暴力的城市中心区长大的孩子，在尝试调整进入青壮年期和以后的人生阶段时，面临着一定程度的风险。研究表明，如果这个孩子还有童年期的创伤（遭受身体或性虐待、被遗弃等等），并且父母和家庭成员常常吸毒、酗酒，孩子不良的成长结果的风险程度呈指数级增加。然而，社会工作实务和文献中反复出现的与此迥异的现象表明，并非所有身处高风险和创伤中的儿童都有不良的成长结果。巴特勒（Butler, 1997）在进行"剖析抗逆力"研究时指出：

　　　　越来越多的临床工作者和研究人员认为，风险因素模式给风险儿童带来期许他们会失败的负担，而忽略了那些成功走出逆境的人。他们说，大型的流行病学研究并不能解释为什么一个受到亲属性虐待的女孩，变成未婚母亲或妓女，而另一个女孩会成为奥普拉·温弗瑞或玛雅·安吉洛。回溯性研究无法解释为什么一个男人，在加利福尼亚州贫穷的里士满一个恶劣拥挤的家中长大，成了快克可卡因的瘾君子并死于艾滋病，而他的弟弟克里斯托弗·达登从法学院毕业，并持续起诉 O. J. 辛普森。他们说，是时候看看世界上的达登们和温弗瑞们教给我们什么了。（p. 25）

　　鉴于毒品滥用的广泛性，大量的情感、身体和性虐待的证据，许多社区暴力性质更为恶劣、暴力程度增加，以及生活在贫困中的儿童数量的增加，研究转向理解为什么有些儿童、家庭和社区在这样的情况下仍然能开花结果，就不那么让人意外。以此为关注点有助于拓展针对处境危险的服务对象的预防和治疗方法。

　　拉克和帕特森（Rak & Patterson, 1996, p. 369）识别出了与缓冲假设相关的四大组保护性因素，即可能对影响高危儿童的生活事件提供缓冲保护作用的变量：

　　1. 儿童的个性特点（例如，从婴儿期就有的获取他人积极关注的能力）；

　　2. 家庭条件（例如，出生后第一年的周全哺育，很少长时间与主要照顾者分离）；

　　3. 环境支持（例如，角色榜样，诸如老师、学校辅导员、心理健康工作者、邻居和神职人员）；

　　4. 自我概念因素（例如，与心理疾病等长期家庭压力因素有关的自我和自我的边界的理解能力）。

马斯滕（Masten，2001）回顾了现有的抗逆力模式和研究，并识别出了两个主要思路。一个是聚焦于变量的研究，该方面的研究表明父母的教养质量、智力功能、社会经济阶层等与正向的适应行为相关。另一个研究思路是聚焦于个人的研究，即寻求理解完整个体而不是具体的变量的作用。使用后一种方法的研究人员试图找出在高风险和低风险的生活环境中具有良好和较差适应功能模式的人群，然后对结果做比较。在梳理了使用这两种方法的研究之后，马斯滕（Masten，2001）得出了以下结论：

> 过往积累的有关发展中的抗逆力的数据表明，这类现象比通常激发该研究的不寻常的个案经历所预计的更为普遍。抗逆力似乎是一种常见的现象，产生于人类正常的适应过程。人类发展的巨大威胁是危及这些适应过程的深层机制，包括大脑发育和认知、照顾者与孩子的关系、情绪和行为的调节，以及学习的动机和与环境建立联结的动机。(p. 238)

发展心理学理论与研究

发展心理学领域一项具有里程碑意义的研究，是 1955 年夏威夷可爱岛的 698 名婴儿参加的一项为期 30 年的纵向研究，主题为"一些人是如何战胜身体的残疾和被剥夺的童年的"（Werner，1989，p. 106）。沃纳描述了她与合作者共同的目的："评估产前和围产期压力的长期后果，并记录不利的早期养育条件对儿童的身体、认知和心理社会发展的影响。"(p. 106) 下文她描述了他们对抗逆力日益增长的兴趣：

> 但随着研究的进展，我们开始对某些"高危"儿童产生特别的兴趣，这些儿童尽管遭遇了生产时的应激状况、不和谐又贫困的家庭生活，以及没有受过教育、酗酒或有精神健康问题的父母，但发展出健康的个性、稳定的职业生涯和强大的人际关系。我们决定努力找出让这些孩子具有抗逆力的保护性因素。(p. 106)

研究人员确认了 201 名脆弱儿童作为高风险研究对象（占幸存儿童的 30%），标准是他们在 2 岁之前遇到四个或四个以上的风险因素（沉重的围产期压力、长期贫困、父母没有受过教育，或家庭环境问题重重，表现为不和谐、离婚、父母酗酒或有精神疾病）。其中约三分之二的人（129 人）到 10 岁时出现严重的学习或行为问题，或到 18 岁时有偏差行为记录、精神健康问题或怀孕。

另外约三分之一的高危儿童（72 人）"成长为有能力的年轻人，他们婚姻美满、工作顺遂、生活中有情趣"，这引起了研究人员的关注（Werner，1989，p. 108）。他们识别出有几个要素是抗逆力（例如，高活动水平、低程度的激惹和困顿、高社交能力、在学校集中注意力的能力、解决问题和阅读的技能以及有效运用自身才能）的源泉。他们还识别出了以下环境因素：

- 家里有四个或更少孩子；
- 跟下一个兄弟姐妹间隔两年或两年以上；
- 在出生后的最初几年有机会与至少一位给予正向关爱的照顾者建立紧密的纽带关系。

研究发现，这些抗逆力强的儿童"尤其善于在亲生父母不在或丧失能力的情况下找寻到这类（给予正向关爱的）代父母"（Werner，1989，p. 108）。这些孩子还能够利用他们的邻居、学校朋友和老师、教会团体等网络提供情感支持，以便"克服困难"取得成功（p. 110）。

研究人员得出了一个充满希望的结论：

> 只要压力性生活事件和保护性因素之间的平衡还可以，成功适应就是有可能的。然而，当压力性事件超出保护性因素时，即使是最有抗逆力的孩子也会出问题。通过干预，或者通过减少暴露在风险因素之中或遭遇压力事件，或者通过增加更多可获得的保护性因素和支持来源，有可能让天平从脆弱性一端转向抗逆力。（Werner，1989，p. 111）

研究人员和理论家得出了这样一套基本理念：生活压力会给高风险人群带来负面的结果；然而，个人因素和环境因素可以起缓冲作用，从而为战胜逆境提供抗逆力。例如，福纳吉等（Fonagy, Steele, Steele, & Higgitt, 1994）对依恋理论做了检验，该理论关注早期婴儿与照顾者之间的依恋关系对儿童的发展以及这种依恋的安全性的影响。他们研究了不安全依恋的代际传递，重点关注可能打破恶性循环的因素，换句话说，找到帮助自己经历过不安全依恋的母亲避免将这些传递给孩子的方法。

其他一些研究人员把这一基本模式用于特定的人群（按种族、民族等界定）、经济状况（贫困）或社区变量（城市中心区、暴力水平）。例如，戴利、詹宁斯、贝克特和利肖尔（Daly, Jennings, Beckett, & Leashore, 1995）用非洲中心范式来描述注重集体性，它表现为分担他人的忧虑和责任："运用这一视角的学术研究识别出非洲裔美国人生活的正向方面，它们丰富地植根于融入了非洲特质并致力于共同事业的灵性和世界观之中。"（p. 241）

作为个人层面的一个例子，具体而言是成功的非洲裔美国男性的抗逆力，作者所引用的研究结果（Gary & Leashore, 1982; Hacker, 1992）喻示：

> 他们的成功在很大程度上可以归功于个人和家庭的抗逆力，在失败或接近失败后"反弹"的能力，以及在调动有限的资源的同时保护自我免受不断的社会和经济上的冲击。在不同程度上，成功源于强大的价值观体系，包括对自我的信念、勤奋努力、有所成就的渴望和动机、宗教信仰、自尊和尊重他人、对家庭和社区的责任以及合作。（Daly, Jennings, Beckett, & Leashore, 1995, p. 242）

另一个例子是，研究人员通过关注非洲裔美国青少年在学校环境中的风险和抗逆力来检验年龄、种族和环境因素（Connell，Spencer，& Aber，1994）。他们发展出了一个理论模式，并用纽约和亚特兰大两个城市的两个大样本数据做了验证。他们的发现证实，家庭参与是这些干预的一个重要目标。这项研究的结果也支持制定干预策略，以增强贫困的非洲裔美国青少年对自身影响学业成绩和改善在学校与同龄人的关系的能力的信念。

对于我们理解风险和抗逆力而言，这项研究最有趣和令人困扰的地方或许是，低收入非洲裔美国青少年的不满行为会减少父母的参与，这反过来会导致青少年对自我的负面评价，从而加剧不满，并导致负面的教育结果。

克里斯蒂安和巴巴林（Christian & Barbarin，2001）还检验了父母参与对低收入非洲裔美国儿童的调整适应的重要性。他们发现，每周至少去一次教堂的父母的孩子比那些父母不经常去教堂的孩子有更少的行为问题。这支持了对于那些孩子因在贫困家庭和社区中长大而可能有行为和情感适应不良风险的非洲裔美国家庭来说，宗教信仰作为一种社会文化资源的重要性。在第二个相关的调查中，研究人员假设那些具有正面的种族认同的父母和那些倾向于将非洲裔美国人负面的生活状况归因于外部力量的父母，其孩子的行为问题更少。虽然这两个变量可能与父母的自尊有关，但是它们并不会直接导致儿童出现行为问题。事实上，倾向于对不良状况做内化解释（例如，工作不够努力，缺乏毅力）的父母的孩子行为问题更少。作者承认这项研究有局限性，不能做广泛的推论；尽管如此，他们的发现仍既出乎意料又耐人寻味。

里希特和马丁内斯（Richters & Martinez，1993）提供了一个抗逆力研究的事例，该研究考察了社区暴力对儿童期发展的影响。他们调查了华盛顿特区一个充斥暴力的街区的72名小学一年级学生的抗逆力因素。他们的研究结果表明：

> 尽管这些孩子是在暴力街区中长大的，在社区中接触了相对较高程度的暴力，并有相关的痛苦症状，但接触社区暴力的程度并不能预测适应失败或成功。取而代之的是，适应状况清楚明白地与儿童家庭的特点有关。（p. 609）

作者指出，只有当环境恶劣的情况侵蚀到儿童家庭的安全性和稳定性时，他们适应失败的概率才会增加。

在一项关于城市非洲裔美国青少年卷入帮派的风险和保护性因素的研究中，研究人员发现，同没有参加过帮派的青少年相比，现在或过去参加过帮派的青少年冒险性更高，抗逆力更低，接触暴力更多，痛苦症状更严重（Li et al.，2002）。在控制了年龄、性别和冒险因素的情况下，这些发现仍然成立。作者认为，帮派成员本身与风险增加和对心理健康的不良影响有关。他们还发现，与家庭强有力的联系和抗逆力可以防止加入帮派。

加梅齐（Garmezy，1993）关注受贫困影响的儿童的抗逆力和脆弱性。他说：

> 有确凿的证据表明，许多儿童和成人确实克服了生活中的困难。鉴于大量的生活故事频繁呈现良好的结果，因此识别那些似乎能使个体规避生活压力的"保护性"因

素至关重要。（p. 421）

作者指出了充当抗逆力因素的核心变量。其中包括"温暖、凝聚力，以及在缺少回应的父母或出现明显的婚姻不和的情况下一些有爱心的成年人（如祖父母）现身"（p. 421）。在研究遭遇贫困和其他创伤的儿童的抗逆力时，也有类似的研究发现：亲子关系中的情感回应是一个缓冲因素（Egeland，Carlson，& Sroufe，1993）。

在一项以受家庭虐待的儿童为研究对象的研究事例中，赫尔伦科尔等（Herrenkohl，Herrenkohl，& Egolf，1994）报告了关于虐待和疏于照顾对 457 名儿童的影响的纵向研究。这项研究始于 1976 年，并在 1980—1982 年对 345 名儿童进行了跟踪研究（当时这些儿童处于小学年龄），在 1990—1992 年又进行了一次跟踪研究（青少年后期）。1980—1982 年的研究包括了因受虐待（$n=105$）或疏于照顾（$n=86$）而接受当地儿童福利机构服务的儿童，以及日托（$n=52$）、"启智项目"（Head Start programs）（$n=52$）和私立幼儿园（$n=50$）的儿童对照组。所有的孩子都按几个变量评分，然后归类为高功能、低功能和中等功能。学业成功（如出勤率、毕业率）是确定成功与否的一个关键的结果指标。

他们的数据表明，"在整个儿童期，至少有一个照顾者似乎是取得学业成就的必要条件，尽管不是充分条件"（p. 304）。最后，父母对有严重身体健康问题的孩子自给自足的正面期望似乎"激发了孩子设定目标和产生决心，对他们的学业产生了良好的影响"（p. 304）。

加梅齐（Garmezy，1993）在回顾有关抗逆力和贫困的文献时指出，这些发现提供了新的研究问题和途径。在一些迄今为止适应良好的儿童和成人中，随着时间的推移，抗逆力似乎在减弱，这与哪些因素有关？长期累积的压力似乎是一个需要检验的主要因素。另一个值得考虑的因素是，缺乏一个支持体系，而随着时间的推移，这一体系是可以获得的。影响改变的其他可能因素或许包括儿童的环境发生重大调整改变，如家庭解体（p. 130）。

其他一些针对特定人群的抗逆力研究的例子包括对残疾高发青少年（Murray，2003）、无家可归的学生（Reed-Victor & Stronge，2002）和经历父母婚变的青少年（Rodgers & Rose，2002）的研究。以下三个涉及儿童、青少年和成人的研究是以特定人群为重点的研究和文献综述的最新实例。

理查德（Richard，2013）在回顾有关提升社会弱势儿童抗逆力的文献时总结出了以下发现：

> 幼儿特别容易受到社会脆弱性的不利影响。具有抗逆力的孩子是那些能够抵御逆境，设法应对不确定性，并有能力从创伤中成功复原的人。熟悉自然而然具有抗逆力的儿童的特点可以设计预防性干预政策。鉴于抗逆力干预是一个整合性的过程，因此有必要在家庭、学校和社区等不同的环境中开展工作。在儿童面临威胁时，帮助社会

弱势儿童获取资源的干预措施似乎具有相当重要的作用。但是，要让干预对儿童获取资源的实效得以维持或提升，干预就需要强化并具有持续性。在什么年龄对孩子开始干预也是一个重要因素。现已确定，越早开始干预，获得的效果越好。（p.751）

巴顿（Patton，2013）探讨了暴力少女的抗逆力理论。她回顾了相关文献，并建立了一个 MIMIC（即多指标多原因）模型，用来解释抗逆力与少女攻击和暴力行为之间的关系。通过运用结构方程进行检验，她确定了与暴力行为显著相关的种族、社区支持和社会经济地位等人口方面的"变数"。她的发现印证了其他青少年研究的结果，这些研究发现：

> 除了影响抗逆力的风险和保护性因素外，抗逆力还可能会被同样有助于解释行为的相关的偶然因素增强或阻碍。其中一些因素包括种族/族裔背景、社区支持和社会经济状况。（p.650）

最后，斯科特（Scott，2013）研究了抗逆力与阿尔茨海默病患者的照顾者负担之间的关系。抗逆力被确认为老年人的一个保护性因素。她的研究试图检验抗逆力作为调节变量在照顾者压力源与照顾者负担之间发挥的作用。她没有发现抗逆力是一个调节变量的证据，但确实发现"抗逆力与照顾者负担有关联。具体来说，随着阿尔茨海默病患者的照顾者有了更强的抗逆力，他们的照顾者负担有所减轻"。她认为，"研究结果强调了用来提高阿尔茨海默病患者的照料者的抗逆力的支持性干预的重要性"（p.879）。

抗逆力与毕生发展理论

抗逆力理论不仅适用于儿童和家庭。斯托丁格、马西斯克和巴尔茨（Staudinger, Marsiske, & Baltes, 1995）从事老龄化领域的研究，他们试图将抗逆力的意涵与毕生发展心理学领域出现的有关发展性储备能力的研究结合起来。毕生发展理论表明，整个生命周期的发展特点是适应能力的增强（获得）、减弱（丧失）和维持（稳定）（p.542）。

斯托丁格等人（Staudinger, Marsiske, & Baltes, 1995）提出，这一理论挑战了一维模式，例如，在该模式中，老化可能被视为单纯的能力丧失。可塑性是毕生发展理论的另一个核心理念，它可以是正向的，也可以是负向的。可塑性可以定义为个体对压力做出灵活反应的能力。这一观点表明，变化的变动因素可以归因于个人或群体，并可能与跨文化或历史性差异有关。个体的可塑性可能取决于个体的储备能力，它由个体在某一特定时间点可运用的内部和外部资源构成。认知能力和身体健康是内部资源的例子；而一个人的社会网络和经济状况是外部资源的例子。请注意，个人的资源不一定是一成不变的，而是可能会随着时间的推移而改变（p.542）。

作者描述了两种类型的储备能力。基础储备能力是指个人在现有内部和外部资源的情况下，当前的最佳表现潜力。发展性储备能力是指能够被激活或增加的资源。毕生发展理

65

论认为，随着储备能力的增强，正向可塑性的潜力也随之增强。

社会工作干预活动（例如，个案管理）可视为侧重于帮助老年服务对象，例如，利用他们的基础储备，同时通过干预激活他们的发展性储备。例如，通过参与老年人项目拓展服务对象的社会网络（外部储备），可以直接提高内部储备能力（健康、情绪状态、认知能力），进而增强服务对象发展更强大的社会网络的能力。这个服务对象会在社会关系方面展示积极的可塑性。

认知韧性

研究人员还检验了认知韧性概念和应对方式作为缓冲或调节变量对生活压力事件与创伤及身心痛苦之间的关系的影响（Beasley，Thompson，& Davidson，2003）。这项研究分析了 187 名成年后重返大学的学生填写的问卷。总的来说，研究结果支持生活压力对心理健康有直接影响。认知韧性、应对方式和负面的生活事件也会对结果有影响。有些样本支持认知韧性对情绪应对方式和不良生活事件对心理困扰的影响有调节作用。研究人员把科巴萨和普切蒂（Kobasa & Pucetti，1983）界定的认知韧性当作一个人格变量。具体来说，有认知韧性的人——

> 相信他们能够控制或影响事件，投身活动和人际关系，有自我承诺，他们认识到自己独特的价值观、目标和生活优先事项，并将变化视为挑战而不是威胁。在某些方面，他们倾向于认知上的灵活性。（p.841）

对社会工作实务的意义

人们对抗逆力理论和研究与日俱增的兴趣，以及毕生发展理论的概念，非常契合社会工作中不断发展的理论和实践，也与互动模式相吻合。对于那些长期以来采用心理社会取向理解服务对象并与其一道工作的社会工作者，以及新近接受生态模式和优势视角的社会工作者来说，这些理论模式和研究发现往往确认了他们的实践智慧和探索了他们早已知晓的东西。这些模式也强化了我在研究生院学到的第一个实务原则："始终捕捉服务对象的力量！"

抗逆力模式的强势涌现，伴随着储备能力和可塑性的概念，以及认知韧性的毕生发展观，会在多个层面上影响社会工作实务。举例来说，我们刚刚在本章中看到，通过我们自己对理论发展的探索，理论如何提供了能指导我们干预的有关人及其行为的基本观点。

吉尔冈（Gilgun，1996）提供了一个力图将抗逆力理论与社会工作实务理论相结合的例子，这些实务理论常被称为系统或生态取向或框架。她认为，这一框架让社会工作干预"领域宽广，涵盖研究、项目开发、直接实践和政策制定、实施与评估"（p. 399）。她指出，发展心理病理学为社会工作引入了充满生成性概念和理论的话语，而社会工作则提供了生态框架、优势为本的聚焦和现象学视角。两相结合，社会工作和发展心理病理学可以极大地促进知识的发展，为研究、项目开发、实务和政策提供养分。

先前关于抗逆力和毕生发展理论的讨论中，引入了发展性储备能力的概念。毕生发展理论提出，人的一生发展的特点是共同发生的适应能力的增强（获得）、减弱（丧失）和维持（稳定）。此外，还讨论了认知韧性概念和应对方式作为缓冲或调节变量对生活应激事件和创伤与心理及躯体痛苦的关系的影响。

老年人的应对策略和方式

塔纳（Tanner，2007）关注老年人处理伴随老化而来的变化和困难的应对策略和机制。他们建议，对社会工作者来说一个良好的起点是关注服务对象当前的生活。通过小样本的定性分析研究，他们提炼出了存续自我的三大主题，即继续前进、保持自我和滑坡。

> "继续前进"主题指的是参加者所采用的务实或"做事"策略，而"保持自我"主题指的是参加者的认知应对方式。第三个主题——"滑坡"，指的是支持或破坏应对策略和方法的因素。（p. 11）

研究样本包括12位老人，他们被转介或自行转介接受服务，但当地社会服务部门拒绝提供服务。这个样本是从53个符合研究标准的接受邀请的人中产生的。他们最初寻求帮助要解决的困难跟家务有关（例如打扫卫生和购物、进出浴缸）。研究设计是在三年的时间里对每个参加者做五次深入的半结构式访谈，以确定他们如何设法解决自己的困难。四名参加者因去世或搬家而未能完成研究。访谈资料的定性分析识别出了以下三个继续前进子类别。

- 活动。"参加者积极主动地处理自己的情况，保持忙碌，尽力应对困难，努力掌控自己的处境以及调整自己通常做事的方式以适应丧失和变化。"（p. 12）
- 稳定性。参加者"经常在面对疾病、残疾和其他形式的丧失带来的威胁时，努力保持生活的某种稳定。这一主题之下识别出的两个子类别是保持生活规律和维持标准"（p. 13）。
- 关系上的平衡。"参加者努力在关系中对给予和接受保持可接受的平衡，寻求维持能接受的关系边界和保持互惠。"（p. 15）

"保持自我"主题"由两个类别组成：延续性，指保持过去、现在和未来之间的联结感的方式；自我肯定，指支持积极乐观的认知过程"（p. 16）。

第三个也是最后一个主题滑坡指的是"承认疾病、残疾和老化，以及处理这些经历的方式，它们必须被放到社会背景中加以理解。识别出在个人、社会和社区层面影响如何经历和解决这些困难的威胁和资源"（p. 20）。

面向老年人群的支持小组表明社会工作方案如何能维持或提高适应能力，增强认知韧性，以便面对失去家人、朋友、健康、工作角色、身体机能、邻居等情况，去帮助有困难的老年人，而这些困难往往与这一阶段的生活有关。这些小组还能充当媒介，让老年人保持活动和互惠的社会关系，并帮助有认知问题的老年人，这是保持本真。下面的例子说明了如何运用所有这些应对支持策略。

老年怀旧小组：加强社会联结　在下面的例子中，老年怀旧小组是在日间活动中心组织的，目的是帮助 68 岁到 101 岁的老年人建立社会联结，强化外部和内部储备。这种带有方案的社会工作活动提供了一个场所，在那里，原本孤独的服务对象可以每天来分享食物、打牌，并从社会联结中找到支持。

实务要点：我们可以看到年龄和生命周期阶段的影响，因为这个群体的成员在生活中经历了许多丧失，开始面对怀旧带来的痛苦和积极感受。除了失去朋友、亲戚、家庭主妇身份或其他能力，他们还丧失了对他们有重要意义的做饭能力。小组带领者们注意到，在早期的小组会谈中，有一种开玩笑的模式，这可能是一种逃避，它向带领者们发出这样的信号：这些都是难以讨论的话题。在经过几次混乱且常常令人有挫败感（对于带领者而言）的聚会之后，成员们才终于开始为小组的目标而努力。

2 月 18 日

在小组聚会前，我和跟我一起带领小组的人才意识到，尽管交谈很愉快，成员们也在相互交流，但我们并没有达到小组的目的，那就是回忆往事。坐好后，我说："今天大家都做好准备工作了吗？"弗洛伦斯回答说："什么工作？"众人笑了起来。我再次说明，这个小组的目的是怀旧。格蕾丝开始谈自己在家中的排行。小组谈论了家庭、兄弟姐妹和孩子。然后话题转到讨论医疗保健，以及随着技术的发展，情况发生了多大的变化。我真的很惊讶。小组成员在交流，互相倾听，分享观点。我鼓励继续交流。每个人都在倾听，互相尊重。当小组结束，我正在穿外套时，莉娜抓住我的胳膊说："哦，琼，怀旧是什么意思？"

实务要点：第一次（订立契约）的小组会谈未完成的事宜重现，因为小组带领者使用了"怀旧"一词，而没有加以说明或做进一步的解释。莉娜给了她一个重新跟小组成员订立契约的机会。但是小组成员再一次通过罗斯利用一个成员（保罗）的事情既避免了讨论，同时也提出了一个问题：失去爱的关系。

2 月 25 日

我开始小组会谈的时候先询问是否有人知道怀旧是什么意思。我之所以这样做是因为上周小组结束时留下了这个问题。一位小组成员自告奋勇地回答说："想一想、谈一谈很久以前的事情。"其他小组成员也插话给出了他们的理解。我问小组成员是否知道为什么我们要去想想自己记得的过去的事情。罗斯说："更要紧的，你们都知道保罗有个女朋友吗？"大家都笑了起来。我问罗斯这和我们要谈的东西有什么关系。罗斯说现在比过去好。我问过去是不是太痛苦了，不能谈。罗斯告诉我说过去的已经过去了。另一位小组成员问保罗是否在恋爱。我没有理睬这个问题，问小组成员是否认为保罗想把他的爱情生活告诉每个人。我现在意识到我在增加"跑题"行为。弗兰看着我，然后用意大利语对罗斯说了些什么。

实务要点：当小组成员开始谈论保罗的"爱情"时，他们实际上是在探讨一个重要的问题：自己失去的爱。这位社会工作者的第一反应是这就是跑题；然而，她很快捕捉到了这个错误，并发现了玩笑和当天的主题之间的联结。她承认存在跨文化问题，她是犹太人而大多数小组成员是天主教徒，这有助于小组成员讨论跨文化的浪漫关系这一敏感话题。请注意弗兰是怎样通过询问小组带领者是否是犹太人，实际上回答了关于初恋的问题的。

我试着把尴尬的话题转入正轨，问小组成员是否有人愿意谈谈自己的初恋。弗兰转过身来对我说："你是犹太人，对吗？"我说是之后，弗兰转向罗斯，继续用意大利语交谈。我避免质疑弗兰的问话，因为我知道他们很生气，于是看着跟我一起带领小组的同事寻求帮助。我的同事让小组成员分享一个让他们与众不同的特质。每个人都开始说是什么让他们与众不同。交谈结束后，我抓住一个机会说："每个人都有不同的能力和特点。让我与众不同的是，我是犹太人，而你们大多数人是天主教徒，但我们的内心都是一样的。"弗兰似乎对我说的话很感兴趣。她走到我跟前，给了我一个拥抱，然后说："我的初恋是犹太人，但我不被允许和他约会。"以此为起点，小组开始了怀旧。

实务要点：现在，小组带领者已经懂得小组成员间接提出话题和运用幽默来开启话题的模式。每个小组都会形成自己的文化和讨论困难话题的方法。小组带领者需要学会小组的"语言"，这有助于她听到隐藏的问题。成员之间真正的亲密意味着真正分享正面和负面的过往经历。

和我共同带领小组的同事问小组成员想谈什么。弗兰克说："我们一遍又一遍地说同样的事情。我们打牌吧。"我问过去是不是太痛苦了，不想说。玛丽说："为什么要说过去的事？谁在乎过去？我同意弗兰克的话，我们打牌吧。"我还没来得及回答，罗斯就说："我活在未来，而不是过去。"我尝试让罗斯详细说说。我请她描述一下她的未来，但她说不出来。我试着面向整个小组，并说，如果我们今天打牌，那么明天这也将成为过去。我问谈论过去是否会很困难。小组成员说不是。

实务要点：对于这些人来说，与怀旧相关的痛苦的深层次问题终于直接呈现出来。质疑谈论过去有什么价值的埃塞尔，提出了小组中其他人所感受到的问题，实际上是小组带领者的盟友。小组带领者称赞了她，因为这个问题过去是间接提出来的，需要去讨论。

埃塞尔措辞激烈地说，我们这么多人没剩下多少时间了，计划一下明天总比去想昨天好。我感谢了讲这番话的小组成员，并言明说这些话需要很大的勇气。然后我接着说，有这么多的丧失一定很艰难。莉娜说："趁你年轻的时候好好享受吧，因为它去得太快了。"这句话让我真正对小组成员的感受有了感同身受。我意识到他们不想谈论痛苦，因为他们几乎可以计算出余生还剩多少时间。他们宁愿享受剩下的时光。我向小组成员说出了我的想法。我得到的回应是："完全正确。现在我们玩牌吧。"

实务要点：如同前面提到的性虐待幸存者的例子，小组带领者在还有的几次会谈前说了即将到来的小组终结。她们分享了自己的失落感，这激发了小组成员的情感表达。在介绍过程和内容的下述例子中，讨论小组结束带出成员生活中的丧失问题。

3月18日

我和跟我共同带领小组的同事提到，还会有四次小组聚会，然后这个小组就要结束。我的同事解释说，学期要结束了，我们的实习也将结束，这会是他们生命中的另一个丧失。玛丽说："四周还挺远的。你为什么现在提起这个？"我解释说，结束是一个过程，虽然我会离开，但我会想念所有的成员，我想开始为离开做准备。我说这对我来说也是个丧失。小组成员表达了悲伤。乔说："哦，好吧，只是又一个人离开我的生活。"我认可失去是困难的，并促成成员交谈有关丧失和悲伤的话题。小组成员开放地跟其他人诉说了自己的悲伤难过。

玛丽对小组说："我可能让这些女孩子不太好过，但这只是因为我知道我可以这么做，因为我知道她们很在乎我们。"小组开始把聚焦点转向了这些年离去的朋友们。弗兰克似乎变得不太自在，开始唱歌。我要求弗兰克面对这种感受，并向小组传递这种感受。当我和跟我一同带领小组的同事当天离开这个小组的时候，小组成员还在继续分享彼此的感受。

实务总结：这些小组带领者已经学会如何读懂小组的语言，并认识到正面抵抗（"我们打牌吧"）的意义，它是向工作者发出的一个信号，表明怀旧时涉及的艰难困苦的重要性。她们相信互助的疗愈力量（这在本书有关小组工作的章节中有更详细的描述），并鼓励成员们拥抱过去悲伤和快乐的时刻。互助可以让服务对象更好地认识到他们并不孤单，他们和处于同样人生阶段的其他人能够"同舟共济"（这是本书第四部分将详细探讨的另一个概念）。

抗逆力理论和研究与儿童福利工作　我们发现了另一个运用抗逆力理论和研究的例子，展示了抗逆力对非洲裔美国家庭儿童福利工作的意义。斯坎纳皮科和杰克逊（Scannapieco & Jackson, 1996）回顾了非洲裔美国家庭历史上对分离和丧失的反应，从奴隶制开始，一直持续到重建时期、第二次世界大战、民权年代、20世纪70年代和80年代，直至20世纪

90 年代。

在每一个阶段，他们都描述了非洲裔美国家庭的抗逆力，以及他们应对美国社会的种族主义带来的生活压力的方式。目前与贫困、艾滋病、虐待和疏于照顾儿童、阿片类药物滥用流行、持续存在的微妙和并不那么微妙的种族主义以及服务的减少有关的压力，已经导致儿童期有风险的孩子的比例上升到危机程度。这些作者指出，"亲属照顾"安置调用了非洲裔美国扩大式家庭的资源，充当了该研究之前的讨论所描述的一些抗逆力因素。作者建议，所有扩大式家庭的成员都应该参与制订个案计划，因为他们中的任何人都有可能需要充当全天或部分时间的照顾者：

> 亲属照顾方案方面的社会工作实务工作必须认识到非洲裔美国家庭的抗逆力特性，并跟"三方亲属"一道工作，"三方亲属"由儿童、生身父母和提供照顾的亲属组成。服务体系应该面向这个三方组成的联合体，以确保为儿童提供永久性的生活安排。(p. 194)

71

这一例子也可以用毕生发展理论的术语来形成概念框架，即关注提高非洲裔美国家庭正向的可塑性的资源（内部和外部、基础和发展性资源），这样不仅致力于恢复创伤，也让个人、家庭和社区获得最佳成长和发展。

本章小结

本章介绍了压迫模式，用来帮助读者理解在我们的许多服务对象身上观察到的不良适应行为的一些背后原因。运用弗朗茨·法农的压迫心理学，我们探讨了长期压迫的负面影响以及为应对其影响而形成的一些适应良好和适应不良的防御表现。

有关抗逆力的理论和研究消解了压迫模式，强调服务对象可以通过多种方式战胜各种压迫的影响。这种优势视角提供了一个模式，让我们看到每个服务对象在他的生活中的某些时候有能力克服他所面临的许多障碍。这一观点是要捕捉服务对象的优势，而不是一门心思地关注病态迹象。

诸如认知韧性之类的概念和保持活跃与正向认知的策略描述了老年人在面对年老带来的滑坡时应对问题的方式。这些通过一家日间活动中心的老年怀旧小组的工作记录节选进行了举例说明。

至于本章的目标，我提出抗逆力和毕生发展理论及其相关研究为理解所有服务对象并与其订立契约提供了一个重要框架。如果我们认为服务对象，即使是那些看起来完全被压得透不过气的服务对象，也有潜力战胜逆境，那么我们便会始终寻找他们的优势，而不是他们的问题。这样做——呈现给服务对象一个相信服务对象有成长、改变和适应能力的专业人士形象——社会工作者就成为服务对象抗逆力的源泉。这种优势视角也为整合寻解治疗的干预措施提供了理论依据，本书稍后会对此进行讨论。

能力要点

下面列出了本章援引的社会工作教育委员会在《教育政策与认证标准》（2015 年）中为社会工作学生推荐的能力和实务行为。

第二项能力 将多样性和差异性融入工作实践：

a. 在微观、中观和宏观工作中运用并能交流对多样性和差异在塑造人生经验中的重要性的理解

第三项能力 促进人权和社会、经济与环境公正：

a. 运用自身对社会、经济和环境公正的理解，在个人和制度层面倡导人权

第四项能力 投身实务与研究的结合和研究与实务的结合：

b. 运用批判性思考来分析定量与定性研究方法及研究发现

第九项能力 评估个人、家庭、小组、组织和社区：

a. 选择并运用适当的方法做结果评估

第二部分

个人社会工作

　　本书第二部分包含四章，详述和举例说明在与个人一起工作的情况下社会工作的互动方法。从第三章到第六章使用工作的四阶段模式——准备、开始、中间以及结束和转换阶段——作为组织框架。在第三章即准备阶段，我们检视与个人服务对象建立新关联所需的技巧。在第四章即开始阶段，我们聚焦于订立契约的技巧以创建清晰的工作结构。在第五章中，我们考察实务工作的中间阶段，提供一个与个人进行会谈的多阶段模式。最后，在第六章中，我们探索实务的结束和转换阶段，在这个阶段工作者和服务对象结束他们的关系并使服务对象做好准备去迎接新的体验。

　　每一章都描述与相应阶段有关的特定动力和技巧，并简要讨论相关的伦理和法律问题（例如知情同意和保密）。书中引述很多研究发现作为实务工作的经验基础。社会工作者和服务对象互动的详细示例有助于联结理论层面和读者所熟悉的日常现实世界。这些示例说明了实务的恒常和核心要素，同时也显示出由于服务对象群体的特征、每一个服务对象的特定问题以及实务场所的影响所产生的变化。

工作准备阶段

在第一章中，我们概述了实务工作的四个阶段：准备、开始、中间以及结束和转换阶段。本章中，我们从实务的准备阶段开始探索第二章中引入的基本架构。本章检视沟通过程的间接特性，为工作者直接回应那些间接线索提供方法建议。接着，我们来考虑一种发展预备同理心的方法——在第一次面谈之前——体会潜在服务对象对工作者、机构、场所和服务对象的问题所拥有的感受和顾虑。本章也强调了社会工作者"对焦"自我感受的重要性。

准备阶段实务工作的原理基于这样的看法：为社会工作互动所做的准备能提升构建积极的工作者和服务对象关系的可能性，这一关系即所谓的"治疗联盟"，是通过倾听和共情服务对象的话语来构建的。本章中我们先考虑一般性的人类沟通过程的复杂性，接下来我们专门探讨社会工作实务中的沟通问题。

实务工作中的沟通

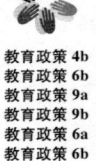

在任何情况下，人类的沟通都是复杂的。让我们来考察一次沟通的情况。我们从发送者或有想法要传达的个体开始。这个想法首先要被编码，也就是从想法转变成符号。接着，发送者通过口头或书面文字、接触或非语言形式（例如，面部表情或姿势），将想法传递给目标接收者。之后，接收者用听、读、看或感觉接收到这个信息。接下来，信息要被接收者解码，也就是从符号转换为其代表的想法。然后接收者必须通过某种形式的反馈知会发出者信息已收到，从而完成一次传递过程。

教育政策 4b
教育政策 6b
教育政策 9a
教育政策 9b
教育政策 6a
教育政策 6b

直接沟通的障碍

考虑到即便是最简单的沟通也会是何等复杂，以及过程中会有多少想法的含义被曲解，我们可能想知道沟通怎么能完成。在助人关系中，额外的因素会使这一过程更为复杂。坦诚沟通的障碍常常导致服务对象以间接的方式来表达想法和感受。

服务对象的矛盾感受　与接受帮助有关的矛盾感受可能是一类障碍。我们的社会对几乎所有形式的依赖都是消极回应的，而强调独立的准则，即有能力独自处理事情。但是，对服务对象来说，手头任务的紧迫性抵消了社会的压力。不同力量对抗的结果常常是含糊不清的求助。特别是在早期的会谈中，在工作关系建立之前，服务对象可能以间接的方式表达担忧；他们也可能会说一些"相近问题"，而这并非他们真正需要谈及的问题。

社会禁忌　第二类直接沟通的可能障碍是社会禁忌，这反映了阻止或禁止讨论一些敏感或深层话题的广泛共识。服务对象进入助人关系时，他们有意识或无意识内化的禁忌阻碍了他们的自由表达。我们社会中一些主要禁忌阻碍了真正谈及性、依赖、物质滥用、性虐待、权威、种族、性取向和金钱等话题。在特定领域中，服务对象在谈及他们的问题和感受时会经历不适，这导致他们使用间接的沟通方式。

痛苦感受和恐惧感受的影响　第三类障碍与伴随担忧而出现的感受有关。服务对象可能发现一些痛苦感受和恐惧感受。他们会使用有意识或无意识的防御去阻止忧虑的出现，以避免进入产生这些感受的领域。这会导致服务对象仅分享关于一个问题的事实而忽视他们的感受。由于所有的担忧都带有事实和感受的方面，因而分享事实仅显示了部分沟通（Shulman，2002）。

76　　　在一个例子中，一个有慢性病孩子的服务对象能够表达她的愤怒，却难以触及导致她愤怒的痛苦。她使用"战斗-逃离"形式的回应作为防御手段来处理她的悲痛。在这个例子中，"战斗-逃离"是我们可以观察到的人或动物在面对威胁性状况时具有的情绪方式。拜昂（Bion，1961）提出那些不能直接处理痛苦情绪的个体或群体使用战斗（例如争论）或逃离（例如幽默）来回避痛苦。这样做切断了该服务对象和她迫切需要的支持之间的联结，因此这是一种适应不良的防御。

订立契约的背景　最后，与助人者订立契约的背景也会产生一些阻碍真实谈话的因素。例如，在一家儿童福利机构，工作者执行双重功能并在一些案例中可能必须代表政府带走孩子。父母深知工作者的权威性和权力，因此在分享那些对他们不利的信息和感受时会小心翼翼。能撤销假释的假释官、让住院期间不愉快的护士、能决定患者何时回家的精神科医生、能决定某人可否得到一个孩子的收养工作者、男性施暴者小组中的工作者——所有这些助人者都具有一定的、超越其服务对象生命的权力，而这种权力或许会成为真实谈话的障碍。

实务工作中间接沟通的例子

由于以上这些障碍限制了直接的情感表达，服务对象可能使用间接方式来表达，如在经典例子中，青少年服务对象有"一个有问题的朋友"。暗示是重要的间接沟通的线索；服务对象做出的评价或提出的问题会包含很多信息。例如，一位母亲问工作者是否有孩子，她提问时可能是在试探性地提出一个更为复杂和具有威胁性的问题："这个工作者能理解我的生活吗？"服务对象也可能通过行为来表达他们的担忧。例如，一个寄宿场所的孩子因节日期间无法回家，会通过行动让照顾他的工作者了解他是何等不安。辅导会谈中的成年人表现得很消极，也可能是在做同样的事情。

间接沟通：年轻的单亲母亲 另一个例子来自儿童福利场景。一位社会工作者访问了一位年轻的单亲妈妈，她有三个四岁以下的孩子。这位母亲是加拿大土著人，为了保护孩子免受男朋友的可能虐待，她从内陆部落的家搬到温哥华市居住。她搬进了城西的一栋住宅楼，这产生了问题，因为所有的土著人资源，例如土著人友好中心、土著人家务助理和法律服务机构等都坐落在城东大多数土著人居住的地方。

教育政策 6a
教育政策 7a
教育政策 8a
教育政策 7c

因为一个邻居的报告，工作者前来调查关于忽视儿童的投诉。当工作者和这个疲惫的妈妈说话时，最小的孩子一直拉扯妈妈的腿，直到她说："别烦我！我在讲话。"这个孩子试图继续拉她，母亲最终抓住孩子的肩膀吼叫："别烦我！"

工作者震惊了，出于儿童保护的工作职责，她开始劝导这位母亲："琼斯太太，你不觉得可以用其他的方式告诉你的孩子别打扰你吗？"这位母亲明白了这话中暗含的批评，立即开始感觉紧张，对工作者有了防御。

77

如果这位工作者能触及自己的感受和这位母亲的感受，并且清楚地知道这位母亲本身是服务对象，而不只是保护孩子的工具，她或许能识别出这位母亲的负面行为传达出的间接线索，并可回应说："这是不是你平常生活的样子——没有机会独处、孩子总是烦扰而无法和别人说话？"如果回应时能真正去理解一个年轻的单亲妈妈的痛苦，了解她试图独自养育孩子，也可能挣扎于收入不足等问题，这种对于间接线索的直接回应就会强化工作关系。例如，在我的一项研究中，这个技巧的使用直接让服务对象感受到工作者同时在保护孩子和帮助母亲（Shulman，1991）。

工作者也应承认，对这位母亲而言，当一个社会工作者来和她谈这些事情时，她是多么痛苦。此外，工作者应该结合其保护者角色，并说："我不得不说我注意到了你很不安，也担心你也许会伤到这个孩子。我知道你并不想这样做。我们能不能谈一谈我们如何帮你应对这些压力？"工作者的必要干预应是提供喘息服务，让其休息。在这个例子中，工作者也能为服务对象链接一些土著人服务，例如家务助理等。

由于儿童保护事关重大，不论母亲是否同意，若按法院要求，工作者可能都得带走孩子。然而，当工作者将母亲本身作为服务对象加以关照，工作者行使其权威性所带来的影响就会有所削减。我的另一项研究说明，在这类例子中，如果法院要求带走孩子的命令到达之前良性的工作关系已经建立起来，工作者仍能有效帮助服务对象争取领回孩子。

这一示例说明，支持性可与对抗性结合，这挑战了一个错误的二分对立。另外，当我就这个例子问学生或工作者"工作者应支持谁——儿童还是母亲？"时，我得到的答案是工作者应支持"双方"，母亲是第二个服务对象。

隐喻和寓言：一个沮丧的寄养青少年　服务对象有时用隐喻和寓言作为间接沟通的途径。如前所述，其意图是发送信息但并不直接表达内容。下面的会谈说明了这种情况：一个沮丧的寄养青少年最近失去了双亲，他准备离开机构的照护，因为他 18 岁了。他担心以后在哪里居住。过去一年他换了很多次居所。

实务要点：注意间接沟通和工作者使用预备同理心（对焦）以探求隐含信息的方式。

> 弗兰克问我可曾想过一个事实——太空是没有尽头的。我说我真没想过。我好奇他是否想过，以及这个问题是否有一点困扰他。他说，是的，因为有时他觉得自己像个小球，孤独地飘浮在空中。升高一点，再往右一点，世界，再见——如同一个小球。我说他确实曾飘浮在空中，从此处到彼处，他定会觉得孤单。弗兰克的眼睛充满了泪水，他断然说："我很孤单！"

实务总结：尽管工作者很有技巧地回应了部分间接沟通，但她没有接住第二个更难、更令人不安的部分，即他所说的"世界，再见"。这个服务对象也许有自杀的念头，工作者应该探寻服务对象这一陈述的含义。

使用非语言形式的沟通也会传达重要的间接信息。有的服务对象总是迟到或早到，有的人会错过答应好要参加的会谈，他们也许是在用这些反应来评论助人活动的进程。家庭会谈中，儿童抵达时显得紧张、生气，拒绝脱掉外套，也许是在传达他们到这里来的感受。一个很生气的服务对象，坐着并双臂交叉紧抱胸前，可能是在说："开始吧，试着来改变我啊。"这些都是重要的信息，但是，共同的要素是服务对象并没有使用语言。

至关重要的一点是，间接沟通使服务对象想说的话变得难以理解。特别是，负面行为是难以理解的，对新手工作者尤其如此，它会使其乱了方寸。这种透过服务对象负面行为理解其真实信息的能力，要通过工作者对专业能力的感觉提升和良好的督导来实现。

这个议题也与之前关于医学模式的讨论和批判相关。如果工作者已经有了一个诊断和治疗的方案，或许这个方案是在督导中或在小组案例会议中制定的，那么要理解服务对象的间接沟通就困难了。我的一项研究对 120 小时的实务录像进行了分析（这在第五章中有更详细的说明），研究结果显示，在前三分之一的个人和小组会谈中，研究中的工作者常常误解与服务对象的沟通（Shulman，1981）。工作者和他们的服务对象似乎各说各话，仿佛黑夜中的船只般错过彼此。

沟通如此复杂，工作者如何去听到服务对象想说的话？正是在这一点上，在会谈前使用对焦（tuning in）技巧发展预备同理心会很有帮助。当谈话有间接的迹象时，这一技巧将大幅提升增进理解的可能，特别是在工作的开始阶段。下一个部分中，我们更进一步检视对焦。

准备阶段：对焦自我与服务对象

工作准备阶段的主要技巧是发展工作者的同理心。在和服务对象的接触实际发生前，就可以使用这一技巧。施瓦茨（Schwartz，1961）将这一过程定义为对焦，即工作者试图去了解服务对象在初遇助人者时可能具有的潜在感受和思虑。这样做的目的是帮助工作者在最初的会谈中，更为敏锐地接收到服务对象的间接沟通信息。如前文所述的理由，服务对象在沟通中并没有直接说出一些很重要的内容。通过对焦，工作者可能注意到服务对象的间接线索并直接予以回应。对间接沟通给予直接回应是工作者帮助服务对象管理情绪的技巧之一，即所谓"将服务对象的感受转化为语言"。

教育政策 6a
教育政策 6b

79

在下文，我们探讨与工作者的权威性有关的对焦问题的重要性、情感上对焦与理智上对焦的区别、指向工作者自身感受的对焦以及对焦的不同层次。

对焦权威主题

本书将阐述对焦的所有层次。但是，我相信服务对象头脑中的第一个问题是："这个工作者是谁？他会是什么样的人？"因此，我从权威主题开始讨论。权威主题是我的提法，说明那些与服务对象和社会工作者之间关系有关的议题。下面这个实务中的例子将说明这类一般性议题。工作者在咨询谈话中常常分享这类特殊经验，他们所说的大同小异，大致代表了一种典型情况。

权威主题：年轻的工作者遇到中年母亲　发言者是一家儿童福利机构的社会工作者。她 22 岁，未婚，刚开始这份工作。她的第一次面谈的对象是一位 38 岁的母亲，有七个孩子，因被邻居投诉有儿童照顾方面的问题引起这家机构注意。另一个工作者与其工作四个月，但他最近离职了。这个新工作者接手并做了首次拜访。

实务要点：注意间接沟通以及工作者在毫无准备的情况下如何对提问进行防御性回应。

相互介绍后，工作者和服务对象坐在起居室里聊了几分钟。服务对象突然转向工作者说："顺便问一下，你有孩子吗？"在这个令人尴尬的问题后出现了短暂的沉默。工作者很快恢复过来，隐藏了自己的感受，对服务对象说："没有，我没有孩子。但我上过不少儿童心理学的课程。"也可用另一个常见技巧来避免回答服务对象的问题，工作者可以说："我们来谈你的事，不是我。"之后在咨询会谈中讨论此事，工作者报告了她内心的感受和想法："我当时慌了！我想：'我的天！她知道我没有小孩。那我该怎么帮助她呢？'"

这是同类场景中的一个例子，但不同的情况显示出同一个主题：恢复中的酗酒者想知道工作者是否曾"走这样的路"（是酗酒者）或"说这样的话"（是匿名戒酒会成员），有艾滋病的同性恋男子询问工作者是否是异性恋，或有色人种描述从前的白人工作者"不理解我们这些人"。本书将探讨各式各样的情况。但是，现在我们先转回第一个例子。

和这位母亲的谈话回到了工作者关于机构服务的议程上来，再也没有转回前面的问题。但是，一个重要问题被间接地提出来，而缺乏准备的工作者做出了防御性的回应。若我们来分析这一小插曲中出现的微妙的、间接的沟通，我们可以用以下方式来诠释服务对象的问题：

> **服务对象：** 顺便问一下，你有孩子吗？（服务对象在想，我想知道这个人是不是和其他工作者一样。关于我该如何养孩子，他们总有各种各样的想法，自己却没有换过一次脏尿片。他们如何能够理解我的生活是什么样子？）

实务要点： 其他的诠释是可能的；但我相信，这个问题在最初的会谈中对所有的服务对象都很重要。信息中的关键成分——没有被说出来的部分——是服务对象担心她不会被理解，甚至会被批评。工作者的回应反映出她对自己助人能力的担忧，更证实了服务对象的担忧。很常见的情况是，服务对象会想知道新来的工作者是否会像他们以前遇见的其他助人者一样——在这种情况下，那个总是冷漠无情的"专家"以为她知道一切答案。这个想法太危险了，无法公开表达出来，所以这里只有一丝暗示。工作者的反应也很常见，特别是对于没有预料到这一问题的新手工作者而言。

如果工作者已经对焦到服务对象的潜在担忧，不是理性地，而是真正试图碰触这个（或任何）服务对象可能的感受，她或许能够认识到这个问题之后真正的问题。如果督导员或其他同事曾帮助她理解她自己的感受，她或许可以提前考虑如何直接地回应这一重要领域中的间接线索。每个工作者会发展出自己的回应，但是下面的话或许是应对这一情景的方式（序号对应下文中的讨论）：

> **工作者：**（1）没有，我没有孩子。（2）你为什么问这个？（3）你是不是想知道我能否理解你要抚养这么多孩子的生活？（4）我也考虑到了这个问题。（5）如果我想帮你，那我必须理解你，你也必须帮我来理解你。

如果我们把以上建议工作者回应服务对象问题的话拆解成小的元素，我们可以看到其中运用了一些特别的技巧。（1）从诚实作答开始，工作者承认她没有孩子。我承认披露个人信息是有局限的，特殊情况下尤其如此，但是，我想这种披露并不是问题。当我的青少年服务对象问我个人情况时，有时这些问题与性行为或毒品使用有关，我总是诚实地说："回答这个问题我感觉不舒服，但我好奇这个问题为什么对你很重要。"

（2）在第二句话的干预中，工作者询问服务对象为何发问。有时这被称为"开放式问题"。我赞同这一干预，但我觉得这还不够。如果服务对象足够放松能直接提出问题，他或许已经这么做了。这就是为什么下一步干预要立即跟上。

（3）工作者通过话语明确说明她已经对焦到服务对象问题背后的潜在担忧。"你是不是担心我可能无法理解你的生活？"这一回应包含三个特别技巧：（a）显示出对服务对象想法和感受的兴趣和关注；（b）展示同理心，如果不是关于养育孩子的困难，就是提及工作者体验的困难性——这正是服务对象所关心的；（c）提出权威这个禁忌话题，这是该问题的基础。我关于儿童福利的研究发现，在发展工作关系中，工作开始阶段使用所有这些技巧都很重要（Shulman，1978，1991，2002）。

81

需要注意的是，明确服务对象的感受这一技巧，在一些模式中被认为是不合适的。对开放式问题的争议是考虑到"要让服务对象自己说出来"。在我的工作坊中，一个社会工作者用她的督导员所用的比喻来形容这是"替服务对象系鞋带"。我理解并且欣赏这些考虑；但是，我宁愿走在服务对象前面半步，而不是站在服务对象身后半步。

在任何情况下我都不会强加自己对服务对象感受的理解，服务对象有拒绝我的诠释的自由。在与上例相仿的例子中，当服务对象不同意我的诠释，但表达了他们对我的知识背景的信任时，为了承认服务对象直接面对权威主题的困难，我可能会补充说："如果你曾遇到社会工作者或其他人无法理解你的生活，我并不意外。如果你对我有相同的顾虑，这也是可以理解的。"在我的经验中，这样的补充表达可以邀请服务对象进行公开讨论。如果服务对象继续拒绝讨论，我会接着说："我很高兴你这样觉得，但如果任何时候你觉得我不理解你，我希望你告诉我。"这样回应时，我保留了在会谈剩下的时间或以后的会谈中继续讨论的余地。在一些例子中，则需要直接用言语表达。

这样的回应或许可以打开话题，讨论这位女士以前和其他工作者一起工作的经历，无论是有效的还是无效的。这样的回应也使得工作者可以分享自己的顾虑和感受，而不至于过度分享。（4）她说："我也考虑到了这个问题。"如果工作者克制自己的情感，那么用于抑制工作者情感的能量将无法用于探索服务对象的情感。当然，个人自我和专业自我的整合要求工作者适度限制个人自我。

如果工作者诚实地说，"你是绝对正确的！我从没换过尿片，也没热过奶，他们派我来和你一起工作，他们在干什么？"，也是不合适的。服务对象不需要听到这样的担忧。这样的感受需要在和服务对象面谈前，先与督导员和同事分享。

这里的建议是，在早期的接触中，将个人感受整合进专业角色是适宜的和有帮助的。正如在我上述的研究中一个寄养家庭的家长所说的："我喜欢这个社会工作者。她不像一个社会工作者，她更像一个真实的人。"

（5）最后，在上述回应中，当工作者表明为了帮助服务对象她需要理解服务对象的生活，并且服务对象需要准备好和工作者分享自己的生活时，订立契约的过程就开始了。从这时开始界定工作的性质，即工作者不是针对服务对象做工作，工作者是与服务对象一道工作。这也确认了服务对象才是自己生活的专家。

当服务对象开启了工作者的指导过程，工作就展开了。除非工作关系结束，否则这项工作就有很大的潜力不断发展。至少，服务对象在面谈结束时可能会想——如我的一项早期研究中一个服务对象所说——"这个工作者是不同的。或许我可以训练她。"我提醒读者，在以上建议的回答中，确切的言语并不重要，是其中的诚恳和意图产生了影响。

真诚的重要性　虽然同理心技巧在第四章中会详细讨论，但我们在这里要先关注一下真诚的问题。助人者很容易学会说一些谈及感情的话，但他们并没有真正体会感受，进行对焦的一个重要原因就是对抗这种情况。例如，使用反映（reflection）是一些实务书中倡导的常用技巧，这也是一些循证实践（例如，寻解治疗）的规则。它指工作者反映出服务对象的情感性的词语。如果一个服务对象说"我对我的小孩非常生气"，工作者可能会重复道，"你对你的小孩非常生气"。如果我是这个服务对象，在这种处境中我或许想说："我刚刚告诉过你我对我的小孩很生气。"

教育政策 6b

反映性回答的问题是它常常是机械的和人为的，工作者并没有真正体会服务对象的愤怒。当我在这一点上劝说实务工作者们，他们通常会承认他们使用反映是因为他们不知道还有什么可说的，或者他们在遵循循证实践的规则，这一规则通常要求他们使用一定数量的反映性评论。不幸的是，服务对象认为这样的回答是缺乏关怀的。如果保持诚实并承认他们不知道说什么才好，工作者的表现会更好。另一个被广泛教导的机械式回应是"我听到你说……"，然后反映出服务对象的话。同样，这样的回答是站在服务对象身后半步。

一个比较好的回应可能是保持片刻的沉默——这是克制（containment）技巧——尝试体会愤怒的父母对孩子多么生气，并采取应对方式深入交谈。例如，不同于反映性回应中稍后一点站在服务对象身后的方式，另一种方式是试图走在服务对象身前半步——可将服务对象没有说出的感受用言语表达出来："就是这样，不是吗？——你怎能对孩子如此生气但同时又深爱他们？"

具体使用的词语并不重要，因为我们每个人都会发展出个人的风格以及表达我们自己和服务对象感受的方式。这就是第一章所谈到的艺术性。重要的是工作者应该有一些感受。我的学生指出来，在这一点上我说得容易，但他们做起来难。事实上在我们生活的大多数领域中，多数人没有学会如何去处理自己的感受，更别提别人的感受。正如一个成熟的学生指出的："我在处理我的孩子们的感受上都有问题，那我如何能帮助这个服务对象处理她的感受？"

幸运的是，专业助人者可利用他们整个实务生涯来发展真诚共情的能力。当他们倾听服务对象并努力对焦时，他们将会发现那些存在于自身之内而之前被忽视的感受。最初，他们需要借用其他人的话。在初期课程中，我的学生会将他们的会谈录音带到课堂上，从中可以听到学生用我的话尝试共情，这种情况很常见。在一些录音中你甚至可以分辨出我的纽约市口音的痕迹。当这一点被另一个学生指出时，发言的那个学生带着一些情感回复说："我知道，我也不想成为小舒尔曼。"我试图让我的学生安心，建议他们在开始阶段借用他们需要的任何话语。他们甚至可以使用反映技术，只要他们能够真正体会服务对象的情绪。经过持续的工作以发展他们的技巧，他们很快就会适应并发展出自己的话语。第五章中将详述这一点。

工作关系或治疗联盟 在描述年轻妈妈和新手工作者的情况时，我提过工作关系（working relationship）这个术语。这个术语接近治疗联盟的概念。大多数实务理论中都包含一个广为接受的概念，这个概念认为助人者的活动助其发展出与服务对象的正向工作关系。这种工作者和服务对象彼此间交谈和倾听的方式——他们之间正向和负向情感的流动——会影响到结果。我相信工作关系（或治疗联盟）的发展是助人的前提。

请注意工作关系中"工作"（working）这个词使其与本质上属于个人的关系区分开来，例如亲子关系或朋友关系。这是一个简单但重要的观念。这一关系建基于需要协作完成的工作。人们交往的目的会直接影响关系，而关系是达成目的的途径。关于实务的常见误解是工作者应先建立关系再开始工作。这导致在第一次接触时，实务变成了和服务对象聊天，谈谈天气或其他表面的话题以使服务对象放松下来。实际上，相反的情况常常是正确的，应该是让工作者感觉放松而服务对象感觉不舒服。我在第四章中建议工作关系从工作中发展出来，在大多数情况下，工作者都应尽快进入主题。这一关系不应和工作分开；相反，它是工作的一部分。一起确定工作性质的特定行为（订立契约）帮助发展出工作关系。但这一基本原则在应对文化多样性时不总是有效，这将在下文中展示。

多样性和文化能力实务的影响

当然，工作者还必须留意一些文化多样性问题，这些问题限制了刚才说的迅速进入工作的原则。在一些文化中，直接可被视为冒犯。例如，在特定的亚裔、穆斯林或土著美国人文化中，这可能是真实的情况（请注意对"可能"这个词的强调）。文化意识能帮助工作者区分那些需要聊及家庭的情况与那些需要适当讨论生活经历的情况，以确定何者更适合为发展工作关系做准备。始终记得多样性之中仍然存在多样性（例如，代际差别和文化适应变量）的同时，工作者还需要注意服务对象那些"什么使辅导员有效工作、需要什么样的帮助"的看法。

例如，在一项关于服务对象遵从亚洲文化价值观的研究中，金、吴和安（Kim, Ng, & Ahn, 2009, p. 131）在一所大学的辅导中心收集了 61 个亚裔美国人服务对象的资料。之前的研究表明"亚裔美国人偏好那种注重逻辑、理性、直接和注意文化的辅导风格，而不是那种注重反思、感性、非直接和不大注意文化的辅导风格"（Atkinson, Maruyama, & Matsui, 1978；Gim, Atkinson, & Kim, 1991）。之前的研究主要依靠亚裔美国人研究参加者（并不是参加辅导的服务对象）在模拟辅导会谈中的评分记录、录音、录像等资料。金等人的研究则使用了实际参加辅导的服务对象的资料，其目的被认为是检验以下内容：

（a）亚裔美国人服务对象遵从亚洲文化价值观；（b）对辅导成功的期待；（c）服务对象和辅导员在问题原因观念上的匹配度方面的看法；（d）这些变量和服务对象对辅导员和辅导会谈的评估之间的关系。（p. 133）

因变量包括辅导员的可信性、共情式理解、跨文化辅导能力、服务对象与辅导员的工作联盟、会谈深度、将辅导员推荐给需要辅导的其他人的可能性以及参加下次辅导会谈的可能性。

在承认研究设计的局限后，作者提出以下建议：

本研究的结果显示，服务对象和辅导员之间世界观上的匹配具有普遍的和积极的效果。这说明他们之间的匹配情况是一个重要变量，在实务领域中应被重视。例如，为了提高会谈的效果，有益的做法是辅导员注重在问题原因的观念上和服务对象取得一致，至少在辅导的开始阶段是这样。实现这一目标的方式之一是让辅导员在给出关于问题原因的结论前，先详细探索服务对象所具有的关于问题原因的观念。（p. 140）

作者指出，关于问题原因的一致性认识是世界观匹配的一种形式，另外，可以通过探讨其他形式，例如治疗方法、治疗时长、成效指标等来增强世界观的匹配度。当然，有人会说这一点对于任何文化下的服务对象都很重要。问题在于，其重要程度对不同的服务对象可能有所不同。

近期的一项定性研究考察了文化对韩国裔美国人痴呆症患者的家庭照顾者的影响，以及他们参加心理教育支持小组的体验。在这项研究中，李和严（Lee & Yim，2013）描述了他们和七个家庭进行八次心理教育小组会谈的情况。这个小组的主要目标是：（1）帮助痴呆症患者的照顾者移民群体通过以文化胜任的方式学习和实践认知行为技术，发展出积极的应对技能；（2）增加照顾者群体对正式和非正式支持的使用；（3）减少照顾者压力以提升其精神健康状况（p. 17）。对焦点小组中评论语言的分析显示，当强调照顾者与能理解其文化影响的韩国裔美国人进行会谈的重要性时，照顾者对其体验给出了积极回应。

例如，当讨论"与文化密切相联系的综合征'韩国火病'（Hwa-byung）即韩国文化中的愤怒病"时，小组成员能够相互支持（Lee & Yim，2013，p. 17）。对患痴呆症的家庭成员有愤怒，这在其他文化中并不罕见。那么，使用韩国文化中的语汇去说出和理解这种愤怒的能力就特别重要。小组成员可以帮助彼此重新定义家庭主义（familism）和孝道（filial piety）这些重要的韩国文化概念，以减少照顾者在提供照顾时因努力照顾自己的生理和精神健康而产生的愧疚感。对这些文化主题的对焦极有可能帮助发展工作关系，有助于小组取得成功。

跨文化实务：土著美国人的例子 卢姆（Lum，1996）直接谈及跨文化实务的问题。他提出在文化间（即我定义的跨文化）实务的开始阶段存在许多障碍。作者举了一个例子：

土著美国人在正式的助人情境中常问的一个问题是："我半小时前才遇见你，我如何告诉你我的个人生活？这些我只跟我一辈子的好朋友们分享。"不信任和有所保留是少数族裔服务对象的典型回应，直到社会工作者不再算是陌生人。专业自我披露是可采取的第一步，这为开放与关系建立打下了基础。（p. 145）

卢姆（Lum，1999）提出了下列"专业自我披露的实用建议"：

介绍你自己

分享你的工作、家庭和助人哲学中的相关背景。

寻找和服务对象的共同兴趣点。（p. 145）

卢姆（Lum，1999）还提出了更大的关于发展文化能力实务的议题。他陈述了在通用的和高阶的层次上描述和衡量文化能力实务的框架。这一框架包括下述要素：

● 文化意识（cultural awareness）："发展对于民族、种族的意识及其对专业态度、观念和行为的影响。"（p. 31）

● 知识获取（knowledge acquisition）："获取一套知识体系，可将围绕一定主题的材料编成若干组事实以合理解释现象。"（p. 34）

● 技巧发展（skill development）："当工作者将他所知用于助人的场景时，技巧发展是基于文化意识和知识获取的。技巧是在与服务对象工作的过程中从实务原则中发展起来的。"（p. 37）

● 归纳学习（inductive learning）："是关于教导社会工作学生和社会工作者使用创造性的方式去持续发展与多元文化社会工作相关的新技巧和洞察力，从而贡献于该领域。"（p. 41）

在另一个例子中，霍奇和利姆（Hodge & Limb，2010）讨论了在土著美国人中进行心灵方面评估时文化能力的重要性。他们强调这种能力，"因为在土著文化中灵性常常有助于健康"（p. 265）。这项研究调查了相关领域的专家，其结论将在第五章中详细说明；但是，就准备阶段而言，这些作者强调了专业人士对相关文化议题产生理解的重要性，这些议题一般与土著美国人群体以及由于地理和部落差异而产生的分化有关。

他们强调，社会工作者不应期待服务对象来教育（教导）他们，而应承担起自己学习的任务，这是和这一群体工作的部分准备。与灵性相关的主题包括"情感、认知、造物主或神、与造物主的交融、良知、直觉、宗教团体、家庭功能、家族历史、仪式或庆典、神灵（例如，天使）以及意志"（p. 269）。

他们还指出，由于历史原因和从前与助人系统的消极的相互作用，干预前的准备工作可以帮助工作者避免询问不合适的或禁忌的问题，免得在会谈真正开始前就造成会谈的终止。此外，准备工作会有助于工作者识别和理解他们自己的偏见和情绪——这正是我所谓的对焦自我——这能在提出来自更大的非土著群体的压迫问题和避免无意造成的"微歧视"（micro-aggressions）时，帮助他避免愧疚和防御。

86

服务对象的一般顾虑　普罗克特和戴维斯（Proctor & Davis，1994）发现服务对象与不同种族的实务工作者工作时常体验到三种顾虑：（1）这个实务工作者是否是一个友善的人；（2）他是否有足够的训练和技能；（3）所提供的帮助对服务对象而言是否有效和有意义。尽管这些问题在所有的助人关系中都很常见，但它们在涉及跨文化因素时尤其具有特殊的意义。本书使用跨文化一词时广泛涵盖了一系列的差异，例如，一个男性工作者与一个女性服务对象或一个异性恋工作者和一个同性恋服务对象之间的差异，而并不局限于民族差异。

跨文化实务：拉美裔人的例子

一项早期的研究探讨了白人辅导员与拉美裔辅导员在与拉美裔移民服务对象工作时，在文化敏感性实务上的不同。结果显示，拉美裔辅导员在回应时提供了更多与文化相关的诠释，而非拉美裔的辅导员回应时更侧重指导性和工具性（Lu et al.，2001）。为了强化多样性中存在多样性的概念，卡斯泰（Castex，1994）建议当与美国西班牙裔或拉美裔群体工作时，以下因素需要被重视：来源国家、语言、姓名、宗教、种族归属以及移民或公民身份等问题。门德斯–内格雷特（Mendez-Negrete，2000）认为实务工作者开始工作时，需要扩展理解家庭这一概念的构成以及识别家庭可具有的无数种形式。康格里斯（Congress，1994）提议使用文化图表（culturagrams，即显示文化的不同方面对家庭的影响的图表）来评估和赋权给少数族裔家庭。钟和波马克（Chung & Bemak，2002）关注在与多元化人口工作时文化和同理心之间的关系。他们建议应设立文化同理心的准则。

助人职业对多样性的关注持续增加，这一点可从关于特定人口群体和问题的出版物的不断增长上显现出来。例如，德安达（De Anda，2000）关注与多元文化中的青年相关的实务问题；其研究中有几章专门描述非洲裔、拉美裔和亚裔美国青年这类群体。

这些研究发现强调了文化教育的重要性。但是，在一项关于社会工作本科学生的研究中，研究者发现大多数学生对多元文化目标只表现出部分支持（Swank，Asada，& Lott，2002）。尽管他们同意使用多元文化信息并支持雇用更多的少数族裔的教职人员，但由于他们并不情愿将这方面内容的课程作为毕业的条件，因而说他们只是有条件地接受多元文化。而且，只有四分之一的调查对象自己想要学习更多的文化多样性内容。这项研究还发现，随着学生们开始跨种族交流和完成社会多样化课程，他们在这方面的态度也会发生转
87　变。波义尔和斯普林格（Boyle & Springer，2001）指出，尽管文化能力对于社会工作实务很重要，但在衡量文化能力的成效方面仍存在很多局限，并且社会工作教育和实务践行方面也存在张力。

阿普比等研究者（Appleby et al.，2001）使用环境中的人的评估和干预模式，关注多样性和压迫对于社会功能的影响。他们广泛探索了我们在服务对象群体中所能见到的多种多样化类型。基于生态视角和优势视角的框架，他们检视了文化、阶层、种族、性别、肢

体残疾、性取向以及精神和情感方面的挑战如何与压迫和歧视的力量相互作用从而影响社会功能的发挥。

文化内实务

在文化内实务中，即当你同某个在重要特征上与你同类的服务对象一起工作时，对种族、性别、民族、性取向、生理和精神能力等方面的敏感性也是重要的。例如，一位非洲裔美国男学生借助一段对多样化议题和实务进行讨论的录像展示了一个例子（Shulman & Clay，1994）。他与同文化下的一位非洲裔美国女性服务对象一起工作。但是，这个学生认识到，性别和阶层（他来自中上阶层，有城郊区域背景，而她是贫困阶层，居住在城市中心地带）也需要他跨文化工作并设法解决这类可能的障碍。对焦到他在系统中与有色人种一起工作的自身感受，对于他成长为一名社会工作者以及他处理权威主题的能力至关重要。

在说明文化内实务的一本著作中，德雷舍等人（Drescher et al.，2003）关注当代动态发展的与男同性恋和女同性恋一起工作的方法。他们特别说明了当男同性恋辅导员和男同性恋服务对象一起工作时会出现的问题：性欲方面的移情和反移情、性别认同议题以及艾滋病的影响。

在我们与个人服务对象、夫妻和家庭以及在小群体和社区中工作时，影响到实务的跨文化的和文化内的问题在之后的章节中会被特别关注。我们将引用之前提及的出版物和其他作品来加深我们对多样性的理解和对适当干预的理解。当考虑这些议题时，我们必须铭记多样性中存在多样性（不是所有的土著美国人、拉美裔美国人等都来自相同的部落或国家），并且所有的原则都有例外。对多样性议题的关注将提升我们的能力以对焦并理解我们的服务对象，而不是提供给我们限制性的认识和无用的刻板印象。

工作关系要素：治疗联盟

工作关系由很多要素构成，这也被称为治疗联盟。我的一项研究（Shulman，1991）中包括了三个要素：融洽、信任和关怀。融洽指服务对象具有的与工作者友好相处的总体感觉；信任指服务对象敢于冒险对工作者分享想法、感受、错误和失败；关怀则是服务对象感觉工作者关心他们（服务对象）如同服务对象关心自己那样，并且工作者在想要帮助他们时，会真切地认为他们的感受很重要。例如，一位在照顾老人的中年男子会感觉到老年照顾者工作者关心他作为照顾者的压力，同时也关心他的老年父母的福利。

另一个例子中，一位被报告忽视孩子的母亲会感觉到儿童福利工作者试图帮她处理导致忽视的压力，同时也试图调查孩子的处境以实现保护的目的。在以后的章节中，我会说明融洽、信任和关怀这几个要素如何受保密性问题的影响，事实上工作者作为强制报告人被法律要求必须报告特定的虐待事项等。这里我先只开启工作关系的概念。

我相信工作关系的许多要素，例如信任和关怀的感觉，对我们生活中的其他方面也意义重大。有时这导致一般意义上的关系和工作关系之间差异的含混不清。以后章节中无数的例子将说明，这些要素在社会工作实务的背景中将具有特殊的含义。

在上述讨论中，我从这一点上定义了工作关系，因为我的研究显示，工作者在工作准备阶段具有对焦并明确说出服务对象未说出的感受和顾虑的能力，这将有助于建立正向的工作关系（Shulman，1991，1978）。事实上，在实务开始阶段所使用的、帮助服务对象处理情绪的所有技巧，都已被发现对工作关系有影响（Shulman，1991，2016b）。这强调了预备同理心的重要性和工作者直接回应间接线索的能力。

我的研究以及本书的关注点都是干预的策略和行为，例如共情地回应服务对象，而其他一些研究显示出即便是看似很小的（微观的）行为也能有重大的影响。最近的一项研究关注服务对象对辅导员行为的看法，这些行为将预测治疗联盟的发展，样本是 79 名成年服务对象。迪夫（Duff，2010）发现其所研究的 15 个行为，有 11 个与治疗联盟中度或强相关，并且——

> 分层回归分析发现，三个特别的辅导员行为（鼓励性的表述、对服务对象的积极反馈、对服务对象微笑致意）解释了治疗联盟分数上的 62% 的变化。研究显示，辅导员那些貌似微小的、激发力量的微观行为在加强治疗联盟中发挥关键作用。考虑到治疗联盟在积极的辅导结果上所起的作用，本书认为在辅导过程的早期就要巧妙地使用这些行为。（p. 91）

另一些与治疗联盟正相关的行为包括：向我提问、识别和反映我的感受、诚实、告诉我那些他的类似经验以及让我来决定所谈论的话题。这些行为与上述我的研究中提到的行为也是紧密相关的。

一项研究考察了常规的门诊治疗中治疗联盟对服务对象的影响，研究者们发现 76 名患者认为该联盟在治疗的开始并没有影响到结果指标（Håkan，2010）。但是，同一问卷的结果显示，在治疗结束时治疗联盟确实显著地解释了 15% 的结果变化，而且治疗联盟的增强与大多数结果指标有显著关联。作者提出：

> 结果显示，治疗联盟在常规的精神科治疗中是影响治疗结果的重要变量，而且，治疗联盟的增强可能是提高治疗单位整体有效性的极其重要的因素之一。（p. 193）

当我在课堂中或工作坊中展示这些观点时，参加者的眼神经常显示出他们已经开始自由联想到他们自己的个案。这也可能正在你（本书读者）的身上发生。当我问他们正在发生什么时，他们会分享他们正在对错失服务对象的间接线索感到内疚，特别是在禁忌和敏感的领域。我试图给出以下建议来安慰他们。

如果他们目前有正在进行的个案，他们总能回去重新开启关于他们感受的话题，这是没有完结的工作。例如，之前的例子中防御性回应的工作者可以回去说："我思考了你上周提出的关于我是否有孩子的问题。因为我想你真正想知道的是我能否理解你生活的样子。"三个月后也可以这样说："我想我们刚认识时，我回避了你关于我是否有孩子的问题。因为这让我觉得不舒服。我怀疑你真正想知道的是我能否理解你养育七个孩子的生活。我在想，在我们一起工作的三个月中，我是否让你觉得没有理解你？"我相信当工作者分享一个错误时，服务对象会心生感激，并因此认为工作者"更像一个真实的人"，如一个服务对象在我的研究中所说的。

犯错与觉知：一个父母小组的初次会谈

到此刻，我相信重述我早先关于犯错的评论是值得的。娴熟的实务包含学习如何缩短工作者犯错和他觉知到这个错误的时点之间的距离。非常熟练的工作者能在他们犯错的那次会谈中就发现他们的错误。而且，高效的实务工作者能从积极犯错（反之，对犯错的恐惧会导致不作为）中学习和成长，发展出更好的干预技巧，之后才能犯更能增进经验的错误。

例如，一个大学二年级的学生作为新手小组带领者准备接手一个持续进行的小组，小组成员是有长期患病孩子的妈妈们。小组在一家医院中聚会。这个学生读了我的书并实施了对焦。他的实习督导员帮助他探索了作为一个年轻的未婚男子与一群妈妈一起工作的感受。他做了角色演练以回应诸如"你结婚了吗？"和"你有孩子吗？"这类问题。他万事俱备，但实际发生的事却出乎意料。

他还没来得及说出准备好的开场白，一位妈妈便说："在你开始之前，我想让你知道我们对这个该死的医院的看法！"她声音中的愤怒力量震惊了他。她继续说："我们的医生高人一等，护士们指使得我们团团转，给我们分配的社会工作者总是像你一样甚至都没有孩子！"你或许可以想象他对焦时发生的所有情况。如他后来所说，"对焦已经被抛在脑后了"。我问他这么说时感觉如何，他回答说："我可能进错了房间！"

幸运的是，他受的冲击太大，因而没有转换到我所称的"辅导的声音"，也就是说，他没有压抑自己内心烦乱不堪的感受而机械地回应说，"我很高兴你能跟我分享这些"，或是"史密斯太太，体会这感觉"。他如此受冲击以至于他脱口回应道："我或许没有孩子，但我有一个像你一样的妈妈！"

实务要点： 他很惊讶，小组成员们也很惊讶。愤怒的史密斯太太重新打量了这个新工作者，或许这是她第一次看他。在那之前，她对他有刻板印象——他很可能只是关心在给实习督导员的过程记录中写什么。这次小组会谈已经开始有一会儿了，所以其他成员加入谈话并将话题引向了更广泛的讨论。这次会谈在剩下的时间里成了一种工作错觉（illusion of work），这一概念在后文中将详细界定。在这种情况下，它意味着谈话没有真正的主题、意义或感受。经过和督导员的详细讨论和对焦，下一个星期他继续参加小组会谈。他在开场时说：

> 史密斯太太，我想谈一下上周的话题。当时我没有准备好迎接你的愤怒，结果是，我想我没有体会到你的愤怒之下存在的伤痛，你和其他成员都存在这种伤痛。你肯定是遇到了不少不理解你的专业人士，他们不知道有一个总是生病而且无法治愈的孩子对你而言是何等痛苦。你看到我，一个年轻的工作者，就会想："又来了一个这样的人。"

实务要点： 他的话被沉默以对。沉默将在后文中详细讨论；现在，我要说沉默有丰富的内涵，但有时沉默是很难被诠释的。在这个例子中，多数人会猜测，在沉默中一些小组成员感触到了她们的伤痛，或正在经历对这个年轻的工作者所具有的品质的积极回应。

> 上次发怒的史密斯太太开始哭泣，她对其他成员说："你们都结婚了。你们都有人帮。我是单亲妈妈，谁会帮我处理问题？我从来没有属于自己的时间！"另一个女士回应她："我结婚了，但是问题更大！"她接着描述说，自从这个生病的孩子出生以来，她丈夫一天工作 12 小时，每周工作 6 天（这是他逃避伤痛的方式）。当工作者倾听这些时，小组打开了话题，他开始从中学习。

实务总结： 我不觉得这个工作者在第一周中能触及深层的伤痛。我不确定，如果他没有在第一周中冒着风险脱口而出，那么在第二周中他是不是能够触及这些伤痛。没准他还将挣扎着压抑他自己的感受。也许有人会争辩说，如果第一周中没有冒险脱口而出表达感受，也可以在第二周做到共情。这不是我的经验——你需要在你的实务中探讨这个问题。无论如何，这个年轻的工作者以后或许可以在第一次会谈中面对愤怒时更好地分享他的感受，并紧接着快速触及服务对象的深层伤痛。他现在犯了可以增进经验的错误。

91   我给工作者的第二个安慰是他们通常比他们以为的更有效。在我的一项研究中，超过三分之二的服务对象认为他们的工作者是有帮助的（Shulman，1991）。这与我早期的研究发现类似（Shulman，1979b）。工作者倾向于低估他们对服务对象的正向影响。他们最终传达出他们对服务对象的关怀和担心。在一些案例中，如果工作者可以对焦和直接回应，也许不需要经过很长时间以及一系列的考验就可以实现他们的影响。

最后，对于那些他们无法接触到的、已经不再和他们工作的服务对象，我建议他们明了，就当时他们能获得的培训和支持水平而言，他们已经尽力了。这有点像艺术家必须挂出早期的绘画作品以反映其有限的技能和知识，从中学习，然后再开始画新的作品，工作者也必须从下一个服务对象重新开始。我主张有一点儿愧疚感也是有益的，因为它使工作者保持在一个自我反思、自我发现和不断学习的实务模式中。但很多的愧疚感将是淹没性的和适得其反的。那些过度苛求自己工作的工作者将难以帮助服务对象处理愧疚感。

以上例子中描述的实务工作提出了三个需要进一步讨论的议题：情感上和理智上的对焦，对工作者感受的对焦，以及不同层次的对焦。现在详细讨论这几个方面。

情感上和理智上的对焦

教育政策 6b

为了有效对焦，工作者必须努力体会服务对象的感受。这样做的一种方式是回顾个人体验中和服务对象相似的感受。例如，来见你是服务对象第一次与权威人士接触。即便服务对象是自愿前来并且助人者并没有特别的控制功能（例如，儿童保护或维持假释），服务对象也可能认为你是权威人士。第一次见面也是一种新情况，充满了未知因素。工作者在过去与权威人士打交道时有哪些新的体验或第一次见面的经历？工作者能回忆起自己当时的感受和顾虑吗？到新的学校、遇到新的老师，或者第一次住院——其中任何一个场景都有助于提醒工作者并助其感知那些和服务对象类似的情感。重要的是，工作者需要去体验这些感受。

借助督导学习对焦

教育政策 1e

实务中的督导，或社会工作教育中的实习指导，能为工作者或学生提供重要支持，帮助他们发展出真正的同理心，这是对焦过程的一部分（Shulman，1993b，2010）。例如，一名社会工作者正和艾滋病患者及其家庭成员、朋友和伴侣一起工作。在与这个工作者的准备咨询会谈中，督导员试图帮助该工作者了解以上所有人关心的问题。

与确诊艾滋病相关综合征（AIDS-related complex，ARC）**的男同性恋者的伴侣一起工作**　在以下的引述中，工作者对焦到一位男同性恋服务对象，他的伴侣最近被确诊患有艾滋病相关综合征，这是艾滋病诊断的前兆。

实务要点：注意督导员并没有让工作者仅是理智上对焦，而是要求工作者回忆他自己生命中的一些创伤时刻。督导员并没有敞开谈论工作者的经历，因此确立了界限。但他要求工作者使用这一经验去真实感受，并尽可能接近服务对象现在会有的体验。关注点停留在服务对象身上。督导员还举出了他自己生活中的例子。

92

> **督导员**：你觉得约翰现在感觉如何？
> **工作者**：震惊极了！这一定像是一场地震降临在他和他的伴侣身上。
> **督导员**：你现在真觉得是震惊吗？
> **工作者**：真觉得吗？哦不，但是我能想象那是什么感受。
> **督导员**：试着多想一下。在你的人生中，你能不能想起来某个时候，因为一场家庭地震发生了，你觉得很震惊？我并不是询问你个人生活的细节。我只是试图帮你体

会。就我而言，在我姐姐拿到乳腺癌诊断的时候，我体会过这种感受。我现在仍清楚地记得那种感受。

工作者：我能记得的最接近的情况是我爷爷心脏病发作。我和爷爷很亲近。他年纪大了，但我仍不能相信这件事，过了很长时间我才能真正面对。

督导员：现在你更能理解约翰了。那么告诉我，如果你是约翰，你现在会感觉如何？

工作者：哦，我的天，这不可能发生。一定是弄错了，或许诊断是错误的。我不能相信我将要失去他了。现在我要做什么？

督导员："做什么"是什么意思？

实务要点：督导员正试图帮助工作者对焦到一些可能的领域或担心的问题，这些对服务对象可能很重要。重点在于可能性，因为这时的对焦是试探性的。工作者应准备好去倾听服务对象要说的话。从某种意义上说，在实际的会谈中工作者需要从头脑中清除掉他的对焦，只是倾听服务对象的表达。

工作者：我们同床共寝超过一年。如果我也得病了怎么办？我还要和他在一起吗？我必须和他在一起；他现在比以往任何时候都需要我。我的生活怎么办？我已经见到过很多这类关系中的朋友。我想帮助他——我必须帮助他，但是我自己的生活怎么办？

督导员：作为约翰，现在你真实的感受是怎样的？

工作者：我被打倒了，很沮丧，我想，因为他有艾滋病我甚至会对他感到愤怒。但是当我爱他时，我如何对他愤怒？

督导员：我想你正在接近可能的主题。要记住，约翰也可能给出完全不同的回应，我们要做好准备。每个人都是非常不同的。与约翰和他的伴侣罗德一起工作，现在你感觉如何？

实务要点：在下面的引述中，我们看到督导员通过探寻工作者的可能感受，来示范同理心技巧，我称之为"平行过程工作"。这个例子显示了一个好的督导员如何同时与工作者和服务对象一起工作。如果督导员要求工作者去对焦服务对象，他却不能同时对焦工作者，这将是个讽刺。

93   **工作者：**我不确信现在我会有怎样的感觉。我知道我有点害怕。一部分的我不确定我想要接近这种痛苦。我不确定这对我意味着什么。如果我接近罗德，我也要失去他了。

督导员：我想帮你渡过这个难关。这将会很难，在某种程度上因为这是你第一次经历这样的情况。我的问题是我经历了太多次，我遇到过很多服务对象，以至于有时我会忘了第一次是什么情况。（沉默）不，实话实说，我没有忘记——我感觉我隔绝了这部分记忆。我们应该留心这个过程，当防御起妨碍作用时要帮助彼此。也需要在下次员工会议上提起这件事，我想其他人能提供一些支持。

实务总结：我相信工作者会仔细观察他们的督导员，并且，比起被教导，被吸引时他们可以学到更多。督导员示范的重要技巧，就是他在同一时间对焦工作者和服务对象的能力。这一点是我的督导和实务指导模式中的核心内容（Shulman，1984，2011）。对焦到工作者的感受时，督导员会探索工作者对服务对象的挫败感以及这对他实务的影响。

或许督导员对工作者成长的最重要贡献是他乐于承认在处理自身感受时的挣扎，这种挣扎会贯穿一个人的职业生涯。督导员给工作者提供了可以效仿的样板。工作者可从其他同事那里寻找额外支持的建议也是有帮助的。在我的一项研究中，与不能获取督导员支持和同事支持的工作者相比，可以获得这类支持的工作者能更有效地支持他们的服务对象（Shulman，1991）。这一研究也显示，督导员也需要获取支持。

对焦个人的感受

这个艾滋病例子强调了工作者和自己的感受连接是何其重要。我们如何感受会与我们如何思考（认知）和行动有紧密的关联。因为他们能力不足的自我感受已经存在，早先例子中那个年轻的、未婚的工作者无法立即回应服务对象的担忧。在这个艾滋病的例子中，工作者探索了他自己和临终病人一起工作的反应，他发现了很多无助和无力的感受，很多艾滋病人的朋友、伴侣和家人也体会过同样的感受。健康专业人士在拯救垂死的病患时常常体会到很深的无力感。

正是因为助人者拥有和服务对象相似的感受，所以倾听和回答会很难做到。在一个例子中，我曾和一个在艾滋病机构全职工作且经验丰富的人共同带领一个小组，小组成员是物质成瘾康复早期的艾滋病患者。我对这个共同带领者说，我需要他的帮助来面对其中一个成员严重的健康衰退状况。他回复说："是什么让你觉得我可以比你更容易处理这个问题？"通过对焦自己的感受并在与人联结前体验到这些感受，这些感受阻碍工作的力量就会减弱。在很多方面，助人过程就是工作者在发挥专业功能时深入体会自己感受的过程。一个人理解他人和自己的能力正是在这个持续的与人联结过程中得以提升的。事实上，我相信这是很多工作者进入社会工作行业的原因之一。

对工作者自身感受的强调与专业化的许多设想是背道而驰的。如第一章中指出的，医学模式的核心思想强调对真实感受的克制，这些感受被认为会干扰一个人的专业角色。在我对家庭医生群体沟通和人际关系技巧的效果的研究中，正向结果（例如患者的满意度和理解）的最有力预测因素是医生是否对患者有积极或消极的感受（Shulman & Buchan，1982）。此外，患者可以非常精准地感知医生对他们的态度。重要的是我们需要学习去理解和使用我们的感受，而不是假装可以否认它们的存在。本书的其余部分要用多种方式来探索这一核心内容。

94

不同层次的对焦

对焦可以在不同层次进行。以少年犯管教中心社会工作者的工作任务为例，第一层的对焦指向广泛的青少年群体。有关发展阶段的文献和工作者对自己的回忆有助于这一进程。青少年要度过常规性危机时期，在其中他要开始定义自己的新角色。几个主要的问题主导了他的思想。他想要搞清楚什么品质构成一个真正的男人，对此，社会上有相互矛盾的信息。他也想处理不断浮现的关于性别认同的感受，这会导致一定程度的苦恼和困惑。

阅读小说作品也能提升对感受的暗流的敏感性，以理解服务对象挣扎着处理生命中常规性危机的方式。青少年努力实现和家庭的分化，想更为独立，同时也想保持某种关系，不同的作者以其敏锐的洞察力都探索过这些特点。

工作者必须挖掘自己的经历，以回忆起这个生命阶段特有的感受。下面这几个例子来自我主导的一次培训，在会上工作者们试图用第一人称表达青少年的一些问题。

第一层对焦

关于性和女孩子，我有太多的事情想要知道。当我和大人们说这些，他们让我感觉自己肮脏或者用艾滋病吓唬我。被其他伙伴接受，成为帮派中的一员，这对我来说很重要。我们一起闲逛，小孩子围着我们，我们谈论女孩子，抱怨父母和其他成年人，这种感觉好极了。只要能被接纳而不被孤立，我愿意做几乎所有事，即便有些事我并不喜欢。

在学校我感觉有一点被毒品困住了。我想要抵抗，但在巨大的压力之下，我很难不遵从。我为我的朋友担心。他做得太过，恐怕会惹来麻烦。我能跟谁说？我不想做一个告密者。如果我告诉老师，我只会被教训，而且我的朋友也会被踢出学校。我不能告诉父母。我妈妈会大发脾气，而我爸爸总是喝醉，我不能跟他说。

第二层对焦　第二层对焦指向特定的服务对象，这里指的是在法律方面惹了麻烦的年轻人。在工作者试图将自己对焦到这群特殊青少年的看法和感受时，了解这些男孩子的背景信息、偏差行为的特点、他们和家庭的关系等，都是有用的。

他们或许感觉社会开始将他们定义为流放者，他们无法适应社会。他们的感受需要被修正。他们肯定会想：

让他们见鬼去吧！无论如何，谁想成为那样的废物？父母、老师和社会工作者总是驱使你，告诉你要做什么。我不在乎。我身上到底发生了什么？我在麻烦中越陷越深。人们正在控制我的生活。或许我是个失败者——以后，我到底会怎样？

第三层对焦　第三层对焦是关于工作的特定阶段的。例如，设想一个青少年被贴上偏差的标签，将被送入管教中心。对这些新的体验，他会有什么感受、问题和担忧呢？这些会以什么样的方式间接表达出来？

> 我吓得要死，但我要装得很酷——我不会表现出来。我想了解这些工作者。他们是什么样的人？他们会如何对待我这样的孩子？其他的孩子是什么样子？适应起来会不会很难？我要小心。

进入新环境，人们会有很多常见的恐惧。例如，服务对象会担心那些需要他遵守的新规定，他担心自己达不到要求。同时，他也体会到希望。

> 没准这个地方会不错。没准这些工作者和其他孩子会接纳我，让我感觉和在自己家里一样。没准在这里我能得到一些帮助。任何情况都比回家要强。

对焦的关键要素是识别矛盾心理。服务对象一方面会走近服务，带着希望但是保持警觉。另一方面，他们会根据过去的经验和传闻去认识工作者及其服务，会因防御而退缩。

对焦中考虑种族和阶层 最后，如果我们再考虑种族和阶层，案例中会发生什么？设想一个来自贫困的城市中心社区的非洲裔美国青少年，法官强制要求他参加一个越轨男孩的管教项目，这个项目坐落在乡村一个中产阶层白人社区。这个项目的核心内容是愤怒管理技巧。他不仅进入了一个陌生的并且可能很可怕的环境，也进入了一个自己只能是局外人的社区。对有色人种的青少年来说，发现自己身处一个白人社区也许是很危险的事。〔想一想"坚守阵地"（stand-your-ground）的案例，一个非洲裔美国青少年在一个白人社区中，被社区联防员射杀了。〕如果管教中心所有的工作人员都是白人，他或许会开始怀疑（可能最终也这样想）这一切和他回到城中黑人社区他会面对的情况有什么关系。

另一层面上，辅导领域的研究者探讨了黑人学生在白人为主的大学中的体验。古夫瑞达和杜西特（Guiffrida & Douthit, 2010）研究了这个领域的文献，确定了一些主要的因素及其对大学中辅导员的影响。他们发现了以下三类主要的潜在压力来源以及解决方法。 *96*

- 和教师的关系体验。"研究显示和教师群体的强关系对学生在大学中的成功很重要。"（p. 312）作者们指出，黑人学生往往无法与白人教师形成这样的关系，一个原因是他们认为白人教师缺乏文化敏感性。

- 家人和家乡的朋友。对于告别家人和朋友从而完全融入大学社区的重要性，作者提出了不同的看法。一些研究认为所有的学生都应该离开家人和朋友，这对来自贫困社区的少数族裔学生尤其重要。另一些研究者挑战了这一主张，他们的研究发现，成绩优秀的黑人学生从家庭获得了财务、情感和学业支持，这对他们的成功很重要，而分数低的学生说他们缺乏家庭支持，这加重了他们的问题。

- 黑人学生组织。作者总结了很多支持参与校园中正式黑人组织的研究，这些研究认为这种参与是支持的来源，非常重要。他们说，和这些机构中的白人学生不同，"在 PWI 组织中，黑人和其他没有被充分代表的种族和少数族裔的学生可通过更为正式的关联尽可能实现社会融合，例如，少数族裔学生的组织就存在这种成员间的关联"（p. 314）。这些组织可为黑人学生提供机会，助其与能提供帮助和指导的黑人专业人士联系；可通过社区服务项目"回馈"其他黑人；可倡导改变校园；最后，也可在白人世界中"喘息"，"在这里他们可以感觉舒适，在衣着、谈话和社交方面都可以按他们舒服和熟悉的方式来进行，放下他们的戒备，而不用害怕那些永久化了的关于黑人的负面刻板印象"（p. 315）。

需要时刻牢记的是，对这些可能的顾虑进行对焦时，不能假设所有的服务对象都会有同样的想法、感受、经验和态度，要记住多样性中存在多样性，以上两个例子只是说明了这些群体中可能存在的几个重要议题。在跨文化实务中（例如，白人辅导员和有色人种服务对象的工作），常常会有关于种族禁忌的议题存在。通过对焦去做好面对这些可能的议题的准备，能帮助工作者跨越种族和阶层的鸿沟。下一个例子展示了一所高中的白人社会工作者和一个非洲裔美国青少年迪恩的谈话，迪恩表示下一年想要回到城市中心社区的公立学校。

高中的白人工作者和一个非洲裔美国青少年　迪恩参加了一个特殊的项目，即将自愿参加的有色人种青少年从城市中心区送到白人的郊区私立学校上学以接受更加丰富的教育。

实务要点：在他们合作的早期，工作者已经了解和探寻了他们之间的种族差异，所以目前这个阶段工作者可以去寻找迪恩想要改变的背后原因。经过对焦到可能的原因，工作者触及深层的因素，尽管他还是不愿意将种族作为原因之一。

> **工作者：**我记得几周以前你提过明年你想去公立学校上学。我很好奇，既然你想离开城区上学，那你为什么会这样打算（去公立学校上学）？
>
> **迪恩：**我喜欢这里，但我兄弟和表兄弟都在城里的公立学校上学。
>
> **工作者：**这是你想要去公立学校的原因吗？
>
> **迪恩：**有一点。尽管我认为他们得到的教育不如我得到的好。
>
> **工作者：**我明白了。我想我对你为什么想去公立学校还是有一点困惑。或许你自己也不确定？我在想，你从你的兄弟和表兄弟上学的公立学校，来到一个氛围完全不同的学校上学，这也许是很艰难的。接着你要回家，再适应那里的情况，那边和你这边学校的朋友们所经历的情况是完全不同的。
>
> **迪恩：**确实很不同。
>
> **工作者：**告诉我区别在哪里。
>
> **迪恩：**好吧，这好比是我在学校和在家有完全不同的行为。
>
> **工作者：**像是你在两种不同的身份间挣扎？在这个学校，你被期待按一定的方式表现，这种方式和你在家里的样子无法调和。

实务要点：当工作者开启种族的话题后，这个学生接受了邀请。重要的是记住先前已经做过的关于一名白人工作者和一名黑人学生之间跨文化工作问题的工作。

> **迪恩：**对的！在这里，我要按"白人"的方式行事，回家了我要按"黑人"的方式

行事，要不然人们就指责我太"白"了。在家我不能太和气，但在这里我能很友善。

实务总结：工作者的对焦帮助在这段对话中创造了机会，让这个年轻人和工作者一起探索他对于做出改变的矛盾心理。经过对焦，社会工作者已经如服务对象一样，体会到这些禁忌并观察了这些行为规范。在培训以及督导员和同事的支持下，工作者会感觉足够舒适，从而可能和服务对象来探索这些工作领域。如果没有经过对焦，这些存在于"表面下"的因素会对关系和工作产生很大的影响。

我要说，大多数服务对象在开始新的关系时，要清楚说出自己内心的感受可能会遇到困难，即便他们对其感受是有意识的。这些困难要求工作者冒险进行对焦并直接回应间接线索。我相信只要工作者提出邀请，服务对象常常会准备好在刚开始接触时就谈论艰难的问题，探索禁忌话题，甚至处理工作者和服务对象的关系问题。

在咨询中工作者会说，他们经常在这种时候犹豫，因为他们不知道服务对象是否已经准备好。经过一些反思，他们通常会承认他们不知道服务对象是否已经准备好。因此，工作者自己在探索这一工作领域时的矛盾心理制造了阻碍。在保护服务对象的借口掩饰下，工作者其实是在保护他们自己。如一个工作者所说："在工作早期我没有直接触及那些线索，因为我害怕服务对象会接受我的邀请。如果他接受了，我怎么处理所有这些情绪呢？"接下来的章节中会详细探索这个非常好的问题。

对焦矛盾性 当工作者准备去见新服务对象而进行对焦时，我观察他们最开始常常会发现服务对象的抵抗，这是矛盾心理的防御方面。这通常反映工作者过去受挫的经历，也表明工作者担忧服务对象不想求助。这会成为一个自我实现的预言，除非工作者意识到服务对象在抗逆力和改变方面的潜力，并且相信服务对象会对工作者敞开自己。否则，工作者对服务对象的悲观刻板印象会迎面撞上服务对象对工作者的悲观刻板印象。对焦是打破这种自我挫败循环的第一步。

一个对对焦技巧的重要反对声音认为，工作者产生的关于服务对象的看法，也许与服务对象的实际感受和想法相差甚远。工作者可能需要确认服务对象是不是符合他的预设。如果对焦不是试探性的，这就真的很危险。在一定意义上，成功使用对焦技巧的关键是工作者在刚开始接触时放下所有的预想。第一次接触中工作者是对服务对象的真实"表现"做出回应，这个"表现"就是对话中浮现的直接和间接线索。

例如，一个寄宿场所的工作者和一个强硬的孩子第一天相遇，如果对焦到冲突以及服务对象态度之下的担忧，工作者将会看到孩子的行为在发生前就有迹象。工作者仅仅是试探性地触及间接信息，时刻等待服务对象分享那些完全出乎意料的回答。每一个服务对象都是不同的。对焦练习就是要使工作者对于潜在的考虑和感受更加敏感。这并不是规定服务对象的感受必须是什么样的。这里的假设是，经过对焦到服务对象的感受和工作者的感受，工作者更有可能对服务对象的线索产生有益的自发反应。

但是，如果对焦仅仅生成关于服务对象的一个新刻板印象，便是弄巧成拙了。我记得一个例子中，工作者对焦后以为服务对象对不得不来参加辅导感到愤怒。理所当然地，这个工作者尝试去感受了。当服务对象声称并不愤怒时，工作者进行了再次确认，他提示说其他的服务对象在这种情况下会感觉愤怒。这个服务对象用恼怒的声音再次回答，声称他并不愤怒。这时工作者不假思索地说："好吧，我不理解为什么你没有愤怒！"服务对象憋红了脸，回应说："好，真该死，现在我愤怒了！"工作者在对焦中缺乏试探性，这导致了一个自我实现的预言。

本章的这个部分强调了在实务工作的开始阶段预备同理心的重要性。在以后的章节中探讨工作的不同阶段和不同的实务模式（例如，家庭和小组）时，我们将会转回对焦的话题，甚至在讨论和其他专业人士的工作时，对焦的重要性还要被强调。

99 直接回应间接线索

在准备阶段中对焦的重要性在于使工作者做好准备，以便在最初的接触中听到间接线索并直接回应这些线索。本章的第一个例子中，在回应服务对象的问题"你有孩子吗？"时，那个新工作者可以回答："没有。你为什么这样问？你是不是想知道我能否理解养育孩子的情况？"在这样的回答中，工作者可以展示对焦的技巧。

即便工作者真的有孩子，直接回应间接线索也是一样重要的。有一个例子，在一家服务残疾儿童的机构中，一个新的服务对象问工作者是否有孩子。当获得工作者的肯定回答之后，服务对象问："是十几岁的孩子吗？"工作者分享说，她的孩子是十几岁。短暂的沉默后，这个妈妈询问："是十几岁的残疾孩子？"这个工作者继续回应："事实上，吸引我来这家机构工作的原因，就是我自己的孩子有残疾。"长时间的停顿后，服务对象回答说："但不像我的孩子！"

这个服务对象对回答不满意，因为真正的问题并不是关于工作者的家庭情况。我觉得这个工作者如果这样回答会更好："我确实有一个十几岁的残疾孩子；然而，我们每个人都会有不同的体验。你需要让我知道你的体验是什么样子的。"这个例子中直接回应的好处是打开了谈话的一个重要领域，而这将深化工作关系。如本章之前指出的那样，一个常见的争议是工作者或许想要引导服务对象说出本来不想说的话。争论会随之发生，即便工作者的猜测是正确的。服务对象可能还没有准备好去处理这些特别的感受或考虑，他们可能会防御，会不堪重负，也可能不再回来。因为这样的恐惧，工作者可能需要很小心地克制预感，等待服务对象准备好时再提出考虑或感受。这样的警告总有几分正确性；但是，我想我们更可能犯不作为的错误（没有去冒险），而不是作为的错误（去冒险并做错）。

然而，我主张在初期的接触中要冒险直接回应。随着工作关系的发展，服务对象观察工作者并试图感受这个助人者是什么样的人。如果工作关系涉及多样性（例如，一个拉美裔家庭和一个非拉美裔工作者），这个问题就更重要。服务对象不愿意冒险直接说出一些艰难的和禁忌的感受，因此使用间接沟通。让我们考虑一下，当工作者通过清楚说出服务对象的感受来直接回应间接线索时会发生什么。虽然服务对象不情愿地往下进行着，他们声音中的犹豫和缺乏情感的回应在劝告工作者回到虚假的和谐一致中去，但工作者仍能直接回应这样的线索。这是工作者从积极犯错中学习和成长的例子。在我看来，积极犯错并纠正错误总是好的，胜过持续消极地犯错。

一个新服务对象抱怨或夸奖从前的工作者　一个常见的间接沟通例子是，服务对象在和新工作者刚开始面谈时说："我很高兴见到你。我之前的工作者真是太糟糕了！"再没有其他的评论能引起新工作者心中更大的恐慌；工作者通常的反应是迅速地转换话题。工作者们声称谈论另一个专业人士总是令人不舒服的。我的经验是，若他们背地里同意另一个工作者是糟糕的，他们就会特别快地转换话题。

这些工作者犯的错误是他们以为服务对象真的在谈论先前的工作者。在接触的早期，如果服务对象说到其他人（例如，那些没有帮上忙的社会工作者和医生），他们通常是在说这个新工作者，尽管是间接的。对这类间接线索的直接回应可以是："听起来和约翰一起工作时你有过艰难的时刻。你能告诉我什么地方不对，让我明白你希望我做什么吗？我希望我们之间能有一个积极的关系。"讨论过去的关系要在新关系刚开始的背景下进行。新工作者不是对以前的工作者做出评判。相反，谈论的意图只是确认服务对象的经历。

另一种服务对象在开始时的常见陈述是："我上一个工作者真的特别好！我的孩子们过去总期待他上门。"这对新工作者而言甚至更难接受。再一次，如果新工作者能处理他自己的感受，对这些间接线索的直接回应可以是："听起来你和你的孩子们真的和约翰很亲近。你一定很怀念他。你能告诉我为什么你觉得他很好吗？我或许不能和他一样，因为我是不一样的人，但这可以帮助我了解你对工作者的期待。"再一次，随后的讨论将工作者和服务对象迅速导向权威主题，即助人者和受助者之间的关系。工作者既要认可服务对象失去的感受，又要触及服务对象对于新工作者能否替代原工作者的担忧。实际上这是新工作者开始回答服务对象隐含的问题。

学生和工作者们会对我说："这听起来很好，但你在惊慌失措时怎么能说出这样的话？"我要指出的是，工作者第一次常常说不出来这样的话，但经过练习，他们能在会谈结束前或在下一次接触时反应过来。例如，一个人可能会说："我回想了我们上次的谈话。我想知道，当你谈及你和约翰的问题时，你是不是在想我会是一个什么样的工作者？你是不是担心你和我也会有一样的问题？"

工作者（尤其是那些有强制权威的工作者，例如，经济援助工作者或缓刑监督官）提出的第二个异议是他们害怕那些觉得先前的工作者还不错的服务对象会说："对，约翰从不烦我。当我有更多的需要时，他就想到钱。"或者他们会说："约翰对我喝酒一点也不紧张。"

100

如果对先前工作者的评价是一种间接沟通，讨论的是新工作者将怎样执行他的权威，这时直接回应会开启讨论，让工作者申明他将如何操作——服务对象可以对工作者有何期待，以及工作者对服务对象有何期待。

如果儿童福利服务对象对上一个工作者感到愤怒，因其"总想证明我是一个坏妈妈并想带走我的孩子"，一个直接回应以说明工作者在使用权威方面的观点，将是有益的。例如，工作者可以说："史密斯太太，我的机构并不想带走孩子们。已经有太多孩子在寄养了。我是想帮你维持一家人在一起。只有当我觉得他们因为受虐待或疏于照顾而处于危险之中，我才会建议带走你的孩子们。即便发生了那样的情况，我还是希望帮你领回孩子。我希望我能使你相信，我说的是真的。"

这是订立契约过程的重要一步，而且尽早把问题放在桌面上谈会加速工作的进程。权威和订立契约的议题在第四章中会详细讨论。在开始的几次会谈中，服务对象不仅将工作者当作权威和刻板印象的象征来回应（这些都是基于以前的经验），而且他们有时会基于对某个工作者（或机构）的细节信息（这些是从小道得来的消息）来行动。例如，一个假释官指出，在与一个刚被释放的有前科者的第一次会谈中，关于这个服务对象之前的假释官是不是过于严厉这件事，他们之间发生了意志的较量。

两次会谈间这个新的假释官进行了对焦。下一次会谈中，假释官问道："之前你真正想问的是我是什么样的假释官吧？"经过长时间的停顿，有前科者回答："按监狱里的话说，你就是个混球。"假释官问这是什么意思，有前科者透露说，他离开监狱时得到的关于前一个假释官的案宗记录，和前一个假释官留下的关于他的记录至少一样长。有前科者来见工作者时会带有一些对工作者的刻板印象，这需要在工作之初进行处理。即便有前科者不了解这个特定的假释官的任何信息，关于假释官的一般刻板印象也是存在的，需要进行处理。相反，假释官要注意不用太担心上当，因为他是作为一个刻板印象而不是一个人与服务对象联结。

如果服务对象没有准备好领会工作者对间接线索的直接回应，服务对象可以选择不回应。这是因为服务对象还缺乏信任或缺乏准备来分享其想法或感受，特别是在禁忌领域。工作者必须给服务对象足够的空间。工作者直接回应的最重要结果，未必是服务对象立即来处理这些问题。这里传递给服务对象的重要信息是，工作者准备好来谈论禁忌、棘手的话题（例如，权威性），或者痛苦的担忧，只等服务对象准备好了。实际上，这些干预意味着允许服务对象来处理这些问题，同时也展示出，工作者作为一个有同情心的、关怀的、直接的人，能通过服务对象的眼睛看世界，而不会尖锐地评判。

我在工作坊中与一群一线督导员会面时，遇到了一个同类型的、关于督导关系的例子。一个刚从外部提拔的新督导员描述了第一次全体会议的情况。在会前的聊天中，工作人员提起前任督导员在自己家为员工们准备了盛大的告别晚宴。发言的督导员用她的话描述了她的沮丧："我甚至都不会做饭！"

运用小组对焦方法来对焦这一群工作者可以很明显地看出，前任督导员和员工们的关系很好，她总能提供支持，他们没准已经开始怀念她了。另外，他们或许在间接地提出质疑，新的督导员能否做到一样的事。假如对焦是准确的，这位新督导员对于自己在群体中的角色可以这样回应："听起来你们和简相处得很好。你们一定已经想念她了。她的哪些特点使她成了一个好的督导员呢？我不是简，但我想我也会对大家有帮助。"

上述工作坊中关于这一点的讨论以一位天主教修女的发言结束。她在上面的例子后举手，说她刚刚继任附近一家医院的护理部主管和女修道院院长，而她的前任在此工作了 25年。她说："我现在理解了。我到任两周后就感觉我接手的是圣母玛利亚的工作！我想我忽略了他们肯定会有的深深的伤痛，我需要回去处理这一点。" *102*

我的研究发现

我的研究发现屡次支持了使用对焦和直接回应技巧的重要性。具体而言，我关于加拿大省级儿童福利项目的研究（Shulman，1991）复现了早期的研究发现（Shulman，1978），支持了这一观点。虽然这些重复出现的研究发现都是试探性的，但它们都阐明了这一点。我得以检验一个具体的技巧或一组技巧，是否会帮助强化工作者和服务对象的关系。工作关系概念包含前文所述的融洽、信任和关怀三个要素。这一工作关系又有助于实现正向的助人效果。

教育政策 4b

在该研究中，服务对象被要求对他们的工作者使用八个具体技巧的情况打分。与这里的讨论紧密相关的四个技巧的得分经过平均化，形成一个"帮助服务对象处理感受的技巧"量表。这些技巧是：

● 探寻沉默的内涵：通过将服务对象的可能感受转化为语言，来探索沉默的意义。（例如："你现在愤怒吗？"）

● 将服务对象的感受转化为语言：在服务对象直接表达情感之前，阐明服务对象的感受，这是对焦或感知服务对象的间接沟通后对服务对象的回应。

● 显示对服务对象感受的理解：工作者在服务对象表达情感后，通过语言或非语言方式，向服务对象确认已经理解服务对象的感受。（例如，对哭泣进行回应。）

● 分享工作者的感受：跟服务对象恰当地分享工作者自己的情感。这些感受应在实现专业目的、工作者发挥专业作用的情况下分享。

在一项使用因果路径分析的检验中，我确定了这些技巧影响工作关系发展以及影响一系列结果测量指标的路径和强度。[1] 研究结果显示这组技巧的使用对服务对象对于工作者的关怀的看法有正向影响；而工作关系的关怀维度对服务对象认为工作者是有帮助的这个

---

① 实质上，这一统计技术使研究者在检验中建构一个过程模式，估算经过一个确定因果路径的变量影响。例如，上面引用的研究检验了以下模式：工作者技巧（独立变量或预测变量）影响工作关系或治疗联合（中介变量）的发展，这又影响服务对象关于工作者是有帮助的这一看法（结果变量或因变量）。

看法产生了中等程度的正向影响。此外，关怀对另两个结果测量指标——有关儿童的最终法院判决（例如，永久监护权）和儿童寄养的天数——产生了微小但是有统计学意义的影响。这些发现进一步支持了这一实务模式的核心理念，即工作者的技巧通过影响工作关系而影响结果。

工作者们在每一个技巧上得分的平均值也显示出一个有意思的模式。尽管服务对象称工作者"经常"确认他们的感受，他们对工作者明确说出他们的感受这一项的打分，却只在"很少"和"经常"之间。研究中的服务对象在探知沉默这一项上的给分接近"很少"，工作者分享感受的得分也是"很少"。这一模式在我的若干研究中反复出现，说明了发展这些技巧所具有的难度，并支持了我关于医学模式在社会工作行业具有优势地位的主张（见第一章和第二章）。

因为该研究中 305 个家庭中的 81 个在我和我的团队访谈他们时，给我们提供了关于他们的工作者技巧使用的评分，也提供了他们初遇工作者时技巧使用的回顾性评分，我得以进行一些探索性的分析，说明时间对这个模式的影响。使用被称为回归分析的统计方法，我发现在实务的开始阶段，使用这些技巧帮助服务对象处理他们的感受对于工作关系的关怀和信任要素有中等强度的预测能力。当考察这些技巧在实务的中间阶段的使用时，我发现它们仍对工作关系有中等程度的影响，尽管这一影响比开始阶段稍弱。所有这些研究发现和互动性实务理论的建构是一致的。

最后，我检验了在开始阶段和中间阶段使用每一个技巧的情况，分析了它们与信任和关怀要素以及与服务对象对工作者是有帮助的这一看法的简单相关。研究发现，这四个有助于服务对象处理他们感受的技巧都与工作关系和结果指标有中等程度的正相关，并在实务的中间阶段递增为中等强度的相关。总之，使用这些技巧会带来积极影响这一看法得到了研究发现的支持。

机构文化的影响：机构服务对象

一个工作者报告了和机构中一个长期服务对象的第一次会谈。在工作者开始会谈时，这个服务对象用非常幽默的方式说："我猜你已经读了所有关于我的资料。"许多助人者遇到的服务对象之前已经与某个特定场所或其他专业人士有接触。机构的文件系统会保存详细的过往情况记录，或是接案工作者的报告。接案工作者的工作就是要进行和服务对象的第一次接触，进行一定形式的预估以确定服务是否适合服务对象。其他专业人士送来的转介材料常常包括有关服务对象、家庭、问题和历史的描述。取决于如何使用先前的信息，这些信息可能很有用，也可能成为工作中的障碍。

就积极的方面来说，关于服务对象的信息可能帮助工作者发展预备同理心从而为第一次会谈做准备。其他工作者们过去经验的概述，或是接案谈话的报告，可能透露出工作者需要留心的潜在主题。理解服务对象近期存在的、引发工作者关注的压力可以帮助当前工作者形成感知，去预测服务对象在早期会谈中的情绪状态。对过去经验的总结也可以产生关于服务对象对专业助人者态度的洞察。如果这些记录显示过去的情况并不顺利，工作者可能需要计划如何去改变服务对象对工作者的刻板印象。

另外，如果工作者使用这些信息发展出对服务对象的刻板印象，那么这样的准备工作会阻碍工作关系的发展。比如说，工作者在儿童福利场所开始和一位家长接触。如果工作者相信这个服务对象是防御的、抵抗的、有敌意的、不愿接受帮助的，这种心态或将开启自我实现的预言。而且，当一种刻板印象（例如，工作者的刻板印象）试图和另一种刻板印象（例如，服务对象的刻板印象）交锋时，真正的沟通就不会发生。正如我的一个服务对象对这个问题的描述："好像两艘船在夜间彼此错过。"特别是，工作者会错失发现抗逆力的机会，而服务对象在逆境中求生存的能力已经显现出这样的抗逆力。

避免刻板印象：机构服务对象

机构文化常常为新工作者或学生发展有关某个或某些服务对象的刻板看法奠定基础。一个常见的例子是我所谓的机构服务对象。这是指一个家庭或服务对象，他们已经与机构接触了很长时间，有时是两三代人，并已经有了麻烦的名声。工作人员可能将这类案例分配给学生或新工作者。通常的经历是，当新工作者或学生跟一个同事提及这个服务对象时，同事会惊讶大叫："哦，不是吧！他们把史密斯一家分配给你了？"甚至在第一次接触前，工作者就已经有了负面体验。

对某些服务对象群体的刻板印象

悲哀的是，机构文化能发展出对于整个服务对象阶层的刻板印象——最糟的情况是发展出种族主义、性别歧视、年龄歧视、憎恶同性恋等观念。在我的一项研究中，当工作者认为土著人家庭比非土著人家庭更难服务时，这样的观念和负面的结果相关联。例如，土著人家庭对工作者的有效性和信任，以及工作者是有帮助的观念，同土著孩子被寄养等结果指标之间存在负相关（Shulman, 1991）。这些工作者的观念可能根植于对其他人的压迫性的态度，我们必须承认这种态度内在于我们。当我们和不一样的人一起工作遇到困难时，我们内在的种族主义、性别歧视或憎恶同性恋的态度会显现，这部分解释了我们认为工作无效的感觉。专业发展的一个要素是我们对于这些个人偏见的理解，当它们干扰了我们的实务时，要有识别出它们的能力。

我的研究发现也显示，工作者对他们和服务对象之间差异的影响所具有的敏感性与正向的实务结果有关。工作者的文化意识和敏感性与正向结果相关，其办公室成员的总体态

教育政策 2a
教育政策 2c

度也是如此。例如，一个办公室或地区与少数群体的正式支持系统（例如，土著法院工作人员和家务人员、土著社会工作者、土著人友好中心）之间存在合作而不是冲突的关系，会与正向结果有关（例如，更少的土著孩子被送去寄养）。这些发现在当时的背景下是显著的，那时候在该省寄养的孩子中大约 40％是加拿大土著人，而土著孩子在儿童总量中的比例低于 10％。

如果大多数或者所有的工作人员都是多数群体的成员（例如，白人），负面态度和刻板印象在一个办公室中留存或增强的可能性也会增加。机构已经开始理解管理人员和一线工作人员中多样性的重要性。平权行动（affirmative action）计划也越来越多地发展起来以解决这一问题。

一般而言，为了避免按照刻板印象来回应服务对象，工作者需要记得，报告中描述的服务对象是在系统中持续行动和做出反应的，而且写报告的工作者也是这个系统的组成部分。如果不在这一过程中理解服务对象，工作者就无法认识他们。他们的行动需要在与他人行动的关系上被审视。

我发现，参加案例会议讨论一个服务对象是很有趣的事，但有时也会让人沮丧。专业助人者会报告一次家访或一次接触，描述服务对象的很多细节，回顾服务对象的历史，还会提供问题诊断、预后以及治疗建议。如果工作者报告服务对象是防御的或有敌意的，这也要被讨论。这类会议遵循了第一章描述的医学模式，其中的讨论聚焦于对服务对象的评估。

如果我们从讨论服务对象这个个体，转为讨论工作者和服务对象之间面谈的细节，这类谈话将会显著改变。这表示我们转变成第一章中描述的互动模式。我让工作者描述面谈如何开始，对服务对象说了什么，以及服务对象如何回应。我称之为"记忆工作"，让工作者尽可能回忆互动的过程。随着细节描述的展开，工作人员开始感知到服务对象和工作者之间的双向互动。这一过程中需要探索工作者和服务对象的感受；毫不奇怪，服务对象的行动常常可依据与工作者的行动的关系来解释。例如，工作者感知到潜在的抵抗但是没有直接探索和回应。或许工作者读了之前关于这个服务对象的报告，在面谈开始时就预计会有麻烦，因此没有去回应。工作者自己的感受也会使其难以共情服务对象的挣扎，因此阻碍工作的展开。

即便工作者在第一次面谈时很有技巧，这样的讨论也可以推动产生一个更多维度的服务对象，超过他最初显现的情况。工作者能看到矛盾心理而不只是防御。除愤怒之外，他们能感受到服务对象隐含的受伤、不信任和痛苦，这些可能来自以前和其他专业人士糟糕的工作经历。通过这样的讨论，看起来毫无希望的案例会转变成有重要开始机会的困难案例。

如果工作者使用先前的记录资料或转介资料时，能记得这些信息是试探性的，而且需要从互动中看待服务对象而不是将其当作静态的个体，那么这些资料就能帮助工作者准备好第一次面谈。面谈开始时，工作者需要从头脑中清除所有这些事实和观点，甚至要清除工作者自己尝试性的对焦猜想。准备工作帮工作者铺路，使其能倾听服务对象所说的话，甚至是间接的表达；现在工作者可以展示技巧来回应服务对象真正的表达，而不是预设的内容。

本章小结

人类沟通的复杂性经常使工作者很难倾听和理解服务对象的所思、所感，特别是涉及禁忌话题（例如，权威和依赖）时。工作者在初次接触前能通过使用所谓的对焦技巧，即设身处地体会服务对象的情感，来提升其对间接沟通的敏感性。工作者也应及早对焦自己的感受，特别是那些因初期会谈而产生的焦虑。以下四个技巧特别有助于工作者帮助服务对象处理他们的感受：（1）探寻沉默的内涵；（2）将服务对象的感受转化为语言；（3）显示对服务对象感受的理解；（4）分享工作者的感受。许多研究结果建议，在实务的开始阶段使用这些技巧很重要，有助于发展积极的工作关系（治疗联盟），并对服务对象有益。

能力要点

下面列出了本章援引的社会工作教育委员会在《教育政策与认证标准》（2015 年）中为社会工作学生推荐的能力和实务行为。

第四项能力 投身实务与研究的结合和研究与实务的结合：
b. 运用批判性思考来分析定量与定性研究方法及研究发现

第六项能力 与个人、家庭、小组、组织和社区建立关系：
a. 运用人类行为与社会环境、情境中的人和其他多学科的理论框架，与服务对象和不同群体建立关系
b. 运用同理心、反映和人际技巧有效地与多样性的服务对象和不同群体建立关系

第七项能力 预估个人、家庭、小组、组织和社区：
a. 收集和组织数据，运用批判性思考解读从服务对象和不同群体处获得的信息
c. 基于批判性地预估服务对象和不同群体内在的优势、需要和挑战，形成相互同意的干预目的和目标

第八项能力 对个人、家庭、小组、组织和社区进行干预：
a. 批判性地选择和落实干预措施，实现工作目的，并增强服务对象和不同群体的能力

第九项能力 评估个人、家庭、小组、组织和社区：
a. 选择并运用适当的方法做结果评估

第四章

开始阶段和订立契约的技巧

在本章中，我们探索新关系的动力，先看一般性的关系，再看特别的助人关系中这种动力的情况。本章还将呈现和阐明一个与服务对象在初期会谈中订立契约的模式。我将使用订立契约的术语来描述社会工作者在澄清即将提供的服务、确定服务对象感知到的需要、识别服务和需要之间潜在的共同基础、描述工作者的角色以及说明与工作者的正式和非正式权威有关的议题时的工作方式。

接着我陈述一些帮助服务对象处理问题的特殊技巧，包括澄清工作者的目的和角色、寻求服务对象的反馈，以及处理权威议题。订立契约的过程呈现出灵活性，那些商定的工作领域可随时间推延而改变。我们也将讨论与抗拒的服务对象订立契约时的一些特殊考虑。

接下来我们探寻几个预估模式，这些模式将有助于工作者获知服务对象在其环境中的清晰图景。本章将说明多样化问题和文化能力评估和实务，并将分享有关干预过程的研究。

最后，我将概述伦理的概念及其如何影响我们的实务，关注点在于第一次或初期的几次会谈中将出现的伦理和法律议题。以后的各章中，我都会在合适的地方谈及这些议题。例如，初期的小组会谈中存在的特殊伦理议题将在相应章节中讨论。

"第一次见面真的重要，你知道的！"

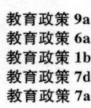

教育政策 9a
教育政策 6a
教育政策 1b
教育政策 7d
教育政策 7a

在第一次面谈中，一个 25 岁的服务对象给了他的社会工作者一个间接测试，想看看她能不能诚实待他。这个工作者直接回应了间接线索，她问："我通过了吗？"承认工作者通过测试后，服务对象说："我得看看我们的情况。第一次见面真的重要，你知道的！"

所有助人关系中的第一次见面都很重要。如果处理得当，它们可以为有效的工作奠定基础，并开启加强服务对象和工作者之间工作关系的过程。如果处理不当，它们会使服务对象远离提供的服务。在本章中，我们将探讨与新关系相关的特殊动力。

在第二章中，我们将重点放在帮助服务对象处理感受的技巧上。这一章探讨了一套相关的技巧，称为工作者技巧，可以帮助服务对象处理自身问题。本章将详细描述这些技巧，包括：

● 澄清工作者的目的和角色。社会工作者用简明又通俗易懂的陈述（通常包含在给服务对象的开场白中）来描述会谈（和/或机构服务）的一般目的，并提供社会工作者将如何助人的信息。

● 寻求服务对象的反馈。工作者尝试确认服务对象对其需要的看法。工作契约包含机构服务和服务对象感知到的需要之间的共同之处。

● 拆分服务对象关注的问题。帮助服务对象把通常难以应对的大问题分解成可以处理的小部分。

● 在禁忌领域支持服务对象。帮助服务对象谈论通常被视为禁忌的问题和担忧（例如，性、死亡、权威、依赖）。

● 处理权威议题。工作者试图澄清相互的期待、保密问题和权威主题。

之后将逐一讨论这些技巧和其他的技巧。由于并不是所有的服务对象都乐于让社会工作者和机构介入他们的生活，本章还探讨了与非自愿（强制）或半自愿服务对象一起工作的特殊动力。虽然我在第一章中警告过，进行研究的过程不要干扰参与的过程，但社会工作者仍需进行研究以获得关于服务对象和他的环境之间关系的准确图景。我们将考虑几个模式以发展这个框架。

这部分还将探讨开始阶段中与文化敏感实务和评估有关的问题。本书中，文化敏感实务指的是我们以某种方式进行评估和干预，以尊重与我们一起工作的人群的特定文化。例 *110* 如，尊重老年人的重要性可能会影响我们对土著美国人家庭的干预，这将在一定程度上决定谁需要参加家庭辅导，甚至决定我们对谁进行干预。

现在，让我们检视我们对新关系动力的了解，从而开启对开始阶段工作的探索。

新关系的动力

所有新的关系，尤其是与权威人士的关系，开始时都是试探性的。服务对象将工作者视为权威的象征，后者有权影响他们的生活。服务对象通常会带有大量过去与专业人士打交道的经验，或者朋友、家人或邻居对他们的刻板印象。因此，第一次会谈在一定程度上是要探知真实的情况。与权威人士接触通常会有风险，因此服务对象在显露自己之前总会小心翼翼地探测新的情况。

矛盾的感受在任何新情况下都会产生。在新的情况下，服务对象会更加质疑工作者的能力和胜任力，也会更担心工作者的期待。矛盾心理的另一面是希望获得帮助。根据个体和助人情境的不同，矛盾心理中的一面可能比另一面更强烈。

在个案工作中，服务对象头脑中有两个主要的但很少被说出来的问题：这将会是怎么回事？这个社会工作者会是什么样的人？这些问题的紧迫性源于服务对象对于表达需要的恐惧。权威人士经常有隐而不宣的动机，服务对象可能害怕工作者想要改变他。这种疑虑将影响服务对象的行动，直到以上两个问题得到回答。对依赖感的恐惧会一直存在，直到服务对象看到这个助人者并不是想象中的角色，即那些拥有绝对权力的、针对服务对象做事的权威，而是一个有技巧的人，他会和服务对象一起做事情。即便社会工作者是在和被强制的服务对象打交道，承认服务对象才是真正掌控局面的人也是至关重要的。

考虑这个早期过程的另一种方式是意识到服务对象正在做我所说的第一个决定。第一个决定本质上是关于服务对象是否会以一种有意义的方式与工作者联结，并开始发展工作关系，这也被称为治疗联盟。没有服务对象对工作和工作者真正的承诺，这样的关系注定会失败。服务对象会不再出现，或者他们继续来，但是在制造"工作错觉"，在这种工作错觉中，他们只是走过场，真正的工作或改变并没有发生。当我在主要讲法语的蒙特利尔生活和工作时，"pas de deux"这个短语被翻译为双人舞。工作错觉就是工作者和服务对象间这样的舞蹈。对于被强制的服务对象，这种错觉是对工作者的欺骗，当采用这种方式时，服务对象说着他认为工作者想听的话，而不是表达服务对象真实的感受。

111第二个决定是在工作者和服务对象转换到中间（或工作）阶段时做出的。在开始阶段，服务对象可能没有意识到他们要面对艰苦的工作、他们必须面临痛苦的问题以及他们对解决问题要承担起自己的责任。当他们越来越了解这些时，他们必须再次做出是否继续参与的决定。

第三个决定是服务对象在临近结束和转换阶段并认识到能停留在工作关系中的时间不多时做出的。这时正处在被称为"门把手疗法"的过程中，服务对象必须做出决定是否要面对工作中最困难（和最重要）的问题。

医院社会工作者：和患者的第一次面谈很糟糕

实务要点： 在下面的面谈示例中，服务对象用间接沟通的方式提出了一些关于开始阶段的顾虑。工作者没有回答关于会谈目的和工作者角色的问题，这增强了服务对象的顾虑。具体的场所是一家医院，患者是一名43岁的妇女，有三个年幼的孩子。虽然检验结果呈阴性，但持续的症状需要进行探查手术，并引发患者对颈椎间盘疾病的担忧。患者由于需要长时间的康复，在此期间无法承担家务和照顾孩子，所以被转介给社会工作者。在面谈录音的书面介绍中，这名工作者描述他的目的是探索出院后护理的可能性，并确定是否需要家政服务或替代服务。

工作者：日安，坦尼太太。我是社会服务部的弗兰克斯先生。你的医生让我来拜访你，看看我们能帮上什么忙。

患者：这是个习惯吗？你会拜访所有的患者还是只来看我？（她微笑着，但似乎有些焦虑。）

工作者：我们在任何需要的时候和患者面谈，只要有这样的医疗要求。

实务要点：患者其实是问"这是怎么回事？"，表达了一种自然的焦虑。她可能会好奇，但不会说出来："我的天！情况一定比他们告诉我的严重。"工作者的回应并没有回答这个问题，也没有减少患者的担忧。转介的原因（例如考虑到可能需要家政服务）并没有被澄清，患者因此还蒙在鼓里。

患者：好吧，你觉得你能在哪些方面帮助我？我住院两天了。我的孩子们正由他们的父亲照顾。我可能很快就要做手术。你看，我觉得我有关节炎，就是从这开始的。我很难活动我的手和手指，所以我决定来这里看看我到底什么病。（她偶尔会一边讲话一边织毛衣。）

工作者：我想问几个问题，坦尼太太。但是首先，告诉我，你是不是觉得一边说话一边干活更舒服？

患者：或许吧。我手里总是要做点事情。我停不下来。

实务要点：这位工作者再一次没有回应直接的问题。工作者正在按他的计划进行面谈，收集事实信息。过程中服务对象被排除在外。只要患者不清楚工作者为何与她交谈，以及他作为社会工作者的目的和角色是什么，她就无法有效地利用他的服务。服务对象的体验是工作者在完成面谈。她的依赖感和对私生活受到干扰的恐惧将会增加。她仍然不确定该说些什么，因为没有一个框架可以让她在其中作答。面谈继续进行。

112

工作者：坦尼太太，你说你丈夫在照顾孩子们。如果我没说错的话，你有三个孩子。是吗？

患者：是的，但是那个8岁的孩子是最难带的。他不能自己待着。幸运的是，我丈夫的上司很善解人意，他可以在有需要的时候休假，现在他需要休假了。他常常外出旅行，有时一去就是几个星期。

工作者：我知道你丈夫在军队工作。他以什么身份工作？

实务要点：服务对象现在可能会想："你为什么想知道我丈夫的事？"工作者这样提问是为了了解家庭信息从而进行研究，但服务对象肯定很想知道披露这些信息对她有什么帮助。

服务对象通常不会问工作者为什么想知道一些事情，因为在我们的社会中这样问被认为是不礼貌的。他们甚至可能很合作，为社会工作者的所有问题提供答案。然而，只要疑惑持续存在，怀疑和紧张就始终是障碍。

面谈继续进行，这名工作者询问了一些问题，如疼痛是如何开始的，丈夫在家是如何帮忙的，患者在哪里出生，以及她在这个国家是否有家人。患者的回答越来越短，只对工作者的问题直接回答。当工作者建议与其丈夫和孩子们见面，"以便更清楚地了解我们如何能提供帮助"时，服务对象表示同意并说："天哪！你对所有的患者都这样做吗？"

实务总结： 在对第一次面谈的总结中，工作者指出，这个服务对象表现出"不恰当的，几乎是孩子气的微笑和痛苦的表情。强硬的态度和强迫性人格掩盖了痛苦。因为某种原因，她不愿商谈一些规则和角色分配事项"。或者，"孩子气的微笑和痛苦的表情"也可被理解为代表了服务对象对面谈的感受。

这些感受可以用很多间接形式来表达。寄宿机构中新来的男孩子通过立即打破规则和打架来表现他们的焦虑就是一个例子。在第一次面谈中只说是或不是的青少年，以及在回应儿童福利工作者时表现出公开敌意的父母是另一些例子。当工作者是将这些行为解释为服务对象的人格或抵抗的反映时，工作者是将服务对象视为一个客体，而不是将其视为与工作者进行动态互动的人。在这种互动中，双方时刻相互影响。结果，服务对象最初的行为常常成为对服务对象刻板印象的一部分，这开始了一个无休止的循环。而另外的互动性框架，包含了关系中的互惠性概念，要求社会工作者理解服务对象的行为时，在一定程度上将服务对象的行为当作对工作者干预的回应。而工作者的干预也会受到服务对象回应的动态影响。

影响初次面谈的因素

许多因素都会导致工作者经历前文那样的初次接触。首先，从医生那里借鉴来的医学模式提出了一种四阶段模式来对实务概念化。回想一下，在这个模式中，工作者研究服务对象、做出诊断、计划治疗，然后评估结果。评估可能会反馈到诊断，并影响治疗计划的改变。对第一步研究的强调促使一些工作者使用初次面谈来收集事实，服务对象在其中的作用是提供信息。这会导致出现我们之前所举的极端例子那样的面谈。

需要获得心理社会史 对医学模式的讨论总会引起学生和工作者的焦虑，他们的机构可能要求使用这种形式进行初次面谈。在一些情况下，工作者必须填写详细的接案表格，这要求他们获知心理社会史，即服务对象的心理和社会生活故事，其要素可能影响到当前的问题。工作者随后要提供初步的诊断或预估。一些场所提供清单列表，以指导工作者进行回应。学生和工作者经常问我："如果我需要填完这张表格，我如何按照你描述的方式进行第一次面谈？"

对这些表格的审查和对这样的初次面谈的详细分析往往揭示出以下几点：首先，尽管他可能会抗拒这种僵化的结构，但实际上，工作者在使用这样的表格引导第一次面谈时经常会感觉舒服得多。表格的使用允许工作者维持对面谈的控制，使第一次面谈更加可预测，并给工作者时间以感觉舒适。当然，服务对象的情况可能恰恰相反，随着面谈的进行，服务对象可能会感觉越来越失去控制并且感觉不舒服。

其次，可以设计这样的初次面谈，让工作者不用太费力就与服务对象订立契约，还能尽量让服务对象感觉安心，同时也能获得所需的信息。例如，一个工作者可能会说："为了让我们能获得保险报销，我需要问你几个问题，但在我提问之前，我想要解释一下我可以如何帮助你，并了解你的想法。"

在一个又一个例子中，学生们发现这种初步讨论总能提供他们需要的大部分表格信息，但它遵循的顺序符合服务对象的紧迫感，而不是工作者的。面谈的后半部分要留出时间来检查表格以补充遗漏的信息。服务对象通常准备好了在那时提供信息，特别是当工作者解释了为什么需要这些资料（例如，因为医疗保险要更全面地了解家庭的健康情况等）时。

解释信息将如何使用不仅有助于建立信任，而且对于维护工作者在服务对象知情同意方面的伦理责任也很重要。（本章后面将更详细讨论知情同意。）服务对象有权知道工作者和机构将如何使用其个人信息。服务对象也有权不分享这类作为服务条件的信息，除非工作者表明这些信息对于服务对象接受服务至关重要。《全国社会工作者协会伦理守则》为社会工作者在这一问题上指明了方向。

发展动态预估和诊断 虽然社会工作者可以在他们的工作场所提供的框架内构建面谈的结构，但他们仍需达成预估和诊断的要求。要是工作者把诊断看作对服务对象与待跨越的各层系统之间关系状态的描述，也是对服务对象应对问题的力量感和准备程度的评估，那么这些要求也可以做到。第二章中关于抗逆力研究的讨论提供了足够的证据，说明了预估中应包括的因素，因此应重点关注服务对象的优势，而不是问题。这种思维方式现在被广泛称为"优势视角"。 `114`

诊断应被看作是动态的，往往时刻都在变化和转换，而不是对服务对象问题的固定描述。因此，在大多数服务场所中，学生和新工作者可在第一次面谈时采用更灵活的结构，同时仍在服务场所要求的框架内工作。即使在工作者必须做出具体评估的情况下，如医疗保险要求按照《精神障碍诊断与统计手册》（DSM）提供具体诊断，工作者仍需在第一次会谈中纳入订立契约的要素。在试图对服务对象进行归类时，要同时去真正倾听和共情服务对象，坦白承认这时会有的困难，这通常会让工作者做出更多更具情感性的回应。反过来，服务对象将感受到工作者对服务对象所说内容的兴趣和关注，而不仅仅是关注接案表格要求的信息。

发展工作关系 除医学模式外，第二个可能导致工作者不愿直接谈论目的的因素是一种观念，即认为工作者应在工作开始前就建立关系。迄今为止对模式的讨论中使用了工作关系（治疗联盟）这一术语。现在提出的假定是，只有在阐明了接触的目的和明确描述了工作者的角色之后，工作关系才会发展。实际上，这种关系是从工作中产生的，而不是先于工作产生的。

当然，这种关系的性质会随着时间的推移而改变。在积极的工作关系得以建立之前，服务对象在一开始也许不太可能分享一个特别困难或尴尬的问题。这是服务对象在工作开始时提出相近问题这一普遍现象的一个原因，即提出和他们生活中最困难的问题比较接近的实际问题。这里所述的订立契约的技巧旨在为积极关系的建立打下根基，工作者和服务对象都可以使用这些基础条件。随着工作关系的加深，服务对象的关注可能会转向更重要的主题。我之前称这一过程是做出"第二个决定"，这允许工作转换到中间阶段，得以讨论更困难并常常是痛苦的内容。在实务的开始阶段使用澄清目的和角色的技巧为这一转换提供了基础，帮助发展出工作者和服务对象之间的积极关系，特别是发展出信任的要素（Shulman，1982，1991）。同样，工作者最开始的直接方式使关系构建成为可能，而不是相反。再次，如前几章所述，与服务对象群体相关的文化因素可能会修改这一要求，因为闲谈也许很重要——但是，如果谈话具有这一重要功能，就不是闲谈。

115

处理问题时的不适：工作者和服务对象的尴尬　第三个阻碍直接表达的因素是，工作者对服务对象的问题或是工作者的意图易于令人感到尴尬。在我们的社会中，问题的存在会与软弱和依赖相联系。因此，工作者有时在谈论服务对象的问题时会感到不舒服。服务对象遇到一些困难时，例如有人对其生理或精神能力给予负面评价，而我们的社会也赋予其污名，直接讨论这些困难被认为是非常具有挑战性的，以至于工作者们创造了委婉语来描述这些困难。

一组十几岁的未婚妈妈参加了四次会谈，尽管她们的腹部每周都在长大，但会谈期间并没有人提及她们怀孕的事。学校社会工作者会把在学习方面有困难的孩子们召集到一起，参加课后小组会谈，却没有提到为什么要选他们。他们通常不会被愚弄，因为他们都知道自己被认为是"傻瓜"或"问题儿童"。工作者提及问题时会尴尬，因此服务对象接收到的信息强化了不愿讨论痛苦问题的意愿。

当工作者们带着隐藏的议程开始会谈，他们在直接陈述目的时同样会感到不安。如果工作者认为服务对象的问题已经解决，而任务是要改变服务对象的行为，那么不愿意直接表达是可以理解的。

专业术语的使用　导致难以直接表达的最后一个因素是使用专业术语。当我取得社会工作硕士（MSW）学位毕业时，我母亲在为我举办的庆祝晚宴上问我："现在你是一名社会工作者了，告诉我，你是做什么的？"我回答说："我和人们一起工作，提升他们的社会功能，促进他们的成长，强化他们的自我。"她笑着对我说："但是你到底做什么？"

事实上，我并不清楚如何清晰说明我的职业角色。更糟糕的是，其他社会工作专业的毕业生似乎很清楚自己的角色。我绝望地想，或许我错过了一次重要的讲座，或者没有读完一本重要的读物。实际上，包括社会工作在内的所有助人职业在直接陈述目的和角色方面都有困难，而且术语的使用使这种混乱更难理解。在诸如"提升""促进""使"之类的关键字后，紧跟着有关希望和愿望的陈述（例如"使服务对象赋权"），以避免功能性问题。如果在给专业人士的培训中，我限制他们使用术语，并坚持让他们用简单明了的语句给我描述他们为服务对象提供的服务，他们往往发现很难做到。有人通过问服务对象"你想要什么"来巧妙地避免这样的困难。这时我会指出，他们是在用提问来回答一个问题。

这是一个好问题，因为它寻求服务对象的反馈。但我不认为若我是服务对象，工作者如果没有提供一些结构性信息就能够真正回答这个问题。实际上，工作者通过清楚的开场白提供一个框架结构，可能会让服务对象自由作答。结构与自由是一对错误的二分对立。实际上，自由是从结构中产生的，但结构应鼓励自由。

有时，服务对象会到工作者那里寻求服务，例如，一个自愿的服务对象来寻求家庭辅导服务。在这种情况下，工作者通过解释第一次访问的目的来开始工作，这时服务对象可以告诉工作者他因为什么来机构求助，工作者也能因此判断能否给其帮助。工作者倾听服务对象的紧急情况；搞清楚之后，工作者会解释他能如何提供帮助。

在接下来的部分，我提出一个模式，描述如何在第一次会谈中直接和简明地澄清工作者的目的和专业角色，并避免术语或尴尬的情况。

116

初次会谈中的订立契约

本书所描述的初次会谈是在机构或主办场所的环境下进行的，如医院、学校或寄宿机构。许多这样的助人概念同样适用于私人执业的个人实务、小组实务，或按服务收费的、受管理的医疗诊所中的社会工作形式，在这些诊所中，工作者根据他们提供的辅导小时数获得补偿。但是，私人执业所涉及的问题——以及由于本国管理式医疗的变化对私人执业产生的深远影响——基本上超出了本书的范围，本书主要关注那些在更传统和正式的场所中进行的社会工作。

情境对实务的影响

由于实务情境的影响在订立契约阶段特别重要，因而我们在此探讨情境的影响。社会工作者通常为一个机构或组织（主办场所）工作。这个场所不仅仅是一个方便会谈进行的地方。它在社会中具有一定的功能，这意味着它在工作进程中是利益相关方。

在任务的社会性分配中，每个场所都涉及特定的关注领域。医院关注患者的情绪和生理健康，学校关注学生的教育，家庭机构关注家庭功能的强化，假释机构关注对释放的犯人的监督并帮助他们在外部世界发挥功能等。场所的使命极大地影响了助人者的行动。我认为，社会工作实务有共同的核心或不变的要素，但也有不同的要素。情境为我们与服务对象的工作引入了重要的差异元素。

在第一章中，我指出了服务对象面临的一些紧迫的生活任务：和学校、家庭、工作、福利或医疗系统等交涉。服务对象将成功完成这些被视为紧急需要的任务。在每个示例中，我都描述了一些可能对服务对象很重要的生活任务。

施瓦茨（Schwartz，1971）在发展订立契约的概念时考虑到了机构和服务对象的任务及它们间可能的融合。他在小组工作实务的背景下写道：

> 这两组任务——服务对象的任务和机构的任务——之间的融合，产生出服务对象群体和机构之间的契约条款。这份契约公开反映了双方的利益，为接下来的工作提供了参考框架，也为理解工作何时进行、何时被回避、何时完成提供了参考。

117

在工作的开始阶段，工作者可被看作服务对象和服务之间初始联结的中介，需要寻找服务对象的任务和机构的任务之间的联系。尽管许多障碍（例如，工作者的权威、非自愿的服务对象、医院里不敏感的医生）可能会阻碍机构/场所和服务对象的共同利益，但工作者还是要寻找那些往往难以发现的共同点，即机构/场所的具体服务和服务对象感受到的需要之间的重合部分。

施瓦茨（Schwartz，1971）描述了这一阶段工作的几个关键技巧：澄清目的和角色，以及寻求服务对象的反馈（服务对象对其在过程中的利益的看法）。尽管这些技巧是所有工作开始阶段的核心，但在实施过程中存在许多不同的情况。例如，不同的机构/场所会引入不同的元素。权威议题——服务对象是自愿参加还是由工作者发起接触——也会带来变化。本节的其余部分将详细介绍这几个技巧，在不同的情境下对它们进行说明，并描述其影响的研究结果。

医院中订立契约的例子：替代方法　鉴于本章前面所描述的新关系的动力，工作者应试图用简单直接、没有专业术语的开场白来澄清会谈的目的。这个陈述应该直白地表达机构/场所的任务和服务对象可能的利益。例如，在前面所述的医院中的面谈，工作者可以用以下方式开始谈话：

> 我是弗兰克斯先生，是社会服务部的一名社会工作者。你的医生让我来见你，看看我是否能在你手术后恢复期间帮到你，以应对在照顾孩子或家庭方面你可能面临的困难。我知道这会是一个艰难的时期，如果你愿意，我希望能帮上忙。我想和你讨论一下，看看你想不想在这些问题上得到点帮助，或是帮你应对手术或住院期间可能有的担忧。

这样一个简单的目的声明为接下来的讨论做好了准备。拜访的目的是讨论服务，看看服务如何适应服务对象感知到的需要。有了这个简单的框架，服务对象就可以投入精力考察可能的工作领域。有了明确的界限，服务对象就不必担心工作者为什么会出现。谈话和工作者随后的问题都应与对潜在服务领域的共同探索这项任务有关。

工作者还需要为服务对象必然会有的关于工作者如何帮助的问题做好准备。在这个例子中，明确工作者的角色可能包括阐明几种可能的援助形式。例如，"我能帮助你考察你回家后可能面临的问题，另外，如果你觉得你需要一些帮助，我能为你链接社区中的家政资源"。也可在家庭有关的方面提出另一种形式的援助。"如果你担心你丈夫这时候搭把手的能力，我可以和你们两个人见面，试着解决这个问题。"还有一种可能与医院和疾病有关：

> 当你是这样一家大而忙碌的医院的患者时，有时你会对疾病、药物和手术有一些问题和担忧，而这些问题并不总能得到解答。如果你有这些问题，可以与我分享，我可以看看能否寻求工作人员的注意，以获得他们的帮助，或者没准我自己也能做到。

每一个这样的简单陈述都明确了服务对象想要马上或以后使用的潜在服务。它们可能看起来过于简单，但对于在病房里忧心忡忡的患者来说，这些陈述提供了一个她原本可能并不知道的服务方向。它们可以被描述为"工作的抓手"（handles for work），为服务对象提供了一种"抓住"服务的方式。

工作者分享的具体例子反映了他对服务对象所面临的特殊情况的对焦（见第三章）。以前的服务对象可能已经让工作者了解到在特定情况下最常见的议题。因此，工作者不仅直接与特定服务对象进行心灵对话，还将问题正常化，因为很多服务对象在类似情况下都分享过这些问题。

订立契约是一个涉及服务对象和工作者的谈判时期。寻求服务对象反馈的技巧是至关重要的。在医院的例子中，这个技巧听起来可能是这样的："这些议题中有没有你关心的？你想讨论一下我能怎样帮助你吗？"在反馈阶段，服务对象很可能会提出一些与工作者对焦过程无关的问题。工作的议题可以扩大。唯一的限制是机构/场所的任务：工作者不能提供与这些任务无关的服务。例如，这个例子中急症医院的社会工作者不会参与这位女士和她丈夫的长期婚姻辅导，即使早期接触表明这项服务是需要的。相反，他将专注于与疾病和住院有关的婚姻问题。他也可能将这对夫妻转介给合适的家庭辅导机构或医院服务。

由机构服务和服务对象的需要所产生的工作界限，会帮助工作者聚焦于一定的主题；同时也会缓解服务对象因为私人领域被侵扰可能会产生的焦虑。通过重新订立，契约经过了不断协商，还可随工作的进行明显改变。通常情况下，由于并不完全信任工作者，服务对象在初期面谈中只讨论相近的问题。工作关系加强后，没有在最初协议中出现的关注点可能会进入工作契约。

在这里，对这一领域中订立契约一词，我想区分我的用法和其他的一些用法。有时，这个词指的是一份具体的书面文件，或服务计划，由服务对象书面签字并同意履行。在非自愿服务对象的情况下，或者对于寄宿机构中的青少年，契约规定了协商一致的目标和实现这些目标的方式。例如，一个物质滥用的儿童福利服务对象可能同意参加匿名酗酒者协会或其他一些自助小组的会谈。在许多情况下，这类文件代表了机构或工作者对需要做什么的看法，服务对象会配合以获得服务或制造出合作的错觉。尽管在一定的场所中，真正的、双方同意的契约可以被写成书面形式，但是，当我在广义上使用这个术语时，并不要求这么做。

订立契约中一些额外的变化要素

订立契约的程序并不是机械化的，在最初的会谈中往往会有变化。正如本章前面所指出的，服务对象向助人者求助、助人者开始第一次面谈时，助人者会表明想要了解是什么原因让服务对象来机构求助，换句话说，助人者希望了解服务对象的想法。当服务对象谈及他的问题时，工作者会试图将这些问题与潜在的服务领域联系起来，并解释现有的帮助。重要的并不是使用技巧的顺序，而是开始订立契约，这是一个开放的过程，双方都参与其中。以下是在不同场所中对目的和角色的一些说明示例。

婚姻辅导员： 长期生活在一起可能很艰难，会有很多起伏。你一直在描述你们婚姻中的危机，我相信这是令人恐惧的时刻。但这也是改变的机会，也许可以在你们已有的婚姻基础上建立一种新的婚姻关系。我能帮助你们就你们已有的问题对彼此进行倾诉和倾听。我能帮助你们告诉对方自己的感受，试图帮助你们弄清楚是如何陷入困境的，并帮助你们做一些思考，看看你们每个人能做些什么来强化关系。我们一起工作时，我会抛出一些我自己关于共同生活的想法，其中一些可能会有帮助。

学校社会工作者： 你的老师告诉我，你在班里有些麻烦，她认为学校对你来说没有那么有趣。我在学校的工作是与你这样的孩子见面，看看我们能否一起找出你在学校的问题所在，并看看我们能不能做些事情让情况变好。怎么样，现在学校对你来说是什么情况？（在对问题进行一些讨论后，工作者试图明确自己的角色。）如果你真的觉得 T 太太（老师）对你很失望，也许我可以和她谈谈你的感受，帮助她理解这种情况让你感觉很难。由于有这么多孩子，她可能无法理解你的感觉。

寄宿治疗社会工作者： （和新入住者的第一次接触）我想我应该告诉你我在这里的工作，如果有任何我能帮上忙的，你可以让我知道。我的工作包括关心你们的生活状况。例如，你现在初来乍到，对你来说这可能是一个可怕的时刻；如果我能做些什么帮你与其他工作人员或孩子建立联系，或者如果你希望我回答关于这个地方的任何问题，我都很乐意去做。（在谈话过程中，也可澄清其他功能。）有时你可能有心事，需要找人倾诉。例如，如果在学校不顺利，或者你在此期间与这里的人或你的家人有问题，又或者你对工作人员或这里的规则感到生气，如果你愿意，我会在你身边倾听你的烦恼，并尝试帮你找出可能的处理方法。

儿童福利工作者： （和一个被家人抛弃的年轻未婚母亲）你很年轻，怀了孕，并且感到非常孤独，我知道这样的时候很艰难。我们可以每周见面，谈谈你现在所想的事情。也许我可以帮你理清楚你的担忧，比如与你的父母或你的男朋友之间的麻烦，或者你有没有能力保留这个孩子，或者你是否需要放弃这个孩子，并帮你找出答案。怎么样，这些是你正在考虑的事情吗？

120

工作者可能需要根据服务对象群体的具体能力情况来调整开场白。对年幼的儿童要用他们能够理解的语言来说明。例如，在性虐待调查中，可以用成人触摸儿童感到不舒服的部位来解释目的。仿真玩偶经常被用来帮助孩子理解身体的相关部位。

在精神病院的住院部中，对于一群被描述为紧张症（即看起来与环境完全脱节）的患者来说，开场白中详细介绍小组在提供相互支持方面的作用，并没有什么意义。一个工作者用响亮的声音说，"我要尝试让你们所有人互相说话"，可能更合适。在这样的讨论小组中，工作者在几个月内每天都与患者见面，给他们看杂志图片。起初，他们没有什么反应。在圣诞节前，当看到一张一家人围着圣诞树的照片时，一位患者开始哭泣。他旁边的一个患者也哭起来。这个小组的目的是在患者之间建立任何形式的联系，这对该群体而言是合适的。哭泣是接触的有效形式，也是一个开始。

这些示例显示出如何使订立契约体现出场所的特殊服务和特定服务对象的可能需要。这时对焦会有帮助。在本章后面有一个与自愿但抗拒的服务对象订立契约的例子，还有一个与被强制参加的服务对象订立契约的例子，这些示例将提供机会让我们来讨论明确权威的重要性（例如，保密和工作者可能使用权威），这也是订立契约过程中的重要因素。

作者关于订立契约的研究发现

在我的研究中（Shulman，1978，1991），寻求服务对象对目的进行反馈的技巧与工作者实施有效帮助的能力显著相关。这支持了一个概念，即工作者最有效的工作领域是服务对象认为与其有利益关系的领域。加尔文（Garvin，1969）发现同样的原则也适用于小组工作实务。

教育政策 4a
教育政策 4b

帮助服务对象处理自身问题的四个技巧是：（1）澄清工作者的目的和角色；（2）寻求服务对象的反馈；（3）拆分服务对象关注的问题；（4）在禁忌领域支持服务对象（Shulman，1979b，1991）。使用包含这些技巧的量表的研究发现，这些技巧对工作关系中信任的发展有预测作用。而信任是工作者影响服务结果的媒介。以上发现支持了这样的观点：订立契约可产生让服务对象更自由的结构。

121

探讨禁忌领域的技巧包含在这组技巧中，因为服务对象的一些最重要议题在本质上是禁忌的。这一技巧帮助服务对象从相近的问题转向更严重的问题。拆分的技巧也包含在这组技巧中，因为它也是订立契约的一个目的。通过列出具体的问题，工作者为服务对象提供潜在的处理方法。工作者还将大问题拆分成更容易处理的小部分，并建议下一步可能采取的行动。即使服务对象面临绝症，仍可在剩下的时间里做一些与朋友、家人、爱人和综合生活质量有关的工作。

教育政策 7d
教育政策 7a
教育政策 7c

随着时间的推移订立契约

迄今为止，我们的讨论主要集中在与服务对象的最初接触和订立契约过程的开始。在实务中，订立契约过程是随着时间的推移而进行的，工作者和服务对象都在不断加深其对所要涵盖的内容和对对方的期待的理解。例如，正如前面所指出的，服务对象常常在早期会谈中分享相近的问题，以此来测试工作者。如果工作者处理这些问题时能帮助服务对象降低防御，他们随后才可能会表露更严重的（往往是可怕的）问题。至于工作者这边，即便有了对目的和角色的清晰陈述，服务对象在第一次会谈中被焦虑冲昏头脑时也很可能听不到或记不住这样的陈述。因此，订立契约应该被理解为一个过程，就某些方面来说，这个过程可能在关系的生命周期中都会持续。

与抑郁和愤怒的服务对象进行的第一次会谈

实务要点： 工作者也可能在第一次会谈中不知所措，结果错过或跳过与订立契约有关的重要线索。在下面的例子中，一个服务对象使用了第三章中描述的方式，提及之前的一个没有什么帮助作用的专业助人者。这个间接线索显示了她对这个新工作者的担忧。她的强烈感受让这个有一点儿社会工作经验的学生感到害怕，他回避了这个问题。服务对象还提及她过去的自杀企图，这使这个学生更加不安。在第一次会谈结束时，学生工作者开始觉察自己的错误，并在第二次会谈开始时继续澄清订立契约的有关内容。

> 在我们的第一次会谈开始时，玛丽表示，她曾在一年多以前，也就是她丈夫离开她之后不久，去见过一位精神病医生。当我问及那段经历是否有帮助时，她详细描述了那段经历是多么可怕。她笑着说，如果她有暴力倾向，她现在就想去把他揍一顿。我没有回应这个信息——没有把它与我联系起来——而是要求她详细说明。

> **玛丽：** 他多多少少在说，我只是在自怨自艾，这段关系已经结束，我必须接受它并继续我的生活。我知道我在自怨自艾，但我没办法。我不需要他来告诉我这些我已经知道的事。我只是想要帮助，而不是让他来解决我的问题。他想给我开药，但我不愿意吃。我很害怕自己会做愚蠢的事情，就像我做过的那样。

实务要点： 请注意，服务对象对于可能的自杀行为显示出隐隐的担忧，工作者对此给出了适当的回应。这是必须予以关注的第一要务，以保护服务对象。

> **工作者：** 你做过？
>
> **玛丽：** 是的，我曾自杀过几次——有几次——很多次（停顿；一阵奇怪的笑声）——总有一天我会成功。
>
> **工作者：** 你最近有想过自杀吗？

　　玛丽：（沉默）是的，这是个好问题。我想在我 12 岁时，就觉得在我心里我是 95 岁。

　　实务要点：服务对象继续谈论自杀，描述她如何不怕死，没有人会想念她，等等。工作者对自杀的话题感到焦虑，进而通过提起服务对象面临的问题转移了话题。还要注意服务对象上次提到以前不相信她的工作者时，用"门把手疗法"做出的反应。这位工作者对其感受描述如下：

　　我觉得玛丽试图操纵我，让我为她感到难过，我对她这样做很生气。对自己陷入的状况，我也觉得有点紧张——这是我第三次实习中的第一个服务对象（前两次实习都不顺利）。我不想有人在我面前自杀。我没能共情玛丽，因为我为自己的感受所困。

　　我听到了她清清楚楚的、极度渴求帮助的信息；但是，我没有让她知道我已经听到或准备好帮助她。我当时并没有意识到她其实是在说："嘿，你确定你能搞定我吗？"尽管一开始我没能让她确信我准备迎接她的挑战，因为当时我自己也很矛盾，但在面谈结束时我有了机会。当我们结束会谈时，玛丽突然说："你知道，我曾经给危机干预中心打过电话，告诉对方我想自杀。他们告诉我，我还不如这就去做。"

　　工作者：我在想，你是不是担心我可能会告诉你同样的话。我猜你担心的是我能否帮助你。你知道，我不能替你决定想活下去还是想要去死——那是只有你能决定的事。但如果你想活下去，我能帮你整理你的问题，一步一步来。我没有任何神奇的治疗方法来让你感觉更好——我希望我有，因为我知道你现在感觉很低落。这需要我们两个人大量的辛苦工作。如果你想继续下去，我会尽全力。（长时间的沉默）

　　玛丽：是的，我想这很合理。至少我可以和你谈谈。

　　我对玛丽下周是否会出现感到有些焦虑。她迟到了 10 分钟，我如坐针毡，以为发生了最坏的情况。当她终于来了时，我感到无比欣慰。我试图承认自己的错误，宣布自己只是个人，并回去讨论我在前一周错过的玛丽的忧虑。

　　实务要点：第二周的回应是很好的示例，展示了如何迅速觉察自己的错误，并承认自己错过了上一周的话题。然而，如果工作者在这一周内感受到了这些担忧，一通回访电话就会很合适。在第一次会谈中讨论一下服务对象在这周内可能有的感觉以及相应的行动计划也会很重要。

123

　　工作者：玛丽，你知道吗？我正在回顾上周会谈的录音，很多你想告诉我的东西都在我的脑海里出现。看起来你很担心无法得到你想要的那种帮助。有了你以前和心理医生的经历，谁会不担心呢？我想我首先要让你知道，我也会犯错误，我可能会说一些你不同意的事情，所以如果你觉得我搞砸了，你要让我知道。这会很难，但请不要隐藏不说。

　　玛丽：好吧，至少你看起来很真实——我很高兴你不是男人。我并不相信他。这是一个语言语义的大游戏，他试图猜测我的想法和感受，而我也得跟着他走，因为我想给出正确的答案。我希望他能喜欢我。当时我并没有意识到这一点。

工作者： 你觉不觉得有时很难说出口，因为你害怕对方不喜欢你？

玛丽： 是的，我想是这样的，特别是对男人。

当我让她详细说明时，她描述了她与男人的关系，她对提出要求的恐惧，她如何生气和"开始像个泼妇"。当我问到这是不是她跟现在的男朋友间发生的事情，她详细说明了一些情况，我们在会谈的剩余时间里都在讨论这个话题。

实务总结： 这个例子中订立契约的过程还没有完成；工作者和服务对象都应回到对其工作方式的讨论，并对其工作内容（关注的议题）进行扩展。通过让服务对象知道她会犯错而服务对象的任务是帮她保持诚实，工作者已经为讨论该过程奠定了基础。工作者的任务将是创造条件，帮助服务对象做到这一点。前文提到帮助服务对象在与工作者的关系中处理权威议题的技巧，这是该技巧的一个例子，其目标是帮助服务对象把工作者当作一个真实的人，而不仅仅是权威的象征。

到目前为止的讨论描述了与那些想要公开求助或已经求助的服务对象订立契约的工作。对那些抗拒的服务对象，该如何处理？当服务对象表现出防御，不愿意接受你的干预时，你如何找到双方的共识所在？当你的职能包括对服务对象生活的权威（例如，假释监督或儿童福利保护）时，你如何与服务对象订立契约？

下一节中我们将探讨订立契约方面的这种情况，并强调直接处理权威议题的重要性。对初次会谈的分析将扩展到对加强工作关系所需技巧的讨论。

与抗拒的服务对象订立契约

所有的服务对象在第一次面谈时都会存在对受助想法的矛盾心理。由于过去与专业人士打交道的经历、他们特别关注的问题或由助人者的权威造成的问题，一些服务对象对工作者的抗拒可能很强烈。这可以是被动的表达（例如，在面谈中的冷漠反应），也可以是主动的表达（例如，公开的敌意）。虽然学生和缺乏经验的工作者经常表示他们更喜欢冷漠而不是愤怒，但他们很快就会意识到，与公开抗拒的愤怒的服务对象一起工作相对容易。那些总是安静地坐着，不断点头表示同意的服务对象，他内心的确切感受与公然抗拒的服务对象是完全一样的。

与抗拒的服务对象合作的关键是认识到抗拒行为是有意义的，社会工作者的努力应该是探索抗拒，而不是试图压倒或控制它。这是"抗拒是工作的一部分"这一说法的含义。这也是一个重要的例子，说明探索过程（抗拒）可以直接引出工作的内容。让我们探讨一下抗拒出现的几个潜在原因。

　　首要的原因是缺乏一个真正的、双方一致同意的与服务对象的契约。如果社会工作者是在他以为的问题上工作，在开始阶段并没有设法与服务对象的看法相联结，那么无论工作者的认识准确与否，抗拒总会在与工作者的互动中产生出来。本节将呈现几个更有效地订立契约的例子。

　　第二个原因是服务对象在向工作者发出信号，说明讨论正在进入一个困难重重而防守严密的领域。探索抗拒的技巧因此成为帮助服务对象穿越抗拒的重要策略。这个技巧要求工作者注意到服务对象对讨论某一特定领域问题的直接或间接抗拒，并要询问在这一领域中无法谈论的东西是什么。工作者对困难具有的真正的同理心和表达出的关怀也许正是这时所需要的。

　　沙尔克罗斯（Shallcross，2010）在一篇文章中总结了当前辅导专家们对抗拒的认识，作者指出对抗拒还可以有一些其他阐释：

- 辅导员在工作中过早地迫使服务对象探讨困难的主题。
- 辅导员与服务对象的关系还没有充分建立起来。
- 辅导员对服务对象的世界没有足够的理解。
- 辅导员与服务对象还没有达成一个双方一致同意的目标。
- 服务对象在对辅导员不恰当的专家角色做出反应。

　　从下面的例子中可以看出，在工作的开始阶段中，对焦和对潜在的问题的觉知可使社会工作者帮助服务对象对过程施加一定的控制并超越问题。

　　一个因物质滥用而被判缓刑的年轻母亲　请看接下来的例子：一个年轻的母亲因为物质滥用的罪行而被判缓刑，她是法院强制的服务对象。她被要求定期与缓刑监督官见面、参加一个小组、去法院见社会工作者，并远离毒品和酒精。

　　实务要点： 社会工作者是一名一年级的学生，她试着去理解服务对象并与之交流，但从未明确她的期望。经历了多次预约取消后，这名社会工作者最终决定与服务对象对质并设定限制。

　　（第四次会谈）与服务对象平时取消和更改预约的模式一样，她在今天 12:05 给法院打电话，这并不奇怪。我接了电话并与她简短交谈。她问我可否将 12:30 的预约改到 13:30，因为"孩子病了"，她得在家照顾。我问能否让她母亲在她来法院时照看孩子，她说她母亲"还没有起床，因为她在服药"。

　　我告诉迪迪，她的预约总是出现问题，这种情况不能再继续下去了。她承认，她意识到这是一个问题，并给出了各种借口。昨天的情况是她要提前上班；今天的情况是关于她的儿子。我告诉迪迪，如果她愿意，她可以"今天两点半来"。"两点半不行"，她回答，因为她有工作。我向迪迪解释说，在那之前我很忙，因为有其他服务对象要来。我不准备因为这个问题而改变其他人的预约或让其他人等待。结果，迪迪变得非常生硬和愤怒。她提高了嗓门说："去他妈的。我会尽量来。现在是几点？"

实务要点：再一次，尽管工作者可能对表达出的愤怒有些不安，但在这种反应公开化的情况下，她其实更好处理与服务对象的关系。主动抗拒总是比持续的消极抗拒而保持"工作错觉"更容易处理。

这向我证实了她不知道确切的时间。她只是想从今天的会谈中脱身。"我的孩子病了"是她挂断电话前我听到的最后的话。迪迪使用她的操纵技巧，包括愧疚，试图借助我来让她免于赴约（她告诉我，她不想在大热天带着发烧的史蒂夫出门）。她问我，她能否过一周再见她的缓刑监督官，她已经预约在周二见他。我向迪迪解释说，无论如何，她必须每周见我一次。

实务要点：这是另一个很好的例子，显示了过程实际上是与内容相结合的，而过程是社会工作者和服务对象打交道的方式。服务对象表现得不成熟也不负责任。这是她一开始就陷入毒品麻烦的部分原因。通过与服务对象对质并设定限制，工作者实际上帮助了服务对象。

到 12:45 仍然没有迪迪的踪迹，电话响了。显然，经过一番反思，迪迪给法院打电话来为自己的行为道歉。她一开始就道歉了："我很抱歉，洛伊丝。我非常抱歉。我讨厌我自己。我有人格分裂，你知道的。那不是我。我必须要冷静下来。"我原谅了迪迪，问她什么时候能来。她告诉我，按照我的要求，她能在今天下午两点半赶到。她安排了她的同事替她，因为她会迟到几分钟（据迪迪说，"工作"现在是下午 3 点开始）。我告诉迪迪，我们必须再次检查她的时间安排，因为这似乎是一个反复出现的问题。她解释说，"我不想有人这样对我"（即挂断电话），而且她不是这样长大的。她告诉我，她也会挂断她母亲的电话。我告诉迪迪，我理解她的道歉。她再次感谢了我。

实务要点：工作者开始尝试与服务对象对质并设定限制，这开启了对权威主题的讨论，涉及服务对象在回应权威人士对她的要求方面的困难。开始参加严重物质滥用项目的服务对象，在发展上似乎停滞在开始成瘾的生命周期阶段，这并不罕见。如果服务对象在面谈中听起来像一个青少年，这很可能是因为她停滞在成长的那个阶段。开始解决这些发展性问题是助人过程的一部分。

迪迪在两点半准时到达。我一跟她打招呼，她就道歉了。由于正在举行听证会，我们无法坐在我们通常会面的地方，所以我们坐在大厅的桌子旁。我首先向迪迪解释，我很关注她每周来法院的困难。我询问她的问题是什么。她解释说，这不是针对个人；但她讨厌"被法院困住"的感觉。我问迪迪是否觉得她的缓刑条款不公平。

实务要点：现在服务对象公开谈论她对被强制参加服务的负面反应，这时权威主题就完全显现了。对她的帮助从这里开始，使其不再通过错过预约这样的行为来表现她的抗拒。工作者通过拆分问题的技巧开始帮助她，这些问题对服务对象而言是难以承受的。

　　迪迪认识到这些条款是因她而起，并承认这些条款的存在是由于她的行为。（糟糕的是，下个星期她会忘记她承认了这一点。）迪迪解释说，她希望"这一切都没有发生过"。她讨厌看到她的朋友们"过着正常的生活"——他们无须遵守法院的条款，可以"在他们想要的时候去购物"，"不必担心他们的预约"。迪迪表示，在承担自己的责任时，还要"去参加一个特殊的小组，去法院，去见缓刑监督官，去工作"，这让她不堪重负。我试图通过拆分她的责任来帮助迪迪应对这种感受。我把重点放在我们每周见面的任务上。我向迪迪解释说，我认为选定一个可以严格遵守的固定会谈时间对我们最有利。我们同意在每周五 12:30 见面。我提出，有一个固定的预约，她就能更容易地安排其他会谈和优先事项。这样，她就不必考虑或试图记住我们预定的见面时间，也就不会增加她的焦虑和挫折感，从而导致她改变或取消我们的预约。

　　另外，我告诉迪迪，她应该为了自己的利益好好利用这些会谈，因为这就是会谈的目的。这是她整理自己的目标和讨论任何紧迫问题的机会。迪迪告诉我，她喜欢说话，"可以这么做"。她解释说，一旦她在两周内完成工作，她将有更多时间。然而，她喜欢工作，因为这能给她钱，她打算用这些钱买圣诞礼物。她告诉我，她喜欢给每个人买礼物，尤其是她的儿子。我问她，他过得怎么样（除了今天感觉不舒服之外）。她说他"做得很好"，他知道她应该每周都来见我。迪迪解释说，是史蒂夫让她给我回电话，让她今天来找我。

实务要点：工作者认识到不负责任和对权威感到愤怒是这个服务对象的核心模式，并巧妙地转而讨论这个话题。将服务对象的行为看作向工作者发出信号，这是看待之前的消极抵抗模式的一种方式："你想看看我最需要帮助的问题吗？看着我！"对于新工作者来说，这往往是一个很难掌握的概念。这是将消极的行为模式重新解释为对帮助的呼求，表达出服务对象正需要解决的问题。这是挑战关于过程与内容的错误二分对立的另一个例子。在这个例子中，解决过程（行为模式）会让你直达内容（不成熟）。

　　我问迪迪，她是否对每个人都会挂断电话，而不只是对她母亲这么做。她说她总是这么做，当她生气的时候对每个人都会这么做。我问她，挂断电话时她的感觉如何，是不是还在生气。迪迪告诉我，她觉得"像在逃跑，逃到一个遥远的地方"。在她去汉堡王快餐店并被捕前，她有同样的感受。很明显，迪迪今天感到不知所措，又试图逃避，而不是面对她的愤怒。我告诉她，这样挂断电话是"不可接受的"，同时，我理解她的道歉。我告诉她，如果可以的话，下一次她应该告诉我事情是怎样的。（我意识到迪迪有些特定的局限，这是我和其他人没有的。）

　　我提醒迪迪，她在电话中告诉我，她"不在乎"我是否会在她挂断电话后出一份糟糕的报告，她想说"去他妈的"。她说，她为自己以前的行为感到羞耻，来法院对她来说是一个"不好的提醒"。然而，她想起了我刚才对她说的话，即她"必须一步一步地处理所有事情"。她不能把她要做的所有事看成一项任务，而应看作许多小任务。史蒂夫今天帮助了她，让她意识到她必须去法院。迪迪问我是否见过他，并回忆说他去年曾参加过一个小组。我告诉她，我们会安排一个时间让他来的。她告诉我，她对这个想法很兴奋。

我和她简要回顾了这一周其余时间里她的情况。没有毒品或酒精问题。她问西蒙斯医生对她上周服用安定的事怎么说。我解释说，因为这是不可宽恕的，她必须留意不再服用，并远离毒品。我问她这个长周末有什么计划。她打算去买些日用品，因为她前一天刚收到支票。

之后我们简单地聊了聊她还有什么要做的事，迪迪问她能不能走。我提醒她，我下周会见到她，并祝她周末和下一周过得愉快。她最后一次说，"以前那不是我"。我向她解释说，电话里是她的声音，这是"我要做的一切"。她说她理解，我一定认为她"疯了"。我告诉她，今天的谈话都过去了，从现在开始，这不应该是一个问题，因为我们已经订立了契约，并开始制定目标。（我在和谁开玩笑呢？）

这些会面将持续多久的问题再次浮现。在会面开始时我告诉她，除非我从她的缓刑监督官那里听到消息，否则她要参加两个月的小组，并在缓刑期间继续来法院。不过，我觉得这个问题已经通过告诉她会面是永久性的来处理了。

我意识到虽然迪迪今天同意了这些条款，但有可能我们下一次会面时仍会出现不遵守的情况。最后，当迪迪离开时，她似乎精神很振奋。说再见时，她说："周末愉快，亲爱的，星期五见。"

实务总结：无论服务对象的具体原因或表达方式如何，在他们做出第一个决定（与工作者联结）前，工作者和服务对象之间的连接线上都存在一个障碍（见图 4-1）。因此，工作者试图让服务对象接受服务时应尽力消除这一障碍。

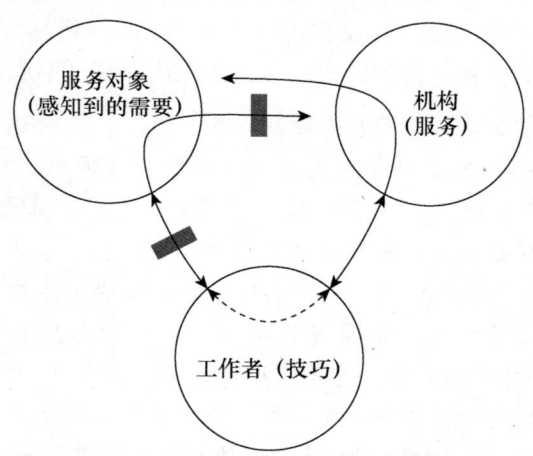

图 4-1　工作者和服务对象关系中的障碍

与强制参加的服务对象一起工作时社会工作者的矛盾心理　与抗拒的服务对象打交道
的第一步是工作者诚实地面对自己对这种接触的感受。工作者也是人，而一个新服务对象
似乎并不想要帮助，或是反复无常或怀有敌意，这样的服务对象会导致工作者在尝试接触
服务对象时有所保留。工作者在面对可能被拒绝的情况下，很难提供帮助。

教育政策 1a

　　在刚刚描述的例子中，那个学生分享说迪迪是她当时唯一的服务对象（当时是她所在
的社会工作学院的开学季），她害怕失去这个服务对象。因为这种恐惧，这个学生等了三
次会谈才与服务对象对质。我曾向她指出，她真的不能"失去"这个服务对象，因为当时
她并未"拥有"这个服务对象。

129

　　如果工作者在服务对象失约时感到宽慰，那么工作者提供服务时可能体会与服务对象
相同的矛盾心理。这很容易导致一个自我实现的预言，觉得第一次接触必定出问题。社会
工作专业人士一直在争论是否可与强制参加的服务对象一起有效工作；一些人认为，使用
权威要求参与会严重扭曲助人关系，从而导致工作错觉。

　　有时候无论工作者说什么或做什么，服务对象都拒绝接受服务，这种情况显然存在。
在某些情况下，服务对象可能还没准备好；在其他情况下，服务对象可能永远也不会做好
准备。这部分说明了为什么儿童要被彻底带离虐待性的家庭不再回来，一些男人会因为殴
打伴侣进监狱，还有些海洛因成瘾者会在街头吸毒过量而失去生命。工作者只能尽其所
能，最大限度地提高服务对象使用帮助的可能性，而最终决定权在于服务对象。这是互动
模式的一个核心概念。归根结底，真正的改变总是掌握在服务对象的手中。社会工作者在
这个过程中只扮演了一个很小的角色，尽管很重要。

　　一组被强制参加的服务对象：男性施虐者　然而，对于某些类别的服务对象来说，迫
使他们寻求帮助的要求是变化过程的开始。特林布尔（Trimble，1994）作为专业人士与
男性施虐者一起工作，他描写了自己的成长和对这个过程的理解：

> 　　当我开始这项工作时，我很理想化。我希望男人们来参加服务是因为他们意识到
> 他们有问题，他们在身体和心理上伤害了另一个人，也伤害了他们自己。我希望他们
> 能认识到他们需要改变自己，即便他们的妻子不会再回来。实际上，除非不得已，我
> 们中很少有人能面对自己的问题。根据我的经验，大多数暴力男子来到我们小组并待
> 足够长的时间来做出改变，都是因为他们不得不这样做。这种"不得不"要么是法院
> 的命令，要么是他们的妻子说不会再回来，除非这些男人得到帮助。这并不意味着大
> 多数男人想使用暴力，而是他们中的大多数人无法长时间忍受我前面提到的痛苦和恐
> 惧。他们无法忍受痛苦、恐惧和孤独，这是他们暴力行为的部分基础，也使其产生冲
> 动要离开小组。鉴于这种冲动性，需要一种外部压力来使他们留在小组中，以超越他
> 们平时在面对自我方面的耐受度。(p. 261)

　　与抗拒的服务对象工作时，开始讨论所需的技巧与前面描述的相同：澄清目的和角
色，并寻求反馈。一个谈判的过程正在进行，但这一次，工作关系的潜在障碍必须成为讨

论的一部分。实际上，工作者是在问服务对象，尽管存在前进的障碍，他们是否能和工作者一起工作。通常情况下，当一个障碍被识别和探索后就失去了影响，服务对象和工作者可以自由地超越它从而加深关系。

130

与一个自愿但抗拒的父亲的第一次会谈："机构服务对象" 要看看这一点如何实现，请看下面的例子，这是与儿童福利机构中一个自愿但抗拒的服务对象进行的第一次会谈。服务对象格雷戈里先生 25 岁，最近开始与他的妻子分居。她申请将他们的三个孩子交给福利机构临时照顾。格雷戈里先生在该机构有长期的记录，在这些记录中不同的工作者一直将他描述为充满敌意的和防御的。事实上，当这位工作者告诉同事要去见他时，他们对她说的话是："祝你好运！"我有时把这样的服务对象称为机构服务对象，因为他们甚至他们的家人可能与不止一个工作者有长期的对抗性接触。这些服务对象经常被分派给新工作者和学生，因为机构里没有人愿意和他们一起工作。在这个案例中，社会工作者是我以前的学生，作为我的研究助理在机构中兼职并承担部分个案工作。

实务要点： 工作者描述她第一次会谈的目的是告诉服务对象他具有的法律权利，描述机构干预的意义，让他签署同意书，并看看是否可以向他提供一些帮助以解决他自己在意的问题。会谈一开始，工作者就努力澄清了目的。

工作者： 你知道你妻子已经签了字，要将你的孩子交给这个机构照顾。我需要和你见面，让你签署同意书，但在此之前，我想和你讨论这对你和你的孩子意味着什么。我知道这是一个令人不安的时刻，我想你也可能有想讨论的事情。

格雷戈里先生： 我的孩子要被机构照顾多长时间？

实务要点： 工作者的开场白澄清了会谈的目的，并着重强调为服务对象提供服务。服务对象不仅仅是一个被叫来签署同意书的人，他有自己的感受和考虑。从某种意义上说，她直接接触他，这显示了一种叫作工作要求的技巧（见第五章）。在当时的背景下，这意味着工作者正慢慢尝试让服务对象积极参与到工作中来。这个要求的技巧与工作者表达同理心的能力结合在一起，在其中工作者需要真正共情服务对象。这体现在下面这句话中："我知道这是一个令人不安的时刻。"

从服务对象的回应中，即从"我的孩子要被机构照顾多长时间"中，我们看到话题回到了孩子身上——服务对象在用礼貌的方式回绝工作者的提议。会谈继续进行，工作者回应了直接的问题，但拒绝被服务对象的第一次回绝吓倒。请注意她是如何回到他的感受上的。

工作者： 你的妻子已经签字，要照顾六个月。这意味着我们有责任在这段时间内照顾你的孩子，但只要提前 24 小时通知，你或你妻子可以在任何时候让孩子回家。如果你愿意，六个月后时间还可以延长。

格雷戈里先生： 这对孩子来说时间很长。

工作者： 是的，对你来说也是如此。

格雷戈里先生： 是的，我还没有看到他们，但我听说他们过得很好。

格雷戈里先生：我以为我不被允许。

工作者：你想看看他们吗？

工作者：你当然可以。你有权利在你希望见到他们的时候来看他们。

格雷戈里先生：有人告诉我，他们看到我会不高兴，特别是艾伦，所以最好不要。 131

工作者：当然会让他难过。这也会让你难过。看到你所爱的人却不能在一起，这很难受。

实务要点：在"对你来说也是如此"这句话中，工作者继续进行共情。作为回应，服务对象开始探讨探访的问题。探访问题对服务对象很重要，这提供了一个对订立契约进行反馈的例子。工作者继续重视他的感受，她说："这也会让你难过。看到你所爱的人却不能在一起，这很难受。"这种坚持的结果是，服务对象开始探索围绕探访的艰难感受。在下一个片段中，工作者通过使用将服务对象的感受转化为语言的技巧，打开了话题。她利用对焦作为准备，清楚说出服务对象在探访被机构照顾的孩子时会面临的潜在困难。

格雷戈里先生：是的，艾伦以前在照顾机构生活过，他很困惑和伤心。

工作者：是的，这会使见他对你而言很难。

格雷戈里先生：是。比如我该对他说什么？

工作者：比如当他问："我什么时候回家？"

格雷戈里先生：是的。

工作者：你怎么说？

格雷戈里先生：哦，我转移话题，让他高兴起来。

工作者：这有用吗？

格雷戈里先生：不见得。

工作者：你想说什么？

格雷戈里先生：哦，我不知道他什么时候会回家。

工作者：我猜这让你很伤心。

格雷戈里先生：嗯，孩子们不明白。

工作者：你有没有试着告诉他？

格雷戈里先生：没有。

工作者：我想，告诉孩子你不知道他什么时候回家是很难的，但是一旦说清楚，可能会让你们两个都好受些。

格雷戈里先生：是的，我不会觉得我在拖时间。但在他周末见我妻子之前，我不会见他。我可以这样做吗？

实务要点：工作者持续而真诚地关注服务对象的感受，使他开始敞开心扉并处理真正的问题。当她回应他的话"比如我该对他说什么？"时，她说："比如当他问：'我什么时候回家?'"她有效地打开了话题，让他探讨愧疚感。那些把孩子放在照顾机构的父母面临的最棘手的问题之一就是这种愧疚感，这往往导致探视时的困难。在这最初的几分钟里，双方的关系就已经开始了，这时这位工作者的表现与以前的工作者不同。在服务对象得以前进一步之前，他需要先搞清楚他们之间的情况。接下来的对话片段显示了当服务对象询问工作者站在哪一边时，关于权威主题的讨论是如何出现的。

工作者： 无论你想要什么样的探访安排，都可以。我需要提前知道，以帮助安排并知道他在哪里，因为我们负责照顾他。如果你妻子愿意，在你妻子那里见他也可以。

132　　　　**格雷戈里先生：**（更大声地说）我想知道一些事情。你会成为我的社会工作者吗？我知道你看到了我妻子，你在帮助她。那么这是如何运作的？你是站在她那边还是我这边，还是我要再找一个社会工作者？

实务要点： 服务对象的直截了当是显而易见的，以前的工作者可能将其与攻击性混淆。考虑一下这个问题对工作者的影响。当被问及她对服务对象问题的反应时，这位工作者承认自己吃了一惊，觉得服务对象的强硬态度让自己下不了台。服务对象经常会问一些问题或发表一些声明，使工作者乱了阵脚。这名工作者对自己的防御情绪做出了回应，她说了一大堆话，这与她之前简明扼要的反应形成对比。

当工作者感到很尴尬时，这类反应很常见。他们不是用直觉来回应，并没有依据他们当时的真实感受，而是试图通过语言来控制局面。对比下面这段迅速说出口的话与该工作者之前简明扼要、重点突出、有的放矢的反应。我把这称为"掰扯"（bebbering），这是纽约市的一个词，意思是喋喋不休。和我一起工作的土著加拿大服务对象有另一个词。他们称之为"嘟啵"（nattering）。正如一个人对我说的那样，当你和白人工作者一起安静地待了很久时，他们就会变得非常焦虑，会"嘟啵，嘟啵，再嘟啵"。

工作者： 我没有站在任何人一边。我试图帮你妻子解决她心中的问题。我是来帮你的，无论你想要什么。我这样做是为了让你们双方最终对你们的孩子做出决定——你想让他们回家吗？如果想的话，什么时候，几个孩子？我们讨论的内容都是保密的，你妻子和我的谈话也是如此。当你们两个人做出的决定会互相影响时，我们会一起来做。我不会偏袒任何一方，而是尽量帮助你们两个人沟通，共同做出决定。（安静）

实务要点： 这段话之后的沉默很重要，因为它包含了给工作者的信息。存在几种可能性。可能只是因为服务对象对这些话感到困惑。（"她说了什么？"）也可能他觉得他的问题没有得到直接的回答。（"她一定是站在我妻子那边的。"）

在我的一项早期研究项目中，我们观看了超过 120 小时的儿童福利社会工作实务录像，并根据我们开发的观察系统对会谈进行评分（Shulman，1979a，1981）。沉默通常发生在工作者似乎误解了服务对象的想法之后。很多时候（但不总是这样），沉默代表一个信息，说明服务对象感到被打断了。还有一些时候，沉默并不是工作者出现错误的信号，而是工作者击中了要害。在这项研究中，工作者往往是通过改变讨论的主题来应对沉默。工作者们经常会感觉沉默是不舒服的，因为他们接收到了负面的反馈。当然，沉默也能代表其他事情。例如，服务对象可能正在思考工作者的话，或者他可能正在经历强烈的情绪波动。（沉默的不同含义将在下一章详细讨论。）

在下一个片段中，工作者展示了一项重要的技巧，叫作"探寻沉默的内涵"（见第三章）。回顾一下，这是指工作者努力探寻沉默的内涵，以更好地理解服务对象的想法或感受。如这一对话片段所示，通过探寻沉默的内涵，这位工作者展示了她的技巧，能在犯错的同时觉知自己的错误。工作者们经常错误地以为，人们实务做得好时，永远不会犯错。实际上，良好的实务总会涉及工作者的自发性，这意味着错误将是工作的天然组成部分。如果工作者们总是等着说完全正确的话，他们就会一直思考和分析，而服务对象却走在了他们前面。这是会谈中的一个关键时刻，这位技巧娴熟、经验丰富的工作者证明了她能应对这个挑战（沉默）。

工作者：你为什么这么问？听起来你以前可能与社会工作者有过矛盾。

格雷戈里先生：我有。所有其他的社会工作者似乎都支持我妻子而反对我。我一直是坏的那一方。

工作者：你担心我会做同样的事情吗？

格雷戈里先生：嗯，是的，你可能会。

工作者：我试图帮助你们两个人做决定，做对你们和孩子们最有利的事情。如果你觉得我偏袒或者你不喜欢我的工作方式，我希望你能告诉我，因为我想帮助你们两个人。

格雷戈里先生：别担心，你会知道的。你刚开始这份工作吗？

实务要点：作为对焦的结果，工作者准确地猜到了他之前的问题"你是站在她那边还是我这边"的含义，她知道，过去的经历很可能让他产生了对社会工作者的刻板印象。在某些时候，她不得不处理这个问题。通过在评论中直接提到这一点，"听起来你以前可能与社会工作者有过矛盾"，她允许他直接谈论这个话题，而对一些服务对象而言，这是个禁忌话题。

工作者们对探讨这样的问题有时会有担忧。他们觉得谈论其他工作者或其他专业人士是不符合职业伦理的。他们说，他们可能会被视为对机构认同不够，或只是想站在服务对象的立场上。如果将谈论其他专业助人者看作服务对象间接探索当前工作关系的一种方式，这个问题就不存在了。这位工作者抓住了服务对象的间接线索，用"你担心我会做同样的事情吗？"来探寻服务对象现在的担忧。

服务对象直接回应并承认这就是他的意思。许多缺乏力量和能力去直接表达的服务对象，在这一点上会有所保留。这些障碍很强大，因此需要在初期会谈中就对其公开探讨。工作者需要慢慢地、用点力气去推动对这些顾虑的讨论。例如，在回应一个服务对象说"哦不，我并不担心你"时，工作者可能要再试一次："很容易理解你担心我会怎样。我毕竟是社会工作者，而你有过一些艰难的经历。怎么样——也许你只是有点担心？"

服务对象经常是在第二次邀请中感知到工作者的真实意思，那就是谈论他们的关系是没有问题的。如果服务对象还没感知到，工作者可以听之任之，并尝试在服务对象的信任增强后找个时间再回到这个话题。在此期间，服务对象知道在他准备好时就可以来讨论这个问题。（本书中的其他例子展示了服务对象接受第二次邀请的过程。）

134　　**实务要点**：回到会谈中，我们看到服务对象提出了一个有趣的问题："你刚开始这份工作吗？"当学生们讨论服务对象问题的含义时，他们考虑了几种可能："或许他想弄清楚她是什么样的工作者，因为她说话不像社会工作者。""或许他在想，等她待一段时间后，她就会改变。"这一次，与她对先前直接提问的反应形成了鲜明对比，这位工作者试图探索这个问题的含义。这涉及回答问题，然后采用阐释的技巧，邀请服务对象详细解释他的意思。

　　　　工作者：不，我在这里已经有一段时间了。你为什么这么问？

　　　　格雷戈里先生：好吧，我的上一个工作者真没经验。她什么都不知道。她把我告上法庭，还没有结果，但真是一团糟。

　　　　工作者：你想知道我是否会把你告上法庭？

　　　　格雷戈里先生：哦不。如果你这样做，我就去迎战。

　　实务要点：工作者再一次深入服务对象描述的过往经验中，寻找这对他们目前关系的影响。在下一段摘录中，工作者试图在机构和她的双重责任背景下澄清他们工作关系的一些条款。她的双重责任要求她尽可能为服务对象提供服务，同时承担起保护他的孩子的法定责任。这是订立契约过程的一部分，必须明确界定关于关系的条款。如果对工作者的双重职能进行诚实的讨论，并明确规定工作者的责任，那么服务对象就可能克服工作者的双重职能带来的障碍。

　　这对老年护理工作者来说也是如此，在第一次探访时，他们要处理老年服务对象对"留在家中"的恐惧，或者对收养社会工作者来说，他们要对准父母是否合适给出结论。当这些现实问题在初期会谈中被公开讨论时，服务对象和工作者的责任和相互期待会被明确界定，服务对象往往可以克服这些现实问题带来的障碍。在这个例子中，工作者试图界定契约的这一部分。请注意，这个敏锐的服务对象立即就试图测试工作者。

　　　　工作者：我想我有必要让你知道在什么情况下我会去法院起诉。基于法庭监护或自愿协议，儿童可由机构照顾。在你的案子中，这是自愿的，所以没有涉及法院。但是，如果我看到探访期间孩子在与你妻子或你在一起时受到伤害，我会去法院。这里的"伤害"，我指的是被殴打、身上有淤青、骨折，或是整个周末在家没有食物或看管。但只有在这些情况下，即在孩子被打或被忽视的情况下，我会去法院。

格雷戈里先生：如果我想把我的孩子带回家呢？你能阻止我，去法院阻止我吗？

工作者：不会，你能随时带你的孩子回家。

格雷戈里先生：这不可能。如果我不工作，不能照顾他们，你不会让他们回家。

工作者：我不能阻止他们回家。但是，如果他们回家，却没有食物、衣服或照顾，那么我会去法院把他们带回来。

格雷戈里先生：（微笑）我真的知道这个问题的答案，但我过去被其他人误导了。我曾经考验过我的上一个工作者，看她是否会说实话。

工作者：我通过了吗？

135

格雷戈里先生：不是你，是她。（安静）是的，你通过了。（微笑）我必须这么做，我得看看我们的情况。第一次见面真的重要，你知道的！

工作者：是的，的确是。也很可怕，因为你不知道会发生什么。

格雷戈里先生：是的，但它看起来还不错。

实务总结：他们又谈了一会儿程序、规则和规定，然后做了总结。工作者问格雷戈里先生是否愿意再次见面，谈谈他的孩子和照顾的问题。格雷戈里先生拒绝了这一邀请，声明他为找新工作忙得焦头烂额。

在我拿到这次会谈的过程记录几个月后，我联系了这位工作者。因为有很多人向我询问格雷戈里先生的情况，我问她是否又见到了他。这位工作者告诉我，在这次会谈的几个月后，格雷戈里先生给机构打来电话，点名要找她。当他们见面时，他告诉她，他有了一份工作，有了自己的公寓，他觉得他可以把孩子们带回家了。他表示自己无法处理此事，而需要她的帮助。她同意了，他们还讨论了可能的支持服务。不久之后，孩子回到了他们的父亲身边。

第一次会谈后，他可能还没有准备好使用她的帮助；但是，她在第一次会谈中打下了基础，因此当他准备好时，就把她视为真正的帮助来源。想象一下，如果这位工作者接受了这个人作为机构服务对象的负面刻板印象，而不是在他的愤怒中寻找他的力量和成长的潜力，那么这次会谈会有什么不同。会谈的结果可能会大不相同。这也是一个很好的例子，说明了另一个错误的二分对立："我是支持父亲还是支持孩子？"显然，工作者支持父亲时也在支持孩子。

回顾了这次会谈后，许多学生和工作者对服务对象的直截了当做出了评价。他们甚至带着一丝希望的语气问，机构里这样的服务对象多不多。关键的一点是，只是因为工作者对他的回应很有技巧，他看起来就是一个很好的服务对象。另一个工作者（也包括这个工作者）在她学生时代早期（她是我的学生，所以我知道）会受挫于这样自信的服务对象。如果上例中这个工作者没有对焦并准备好去触及格雷戈里先生矛盾心理中的求助部分，而这个部分一直在靠近机构、工作者和他的孩子，那么这次会谈可能会有很大的不同。他的直接和愤怒实际上表达了他的关切。

我们可以对一个寄宿场所中的社会工作者进行类似的分析，他正在和一个新的入住者打交道，并试图应对这个强硬的少年表现出的虚张声势。即使这名少年没有立即接受工作者提供的帮助，重要的是工作者也要了解这名少年的感受，特别是他突然发现自己身处一个陌生的环境、周围都是具有潜在威胁的同龄人时会感到的恐惧和压力。

另一个例子来自一个处理酒精成瘾问题的辅导员，他的一个服务对象双臂紧抱在胸前，用身体表达了对参加这个项目的感受。服务对象的老板转介其来这个项目，并表示如果不来就会丢掉工作。工作者需要清楚说明，他知道服务对象是在非自愿的情况下来的，如果没有服务对象的积极参与，工作者是无力帮助这个人的。

实务要点：不列颠哥伦比亚省温哥华市的儿童福利工作者特林布尔（Trimble，1994）学会了去理解被强制参加他的小组的价值。他同另外三名同事在 20 世纪 70 年代自愿带领了最早的男性施虐者小组。我们试图了解如何与这样的群体一起工作，把他们当作服务对象，而我在其中担任志愿咨询员。受虐妇女庇护所的女工作者告诉我们很多妇女回到了虐待她们的家中，对此问题的关注激发了我们的兴趣。这里描述的是特林布尔的小组，他根据我们早期的尝试和他自己持续带领小组所学到的经验，发展出了这个小组。

几个因殴打妻子而被转介来的男性参加了小组的第一次会谈，特林布尔告诉这些人，他知道他们能持续参加小组并达到小组的要求，但并不会改变他们自己。特林布尔借此承认控制权仍然在他们自己手中，而这种控制权对男性施虐者来说至关重要。特林布尔将这一点纳入他的开场白中：

> 我相信你有可能遵循所有这些规则而并不会改变自己，你可能并不会敞开心扉面对自己或这里的人。你也许可以参加完这个小组而并没有真的改变。这取决于你。可能是法官要求你来这里，或者可能是你的妻子说，除非你得到帮助，否则她不会回来。正如我刚才所说，我们要求你写愤怒日记并定期参加从而让你留在这里，但没有人可以进入你的头脑和内心，命令你改变。那是完全归你控制的地方。(p. 262)

在每个个案中，工作者都必须对焦以准备好面对间接线索，并与自己参与时的感受相联系。对目的和角色的清晰陈述是必要的，其中也应说明服务对象的潜在紧迫感。不只是要探索阻碍工作关系发展的潜在因素，还应提供机会让服务对象对目的进行反馈。

如同对待其他服务对象一样，工作者在第一次会谈上开始使用技巧，在订立契约的过程中开始发展积极的工作关系。其中技巧包括阐释、探寻沉默的内涵、共情已表达的感受，以及在服务对象之前表达其没有说出的感受。对于这类服务对象，工作者也必须对焦自己对伴侣虐待的强烈感受。

工作者试图在能力允许的范围内履行助人者的职责，在这个过程中会犯错，但可尽快修正。服务对象也作为一分子参与其中：决定与工作者合作，信任他，对问题承担部分责任。如果工作者和服务对象在最初的会谈中都能完成这些相互依赖的任务，他们就可为进

入工作阶段打下基础。下一章将检视这一阶段，会对本章中提到的许多技巧进行更充分的
讨论。

137

开始阶段做预估的模式

如前所述，医学模式（研究、诊断、治疗和评估）是指导我们专业实务、理论发展和
研究的一种模式。这个模式中包含的各个要素可以成为从业者的有用工具。因此，在本书
所描述的互动模式中，获取相关信息（研究），使用模式来指导我们对服务对象情况的理
解（诊断），制定干预策略（治疗），以及评估我们对过程和结果的影响（评估）都发挥着
重要作用。然而，这个模式的几个具体特征使我拒绝将其作为我的教学、研究和实务的可
用范式：

1. 事实上，它是一个四阶段线性模式，其中每个阶段依次出现。现实中的实务工作
有更多流动性和互动性。例如，研究阶段已经开始了治疗的过程。

2. 是从医学中借鉴而来的相关内容，包括前面讨论过的专家模式及其相关问题。

3. 关注点在于病理学，而不是优势视角。

4. 常被观察到的基本假设是，变化来自工作者而不是服务对象。

社会工作做预估和诊断的方法

记住这些保留意见，我们现在应该探讨一些与预估有关的问题，并检视一些确定"服
务对象在哪里"的创新模式。科克、史坡林和库欣（Kirk，Siporin，& Kutchins，1989）
在一篇文章中回顾了社会工作和诊断的历史，该文章重点关注了行业对正式分类系统的明
显矛盾心理以及《精神障碍诊断与统计手册》的影响。这一手册是一系列的精神病学指
南，用于描述和分类精神障碍以制订相应的治疗方案（这些研究者引用了 DSM-Ⅲ-R 版
本，但最新的版本是 DSM-Ⅴ）。当提到社会工作"独特的预估模式，其独特的治疗方法正
是基于此"开始于玛丽·里士满（Richmond，1918）出版的《社会诊断》时，科克等人
（Kirk，Siporin，& Kutchins，1989，p. 296）指出以下几点：

> 里士满将这一过程命名为"社会诊断"，这是一个复杂的概念。它包括对三个相
> 互影响的因素的分析：社会状况、服务对象或服务对象群体的人格，以及问题。这个
> 诊断过程并不是贴标签，而是对一定生活背景下的动态问题的准确评估。通过引导社
> 会工作专业中的相关运动，里士满对这一改变的发生做出了更多的贡献。她引领的运
> 动倡导采纳医学模式进行预估和干预，并将慈善工作者和社会工作者视为提供"社会

138

治疗"的"社会医生"。

作者追溯了社会工作独特的预估方法的演变，从几个模式最终形成了"人在情境中"的视角，这被重新界定为生态学方法（Germain & Gitterman，1996）并已在相关领域内使用。尽管科克等人的分析提出了许多关于精神疾病诊断与统计系统是否适合社会工作预估的重要问题，并且他们呼吁开发一个独特的社会工作系统而非借用精神病学理论，但他们并没有挑战医学模式的核心内容，即过程包括几个阶段。

梅里克（Mailick，1991）呼吁在临床社会工作实务中，根据服务对象群体、机构服务和治疗技术的变化，对预估进行"重新评估"（p.3）。例如，她强调了影响预估的新争议，而这种方法与后现代理论的"社会建构主义"有关。

> 关于如何获得信息以及如何确认信息的习惯性思维方式正在被重新审视。社会工作者正在辩论，信息的背景、寻求信息的目的以及形成调查者搜索信息的理论框架这几点是否对所获得的信息的含义产生了关键性的影响。社会建构主义就提出了这样的论点。对于临床社会工作者来说，这提出了事实是否存在和能否被发现的问题，又挑战了单一的预估模式的有用性。（p.4）

她提出的差异化预估的新方法要求承认评估的三个决定性因素：机构服务的性质和范围（例如，服务的目标、确定的人群、服务的时间框架），实务的理论和价值取向（例如，心理动力学、行为学），以及关注的单位（例如，个人、家庭、小组）。因此，根据场所、实务取向、服务是面向个人还是面向家庭，以及对服务的时间限制，对个体服务对象的预估可能会有很不同的理解（或建构）。

另外的预估方法

一些作者开发了预估框架或工具，要求社会工作者关注那些容易被忽视的变量。例如，古特海尔（Gutheil，1992）指出了理解实体环境及其对家中的行为、家庭、机构和面谈的影响的重要性。例如，工作者的椅子放置在桌子后面，或者等候室中家具的类型和排列，都能向服务对象传达出信息，说明实务工作的正式性或非正式性。在服务对象的家里，与个人空间、拥挤、隐私和领地有关的问题会影响家庭功能和个人行为。作者认为应该进行培训，帮助社会工作者在评估实体空间及其对服务对象的影响时更有观察力和技巧。

特雷西和惠特克（Tracy & Whittaker，1990）建议使用"社会网络图"作为评估服务对象社会支持来源的工具。这个工具由作者开发和测试，允许临床服务者和服务对象评估非正式支持的几个方面，包括：（1）现有的非正式资源；（2）服务对象目前没有使用的潜在非正式资源；（3）使用社会网络资源的障碍；（4）在决定将非正式资源纳入正式服务方案时需要考虑的因素（p.462）。

社会网络图提供了一个工具，服务对象可以用它来识别不同领域（如家庭、朋友和邻居）中重要人物的数量以及互动的性质（如具体支持、情感支持、信息、建议）。鉴于社会支持网络对抗逆力的贡献（见第二章），识别这些实际的和潜在的资源可在帮助服务对象发展出压力应对策略时发挥重要作用。

计算机社交网络的出现，使得用在线程序如脸书（Facebook），为服务对象和其他人之间的联系引入了一个新的和潜在的重要途径。对已经在网上与他人建立联系的服务对象，社会工作者可能想与其探讨这种支持途径。工作者也可建议那些没有网络连接的服务对象使用这种途径。还要考虑到使用社交媒体的潜在问题。

最后，康格里斯（Congress，1994）描述了使用文化图谱来对具有文化多样性背景的家庭进行预估和增权，这是强化种族敏感实务的一种手段，特别适用于移民家庭。作者创建了一个预估模式，使社会工作者能够超越对种族群体的概述，并认识到多样性中含有的不同层级的多样性，以及可能是服务对象或家庭特有的独特文化因素。正如作者所指出的：

> 一个在美国生活了三十多年的波多黎各家庭，与一个去年刚刚非法移居到美国来的墨西哥家庭可能有很大不同。一个从南方小镇搬到北方城市的非洲裔美国人家庭与海地人家庭会很不同。(p. 533)

使用文化图谱有助于社会工作者澄清来自类似种族和民族背景的个人和家庭之间的差别（Congress，1994，p. 533）。文化图谱包括的主题有移民原因、在社区中的时间长度、合法或非法移民身份、移民时的年龄、在家里和社区所说的语言、与文化机构的接触、健康福利、节日和特殊事件，以及关于家庭、教育和工作的价值观。作者举了一些例子，说明工作者通过预估获得的信息帮助他们理解价值观、态度和行为，而在缺乏文化敏感性的情况下，对这些方面会有不同（和不正确）的预估。例子中包括一个两岁的墨西哥儿童，被其母亲带到医院，这位母亲以前没有寻求医疗护理并不是因为忽视，而是因为担心会被作为非法移民遣返；还有一个 7 岁的海地学童，他的抑郁症越来越严重，这与他的家人因政治原因从海地移居国外以及家人对返回祖国感到越来越无望有关。

运用结构性预估工具的影响

一项近期的瑞典研究考察了社会工作者使用特定工具时，服务对象对预估（或调查）过程的体验存在的问题（Engstrom，2009）。这是一个有趣的研究方向，因为研究的重点不是验证预估工具本身，而是服务对象和工作者如何体验这个过程。换句话说，预估工具的使用是否会影响服务对象或工作者对面谈的看法？研究者们对该方法的描述如下：

> 两组社会工作者（$n=19$，$n=13$）进行了两种不同形式的预估会谈，一种涉及ASI（成瘾严重程度指数）面谈（$n=40$），一种没有（$n=43$）。会谈结束后，社会工作者被要求预估服务对象的体验和他们自己对会谈的体验。服务对象也报告了他们自

己对会谈的体验。(p. 309)

因子分析产生了三个量表：服务对象与工作者的联盟感、服务对象对自身能力的感觉以及服务对象对负面体验的感觉。两组（ASI 和非 ASI）之间的比较提供了三个视角：服务对象的视角、社会工作者的视角以及社会工作者看待服务对象的视角。

结果表明，使用 ASI 的组与不使用 ASI 的组相比，在联盟感测量方面没有显著差异。服务对象对自身能力的感觉有显著差异，非 ASI 组的服务对象，经过面谈后在这个变量上的得分更高。在服务对象对负面体验的感觉上，两组之间的评分没有显著差异。

研究者确实发现，"社会工作者低估了服务对象对联盟的体验和对自身能力的感觉，但在服务对象对会谈的负面体验方面做出了正确的评估"(p. 317)。这个初步发现很有限，但它确实表明，使用正式的工具来构建预估面谈，可能会影响工作者对过程的看法。作者们推测，在参与会谈时同时评估这些变量的困难可能导致这些差异；会谈结构化的性质可能使工作者更难感知服务对象对会谈的体验，因为主要任务是获取信息，而不是建立密切的关系。作者们还提到了对有酒精和毒品问题的服务对象进行这种预估的困难。

从我的角度来看，这一初步发现可能说明了将预估过程（向服务对象提出一系列问题的正式的、结构化的程序）和同样重要的关系发展过程整合在一次会谈中的困难。一位社会工作者参加了我在不列颠哥伦比亚省温哥华市开办的工作坊，她分享了一件令人震惊的事。她的母亲在加拿大东海岸的一个省病得很重，濒临死亡。她说自己立即乘坐飞机前往，并描述了在六个小时的飞行中，她如何因想到濒临死亡的母亲而悲伤。当她到达医院时，一位社会工作者接待了她，并对她进行了结构化的接案会谈。她告诉工作坊的小组成员，她突然意识到像她这样的服务对象会有怎样的感受，因为她此刻最需要的是来自社会工作者的支持，而不是谈及家庭历史等问题的面谈。

预估工具模式示范

其他涉及家庭和小组实务、儿童福利和物质滥用的预估工具将在后面的章节中介绍。

141

在本节的最后，我想对工作者如何来判断预估的过程提出一些建议，这是在实务工作的开始阶段决定使用某个特定工具前，或者按机构或资金政策要求使用这个工具时要做的判断。如果一个工具是合适的，工作者应该能对以下每个问题说"是"：

- 通过这个过程获得的信息能促进理解，进而直接有助于我和服务对象一起工作吗？
- 服务对象对使用预估工具的原因是否充分知晓？
- 服务对象是否对使用该工具表达了知情同意，另外，服务对象能控制这个过程吗？
- 预估的过程的开展方式能否不干扰开始阶段订立契约和参与的重要过程？
- 预估工具的使用是不是对工作至关重要，而不仅是提供一个结构化的工具以使社会工作者感觉更为舒适？

如果对这些问题的答案都是"是",那么我相信在工作关系发展的早期使用该工具可以促进这一过程。

开始阶段的文化多样性实务

卢姆(Lum，1996)对文化多样性实务有如下定义：

教育政策 2a
教育政策 2c
教育政策 2b

> 文化多样性的社会工作实务承认并尊重人们之间重要的差异性和多样性，以及文化在助人关系中的关键作用。它主要关注有色人种群体，特别是非洲裔美国人、拉美裔美国人、亚裔美国人和土著美国人，他们在历史上受到压迫，并继续忍受着微妙的种族主义、偏见和歧视。在与个人、家庭、小组和/或社区一起工作时，从业者利用不同文化信仰和实践的积极力量，并要关注那些对种族和文化环境敏感的歧视性经历。(p. 12)

在过去的几十年间，移民的激增带来美国和加拿大的人口结构迅速变化。社会工作者经常发现自己在与不同种族和民族的服务对象合作时，自己的文化对他们来说是陌生的。差异也可能与性别、性取向、阶层、宗教、生理和精神能力等有关，每个人口群体都有其独特的文化。

在一般人群中也存在明显的差异。例如，当提到土著美国人服务对象时，还需要知道这个服务对象属于哪个部落或民族。亚裔美国人服务对象可以是华裔美国人、日裔美国人，或来自东南亚的新移民。虽然存在许多共同的经历和文化，但来自南方农村的非洲裔美国人服务对象可能与在芝加哥城市中长大的非洲裔美国人看起来非常不同。来自西印度群岛的黑人移民与来自海地的移民会有完全不同的观点。在拉美裔美国人服务对象中，人们会发现纽约市的波多黎各裔美国人、南加州的墨西哥裔美国人和居住在波士顿的中美洲西班牙裔美国人之间的差异。若按照一般人口群体对服务对象进行模式化定性，这时的文化敏感性实际上是一种文化不敏感的形式，在其中不允许多样性中的多样性存在。

我记得在加拿大不列颠哥伦比亚省与白人儿童福利工作者一起工作，他们描述土著加拿大人服务对象非常"被动"，经常"沉默"。当他们在保留地或城市中与土著加拿大人服务对象一起工作时，他们把这种行为解释为一种文化特征。这种想法有一定的道理，因为在回应前深思状态下的停顿往往是这种对话的特点。然而，当我为土著人辅导员开办工作坊时，他们提供了另一种解释。一位辅导员告诉我，正如本章前面提到的，一位土著人服务对象曾指出，若你保持足够长的安静时间，白人工作者就会变得很紧张，他们会"嘚啵，嘚啵，再嘚啵"。在这个例子中，白人社会工作者把沉默解释为一种文化特征，而不是把它理解为特定的土著加拿大人服务对象在特定的面谈中与特定的白人儿童福利工作者之间的一种间接交流形式。

对文化差异的不理解会在社会工作者和服务对象之间造成障碍，特别是在实务的开始阶段。正如本章前面所描述的，如果社会工作者不能用服务对象的文化视角看问题，就有可能误解服务对象的行为、价值观和态度。正如韦弗和沃达斯基（Weaver & Wodarski，1995）所指出的那样：

> 显然，不能指望专业人士对每一个文化群体都了如指掌；然而，从业者有责任去寻找相关信息，而不是用社会主流的标准来判断服务对象。这就像社会工作者接到转介来的服务对象时必须收集信息，因为对个案的情况不熟悉。例如，对某类特殊的残疾、进行倡导的需要以及政府津贴项目的资格有疑问等，都需要收集信息。通常，服务对象自己是获取服务对象的文化的最好信息来源之一。（pp. 219-220）

在一些场所和地方，个案工作中总会包括特定人群，这时了解该群体和适合的文化敏感性实务就成为社会工作者个体和社会工作部门或机构的额外责任。在我开办的工作坊和开设的社会工作课程中，我使用了一个练习来探索是什么让我们难以谈及敏感和禁忌领域，如种族、性别和性取向等等，以及怎样让这样的交谈容易进行。

有色人种的学生或参与者（有时是班上唯一的有色人种学生或参与者）描述说，他们在其他班级或工作坊上常常被问及"你们的人怎么看"。他们通常的反应是解释他们不能代表"他们的人"，有时他们这样反应时还有些恼怒。当我问他们觉得什么时候可以分享他们的个人经历——不是作为代言人，而是作为有个人经历的人，例如经历种族主义的人——他们表示，"如果那个人真的想听"，他们就觉得可以说。许多人还表示，如果对方已经完成了关于这些问题的课程，而不仅仅是试图利用他们学到东西，他们就觉得可以分享。

143 全面探讨大范畴的多样性问题和群体以及它们如何影响实务超出了本书的范围。请注意，一些优秀的社会工作文本已经说明了这些问题，包括第三章中引用的一些文本。在这一节中，我为如何解决多样性问题打好了基础，并提供了一些关于不同群体的研究和实务的示例。后几章进行的诸如夫妻和家庭工作、物质滥用的治疗、小组工作和社区实务等的讨论中，会扩及其他重要群体（例如，亚裔美国人、移民）并确定工作中出现的其他多样性问题（例如，性取向）。

开展墨西哥裔美国人的工作

在一项研究中，卢姆（Lum，1996）讨论了墨西哥裔美国人如何重视家庭，将其作为"在危机时刻身份和支持的来源"（p. 51）。作者进一步指出：

> 墨西哥裔美国人的"家庭主义"或家庭身份概念，超出了直系家庭单位（la casa）的范围，包括另外两个类似但有区别的系统：扩大家庭（la familia）和教父教母（los

compadres)。在危机时刻，墨西哥裔美国人倾向于首先寻求家庭支持。……墨西哥裔美国人经常将家庭成员的定义扩展到直系家庭单位之外，包括被称为朋友（compadre）和家人（familia）的个人。教父教母是重要的个人，他们通常（但不总是）以某种方式与他人关联。文献中对家人的定义各不相同。一般来说，它指的是一个社会网络，类似于调整过的核心家庭结构。社区中年长的男性有其地位，受到尊重并拥有权威。其他成员之间可能有关联，也可能没有关联，但都与家庭有某种重要的互动。(pp. 51–52)

卢姆（Lum，1996）接着说，在这三个系统中，每一个系统都有责任感，从而产生"志愿服务"，并将直系家庭单位作为"墨西哥裔身份和承诺的中心"（p. 52）。卢姆用这种理解来发展对墨西哥裔美国人家庭的实务准则；这些准则考虑到并借助这种"三系统"来工作，可以为相关的家庭成员提供支持。这个例子再次强调了工作者尊重和参与社会支持系统的重要性，这已被证明是面对逆境时抗逆力的一个重要组成元素。

西班牙裔群体的文化价值观　加尔萨和瓦茨（Garza & Watts，2010）赞同卢姆的观点，认为西班牙裔的一般价值观与亲子游戏治疗的实务方法之间有很好的契合。他们指出，西班牙裔群体是美国增长最快的少数族裔群体，据预测西班牙裔人在一些州将成为人口的多数群体。在肯定了社会开始为这种人口结构的快速变化做准备时，他们指出：

> 在文化多样性群体的治疗方面，特别是与儿童有关的方面，仍然缺乏信息。由于适当的儿童精神健康服务严重缺乏，这种困境变得更为复杂。(p. 108)

作者还指出，由于相关的耻辱感、缺乏对服务的了解以及低收入，西班牙裔家庭不愿使用社区心理健康服务。此外，对非法移民越来越多的负面反应、非法移民家庭不想引起注意的需要以及对获得公共服务的限制，都加剧了这个问题。（在写作本书时，移民问题已经成为美国两党都认为需要改革的问题，但在诸如非法移民入籍途径等问题上两党间却存在分歧。）

作者主张使用亲子游戏治疗为幼儿提供服务，这实际上是由父母或其他家庭成员在接受该项目培训后为幼儿提供服务。

最近的一项研究对文化和求助行为的联系提出了质疑（Ramos-Sanchez & Atkinson，2009）：

> 这项研究考察了墨西哥文化适应性、文化价值观、性别与墨西哥裔美国社区大学学生求助意向之间的关系。研究结果表明，随着墨西哥裔美国人失去他们的文化根源以及他们的代际地位的提升，他们越来越不喜欢求助。这与文化障碍理论相矛盾，并解释了墨西哥裔美国人对心理健康服务使用不足的现象。此外，对传统墨西哥文化和文化价值观的遵从实际上可能鼓励求助行为。(p. 62)

　　这些发现与加尔萨和瓦茨（Garza & Watts，2010）的立场相矛盾。这可能与样本的特征有关，该样本由 262 名（80 名男性，182 名女性）墨西哥裔美国社区大学学生组成，其中 129 名学生来自英语作为第二语言（English as a second language，ESL）的课堂，133 名学生来自社会科学的课堂。其他的解释也是可能的。然而，无论不愿求助的原因是什么，无论是否与文化有关，社会工作者都应理解该文化的独特性，以便在与西班牙裔服务对象打交道时合理地对待他们。

　　加尔萨和瓦茨（Garza & Watts，2010）认为西班牙价值观和亲子游戏治疗方法之间有共同的基础。他们指出，家庭（familismo）包括核心家庭和扩大家庭的成员，这些人是做出健康护理方面决定的支持来源。家庭（familismo）代表了一种文化价值，认为家庭成员是自我的延伸。作者指出了另一个重要的文化价值，即尊重（respecto）。

> 　　西班牙裔社区遵循一套等级的、系统的体系来理解行为，他们根据年龄、性别、社会地位、经济状况和权威地位对他人采取不同的行为。在医疗保健方面，服务提供者凭借其教育情况，受到与权威人士一样的高度尊重。然而，如果服务提供者缺乏对等级制度的理解，这种行为可能被视为不尊重，会导致服务对象提前终止治疗。（p. 110）

　　作者提出的另一个西班牙文化价值观是个人取向（personalismo），指的是那些对他人表现出直接兴趣和关注的行为和行动。西班牙裔社区不太强调医疗保健机构，而是强调机构内人际关系的重要性。要体现这一价值观，社会工作者在谈到成年人时要加以尊重，要细致周到，并且在谈话中应提及与辅导情况没有直接关系的内容。

　　最后，加尔萨和瓦茨（Garza & Watts，2010）建议，"在亲子游戏治疗过程中，辅导员对家庭、尊重和个人取向等西班牙裔核心价值观的理解和表达，以及西班牙裔服务对象对这些价值观随之而来的感知，可被合并理解为信任（confianza）"（p. 111）。

开展非洲裔美国人的工作

　　卢姆（Lum，1996）认为，从历史角度来看——

> 　　非洲裔美国人的家庭长期以来存在于一个界限明确、紧密的关系系统中。权力和责任被明确分配，复杂的行为规则将他们嵌入村庄和区域中。奴隶制损害了美国的家庭生活，但非洲裔美国人社区作为满足其成员需要的活跃单位而留存下来。教会仍是一个核心的社区机构。（p. 95）

　　卢姆认为非洲裔美国人社区的基本主题包括"强大的家庭亲属关系纽带、为支持家庭而工作的取向、灵活的家庭角色、职业和教育成就、对宗教价值观的承诺以及教会参与"（p. 95）。

这种对非洲裔美国人社区基本价值观的描述往往与社会工作者的看法相冲突，因为他们面对的服务对象似乎并不符合这种一般模式。例如，城市中心地带青少年怀孕的频率以及与之相关的问题都显示出这一价值体系的崩溃。

史蒂文斯（Stevens，1994）研究了非洲裔美国少女的发展和怀孕。她提出，目前关于青少年怀孕的研究范式"倾向于将少女的行为视为失调的、病态的，或是心理功能障碍的代际传递"（p. 435）。她认为，为了更好地理解和应对这种模式，需要对问题行为进行非病理学的分析。她的研究结果支持以下的理论观点：（1）怀孕可以作为确认存在感和提供身份感的主要方式，而不是性行为的结果；（2）当协商以取得成年人地位的其他路径被阻塞时，成为父母被认为是获得成年人社会身份的可行路径；（3）青少年不必为了发展自我而从熟悉的关系中脱离或分化出来（p. 434）。

在比较 20 名怀孕的青少年与 16 名未怀孕的青少年时，她发现未怀孕的女性在各种关系中都表现出对他人的关怀和责任感，且更常表达对社会流动的自我期待。她们积极投入教会、工作和学校环境中。她们通过注册成为选民来实践自己的公民能力。未怀孕的女性在约会和性行为方面受到的限制较少，并会有多个约会对象（Stevens，1994，p. 449）。

史蒂文斯（Stevens，1994）认为，研究结果支持这样的观点：怀孕和未怀孕的研究参加者都把怀孕看作"调整对个人成熟和社会成熟的关注"的一种方式，并提供了一种成熟的经验和成人地位的指标，这些参加者认为其已经足够成熟，可以处理养育孩子的问题（p. 449）。总之，史蒂文斯建议，青少年怀孕不应被视为一种病态，将其解释为一种替代的生活方式选择会更好。这样的理解建议社会工作者以非病态的导向与此类服务对象合作，工作重点应放在这类行为的适应性和适应不良方面。史蒂文斯主张在与性有关的决定做出之前，应对问题人群实施早期干预（例如，小学和中学阶段的预防计划）。她还建议社会工作者强调母女关系、青少年同伴群体、导师-学徒项目，以及与内城区机构的合作项目。

早孕问题也应从政治的角度来考虑。一些保守派政治家和政治团体与一些反堕胎的团体近来尝试限制联邦政府为避孕工作提供支持的力度。我们必须考虑到，低收入群体的怀孕可能部分源于无法获得包括"事后避孕药"在内的避孕手段。

对有问题的服务对象采取非病理学的方法对于接触的早期阶段中工作联盟的发展至关重要；然而，长期和持续存在的种族主义和歧视对许多非洲裔美国人社区成员有冲击，影响了他们对社会工作者和其他主流社会成员的看法。戴维斯和普罗克特（Davis & Proctor，1989）提出，"由于他们及其先祖在美国所经历的苦难，非洲裔人特别不愿意向白人敞开心扉"（p. 23）。他们认为，这意味着不愿意向白人世界的任何代表敞开心扉，而且——

特定的从业者风格可以促进对黑人家庭的实务工作。从业者应该记住，在历史

146

上，美国的黑人群体从社会中得到的尊重也许比其他任何种族群体都要少。因此，治疗师对他们加以尊重这一风格会被积极接受。这里有表示尊重的一个例子：在介绍这些家庭的成年人时，应该用他们的姓氏来尊称。从业者不应因为自身想要随和的风格，或是想要建立积极的、融洽的治疗关系，而忽视这样的家庭被尊重的愿望。具体来说，即便为了建立融洽的关系，非正式的方式也不一定能促进真诚关系的建立。（p. 82）

在我的一个工作坊上，一位与会者指出了使用姓氏来表示尊重的重要性。当谈及在南方与非洲裔美国人的工作时，她强调说，在并不久远的奴隶制历史中，奴隶们的姓是被忽略的，他们被以一种贬低的方式直呼其名。因此，年轻的白人工作者想要通过直呼其名与老年非洲裔服务对象建立非正式关系，实际上对他们而言是侮辱性的。

白人-黑人辅导关系中的种族微歧视　康斯坦丁（Constantine，2007）关注到，在辅导过程中有一些微妙的、经常无法识别的行为，而具有良好意图的治疗师可能并没有意识到这些行为的发生，这种情况被称为种族微歧视。这些"微妙而普通的交流，以某种方式向有色人种传达出侮辱或贬低的信息"（p. 1）。上面所举的例子中，年轻的白人工作者想要对年老的黑人服务对象直呼其名，以显得不拘礼仪，就属于这一类情况。

康斯坦丁指出，许多白人治疗师，甚至包括那些接受过多元文化培训的治疗师，很可能有内化的态度和刻板印象，他们并没有意识到这些可能影响其实务的细微方式。她引用布卡德和诺克斯（Burkard & Knox，2004）的研究，对实务与肤色无关（color-blind）的观点提出了挑战。布卡德和诺克斯的研究发现，当治疗师无视肤色的种族态度更强时，治疗中的同理心水平会更低，而且他们会更倾向于认为非洲裔美国服务对象应对克服其困难承担责任。

康斯坦丁的研究（Constantine，2007）的最终目的是检测一个路径模型（path model），以探讨以下几个变量之间的关联：（a）非洲裔美国人服务对象对白人治疗师在辅导中的种族微歧视的看法；（b）他们的治疗工作联盟；（c）治疗师一般性的和多元文化的辅导能力；（d）他们对辅导的满意度。与参与辅导的非洲裔美国学生进行的初步焦点小组讨论发展出以下12项学生或服务对象可以感知到的种族微歧视类别：（1）无视肤色（color-blindness）；（2）过度认同；（3）否认个人或个体的种族主义；（4）将种族文化问题最小化；（5）按种族或民族给予独特或特殊的地位；（6）对某一种族或民族群体成员具有刻板的假设；（7）对种族或文化问题过度敏感；（8）优者胜出的神话；（9）治疗考虑或建议中对文化不敏感；（10）基于种族文化群体的成员身份接受不理想的行为；（11）理想化；（12）不正常的帮助或庇护。

在该研究的第二阶段，40名非洲裔美国人在治疗结束时填写了一份调查问卷，他们由19名白人治疗师提供服务。参与研究的治疗师也提供了人口统计信息。这项研究开发了一项辅导中的种族微歧视量表（RMCS），包括10个问题，服务对象可据此对辅导中种族微歧视出现的频率以及服务对象是否受其困扰进行评分。种族微歧视量表的分数值域是从 0 到 20，得分越高，意味着在辅导经历中感受到越多的微歧视，并且情绪影响越大。研究中对工作联盟和治疗师的有效性、跨文化能力和服务对象满意度方面也进行了测量，获得了一些数据。

该研究的结果表明，感知到的微歧视与服务对象对治疗工作联盟的看法以及服务对象对白人治疗师一般性的和多元文化的辅导能力的看法存在负相关。另一项分析检验了积极的工作联盟和治疗师一般性的和多元文化的辅导能力，在微歧视对服务对象满意度的影响上是否有中介作用。结果显示它们并不具有这样的中介作用。

康斯坦丁认为，一些非洲裔美国人服务对象或许觉得在辅导的情境中很难对种族微歧视做出反应，相反，他们会质疑自己的看法，从而不太可能与治疗师对抗。由于治疗师在这一关系中处于权威地位，因此治疗师有责任监控这一过程，并应创造条件在谈话中讨论这些常常是禁忌的种族文化问题。

与肤色无关或无视肤色：个人经历　我想我们都愿意相信，我们可以根据人们的身份和行为来判断他们，而不是根据肤色。然而，表面上看我们不在乎肤色，实际上意味着我们对肤色是盲目的。这里我想分享一点个人经历，它让我再次认识到，我们内化的刻板印象和偏见是多么根深蒂固。我在一篇关于小组工作实务的文章中报告了这件事（Shulman，2002）。

当时我正主持一个为期两天的继续教育工作坊，主题是如何带领互助支持团体，其中特别关注如何处理带领者和小组成员之间以及成员和成员之间的跨文化和文化内的问题。有一百多人参加了工作坊。会议在周五和周六举行。会议第一天，房间里的温度太高了。我曾向物业相关部门投诉，但由于温控器被锁定，我无法自己调节它。

第二天是周六，大多数参加者都穿得很休闲，我也如此。在我们开始后大约 20 分钟，一个穿着牛仔裤、T恤衫，戴着棒球帽的非洲裔美国男青年在门口停下，似乎在环顾房间。我看到他时，就说我很高兴见到他，并说温控器在左边的墙上。短暂停顿后，他解释说他不是维修工，而是前一天的参与者，现在想在拥挤的房间里找到一个空座位。我道了歉，然后继续演讲。

当我发言时，我的内心深处有一种强烈的不安感，我觉得我开始冒汗了。我在这里主持一个以跨文化问题为中心的小组工作工作坊，但刚犯了个错误，并试图继续讲下去，好像什么都没有发生过。5 分钟后（感觉上仿佛 25 分钟），我停下来，指出刚刚发生的事情，以及我如何试图避免处理我的感受和他们的感受。我没有实践我所宣扬的内容，而且鉴于从"遇到"中学到的比"教会"的多，我所做的示范与我认为在这样的情况下我该做的恰好相反。

坐在第一排的三位非洲裔美国女士微笑着告诉我，她们刚才一直在想我需要多长时间才能觉察并提出这个问题。再次向这位年轻人道歉后，围绕着我明显的出于种族的假设，即他是维修工（当时我还不熟悉微歧视这个词），一场精彩的讨论开始了。研讨会的参与者们突破了暗含种族问题的表面化谈话，深入且深刻地从白人和黑人的不同视角检视了我们的刻板印象和感受，而这些印象和感受影响了我们的实务。

之后讨论的范围从种族扩大到民族、性别、身体能力和性取向。例如，身为同性恋但仍未出柜的工作坊参加者谈到了他们在服务对象和同事对同性恋的评论和玩笑中所经历的痛苦。我承认自己的错误也许是源于根深蒂固的偏见和刻板印象，这成为一个例子，说明自我反省是多么重要，也说明诚实会有助于打破禁忌并跨越界限以建立更深、更有意义的联结。那个被我误认为维修工的年轻人说，我以这样的方式回到这个议题，对他来说意义重大。其他非洲裔美国人参加者也与他有同样的感受。一些白人参加者评论说，像我这样的做法对他们而言很难，他们甚至很难意识到一句话对别人的伤害。我终于放松了，因为我现在正在示范我认为正确的工作方式。更重要的是，这件事说明了一个道理：我们可以犯错，但仍然可以觉知错误并努力改正，而且，了解我们是谁是持续终生的专业努力方向。

开展美国印第安人的工作

威廉姆斯和艾里森（Williams & Ellison，1996）说明了对美国印第安人服务对象进行文化知情的（culturally informed）健康和心理健康实务中的问题，并为非印第安人的社会工作者提供了指导。例如，美国印第安人服务对象会参与他们认为适当的干预活动。获得传统治疗师的帮助可能会增加干预的吸引力。社会工作者可在干预中使用典礼和仪式，这是治疗的两个重要方面。赠送礼物、提供食物以及让家人和朋友参与进来，都会增强干预的重要性。家庭成员的参与强调了家庭是支持和保护的单位，家人的帮助是有价值的（p. 148）。

韦弗和怀特（Weaver & White，1997）提出了历史创伤对土著人家庭的影响问题：

> 为了有效地与土著人家庭合作，社会工作者应首先理解历史问题对当代问题的影响。许多土著人当前的社会和健康问题其实根源于过去。过去发生过具体且蓄意的事件，以从身体上和文化上毁灭土著人。这些行动的影响不可低估。尽管土著人存活了下来，但其个人、家庭和社区承受了巨大的伤害。土著人家庭经历的创伤一直没有愈合。若想要成功地帮助当代土著人家庭，社会工作者要做好准备承认和面对土著人所经历的历史创伤和悲痛。（p. 67）

从前，当我与一群土著人领袖、家庭主妇、辅导员、友好中心的工作人员以及服务对象会面时，我做了一系列知情者访谈，为我在加拿大不列颠哥伦比亚省的儿童福利研究项目做准备。当时，我亲身体会到了韦弗和怀特的劝告。本书和我写的一本关于儿童福利的书（Shulman，2016d）中都提到了这个情况。在会面开始时，我聆听了土著人家庭和社区最近所经历的虐待故事，参加者一个接一个地分享了他们在儿童福利服务方面的经验，他们非常愤怒和失望。当我试图倾听和理解时，他们的故事缓和下来，并开始反映出愤怒的表面下隐藏的痛苦。虽然我是以研究者的身份，想在研究设计和实施中获取他们的帮助，但许多有效的跨文化社会工作实务原则在其中很重要。

韦弗和怀特（Weaver & White，1997）指出，"对人的深深的敬意是许多土著人的基本价值观，即便他们没有那么传统。特别是，对长辈的强烈尊重在土著人中很常见"（p.69）。他们解释说，土著人高度重视分享和给予，即使是贫穷的家庭也会通过"赠与"来表达慷慨，从而赢得尊重。如果社会工作者不了解其意义和重要性，这种文化上恰当的行为就会产生问题。预计可以维持几个星期的资源可能在一两天内就没有了，因为它们在其他亲属中被分享了。从许多土著人的角度来看，不把资源分享给有需要的家庭成员是不可想象的。然而，从社会工作者的角度来看，指定提供给有需要的核心家庭的有限资源可能会被浪费在那些不该拥有的人身上，而且无论如何，这些人都不是个案计划的组成部分（p.70）。

韦弗和怀特（Weaver & White，1997）指出了幽默的重要性，土著人经常用幽默来教导规范和价值观，以及他们与土地和环境的联结感。时间的测度是依据"自然现象，而非时钟的运动"（p.70）。其他强烈的土著人价值观念包括隐私、群体高于个体、通过协商一致做出决定、合作以及权力分散。

这些研究者还说明了土著人的家庭结构与主流文化的扩展家庭和核心家庭模式之间的差异。他们指出，拉科塔印第安语（Lakota Indian）中的家庭一词 tiospaye 包括各式各样的人。在主流文化中，这些人的组合被称为扩展家庭，而在大多数印第安文化中，这个词就是指家庭。在主流社会中，第一次见到别人的常见问题是"你是做什么的"，而在土著人中，可能是"你和谁有关系"（Weaver & White，1997，p.72）。土著社区也强调部落长者和祖父母的重要性和影响力。

韦弗和怀特（Weaver & White，1997）为实务干预提供了具体的建议，以向土著人提供具有文化能力的服务。

- 寻求承担守门员角色的人的认可和支持；
- 将土著人纳入各种支持性的角色中；
- 使用积极、客观的方式对土著人美国家庭进行评估；
- 服务对象围绕部落主权和条约权利问题进行的倡导不应被视为是对家庭服务计划的威胁；
- 部落/族群的成员可以通过他们的族群获得服务或服务资金。（pp.77-78）

开展加拿大印第安人的工作

关于美国印第安人文化的许多讨论也适用于加拿大印第安人。事实上，一些部落和族群跨越边界，而印第安人身份被视为首要身份。在加拿大西部的印第安人社区中，我发现了类似的扩展支持体系，这些支持从家庭开始，会包括扩展家庭的成员、邻居和群体的领袖。我的儿童福利研究（Shulman，1991，2016d）表明，那些在土著人服务对象眼中理解和尊重加拿大土著人文化的工作者，可以更为有效地建立牢固的工作关系并在儿童服务方面产生积极结果。在宏观层面上，那些省级儿童福利机构的区域办事处若能获得群体领袖、加拿大土著人友好工作者、家庭主妇或法院工作人员的参与和合作，并在如何帮助家庭的商议中使用加拿大土著人的社会支持系统，它们在让儿童留在自己家中、寻找加拿大土著人社区中的亲属安置或让儿童返回家庭方面，会远超别的机构。

给美国穆斯林提供辅导

易卜拉欣和戴克曼（Ibrahim & Dykeman，2011）在综述有关辅导美国穆斯林的文献时指出：

> 穆斯林最早聚集在亚洲、非洲和东欧，现在他们的人数在西方特别是在美国正不断增加。一些世界性的变化使大量的穆斯林移居北美和西欧。这些变化包括全球化，移民，战争，在政治、宗教、性别和性取向方面的压迫，以及贫困。(p. 387)

随着美国穆斯林和穆斯林移民人口的增加，社会工作者有必要了解伊斯兰文化和世界观，并做好准备解决这些文化与美国主流文化的差异。与以上讨论的其他群体一样，穆斯林并没有一套适用于他们所有人的特定的信仰和价值观，这一群体中存在着多样性。然而，共同点是自"9·11"袭击和最近的政治攻击以来，所有穆斯林都面临着困难和被排斥，很多人因此产生了严重的心理压力和焦虑。

作者指出，在与这一群体工作时需要领会一个核心概念，即在传统上他们对心理健康问题的理解是，所有的解决方案都存在于《古兰经》的启示中。这正如以下经文所说的，"我们把《古兰经》传给那些有信仰的人，以治愈和怜悯"(p. 388)。

虽然完整地讨论与穆斯林服务对象有关的问题超出了本节的范畴，但对伊斯兰教的五大支柱有一个基本了解是很重要的。

伊斯兰教的性别角色是该文化与西方文化的一个不同之处，这在对穆斯林新移民的实务工作中很重要。"男女之间的交往仅限于直系亲属，不同性别间的治疗关系会构成问题"(p. 389)。在订立契约的阶段，女性社会工作者和男性服务对象，以及男性社会工作者和女性服务对象都会构成问题。尽早解决服务对象在性别角色方面的舒适度问题，会促进工作关系的发展，同时也显示出工作者所具有的文化敏感性。

易卜拉欣和戴克曼（Ibrahim & Dykeman，2011）指出，鉴于穆斯林中的多元化，确定服务对象的文化适应程度非常重要："基于移民和代际情况的文化适应水平……是他们的文化适应水平以及他们承诺在北美生活时奉行伊斯兰信条……"(p. 392)他们建议：

> 与美国穆斯林服务对象一起工作时，必须确定他们对其国籍（文化来源）、民族、

文化和种族的认同程度。由于很大比例的穆斯林（约占美国穆斯林人口的一半）是移民或移民的子女，他们对原籍文化的认同可能很强烈，这会导致治疗过程和社会交往中的文化冲突。（p.392）

外表是一个重要因素，因为这方面的差异可能导致种族主义、偏见和歧视的遭遇，其他看起来与大多数人不同的人（例如，美国黑人和土著人）也有类似经历。在实务工作的开始阶段就该处理这些问题，因为这些经历难免会影响到服务对象对社会工作者和机构或其他系统（例如，医院和学校）的看法。由于"9·11"事件的巨大影响，当今对移民问题的辩论，中东和非洲国家的冲突，以及频繁的针对美国人和美国政府的人身攻击和政治攻击，因此，服务对象和社会工作者彼此间的刻板印象是个敏感问题，需要密切关注。

为了适应这些现实，为穆斯林社区提供的社会工作服务需要增加外展服务，以触及有需要的个人。可以寻求社会工作服务的服务对象现在不愿意这样做了，因为他们担心诸如被驱逐出境这样的事。现在他们更可能向他们的清真寺求助。此外，社会工作者还应代表这些服务对象，在实务中进行更多的倡导。"一位受访者评论说，穆斯林在其社区中经历了比以往更多的侵犯人权行为，他们无法公平地获取资源，面临就业机会少和被非法拘禁的情况。"（p.401）越来越多的社会工作者不得不作为"第三方"，与律师一起解决服务对象的问题。社会工作组织也越来越多地转向教育功能，以改变对穆斯林社区的刻板印象。

153

跨种族工作中的问题

普罗克特和戴维斯（Proctor & Davis，1994）对"使得种族成为实务中的突出问题"（p.314）的原因，以及跨种族实务中缺乏理解现象的根源，提出了他们的看法。他们认为，有色群体的人口增长率较高（与白人群体人口相比），非白人群体继续与白人和美国主流社会隔离的事实，以及种族问题具有的负面含义，"使这两个群体在讨论种族时都感到不舒服"（p.315）。他们接着指出：

> 这些社会因素结合起来，对于个人和职业的跨种族交流可能是相当不利的。虽然经济问题可能会增加需要社会工作服务的少数族裔的人数，但来帮助他们的白人专业人士以前可能很少与他们接触，因而对他们的情况缺乏实质性的了解。与此同时，少数族裔可能越来越不信任这些来自"系统"的代表。在最坏的情况下，社会可能会面临越来越多的少数族裔服务对象，他们需要得到白人从业者的帮助，而这些专业人士对他们的了解太少，而且服务对象对这些人缺乏信任。（p.315）

作者指出，少数族裔的服务对象在与多数族裔的工作者打交道时，心中常有一个问题（实际上，所有的服务对象都会这么想）：这个助人者是不是一个有善意的人？这等同于我在前几章中提出的"这个工作者是谁？他会是什么样的人？"的问题。普罗克特和戴维斯

（Proctor & Davis，1994）解释说，"尊重和职业礼节对少数族裔服务对象特别重要，因为社会给予他们的往往太少"（p. 317）。他们建议这样来表达尊重：

> 尊重和善意的信号可以通过几种方式来传达。建议社会工作者热情问候服务对象，排除阻碍交流的现实障碍，并以服务对象的姓氏尊称他们。在工作者开始讲话之前，应给服务对象机会使其安定下来。应最大限度地保护隐私，工作者应不急不躁地与服务对象交谈，只在会谈的最后几分钟才提到时间不足的问题。（p. 317）

如果你认为这些是很好的实务原则，适用于所有服务对象，那么你是正确的。然而，社会工作者还应了解，由于种族、文化、民族等方面的情况，服务对象会有不同的看法。我曾在佛罗里达州主持一个县级儿童福利调查员的工作坊，我在会上说明，多数族裔的工作者很容易错过这些关键差异。一位非洲裔美国工作者描述了他在调查中拜访一户中上阶层的白人家庭的经历，这个家庭住在一个几乎全是白人的封闭社区。他详细描述了他进入社区的感受，社区入口处的警卫仔细检查了他的证件，似乎不愿意让他进入该社区。在工作坊中，他的白人女同事坐在他旁边，她说："但他们也要看我的证件。"我指出，我怀疑第一个工作者经受了不一样的检查，因为他是黑人。他表示同意，并补充说："我总是穿西装，即使是在便装日，因为我知道如果我接到那个社区的电话，我需要穿上西装才能被严肃对待。"这位白人工作者并没有意识到她的非洲裔同事在与白人社区打交道时有不同的经历，可能在社会工作的办公室中，这类谈话是禁忌，因此她无从得知。

当种族是一个突出因素时，戴维斯和普罗克特（Davis & Proctor，1989）为干预初期的互动提出了具体的建议：

> 首先，应承认种族差异及其潜在的显著性。工作者若承认其与服务对象之间的差异，则会向服务对象表明，对于种族在助人关系中的潜在重要性，工作者已经拥有足够的敏感性和认识。这也将向服务对象表明，工作者大约有能力处理服务对象对种族的感受。最好是通过询问服务对象是否有种族方面的担忧来引入这个话题，而不是直接提问。显然，对于"你对我的种族有意见吗"这个问题，最可能的答案是"没有"！因此，我们建议使用这样的问法："我是白人，你是非白人，你觉得这对我们的合作有什么影响？"或者从业者可以如此说："如果在我们的会谈过程中，你有与种族有关的担忧或问题，请随时讨论它们。"如果服务对象急着向工作者保证种族不是一个问题，工作者可以回答说："我也认为这不是一个障碍。但是，如果在任何时候你觉得我不理解你说的事或意思——因为我们的背景不同——我希望你能随时告诉我。我想帮助你，我将努力理解你和你的情况。"（pp. 120–121）

这些类型的解释，若使用得当，则可以传达出对服务对象的开放性以及对差异的敏感性。这类主题的一些变化形式也适用于在性别、性取向、年龄、宗教、身体或精神能力等因素上存在差异的初期会谈，而这些差异若不解决就会形成障碍。

文化敏感实务方面的教育和培训

今天，社会工作教育领域和机构培训项目对文化敏感性给予了很多的关注。文化敏感性培训中有许多障碍，比如学校的结构和组织（例如，缺乏或很少有有色人种的教员和学生）（Hardy & Laszloffy，1992）。但是，对特殊人群的临床实务教学策略正在出现（例如，与亚洲和太平洋岛屿的老人一起工作）（Richards，Browne，& Broderick，1994）。一些研究方案提议使用民族志研究方法，来鼓励从业者成为敏感的文化观察者，并学习如何使用相关文化的框架来完成预估（Thornton & Garrett，1995）。

对于许多学生和从业者而言，在同行中分享其生活和实务经验能够丰富共同学习的过程。不幸的是，在我们的社会中，若涉及对种族、性别、性取向和民族等方面的态度、价值观和刻板印象进行真诚的自我反思，这样的谈话就很难进行。督导员或教师应在班级或工作小组中创造出相应的氛围，允许进行这类讨论，并保持相互尊重和开放。

我曾和一位非洲裔美国同事合作制作录像带，为教师和学生展示这一过程（Shulman & Clay，1994）。为坦率和建设性的对话做好准备的关键是尝试进行练习，让参加者识别使这种对话变得困难的因素。参加者还被问及能使谈话变得容易的条件。随着有关禁忌话题的讨论逐步展开，社会工作学生发现自己确实在谈论这些禁忌话题。对于两位教师来说，通过小例子的展示，披露他们自己在这些问题上的挣扎也很重要。

在本书的其余部分，跨文化和文化内的实务工作以及文化敏感实务的问题在讨论社会工作过程的其他阶段以及和非个人的服务对象合作时还会出现。很显然，这些问题和其他一些问题都是工作者在与服务对象的初期会谈中要面对的挑战。

开始阶段伦理和法律方面的考虑

第一章介绍了价值观、伦理、立法和社会工作伦理准则对实务的影响，还讨论了伦理问题和伦理困境，以及在面临伦理选择和风险管理方面，机构支持社会工作者的方法。本章再次讨论这些内容，这里的关注点是实务开始阶段知情同意和保密方面的问题。

教育政策 1c

知情同意

服务对象对于服务要有知情同意，这方面的要求说明立法和由此产生的伦理准则会影

155

响社会工作者的义务，这在实务工作的开始或订立契约阶段尤其如此。（警告义务等情况也会说明立法和伦理对社会工作者的影响，这些在以后的章节中会说明。）知情同意是指服务对象允许社会工作者和机构或其他专业人士使用特定的干预程序，包括诊断、治疗、随访和研究。这种许可建立在充分披露事实的基础上，从而可以依据这些事实信息做出明智的决定。知情同意必须基于对风险和替代方案的了解（Barker，2003，p. 114）。《全国社会工作者协会伦理守则》可提供进一步的指导：

> 社会工作者只应在存在专业关系的情况下，基于恰当和有效的知情同意，向服务对象提供服务。社会工作者应使用清晰易懂的语言告知服务对象服务的目的、与服务有关的风险、由于第三方支付者的要求而对服务的限制、相关费用、合理的替代方案、服务对象拒绝或撤回同意的权利以及同意书所涵盖的期限。社会工作者应为服务对象提供提问的机会。（NASW，2017，p. 7，Section 1.01）

一般而言，真正的知情同意包含以下五个要素：
- 工作者充分披露服务的性质和目的，包括相关的潜在利益和风险。替代方案的可用性应被探讨。
- 服务对象表现出对披露信息的理解。
- 服务对象应有能力提供知情同意。
- 服务对象的同意应是自愿的，没有胁迫。
- 决定必须是明确的，包含同意或拒绝服务。

尽管知情同意的准则看起来很清楚，但有项研究（Lidz，1984）在分析知情同意的实际运作时发现了几个实务问题。例如，该研究指出，负责获得知情同意的人并不总是明确的。在某些情况下，知情同意是一种"不固定"（floating）的责任。此外，服务对象说，家庭成员经常向他们施压，要求他们以特定方式行事。这种情况下的同意真的是自愿的吗？在教育服务对象方面，工作者也许没有受过相应的培训。工作者对服务对象的智力和能力的看法似乎影响了披露过程。往往是在照顾者做出评估和决定以支持某种特定的干预措施之后，才获得知情同意。真的考虑过其他替代方案吗？作者还观察到，服务对象的理解似乎是随着时间的推移才产生的，而不是立即就有的。真正的知情同意意味着，需要随着服务对象理解的加深而定期重新审视同意的问题。作者认为，在每一个场景中审查知情同意的程序是很重要的，积极采用策略以确保知情同意是真实的而不是虚假的也很重要。

保密与特许保密通信

在开始阶段需要考虑和解决的另一个道德和法律问题是保密，即服务对象不与第三方分享私人信息的权利。为了了解立法对实务的影响，让我们看一下如何保护或限制保密性和服务对象的隐私权。由于这一领域的法律通常由州立法机构决定，我将以马萨诸塞州为例。（其他州的法律可能有所不同，本节稍后将讨论这一领域的联邦立法。）

州级法规 马萨诸塞州在几年前通过了一项规范社会工作实务的法案，成立了州的许可委员会来执行其规定。1989 年和 2016 年的立法修正案进一步保护了社会工作者和服务对象之间的沟通。这些沟通是有特许权的，所以社会工作者在未获服务对象许可的情况下，即便在法律诉讼过程中，也不能透露这些信息。因此，社会工作者与服务对象之间的特许保密通信类似于医生与患者之间或律师与委托人之间的保密通信，但例外的情况有所不同。服务对象或患者的特许通信权利增强了专业关系的保密性质。对服务对象的隐私权进行保护，将有利于服务对象更加自由地分享个人信息。

在马萨诸塞州，特许通信的法定例外出现在以下情况中：

- 儿童监护和/或收养诉讼；
- 当服务对象在法庭上将他的精神健康作为一个重要议题进行介绍时；
- 在服务对象或其他人有危险的情况下，有必要将服务对象送入医院时；
- 当社会工作者按法院命令进行评估时；
- 服务对象对社会工作者的不当行为提起诉讼时；
- 服务对象死亡后；
- 在儿童虐待调查中或特定的其他州调查的情况下。

其他州的法规中也有例外情况。例如，怀疑存在对儿童和老人的虐待或忽视时，专业人士应报备。尽管仍存在一些灰色地带需要专业判断发挥作用，但这类法规为工作者和服务对象提供了有益的指导。例如，在与服务对象的第一次面谈中，可以明确说明保密的限制条件。

在任何情况下，社会工作者都必须了解立法和判例法规定的权利和义务。考虑一下这个例子：警方调查员找到社会工作者，要求获取其服务对象的信息。保密原则和在某些情况下对特许通信的保护，意味着不能强迫工作者披露任何信息，除非有明确的例外情况或服务对象明确表示同意。社会工作者需要准备好这样回应，例如说："我不是说×先生是或不是我的服务对象；但是，如果他是我的服务对象，我与他的沟通将是保密的和受保护的，我不能与你分享这些。"

联邦立法和法院判决 直到 1996 年美国最高法院才在贾菲诉雷德蒙（Jaffee v. Redmond）案的判决中澄清了这个问题。联邦法院系统对社会工作者和服务对象之间的沟通是否享有特许权持有不同的观点。尽管在所有五十个州和哥伦比亚特区，与心理治疗师的沟通是有特许权的，但临床社会工作者是否被纳入其中仍然是个问题。亚历山大（Alexander，1997）指出，在其 1996 年的裁决中，最高法院承认"社会工作者的特许通信权利具有绝对性；社会工作者不能再被强迫在联邦法院提起的民事诉讼中披露机密信息"（p. 388）。例如，若一个持证的社会工作者在辅导一个儿童保护服务工作者，以助其克服因负责的个案中的儿童死亡而具有的悲痛时，该社会工作者不能被强迫在联邦法院作证。

亚历山大（Alexander，1997）还指出，特许权豁免的绝对性并没有延续到州法院系统的非联邦案件中。他描述了一种难以处理的情况，在其中刑事被告可以要求查阅性侵犯受害者的记录。根据贾菲诉雷德蒙案，在联邦财产领域发生并在联邦法院审理的案件中，特许权是绝对的。然而，在大多数州中，如果被告符合某些标准，例如证明信息与辩护的相关性，那么审判法官将审查记录并决定是否应披露信息。亚历山大强调了保持这些区别的重要性：

> 总的来说，贾菲诉雷德蒙案承认并提升了社会工作的威望。美国最高法院对临床社会工作者给予了积极评价，并指出社会工作者在辅导方面有权获得与心理学家和精神病学家同样的对待。然而，社会工作者应该牢记，贾菲诉雷德蒙案涉及联邦层次，而各州的法律并没有为心理治疗师提供绝对的保密性，而且在特许通信的例外情况上也有所不同。因此，社会工作机构应提供在职培训，说明本州的特许通信条件。（p. 390）

正如亚历山大（Alexander，1997）所指出的，联邦案件中特许通信的这种绝对性会给社会工作者带来重大的伦理困境（p. 390）。正如上诉法院和最高法院在贾菲诉雷德蒙一案中所承认的那样，特许权是有条件的，如果"为了正义，披露患者辅导内容作为证据的必要性超过患者隐私方面的利益"，特许权可能不适用。最高法院在贾菲诉雷德蒙案的一个重要脚注中指出：

> 尽管要推测心理治疗师的联邦特许权的未来发展为时尚早，但我们并不怀疑在某些情况下，特许权必须让步，例如，如果只有通过治疗师的披露才能避免严重伤害到患者或其他人的情况。

《健康保险患者保护法》 2002 年通过的联邦《健康保险患者保护法》（HIPPA）进一步明确并限定了社会工作者或其他卫生专业人士对保密信息的分享，说明了可以与谁分享这些信息。自该法案通过后，你在看医生的时候可能已经经历了这些变化。患者现在会收到一份关于他们在 HIPPA 下的权利的说明，且必须签署一份授权协议，说明哪些信息可以被提供以及向谁提供。

这对社会工作专业学生的直接影响是，在课堂上或论文中呈现的案例信息需要删除所有识别信息。也就是说，任何可以让人知道个人身份的信息都需要被改变或清除。这包括明显的信息，如姓名和出生日期，但也可能包括其他对个人来说非常独特以至于可以识别这个人的信息（例如，诊断、种族/民族或性别）。如果诊断、种族/民族或性别信息与案例介绍直接相关，那么学生在确信不会导致身份识别的情况下可包括这些信息。

本章小结

所有的新关系，尤其是与权威人士的关系，开始时都是试探性的。服务对象将工作者视为权威的象征，后者有权影响他们的生活。服务对象通常会带来大量过去与专业人士打交道的经验，或是带有朋友、家人或邻居对他们的刻板印象。因此，初次会谈中应探索这种现实情况。

开始阶段需要借助结构，以使服务对象易于接受帮助。实务工作的开始阶段涉及的重要技巧包括澄清目的和角色、寻求服务对象的反馈，以及处理权威议题。订立契约永远不会在第一次会谈中完成；它是一个持续进行的过程，服务对象感知到的需要和机构服务之间的共识将随时间推移而发展和变化。对于抗拒的服务对象和被强制的服务对象，工作者提出可能影响服务对象接受帮助的障碍是至关重要的。需要界定相互的期待，这是订立契约过程的一部分。

社会工作者还应重视服务对象群体的多样性对实务的影响。实务模式需要适应知识丰富、反应敏捷的社会工作者所提出的种族不同的敏感问题。意识到跨文化实务中出现的问题，如白人工作者与黑人服务对象的关系，对于发展紧密的工作关系必不可少。工作者还应对潜在的微歧视保持觉察，即便看似微小的轻视也会对工作关系产生重大的影响。

本章最后从伦理和法律的要求方面讨论了实务的开始或订立契约阶段知情同意和保密的议题。

能力要点

下面列出了本章援引的社会工作教育委员会在《教育政策与认证标准》（2015 年）中为社会工作学生推荐的能力和实务行为。

第一项能力 体现符合伦理的专业行为：

a. 运用《全国社会工作者协会伦理守则》、相关法律和法规、做伦理决定的模式、研究伦理操守和适用于其他具体情形的伦理守则做出合乎伦理的决定

b. 运用反思和自律管理个人的价值观并在实践中保持专业性

第四项能力 投身实务与研究的结合和研究与实务的结合：

a. 运用实务经验和理论来进行科学探索与研究

b. 运用批判性思考来分析定量与定性研究方法及研究发现

第六项能力 与个人、家庭、小组、组织和社区建立关系：

a. 运用人类行为与社会环境、情境中的人和其他多学科的理论框架，与服务对象和不同群体建立关系

第七项能力 预估个人、家庭、小组、组织和社区：

a. 收集和组织数据，运用批判性思考解读从服务对象和不同群体处获得的信息

c. 基于批判性地预估服务对象和不同群体内在的优势、需要和挑战，形成相互同意的干预目的和目标

d. 基于预估、研究知识和服务对象及不同群体的价值观和偏好，挑选合适的干预策略

第九项能力 评估个人、家庭、小组、组织和社区：

a. 选择并运用适当的方法做结果评估

工作阶段的技巧

在一次工作坊的培训课程中，一位参会者表达了她对工作阶段的感受，她的表述总结了许多专业助人者的经验。她说："我在开始阶段做得很好，我也能处理结束阶段，但对中间阶段发生的事情，我就不知所措了。"当一些社会工作者讨论与福利院中的儿童订立契约的问题时，一位参加者回应说："我担心如果我直接而明确地提出要帮孩子们解决问题，他们就会接受我的建议，我就会处于中间阶段。那么接下来我该怎么做？"

本章就"接下来我该怎么做"这一问题的答案进行探讨。也就是说，在开始阶段尝试澄清服务契约之后，该怎么做？请记住，开始和订立契约阶段可能需要经历若干次会谈。我们将按时间并把工作阶段中的概念作为背景来检视中间阶段的工作过程。这些概念包括对焦、开始、工作、结束和转换。

为了避免混淆，在分析单次会谈时，我会用"时段"（stage）一词来指代会谈中的阶段，而不是用"阶段"（phase）一词。因此，一次会谈在分析中具有准备时段、开始时段、中间时段以及结束和转换时段。简单而言，我们为一次会谈做准备，以某种订立契约的形式开始这次会谈，在中间时段做相关工作，接着转换到下次会谈或下一步工作，从而结束此次会谈。

例如，第三章中谈到的准备阶段和对焦的相关技巧，是与服务对象（如个人、家庭、小组或社区）第一次见面前所做的准备。在本章中，这一概念将被用于与服务对象的每一次会谈或接触。我会视情况在"时段"或"技巧"这些词之前增加修饰词"会谈期间"（sessional）。因此，在特定会谈之前的准备工作将被称为"会谈期间的对焦"（sessional tuning in），而每次见面的开始时段将被称为"会谈期间的订立契约"（sessional contracting）。每一次个人面谈、家庭会谈、小组或社区会议都可用工作阶段模式进行分析。当我们在时间的背景下检视会谈时，复杂的助人过程将变得清晰。

但是，我们首先用简化的一般模式来分析工作阶段的面谈。接下来，我们要对典型的面谈中的每个环节进行详细分析。我们会用很多实务场景中的例子来识别和说明具体的技巧。相关研究项目的发现也会被讨论。后面的章节还将探讨与家庭、小组和社区工作有关的工作阶段模式。

工作阶段会谈模式

在第一章中，我们提出了工作阶段的概念，即工作的准备、开始、中间以及结束和转换阶段，以此作为模式来理解与服务对象之间实务工作的动态发展过程。本章将回顾这四个阶段，但这一次我们用其来理解工作者和服务对象之间的会谈。每次的面谈、家庭或小组会谈都被认为包含一个独特的动态过程，涉及开始、中间和结束。特定的实务技巧在会谈的每个阶段都是有用的。一些通用的技巧，如前几章已经讨论过的对焦，现在要在更具体的场景下进行讨论。

上一章定义的"第二个决定"与工作的中间阶段有关。一旦服务对象了解到需要面对情感上的痛苦，并且他们可能要在问题中承担属于自己的那部分责任，或者需要面对其他一些基本障碍，如对工作者的信任，服务对象就要做出决定是否继续合作。这个决定标志着实务工作从开始阶段转向了中间阶段。在开始阶段以间接方式提出的那些困难的、有时是禁忌的问题，即所谓相近问题，会被更为直接、迫切、有力的问题取代。

在前几章中，助人的八个核心技巧被整合为两组，即帮助服务对象处理感受的技巧和帮助服务对象处理自身问题的技巧。本章将对其中的一些技巧进行更详细的讨论，同时也会检视一些其他技巧。为了简化这一部分的陈述，工作阶段的技巧被重新归入一个一般类别，我们称之为技巧因素（skill factor）。一个技巧因素包括一组密切相关的技巧。工作者使用技巧的目的是一组特定技巧的共同基础。例如，在该模式中，工作者在处理服务对象情感方面的所有努力和行为都被归入"同理心技巧"的小标题下。

163　　这里要特别小心：会谈不会总以如此简单和有序的方式展开。例如，一个不堪重负的服务对象可能在会谈开始时就需要工作者的共情，之后工作者才能搞清楚服务对象为什么崩溃。这个模式为了澄清目的而简化了中间阶段会谈的过程；需要认识到的是，现实中事情并不总是如此发生。

表 5-1 列出了中间阶段模式中包括的所有技巧因素。

表 5-1　工作阶段模式

1. 准备时段（会谈期间）	探索禁忌话题
会谈期间的对焦技巧	工作要求
2. 开始时段（会谈期间）	指出障碍
会谈期间的订立契约技巧	识别过程与内容的联结
阐释技巧	分享数据资料
3. 中间时段（会谈期间）	帮助服务对象以新的方式看待生活
同理心技巧	**4. 结束和转换时段（会谈期间）**
分享工作者的感受	会谈结束和转换技巧

工作阶段要点

教育政策 4b
教育政策 6b
教育政策 9b
教育政策 6a
教育政策 7d
教育政策 7a
教育政策 7c

第一小节总结了工作阶段会谈模式。以后的小节会逐一阐述并说明该模式中包括的所有技巧因素。

准备时段（会谈期间）

在准备时段，工作者要在每次会谈前让自己对会谈中可能出现的话题保持敏感。对之前会谈的回顾、服务对象或其他人传递来的信息，或对工作中出现的细微情况的识别，都能提醒工作者注意服务对象当前潜在的问题。工作者也会发展出一些初步的策略来直接回应间接线索。这涉及前文介绍过的技巧，即将服务对象的感受转化为语言。

开始时段（会谈期间）

在每次会谈的开始时段，工作者的中心任务是找出服务对象目前关心的或正在进行的事情。使用会谈期间的订立契约技巧可澄清手头要做的工作。在一些例子中，工作者可能会提出需要解决的问题，并将这些问题纳入订立契约的讨论。由于服务对象常常使用间接沟通的方式来表明他们关心的问题，工作者应尽可能确定服务对象的议程，然后尽快开始工作。在医学模式的框架下开展实务工作，这是很危险的。因为工作者如果已经根据预估和诊断确定了服务对象应该做什么，就难以"听到"（hear）服务对象提出的问题。阐释技巧在这个阶段也很重要，该技巧可以帮助服务对象说出他的故事。一个常见的错误是，工作者在真正了解服务对象的问题之前，就回答了服务对象的问题。

中间时段（会谈期间）

当会谈契约被初步议定后，会谈进程就进入了会谈的中间时段或工作时段。这个时段的首要任务是工作者使用同理心技巧来帮助服务对象讲出信息中的情感部分。工作者也应做好准备，尽量自然地分享工作者自身的感受。由于许多问题涉及禁忌领域，工作者应做好准备，帮助服务对象突破那些阻碍自由讨论的社会规范，从而可以探索禁忌的感受。

随着工作推进，在服务对象那里遇到一些抗拒是很正常的，他们往往对进程有两种想法。人们总是一边寻求成长和改变，一边频频后退，试图守住自己的舒适区和已知的东西。当会谈工作进展顺利时，这种矛盾心理常会出现。它可以表现为回避（例如，从一个问题跳到另一个问题）、防御、绝望或其他形式。

工作者需要认识到，抗拒是工作的正常部分。工作者常常以为，服务对象的抗拒说明工作者做错了什么。讽刺的是，事实往往正好相反。缺乏抗拒可能意味着工作者推进得不够；抗拒往往说明工作者做了正确的事情。如果我们把抗拒行为看作服务对象的沟通方式，即传达出他们要面对困难的领域、体验艰难的情绪、难以为行为承担责任等等，工作者就不会害怕抗拒，而会欢迎抗拒的表达。有一定经验的工作者会比较容易做到这一点，但对于新手阶段的学生或工作者来说，这很难处理。

这就好比服务对象说："看，社会工作者。我们正在接近一个艰难的领域，我需要你帮我搞明白为什么这么艰难。"本书的框架中特别重视探讨服务对象的抗拒，或强调工作者识别并与服务对象讨论这种抗拒的能力，这包括提出工作要求以帮助服务对象做好准备进入其后的重要步骤。其他一些实务模式建议"顺应"、"规避"或只是"避开"产生抗拒的领域，我不同意这样的观点。虽然我同意时机很重要——例如，在稳固的工作关系尚未建立起来时，在工作的早期阶段要尊重抗拒——但我认为在实务工作的工作阶段或中间阶段避免抗拒是一个错误。这种回避会导致工作错觉，即服务对象只说他认为工作者想听的东西。这也意味着抗拒所传达出来的问题、担忧和感受仍然没有被表达出来，没有被探索，也没有被解决。

随着工作阶段的推进，可能会出现一些障碍使服务对象在努力中感觉受挫。例如，服务对象和工作者之间的情绪流动就可能成为一种障碍。当工作者提出工作要求时，服务对象可能会对工作者做出反应，而这种反应又会影响工作关系。当这样的障碍出现时，工作者和服务对象都应加以注意。因为工作者和服务对象的关系类似于服务对象的其他关系，对这些障碍的讨论可以帮助服务对象理解他更大的问题。当工作者注意到工作中重复出现这样的情况时，这些障碍通常会被揭示出来。

另一组技巧被称为识别过程与内容的联结。这类技巧包含的中心思想认为过程（或者说是工作者和服务对象之间的互动）往往能提供关于工作内容的线索。实际上，服务对象可能（有意识或无意识地）将工作关系作为手段来提出和解决问题，在讨论中这些问题重大又关键。例如，一个想要实现思想和行动独立的服务对象可能会表现出对工作者的极端依赖。服务对象好像在说："你想知道我在依赖和独立方面存在的问题是什么样的吗？看着我！"

被停学的非洲裔美国高中生 另一个例子发生在布法罗大学 VISA 的小组会谈中，一位因暴力行为而被停学的非洲裔美国高中生与一名白人社会工作者产生了冲突。来自城市中心区的黑人青少年和来自郊区的白人社会工作者之间，存在着隐秘的跨文化禁忌问题，当工作者巧妙地解决了这个问题时，这就成为强化工作关系的一个重要步骤。由于理解了过程与内容的联结，讨论很快就转到了该学生与他的白人老师和行政人员之间的冲突上，该学生认为这些人是种族主义者。因此，过程和内容就被整合了。

需要花点时间来思考这一重要概念。当我们意识到服务对象和社会工作者之间的互动实际上是服务对象必须应对的核心而又禁忌的问题时，经常出现的将过程（工作的方式）和内容（工作的内容）错误二分对立的问题就得到了解决。通过处理过程，工作者实际上帮助服务对象了解了内容。又一个错误的二分对立败落了！随着讨论的继续，我们会解决更多的二分对立错误。

有两个工作者技巧同识别过程与内容的联结有关，一是识别这些联结，二是向服务对象指出这些联结。如果服务对象意识到他们这种使用过程来处理内容的方式，可能就会从中学习并调整他们与其他人的互动。例如，服务对象若认识到对工作者依赖的含义，就可能会在助人关系中承担更多责任，从而变得更加独立。反过来，这也是一种训练手段，帮助服务对象练习新的技巧以实现独立。这些技巧以后还可用于其他重要的关系中。

回到那个非洲裔美国高中生的例子。这样的讨论可以帮助他更好地评估何时他真正受到了种族歧视，何时他这样认为但种族歧视并没有发生，这时或许有很多合理的理由。这也可能帮他找到更具适应性的方式来应对这些高度紧张的互动，减少他的麻烦。他可能仍要面对有种族主义倾向的专业人士，但他可能发展出更有效的策略和干预措施。

另一个例子曾在第三章提到过，在医院为有慢性病孩子的妈妈们开设的互助支持小组中，一个愤怒的母亲在第一次小组会谈上攻击了新来的工作者。我当时提到，这位母亲其实是在向工作者显示，她正在用愤怒来回避她的痛苦感受，并且在最需要帮助的时候把帮助她的人推开。这为如何处理与小组的工作直接相关的过程（权威主题和她的愤怒爆发）提供了示范。

接下来看一下分享数据资料的技巧。我的观点是，服务对象有权看到工作者这一方的数据资料。与一些要求工作者保持中立的观点相反，我认为工作者分享事实、意见和价值判断等信息是助人过程的一个重要组成部分。不过，工作者需要考虑何时以及如何分享数据资料。例如，工作者应注意只分享那些与服务对象的工作相关而在其他情况下服务对象无法获得的数据资料。这些数据资料可以公开分享，因而服务对象可以自由选择是接受还是拒绝工作者的观点。

另一组技巧被称为帮助服务对象以新的方式看待生活，也可称为"重塑"（refra-ming）、"帮助服务对象以新的方式看待系统中的人"，或是关于服务对象的想法（认知）

166

导致了他们的困境这一理念的不同表达形式。本书第十七章中描述的寻解治疗和认知行为模式中的很多实务技巧都可以包括在这组技巧中。这些技巧会帮助服务对象重新查看关于他们自己、他们的问题和其他人等方面的认知，然后审视这些认知，其目的是发展出一个更准确的认识。

例如，一位有精神疾病的服务对象可能认为自己在生活中是个失败者。帮他回顾生命中成功的事，包括那些他并不认为是成功的事，可以帮助他改变自我意象（self-image）。这个过程可以影响他的感受和行为，帮助他应对当前生活中的问题。更有效地应对也会提升他的自我意象，这样能形成一种正向的循环。

一个物质滥用戒除后又退回原状的人可以找出他生活中较长的保持节制的时间，这样服务对象就开始理解退回原状是康复的一部分，只要他可以从中学习，他就可以采取下一步的积极行动。了解哪些因素能够助其康复，可以促使他寻求这些支持来源（例如，朋友、亲属、支持团体）的帮助。因暴力行为而被停学的学生，在返回学校后可以思考自上次停学以来保持积极行为的时间以及生活中哪些情况可以帮助他们做到这一点。最后两个例子说明了寻解干预的方法，第十七章中还会详细介绍循证实务工作。

结束和转换时段（会谈期间）

会谈的结束和转换呈现出重要的动力，需要工作者的关注。此外，在服务对象准备离开时，在整个会谈中以间接方式提出的问题可能会直接呈现出来并带来一些影响（典型的"门把手疗法"现象，这将在后面讨论）。例如，一个十几岁的女性服务对象说"有个朋友有些问题"，在会谈的最后几分钟才透露她已经怀孕。最后，会谈需要转换到以后的会谈和未来的行动上。工作者用一些会谈结束和转换技巧来结束会谈，并将这一次会谈与服务对象未来的工作或生活中的问题联系起来。

为了用简单的术语描述这个复杂的过程，我只能再一次将中心思想高度简化。工作阶段的会谈并不像我在这里概述的这样简洁。而且，这些技巧类别并不互斥。例如，随着会谈期间订立契约过程的进行，工作者将使用阐释、同理心和工作要求的技巧。以高度简化的方式来描述这一复杂过程能提供一个模式，为我们指明方向，让我们在探索每个时段和每个技巧因素时更为深入。

会谈期间的对焦技巧

第三章中描述的对焦的各种原则也适用于与服务对象的每次接触。在这个过程中，工作者应努力使自己对会谈中可能出现的潜在问题和感受保持敏感。工作者也应对焦自己对会谈的感受。这时，工作者可以利用个人的回忆、与人类行为相关的文献、服务对象或同事和督导员的意见来深入理解服务对象的挣扎，尤其是要理解服务对象与重要的他人和系统之间的共生关系。现在开始探讨这些准备工作或会谈期间的对焦技巧。

对焦服务对象的紧迫感

由于服务对象的矛盾心理或是缺乏对问题有意识的察觉，他们的沟通方式常常是间接的。例如，服务对象在会谈开始时说："与前一周相比，这个周末多么美好啊！"他可能会继续用积极的语气来描绘这个"美好"周末的细节。

以相反的感受开场　在服务对象所有的话中，有一句是"与前一周相比"。对真正在倾听的工作者来说，这句话是一个危险信号，显示出这次会谈真正的重点所在。服务对象可能并不知道是否应该说出痛苦的感受，也不确定工作者是否真的想听。因此，服务对象通过表达与他内心深处的感受相反的情绪来开始本次会谈。他等着看工作者是否会注意到他给出的第一个信号（即对问题最初的暗示）并直接予以回应。工作者可以通过做好倾听的准备来大大增加在工作开始时抓住关键问题的机会。例如，在这个例子中，工作者会意识到在两次会谈间服务对象生活中发生了一些事，这些事可能会改变服务对象的紧迫感。

刚被检测出艾滋病病毒阳性的服务对象　另一个例子中，一个工作者准备与一个已有的服务对象会谈。该服务对象来见工作者是因为其艾滋病病毒检测呈阳性，这可能是感染艾滋病病毒的标志。该服务对象给工作者打电话预约见面，并告诉工作者，医生说他得了艾滋病相关综合征，这些轻微症状下一步会全面发展成艾滋病。这个个案中的社会工作者再一次试图对焦由这一诊断引起的震惊、痛苦和恐惧情绪。然而，该工作者要先对焦自己对另一个服务对象的情绪，那个人的病情不断加重，即使有新的治疗药物，可能还会面临死亡。这引发工作者对很多已经去世的服务对象和朋友的感受。这个工作者发现，在会谈前与同事分享自己的悲痛是很有帮助的。

虽然时间能治愈许多与生活中的丧失有关的感受，但令我惊讶的是，失去一位服务对象的感受可以持续很多年。二十多年前我带领过一个处于物质滥用早期康复阶段的艾滋病患者小组，我在本书小组工作的章节详细描述了当时的情况。小组中有一个叫蒂娜的服务对象，是个变性的女性。她在身体向女性转变期间接受了激素治疗，并且由于她使用非法药物，她无法采用当时的艾滋病治疗方法。她在小组结束后不久就去世了。直到今天，当我在课堂上或工作坊上读到我留存的关于蒂娜的服务过程记录时，我仍能感受到失去她所具有的各种情绪，一如当年她去世时那样。从那时起，与其他处于危险中的服务对象一起工作时，我会使用这一经验来对焦我自己的情绪以及服务对象的情绪。

寄宿机构中的治疗和父母错过探访　另一个示例发生在一家寄宿机构中。社会工作者被儿童护理员告知，发生了一件对其中一个寄宿者来说很艰难的事情，这个孩子的家长没有在约定的周末来探望。工作者做好准备，对焦到服务对象可能有的被拒绝和伤害的感

168

受。基于以前的普遍经验，或是观察到的这个孩子的独有模式，工作者预测到这种感受也可能会以间接的方式表达。例如，一个人面临痛苦时，"战斗或逃离"的模式是很常见的。不同的寄宿者可能会用不同的方式来"逃离"痛苦，如借助多动、消极、回避，或使用药物或酒精来表达。其他人可能会通过"战斗"来回应痛苦，如通过引发与同伴、儿童护理员甚至社会工作者的冲突来表达。表现出对工作者的愤怒，比处理对父母的愤怒更为容易。

寄宿机构中的治疗和一个家长的死亡　在另一个寄宿场所的例子中，工作者被告知，一个少年刚刚得知他的父亲去世了，他要在第二天回家参加葬礼。这个少年似乎难以消化这个消息，他通过回避来面对。工作者通过回想起一个近亲属死亡后自己的感受，来对焦这件事对这个少年的影响。他想象这时会存在复杂的感受，一方面想要独处且不想谈论伤痛，另一方面极度渴望与人分享其感受。他觉得这个男孩需要痛哭一场，尽管在社会习惯中哭泣不够有"男人气概"。工作者努力与自己的悲伤建立联结，这样他就不会逃避这个少年的悲伤。

他猜测会有间接的线索出现。当时，这位少年在休息室里徘徊，看起来很悲伤，但什么都没说。工作者准备触及他的感受，表示可以和他谈谈，但同时尊重他独处的权利。虽然这个少年没有立刻回应，或者说根本没有回应，但他至少知道工作者是关心他的。在合适的时机，工作者提出话题：

> 我听说了你父亲的死讯，我想让你知道我很难过。我想我能理解这种伤痛。如果你想和我谈谈这件事，或是今晚一起待一会儿，我会很乐意这么做。如果你只是想自己待一会儿，我也能理解。

在这样的情况下，少年说他想一个人待着。然而，当工作者在睡前过来道晚安时，少年开始哭泣。工作者坐了一会儿，分享了自己的伤痛，然后听这个男孩谈起他的父亲。（上夜班的寄宿机构工作者经常报告，睡前是孩子们最脆弱的时候，这个时候他们会提及痛苦的事情。）

当发生创伤性事件时，工作者可以在会谈期间订立契约的时段制定策略，来直接触及这一事件。如果出现其他不那么紧急的主题，工作者要留心可能出现的情况。然而，在两次会谈之间，服务对象的生活可能出现新的问题。大多数情况下，工作者在会谈开始时要从他自己的头脑中清除掉所有这些潜在的主题，倾听和观察服务对象。对焦是试探性的，工作者应对可能出现的感受、问题和回应保持开放态度，可能会出现与对焦过程中呈现的感觉、问题和回应完全不同的情况。会谈期间的对焦会有助于工作者听到并正确理解那些间接沟通。仔细检视就可以发现，那些在服务对象把手放在门把手上准备离开时提出的问题常常在会谈开始时就有暗示。如果是这样的话，与服务对象讨论为什么在会谈开始时很难提出这个问题，就能再次说明内容和过程之间错误的二分对立。

对焦工作者自己的感受

工作者的感受既可以促进也可以阻碍工作的完成。例如，当想到一次面谈时，工作者可能因为他没有倾听服务对象、想要实施一个议程，或是对服务对象说教，而认为自己"搞砸了"这次面谈。工作者可以很容易地对焦到服务对象的沮丧和愤怒，然后计划重新开始。工作者可以向服务对象道歉，指出自己如何"错失"服务对象，并邀请服务对象讨论他的反应。

教育政策 1b
教育政策 2b
教育政策 1e

　　在这种情况下，工作者对焦自己收到负面反馈时的感受就尤为重要。寻求负面反馈对于没有经验的工作者来说，是最难培养的技巧之一。学生们经常会说："我感觉到他对我不满意，但我没有去探究，因为我怕他会告诉我他真的不满意。"如果服务对象接受提议并给出负面反馈，那会是什么感受？工作者如果能够联结自己对怀疑的感受、对工作的不安全感以及当服务对象发怒时可能出现的恐慌，就会有更好的机会避免出现防御。这可能会让工作者重新思考什么是专业人士。

　　具体来说，工作者会越来越适应专业人士可以承认错误这一理念，而不是像一些实务文献中所描写的那样，专业人士总是正确的，永远不会犯错。工作者的诚实和无防御为服务对象提供了示范，让其发展出同样的能力。例如，在与一个防御的父亲合作时，工作者可以示范如何不为错误的行为防御（过程），然后帮助服务对象看到他自己对孩子的防御（内容）。

　　向工作者撒谎或试图贿赂工作者的新移民服务对象　　另一个例子涉及工作者控制服务对象的资源获取的情况。在会谈中，助人者需要限定或者发挥其助人功能，以控制服务对象的资源获取。例如，在为刚从东欧国家来的新移民服务时，机构中的社会工作者可能发现服务对象为了从该机构获得某些福利而谎报了可用的家庭资源。如果工作者已经和服务对象建立了良好的关系，那么工作者很可能会因服务对象行为感觉受伤和失望。工作者可能会生气并且怀疑服务对象是否一直在"欺骗"他。

　　服务对象的行为常常是重大问题的间接信号，显示出助人关系中的困难之处，或者成为试探存在的限制的一种方式。在这个例子中，欺骗行为与服务对象对如何与权威人士打交道的观念有关。这种观念是服务对象在东欧生活时所形成的。社会工作者被认为是政府的代理人，他们有很大的权力来控制服务对象的生活。为保护从之前的国家带来的家庭财物，服务对象十分焦虑不安。其行为一旦被发现，社会工作者可以限制服务对象的福利，同时也可利用这一事件帮助服务对象建立对社会机构和政府的新看法。这种思维转变对于服务对象成功适应新的国家很重要。

　　我记得一个移民援助机构的工作者们以十分幽默的方式描述了他们刚开始为俄罗斯移民服务时，面对初次会谈中这些人企图贿赂自己时的第一反应。他们起初很震惊，直到他们开始理解，这是服务对象在刚离开的国家中获得服务的方式。社会工作者可以利用这些事件来帮助移民实现转换，而不是以愤怒来回应。（这当然是假设与他们接触的那些官员是拒绝受贿的！）

　　专业助人者也和服务对象一样脆弱，他们常常因为害怕在情感上受到欺骗而拒绝冒险。如果这些例子中的社会工作者能够触及他们的感受，他们就更有可能让这一事件成为

170

关系中的重要转折点，而不是觉得这宣告了工作的终结。

这里探讨的论点是，工作者同服务对象一样也是人，只是具有特殊的功能和技巧并能将这种功能付诸行动。工作者的感受可以深刻地影响行动，这和服务对象是一样的。例如，与一位母亲建立了初步关系的儿童福利工作者会在其邻居报告她忽视孩子后害怕即将进行的面谈。正如一位工作者所说的："我觉得自己像个卑鄙小人。我鼓励这个女人向我敞开心扉，分享她的感受，而现在我可能会把她的孩子带走。"在工作中最需要帮助的时候，这种感觉会使工作者变得强硬，摆出姿态来，切断自己在提供帮助时真正应有的感受（Shulman，2016d）。

对焦服务对象挣扎的意义

在与服务对象一起工作出现一些模式时，工作者常常应该后退一步，尝试以新的方式来理解服务对象的挣扎。一个单一事件可能有一种含义，而服务对象对问题、冲突、压力、焦虑等的反应模式可能有其他的含义。

一位父亲与试图出走的十七岁儿子之间的冲突：寻找共同点　例如，工作者与一位父亲会谈，他的十七岁的儿子打算出走，这位父亲想要解决这一问题。这是一场典型的斗争，但工作者必须思考这场斗争对于父亲而言有什么特殊意义。了解这位父亲正在经历的生命发展阶段有助于说明这对父子关系的独特之处。有关中年危机的文献告诉我们，人们在三十多岁时面临的挣扎是为了在婚姻中实现自己的个体意识。父亲可能在儿子身上看到了叛逆的迹象，这反映了他自己的感受，而他正在努力处理这种感受。

若工作者对这个父亲的内在冲突相当敏感，当讨论中出现了这个话题时，工作者就更可能听懂。帮助父亲面对自己的危机可能是帮助他理解和处理儿子事情的最好方法。工作者可以通过生活经验、工作经验、专业文献、督导，或从其他服务对象和小说中获得这样的理解。在许多方面，这样的工作经验就是生活教育，而工作者是一个渴望学习的人。每个服务对象都会教给工作者新的东西。如果工作者在倾听和感受，那么与服务对象的每一次接触都会使工作者发生一些变化。事实上，如果工作者在与服务对象接触时没有受到某种程度的触动或教育，那么工作者的方法可能是有问题的。这是互动模式的另一个关键概念：不仅服务对象可能因为这段关系而改变，社会工作者也会更理解日常生活和他们自己，这是实务工作的积极回报之一。

在互动性实务方法中，对焦过程的一个特别重要的方面是，当遇到障碍使双方都受挫时，工作者要有能力找到共同点。在发展其实务方法时，施瓦茨（Schwartz，1961）将方法描述为工作者实现助人功能的手段。然后他确定了工作者的五项一般性任务，这些任务构成了社会工作的方法。第一项任务是"在服务对象对其自身需要的看法和他所面对的社会需要之间找到共同点"（p. 17）。工作者可以通过许多不同的方式完成这项任务；在当前这个例子中，需要探索的是父亲和儿子之间的联系。

我已经指出了一种可能的关联，即这个儿子的挣扎也许与其父亲的挣扎类似。让我们来探讨一下其他的可能。例如，当一个年轻人追求独立时，他内心中的某些部分仍想与家庭的安全感和关心他的人保持关联。儿子在步入成年期时对安全感的需要，与父亲对儿子萌芽中的独立意识的关注之间存在某种联系。但父亲和儿子都很难察觉到这种联系，或只能觉察到一部分，但这种联系还是存在的。

另外，父亲也期待儿子长大成人。父亲的期望与儿子寻求独立的努力之间存在什么联系？显然，这些联系是微妙的，很容易被双方忽略，因为矛盾的感受导致的障碍已经将他们淹没。这就是为什么工作者必须对焦共同点，在共同点出现的时候对其保持敏感。在父亲和儿子的愤怒和相互指责之下隐藏着对对方的情感，这种情感需要被识别和培养。这不会使儿子争取独立的抗争或父亲放手的挣扎变得容易——这两者都很难。但是，它会让双方保留他们之间最重要的东西。

对焦工作者的时间和压力现实

工作者经常对我说："这听起来不错，但谁有时间去做呢？"巨大的工作量和事情发生的速度往往使得工作者无法留出时间来准备会谈。事实上，许多社会工作者面临着难以承受的工作量，公共服务部门的社会工作者尤其如此。工作者们最近谈到了"完成压力"，这通常发生在儿童福利领域，他们每月需要完成一定的探访服务对象的次数，或是要在24小时内完成响应虐待案例的报告。他们称自己仓促地去寄养家庭探访，例如，当情况并不需要如此密切监督的时候也要这么做。由创伤性案例或司法裁决所形成的公众压力、报纸文章或政治压力会产生这种"完成压力"。在发展互动性社会工作实务理论的研究设计时（Shulman，1991），我在最终模式中也纳入了测量一段时间内（每三个月一次）工作者工作压力和工作可管理性（manageability）的变量。

关于工作压力和工作可管理性的研究 我在一个大型公共儿童福利机构做的相关研究表明，161 名一线工作者中约 84％的人认为他们有工作压力（"非常同意"和"同意"两类合并计算），只有约 26％的工作者认为他们的工作是能应对的（Shulman，1991，p.140）。最近，管理式照顾机构要求的限制条件和私人执业的资金要求增加了这些压力。私人机构中服务对象的预约安排可能是一个紧接着一个，工作者在"按小时计算"（billable hours）的压力之下，难以有时间来做记录或对焦。

173

在高压力的机构中对焦：机构过度活跃综合征（agency hyperactivity syndrome） 鉴于这些现实情况，工作繁忙的工作者需要尽可能地对焦，并认识到他们面对所有服务对象时，提供服务的能力总是有限的。工作者常常承认，他们在开车回家或在回顾一周的工作时，才有时间在情感上与一些服务对象联结。此外，许多例子中可以发现，由于缺乏对焦的时刻，工作者错过了问题的早期线索（服务对象最初的提示），从而导致问题升级，甚至变得难以处理。例如，当寄养家庭的压力提示被忽视，工作者不得不将寄养儿童转移到新环境所需的时间很容易成为工作压力和工作不易管理（unmanageability）的重要因素。因此，工作者陷入了应对危机的恶性循环之中，而不是提供持续的预防性服务。

处理性虐待或临终疾病等棘手问题的高压力机构中经常出现一种模式，即工作者和管理人员从事着我称为"机构过度活跃"的活动。沉重的工作压力确实需要他们努力工作。但是，忙碌似乎是一种不良的方式，工作人员借此来逃避工作的痛苦。他们实在是太忙了以至于无法对焦。那些持续与服务对象进行情感联结但缺乏自己的支持来源的工作者往往会经历职业倦怠（burnout），或者是现在所谓的"二次创伤"（secondary trauma）。（第十七章会详细讨论二次创伤的问题。）封闭感情不是解决办法，因为这也会导致职业倦怠。

我的一项研究发现，督导员支持和同事支持的可获得性以及工作者使用这些支持的意愿，都预测了工作者对焦到服务对象的能力（Shulman，1991）。不过，这项研究的其他发现表明督导员也需要支持，以使他们能够对焦和帮助一线工作者。

对焦工作者自身的生活经历

教育政策 1b
教育政策 2b
教育政策 1e
教育政策 1a

在我看来，工作者同理心方面的能力会随着使用而增强。工作者令人兴奋的成长来自与服务对象的关系。在有限的范围内，工作者渐渐能更经常、更准确、更深入地感受到服务对象的体验。工作和生活的经历产生理解，这种理解在需要时可以被调动起来。工作者在服务对象正在处理的问题上可能会发现他们自己的感受，其中一些涉及他们自己生活中尚未解决的问题。这是实务工作的回报之一，许多人因此进入这个领域。很少有社会工作者是因为较宽松的工作时间或高经济回报而进入这个行业。帮助他人的动机是存在的，但他们也明白，帮助他人时也是在帮助自己。

这就是工作互动性的含义——服务对象的感受影响着工作者的感受。如果我们不把专业工作者看作已经找到生活中所有问题的答案并准备分享给服务对象的人，而是把他看作具有特殊功能角色和具备实现该功能的技巧的学习者，这个观点就更容易理解。

174

由于社会工作者的生活经历和服务对象的生活经历之间可能有非常近似之处，因而工作者应防止出现反移情（countertransference）的情况。反移情是工作者对服务对象的复杂情感。例如，年轻的工作者仍在和自己的家庭抗争以求得独立。他们可能会发现自己的感受使得他们同与父母斗争的孩子产生共鸣。工作者可能会与这个家庭中的一位家长建立联系，就像他是自己的父母一样。在一个更复杂的案例中，经历过性虐待的工作者与有相同经历的服务对象一起工作时可能会产生反移情。

在通过实务工作来探索自我的终身教育过程中，督导员可以对工作者有很大帮助。然而，一个类似的危险是，督导员可能会失去他的功能感，开始把社会工作者作为服务对象，而不是学生或员工来对待。督导过程会演变成不恰当的个人治疗，督导中会探讨工作者与自己的原生家庭之间未解决的问题，而不是关注个人经历在实务中对服务对象的影响。本书作者出版的关于督导的书中对这个问题进行了更详细的讨论（Shulman，2010）。

会谈期间的订立契约技巧

在我早期研究项目的一个部分中，在征得服务对象同意后，我拍摄了与服务对象的面谈并进行了分析（Shulman，1991，2017）。服务对象知道这些录像带将由大学里他们不认识的研究员进行分析；不过，在面谈过程中，房间里只有服务对象、工作者和摄像机。

其中一盘录像带明显地说明了与会谈期间订立契约有关的问题。会谈开始时，服务对象以暗示而不是直接提出的方式谈到了她对孩子的担忧。工作者倾听了她的担忧，但很快就表明，工作者在这次会谈中有她自己的议程，因为她的提问试图将服务对象引向其他问题。几分钟后，服务对象再次暗示并第二次提出她的担忧，而且这次比之前更强烈、更清晰。工作者仍然没有听到，因为她专注于自己的议程。又过了几分钟，服务对象进行了第三次尝试，但工作者又一次错过了。这时，服务对象露出非常挫败的表情，转过身来面对摄像机说："你明白我在说什么吗?"

这个面谈说明了当服务对象和工作者专注于不同的议程时出现的问题。它还提出了一个更大的问题，即对面谈的控制问题。这个问题直接来源于指导专业助人者思考其工作的范式。会谈期间的订立契约技巧为我们提供了很好的机会来阐明这个根本的问题。

从服务对象的紧迫感入手

在互动性方法中，服务对象竭尽所能地来解决困扰他们的问题。服务对象发现他们对问题的紧迫感会随着他们生活的现实情况而改变。互动性实务理论的一个主要假设是，服务对象只会投身于他们认为重要的问题领域。工作者的任务不是决定服务对象应该解决什么问题。相反，工作者应尝试使用会谈期间的订立契约技巧来发现服务对象实际上在解决什么问题。

我已经探讨过服务对象在直接交流他们的想法和感受时遇到的一些困难，特别是在每次会谈开始时。服务对象经常含糊不清地提出他们的担忧，并通过间接的沟通方式来表达这种矛盾感受。例如，服务对象可能在会谈开始时说那一周的情况有多好，而实际上却面临着一个困难的问题。若干年前我带领的一个多对夫妻参加的小组中有个例子说明了这种情况。

一次夫妻小组会谈中的会谈期间订立契约：禁忌话题

实务要点：请注意服务对象谈及性的话题时所用的间接方式。工作者通过接着谈论上一周抓住了这种矛盾心理，而不是谈论这周"真的很好"。

> **工作者**：有人想讨论什么话题吗？
>
> **弗兰**：我们这周没有什么问题，这周真的很好。我们之间的沟通比以往都要好。（沉默。）我们上周遇到了一个问题，若是以前我真的会很生气，但我想这次我对泰德很有帮助（看向她丈夫）。
>
> **工作者**：你能告诉我们一些当时的情况吗？
>
> **弗兰**：那个问题与我们的性关系有关（紧张地看着泰德），但我不确定泰德是否愿意讨论这个问题。

实务要点：进一步的讨论显露出泰德早泄是这对夫妇主要的担忧。但这位服务对象第一次提出她的担忧时强调了与真实状况相反的情况。

寄养青少年向独立生活的过渡

实务要点：在另一个例子中（第三章曾提到过），一位 18 岁的寄养青少年即将离开儿童福利机构的照护，他用一个比喻来引入对其无所归依的感受和可怕孤独感的讨论。

> **服务对象**：你有没有想过太空，想过太空永远没有尽头？
>
> **工作者**：是的，我曾想过。你想过这个问题吗？它是否困扰你？
>
> **服务对象**：有时我想象我是一只小球，飘浮在永无止境的太空中。升高一点，再往右一点："世界，再见。"
>
> **工作者**：你在空中飘浮，这一年你经历了所有这些改变。

176

实务总结：服务对象详细并饱含感情地描述了他在这一年中待过的所有地方（有八个地方），他母亲和一个叔叔的去世，以及他在这个世界上的孤独感。讨论继续进行，他痛苦地描述了在重要的与家人团聚的节日，如圣诞节，他独自坐在黑暗的电影院里的感受。工作者注意到服务对象在说出"世界，再见"时暗含有自杀的想法，但工作者并没有对此做出回应。下一次会谈中，她仔细倾听了服务对象的进一步暗示，了解他的绝望有多深并直接问他是否考虑过自杀。他表示，他感到非常低落，但他对生活有太多期望，他还想继续奋斗。

间接沟通的其他例子　在最开始以间接方式提出忧虑的例子几乎不胜枚举。一位家长非常担心她孩子的情况，且对自己的养育方式感到愧疚，她通过攻击工作者帮助她孩子的能力来表达自己的担忧。寄宿治疗中心的一个孩子发现他的父母在圣诞节期间不能带他回家过节，就通过对抗其他寄宿者和工作人员的方式来表达他的感受。或者相反，一个即将回家的孩子通过对抗工作人员来表达他对回家和面对家庭冲突的焦虑，最终导致回家之行的取消。一位孩子刚因艾滋病去世的母亲，在与工作者的第一次会谈中不停地谈论她那一周做了很多事情让自己忙碌，让工作者看到她用过度反应来逃避痛苦。

护理院里一位老年患者的成年女儿一直为没能把母亲接到自己家中照顾而愧疚，她通过质疑护理人员的服务质量来表达这种情绪。一位有吸引力的少女是性虐待受害人，在寄宿机构中她会穿着挑逗性的衣服，向年轻的男性社会工作者示好。她以这种方式表明她需要解决与男性的关系问题，以及长期感觉自己是"损坏的物品"而导致的女性自我价值感方面的问题。

在每个个案中，服务对象都在解决重要的问题。有时他们觉察到了自己的情绪却难以表达。另一些时候情绪潜藏在表面之下，但服务对象自己并没有觉察。无论在何种情况下，服务对象都会给提示，但这些提示在最初是难以理解的。由于沟通的复杂性，工作者常常觉得服务对象没有行动，所以决定接手，替代服务对象确定其议程。但是，如本节开头的例子所示，如果工作者没有积极尝试去了解服务对象的议程，工作者就很难理解他们的议程。

有关会谈期间订立契约方面的研究

我的另一个项目研究了 118 名工作者，其中关于 11 名工作者所做的实务工作的研究结果与会谈期间订立契约的问题有关（Shulman，1981，2017）。这 11 个人同意对他们的实务工作进行拍摄和分析。这些研究结果不能被推广到样本之外，否则会犯错。但是，根据我在各类场所中提供咨询的经验，我发现这种模式一直是存在的。

每段录像都由受过培训的评分员进行分析，他们计算每类行为（例如，澄清目的、鼓励阐释、处理感受）出现的次数，每隔 3 秒就记录一次。这些会谈的数字记录用计算机进行分析，用这种方式对超过 120 小时的个人和小组实务工作进行了分析。

根据评分员的判断，我们可以确定工作者是处理了服务对象担心的问题，还是只关注自己的议程。根据这一分析，工作者只有 60% 的时间关注了服务对象关心的事。接下来，我们将会谈分成三部分，大致相当于工作的开始、中间和结束阶段，对每个部分进行分析。在开始阶段，工作者有 65% 的时间聚焦于服务对象担忧的问题，但在中间和结束阶段，这个比例下降到 58%。这一发现表明，在会谈的开始阶段，订立契约并不成功的概率很高。

近期的一项研究（Shulman，1991）显示，工作者们在"获取反馈"（询问服务对象对紧迫感的看法）这一技巧上的总体得分处于"很少"和"常常"之间。这个技巧在所研究的八个技巧中排名第六。当引入时间作为一个因素时，我们发现这个技巧与工作关系发展的相关性（两个变量之间无方向的相关性测量）在中间阶段比在开始阶段更强。这一发现说明，会谈期间订立契约具有持续的和不断增长的重要性。

医学模式对会谈期间订立契约的影响

之前我曾提出，会谈期间订立契约的问题与对会谈进行控制的考虑以及指导工作者助人过程的范式有关。我相信，一些工作者遵从的范式是让他们承担决定议程的核心责任。他们认为一个好的工作者能够控制会谈，从而帮助服务对象实现选定的目标。与督导员和同事的个案会议也可能为会谈制定议程，确定工作者需要完成的具体目标。不幸的是，服务对象没有参加会议，他们并不知道这个计划。工作者如果完全按照这种模式操作，就可能无法听到服务对象以间接方式传达出的紧迫感，因为工作者会专注于完成他们自己在会谈中的目标。

有些时候，工作者确实会把议程带到会谈上。机构的议题、需要分享或获得的信息以及其他的话题都会是会谈的一部分。会谈期间的订立契约表明，工作者可以开诚布公地向服务对象提出这些问题，与此同时试图去确认服务对象对问题紧迫性的看法。会谈期间的订立契约汇聚了工作者的议程事项和服务对象的紧迫需要。无论是服务对象还是工作者都需要暂时把自己的议题放一放。

很明显，即使我们在讨论诸如会谈期间订立契约这样的具体技巧，我们也需要考虑工作者的功能意识。如果工作者认为他的任务包括了制定议程，那么这里讨论的会谈期间的订立契约就与他无关了。然而，如果工作者认为这是服务对象的任务，并且相信在工作者的帮助下服务对象有能力完成此事，那么所有的会谈都会从初步了解开始。工作者在每次会谈开始时都会倾听服务对象所关心的问题，而且面谈的控制问题也迎刃而解。重要的是，这是一个汇合的过程，无论工作者的观点如何，会谈都"属于"服务对象。

178

此时一个常见的担忧是，如果工作者总是对服务对象的议程做出回应，服务对象可能会通过提出其他议题来逃避处理问题。这是一个重要的观察发现。例如，一个被法院强制而来的物质滥用服务对象可能会通过谈论与成瘾无关的问题来积极营造"工作错觉"。或者，另一个服务对象可能不断提出"相近问题"来避免处理痛苦的问题。这并不罕见。不过，请思考一下这两种行为模式。以上服务对象通过这类模式实际上想表达什么？被强制而来的服务对象可能在说："我不想来这里，我不相信我有成瘾问题。"而只提出相近且安全的问题的服务对象可能在说："我害怕谈论真正的问题，因为它很可怕，也很痛苦。"会谈期间订立契约仍然是至关重要的，只是要讨论的问题是抗拒模式。过程和内容之间错误的二分对立再一次受到了挑战。工作者可以通过指出抗拒的情况来对它进行探索，例如可以说："每次我们要谈论这个问题时你都会改变话题。谈论这个问题对你很难吗？如果它对你来说很困难，那你能告诉我为什么如此困难吗？"

阐释技巧

当服务对象开始分享某个问题时，问题的初步呈现通常是碎片化的。最初的表露为工作者提供了深化工作的工具。这个阶段阐释的技巧很重要，因为它们帮助服务对象讲述自己的故事。工作者的提问和评论致力于帮助服务对象阐述和澄清具体的问题。本节所探讨的阐释技巧包括克制、从泛泛而谈到具体化、专注倾听、提问以及探寻沉默的内涵。

克制

当服务对象开始讲述他们的故事时，工作者往往会在整个故事讲完之前就试图提供帮助。刚开始从事助人工作的人尤其会如此；助人的愿望十分强烈，以至于他们经常会急着提出一些无益的建议，而这些建议与服务对象的实际问题无关。克制是一个很有趣的阐释技巧，因为它说明不行动——工作者自制的能力——也是一种积极的技巧（见第三章）。

正在考虑找工作的福利对象：工作者缺乏克制

179

实务要点：在下面的例子中，我们看到公共福利场所的一个新工作者在回应一位母亲时，没有克制自己。由于孩子已经长大成人，这位母亲正在考虑找工作。

　　服务对象：我一直在想，现在孩子们都长大了，也许我能找一份工作。但是你知道，现在找工作很困难。

　　工作者：我认为这是个好主意。你知道，我们有找工作方面的服务。我相信如果你和相关的工作者说一下，他应该能帮上点忙。

　　服务对象：（犹豫了）这听起来是个好主意。

　　工作者：让我们安排一次会谈。下周三下午3点怎么样？

实务要点：虽然服务对象同意见面，但她没有出现。当我们探讨工作者在这样的面谈中的感受时，他们常常显示出非常典型的"心情飞扬"（heart-soaring）的感觉。当服务对象有兴趣为解决问题做点事情时，工作者很高兴，并且真的感觉自己是一个成功的工作者。如果工作转介是评估实务工作的方式之一，我们可以想象这个工作者觉得自己在这个月完成了一次成功的转介。克制回应服务对象对工作的兴趣，并进一步探索服务对象对重新开始工作的感受和考虑，这样会更有帮助。

具体来说，发现服务对象声音中的犹豫不决，并将其作为待探索的问题的信号，这是很好的开始。即使服务对象热切地说她会如约前来，这时也要使用克制的技巧，当一切顺利时寻找麻烦是很重要的。这种不常使用的技巧在本书中的一些场合中会出现。这意味着通过对某一服务对象的对焦或对其情况的了解，工作者意识到对服务对象而言采取下一步行动可能没那么容易，即使她口头上同意了。这种情况下，寻找麻烦意味着指出并探索可能阻碍服务对象采取后续行动的矛盾感受或恐惧。例如：

　　工作者：听起来你对这个会谈很兴奋，我也为你高兴。不过，你已经很久没有工作了，也没有参加过找工作的面试。我担心你在离开办公室后，会不会有别的想法。

实务要点：通过探寻这些顾虑，工作者给服务对象一个机会与工作者一起探讨这些问题，而不是让服务对象在面谈前一天晚上自己去面对这些问题。但是，工作者可以随时回溯并觉知到这个错误。在下一次面谈时，这位失望的工作者问服务对象为什么失约，服务对象说她忘记了。这一次，工作者克制住了自己，没有安排新的面谈。相反，她尝试深入探讨服务对象对上班的看法。

> **工作者：**我在考虑上班这件事。我觉得在家里待了这些年，上班对你来说可能不太容易。

> **服务对象：**这正是我担心的事，我不确定我还能不能再上班。你知道我已经很久不工作了。我甚至对在工作面试中要说什么感到紧张。

实务总结：恐惧和矛盾感受与大多数的顾虑有关。试图寻找简单解决方案的工作者常常发现，如果解决方案真的很简单，服务对象自己就找到了，不需要工作者的帮助。随着顾虑被摆到桌面上，工作者现在可以探索焦虑的来源，甚至可用角色扮演的方式帮服务对象准备面试。

从泛泛而谈到具体化

服务对象经常就一个具体事件提出一般性的问题。空泛的语言可以被看作服务对象给工作者的最初陈述。服务对象会使用空泛的词语来陈述，因为这就是他们当时的体验。这样笼统的表达也反映出服务对象内心深处对处理问题的矛盾感受。

在一个例子中，一位母亲在面谈开始时说："现在十几岁的孩子真没法养。"在回应这种宽泛的主题时，工作者可能会讨论不断变化的习俗、同辈群体的压力、获得毒品的可能性等等。而一个从泛泛而谈到具体化的示例是如此提问："这周你和苏相处得不愉快吗？"于是这个例子中的服务对象描述了她与 15 岁的女儿的冲突。她女儿在凌晨 2 点才回到家并且拒绝告知她去了哪里。这里对问题的第二次陈述就较为具体和可处理了。换句话说，在我们的社会中养育十几岁的孩子是个紧迫的一般性问题，这个例子中的服务对象和工作者对此无能为力。但是，这个母亲与她女儿的关系是可以改变的。

这些最初的泛泛而谈背后常常是一些具体的问题，往往还带有一些痛苦。如果工作者没有鼓励服务对象详细阐述，那么服务对象就可能在会谈结束时，直到把手放到门把手上才说出来（服务对象在离开办公室时才提出）。在教养院的起居室里，一位青少年在讨论中随口说"父母就是不能理解"，这可能是他对那天早上收到的一封信或接到的电话的反应。病房里的患者对护士说"医生一定很辛苦，因为他们总是看起来很忙"，这可能是患者对查房时听到的简短话语的反应，而患者由于太害怕或不知所措而没有加以询问。在每一个例子中，工作者都应使用技巧去寻求更具体的信息。

工作者宁愿泛泛而谈，也不寻求具体化的原因　专业助人者告诉我，他们不愿寻求泛泛而谈之下的具体情况有以下几个主要原因。第一个原因是，他们不知道工作该具体到什么地步。也就是说，他们没有意识到他们只能在问题的细节方面提供帮助。仅仅通过泛泛而谈无法帮助家长处理青少年的问题。只有讨论父母和孩子之间具体的互动，成长才能发生。工作者可以帮这个母亲发展其与女儿之间关系的总原则，但这些原则必须从对具体事件的讨论中产生。如果没有具体的讨论，工作者的概述性讨论可能会被这位母亲认为是理论上的建议。

例如，这位母亲在最开始时描述了她与女儿的对话。在对话中她没有分享她的苦恼和伤痛，只谈及了表面的愤怒感受。一段时间后，工作者可以帮助服务对象看到自己在一次又一次的事件中很难与女儿分享某些感受。通过对具体事件的讨论，服务对象就能理解这一点。讨论应该发展出一个经验基础，在此基础上服务对象可以形成新的理解，重塑她对问题的看法并找到可能的解决方案。服务对象可能无法改变我们社会中的习俗，但她与女儿下一次谈话时能采用不同的方式。对具体化讨论的作用缺乏了解可能导致工作者忽视阐释技巧的使用。

工作者不愿触及具体问题的第二个原因是他们不确定自己是否要处理这个问题，即使他们感觉到这个具体问题与服务对象泛泛的提示有关。例如，医院社会工作者表示，他们不会探寻患者关于医生很忙碌的评论，是因为他们不知道自己能做些什么。正如这句话所说："我发现医生们实在太忙了，都无法回答我的问题，那么我怎么能帮助患者呢？"工作者矛盾感受的缘由可能有所不同，但矛盾的感受是相通的。我相信，当工作者更有信心帮助服务对象时，他们会更容易触及具体问题。

未能从泛泛而谈到具体化阐释的第三个原因不太明显，这与前文提过的平行过程有关，涉及工作者和督导员之间的关系。例如，当工作者或学生向督导员提出一个问题——"在处理愤怒的服务对象时，你对技巧有什么想法"，除非督导员询问"你是否经历了艰难的面谈"，否则谈话的其余部分就可能停留在宽泛的层次上。如果这个示范是正确的，督导员从一般性话题转到具体问题的示范就可教导这一技巧的使用。反过来，督导员也需要管理者对自身的帮助，以触及其一般性议题背后的具体问题。然而，我对督导员接受督导的经历的研究表明，这种情况很少发生（Shulman，1994，2010）。

专注倾听：复杂的沟通过程

倾听是我们一直在做的事情；不过，专注倾听涉及试图专注于服务对象的特定信息。我在前面谈过，即使是沟通中最简单的信息交换也很复杂。在会谈开始阶段的复杂沟通中，工作者应专注于服务对象在那个特定时刻的所作所为。带着这个目的去倾听最初的沟通，工作者才会有更好的机会听到信息。

用一个简单的类比来说明，在一个人头攒动的社交活动中，难以听到两个同时进行的谈话。如果以一般的方式来听，就只能听到巨大的嗡嗡声。然而，如果把注意力放在一个特定的谈话上，它就会清晰起来，而嗡嗡的杂音就会消失。同样，当人们在乡村地区夜间驾车时，有时会同时听到两个电台。驾驶者只有收听一个电台，放弃另一个，才能真正听到内容。同样，和服务对象早期沟通中的"噪声"可能使工作者难以理解根本问题的主线。以确定关注点为目标的专注倾听通常会使主题清晰地显现出来。

工作者常犯的错误是在他还没有理解沟通中的意思时就控制了面谈。实际上，工作者可能在他真正明白问题之前就回答了问题。专注倾听中，要从沟通中听到服务对象想要合作的努力，并寻找话语中不太明显的联系。工作者可以请求服务对象的帮助，例如："你能帮我把这些讨论与你在会谈开始时提到的对你女儿的担忧联系起来吗？"立即或者经过反思后，服务对象就能做到这一点。如果工作者已经认定服务对象没有合作，并且工作者需要更多的行动，服务对象就没有机会去解释了。

工作者们经常问我，在真正的联系并不存在且服务对象会通过转变话题来逃避的情况下，该如何处理？专注倾听也会澄清这一点。服务对象实际上是在通过回避合作来合作。这听起来似乎是矛盾的，但服务对象是在表示对某一特定话题的抗拒，也许是因为它太痛苦或令人尴尬，而这种抗拒是工作者应该听到并解决的。此外，如果社会工作者听到了抗拒，那么抗拒就是工作的一部分；它是在面对困难时的求助信号。过程和内容之间不存在二分对立。处理过程（抗拒）可将谈话引入困难的并可能是痛苦的内容。

提问

阐释过程中的提问技巧包括要求提供更多关于问题实质的信息。作为一个初出茅庐的高中学校的记者，我曾被鼓励在文章开篇处就回答"五个 W 问题"，即故事的谁（who）、什么（what）、何时（when）、何地（where）以及原因（why）。这些在探索服务对象担心的问题时也很有用。

母女之间的冲突：会谈的继续

实务要点：例如，在上文中母亲与女儿的案例中，工作者试图将会谈从泛泛而谈推进到具体的内容时，服务对象做出回应，描述了她与女儿的争吵。在那次会谈剩下的部分，我们可以看到工作者提出的问题是为了引出更多的细节来说明冲突发生的情况。

> **服务对象**：苏凌晨 2 点到家时，我们有一些争吵。
>
> **工作者**：发生了什么事？
>
> **服务对象**：她告诉我她要和一个朋友去看电影，但当她晚上 11 点还没有回家时，我真的很担心。
>
> **工作者**：你担心她会出事？
>
> **服务对象**：嗯，你知道我们附近有些男人很成问题。
>
> **工作者**：当苏到家时，你对她说了什么？
>
> **服务对象**：我会让她有好受的。我告诉她，她是一个不负责任的人，我让她在家里待两个星期。

工作者： 她又对你说了什么？

实务总结： 随着谈话的进行，工作者帮助服务对象阐释了互动的细节。用一个术语来描述工作者和服务对象之间的这一过程，即所谓"记忆工作"，在其中服务对象搜寻她的记忆来回想这一事件。在另一些情况下，工作者通过提问来全面了解服务对象的顾虑。在前面提到的一位女士考虑重新开始工作的例子中，问题的目的应是引出她对重返工作所具有的担忧的内容和原因。

此外，如果一线工作者在督导过程中有类似的过程，经历了督导员使用所有这些阐释技巧，工作者就有更大的可能将同样的技巧融入他们与服务对象的实务工作过程中。督导员也常在知道工作者的真正问题之前就给出答案，尤其是在压力大的情况下。

探寻沉默的内涵

回顾第三章的内容，在助人面谈中，沉默可能是一种重要的沟通形式。沉默的困难之处在于，我们往往很难理解服务对象到底在"说"什么。一种情况下，服务对象可能正在思考和反思谈话的意义。另一种情况下，讨论可能让服务对象内心强大的情绪释放出来，这些情绪正挣扎着浮现。服务对象可能正在经历压抑和痛苦的感受，正处于这样的关键时刻。沉默可能代表一种矛盾的时刻，服务对象在此时停顿下来，以决定是否要一头扎进一个困难的工作领域。当谈话涉及一个通常被视为禁忌领域时，这种情况会很常见。沉默也可能表示，工作者之前的反应与服务对象所表达的顾虑背道而驰。工作者已经错失了服务对象时，沉默是服务对象对此的礼貌表达。最后，服务对象也可能对工作者很愤怒。面谈中频繁的沉默可能反映了一种有步骤的尝试，即通过拒绝参与来消极地表达愤怒。

沉默作为困难情绪的表达方式　因为沉默有各式各样的含义，工作者应据此做出各种不同的反应。沉默期间一个重要的辅助手段是工作者自己的感受。例如，如果沉默代表出现困难的情绪，工作者可以根据谈话的内容或服务对象的非言语沟通来预见这种反应。姿势、面部表情和身体的紧张都会大声地告诉正在观察的工作者并引发同理心反应。同样，工作者可能会出现与服务对象相同的感受。在这样的时刻，工作者可以用沉默或用非言语表达来回应沉默。所有这些反应都能为服务对象提供支持，同时让他有时间去体会这些感受。

沉默是因为服务对象此刻在思考　工作者如果感觉到服务对象正在思考讨论中的重要问题或者正在考虑相关的问题，则可以用简短的沉默来回应，让服务对象有思考的空间。沉默表示对服务对象正在做的事的尊重。但是，如果工作者沉默的时间过长就会出现问题。如果工作者不理解沉默，或者沉默被用来传达否定的反应或消极的抗拒，那么沉默会特别成问题。在这种情况下，服务对象会把沉默当作一场意志的较量。沉默一开始是一种沟通的方式，但很快就会变成另一种情况，服务对象仿佛在说："除非你先开口，否则我不说话。"在这场斗争中，工作者和服务对象都不会赢。在这些种类的沉默中，探寻沉默的内涵这一技巧至关重要。

184　　　这个技巧涉及对沉默含义的探索。例如，工作者在回应沉默时说："之前几分钟你变得很安静。你在想什么？"以此来鼓励服务对象分享他的想法。在另一种情况下，工作者可以试着明确表达沉默的可能含义。例如，服务对象在描述一段特别困难的经历时表现得很犹豫，工作者可以这样说："我看得出来，谈到这些对你来说很不容易。"如果不确定的话，工作者可以说："你现在很安静。是有什么话很难说出口，还是你只是在思考我说的话，又或者你有不同的看法？"再一次，工作者用自己的感受来引导服务对象探索或承认沉默。工作者的猜测可能是错误的，工作者应对这一点持开放态度，并应鼓励服务对象自由地指出这一点。

工作者在忍受沉默方面的困难　　工作者经常发现面谈中沉默是困难的时刻。他们受到社会规范的影响，认为谈话中的沉默是令人尴尬的，觉得能做的最有用的事情就是填补空白。当工作者与来自不同文化背景的服务对象一起工作时，他会感受到不同社会规范之间的碰撞。例如，美国印第安人服务对象描述与非土著工作者交谈是多么困难，因为工作者们从不会沉默。正如一位土著工作者对我说的："白人工作者的问题在于他们从不停止'唠叨'。"她指出，土著人文化尊重沉默，认为这是反思的时间，但非土著工作者由于自己的焦虑而持续不断地说话，不给土著人思考的机会。在某些情况下，土著人服务对象可能只是想把非土著工作者的英语翻译成土著语言，然后再翻译成英语。

关于工作者回应沉默的研究发现　　我早期的一个实务研究项目中探讨了 27 个技巧，探寻沉默的内涵这一技巧是使用频率最低的五个技巧之一（Shulman，1978）。然而，另一项分析表明它是最重要的技巧之一。将技巧总分最高的 15 名工作者（总样本为 155 人）与总分最低的工作者进行对比，发现前者比后者有更积极的工作关系且助人效果更好。项目根据工作者 27 项特定技巧的得分，对他们的实务技巧情况进行了比较。探寻沉默的内涵这一技巧是最重要的三个技巧之一，将得分高的组和得分低的组区别开来（p.281）。

　　　　在我最近的研究中，探寻沉默的内涵是帮助服务对象处理他们的感受的四个技巧之一（Shulman，1991）。这一组别的技巧与服务对象感知到的工作者关怀有关，而这种关怀是工作关系的一个要素。当审视这一技巧本身时，服务对象认为工作者很少使用该技巧。事实上，在研究的八个技巧中，它几乎是用得最少的技巧，只比分享工作者的感受这一技巧稍稍多一些（p.61）。

　　　　这项研究还探讨了这四个技巧分别对工作关系发展（关怀和信任）的影响，以及对服务对象关于工作者助人有效性的看法的影响（Shulman，1993b）。这个令人震惊的研究结果重复了 1978 年的研究发现，显示出在实务工作的开始阶段，这个技巧的使用与服务对

185　象感知到工作者的关怀（0.56）和服务对象对工作者的信任（0.68）的相关性最高。在助人有效性方面，它的重要性位列第五（0.51）。这两项研究的发现都支持一个观念，即认为工作者需要在面谈中积极探寻沉默的隐含意义。

1978 年研究中的另一发现（见 Shulman，2017）提供了额外的证据，表明对这一重要技巧的使用常常是不够的。这部分研究关注了 11 名志愿参与研究的工作者，对他们的个别面谈和小组会谈进行了录像，然后由经过培训的评分员使用我开发的系统进行分析。在对 32 次个别面谈的分析中，评分员至少每三秒钟给互动赋予一个数字，实现对工作者或服务对象行为的计分。总共有 40 248 次对会谈的个人观察计分，然后通过计算机进行分析。在分析中，我们将每个得分与紧随其后的得分配对，从而测量干预中的互动。我们因而可以确定工作者的哪些行为之后，最可能出现三秒或更长时间的沉默。

研究发现令人震惊。在所有的计分记录中，只有 1 742 个（4%）记录显示，在服务对象不少于三秒的沉默之后发生了不少于三秒的沉默。评分员发现，只有 38% 的时间里，服务对象在沉默之后进行了评论。在 26% 的时间里，三秒的沉默之后又有三秒的沉默。在 36% 的时间里，工作者以积极评论回应了沉默。对这些分值的仔细研究显示出以下结果：

- 当工作者在沉默后积极进行干预时，31% 的时间里他们试着鼓励服务对象进行阐释。

- 工作者的回应中，只有 4% 是在努力处理服务对象的感受或是在分享他们自己的感受。

- 最常见的回应沉默的积极行动是将服务对象带离其所提出的议题（正如我们的评分员所察觉到的）。在 49% 的时间里发生了这种情况。

但是，请记住这个样本只包括一个儿童福利机构中的 11 名工作者，而且他们每个人都面临着研究项目中需要录像这一不寻常的压力。要从这些研究发现推知其他场所或其他工作者只能是试探性的。虽然如此，但以我作为培训顾问的观察和近期的研究结果都支持这些结论（Shulman，1991）。

我与大家分享这些试探性的发现是因为它们从统计上反映了我自己的观察，即工作者似乎并不愿意探索沉默。除了已经提出的原因外，工作者们还表示，他们经常认为沉默代表了面谈中存在问题。如果出现了沉默，那工作者肯定是做错了什么。讽刺的是，往往是工作者做了正确的事才引发沉默。工作者经常把沉默看作负面的反馈，即便在某些情况下沉默可能意味着其他事情。

当有可能出现负面回应时，工作者探寻沉默的内涵的意愿与他们在工作中的舒适感和他们处理负面反馈的意愿直接相关。（这一方面的过程将在指出障碍这一技巧中详细讨论。）可以理解的是，工作者可能不确定该如何处理沉默中蕴含的那些感受和忧虑，他会选择改变话题而不是探寻沉默的内涵。

186

当我们在培训课程中与工作者们分享这些研究发现时，他们的反应为这一重要技巧太少被使用的现象提供了进一步的线索。有趣的是，工作坊参与者的第一反应往往是沉默。经过短暂的反思后，许多人表示，以前的技巧培训特别提醒他们不要把服务对象的想法或感受转化成语言。他们说，他们被鼓励提出问题，但要避免"教服务对象怎么说话"或"替服务对象做事"。有工作者说，他的督导员曾告诉他，这"就像为服务对象系鞋带"。

虽然这些都是合理的担忧，但这些重复的研究发现表明，工作者们犯的不作为的错误（没有清楚地表达出感受）多于作为的错误（表达出错误的感受）。

到这里，在工作者成功地帮助服务对象阐明了顾虑之后，我们的讨论需要推进到服务对象的情感反应以及如何处理这些反应的问题上来。

同理心技巧

在服务对象讲述他们的故事时，工作者可以使用一些技巧，促使服务对象投入感情从而使讨论有意义。服务对象常常在分享困难经历的同时否认与之相关的情感。对一些人来说，这些经历可能太痛苦，因此他们压制了这种情绪，以至于他们自己都不清楚自己的感受。对另一些人来说，这些情绪可能看起来很奇怪或难以接受，所以他们害怕与工作者讨论这些情绪。

塔夫特（Taft, 1933）是最早讨论感受的力量的社会工作理论家之一。他说：

> 人格中没有其他因素可以像情绪那样更能表达个性。当感受被否认时，人格就会变得贫乏，而压制愤怒或恐惧的感受会带来惩罚，这将不可避免地削弱感受爱和渴求的能力。因为感受就是生活，通过压制恐惧来拒绝感受就是拒绝生命历程本身。（p. 10）

处理和体验情绪对服务对象的影响　不管是什么原因，情绪总是存在的，它将对服务对象产生巨大的作用力，直到它被承认和处理。当服务对象直接处理情绪时，至少会以三种不同的方式对服务对象产生影响：（1）服务对象与工作者分享感受能释放与情绪一起被压抑的能量；（2）服务对象能够知晓情绪是如何直接影响他们的思考和行动的；（3）服务对象会发展出一些技巧来帮助他们理解和接受这些感受而不苛刻地自我评判，并可向重要他者披露这些感受。

当工作者允许自己更接近服务对象——真实地体会他们，而不是按服务对象自己呈现出的样子——工作者也就允许服务对象保持他们的自然状态。接纳和理解情绪，并且工作者愿意体会与分享情绪，就可以让服务对象卸下一些防御，使工作者和服务对象更可能接触到真实的人。工作者自己也示范了作为一个成年人可具有的同理心能力。服务对象就能学习发展同理心的能力，反过来将其用于需要支持的人。另外，工作者可能非常认同处于家庭冲突中的孩子，以至于催着家长去理解孩子的感受，但很少表达对家长感受的理解。而对家长的困境所具有的真正的同理心，往往是帮助家长理解孩子的挣扎的关键所在。

这可被描述为感受-思考-行动的联系。我们的感受会影响我们的思考和行动，而我们的行动也会影响我们的思考和感受。感受、思考和行动之间的这种互动会导向本书所描述的模式，在其中工作者帮助服务对象处理其感受的技巧对帮助服务对象处理其问题具有非常重要的意义。

工作者难以与服务对象的情绪产生共鸣　对工作者来说，要对服务对象表达同理心存在多方面的困难。与服务对象的感受产生联结的能力与工作者确认自己的感受的能力有关。在工作者能够理解情绪在服务对象生活中的影响力之前，他们必须认识到情绪在自己的经历中的重要性。工作者们经常发现在特定的个人领域中很难表达出同理心。工作者也是人，他们也要面对与日常生活有关的所有压力、困难和危机。当工作者听到自己的困难感受被服务对象表达出来时，共情能力会被削弱。工作者相对于服务对象的权威性会成为表达同理心的另一个主要障碍。例如，将儿童从虐待环境中带走的儿童福利工作者会发现其对家长即服务对象的同理心反应在最需要的时候被阻塞了。

一位正在接受精神病治疗的母亲：漠不关心的工作者　下面的例子有效地说明了这种困难以及它如何使一段关系缺乏情感。在这种关系中，工作者显得冷漠与毫不关心。

实务要点：这段对话摘录自与一位母亲的会谈录音。她曾接受过一段时间的精神病治疗并与其丈夫分居。在这次面谈前一年，她九岁的养女，也是她唯一的女儿，被送去机构接受照顾，因为这位母亲被发现无法管教孩子。面谈开始后不久有一个停顿，接下来有这样的评论：

> **服务对象：**你知道我很怕你。
>
> **工作者：**为什么？
>
> **服务对象：**因为你正在对我进行审判。你也是人……你也可能犯错。
>
> **工作者：**我只是在判断我们可以如何帮助你……帮助你改善。

188

> **服务对象：**不，你是在评判我是否能当弗兰的母亲，评判是否能让我的孩子回到我身边。（沉默）现在我觉得我没有能力投入全部时间照顾弗兰……我知道的。你难道不明白吗？我很悲痛……我为弗兰感到悲痛。你难道不会感到不安、担心和困惑吗？
>
> **工作者：**我还会担心另一些事情。

实务要点：这名工作者没有对焦服务对象的感受。这名工作者把孩子看作她唯一的服务对象，而没有把母亲本身作为服务对象来回应。在这个时候，两个服务对象的观念会有帮助，这个概念是互动性模式的核心。经过进一步的讨论，工作者声明服务对象没有足够认真地接受精神病治疗，她问服务对象看医生有多久了。

> **服务对象：**我不确定，我不记得了……（带着强烈的情绪）……记不住真是太可怕了。这让我觉得自己很无能，没有能力。（沉默）我知道我脑子里的一些事可能不是真的。（沉默）但我觉得我能做到，我有能力照顾弗兰。……或者我不想照顾……因为我知道照顾她是个问题。但我爱她，即使她有缺点。
>
> **工作者：**当你想到弗兰的时候，你想到最多的是什么？……她的缺点？

  服务对象： 不！弗兰爱笑……喜欢别人……而不是分析他们。她是一只雏鸟，充满了活力，善于接纳，热爱人。我可能看起来很冷漠，但我真的只是害羞。

  工作者： 你说弗兰善于社交，但之前你告诉我她没有朋友。

  实务要点： 工作者忽视了服务对象提出的敏感话题，包括她的自我贬低以及她表达出来的失落和愧疚。工作者忽略了"喜欢别人"这一话语所具有的含义——"而不是分析他们"，这可能是服务对象觉得工作者正在做的事情。工作者帮助这位母亲的能力是微乎其微的，因为她是从理性上看待这位母亲，而不是从情感上看待她。斯莫利（Smalley，1967）对这个过程描述如下：

   对一个人的自我不能仅仅通过理性评估来了解。在一段具有人性、同情心和关怀的关系中，自我会"敞开"，敢于成为其本身的样子。因此，一个具有人性、关怀和技巧的工作者所了解的自我，与一个从情感上将自己从关系中移除，而试图成为冷静的观察者和问题解决者的人所判断的自我是不同的。正如一个少女在对她的新社会工作者提及之前的工作者时所说的："她知道我的一切，但她不了解我。"（p. 86）

  由于这一领域的难度，工作者必须不断提升他们共情的能力。随着经验的增长，共情能力也会提升。对这种提升持开放态度的工作者可以从每个服务对象身上更多了解人生，这将有助于他们更好地理解下一个服务对象。工作者也能更多地了解他们自己的感受和对他人困境的真实反应。意识到自己情感盔甲之下的敏感区域，将有助于避免在困难情绪出现时以否认或理智化来应对。当工作者可以与他们的感受，特别是那些负面的感受（包括工作者自己的感受，也包括服务对象的感受）舒适共处时，工作者就做好了准备，让服务对象分享更困难的情绪。而这构成了助人关系中的很自然的一个部分。

  督导和工作者情绪技巧的发展 督导在工作者的情绪发展中发挥着重要作用。平行过程的概念表明，督导员和工作者之间的关系，或者实习督导员和学生之间的关系，与工作者（学生）和服务对象之间的助人关系类似（Shulman，2010）。因而，督导员应在督导关系中示范有效的同理心技巧。被督导者密切观察他们的督导员并从互动中学到很多东西，这就是"从遇到中学到的比教会的多"这句话的含义。

  例如，前文所述的例子中，和那个害怕失去孩子的母亲面谈的是个学生。在实习督导员和这个学生的督导会谈上，他们一起听录音。如果督导员只是简单地批评学生对服务对象缺乏情感回应，那么学生可能一直停滞不前，没有什么成长。督导员的言语似乎是在教导学生如何对服务对象表达同理心，但他的行为却在重复学生的错误。她要求学生与这位母亲"在一起"，可在同样的时刻她实际上并没有与学生"在一起"。

  相反，如果督导员问学生"当她描述她与女儿的关系时，你有什么感受？"，重要的情感性的工作就开始了。如果督导员能真正认识到学生在情感上与家长和孩子同时在一起的挣扎，强有力的一课就开始了。督导员将展现自己同时与学生社会工作者和学生的服务对象在一起的能力，从而做出示范。

在我最近关于督导的研究中，我们发现工作者对有效监督的看法是预测工作者士气的有力因素（Shulman，1993a，2010）。督导技巧也有助于与员工建立积极的工作关系，并使他们感觉到督导员的帮助。当我与督导员分享这些发现时，通常会出现短暂的沉默。当我探寻沉默的内涵时，督导员经常会说："但谁会听我说话呢？"督导研究中的其他研究发现说明这个问题是恰当的。明确表达被督导者感受的技巧与明确表达服务对象的感受的技巧类似，这一技巧在研究的任何层面（督导员-工作者、管理者-督导员、主管-管理者）都与两者之间的关系和帮助效果有正向的关联。

本节接下来要描述三种同理心技巧，即探寻感受、显示对服务对象感受的理解以及将服务对象的感受转化为语言。以下通过与一位母亲的实务工作的摘录来说明这些技巧，她的孩子因为被父母虐待即将被带走。这个例子与之前的例子形成对比，展示了保护孩子的功能和关怀父母的功能应如何被整合起来。也就是说，它将说明工作者如何做到同时与父母和孩子在一起。[①]

探寻感受

探寻感受是要求服务对象分享情感部分的信息的技巧。然而，在开始探讨之前，我应澄清一点，这个过程有时以一种仪式化的方式进行了表面化处理，从而否定了它的有效性。工作者经常例行公事地问服务对象"你感觉怎么样"，但并没有真正敞开心扉去体验感受。这时服务对象可能认为工作者并不是真正关心他们。有经验的服务对象在那一刻会说："别用社会工作的方式套路我了。"当然，他们所回应的是工作者的理性化部分，这不是实际上的社会工作。真正的同理心应是站在服务对象的立场上唤起情感反应，尽可能地去接近其他人的体验。

随着注重培养工作者模式化反应的那些以技术为中心的培训项目和一些循证实务模式的出现，表达虚假反应的危险增加了。一位工作者说，有个项目曾教她用"我听到你说……"这样的语句来反映服务对象的感受。当她在一次会谈中使用这一技巧时，她的服务对象显得很惊讶，对她说："你听到我那样说了！"探寻感受必须是真实的。工作者在处理服务对象的情感时应有所感受。

医院社会工作：施虐的妈妈在孩子被带走后　在下面的例子中，工作者与一位母亲谈到她的孩子被机构接管时的反应。这个妈妈有五个孩子，其中一个因受伤去医院治疗，随后被送去由机构照顾。在与医院社会工作者的讨论中，这个妈妈承认曾打过孩子。儿童福利社会工作者与她讨论了安置的问题。

　　工作者：我们只能跟你实话实说，格林太太。医院的社会工作者是否与你讨论过

---

① 关于作者对督导模式的全面讨论，参见《互动式督导》（*International Supervision*）第三版，2010 年由美国社会工作者协会出版社出版。

你的孩子被安置的可能性？

服务对象：是的，但不是和我母亲一起生活；除了那里，其他地方都可以。

工作者：我想你母亲有很多孩子了。

服务对象：不是这样，问题在于我们相处得并不好。

工作者：你能想到你儿子还能和谁一起住吗？

服务对象：我有一个朋友叫萨拉，在我丈夫去世和我生孩子的时候，她帮助过我。

实务要点：注意工作者如何通过直接询问服务对象的感受来对她表达同理心。这是很困难的，因为工作者会对儿童虐待有自己的感受。但是，从长远来看，如果工作者能将这位母亲作为服务对象，对其提供真正的帮助，那她实际上是在帮助受虐儿童和其他孩子。这种方式挑战了维护家庭与保护儿童之间的错误的二分对立。

工作者：这真是个艰难的时刻。对于你儿子可能被安置，你有什么感受？

服务对象：我不能承受这个可能。如果约翰被安置，那我也不想让其他孩子和我一起生活。当我跟孩子们生气时，我经常对他们这样说，我说他们都会被安置，孩子们都记得这个。

这个面谈将在下文继续介绍。

显示对服务对象感受的理解

显示对服务对象感受的理解这一技巧（在第三章中介绍过）包括通过语言、手势、表情、身体姿势或触碰（适当时）来展现工作者对服务对象表达出的情感的理解。工作者试图理解服务对象是如何体会这些感受的，即使工作者认为现实情况下这种情感反应并不必要。工作者可能认为服务对象有过多的自我惩罚或对某一问题承担了过多的责任。即便如此，服务对象在当时可能并不这样想，而工作者应对服务对象的现实感受做出回应。此外，工作者需要抵抗自然的冲动，不要急于安慰和帮服务对象感觉好受一些。读者可以回想一下，当自己有任何强烈感受时，有个朋友或亲戚说："你不该这样感觉。"这突显出对方确实不了解这种情绪的影响力和真实性。

实务要点：服务对象常常将工作者的安慰诠释为工作者并没有理解他的感受。正如一位服务对象所说的："如果你真的理解我有多难受，你就不会试图让我高兴起来。"我们回到与那位母亲的面谈，她说："我说他们都会被安置，孩子们都记得这个。"工作者需要与服务对象的感受保持一致，而不是在回应中急于说服服务对象她不应该有这种感受。

工作者：当我们受伤或生气时，我们经常会说一些后来会后悔的话。

服务对象：我告诉医院的社会工作者，如果约翰被安置，那么所有的孩子可能都要被安置。我对此感觉非常强烈。失去孩子会让我很痛苦，但我不忍心去想早上起来只数到四个孩子而不是五个。

工作者：你的意思是说，你们在一起就是一个家庭，如果少了一个，这个家庭就不在了？（当我这样说时，她点了点头，并开始轻声哭泣。）

实务要点：工作者温柔地复述了服务对象的感受，向她表达出工作者的理解和同情。服务对象通过哭泣来表达她的情绪。这是工作者和服务对象之间沟通的一种重要形式。服务对象与关怀她的人分享其感受，这是治愈过程的一部分。

鼓励表达强烈情绪的重要性 工作者经常表示他们害怕强烈情绪。他们担心服务对象会变得过于沮丧，而且若让服务对象的情绪涌现出来可能会导致更多的问题。有些工作者担心服务对象的情绪会淹没他们，使他们感到同样的沮丧和无望，这样工作者就没有能力去有效地帮助他们。对许多工作者来说，最深的恐惧是引发服务对象的深层感受以至于服务对象感到不堪重负而自杀。

请注意，情绪本身并不会产生问题；相反，服务对象无法面对他们的感受或无法与重要他者分享这些感受才会带来问题。当这些感受被表达和处理的时候，它们对服务对象的影响就会被消解。更大的危险不是面对感受，而是否认感受。比与强烈情绪共处更糟的唯一情况是感觉自己是孤独的，没有人能够理解。

如果工作者清楚地知道自己的角色和参与的目的，那么被情绪淹没的恐惧可以得到一定程度的缓解。工作者按照其功能，要对服务对象提出工作要求（这将在下文讨论）。无论服务对象的绝望感有多强烈，总是可以采取下一步措施。工作者需要体会服务对象被情绪淹没的感受（同理心），同时还需清楚说明他希望（要求）服务对象对当前的情况做些什么，甚至在一些情况下，做些什么意味着把握现实（例如，亲密的人去世）并且振作起来重新开始（例如，寻找新的重要关系）。相信服务对象具有优势和抗逆力能让工作者提出这一要求。

头脑中有了清晰的目的，工作者就能帮助服务对象找到情绪和讨论的目的之间的联系。只有在表达和认可感受之后，与服务对象在痛苦领域的重要工作才能进行。工作者和服务对象之间情感和理解的流动是进一步工作的先决条件。如果工作者最开始没有和服务对象一起体验情感，那他们对服务对象提出的要求就会被认为是"不能理解的"，这样的要求会被认为是苛刻和缺乏关怀的。有同理心的回应为积极工作建立了一个储备库，这是工作者在之后的工作中可以取用的。这个储备库是一个缓冲区，日后当服务对象与工作者对质时，会帮助服务对象将这种对质理解为来自一个真正理解的人的关怀。

将服务对象的感受转化为语言

到目前为止，我已经描述了工作者如何探寻感受并回应那些已经说出的感受。然而，有些时候服务对象在即将表达情绪时却止步不前。服务对象可能没有完全理解这种感受，因此无法清晰地表达出来。在另一些情况下，服务对象也许不确定可否有这种感受，或不确定能否与工作者分享这种感受。将服务对象的感受转化为语言这一技巧是指要比服务对象早半步阐述其感受。当工作者在会谈中使用对焦并努力表达出同理心，使得服务对象在阐释问题时产生了情感关联，这一技巧就出现了。

实务要点：在前面的例子中，医院社会工作者问："你的意思是说，你们在一起就是一个家庭，如果少了一个，这个家庭就不在了？"服务对象用轻声哭泣来回应。工作者递了纸巾给她，等了几分钟。服务对象坐着，看着地板。

工作者：你现在一定觉得自己是个糟糕的母亲。（服务对象点了点头。）这一定非常艰难，要面对家里所有的问题，你各方面的事都出问题了，每天都有这些麻烦事，五个孩子有时也会让你觉得处境很艰难。

实务要点：服务对象没有直接谈论她养育孩子的问题或愧疚的感觉，但是，通过阐释这种情绪，工作者允许服务对象讨论她自己对自己的感受。如果像本节中第一个反面例子一样，工作者忙着去有意识或无意识地传递对服务对象行为的不赞同，她就无法听到服务对象对自己的苛刻评价。这里的假设是，我们对自己的感觉对于我们如何看待自己以及如何行动有很大的影响。

工作者能通过打破恶性循环来开始帮助这位母亲。在这个循环里，她的愧疚感导致了无助和无望的感觉以及负面的自我意象，这反过来又造成了她不良的养育方式等等。有能力去明确表达和面对感受是个开始，这要求与一个关怀的但同时也提出工作要求的工作者分享这些感受。工作者对服务对象的接纳，包括接纳她的感受，可以成为服务对象接纳自己的起点。

同理心的研究

罗杰斯（Rogers，1961）强调了助人者倾听沟通中的情感内容的重要性：

避免评价的倾向，带着理解去倾听，这时真正的沟通才会发生。这意味着从对方的视角来看待所表达的想法和态度，感受他的感受，以获知他在谈及事物时的参照框架。（pp. 331-332）

罗杰斯的沟通模式是早期研究治疗师行为影响患者治疗结果的基础。特鲁克斯等人（Truax et al.，1966）研究了后来被称为"罗杰斯条件"的行为。这些行为包含治疗师在工作中对患者的同理心、非占有式的温暖和真诚等方面的能力。

具有同等"好"或"差"的治疗前景的患者被随机平均分配给四名精神病住院医生（每人十名患者）进行为期四个月的心理治疗。结果验证了三项治疗条件组合起来的重要性，以及同理心、真诚各自的重要性。在现有的样本中，借助治疗师的温暖与同理心和真诚的负相关关系，解释了对治疗师的温暖单独分析时出现的负面结果。对所有患者的总体测量显示，提供高水平治疗条件的治疗师，有90％的患者改善，而提供低水平治疗条件的治疗师只有50％的患者改善。(p.1)

最近，祖罗夫等人（Zuroff et al.，2010）以157名抑郁症患者为样本，再次对罗杰斯条件在治疗中的影响进行研究。这些患者由27位治疗师使用认知行为治疗、人际关系疗法或安慰剂进行治疗。他们的核心发现验证了一些早期的研究，具体如下：

> 如果治疗师可以为他所负责的患者们提供平均水平较高的、可感知的罗杰斯条件，那么患者的总体适应不良和抑郁症的脆弱性（自我批评的完美主义）都会更快减少。每个治疗师的个案中，不同患者之间在可感知的罗杰斯条件上的差异只有较弱的影响。这些结果强调，在抑郁症治疗中，治疗师之间的差异作为治疗结果的决定因素是很重要的。(p.682)

同理心技巧一直被认为是助人关系中的重要因素。在这些早期研究之后，越来越多的证据表明这是所有助人功能中的核心技巧之一。

我自己的研究也支持这些发现。认可服务对象感受的技巧对工作者和服务对象之间建立良好的工作关系以及提升工作者的助人能力有很大的帮助（Shulman，1978）。在我的研究中，它在最强大的技巧中排名第二，仅次于分享工作者的感受这一技巧。分享工作者的感受的技巧将在后文中进行讨论。对督导技巧（Shulman，1981，1984，2010）和家庭医生的实务研究（Shulman & Buchan，1982）都验证了这一研究发现。

对录像数据的分析表明，工作者对情感的关注比整个研究显示的要少。在个人会谈中，工作者只在2.3％的干预中分享了他们自己的感受或处理了服务对象的感受，在小组会谈中这一部分只占干预的5.3％。如果对会谈中的所有互动进行分析，包括服务对象诉说和工作者倾听的时间，小组会谈中涉及情感处理的部分占总干预的比例下降到1.4％。这个数字与弗兰德斯分析教学行为所得到的结果非常接近（Flanders，1970）。

在研究一般工作者的技巧情况时，我发现服务对象认为他们的工作者"经常"认可他们的感受，而在不需要他们分享时阐明他们的感受的情况则在"很少"和"经常"之间（Shulman，1993b）。在研究该技巧和打造工作关系的关怀维度之间的相关性时发现，若在实务工作的开始阶段使用，那么它是相关性强度排名第二的技巧（$r=0.54$），而在中间阶段使用时则是相关性强度最高的技巧（$r=0.77$）。在与信任和工作者的助人有效性的关系上，也发现了类似的模式。

在近期的一项将同理心作为人际关系现象的定性研究中，哈坎森和蒙哥马利（Hakansson & Montgomery，2002，2003）通过分析28位同理心实践者和28位同理心对象对所经历的同理心情况的叙述，研究他们的体验。这些研究对象的年龄在20岁到64岁之间。研究员关注同理心实践者和同理心对象的同理心体验的构成要素。他们检视了四个构成要素：（1）同理心实践者对同理心对象的状况和情绪的理解；（2）同理心对象体验到的一种或多种情绪；（3）同理心实践者认识到同理心对象正经历的事情与自己曾经历的事情之间的相似性；（4）同理心实践者对同理心对象的幸福的关注。研究资料表明，与第四个构成要素相关的行动使同理心成为一种人际关系现象（p. 267）。研究者定义的关注维度包括以下行为："给予时间、关心，给同理心对象建议，为同理心对象做事，关心同理心对象，尊重同理心对象，以及其他能体现关注的行为。"（p. 279）

这些发现为描述包括同理心在内的技巧如何增进与服务对象之间的工作关系的理论建构提供了额外支持。对服务对象表示关心与我的研究中的"关怀"一词是一致的。所有与关心有关的行为都有助于服务对象形成认知，认为工作者"像关怀我的孩子一样关怀我"，"工作者是来帮助我的，而不仅仅是来调查我的"（Shulman，1978，1991）。

尽管人们一致认为同理心技巧在助人关系或"治疗联盟"中很重要，但一些研究者建议，对有的服务对象（例如，缺乏动力和变化无常的服务对象）最好以"治疗脱离"（therapeutic detachment）的方式来对待（Galloway & Brodsky，2003）。这种观点表明，有必要进行研究以进一步界定和区分同理心影响工作关系和结果的过程机制。这些研究者建议解决诸如此类的问题："在什么情况下，同理心是有帮助的？""对哪些服务对象有帮助？""对于哪些问题有帮助？"此外，助人者能否确定脱离是更合适的方式？

虽然争论一般集中在同理心对工作者和服务对象关系和实务结果的积极影响上，但最近一篇题为《同理心的悖论：当同理心带来伤害时》发出了警示。作者提出，当同理心涉及服务对象特别困难和强烈防御的感受时，工作者和服务对象之间的同理心有潜在的问题（Cowan，Presbury，& Echterling，2013）。他们指出：

> 我们通常认为辅导中的同理心是一种善意的行为，在其中富有洞察力的辅导员深深地理解服务对象，而服务对象是充满感激的。……这种对具有同理心的关系的想象已经成为咨询行业的共识。我们致力于对服务对象表达具有同理心的理解，以建立温暖和信任的关系。但服务对象是否有可能并不欢迎这种亲近和理解，反而将辅导员"看到完整的人"的能力视为一种侵犯？服务对象是否并不希望被辅导员完全了解，而是把具有同理心的理解看作是对自我保护领域的渗透，并激发了暴露、焦虑和羞愧的感觉？（p. 57）

作者认识到，服务对象理解并重新体验这些痛苦的领域是疗愈和个人成长的关键环节。然而，他们强调需要监控这个过程，因为服务对象可能把辅导员看作一个重要的依恋对象，这有点像他们过去的依恋对象，因此他们会对辅导员投射一些想法和感受，来证实他们对被拒绝的期待。服务对象可能会突然制造冲突，批评辅导过程没有产生效果等等。辅导员会将这些解释为抗拒。

作者呼吁辅导员在与服务对象的会谈中做出转变，从关注内容转而关注过程。

这种方法的要点在于辅导员邀请服务对象在当前关系中探索表达以前不允许表达

的那部分自我对人际关系造成的影响。(p. 61)

作者建议采用如下的过程性评论："你以前说过，我真的理解你但这让你害怕。你担心如果你让我看到你一直隐藏的这个部分，我对你会有什么样的看法。""刚才你觉得我真的理解你时你似乎想要退缩，好像那会很危险。""你谈及自己那个部分的话让你觉得似乎需要撤退，你突然疑惑我为什么会关心这个。""我想知道刚才你看到或听到哪些内容让你突然觉得我不认可你。"(p. 61)

196

分享工作者的感受

一个重要的技巧涉及工作者将自己作为一个真实的人呈现给服务对象的能力。遵循医学模式的助人过程理论在传统上把理想化的工作者呈现为客观的、临床的、超脱的、有知识的专业人士。在这些模式中，工作者直接表达其真实感受被认为是不专业的。这产生了专业主义的概念，要求工作者在个人自我和专业自我之间做出选择。我相信这是困扰我们实务工作的众多错误的二分对立之一；真正的技巧在于整合个人自我和专业自我。我认为，与其在实务工作中失去个人自我，不如学习如何利用个人自我，这是一项终身的专业成长任务。

教育政策 1b
教育政策 6b

整合个人自我和专业自我

在之前的一个例子中，有个工作者在我的工作坊培训中说明了个人和专业这一对二分对立的影响。她介绍了工作中的一个案例：一位母亲刚刚发现她的孩子患了癌症，即将去世。当这位女士诉说时，悲伤笼罩着她，她开始哭泣。工作者对她很同情，发现自己握着这位女士的手和她一起哭。一位督导员从开着的门前路过，就批评了这位工作者"不专业"的行为。

我的观点是，在那一刻，这位工作者正以我们所知道的最重要和最有意义的方式帮助服务对象。她与服务对象分享痛苦，在表达自己的悲伤时，她把自己的感受作为礼物送给了服务对象。这位工作者以一种非常个人化的方式进行回应，同时，她也在履行她的助人职责。互动性的实务理论认为，助人者只有将真实的感受与专业职责结合起来，才能有效助人。如果没有这种个人和专业的结合，工作者就显得不自然，会成为一个戒备的专业人员，不愿意让服务对象触及自己的感受。这里的讽刺意味很明显，社会工作者要求服务对象冒险敞开心扉，真诚地、脆弱地分享其感受，而他却以专业的名义做着相反的事情。结果是塑造了"机械的"工作者，他总是保持自制，可以解决所有的事，他从来不会无话可说或慌乱，简而言之，他是一个很难让人与之产生任何联系的人。

197   服务对象不需要一个已经解决了所有生活问题的、完美的、从容不迫的工作者。他们需要的人会深切关心服务对象的成功，能表达服务对象的紧迫感，并公开认可感受。当服务对象体会到工作者是一个真实的人，而不是机械的，他们就能更有效地利用工作者，使助人功能更有效发挥。如果工作者没有表现出人性的迹象，服务对象要么会不断地试探找出破绽，要么把工作者理想化，认为他是所有问题的答案。服务对象如果在任何时候都不知道工作者的立场就很难信任这个工作者。

当工作者对服务对象感到愤怒时

    如果工作者对服务对象感到愤怒，最好是把愤怒的情绪公开化，让它能够被真诚地处理。工作者如果认为表达愤怒情绪是自己攻击性的体现，就容易压抑愤怒，那这种情绪就只能以间接的方式出现，让服务对象觉得难以回应。以专业的方式表达愤怒，例如，通过对服务对象的行为进行冷漠的解读，会比诚实地表达这种感觉更有伤害性。

    直接表达感受对工作者和服务对象一样重要。工作者要耗费能量才能压抑感受。这股能量若可用于同理心的反应，就可以成为帮助服务对象的重要来源。工作者不可能在隐瞒感受的同时体会到服务对象的感受。工作者也会与重要的间接沟通形式隔绝，在这种间接沟通中，服务对象利用工作者的感受来表达他自己的感受。

    寄宿机构社会工作者和愤怒的家长   请看下面这个体现过程的例子。儿童寄宿中心的一个工作者在一次远足中的意外事故后面对愤怒的家长——他的孩子在旅途中被忘在车上一段时间。因为多次关于父母忽视和虐待的投诉，这个孩子被留在该机构中照顾。在一次来中心探访时，服务对象开始对工作者高声怒骂。

    服务对象：你们这里到底是个什么地方？他才来了三个星期，就生病了，头上起了个包，你们这帮混蛋还把他丢在车上。

    工作者：（显然很不安，但试图控制自己）你看，弗兰克先生，我们已经尽力了。你知道，车上有 15 个孩子，我们只是忘了他。

    服务对象：忘了他！天啊（他的声音越来越大），你们是被雇来看着他的，而不是忘了他。你知道他自己在那辆车上会发生什么吗？

    实务要点：服务对象喊出了最后一个问题。工作者感到尴尬、不知所措、被逼到墙角，他意识到其他工作者和孩子们在看，他对服务对象感到愤怒。他没有解决自己的愤怒情绪，而是用威胁的方式来回应，这是愤怒的间接表达。

    工作者：（努力控制他的声音）你知道，我们实在无法容忍你在我们中心做出这种行为。你让所有的孩子都感到不安，如果你不冷静下来，我将不得不停止你的探访。

实务要点：事情的真相是服务对象让工作者不安，但工作者不知道该怎么办。他以一种克制的方式表达了他的愤怒，这种方式变成了他试图对服务对象行使权威。他想要利用自己影响服务对象探访孩子的能力来驯服服务对象。工作者看起来越冷静、越克制，服务对象就越愤怒。工作者自己的情绪在身体里横冲直撞却要努力做出平静的样子，这实际上阻断了他的专业反应。他没有办法理解，那些孩子被带走的父母也会经常感到愧疚、尴尬、不知所措、被逼到墙角，并很清楚自己孩子的反应。

服务对象可能在无意识地利用这一事件让工作者确切感受他自己在过去三周的感受。在这个意义上，服务对象的感受被投射到工作者身上，这里的攻击是一种间接沟通的方式。[在本书小组工作的章节中，我将呈现拜昂（Bion，1961）的研究成果，他将此称为"投射性认同"。]

不幸的是，这位工作者把精力花在了自我辩护和压抑愤怒上。只要他阻断自己感受的表达，他就无法以有意义的方式与这个服务对象合作。服务对象要不断逼迫工作者，直到他有一些反应。回到这个面谈，我们看到工作者试图向服务对象提出警告，结果导致服务对象的情绪进一步升级。

服务对象：你不能阻止我看孩子。我要打电话给我的律师，控告你和这个机构失职。

实务要点：当工作者终于做出一些诚实的回应时，能量被释放出来以真正倾听和开始理解这个父亲在愤怒之下的感受。之后他让服务对象重新开始。他也能够把修复他们关系的重要性置于帮助孩子的背景下。

工作者：（终于发脾气了）好吧，你去啊，去打电话。我已经听够了你喋喋不休的抱怨。你以为照顾你的孩子很容易吗？坦白地说，我已经厌倦了你总是告诉我，我是一个多么糟糕的工作者。

服务对象：（以同样强烈的语气）你认为我到底是什么感受？（沉默）

工作者：（深深地叹了一口气，工作者似乎在喘气）自从他们把吉姆从你身边带走，你就一直有这种感觉，是吗？

服务对象：（克制了一下，但还是很生气）把孩子从你的房子里带走，然后又说你是一个不称职的家长，这可不是什么轻松愉快的事情。

工作者：听着，我们可以重新开始。我感到愤怒、愧疚，而且当你把我置于这样的处境时，我的防御性很强。这就是为什么我拿探访的事来威胁你。我想我只是不知道如何应对你。你知道，尽管你对机构很生气，但我们真的需要更好地相处，为了你，为了我，特别是为了吉姆好。怎么样？（沉默）

服务对象：我想我对你有点粗暴了，但是你知道，当孩子不在我身边时，我很担心他，我感觉……（挣扎着寻找合适的词）

工作者：无力帮助他，是这样吗？

实务总结： 工作者通过表达自己的感受释放了自己的能量以回应服务对象的问题："你认为我到底是什么感受？"这一重要步骤有三个结果。首先，工作者开始加强他和孩子家长之间的工作关系。这位家长是在意的，他的愤怒和坚定都使他成为一个优秀的工作对象。考虑到我们处理愤怒时的感受，我知道这可能令人难以置信；但是，从长远来看，一个被动攻击型的服务对象确实会更难应对。

其次，它让工作者开始对服务对象做出同理心反应，这是助人过程中的一项重要技巧。最后，这显示出工作者对承认感受和错误持开放态度。服务对象感知到一个成年人、一个专业助人者形象，可以理解他自己的感觉和行为之间的联系。如果这位父亲想要强化家庭关系，他正需要发展这种对自省的开放态度。

工作者对服务对象获得成功的投入

从目前所举的两个例子中，我们已经看到工作者如果公开表达关怀和愤怒的感受可以怎样帮助服务对象。请记住，在互动的过程中，工作者表达感受得到的结果部分取决于服务对象的反应。诚实且自发的情感表达可以扩展成工作者的一系列反应。另一个例子是工作者从服务对象的进步中感觉到自己的投入。出于某种原因，自决的概念被解释为助人者不能分享服务对象的进步和成长。在为改变而挣扎的过程中，当服务对象感到最无望并准备放弃的时候，工作者可能会压制自己的失望情绪。这是为了不过度影响服务对象的选择而做出的误导性的尝试。

与康复中心的截瘫青年的工作 下面的例子说明了直接表达工作者的希望和期待的重要性。在康复中心里一位专业人士正与一位截瘫青年合作。几个月来，工作者帮助患者处理人生突遭变故的感受，两人之间建立了关系。锻炼计划用于帮助患者获得一定的肢体功能，但计划进展缓慢而痛苦，而且没有很快恢复的迹象。

实务要点： 由于对自己的进步速度感到失望，患者变得沮丧、冷漠并且拒绝继续。正是在这种情况下进行了下面的对话。请记住，摘录的这段对话是在经过几个月时间培养出工作关系之后进行的。专业助人者在进行这种促进性的对质时，已经储备了大量积极感受可以利用，这种对质是为了推动服务对象继续前进。

> **患者：** 继续下去没有用的，我不练了！
>
> **工作者：** 你看，我知道这一直让人非常沮丧并且特别痛苦，而且你觉得你没有任何的进展，但我认为你正在进步，你必须坚持下去。
>
> **患者：**（愤怒）你到底知道<u>些</u>什么？你说得倒是容易，但我得去做。我不会有任何进展了，所以就这样了。
>
> **工作者：**（情绪上来了）这对我来说是不一样的。我没有坐在轮椅上，但你知道，在过去的三个月里，与你一起工作并不轻松。有一半的时间你都在自怨自艾，就是不

愿意工作。我在与你的工作中投入了大量的时间、精力和关怀，因为我认为你能做到，我不想看到你放弃我。如果看到你因为进展艰难而放弃，我也会非常受伤。

实务总结：患者没有立即对工作者的情感反应中所表达的"工作要求"做出回应。但是，第二天，经过一段时间处理情绪，他出现在理疗室，对之前的谈话只字不提。我们再一次看到工作者关于感受的陈述如何能整合高度个人化的回应和高度专业化的回应。工作者的感受是专业装备中最重要的工具，任何试图淡化这些感受的行为都会导致工作关系缺乏实质内容。这是对医学模式进行修改的另一个论点。

200

工作者分享与人生经历有关的感受

另一种在关系中分享工作者感受的方式也是有帮助的。当感受与工作内容直接相关时，例如当工作者与服务对象有相似的生活经历时，自我披露个人经历和感受就能促进服务对象的成长。这时的自我披露应是为了实现目的并与专业功能相结合。

教育政策 1b

有心智障碍的年轻人处理悲痛：工作者的父亲去世了　这里有一个戏剧性的例子，有个社会工作学生在我的实务课上讲述了她在一个寄宿场所与一群有轻微心智障碍的年轻人的工作。所有的服务对象最近都失去了一个重要的家庭成员。因为他们呈现出持续的抑郁和否认的症状，所以把他们聚集在一起讨论他们的丧失。这个小组的目的是帮助他们面对自己的感受并且接受或至少学着与他们的悲伤共处。小组进行了两周后，这个学生的父亲去世了，她不得不回家处理自己的伤痛。服务对象都知道她的情况。

当她回来时，她继续跟进小组工作，但没有提及她离开的原因，尽管她知道小组成员都已经知晓。其中一个小组成员对她说："简，你的父亲去世了，是吗？"该工作者后来描述说，她对他的发言感到不知所措，并挣扎着保持她的"专业冷静"。她说，小组成员一定感觉到了她的情绪，因为另一个小组成员说："你可以哭的，简，上帝也爱你！"作为对他这句话的回应，她哭了起来，大多数小组成员也跟着哭起来。过了一会儿，她对小组成员说，她一直在鼓励他们分享丧失的痛苦，但她自己却一直在努力隐藏自己的痛苦。小组成员开始了他们第一次认真的、充满感情的讨论，谈及他们自己的丧失，以及为什么他们试图隐藏感受，甚至是对他们自己。当这个学生在课堂上描述这一事件时，她又哭了起来，其他的学生和老师也开始落泪。这是互动性实务的另一个例子。

甚至在我写下这件事的时候，我还记得当我提出支持工作者分享感受的论点时，其他工作者提出的许多反对意见。让我们花些时间来检视这些看法。

分享工作者感受的界限问题

第一个考虑与分享个人感受的界限有关。我相信，如果工作者清楚了解契约（与服务

201 　对象合作的目的）和特定的专业功能，这些将提供重要的指导和保护。例如，如果服务对象在面谈开始时描述了他与岳母之间的问题，工作者不应该回应说："你认为你与岳母之间有问题？让我告诉你我的经历！"服务对象和工作者并不是在一起讨论工作者的问题，而且工作者试图诉说个人问题，即便这个问题是与契约涉及的领域有关，也是对契约的完全颠覆。如果前一个例子中的学生开始讨论她父亲的去世和她自己的丧失，而不是利用这个时机回到服务对象的问题上并推进他们关于丧失的工作，那她就不是在整合个人和专业——她只是不够专业。

　　服务对象向工作者寻求帮助，工作者对人际关系的感受只能用与服务对象的迫切问题直接相关的方式进行分享。以这样的情况为例，工作者觉得服务对象因为自己的感受而误解了别人的反应。工作者也经历过这种误解，他可以简要地描述其经历，但这是为了提供给服务对象理解重要互动的新方式。

　　工作者们的第二个考虑是，在自发地分享他们的感受时——也就是说，没有首先监控他们的所有反应，看看他们是否"正确"——他们有可能做出不适当的反应。他们担心自己会犯错，表现出自己的担忧也许会无可挽回地伤害服务对象。这种担心有一定的依据，因为工作者有时确实会出于自己的需要对服务对象做出反应。一个年轻的工作者对一个青少年服务对象的母亲很愤怒，因为这个母亲看起来就像这个工作者自己的母亲一样过度保护孩子。另一个工作者觉得受挫，因为他的服务对象没有立即回应他提供的帮助，而是在缓慢地经历着改变的过程。虽然服务对象以合理的速度取得了进步，但这仍然让工作者感到没有效果。还有一个工作者错过了教养院中一名寄宿者提供的关于其家人严重问题的若干间接线索，而该服务对象即将在假期见到家人。面对服务对象表现出来的情绪，工作者以惩罚愤怒这样的消极行为进行回应，而没有发现隐藏的信息。

　　自发地表达感受会导致所有这些错误以及其他错误。事实上，专业助人者在其所有工作经历中，总会不可避免地犯这样的错误，也会尽快觉知错误从而纠正错误。在这些情况下，一个好的工作者将学会了解他自己对人和事的个人感受和反应。随着这种学习的深入，这些早期的错误会逐渐减少。然后，工作者会意识到新的错误，即我所称的更复杂的错误。

　　当教师、督导员、理论家和同事传递出工作者在面谈中应尽力、持续监控自己的感受，在行动前想清楚，从而完成完美的面谈的观点时，他们是在阻碍工作者的成长。只有在面谈结束后对自己工作的某些部分进行持续性的分析，工作者才能培养从错误中学习的能力。越是娴熟的工作者就越能自发应对，他们可以在面谈中觉知自己的错误，这不是通过退缩和思考来实现的，而是利用他们自己的感受以及探寻服务对象反应中的线索来实现的。这就是前面的例子中那个与愤怒的家长打交道的寄宿机构的辅导员所做的事。

202 　经常被忽视的事实是，服务对象更容易原谅错误，而不是应对一个完美的工作者形象。当工作者承认"搞砸"了一次面谈、没有理解服务对象的想法或感受，或是对服务对象反应过度而生气时，服务对象会真正放松下来。承认错误既能使工作者人性化，又能间接地允许服务对象也犯错。一些工作者认为如果他们暴露了人性的缺陷，服务对象就不会尊重他们的专业才能，那他们就误解了助人的本质。工作者并不像医学模式所认为的那样，是拥有解决服务对象问题的"方法"的"专家"。相反，工作者拥有的技巧能帮助服务对象形成自己解决问题的方案。这些技巧中最重要的一项，是在个人和专业上保持诚实的能力。

性移情和反移情感受

最后，一些工作者的感受被认为有过多潜在的危害性而不能表达。这是对的；然而，这样的感受很少。例如，许多温暖和关怀的感受会在工作者和服务对象之间流动。这些积极的感受构成了一个关键动力，有助于推动助人的过程。在某些情况下，亲密的感受与一定程度的性吸引有关。这些相互吸引往往是可以理解的，也很正常。然而，服务对象会发现很难应对一个诚实地分享性吸引感受的工作者。

由于工作者的权威和移情过程，分享性吸引的感受——当然更糟糕的是采取行动——构成了一种违反伦理的性剥削。服务对象在助人关系中是弱势的，需要得到保护。服务对象是来寻求帮助以愈合他们在剥削性关系中所受的创伤的，因此当他们发现自己处在另一种剥削性关系中，而这时的剥削者是工作者时，这对于服务对象来说是十分悲惨和有害的。此外，这个问题并不在于服务对象对工作者有性吸引力。这是可以理解的，工作者应与督导员和/或同事讨论这些情绪。违反伦理的部分是按照感觉对服务对象行事。

女性工作者对男性截瘫患者的"挑逗"的反应　如果服务对象开始对工作者做出诱惑性的举动，甚至直接要求工作者做出一些回应，工作者会觉得自己处于困境。例如，一位年轻有魅力的女性工作者在康复场所遭遇男性截瘫服务对象的"挑逗"，她在描述自己的反应时说"很刺激"。她对自己的感受觉得有些羞耻，因为她认为这暴露了她缺乏专业性。这个例子是在咨询小组中讲述的，小组中绝大多数工作者说他们也曾有过这样的感受。他们没有与同事、督导员或教师讨论过这些问题，因为他们觉得这样做是触犯职业禁忌的。

当讨论回到面谈中与这位截瘫患者的互动时，我要求与会者对焦在当时的情境下、在服务对象的状况和工作契约的背景下"挑逗"的含义。他们推测，这位年轻的服务对象害怕自己作为一个截瘫患者无法具有性吸引力。这是处理这个问题的新切入点。工作者清楚地知道，服务对象对他的性吸引力的感受和恐惧可能是工作的核心议题。如果工作者淹没在自己的感受里，就会错失这个核心议题。有了对服务对象行为的新看法，工作者就能在下一次面谈中直接提出对此行为的理解："在过去的几次面谈中，我觉得你在对我献殷勤。基于我们之间的专业关系，我对此觉得很不舒服。但思考了之后，我在想你这样做是不是因为你想知道，你已经截瘫了，要坐在轮椅上，是否有人能以这种方式关心你。"服务对象诚实作答，讨论随之进入了全新的层次。

这说明了工作者如何利用过程（与服务对象的互动）作为工具来探索内容（工作契约

中实质性的内容）。在这个例子中，工作者直接对质服务对象对她说的话，澄清了她职业的和伦理的责任与界限，然后直接触及他与异性关系方面的问题。工作继续探索这个痛苦但关键的内容领域。（后面的章节将更详细地讨论过程和内容之间的联系。）

有关分享感受的研究

一些助人行业已经进行了关于分享工作者感受的影响的研究。研究发现表明，在助人过程中，这一技巧与前面介绍的同理心技巧发挥着同样重要的作用。这一技巧也被称为"自我披露"或"真诚"等等。在我 1978 年的研究中，与发展工作关系和提供有效帮助相关的所有因素中，工作者"分享个人想法和感受"的能力是位列第一的强有力因素。对研究数据的进一步分析表明，这一技巧的使用同样有助于发展工作关系和提升工作者的助人有效性。

这一技巧的重要性在最近的实务研究中也得到了验证（Shulman，1991）。它是帮助服务对象处理感受这一组别中的四项技巧之一。这一技巧对工作关系中关怀要素的发展有很大的影响，并且通过关怀对于服务对象对工作者助人有效性的看法产生很大的影响。此外，它对硬性结果衡量标准（儿童的法庭终审情况和在照顾中心生活的天数）也有低度但显著的影响。

就其本身而言，在实务工作的开始和中间阶段使用该技巧时，它与关怀、信任和服务有效性有显著的相关性，但它通常位于八个技巧的清单最后。与 1978 年的研究相比，这项研究中该技巧的重要性有所不同可能与研究设计的变化有关。

从这些发现中我们可以推断出什么？可能是在分享个人想法和感受时，工作者打破了服务对象因接受帮助而需要面对依赖感受时所经历的障碍。当工作者体现出更多的面向——不仅仅是一个专业助人者——他便有很多"人的面向"与服务对象产生联系。此外，具有个人性质的想法和感受似乎为服务对象的任务提供了实质性的数据资料，因此增加了工作者服务的有效性。也许正是数据资料的个人性质使其看起来与服务对象更相关，更容易使用，并可融入现实感中。像许多其他技巧一样，这一技巧可同时具有两种功能。通过自由分享感受，工作者有效地强化了工作关系（过程），同时为服务对象的工作提供了重要的想法（契约）。

1978 年和 1991 年的研究对普通工作者的技巧使用情况进行了考察，我发现服务对象认为他们的工作者很少分享他们个人的想法和感受。后来在各种培训小组中与工作者分享这些发现时，总能引发重要的讨论。工作者们在讨论中探讨了他们难以向服务对象表露自己的原因。小组成员的第一反应总是举出督导员、书本或以前老师的例子，他们都明确表示分享感受是不专业的。正如一位工作者所说的，"有人告诉我，我应成为面无表情的社会工作者"。

在讨论了这些禁令及其对工作者的影响之后，我会说："基于我的研究、实务的经验和专业知识，我现在告诉你们，对服务对象坦诚并把自己的感受作为工作的一部分不再是'不专业'的表现。"然后，我会询问这种新的自由会如何影响他们第二天的工作。在长时间的沉默之后，工作者或学生的典型反应是："你刚刚让事情变得更难了。现在，我不得不面对的事实是，我自己的感受让我难以做到坦诚。我真的不确定我想分享多少有关自己的内容。"在坦诚得到承认之后，工作坊中的讨论继续进行的这一刻，工作将得到深化。

我还要说明在我早期的医患互动研究中，与分享感受议题有关的发现（Shulman & Buchan，1982）。尽管医生们认为他们能够隐藏对患者的感受，尤其是负面的感受，但这项研究显示，医生表达出的对患者的态度（积极的、中立性的或消极的态度）与患者对医生态度的感知之间存在高度相关。事实上，医生的态度是预测结果的重要变量。因此，在这一使用医学模式的行业中，一些成员可能会相信情绪中立的神话。

培养坦诚分享感受的能力是很困难的，但工作者一直要求服务对象这样做。对于提供有效帮助而言，这是一项基本技巧。正如一位服务对象提及她的工作者时所说的："我喜欢特雷西太太。她不像一个社会工作者，她更像一个真实的人。"这一模式认为特雷西太太既是一个真实的人，也是一个真正的社会工作者。

工作要求

在建构这个助人过程模式时，到目前为止，我们已经看到了五个重要的组成部分：订立一个清晰的契约、确定服务对象的议程、帮助服务对象阐释其问题、确保服务对象在工作中投入感情以及分享工作者的感受。

服务对象的矛盾和抗拒

此时，我们应该检视矛盾和抗拒的问题。服务对象对推进工作会有两种想法。他们自身的一部分代表着他们的力量，会朝着理解和成长的方向发展。他们自身的另一部分则代表着他们的抗拒，会从被视为困难的过程中退缩。

进行工作往往意味着需要降低长期形成的防御、讨论痛苦的话题、体会困难的感受、认识到自己对问题的责任、为自己的行为负责、放弃长期秉持的关于人生的认知框架，并面对重要他人和系统。无论涉及什么困难，服务对象都会表现出一定程度的矛盾心理。

珀尔曼（Perlman，1957）对服务对象的矛盾心理描述如下：

> 了解个人的感受需要知道他们往往是多面性的、混合的，他们可能同时在两个方向上拉扯。每个人都经历过这种双重性，既强烈渴望得到某样东西但又退缩不前，下

定决心但始终都没有执行计划。这就是矛盾心理的部分含义。在同一时刻，一个人可能受到自己内心的两种对立力量的影响——一个说"是的，我会的"，另一个说"不，我不会的"；一个说"我想要"，另一个说"不是真的"；一个在肯定而另一个在否定。(p. 121)

斯特林（Strean，1978）将服务对象的矛盾心理与工作者的关系和接受帮助的过程联系起来，对抗拒做了如下描述：

> 每个服务对象对接受帮助的想法和过程都有一些抗拒，对这一点的认识提醒面谈中的工作者，不是每个部分的面谈都会顺利进行。大多数服务对象时不时会觉得参与面谈很困难，甚至可能拒绝交谈；有些人会习惯性地迟到，有些人可能对机构、社会工作行业和社会工作者持相当负面的看法。(p. 193)

寄养的青少年：矛盾与工作要求　以下是一段与寄养的青少年面谈的录像摘录，从中可以看到工作中出现的矛盾情况。

实务要点：面谈刚开始时，这个 18 岁的青少年间接地暗示了他离开教养院的感受，特别是他与儿童照顾工作负责人之间建立的温暖感情。该工作者没有听到第一个暗示，因为当时她正专注于放在他们之间桌上的、她自己的书面议程。在会谈期间，工作者觉知到自己的错误，她把议程放到一边，开始系统地倾听这个话题，鼓励服务对象阐释说明，并探寻和表达他的感受。以下摘录的面谈内容正是从服务对象第二次提出这个问题而工作者做出回应的时刻开始的。

工作者：和汤姆（儿童照顾工作负责人）说再见很难吗？

服务对象：和汤姆说再见并不难，但我会想念和我一起睡觉的小猫咪。昨天晚上，小猫用爪子抓我，我尖叫，对汤姆大喊：快来把这只该死的小猫弄走，你以为我一辈子都要带着抓痕到处走吗？（这时，服务对象兴致勃勃地讲述了这个故事，工作者也跟着笑了起来。服务对象迅速越过桌子拿起工作者的书面议程，说："好的，下一项是什么？"）

实务要点：当工作者因为议程分神时，服务对象不断地提供与重要主题有关的间接线索。当工作者开始认真处理这个主题时，服务对象自身的一个部分却害怕面对讨论和随之而来的感受，服务对象就利用工作者的议程来分散工作者的注意力。服务对象也在试探，看看工作者是否已经准备好进行讨论。通过允许自己分散注意力，工作者发出了这样的信息："我也没准备好。"当我们在咨询中与这位工作者探讨这个情况时，她对这个过程的反思使她认识到，她也想结束与这位服务对象的合作，尽管这是一个她想要避免的结局。实际上，工作者自己也在推脱讨论，因为她已经和服务对象走得很近了，当服务对象准备走向独立时，工作者已经感觉到了丧失。这再一次说明，工作者处理自己感受的能力影响了她帮助服务对象处理他自己感受的能力。（实务工作的结束阶段将在第六章中详细讨论。）

　　需要记住的一件重要事情是抗拒十分常见。事实上，缺少抗拒可能意味着工作的进展只是错觉，而真正的议题仍未被发掘。如果这个服务对象能够轻松地处理他与汤姆终止关系时的感受，他就不再需要工作者的帮助。终止关系的感受成为寄养儿童工作的核心，这些儿童要努力寻找方法投入新的、有意义的关系中去，尽管由于他们的亲生父母，他们有着被拒绝的深层感受。许多这样的儿童在他们的生活中已经经历了一些丧失，包括失去了一个正常的童年。这个服务对象失去了汤姆，失去了住所，也失去了这位充满关怀的社会工作者。当工作者接近这一感受的核心区域时，如果抗拒没有出现，那才是奇怪的。

　　一个关键的理念是，抗拒是工作的一部分。经验不足的工作者如果不了解这一点，就可能从一个重要的领域退缩。他们对自己所做的事情的信心是脆弱的，所以当服务对象表现出防御或不愿处理难题的迹象时，他们就允许自己被推开。当工作者体会到自己对此很矛盾时，尤其如此。

　　在艰难的领域中有关矛盾心理的沟通其实是服务对象在说："对我来说这是很难谈论的。"对工作者而言，这也是一个问题。"你真的准备好和我谈论这个问题了吗？"这体现出生活中的一种情况，对方说他不愿意进入禁忌领地，但希望你不要真的相信他。表面的含义是说"让我一个人待在这个地方"，而真正的意思是"不要让我把你赶走"。在小组会谈中的这些时刻，提出工作要求的技巧是至关重要的。

　　工作要求的概念是施瓦茨（Schwartz，1961）对我们理解助人过程的最重要贡献之一。他对其描述如下：

> 　　工作者还代表了所谓的工作要求，在这个角色中，他不仅试图实施契约的实质性内容——我们的工作目的——而且维护工作环境。事实上，这个要求是工作者提出的唯一要求，它不是为了某些可感知的结果，或认可的态度，或习得的行为，而是为了工作本身。也就是说，他在不断地挑战服务对象，使其坚定地处理自己的问题，并精力充沛地去做应做的事。（p. 11）

207

　　工作要求并不局限于单一的行动或一组技巧；相反，它贯穿在所有的工作中。例如，在工作的开始阶段，公开、直接订立契约的过程就代表了一种形式的工作要求。工作者试图将服务对象和感受带入工作过程是另一种形式的工作要求。前面介绍的与愤怒的父亲（"机构服务对象"）格雷戈里先生的面谈就是一个很好的例子，在其中工作者不断地回到格雷戈里先生的感受中去。在谈到他的孩子被安置在这里多久时，这位父亲说："这对孩子来说时间很长"。工作者回答说："对你来说也是如此。"同样，在与寄养的青少年面谈时，这位年轻人在讨论汤姆（儿童照顾工作负责人）和他自己之间的感情时，他对工作者说："像他这样的人怎么会受到打击？"工作者的回应是："它是如何打击你的？"这是另一个关于工作要求的例子，或者更适合称之为具有同理心的工作要求。

支持和对质相结合：具有同理心的工作要求

请注意，这种要求可以是温和的，与支持相伴。它没有必要是对质的。我之所以强调这一点，是因为人们倾向于将对质视为负面的、冷漠的行为。一些实务工作模式，特别是在物质滥用领域，会使用对质来突破防线。这一点将在本书后面说明。我的看法是这样的对质易于增强防御，而不是帮助服务对象降低防御。

工作者很有可能提出具有同理心的工作要求，正如前文所强调的，如果在积极的工作关系的背景下，对质会被体验为是关怀的。

工作要求技巧包括以下几个具体的技巧：

- 拆分服务对象关注的问题；
- 保持专注；
- 查看潜在的矛盾心理；
- 挑战工作错觉；
- 指出障碍。

每一个技巧与面谈中的特定动力有关，这些动力也可被理解为不同形式的抗拒。请注意，只有在配合使用前面介绍的同理心技巧时，持续使用工作要求技巧才会奏效。当工作者运用同理心能力来表达他们对服务对象真正的关怀时，他们就会建立起积极情感的储备库，这是工作关系的一部分。这好比一个银行账户，工作者在需要时可以从中取用。只有当服务对象感觉到工作者理解他们，并且没有严厉地评判他们时，他们才会回应这些要求。

整合同理心和工作要求是有必要的。一方面，有能力与服务对象共情的工作者可以发展出积极的工作关系，但并不一定能帮到服务对象。另一方面，那些缺乏同理心和工作关系，只会对服务对象提出要求的工作者，会被服务对象认为是严厉的、评判的，也不能帮到他们。那些能够以自己的方式将关怀和要求结合起来的工作者才能提供最有效的帮助。

无论是在助人关系中还是在生活中，这都不容易做到。人们普遍倾向于将关系的这两个方面一分为二，工作者会认为自己往返于这两者之间。例如，通过同理心来表达对别人的关心，但没有得到任何结果就会导致愤怒和要求，同理心反应也会随之冷却。然而，正是在这一时刻，当对服务对象提出关键性要求时，同理心能力是最重要的。请将这一准则牢记于心，我们将在后文探讨具体的工作要求技巧。

拆分服务对象关注的问题

服务对象常常觉得他们的问题会淹没一切。在订立契约阶段，工作者会发现服务对象用叙述大量的问题来回应得到的帮助，而每个问题都对其他问题有一定的影响。服务对象所经历的无助感既与难以处理如此多的问题有关，也与这些问题本身的性质有关。服务对象感觉无法行动，不知道怎么开始、从哪里开始。此外，让问题保持原状代表着抗拒。如果问题令人不知所措，服务对象可以证明对它们采取任何行动都是不可能的。

与一位不堪重负的单身家长的面谈：拆分的力量 拆分在本质上是一种问题处理的技巧。解决复杂问题的唯一方法是将其分解为各个部分，并逐一解决这些部分。摆脱无助感和束缚感的方法是，从问题的一个部分开始，迈出一小步。这是工作者提出工作要求的一种方式。当工作者倾听服务对象的问题，并尝试去理解和认可服务对象不知所措的感受时，工作者应同时开始帮助服务对象将问题分解成更小、更容易处理的部分。

教育政策 2.1.1a

实务要点：下面和一位单身家长的面谈摘录说明了这个技巧。请注意，工作者共情了服务对象不知所措的感受，但在仔细聆听后，将这个压倒性的大问题分解成可处理的小问题。在这个案例中，工作者还要求服务对象识别出其中最重要的小问题。

工作者：你似乎对你儿子昨天打架非常不安。你能告诉我是什么让你感到不安吗？

服务对象：打架之后一切都乱了套。因为我儿子把刘易斯太太的儿子打成了黑眼圈，刘易斯太太很愤怒，她威胁说要报警。她向房东投诉，房东威胁说如果孩子们不改好就把我赶出去。我试图和弗兰基谈一谈，但毫无进展。他只是对我大喊大叫，然后跑出了家门。我真的很担心他这次做的事情，我对整件事感到恶心。如果他们把我赶出去，我该去哪里呢？我租不起别的房子了。而且你知道警察上次给了弗兰基一个警告。我很害怕，如果刘易斯太太真的投诉会发生什么。我真的不知道该怎么做。

工作者：这听起来确实一团糟，难怪你会觉得被逼到了墙角。你看，如果我们一次只解决一个问题也许会有帮助。刘易斯太太非常生气，你需要处理和她之间的事情。你的房东也很重要，我们应该考虑你可以对他说些什么，让他在你处理弗兰基的问题时不要再给你压力。既然这件事让你们两个处境更糟，你能对弗兰基说什么呢？我猜这是个大问题。刘易斯太太、房东和弗兰基——我们应该从哪里开始？

实务要点：工作者的陈述中暗示了温和而坚定的要求。工作者能感觉到服务对象的不知所措，但她没有让工作就此停住。在这个例子中，我们可以清楚地看到有两组任务：工作者的任务和服务对象的任务。服务对象提出问题，工作者帮助她把问题进行拆分；服务对象必须按照她的紧迫感开始处理这些问题。从这种意义上来说，工作是互动性的，工作者的任务和服务对象的任务在相互作用。（本章后面的内容将继续讨论这个面谈。）

当工作者将一个压倒性的大问题拆分并要求服务对象着手解决拆分出来的小问题时，他是根据助人过程的一个重要原则行事，即总是有下一步。下一步是工作者和服务对象可以一起做的任何事情，可以开始解决问题。即使服务对象要处理的是绝症，下一步也意味着可以发展出一种应对疾病的方法、使自己的生活井然有序、控制自己剩余人生的质量等等。当不能为服务对象提供社会支持，如适宜的住房条件时，接下来的步骤可能涉及倡导和对系统的对质，如果这些都失败了，也可以尝试找出方法将糟糕的住房条件的影响降到最低。虽然工作者可能无法给予彻底解决问题的希望，但他需要帮助服务对象找到下一步。当服务对象感到不知所措和绝望时，他最不需要的就是一个有同样感受的工作者。我把这称为沮丧的循环，在其中工作者和服务对象会循环进入更深的绝望感中。

关于拆分技巧的研究发现　在我最近关于实务工作的研究中，拆分是帮助服务对象处理自身问题的四个技巧之一，有助于工作关系中信任因素的发展（Shulman，1991）。处理问题这组技巧中的其他几个技巧包括：澄清工作者的目的和角色、寻求服务对象的反馈以及在禁忌领域支持服务对象。关系中的信任因素又有助于服务对象将工作者视为有帮助的。这是一个合乎逻辑的研究发现，因为帮助服务对象处理复杂问题的工作者会被认为更能提供帮助。

210　　此外，当在实务工作的开始阶段使用拆分技巧时，该技巧在与工作关系中的关怀要素的相关性方面，在八个技巧中位列第五。在与关系中的信任因素的相关性方面，它排在第二位，而在对助人有效性的影响方面，它的重要性排在第一位。拆分技巧和工作关系之间的这种关系验证了我早期的一个研究发现，即这个技巧通过其对关系的影响而提升了助人的效果（Shulman，1978）。

那么，为什么使用拆分技巧会对关系的建立产生积极的影响？一种可能的解释是，工作者使用拆分技巧会向服务对象传递几个重要的想法。第一，工作者相信服务对象所面临的任务是可处理的。第二，工作者传递出信念，相信服务对象可以采取下一步措施。也就是说，当问题被适当地拆分成可处理的小问题时，服务对象有能力来处理这个问题。第三，由于拆分问题也有助于明确工作重点，因而它可能是另一种澄清目的和角色的形式。无论如何，关于拆分技巧的研究发现表明，工作者可以很好地帮助服务对象清楚地识别他们向工作者所提出的问题的那些组成部分，这在早期尤其如此。

这些想法与优势视角的最新发展和寻解方法（在第二章进行了介绍，在第十七章中详细讨论）是一致的。就本质而言，工作者向服务对象传达了这样一种信念，即如果他们能逐步解决他们的问题，他们就有能力处理这些问题。让服务对象反思他们在生活中能更有效地处理问题的时刻，以帮助服务对象改变他们对生活和能力的认知，这是寻解方法的基本技巧之一。

保持专注

当服务对象开始处理一个具体的问题时，与其他相关问题之间的关联往往会导致一种散乱的状态，在这种情况下，服务对象很难集中精力一次只关注一个问题。保持专注要求服务对象停留在一个问题上，这是工作要求中第二个解决问题的技巧。从一个问题转移到另一个问题可能是回避工作的表现；如果服务对象不停留在一个问题上，他就不需要处理相关的感受。保持关注向服务对象传递了这样的信息，即工作者打算讨论更棘手的感受和问题。这个技巧在之前单身家长的面谈例子中进行了说明。当服务对象决定先处理刘易斯太太的问题（因为她害怕警察的介入）后，讨论继续进行：

服务对象：刘易斯太太上门的时候，对我大喊大叫，说我的弗兰基是个罪犯，她不会让他再打她的儿子。

工作者：你一定很害怕和不安。你对她说了什么？

服务对象：我只是冲她大喊回去，告诉她她的儿子不是什么好人，他可能是自找的。我真的很不安，因为我看到房东的门开着，我知道他一定在听。你知道他警告过我，他不会再容忍这些吵闹。如果他真的把我赶到大街上，我该怎么办？

工作者：我们能不能先讨论刘易斯太太的事情，然后再去处理房东的问题？我能看出来你当时肯定很生气、很害怕。你对刘易斯太太的感受有什么想法吗？

实务要点：通过先认可痛苦（支持）然后回到处理与刘易斯太太之间的问题上（要求），工作者帮助服务对象停留在对这个问题的关注上，而不是让服务对象的焦虑淹没了她。

查看潜在的矛盾心理

助人时的危险之一是服务对象可能选择附和工作者，表达虚假的共识或赞同，但对一个观点或进行下一步的决定存在矛盾心理。我把这种一致称为"新年计划"，是注定要打破的。因此，查看潜在的矛盾心理是工作者的另一项重要任务。

服务对象可能因为一些原因而附和工作者。服务对象觉得工作者为这个"解决方案"投入了很多心血，他不想因为提出疑问而让工作者不高兴。在尝试进行困难的行动时，服务对象也可能没有意识到他现在的疑虑或以后会出现的疑虑。最后，服务对象可能通过隐瞒疑虑来避免处理核心问题。从这种意义上来说，服务对象表现出另一种形式的抗拒。这种抗拒是微妙的，因为它是被动表达出来的。在这些情况下，话是说出来了，但没有任何实际的事情发生。此时，我们就有了工作错觉，这是对实务工作有效性的最具危险性的威胁。我在加拿大法语区——魁北克省的蒙特利尔市生活了六年，我把这称为"治疗的双人舞"，这是一种舞蹈形式，在其中工作者和服务对象出于各自的原因发展出维持错觉的神奇方法。

有时，工作者意识到服务对象潜在的怀疑、恐惧和顾虑，却只是忽略了它们。正如一位工作者所说的："我知道我们只是在原地打转，但我害怕与服务对象对质。"工作者认为提出这些问题可能导致服务对象决定不再采取下一步行动。他们认为需要积极的思考，他们不希望通过承认和讨论服务对象的矛盾心理而加剧他的这种心理。然而，反过来才是正确的。正是在这样的时刻，工作者应该查看服务对象潜在的矛盾心理。

当服务对象有机会表达矛盾心理时，工作者就可以触及服务对象的真实感受并提供帮助。在与工作者进行讨论时，负面感受的影响力常会降低。也许服务对象高估了其中的困

211

难，那么工作者可以帮着澄清真实的状况。在另一些情况下，下一步确实很难进行。工作者的帮助包括运用同理心来理解困难，并表达对服务对象在面对其感受时所具有的优势和抗逆力的信心。无论犹豫的原因是什么，都必须对其进行探讨，如此，这些原因才不会将服务对象隔绝在会谈之外。

当一切顺利时寻找麻烦　当工作者听到服务对象同意采取下一步重要的行动时，他们需要与兴奋的感受做斗争。施瓦茨（Schwartz，1961）将此描述为工作者需要"当一切顺利时寻找麻烦"。例如，在与受物质滥用问题困扰的服务对象一起工作时，热心的工作者可能会相信服务对象同意进入治疗项目，然后当服务对象没有在接案预约的时间出现时，他就会感到失望。仔细回顾会谈后发现，服务对象发出的信号表明他仍然处于"意向"阶段，还没有准备好进入寻求帮助的"行动"阶段。工作者经常承认，他们会感觉到服务对象的犹豫不决，但以为可以通过正向的鼓励来克服这种心理。当会谈结束后出现矛盾和恐惧心理时，这个错误又会困扰工作者。

如果在下一次会谈中工作者能承认自己推进太快，并鼓励服务对象探索他矛盾复杂的感受，那么一切就不会失败。而矛盾复杂的感受在这个阶段是很常见的。这提供了很好的机会来阐释先前的观点，即抗拒是工作的一部分。简单地将服务对象的抗拒视为服务进展的障碍是错误的想法；相反，抗拒本身存在着重要的"工作的抓手"。在有物质滥用问题的服务对象的例子中，当工作者探索服务对象的抗拒时，重要的工作主题会出现：对接受物质滥用问题的担忧、雇主对他的看法、羞耻感、对作为触发因素的创伤性事件的回忆等等。

在另一个例子中，一位年轻的大学生在自杀未遂后被送入精神病院。第一次会谈刚开始时，她宣称不会谈论她的男朋友或她的家人，因为那意味着她在责怪他们。她同时表达了抗拒（她不愿意谈论什么），她的核心问题之一是对自己的愤怒和怨恨的愧疚。探讨她为什么不想讨论他们可以直接引出问题的核心点——也许她真的在责怪他们。

挑战工作错觉

如前所述，对有效助人最大的威胁之一也许是工作错觉。虽然帮助可以通过非语言的方式实现，如触碰或行为，但大部分的助人过程是通过语言交流进行的。我们都曾参与过空洞且没有实际意义的谈话，很容易见到这种说很多无意义的话的情况出现在助人互动中。这代表了一种微妙的抗拒方式：通过制造工作错觉，服务对象似乎仍在工作，同时又可以回避挣扎和成长的痛苦。然而，要有两个人参与这场仪式才能出现这种错觉。工作者愿意让错觉产生出来，然后积极地参与以维持错觉。工作者曾指出，与服务对象的助人关系持续了几个月，甚至几年，但其实工作者内心深处一直知道，这都是错觉。

施瓦茨（Schwartz，1971）在下面这段关于小组工作的文字中描述了工作错觉：

带领者不仅能够帮助人们交谈，而且必须帮助他们相互交谈；谈话必须是与契约有关、有目的的；谈话必须有感情，因为没有感情就没有投入；它必须是关于真实的事情，而不是一种伪装、一种错误的共识或一种旨在产生工作错觉的而不是在过程中引起任何注意的游戏。(p. 11)

婚姻辅导的例子：工作错觉

实务要点：挑战工作错觉这个技巧要求在一段时间内了解清楚错觉的模式，并让服务对象面对它。婚姻辅导中的一个例子说明了这一过程。一对夫妇就他们婚姻中的问题前来求助。随着会谈的进行，工作者注意到大部分时间他们都在谈工作中的问题、与父母的问题以及与孩子的问题。虽然也谈到了这些问题与他们的婚姻问题的联系，然而，他们似乎已经建立了一个心照不宣的联盟，谈话就是不涉及他们关系的细节。无论工作者如何努力寻找这些问题与他们相处方式的联系，他们似乎总是在逃避。最后，工作者说了下面的话：

> 你们知道，当我们开始辅导的时候，你们都觉得需要获得帮助来解决你们婚姻中的问题，改变你们与对方相处的方式。然而，在我看来，我们谈论的都是你们如何与其他人相处。你们似乎在回避棘手的问题。为什么会这样？你们是不是担心它可能太难处理？

实务总结：工作者对错觉的挑战引来了迅速的回应，这对夫妇探讨了他们的恐惧，他们害怕如果真的开始工作会发生什么。通过对错觉的挑战来帮助这对夫妇开始困难的、有风险的改变过程是有必要的。此外，他们的抗拒本身也揭露了他们隐藏的问题。他们向工作者展示了他们如何避免与对方谈论真正的问题。

指出障碍

施瓦茨（Schwartz, 1961）在发展他的社会工作协调功能理论时，将该功能分解为五组一般性的任务。其中一项任务是在服务对象和要协商的系统之间寻找共同点。当工作者想要与服务对象订立契约时，显然，这项任务是要找到服务对象感知到的需要和机构提供的服务之间的联系。例如，当工作者试图提醒自己注意到青少年对独立的需要和父母希望看到孩子长大并真正变得独立的愿望之间的微妙联系时，这项任务也显而易见。

由于个人和系统之间的共同点在每个人看来可能是分散的、不清晰的，甚至是完全不存在的，因此施瓦茨用第二个任务来阐释他的协调功能，即当工作中的障碍出现时察觉和挑战障碍的任务。就像施瓦茨所有的任务一样，这项任务在每次助人会谈中都会不断重复出现。人们为自己的利益工作时，有两个主要的障碍往往会使他们感觉受挫，那就是社会禁忌的阻

213

214　　挠作用和权威主题的影响，后者讲的是给予帮助的人和接受帮助的人之间的关系。

　　以下的例子是关于社会禁忌的影响的。一名社会工作者和一名少女一起工作，这个高中生在学校里存在行为问题。她暗示她家里可能存在问题，还间接暗示了性虐待的事。社会工作者在会谈结束时指出了这个障碍，他提到，很多他帮助过的女孩都经历过某种形式的家庭虐待，由于种种原因，她们总是很难去谈论这样的事。这名少女当时没有回应；不过，在下一次会谈开始时，她透露她与父亲存在乱伦，但她一直觉得非常羞耻和害怕，不敢告诉任何人。

　　在另一个关于种族和权威主题影响的例子中，一个非洲裔美国高中生在总体上是白人的学校上学，他难以与白人社会工作者讨论他被白人学生欺凌的经历。社会工作者指出，对该学生来说，作为一个黑人与白人社会工作者谈论他在一个主要是白人的学校里所经历的事情是很困难的。通过指出这一障碍，社会工作者为接下来的讨论打开了大门。

在禁忌领域支持服务对象

　　当服务对象和工作者进入助人关系时，服务对象会带来一种社会文化意识，其中包括一些禁忌，涉及不能被公开讨论的敏感领域。例如，我们很小就学到直接询问和讨论性会惹人不快。在其他的领域，我们被巧妙地鼓励不要承认我们的真实感受，这些领域包括依赖、权威、丧失和财务问题。前文最后两个例子说明了讨论性、乱伦、种族和权威时存在的问题。

　　依赖的感觉常被体会为软弱。不切实际的"真正的男人"或"真正的女人"的形象，塑造出一个独立、自力更生，在没有帮助的情况下就能处理好生活中问题的人。然而，在现实世界中，生活是如此复杂，我们总是以某种方式依赖他人。大多数人都有意识或无意识地以某种方式经历过窘迫感，但认为他们应该有另一种方式。我们的文化规范中包含明显的禁忌使真实地谈论依赖变得困难。

　　钱也被认为是一个禁忌话题。许多家庭对有关其财务状况的问题深为反感。在我们的社会中，贫穷是令人尴尬的。不愿与专业助人者讨论费用问题是社会工作实务中的一个例子，显示了禁忌的影响。服务对象有时在订立服务契约时不问费用，觉得询问会很难堪。显然，即使服务对象不问，工作者也有伦理责任对费用进行澄清。

　　对权威的感受是最大的禁忌话题之一。父母、老师和其他权威人士一般不鼓励儿童对这种关系的性质进行反馈。我们很早就知道，对这种关系进行评论是充满危险的，尤其是在给出负面的评论时。权威者有权力伤害我们，所以我们最多只能暗示我们的感受和反

215　应。向权威者表露积极的感受几乎同样困难，因为这被认为有失体面。权威禁忌给工作者和服务对象之间的工作关系带来了一个重要的问题，我将在后文说明。

　　丧失是另一个禁忌话题，它有多种形式，影响到各种类型的服务对象和工作领域。例如，由于死亡或分离而失去的关系可能被认为太难直接讨论。若孩子生来带有身体或精神

上的问题，父母会暗自为失去他希望拥有的完美孩子而哀悼。性虐待、情感虐待或身体虐待的幸存者会哀悼失去了的童年和纯真。酗酒者的成年子女会为失去希望拥有的家庭而哀悼，但他可能并不想讨论这个问题，因为在家庭教育中这是个需要保守的家庭秘密。我们社会的许多信息表明直接讨论丧失是不可接受的。

创造工作的文化：禁忌话题和其他障碍 为了帮助服务对象讨论禁忌的感受和顾虑，工作者应在助人面谈中创造一种独特的"文化"。在这种文化中，与服务对象讨论在其他地方被视为禁忌的感受和顾虑是可以接受的。然而，这种禁忌无法在所有情况下都消除。正如关于分享工作者感受的讨论所显示的那样（例如，工作者对服务对象的性吸引），我们有一些合理的理由不能在所有的场合自由、详尽地谈论我们在禁忌领域的感受。

在面谈中讨论禁忌话题并不是为了永久性地改变服务对象的态度，而是为了当前的工作。工作者观察与服务对象的互动，留神这一过程中可能阻碍谈论禁忌的线索，从而促成这种讨论。过去与服务对象一起工作的经验和对焦过程会提高工作者的敏感性，以发现面谈中隐藏在表面之下的禁忌话题。一旦识别出禁忌，工作者便应将其公开化，并开始协商以建立面谈中新的行为准则。

48 岁的男士与性功能障碍 以下关于禁忌的例子来自一位女性专业助人者和一位 48 岁的男性患者的面谈。

> **患者**：很长一段时间以来我都感觉很糟糕。自从妻子和我经常争吵以来，情况就特别糟糕。

> **工作者**：请告诉我更多关于争吵的事情。

> **患者**：有很多事情可以让我们吵起来。她抱怨我喝得太多了，我经常不回家，而且我似乎总是太累，没有时间陪她。（在这一点上，工作者感觉到患者难以开口。他的犹豫不决和不能直视她提供了线索。）

实务要点：考虑到性别的差异和普遍存在的谈论性功能障碍的困难，工作者打开了讨论的大门，同时为服务对象保留空间，让其决定是否进入。然后她公开承认了这个困难，也提出了性别差异的问题。

> **工作者**：通常情况下，很多这样的困难会蔓延到性的方面。

> **患者**：（停顿了很久）在性方面也有一些问题。

> **工作者**：你知道的，我意识到谈论像性这样私密的事是很困难的，特别是当男性与女性讨论这个话题时。这可真的不容易做到。

> **患者**：这有点令人尴尬。

> **工作者**：尽管你很尴尬，但也许你可以谈一谈它。你知道，很少有我没有听说过的事情，我也不介意听听你要说什么。无论如何，如果我们不讨论这些问题，我们就做不了什么。

> **患者**：我最近有很多忧虑，感觉到很累。有时我也喝多了。反正，在过去的几个

月里，我一直有勃起障碍。

　　工作者： 这是第一次发生这种情况吗？

　　患者： 是第一次。我通常没有任何问题。

　　工作者： 这对你来说一定是个很大的打击。我猜你和你妻子因此深受打击。

实务总结： 讨论继续进行，服务对象详细说明了问题。服务对象描述了其他的症状，工作者建议他进行全面的身体检查。她指出，这些事情在这个年龄段的男性身上发生并不罕见，而且往往有生理上的原因。

面谈结束时，工作者说了以下话，来巩固他们工作关系中发展出的新规范："我知道对你来说跟我讲这些有多难。但是，这很重要，我希望这次讨论能让你感到可以自由地谈论你想到的任何问题。"患者回答说，他现在感觉好多了，因为他已经能够把事情说出来了。

虽然这种对话对我们社会中的大多数男性来说仍然是困难的，但文化上的变化会使其变得稍微容易一些。打开电视很容易看到伟哥、西力士或其他阳痿治疗方法的广告。现在，"低T"（老年男性中低睾酮水平）问题不断被电视广告提及。起初，这些广告的主角是一位年迈的前美国参议员，他迈出了挑战禁忌的第一步。现在，这些广告的主角包括运动员、一位以强健著称的前橄榄球教练和年轻的男子。显然，制药公司正尝试让人们接受对勃起功能问题的讨论和治疗，并改变"真男人"的标准。

重要的是要看到，确定禁忌或任何其他障碍是为了释放服务对象的能量，从而可以就双方一致同意的契约开展工作。有时，仅仅指出障碍就能把服务对象从其影响力中释放出来。在另一些情况下，需要对障碍进行一些探索才能减轻其影响。例如，服务对象可能需要简单地谈谈他在讨论与性有关话题时的困难。他的家庭规范也会增加公开讨论这种问题的压力。再一次，当服务对象讨论谈及性的困难时（过程），他实际上已经开始谈论性了（内容）。

需要强调这一观点。通过解决过程（与工作者谈论禁忌话题的困难），服务对象实际上开始讨论内容（在这个领域的不适感）。当我们了解到服务对象在与他妻子公开谈论性的问题上有同样的问题时，过程和内容的整合就十分清晰了。通过学习与工作者交谈，他实际上是在演练他需要与妻子进行的对话。

工作者需要防范，如果对障碍的讨论成为工作焦点，那么契约会被不易察觉地颠覆，而这很容易发生。助人谈话的目的既不是研究禁忌存在的原因，也不是要在所有情况下把服务对象从禁忌的影响中解放出来。澄清目的和角色可以帮助工作者免于掉入陷阱，即过于沉浸在对过程的分析而忘记了原来的任务。在前面的例子中，应该从对禁忌话题和权威主题的讨论转移到服务对象与妻子进行这种对话的困难上。

　　我的早期研究发现 在我早期的研究中，从服务对象的视角来看，在禁忌领域支持服务对象的技巧是区分最高效的工作者和最低效的工作者的四个技巧之一（Shulman，

1978)。最近的研究审视了最常用的八个技巧，而该技巧在八个技巧中位列第六（Shulman，1991）。服务对象说，他们的工作者使用该技巧的频率在"很少"和"经常"之间。这并不出乎意料，因为工作者也面临着和服务对象一样的禁忌问题。工作者需要经验和督导以找到直接谈论这类话题的勇气。

对该技巧的分析中加入时间因素，带来了一些有趣的发现。在工作开始阶段（初期会谈）使用在禁忌领域支持服务对象这一技巧时，在与服务对象对工作者关怀的看法有关的八个技巧中，该技巧的相关性强度位列第三（$r=0.52$）。在工作的中间阶段使用该技巧时，相关性略高（$r=0.58$）。这些发现在预料之中，因为任何形式的支持都会有助于服务对象认识到工作者在关心着他，这在敏感和痛苦的工作领域中尤其如此。

当在开始阶段使用这个技巧时，该技巧和信任之间的关联是显著的，但相关性较小（$r=0.37$）。在中间阶段使用该技巧时，其相关性更高（$r=0.57$）。该技巧的使用与服务对象对工作者的服务有效性的看法之间的相关关系中也出现了类似的模式（在开始阶段$r=0.39$，在中间阶段$r=0.50$）。从这些发现可以推断出，在工作的早期阶段，在稳固的工作关系建立起来之前，使用该技巧主要是通过发展服务对象对工作者关怀的感觉来促进工作关系的。以上发现支持了一个论点，即工作者冒险走在服务对象前面，要好过工作者过于谨慎和落后于服务对象。

在工作早期使用该技巧对信任和助人效果的影响较小，这是因为在任何关系的开始阶段，信任水平都较低。简而言之，在工作者探索禁忌领域的行为对信任产生最大影响之前，服务对象需要对工作者有一定的安全感。

处理权威主题

218

施瓦茨（Schwartz，1971）将权威主题描述为"一种熟悉的斗争，以解决与一个养育的和苛刻的人之间的关系。后者既是个人的象征，也是一个强大机构的代表"（p.11）。权威主题并不只在实务工作的开始阶段出现。当服务对象借助工作者的帮助来处理任务时，积极和消极的感受都会出现。有时，服务对象会对这个提供关怀和支持的角色产生好感。在另一些时候，服务对象会对工作者感到愤怒，因为工作者要求他为生活事件负起自己那部分责任。我经常向学生和工作者强调，如果他们的服务对象从未对他们生气，那可能是因为他们对服务对象的推动不够有力。我还强调，如果他们的服务对象总是对他们生气，那可能是因为他们提供的支持不够，这也是一个问题。

工作者不是完美的人，也会犯错。即使是最娴熟的工作者有时也会错失服务对象的信息，忘记自己真正的功能，开始说教，或严厉地评判服务对象而没有同情他们真实的挣扎。服务对象的反应和感受也会随之产生。当一个人进入助人关系时，应预料到与权威主题有关的问题是工作的一个正常部分。事实上，工作者和服务对象之间能量的流动，无论是积极的还是消极的，都可以为工作提供动力。换句话说，发展"治疗联盟"是一项持续进行的工作。

权威主题中的移情和反移情　移情和反移情是权威主题中的两个核心过程。根据弗洛伊德的精神分析理论，斯特林（Strean，1978）描述了它们对工作者和服务对象关系的影响：

> 这种关系有很多方面：微妙的和明显的，有意识的和无意识的，前进的和倒退的，积极的和消极的。服务对象和工作者不仅在客观现实中体会自己和对方，也感受到各自希望对方成为什么样子和担心他成为什么样子。"移情"和"反移情"现象存在于任何两人或两人以上的关系中以及专业或非专业的关系中。在社会工作者与服务对象的每一次接触中都应考虑这些现象。所谓"移情"是指服务对象出于对过去重要他者（父母、兄弟姐妹、扩大家庭、老师）的反应而产生的感受、愿望、恐惧和防御，这些会影响他现在对社会工作者的看法。同样，"反移情"是指社会工作者从前的感受、愿望、恐惧等等，会影响他对服务对象的看法。（p. 193）

219　　不幸的是，权威主题是我们社会中最有影响力的禁忌领域之一。服务对象谈论他们对工作者的反应和感受，就像他们讨论性这样的话题一样难。如果没有对这些感受和反应进行讨论，助人关系就会受损。这些强烈的感受只是在表面之下流动，并以很多间接的形式呈现出来。服务对象变得冷漠、赴约迟到或不履行承诺。工作者寻找服务对象的行为所造成的问题的答案。在斯特林看来，工作者试图从服务对象的"个性"来理解这种行为。但是，这些问题的答案往往与家庭关系更大，比起无形的个性概念，这也更易理解。往往可以在工作者和服务对象之间的互动过程中找到这些答案。

处理权威主题的技巧包括对这种关系的持续审视。当工作者感觉工作不真实或受阻时，如果他认为这个障碍是围绕权威主题的，就可以将关注点放在障碍上并直接回应它。之前讨论同理心的悖论时提出了很多干预方法，当工作者感觉到有变化，就可以用这样的干预开启讨论。和其他的禁忌话题一样，工作者试图在这种情况下创造一种文化，让服务对象感受到新的规范："你可以把工作者当作一个真实的人，对于工作者对待你的方式，你可以说出你的看法，这没有任何问题。"工作者可以在订立契约阶段就开始这个过程，这需要直接回应服务对象的早期线索，就工作者是一个什么样的人进行讨论（见第四章）。当服务对象探测到，这种奇怪的权威似乎欢迎直接的反馈甚至是负面的反馈时，新的文化就会慢慢形成。当服务对象了解到工作者不会惩罚他时，反馈会比以前更频繁、更快速地出现。同样重要的是，服务对象将会看到一个没有防御的工作者，向其展示了检视自己的行为和愿意改变的能力，而这正是工作者要求服务对象做的事。这是另一个整合内容和过程的例子。

工作者与教养院中一名 14 岁孩子之间的冲突　下面的例子将展示如何使用这一技巧。14 岁的约翰住在教养院中，工作者和他之间有简短的互动。下午早些时候，这个男孩被工作者教训，因为似乎是他挑起了与另一名寄宿者杰瑞的打斗。

实务要点：工作者单方面的干预使这场孩子之间的打斗转移到了约翰和他自己之间的意气之争，然后不断升级，直到他最终采取了严厉的措施。约翰在整个晚餐和傍晚时分都很安静，整个人闷闷不乐。工作者在休息室里找到了他。

　　工作者： 约翰，自从打架后，你整个晚上看起来都很生气。让我们来谈谈这个问题。

　　服务对象： 滚蛋吧！

　　工作者： 你看，我知道你对我很生气，但坐在那里把它憋在心里是没有用的。如果你这样做，我们两个人都会觉得很痛苦。如果你认为我对你不公平，我想听听你的意见。你知道我也是人，我也会犯错。那么，怎么样，是什么在困扰你？

　　服务对象： 你就像其他人一样。我一遇到麻烦，你就怪我。都是我的错，其他孩子从来没有错。这次打架你站在杰瑞那边，问都没有问我为什么要打他。

220

　　工作者： （短暂的沉默）我想我确实很快就斥责了你。你知道，你对我的看法可能是对的，当你遇到麻烦时，我就认为这是你的错——可能是因为你经常惹事。我想我今天下午有点累了，也许无法在我值班的时候处理一场斗殴。让我们重新开始，好吗？我想我现在可以听你讲。发生了什么呢？

　　实务要点： 关于打架和导致打架原因的讨论继续进行。很明显，约翰和杰瑞之间存在一些一直没解决的问题。工作者建议召集一次杰瑞也参加的面谈，届时他将尽量不偏袒任何一方，努力帮助约翰和杰瑞解决这个问题。约翰似乎愿意参加，但表现出很多的怀疑。面谈继续进行，工作者又回到了权威主题。

　　工作者： 今天下午我没有帮到你，对此我很抱歉。但你知道，我只是个普通人，这种情况时有发生。我希望你做到的是，如果再发生这种情况，不要只是坐在那里不高兴，而是叫我一起来解决。你要是能这样做，我就能更快发现自己做错了。你认为你能这样做吗？

　　服务对象： 别担心，如果你犯规了我会让你知道。

　　工作者： 我猜这种事情经常发生在你身上，我是说和这里的其他工作人员，甚至是和学校里的老师。

　　服务对象： 是的！我在座位上一转身，弗雷德里克斯先生就会找我麻烦。

　　实务总结： 在这个例子中，工作者发现了自己的错误，他与服务对象就他们的合作方式进行了重要的讨论。他愿意承认自己的错误并接受负面的反馈，这会带来规则的改变，而这个微妙的规则支配了约翰对具有权威的成年人的反应。工作者非常清楚，这个年轻人在教养院生活期间最重要的目标之一是提升他与同辈群体和权威人士打交道的技巧，而这些人在与他打交道时并不是很有技巧。在很多方面，助人关系本身就是一个训练场，服务对象可在其中培养与权威人士打交道的新技巧。对于一些服务对象而言，特别是对于替代性照顾机构中的儿童而言，信任成年人和愿意冒险的能力非常有限，学会以新的方式与工作者建立关系代表了一种深刻的变化。这是他们发展与外部世界打交道的技巧所迈出的第一步。

　　例子中的工作者最后巧妙地将过程和任务结合在一起，这也显示了他高超的技巧。他在工作中帮助约翰处理与其生命中的其他系统（如学校）打交道的情况。通过扩展到其他情况，工作者找到了与他们的契约有关的工作要素，而这个要素包含在过程中。处理权威主题不仅是维持积极工作关系的要求，它还能提供重要的素材，帮助服务对象就契约的实质内容开展工作。下文会更详细地讨论过程和内容整合的议题。

识别过程与内容的联结

221

　　过程指的是工作者和服务对象之间的互动（权威主题），以及服务对象之间的互动，如家人或小组成员间（亲密关系主题）。用另一种方式描述过程，它更多的是指工作的方式，而不是工作的实质或内容。这里内容的定义是被视为工作契约一部分的实质性问题或主题。

涉及权威主题的过程和内容

　　在任何时候，面谈（或者家庭或小组会谈、社区会议）中的工作都与过程或内容相关联。然而，由于服务对象沟通的间接性质，往往很难知道哪个是真正在讨论的话题。例如，一位单身家长订立契约来解决关于她的孩子、就业以及与朋友和家人关系的问题。她在会谈开始时显然在谈论内容——她的朋友或亲属都无法理解她的痛苦。这个议题对她来说是真实的，但自从上一次面谈后，她也一直对工作者感到愤怒，因为工作者错失了她的痛苦信号。

　　这个例子强调了在会谈期间订立契约阶段中，对焦和工作者的试探的重要性，这在本章前面的内容中已经进行了讨论。如果工作者能对焦服务对象围绕权威议题的间接沟通模式，就更能听明白讨论的其实是过程（工作者的理解能力）而不是内容（朋友和亲属）。如果工作者过早地假定讨论只与内容有关，会谈就会变成工作错觉，而过程问题则被埋藏在表面问题之下。通过会谈期间的对焦练习，工作者可以学会留神间接沟通，他可能会说："我知道你是在谈论你的朋友和家人，但我想知道你是否认为我上周没有很好地理解你的意思？"

　　到目前为止，已经对内容和过程这两个词进行了描述和说明；然而，对二者进行整合的概念虽然常常被提起，但需要更进一步的阐述。工作者常犯的一个主要错误是没能看到过程和内容之间可能存在的联系，这种联系使二者得以结合。工作者们经常说他们在处理过程和内容时感觉被撕裂。小组带领者说，他们试图平衡二者，花一些时间在过程上（服务对象或小组工作的方式），再花一些时间在内容上。他们没有意识到的是，他们已经掉进了一个陷阱，接受了过程与内容的错误的二分对立。一旦工作者接受了这种错误的二分对立，他们就会不可避免地陷入困境。相反，工作者应找出过程与内容的联结，这样对过程的讨论就可以加深对内容的工作，反之亦然。

实务要点： 回到我们之前提过的愤怒的单身家长的例子。有意寻找这种整合的工作者会认识到（通常是在会谈之间，很少是在会谈进行的时候），服务对象以间接的方式提出她因工作者缺乏同情心而产生的愤怒和受伤的感受，这其实很好地印证了她处理与朋友和她生命中重要他者的关系的方式。当她的需求没有得到满足时，她就会生气，因为她期望其他人能凭直觉感知她的感受。若我们期待其他人可以凭直觉猜测我们的感受而不是由我们直接说出来，这将导致重大的沟通问题。

她并没有担负起相应的责任来直接说出自己的痛苦从而帮助别人理解她的痛苦。在这种情况下，如果工作者展开对权威主题的讨论，服务对象就能深入地理解这个她必须培养的技巧，以建立和维持其社会支持系统。在与工作者的关系中，以及在生活中与重要他者的关系中，服务对象应该承担起自己相应的责任。从而，我们在这个例子中看到，工作的内容可以与过程议题整合起来，而过程议题也可以整合到内容中去。在讨论了权威主题之后，工作者就能从服务对象与工作者打交道的方式这一具体问题，即她认为工作者不理解她，转移到一般性的议题上去，即服务对象如何让朋友和家人满足其需要。

在另一个例子中，一名社会工作者通过与一名寄养青少年讨论服务终止，开启了对这名青少年在新关系建立时遇到困难的讨论，而他之前已经有了许多糟糕的关系终止体验。他们讨论终止与工作者的关系带来的痛苦，以及他在生活中经历的许多其他丧失。这名青少年得以看到，对他来说投入一段新的关系是多么困难，因为这些关系也可能会结束并带来痛苦。工作者对他们的关系进行了回顾（权威主题），帮助服务对象理解并掌控那些影响到他和他的生活的感受。愿意冒险接近他人很重要，这是结束阶段讨论的核心主题，有助于转换工作的开展。他们之间关系的结束为服务对象提供了进行实质性工作的重要的机会，使他能够处理新的关系，既然他马上要离开照顾机构转换到独立生活的阶段。结束和转换的议题将在第六章中详细探讨。

在最后一个例子中，一位工作者探讨了一位已婚服务对象在允许自己对女性工作者产生依赖感方面所遇到的困难，以及他在表达自己需要帮助时体会到的不适感。这个困难似乎与他对"真男人"应该怎样感觉的观念有关。关于权威主题的工作直接引出讨论，说明对他而言，让妻子知道他有多么需要她是何其困难。

在以上每一个例子中，处理权威主题都有两个不同的功能：它使工作关系摆脱了潜在的障碍，并直接引向契约中重要的实质性工作。但是，只有在工作者拒绝过程和内容的二分对立，转而寻找两者之间的潜在联结时，这才会发生。

工作者情绪的影响

有时，工作者很难看到并利用过程与内容的联结，这与服务对象使用过程进行交流的方式促使工作者产生的情绪有关。

夫妻小组中的过程与内容的联结　这里有一个夫妻小组的例子，我曾带领这个小组并对其进行录像。在该小组的第一次会谈中，所有五名男性在抵达时都表示他们来这里是为了尽他们所能帮助他们的妻子"改正"。所有的妻子都表示她们很抑郁，并且似乎接受了"已确认的病人"（identified patient）的角色，即在家庭系统中被确定为有问题的一方。当服务对象接受了这个设定，其家庭就无法解决整个家庭及家庭动态的问题。小组中的两名女性表示，她们正在看精神科医生（在这个例子中，都是男性），医生为她们开了治疗抑郁症的药。

我在课堂上播放这盘录像带时，很多学生对其中一位男士表示愤怒。这个 69 岁的男人大谈特谈他妻子的抑郁症，而他妻子顺从地坐着，保持沉默。他们对我很生气，因为我没有在会谈开始时与这个男人对质，没有要求他不要替他妻子说话。有些学生想让我"告诉他使用'我'的陈述"。性别歧视的态度和观点允许男性伴侣否认自己在问题中的责任，并将所有的困难投射到他妻子身上。学生们对这种态度和观点感到不安是可以理解的。我设法指出，在会谈最初的几分钟里这对夫妻就让我知道了他们的核心问题是什么。这位丈夫对我说：

> 社会工作者，如果你想看看我们是怎么错误地处理我们的婚姻关系的，就看吧。我为自己辩护，我不承担任何责任，有问题的是我的妻子，而我的妻子表面上接受批评，但用冷漠和抑郁来掩盖她的愤怒。我们所见过的大多数专业助人者都串通一气，认为这种适应不良的行为模式是问题所在。

我向我的学生解释说，我不能在第一次会谈上对服务对象发火，正是因为他们所表现出来的问题让他们来小组寻求帮助。理解过程与内容的联结将互动重新建构为积极的呼救。过程就是内容。

第十一章会对这个例子进行详细讨论。在这位男性谈论他的妻子时，我不断地回到他的立场，探寻他的感受，他的防御明显降低了。例如，他说："我妻子已经在精神病院住院六个星期了，这对她来说已经很久了。"我回答说："这对你来说也不容易。"（回想一下上一章中难处理的服务对象格雷戈里先生的例子。他说对他的孩子来说这是一段艰难的时期，而工作者则说"对你来说也是如此"。）

回到夫妻小组的例子，在一段时间中我多次提到他的感受进行干预，之后在一个戏剧性的时刻，他接受他应当对问题承担自己的那一部分责任。当时他透露出曾对妻子有言语暴力，在会谈中说这个事情的时候他哭了起来。正如通常的情况一样，在第一次会谈之后的小组会议上，被认定有问题的女性成为关系中的强势一方和小组的内部带领者。实际上，抑郁症是她们求救的信号，体现出她们的优势而不是弱点。在后来的会谈中，如果一些男性继续为自己辩护并推卸自己在问题中的责任，工作者是需要与他们进行对质的。

再一次，工作者处理自己情绪的能力有力地影响了他们帮助服务对象处理其感受和问题的能力。在前面的例子中，作为一名男性小组工作者，我发现在第一次会谈中很容易容忍男性的否认行为，我将这一过程重新建构为求救，并寻找与此有关的内容。对于女性工作者来说，挣扎可能会更激烈。例如，作为这个小组共同带领人的一名护士，由于亲身经历过与性别歧视相关的压迫，可能就会有这样的挣扎。

一名女性工作者与一名被监禁的男性强奸犯　我在教授社会工作实务课时发生的一件事强化了我对这一问题的理解。巧的是，班上的学生都是女性，我是唯一的男性，还是权威的象征。我在第一节课上对这个班级的组成问题发表了看法，指出我们都需要观察这个问题，看看它是否会影响我们的工作。当时大家没有立刻做出反应。

转折点出现在第六节课上。有个在刑事司法系统工作的学生简，展示了她跟一个被控告侵害人身的服务对象的工作。她讲述了他的故事，这个服务对象说了他如何攻击并强奸了自己的妻子。简体会到他讲述故事的方式对她产生了威胁——他讲故事时似乎试图恐吓她。课堂讨论进行情况如下：

> 我要求简和全班同学花几分钟时间探讨一下与那些曾做过令她们非常不安的事情的服务对象一起工作是什么感觉。在这个案例中，这种事是强奸女性；在另一些情况下，可能是成年人对儿童的性虐待。我们讨论的是男性压迫妇女和儿童的例子。我想知道当简和其他学生听到这个服务对象的故事时，她们有什么体会。现场出现了短暂的沉默，随后简说："我对他很愤怒！"班级成员们开始讲述那些让她们产生过类似感受的服务对象的故事。有些人表示，她们的感受是如此强烈，以至于她们认为自己不可能与这样的服务对象一起工作。

> 几分钟后，我插话说："我想这对你们来说是很难的，你们要努力审视像这样的服务对象所引发的感受，还要决定你们是否可以把他们当作服务对象来工作。"一阵沉默后一个学生带着极强烈的感情和愤怒对我说："你永远不可能理解这对我们意味着什么！"

实务要点：我震惊于她话语中的力量。其他学生都盯着我，看我如何回应。我沉默了一会儿（克制），然后意识到，当我向她们提出审视自己感受的睿智建议时，我却没有去感受。

我打破了沉默，说道："你说得太对了！我刚才给的是理性的回应。这很容易做到，因为我没有经历过你们曾体验的那种性别压迫。你刚才说我永远无法理解，这对我打击很大。我想，在这个问题上，你们一定要互相帮助。"

在我说完之后，我能感觉到紧张的气氛已经消除。她们开始互相谈论如何处理这些情况，而我则保持沉默。一位曾在受虐妇女庇护所工作的学生说，她曾觉得自己永远无法和施暴者一起工作，因为她对那些女性有强烈的认同感。她接着描述了她如何冒险，尝试与一位男同事共同带领一个男性施暴者小组。她惊奇地发现，她可以在保留对这些男性的愤怒的同时开始战胜她之前对他们产生的刻板印象。她发现，她已经能够让这些男性对他们的行为负责，并采取必要的措施来保护仍与他们生活在一起的女性。此外，她可以将这些男性视作服务对象。她说，在与这些男性一起工作之后，她现在能更好地和女性一起工作。讨论沿着这些思路继续进行，一些学生觉得她们能够做到这一点，而另一些学生则确信她们做不到。

当我们的课程将要结束时，我指出，简本周还要和这位服务对象见面。我想知道我们是否可以帮她思考如何去进行下一次面谈。上一次，她因为需要表现得"专业"而压抑了自己的感受。现在学生们对她有什么建议呢？简表示课堂讨论已经帮助了她。她意识到，尽管她有这样的感受，但她还是想和这个服务对象一起工作。如果她不接触他，他最终会虐待其他女性。她觉得应该就他上个星期对她的行为与他进行对质。班上的其他人也支持她这么做。我问她可以说些什么。她试着用角色扮演来练习如何回到这个议题上来。其他学生提出了建议和反馈。我指出，她也可以把他对她的行为看作他与女性的关系的缩影——他怎样试图通过恐吓来控制女性。也许她能在他们一起工作时使用这个过程，并将其一般化到他与其他女性的关系中。她同意了，觉得这值得一试。她说，至少她现在觉得有了下一步对他的打算。

我对简和全班同学的出色工作提出了表扬。我感谢那个与我对质的学生。我让她们都关注这个问题，并且说，如果她们在今后的课程中感到我没有真正理解她们作为女性的挣扎，她们应该尽快说出来。

这个例子是对过程和内容进行整合的另一个说明。在课上出现的与权威主题（学生与我的关系）和性别议题（男教师与女学生）有关的过程成为学习的手段，增加了全班的学习体验。作为教导者，我要为全班示范使用过程以加强内容方面工作的方法，特别是当我的感受正强烈影响我自己的时候。这正是我试图帮助她们做到的要对其服务对象做的事情。在教学中经常出现的情况是，从"遇到"中学到的比"教会"的多。

分享数据资料

在社会工作语境下，我们将工作者的数据资料定义为工作者从自己的经验和教育中积累的，可以提供给服务对象的事实、想法、价值观和信念。此外，正如施瓦茨（Schwartz, 1961）提出的：

工作者对社会现实的把握是使他适应其职能的重要特征之一。尽管他的生活经验不能完整地传递给其他人，但这些经验对那些正在经历挣扎和处于不同阶段的人来说是非常有价值的。（p. 23）

分享工作者的数据资料很重要，不仅因为这种分享会对服务对象有潜在的帮助，还因为分享的过程有助于建立工作关系。服务对象将工作者视为困难领域中帮助的来源。如果服务对象感觉工作者出于某些原因隐瞒了数据资料，他可能会将工作者的行为视为一种拒绝。服务对象可能会说："你要是真的关心我，你就会分享你所知道的。"

在我的社会工作培训课上，一个主修小组工作的学生描述了他在寄宿机构中与一组十几岁男孩的工作。他们正在筹备他们的第一次聚会，显然他们低估了所需食物和饮料的数量。当我问他是否向他们指出了这一点时，这名学生回答说他没有干预，而是感觉他们应从中学到一些关于计划的重要经验。我很震惊，认为如果孩子们发现他知道物资会短缺而没有告诉他们，那他们学到的重要内容会是关于工作者的。

尽管分享数据资料的技巧听起来很简单，但是，对人们如何学习的错误认识，以及助人功能的不明确，都使得这一简单行为变得复杂。这些问题在工作者的行动中也很明显，他们会间接地在他们的想法上"栽跟头"。这在面谈中很好识别，如工作者引导服务对象给出工作者心中已经有的答案。这一信念认为如果服务对象说出工作者想听的话，服务对象就是在学习。这被称为"苏格拉底教学法"，现在仍有一些教育者在使用，但在我看来这是一种错误的方法。学习者的精力不是用在学习的主题上，而是希望弄清楚老师想听什么。

在本节的其余部分，我将指出与分享数据资料有关的一些技巧，并讨论一些经常导致工作者不够直接的问题。

提供相关数据资料

提供相关数据资料的技巧是指工作者直接分享与服务对象眼前任务有关的事实、想法、价值观和信念。有效沟通数据资料的三个关键要求是：数据资料与工作契约有关，数据资料对服务对象当前的工作是必要的，以及服务对象能准确地听到、理解并记住所讲的内容。如果前两个要求被重视，第三个要求就更有可能得到满足。

关于第一个要求，如果工作者清楚地知道接触的目的，并且已经与服务对象公开协商过这个目的，那么对于什么数据资料可以分享，工作者就有了指南。如果工作者想间接地教导服务对象一些东西，并利用互动来巧妙地介绍个人的想法，就会产生问题。问题就在于服务对象很快就会觉察工作者自己有一个隐藏的议程，而不是将工作者作为资源来完成服务对象自己的议程。他就要开始揣测工作者说的话，看看"她的袖子里藏着"什么。但是，如果数据资料与公开商定的目的有关，工作者就可以自由地直接分享它们。

直接分享数据资料的第二个要求是，这些数据资料应与服务对象当前的关注点有关。服务对象不会仅仅因为工作者觉得这些内容在未来某一天会对他们有用就来学习，即使这些内容与工作契约有关。思想、价值观等对人们的吸引力与服务对象当时觉得它们是否有用有关。会谈期间订立契约如此重要的一个原因是，工作者需要确定服务对象当前的紧迫感，并分享服务对象认为在那个时间点上有帮助的数据资料。

第三个要求是，服务对象对内容投入精力和感情，并且能够真正听到、理解并记住所讲的内容。有一个神话讲道，语言是有魔力的，一旦说出来就会产生预期的影响。当我在课堂上授课或在工作坊发言时，我经常指出，如果现场有 30 个或 100 个参加者，每个人听到的将是不同的课程或工作坊内容，因为他们的个人和职业经历、他们对实务工作先入为主的想法以及他们当天的注意力或情绪状态都会让他们对听到的内容进行过滤。虽然这有点夸张，因为课程的核心内容能被大多数参加者领会，但我也有过这样的经历，有参加者在课程的第二天引用了我从未说过的内容，而他们却听到了。

我关于医生和患者的研究（Shulman & Buchan, 1982）发现，患者报告他们觉得自己理解医生的话（例如，他们疾病的性质、治疗计划）和患者报告他们相信医生理解他们这两个变量间存在高度相关性。换句话说，医生分享的信息被患者有选择性地接收和理解，这部分取决于医生倾听患者的技巧。其他因素也会影响这一过程（例如，医生的同理心技巧），这表明只是说话是不够的。

用开放地面对查验和挑战的态度提供数据资料

工作者有时害怕分享他们自己的恐惧、价值观等，因为他们真正关心并想影响那些需要做出困难决定的服务对象。例如，一个年轻的未婚先孕的服务对象正要决定是流产，还是生下孩子后自己养，或者生下孩子后交给别人收养。她面临着痛苦的决定——选哪一个对她而言都不容易。每一个选择对她的未来都有重要的影响。有经验的工作者会帮助服务对象仔细探讨这些影响，以及她潜在的矛盾感受。在这项工作中，服务对象可能会在某个时候转向工作者说："如果你是我，你会怎么做？"工作者往往对这样的问题有想法，但克制不说，而是自己提出一个问题来回应这个问题。我认为，工作者们最好是分享他们对发表自己意见的感受，然后让服务对象了解他们的观点，将其作为一个现实意见的来源。比如说：

> 你问我这个问题确实让我很为难。我不是你，不管我怎么努力，我都不能成为你，因为我不用承担这些后果。不管怎样，我想你已经说得很清楚了，如果留下这个孩子，对你来说会非常艰难。我可能会把孩子交给其他人收养。现在，说到这里，你知道你仍然有可能完成它，而且只有你知道你现在做了哪些准备。所以我猜想我的答案并没有解决你的问题，是吗？

有些工作者之所以选择隐瞒自己的意见，是因为他们害怕服务对象会将其作为唯一的现实意见而采纳。然而，工作者不必保留意见，而应让服务对象了解他（或她）的意见，同时防范服务对象借着采用这些意见来逃避困难工作的倾向。施瓦茨（Schwartz, 1961）描述了指导工作者行动的这种考虑：

> 第一个［考虑］是他意识到，他所提供的建议只代表现有社会经验的一部分。如果他被看作社会现实的源头，他就会犯错误，把自己看成是学习的对象，而不是学习

的工具。因此，将知识传授给其他人让他们在执行自己的任务时使用和把自己投射为学习内容之间的显著差别是需要区分的。（p. 11）

以个人观点的方式提供数据资料

到现在为止，我已经陈述了工作者为服务对象提供数据资料的方式，即通过确保服务对象仅将数据资料作为一种现实观点的来源，以可供检视的方式提供。另一个考虑是要确保所分享的内容是作为工作者自己的观点、信念、价值观等呈现的，而不是作为事实。这对很多工作者来说是最难理解的观点之一，因为它与交流观点的一般社会模式相矛盾。工作者们对自己的观点很投入，他们经常试图使服务对象相信这些观点是正确的。我们习惯于用各种手段来论证自己的观点，证明它是事实。尤其是新手工作者，他们觉得必须向服务对象展示他们的资质，以使其相信他们知道他们在说什么。

然而，现实中，我们对生活的看法、我们的价值观，甚至我们认为的"事实"都在不断变化和发展。粗略地翻一下育儿手册就会发现，昨天的金科玉律常常会被今天的理论颠覆。我发现，没有经验的工作者在他们感到最不确定的领域中更为教条。

以可供审视的开放方式分享数据资料的技巧意味着工作者要在陈述中进行解释，以帮助服务对象弄清他们的现实和工作者感知到的现实之间的差异。工作者不应成为观点的推销员，而应把观点及其所有的局限呈现出来。自信而诚实地表达"这是我看待问题的方式"，或"这是我所认为的，但并不意味着它就是对的"，或"许多人这样认为，但其他人不这样想"，这样的表达将传达出工作者信念的谨慎性。当服务对象觉得这些想法听起来不真实时，工作者应鼓励他去挑战这些想法。

任何表达不赞同的非言语信号都意味着工作者需要探索潜在的问题。例如："你似乎并不同意我刚才说的话，这是可以的。你是怎么看的呢？"服务对象的不同意见需要得到尊重和重视。即便所有的专家都认为这是最关键的想法、事实或价值，但只有当服务对象认为它有用时，它才对服务对象有意义。在许多方面，工作者示范了一个仍在寻找现实的人。每一个想法，无论多么坚定，都要接受来自感觉上的证据的挑战。工作者要求服务对象在生活中也这么做，服务对象对工作者的期望也不应低于此。施瓦茨（Schwartz，1961）对此总结如下：

> 他［工作者］要帮助他们评估从其他来源获得的证据——他们自己的经验、其他人的经验以及他们合作产生的想法——他也必须提交自己的证据进行批判性检查。当工作者明白他只是［小组］成员全部经验中的一个元素，他能够利用这个事实而不是试图征服它时，他就迈出了第一步，帮助成员从权威中解放出来，而不用拒绝它。（p. 25）

帮助服务对象以新的方式看待生活

具体形式的数据资料十分重要，足以被列为一个单独的技巧类别。工作者用这个技巧帮助服务对象重新审视那些关于自己、关于他们的生活状态或生活中重要他者或系统（例如，丈夫、父母、学校）的看法（认知）。这一技巧是被称为认知行为治疗的实务工作方法的核心（关于这种方法和其他方法的更全面讨论，见第十七章）。简而言之，服务对象在主观上形成了他们对生活的看法。由于沟通上的困难，他们很可能曲解了别人的行为，或是内化了对自己和自己的生活经验的看法，从而导致负面情绪和自我否定的行为。通过与服务对象合作探索替代性的观点，工作者试图帮助他重新思考自己的生活状态，纠正消极和不准确的"自动化思维"和看法。这种方法与第十七章中讨论的一些寻解治疗的技术和策略是一致的。

（读者应注意，其他模式中的概念和策略，包括循证实务，可以被整合到实务工作中而不必遵守严格的规定。这在第十七章中会有更多的介绍。）

工作者做到这一点的一个方法是，识别那些与服务对象仍有关联的人或部分系统。工作者有点儿像是扮演不在场的人的角色，在面谈中表达出可能隐藏在表面之下的想法和感受。

学校社会工作者和在课堂上有困难的青少年　例如，下面的对话摘录自一位学校社会工作者和一个在课堂上有困难的青少年之间的面谈。

服务对象：布朗先生总是抓着我不放，我作业迟交的时候，他总是斥责我。我觉得他讨厌我。

工作者：你知道，这可能是因为布朗先生知道你有困难跟不上，非常担心你会落后。他反复提醒你可能是想让你重新开始。

服务对象：嗯，但这没有用。这只会让我想逃他的课。

工作者：他可能没有意识到他说的话让你感觉如此糟糕。如果我让他知道你感觉他真的在生你的气，也许会有帮助。

230 　　**实务总结**：工作继续进行，他们讨论了如果社会工作者和老师谈论此事，这个学生对会发生什么的担忧。社会工作者保证他将加以处理。布朗先生对该学生的感受很惊讶。他一直很受挫，因为他觉得这个学生不关心学校的事。随后举行了一次联席会议，讨论每个人对这个孩子的功课的真实感受。这为之后的合作打开了大门。

经历一段时间的不良体验，关系中存在的现实障碍成为服务对象（有时是系统）对现实本身的唯一看法。工作者需要帮助服务对象探索这种适应不良的模式，并打破阻碍服务对象与人和系统相联系的循环，而这对服务对象的成功是很重要的。在这样的时候，工作者可以通过分享对系统中其他人的看法，让服务对象一窥相互吸引的可能性，从而为服务对象提供希望和采取下一步行动的可能性。只有工作者自己看到这些可能性，这才能实现。这些可能性在前文中被称为共同点领域。例如，工作者帮助一个青少年认识到他的父母设置宵禁限制是表明他们对他的关心，并认识到他正在长大。这时工作者并没有解决问题，但他至少为互动带来了新的解释。儿童照顾工作者帮助在寄宿机构居住的孩子了解到，父母没有来探望并不是说他们不关心孩子，而是他们真的太关心了，这也为和解提供了可能。

我早期的研究发现，这一技巧的影响并不强；不过，这一技巧与帮助发展工作关系相关，这或许表明分享感知他人的新方法的重要性并不在于其内容，而在于它对与工作者关系的影响（Shulman，1978）。在两次面谈之间的时间里，服务对象将不得不使用个人经验来修正自己对人和系统的看法。对自己、父母、系统和权威人士的刻板印象要花很多年才能建立起来，而改变这些刻板印象需要的不仅仅是工作者的话语。表达出替代观点，帮助服务对象看到优势和相互吸引，工作者就对如何看待生活给出了重要的陈述。愿意看到人们行为的积极一面，不对人们的弱点进行评判，这就向服务对象表达了工作者会如何看待他们。如此便有助于强化工作关系。

会谈结束和转换技巧

与开始时段和中间时段一样，结束时段包括独特的动力，对工作者的技巧也有特殊要求。我把这个时段称为解决时段。经常出现的情况是，工作者执行了会谈期间的订立契约，并就服务对象关切的问题敏锐地工作，但在结束会谈时没有解决工作。

我所说的"解决工作"，并不是说每次会谈都要结束得十分干净，所有的问题都得到充分的讨论，矛盾情绪消失了，下一步行动也有了仔细的规划。高级技巧的一个标志是工作者可以容忍模糊和不确定性。处理了困难的工作后，在会谈结束时这种模糊和不确定性仍然存在。如果对于服务对象而言，在会谈结束时存在不确定性，解决时段就需要确定讨论的状态。本节其余部分将讨论五种具体技巧，包括总结、推广、确定下一步工作、演练和识别"门把手沟通"。

在我们研究这些技巧之前，有必要谈一谈服务对象在会谈之间的活动。工作者有时会表现得好像服务对象在两次会谈之间没有生活一样。他们回顾一次个人辅导会谈或小组会议，然后准备从上次"我们中断的地方"开始下一次会谈。工作者需要认识到，服务对象有生活经历，他们会与其他助人系统接触，在这一周里可能会有新的问题出现，还要留出时间对上一次会谈中讨论的问题进行思考。在思考如何帮助服务对象解决某个问题后，工作者可能会惊讶地发现服务对象在两次会谈之间已经解决了这个问题。如果不能意识到这些会谈之间的活动并使之合理化，那将是个错误。这就是本章开头所介绍的会谈期间订立契约的技巧之所以如此重要的一个原因。

总结

通常情况下，服务对象一直在学习有关生活的知识，并试图培养新的技巧，以更令人满意的方式管理生活。利用会谈的最后时刻来帮助服务对象确认所学到的东西是很重要的。服务对象是如何把这些经验累积起来的？服务对象在理解与他人的关系方面有什么新的见解？服务对象认为哪些任务是下一步最紧迫的任务？服务对象对哪些方面感到绝望，需要进行更多的讨论？我相信，总结的过程可以帮助服务对象巩固他所学的东西。有时由服务对象总结，有时由工作者总结，有时他们会一起总结。请注意，并不是所有的会谈都需要进行总结。这不是一种自动的仪式，而是在关键时刻使用的技巧。然而，请注意，工作者可能会对服务对象的总结感到惊讶，因为服务对象在会谈结束离开时可能有一套不同的理解。知道这一点也很重要。

与一个有智力障碍的 16 岁男孩之间的面谈　以下内容摘录自与一个有轻度智力障碍的 16 岁男孩之间的面谈，正说明了这个技巧。他正在讨论他与母亲的关系，他觉得母亲对他保护过度。在这次痛苦的会谈中，工作者让这个年轻人审视自己在这个问题中的错误，之后解决时段就开始了。

232

（约翰停顿了一下，似乎在思考。）

工作者：约翰，这并不容易；以这种方式审视自己的行为总是不容易的。告诉我，你现在怎么看这个问题？（沉默）

约翰：我想你是对的。只要我表现得像个孩子，我妈妈就会把我当作孩子来对待。我知道我不应该觉得自己像个傻子，我可以把一些事情做得很好，但你知道这很难做到。

工作者：约翰，那是什么让它变得困难？

约翰：我觉得自己像个傻子已经很久了，现在很难改变。当你说我应该为自己负责时，我认为这对我来说是很重要的。我想这是对的。

工作者：约翰，如果你这样做了，没准你的母亲会看到你已经长大了。

实务要点：工作者要求对工作进行总结构成了工作要求。她的沉默为回应留出了时间，她的支持（"这并不容易"）帮助服务对象面对痛苦的领悟。

推广

之前的讨论强调了从泛泛而谈到具体化的阐释技巧的重要性，这是一种推进服务对象眼前工作的方式。此外，工作者常常在具体的例子中开展工作，然后再回到一般情况中。通过这种方式，服务对象可以学会用更宽广的视野来处理他们遇到的类似问题。

例如，在本章前面有关阐释的部分所描述的情况中，一位母亲对养育青少年的困难给出了一般性的评论，工作者在回应时，询问了那一周发生的冲突的具体情况。当这位母亲说出她女儿晚归时两人冲突的具体细节，工作者帮助她思考她的感受和行动，以及她怎样以不同的方式来处理这一特定情况。下一步将是帮助服务对象将从这一具体事件中的学习所得推广到她与女儿之间冲突的一般情况和其他经验中。

这是一项关键的生活技巧，它使服务对象有能力在没有工作者的情况下，继续使用新获得的技巧来处理新的和意料之外的事情。前文介绍了与有智力障碍的青少年的面谈，在面谈的后续发展中说明了这个技巧的使用。在面谈中，讨论转移到了与他母亲更诚实地谈论他的感受的重要性上。他退缩了，怀疑自己是否能够做到这一点。

约翰：我永远无法告诉她我的感受，我就是做不到。

工作者：为什么不能？是什么让这件事变得困难？

约翰：我不知道为什么，我就是做不到。

工作者：你的老师，特雷西先生，有时在课堂上让你觉得自己很笨。我们之前讨论过要不要告诉他你的感受。现在这种感受是否与我们讨论你的老师时你的感觉很像？

约翰：我想是的。我想我害怕妈妈会说什么。

工作者：你当时害怕他对你生气或嘲笑你，你记得吗？

约翰：是的，我记得。他没有生气。他告诉我，他没有意识到我有这种感受。从那时起，他对我很友好。

工作者：也许跟其他人也是如此，甚至是你妈妈。如果你能找到一种方式告诉她你的感受，她就能更好地理解你。你还记得你当时做完后有多自豪吗，尽管很害怕？

233

实务总结：将与老师的经验进行推广是一个重要的学习工具。任何生活技巧，如直接表达自己的感受这一重要技巧，在服务对象观察到其在不同情况下的影响时，会清晰起来，然后就可用到其他人身上。

确定下一步工作

我们或多或少都有过这样的经历：当我们参与某种形式的工作时，由于缺乏后续行动而毫无进展，我们感到很沮丧。一个很好的例子是，在委员会或员工会议上做出了决定，却忽略了执行决定的分工安排，随后就没有了行动。工作者要有意识地帮助服务对象确定之后的工作步骤。不管情况如何，也不管看起来多么不可能，采取下一步的行动总是可能的。工作者会要求服务对象对下一步工作进行讨论。我称这一原则为"总有下一步"。下一步可能只是一小步，而且很困难，但当其他所有方法都失败时，它总是存在的。

接下来的步骤应是具体的。也就是说，服务对象希望实现的总体目标被拆分成可处理的小部分。在前面的例子中，接下来的步骤包括帮助这个年轻人规划和思考他可以采用哪些不同的做法，便于其母亲看到他的另一面，识别他对这个关系的感受，并决定用他的真实感受与母亲对质。

对一个领福利救济的失业母亲来说，她如果想要找工作，接下来的步骤可能包括为她的孩子寻找日托中心并与就业顾问会谈。对于因为关系恶化而进行婚姻辅导的夫妻来说，下一步内容可能是确定困难的领域，以便在下周开展讨论。从本质上讲，确定之后的工作步骤是对服务对象提出的另一个工作要求。

服务对象缺乏计划并不总是说明他处理生活的技巧很糟，这可能是另一种形式的抗拒。谈论棘手的问题可能很难，而针对这些问题做些事情可能更难。通过要求服务对象关注未来的事和具体行动，工作者会使另一个层次的恐惧、矛盾情绪和抗拒浮出水面，这些感受都需要加以处理。

有时，工作者对服务对象表达的理解、支持和期待是服务对象能调动的所有资源。当两种真正冲突的需要出现时，服务对象可能没有简单的方法和解决方案来完成任务。向一个善解人意但要求严格的工作者表达出自己的困境对服务对象来说可能是行动的关键。在另一些时候，服务对象可能需要工作者帮他确定采取行动的具体细节。例如，他可能需要一些关于社区资源的信息。

演练

在那个青少年的例子中，下一步内容涉及执行一些困难的人际关系策略，这时演练的技巧至关重要。也就是说，他要练习说什么。谈论与另一个人就困难的人际关系内容进行对质是一回事，但真正执行起来又是另一回事。一个服务对象抗议说"我不知道该说什么"，他可能是在确定重要的障碍来源。工作者可以通过提供安全的面谈环境作为服务对象排练的场所来给予帮助。工作者扮演另外一个角色（老板、老师、丈夫、母亲、医生等等），并对服务对象的尝试给出可能的反馈。工作者经常会跳过这个帮助服务对象的简单而有力的方法，他们会说："到了那个时候，你就会知道该说什么。"但对大多数人来说，语言表达并不容易，尤其是在涉及他们最困难的感受和最亲密的关系时。

实务要点：在工作者的帮助下，服务对象得以说出应该说的话，而且在成功演练后，他们会觉得做起来更有信心。我们回到之前的例子中，当时这个青少年说他不知道该对母亲说些什么。

工作者：你看，约翰，你如果练习一下要对妈妈说的话，也许到时候你会更容易开口。我扮演你的母亲，你对我说吧。我可以告诉你这些话听起来怎么样。

约翰：你当我妈妈？这太疯狂了！（笑）

工作者：（也在笑）没那么疯狂。我会假装我是你妈妈。来吧，试试看。

约翰：（带着满腔怒火）"你不要再把我当成一个小宝宝啦！"你是这个意思吗？我应该这么说吗？

工作者：是的，这就是我的意思。如果我是你妈妈，我知道你真的对我很生气，但我不确定我能否理解为什么。我可能会想："约翰就是这样，他总是跑来跑去地叫喊。"也许你可以先冷静一点，告诉我你想谈什么。

约翰：我不明白。

工作者：让我试试。我先扮演你一分钟吧。"妈妈，有件事我想和你谈谈，是关于我们相处的方式的。这事真的很困扰我，让我伤心，有时还很生气。"现在我不知道，也许这样也不是很好。你觉得呢？

实务要点：在演练过程中转换角色是一个很好的方法，可以示范如何处理某种情况——这些话听起来是怎么样的。工作者提出了建议，但也给服务对象留了选项，让他可以认为这些话没有帮助。还请注意，工作者在句子中加入了"伤心"。服务对象只说了他很生气，但工作者却触及了生气之下的部分和相关的痛苦感受。然后，工作者要解决为什么服务对象难以承认其悲伤的问题。

约翰：我明白你的意思。告诉她我想和她谈谈我们的相处方式。这很好，但我不喜欢关于伤心的那个部分。

工作者：为什么不呢？这是真的，不是吗？

约翰：我不想向她承认这一点。

工作者：你是说你不想让她知道你有多伤心。（约翰点点头。）如果你不告诉她，她怎么会理解呢？也许她也有些事情想告诉你，但她也有同样的感受。

实务总结：随着谈话的继续，工作者和约翰探讨了他和母亲之间进行真实沟通的困难。在这种情况下，由于他精神上的障碍，主题有了特别的变化。约翰试着使用工作者的想法，并结合他自己的想法，来构思他要说的话。工作者提出，如果约翰愿意的话，工作者可以与约翰的母亲谈一谈，或在他们讨论的时候在场。这个例子强调了预演的价值，而且角色扮演可以揭示出服务对象在与生活中的重要他者打交道的能力方面存在的障碍。即便一个工作者认为她在帮助服务对象学会有效地与重要他者打交道方面做得很好，但当服务对象构思要说的话时，她会发现还需要做更多的工作。在这个个案中，服务对象与其母亲分享受伤的感受时遇到的困难是重要但未完成的工作。

识别"门把手沟通"

"门把手沟通"出现在服务对象把手放在门把手上准备离开办公室时，或是最后一次或最后几次会谈中。这种现象很常见，在心理治疗的文献中会被描述为服务对象在会谈即将结束时提出的重要意见，而当时由于会谈时间所剩无几已经无法处理了。我们都经历过与服务对象会谈或与朋友谈话时，在讨论了相对平常的话题之后，他说："这周只发生了一件事。"然后我们听到他说他失去了工作，或者他发现他的女朋友怀孕了，或者收到了要被驱逐的通知，或者发现他的腹股沟有一个奇怪的肿块。反思这次会谈时工作者会发现，在会谈开始阶段就有了关于这些问题的最初的间接线索。但也可能根本就没有任何线索。

门把手式的讨论是向工作者表明服务对象对讨论该工作领域的矛盾心理。这个问题是在来不及充分讨论的时候才提出的。这可能是一个禁忌领域，或是成员经历了太多痛苦而无法谈论的领域。不论原因如何，处理这个问题的愿望最终压倒了抗拒的力量。问题的紧迫性以及会谈时间所剩不多造成的压力最终使问题被提出来。这类讨论实际上是阻断成员工作能力的特殊例子。与其他各种形式的抗拒一样，它是过程中的一个自然部分，为带领者提供了机会来指导成员了解他们自己的工作方式。

一位有婚姻问题和性问题的年轻女性　这个技巧涉及为服务对象确定工作过程。例如，一位年轻女性担心自己的婚姻，在第二次会谈结束时，她直接表明她和丈夫之间存在性方面的困难问题。工作者直接回应说：

工作者： 你知道，你刚刚提出了一个非常重要的问题，但是我们现在没有时间来讨论。你在会谈结束时提出这个问题，是不是感觉这个问题太难说出口，太让人不舒服了？

服务对象：（短暂的沉默）对一个陌生人提到这个是挺尴尬的。

工作者： 我能理解讨论与性有关的话题是多么困难；我的意思是，与任何人真正谈论它。你知道，人们往往不愿意直接讨论这个话题，他们经常在会谈结束时提出这些困难的问题，就像你一样。（服务对象笑了一下。）如果我们在下一次会谈开始时谈一谈是什么让你难以开口谈到性，这会有帮助吗？这可能会让我们更容易讨论这个重要的领域。你觉得怎么样？

服务对象： 我觉得这听起来不错。这对我来说是一个困难的问题，但我想聊聊它。

工作者： 我想你开了个好头，即便是最后才提到。

实务总结： 工作者没有因为服务对象的障碍而责备她，而是对她在提出这个问题时所表现出的力量给予支持。通过指出服务对象提出问题的行为在时间上的延迟，她在评论中建立了他们两人的工作方式。服务对象会更为娴熟地进行自己的工作，而且，经过更多像这样的事件，她可以开始理解并控制自己如何将谈话材料引入会谈。此外，在会谈中对尴尬原因的讨论将释放我们社会中讨论性问题时所具有的困难感受，开启这对夫妇彼此间对这一问题的公开讨论。会谈中对过程的讨论将直接引出内容方面的工作，这也是将过程和内容相联结的另一个例子。

对会谈期间结束技巧的讨论为我们对工作阶段的分析画上了句号。这一分析的目的是在协商达成工作契约之后，识别那些提供帮助和接受帮助方面的关键动力。下一节将综述在这一阶段或任何工作阶段中可能出现的伦理问题。

有关门把手沟通的讨论在这里很适合，有助于过渡到下一章对结束和转换阶段的技巧的讨论。在许多方面，与服务对象之间工作的最后一个部分很可能具有门把手沟通的性质，一些最重要的和难以讨论的议题有可能在这个时候浮现。这个阶段的工作提供了机会，可以进行整个接触过程中最强有力的学习。然而，它并不总是会这样出现，在下一章中，我们将讨论为什么结束阶段处理得不好会出现问题，相反，如果工作者技巧娴熟则会解决其他的问题。

中间阶段伦理和法律方面的问题

在本节，我将继续讨论前几章中已经谈及的可能影响实务工作的伦理和法律问题。我意识到，对于学生甚至是对有经验的从业者来说，追踪州和联邦的伦理责任和法律义务可能是一项令人生畏的任务。这就是为什么要设立一个机构委员会或至少有一个在产生疑问时可以咨询的督导员是十分重要的。虽然我选择在这一章中列出与中间阶段有关的下列问题，但它们也常在第一次会谈或结束阶段出现。

教育政策 1a

保留信息的伦理问题

本章前面关于提供数据资料的讨论产生了保留信息的问题。我认为，在与工作目的相关的情况下，服务对象有权利了解工作者的观点。然而，有些时候工作者可能会面临限制和/或两难的问题。例如，前文曾提出提供数据资料方面的议题，如果政府和其他资助机构将经济和政治问题引入其中，这些议题就会变得更加复杂。

面对成本控制决定时的患者权利　当机构或场所的政策与职业伦理责任和/或《全国社会工作者协会伦理守则》相冲突时，社会工作者会面临冲突。例如，健康照顾系统的成本控制措施导致政府和私人第三方支付者制定了一套照护标准，规定了患者在接受特定手术后平均应住院多长时间。给医院的报销是一个固定的数额，这意味着患者提前离开医院就可以为医院挣钱，而住院时间较长的患者则让医院赔钱。社会工作者面对帮着尽快"清空病床"的要求会有压力。在一些场所中，社会工作部门已将此定义为其主要角色之一，如果其工作有效，甚至可能被行政部门视为"创收中心"。

当患者、家属甚至社会工作者感到患者由于各种原因没有准备好出院时，伦理困境就会出现。这些不能出院的原因可能是社会心理问题，也可能是没有合适的社区资源。社会工作者有责任帮助服务对象与系统进行谈判，这包括为了服务对象的利益而向医院进行倡导（见第十五章）。这里的问题是社会工作者是否应该告知患者他有权对提前出院的决定提出申诉，即使患者没有询问这一点。如果医务人员或行政人员要求一线工作者在患者没有询问的情况下不要分享这些信息（这有时被称为言论限制令），该怎么办？在一些州，立法机构已经专门解决了这个问题，认定言论限制令是违法的。最近通过的健康保健法的实施可能会影响到保护患者权利的国家法规，这也将解决社会工作者的两难处境。

对于这种情况，《全国社会工作者协会伦理守则》指出："社会工作者应警惕并避免那些干扰行使自由裁量权和公正判断的利益冲突。"（NASW，2017）在这种情况下，可能需要同事、其他专业人士、专业协会和立法机构的建议和支持，同时也需要勇气来抵制不符合伦理要求的实践。

保留计划生育信息　另一个更引人注目的例子是由1991年5月美国最高法院的一项裁决所引发的政治争议。这项裁决支持政府拥有削减对计划生育中心的资助的权力——如果这些中心告知怀孕的服务对象她们有堕胎的选择。很多这样的服务对象是年轻且贫困的有色人种。即便服务对象要求获取对意外怀孕进行此类方式处理的信息，或者即使服务对象的健康和安全可能受到威胁，任何提供这类信息的中心，或将服务对象转介到可提供这类信息的其他机构的中心也都将失去资助。布什政府在国际和国家层面上继续采用这种做法，而奥巴马政府通过行政命令修改了国际层面上的做法。由于一些原因，纠正这种审查制度是政治的"第三条道路"之一，而特朗普政府的决定使其重新出现。

许多健康保健中心表示不愿意接受这种对言论自由的限制，也表示服务对象有充分知情的权利，从而可以在这个问题上做出审慎的个人决定。然而，如果一个中心认为继续为贫困妇女提供计划生育服务十分重要，因而决定接受这种限制，而不是选择因为缺乏资金而关闭，这会怎么样？对许多社会工作者来说，无论他们对堕胎问题持何种态度，不让依赖公共社会服务的妇女获取这些信息都可能是性别歧视、种族歧视和阶层歧视的行为。社会工作者应尝试推翻这一政策吗？社会工作者是否应该拒绝在这样的场所中工作？

《全国社会工作者协会伦理守则》（NASW，2017）清晰界定了这两个例子中社会工作者对服务对象的责任。面对服务对象意外先孕的情况，符合伦理要求的工作者应向服务对象提供其所需的所有信息，以使她就自己的医疗保健和自我选择做出审慎的个人决定。但是，按伦理原则行事可能需要勇气，也可能涉及个人风险。这个例子也说明了实务工作如何受意识形态、财政和政治问题以及人类行为理论的影响。

一个相关的问题是，在1973年罗伊诉韦德案（Roe v. Wade）中最高法院判决保障妇女的堕胎权后不久，国会通过了"良心条款"的立法。这些条款保护健康保健服务的提供者，使其不必提供与其宗教或道德观相冲突的合法医疗服务。尽管人们可能会提出理由说明要尊重服务提供者不提供某项服务的个人意愿，但人们普遍认为，需要遵守伦理要求把服务对象转介给其他资源，或至少让他们知道有这些资源。然而，最近，最高法院扩展了良心条款，指出医疗服务提供者不必提供转介服务，甚至也不必提供与他们不愿意执行的程序有关的其他资源信息。在写作本书的时候，各州政府也在考虑这个问题。虽然在一些州，社会工作者可能有良心条款的法律保护，但行使这一合法权利却违反了职业伦理要求。

警告的义务

另一个具有里程碑意义的法院判决对实务工作产生了重要的影响，它界定了社会工作者警告第三方的责任和义务（在某些州是"保护的义务"），即如果服务对象分享的信息表明第三方可能处于危险之中，社会工作者有责任向第三方提出警告。加利福尼亚州的一项重要裁决——塔拉索夫诉加利福尼亚大学案（Tarasoff v. Regents of the University of California，1976），严格限制了涉及警告义务的特定情况下的特许保密通信。

在这个案例中，加利福尼亚大学伯克利分校的诊所中一名治疗师的服务对象表示他对前女友塔蒂亚娜（塔尼娅）·塔拉索夫［Tatiana (Tanya) Tarasoff］有谋杀的幻想。治疗师关注这一情况并通知了学校警察，要求他们将该服务对象关押起来。经过短暂的禁闭，警方认为该服务对象神志清楚，就释放了他。根据治疗师的上级的指示，没有采取进一步措施。塔拉索夫和她的直系亲属都没有被告知这一情况。在该服务对象将之前的威胁付诸行动杀死了塔拉索夫后，塔拉索夫的家人提起了诉讼。法院认为，治疗师存在失职行为，既没有直接通知塔拉索夫，也没有采取其他措施来阻止此次谋杀。法院判决如下：当医生或心理治疗师运用其专业技巧和知识，确定或应该确定有必要通过警告来避免由于其患者的身体或心理状况而出现的危险时，他就有法律义务发出警告。

在这个例子中，不断发展的专业行为准则为专业人士提供了结构化的和清晰的指导。在这种情况下，如果服务对象表现出对某人的威胁，并且有实施暴力行为的意图和能力，或者有暴力行为的历史，社会工作者就要采取适当的行动。行动可以包括警告受害者，报告给警察，要求服务对象自愿接受住院治疗，或尝试安排非自愿的住院治疗。尽管法律和法院的判决中已经有了一些有用的指导方针，但工作者仍需做出判断。

跟进不断变化的情况和法律

由于法律影响到社会工作者的义务，所以理解不断变化的法律要求十分重要。因此，从业者需要随时了解最新的法律，以及它在新环境下的应用。成为专业协会的成员，如全国社会工作者协会，是一个及时了解情况的方法。例如，全国社会工作者协会马萨诸塞州分会（Massachusetts NASW chapter，1996）月报中曾给出有关警告义务的建议：

> 当服务对象报告有明显的意图伤害他人，并且有实现这一威胁的动机、目的和手段时，一个明显的警告义务案例出现了。临床工作者有责任将服务对象报告给警方和

第三方。在没有武器或纵火的情况下，服务对象仍会有明显的威胁性，例如艾滋病病毒阳性服务对象意识到传染的危险，也知道如何避免传染，但并不打算采用预防措施，而想要把艾滋病传染给他的伴侣（们）。更复杂的情况是，艾滋病病毒阳性服务对象没有公然威胁要伤害配偶或伴侣，但不愿意透露患病情况或者采取预防措施来降低传染的风险。这时虽然没有明确的口头威胁，但存在明确的威胁行为。

许多州现在都有法规要求在这种情况下有警告义务。然而，到目前为止，一些州并不要求通知伴侣。不过，事情的另一面是，如果服务对象的伴侣后来被感染了，并得知染病的服务对象或者是服务对象的治疗师都没有告知他，临床工作者就会有被起诉的风险。治疗师在这种情况下要做出艰难的决定，或许需要根据案例情况寻求法律咨询。

以学生或执业的社会工作者的视角回顾了前文，如果你觉得自己并未准备好要去见服务对象，而是对从事实务工作有了新的想法，这毫不奇怪。伦理议题、职业行为准则和仍在不断发展的案例法都凸显出影响实务工作的准则变得日益清晰但也日渐复杂。要明白，培养实务能力需要时间。强调这些议题的目的不是打击你，而是让你对伦理困境或法律问题更为敏感和警觉。这种意识鼓励所有的工作者在出现此类问题时借助督导员、同事、机构程序手册和其他资源来解决问题。因此，遵循具体情况具体分析的原则，在面谈或小组会议中，当服务对象披露的情况引起社会工作者的关注时，工作者将逐渐了解这种披露何时会触发警告的义务或提供强制报告的义务。这是学习过程中一个很重要的部分，从长远来看，这将大大增强工作者的能力和实务工作的效果。

本章小结

实务工作中间阶段的会谈包含四个时段：准备时段（会谈期间的对焦）、开始时段（会谈期间的订立契约）、中间时段（会谈期间的工作）以及结束和转换时段。会谈开始时，服务对象沟通的间接特征——这通常与服务对象的矛盾心理有关——意味着工作者要在会谈前对焦到所关注问题的潜在主题上，他在开始阶段要保持试探性，留心潜在议题的线索。随着中间阶段会谈的推进，工作者使用了多组技巧，这些技巧被称为技巧因素。这些技巧旨在帮助服务对象讲述他的故事和情感。它们对于工作者同样重要，能帮助工作者挑战工作错觉，找到会谈中过程（工作方式）与内容（工作的实质性领域）的联结。这些技巧因素包括阐释、同理心、分享工作者的感受、工作要求、指出障碍、识别过程与内容的联结、分享数据资料以及帮助服务对象以新的方式看待生活等。还有一些技巧用于结束一次会谈并帮助服务对象过渡到会谈后的活动或下次会谈。

最后，社会工作者需要解决在与实务工作有关的冲突中可能出现的一些伦理和法律议题。这些冲突涉及机构禁止与服务对象分享重要信息的规定，个人和专业价值观之间的冲突，以及在社会工作者认为服务对象可能很危险时警告他人的义务。本章也强调了利用咨询以及对不断发展的议题、立法和法院判决的最新信息保持关注的重要性。

能力要点

下面列出了本章援引的社会工作教育委员会在《教育政策与认证标准》（2015 年）中为社会工作学生推荐的能力和实务行为。

第一项能力 体现符合伦理的专业行为：

a. 运用《全国社会工作者协会伦理守则》、相关法律和法规、做伦理决定的模式、研究伦理操守和适用于其他具体情形的伦理守则做出合乎伦理的决定

b. 运用反思和自律管理个人的价值观并在实践中保持专业性

e. 运用督导和咨询来指引专业判断和行为

第二项能力 将多样性和差异性融入工作实践：

b. 以学习者的身份与服务对象和不同群体建立关系，将他们视为自身经验的专家

第三项能力 促进人权和社会、经济与环境公正：

a. 运用自身对社会、经济和环境公正的理解，在个人和制度层面倡导人权

第四项能力 投身实务与研究的结合和研究与实务的结合：

b. 运用批判性思考来分析定量与定性研究方法及研究发现

第六项能力 与个人、家庭、小组、组织和社区建立关系：

a. 运用人类行为与社会环境、情境中的人和其他多学科的理论框架，与服务对象和不同群体建立关系

b. 运用同理心、反映和人际技巧有效地与多样性的服务对象和不同群体建立关系

第七项能力 预估个人、家庭、小组、组织和社区：

a. 收集和组织数据，运用批判性思考解读从服务对象和不同群体处获得的信息

c. 基于批判性地预估服务对象和不同群体内在的优势、需要和挑战，形成相互同意的干预目的和目标

d. 基于预估、研究知识和服务对象及不同群体的价值观和偏好，挑选合适的干预策略

第九项能力 评估个人、家庭、小组、组织和社区：

a. 选择并运用适当的方法做结果评估

b. 运用人类行为与社会环境、情境中的人和其他多学科的理论框架方面的知识，进行结果评估

241

第六章

结束和转换阶段的工作

通过研究实务工作的结束和转换阶段，本章完成我们对个人社会工作阶段的考察。本章将探讨与结束助人过程和帮助服务对象进行转换有关的独特动力和技巧。本章通过实务案例说明这会是工作中最有力和最有意义的阶段，因为服务对象做出了第三个决定——要处理那些只在早期阶段暗示过的核心问题。在这一章中，我们还将检视当服务对象和工作者都参与到工作错觉中，从而使这一阶段成为工作的暂停期的危险。我们将描述和说明那些使结束和转换变得积极的具体技巧。

做第三个决定

回顾一下，在开始阶段服务对象面临第一个决定。当"相近问题"出现时，他们应决定自己是否已经做好准备与工作者接触——如果需要降低防御并开始工作的话。这些问题可能是真实的，但不是服务对象的核心问题。在第二个决定中，即过渡到中间阶段时，服务对象同意处理困难的问题，承担起自己在问题中的那部分责任，并面对工作中的痛苦情绪。在第三个决定中，服务对象要决定是否在工作关系即将结束时处理最困难的问题。

结束阶段提供了最大的可能使工作变得强大而重要。当服务对象意识到时间所剩无几时，他们会产生紧迫感，从而引入最困难和最重要的主题。在这一阶段，工作者和服务对象之间的情绪动力得以强化，因为每个人都准备好告别对方并前进。终止关系能唤起服务对象和工作者的强烈感受，工作者常常将这些讨论与服务对象的一般性问题和任务联系起来。结束阶段具有巨大的工作潜力，然而具有讽刺意味的是，这个阶段也可能是最无效的，会出现失约、迟到、冷漠、行为失常，以及倒退到早期不太成熟的行为模式等情况。而且，工作者和服务对象都会不时地表现出这类行为。

终止重要关系一般会遇到的难点

在许多方面，结束阶段的会谈对工作者和服务对象来说都是最困难的。这种压力源于我们在结束重要关系时普遍会遇到的困难。我们的社会很少训练我们如何处理分离。事实上，一般的规范会否认与分离相关的感觉。例如，当一个重要的同事离开机构时，常见的做法是在欢送会上用欢乐来掩盖悲伤，而这通常是不奏效的。这种聚会上的笑声往往有些勉强。同样，儿童和辅导员在夏令营中建立了密切的关系，他们通常以期待在冬令营中再见来告别，但他们常常不会再见。当一个人搬家到另一个城市，离开了亲密而重要的朋友时，这两人可能会忙着精心制订计划，通过邮件、电话和拜访来保持联系，但不会对彼此承认他们的关系从此将不同这样的事实。

终止工作者与服务对象的关系

工作者与服务对象的关系是这个大问题中的一个具体例子。终止密切的关系是痛苦的；当你把自己投入有意义的关系中，分享了你最重要的感受，并从另一个人那里接受了帮助，也给了对方帮助时，这一过程所形成的纽带是强大的。斯特林（Strean, 1978）描述了终止密切的工作关系的困难：

> 无论社会工作者与服务对象的关系是由五次面谈还是一百次面谈组成，只要工作者真正触及服务对象的期望、自我觉察及其与生活常规的互动，服务对象就会体验到这是有意义的交往，而工作者是一个重要他者。因此，与这个重要他者的分离将不可避免地唤起复杂而矛盾的感受。而且，与社会工作者的长期关系终止时会产生比短期关系终止时更强烈的情绪。
>
> 长期关系通常会激发依赖的需求和愿望、移情反应、秘密的透露、尴尬时刻，以及兴奋、悲伤和高兴的情绪。这种会面已经成为服务对象每周生活的一部分，所以结束这样的关系就像是和一个重要的家庭成员或朋友告别。(pp. 227-228)

助人关系的结束过程会触发工作者和服务对象最深的感受。因此，在这个阶段中，双方都可以强有力地开展工作。但如果这些感受处理不好，工作也会是无效的。在这一章中，我们将探讨结束阶段的动力，确定有效的结束所需的一些核心技巧，并讨论工作者如何帮助服务对象转向新的经历。

终止关系的动力与技巧

教育政策 6b
教育政策 7c
教育政策 8d

施瓦茨（Schwartz，1971）对小组情境下的结束阶段描述如下：

> 工作的最后阶段我称之为"转换和结束"，在这个阶段需要工作者的技巧来帮助小组成员利用自身和彼此来处理从一种经历转换到另一种经历的问题。对工作者来说，这意味着要离开小组成员的经历和生活轨道，而这个是他在一开始就进入了的轨道。问题在于开始和结束对人们来说总是很难处理的，因为它们常常会唤起工作者和小组成员深切的感受，需要很多技巧来帮助人们互助以度过这些时刻。(pp. 17-18)

结束阶段的情感流动

前文已经提及让结束变得困难的一个原因，即结束曾经大力投入的关系所带来的痛苦。除痛苦之外，也会出现愧疚感。服务对象会觉得，若他们在这段关系中更加努力、更有效地发挥自己的作用，并冒更大的风险，也许他们可以做得更好。这种愧疚感有时会间接体现出来，服务对象会说："我还能有更多的时间吗？"

与结束阶段的许多感受一样，工作者也有愧疚感，他会觉得自己应该对服务对象有更多的帮助。也许，如果工作者更有经验或更有能力，他就可以在一些未解决的问题上提供更多的帮助。工作者没有意识到服务对象需要不断地解决其生活中的问题，而是为自己没有"解决"所有的问题而感到愧疚。社会工作的学生经常对这种感觉表述如下："如果服务对象有一个真正的工作者就好了！"这对工作者来说也是如此。正如我在儿童福利方面的一项研究中所说明的那样，服务对象对工作者的助人有效性的看法要比工作者自己的看法积极得多（Shulman，1991）。通常情况下，工作者和社会工作的学生都低估了他们所给予的帮助。

在结束阶段，工作者和服务对象之间的情感流动往往会增加。由于谈及不论是消极还是积极的反馈都会很难，工作者和服务对象可能有很多未说出的感受，需要在结束阶段处理。由于对诚实地谈论权威角色存在禁忌，有些事情可能无法说出来。在恰当地结束关系之前，需要讨论这个主题。例如，工作者可能说过和做过一些让服务对象生气的事情。反之亦然，当服务对象无法承担风险、无法向工作者敞开心扉时，工作者会感到沮丧。

工作者提供的反馈如果与工作者对服务对象的真正关怀有关，就能起到澄清的作用。即使服务对象和工作者一直无法和谐相处，双方都以解脱的心情面对即将到来的分离，最后时刻进行的讨论也应该是真正的讨论。工作者的哪些地方无法让服务对象与之联结？反过来，服务对象应该知道是什么让工作者感到困难。双方或任何一方也许有误解，对这些误解的讨论有助于澄清误解。这可能对服务对象很有帮助，因其会在未来选择进入另一个助人关系。反馈对工作者的重要性是显而易见的。此外，如果负面情绪没有得到处理，就像第四章中关于开始阶段的例子所显示的那样，服务对象就会将其转移到下一个工作者身上。

对工作者和服务对象来说，比负面情绪更难处理的可能是正面情绪。对所有人来说，要告诉我们身边的人尤其是有权威的人，他们对我们来说意义重大，并不是一件容易的事。此外，很多工作者发现以优雅的姿态接受积极的感受是非常难做到的。我曾多次观察到，当服务对象对工作者的所作所为真诚地表达感谢时，工作者会反对说："其实不是我，我没有做那么多，真的都是你努力的结果。"在一个社会工作培训项目中，一个学生在课堂上问，她是否可以接受一个老年服务对象在服务结束时送给她的水果蛋糕。这并不是服务对象想要为免费的服务付费给工作者的案例，而是这位妇女在对关心她的工作者表示感谢。我问这位学生那个水果蛋糕是否看起来不错，并建议如果看起来不错的话，就接受它。

当我向工作者询问他们在这种情况下感觉尴尬的原因时，他们通常会指出，社会文化总体上反对人们的不谦虚表达，他们也不认为自己真的提供了那么多帮助。后一个回应反映出他们低估了所提供的帮助的效果。服务对象对关怀的、诚实的工作者会有很好的感受，他们通常不会像工作者那样批判工作者所做的事。尽管有文化上的障碍，在关系结束时对彼此分享积极的感受仍意义重大，因为它使服务对象和工作者都能重视他们之间发生的事情，并恰如其分地结束这段关系。服务对象和工作者在停止见面后很长一段时间里，都会对没有说出口的话感到遗憾，从而使实际的结束过程变得漫长而困难。延迟结束的问题在于双方需要投入到新关系中的精力被占用了。

时间点的把控与结束阶段

这个阶段的时间安排取决于助人关系的时间长度。例如，在持续一年的每周辅导中，最后 8 周左右的时间构成结束过程。在 6 次会谈的短期工作中，结束的感觉大概会在第 4 次或第 5 次会谈中出现，工作者此时会收到服务对象反馈的微妙线索。尽管这些线索标志着结束阶段的开始，但关于结束的想法甚至在开始时就已经存在。通常情况下，服务对象会在工作过程的早期，甚至在第一次有帮助的会谈后就询问会谈会持续多久。时间是一个重要的因素，服务对象会相应地进行调适。无论是由于服务对象的疾病、休假，还是因为节日，工作阶段的长时间中断都会引起结束的感觉，因为服务对象会把中断和即将到来的结束联系起来。在这种中断之后，很容易看到冷漠、退缩和其他过早结束的症状。

工作者应提醒服务对象注意这些信号，并展开讨论，看看服务对象是否开始考虑结束的问题。然后，工作者和服务对象可以制定策略，确保他们不会过早结束，并使他们可以很好地利用这一可能是最重要的工作时期，而不是经历工作的暂停期。

结束阶段的时段

教育政策 1e
教育政策 9a

施瓦茨概述了结束阶段的几个时段：否认、愤怒的直接和间接表达、悲伤、试探尺度和告别会综合征。熟悉库伯勒-罗斯（Kubler-Ross，1969）关于死亡和临终阶段经典作品的读者会注意到其中的相似之处。每一次结束都代表着丧失，虽然没有死亡的力量那么强大，但仍然会唤起强烈的情绪。下文将对施瓦茨提出的每个时段进行详细讨论，并识别和说明工作者需具备的技巧。

否认

由于普遍难以面对重要关系即将结束的感觉，第一个时段的反应往往是否认。服务对象既不承认即将到来的结束，也不承认自己对结束的感受。服务对象在这个时段会拒绝讨论结束的问题，坚持与工作者达成一个并不存在的协议以便在结束日期之后继续进行会谈，忘记已经确定的结束日期，或者因为服务对象觉得自己没有做好结束的准备而要求延长会谈时间。除非工作者提出结束的议题，否则服务对象可能一直忽略它，直到最后一次会谈。

工作者也可能通过否认和回避来处理他们对结束的感受。许多服务对象在见到新的工作者时，都会讲述他们之前的工作者是如何在最后一次会谈中简单地告诉他们，他们要离开机构。这些服务对象常常会觉得这样的工作者并不关心他们。实际上，这些工作者的否认是源于对服务对象的关心，他们只是无法面对自己的感受。如果服务对象对突然离开的前工作者仍有余怒，那么新工作者经常会在第一次会谈中经历这种愤怒。

如果工作者想要帮助服务对象处理他们在结束阶段的感受，工作者必须能处理自己的感受。如果工作者要离开，他们应与服务对象以及机构、督导员和同事一起解决关于结束的感受问题。例如，在我给实习督导员开设的工作坊中，一位实习督导员提到其与一个社会工作专业硕士学生的问题，该学生在学年末与服务对象结束关系时遇到困难。当我询问实习督导员是否已经开始与学生讨论结束的问题，他惊讶地认识到自己也在回避处理结束的问题。再一次，学生在实习中遇到的比实习督导员教会的东西要多。（实习督导中的一个过程记录案例，见 Shulman，1993b。）

结束的过程应有足够的时间让工作者和服务对象理清他们的感受，并有效地利用这一阶段。突然的结束对工作者和服务对象来说都是困难的，而且会压缩必要工作的时间。工作者希望服务对象将结束作为一个过程来体验，而不是一个突然的了结，所以应留有足够的时间来实现这一点。在适当的时候（这部分取决于关系的时间长度），工作者应提醒服务对象即将来临的结束。

结束对一个转向独立的寄养青少年的服务 一个来自儿童福利场所的例子将有助于说明这个技巧。服务对象是一个在机构照护中生活了8年的青少年。工作者在过去的两年里一直与他保持联系。再过两个月，这个服务对象将在年满18岁时离开该照护机构。

实务要点：工作者通过提醒服务对象服务结束日期来启动结束过程。

> **工作者**：在我们开始讨论下周的工作面试之前，我想提醒你，我们只有8周的时间了，之后你就要离开机构了。你已经在"援助"［服务对象描述儿童援助协会的用词］很长时间了，我想你可能想谈谈自己的改变。
>
> **服务对象**：只有8周了？我还没有意识到它会这么快到来。那真是太好了！8年后，我终于可以靠自己了，不再有签到，不再有"援助"在我背后。你知道，我现在真的很需要那份工作，我很担心面试的事。
>
> **工作者**：你在担心什么？

实务总结：通过对时间所剩无几的提醒，工作者启动了结束过程。服务对象的回应既反映了对这一影响的否认，也反映了对其重要性的认可。当服务对象感到兴奋并准备测试自己的能力时，施瓦茨描述了结束的完成质量（graduation quality）。话题从结束迅速转到工作面试上代表了抗拒，说明服务对象当时并不想谈论这个话题。工作者也不愿意讨论，因此允许这个话题被轻易放弃。此外，该工作者只在机构层面明确了结束的议题，而没有在他与服务对象的关系层面提出。这种回避表明了工作者自己的矛盾心理。即便如此，即将结束的声明也足以启动这个过程。

积极抗拒讨论结束的感受

实务要点：在下面的例子中，工作者要求谈论结束的感受，但服务对象产生了抗拒。请注意工作者如何探索沉默状态并询问服务对象的想法。简是工作者，塞尔玛是服务对象。

> **简**：我将在5月初离开机构，这样我们还能见四次面。我想我们应该谈谈这个。
>
> **塞尔玛**：我不明白——你为什么要走？
>
> **简**：我不知道你是否还记得，塞尔玛，但我去年10月跟你提过我是学生，这意味着我将在5月初离开我的实习岗位。（沉默）
>
> **简**：塞尔玛，你变得安静了。你在想什么？
>
> **塞尔玛**：（停顿了一下）我不知道我现在要做什么。我不明白你为什么要走。
>
> **简**：你担心我走后你会怎么样吗？（沉默）
>
> **塞尔玛**：是的，但你一个月内不会离开，对吗？
>
> **简**：是的。我知道我们已经见面好几个月了，谈论离开对我来说也很难，但是我

们都需要分享我们对此的感受和想法。（沉默）我知道我有点难过。我们一起经历了一些艰难的时期，放手很难。

塞尔玛：（低头，她拿起孩子的作业）嘿，你知道格拉迪斯明年要上二年级吗？我和伊凡上周五去参加了家长会，老师告诉了我们这个，她甚至给我们看了一些作业，这孩子做得很好。（工作者的注释：我试图让塞尔玛详细说明她对我们的会谈即将结束的感受，但她拒绝并回避了这些机会。会谈的其余部分只涉及一些表面的话题和她的孩子们的表现。）

实务总结： 虽然服务对象远离了痛苦的工作，但在工作要求下，工作者发出了强烈的信号要求解决这个问题。工作者理解并接受了服务对象不愿意继续谈论的态度，尊重了服务对象的防御。舞台已经搭建好了，在接下来的几周里，工作者还将回到结束的主题上。

愤怒的直接和间接表达

在否认阶段之后，服务对象往往会直接或间接地对工作者表达愤怒。结束的各种情况有所不同，例如，工作者离开机构的情况与服务对象结束接触的情况不同。虽然这些情况会影响愤怒感受的强度，但即使是在那些看起来完全合理的结束情况下，愤怒的情绪也会存在。这种愤怒会通过服务对象挑战要换工作的工作者的方式直接表达出来："如果你真的关心我，怎么能离开？"结束被视为一种形式的拒绝，工作者应谨慎地直接面对这些感受，而不是试图回避它们。

另外，迟到或错过会谈等方式可以提供间接传递那些潜在感受的线索。与服务对象的交谈可能出现对抗的成分，工作者能感觉到敌意。讽刺、在小问题上的争吵或服务对象表示很高兴看到关系最终结束，都提供了证据，说明了这种间接表达。然而，在愤怒的感受之下，往往存在着悲伤。因此，重要的是要允许表达出愤怒，认可它，即使工作者的本能使其难以做到这一点。

与结束过程的所有时段一样，这里涉及的技巧要求工作者对间接的线索做出直接回应。在察觉到这些信号时，工作者应向服务对象指出这个时段的动力机制。在愤怒的情况下，工作者应触及间接线索，并鼓励服务对象直接表达愤怒的感受。工作者还应认可这些感受的正确性，不要试图说服服务对象应有不同的感受。即便服务对象不愿接受工作者的邀请来讨论愤怒，而是否认它的存在，这种直接承认也是很重要的。通过确定结束过程的时段，工作者可以提升服务对象对此的理解，从而学会控制这种经历。这可以释放出能量，使其有成效地参与到结束阶段的工作中。对于服务对象的愤怒，工作者应诚实地分享其个人反应。

寄宿机构工作者离职去读研究生　下面的例子是关于一个寄宿机构的工作者的，她要离职去读研究生。在她宣布要离开的第二天，一个年轻的女性服务对象在家里与她的母亲以及她母亲的女朋友发生了争吵，被带回机构"入住"（待在中心而不是家里）。

　　实务要点：这个例子清楚地说明了工作者的挣扎，她必须处理自己的愧疚和痛苦，因为她要离开一个与她关系非常密切的服务对象和一个她喜欢的工作环境。这个十几岁的服务对象退回到了她处理愤怒的不良方式，并将其表现出来。

　　　　我和简坐在一起，准备签到，从她脸上的表情我知道昨晚她过得很艰难。我感受到两件事：第一，"这真是太扯了！她很容易就可以在家里表现得好，尤其是她哥哥走了以后"；第二，"我只是不想处理她入住机构这件事"。我在前一天刚刚宣布要离开这个项目，我已经筋疲力尽了。她把她的笔记本给了我，当我看笔记本时，她开始哭着大喊："我恨这个愚蠢的系统，我恨这个项目，我恨你！"我坐在那里读她昨晚的记录，听着她对我吼叫，我想："这个孩子永远不会改变。"我已经准备好因自己的疲惫而放弃了，但我不能让她知道。

　　　　简的妈妈写道，简度过了一个非常艰难的夜晚。她拒绝打扫房间，开始扔东西，还叫她妈妈和她的同性伴侣为坏女人和同性恋。当妈妈让她面壁思过时，简打了妈妈。当她妈妈的恋人试图干预时，简踢了她。简的妈妈和她的恋人最终留下了简（她太大了，她们无法约束），过了一会儿，她平静下来，去睡觉了。

　　实务要点：请注意，因为在家里的行为，简回到了寄宿中心。她公开表达了对母亲、母亲的恋人和工作者的愤怒，但无法表达因丧失带来的伤害。工作者找到了简的行为的隐藏原因，就是她的离开。工作者对简的下一步干预措施是设置限制（提醒）和探寻她的潜在感受。突破愤怒循环的关键是工作者要分享她自己对离开服务对象的感受。

　　　　我知道她会在机构停留一段时间，她也知道。我只是不想去处理这个问题。她还在哭，又说："我恨你！我很高兴你要离开！"整个过程大约花了两分钟，然后我知道我必须说话。虽然我很努力地让自己用支持性的语气说话，但听上去仍是对抗性的，我说："你认为是什么让你昨天晚上如此难受？"她不停地哭喊："我不知道！"我回想了一下我昨天宣布的过程，记起了她的反应。"你在为我的离开而生气吗？"我问。她说："不！我不在乎！我恨你！！"

　　　　到这时，我在想："哦，是啊！你这个小孩！"但我却说："我明白你对我的离开有情绪，这没关系。但你不可以骂我，我要给你一个提醒。"（我们用提醒的方式进行行为管理。当一个孩子得到第三次提醒时，他就会被罚自己待着。）"我知道我的离开对你来说很难。告别总是困难的。你和我一起工作了很长时间，我们在一起有很多的乐趣。对我来说，和你说再见也会很难。重要的是，你要告诉我你很生气，或者你有什么感受。有这种感受是没问题的。但不可以骂人，也不可以打你妈妈。"

　　　　她只是继续一遍又一遍地说："我恨你。"我又觉得被激怒了。我说："我们有一个选择：我们可以在接下来的四周里全力以赴，真正谈一谈对彼此说再见的困难之处，或者我们可以挣扎着去恨对方，这样就不觉得受伤了。你知道你今天因为昨晚的事回到机构，我们要利用这段时间围绕我的离开开展一点工作。"她哭得更大声了，大喊："不！"我可以看出她对这件事有多难过。她曾经告诉我，我是她觉得唯一可以依赖的人，而我却要离开她。我想说："好吧，我不回学校了，我留在这里陪你。"她真的拉着我。所以，我知道我必须说点别的，我说："这对我来说也不容易。"然后我和她谈了我对离开她和向她告别的感受。

我们谈到了一起做过的有趣的事情，并看了照片，在整个过程中我一直向她保证，无论如何，我都不会忘记她。我试图保持良好的界限，但我开始真正感受到即将离开的悲伤。我将离开我喜欢的工作，离开我喜欢的孩子，离开一个已经成为我第二个家庭的团队。我觉得自己太情绪化了，所以缩短了谈话，说："在我离开之前，我们会经常谈论这个问题。"我很纠结该怎么做。我想要继续这样的谈话，这样她就能明白，有人真的关心她，并且她对我要离开的感受是完全正常的。但我觉得如果我继续谈下去，我就会哭了。当我说我们可以多谈一谈时，她说好的，站起来，抱着我，哭着说："我会想念你的一切。"好吧，这就对了。我觉得自己想哭了，我的眼睛也开始湿润了。我把她带到入住的区域，把她安顿好，然后调整好自己的情绪。

我希望我能够放下自己的悲伤。我通常对艰难的感受会很坚忍，即便我把这些感受与自己的生活联系起来。

我曾坚忍地处理完一个孩子的事，他是我工作中最喜欢的孩子，而我不得不告诉他他的母亲住院了。他在学校的时候，他的母亲进了医院。我也在他这个年龄得知我母亲得了癌症。他含着泪看着我，说："她会死吗？"我能够坚持处理完。这次我有点恼火，我无法坚持［与简］谈话。我想这次是不同的，因为这次对我、对团队和大多数孩子来说，都是如此情绪化。我也希望我可以更直接地应对她的行为。

实务总结： 这部分摘录说明了督导员支持的重要性。工作者的直觉是正确的，但是，她不敢太直接地表达自己的情绪，担心自己会哭。同时，这名工作者在分析她自己在这个困难的结束中所经历的挣扎时，展示出良好的专业性。她这样做很重要，因此结束的过程就可以直接与工作内容整合起来。寄宿场所中的大多数儿童都需要处理深刻的丧失经历（例如，丧失父母、家庭成员、朋友，以及在童年身心受虐时丧失他们的纯真），然而，工作者和系统往往在处理丧失方面有很大的困难。讨论这种丧失对工作者的影响（过程）使得讨论更困难和更影响情绪的丧失（内容）再次成为可能。

悲伤

在服务对象表达出的愤怒之下，往往隐藏着悲伤的情绪。当这些情绪出现时，服务对象就开始了结束过程中的悲伤时段。在这个时段，服务对象充分体验到他一直在努力压抑的感受。当这种情况发生时，一些服务对象会向工作者直接表达他们的感受，而另一些则会间接地表达。平时活跃和积极参与的服务对象突然显得冷漠和昏昏欲睡。会谈会出现长时间的沉默，缓慢的开始之后是极少的活动，谈话拖拖拉拉无法结束。一位工作者描述说，他在中午时分来到一位女士的家中，发现百叶窗是合上的，通常明亮的房间里弥漫着一种阴郁的感觉。该工作者解释说，这感觉就像是在守夜。

在某种程度上，这类工作上的困难反映出服务对象不愿意在工作即将结束时开辟新的领域。此外，留到最后的工作对服务对象来说往往是最困难的，这也增加了矛盾的感受。从本质上讲，这种感受是结束有意义的关系时的一种悲伤。否认和愤怒已经过去，现在必须面对结束。

在这个阶段有两个重要的技巧，就是认可服务对象的结束感受和分享工作者的结束感受。正如我们所看到的，承认和分享工作者感受的技巧对于助人过程是至关重要的，但工作者却很难运用这一技巧。在结束阶段，由于感受的强度和社会中对于直接表达的禁忌，运用这一技巧的困难变得更加复杂。

工作者表示，即使他们发现了服务对象悲伤的线索，他们也不会认可这种感受，因为他们感到有些尴尬。"我怎么能告诉服务对象我认为他们很伤心是因为我们不会再见面了？这听起来像是我把自己对服务对象的影响夸大得不成比例。而且无论如何，如果服务对象说自己哭了，而我对服务对象根本没有那么重要，那会是什么感觉？"工作者对评价关系的重要性带来的风险较难承受，这也阻碍了工作者表达对服务对象的个人感受。正如一位工作者所说的："我告诉服务对象我会想念他，这听起来很不专业。他会认为我只是在帮他。这不是在鼓励依赖性吗？"

在大多数情况下，当与一个重要的服务对象分离时，工作者不愿意分享感受的原因是他很难接受自己的悲伤情绪。两人之间的情感流动创造并强化了一个工作者很重视的纽带。在即将结束时需要认识到这一关系的重要性。通常情况下，工作者必须冒险表达自己的感受，然后服务对象才会感到可以自由地做同样的事。两个人都会感到脆弱，但这是工作者功能的一部分。能够迈出这艰难的第一步，也显示出工作者的专业技巧。

处于转换期的 18 岁寄养青少年：最后的会谈 让我们来看一个例子，一个 18 岁的寄养青少年即将离开机构的照护，经过困难和可怕的转换期，向独立生活过渡。

> **工作者：**你今天看起来很安静和拘谨。你似乎没有什么可说的。
>
> **服务对象：**我想我只是累了。
>
> **工作者：**话说回来，这应该是我们在一起的最后一次会谈。我一直在想这个问题，而且心情很复杂。我很高兴看到你准备独自生活，但我真的会想念你。在过去的两年里，我们一起经历了非常多的事情。（沉默）你觉得呢？你对我们的结束也有一点失落吗？
>
> **服务对象：**（长时间的沉默）我想我们已经走得很近了。尽管有时你真是让人头疼，但你是我最好的工作者。

工作者： 为什么你觉得我是你最好的工作者？谈谈这件事是很重要的。

实务总结： 在相互认可感受后，工作者进行下一步工作，要求服务对象反思这段关系。服务对象曾经历过许多重要且亲近的关系的破裂，并敏锐地感受到由此产生的拒绝和痛苦。许多人面对这种脆弱性形成了盔甲，这反映在不愿意冒险再次接近上，因为担心要经历另一次丧失。这再一次说明，过程和内容是可以整合的。理解工作者与服务对象的关系有助于服务对象在未来尝试进行亲密的接触——这就是他的转换期（本章后面会讨论）。

一个社会工作学生结束她的实习 在下面的讨论和过程记录中，一个社会工作学生描述了在即将结束实习时分享自己感受的困难。

对我和我的服务对象琼来说，启动结束阶段是一个困难且情绪化的过程。当我试图讨论我们之间关系的结束时，琼说希望她的下一张收入援助支票能邮寄到她家的地址。我问她为什么。琼回答说，这样她就再也不必到办公室拿支票了。

工作者： 琼，我真的不明白。你一直都是自己来拿支票的。事实上，你更喜欢这种方式，不是吗？

琼： 是的，但我已经厌倦了见同样的人，我想他们也厌倦了每个月见我。（沉默，琼看着远方。）

工作者： 琼，你是不是不想在这个月末见到我？（沉默）支票领取日一直是我们"打招呼/保持联系"的日子。我觉得你想避免在我在这儿的最后一个支票领取日见到我。

实务要点： 工作者认识到不来现场领取支票的决定是服务对象难以说再见的间接表示。工作者探索并开始讨论双方对分离的悲伤。这个学生坦诚表达了她的感受，让服务对象可以感受到她的真诚和支持。她也开始确认服务对象的重要成长和优势，并要求服务对象提供反馈，说明她是什么样的工作者。反过来，她会让服务对象知道在自己眼中服务对象是什么样的，包括其优势和问题。这对服务对象很重要，这个工作者可以帮她理解她是如何接受或推脱专业助人者的，而她很快就会和另一位工作者一起开始工作。

琼： 玛丽亚，没有你我该怎么办呢？

工作者： 琼，你觉得你真的需要我吗？

琼： 我需要有人可以倾诉。嗯，有时我觉得我不需要。另一些时候，我觉得我就要崩溃了。我不知道没有你我能做什么。

工作者： 琼，我知道我们一起经历了很多，也分享了很多，但是，说实话，我觉得你现在比一开始要坚强得多，我觉得你没有我也能做到。这并不是说我认为事情对你来说会很容易，但我已经看到你的自信心在增长。你开始承担更多的风险，做出自己的决定。

琼： 是的，我的自信心有一点增加，不是吗？

工作者： 真的是这样，琼。我知道没有我，你会感到奇怪和空虚，但你知道在过去的几个月里，你在这个中心和你的新地方交了很多新朋友。雪莉一直是你真正的支

253

持者和好朋友，是吗？

　　琼：是的，她是，她真的是。但这不一样的。我就是知道这一点。

　　工作者：这对我来说也不一样，琼。你知道我以前从未与服务对象有持续的联系。想到 5 月之后我将不再是你的工作者，这感觉很奇怪。现在我无法准确地描述我的感觉，但我知道没有你，我会感觉很奇怪。我知道我会一直想着你，想着你在做什么。我知道我会想念你和唐（琼的儿子）。（琼低头沉默。）我觉得你会实现你的目标（自力更生，摆脱收入援助）。这会很慢，你需要采取很多步骤，但我真的觉得你会做到。我希望到那时我可以看到这一点。

　　琼：是的，我一定能做到！

　　工作者：你听起来很坚定。这是我注意到的另一个变化。

　　琼：是的，我更坚定了。我必须摆脱收入援助。我的变化都是因为你。

　　工作者：嗯，我可能帮助了你，但这些变化来自你（琼耸了耸肩）。琼，对你来说我是一个什么样的工作者呢？

　　琼陈述说：(1) 我是第一个与她分享个人感受的工作者。她觉得这使她更容易讨论问题，也更容易与我产生联结；(2) 我对她表示了极大的关注，但有时琼觉得我的关注过度了；(3) 在第一个学期，我似乎总认为我是对的，而在第二个学期，我更容易交谈，更放松，更开放；(4) 每当我迟到，琼就觉得我把她当作"人渣"，尽管每次我都向她道歉。

　　随着琼开始更了解我，她意识到我的道歉是真诚的，我真的关心她。我也向她表达了我对我们关系的感受，比如说：(1) 我为她的抗拒而挣扎；(2) 当我注意到她身上有更多的力量和信心时，我感到了威胁，因为我想继续"保护"她；(3) 我对单亲家庭有了很多的了解，了解到在没有外界支持的情况下，独自抚养孩子的艰辛和困难。在会谈接近尾声时，我们开始讨论琼对新办公室、新工作者和新的开始的感受。琼说，在我之前，她有两个很好的工作者。这两个工作者都比较年长，有自己的孩子。琼希望她的新工作者也比她年长，她认为这有利于新的开始。这个议题留待下一次会谈再讨论。在我离开的时候，琼说她会在支票领取日那天来见我。

实务总结：关于工作意义的讨论在本质上是互动的。服务对象和工作者都受到关系和对事情进展的评估的影响，从中所学对双方都很重要。服务对象要看到，工作者正在参与一个不断成长和学习的过程，而不是像许多服务对象幻想的那样，工作者是一个"完成品"。工作者要体现出反思、分析、学习和成长的价值。当工作者分享时她会因为服务对象的成长而感受到威胁，这就促使服务对象开始将这位工作者（可能还有未来的工作者）视为充满人情味的、脆弱的。

试探尺度

前面我提到了结束的完成质量。当服务对象进入最后的会谈时，工作者往往会感觉到他们在努力测试新的技巧和独立做事的能力。服务对象经常会报告已经应对了一个棘手的问题或处理了一个议题，而在早些时候，服务对象会先与工作者进行讨论。工作者感受到服务对象的积极成就感，并运用技巧夸赞服务对象，包括直接承认服务对象有能力"单独行动"。

当工作者离开而服务对象要继续接受服务时，谈话就会导向关于新工作者的讨论："新的工作者会是谁，他会是什么样的人？"这代表了"尝试改变的尺度"，也表达了对即将离开的工作者的愤怒。

当和学生在一个为期一年的课程中一起工作时，我自己也经历过这个过程。我们互动的方式在某些方面类似于我们正在学习的过程模式，尽管互动的内容和我的角色都与在社会工作实务中有所不同。我记得在最后的几次课程中，我发现无法进入谈话。当我要对正在讨论的工作进行评论时，学生们会快速地看我一眼，然后继续讨论，好像我不在那里。经过几次这样的事，我尝试着说"好像我不在教室里"；再一次，学生们只是看我一眼，然后继续他们的谈话。当坐下来听时，我能听到学生们在没有我帮助的情况下，正在同伴小组内进行重要的讨论和实务分析。这是我们结束过程的一部分。他们正在试探尺度。

告别会综合征

施瓦茨用"告别会综合征"（farewell-party syndrome）来指那种只集中在关系的积极方面甚至以计划庆祝来"填补"结束讨论的倾向。所有的工作关系都有其积极方面和消极方面。工作者不能让结束讨论只停留在积极的感受中，而忽略了对内容和过程的诚实分析。工作者应探寻消极的评价，鼓励服务对象不要举行告别聚会。例如："我很高兴你认为我对你有帮助，但一定有一些时候我并不是那么有用。我们也来谈谈这些吧。"

服务对象和工作者也可以利用告别会综合征来避免讨论与结束相关的强烈感受。在某些情况下，举行某种聚会来纪念关系的结束并没有错。一位寄宿机构的工作者在服务的最后一天与一个孩子去滑雪，他是这个孩子的主要工作者。另一位寄养照顾工作者则安排了去麦当劳吃午饭来庆祝这最后一天。当庆祝活动被用来掩盖或避免结束时，问题就出现了。这会留下太多未说的话，无法让工作者和服务对象实现结束。在滑雪的例子中，工作者描述了当他们乘缆车到达顶端，准备下车开始滑雪下山时，这个少年开始暗示他的感受。最后，工作者不得不说："我们有些事情得谈谈。把滑雪板脱掉，一起进去喝杯热巧克力吧。"

到目前为止，我已经详细介绍了处理个人社会工作结束过程的一些动力和技巧。本书的第三、第四和第五部分进一步检视了家庭、小组和社区背景下的示例，并说明了一些动力上的差异。除了结束的过程之外，工作者还应注意那些能使结束对服务对象的学习变得重要的实质性内容。在下一节中，我将综述结束阶段的技巧，这些技巧会帮助服务对象使用与工作者在一起学到的经验，有效地转换到需要独自面对的新情况。

转换的技巧

　　工作关系的结束总是蕴含着新的开始。例如，当寄养儿童长大成人，即将离开机构的照护时，他会开始其生活的新阶段并面临一系列新的要求。有的要求会与同龄的年轻人所面临的要求类似，但另一些要求则是曾被机构照护过的人所特有的。假释官不再监督和支持的情况下，刑满释放人员开始在社会上发挥作用。离开康复中心的患者要与外界协商，即使她仍受事故或疾病的影响。离开治疗中心的瘾君子要面对街上与原先导致成瘾的相同的压力和要求。这一次，以前的吸毒者需要在没有工作者或药物支持的情况下做到这一点。离开野外保护营的青少年越轨者可能面对的是一个在他离开期间变化不大的家庭。对这些服务对象来说，结束的时刻也是强有力的开始时刻。

256

　　在结束阶段，工作者要将注意力放在工作的实质内容和结束的过程上，来注意这个转换的过程。当工作进展顺利时，服务对象可能已经发现了关于他们自己的新事情、他们的优势和缺陷、他们在压力下的行为模式以及他们处理问题的能力。他们也可能学会了用新的方式来看待他们要面对的重要的人和系统。结束应该是一个将所学内容累加起来的时刻。

　　服务对象的工作从未真正完成，服务对象总会在结束时对如何处理他们生活中的议题产生新的想法，也会为未来的工作制定新的议程。通过要求服务对象确定需要工作的具体领域，工作者说明学习过程不会随着他们关系的结束而结束。工作者还传达了一个信息，即他认为服务对象有能力继续工作。

　　接下来，工作者可以帮助服务对象整合结束阶段的过程和内容。与工作关系的所有阶段一样，工作者和服务对象之间的互动提供了与契约有关的丰富的学习内容。工作者可以利用结束过程中的动力，帮助服务对象将他们的学习所得泛化为新的经验。

　　例如，在一个为女性性虐待幸存者设立的小组中，随着结束时刻的临近，小组成员开始对两位女性带领者表达愤怒的情绪，这个例子在后面的章节中有更详细的描述。她们谈到了被遗弃和没有得到帮助的感受。在小组带领者有技巧的干预下，小组成员清楚地认识到，大部分的愤怒其实是指向她们没有犯罪的母亲，因为母亲没能保护她们免受父亲的性虐待。再一次，探索过程深化了服务对象最后的、强有力的工作。

　　最后，工作者可以帮助服务对象直接转换到新的经验、其他工作者以及可供他们使用的其他支持来源。接下来的内容将检视结束阶段的任务。

识别学习的主要收获

结束阶段是系统地评估助人经验的时间。工作者让服务对象反思他们在一起的工作，并确定学习所得。例如，在最后一次会谈的前一周，工作者让服务对象准备要在最后一周分享的重要想法。在第一次会谈中，工作者让服务对象对那些似乎值得关注的问题进行反馈。现在，会谈即将结束，工作者和服务对象需要一起回顾这些问题的情况，以及他们一起工作期间出现的其他问题的情况。

工作者要求提供细节；一般性的总结是不够的。当服务对象说与工作者的会谈很有价值，因为学到了很多关于自己的东西时，工作者可以回应说："你到底学到了什么对你很重要的内容？"这个过程可以帮助服务对象巩固学习成果。第二个好处是服务对象会增加其对新发展的能力的认可。这可以支持服务对象做好准备来结束这段关系。工作者也能参与这个过程，因为在真正的互动体验中，工作者也会向服务对象学习。工作者现在对服务对象的问题以及工作者的个人和专业自我有什么不同的理解？总结时应该讨论工作者和服务对象从这次经历中有何收获。下面的例子说明了这个总结的过程。

与一位打女儿的自愿服务对象结束工作　一位年轻的母亲告诉她的家庭医生她为打女儿而感觉很糟糕，之后被转介到一家辅导机构。会谈已经进行了多次，在完成最后一次会谈后，工作方案中有两个月的间断，然后要进行跟踪调查，看看这种变化是否持久。

克莉丝汀最初来辅导是因为她感觉非常糟糕，每当她生气时就会打她的大女儿。我们确定她需要育儿的技术以防止她打孩子。我们公开讨论了她与大女儿间缺乏亲密的问题，以及她发现的自己所处的糟糕的婚姻状况。克莉丝汀尝试过，但无法让她的家人参与进来。这将是倒数第二次会谈，2月（两个月后）会再跟进她的情况。

工作者：让我们回顾一下我们工作的起点以及现在的情况。

克莉丝汀：我来的原因是我一直在打拉斐勒，远远超过了我的自我感觉。但事情进展得很顺利。一开始我想，如果我能够完全不打她，我就会觉得很高兴。好吧，我从那以后没有打过她一次，而且我甚至不觉得有什么。进展非常顺利。

工作者：而且已经有三个月了。

克莉丝汀：现在看来是很遥远了。

工作者：你是说从我们开始的时候？

克莉丝汀：是的，这似乎有点不真实，你知道我的意思吗？这有点令人尴尬。

工作者：嗯，从10月开始已经有一段时间了，但那时候一切都很真实。

克莉丝汀：不开玩笑。但结束的感觉很好，我觉得我不再需要会谈了，因为事情进展得很顺利。但是我会在2月回来，确实感觉很好。

工作者：为什么你说这是尴尬的？

克莉丝汀：走进机构并说明我在打孩子，这些都让我感到尴尬。我不得不告诉我的家庭医生，向他解释这一切。我希望我可以在家庭内部解决这个问题，而不需要外界的帮助。

实务要点：工作者帮助服务对象探讨随时间推移而产生的变化过程，并从她决定寻求帮助开始，肯定她的成长。重要的是要确定与拒绝参加的丈夫之间仍有未完成的工作，但至少服务对象已经能够将这个问题与她对女儿的反应分开。

工作者：我想现在似乎更容易解决打孩子的问题了，是吗？

克莉丝汀：嗯，就是这样，但我很高兴我来了，要不然我可能还在打拉斐勒。你知道，得到帮助的承诺是最重要的因素。

258

工作者：寻求帮助使你变得脆弱，但讽刺的是，它也使你更强大。对你和拉斐勒来说，还有什么不同的地方吗？

克莉丝汀：由于某些原因，我看待她有点不同。我看到她有一些问题，但我也看到她长大了。还记得你说过，她正长成一个少女，不会再接受挨打了吗？我还认为她可能在五年内就会离开。这些年的时间都去哪儿了？（表现出悲伤）

工作者：对你来说，现在发生了什么？（接下来是一些关于拉斐勒的讨论。）

克莉丝汀：我想，我也觉得我和我丈夫之间的事情不是很顺利。我想这会一直存在的。

工作者：嗯，你知道我一直觉得你不能让他参加这些会谈是很遗憾的。但那也许是在等待另一个时间和不同的境况。你们俩之间的关系恶化了？我想我问的是，即使他不来，你是否需要在这个问题上花一些时间。

克莉丝汀：不，不是的。我想我真的不愿纠缠在负面的东西上。我为自己感到高兴，正如你所说，这才是最重要的。

工作者：当然，但门是开着的。我不知道你是否注意到，有几次我真的很努力地想让你把丈夫带进这些会谈。

克莉丝汀：（笑）哦，我感觉到了。（随后就这个问题进行了一些讨论。）

工作者：你似乎已经巩固了力量和决心。你似乎很坚决。我想你和丈夫之间的关系需要一些调整。你们总要找到一种方法来支持对方。在我看来，你确实有走钢丝的倾向，结果是你不得不付出很多，即使是满足自己的需求。

克莉丝汀：你记得你上次说我是一个乐于奉献的人吗？但我丈夫认为我是一个自私的操控者。我认为他说得对。但乐于奉献的说法的确是很好听的。

工作者：你是说你是一个乐于奉献的人？

克莉丝汀：是的。（有点流泪）

工作者：很难听得到，是吗？

克莉丝汀：这是我以前没有听说过的。我丈夫说我做了一些好事，但没有说过我是一个好人。我不认为自己是个好人。

工作者：这可能是你的秘密，你是一个好人。

克莉丝汀：（笑）你是什么意思？

工作者：好吧，我们会说再见，我们会在2月底再见一次面，尽管我不会再说了，但你确实是一个好人。

克莉丝汀：你这么说真是太好了，这很有趣，但你必须听到才能相信，我也考虑过这一点，这会有所不同。

259

（我们回顾了会谈的一些主题，讨论了哪些是有帮助的，哪些是没用的。我们约好在2月底见面。我们计划在2月进行一次简短的会谈，看看她和拉斐勒的情况是否仍然良好。）

以下是2月跟进会谈的结尾，这是一个简短的半小时的会谈。克莉丝汀带来了一本小书作为礼物。

工作者：好吧，也许我们可以说再见了？

克莉丝汀：再见，约翰，谢谢你。

工作者：不客气。再见，克莉丝汀，祝你和你的家人好运。这很有趣，但我对告别感到有点难过。

克莉丝汀：我也觉得有点难过。只是有点难过，但我也很高兴我来了，现在我觉得我不需要再来了。我感觉很好，经过六周的时间看我是否坚持下来了。

工作者：现在回想起来，这的确很好。无论如何，你有我们的电话号码，即使是打招呼，也不要犹豫，打电话来。

克莉丝汀：是的，非常感谢你的帮助。再见，约翰，祝你学习顺利。你不是一个坏的社会工作者。（笑）

工作者：谢谢，再见，克莉丝汀。当然，也谢谢你那本漂亮的小书。

识别未来的工作领域

工作者应该向服务对象表示工作在结束后将继续进行。服务对象有未解答的疑问，面对未解决的问题，或者没有把生活理清楚，这些都不要紧。在前面的例子中，服务对象在与女儿的关系上取得了重大进展，但与丈夫的关系却没有好转。工作者已经认识到这可能是未来需要做的工作。服务对象开始认识到某些问题或生活任务，并学习如何比开始时更有效地处理其中一些问题。体验结束时还有其他的问题或生活任务存在。现在的区别是，服务对象已经学会了如何更好地处理这些问题。

如果一些不确定因素和伴随而来的模糊性是细节性的，工作者就必须抵制试图解决这些最后一刻的担忧的诱惑。学习得来的一部分经验是要能忍受一些不确定因素。工作者的任务是帮助服务对象清点这些未解决的问题，为未来的工作创建议程，并利用他们的共同经验来确定服务对象如何继续解决这些问题。工作者还应抵制让对自身能力表示怀疑的服务对象放心的诱惑。认可并理解服务对象对不敢独自继续下去而产生的恐惧会更有帮助。工作者需要传达一种信念，即相信服务对象有潜力处理未来的任务，而不是以任何方式来减少进展可能不顺利的感觉。

260

18 岁的寄养青少年转换到独立生活：结束会谈　为了说明这一点，我们再来看看这位即将离开儿童福利机构的 18 岁服务对象的结束会谈。工作者要求服务对象确定他已经学到的东西，以及他认为仍需考虑的领域。这段对话摘录自最后一次会谈，他们在回顾服务对象学习的收获。请注意，工作者要求服务对象具体说明他的收获。他提到的"援助"是他对儿童援助协会的称呼。

　　工作者：在我们的讨论中，哪些想法让你印象深刻？什么会留在你心里？

　　服务对象：我学到了我要对自己负更多的责任。这对我很重要。

　　工作者：具体而言，你的意思是什么？

　　服务对象：好吧，我曾经愤愤不平地到处走。我所有的问题都是别人的错。我对我母亲放弃我感到愤怒，我的养父母总是我与人争吵的原因，而"援助"，我讨厌这个地方。

　　工作者：那你现在怎么看？

　　服务对象：嗯，我确实不好过。从一个家搬到另一个家并不容易，从来没有过正常孩子所拥有的各种东西。但我想我能明白，从现在开始，发生在我身上的事情都取决于我。我不能再责怪其他人了。还有"援助"，尽管我一直在抱怨，但随着寄养家庭的变化，"援助"是我唯一可以称之为家的地方。

　　工作者：我猜你对这个地方有很多复杂的感觉，但现在你要离开了，你的一部分感受会是想念它。

　　服务对象：（沉默）即使有各种各样的抱怨和各种各样我不得不接受的废话，我仍然会想念它。你知道，我很害怕自己一个人生活。

　　工作者：当然，这很吓人。你到底在害怕什么？

　　服务对象：我现在得靠自己了。我要开始这份新工作，我很担心我该怎么做。如果我在公寓里交不到朋友怎么办呢？那里有和我同龄的人，但很难认识他们。那儿不像是教养院，在这里我们花了很多时间在一起，也总有院里的父母可以交谈。

　　实务要点：当讨论进行到与独立有关的潜在恐惧时，工作者展示了拆分的技巧，以便服务对象一次解决一个问题。

　　工作者：所以你有两个问题要解决：如何应对工作，以及如何交一些新朋友。

这次讨论中确定的两个关键任务对所有的年轻人来说都是主要的任务，而且很适合这位服务对象的生活阶段。随着他步入成年期，他需要解决如何适应工作环境的问题，也要开始将他的关系从依靠父母转向同辈群体。在儿童福利系统中的经历使他比其他人更难完成这些任务。他的生活中出现了很多破碎的关系，以致他不愿意冒险再被伤害。

我在布法罗大学社会工作学院指导的一个项目中，我们与一群准备好向独立生活转换的寄养儿童一起工作。有趣的是，在那之前的几年里，他们的工作者没有找到与他们合作的理由，因此他们被称为"抽屉"（drawer）儿童，他们的档案被保存在档案抽屉中，被视为搁置的个案。我们发现，进入结束阶段并准备从机构照护和寄养照顾中转换会引发许多问题，他们需要帮助。关键是要认识到，一旦有人向他们提供帮助，他们随时准备接受帮助。

在后文，我们将继续探讨这个例子，以说明工作者与服务对象的结束过程如何与工作内容直接相关。

整合结束工作的过程和内容

如果我们记得工作者与服务对象的关系是服务对象在生活中要处理的众多关系之一，而且实际上只是所有关系中的一个特例，那么这种经历就可以用来说明重要的主题。这种关系可被视为服务对象的训练场；与工作者打交道过程中发展出的技巧可以转而用于其他情况。机敏的工作者可以了解并识别工作者自己与服务对象的互动跟结束阶段后的工作之间的联系。

例如，回到那个 18 岁服务对象的案例，他必须克服戒备心理，与工作者建立紧密的关系。服务对象花了很长时间才允许自己显示出脆弱，承担被伤害的风险。实际上，服务对象需要学习我们都得学习的事：为了使我们的生活有意义，我们应冒险与人接近，尽管这意味着有时会受到伤害。如果我们在生活中只记得伤害，那么我们会在自己和可提供安慰与支持的人之间竖起一堵墙。儿童福利系统中的毕业生（graduate），即在其中长大成人的孩子，往往有受到伤害的经历，以至于在开始一段新的关系时，他们往往期待它是短期的，且不会有结果。这样的孩子会寻求亲密关系（例如，通过早婚），但会抑制自己，并不真正将自己投入关系中。这位工作者认识到，亲密关系是服务对象的核心问题，他们现在要与同辈群体（在合租公寓和别的地方）一起冒险进入这样的关系。随着年龄的增长，需要考虑结婚或其他亲密关系，他们最终会面临一样的问题。

实务要点：让我们回到面谈中，工作者试图帮助服务对象从他们的共同经历中学习。工作者与服务对象分享自己的感受和经验，从而使服务对象可以自由地分享自己的感受。

> **工作者**：你知道，我想我们一起经历的事情可能会为你处理这个友谊问题提供一些想法。你还记得我们第一次见面时的情况吗？

> **服务对象**：是的，我以为你只是另一个社会工作者。我想知道你能在这里坚持多

长时间。

　　工作者：在我的记忆中，一开始你对我很苛刻。我有种感觉，你不会让我接近你，因为你认为反正不会持续太久。

　　服务对象：对的！我没有太高的期待，因为我知道这只是暂时的。

262

　　工作者：一开始我很沮丧，因为我似乎无法与你取得进展。你下定决心不让我们之间有进展。不知怎么的，我们做到了。因为我觉得真的和你很亲近，现在总是见不到你就会很难受。从第一天起我就知道，总有一天我们要说再见，这将是痛苦的。无论现在有多痛苦，我都不愿错过以这种方式认识你。这对我来说是很特别的事，我会记住你的。

　　服务对象：（沉默——显然是在情感上挣扎）我很高兴你坚持了下来。你是唯一一个真正做到了的工作者。

　　工作者：你能从我们的经历中学到什么呢？这些经历与你和你公寓里的人有关，也与你在工作中遇到的朋友有关。

　　服务对象：你是说同样的事情也会发生在那里？如果我把墙砌得太高，他们可能就过不去了？

　　工作者：你以前说过，你发现自己对发生的很多事都有责任。我想在这个情况中也是如此。如果你害怕冒险，害怕被拒绝，害怕接近别人，那就会失去他们，你就只能自己待着。也许你学到的最重要的东西是，如果你想要，你就可以接近，而且，说再见的时候确实很痛苦，但这就是生活。你要振作起来，找到新的人，接近他们。

　　服务对象：你的意思是像合租公寓里的孩子？

　　工作者：对！也许在工作中，也许在别的地方，你都会遇到你的同龄人。

　　服务对象：所以说这取决于我。

　　工作者：通常是这样的。

　　实务总结：工作者在很多方面与服务对象分享了他自己的学习。每当工作者开始与一个新的服务对象合作，发现自己在投入感情时，他就必须认识到将来说再见会很痛苦。这是工作者送给服务对象的礼物。工作者处理自己的失落感最好的方法是与服务对象在结束阶段分享这些感受，然后与新的服务对象重新开始。

转换到新体验和新的支持系统

　　当工作者结束关系时，确定他们一起工作的哪些方面是服务对象所看重的，并讨论服务对象如何能继续得到这种支持，会很有帮助。在前面的例子中，工作者帮助服务对象思考如何将他对支持的需求转移到同辈群体中。这个建议在他这个发展阶段是有意义的。在另一个案例中，工作者帮助服务对象确定可以提供帮助的家人或朋友，如果服务对象愿意使用他们的帮助；按这种方式，服务对象能运用其在与工作者互动时发展出的技巧。在转换到新工作者的情况下，对目前工作关系的优势和劣势进行讨论能帮助服务对象制定策略，从而与新工作者更有效地工作。还应确定可满足社会、职业和辅导需要的社区资源。

此外，工作者可以向服务对象表明，辅导过程不太可能在一次服务后就让服务对象有能力面对所有的生活危机。它只能帮助服务对象度过一个特定时期，而在人生的其他阶段可能还需要进行辅导。例如，作为性虐待幸存者的小女孩需要即时的帮助，以应对创伤和由此造成的家庭混乱。当她长到十几岁时，新的问题会出现，在这个通常很困难的过渡阶段，互助支持小组可能对她及其父母中非犯罪一方有帮助。作为一个年轻人，当她准备建立自己的伙伴关系以及以后当她成为母亲时，她可能需要支持来应对年龄和身份转换带来的规范问题，而作为幸存者需要面对的独特问题会使这些问题更为复杂。每一个阶段的结束都应帮助服务对象认识到她并没有完全解决她的问题，而是学会了如何利用社会支持来应对这些问题。当她再次需要帮助，她便不会将其看作失败的标志。

最后，还可以通过有形的转换来适应新的情况。例如，与新工作者的联合会谈可以使转换更为容易，或者寄宿中心的工作者可以陪同寄宿的服务对象访问新的寄养家庭。在许多情况下，除了进行结束和转换的谈话外，还可以采取具体的步骤。

结束阶段的变数

当我与学生和工作者讨论情感方面的小组的结束时，通常至少会有一个小组成员勇敢地说："这些结束听起来很好，但如果你和服务对象对结束的感受真的没那么糟糕呢？"当我称赞评论者的诚实时，另一个参与者会跟进评论："如果你不喜欢服务对象，实际上很高兴看到关系结束呢？"在这一节中，我们将探讨几种不同的结束模式：工作者感觉从未真正开始的关系的结束、工作者因结束感到愤怒而不是悲伤时的结束、与工作者失去工作有关的结束，以及与服务对象死亡有关的结束———种情况是自杀，另一种情况是服务对象处于艾滋病的最后阶段。

结束从未真正开始的关系

当学生回顾那些强有力的、充满情感的与服务对象结束的例子时，如果他们自己的经历与众不同，他们往往会感到愧疚。他们会分享工作关系从未起步的例子。从理智上讲，学生明白服务对象可能在创造和维持工作错觉方面发挥了些作用。然而，在情感上，学生往往因为愧疚和无能的感受，而想对失败承担全部的责任。这些感觉又会阻碍学生进入工作的结束和转换阶段，使他避免评估与服务对象在一起的经验。

首先，学生需要对实务工作的互动性有一个清晰的认识。无论他们变得多么有效和娴熟，他们永远无法触及所有的服务对象。其次，社会工作者只能在其职业生涯的每一个特定时刻尽其所能。当他们无法为服务对象提供超出他们能力的东西时，他们不应对此负责。相反，他们应防止因其感受而低估自己提供的帮助，这和夸大自己的贡献一样是个大错误。一旦工作者形成了自己的观点并得到了督导员和/或同事的支持，处理这些感受的能力就能帮助他们将自己动员起来，利用结束期为服务对象提供额外的帮助。支持对这一过程的成功至关重要，因为学生和缺乏经验的工作者在他们职业生涯的这一阶段是很脆弱的，负面的反馈会让他们感到特别痛苦。

264

在很多情况下，在工作进展不顺利时讨论结束，甚至比在进展顺利时讨论结束更重要。结束过程的中心任务是对工作关系进行诚实的评估。工作者需要承认自己在这个过程中的角色，也需要帮助服务对象检查他在让工作流于形式上所扮演的角色。如果以非指责性和建设性的方式处理，这种讨论可以构成工作者对服务对象成长的最重要贡献。从这样的谈话中，工作者也可获得显著的专业成长。

城市中心区的非洲裔美国青少年和乡村寄宿机构中的白人工作者　在下面的例子中，当工作的结束阶段开始时，工作者对服务对象坦率地提出了工作者在实务的开始或中间阶段未能提出的工作要求。在这个例子中，服务对象是一个来自城市中心区的非洲裔美国青少年，他住在本州乡村地区的一个寄宿场所中。他最初是由法院系统和该州的儿童福利机构转介来的。他的部分历史问题包括法律、药物使用和家庭成员方面的问题。虽然服务对象表面上遵从了项目的规定，但这位白人工作者始终感觉被服务对象欺骗了，而他未能对质这一问题。

实务要点：原来的谈话记录包含了街头的黑话，工作者说这就像他要学习的"外语"，因此我们对这段对话进行了一些改写。这些黑话和工作者的局外人感觉都是核心问题的关键信号。

工作者：我们只剩下两个星期了，我认为讨论一下我们在一起的时间是很重要的。我意识到你或许期盼着结束，因为我认为你可能觉得这个项目对你没什么帮助。我不得不承认，我也有同样的感觉。我认为重要的是，我们要讨论为什么没有帮助。我想知道你认为我可以做些什么来帮助你，我也想让你知道我认为你可以做些什么。

服务对象：伙计，我认为你不了解我的情况。这个地方很好，没有麻烦，没有问题。但当我回到家时，一切又开始了。当我在街上的时候压力就大了，到时候谁来帮助我呢？你根本就没有任何想法。我是说我的屁股在老家，每天都是如此。

工作者：我想你是对的，我没有任何想法。无论如何我希望可以帮助你，让你振作起来，这样当你回家的时候，你就可以用不同的方式处理问题。你为什么从一开始不跟我说实话？你为什么只跟我演戏？

服务对象：你在开玩笑吗？你是"男人"，我不会跟你说实话。

工作者：我想我一直都知道那是胡说八道。我应该对你更诚实。我是白人，而你是黑人。我有工作和安全的住处，而你只是为生存而挣扎。我假装这种区别并不重要。

服务对象：听着，不要误会我的意思。就一个白人来说，你并不坏。你只是没有一点头绪。

工作者：你知道，如果你能冒险，更诚实一点，让我知道到底是怎么回事，也许会有帮助。我明白你为什么不这样做，为什么你只是骗我，说正确的话，我意识到我可以从一开始就把你逼得更紧。但你也有责任。你回家后可以继续玩游戏，但在我看来，那是你最需要真正的帮助的时候。你将不得不在某个时候信任一个人。

服务对象：这对我有什么好处？谈话帮不了任何人。我被困在那个洞里了，我出不去了。所以我只需要在生存上下功夫。

工作者：就像你顶着一堵石头墙，不是吗？没有未来，没有希望，就像你被困住了。

实务总结：随着谈话的继续，工作者倾听并认可了服务对象的感受，这些在之前只被暗示过的感受是真实存在的。尽管这是他们一起工作的结束阶段，但这次谈话是一次真正的谈话，可能已经开始为服务对象未来使用专业帮助奠定了基础。焦点转向了当压力再次来临时，服务对象在家里可以使用哪些资源。这次谈话还帮这位工作者更好地对焦到他的大多数来自城市中心区的服务对象所面临的与种族、阶层和性别有关的现实压迫。这增加了工作者与下一个服务对象更快开展工作的机会，可促使诚实更早出现，同时整合了支持与工作要求。工作者也可更多地关注城市生活的现实，而不是认为服务对象的个性在乡村就会改变。通过承认大多数他们在一起的时间只有工作错觉，工作者把结束阶段变成了积极的经验——这也许是他对这个服务对象所做的最好的工作。

在另一个例子中，一个愤怒且公开抵抗的服务对象在回应工作者要求诚实评价他们在一起的工作时，带着情绪说："问题是你是个真正的混蛋。"工作者也带着情绪回应说：

好吧，你知道吗，你也不是一个很好的工作伙伴！事实是，你从来没有给过我机会，从一开始就这样。我犯了错误，我承认这一点。但你应该意识到，只要你坚持你的壁垒，不让任何人进入，你就要独自面对这些东西。太可惜了，因为我认为你真的很痛苦，应当使用一些帮助。

实务总结：服务对象很可能没有听进去工作者所说的任何一个字。即便如此，工作者还是需要跟服务对象实话实说。对这位工作者来说，困难的部分是对焦服务对象的愤怒和沮丧的来源。如果其根源是失败感和无能感，披露就可能没有帮助。如果工作者能够看穿服务对象的防御，如果情绪来自对服务对象的关切，那么这会是工作者能给予的最有用的礼物。在这一点上，督导员和同事支持可以帮助工作者与困难的服务对象开展结束阶段的工作。

对辅导中提前结束的预测因素的研究　兰普罗普洛斯、施耐德和斯彭格勒（Lampro- 266
poulos，Schneider，& Spengler，2009）注意到，过早或提前终止心理治疗和辅导是一个
常见的问题，他们探索了这个问题的预测因素。使用的方法包括对一所大学辅导训练诊所
的 380 份服务对象的卷宗进行档案研究。

> 每学期大约有 50 名受训的辅导员在诊所提供辅导服务。他们中有一半人参与了
> 关于咨询的硕士项目……与服务对象见面是他们第一次或第二次实习的内容。另一半
> 人拥有咨询或相关领域的硕士学位，在咨询心理学的博士课程中就读……（p. 37）

作者注意到，女生与男生的比例为 3：1，大约 20％ 的辅导员是少数族裔学生。在五
年的时间里，有 380 名服务对象（65％ 为女性，35％ 为男性）在诊所接受辅导服务。在这
个服务对象群体中，17％ 是学生或教职员工的亲属，其余 83％ 是来自社区的门诊患者。

这些服务对象的人口统计学数据和其他数据是在接案面谈中和接案面谈之后立即收集
的，并在服务终止后再次收集。只有三种类型的终止服务的服务对象被纳入研究分析中。
(a) 在最初的接案预约后未进入治疗阶段的服务对象（即接案退出者）；(b) 在接案会谈
后进入治疗过程，但没有完成辅导的服务对象（即辅导退出者）；(c) 由辅导员停止治疗
的服务对象（即完成者）(p. 38)。在这一组人中，61 人（16.1％）是接案退出者，218 人
（57.4％）是辅导退出者，101 人（26.6％）是完成者。

该研究的目的是分析档案记录中哪些因素可以预测服务对象归属于哪一组。研究考察
了一些变量，包括人口统计学特征（如年龄、婚姻状况、收入等），是否接受过辅导，以
及对出现的问题的看法（如抑郁症、婚姻压力、人际关系、家庭关系、悲痛）。接案辅导
员还记录了他们在与服务对象合作时预期的可感知的难度。样本范围是从低难度
（54.5％）到中等难度（38.2％）和高难度（7.4％）。他们还记录了对问题紧迫性的看法
（例如，必须马上见辅导员的有 21.6％；非危机性的有 78.4％）。

接案工作者（高年级博士生）还使用《精神障碍诊断与统计手册》（American Psychi-
atric Association，1994）给出了初步的第一轴诊断报告。例如，接案的服务对象被评估为
有伴侣关系问题（39.8％）、重度抑郁症（11.9％）、焦虑症（6.9％）等等。最后，采用
全球评估功能量表（Global Assessment Functioning，GAF）（Spitzer，Gibbon，Wil-
liams，& Endicott，1996）对接案服务对象进行了评估，平均得分为 64.04，范围为 1～
100，得分越高表明功能越好。

研究者识别出 12 个潜在的预测变量，用于预测服务对象提前结束或完成治疗的状况。
这些变量包括服务对象的年龄、教育程度、家庭年收入、与服务对象一起生活的孩子数
量、服务对象出现的问题数量、服务对象感知到的困难、全球评估功能量表得分、先前的
治疗状况、性别、就业状况、病例的紧迫性和转诊来源（自己或其他人）。他们报告：

> 完整的十二因素预测模式对预测辅导退出者的终止类型最有效，准确率为 267
> 91.7％。然而，该模式对于预测接案退出者的结果（13.1％ 的准确率）和完成者的结

果（19.8％的准确率）无效。整个模式的分类准确率为60％。(p.39)

对单个预测变量的研究表明，服务对象的年龄、家庭年收入、感知到的困难和全球评估功能量表得分对将个人区分为不同的终止类型最有影响。

作者指出了该研究的局限性和研究结果的试探性。最明显的局限性在于他们无法在接案或治疗的会谈中评估过程，也就是辅导员和服务对象之间的互动。有一种观点认为，导致16.1％的接案退出率、57.4％的辅导退出率和有限的完成率（26.6％）的部分原因可能是，接案工作者在接案或研究会谈中获取大量重要数据的努力或咨询专业学生技巧的缺乏。在本书提出的互动性框架中，辅导员在接案和治疗过程中的互动这一变量解释了结果变量的很大一部分变化。研究发现中也暗示了这种可能性，该发现显示，对40岁以上的服务对象来说，辅导员的年龄确实很重要，有更多生活经验的年长的辅导员会带来更多积极的结果。

此外，尽管大多数服务对象被描述为"高加索人"（Caucasian，即白人），但档案记录中并没有关于服务对象的种族和民族的重要数据。诊所记录中没有包括种族和民族的数据，这一事实表明该研究对这些变量的重要性及其对跨文化和文化内互动的影响缺乏敏感性。

因工作者离职而结束工作

教育政策 3a
教育政策 1e

在过去的十年中，由于联邦政府和州政府对社会服务资金的严重削减以及健康场所中管理式照顾的影响，在我与工作者、督导员和管理者的工作坊中，因专业人士失业而导致的结束频繁地被提及。督导员描述了那些在进入工作最后阶段时情绪低落、愤世嫉俗和冷漠的工作者。对服务限制和失去工作的愤怒往往导致工作者想忽视结束阶段的议题，有时直到与服务对象的最后一次会谈才透露工作将终止，甚至完全回避这个议题。这种缺乏了结的做法对服务对象和工作者都没有好处。

服务对象在这种互动中被剥夺了权力，没有机会处理他们的结束感受，没有机会对结束进行控制，也没有机会在工作者不在的情况下实现有效的过渡。突然的结束会对转换到新的工作者或服务产生负面影响，或者使服务对象不愿再从情感上投入与其他专业助人者的关系。服务对象也被剥夺了挑战服务中的丧失的机会。在某些情况下，当服务对象了解了正在发生的事情，他们会调动资源（其他服务对象、家庭成员等）来对抗丧失，他们甚至能逆转或缓和导致丧失的决定。

工作者们也会为这种突然的结束付出代价：他们会失去用专业的方式结束工作的机会，而这样的方式有助于他们处理因"抛弃"服务对象而产生的愧疚感。此外，在后来的反思中，工作者经常指出督导员让他们在结束阶段保持专业水平，而不是让他们因愤怒和抑郁而退出，这对他们很有帮助。当然，这个过程中的一个关键因素是为创造支持性的氛围所做的工作，这使工作者们知道他们可以获得帮助来处理其感受。

在我为可能失去工作或已经失去工作的一线工作者开办的工作坊中，我首先关注他们的愤怒，然后关注他们常有的痛苦和悲伤（Shulman，2010）。留下来的工作者的愧疚感（"幸存者愧疚"）需要得到处理，这样他们的焦虑才不会导致战斗-逃离的反应。完成一些支持性工作后，工作者可能会响应我的请求，对焦这些削减情况对服务对象的影响，并在为自己的感受挣扎时，制定策略以更好地帮助服务对象应对丧失。

单亲家庭支持工作：工作者失去工作　在下面的摘录中，一位工作者宣布她失去了工作，即将结束与服务对象的工作。服务对象是一位单亲家长，对其开展的家庭支持工作主要关注她十几岁孩子的问题。

实务要点：请注意，这位工作者诚实地分享了她对失去职位的愤怒，但由于督导中所做的工作，她将注意力放在了离职对服务对象的意义上。如果这位工作者希望发泄自己的愤怒并激发服务对象的愤怒反应，也是可以理解的，但她下定决心以专业的方式结束与服务对象的关系。

> **工作者：**恐怕我有坏消息要告诉你。你可能知道，本州正在考虑削减对我们这样的支持机构的资金。嗯，削减已经通过了，而且，由于资历浅，我将是第一批失业的工作者之一。这意味着我们只剩下四个星期的时间了，我们得开始讨论如何结束工作，并为你联系其他的帮助来源。

> **服务对象：**哦，我的上帝，你一定感觉很糟糕。你是说他们要让你离开，是这样吗？

> **工作者：**事实上，几个月前我们已经知道可能会裁员了。我不想让你担心，因为我们并不确定会发生什么。但现在我们知道了，你和我需要开始面对它。我对失去工作感觉很糟糕，其中部分原因是我将与包括你在内的、已经很亲近的服务对象说再见。（沉默）你呢，你现在的感觉如何？

> **服务对象：**我对你的机构感到很愤怒。我刚找到一个我真正喜欢的工作者，他们却让你离开。这是否意味着我将遇到另一个工作者？我现在该怎么办呢？

> **工作者：**我想让你知道，我真的觉得和你很亲近，听到你也会想念我，这对我意义重大。我也很生气，但在愤怒之下，我感受到很多悲伤和丧失。我们需要在接下来的几周里讨论这个问题以及你未来的方向。我必须说实话，我不认为机构会有时间考虑能为像你这样的服务对象做些什么。我们从未感觉到裁员如此严重，裁掉了这么多的职位。

> 我会努力找出你能获得的东西，如果你愿意，我将让你与我的督导员建立联系，他会继续留任，这样你就可以自己问一些问题。如果结果是你不能在这里得到你所需要的帮助，我们就要看看在社区里还有什么可用的资源。另外，我们最好讨论一下你可以从其他哪些渠道获得帮助，比如说你的家人和朋友。我不能对服务做出任何保证，因为别的机构也受到影响，但我确信我们可以花时间讨论你的应对策略，无论我们发现

什么资源。在过去的几个月里你成长了很多，我认为你比你意识到的还要强大。

服务对象：那些混蛋！（开始哭）难道他们不知道我一个人应付起来会很困难吗？（沉默。工作者也开始充满感情。两人静静地坐了一会儿，服务对象轻声哭泣，工作者眼中含着泪水。）

工作者：（过了一会儿）我不确定他们是否意识到这一切对服务对象的影响。如果你想讨论你可以让他们知道的方法，请告诉我。我很高兴能帮助你转达你的观点。你的需求很重要，他们应该意识到这些决定对一般人有严重的影响。同时，让我们开始讨论我们的工作，你学到了什么，你的优势，你仍然感到脆弱的地方，以及你还有哪些获得帮助的渠道。我想确保我们能一直努力工作到最后。

实务总结：这段对话中的很多点都有可能会让工作者失去专业功能感。当服务对象问工作者对失去工作的感受时，对话的其余部分本可围绕着工作者的反应进行。但该工作者并没有这样做，她马上回到了对服务对象的影响上。当服务对象对机构表示愤怒时，工作者原本可以参与其中，关注她自己对这种情况的不公平感。但相反，她分享了自己的失落感，并向服务对象伸出援手。

当服务对象问"我现在该怎么办"，工作者本可通过反映服务对象的无望感来表达自己的怨恨和痛苦。但相反，工作者为服务对象赋权，建议她开始积极地对系统提出一些要求。工作者并没有试图虚假地安抚服务对象，她确实把重点放在了服务对象可以采取的下一步措施上，倘若正式系统让服务对象失望的话。此外，当服务对象因为政治上的忽视和缺乏理解而产生愤怒时，工作者试图为服务对象赋权，让服务对象找到表达她的感受的方法，而不是反映工作者自己的无望感，比如说："有什么用呢？你不能和市政厅对抗。"

最后，这位工作者没有只关注对服务对象开放的社会行动的可能性，而是回到了眼前的问题上，并为进一步的讨论留出了空间。总而言之，这位工作者应该为她帮助服务对象应对情况的努力、她对专业角色的维护以及她对服务对象的承诺感到高兴。考虑到她对政治系统和社区的愤怒是可理解的——因其缺乏履行对弱势服务对象承诺的意愿——这位工作者就更令人钦佩了。

因服务对象离世而结束工作

应对个案中服务对象的死亡，或是与濒临死亡的服务对象一起工作，对工作者来说是极具创伤性的。尽管工作者总是需要处理死亡和临终的问题（例如，意外死亡、自杀、绝症），这是他们工作中的一个正常部分，但健康和社会问题的快速增加，如艾滋病和可卡因成瘾的增加，加大了这种创伤的可能性。在后文中，我们要探讨突然死亡（自杀）对个案的影响，以及与临终的艾滋病服务对象一起工作的意义。首先，介绍一下创伤性事件对工作者的影响可能有助于你理解这些更为具体的情况。

　　创伤性事件及其对工作者实务工作的影响　最近，有文献讨论了二次创伤的问题。二次创伤描述随时间推移，困难个案对工作者的影响，这样的个案如对儿童的性虐待，或在儿科肿瘤病房工作中处理病重和濒临死亡的儿童和他们的家庭的问题。第十七章将更详细地讨论二次创伤。本部分的重点是创伤性个案对特定工作者或其同事的影响。

　　这里所说的创伤会引发深刻的负面情绪反应。这种反应可能是立即体验到的——这是常见的情况，也可能是体验的影响日后再次出现。我的一项儿童福利研究考察了创伤性事件的影响，比如在寄养家庭中或被留在家中亲生父母身边的孩子的死亡（Shulman，1991）。资料分析表明，创伤不仅影响个案工作者的实务工作，还会影响同一场所或机构的其他工作者的实务工作。一个地区的创伤性事件的发生率与更多的儿童进入照顾机构、更快地进入照顾机构、更不可能返回家园以及在照顾机构停留更长时间呈正相关。

　　某一个工作者的个案中发生的创伤性事件也会对该工作者有负面影响，如士气低落和对服务对象的实务技巧下降。其他创伤性事件的例子包括服务对象对工作者的人身攻击或威胁，导致裁员的预算削减，以及同事的死亡。社会支持系统可以缓冲创伤的影响；这个系统不仅要帮助相关的特定工作者，还要帮助场所或机构中的所有其他工作者。我已经说明了督导和管理的问题，以及协助工作人员应对这些创伤和其他创伤所需的技巧（Shulman，2010）。

　　我在一个受创伤影响的场所工作时发现，工作人员倾向于通过战斗-逃离综合征来避免与创伤性事件有关的痛苦。当行政部门以"谁有错"的问题来回应（来自他们自己的焦虑）时，压力往往会增加。工作者们一致报告，在这样的时候，他们迫切需要的是督导员和管理者询问："你怎么样了？"有趣的是，在一名社会工作者的指导下，加拿大一家大型银行制订了一项计划，在发生创伤性武装抢劫后立即向银行分支网点的员工提供支持。分行将关闭一天，社会工作者将飞来与所有员工单独或集体会面，进行创伤辅导。银行发现，如果它关注员工在创伤后的需要，这样的计划就会减少病假，减少缺勤，降低员工流失率，甚至减少错误数量。具有讽刺意味的是，一个企业能够认识到支持其员工的好处，而社会和健康服务部门似乎并不理解这一概念。

　　因服务对象突然的和创伤性的死亡而导致工作关系结束时，应该立即启动机构的资源来关注相关工作者的需求。在下文，我将概括一些步骤，帮助工作者处理自己的情绪并有效帮助服务对象处理情绪。（关于创伤影响的更完整讨论，见 Shulman，1991，1984。关于督导员角色的讨论，见 Shulman，2010。）

所负责的服务对象自杀

　　服务对象的自杀会对工作者及其系统内的其他工作者和服务对象产生强烈的影响。工作关系的突然且永久结束会唤起工作者的愧疚。即使工作者从逻辑上理解，这样的决定是由服务对象做出的，而不是工作者的责任，但自我怀疑往往仍会存在。这种怀疑会影响工作者目前和未来的实务工作。在一个案例中，一名退伍军人医院的社会工作者报告，在为一名退伍军人提供了五年的辅导之后，仍难以结束与他的工作。当我们仔细研究这个问题时发现，他的个案中另一个类似的服务对象在他们结束工作后不久自杀了，这使得该工作者在这一名服务对象的所有问题得到解决之前，对结束工作过于谨慎。

进一步的讨论显示，该工作者在服务对象自杀后几乎没有得到任何情绪疏导，大部分的行政回应都是针对情况的调查（例如，记录是否更新，是否遵循了所有适当的程序）。甚至同事们似乎也在躲避他，以一种逃避痛苦的形式转身离开，有些人根本不知道该说什么。对其他人来说，自杀可能引起了他们对自己服务对象的焦虑。由于缺乏一个明确的工作协议来处理工作者的创伤情形，以及督导员和管理者也缺乏领导力，系统对自杀的反应让这位工作者感到自己被抛弃了。由于无法处理自己的情绪，工作者更加无力处理与实务有关的问题，特别是与服务对象关系的结束。

我在加拿大北部的一个小镇为一家提供青少年寄宿服务的精神病病房的工作人员开办了为期两天的工作坊，我清楚地看到了这样的事件对全体员工系统的影响。在第一天，工作人员提出了一个土著加拿大青少年患者的问题，他在情感上与其他白人患者隔离，抗拒工作，难以接触，总的来说被认为是病房里的"偏差成员"（deviant member）。在这个角色中，服务对象的行为与系统中的其他服务对象明显不同，但实际上他在代表其他服务对象传达间接信息。（偏差成员的概念将在关于家庭和小组工作的章节中进行更充分的讨论。）

在讨论这个患者时，我试图帮助工作人员以一种新的方式来看待这个服务对象。作为一个患者，他向工作人员发出与病房有关的问题和感受的信号，而病房作为一个动态系统，其每个参与者（工作人员和服务对象）的行为都会影响到系统中其他成员的行为。此外，我们讨论了一个土著青少年与白人青少年寄宿者和白人工作人员之间的跨文化问题。工作人员迅速行动起来，整合了对他行为的新看法，并制定了对他和病房里其他青少年进行不同干预的策略。

272

当我开始第二天的工作坊工作时，我注意到工作人员在咖啡壶旁用低沉的声音语调说话。我问发生了什么事，他们告诉我，他们在工作坊中介绍过的一个服务对象在前一天晚上凭通行证回家过夜时开枪自杀身亡。听到这个消息，我感到很震惊。我知道工作人员也很震惊。会谈开始后，我承认这一创伤性事件的影响，然后建议为了处理这个事件，放弃我们原定讨论的其他案例。我告诉他们，我认为我们可以把讨论与我们工作坊的目的联系起来。我意识到，我将为员工们示范一种处理方法以应对他们当晚将见到的一组患者。我相信患者们会体验到工作人员对自杀事件的许多情绪。我与工作人员进行讨论的方式应与他们需要对病房里的青少年所做的工作类似。

那天上午的工作分为三个相关的阶段。第一阶段的工作涉及悲伤、失落和愧疚的表达。第二阶段是讨论如何在这种情况下向工作人员提供支持。第三个也是最后一个阶段，我们研究了对其他服务对象的影响以及对实务工作的意义。

悲伤、失落和愧疚的表达。我首先告诉他们，除了他们前一天对这个孩子的简单描述外，我并不了解这个孩子，但我对他的去世感到震惊和巨大的悲伤。我问我们是否可以花一些时间，让每个人都有机会分享感受。工作人员开始慢慢地用低沉的语调说话，分享他们对这一事件的不安。一位专门负责提供持续服务的工作人员，即患者的关键工作者，开始哭泣。她为没有更早地联系到他而感到愧疚，她想知道他在病房里是多么孤独，以致与其他服务对象和工作人员隔绝开来。她旁边的一位同事用胳膊搂着她，给了她支持。其他同事也都哭了。她接着怀疑，同意让他凭通行证回家是不是个错误。她说，如果她没有让他回家，他可能今天还活着。我认可她的感受，并询问其他工作人员是否可以帮助她。我指出帮助她可能对他们自己也有帮助，因为我想他们都能感受到她的情绪和疑虑。

一名工作人员指出，他们都参与了允许周末通行回家的决定，这是一项共同的责任。还有一位工作人员指出，服务对象在以前的通行中表现良好，他们没有办法预测这次自杀。第三个人指出，尽管他们想审查这些评估服务对象是否准备好接受周末通行的程序，但他认为突然停止通行计划或变得过度谨慎和严格是一个错误。周末通行证在大多数情况下对孩子们都很有效。还有一位工作人员指出，这名青少年是带着他的痛苦来到医院的，而工作人员并没有造成这种痛苦。无论工作人员做了什么，他都有可能自杀。一名工作人员指出，他是一名土著人，不知道他在病房里是否感到特别孤独，因为有白人工作者、白人患者，甚至还有白色的墙壁。（我在前一天的工作坊上提出了种族和文化的问题。）

一位督导员建议他们在今后的议程中加入一些关于种族议题的讨论，这是他们通常回避的话题。他说，他经常感到与土著人服务对象和家长隔绝，应该考虑如何更有效地接触他们。一些人建议，需要招聘土著人员工，他们可能会更有效地与之沟通。谈话沿着这些思路继续进行，有很长时间的沉默，也有很多时刻，每个工作人员似乎都迷失在自己的感受和想法中，也有一些时刻，他们似乎走到了一起。

随着谈话的继续，我感觉到工作人员的抑郁和悲伤情绪在加深。花时间让这些情绪出现和接受它们是很重要的。最初的本能是进行安抚或很快进入下一个步骤，这会抢占感受和承认这些情绪所需的空间。正如本书第四部分将要详细讨论的那样，在小组支持下，当人们感觉到他们"同舟共济"时，强大的疗愈就发生了。由于我们剩下的时间很短，我决定帮助工作人员关注他们接下来可以做什么，以此作为应对丧失的一种方式。

如何向工作人员提供支持。我分享了自己对我们正在经历的深刻悲伤的感受，然后讨论如何在接下来的几周内帮助关键工作者和其他所有员工，这样的讨论或许有帮助。我想这是为将来如何处理这种创伤性事件制定工作协议的一种方式。一些建议被提出，包括承认用一些时间在一起分享悲伤的有用性。一名工作人员问关键工作者是否愿意与青少年的家人见面；如果不愿意，她可以来做这件事。关键工作者对她表示感谢，但说觉得应该自己来。

另一位工作人员透露了他多年前在另一个场所经历的类似事件。他说他仍然感到痛苦，这件事让他想起了一切。他说他获准请假参加葬礼，并说这对他和这家人都很重要。督导员表示，如果关键工作者愿意的话，也可以这样安排。这名关键工作者表示希望有这个机会。进一步的讨论集中在他们对医院管理部门可能的反应的担忧上。关于督导员如何处理这个问题，整个小组分享了建议，以便在接下来的几周内让行政部门能够关注到员工的需要。

讨论对他们与其他服务对象的实务工作的影响。从我的角度来看，关注工作人员的需要是最高优先级别的事。如果这些需要被忽视，工作人员就无法专注于当前和未来服务对象的需要。然而，同样重要的是，要寻求工作人员的专业性，不让他们在处理自己的痛苦时感到迷失。专注于他们仍能帮助的服务对象，这提供了一个重要的方法，使工作者可以治愈自己并减少他们对不能帮助的服务对象产生的愧疚感。我要求工作人员将他们的注意力从自我转移到病房中其他服务对象身上。

随着讨论的进行，人们感觉到房间里的阴霾几乎已经消除。工作人员因关注他们下一步可以做什么而感到振奋。我总结了到目前为止出现的建议，然后问他们是否可以考虑一下仍在病房中的青少年。如果工作人员的反应如此强烈，那么病房中的其他患者会如何反应？他们中的许多人可能与自杀的患者有类似的感受。一位参与者指出，以往出现自杀企图时，工作人员会尽力对服务对象隐瞒。他们担心这可能会引发其他人的自杀企图。他表示这可能是个错误，因为患者知道事情不对劲，并很快通过小道消息知道了发生的事情。试图隐瞒会关闭帮助青少年处理其反应的可能性。他认识到自己所逃避的是自身的恐惧，并建议他们在晚上的社区会议上提出这个问题。

会谈的其余部分被用来对焦患者的潜在反应，并制定策略帮助他们来应对。我指出工作人员在工作坊上的经历与他们即将带领小组的经历有相似之处。分享自身感受、允许有时间去悲伤、将这一死亡事件的影响延伸至对其余患者的影响，并讨论每个患者和工作人员对其他人的共同责任，工作人员认识到以上这些都很重要。工作人员决定让患者参与讨论，谈一谈如果他们曾经感到如此隔绝和孤独，他们能做些什么，以及他们可以如何尝试来支持彼此。

在会谈结束时，我为工作人员的工作和他们的专业性感到高兴。我告诉他们，他们的系统经历了一次粗暴的冲击，但我看到他们有能力相互帮助，并持续关注对服务对象的专业任务，这是很有力量的。我祝他们好运，然后会谈结束。

本部分讨论的三阶段模式包括：悲伤的表达，向工作者提供支持，然后转向关注服务对象。这有助于实现概念化，说明应对任何形式创伤的各个阶段。

每周与临终服务对象一起工作　除了那些与晚期疾病相关的场所，如临终关怀机构——为最后阶段的绝症患者服务的居住场所——或医疗场所，例如肿瘤（癌症）病房等，大多数社会工作者传统上不与临终服务对象打交道。遗憾的是，由于艾滋病的持续流行，以及随着延长生命的治疗方法的发展，这种情况已经发生了改变。在我的工作坊中，参加者越来越多地提出处于这种疾病某个阶段的服务对象的案例。尽管三联疗法的成功极大地提高了患者的存活率，但许多艾滋病服务对象不能使用这种新疗法，因为他们还有其他的医疗问题，无法使用这些药物。

有学者详细介绍了死亡和临终时段（Kubler-Ross，1969），以及工作者帮助服务对象对这一过程进行控制所需的技巧。我们在此讨论的重点是与临终服务对象的工作会如何影响工作关系，以及工作者如何在这种情况下整合过程和内容。这里的示例来自一位工作者，他在工作坊中讨论了与一位患有艾滋病的男性服务对象一起工作时的压力，这位服务对象正处于疾病的晚期阶段。该服务对象住在家里，有他的爱人、一些朋友和家人的支持。工作者介绍这个案例时问道："当你每周都不知道是否还能再见到服务对象时，你如何与他一起工作？"

经过详细讨论这个个案，服务对象的一个主要问题变得清晰起来，那就是对他来说重要的人都不愿意和他谈论即将到来的死亡。他觉得已经接受了生命即将终结，但他向爱人、朋友和家人提及这个议题的努力都碰了壁。他对他们不愿意与他谈论死亡，反而试图"让他高兴起来"感到愤怒。他担心在与每一个重要他者完成工作之前，他可能就已经死去。

我问工作者，她是否与服务对象讨论过她对不知道服务对象是否会参加下次会谈的感受，她回答没有。很明显，这位工作者也在为服务对象即将到来的死亡感到痛苦。她也对自己与服务对象结束工作感到困扰，从而映照出服务对象与他生命中重要他者的问题。

实务要点：在工作坊其他成员的支持下，她制定了一个策略，与服务对象一起面对这个问题，并使用关于他们关系的对话（过程）来帮他解决对家庭和其他人的担忧（内容）。以下是她与服务对象接下来一次会谈的记录。

> 谈话开始时，我告诉他有件事我需要和他谈谈，这对我来说是很难开口的。我告诉他，我一直试图帮助他应对那些回避他的死亡的人，而我现在意识到我也在做同样的事。我告诉他对我而言每周来见他是非常困难的，不知道他是否会出现在我们的下次会谈中。我非常关心他，面对他即将到来的死亡，我很难受。我将会想念他。
>
> 他沉默了一会儿，然后笑了。他告诉我，他已经意识到我在回避这个议题，并想知道我是否会提出来。他说，在过去的一年里，我对他非常重要，他要我确信他有多感激我的帮助。这时我哭了，无法保持我的"专业"镇定。过了一段时间，我告诉他，我想知道他生活中那些他想与之交谈的人是否也有类似的感受。也许他们也非常关心他，以致他们很难面对失去他的情况。我想知道他们是否害怕会让他不高兴，因而隐瞒自己的真实感受。我想知道他们是否像我一样，只是害怕面对失去他的痛苦。
>
> 他想了一会儿说，可能是这样的。但是他能做什么呢？因为在这个时候，不谈论死亡对他来说更痛苦。我建议，也许他需要告诉他们，他理解他们为什么一直回避这个问题。也许，如果他们知道这对他来说有多重要，他真的准备好面对自己的死亡，并希望他们和他一起面对，他们就会找到力量，不再回避这个问题。这时，他哭了，我静静地坐着。我问他，当他与这些人进行这样的对话时，他是否会有一些复杂的感受。我注意到他意识到我们在回避这个问题，但他没有向我提出。我不得不向他提出

275

这个问题。他是否向这些对他很重要的人发出了混杂的信号？他们会不会感觉到他的矛盾心理？他表示，他或许没有尽可能直接地表达，只是责备他们转移话题。我建议我们可以讨论他如何能更直接地发起这个对话、如何拒绝他们最初的否认。我们就这个问题讨论了一段时间。

谈话结束时我告诉他，为了以防万一，我要确保我们讨论了一起做的工作，并确保我们说了所有该说的话。我们商定下周将集中讨论我们的共同工作，以及他与家人的关系。离开时我告诉他，我很高兴我们能如此坦诚地交谈，我将在下周再见他。他笑着说："上帝保佑。"

实务总结： 为了使结束工作继续下去，这个案例中的工作者需要处理自己的矛盾心理，并开启表达自己真实感受的过程。这向服务对象表明，工作者已经准备好面对服务对象与他生命中的其他人结束的真实感受。

与临终决定有关的伦理问题

尽管近几十年来，特别是由于在姑息治疗方面社会工作实务工作的增加，社会工作者对临终决定的参与受到了更多的关注，但它仍然是一个复杂的伦理决策领域。一个备受关注的案例引发了一场情绪化的活动风暴，一名年轻女子——特丽·斯齐亚沃（Terri Schiavo）多年来一直处于医学昏迷状态，她的父母要求终止生命支持系统。这一事件很快（公开）与反堕胎运动的"生命权"问题联系在一起，并被政治家们作为一个理由加以利用。辩论最糟糕的时刻可能是一位资深的美国参议员（此人同时也是一位医生）观看了患者的视频，在从未对她进行身体检查的情况下，宣称他认为她对周围的环境有意识。

在另一个被广泛报道的案例中，有一位被宣布脑死亡但靠机器维持生命的孕妇，其家人提出终止生命支持的要求，但被医院拒绝了。医院的医务人员担心州的法律会将这种行为定性为对未出生孩子的谋杀。此案成为那些主张"生命权"的人争论的核心焦点。法院最终支持家属的意见，生命支持系统被移除。

州立法的通过也可以引发冲突，如 1997 年俄勒冈州的协助自杀法律《死亡尊严法》（Death with Dignity Act）。作为对《死亡尊严法》的回应，联邦官员最初对该法的合法性提出质疑，并威胁可能吊销参与起草该法的医生的执照。从那时起，其他州（如华盛顿州和佛蒙特州）也通过了类似的立法。人们可以看到，对于这种充满感情和政治色彩的问题，社会工作者在为患者提供生命晚期服务时，可能会面临严重的伦理决策问题。

服务对象在临终决定中的自决 多戈夫等人（Dolgoff et al.，2005）指出，1993 年全国社会工作者协会代表大会为解决这一问题做出了努力，批准了一项"服务对象在临终决定中的自决"的政策声明。他们把声明中包含的核心观点表述如下：

- 社会工作专业致力于提高生活质量；鼓励探索生活选择；倡导获得选择权，包括提供所有信息以做出适当的选择。
- 社会工作者在帮助个人确定他们可获得的临终选择方面发挥着重要作用。
- 有能力的个人应有机会做出自己的选择，但应在被告知所有的选择和后果之后。选择应该是在没有胁迫的情况下做出的。
- 社会工作者不应提倡以任何特定的方式来结束一个人的生命，但应对问题和照护的各种选项进行充分的讨论。
- 社会工作者应根据自己的信仰、态度和价值体系，自由参与或不参与协助自杀事宜或其他有关生命终结决定的讨论。社会工作者如果不能帮助做出有关协助自杀或其他临终选择的决定，则有专业的义务将服务对象及其家属转介给有能力解决临终问题的专业人士。
- 社会工作者在扮演其专业角色时，传递、提供或亲自参与实施协助自杀的行为是不恰当的。
- 如果法律允许，在服务对象要求社会工作者在场的情况下，社会工作者在协助自杀过程中在场并无不妥之处。
- 社会工作者在协助自杀案件中的参与不应取决于种族或民族、宗教、年龄、性别、经济因素、性取向或残障状况。(p. 209)

作者确信即使发布了如此详细的政策声明，也无法消除讨论中的模糊性和伦理问题。一些社会工作者声称，该声明表明参与其中是符合伦理的，但其他人并不同意。多戈夫等人（Dolgoff et al.，2005）声称：

> 该政策声明提出了许多问题，其中包括：协助自杀支持了谁的生活质量？谁的生命受到伤害？在这种情况下什么是能力？如何判断能力？当人们考虑自杀时，胁迫是否完全不存在？如果选择的方案给其他家庭成员、重要他者、朋友或其他专业人士带来了问题，应该怎么办？如果相关人员之间存在冲突，有些人想不惜一切代价维持生命，有些人则支持服务对象的决定，那么应该怎么做？在场但不参与是什么意思？这是否只是另一种形式的对行为的认可？(p. 210)

很明显，关于这样一个情感问题的政策声明的通过并没有解决从业者在这个领域所面临的潜在困境。事实上，可能需要立法者和法院的行动来帮助解决这个问题。

本章小结

结束和转换阶段可能是实务工作中最重要的一个阶段，在这期间服务对象要处理一些最重要的问题。由于会涉及关系失去的感受，除非工作者帮助服务对象识别这个过程的各个时段（否认、愤怒的直接和间接表达、悲伤、试探尺度、告别会综合征），以便服务对象保持一些控制，否则这个阶段可能会成为工作的停滞期。结束阶段涉及的具体工作者技巧包括及早指出结束、确定过程的时段、要求相互交流与结束有关的感受、指出过程与内容的联结，并要求对共同的工作进行诚实的评价和总结。转换的技巧包括识别学习的主要收获和未来的工作领域、整合结束工作的过程和内容，并帮助服务对象转换到新体验和新的支持系统。

结束阶段的变数包括工作进展不顺利、工作者被解雇、工作因自杀或服务对象死亡等创伤性事件而结束。与生命终结和协助自杀有关的一些伦理问题和困境得到了讨论。

能力要点

下面列出了本章援引的社会工作教育委员会在《教育政策与认证标准》（2015 年）中为社会工作学生推荐的能力和实务行为。

第一项能力　体现符合伦理的专业行为：
b. 运用反思和自律管理个人的价值观并在实践中保持专业性
e. 运用督导和咨询来指引专业判断和行为

第二项能力　将多样性和差异性融入工作实践：
b. 以学习者的身份与服务对象和不同群体建立关系，将他们视为自身经验的专家

第三项能力　促进人权和社会、经济与环境公正：
a. 运用自身对社会、经济和环境公正的理解，在个人和制度层面倡导人权

第六项能力　与个人、家庭、小组、组织和社区建立关系：
b. 运用同理心、反映和人际技巧有效地与多样性的服务对象和不同群体建立关系

第七项能力　预估个人、家庭、小组、组织和社区：
c. 基于批判性地预估服务对象和不同群体内在的优势、需要和挑战，形成相互同意的干预目的和目标

第八项能力　对个人、家庭、小组、组织和社区进行干预：
d. 同各种各样的服务对象和不同群体一道并代表他们做协商、调解和倡导工作

第九项能力　评估个人、家庭、小组、组织和社区：
a. 选择并运用适当的方法做结果评估

第三部分

家庭社会工作

　　第三部分包括三章，阐释和说明家庭实务背景中互动取向的社会工作。本部分介绍家庭治疗理论中选取的一些概念，并对其在家庭社会工作中的应用进行讨论。前面章节引入的两个服务对象的观念被用来界定社会工作者对每个家庭成员及整个家庭的双重作用。接着，通过初始（或准备）阶段和开始（或订立契约）阶段，回顾四阶段实务模式，并将它们应用于家庭工作当中。本部分将描述在开始阶段可能有用的家庭预估模式；提供一个详细的案例，说明如何对一位易怒和抗拒的父亲所在的家庭开展工作；介绍开展单亲家庭工作中的实务变化；以一名白人社会工作者和一个美国土著家庭的第一次会谈为例，说明文化和社区的影响。

家庭工作的准备阶段

在本章中，我们将在本书第一部分和第二部分探讨的概念基础上，应用助人模式对家庭成员和家庭问题开展工作。尽管此模式的核心元素是相同的，如工作阶段、订立契约的重要性、建立积极的工作关系所需要的技巧等等，但当一个人试图给家庭和家庭成员提供帮助时就会出现显著的变化。本章将讨论这些变化，从而帮助读者从理解与一个服务对象一起工作，转变到理解同时与多个服务对象一起工作。

这一章从研究我们如何定义"家庭"这个词开始。家庭社会工作包括家庭支持、家庭辅导和危机干预。请注意，我们要区分家庭社会工作和长期、集中的家庭治疗。虽然很多社会工作者作为家庭治疗师开展实务，但是关于这个实务方式的讨论超出了本书的范围。不过，我们会从一些家庭治疗模式中汲取灵感，然后将这些概念应用于社会工作背景下的家庭治疗。

我们将重新审视之前介绍的"两个服务对象"的观念，这一次的第二个服务对象是作为一个整体的家庭。除了开始阶段的订立契约技巧，我们还会探索进入家庭、家庭预估模式和对处理"家庭秘密"的讨论。在下文，某个家庭中有一个易怒而且不配合工作的父亲，我们将会针对这个家庭的第一次会谈进行探讨，并通过这个案例说明建立关系阶段存在的一些问题。本章最后考察与单亲家庭一起工作过程中引入的核心实务的变化及其对文化和社区进程的影响。

什么构成一个家庭？

社会工作者开展家庭工作的历史相当久远，早在家庭治疗出现以前就被作为一种实务方法。在本章中，"家庭"这一术语包含了广泛的联系，其中有很多联系与传统的双亲家庭形象并不相符。比如单亲家庭数量的增加，以及由男同性恋、女同性恋伴侣主导的家庭数量的增加，这些现象拓宽了我们对家庭概念的理解。在第四章中，关于文化能力实践的讨论还提出了这样一种想法，即在某些人群中，家庭一词甚至也指主流文化所称的扩展家庭。

教育政策 2a

柯林斯、乔丹以及科尔曼（Collins，Jordan，& Coleman，2007）解决了定义家庭的困难：

> 在理解家庭的过程中，最令人困惑的议题之一来自看似简单的问题，即"家庭是什么"。从某种程度上说，这种困惑源于现代关系本质的不断变化。而家庭是一个群体，它是一种特殊类型的群体，不容易从单独的定义中获取理解。然而，试图定义家庭所遇到的困难类似于定义女性气质、父性或爱所遇到的困难。每个人似乎都有自己的定义，但很难形成一个能够得到普遍认可的定义。（p.9）

这些作者指出，家庭的定义具有重大意义，例如，在决定谁接受机构的家庭服务和谁可以获得给家庭成员准备的福利方面。他们还指出了这种讨论的政治本质，以及如何将其作为一个可以用于不同目的的与"价值观"有关的热点问题。他们认为，"一刀切"的思维方式给家庭带来了困难，家庭的定义需要扩展。（p.11）

在本书中，我认为缺乏支持性的环境会导致家庭解体。我赞美家庭的多样性。我相信多样性不是对家庭的威胁，事实上它给家庭带来荣耀。例如，男同性恋者和女同性恋者要求他们的关系得到法律上的承认，这支持了家庭存在的重要性。多样性并没有成为家庭的缺陷，相反，它给家庭带来了深度、特色和丰富性。最近至少有四个州其法院裁决已经赋予同性伴侣合法结婚的权利，并支持他们的婚姻被其他州承认。这些法庭案件最终会递交到最高法院。一名法官指出这一决定的背后依据是，这种认可对这些家庭的孩子十分重要。

这种定义家庭的方式与《社会工作词典》（*Social Work Dictionary*，2003）中对"家庭"的定义是一致的，也是全国社会工作者协会（NASW，1990）所倡导的：

282

> 家庭是一个初级群体，其成员承担对彼此的某些义务，并且通常共同居住。NASW 家庭委员会（Promoting Family Support Statements，1990）将家庭定义为两个或更多的把自己视为家庭成员，通常承担对健康的家庭生活必不可少的义务、功能和责任的人。例如儿童照料和儿童社会化，收入支持，长期照护（LTC），以及其他照顾都是家庭生活的功能。（pp.154-155）

这就是本书中将要用到的家庭一词的定义，我们也知道有些读者可能并不认同。

家庭社会工作：家庭支持与家庭辅导

家庭社会工作通常分为两大类。在第一类中，这种实务通常被称为"家庭支持"或"家庭辅导"。这种活动通常是短期的，旨在帮助家庭面对常规性危机，比如家中的第一个孩子进入青春期，或者由新生儿出生而引发的一场危机。环境性危机，比如父母失业，可能也需要专业的干预。此外，在军队服役的丈夫或妻子被重新派遣到战区也是一个例子。该工作的核心在于帮助一个相对健康的家庭渡过难关，并利用这段经历来巩固而非削弱家庭系统。此类服务也可以向没有孩子的夫妇提供。这种类型的家庭社会工作的提供者通常为志愿家庭服务机构或私人从业者。

教育政策 7c
教育政策 8a

儿童福利机构也提供家庭支持服务，大多数儿童福利机构处理的家庭所面临的问题的范围，从刚刚描述的规范性问题和环境性问题，到更严重的虐待和疏于照顾问题，后者需要法庭介入和儿童保护（例如，寄养安置）。如果一个家庭被判定有危险，或者家庭中有孩子刚从照顾机构中返回家庭，除了正在进行儿童保护的社会工作者外，家庭支持工作者也可能会被分配到该家庭中实施预防性干预。

例如，社会工作者开展家庭工作时可以增强父母养育孩子的技能，也可以帮助父母找到生活中使养育孩子异常艰难的方面的应对方法。就像工作者会将酒精成瘾辅导、阿片类药物成瘾等问题转介给其他机构一样，如果需要的话，他也会转介家庭继续接受婚姻辅导或深度家庭治疗。开展针对孩子正处于某种程度危险中的家庭工作需要在得到机构授权后进行。

家庭危机可能会揭露出深层次的、长期性的问题。在这些情况下，短期的家庭支持工作通常会包括以下内容：（1）帮助家庭识别真正的问题；（2）建立一种工作关系，使家庭可以开始以积极的方式看待助人专业人士；（3）推荐家庭接受形式更为传统的长期家庭治疗。

提供此类更深入帮助的专业人士很可能是社会工作者——许多社会工作者在机构、团体或私人的家庭治疗实务中作为管理式护理提供者开展工作。家庭支持工作者，按照这里的定义，不承担长期的、深入的家庭治疗任务，而作为家庭治疗师的社会工作者则可以扮演这个角色。然而，对家庭治疗的关注超出了本书讨论的范围。

家庭社会工作的特定场所

283

大多数家庭支持工作者发现自己所面对的第二类主要情形是向家庭提供各种形式的援助，这些援助与工作者所在机构或服务机构提供的具体服务直接相关。例如，一名医疗环境中的医务社会工作者，可能与家庭成员一起致力于病人病情或医疗条件的改善；一名学校社会工作者可能承担协助父母和青少年处理严重的学业失败问题或者因暴力活动而导致的停课处罚的家庭社会工作；一名老年人照护机构的社会工作者可能要与那些正准备转到养老院的老年服务对象的成年子女一起工作。这种类型的工作往往以一个特定的问题或生活危机为中心，这也指导和限制了该工作的性质。该类型的工作与第一类家庭社会工作不同，后者的重点是家庭本身，生活危机可能只是影响家庭动力的几个问题之一。

此外，伴随美国军人在伊拉克和阿富汗的两次长期派遣，社会工作者更多地参与到军人家庭的工作中，聚焦与驻地生活、派遣前、派遣中和派遣结束后有关的压力及创伤后应激反应的影响。

与家庭动力有关的独特问题

教育政策 9a
教育政策 9b

当开展家庭的工作时，工作者应该考虑几个因素。首先，家庭的历史可以追溯好几代，核心家庭以外的家庭成员，不管是去世的，还是在世的，往往都会影响到现在的家庭。也就是说，核心家庭与扩展家庭或社区的关系（或者缺少关系），可能在该家庭的运作中发挥着很大作用。有时在家庭会谈中，人们可以感觉到不在的或去世的家庭成员实际上还在发挥着作用，他们会对互动产生强大影响。工作者偶尔会为不在的家庭成员指定一张空椅子，以想象他的存在。

其次，不同的家庭成员在与彼此的关系中运用不同程度的权力。例如，在两次辅导会谈之间，当某个家庭成员恢复其正常生活时，家中的孩子们（或配偶）可能面临着严重的报复威胁，包括身体暴力。社会工作者需要考虑到家庭在会谈与会谈的间隙有自己的生活，会谈中的发言可能会对家中的生活造成严重影响。如果存在担忧的话，那么必须优先保护家庭成员或其他成员。

最后，刻板印象、角色和沟通模式——换句话说，整个家庭结构——在多年时间里，每一天都在发展和强化，该结构会对改变所需的"解冻"过程产生强大的阻力。这个家庭有很多年的时间来打造一个家庭的假象——一种在外人面前呈现的虚假形象，每个家庭成员也有时间去创造他在其他家庭成员面前呈现的外部角色。观察整个家庭，而不是一次只和一位家庭成员开展工作，这种做法的一个主要优势在于使社会工作者能观察到家庭互动中的许多因素（例如，谁坐在哪里，谁为家庭代言，站在门口的父亲是否看起来很冷漠，等等）。

将其他的模式和取向融入家庭工作中

前面章节介绍的许多概念和理论都可以被用于理解家庭。例如，社会工作者使用第二章所述的生命周期框架，可以尝试帮助家庭成员识别可用的基础储备能力——同时包括内部的（家庭内）和外部的能力，这可以增强家庭应对压力源的能力。例如，当家庭危机涉及一位因身体衰弱而不能自理的年老父亲或母亲时，这项工作可能就涉及识别发展性储备能力，该能力可以通过家庭护理助理或管家服务等干预措施获得。

第十七章将详细讨论的其他实务模式也可为这项工作提供一些有用的结构。例如，认知行为实务干预方法可以帮助家庭成员识别导致他们误解家庭互动现实的自动思维过程，从而让家庭成员打破指责和冲突的不良循环，并识别个人和家庭的优势及支持来源。

女性主义实务框架可以帮助家庭成员识别带有性别刻板印象的行为，该行为导致了愤怒和挫折的内化，也导致了父母或孩子产生与互动相关的抑郁情绪。寻解治疗可以帮助家庭成员识别他们自身的优势，他们过去成功应对问题的经验也可以被再次应用。动机访谈所固有的"改变阶段"的概念，可以帮助社会工作者识别处于"前意向阶段"的家庭或家庭成员，从而制定出一种干预策略，推动服务对象进入取得进步所需的"意向"阶段。

抗逆力理论和研究可以给工作者和家庭提供潜在干预措施的建议，如让扩展家庭的成员、长者或社区中其他资源参与进来（例如，美国的"大哥哥大姐姐"组织或类似的志愿者组织），这些措施可以用来缓冲创伤（如身体虐待）对孩子或父母的影响。从这个意义来说，这项工作在本质上是恢复性的，它的目的在于赋能家庭从而使其更正常或更积极地成长和发展。

从家庭治疗理论中选取的概念

家庭治疗理论可以帮助我们更好地理解家庭动力并选择有效的干预措施。关于家庭如何发挥功能以及社会工作者应该做些什么来提供帮助，有许多不同的观点。关于这个主题的一篇文章描述了 17 种不同的模式（Horne & Passmore，1991）。我将识别并简要描述这些模式中的一些关键概念。工作者没有必要全盘采用一种特定的模式，可以根据需要借用一些概念和技术，并将其融入任一层次的有效家庭工作当中。

教育政策 9a

心理动力取向

作为一名家庭治疗理论的早期贡献者，纳森·阿克曼（Ackerman，1958）的研究成果影响了当前的许多理论。我们的讨论将基于他观察家庭的框架，并将探索他的许多实务策略——包括他从其他理论家那里整合的一些概念，以描述工作者在家庭工作中的角色。阿克曼认为，家庭工作是一种治疗情绪障碍的特殊方法，它建基于对整个家庭的动态性变焦访谈。他将家庭视为一个自然的生活单元，其中的所有成员共享对家庭的身份认同，并在循环着的情感交流中受其影响。家庭有相互支持的潜能，但可能会被家庭成员个体的沟通问题和焦虑所阻塞，这导致了家庭的混乱和家庭无法完成它的任务。

尽管阿克曼没有明确地将助人专业的作用定义为调解，但他的许多治疗技巧都可以这样理解。例如，他认识到治疗通常始于家庭的情感平衡被打破的危急时刻。在工作的开始阶段，订立契约以帮助家庭成员共同致力于改善他们的沟通和处理家庭问题之后，工作者运用观察的技巧来识别家庭的特殊语言。

利用家庭成员对彼此及对工作者的感情所激起的个人情绪，工作者通过与家庭成员分享来检验自己对该家庭及其感情的预感。通过这种方式，工作者帮助家庭破除第一阶段所呈现的假象，更诚实地披露他们的人际冲突。例如，工作者可能帮助家庭摆脱将家庭问题看作作为家庭替罪羊的孩子的问题的看法。在这种情况下，孩子被称为"已确认的病人"——在家庭系统中被识别为有问题的个人。这个破除假象的过程被其他家庭理论家描述为重构问题，即帮助家庭以新的方式看待问题。

在近期的一个例子中，在我们的校园暴力预防项目中有一个我们认为是"已确认的病人"的孩子，她是一名六年级的学生，被认定有严重的情绪和愤怒控制问题，该问题在学校多年来持续发生。学生支持小组和学校教师、行政人员都聚焦于利用各种奖惩手段来试图影响她的行为。

当我们的项目工作人员开展这个女孩的工作时，我们注意到当她的父亲因为短期监禁而不在家时，她的行为有了显著的改善，她就像变了一个人一样。这一切在一天早上发生了变化，她穿着不合时宜的衣服，戴着色彩鲜艳的头巾来到了学校。她又一次争论不休，抗拒工作人员的干预，拒绝换衣服。项目工作人员发现她的父亲刚从监狱回了家。一项新的评估指出了家庭动力的改变并将女孩的行为视为可能的求助信号，这使工作者介入了这个家庭。

在与家庭一起工作时，使用这个模式的工作者会识别无效的模式和角色，并向家庭成员指出。这些角色可能包括替罪羊、受害者、迫害者等。促进性对质（类似于工作要求）被用来打破失调的家庭关系通常具有的特征——指责和惩罚的恶性循环。工作者利用家庭会谈的"此时此地"挑战工作错觉，并提出核心问题。因为家庭在治疗师面前表现出其功能失调的模式，所以家庭会谈的过程往往直接与工作内容相结合。在阿克曼的模式中，治疗师控制了人际关系的危险，选择性地支持家庭成员，并试图总是呈现一种积极的人际关系运作模式。

鲍温的家庭系统理论

另一位重要的早期理论家是莫瑞·鲍温（Bowen，1961，1978），他的思想对理解家庭工作很有帮助。鲍温也认为家庭在其活动中受到一种可能已经发展了很多年的情感系统的引导。他强调了理解和探索家庭情感系统发展的代际作用的重要性。鲍温模式中的一个关键概念是每个个体都能够区分情感系统和思维系统，从而维持对行为的控制。（这有点类似于互动模式中的一个关键概念，即在互动模式中帮助服务对象管理他们的情感，这样他们就可以管理自己的问题。）鲍温还强调了焦虑对家庭系统的影响。持续增加的焦虑——作为感知到威胁的一种结果——可能导致在家庭中试图和睦相处的努力成为一种不良的应对方式。

一个例子是三角缠的过程，在这个过程中，一个人尝试获得另一个人的忠诚，以对抗第三个人，以此作为应对焦虑的手段。例如，父母双方可能都试图拉拢孩子支持自己而反对另一方，这是一种不当的应对问题的方式，可能会导致重大的负面影响，正如案例中孩子要被迫在父母双方中做出选择一样。

弗里曼对鲍温模式的运用及实务工作阶段

弗里曼的成果有助于解释鲍温的理论模式以及描述和说明它的实现方法（Freeman，1981）。特别是他利用时间来组织关于家庭工作的讨论（即家庭治疗的开始、过程和结束阶段），使它与本书提到的互动模式中的有用概念很容易匹配。

弗里曼指出，家庭治疗过程在第一次会谈之前，即专业助人者接听电话并安排预约时就开始了。治疗师不需要严格要求所有家庭成员都参与第一次会谈，可以和来电者进行熟练和细致的电话交流，来电者通常是负责处理家庭问题的人，通过电话交流可以发现问题涉及谁这一重要信息，并获得关于谁应该被要求参加第一次会谈的线索。

治疗师不会挑战来电者关于谁应该参加会谈的想法，而是会尊重来电者的感受并同意其提议，比如，一开始单独去见父母。工作者这样做是为了建立一种工作关系，这将鼓励父母允许治疗师进入家庭当中。弗里曼指出，对来电者认为涉及的人的讨论会是帮助家庭成员重新确定这个问题涉及谁和谁应该参加会谈的开始。

弗里曼描述了第一次会谈的四个阶段：

- 热身；
- 定义问题；
- 重构家庭对问题的思考；
- 获得与一家人工作的承诺。

热身阶段有助于减轻家庭的焦虑。定义问题涉及一种订立契约的形式，在这种形式中，工作者试图理解所有家庭成员如何看待这个问题。重构阶段包括帮助家庭以新的方式看待问题（例如，把问题视作一个家庭的问题，而不仅仅是"已确认的病人"的行为）。最后，承诺工作阶段为之后的会谈奠定了基础。

实务的中间阶段是鲍温的理论特别强调跨代工作的阶段。当个体对自己的行为承担更多的责任，并且会谈的特征是更少的指责和反应性行为时，相对的平静允许识别家庭内部和家庭外部网络的子系统，而家庭可以将注意力移向这些子系统。正是在这些特殊的时刻，多代的概念被用来帮助家庭扩大其边界。工作者试图帮助家庭了解家族史的影响并利用扩展家庭作为一种支持的来源。

人本取向

另一个家庭治疗理论，被称为人本取向，建立在罗杰斯（Rogers，1961）早期著作的观点之上。在人本取向中，如塞勒（Thayer，1982）所描述的：

> 治疗师的工作是建立健康的心理氛围，以便家庭成员建立家庭关系中的真实性，表达真情实感，在保持独立的同时也与家庭保持认同感，发展有效的双向沟通，开启一个家庭发展和问题解决的良性过程，澄清社会对家庭的影响，澄清冲突，寻求解决方案，探索价值观，做出决定，尝试新行为，根据家庭需要和愿望发展出一个独特的家庭模式/方向。（p. 192）

人本取向的追随者关注那些已经被反复验证过的核心助人技巧以促进改变。健康的心理氛围的组成部分包括治疗师的真诚（作为一个人是真实的）、治疗师对家庭成员的关心和尊重（对家庭成员无条件的积极尊重）以及治疗师愿意认真倾听家庭成员说的话（倾听和理解家庭成员的需要、愿望、冲突、恐惧、欢乐、爱、目标、价值观、憎恨、失望、梦想、悲伤、世俗或现实）。这些核心条件，读者能够在该书的第一部分和第二部分获悉，它们被描述为罗杰斯条件。

认知行为家庭治疗

288 认知行为取向在早期行为取向的基础上进行了扩展，被视为第二代治疗方法。其核心理念是家庭成员个人——通过"自我对话"过程——发展他们对家庭、自我角色和其他个体的认知，这些认知对他们的行为有深远影响。这个重点是前文描述的互动取向的思考和行动要素，在这些要素中，我们的想法影响着我们的感觉，进而又以一种相互作用和循环的方式影响我们的行动。家庭中的问题可能来自不良的沟通以及对家庭或个人成员不切实际的期望。不良的反应可能是由对他人的期望与行为之间的差距造成的，而不是行为本身导致的。帮助家庭成员理解这些通常没有说出口的认知以及他们对家庭动力的影响可以帮助他们控制自我的行为，这一过程也许可以通过培养更好的接纳能力和更为现实的期望实现。

认知行为家庭治疗关注的是现在的行为而不是过去的经历，并且假设问题行为在家庭中是起作用的。因为，即使它是不良的，它也有一定作用。汉纳描述了在夫妻辅导中使用这种模式的治疗顺序（Hanna，2007）：

1. 定义主要冲突。寻找诸如亲密/距离、责任等主题。
2. 描述消极互动模式。获得行为顺序的清晰图景。
3. 减少指责，增加脆弱度。教授表达恐惧、不足和不确定的沟通方法（例如，

"我担心她会离开我")。

　　4. 阐明其他关于重要他人的理念。探索为什么某些情况会发生在家庭中，家庭生活应该是怎样的，以及什么是改善人际关系所必需的。

　　5. 教授夫妻双方支持和同理心的技巧。指定阅读资料，并在会谈中提供练习时间。

　　6. 使用行为契约。让夫妻双方列出对方可以做些什么来取悦他/她。让夫妻双方从清单中选择条目以开始良性循环。评估夫妻解决问题和花时间参与愉快活动的能力。(p.45)

多系统治疗模式

　　多系统治疗模式最初被开发用于治疗涉及未成年人犯罪和物质滥用的儿童和青少年。该模式借鉴了其他许多方法。汉纳对这个过程进行了如下描述（Hanna，2007）：

　　　　治疗过程首先要将照顾青少年的更大系统的目标联系起来。例如，法院系统有其目标（例如，防止犯罪的再次发生，提高就学率），家庭通常有其他的目标（例如，"让系统不要干扰我们的生活""让他下定决心""拿到钱换一部手机"等等）。这些不同的目标被置于一个整体中（例如，"帮助杰克成功"），这将使每个利益相关者都能够成为同一计划的一部分。(p.46)

　　这种基于家庭的治疗模式强调家庭成员和治疗师之间信任关系的发展，以及家庭中每个成员具体行动目标的确定，这些目标是可操作的具体步骤，并反映了家庭成员的优势。对系统（例如，机构、学校或法院系统）的干预措施与和家庭一起工作同样重要。治疗师帮助监督进展，并指导积极的行为，以实现共同的计划。

同性恋、双性恋和跨性别服务对象及其原生家庭

　　近来，人们开始关注特殊个体以及男同性恋、女同性恋、双性恋和跨性别（gay, lesbian, bisexual, and transgendered，GLBT）服务对象及其原生家庭所面临的社会问题。康诺利（Connolly，2005）在《GLBT 家庭研究杂志》创刊号（第一卷第一期）中讨论了其中的一些问题。她指出："强大和无处不在的家庭和社会压力因素影响着 GLBT 群体个人、夫妻或家庭的生活和爱情。这些问题不仅影响到 GLBT 服务对象，也影响到他们的原生家庭和扩展家庭，并在更大的文化和社会领域中引发讨论。"(p.5) 康诺利着重关注与"来自服务对象"相关的人生阶段事件。她指出：

　　　　许多 GLBT 服务对象在人生后期才明确自己的性取向和性别认同；也有一些人从一开始就意识到。对自我的认识并不总是为他人所知，这也是为什么这会成为一个跨

越背景和生命周期的重要过程。(p. 6)

康诺利指出，在理解存在 GLBT 成员的家庭的发展上，有一些社会和家庭的限制因素可能是独特的。她借鉴了这一领域的最新文献，明确指出了以下内容：

- 对 GLBT 人群压迫性的观念、态度和行为；
- 由对同性恋的恐惧和围绕在 GLBT 人群及其原生家庭周围的社会和扩展家庭对他们的污名带来的难题；
- 就业、医疗、法律制度和社会服务方面的歧视；
- GLBT 人群对社会污名的内化；
- 关于异性恋家庭长大的所有孩子都会是异性恋的假设；
- 公开性取向可能会遭到家庭的敌视，家庭与外部压迫者站在一起，不再是一个可以被当作"避难所"的地方。

她进一步指出：

> 治疗过程中的关键是要考虑到发现性取向和发现性取向后所在的生命周期阶段。此外，有些问题值得深思。发现性取向的经历是 GLBT 在原生家庭成员影响下个人自我意识的结果，还是家庭之外的关系影响的结果？(p. 8)

除了发现和公开性取向所在的生命周期阶段外，当 GLBT 个体试图过着既是家庭一员同时也是家庭局外人的双重生活而选择不公开时，家庭动力和发展的一般理论必须考虑性取向是否需要公开的问题。

290 对 GLBT 个人和原生家庭的潜在影响是我在带领处于物质滥用康复阶段的艾滋病患者小组的过程中体会到的。（这个小组在本书的小组工作部分有详细描述。）变性小组的成员蒂娜说，她很早就知道自己是拥有男孩身体的一个女孩。她十几岁时就出柜了，她穿着女性化的衣服，并整体表现得像个女性，她所在的农村小社区、学校、她的核心家庭和扩展家庭对此反应十分迅速并且冷酷。当她哥哥拿着枪对着她的头，坚持要求她立即离开社区时，危机到达了顶点。因此，她的家庭成为外部压迫者的一部分，而非她慰藉和支持的来源。

康诺利提出了理解有关 GLBT 家庭问题独特性质的临床意义。她向治疗师建议：

> 命名过程，识别伤害并关注悲伤情绪，理解 GLBT 关系的依附性，尊重服务对象对于公开或不公开性取向的选择，都是需要考虑的重要因素。(p. 150)

当然，GLBT 个人的经历以及核心家庭和扩展家庭的反应在每个案例中都有所不同。同样，多样性中还存在着多样性。

康诺利满怀希望地进行了总结，她指出：

> 无论保持联结，断开联结然后重新联结，还是离开彼此的生活，GLBT 个人和家庭成员都需要适应和过渡。然而，一些家庭能够运用觉知和自我披露来治愈个人创伤和家庭或文化伤害。(p. 15)

各个理论的核心概念

家庭治疗的许多核心概念都是跨理论的。例如，多代问题在大多数模式中都很重要，例如萨提亚（Satir，1967）对"家庭事实年表"的关注，基斯和惠特克（Keith & Whitaker，1982）提到的"三代人心理纵向融合的家庭"。尽管术语使用上可能有所不同，但一体化和差异化的核心问题——如何同时作为家庭的一部分和单独个体而存在——在大多数阐述中都有提及（例如，基斯和惠特克提到统一和分离）。

所有的模式都认为家庭不仅仅是家庭各部分的总和。也就是说，它（作为一个整体的家庭的实体）具有影响其功能的属性，即使这些属性是不可见的。例如，如果所有成员都遵守不可以讨论禁忌话题的规范——比如，一个有酗酒问题的父亲——这个属性便无法被看到，但是可以从家庭的行为中推断出来。如果这是"家庭秘密"，而且没有人公开讨论，那么家庭成员就会通过不提及它一起遵守这一规范。家庭也被看作是一个与环境相互作用的动力系统，尽管一些模式更强调外部互动，而另一些模式更强调内部互动。

在大多数模式中，读者会发现在本书第一部分和第二部分介绍过的一些核心思想，如订立契约和识别服务对象间以及服务对象与系统间共同点的重要性。认知行为家庭治疗和多系统治疗模式的共同之处是都关注压力结构和行动，关注现在而非过去。这两种模式未被具体引用，但它们都包含了对现存变化存在的理解；它们强调一个人可以通过行动变得更强大。换句话说，你所做的塑造了你自己。如果你表现得好像有优势一般，无论你以前的认知或情感如何，你都会变得更强大。这一点作为"优势视角"在文献中也有提及。

一些理论家提到了前面讨论过的三角缠问题。他们的不同之处在于他们关于如何避开陷阱、改变模式或在这种情况下战略性地利用第三方身份的观点。需要强调的是营造一种安全氛围是十分重要的，尽管不同理论在打破功能失调模式的对质时机和方法上存在分歧。

接下来的部分包括从家庭治疗理论家那里借用的几个概念。不同社会工作场所下的家庭工作案例将对这些概念进行说明。

家庭预估模式

教育政策 9a
教育政策 4b

托姆利森（Thomlison，2007）从多系统的家庭实务取向出发，介绍了某些关键假设和概念，这些假设和概念为预估和服务设计组织了信息。家庭系统实务要求：（1）利用家庭和社区内的资源；（2）关注家庭与环境的互动；（3）认识环境因素对家庭和儿童功能的影响。家庭并非同质的群体。家庭中的每一个视角都是独一无二的。首先需要检查家庭关系和家庭情况的动态。家庭中个体之间发生的事情会影响家庭的运作和结果。三个影响因

291

素是：（1）家庭关系模式；（2）家庭特征；（3）压力来源。

正如托姆利森（Thomlison, 2007）指出的那样："家庭建立关系，发展模式，并创造组织自己的方式，这是每个家庭单位独有的。"（p. 35）她继续说："一个家庭如何组织自己并满足其成员的需要，与谁做这件事以及在这一过程中完成了什么一样重要。"（p. 35）家庭特征包括"父母的个人特征、他们的原生家庭（历史事件和当前的联系）以及能力、社会支持和物质支持等资源"（p. 36）。

她描述的压力来源包括难以避免的风险因素。然而，她还指出，"当压力源被战胜时，保护因素会在积极经验的基础上发展起来，家庭在应对环境压力源和需求时也会提升抗逆力"（p. 36）。

家庭与有机体或系统模式

关于抗逆力、风险和保护因素的讨论在第二章中有所介绍。然而，这次将同时应用于家庭中的个人以及整个家庭。大多数理论家——无论是否明确地陈述——都通过有机体或系统模式的视角来看待一个家庭。也就是说，家庭被看作一个有机体，而不仅仅是它的各个部分的总和，它不断地与它的环境相互作用——既产生影响，也被影响着，在家庭和环境之间以及在家庭内部都存在边界，并且这些边界能够生长和改变。这些概念和假设在"生态"理论中也有提及，包括杰曼和吉特曼（Germain & Gitterman, 1996）描述的实务"生活模式"以及家庭成员和家庭生活的"优势视角"等框架。

这是家庭工作的中心及核心概念。最常见的情况是，当一个家庭寻求或被转介到家庭辅导时，问题被描述为是由行为或一个成员引起的。父母常说的一句话"修理我的孩子"反映了这一理念。为了开展有效的家庭工作，工作者必须退一步，将家庭视为一个动力系统，其中任何一个部分（成员）的行为都会通过与他人和环境的互动产生影响或受到影响。

柯林斯、乔丹以及科尔曼（Collins, Jordan, & Coleman, 2007）对此进行了论证，并对家庭系统做出如下定义：

> 根据家庭系统理论，所有的家庭都是社会系统，这一理念指导着对家庭的理解和对家庭开展的工作。由于家庭成员是相互依赖的，因此行为无法脱离实际存在。家庭系统理论帮助我们了解问题是如何起源于家庭关系和家庭事务的。工作是在家庭内部的整个关系网络中完成的。因此，家庭系统理论的一个关键理念是，家庭中出现的问题通常不能归咎于个人功能障碍或个人病理。相反，了解家庭动力将有助于发现助长和维持现有问题的家庭作用。因此，亲子冲突、行为问题、心理健康问题等都是在家庭背景下产生的。（p. 41）

任何家庭预估模式都需要考虑家庭（和环境）所处的发展阶段，运作情况如何，以及可以采取哪些内部和外部的措施来调动家庭积极成长所需的内部和外部资源（如扩展家庭、跨代家庭单位、社区机构）。因此，应该予以强调的不是家庭有什么问题，而是什么是正确的；这样，家庭就能成为改变的力量源泉。

家庭预估工具

有许多能够用于家庭预估的工具，包括家谱图（使代际关系有条理的图）和社会网络图（预估和记录家庭社会支持可用性的图）、家族史报告、自我报告工具等。然而，对这些问题的进一步讨论将超出对家庭实务的介绍的范围。

虽然这些工具中的任意一种都可以帮助社会工作者理解和记录重要变量，但使用时必须小心谨慎。使用工具获取信息和使用工具组织信息是有区别的。这里的意思是说，一个在第一次会谈上专注于完成家谱图或社会网络图的家庭社会工作者，可能会发现这个工具实际上妨碍了工作者以家庭习惯的方式与其建立关系。许多信息将在会谈中显露出来，并可以通过任意一种工具的使用被组织起来。随着家庭工作的继续，具体信息可以通过直接提问来获得。更重要的是关注家庭成员要说些什么，并建立情感联系，以创建和巩固工作关系。

此处的要点是，任何工具不仅应为工作者所用，也应该为家庭所用。一个不符合家庭关切大前提的僵化的数据收集工具会导致工作者"对家庭采取行动"，而不是"与家庭一起行动"。重要的是，在工作者使用工具获取信息之前，应向家庭成员充分解释该工具，当他们认为这是有用的时才去使用，使用该工具的决定应该由他们来做。

作为评估工具的家庭会谈　家庭会谈本身是家庭评估的另一个重要工具。当社会工作者在家中会谈时，可以从不同于办公室的家庭自身的环境中了解家庭功能。在第一次家庭会谈中可以使用观察工具，例如人们选择坐在哪里或者他们的姿势表达了什么（例如，双臂交叉并且神情抗拒，母亲与父亲的椅子彼此离得很远，某个家庭成员选择远离直系亲属就座等），这些可以显示出家庭结构的重要信息以及家庭的沟通模式。倾听技巧是另一种理解方式，例如，谁在谈话中占据主导地位（例如，母亲描述孩子问题时父亲表现得相对被动）以及每个家庭成员和整个家庭就问题的本质是怎样达成一致或保持不一致的。

危机对家庭功能的影响　柯林斯等人（Collins et al.，2007）建议：

在预估期间，家庭社会工作委员会（FSW）协助家庭去共同探讨重要问题，最好所有家庭成员都能参与。这一探索会使各成员对家庭所面临情况的理解更为深入和准确。每个家庭成员对问题都会有自己的独特理解，并且每个人的理解都很重要。例如，家庭界定的孩子花时间"和朋友出去玩"的问题，对父母来说可能是"服从"问题，对所针对的孩子来说是"独立"问题，对兄弟姐妹来说是"排斥"问题。问题通常涵盖行为、情感、认知和经验领域。此外，在家庭生命周期的危机阶段，一些问题

更有可能出现，特别是在一些特殊家庭。（p. 120）

这一点在早先关于儿童福利的一项研究中得到了验证（Shulman，1978），其中数据显示，在省级儿童福利机构关注的家庭中，大量家庭的父亲在过去六个月内失业。失业的压力加剧了家庭现有的压力，并制造了新的压力。

第一次会谈的样例问题　在第一次会谈中，一些作为订立契约过程的一部分的问题可能会有所帮助。托姆利森（Thomlison，2007）通过借鉴和改编莱特和利希（Wright & Leahey，1994，p. 149）的研究成果，确定了一个可能提出的问题清单，其中包括以下内容：

294

> 你出于什么考虑来到这里？
>
> 这个问题对你们每个人意味着什么？
>
> 为什么家庭现在来寻求帮助？
>
> 问题是什么时候开始的？
>
> 关于这个问题的信息来自哪里？
>
> 如果没有这些问题或担忧，家庭的面貌、行为或感觉会是怎样的？（p. 67）

与家庭成员一起确定问题的性质通常需要一段时间。和与个人一起工作时一样，整个家庭或成员个人可能会提出"相近问题"，或者我在前文提及的"首个提供的线索"，它以真实但相对表面的方式定义了问题。培养家庭成员对工作者的信任和安全感可能需要一些时间，但它使得真正的、往往带有禁忌的议题得以出现。

在第八章中，我将描述并说明"家庭秘密"——家庭中每个人都知道的家庭中存在着的问题，例如父母物质滥用问题或身体及性虐待。它在会谈中可能不被提及，并且也不会出现在任何预估工具图表上；然而，它可能是驱动许多家庭问题产生的引擎。第一次会谈可能看起来是关于青少年的"越轨"行为表现的，但随后演变成对青少年如何成为"家庭替罪羊"的理解，比如这可能反映出了父母之间的婚姻压力。如果我们真正将家庭群体视为一个动力系统去理解，在这个系统中，一个成员的行为会影响到其他所有成员，同时以一种相互作用的方式受到其他所有成员行为的影响，那么，不局限于最初表面现象的预估才是明智的。对于工作者来说，家庭中最大的孩子搬走后，第二个孩子会以相同或不同的方式行动，这样的情况并不罕见。当真正的潜在问题解决后，孩子的行为才会发生改变；家庭也不再需要孩子作为进行家庭辅导的"入场券"。

准备阶段——进入家庭

第三章和第四章介绍的关于对焦和订立契约的重要性同样适用于家庭工作。然而，一个主要的区别是，工作者现在必须进入被称为整个家庭的实体。这要求工作者考虑家庭中的每个成员，但也要后退一步，把家庭看作并理解为一个动力系统，在这个系统中每个成员的行为都会影响到其他人的行为以及家庭文化，并反过来受到它们的影响。家庭文化包括行为规范、互动准则、禁忌话题、成员个人的角色（例如，家庭替罪羊）等。与家庭有关的许多工作都包括试图施加影响使家庭文化向更积极的方向转变，这种文化满足所有成员的共同需要，同时也尊重每个成员的个人需要。

教育政策 6a
教育政策 6b
教育政策 2c

在社会工作者早期开展的家庭工作中，对他们来说，看到个体的集合这一情况并不少见。随着经验的积累，家庭文化的元素开始出现。例如，我们如何知道家庭文化中有禁忌话题——禁止讨论父亲的酗酒问题？家庭成员可能不会告诉我们这是规范，而且客厅里显然也没有任何迹象表明这是一个需要回避的问题。

我们知道这个禁忌是因为随着时间的推移，我们注意到这个问题的一些迹象和提示，但家庭从来没有直接提出过这个问题。如果有一个成员接近了这个禁忌话题，也许是开玩笑说到父母定期的喝鸡尾酒时间，家里的其他人就会改变话题。我称之为"好像"现象。敏锐的工作者认识到，家庭的运作好像有一个共同的协议，即不触及这一禁忌话题。家庭文化的所有元素都是如此。你看不到其中的规范、准则、禁忌等，但你可以看到家庭运作的过程中就好像所有人都知道它们的存在一样。（当探究小组和社区动力时，我们将重新回到这个概念。）

对焦一个新近移民的希腊家庭

第三章中描述的准备阶段确定了工作者在准备与服务对象建立密切关系时应考虑的一些主题。除了对这些主题的回顾外，我们还将补充一些针对家庭开展工作时被提出的主题。为了进行说明，我们将在本章使用一个详细描述家庭支持工作者与一个新近移民的希腊家庭会谈的案例，这个家庭包括父亲、母亲、一个女儿和一个 14 岁的儿子，儿子由于反抗和拒绝遵守父亲制定的规则而被认为是有问题的。

这家人以前曾与该机构一起工作过，这位父亲以专制、易怒和难以相处而闻名。以前的工作者与他有过对抗性的接触，并且发现他拒绝把男孩的问题看作家庭问题，坚持认为这是男孩自己的问题，男孩需要改正并服从他的规则。有一些迹象表明，父亲使用了体罚，尽管他否认自己有过分行为。以下是这个年轻的男性工作者在准备对焦过程中需要考虑的一些主题。

机构主题
- 这个服务对象已经与机构员工形成了对抗性关系，并且可能会从他过去的经验出发来看待我。
- 我必须警惕强制报告人问题，因为存在有关使用体罚的问题。

● 我想与父亲和整个家庭建立良好的关系，但我也有责任保护孩子。如果我想建立信任的话，我需要提前做好准备。我有一点想回避这个问题，但我不能。

权威主题

● 我年轻未婚，这位父亲可能会认为我无法理解他的担心和感受。

● 他可能会认为我会与他的妻子和孩子站在一边，并且像其他工作者做的那样反对他。

296

家庭工作主题

● 我需要为这位刚满 14 岁的儿子考虑相关问题。他有发展性的需要，需要培养一些独立能力，要学会在独立自主的同时仍然与家庭保持联系。

● 父亲可能将儿子为独立所做的努力看作是自己失去了对他的控制，也是失去儿子的开始。

● 我应该为家庭结构问题做好准备，父亲不仅试图支配孩子，而且试图支配妻子，他的妻子很难在惩戒过程中发挥作用。

● 我需要对儿子可能应当也必须对他的行为负责这一事实持开放态度。

● 可能存在与家庭的种族和新近移民身份有关的文化问题。我需要更多地了解这一点，这样我才能理解这个家庭中可能存在的规范、角色及规则等等。

● 我必须警惕我自己的家庭问题和我对他（父亲）的行为可能的反应，以及我自己关于家庭应该如何运作的想法。

● 我必须对焦一个事实，即我有点担心这位父亲的声誉，我将需要一个帮助的来源以走上正轨。

以下是一些关于对焦的例子，可能对于工作者准备第一次会谈有所帮助。正如读者将在本章后面部分看到的，即使在对焦时，工作者也需要在会谈期间发现他的错误，我认为这是一项出色的工作。

两个服务对象的观念与工作者的角色

开展家庭工作与开展个人服务对象工作的主要区别之一是工作者要处理多个人或者有时被称为多个服务对象的问题。尽管我所描述的模式需要将服务对象与重要系统互动过程概念化，但在本书第二部分的大多数例子中，工作者通常一次只与一个人打交道。一旦帮助单位扩大到两人以上，工作就变得更加复杂，并引入了新的问题、新的可能性及对工作者技能的新要求。在家庭工作中观察到的最常见的问题之一来自工作者对家庭系统中子单位的识别。

也许描述这个问题的最好方法是，提供一个该问题如何出现在我主持的帮助专业人士的工作坊中的例子。在这个案例中，工作坊的参与者提出了一个普遍问题的例子："如果家庭里的父亲没有积极性并且充满防御性，你如何与该家庭合作？"为了回应我的要求，工作者描述了一个家庭，该家庭中包括一对中年父母（父亲是来自欧洲的移民）、一个被父母认为有问题的 15 岁的女儿（已确认的病人）和一个被父母描述为一点问题也没有的 11 岁的儿子。这位父亲打电话来，表示他们无法控制他们的女儿，希望儿童福利机构"要么矫正她，要么带走她"。尽管具体细节可能有所不同，但这种情况和接下来的对话在许多工作坊中都是非常典型的。

在描述了该家庭和工作者参与的情况之后，我要求工作者尽可能地回顾了第一次会谈的细节（逐字逐句地）。他描述说，这位父亲愤怒地带头与他的女儿对质，指责她的行为不端。当他向工作者列举他对女儿的指控的时候，就像是检察官在对法官讲话一样。当我询问女儿的反应时，工作者说："她只是坐在那里，垂着头，眼泪都快要流下来了。"当我问起工作者的感受时，他回答说："我很为她感到难过，我很容易理解她为什么难以与她的父亲相处，他似乎对于她的难过一无所知。"我回答说："你一定也对他的麻木不仁感到愤怒吧，你感觉到了女儿的受伤和痛苦，而她的父亲却似乎与她隔绝了。"工作者表示同意。

工作者描述这位父亲有一次斥责他的女儿和那些"不守时、穿得像荡妇、抽大麻还不听父母的话"的女孩到处乱跑。我问工作者是如何回应的，他表示："我问玛丽亚（女儿），听到父亲说这些话是否会伤害到她，她只是点了点头。我问她是否能把这样的感受告诉父亲，她只是坐在那里，说不出话来，感觉快要哭了出来。"

我对工作者说："你希望这位父亲理解女儿的痛苦，那他看起来明白了吗？"工作者回答说，这位父亲太愚钝了，他什么也听不进去。他只会把怒火升级，他说："在欧洲，孩子要听父母的话并且尊重他们。"我继续说："这可能让你更生气了，那你对他说了什么？"工作者回答说："我告诉他，我认为他必须明白他现在是在美国，这里的青少年在许多方面都和欧洲古老国家的青少年有很大不同。但我认为说这些并没有多大帮助，因为他只是坐在那里瞪着我。你如何和这样的人沟通呢？"

只有像这样的时刻，才有可能帮助工作者以新的方式看待问题。

使用一张带有三个圆圈（一个代表女儿，一个代表家庭，一个代表工作者）的图表，我问工作者是否能把自己重置于当时的情境中，并告诉我们出于他的情感认同他的位置在哪里。我指着女儿的圆圈说："如果你的位置是和女儿在一起的话，那是很容易被理解的。"工作者回答说我是正确的。然后我询问工作坊的其他参与者："有谁与这位父亲站在一起？"几分钟的沉默过后，有人说道："他孤身一人。"

社会工作者的调解角色

此时，施瓦茨（Schwartz，1961）在小组工作背景下提出的两个服务对象的观念有助于理解工作者在开展家庭工作时的作用。为了有效地调解个人与社会的联结，在家庭的特殊情况下，工作者必须理解同时概念化和识别两个服务对象的重要性，这两个服务对象分别为个人和家庭系统。因此，在刚才描述的冲突中，为了让工作者能够起到帮助的作用，他必须找到一种方法在情感上同时认同（与其站在一起）女儿和家庭系统中的父母。然而，由于工作者对女儿的认同，他切断了自己与家庭中父母的联系——特别是与父亲的联系——就在这位父亲最需要他的时候（但是他当时的反应是可以理解的）。他对女儿的回应是很有帮助的，因为他认识到了她的痛苦，并清楚地表达了她的感受。如果与此同时他也能理解父亲的感受，并以真正的共情做出回应，那么这段对话可能听起来是这样的：

> **父亲：** 在欧洲，孩子要听父母的话并且尊重他们。
>
> **工作者：** 所以这让你很难理解现在发生的事情，为什么在美国情况似乎不是如此。

在此刻，工作者在说出这些话时需要有真正的同理心。当世界似乎与他的成长方式颠倒的时候，工作者一定会感受到这位父亲想要知道如何做一个好的父亲的挣扎。如前文所指出的，工作者将试图在第一次会谈中重构这个家庭关于这个问题的思考方式。他将努力帮助父母和孩子，完成从责备和反对女儿到把问题看作整个家庭系统面临的问题的转变。然而，在此刻，工作者需要去发展他与父母，特别是与父亲的工作关系。工作者必须抵制三角缠的拉力，在这种拉力中，家庭成员可能试图让工作者与他们中的一方保持一致。然而，工作者必须让自己与两个服务对象都保持一致——这两个服务对象即每个家庭成员和整个家庭。

事实上，正如接下来描述的第一个完整的例子所示，父亲的行为在一定程度上是为了弄清楚这是一个什么样的工作者。因为他可能已经对自己教养孩子的方式感到内疚了（可能连他自己都不承认这一点），他可能在会谈之初就假设工作者会站在他女儿的一边。当这个父亲看到工作者非正式的衣着并且猜测出他的年龄时，他心里会想："他跟她差不多大。他怎么会理解我的处境呢？"当工作者以讲解美国文化的方式回应他的时候，这位父亲知道他的判断是正确的。

工作者遭遇了功能分散或者说功能澄清丧失的困扰，导致工作者分散了他们的活动，并扮演着一个（或多个）目前不合适的角色。也就是说，工作者最终试图扮演几个不同的角色（例如，老师、警察和牧师）。幸运的是，功能分散不是一种不治之症，可以通过功能澄清来战胜。工作者在那里是为了调解个人与社会的联结，因此工作者必须理解自己的责任，即同时与每个家庭成员（包括父亲）和整个家庭在一起。

如果一个人意识到了这一点，它的重要性就显而易见了，在工作者提出的例子中，就在他试图让父亲理解女儿感受的那一刻，他的表现证明了他完全无法理解父亲的感受。因为这位工作者展示了一种个人化运作模式，即他对父亲说的话更多是通过行动说的而不是言语。他希望父亲能理解女儿的行为，即使那些行为父亲认为是反常的，但他自己却很难从父亲体验的反常行为背后去理解其所传递的信息。

家庭工作中的反移情

在现实中，即使在功能澄清的情况下，工作者也会不断发现自己会过度认同家庭系统中的一部分，而切断自己与其他部分的联系。反移情过程（在第五章中讨论过）在家庭工作中非常重要。年轻的工作者——有些人的情况可能与这个家庭中的青少年经历的情况差不多——如果开始以个体的身份来看待这些父母类型而不是把他们看作纸上的漫画，那他们必须努力处理自己对于权威的父亲或母亲的感受。

教育政策 1b

这是一项终身的任务，要求工作者利用自身的专业经验去理解他们的个人生活，同时利用他们的个人经验去更好地理解他们的专业实务。在这个意义上，对于工作者来说，每个家庭都代表着一种可以更多地了解自己的原生家庭的机会。一些家庭治疗理论家，如鲍温（Bowen，1978），将原生家庭工作纳入家庭治疗师培训当中，并把其作为核心部分。当治疗师开始着手处理与原生家庭有关的个人问题时，他的见解会对服务对象的工作产生深远的影响。

针对社会工作者自身家庭问题的工作（或者任何形式的治疗）可能会增强他与家庭合作的能力，虽然这似乎是一个不言而喻的道理，但这一观点也在社会工作培训中提出了一个有争议的问题。学生们反映，他们的督导课放弃了关于实务问题的研究，而将重点转移到了学生自身的家族史、生活问题以及个人问题上。举个例子，对于一个成长于父亲酗酒的家庭中的学生，督导员可能会更关注这个学生的历史本身，而不是去反思这样的生活经历对于该学生在与服务对象的酗酒的父母每时每刻的互动中产生的具体影响，从而将督导的教育重点转化为治疗。这为专业督导员提供了一个关于功能扩散的例子。

在本章的其余部分以及第八章和第九章中，将有几个例子来说明本书第一和第二部分及本章前半部分所概述的关键概念。

开始阶段：同家庭订立契约

个人工作部分所提到的订立契约的技巧同样适用于对家庭开展的服务。

教育政策 6b
教育政策 7d
教育政策 7a

- 澄清目的：社会工作者分享他对于与服务对象会面原因的理解，包括阐明机构或场所进行家庭会谈的目的。
- 澄清社会工作者的角色：工作者将以何种方式帮助家庭。
- 寻求反馈：家庭成员个人希望在会谈之外获得什么，以及如果家庭成员有一致期待，家庭能在共同目标上达成什么共识。

- 处理权威议题：例如，可能需要明确界定社会工作者作为强制报告人的角色。

300　订立契约的过程也受到工作者同时与多个服务对象开展工作这一事实的影响。工作者必须清楚工作目的，并且，直接、开放的订立契约过程与从服务对象那里获得反馈同样重要。但是，每个服务对象起初可能对要完成的工作持不同的想法。一个青少年可能想获得更多的自由，而父母可能希望工作者改变他们的孩子从而使孩子的行为准则更符合他们的行为准则。社会工作者必须能够识别出其中的共同点和家庭成员间的重要区别。当发现家庭已达成一致意见时，不管意见是不是暂定的，工作者都要尽可能识别和阐明整个家庭的目标。例如，所有家庭成员可能都希望冲突停止、自己能够重新享受家庭生活。

因为家庭成员往往尝试把工作者当作法官和陪审团人员，并试图让工作者认同他们的观点和问题，所以工作者也必须清楚地界定自己的角色。这就是"两个服务对象"观念的由来：工作者必须明确，他与每个人有联系，同时也与整个家庭有联系。在本章随后的例证说明中，我们将看到解释和维持"两个服务对象"角色的重要性。

新手的第一次问题导向家庭会谈

学生和新手工作者在经历第一次家庭会谈时一般是充满压力的。他们可能有过与个人服务对象开展工作的机会，并对进行第一次会谈的能力建立了初步的信心。然而，第一次家庭会谈可能是他们第一次被要求同时与多个服务对象一起开展工作。他们可能读过有关家庭工作的书，并试图将督导员和作者的建议融入自己的策略中，其中包括一些模式的概念。他们可能已经调整好自己，并做好准备，当某位家长问"你有几个孩子"这个可怕的问题时直接回答。他们可能在第一次会谈时就练习过角色扮演。更棒的是，他们可能曾有机会坐下来观察由一位经验丰富的工作者主持的第一次家庭会谈。

所有这些都很有帮助，但是当一个新手工作者第一次独自面对一个家庭时，下面这些是他必须持续关注的：

- 每个家庭成员；
- 作为一个整体的家庭（例如：沟通模式；人们坐在什么位置；非语言信号，比如双臂交叉抱在胸前表示抗拒；等等）；
- 对话内容和会谈过程；
- 他在会谈进行过程中的自我感受；
- 时间（会谈通常有时间限制）。

难怪第一次家庭会谈有点吓人！

韦伯、麦基弗和麦克丹尼尔（Weber，McKeever，& McDaniel，1985）认识到第一次家庭会谈对于学生和新手工作者来说是多么困难、多么有压力。他们指出，资源的数量和多样性会造成令人不安的混乱。

　　这种混乱通常在与家庭的第一次会谈时表现得最为明显，困惑和焦虑的实习生不得不发挥领导力，将大量的临床选择浓缩进与一群陌生人的实用的、明智的、组织良好的会谈中。（p. 358）

　　在他们所谓的会谈"初学者指南"中，他们强调将指南内容简化为一个完整的、逐步进行的过程。他们将第一次会谈的主要目标描述如下：

　　1. 融入家庭，适应家庭成员的风格，创造让家庭成员感受到获得很好支持的环境。
　　2. 组织会谈，以使家庭成员开始对治疗师的领导力产生信心。
　　3. 收集有关问题的信息，以一种能够使围绕此问题的家庭事务变得更加清晰的方式进行。
　　4. 商议治疗契约，强调家庭确定目标的主动性和期望发生的改变。（p. 358）

　　这些作者引用并基于海利（Haley, 1978）的研究成果，列出了一系列任务，包括对会谈前后问题以及对会谈过程中为实现目标而设计的任务的关注。一些人也许不认同这个模式中描述的具体技术和策略，而本作者同样不认同某些技术。例如，家庭治疗师们使用"矛盾命令"的技术，指导家庭采取与治疗师期望相反的行动。这项技术的使用，是让家庭成员去做与你想让他们做的事恰恰相反的事，从而制造一个矛盾，让他们去做你真正希望他们做的事。我一直觉得这是一种操纵，我也称之为权力的秘密使用。我认为这威胁到工作关系中的信任和信心。

　　无论如何，这个整体性的框架对于思考第一次家庭会谈是有帮助的。这些作者所描述的完整路径开始于会谈前阶段的电话联系和假设的形成（类似于对焦）。会谈本身分为几个任务，包括问候家庭成员、社交（帮助家庭成员感到更舒适）、识别问题和观察家庭模式。会谈后的任务包括修正假设、联系被提及的人员、收集记录。

　　虽然框架可能是有帮助的，但我同意这些作者的观点，放弃先入为主的观念和计划并对过程中的即时性内容做出响应是有必要的，如下面的例子所示。

　　与一个希腊移民家庭的第一次会谈：愤怒的父亲　现在我们回到在本章进入部分介绍过的希腊家庭。在这个例子中，有一个愤怒、反复无常的父亲和他 14 岁的儿子。这个互动过程说明了工作者在会谈中如何捕捉到错误并改正。

　　本案的工作者是在一家大型儿童福利机构担任家庭支持工作的社会工作专业学生。由于一宗涉及这名青少年遭受身体虐待的投诉，负有儿童保护责任的社会工作者与家庭进行了第一次接触。家庭支持工作者被叫来提供家庭辅导，看看是否可以帮助这个家庭处理这个问题并把孩子留在家中。下面的材料来自工作者对第一次接触这个家庭的报告。

对于库拉基斯（Curakis）一家人的描述

　　父亲：一个希腊商贩。他被形容成一个愤怒、反复无常、暴力的人。那些曾经试图对他开展工作的人称与他工作"白费功夫"，不起任何作用。他对家庭生活有非常明确的观念，包括角色、期望等。在他的原生家庭里，他的父亲经常在管教他的时候打他。服从是有价值的。

母亲：一位德国老师。她是一个有中上阶层背景的、安静的、温文尔雅的女人。

儿子：一个蔑视父亲的 14 岁少年。他公然违抗父亲的命令，在父亲面前抽烟。他在学校表现得很好，没有明显的同辈群体问题。

诱发事件：父亲多次用拳头打儿子，有一次用木板打儿子，母亲因此寻求帮助。（这件事发生时母亲不在场。儿子分享了这个故事。）父亲否认，表示他只是用手打了儿子。

历史渊源：该机构记录显示，在这家人先前与专业人士和朋友的接触中，这些工作者和其他人以各种形式斥责了这位父亲的行为，并对男孩表示同情。最近一次与一名社会工作者的接触也是类似情况，社会工作者还威胁这位父亲要把男孩从家里带走。第一次会谈时，母亲就打算把孩子带走，第二天就违背这位父亲的意愿这样做了。父亲认为家庭及其运作是他的责任。

这对夫妇表示，他们的婚姻状况在儿子出生前一直良好，不过库拉基斯夫人的声音听起来有些犹豫。孩子出生后不久，夫妇二人就出现了不和。在库拉基斯先生看来，他的妻子太软弱了；在库拉基斯夫人看来，她的丈夫太强硬了。在孩子的生命历程中，他们无法在教养方式上达成一致意见。

库拉基斯先生是家里说了算的人。他说的都被照做了。他的妻子能够将对自己的命令调整到合适的程度，但对她儿子相关的命令只能进行轻微的调整。在管教孩子的时候，这位父亲常常以粗暴的方式发号施令。当这种情况发生时，库拉基斯夫人不会介入，除非她觉得她的儿子会受到严重伤害。不过，在库拉基斯先生停下后，她会把儿子拉到一边（库拉基斯先生不在场），安抚他，拥抱他，并且在大多数情况下，她会反驳或修正库拉基斯先生说过的话。

库拉基斯夫人的这些做法一直刺激着这对夫妇间的关系。她觉得这些做法对她儿子的发展是必要的。库拉基斯先生觉得这是在破坏他的权威，这也是造成男孩有现在的（不良）表现的原因。我用上面的历史渊源来说明——从这位父亲的视角和现实的角度来看——这位父亲是如何被削弱、排斥和压制的，同时，他的儿子是如何与这家人的朋友、社会工作者、家庭医生和妻子"站在一起"（联合）反对他的。

实务要点：在这个例子中，很容易看出社会工作者在阅读了机构记录并进行了初步预估之后，是如何在已经识别家庭成员与父亲存在对抗的基础上开始会谈的。这位父亲也很自然地设想这个工作者会和其他人一样。会谈开始时，父亲、儿子和母亲在吸烟问题上表现出了冲突。工作者将这次冲突视为与这位父亲的沟通，并利用此次沟通将注意力集中在内容上，巧妙地回应了这个过程。

303　　　**会谈**：社会工作者刚刚把这家人介绍给我认识。那个男孩抽着烟走进了会谈室。（这个例子发生在办公室全面禁止吸烟等之前。）我先做了自我介绍，简要介绍我自己和我在机构中的角色。在我介绍了大约两分钟的时候，这位父亲开始告诫男孩不要吸烟。男孩一开始什么话也没说。父亲不停地吼叫。他的话语变得更具贬损性，并演变成对男孩态度的全面抨击。库拉基斯夫人低声说出了丈夫的名字，要求他停下。

我问她，她丈夫和儿子之间的争执是不是通常就是这样开始的。库拉基斯先生怒视着我和他的妻子，然后继续攻击他的儿子（口头上）。在接下来的10～15分钟，我无数次尝试通过同理、理解等方式与每个家庭成员建立关系。我很容易就与库拉基斯夫人和她的儿子建立了关系，但始终无法和库拉基斯先生建立关系。事实上，每次我开口说话，不管我跟谁说话，他都会变得越来越生气。当我和那个男孩说话的时候，他对我更是充满了敌意。一旦我开始对那个男孩说话，他父亲就会用比我更洪亮的声音指出那个男孩犯了什么错误。然后他们就会大声争吵起来。

实务要点：在会谈的开始部分，工作者没有发现这位父亲的愤怒以及这位父亲对工作者与他站在对立面的担心在不断升级的线索。工作者向库拉基斯夫人提出的问题可能被库拉基斯先生视为工作者与他的妻子和儿子站在一起的又一个例子。通常情况下，当服务对象描述与先前工作者之间的问题时，他实际上是间接地提出对当前工作者的担忧。工作者对服务对象的愤怒的机械性回应并没有使服务对象感到被理解。之后，工作者的所作所为是在犯错的过程中捕捉到自己错误的一个巧妙例子，并且工作者相信自己的感受，最终推进到了权威主题的问题。

一段时间后，这种模式改变了。之前，每次我和那个男孩说话，库拉基斯先生便会开始和那个男孩争论，但最后都是冲着我大喊大叫。起初，我并没有意识到这种变化；我只是意识到我开始理解我的同事告诫我的话。我对这个"混蛋"越来越不耐烦，越来越气愤。我几乎是机械地说："你是在生我的气吗？"我的声音里几乎没有任何关心。

非言语暗示看起来似乎无关紧要。愤怒的性质改变了，现在他的注意力集中在我身上，但他并不是在生我的气。在接下来的15分钟里，他愤怒地讲述了这么多年来没有人理解他为帮助他的儿子正确地成长所做的真诚努力，人们在他训导完儿子后站在儿子那一方与他对抗的事件重复上演，以及这是如何造成了现在这种状况，让他的妻子和他因此无法亲近。我以一种真诚的方式说了类似这样的话："那就更难了，不是吗？"

但他只是继续宣泄。一阵意味深长的沉默——一种十分耐人寻味的沉默出现了。我开始感到不舒服，并且想找些合适的话——一些可以概括他想表达的内容的话来说。但我什么也想不到。然后我的脑海里出现了一句话："你觉得我会和其他人一样。""没错！"他喊道，并且几乎快要从座位上站起来了。他接下来就他的担心说了好几分钟，我和他儿子说话时他担心我会表现得和其他人一样。

实务要点：工作者真诚地道歉之后，澄清了他在家庭工作中对自己角色的看法。这一点本可以也本应该在会谈刚开始时就说明。然而，即便工作者说清楚了他的调解角色，这位父亲和其他家庭成员也很有可能没有听到。

有一阵长时间的沉默。我点点头，承认他是对的。我向他道歉，并告诉他我所做的并不是我想要做的。我接着说，帮助他们是我的职责，如果我没有做到，那说明我没有按照我想要的方式做我的工作。我请求他帮我一个忙。如果他注意到我对家庭中的任何成员又那样做了，请让我知道。我会很感激。

会谈剩下的 10～15 分钟很大程度上是在讨论过去的育儿问题（库拉基斯夫妇之间），没有什么值得关注的重大内容。但重要的是，他们正在谈论一个他们多年来一直在回避的话题（除了争吵）。我问他们是否想再约定一次会谈。经过片刻的讨论，他们决定再预约一次家庭会谈。

当他们要走出去时，我向那个男孩道别。他没有那么"自大"了，但也没有什么太大的不同。库拉基斯夫人看起来似乎很安静，不太自在，但她看起来就像是肩上背负着的宇宙缩小成了一个太阳系。最大的变化发生在库拉基斯先生身上。他用双手握住我的手，看着我的眼睛，说："谢谢，谢谢，非常感谢。"他的眼里含着泪水。我把另一只手放在他的手上说："不用谢。"泪水涌出我的眼眶。

在他们离开后，我走进前台时，办公室的一些员工摇了摇头，由此提起我一定经历了什么事情以及他是多么"混蛋"。（看来他在进来的时候对接待员的态度很粗鲁。）我告诉他们他真的是一个很好的人。之后是一阵意味深长的沉默。

对第一次家庭会谈的讨论

在与家庭的第一次会谈中，就像辅导个人会谈，订立契约对于为工作做好准备至关重要。所有家庭成员心中的关键问题是："这个工作者会是谁?""他会是什么样的人?""在这里会发生什么?"由于这家人以前有过和其他助人者一起工作的经历，所以他们一开始就对工作者有一种刻板印象，必须正面处理。在这个例子中，工作者对家庭成员的潜在感受和担忧进行了对焦，并且对过去服务经历中描述的家庭体验很敏感。即便如此，当这位父亲对儿子大发雷霆时，这位工作者所有最好的计划、开场白、策略等也都化为乌有。

对于一个新手工作者来说，他的第一反应很正常。他的技巧体现在，他在会谈中发生错误时迅速捕捉到错误，并开始解决由吸着烟进入会谈室的男孩、表现消极被动的母亲、用行为说话的父亲引起的真正问题，"如果你想看看这个家庭是怎样的，只要看着就好了"。

这位工作者受到以前的工作者（甚至是办公室员工）的影响，对这位父亲形成了刻板印象，并以刻板印象看待这位父亲。这位父亲也以一种刻板印象看待这个工作者。工作者通过直接回应愤怒和隐含的关于他将如何提供帮助的问题打破了这种模式。以前的工作者们发现这位父亲很易怒，因此很难和他一起工作。当工作者识破这位父亲呈现出的假象并对会谈的过程而不仅仅是内容做出回应，他开始与一个最重要的家庭成员建立了工作关系，并揭露出这位父亲以前向其他工作者和家庭成员隐藏起来的一面。事实上，在某些方面，相比于隐藏真实的反应和制造出工作错觉，这位父亲公开表达愤怒的做法使他成为一个更容易开展工作的服务对象，虽然他所有的时间都在想着，"他就像其他那些工作者一样：和孩子联合起来对抗我"。

订立契约所需要的其他步骤　因为处理与这位父亲的关系的紧迫性，以及"你站在谁那一边"的问题，其他步骤未被执行。例如，工作者仍然需要更清楚这些会谈的目的和他即将扮演的具体角色。工作者一开始就试图表达，他希望帮助所有人，不偏袒任何一方。在下一次会谈中，他可能想说一些话，帮助家庭成员一起谈论他们是如何作为一个家庭共同运作的，并帮助家庭成员理解其他家庭成员的真实感受。此外，他还需要确保，在他努力支持这位父亲时，他不会忽视那位母亲和儿子。

重构问题　工作者也需要帮助家庭重构问题。起初，他们聚在一起讨论他们的"问题"少年。然而，即使在第一次会谈中，儿子的问题也很快就导致了父母之间的问题。一个需要帮助的家庭通常会把一个十几岁的孩子当作进入助人机构的"入场券"。在这个案例中，对于丈夫和妻子来说，权力斗争和父亲在家庭中的角色同样是问题，但妻子发现通过孩子来处理这种斗争更容易，甚至可能更安全。这个家庭中的关系模式是压迫性的，因为父亲试图用情感和身体上的威胁保持对家庭成员的控制。这可能与家庭背景和文化背景密切相关。工作者需要对这种模式进行对质；然而，在他与这个家庭建立起关系之后，这样的对质可能会更有成效。

捍卫契约：关注儿童福利问题　工作者需要关注父母的斗争是如何与夫妻双方有效地教养子女的能力相联系的，帮助父母看到与他们之间关系的联系，但不要开始进行一般的婚姻辅导（这是机构-家庭工作契约之外的内容）。保证这一点可能会使丈夫和妻子更安全地摒弃家庭假象——之前讨论过的虚假的幌子。

另一个在这次会谈中没有直接处理的问题是保密。儿童福利机构介入了此事，并且已经发出威胁要带走（提供照护）这个十几岁的孩子。工作者需要诚实地处理这个问题：他必须向从事儿童保护的社会工作者报告任何与虐待儿童有关的信息。这个问题就隐藏在第一次会谈的表象之下，必须被提出和澄清。在这个案例中，什么情况下家庭支持工作者必须向社会工作者报告儿童虐待？避免这样的讨论不会消除权威议题——相反，会赋予权威更大的力量，从而阻碍工作。

总而言之，这位工作者已开始与这一家人建立工作关系，尤其是已开始与家庭中潜在的最具反抗性的成员建立工作关系。目前还有很多工作要做，最终达成何种结果取决于工作者如何处理他的部分，以及家庭成员准备如何应对他们的责任。

文化和社区的影响

虽然所有家庭都有本质上的相似之处，但其所处的文化和社区环境却有明显差异。在对一个家庭开展工作时，理解可能与民族、历史、地理、移民身份、种族、父母的性取向等有关的特定结构和规范是十分重要的。此外，工作者必须对"多样性中的多样性"持开放态度。在每个一般范畴中都有许多不同的亚群体，这一点必须加以考虑。例如，当我们说印第安人时，我们指的是哪个部落？当我们提到西班牙裔时，我们想到的是加州的奇卡诺人还是纽约的波多黎各人？例如，在亚裔美国人中，我们需要区分华裔、韩裔和泰裔。此外，我们需要认识到，文化在特定的群体中可能是非常不同的，任何一个家庭的文化都可能有别于一般的规范。这些注意事项在第四章中提出过，第四章对墨西哥裔美国人、非洲裔美国人、美国印第安人、加拿大印第安人的文化多样性实务的例子以及跨种族实务中的问题进行了探究。

詹森和哈里斯（Janzen & Harris，1997）强调了文化敏感性的重要性：

> 向社会工作者和其他专业人士寻求帮助的家庭都有多样的成员。他们带来了独特的文化特征，有助于个人和群体的身份认同。了解每个家庭内部成员间是如何沟通的、家庭与外部世界的沟通方式、每个家庭的信仰体系和价值观，将为家庭问题是如何产生的提供线索，并提出可能的解决途径。（p. 153）

作者们主张，了解家庭成员的内部沟通模式、家庭如何与外部世界沟通、家庭的信仰体系和价值观，对于理解每个家庭成员的行为，并尝试改变现有的模式以改善家庭功能来说至关重要。他们用下面的例子来说明这一点：

> 想想那些在与治疗师互动时不愿意自由地表达自己的家庭成员。对于亚裔服务对象来说，这可能是由于他们在与家人以外的人分享感受时会沉默寡言的传统。表现出相同行为的非洲裔美国家庭成员很可能也是遵循着相似的文化价值观，但他们也会表现出对治疗师缺乏信任的反应，因为治疗师代表了当今社会上由多数人控制的制度结构。（p. 153）

然而，即使我们在考虑这些建议，也需要重申不要以偏概全。此外，许多服务对象——无论他们的种族如何——可能就是不愿意与家庭以外的人分享感受，这种对于制度的潜在不信任可能与种族和阶层有关。

在尊重文化敏感性方面，需要提出另一个注意事项，即理解文化态度并不自动意味着一个人要接受它们。例如，一个新近的移民家庭（甚至是第二代和第三代移民）可能带有与性别有关的观点，这些观点可能与我们的社会和我们的专业关于妇女和儿童地位的核心价值观相冲突。在理解这种观点及其在某些情形下对家庭的影响时，有些时候需要挑战其价值观、态度以及家庭成员因此而采取的行动。例如，了解到一个家庭计划割除年轻女性家庭成员的生殖器——因为这在他们的国家（甚至在美国的少数族裔社区）可能是一种被接受的、必需的做法——这并不能免除工作者介入和保护儿童的责任。

处理文化问题

有时，我们或许可以与文化或宗教观念一起工作而不仅仅是反对它们。在我主持的一个工作坊中，一位在南方农村工作的社会工作者描述了她与一位"传教士"父亲一起工作的情形，这位父亲被指控用棍子惩罚他行为不端的孩子。当儿童保护社会工作者对此提出疑问时，这位父亲拿出了他的《圣经》，并引导社会工作者去看"孩子不打不成器"观点的出处。这位社会工作者对她服务的人群的这些观点很敏感，她拿着自己的《圣经》，很快就引述了一个提供相反观点的章节。由此可以看出，这名工作者建立了一种与服务对象的宗教观念一起工作的方法，而不是简单地与它们对质。这位父亲很受触动，并与工作者就用棍子惩罚孩子这一做法展开讨论；他开始愿意探索教育孩子的其他选择。最后，如果工作者不能成功规劝这位父亲，可能就需要申请保护令。

教育政策 2c
教育政策 8a

在对一个新近移民到城市地区的东印度家庭开展工作的例子中，父亲主导了家访中第一次家庭会谈过程中的讨论，并确保他的妻子全程不参与。显然，这个家庭的文化，某种程度上也是家庭所在社区的文化，支持男性的统治角色和女性的服从角色。在第一次会谈中，工作者并没有公开挑战这一事件，但明确表达了她对于听取所有家庭成员意见的兴趣与开放态度。当工作者下一次赴约而来时，那位妻子已经在外面等候，并且请求工作者和她在家里人看不见的地方谈话。谈话中她透露了她对自己和孩子遭受身体虐待的担忧，以及她对于在会谈期间直接提出这件事的恐惧。工作者利用这些信息，在没有报告这次秘密会面的前提下，在下一次会谈中对那位父亲提出了质疑。

读者可参阅第四章和参考文献中其他的一些出版物，以了解更多关于文化和社区的价值观和规范的详细说明，以及它们如何影响家庭的生活。就目前的内容来看，重点如下：

- 对文化和社区的理解以及敏感性在与家庭建立关系和开展工作时是至关重要的。
- 我们需要识别多样性中的多样性，避免陷入以偏概全的陷阱。
- 处理跨文化问题（例如，一个白人工作者和一个有色人种家庭）和文化内问题（例如，一个西班牙裔工作者和一个西班牙裔家庭）在建立关系和正在进行的工作阶段中是至关重要的。
- 对这些变量敏感并不一定意味着接受它们。

308

在接下来的章节中，我将重点关注一个少数族群——美国土著印第安人——来说明理解种族主义和压迫如何影响一个家庭的重要性，以及工作者如何在实务中运用文化意识。

种族歧视、压迫与土著美国人家庭

教育政策 3a

北美最大的悲剧之一是白人社会对其"原住民"，即美国印第安人的影响，对土著加拿大人来说也是如此。文化灭绝是指强大的家庭和社区传统、整个文化和生活方式被系统地从一个族群中剥夺。这是每个少数族群都面临的一种斗争的特殊情形，无论是土著还是移民。每个少数族群都必须找到一种途径，既能保护自己文化中有价值的东西，同时又能应对周围的主流文化。当这个群体是另一个种族——印第安人、黑人、奇卡诺人、亚洲人——时，斗争通常会因持续存在的种族主义而加剧，这种斗争有时微妙，但有时公开而直接。

在下面例子所示的家庭所在的原住民社区中，多年的忽视、歧视和剥削往往导致个人、家庭和社区功能的崩溃。对社区的许多成员来说，曾经引以为傲的文化传统已经失去了。特别要说的是，青少年在他们常规性发展的过程中必须经历关键的一步，在这一步中，他们要努力理解自己是谁以及应该如何行动。分离和融合的问题在与个体的文化和社区的关系中和在与直系亲属的关系中是同样重要的。事实上，这两种斗争以重要的方式交织在一起。

当亚文化群体——青少年的同辈群体——鼓励和支持越轨行为（例如，大量饮酒、犯罪活动等），而且青少年的未来似乎黯淡无光时，他们的矛盾感受就会增加。当一个青少年环顾四周，看到成人社区中的成员似乎已经放弃的时候，他的内心斗争会导致其与更大的社会彻底疏离，或者像在大量令人震惊的案例中一样，导致这个青少年自杀。面对这些问题，找到应对的力量，并接受其作为角色榜样，社区中许多拒绝向多年来的压迫投降的成年成员代表着另一种选择。对于处于这种情况下的青少年来说，要实现这一转变，他们需要从家庭、社区（当地的乐团和部落）以及他们的文化遗产中得到一切能够得到的帮助。

有关种族和开展土著美国人工作的研究发现

309

本书引用的一项研究（Shulman，1991），探讨了与土著美国人服务对象有关的种族和实务问题。分析中包含的两个变量测度了工作者对原住民文化的理解（服务对象感受到的）和工作者关于种族对工作关系影响的理解（工作者感受到的）。服务对象是否相信他们的工作者理解他们文化的独特性，工作者是否意识到了种族和文化的强大影响力？

服务对象感知到的与工作者的积极工作关系及其对工作者的助人评价这两个变量存在显著的正相关关系。这两个变量以及那些测量作为一个整体的地方儿童福利工作人员对土著服务对象态度的变量，也影响着其他的结果变量。

在实务中处理种族主义的第一步是，帮助专业人员面对和接受他们自己内化的种族主义和性别歧视，这是数百年来以白人、男性、欧洲为中心的历史、哲学、医学、心理学等的产物（Bulhan，1985；Fanon，1968）。只有这样，工作者们才能开始监控并消除这些因素对他们工作的影响。每个不同于工作者的新服务对象都可以成为工作者接受教育的一部分，工作者也有责任致力于对自己的教育。

压迫、抗逆力和有色人种的心理学与社会学

随着更清晰地认识到压迫对有色人种产生的心理学和社会学意义上的影响，再加上理解了抗逆力因素能够帮助人们应对压迫，工作者或许能够以新的方式看待这些问题。对个人病理学和强化压迫性刻板印象的关注发生了转移，工作者现在更关注如何通过实务帮助服务对象意识到压迫对自己造成的毁灭性影响，这种影响可能发生在受压迫群体的任何一个成员身上。此外，确定个人、家庭和社区拥有的基础储备能力和发展性储备能力为打破阻碍成长和发展的循环提供了机会。例如，从寻解治疗中提取的技术，可以帮助服务对象识别他们过去是如何成功应对问题的。

这种观念在为有色人种提供服务时非常重要，而且在为其他受压迫群体和弱势群体（例如妇女、精神病患者、纳粹大屠杀幸存者及其后代、男女同性恋者和变性人、残疾人等）提供服务时也同样重要。助人专业在观念上的这种转变，为服务对象、社区和文化找到重要优势领域提供了可能性，也更明确地要求社会工作者通过工作影响他们所在的机构、社区和社会，承担起使他们远离压迫的专业责任。

一个白人工作者和一个土著美国人家庭 在下面的案例中出现了令人感到痛苦的情节，当父母提及他们儿子的"疯狂的印第安人"和"肮脏的印第安人"行为时，他们的儿子表现出已内化的自我毁灭行为和自我贬低的态度。工作者对这位儿子的舞蹈和雕刻技能非常重视，这体现出了她基于文化优势的识别。

教育政策 7a
教育政策 2b
教育政策 2c
教育政策 8a

实务要点：文化和社区是关键问题。因为 14 岁的吉姆是土著美国人，青少年时期的他在关键的身份转变危机中挣扎。工作者也必须面对自己是白人的事实。无论她对有色人种的态度和感受如何，她都是一个外人——压迫者群体中的一员。白人工作者必须警惕这样一个事实，正如一位非洲裔美国社会工作督导员在我主持的一次培训工作坊中所描述的那样："对于有色人种来说，他们的触角总是竖起来，时刻警惕着种族主义。"下面的服务记录描述了工作者与吉姆及其家人建立关系时所做的努力。

310

服务对象描述及时间脉络：父亲 40 岁，继母 29 岁，儿子吉姆 14 岁。由于吉姆因强行入侵他人住宅被捕，这家人被视作处于法官下令执行的缓刑程序中。

问题描述：处于青春期阵痛中的吉姆，正在非常努力地寻求确立自己的身份。最重要的是，他想感受自己的原住民传统并为此感到自豪，但他无法积极地这么做，因为他把关于"身为印第安人"的矛盾信息内化了。他的愤怒和困惑通过他的行为显现出来：他在保留地犯了七次强行入侵他人住宅罪，其中两起专门针对印第安人乐团的办公室。他还染上了酗酒的毛病。他的异常行为就像印第安人乐团中的少年犯们通常所做的那样，使他与乐团中的年长者们格格不入，因此年长者们拒绝帮助他处理法律程序。我意识到他的强行入侵他人住宅行为是他在家中情形下的求救信号。

实务要点： 工作者熟练地对焦行为的意义，而不是专注于行为本身。在下一段摘录中，工作者通过进一步对焦这对父母来示范本章所提倡的两个服务对象的观念。

吉姆的父母心灰意冷、心烦意乱，并且觉得自己虽然已经尽力了，但还是失败了。他们正在考虑把吉姆送到寄宿学校去。吉姆的父母把讨论土著美国人的身份作为沟通媒介，但这也是吉姆与父母之间的主要障碍，因为所有情感、冲突和分歧都被放在"印第安人"的主题下讨论。在我努力帮助这个家庭的同时，我还必须处理好他们对我的感受，因为我是一名女缓刑监督官，而且是白人。我意识到我不能仅仅是白人权威的象征。

问题是如何引起工作者（们）的注意的： 我与吉姆和他父母的第一次会谈是为了讨论强行入侵他人住宅的指控，希望能避免让吉姆上法庭。我很难让会谈集中于此，因为对于每个人来说，直接讨论这个话题都太痛苦了。实际上，吉姆和他的父母在我面前重现了他们的交流模式：战斗已经开始了。吉姆的母亲生气地说这些强行入侵他人住宅事件是"疯狂的印第安人的东西"。我试着捕捉他们愤怒背后的痛苦和失望，说道："吉姆强行入侵他人住宅的事让家庭现在陷入了困境，这样的情况对于任何家庭而言都是一样的，不管是不是印第安人家庭。"吉姆的父亲说："我对他们印第安人一无所知。"

吉姆没有给我机会说任何话，愤怒地反击，说他的父母已经白人化，但他是一个印第安人，他是一个超级舞者和雕刻师，随便哪一天都可以在保留地和大孩子们喝酒打架。我对他说他的父母可能会为他的舞蹈和雕刻感到骄傲。吉姆的妈妈说："不管是不是白人化，我们都知道吉姆是个糟糕的印第安人。"他们投入战斗的精力让我相信在他们的愤怒背后隐藏着很多担心和关怀。他们的表情表明他们显然很痛苦。

311

实务要点： 正如我们在第一次会谈程序之前所看到的，互动的本质向工作者揭示了工作中要遵循的核心内容。父母和吉姆的痛苦使他们只看到表面的感受，而忽略了愤怒背后对整个家庭的关心。当这位工作者书写关于会谈的内容时，她试图确定自己在干预中的意图（用粗体）。

第二次会谈（与吉姆的单独会谈）：我对焦吉姆的感受，并试着把他的感受用语言表达出来。 吉姆的脸色很难看，他让自己陷进一张椅子中，膝盖靠近胸口，好像在保护自己。我说："你今天看起来非常生气。"他没有反应。我等待着他打破沉默。他以一种毫无感情的口吻说，昨晚跳完印第安舞后，他跟别人大打出手，一直打到凌晨4点。我问他有没有受伤（表达同理心）。他说没有，他从未受过伤。反正他喝醉了。我很幸运，他今天下午是清醒的。我说："酒精可以减轻疼痛。一个14岁的酒鬼对我来说是一个悲伤的故事。"他说他知道。吉姆说他昨晚也抽走了一辆车的汽油。我说："一个晚上做这么多事，你是想告诉我你能有多坏吗？"吉姆目不转睛地看着我。我说，我认为他在强硬的外表下有着很多痛苦。他的声音变了，用一种防御性的口吻说:"对什么感到痛苦?"我说:"也许你不得不表现得像个恶棍以引起注意是很痛苦的。"他咯咯地笑着说这一点也不好玩。我说:"我同意,这并不好笑,这很让人受伤。"

实务要点:请注意工作者通过捕捉痛苦的感受,将支持(表达同理心)与对质统一起来。工作者向吉姆传达的信息是,她真的理解,并且不打算对工作错觉睁一只眼闭一只眼。她要求对真正的问题开展真正的工作。

他垂下了头。我等待着他打破沉默。他突然说:"再也没有什么能伤害我了,再也没人关心我了。"我说:"你说的是家吗?"他简单地说:"是的。"我意识到了他的话外音,并试着帮助他从泛泛而谈转向具体的问题。吉姆已经连续两周重演上述内容,也就是列举他所有的"坏"行为。我说:这已经是第三个你让我责罚你的周末了。他说:如果你不这么做就没人会这么做。

我问他,这是不是他希望他的父母做的。他说:"不,我想让他们理解我。"我说:"我知道现在家里的每个人都很难。你能告诉我家里发生了什么让你受伤的事吗?"他看向别处,低声说:"他们叫我坏印第安人。"痛苦的侵袭过于强烈,以至于他无法详述自己的感受和具体情况。

我说:"这很伤人,不是吗?我希望我能把痛苦从你身上带走。"**我试着开诚布公地分享我的感受。**吉姆说在家里被人叫作肮脏的印第安人令他感到不适和厌烦,然后变得愤怒。我试着去捕捉那种具体的感觉,但是毫无结果。他说,他父母谈论的都是"这个肮脏的印第安人,那个愚蠢的印第安人。话说回来,他们以为自己是谁呢?"我说:"从你自己的父母那里听到印第安人是作为一个骂人的词可能会让你很伤心。"他问我是否也认为他是肮脏的印第安人。我说不,他确实是印第安人,"但这两个词放在一起是一个糟糕的组合"。他说:"那愚蠢的印第安人呢?"我感受到了他的潜台词,说:"你是在检验我是否有偏见,对吗?"他说:"是的。"我说这应该由他来评判。他说这要观察一段时间再说。我说我知道。他低声说,他认为我不能理解。我温和地说:"你是不是觉得你赢不了:感觉自己不能是正确的,而且不能做一个印第安人?"(将服务对象的感受转化为语言。)他突然说:"我不知道'印第安人'这个词意味着什么。我应该怎样做才能好好长大呢?"我抱住他,说他是正确的。我不确定我能否完全理解作为一个印第安人长大意味着什么。我说他受过的伤现在让我感到很窒息。

312

实务要点:讽刺的是,这名工作者被吉姆视为还在"试用期",既然她是一名服务于缓刑人员的社会工作者。她清楚地说明了自己与服务对象之间的跨文化问题,并有技巧地避免为自己辩护。她也很快意识到了隐含的根本问题,并以吉姆能够理解的方式重新建构了它们。

我试着帮助吉姆从新的角度看待他的父母。吉姆说只要他在家,他的父母就会把他丢进绞肉机。我说这听起来很可怕，这是什么意思？（达到具体化。）他说，他的父母总是为他晚上做什么而与他纠缠每一个细节。我开玩笑地说："它毕竟不是那么可怕的绞肉机！"他笑了。他说他们真的不关心他，他们只想用皮带拴住他。我说："你想更独立，不是吗？"（识别这个隐喻。）他说："是的。"

实务要点：为了更有帮助，工作者使用在前面章节中界定的技巧，即通过要求服务对象举个例子来从泛泛而谈过渡到具体内容。

我请他给我举个被丢进绞肉机的例子。他说他昨天午夜才回家。他的父母一定要知道他和谁在一起，去过哪里。我说："我听起来觉得他们好像很关心你。他们为你担心，坦白讲，在午夜时分换作是我也会担心。"吉姆噘着嘴。我等待着他打破沉默。他说："我认为他们不关心我。他们只是生气。"我说他们可能既害怕又生气。我问他认为父母昨晚是否有理由生气。他说："也许有吧。午夜确实有点晚了。"我表示赞同。我问他是否知道父母在等他时的感受。他说："他们总是往最坏的方面想。这是愚蠢的。"我说："我们在担心的时候都会这样。"他说："我想我给了他们生气的理由，但是我不喜欢他们生气。"我遗憾地说："他们也不喜欢生气。我敢打赌，昨天他们的心情跟你的心情一样糟。"

实务要点：在下一段摘录中，吉姆谈到了一个关于自己感受的根本问题：他现在的母亲是继母，在他的生母去世后嫁给了他的父亲。他以一种激烈的方式表达他的愤怒；然而，工作者意识到或者说相信，他并不是真的想杀死他的继母。一个隐含的问题出现了，这经常是父母一方再婚的家庭所面对的，即孩子们必须学会如何与新的父母相处。这对继父母和孩子来说可能是一个痛苦的过程，但通常这还是一个禁忌话题。如果孩子的失去感和悲痛没有得到处理，这个过程可能会特别难。情感是存在的，但它大多时候是通过行为表现出来的。

我在禁忌领域为他提供支持，并试图接近他愤怒和遭遇拒绝的感觉。吉姆说他总有一天要杀了他的继母，反正她不是他的亲生母亲。我问他是因为她做的某些事而生气，还是因为她不是他的亲生母亲而生气。（试图偏向他担心的事情。）他说："两者都有。"我问他，到底他妈妈做了什么，让他这么心烦生气。他说："她太矫揉造作了。她打电话给我的学校，坚决要求如果我逃课，一定要通知她。这不关她的事。这当然是我爸爸的事，但不是她的事。"我一直关注着这个问题，然后说："不关她的事，因为她是你的继母吗？"他说："是的，我不是她的儿子。她在我的事情上没有权利。"我遗憾地说："没有权利关心吗？她不可能赢，对吗？"吉姆说："是的，她不可能赢。是她让我们搬离保留地的。"我说："我知道这个情况，她想为你和你父亲创造一个更好的家。"吉姆不安地用手指缠绕头发，说他更希望亲生母亲在身边，而不想要"她"的关心。我说他表达了真实而深刻的感情。（称赞他的工作。）"要从母亲的

313

去世中恢复过来真的很难。"

实务要点：工作者已经开始意识到吉姆的核心问题，并建立工作关系（融洽、信任和关怀）。她现在能够通过调解冲突来提供帮助，并且吉姆已经准备好接受。她还有技巧地挑战了他关于不相信完美的话语，并指出和赞扬了他不断发展的文化技能有助于将自己界定为印第安人。她也意识到了吉姆间接提出的她是白人的问题。

　　我尝试帮助吉姆识别情感上的障碍，并提出为他与他的父母进行调解。吉姆说，他不知道怎么告诉父母，当他做了什么错事的时候，不要再用"愚蠢的印第安人"这样的说法形容他。他们一旦这样做，他就会血液沸腾，出门大醉。他什么也说不出来，就这样走了出去，并且开始表现得很没头脑。我请他告诉我他到底想对父母说些什么。他说，他只是希望他们不要再辱骂他。但是他不能对他们说。我说："这是他们批评你的方式，是吗？"他说："是的。当做错了事情被说已经够糟糕了，他们还用那样的说法形容我，这太不公平了。"我说："就好像突然之间你谁也不是。"他说："是的。"他的眼里含着泪水。

　　我说："你想让我帮你和你父母谈谈吗？"他说："是的。"他一个人办不到。我说我会打电话给他的父母，如果他们同意，我们会试着跟他们谈谈这种骂人的称呼，并试着从他们的角度理解背后的意思。吉姆说他不想谈论他做错的事情。我说他忽略了很多事情他也做得很好。好的坏的我们都得接受。他说："是啊，但是我离完美还差得远呢。"我说，完美就像彩虹，没有人能触碰到，我们只能尽量尝试。他说他的父母不知道这个。我说我可以肯定他们知道，他们只是对他有很高的期望。他说他不相信有很高的期望。我笑着说："胡说——你在每件事上都想做得最好。"他说："你怎么知道？"我说我见过他的一些雕刻作品，它们很精美。在我看来，他显然是在努力成为最好的。吉姆开始长篇大论。"哦，"我把谈话带回重点上来，说，"所以如果你的父母愿意，我们可以谈谈双方的想法。"他说他愿意试一试，但也告诉我和他父母相处会让我陷入很多麻烦。我说："因为我是白人？"他说："是的。"我说我只能试一试，如果我不偏袒任何一方，事情会变得更容易。

第三次会谈：我尝试对焦"一"（吉姆）和"多"（家庭）之间矛盾的感觉，试着使每个人都成为共同经历的一部分，并阐明契约。在第一次会谈的时候，我说过他们一定对一个监督缓刑的白人警官来到他们家里感到有点不舒服。琼斯先生笑着说："当然了，你是我们设法允许进来的第一个人。"琼斯太太说她不介意；反正她今天也得因为保健护士的到来打扫房间。我意识到她的矛盾心理，并对她说，我理解她的感受——因为有陌生人来访而要去打扫屋子是件麻烦事。她迟疑地点头。我说我今天感觉自己有点像个入侵者（把我的个人感受用语言表达出来），但我希望当我们更了解对方后，我们会感觉更舒服。

实务要点：吉姆的姿态和他继母的反应表现出他们惯常的交流方式，或者实际上，没有交流。工作者试图打破这个循环，深入到对原住民社区的刻板印象这一禁忌领域。注意这位父亲的反应，因为他对身为白人的工作者仍然不放心。重要的是，工作者要明确她在交谈过程中的角色，她不是仅仅要让吉姆改变他的行为，也不是要加入父母的阵营与他们站在一起反对吉姆。

吉姆的眼睛被帽子遮住了，两臂交叉抱在胸前。我问他为什么生气。他说："没什么，别管我。"琼斯太太坚定地说他不能那样对我说话。我说生气是可以的。他们（吉姆的父母）知道是什么使吉姆如此生气吗？琼斯先生说吉姆在家里就是那样，不用担心。我说也许吉姆害怕我们会联合起来对付他。"这当然不是我的本意。"我说，我在场是为了让他们讨论一个真正令人痛苦的问题：吉姆无法忍受被称为肮脏的印第安人，这太伤人了，以至于他通常不能谈论这个问题。

琼斯先生恶狠狠地瞪了我一眼。琼斯太太说，她觉得很简单：我应该禁止吉姆做任何疯狂的印第安式事情，这样她就不会再叫他疯狂的印第安人了。琼斯先生同意她的看法。我说，我知道他们经常担心吉姆，但我不能那样做。那不是我该扮演的角色，而且那也不管用。吉姆不高兴地点头。我说我对"疯狂的印第安式事情"这个说法感到不舒服。我问吉姆，他是否知道他父母这么说的意思。他从眼前摘下帽子，说他敢肯定意思是"所有的印第安人都是肮脏、疯狂、暴力和懒惰的酒鬼"。

琼斯先生说："他又来了，像疯了一样。每个人都知道印第安人不暴力也不酗酒。"吉姆咯咯地笑了起来，琼斯先生的指关节也噼啪作响。我说，也许吉姆正在谈及让他受到伤害的东西，那就是他们每天都要忍受的偏见。琼斯先生说我是非常正确的。琼斯太太说，这正是她担心的，吉姆会变得像"其他的印第安人"一样。我说："你是印第安人，你不暴力，不懒惰，也不疯狂。吉姆也不。"琼斯太太说不是这样的，那是因为他们已经搬离保留地了。我说也许是时候看看现在的积极的事情而不是过去的不好的事情了。

实务要点：在下一段摘录中，注意这位工作者已经做了关于原住民文化的准备工作，并使用了他们的习语和表达方式来与他们一起探索隐含的根本冲突。从这个意义上说，她是在融入这个家庭。她也明白这位父亲对种族主义白人教师的评论是针对她的。她使用的幽默回应有助于在这个困难的工作领域打破僵局。另外，还要注意吉姆和他父亲在这个问题上的联系。

我试图以他们的方式捕捉感受，建立联系，并协助家庭成员互相帮助。吉姆说："你只能冲动行事，这就是我要强行入侵他人住宅的原因。"我说："你忘了向熊灵祷告了，是不是？"琼斯先生点点头，说我是对的。他给我们讲了一个小男孩长大成人变成熊的印第安故事。这与吉姆在这一点上的进步相反，但它突出强调了他的潜力。吉姆说这个故事还可以，但是长辈们有更好的故事。我对吉姆说，也许这个故事有点击中要害。我依然毫无进展。

吉姆说他今天被赶出了英语课堂，但那些白人孩子同样也很爱捣乱，他的问题并不比他们严重很多。我说，稍微爱捣乱一点就能造成不同。（沉默。）琼斯先生说白人教师是种族主义者。琼斯先生［还］说，女性比男性更有种族主义倾向。他随时都可以和白人男人打架，但不能和白人女人打架。我承认了自己的感受，并说我害怕可能会有箭朝我飞来。我们都因紧张气氛得到缓解而笑了起来。吉姆说印第安人只剥掉没有荣誉的白人的头皮。琼斯先生咧嘴一笑。我识别出了他们提供的信息，并说很高兴听到我有荣誉。他们对我的感受对我而言很重要，因为我尊重他们。

为了其他家庭成员的利益，我努力把服务对象的感受用语言表达出来，以便让他们重新了解彼此。琼斯太太问我对吉姆酗酒一事打算怎么办。我说吉姆正在尽他最大的努力远离酒精和保留地，但有时他会因为忍不住而感觉自己很糟糕并对此感到很沮丧。吉姆说我是对的。当他的父母叫他疯狂的印第安人时，他无法控制自己。琼斯先生说他和他的妻子是出于好意。他们只是不知道还能说什么。我说："我知道，当你在担心的时候，言语是不容易表达出来的。"吉姆温和地说："当我堕落的时候，你为什么不直接说我让你失望了，爸爸？"琼斯先生搂住了他的儿子。

实务要点：当吉姆和他的父亲的关系开始亲密起来时，琼斯太太又带着对吉姆的雕刻爱好和他未来的担心回到了讨论中。在接下来的摘录中，我们看到工作者与吉姆和他的父亲建立联系，但失去了与他继母的情感联系。一个更好的回应是去探究琼斯太太对吉姆未来的根本担忧，而不是简单地为吉姆的雕刻爱好进行辩护。工作者为何会忽视与所有家庭成员在一起同时工作的需要，这是很容易理解的。

琼斯太太说吉姆进行雕刻是在浪费时间，因为他不能以此为生。我说我深深被吉姆的雕刻所打动。它们真的很漂亮。琼斯太太说吉姆花在这件事上的时间太多了。我说创作一件艺术品是需要很多时间。琼斯先生说他知道，因为他年轻的时候试过了，但还没有吉姆做得一半好。吉姆听了以后感觉非常开心。他又问起他爸爸年轻的时候印第安舞跳得有多好。

实务要点：现在话题切换到环境的影响上，在这个案例中，是乐团和乐团的领导者对家庭的影响。参与社区活动是印第安文化中一个非常重要的元素。这个家庭与乐团断绝了联系，部分原因是吉姆的不良行为。

我主动提出在家庭和一个系统之间进行调解，这个系统使吉姆和他的父母之间的沟通因为他的过失变得更加困难。每个人都沉默了。尤其是琼斯太太，看起来特别冷酷。我问他们我是否以何种方式冒犯了他们。（沉默。）我说："因为我做了什么或说了什么有关吉姆的事吗？""不，"琼斯先生说，"我想我们是在拿你出气。"吉姆说他知道这是怎么回事，与乐团有关。"你希望能和乐团搞好关系，是吗？"琼斯太太说这不可能。因为有太多的政治活动在进行。琼斯先生说他们很傲慢。

吉姆继续坐在他的椅子上摇晃着，看上去很受伤。我注意到他的眼睛，说："你为此感到内疚，想要哭。要处理你强行入侵他人住宅的事很棘手，对吧？"他点了点头。我说我会和乐团办公室谈谈。也许我走后他们会同意监督吉姆的缓刑。琼斯先生说："既然他们过去拒绝了，那他们现在为什么要接受呢？"我说他们已经有了时间从震惊中恢复过来，就像吉姆有时间完成很多成长一样。吉姆点点头。

问题的现状——现在的情况： 问题已经紧急转移了。吉姆和他的父母开始能够以较少的愤怒和痛苦来讨论印第安人身份的问题，也开始能够不从种族起源的角度谈及、讨论其他问题。吉姆的父母开始能够因为他"属于原住民"的成就（例如，他雕刻的工艺品很精美，以及他可以熟练地跳印第安舞蹈）而给他积极的鞭策。他们努力生活在同一个屋檐下，而不再觉得这里是"好印第安人"对"坏印第安人"的战场。吉姆的愤怒已经减轻了，很大程度上是因为他重新获得了乐团长辈们的支持。他已经避免了进一步的犯罪行为。

接下来的具体步骤：

- 对于下一个白人工作者：不要回避对互动中的种族元素的讨论，因为这是吉姆和他的家人的核心元素，渗透到他们全部的生活中。
- 继续围绕沟通模式开展家庭工作。与生母逝世相联系的愤怒和悲伤，成为吉姆和他继母之间的干扰。
- 继续强调吉姆的个人能力和渴望实现卓越的心愿，而不是吉姆过去的犯罪记录；强调他父母想成为最好的父母的愿望。
- 努力争取乐团长辈们的帮助，从而为吉姆和他的家人提供社会支持系统。

实务总结： 这个例子中的工作者已经开始打破父母和孩子、家庭和她自己（以及她的白人社会服务系统）、家庭和原住民社区里的一个支持来源之间的障碍。社区支持的悠久历史是原住民文化的核心，是巩固家庭的一个关键元素。

先前引用的儿童福利研究的一项发现（Shulman，1991）表明，与原住民社区建立有效工作关系的省级儿童福利机构所在的地区中，获得替代照顾的土著孩子较少，如果他们得到关爱，那么离开原住民社区的儿童会减少。（有效工作关系涉及友好中心、家庭主妇和法院工作人员、乐团首领和长辈们以及社会工作者。）进一步的家庭工作需要整合一些对压迫性的社会经济问题的讨论——这些问题促成了家庭内部的斗争，进而从个人病理学角度转向社会角度去重构这个问题。

本章小结

由于诸多原因，关于"家庭"含义的界定是很复杂的；然而，有一些核心元素是被广泛接受的。家庭社会工作包括一般的家庭支持、家庭辅导和危机干预。开展家庭工作涉及的独特问题使这种实务有别于开展个人工作。也有许多不同的家庭治疗模式，其中包含一些在家庭社会工作中有用的概念。社会工作者在开展家庭工作过程中的角色被定义为协调每个家庭成员之间和整个家庭的关系。两个服务对象的观念被重新审视，其中第二个服务对象是整个家庭。

在描述一些家庭预估工具时需要重点说明的是，在第一次或早期的面谈中使用该工具不能妨碍工作关系的发展。也有人建议，应该向家庭成员充分解释这种工具，并将其作为他们的工具使用，而不仅仅是工作者预估的工具。这就是与家庭一起行动和对家庭采取行动的区别。

工作阶段框架和对焦的概念——以及在开始阶段订立契约的重要性——在与家庭一起开展的工作中重新出现。家庭预估模式可以在与家庭接触中建立关系的阶段帮助工作者。此外，本章以一个白人工作者与一个土著美国人家庭的实务案例强调说明了了解文化和社区的重要性。

能力要点

下面列出了本章援引的社会工作教育委员会在《教育政策与认证标准》（2015 年）中为社会工作学生推荐的能力和实务行为。

第一项能力　体现符合伦理的专业行为：

b. 运用反思和自律管理个人的价值观并在实践中保持专业性

第二项能力　将多样性和差异性融入工作实践：

a. 在微观、中观和宏观工作中运用并能交流对多样性和差异在塑造人生经验中的重要性的理解

b. 以学习者的身份与服务对象和不同群体建立关系，将他们视为自身经验的专家

c. 运用自我意识和自律，管理在与形形色色的服务对象和不同群体一道工作时个人的偏见和价值观的影响

第四项能力　投身实务与研究的结合和研究与实务的结合：

b. 运用批判性思考来分析定量与定性研究方法及研究发现

第六项能力　与个人、家庭、小组、组织和社区建立关系：

a. 运用人类行为与社会环境、情境中的人和其他多学科的理论框架，与服务对象和不同群体建立关系

b. 运用同理心、反映和人际技巧有效地与多样性的服务对象和不同群体建立关系

第七项能力　预估个人、家庭、小组、组织和社区：

a. 收集和组织数据，运用批判性思考解读从服务对象和不同群体处获得的信息

c. 基于批判性地预估服务对象和不同群体内在的优势、需要和挑战，形成相互同意的干预目的和目标

第八项能力 对个人、家庭、小组、组织和社区进行干预：

a. 批判性地选择和落实干预措施，实现工作目的，并增强服务对象和不同群体的能力

d. 同各种各样的服务对象和不同群体一道并代表他们做协商、调解和倡导工作

第九项能力 评估个人、家庭、小组、组织和社区：

a. 选择并运用适当的方法做结果评估

b. 运用人类行为与社会环境、情境中的人和其他多学科的理论框架方面的知识，进行结果评估

家庭工作的中间和结束阶段

家庭工作的中间阶段

本书的第五章已经呈现了一个关于理解中间实务阶段的模式，主要聚焦于个体面谈，模式中的一般原则和框架在思考家庭工作的中间阶段和正在进行的工作时也同样适用，但我们现在将介绍一点显著的不同。当我们同时面对多个服务对象——如一个家庭、一个小组或社区（后面的章节会提到）的时候，我们需要考虑作为一个整体的家庭的沟通过程、发展阶段、共享的规范和禁忌以及家庭互动的规则等等。例如，除了像我们在第一阶段所做的那样，对焦每位家庭成员会给会谈带来什么（在前文被描述为会谈对焦），我们现在也需要考虑家庭有机体会给会谈带来什么。当我提到"家庭"的时候，我指的是超越了各个部分总和的实体。也就是说，家庭文化的要素之所以存在，正是因为不止一个服务对象参与其中，作为一个整体的家庭的另一个独特方面在于家庭拥有历史和被共享的成熟的文化。

教育政策 0a

当我们在每一次会谈之初考虑订立契约的时候，我们不仅要适应每一个体间的间接交流，也要适应家庭单位中直接和间接的交流。我在前面的章节提到过服务对象做了许多决定。第一个决定就是是否要与社会工作者建立关系（而在家庭中，则是彼此间的关系），这个决定与订立契约阶段息息相关。最初的工作是真实的，可能会包含有意义的内容；然而，家庭成员可能会协力提出一些接近核心问题的"相近问题"，但这些问题没有切中要害。

320

中间阶段的关键在于，这个家庭是否自觉或不自觉地达成一致，去做出"第二个决定"，并开始解决更加核心、更有影响力和情绪化的问题。由于矛盾心理和相关的恐惧，服务对象在真正投入工作之前选择后退的现象并不罕见。请注意，家庭成员不像小组服务对象那样，他们很可能在会谈结束之后一起回家。妻子、丈夫或者孩子，谁（在会谈上）提出了一个禁忌主题，比如父母的酗酒问题（这经常被视作一个家庭秘密），谁就不得不去应对会谈之后的一系列后果。因此，在会谈的开始，订立契约阶段的沟通交流可能是充满矛盾并且非常间接的。这种抵触和抗拒实际上是家庭或者家庭成员已经准备好采取下一步行动的信号，但需要讨论和确定家庭将如何应对一些后果。

在中间阶段，家庭成员可能通过他们在房间里的座位传达问题，比如父亲、母亲或孩子突然互换了座位并且几乎远离了家庭群体，这可能传达出了家庭成员或者整个家庭在此刻的感受；社会工作者如果认识到了这个问题，可以对其进行处理。因为在家庭团体中的问题处理过程将会让整个家庭迅速融入工作内容当中，一位工作者对于整个家庭的"工作要求"——或"促进性的对质"——可以作为一个转折点。为了探索这个中间阶段，让我们先回顾一下第五章当中分享的框架，集中关注在家庭工作实务中的差异。

家庭工作会谈的分析框架

教育政策 9a
教育政策 6a
教育政策 6b
教育政策 7d
教育政策 7a

请注意与之前第五章模式的关键区别，第五章的模式本质上聚焦于服务对象与社会工作者之间的沟通，而在这一章中，我们必须把家庭成员之间的沟通过程也纳入考虑之中。

工作阶段模式

1. 会谈对焦每个个体和整个家庭。社会工作者根据之前的几次会谈以及/或者可能出现的环境性问题表达预备同理心。例如，社会工作者可以解决一些家庭事件造成的潜在影响。比如发现一位家庭成员被征兵到伊拉克这样的战区服役；或者相反，这个家庭发现一位离家很久的家庭成员将要回归；又或者，一位家庭成员被确诊患有重症。

2. 会谈期间与整个家庭订立契约。这要求该家庭支持社会工作者去解决由个体或家庭群体直接或间接提出的问题。会谈期间订立契约同样包括帮助家庭成员就一个问题达成共识，即"我们今天要做什么"。

3. 阐释技巧。家庭支持社会工作者帮助家庭成员讲述彼此的故事，而不是仅仅把故事告诉工作者。这个技巧包括帮助他们互相交谈与倾听。例如，"我想知道约翰是否可以分享一下他在学校打架时的沮丧心情，这样你们也能更好地了解他身上究竟发生了什么"，或者，"琼斯先生，我知道您听到约翰在学校里惹的麻烦很难过，但是您能否试着再听一听约翰怎么说，让他把话说出来，我们也许可以帮助解决这个问题"。

4. 对所有的服务对象——个人及家庭运用同理心技巧。同理心技巧是指对家庭的每个成员和整个家庭表现出同理心。该技巧包括捕捉、承认和分享已被表达的和未被表达的感情。例如："约翰，我知道对你来说在家人之间分享这些事情很困难，我猜听约翰说这件事情对于你们所有人来说也很难受。"

5. 分享工作者的感受。这个技巧包括社会工作者以专业的方式分享恰当的个人感受。例如："我不得不承认，在和你们见过这么多周之后，我已经变得非常关心你们每个人和你们的家庭。我觉得你们有很多可以为彼此付出的东西，看到许多原有的争论阻碍着你们相互之间的给予，我感到很难过。"

6. 探索禁忌话题。这是一个复杂的技巧，工作者需要运用一系列的技巧来获得允许去讨论一些禁忌话题，比如对阿片类药物的依赖，吸毒或酗酒，性问题，等等。例如："我认为有些事情你们所有人都需要去讨论，但是每个人都不敢开口。我相信这与家里人的酗酒程度及其对你们每个人和整个家庭的影响有关。"

7. 提出工作要求。这些都是促进性的对质技巧，可以帮助解决实际工作中的逃避问题，挑战工作中出现的假象和错觉。例如："每一次我们开始讨论困难的话题的时候，你们两个就开始吵架，对你们来说似乎和彼此吵架比面对自己的真实感受更容易，我觉得是时候该停止了。"

8. 指出障碍。这是一个用来帮助家庭成员理解他们的沟通和关系过程的技巧，特别是理解那些阻碍积极变化的障碍。例如："在我看来，每一次你们想要进一步靠近彼此的时候，有人就会害怕退缩，就好像你们感觉自己不受保护和易受伤害，害怕被拒绝一样，我想你们都是这样的。"

9. 识别过程与内容的联结。这是一项元技能，包括指出过程（家庭成员之间的互动方式，即亲密主题；或者家庭与社会工作者之间的工作方式，即权威主题）如何与工作的内容相联结。例如："快看看发生了什么，你们开始讨论母亲生病的事情了，约翰，你转移了话题并且开始胡闹。约翰，这对你来说很难开口吗？剩下的诸位，这就是你们躲避痛苦的方式吗——通过纵容约翰胡闹？"

10. 分享数据资料。工作者会以一种留有余地、可供讨论的方式分享一些与家庭工作相关的信息、价值观、信仰等等，这些内容在其他情况下是无法得到的。例如："我不能对此一概而论，但我可以说我服务过的很多家庭都有过同样的挣扎和感受，他们也有着你们所描述的同样的压力，而且他们也觉得自己是唯一在经历这些的人。"

11. 帮助服务对象以新的方式看待生活。这是一项有时候会被称为"重构"的技巧，但其本质是为家庭成员提供一种新的并且更积极地看待彼此和整个家庭的视角。例如："你们每个人能不能花一分钟的时间告诉其他家人你们希望的家庭是什么样的？我的意思是说，如果这次辅导工作成功了，你们的家庭会变成什么样？现在没有人可以跳出来反对了，你们每个人都有表达的机会。"

322

12. 会谈结束/转换技巧。这些技巧涉及结束一次会谈，以及确定向下一次会谈或者家庭成员同意采取的具体行动的过渡。例如："我认为你们今晚都非常努力，但真正棘手的问题在我们即将结束的时候才出现。大家是否可以完全同意我们下一次会谈从约翰刚才提出的问题开始？"

处理家庭秘密

教育政策 3a

　　许多家庭通常都会有一个让他们觉得很糟糕、没有人愿意去讨论的秘密。这个秘密会通过一个明确的或不成文的协议来保密，在这个协议中，所有的家庭成员都同意不直接处理敏感和禁忌的问题。家庭暴力、阿片类药物滥用、酗酒和性虐待都是潜藏在家庭假象之下的家庭秘密的例子。有时候，一段关系中的施压者会使用情感或身体上的威胁来强迫他人保守这个秘密。其他一些常见的家庭秘密与身体和心理上的疾病有关，例如有的家庭成员试图隐瞒疾病的发作，而这个疾病可能威胁他的生命安全，如艾滋病、癌症或者阿尔茨海默病。在某些情况下，家庭内部可能已经知道了这个疾病，但把它当作一个禁忌话题，每个家庭成员都担心其他成员在情感上无法承受关于这个病情的公开讨论。虽然秘密的保守者是真心地想要保护其他家庭成员，但同时他也是在保护自己。这就会导致出现工作错觉，也就是说虽然进行了对话但没有任何实质性的效果产生。

　　远离视野之外的不被讨论的家庭秘密会损害一个家庭以健康方式运作的能力；明确禁止此类讨论的行为规范则限制了家庭成员解决此类问题并发现自己潜在优势的能力。

323
一位母亲的退行性疾病：家庭的秘密

教育政策 1b

　　在一个案例中，一位年轻的母亲患有一种会导致失明的退行性疾病。她经历了中风和失忆，病情预判是可能会早早地离开人世。她的丈夫已经不在了，家庭的三代人共同生活在一起，包括母亲（露丝）、八岁的儿子（比利）和祖母（米莉），所有的家庭成员都默默遵守着一种行为规范，即不谈论这位母亲的疾病和症状，尤其是不谈论母亲的未来。孩子被认为太小还不能理解这些事情；祖母担心讨论病情会让这位年轻的母亲更加失落并且可能会引发中风；这位年轻的母亲则担心自己的疾病会给祖母带来负担并且影响她的身体健康。同时，母亲和祖母又都非常担心如果对方先去世了，会对比利造成什么样的影响。

　　比利：已确认的病人　虽然家庭里的紧张和压力被小心地掩盖了，但这种感觉却无法一直被隐藏在表面之下。比利通过表现出他对母亲和家庭所发生的事情的焦虑暗示了潜在的问题。随着他行为的恶化，他的母亲和祖母已经无法控制他，所以她们向一家儿童照护机构寻求帮助，帮她们把比利先临时安置在一个寄养家庭或者教养院。这是一个家庭成员成为"已确认的病人"的很好的案例，但实际上这个孩子是在为一个家庭问题发出求助信号。

她们找到的这家机构的使命是协助家庭处理孩子的行为问题，或者提供替代性儿童福利服务资源。该机构不像医院的社会服务部门那样以疾病本身作为核心问题。

该机构与参与服务的家庭工作者的第一反应是尊重这位祖母的禁忌，不去涉足健康问题，这位祖母也要求工作者对这个核心问题保持沉默。基于机构以儿童为中心的服务模式，工作者的同意是可以理解的。工作者最初的努力主要集中于帮助母亲和祖母处理比利的行为以及帮助比利控制自身的活动。然而，因为这种做法忽视了异常行为的真正含义，并导致家庭利用比利作为"已确认的病人"来掩盖真正的家庭问题，所以工作并没有取得实质性的进展，同时母亲和祖母也表达了对服务结果的不满。

识别家庭的秘密和工作者的矛盾心理　家庭工作者意识到核心问题在于家庭的秘密，于是开始努力打开这个秘密。她向这位母亲和祖母指出，比利的行为可能源于他感知到家里出现了一些问题而产生的焦虑。然而，当看到祖母对于这种说法表现出抵触的时候，工作者退缩了。然后工作者不得不审视自己关于死亡和垂死的感受，这种感受使她愿意接受工作错觉。只要家庭成员感受到了工作者的不适和由此产生的矛盾心理，他们就会开始出现抵触。工作者通过退缩间接地向这个家庭传达出一个信号，即她缺少帮助他们解决这个问题的准备。一旦工作者处理好了自己的情绪，她就可以开始把这种阻力视为工作迈入正轨的标志。当工作者明白了"抗拒是工作的一部分"的含义的时候，她通过坚持提出根本问题向家庭成员提出了工作要求。

与家庭对质：祖母持续的抵抗　工作者意识到她需要与这个家庭就保守家庭秘密的共谋进行对质，她鼓起勇气挑战障碍。面对母亲和祖母，工作者试图支持她们展开对话——首先是在她们两人中间，然后是在她们和比利之间。工作者通过问"是什么让你们觉得和彼此讨论这件事非常困难"的问题来对事件的阻力进行探索。此时，这个禁忌话题终于被公开讨论了，然而祖母却拒绝继续这样的对话，并且以"时机到了，我们自然会处理这个问题"的说辞结束了进一步的讨论。相反，母亲更加坦然地与比利讨论了她的死亡问题。这次讨论似乎对情况的改善有所帮助，比利的异常行为开始减少。然而，这位母亲仍然不愿意与祖母讨论自己的死亡问题。

尽管工作者此时无法帮助这个家庭面对未来，但她可以创造条件让难以言说的事情被表达出来，从而为未来奠定基础。基于该场景的服务，这项工作的成功之处在于让孩子摆脱了表达家庭困扰的责任。母亲和祖母的否认是强烈的但也是可以理解的。归根结底，选择怎样的时间和地点去面对这样一个残酷的现实仍然取决于她们自己。

中间阶段的家庭会谈

教育政策 1b
教育政策 2b

接下来的这个案例将会说明一个社会工作者在实务的中间阶段如何分析和理解一个家庭的服务工作。

服务记录工具

为了描述这项实务，我使用了服务记录工具（Garfield & Irizarry，1971）。这是一份书面记录，用于描述服务对象系统，识别核心的问题领域，描述和说明一段时间内的实务工作，评估经过一段时间工作后问题的状态，并确定工作者未来继续进行工作所需采取的干预措施。本书的许多案例都是从服务记录作业中摘录出来的。

我把服务记录作为社会工作学生的一项作业，以帮助他们评估一个服务对象（个人、家庭、小组或社区）面临的一个独特问题并且去描述他们在一段时间内为解决这个问题所做的努力。

服务记录从工作者关于服务对象的描述以及讨论中的时间脉络开始。工作者先对其所看到的问题进行一个简要的陈述，然后举例说明这个特殊问题如何引起了工作者的注意。
325 接着是对工作的一个总结，使用过程记录中的一些摘录来说明工作者在解决这个问题上所做出的努力。最后以对问题（该问题在记录之初被识别）现状的评估和工作者未来干预的策略结束。

描述中还包括工作者关于自身可以做出改变的分析，读者可以注意到工作者对实务认真的自我分析将如何使其干预和服务对象的回应都发生显著、积极的变化。该工具为工作者提供了一种对自身的实践进行持续性分析的手段。当服务记录被当作一项课堂作业的时候，学生们也会引用一些与干预相关的文献。

一个 12 岁儿子在学校惹麻烦的家庭：继父在家庭中充当的角色　在接下来的这个案例中，一名儿童福利社会工作者带着一位家庭支持工作者去帮助一个 12 岁的儿子难以继续上学的家庭。这个家庭与机构工作人员一起度过了两年半的艰难时间并且被认为是"难以合作的"。正如工作者的对焦评论所显示的那样，他了解这个家庭的一些历史情况，也意识到了在关系初期解决这些历史问题是很有必要的。他同样也知道这个家庭的担忧所在，即担心这次会谈会变成关于这个母亲和她同居五年的"丈夫"之间的婚姻辅导。在此案例中，15 岁的女儿为这个家庭提出了一个问题。

本案例说明了工作者如何试图订立一份尊重家庭关切的工作契约，并在父母明确表示希望得到帮助以解决他们如何对待孩子的问题时修订契约。

非血缘父母在孩子管教过程中的参与程度问题，在有继父母的家庭里是一个关键且较常见的问题。继父母通常会担心自己"插足进来"，而亲生父母则想要避免让继父母承受负担。在早期的会谈当中，案例中的母亲就间接地选择了将孩子的继父排除在外。而当这对父母逐渐建立起对这位新家庭支持工作者的信心之后，他们更愿意把他们的关系纳入工作契约当中来。

服务对象（史密斯一家）的描述和时间脉络

组成：亲生母亲，琳达，35 岁；母亲同居五年的"丈夫"，布莱恩，29 岁；孩子：玛丽，15 岁，迈克，12 岁；被收养的孩子：莎莉，15 岁。此次服务涵盖的时间段是从 11 月到次年 4 月，背景是一家儿童福利机构。

历史：琳达，35 岁，是迈克和玛丽的生母。她来自一个不幸福的家庭，她有一个酗酒的父亲，并且曾经对她实施过家庭暴力，这令她一度生活在恐惧当中。琳达的上学经历也很糟糕，但她为自己仅仅拥有六年级的学历却能在经济上获得成功而感到自豪。她相信如果迈克能学会基础的"3Rs营销策略"，也能做得一样好。布莱恩，29 岁，是琳达的同居"丈夫"，已经与她一起生活了五年。布莱恩出生并且成长于欧洲，15 岁的时候移民至美国，并成功地与当地一家小企业合作。日常生活中他一般只会在琳达绝望的时候去管孩子们。他无法接受迈克有严重学习障碍的事实，他认为必须使迈克能够坐下来学习。在过去的两年半中，除了互致问候外，布莱恩基本上没有与之前的社会工作者说过话。玛丽，15 岁，正处于退学的过程中并且试图加入一个能够快速完成学业的速成班。莎莉，15 岁，1 月的时候加入了这个家庭，她曾经是玛丽最好的朋友，因无法和自己的家人在一起生活所以加入了史密斯家庭。迈克，12 岁，他曾经在很多机构待过，因为威胁老师、殴打同学而被学校开除。为迈克提供特殊教育的老师威胁说，如果要求她去教迈克的话，她会选择辞职。当我联系到迈克所在的上一个机构时，我被告知这个家庭和迈克都是"难以合作的"，基于这个告知以及在办公室获取的一些信息，我对参与这项工作变得更加谨慎。

实务要点：这是我在之前章节中提到的"代理家庭"的一个很好的案例。考虑到这个家庭与社会工作者、老师相处的历史，工作者非常有必要尽早地提出权威主题，并且把注意力放在整个家庭系统上而不仅仅是迈克在学校的问题上。工作者还需要对焦继父缺乏参与的问题以及让他参与家庭工作的需要。工作者认识到自己在与这个家庭合作时的谨慎，这是一个很好的开端，有助于让她意识到自己的感受及这些感受如何影响她的工作。

问题描述

琳达（这位母亲）陷入了困境，她向这个机构寻求帮助，但对该机构能否满足她的需求表示犹豫和担忧。琳达与她之前的工作者习惯性地把彼此看成对手，双方都试

326

图去做她们认为对迈克最好的事情。我的记录将会关注我是如何努力让琳达和机构能够意识到她们在帮助迈克重返学校这件事上的共同之处的。

此问题如何引起了工作者的注意

史密斯家庭是我第一个在一起工作的家庭，之前的工作者简和我一起浏览了相关的文件。我们很快发现每当社会工作者找到一个考虑录取迈克的项目时，琳达都会同意其去参加录取面试，但最后又总是会说这行不通。因此形成的模式就是迈克会去参加项目，但等到大概一个月之后，他就不再出现了。令人失望的是，当工作者告诉琳达迈克停止参与项目的时候，琳达表示她早就知道会这样。当要有"家庭会谈"的时候，迈克开始停止参与项目。琳达对这些会谈的看法是，她和布莱恩之间的关系将会受到检视，他们两个人将因迈克的问题而受到谴责。

工作总结

在准备过程中，我做了许多的资源链接，并且提出了一些满足琳达描述的可行项目。我也做了一些初步的对焦。考虑到接下来的工作，我提出了我应该避免的禁忌领域：

- 告诉琳达为人父母的技巧；
- 试图去调查琳达和布莱恩之间的关系；
- 试图为一种资源做推销；
- 试图引导琳达去我认为她应该去的地方。

327

我意识到事情一定是变得更加令人绝望了，所以琳达才会打电话求助。她已经经历过很多次这样的程序，所以比我更了解其中的规律。我知道我必须向这一家人说明我的计划。除此之外，我需要先做一些负面的工作才能继续向前推进。我不得不让这一家人知道迈克目前可能已经没有什么可获得的资源了。

实务要点：我们很容易理解之前的工作者会因为迈克的行为和琳达明显的消极态度而感到受挫和失望。我们不知道之前的工作者对于琳达失落和绝望的情绪做过多少工作，也不清楚工作者是否只是"指导"了琳达如何为人父母而没有与琳达一起面对作为母亲的困难。请注意，在下面的摘录中，工作者征求了继父的看法，即使他通过读书的方式假装自己不是讨论中的一分子。

1 月

我去参加第一次会谈的时候非常紧张。我被琳达引进门，她看起来既疲惫又慌乱，好像很痛苦的样子。他们一家刚刚结束晚饭，另一位照看莎莉的社会工作者在20分钟前刚刚离开。琳达让我在客厅里坐下，她关掉电视并叫来了坐在我旁边沙发上的迈克。令我感到惊讶的是，迈克是一个看起来很亲善的12岁男孩，说话也跟他的同龄人差不多。我放松了一些，心想他要么是被很好地训练过，要么就是一个伪装高手。

玛丽正坐在大约 6 英尺远的地方看书，但是她也全程听着我们的对话。布莱恩坐在餐厅的另外一端看书，偶尔抬头看一看这边。我通过介绍自己的身份和目的开启了此次会谈。

工作者：琳达，你和我已经通过电话了，我想知道其他人是否知道为什么我今晚会在这里。你都告诉了他们什么内容？

琳达：是的，我告诉过大家我们将会拥有一个新的社会工作者来帮助迈克寻找一个可以上学的地方。迈克现在 12 岁，他需要学习一些东西——什么都行，要让他知道如何阅读、做数学题以及找工作。我们需要一个人去帮他找这样的地方而且让他还能住在家里。

琳达继续说着，布莱恩停下他的阅读并且饶有兴趣地看向这边，于是我顺势问了他对关于迈克的计划有什么想法。他认同迈克需要待在学校并且希望我能够寻找到一个合适的地方。这时琳达突然插话："布莱恩工作非常辛苦，你知道的，我主要负责所有孩子的学业规划。"琳达似乎试图阻止我与布莱恩的对话，但我克制住了自己想要忽视她的冲动。琳达说："布莱恩，你为什么不帮我们去弄点咖啡呢？"于是布莱恩慢慢踱进了厨房，之后也仅在送咖啡的时候才露面，然后又回到了厨房。

实务要点：家庭互动的过程再次揭示了一个重要的观察结果。琳达打断了工作者和布莱恩之间的对话，甚至让他离开了房间。关于这一点的一种解释可能是琳达担心布莱恩在处理这个难缠的孩子时感到有压力，并且她担心这种压力可能会影响到他们夫妻之间的关系。她可能也担心工作者会提出婚姻问题，这样他们会一起处理布莱恩的问题，就偏离了工作目的。

我想知道为什么琳达不想让布莱恩参与讨论，但是又不好询问，所以我转向了迈克，问他想要在学校里得到些什么。

迈克：和你之前说的东西一样。

工作者：一些常规的学校作业和一些需要动手的事情，比如机械和木工？

迈克：是的，我真的很喜欢这些事情，我一直在修理我的自行车，我也做过一些东西，你想看一看吗？

琳达：向弗兰克（工作者）展示一下你的蓝色花瓶。

迈克从小摆设架上拿来了一个蓝色的陶瓷花瓶并骄傲地向我展示。那是一件很不错的作品，我告诉他我很喜欢。旁边的玛丽似乎变得有些烦躁，我以为她也想要加入进来，所以我询问了她对于为迈克制订的计划有什么想法，她愤怒地做出回应。

玛丽：我不想要谈论这个，我想要说一说社会工作者以及他们是如何对别人毫不关心的，他们关心的只有赚钱和他们自己。

她对之前所有尝试过并且失败了的事情做了一个总结，并且列出了一个社会工作者的过失清单。我为我们审视之前的工作经验而感到开心，同时也感受到了玛丽敢于表达的力量。

实务要点：在这种时候，一个年轻而缺乏经验的社会工作者可能会因为玛丽的愤怒而把她视作敌人，从而对她做出防御性的回应。但实际上，玛丽是工作者的盟友，因为她直接提出了权威主题，并在这个问题上担任了该家庭的"发言人"。工作者应该认识到这件事情是真的与她相关，并且采取非防御性的回应，这是其与这个家庭建立工作关系的关键的第一步。

工作者：（详细阐述：从泛泛而谈到具体化）孩子（我叹了口气），从你说的话看来，我想你一定在想，我是不是也会像其他人一样。我其实很想弄清楚迈克究竟需要什么，因为我知道试图强迫迈克做一些他不想做的事情是没有意义的，而且大家也不会同意这样做。我希望迈克和琳达也能够像你一样，在我没有抓住重点或者没有听懂的时候告知我。

玛丽：好吧，你是不同的。你是第一个询问迈克想要什么而不只是来到这里告诉我们该做什么的人。

我很感谢玛丽，因为她为我做了很多的工作，每个人都同意如果我没有理解他们的意思会告知我。我告诉他们，如果我认为他们没有理解我的观点或不加调查就开始假设，我也会让他们知道。这引发了一场关于多年的误解和其中的挫折的讨论。

2月

几个星期过去了，我仍然没有找到可以接受迈克的机构。我们2月的第一次见面是从迈克在门口见到我开始的，他和他的两个朋友在一起，想要聊一聊就离开。我之前一直在为迈克寻找家教但始终没有成功。

迈克：你为我找到家教了吗？你知道的，现在已经过去很长时间了。每个人都说他们准备去做一些事情但之后什么都没发生。

工作者：没有，我还没有找到，现在看来，可能要等上几个星期才能找到合适的人选。我打赌你一定很生气，等着看谁会来。

迈克：是的，你知道的，时间拖得越长，事情就会变得越糟糕，有时候我就会生气地跟我妈妈说——如果她找不到提供帮助的人选就让她别管了。

工作者：我也感觉很失落，有时候好像永远都找不到合适的家教。

实务要点：在接下来的摘录中，一个有趣的现象是工作者和琳达坐在一起帮助她整理她的收据。一些工作者经常会抱怨服务对象的家庭中有太多事情要处理，这让他们很难引起家庭成员的注意。这位工作者在交流过程中并没有要求琳达停止她手头的工作，而是选择坐下来帮她一起整理。在开展另一个家庭的工作的时候，这位工作者也在帮一位单亲妈妈叠衣服的时候与她进行了一次极好的会谈。这些持续进行的家庭活动对于工作者来说通常是家庭成员感受到会谈压力的信号。有时候参与到这些活动当中可能比试图让这些活动正式停止更有利于开展工作。

工作者将再次做出努力把布莱恩带入讨论当中，下文将揭示他迄今为止所做的"贡献"可能是责备琳达和她的育儿方式，这也解释了琳达不愿意让布莱恩参与进来的原因。

> 在厨房里，琳达正在清点当天的票据，于是我也坐下来帮她把这些票据分类。
>
> **琳达：** 从你的电话中听来，似乎没有什么新的消息。
>
> **工作者：** 是的。听起来你之前好像也经历过这样的事情，你似乎已经受够了等待。
>
> 说到这里，我们开始讨论琳达与机构、学校系统和其他机构之间的一些纠纷。她问我是否愿意和她一起去弄清楚迈克被退学的时候究竟发生了什么，我表示同意。通常话很少的布莱恩在我们讨论的时候也进来了，坐在了我对面的桌子上并且看起来似乎想要加入我们的对话。
>
> 我尝试让布莱恩参与进来，但如果他也加入，我们需要重新订立契约。
>
> **工作者：** 你知道我们一直在谈论什么吗，布莱恩？
>
> **布莱恩：** 是的，我可以从客厅里听到你们的对话，我想让你知道如果只是找一个家教，每天做两个小时的辅导，其实是没有什么好处的。一旦迈克开始做一些他想做的事情，他就会放弃学业并且不会再学习了。
>
> 布莱恩继续解释了他从欧洲来美国的时候如何通过每天学习 8 个小时的方式学习英语，然后他开始攻击琳达的育儿方式，并且将迈克的失败归咎于她。我可以看到琳达明显僵住了，于是我提到了我们的契约。

实务要点： 这是工作中非常重要的一个时刻。琳达和布莱恩之间出现了冲突。然而，工作者希望能够遵守她和琳达之间关于不会介入她和布莱恩之间的冲突的约定，让琳达自己来做决定。尽管这是对琳达需要掌控讨论的尊重，但工作者也可以指出，琳达和布莱恩如何处理彼此的关系对迈克来说是他们共同生活中的一个非常重要的部分。因为迈克会感受到他们之间的冲突，即使这些冲突潜藏在表面之下，他的一些行为也可能与这种动态相关。工作者澄清了自己能在他们之间提供的帮助，这其实是一种重新订立契约的方式。

> **工作者：** 琳达，布莱恩现在正在讨论你们的分歧，我们之前已经达成了共识，由你来决定我是否可以参与到那些讨论当中。
>
> 我可以感受到琳达内心的愤怒，我不想失去布莱恩的助力，但是我也不想打破和琳达之间的约定。
>
> **琳达：** 布莱恩，你知道我不想当着别人的面来讨论这个问题，它总是会带来麻烦。

布莱恩：我们需要来谈一谈这个事情，否则一切就还是原来的样子。如果我们不尝试些不同的东西，那么什么都不会改变。

布莱恩明显在发抖，他指了指自己的胸口，表示他几乎没有办法呼吸，他断断续续地告诉我是一个旧伤导致他在生气的时候会出现这种情况。不过，我依旧希望琳达对我的参与有发言权。

工作者：琳达，如果你想要跟布莱恩单独聊一聊的话，我可以在客厅里等着；但如果你同意的话我也愿意留下来，也许我能帮你理清你和布莱恩之间的争执。你们之间的对话听起来好像已经重复很多遍了，但现在依然没有任何解决办法，只是在原地打转，所以你们两个都很生对方的气。

琳达：你可以留下来。

他们谈论了各自所受的教养以及对于家庭期望的差异。他们似乎把这些差异给夸大了，于是我指出了他们许多的相似之处，比如他们都相信人必须坚强才能生存，他们都想要获得温暖和爱。布莱恩喘不上气，导致他很难说出话来。在那一刻，他们似乎都非常想要获得彼此的支持，但无法表达出来。

工作者：你们俩听起来都很沮丧，你们也都想要让事情变得好起来。琳达，听起来你好像可以从布莱恩那里得到一些支持（我漏了"反之亦然"）。琳达看起来很吃惊，说道："是的，我可以。"布莱恩已经筋疲力尽了，但是他听到了琳达的话，然后找借口离开了房间。琳达又说了很多她的艰难经历，她感觉这些孩子是她亲生的，所以她应该对他们负全部责任。我告诉她我们可以再谈论这个问题，并在临走时对布莱恩能够说出他的想法表示了感谢。

实务要点：由于夫妻间的对话已经破裂并且开始转变成了责备和指责，琳达开始害怕打开禁忌话题。然而，如果想要这个家庭系统有效运作，她需要从所有家庭成员那里获取帮助来解决他们的问题——包括布莱恩在内。于是这位工作者建立一种积极安全的工作关系，并且把注意力集中于他们两人的关系中与孩子有关的部分，从而为琳达同意打开这一重要工作领域的大门奠定了基础。当琳达和布莱恩探索他们不同的文化背景和家庭过往的时候，他们可能会发现他们能够更好地理解彼此的相同点和不同点。这仅仅是个开始，但在重构这个问题上是非常重要的一步。在接下来的摘录中，工作者带来了一位家教，并且组织她和琳达、迈克见面讨论他们的工作合同。当这位家教提到可以开个家庭会议来讨论迈克在学校的进步的时候，迈克和琳达都选择了一种"回避"的方式来逃避这个令人不舒服的话题。工作者对会谈的过程做出了回应，并提醒每个人注意发生了什么。这让大家关于家庭会谈的担忧得以公开，也让契约得以澄清。在其中，我们看到工作者开始了转介和结束阶段，准备在他离开之后为这些家庭成员联系新的帮助来源。

3 月

到了 3 月，我为迈克找到了一位家教——贝蒂，她两年前教过迈克并且也是唯一一位被史密斯一家认为是有帮助的家教。我们聚在一起拟订贝蒂的合同。迈克也渴望贝蒂能够再教他。

工作者： 现在，你们想让贝蒂在和迈克相处的这段时间做些什么工作呢？

众人都陷入了沉默，许多人耸了耸肩、看向天花板，说："我也不知道。"然后琳达指着合同问我："你认为这里应该写些什么内容呢？"

贝蒂： 不，不，不——你们想要什么她说了并不算，这取决于你和迈克。除非我们在合同上达成一致，否则我无法和你们合作。合同内容我们可以在工作过程中再进行调整，但是你们得说出你们的需求。

再一次的沉默过后，琳达列出了她的需求。贝蒂补充了一个每周的家庭会议，用来讨论迈克和琳达在学校和在家里的情况。突然，迈克开始讨论天花板上的装饰，然后他和琳达两个人开始围绕这个展开滔滔不绝的对话。

工作者： 等一下——这是怎么回事？你们两个突然都开始跑题，我不知道发生了什么，这里刚刚发生了什么？

琳达： 哦，没什么，不好意思。

工作者： 迈克，你知道发生了什么事吗？你突然就开始去看天花板了。

迈克： 是因为妈妈不喜欢家庭会议。那是以前的事情了——她不想参加家庭会议（琳达看起来很震惊）。

工作者： 当你还没有开始会谈的时候发生了什么，迈克？

迈克： 我被退学了。

工作者： 你担心同样的事情可能会再次发生吗？

迈克接着说，他想让学校帮他解决问题，琳达向迈克解释了她不喜欢之前家庭会议的原因。在澄清了贝蒂在会议中的角色和目的之后，迈克认为这是可行的并且率先签署了合同，他看起来也为发挥了自己的作用而感到自豪。我和贝蒂告诉他们，他们在向我们及彼此袒露心迹上都迈出了重要一步。

实务要点： 这位社会工作学生本学年和她在这个家庭的工作都即将步入尾声。于是她主动提出谈话，我们可以看到第六章中描述的结束阶段出现了，工作者必须和这个家庭说再见了。工作者一开始讨论了这段工作关系是如何发展的，随后开始帮助服务对象向新工作者转介做准备，这个转介正是服务对象所关心的。

4 月

在 4 月初的一次晚间例会上，我们讨论了关于结束的事情。琳达刚开始震惊于时间竟如此短暂，接着对于我即将离开感到生气，对于自己不得不和另一位工作者从头开始一切工作而感到沮丧。

工作者： 琳达，我记得我们的第一次见面，我当时还不确定我们是否真的能够在一起工作。我觉得我们在一起经历了很多事情，有时候我们的关系并不稳定——你知道有时候我们两个都会不高兴。但你们让我觉得自己在你们家里是受欢迎的，我现在已经变得非常喜欢你们，之后我也会想念你们的。

琳达： 那你为什么还要走呢？我知道你可能不得不离开，那谁又会是我的新工作者呢？

工作者： 这也是我一直以来在确认的。你说过每当有新的工作者加入进来的时候你都会度过一段艰难的时光（琳达表示同意并且说她不会浪费时间去对一个她并不喜欢的新工作者示好）。你有什么想法都会直接告诉我，这其实是我喜欢和你在一起工作的原因之一。当我觉得自己搞砸了的时候，我总是相信你会告诉我。我很喜欢这种感觉。还有，上周你告诉我你信任我的时候我感觉很荣幸——我知道对你来说说出这些话并不容易——所以当时你又加上了"差不多"。

琳达： 嗯嗯，我相信你（她笑了起来，并且又加上了"差不多"）。

我解释说，我已经和我的督导员商量过在我离开之后谁将会为史密斯家庭继续服务，并且我们讨论过为了弄清将来会发生什么事情需要聚在一起。我与琳达的谈话继续围绕着我们曾经遇到过什么困难、困难是如何被解决的，以及将来还会出现什么样的阻碍展开。直到那天晚上，我才意识到自己与这个家庭的关系已经多么密切，关于离开的对话真的触动了我。

问题的现状：现在的情况

琳达已经开始把机构视作自己的盟友了，并且利用这个机会提议和新工作者黛比开一个联合会议，去建立工作契约。布莱恩参与了过去五分之四的会议并且表示他愿意在琳达要求的时候去帮助迈克。琳达也同意把布莱恩纳入每周的家庭会谈当中来。

干预策略

- 贝蒂将和迈克一起工作到 6 月底，并且在 9 月时可以帮助迈克指导作业以及参与家庭会谈。
- 黛比和我将继续我们关于未来规划讨论的会议，她将会向史密斯夫妇和贝蒂提供帮助。
- 琳达、迈克、贝蒂和我将会在这周去拜访另一家可行的机构，并且讨论未来的规划。

实务总结： 请注意这名工作者关于问题现状的分析中并没有认为问题已经得到了"解决"，因为问题很少能够得到彻底"解决"。事实上，我鼓励工作者从自己的词汇表里删除这个词。工作者应该做的是识别家庭和机构之间及家庭成员间的关系状态的重大改善。工作者帮助搭建了一个持续工作的平台，在服务对象的生活中，他仅仅是一个插曲——却是一个重要的插曲。持有这种观念可以帮助社会工作者在分析实务的过程中避免两种常见类型的错误：高估或低估他们对于服务对象的影响。

在我带领的一个夫妻小组[①]中，我受到了其中一位成员的影响，理解了家庭工作是持续进行的，问题并没有完全被"解决"。（这个小组在本书第三部分被详细描述。）该小组包括五对夫妻，他们的年龄分别为 20 多岁、30 多岁、40 多岁、50 多岁和 60 岁以上。每对夫妻轮流用一次会谈来陈述他们需要解决的问题，许多问题是与他们的生命周期中所处的阶段相关的。20 多岁夫妻中的丈夫惊呼："你们的意思是说格文和我也将会经历这一切事情吗?" 69 岁的本表示他理解这个小组的局限性并且回应道："是的，荣恩，你和格文在你们的婚姻中也可能会面临这些问题，但不同的是你将会有这个小组来帮助你解决这些问题。"

333

家庭工作的结束和转换阶段

第六章所述的与结束和转换阶段有关的一般原则和干预措施同样适用于家庭情况。让我们回顾一下，家庭成员在开始阶段面临的第一个决定：他们必须决定他们是否准备好了与工作者建立关系——如果需要的话他们要降低对工作者和其他家庭成员的防御心然后才能开始工作。在第二个决定中，家庭成员必须同意为他们在问题当中所扮演的角色承担一些责任，并且需要面对工作中涉及的情感痛苦。如果有家庭秘密的话，必须对其进行揭露和处理。在第三个决定中，服务对象在工作关系快要结束的时候必须决定是否要处理最困难的问题。当这些问题涉及多年来每天都在强化的长期的家庭动力时，服务对象的矛盾心理是可以理解的。

结束阶段为有影响力且重要的工作提供了最大的潜力，当家庭成员意识到剩下的时间不多了的时候，他们就会有一种紧迫感，从而会引出一些最困难和最重要的关注主题。工作者与家庭成员之间的情感互动在这个阶段也会被加强，因为他们准备离开彼此了。关系的终止会在服务对象和家庭成员中唤起强烈的情感，工作者通常可以把关于这些感受的讨论与服务对象的一般担心和任务联系起来。

结束/转换阶段的目标

柯林斯、乔丹以及科尔曼（Collins，Jordan，& Coleman，2007）把结束时的核心关注点描述为评估家庭工作是否已经解决了现存的问题。一个相关的目标就是确保工作所取得的进展是可持续的——只有当家庭成员培养出了在家庭社会工作者退出后能够独立解决未来问题的技能时，这个可持续的过程才会产生。

只要我们认识到现存的问题可能为另一个问题埋下伏笔，这些目标就是适当的。新问

---

① 　该小组与后文提到的夫妻小组为同一小组，但出于保密原则，小组成员的名字被更改，故与后文不一致。——编者注

题会在工作的过程中出现。另外，如果现存的问题促使工作者在根本问题上做了大量工作，那么在大多数情况下，现存的问题将能够得到解决。

除此之外，增强家庭成员独立应对未来问题的能力的目标虽然很重要，但这些能力可能也无法应对未来的所有问题。事实上，即使是辅导工作做得很好的家庭也应该明白，当未来几年的生活中又发生艰难的转变和危机的时候，重新接受家庭辅导不见得是个失败的标志，反而可能是一种成功的表现。例如家里主要劳动力失业，或者年迈父母的健康状况恶化，或是最后一位孩子离开家庭。根据之前的经验，短期的辅导对于处理这些事情可能会更有帮助和成效。

我将对结束期的核心要点进行扩展，具体包括以下内容：

- 最初提出的问题已经被解决；
- 其他在会谈过程中出现的问题即使没有被解决也至少已经被识别；
- 家庭成员已经找到了导致与问题相关压力增加的结构方面的、沟通方面的以及其他的议题；
- 家庭成员已经培养出了可以帮他们直接解决未来出现的问题以及识别哪些问题需要寻求帮助的技能；
- 家庭成员已经养成了一种积极向助人者寻求帮助的态度，并且把积极寻求帮助视作一种优势而不是劣势；
- 家庭成员已经学会如何在再次需要帮助时最好地利用这些帮助。

家庭辅导中对结束工作的情绪反应

正如前面的迈克、琳达和布莱恩的例子以及第六章中所详细说明的那样，服务对象与工作者在工作关系快要结束的时候都可能会出现抵触情绪。在某种程度上，经过一段时间的相处后，工作者已经成为这个家庭中的一部分，他与家庭成员分享经验并为他们提供支持。如果工作进行得很顺利，这个家庭的成员将会学到一些能够支持自身的技能，然而，他们依然会担心如果工作者走了，他们是否还有能力去处理问题。对于工作者来说，这份情感的联系可能是很强烈的，他们可能不愿意放弃这段关系。一些工作者表示，因为他们开展工作的许多被强制接受服务的家庭都会存在抵触心理，所以他们更喜欢"紧紧抓住"那些工作进展顺利的家庭。

提前指出服务的终止是很重要的，因为家庭在辅导结束之后依然要继续生活，所以要让所有的家庭成员都体会到终止是一个自然的过程，而不是强加于他们的。他们需要使用库伯勒-罗斯（Kubler-Ross，1969）所描述的死亡和临终框架来处理结束的阶段，这一框架在第六章中也有详细探讨。这些阶段被总结如下：

- 否认；
- 愤怒的直接和间接表达；

- 悲伤；
- 试探尺度；
- 告别会综合征。

尚未解决问题便结束会谈

柯林斯等人（Collins et al.，2007）指出家庭有时会贸然地以间接的方式提前终止工作。

> 　　一些人可能在会谈约定好的时间不在家，还有的可能在最后一分钟打电话取消会谈。经历过一次失败的预约之后，这些家庭就难以再被联系到，家庭社会工作者会开始怀疑这个家庭是在刻意避免进一步的接触……家庭可能正在考虑退出服务的另一种暗示是，他们没有表达出对于家庭社会工作的不满，但在不断抱怨参与家庭会谈带来的实际困难，例如要请假，要重新安排其他约会，等等。当社会工作者开始注意到这样一种模式的形成（这些人连续两次失约）时，我们建议工作者在能够联系到他们的情况下提出这个问题供家庭进行讨论。（p. 354）

335

当然，复杂的地方在于服务对象是一个家庭，刚才所描述的一些行动可能是受到了某一位家庭成员（如父亲）的支配——如果讨论开始触及一些令人不适的领域或者是某个家庭秘密，整个家庭可能都表示不愿意再继续下去，但这不一定是所有家庭成员的真实愿望。如果有可能的话，家庭社会工作者至少应该安排最后一次会谈来讨论所有家庭成员关于辅导会谈的体验，比如学到了什么，有什么问题（特别是当他们认为工作者没有帮助的时候），以及如果他们将来再次需要帮助，他们会怎么做。

　　另一种间接地提前结束家庭工作的方式是去经历一个蜜月期，即在这个阶段所有的问题似乎都得到了解决，不再需要额外的工作。柯林斯等人（Collins et al.，2007）认为当服务对象感到非常痛苦或者过于接近困难的根本问题时，他们可能会通过"假装变好"的方式来结束会谈（p. 354）。对于强制接受辅导的服务对象来说，当不再被要求辅导的时候，对他们的服务可能也就结束了。在大多数情况下，这表明家庭辅导工作可能从来没有真正地开始。我的意思是指一种"工作错觉"已经产生了，服务对象参与辅导会谈，是为了努力满足其他外部代理人（如法院）的需求，而不是对工作做出了真正的承诺。

教育政策 2a
教育政策 2.1.5a

在家庭工作的结束阶段忽视种族、阶层和文化问题的影响

家庭社会工作者也必须接受这样的观念，即不管出于什么原因，总之工作者的服务可

能是没有帮助的。家庭社会工作者不能因为服务对象提前结束辅导服务，就认定是他们做出了"抵抗"的姿态，而不去怀疑自己提供的帮助是否有用。当工作者没能解决跨文化或内文化的问题时，情况可能尤其如此。一篇题为《站在一边：一个白人实习生遇到一个非洲裔美国家庭》（Jacobs，2001）的文章中生动地描述了这样一个例子。文章作者描述了他开展一个非洲裔美国家庭工作的经历，以及他为了让这个家庭中的父亲签署一份同意向法院提交实习生报告的文件所做出的努力。报告中指出，家中的儿子杰克因袭击另一名青少年而惹上麻烦，然而他是被他父亲当作了"替罪羊"，所以他应该被从少管所中释放出来。杰克的父亲拒绝签署这样一份他认为不真实并且侮辱了他的养育之恩的文件，然而母亲坚持让他签署这份文件，以便他们的儿子摆脱拘留。作者写道：

336

> 作为一名经历了十年磨炼的临床和家庭心理学家，关于这一幕的记忆仍然让我感到畏缩。那位父亲激动的神情，那位母亲顺从的声音，让我因强迫他们在儿子和尊严之间做出选择而感到十分内疚。那时我以为这是一种勇敢——年轻的临床医生为一个陷入困境的青少年付出额外的努力——现在在我看来完全是狂妄自大。但是在我自身的成长过程中，这个事件给我的影响是长远的：我学会了如何将个人和家庭的考虑与文化和种族的影响结合起来。当事实证明，我的做法其实是对我试图帮助的弱势黑人的一种威胁时，我才了解到作为一名有特权的白人专业人士在执行任务时可以变得多么刚愎自用。（p.171）

这个案例的结局令人悲伤：儿子最终被释放了，而他的父亲和母亲在法庭上遭到了白人法官的轻视和羞辱。父亲与儿子之间的矛盾最终升级了，儿子因为在一次激烈的争吵中被父亲持枪威胁，最终被送往了寄养中心。这位作者勇敢地分析了他犯下的所有错误，主要是由于忽略了来自工人阶级背景的黑人家庭的文化内涵，这个家庭生活在中产阶层的白人社区，他们不得不面对白人法庭、白人法官、主要是白人的机构以及白人社会工作者。在那时，对于年轻的实习生来说，以"这位父亲很抗拒，难以接触"作为结案的评论并不罕见。

因为工作者工作变动而结束与一个家庭的关系

在接下来的这个案例当中，一位工作者因为工作的变动转介了一个案子，处理了一些关于结束和转换的问题。这位社会工作者所在的机构叫作大哥哥大姐姐，她之前一直在帮助一位母亲为她的孩子链接服务，并帮助其解决一些自身的困难，工作者平时也会与孩子和母亲一起工作。由于服务对象可能在生活中经历过一些丧失（比如死亡或离婚），因此工作者必须特别关注他们在实务的结束和转换阶段的需求。这是另外一个关于工作者如何将过程与内容整合的案例。

> **工作者：**我有一些消息需要告诉你。
>
> **服务对象（母亲）：**不要告诉我你要离开这个机构了。
>
> **工作者：**不，我没有，但是我将会成为我们新办公室的督导员，这也将导致我不得不转介在这个地方服务的所有家庭。
>
> **服务对象：**我真为你感到开心，但如果你不再是我们的社会工作者，对我们来说将会非常困难。
>
> **工作者：**我的感受其实也很复杂，我为获得新的职位感到兴奋，但放弃某些人，比如你，对我来说又非常艰难。

拥抱之后，我说我会联系她并安排一次会面，与她和孩子们一起讨论一下这个改变。那个星期过后，我们进行了一次会面，这位母亲来了之后便开始谈论她的儿子因为被父亲抛弃经历了多么困难的一段时期，而现在她儿子的哥哥同样在排斥他。我询问他现在是否也觉得被我抛弃了，这位母亲回答说，他收到信之后发现了（我即将离开的）这个转变，他对此感到非常生气，他不再觉得自己特别了。我为此感到十分抱歉，解释说我本来打算亲自告诉他，但在那封信被寄出前一直没有找到机会。我还表示他的确是特别的，我打算亲自告诉他并向他道歉。

在讨论了与她儿子的抑郁情绪相关的更多问题以及为下一位工作者的后续治疗方法提出一些建议之后，我问这位母亲对于去见另一位工作者有什么样的感受。她回答她已经做好了准备，我指出她似乎很冷静地接受了这个改变，我表示我感觉非常难过。这位母亲承认，她和她另外一个儿子一样倾向于否定困难的情况，然后接着就独自"崩溃"。

我说我希望我没有带给她压力，但我认为认清自己的行为对她来说非常重要。她开始哭泣并且表示认识我很开心，她积极地谈论着我们之间的关系以及她与这个机构合作过程中的成长。我告诉她我会怀念她的配合、善良与欣赏，并表示下一位工作者将会是幸运的。我们还提到了将专业问题和私人问题分开是多么困难，以及我们的关系之后将如何改变。接着我们再一次拥抱了彼此并向接下来的工作者进行了介绍。在我和她的儿子见面之后，这位母亲又给我打了一次电话，但从那以后她就再也没有联系过我。

本章小结

前面章节介绍的用于分析工作的中间阶段以及结束和转换阶段的框架，同样适用于家

337

庭工作中的这些阶段。通常情况下，实务中间阶段的关键在于工作者能否帮助一个家庭处理好"家庭秘密"。在结束和转换阶段，家庭成员和社会工作者的情绪反应会对整个过程产生强烈的影响。有时候，家庭辅导可能会在工作者认为工作完成之前就被这个家庭直接或间接地结束了。在这样的情况下，工作者需要注意不要总是责备家庭成员终止了辅导，而必须时常检查自身的行为，以寻找导致失败的可能原因。

能力要点

下面列出了本章援引的社会工作教育委员会在《教育政策与认证标准》（2015 年）中为社会工作学生推荐的能力和实务行为。

第一项能力 体现符合伦理的专业行为：

b. 运用反思和自律管理个人的价值观并在实践中保持专业性

第二项能力 将多样性和差异性融入工作实践：

a. 在微观、中观和宏观工作中运用并能交流对多样性和差异在塑造人生经验中的重要性的理解

第三项能力 促进人权和社会、经济与环境公正：

a. 运用自身对社会、经济和环境公正的理解，在个人和制度层面倡导人权

第六项能力 与个人、家庭、小组、组织和社区建立关系：

a. 运用人类行为与社会环境、情境中的人和其他多学科理论框架，与服务对象和不同群体建立关系

b. 运用同理心、反映和人际技巧有效地与多样性的服务对象和不同群体建立关系

第七项能力 预估个人、家庭、小组、组织和社区：

a. 收集和组织数据，运用批判性思考解读从服务对象和不同群体处获得的信息

d. 基于预估、研究知识和服务对象及不同群体的价值观和偏好，挑选合适的干预策略

第九项能力 评估个人、家庭、小组、组织和社区：

a. 选择并运用适当的方法做结果评估

家庭工作中的变化

　　大多数从事家庭工作的社会工作者在学校、医院、家庭辅导机构等场所中工作。由于越来越多的人接受健康/医疗保险机构所提供的服务，因而越来越多的社会工作者开始参与私人执业。本书是对通用实务的介绍，因此，本章将重点介绍场所取向的家庭工作。虽然家庭社会工作在大多数场所中都有应用，但儿童福利机构和学校中的家庭社会工作更为常见。本章将通过对这两种场所的说明，解释第七章和第八章中提出的核心理念是如何调整以适应不同场所及其服务的。此外，随着对与两次长期战争有关的军人家庭关注和服务的增加，本章将探讨社会工作者在服务军事驻地、派遣前和派遣结束后存在重返社会问题的家庭时的角色。退伍军人创伤后应激反应问题将在第十七章中讨论。

　　正如我们在第七章和第八章中所看到的那样，家庭构成也可能影响家庭工作。这一点将通过关注可能出现的特殊案例来进一步说明，例如对单亲家庭的服务。

场所和服务的影响

　　功能的澄清在家庭工作中起着至关重要的作用，而儿童福利机构是其中一个很好的例子。本书的第二部分讨论了与家庭中亲生父母订立契约的案例，着重探讨了其中关于处理社会工作者和机构权威的问题。本节将通过案例探讨在儿童福利场所中家庭工作的一些变化，其中涉及两个寄养家庭、一个在寄宿机构中的 11 岁儿童和一位未成年母亲。以上每一个案例都涉及帮助未与家人一起生活的服务对象处理其原生家庭问题的工作。这些案例说明了服务对象无论何时何地都无法摆脱他的原生家庭，即原生家庭会对服务对象的当前经历产生持续影响。

教育政策 7d

在上述情况下，场所的强制性和与该要求有关的特定服务对象的问题都为家庭工作提供了重点和方向性指导。实际上，本章将回顾第四章中介绍的订立契约理念。我们了解到，社会工作者提供的服务必须以机构或主办场所（例如学校）的服务与服务对象感受性需求之间的共同点为中心。这种看似简单但实际上复杂而强大的理念提供了一个边界和结构，这可使服务对象和社会工作者的工作更加有效。社会工作者必须时刻问自己："与家人的对话如何与我们的服务以及家庭的特殊问题相关联？"

家庭对侵入性实务的恐惧：背叛契约

家庭社会工作必须由特定的机构指导，而不能被社会工作者或服务对象破坏，从而变成家庭治疗。对这一结果的恐惧通常会导致服务对象在早期会谈中表现出防御性和抵触情绪。如果一个家庭正在与学校社会工作者讨论他们孩子的教育问题，他们不一定乐意把话题转向父母的婚姻问题。将婚姻压力视为影响孩子学业的一个因素是恰当的，讨论如何应对它对孩子的影响也是恰当的，社会工作者也应该为夫妻间的婚姻问题提供建议。

服务对象对侵入性实务的恐惧并非完全没有根据。社会工作者如果不清楚自己的服务范围，有时会把联系的最初原因作为家庭治疗的入口。在一个极端的例子中，一位来自儿童福利机构的家庭支持工作者介绍了与一对夫妇一起处理性功能障碍问题的情况。尽管最初社会工作者来到这个家庭是为了帮助他们解决可能导致潜在儿童虐待发生的育儿问题，但与这对夫妇的会谈揭示出他们的性问题，该工作者便通过辅导对其进行治疗。当我问到这项工作与机构职责之间的联系时，这名工作者承认没有任何联系。她接着说，她参加了一门关于如何向患有性问题的人提供辅导的课程，这似乎是她练习的好机会。这名工作者违反了工作契约，基于很多原因，这种行为是不恰当的，其中最重要的原因是，当她忙着做性辅导时，她忽视了她所应该从事的育儿辅导工作。

341

农村地区和有限的服务

教育政策 3a

在农村地区，几乎没有服务是可利用的。社会工作者通常是所有人获得一切服务的来源。在工作坊中我曾说过，这些社区非常小，以至于如果没完成一半的工作量，周五晚上是无法去镇上的酒吧放松的。经常有人告诉我，这并不是夸大其词，在这些地区工作会产生许多问题。在某些个案中，工作者可能不得不提供一系列"镇上唯一"的服务。

即使在这种情况下，当工作者必须提供超出机构正常服务范围的帮助时，他们也有责任通过对社区施加专业影响来缩小服务对象需求与可及服务之间的差距。换句话说，尽管社会工作者能向服务对象提供社区中无法获得的其他服务，他们也必须与同事、政治制度、社区领导等合作，以建立新的机构或提供新的服务。（有关社会工作这方面的策略和技巧将在第五部分进行详细讨论。）在试图向所有服务对象提供所有服务时，工作者在提供显然是他们职责范围内的服务时效率通常会降低。接下来的每一个案例都将突出这一关键理念。

儿童福利场所

开展寄养父母工作

儿童福利家庭工作通常涉及与寄养（或教养院）父母或寄宿场所的育儿工作者的协作。（与最初的调查、接案、法庭工作等相比，有时被称为"持续的"或寄养的照护工作。）工作者和寄养父母通常都误解了社会工作者的角色（Shulman，1980）。一方面，寄养父母可能被视为服务对象。另一方面，工作者可能会忽略一些重要信号，即寄养父母自己也需要支持。实际上，寄养父母和其他替代照料者在短期或长期照护的过程中意识到他们自己是缓解儿童创伤的合作者。

教育政策 4b
教育政策 8c

抗逆力研究描述了替代照料者的积极影响（请参阅第二章），生命周期理论及其研究描述了其对寄养儿童可塑性的潜在贡献。这些研究结果表明，重视寄养父母对孩子发展性储备能力的作用可以极大地促进孩子的成长。社会工作者可以在调解寄养父母与孩子、代理机构、原生家庭、寄养父母自己的家庭及社区中的其他系统（例如医疗保健提供者和学校）的关系中发挥重要作用。

开展寄养父母工作可能出现问题之处

342

在我自己开展的寄养父母的工作及调查研究中，我发现了几个可能出现问题之处。首先，当中介机构和社会工作者在没有咨询寄养父母就做出决定时，寄养父母可能会觉得自己没有受到重视，而他们可能是最了解孩子并不得不面对决定结果的人。一些寄养父母反映，当机构或工作者说他们是团队中最重要的成员却始终忽视他们时，他们会感到特别痛苦。

其次，难以相处的寄养儿童可能会在寄养家庭中引发寄养父母之间或者与寄养家庭中出生的其他孩子有关的问题。寄养父母称，在自己孩子的需要和寄养孩子对他们提出的需求之间存在矛盾。

最后，在我的工作坊上提出的所有问题中，最困难的两个问题涉及工作者对寄养子女过度认同的两种情况。第一种导致的结果是寄养子女对回家的不现实期待，第二种导致的结果是亲生父母的愤怒和拒绝。下面的例子说明了这两个问题。

像寄养父母支持寄养儿童一样支持他们 在第一个例子中，社会工作者试图帮助一个领养了九岁孩子的寄养母亲，处理这个孩子被带走的情况。

实务要点： 社会工作者的角色是尝试为帮助孩子的寄养母亲提供支持。通过识别寄养母亲对孩子的关心和她在处理孩子痛苦方面的困难，社会工作者增强了寄养母亲承担困难角色的能力。

爱德华兹太太是九岁的托尼的寄养母亲，照顾了他七周。她早上9点打电话给我，用愤怒、激动的语调告诉我："我不得不打电话告诉你，你需要听听托尼今天早上上学前告诉我的事情。你们这些人都错了。我确信这家机构和那所私立学校对这个男孩和他的家庭造成了严重的不公。"我立刻想："这个孩子现在做了什么？"我说这听起来很严重，并请她告诉我更多情况。她说托尼坚持说他父亲从来没有打过他，母亲也从来没有把他关在门外，他只是拒绝进屋然后离开了家。而且，托尼告诉她，他决定提前两周离开最后一个寄养家庭，因为他不想让他们收养自己。

我问爱德华兹太太认为托尼为什么会告诉她这些事情。她回答说："因为他想让我帮他回家，他信任我，而且心理上很受伤，所以我告诉他，我会让你听他的。"我向爱德华兹太太保证我会听托尼的，但不是像她在电话里建议的那样。因为他在电话里要把戏，在这个过程中让她和他自己心烦意乱。我安排下午2点在托尼放学回家之前和爱德华兹太太谈谈。

实务要点： 重要的是，工作者不能让寄养父母过度恐慌，并使自己也产生类似的反应。对于工作者而言，当从寄养父母那里感受到这种情绪和反应时，他们会开始担心如何维持寄养状态。相反，重要的是要理解，即使寄养父母不是严格意义上的服务对象，寄养社会工作者的角色也确实包括为父母提供支持，帮助其理解孩子（和父母）的行为。以下描述表明社会工作者必须同时与孩子和父母在一起。请注意她对于寄养母亲看到孩子的悲伤和痛苦后反应的共情能力。

当我见到爱德华兹太太时，我们又回顾了一遍托尼的故事。在我看来，托尼是在利用一个月前另一个工作者与他分享的信息（当时他决定回家，而不是等着被领养），试图通过爱德华兹太太迫使我把他送回家。我提醒爱德华兹太太，她告诉我的那个她抚养过的小男孩，被母亲打了一顿后被送进了医院，但是当他母亲去医院看望他时，他还对她表示欢迎。爱德华兹太太回应说，托尼也是一样，毕竟血浓于水，但她觉得让我听听托尼的故事会有帮助。他需要被信任。

我告诉爱德华兹太太，我觉得托尼最需要知道的是我和她都站在他这边，会帮助他回家，但听他的冗长的故事对他的等待毫无帮助，也不能帮助他学会与人相处。爱德华兹太太回答说："但他只是个小男孩，他感到孤独，想回到他母亲身边。"我说："托尼受到伤害的时候你真的很痛苦，不是吗？"她承认自己"心肠软"，托尼确实总是不断地为了回家向她求助。

实务要点：在上面的摘录中，工作者避免了只考虑孩子需要的错误。当工作者同时理解托尼的需求和寄养母亲的需求时，说明了两个服务对象的观念（当指这位寄养母亲时用术语"服务对象"是不恰当的）。除了提供情感支持，社会工作者还提供资源，包括她自己，来帮助寄养父母让孩子面对来自法律程序的压力。机构经常会告诉寄养父母，他们是寄养团队中最重要的成员，但同时又将他们排除在所有重要的计划之外做决定。相反，案例中这位寄养母亲通过与社会工作者讨论计划进入了协作过程。工作者还应传达让儿童参与讨论的重要性。

我们讨论了在 11 月 30 日开庭之前，该机构如何看待托尼的问题。她不能接受儿童照顾者在放学后照看托尼，托尼需要回家和她讨论在学校的日常并且做家庭作业。尽管爱德华兹太太觉得不应该告诉托尼他事实上正在间接接受精神科医生的服务，但她认为自己在同一位与该机构或法院无关的精神病专家的交谈中受到了一些启发。我指出这对托尼和精神科医生都是不公平的，我也因为托尼对此的警觉而不能工作，她十分认同我的这一观点。我们决定问问托尼对这个想法的看法。

实务要点：在下面的摘录中，工作者开始讨论关于可靠性的间接交流。当寄养父母说托尼觉得她是他唯一可以依靠的人时，工作者认为这是在间接地批评自己，因为工作者在安置托尼的第一个月里不在。工作者对此承担责任，并订立契约，保证孩子和寄养父母都能得到更多的帮助。

我和爱德华兹太太说，托尼充分利用了她对他的喜爱和对他幸福的期望。她回答说她知道他确实这样做了，但是他让她觉得自己是他唯一可以依靠的人。我告诉她，他也可以依靠我，我也可以理解他为什么会有怀疑，因为在他被照顾的最烦恼的一个月里我不在，换句话说，当他需要我时，我抛弃了他。我告诉爱德华兹太太，我将与她合作，尝试花更多的时间与托尼在一起，并向他保证他能够回家。我没有提到，在托尼被安置到家中的最初几周里，我曾多次尝试见托尼，但都被她阻止了。爱德华兹太太说，这应该有很大帮助。

我告诉她，为什么我认为托尼试图抹黑法庭上使用的证据，并指出这是他一次勇敢尝试，开始自己承担他被父母遗弃在加拿大的责任。但我也提醒她，这些信息是托尼的母亲写的，尽管我致力于将托尼送回家，但这只能通过法院来完成。爱德华兹太太说她明白这一点。

实务要点：在下面的摘录中，托尼回到家后，这位工作者就他与寄养父母分享的事件跟他温和地对质。对于寄养父母来说，重要的是要明白，为了在绝望的情况下被送回家，即使是一个可能使他遭受虐待的家，托尼会说出任何他觉得能够让寄养父母站在他一边的话。

托尼放学回到家里，向我简短地打了个招呼，拿走了他的万圣节糖果。爱德华兹

344

太太要求他把那天早上告诉她的事情也告诉我，但他置之不理。他最终出去了，爱德华兹太太惊愕地来找我并说她无法理解这种行为。我告诉她，如果他不愿意和我分享这件事没关系，因为他可能还没有决定是否要信任我。托尼又在房间里来回走动了两次，在他做家庭作业的休息时间里，他给了我一块糖果，然后和我们一起坐了下来。爱德华兹太太又一次催促他告诉我他在想什么。托尼直视着我的眼睛，有点挑衅地说："我早告诉她了，我提早两个星期离开了苏珊家，因为我不想被他们收养。"我告诉他这和我记忆中发生的事情不一致，我提醒他，让他回想关于他离开苏珊家的那次探访和讨论，包括他当时对我说的话。托尼扭动了一下身子并承认事情确实是这样的，然后笑着瞥了爱德华兹太太一眼，接着看向地板。爱德华兹太太吃惊地张开了嘴。然后托尼抬起头来，坚定地告诉我："但是我父亲从来没有打过我！"

345
　　我告诉他，我不打算讨论他家里发生了什么事，因为他决定回家，而我的工作就是帮助他。我直截了当地对他说："事实上，你妈妈把你留在加拿大了，不是吗，托尼？"他点点头，又看向了地板。我接着说："加拿大的法律规定，当孩子被父母遗弃时，案件必须上交法庭，法官必须决定你是回家还是被寄养。我请求法官送你回家，因为你母亲想让你回去，而你又不想被寄养。"我问托尼他是不是希望这样，他热情地表示同意。我告诉他，好吧，那么我们达成了共识，这就是我们的工作目标。

实务要点：当涉及潜在的忽视和/或虐待时，服务对象和寄养父母可能对决策过程有错误的认识。在最后的分析中，关于送孩子回家的艰难决定和让孩子被国家监护的"永久命令"通常是由法官做出的。社会工作者和其他专业人士可以提出建议，但正如一位家庭法庭法官在一个早期研究项目中对我说的："归根结底，我总是在做那个把孩子从父母身边永远带走的人，这是一个非常艰巨的任务。"向托尼保证工作者将帮助他实现回家的目标后，工作者回到托尼和他在家里的行为问题上。

　　从现在到11月30日这段时间我们能做些什么呢？托尼神采奕奕地说："11月7日是我的生日，这一天我会在麦当劳开派对。"我说那太好了，但我所说要做的事情的意思是，如果托尼能健康地回家并且好好表现，爱德华兹太太家里就会更加平静。爱德华兹太太插嘴说："我一直在告诉唐娜，有时候你是个很难相处的孩子。"托尼瞥了爱德华兹太太一眼。我告诉托尼，我觉得他对爱德华兹太太以及家里的女孩们（她的孩子们）太过分了，以至于我怀疑在他回家以前他是否真的想待在这里。托尼一直在看着我，但是当我提到对女孩的不当行为时，他的眼睛闪闪发亮，露出了一个自鸣得意的神秘微笑，这使爱德华兹太太惊愕地睁大了眼睛。

　　我告诉托尼，应该由他来改善自己的行为，因为我知道他有能力做到这一点，并且我想告诉他的母亲，在他离开家的这段时间，他快乐、健康并且表现良好。当我问托尼是否能够为之努力时，他微笑着看着爱德华兹太太，告诉我："是的，我会努力的。"我们讨论了与部门和法院之外的人讨论他的情况是否会对他有帮助。尽管爱德华兹太太鼓励这样做，但托尼还是认为他不想与任何人交谈。然后，托尼请求我允许他出门玩耍。

　　爱德华兹太太和我就我们与托尼的谈话进行了简短的讨论，她承认自己被托尼骗了，现在她意识到这是故意的。反过来，我试图让她明白，在托尼回家前，她需要提供一个有序的、平静的环境使他保持平静。尽管爱德华兹太太用语言表达了对这一需求理智上的理解，但由于她自己的情感需求，我不能保证她可以将这一点付诸实施。

　　实务要点：工作者已经开始理解托尼行为的含义，但需要进一步关注托尼的表现与他对回家的期望之间的联系。青少年坐在新寄养家庭的前廊上，手里拿着手提箱，拒绝进入家门或是打开行李，就代表着他们希望回到亲生父母身边。各个年龄段的寄养儿童经常在他们被寄养时有这样的表现，他们认为如果自己在寄养家庭里被拒绝，他们肯定可以回到原生家庭。当他们的行为举止影响到寄养父母的亲生子女时，可能会导致寄养父母将他们驱逐。但是，这种表现常常导致孩子被安置在新的寄养家庭而不是返回原生家庭。寄养父母需要接受帮助去了解孩子行为的含义，孩子则需要社会工作者和寄养父母的帮助来应对被抛弃的痛苦。

346

教育政策 9a
教育政策 9b
教育政策 8c

　　寄养父母对亲生母亲不按时探访的愤怒　在下一个案例中，亲生父母的不按时探访使一个被寄养的十几岁男孩感到不安，并激怒了寄养父母。家庭支持工作者（并非负责此案的社会工作者）需要帮助寄养父母处理自己的情绪以便帮助孩子。对亲生父母的愤怒在某种程度上掩盖了他们对孩子受到的伤害与痛苦的感知。社会工作者的作用之一就是帮助寄养家庭理解原生家庭成员异常行为的含义。从这个意义上说，寄养父母也有两个服务对象：孩子和他的亲生父母。在做任何工作之前，工作者必须拥有共情寄养父母的能力。在下述片段中，工作者来到了寄养家庭，准备将孩子送回家中，但是发现探访已被取消。工作者的报告如下：

　　我开车去安和汤姆家里。凯文和朋友站在外面。他跑向我的车，说："我不去。"我说我没明白，"去哪儿？你什么意思？"他回答说："这个周末我不会离开，没有人可以带我走。"我说："我可以带你走。"他说："不。没有人可以带我去他们家里。我的外婆要照顾我的两个姐姐，她很累，没办法处理别的事情了。我的姨妈要走了，我另一个姨妈也搬走了，而且并没有给我打电话。"我说："对不起。"他耸了耸肩，移开了视线，然后说道："没关系。这个周末我有事要做。"

　　我说："我本来很希望能带你过去，我也想见见你的外婆。"他问："我什么时候可以回家？"我问他："回爱迪生家？"那是他的母亲和继父居住的地方。他点了点头。我问他是否曾与他的母亲和继父讨论过这个问题。他看向地面并摇头。我问他与继父相处得如何。他说："很好。"我问他们是已经讨论过回家探访问题了，还是只是像没有发生那样把问题放在一边，他说他们并没有理会这个事情。

　　实务要点：在下一段摘录中，工作者试图帮助寄养父母处理孩子亲生母亲和继父的行为问题，这不仅影响到他们安排好自己生活的能力，也影响了寄养儿童。

我让他与他的生母和继父谈谈，看看他们说些什么。然后，如果每个人都觉得可以的话，我会和他的儿童福利工作者谈论这件事，然后可以安排一次会面。他走回了他朋友等他的地方，然后我就进去与安和汤姆谈了谈。安立刻开始谈论他的家人居然取消探访的事情，她简直不敢相信。她说："他们就是不想要他，怎么能这样对待一个孩子?"我说："他一定很失望。"她大声说道："是的，他确实很失望。"然后她开始说以前的一个养子这周末本来应该看望她的，汤姆的孩子也是。她还谈到了让凯文忙起来以便走出失望的情绪是多么困难。

我说："凯文的家人取消探视对你来说一定很难接受。因为你本来还有别的计划，你以为凯文可以出去度过周末了。"她勉强认可了。她说："我真希望他们能及时通知我们。他整个星期都在做计划，结果他们在前一天晚上打电话过来说：'你不能来了。'"我说："你说得对。没有早些通知对你和凯文都不公平。下周我会打电话给他们，讨论探访事宜。你不应该总是遵守他们的时间表，他们需要与你一起达成共识。凯文的感受也需要考虑。"

我会解决这个问题的承诺似乎让她松了一口气。汤姆走进房间，也说"凯文的家人不想要他"。他说："那孩子不会回家了，我能感觉到。"安表达了她的愤怒，又重复了好几次"怎么能这样对待一个孩子"。我听了他们的话，但补充道："我们不能认为他的家人不想要他。"我问安是否向凯文表达了这些担忧。她说她没有。我告诉她，作为一个普通人，她可以向我发泄她对凯文母亲的不满，但作为一名专业人士，她必须尽可能不要让她的愤怒妨碍她与凯文母亲的合作。她说她能理解。

实务要点：工作者需要通过温和的对质来整合对寄养父母的支持（同理心），以提醒他们肩负起自己作为寄养父母的责任。他们对亲生父母的愤怒和对孩子感受的关心是可以理解的；然而，作为寄养父母，这一角色要求他们培养出容忍异常行为所需的技能，并理解行为背后的含义，这使寄养父母比亲生父母更容易和孩子相处。

汤姆表达了他的感觉，即凯文需要面对因为他的家人不想要他所以他无法回家的现实。我告诉汤姆，当凯文离开我们的项目时，我不知道会发生什么。但我会问儿童福利工作者，他除了回家还有怎样的选择。我还说，他和安可以帮助凯文培养一些独立生活的技能。我拿出了一份技能评估表，我们认真讨论了一遍。我们聚焦在凯文可能需要他们监督的一些领域，比如营养，如果有紧急情况该怎么办，等等。当我们讨论这个的时候，凯文进来告诉汤姆一些事情。汤姆问他："你都听到了吗?"

凯文看起来很困惑，说："没有。"汤姆说："好吧，我们在这里说了很多关于你的好话。"

实务要点：工作者提供了很多支持，并主动对亲生父母进行干预，以解决场所限制和探访问题。但是她本可以将这个讨论进行深化。在共情寄养父母后，工作者本可以与他们探索这种由亲生父母引起的无法预测的行为的含义。例如，亲生父母取消探访是因为他们不在乎还是因为他们太在乎？当前的什么压力影响了他们照顾凯文的能力？此外，由于寄养父母与原生家庭的成员之间的接触在这种情况下可能变得极其消极，所以工作者应考虑如何处理与寄养父母的这种互动，思考是否有办法让寄养父母在讨论关于取消探访和未能提前通知的问题时意识到原生家庭的困难。

寄养父母希望原生家庭能对孩子的感受有更多的了解，而达成这一目的的手段之一是表达对亲生父母经历的理解。会谈继续进行，工作者谈到了寄养儿童的感受。然而，孩子强烈的拒绝感使工作者将讨论焦点转移到孩子（和自己）如何减少痛苦的话题上。这个例子告诉我们，一个工作者使用评估工具时如何妨碍了当前的工作，而不是深化工作。

凯文笑着跑了出去。几分钟后，我跟着他出去和他说话。我们坐下来，我开始告诉他我和安、汤姆讨论过的一些事情，比如，他的家人应该在那周早些时候联系他，告诉他周末不能回家的事。然后我对他说："你一定对不能回家感到很失望。"他说："是的。"我提醒他，如果能解决他和他母亲以及继父之间的问题的话，我不反对他去斯普林菲尔德（一位姨妈的家乡）。他说："我姨妈没有像她说的那样给我打电话。"

我们沉默了一会儿。然后我告诉他，因为他不去学校，所以我给他带了一些习题。他问我："这跟学校有什么关系？"我说："好吧，这些不是读、写或算术，但这些习题会让你能够做点有创造性的事情。"他说："好吧，如果我真的感到无聊，我会看看它们。"

这时，安向窗外还在院子里的凯文的朋友叫喊，朋友打算走开。凯文问他要去哪里，他回答说他马上就回来。我说："我知道有很多分心的事情，你可能想去做你自己的事情，但我还有一件事要你看看。"我拿出家庭评估表。我说："这是为了帮助你了解你的家人互相交流的方式。我给你拿了两份，这样你就可以根据你的寄养家庭和原生家庭的情况各做一份。"我不太了解我的原生家庭，我离开那儿太久了。"我说："好吧，尽你所能。我们也许能找出在这两个家庭中需要做的事情，以帮助你感到更安全和舒适。"他说："好的，把它们放在这吧，我会在这周做完。"凯文开始告诉我他和汤姆正在做的一些庭院工作。

实务总结：定期与处于痛苦状态的儿童一起工作对工作者产生二次影响。在第十七章中，我们研究继发性创伤的问题以及对处理服务对象的痛苦和丧失对工作者的影响。不是他们不关心和同情，往往是他们太在乎了。此简短事件应与能够给予支持的督导员讨论。凯文开始谈论他生活中被拒绝的事，而这位工作者很难与这种感情保持同步。

349

开展寄宿照顾儿童的工作

孩子们最终被送到寄宿照顾机构有许多不同的原因。比如没有合适的寄养地，或者孩子们已经经历了很多次寄养而没有成功。或者儿童可能有特殊的生理或情感需求，需要一些仅能在寄宿场所提供的服务。而一些有针对自己或他人的暴力行为的儿童，需要在寄宿环境中对行为进行遏制。不管被安置在寄宿场所的原因是什么，这些孩子在生理上和情感上都与他们的原生家庭断绝了联系。

治疗和护理的一个关键因素是，与寄宿场所辅导员、医疗和教学人员以及其他负责帮助寄宿儿童处理场所和彼此间问题的人员的日常联系。这些工作人员充当替代父母的角色，他们与寄宿儿童的互动会对孩子产生极大的影响。一些非正式活动（例如，在游戏室里或吃饭时开展的活动），或工作培训，为工作人员提供了机会，使他们可以成为不同于孩子们在原生家庭中经常见到的成人那样的人。一些正式会谈，如小组"家庭"会谈会讨论共同生活的规则和程序，这也提供了一个重要的机会，帮助寄宿儿童形成更成熟的方法来处理他们生活中不同的危机和冲突。

教育政策 3a
教育政策 1e
教育政策 8d
教育政策 6b

把偏差行为理解为一种交流形式 在某些环境下，督导会议和同事案例会议是很重要的，因为工作者必须应对那些很难相处的孩子，这些孩子通过行动来表达他们的想法。例如，我开办的工作坊中有一名工作人员描述说，一名 12 岁的寄宿儿童周一早上拒绝起床上学。这引发了一场对质和意志之争，导致这名工作人员不得不限制寄养儿童的权利，把他留在隔离房间一天。

在这个案例中，周末工作人员保存的日志显示，这已经是家长连续第三个周末答应去探望而没去。在督导员和社会工作者的帮助下，工作人员能够理解这种"异常"行为是孩子在求助。孩子学会了使用本书前面描述的"战斗-逃离"模式中的"对抗"部分来避免遭受痛苦的感觉。一位有经验的家庭辅导师指出，他知道孩子因为缺乏探视而心烦意乱、生气和受伤，不能让孩子陷入一场意志之争，因为这样的争吵并不会真正起到帮助作用。当孩子放学回家后，辅导员也可以主动提出和他见面。如果这个孩子继续表现出类似的行为，他的权利可能还是会受到限制，但他至少会知道他的心声已经被听到了。寄宿场所的社会工作者也可以与孩子对话，并提供帮助，对未探视的父母进行干预。

在另一个例子中，随着假期的临近，寄宿儿童表现出越来越多的越轨行为，这并不罕见。比如，想要回家看望父母的想法会激发焦虑，这也会表现在行为上。当工作者威胁要取消探访特权时，在某些情况下，这可能正是寄宿儿童想要的，无论他们是否意识到这一点。不回家的孩子也会通过行为表现出被遗弃和孤独的感觉。在一个青少年公寓里，两位寄宿儿童说圣诞节那天去电影院看电影，结果发现电影院里只有他们两人。这对他们产生了深远的影响，让他们觉得自己和别人不同而且感到孤独。社会工作者作为工作团队的一员，经常扮演重要角色，帮助整个系统考虑家庭对孩子日常活动的影响。工作人员可以设身处地想象并预测这样的反应，并提前与寄宿儿童展开讨论。此外，还可以策划各种活动来度过节日。

在这种场所中，社会工作者还要提供个人和团体辅导，并充当联系儿童与转介机构（如儿童福利院）、法院、学校（在寄宿机构或社区）、核心和扩展家庭以及其他可能对儿童重要的系统的纽带。社会工作者也可以与一线儿童保育人员合作，帮助他们了解寄宿儿童的行为，并对他们一线照顾的专业角色进行干预，这通常不包括持续的个人辅导。实际上，这项工作主要是帮助孩子与由成年人和同龄人组成的替代家庭好好相处。

最后，在考虑寄宿场所中可能出现的问题时，还需要提出一个更为常见的禁忌话题。许多孩子可能来自有严重障碍的家庭，并经历过身体、情感或性虐待。不幸的是，有些人可能在本应为他们提供安全避难所的寄养家庭经历过虐待。在寄宿场所中，因为被虐待而成为施暴者的人并不少见，他们寻找并欺压更弱小的易受伤害的孩子。由于工作者在性领域不方便参与，服务对象的行为信号可能会被忽视，即环境本身正在复制一种虐待的情景，孩子们认为他们离开家后无人收留。被虐待的人会变成施暴者，然后产生恶性循环。社会工作者的一个重要作用是帮助同事解决这些问题，并在开发尝试打破这种循环的项目过程中发挥领导作用。

举一个例子，一个14岁的男孩参加家庭会议时迟到了，并开始表现出不当行为。工作者们不知道该如何反应并试图阻止他扰乱团体活动。作为回应，这个男孩开始模仿哑剧，用一块假想的肥皂清洁自己，包括生殖器。男孩边笑边做这件事，小组里的其他男孩也加入了这场闹剧。直到后来，带领这个团体的社会工作者才明白他们的行为的含义。男孩在一次会议上透露，他洗澡是因为前一天晚上被其他人性虐待而感到自己不干净。这是他求助的方式。

因此，在寄宿场所中，社会工作者可以与直系亲属和扩展家庭以及寄养家庭一起工作。目标是帮助寄宿儿童处理可能对其生活产生负面影响的、直接的、持续的和历史性的问题。

掌控全局的社会工作　在这个例子中，一名工作者帮助了一名寄宿照顾中的11岁的男孩，帮助他探索情感方面的失落和拒绝倾向与他的环境适应能力之间的关系。在这个例子中，工作者在亲生父母不直接参与的情况下处理了服务对象的家庭问题，也就是说工作者不必与整个家庭接触就可以进行家庭工作。在这个例子中，社会工作者计划带孩子去看望他富有同情心的外婆，请她帮助维持一些家庭关系。

实务要点：案例还说明了在非结构化的场所中如何与孩子一起工作。这可以称为"掌控全局"或"快餐"社会工作。在寄宿治疗场所中，有那么多其他孩子在其中争着获得关注。孩子们需要利用这些机会来吸引工作者的注意，以满足他们自己的需要。正如下面的例子所示，这些问题通常是间接提出的。

　　10月15日，我和丹尼去看望他的外婆。她是一位非常慈祥的女士，显然非常关心丹尼。事实上，她无法改变女儿遗弃丹尼的现状。丹尼的生日在第二天，我们来访的时候是去拿他的礼物，我也顺便去见她。我们在那里待了大约2个小时——一个非常愉快的下午，在开车回家的路上丹尼很放松。

实务要点：在开车回家的路上，丹尼用一种间接的方式来表达他痛苦的家庭经历。工作者的第一反应是对丹尼的这种行为进行教育。需要注意的是，工作者在那一刻意识到他无法确定显然十分随意的谈话的走向，因此开始全神贯注地倾听，会议期间订立的契约开始生效了。

> 我们的话题转到万圣节，丹尼说他特别期待，因为他去年没能出去。我们问为什么。他说去年他从一个朋友那里偷了50美分，被他妈妈发现了，晚饭后就让他上床睡觉。我问他是否还了钱，他说是的，当他那周后来拿到钱的时候就还。我问他为什么要从朋友那里拿钱，他说："因为他有钱，我没有。"我看了他一眼，他垂下了头。我说："哦。"但我还没来得及进一步发表评论，他就说有一次他偷了他妈妈的4.65美元，买了一个装满泡泡糖卡片的鞋盒。他的老师在学校发现了，并且知道了这个盒子是怎么来的，然后要求他把这些东西毁了然后扔掉。他妈妈打了他，让他上床睡觉。他说这件事的时候非常生气。
>
> 在此刻，我不确定我们驾车途中愉快的谈话应该怎样继续下去，但我决定探究一下他对妈妈和老师如何对待他的感受。我问他在他要扔掉卡片的时候，他的心情如何，他说："很难受。"因为他想把卡片送给他的朋友。我问他是否认为这是公平的，他说是的，他不应该被允许保留它们。当我问他母亲做了什么时，他说他每次做错什么事都会被打，当他被打的时候很疼，这也让他很生气。

实务要点： 为了进一步探索丹尼提出这些问题的原因并给出干预，工作者很快就了解到丹尼在母亲和继父身边被虐待的痛苦经历。

> 我问他是否直接向他的母亲表达过这种愤怒，他说没有，如果他做了，她（或她的男朋友）可能会打他。他接着说，戴尔（他母亲的男朋友）有一天晚上下班回来时，发现硬币少了25美分，他非常生气。尽管已经过了午夜，戴尔还是走进丹尼的房间，揪着他的头发把他拉进了厨房。在最后一下拉扯中，丹尼撞到了桌子上，打翻了一个杯子，杯子碎了。丹尼说，后来他不得不打扫房间，还被妈妈用尺子打了一顿，最后被送回了床上。

实务要点： 在会谈的这个时候，工作者从孩子对虐待的描述中可能感受到了他的痛苦。这位工作者拒绝探究这种痛苦，这可以理解，再加上对自己角色的不清楚，他的反应像个"教师-传道者"：他基于孩子的描述对其进行了教育，这就忽略了孩子这样做的真正含义，并说明了之前描述的功能扩散问题。幸运的是，当孩子又给了他一次机会时，工作者发现了自己的错误，并再次表示关切。

> 在这次独白中，丹尼的声音越来越不自然，听起来很生气。有几分钟我没有回应（首先，我不知道该怎么回应），后来丹尼平静了一点。然后我说："好吧，听起来戴尔和你妈妈已经受够了，并对你从他们和别人身上偷盗的行为感到很生气。我想如果你在我身边偷东西的话我也不会喜欢这种行为。"他说："我不会偷你的东西，而且，你也不打我。"我说："不，我不会打你，即使我真的因为你偷东西而生气。"

　　不过，我显然还是没有明白他的意思，因为他在座位上表现得非常紧张。他接着问："如果你的孩子在学校打架，受伤了，鼻子流了血，然后你不得不离开工作岗位送他去医院，你会怎么做？"我打断了他，问他是否发生过这样的事，他说："是的。"

　　工作者：你妈妈怎么做的，丹尼？

　　丹尼：她对我打架的事很生气。

　　工作者：好吧，如果你在学校打架，我也不会多么高兴的。

　　丹尼：我不怪你。孩子们不应该打架。

　　工作者：我想我也会关心你鼻子的问题。如果你要去医院的话，那一定伤得很严重。

　　丹尼：这就是我的意思！

　　工作者：（对自己说）我想我终于懂了。

　　丹尼：她所做的只是唠叨我她是怎么离开工作岗位带我去医院的，以及这么做是多么让她心烦，而且她从来没有问过我鼻子痛的感受！

　　工作者：那一定感觉糟透了。

　　丹尼：是的！

　　工作者：就好像她一点也不在乎你，只在乎你给她造成的问题。

　　丹尼：是啊，她就是唠叨个没完，没完没了地说自己不得不离开工作岗位，还说打架是多么愚蠢。

　　工作者：我想你早就知道要打架的事儿了；你又痛又流鼻血的鼻子证明了这一点。

　　丹尼：（笑）对，那是她唯一一次不得不做这种事，但她表现得好像我一直这样做，而我没有。我知道不应该打架，但孩子们有时还是会打架。

353

　　工作者：对你来说，在妈妈面前表现得像个孩子肯定很难受。

　　丹尼：是啊，尤其是戴尔一直在针对我。

　　实务要点：丹尼和家人之间痛苦的关系问题终于浮出水面，尽管是在工作者开车进入中心停车场的时候。服务对象经常会这样问："你真的想听这个吗？我真的想谈这个吗？"这是"门把手疗法"的一个很好的例子，只是"门把手"在车上。如果工作者以到达作为退出的借口，会传达给服务对象即将结束讨论的信号。通过继续讨论，工作者对服务对象说："如果你准备好了，我也就准备好了。"

　　在此刻，我们离中心还有一个街区，但我没有右转到小路，而是左转进了一个公园的停车场。他问我为什么要这么做，我回答说，在我看来，我们正在进行一场非常重要的谈话，我希望能更自然而然地结束，而不是把车开进停车场，然后被其他孩子团团围住。他说好的，然后坐回座位上。

　　工作者：你说戴尔针对你是什么意思？

丹尼：我妈妈和戴尔会开会讨论事情，然后投票表决。

工作者：你们为了什么而投票？

丹尼：我们投票决定我的就寝时间。我想熬到晚上9点。但是我妈妈要我晚上八点半睡觉。所以我们投了票，他投了她。

工作者：哇，听起来他们好像在联合起来对付你，但是假装公平。

他表示同意，说他们做了很多。我问他是否觉得离开他的母亲很高兴。他说是的，她不知道如何对待孩子，她只会一直唠叨或生气，他还提到了我们之前讨论过的一件事。我说他在家里的时候一定很生气。他说是的，然后开始抽泣。他说他希望她现在就在这里，这样他就可以告诉她他有多恨她。我说他可以随心所欲地恨她，我不责怪他。

实务要点： 此时此刻，丹尼汹涌而出的情绪使工作者对他产生了认同感；然而，他还没有触及丹尼的痛苦和内心深处的渴望，即拥有一个爱他的母亲。

他说，有时他想路过她住的地方，向所有的窗户扔石头。我说，在家里很生气却又没有任何人可以倾诉一定很难受。他说他现在想告诉她，还说他希望她成为射击场的靶子，这样他就可以向她射击了。他笑了，说那是个笑话。我说他这么说是因为他真的生气了，不管是不是开玩笑。这个时候，他已经放松了一些，他说，是的，他很生气。

354 **实务要点：** 在倾听了孩子的痛苦之后，接下来，工作者试图将他的家庭经历与他在中心的生活联系在一起。这个孩子还有一个专门负责维护其家庭成员间持续关系的社会工作者。这个工作者之后会与另外一位工作者共享信息，但此时此刻，我们的工作者更关心孩子与中心之间的关系（如与中心的工作人员、其他寄宿儿童的关系）以及孩子生活的其余部分，例如与学校的关系。这是另一个能够通过功能澄清为工作者提供方向的例子。在以下的对话中，工作者试图去理解服务对象的痛苦感受，并将其关于家庭经历的讨论与其在中心的生活联系起来。

我谈到他在中心时会因为一些很小的事情生气，有时甚至会对大人大喊大叫。他认同这一点并且认为在中心感觉很好，因为在这里他可以生气而且也没有人会反对他。我说是的，在中心发脾气并且让别人知道是可以的，但是也许有时候他是在对无辜的人大吼大叫。他说是这样的，有时他真的很生他母亲的气，以至于一些很小的事情就会激怒他。我说他一定经常想他的母亲和家，他回答说他"有时"会想，特别是在晚上睡觉的时候，不过白天的时候也会。

我说我大概理解了他的感受，我当时真的为他感到难过和伤心，我问他是否有这样的感受，特别是在他生气之前，是不是会感到难过或者受到了母亲的伤害。他回答说是的，大多数时候他在生气前都会感觉受到了伤害，而这会更加激怒他。我说，当他因想到母亲和家而感到难过或受到伤害时可以过来告诉我。他振作了一点，然后说当然，他可以尝试这样做，但是为什么呢？我说也许他这样做了，他就不会对无辜的人感到生气了。他说："或许吧，但是你能为我做什么呢？"我说："如果你感到难过或者受到伤害的时候来找我，我们或许可以坐下来，一起分担这种难过与悲伤。"他看了我几秒钟，然后笑着说"好的"。我给了他一个小小的拥抱，随后我们就出发返回中心了。

实务总结：在最后一段摘录中，工作者专注于帮助孩子在受伤时发展出更加适合的获取社会支持的方法。战斗-逃离式的痛苦处理机制往往会产生适得其反的效果。这个孩子需要去学习如何和那些可以帮助他的人建立紧密联系，这些人可以帮助他填补因遭父母虐待和遗弃造成的生活空缺。工作者在服务对象的感受和他们的共同目标之间建立起了良好的联系。

开展青少年父母及其原生家庭的工作

在北美，青少年生育是个严重的问题，这个问题产生了一些压力，一方面需要去满足青少年自身的发展性需求，另一方面又要努力去满足这些青少年的孩子的需求，这种压力常常会导致他们通过儿童福利机构的介入来寻求帮助。在下面的例子中，一位家庭支持工作者试图帮助一名十几岁的青少年母亲应对她被原生家庭抛弃后的情绪，从而让她即便在压力下也能获得作为父母所需要的支持。下面的摘录来自对玛丽的第 15 次辅导会谈，玛丽是一位有一个两岁女儿的 17 岁母亲。

青少年养育子女：开展青少年父母的工作

实务要点：在下面的例子中，服务对象对于处理与原生家庭疏远相关的痛苦问题一直采取回避态度。她所一直提及的是我在前文所提到的"相近问题"——这些问题确实真实存在，但不是核心问题。工作者认为，目前这种融洽、信任和关心的关系已经发展到足以使工作者与服务对象对质，并与服务对象就这个问题进行真正的讨论。需要注意的是，工作者并没有被服务对象关于她与父亲一次偶然见面的随意描述愚弄。

玛丽说，自从她怀孕后，她就很少和她的原生家庭联系了。她不想和我谈论她的家庭，而是把注意力集中在她和她男友以及寄养母亲的关系上。我觉得她可能已经做好了与我聊一聊她家庭的准备，因此我一直在寻找她释放的信号。玛丽说这个星期她在商场购物的时候碰见了她的爸爸，我问有没有发生什么事。她回答说："什么也没发生。"我笑着问她什么都没发生的时候发生了什么。她笑了笑，说她父亲假装没看见她。我问她当他那样做时，她有什么感觉。她回答说："我不在乎，他让我觉得很好笑，因为他看起来实在是一团糟。"我觉得当她说什么也没发生时，她的意思似乎是他们彼此间没有说话。我说我想知道，当她父亲如她不存在一般从她身边走过的时候，她是否真的觉得什么都没有发生。她说她真的不在乎。

355

　　我说我从9月就认识她了，我亲眼看见她经历了一些非常困难的情况，她曾和身边亲近的人大吵一架。她的男友被判12～15年的监禁。然而在这段时间里，我只见她掉过一次眼泪。她问："那是在什么时候？"我回答说，是在判决后，当时她说她的孩子将像她一样没有父亲了，而对她来说，女儿有一个比她父亲更好的爸爸是非常重要的。玛丽想了一会儿说我说得很对。她确实有很多情绪，但她表达不出来。我问她为什么觉得谈论这些很困难，她说因为太痛苦了。我理解她的感受，我问她，在她看来，那些说不出口的痛苦是怎么一回事儿，这些情绪最后去了哪里。她说她把它们埋在了心里，我接着问她，这些情绪是否会一直被埋在心里。

实务要点： 通过坚持我所说的工作要求，工作者认为自己和玛丽都已经准备好去解决最困难的问题了。当服务对象说她不想谈论这些感受时，工作者会巧妙地进行回应，询问她为什么会觉得谈论这些情绪比接受阻力和摆脱这个难题更困难。同时，工作者还帮助服务对象明白不理睬这些情绪并不会使它们真正消失。

　　她笑着说，在商场看到父亲后，她做了一个关于他的梦。在梦里，她的父亲和母亲都在商场里，他们看到她后，她父亲给了她母亲一些钱，说用这些钱给玛丽买她需要的任何东西。玛丽说她知道这个梦意味着什么，但她不想再说了。我说也许她现在还无法谈论这些东西，但她今天已经做了非常重要的工作了。从说自己没什么感觉到能够承认自己有很多情绪，她已经迈出了很大一步，但这对她来说仍是一个谈论起来很艰难且痛苦的话题。我表示她已经在和我分享这些情绪了，但是她说需要慢慢来，因为这对她来说很困难。我说我会尽力以适合她的速度帮助她进步。我们都明白我们需要去处理一些重要的事情，哪怕一次只做一点点。这些被压抑的情绪正在慢慢地涌现出来。

　　玛丽沉默了一会儿，然后她转移了话题。这是玛丽第一次在谈论她父亲时没有提到他们相处得不融洽。我对自己处理这种情况的方式感到很满意。服务过程中我推动她去工作，给予她支持，意识到了她的困难，对她能够开始转变表示了肯定，并且在我的帮助下允许她一步一步慢慢来。最后，我给了她选择继续讨论或者转变话题的机会，因为我知道我们已经达成了共识，我们一致认为这个问题是我们要共同努力的一个重要领域。在这次会议后的两次会谈中，玛丽开始能够更为详细地谈论她的家庭关系。

实务总结： 情感支持是玛丽能够获取帮助的一种方式，她需要好好抚养她年幼的孩子。工作者坚持去探索服务对象与她父亲相关的失落情绪，但仍允许服务对象决定是否探索以及什么时候去探索这些情绪。在保证服务对象控制整个谈话的同时，提出问题并去探索它，继而在下一次会谈中再进行全面的讨论，这是很常见的事情。

　　在我之前提及的一个儿童福利研究项目中，服务对象们认为除了情感支持外，具体支持也是至关重要的（Shulman，1991）。为了满足她自身发展的需要，服务对象需要有足够的经济支持、儿童照顾、替代性教育的可能性及喘息服务（有人能够使她从照看孩子的责任中获得暂时的休息）等。如果这个母亲选择继续抚养孩子，她的发展性需求与这些正式及非正式资源之间的"契合度"可能是导致成功或失败的关键区别（Germain & Gitterman，1996）。

学校场所的家庭工作

在本节中，我们主要阐述学校场所的家庭工作实务。前面提到的一个常见错误是把学校看作提供心理健康服务的地方，而忽视了社会工作者的角色与学校的教育使命是直接相关的。如果我们采用中介概念，我们可以设想一个学生以他可使用的任何能力为寻求教育而努力，同时学校、行政部门、教师和工作人员也要致力于去提供这种教育。这种共生关系可能会因与学生、家庭、社区、学校或其工作人员相关的障碍而受挫。在本书的第五部分，我将详述社会工作者为影响学校系统本身所做的重要工作。但现在，我们关注的焦点是学生和家庭。

教育政策 3a

一名患有注意力缺陷障碍的高中新生　一个 15 岁的高中新生被诊断出患有注意力缺陷障碍，这影响了他与学校协商教育体验的能力。在这个场所中，社会工作者试图去调节服务对象与他的家庭及系统中其他专业人员的关系。尽管今天我们对于注意力缺陷障碍有了更多的了解，但家庭成员和老师们往往还是无法理解这种疾病所带来的影响，并将服务对象的问题更多归咎于"不够努力"或"懒惰"。另外，随着对这种疾病的认识不断加深，人们也开始担心医生是否会过度诊断与过度用药。

接下来的论述，将以服务记录的形式来分析社会工作者随着时间的推移为找到自己在教育场景中越来越清晰具体的角色所付出的努力。

实务要点：在我们继续之前，需要对工作者为吸引青少年而开展的活动做出评价。活动作为一种媒介，可以为儿童和青少年创造一个舒适的对话环境。然而，这种非正式的活动不应该替代初期有关服务目的和相关角色的讨论。在这个案例中，工作者没有有效地与服务对象订立契约，而是利用活动来填充时间。在服务开展前，工作者认为需要通过闲聊或活动来帮助"建立关系"，这是很常见的。但事实上这种想法并不正确。工作关系的建立应该是工作的结果，需要明确地订立契约。虽然活动可以起到一定作用，但它们不能代替有效的订立契约过程。尽管本案例并没有订立契约，但服务对象提出了几个值得关注的重要问题。

服务对象描述和时间脉络

服务对象是一名高中新生，15 岁，男，犹太学生。服务时间从 10 月 19 日到次年

357

3 月 22 日。**（问题描述）**

由于注意力缺陷障碍的影响，青少年杰克在处理其与家庭及学校系统的互动关系时遇到了相当大的困难。**（服务总结）**

10 月 19 日 **（第二次会谈）**

我想了解杰克在新学校的适应情况。一开始我们从杰克上周逃课这件事说起。因为他还是一个新生，我想知道他是否清楚怎样才可以请假以及他是否从老师那里获得了补课的机会。当我问杰克他的课程进展得如何时，他回答说自己收到了学业警告。我们一起讨论了他如何在家庭作业上获得辅导老师的帮助。我本应该多问杰克一些问题以便了解他的情况，比如他和学校的老师相处得如何，他的父母知道他收到学业警告后是什么反应。我能感觉到他开始变得有些不自在，但我没有确认这一点，而是让他转移了话题。我们一起讨论了世界职业棒球大赛和旧金山的地震。

10 月 26 日 **（第三次会谈）**

我让杰克在本次会谈中选择活动并承担一些责任。我让他选一个游戏，他决定玩跳棋，于是我们开始下棋。过了一会儿，杰克问我高中有没有学过绘图，我回答说没有，问他为什么对这个感到好奇，是否有特殊的原因。杰克回答说："因为我在绘图上遇到了困难，以至于我现在没办法完成作业。"

我问他为什么绘图会让他无法完成作业，他回答说："因为太难了。"我们问他对他来说哪部分最困难，他回答说："测量，只要有一条线画得不到位就是 0 分。"我说我高中学过机械制图，它确实很难，也很让人泄气，因为它要求很精准。杰克同意这一点，但他表示这其实也不是什么大不了的事情，因为绘图只是他探索性手工艺课程前六周的内容，反正也快要结束了。我说如果这让他感到沮丧，那我认为这件事很重要。我主动提出充当调解人去解决这个问题，但我没有让杰克参与其中。我说我可以和他的绘图课老师以及辅导老师谈谈，看看我们是否可以一起做些什么，让他更轻松地完成这门课。杰克同意我这样做。

实务要点：很多例子都强调两个服务对象的观念。在这个案例中，第二个服务对象就是学校系统本身。在本书的第五部分，我们将详细阐述与第二个服务对象工作时涉及的概念和技巧。需要注意的是，工作者在最开始对服务对象的识别可能会导致其忽略学校和老师的问题。

这次面谈导致我要到处奔波。然而，我并没有花时间去对焦系统内的其他成员。我有我自己的计划。上周在做积木游戏时，我发现杰克在手眼和精细动作的协调上存在困难，因此他说他在绘图上遇到问题时我一点也不惊讶。我和他的绘图老师交谈，他向我展示了杰克的一份作业，那份作业上的所有线条都是歪曲的，我能看得出来，杰克为了把线画直，画了很多遍，也擦了很多次。绘图老师说他不明白为什么杰克没办法把线画直。我说杰克在这方面明显遇到了困难，我们需要想办法帮助他。

我无法与这位老师产生共鸣，事实上，我对他感到很恼火，因为他并没有意识到杰克所遇到的困难，而且还把这件事情告诉了特殊需要部门的人。之后我找到学校的心理咨询师，我们一起讨论了杰克档案里的所有测试。我想知道杰克为什么会遇到困难，以及我们该如何帮助他在绘图上有所进步。心理咨询师看了眼测试结果后表示，像杰克这样有缺陷的孩子不应该上这样的课程，所有的测试都显示他无法完成这门课。这番话让我目瞪口呆并且感到疑惑，如果测试结果显示杰克无法完成这门课，那他为什么一开始会被分到这门课上呢？我被心理咨询师的专业权威吓到了，我问她杰克是否需要再做一些其他测试，或者有没有什么办法能够帮助杰克学习测量。她说杰克已经做完了所有测试，他应该退掉这门课。我知道她打算放弃杰克了，我对此感到很不舒服，但我没有表达出来。

实务要点： 由于对老师的气愤和自我的认知，工作者很难再继续这个对话。工作者再一次希望心理咨询师能够理解杰克，但他却没有理解心理咨询师。这是一个常见的问题，虽然大多数专家都被告知了团队合作的重要性，但他们却很少接受一些可促进团队合作的干预措施和技巧的训练。这将在第五部分阐述如何处理与这个系统的合作问题时详细讨论。

然后我和杰克的妈妈谈了谈（如果杰克要退课的话，必须征得她的同意）。她说她想让杰克继续学习绘图，杰克或许还不够努力。她说他常常不够努力，而且也没什么积极性。我并没有继续探究这句话，也没有对这位母亲的感受表示理解。在这一点上，我强烈地认同杰克的困境与无助，这也让我对这些权威人物充满了愤怒。我说我可以去看看杰克的辅导老师是否可以帮助他学习如何测量。

我很惊讶，当一个15岁的孩子连直线都不会画的时候，他的母亲竟然没有意识到，除了努力不够之外，肯定还有更多的问题，但我并没有试图去弄清楚这到底是怎么回事。之后我去见了康复服务中心的老师，她说她忙得不可开交，她还得帮助杰克完成其他课程，而且她对绘图一窍不通。我没有为这位老师提供任何支持。她建议我请杰克的数学特教老师帮助他。所以我去见了数学老师，他说他会帮助杰克学习如何测量。于是杰克得以继续留在绘图班学习，在他们转到新学习领域前的6周时间里，杰克表现得稍微好了一些。

实务要点： 虽然工作者在这门课上为杰克寻求了一些帮助，但他并没有解决真正的问题，即学校和家人对待杰克特殊需要的方式。在系统层面上，这个问题可能与学校如何看待和处理有特殊需要的学生有关。

在接下来的几周，我们陷入了工作错觉中。杰克和我继续在会谈中玩游戏。如果我们不玩游戏，杰克就会很不舒服，并且坐立不安，一旦我们开始玩，他就会敞开心扉，表达他自己。很明显，他的母亲经常唠叨他，尝试让他更加努力。现在杰克变得越来越能够去分享他自己的感受了。

359

1月的最后一周

杰克的妈妈给我打电话说她很担心，因为杰克从不会带家庭作业回家，她觉得他应该带作业回家写。她表示杰克跟她说他在康复服务中心做作业，但是她并不清楚他是否真的这样做了，因为他的成绩很差。我主动提出充当系统之间的调解人，但我并没有积极地将所有相关方都纳入其中。我说我会把她的担心告诉杰克，如果杰克同意的话，我可以去学校了解一下他是否完成了作业。她说这帮了她大忙，因为她很难从工作中抽出时间去学校看看。我告诉她我会在几周后给她回电话。

2月1日

我通过让杰克参与其中来维持与他的信任关系。我告诉杰克他妈妈给我打电话说他在家从不做作业。我向他表示我一直很小心，没有向他妈妈泄露过我们会谈中的任何内容。杰克说如果我想向他的老师确认他的作业完成情况，他是不会介意的，因为他确实做了。我们一起聊了聊父母不信任自己时内心的艰难。

接下来的几个星期，我拜访了杰克所有的老师。我首先从辅导老师和数学特教老师开始，他们都说杰克虽然不是最好的学生，但他来上课并完成了作业。在这一点上，我想我还是非常肯定杰克的。我在寻找能证明他尽了最大努力的证据，所以我并没有和这些老师聊太多内容。当我和杰克主要的老师交谈的时候，他们都说杰克的功课还可以（在 C 等级中），能够交作业，表现也不错。我发现杰克在聆听和记住老师的口头指示上确实存在一些困难，有时老师还没问完问题他的答案就脱口而出。从我正在进行的关于注意力缺陷障碍的研究中我得知这些都是常见症状，我发现自己有点恼火，因为似乎没有一个老师考虑到杰克这方面的困难并帮助杰克（例如，通过把要做的事情写在黑板上）。

实务要点：在大多数情况下，一个人如何定义问题是至关重要的。问题是：如杰克妈妈所认为的那样是杰克没有做作业，还是杰克和妈妈关于他的学业和特殊挑战的沟通模式存在问题？我认为第二个才是问题所在，所以弄清楚杰克是否完成了作业并不能解决问题。我们也看到了这位母亲作为一名在职的单亲妈妈，难以监督并积极参与到儿子的学业发展当中。她坚持认为问题出在杰克的积极性上，这可能也是她难以接受儿子有学习障碍的表现。为了让杰克得到他需要的支持和帮助，这种否认必须得到解决。在下一段摘录中，工作者建议杰克、他的母亲、老师等人会面，这其实是解决沟通和理解问题的开始。

我还没来得及给杰克的母亲打电话，她就打给了我，说她洗衣服的时候在杰克口袋里发现了两份补充报告。报告来自辅导老师和数学特教老师。我告诉她，我很惊讶她居然收到了那些课程的报告，因为在过去的几周内，我刚刚和那两位老师谈过，没有任何迹象显示他们会给家里发通知。我自愿担任调解人的角色，并建议各方都发挥积极作用，我提出约定一个时间一起开个会也许是个好主意。将有两位老师、杰克、他的母亲和我参加会议。我解释说，如果我们能一起坐下来，或许能想出一些策略来帮助杰克做得更好。杰克的母亲也认为大家一起见个面是个好主意，但她表示她还是认为问题在于杰克的积极性不够。我们约定下周见面，我告诉她等我和老师们、杰克确定后再回电话给她。老师们对于开会的提议表示同意。在我们的下一次会谈中，我也和杰克一起讨论了这件事情。

3月8日

一开始，杰克表示学校里的其他事情进展都很顺利，只是他不喜欢辅导班。我问他具体是不喜欢什么。我提出了工作要求，让杰克去明确他自己的需求。他说："老师制定了很多规则，比方说我们一到那里就要坐下来开始学习，我们不能相互交谈。而在手工艺课的课堂上，我们可以一边学习一边交谈。"我问他一直坐在那里学习并且不能说话对他来说是不是很困难。他表示确实很困难，而且他通常最后都会忘记这件事情并开始讲话。我问他当所有人都期望你去做这些你真的很难做到的事情时是不是觉得很辛苦，他表示同意。

我们继续讨论这次会议。杰克问是不是每个人都会因为他没有做得更好而批评他或对他生气。我告诉他我不能保证所有人都不会批评他，但是我们会议的重点是弄清楚我们需要怎么做才能帮助他在学习上有更好的表现。而往往人们在乎一件事情的时候才会生气。我试图重构这一情况。我们接着说，这可以和他妈妈唠叨他学校的事情联系起来，妈妈之所以唠叨也许不是因为她想要打扰他，而是因为她真的很关心他。接着我们谈了谈杰克对于会议的期望，我告诉他，他的意见非常重要，他和其他人一样应该也有很多话要说，我会支持他去表达自我。

之后我打电话给杰克的妈妈去确认会议，并和她聊了聊此次会议的目的。我发现我们心里有着共同的目标，即使我们看待它的方式有所不同。在接下来的一周里，我花了很多时间去做关于注意力缺陷障碍的调查，并且对焦杰克、他的妈妈以及这些老师。

3月16日

杰克妈妈提前到达了我们约定的会议地点，给了我们提前了解彼此的机会。我想和杰克妈妈建立一个融洽的关系，以理解她的立场，并尽可能让她参与到我的工作中来。我说我很开心她能够过来，我能看得出她很关心杰克，而且为了让杰克在学校能有好的表现付出了很多，这是值得肯定的。我告诉她有很多父母一点都不关心他们的孩子表现如何，有一个非常关心他们的父母对于孩子来说意义重大。我还说我想她一定很沮丧。我看过杰克的档案，里面装满了这些年他所有的评估和测试，然而目前的情况依旧很严峻。杰克妈妈表示同意，并且看起来似乎放松了一点。

实务要点：工作者已经转移了工作重点，他现在似乎明白了帮助杰克最好的方式可能是去帮助他的妈妈。可以感受到的是，工作者现在和第二个服务对象，也就是与杰克妈妈一起工作的时间比以前明显多了许多。

杰克和老师到了后，我们一起在会议室坐下。我想在一开始就让大家都卸下防备并为一些工作做好铺垫。我向老师们介绍了杰克的母亲，并向所有抽出时间参与本次会议的人表示了感谢，我们的目标是想办法帮助杰克在学校有更好的表现。我说我知道每个人为此都非常努力，在这里我们不会批评任何人，也不会去责备杰克。我认为如果我们能够一起为之努力，我们可以想出很多新的点子。我表示杰克的观点也很重要，所以我也想让他和我们一起分享一下他的想法。

我说我认为我们可以先听听老师们的看法。我请老师们谈谈杰克在学校的表现，除了杰克需要提升的部分外也要谈谈杰克做得好的地方。老师轮流分享，然后当他们提出的行为表现和注意力缺陷障碍有关时，我会特意指出这些行为和注意力缺陷障碍有关，而不是杰克缺乏控制导致的问题。

接下来杰克妈妈说她依旧认为问题在于杰克需要更积极更努力一些。对此我提出了工作要求，请杰克谈一谈他的感受如何，对此有何看法。他说也许妈妈说得对。我说我觉得他已经很努力了，而且他被要求做的一些事情对他来说真的很困难。杰克看起来放松了一点，他同意自己确实努力了，但是不管他多么努力，每个人都只是要求他再努力一些。

362

接下来我们一起讨论了如何帮助杰克记住带上课本和学习用品去上课，以及他妈妈在家里该如何帮助他。老师们想出了一些好点子，会议结束时，所有人都认为这个策略值得一试。我们一致同意一个月后再重新评估一下情况，之后老师们便离开了。我和杰克以及他妈妈继续待了一会儿，聊了聊他们两个在家里的关系。我再次尝试去重构他们对于彼此的看法，然后给予了他们一些关于如何好好相处的建议。这似乎很有效，杰克和他妈妈笑着互相表达了爱意。

3 月 22 日

我让杰克对我们的会议进行评价，以继续积极地参与其中。首先我们一起讨论了上周五和杰克妈妈、老师们的会议。我问杰克觉得这次会议如何，他表示还可以。我说我认为进展得很顺利，我们也取得了一些进步，但是我想知道他坐下来参与会议的感觉是什么样的。他表示情况并没有他想的那样糟糕。我说能够坐下来参与这场关于你的会议对你来说是很困难的，但我认为你做得非常好，杰克笑了。我问他现在和他妈妈的关系如何，他表示他们还在为学校的事情争论，但新方法还是有帮助的。

问题现状：现在的情况

几周后，杰克妈妈再一次打电话问我事情进展得如何。这一次，我发现自己在电话里真的很同情她。在与她的谈话中我发现，在杰克被诊断患有注意力缺陷障碍后，没有人告诉过她有关这个病症的真实信息，也没有人给她提供过建议，告诉她该如何对待像杰克这样有特殊需要的孩子。这么长时间以来，我一直以为有人提供给她相关的信息与建议。于是我主动提出复印一篇关于与注意力缺陷障碍儿童一起生活的指导文章，并向她分享了有关这个主题的好书清单。杰克妈妈听起来对此十分感兴趣，我将这些材料寄给了她。

我突然意识到，如果在这段时间里没有人告诉过杰克妈妈这些事情的话，或许也没有人跟杰克说过这些，事实证明确实如此。从那时起，我和杰克就开始做一些工作去研究什么是注意力缺陷障碍，导致它发生的原因是什么以及相应的治疗方法。杰克说这么长时间以来，他一直以为这些注意力缺陷障碍症状的出现是因为自己很笨。从这件事中我明白了永远不要认定一些显而易见的工作已经理所当然地被完成了。虽然我们还没有对现在的状况进行再评估，但是杰克看起来已经做得比之前好多了，并且也更加自信了。

介入策略

● 与杰克一起研究应对注意力缺陷障碍症状的策略（如帮助他记住事情，扩大注意力范围）。

● 为杰克妈妈寻找注意力缺陷障碍父母支持小组。帮助她学习更多有关注意力缺陷障碍的知识并且和其他父母一起讨论帮助杰克的策略。

● 与杰克合作，以更具建设性的方式表达他与母亲的感情，帮助他们沟通。另外，帮助杰克和他的老师多交流，让他们重复指示或把指示写在黑板上。

● 继续倡导"这些注意力缺陷障碍症状的产生并不是杰克的错误"的观点。

● 帮助杰克学习如何更有效地和他的父母以及老师们合作。

● 处理终止学业或转学问题，包括和杰克的课堂老师们讨论下一学年的想法并让他们为回应杰克的特殊需要做好准备。

363

实务总结：通过专注于教育相关的问题并尽可能多地让家庭和学校系统中的成员参与进来，工作者动员了所有相关的各方来帮助杰克克服障碍并在学校取得成功。杰克母亲反复强调杰克需要做的是更加努力，这其实向工作者传达了一个重要信号，即与其母亲讨论的重点在于她对杰克学业问题的感受，以及她接受杰克是因为生理上的障碍而难以取得成功这一事实的困难程度。工作者可能需要进一步探究教育对母亲所在家庭的意义以及教育的文化意义。

开展单亲家庭工作

对于是单亲父母的服务对象来说，有一个专业的"朋友"可以一起讨论孩子的进步，会大大减轻他们的负担。过去我们通常认为，一般的家庭都是父亲工作，母亲在家，然后有两三个孩子需要抚养，但这种认知在现在看来已经不符合实际情况了。单亲家庭的比例正在上升。我在一次以开展单亲父母工作为主题的演讲中，向听众们发问——这些听众都是助人领域的专业人士——他们中有多少人是单亲父母，或者有多少人是单亲家庭的孩

教育政策 2a

子，或者有多少人的亲密伴侣来自单亲家庭。500名观众中，近三分之二的人举起了手。

尽管单亲家庭和双亲家庭有很多相同之处，但专业的助人者应该注意到它们在一些方面的不同。单亲父母不得不独自面对许多其他家庭所面临的常规性危机。大多数单亲父母是女性，其中很大一部分人要么工作（通常是低薪、低地位、没有前途的工作），要么依靠福利。但是，福利改革法律规定领取福利的期限为5年，因此许多家庭面临着将要失去或者已经失去救济金的风险。最近，围绕预算和联邦债务的政治斗争使得政府决定削减食品券。对许多人来说，由于缺乏可负担的日托机构，他们无法去工作，因此也无法改善自身的经济状况。在低收入和福利之间，大多数单亲母亲必须设法在低于公认贫困线的收入水平下生活——这一因素大大增加了其独自养家糊口的压力。再加上高薪工作岗位有限，这对单亲家庭来说不是什么好兆头。

住房是令单亲父母苦恼的另一个重要问题。许多住房选择并不向他们开放，因此，他们获得住房需要付出比一般人更多的收入。一位单亲女性即使在婚姻存续期间与当地银行保持着良好关系，当她离婚后其信用等级也会随丈夫的离开而降低。她会突然发现自己陷入了两难的境地：一方面她需要良好的信用记录来获得信贷，另一方面她又需要通过信贷获得良好的信用记录。因此，如果她想买一套房子，她可能会因为遭遇歧视而无法改善自己的住房状况。联邦政府对城市低收入者的住房资助也在削减，或者有些地方政府并不同意提供相应资助。例如，纽约市将一些家庭和数百名儿童安置在无家可归者收容所，其中许多收容所已经破旧不堪，甚至常常处于危险的境况。而这种做法可能会随着一位强调建造更多低收入住房必要性的新市长成功当选而改变。

此外，单亲父母在与朋友相处上也面临着特殊问题。许多单亲父母表示，他们离婚后，曾经的好朋友对他们的态度发生转变，站在了他们的对立面。另一个常见的影响因素是"诺亚方舟综合征"，即朋友们似乎普遍认为人们应该"成双成对"地出现，因此，他们不太欢迎单身朋友。老朋友悄悄离开，而新朋友难寻。这个问题，通常会因为单亲父母的抑郁情绪和缺乏对建立新支持群体的努力而变得更加复杂，并进一步加深单亲父母的孤立和孤独。由于这些额外的压力，单亲父母在照顾孩子的同时往往很难找到时间满足自己的个人需求。应付学校会议、牙医预约、家庭作业、体育活动等，这些对父母两人来说就已经够困难的了，更何况是单亲父母。

此外，当一个人非常脆弱时，独自应对孩子的感受是很困难的。因此，家庭中会开始产生隔阂，某些领域会成为禁忌。一个重要的禁忌领域是孩子因父母缺席而产生的被抛弃感。在我带领的一个单亲父母小组中，一位单亲母亲说："我很难帮助我的孩子们面对他们的被抛弃感，因为我也无法处理好自己的被抛弃感。"单亲父母的内疚感往往使他们很难与孩子坦诚地进行讨论。孩子们的痛苦可能会暗藏于与他们年龄相适的行为表现中。例如，幼儿可能会退行，开始尿床；大一点的儿童可能会与朋友断绝联系，开始在学校制造麻烦，打架斗殴；青少年可能会违法犯罪或性生活过度，甚至开始吸食毒品。在这种情况下，父母通常能察觉到原因所在，然而父母的负罪感会导致严重的沟通障碍，从而阻碍问题的解决。

与前配偶持续存在的关系也会对单亲父母及孩子造成伤害。通常，婚姻中的争斗或者感情上的破裂都会伴随着监护权问题、经济支持问题以及忠诚之争。孩子们因为父母间婚姻的破裂已经受到了伤害，并且他们可能会认为自己对这种破裂负有责任，而当他们必须选择站在父亲或母亲一边，不能同时对父母双方都忠诚时，他们会更加痛苦。

军人家庭工作：军事驻地、派遣前和派遣结束后的工作

在过去的几年里，美国军队在伊拉克和阿富汗经历了无数场战争，这给他们自己和他们的家人造成了巨大的压力和创伤。由于认识到这种持续的创伤和压力会造成严重影响，美国动员了大量服务来解决这些问题。社会工作者和退伍军人事务部医院住院和门诊项目现有的专业人员，以及被指派在美国和海外军事基地提供服务的工作者，都将重点放在了派遣的三个发展阶段所涉及的问题上。费内尔和威赫曼（Fenell & Wehrman，2010）对此描述如下：

> 该模式分为三个发展阶段，每个阶段服役人员和其家人都会经历不同的、可识别的压力，这三个阶段分别为准备分离、分离和团聚。(p.53)

作者建议，当家庭收到派遣的消息时，在准备分离阶段首先要帮助孩子和成年人表达他们的担心，并鼓励成年人对孩子的间接暗示做出直接回应。在这一阶段还探讨了为不确定因素做准备所需的具体步骤。在正式派遣的实际分离阶段，当士兵在战区时，父母常常面临着照顾孩子的压倒性压力。因此需要努力建立某种交流方式（例如发电子邮件、聊天、打电话）；但是，也需要在沟通太少导致焦虑增加或沟通过多导致被派遣的士兵分心之间建立和保持平衡。与所有引发焦虑的压力情境一样，这些信号可能会以间接的形式出现，比如孩子在学校有问题，父母抑郁或酗酒，等等。

> 循环的第三个阶段——团聚，开始于家庭期待和准备团聚的时候。这是一个激动人心和令人期待的时刻，但也是一些家庭担心的时刻。服役人员从战场返回时，往往希望家人和派遣前一样。然而这种情况基本不可能出现。(p.54)

在12～18个月的派遣期间，家庭成员和服役人员都发生了变化，而适应这些变化是复杂且困难的。性功能障碍及酗酒和药物滥用经常被报道，自杀率及自杀意愿也有所增加。有相当数量的服役人员背负着身体或心理上的挑战回归，包括截肢或创伤后应激障碍，此时辅导可能是至关重要的，可以帮助他们做出需要的调整。

归国军人和他们的家人都可能拒绝去面对这些压力，他们不愿意去寻求专业帮助。奥

莱特和罗塞里尼（Alright & Rosellini，2010）提出了一些可以向军人或其家庭成员询问的问题，他们设计的这些问题用来衡量人们需要接受心理咨询的程度。他们认为即使是一个或两个肯定的回答，也意味着服务对象可能会打开心扉，愿意去寻求更高水平的照护帮助。这些问题有：

- 你是否有时会感觉被推到了崩溃的边缘？
- 你是否曾觉得自己不能正常思考？
- 你是否曾感到自己无法停止尖叫或哭泣？
- 你是否会为一点小事而发火？
- 你是否经常感到不知所措？
- 你的胃是否难受，感觉像打结了一样？或者你的喉咙或胸部有压迫感和窒息感吗？
- 你会觉得莫名的恐惧和厄运感在折磨着你吗？
- 你会觉得事情真的很糟糕，以至于你想躲起来或者开车逃走吗？
- 你是否已经失去了希望？你是否觉得你想让事情变好的努力是徒劳无功的，所以你已经放弃了尝试？
- 你的想法让你害怕吗？你是否觉得有时你可能会伤害到别人？
- 你有没有过死了之后事情会变得更好的想法？

即使是浏览这一系列问题，我们也能清楚地看到派遣带来的强大影响，以及我们作为公民和心理健康专业人员的责任，即为被派遣人员及其家人提供所需的帮助，因为他们为履行职责而做出了巨大牺牲。

格林、纽瑞斯和莱斯特（Green，Nurius，& Lester，2013）在一项关于民众配偶幸福感的研究中指出，虽然派遣会带来特殊的压力，但军人家庭也面临着和普通家庭一样的生活压力"堆积"。他们指出：

> 现代家庭生活的特点是多层次的压力、优势和回报。军人配偶经常要面对的问题，普通人的配偶可能并不会常遇到，比如需要在频繁搬家、远离亲属网络、遵守军事文化的要求以及配偶被派遣出去等情况下维持家庭生活。（p. 753）

研究人员调查了家庭压力对 161 位普通女性配偶带来的影响。通过回归分析，并控制派遣安排和社会经济地位，他们明确了"家庭压力、紧张和资源在解释配偶心理健康变化中的重要作用"（p. 753）。他们认为，这项发现表明了以家庭为中心的干预和预防计划的必要性。

人们日益认识到支持军人家庭的必要性，尤其在军事派遣期间。或许是为了回应这一需要，"美国国防部官员对于在军队中使用社交媒体已经从明令禁止转变为公开接受、赞成和推广"（Matthews-Juarez，Juarez，& Faulkner，2013）。2009 年，美国海军陆战队禁止军人使用社交媒体网站，因为担心共享的信息可能会对安全造成负面影响。2010 年，在对社交媒体的使用进行审查后，国防部宣布其已授权在美国军队中使用推特、脸书和其他"Web 2.0",并称"社交媒体的益处远大于安全担忧"(p. 769)。

作者还指出,推动人们使用社交媒体的因素包括它的"即时性或即时反应"。使用社交媒体让军人们能够做到以下的事情:

> 联结、分享和参与世界上任何地方的"近实时"事件,包括他们孩子的1岁生日聚会或孩子的高中、大学毕业典礼。社交媒体已经成为军人家庭平时在家中或派遣期间保持联系的方式。(p. 770)

作者还指出,社交媒体的使用也会产生一些负面影响,比如即使是在战区也能与家人交流家中的问题,分享照片和发送短信,这既让人受到安慰,又让人感到痛苦。家庭成员的死亡,支付账单的压力,沮丧、孤独和渴望都能够被及时地传递,并带来强大的负面影响。

作者在总结他们的讨论时指出,社交媒体的使用对家庭压力和幸福感的影响缺乏实证证据,因此迫切需要进一步研究。

最后,派遣前、派遣中和派遣结束后的压力会增加儿童虐待、物质滥用和家庭暴力的风险(Porter,2013)。派遣前和反复派遣给军人带来的压力可能会增加物质滥用以及相关的儿童或家庭虐待;未被派遣的配偶在管理家庭和抚养孩子方面也会面临更大的压力,这也可能导致某种程度的儿童虐待。派遣结束后军人"重新融入"家庭的压力也可能产生一定影响。一些致力于帮助高危士兵回家的项目在识别风险并对军人家庭提供应对风险的必要支持上显示了一定的能力(Arincorayan, Applewhite, DiJoseph, Ahlve, & Mangindin, 2013)。

本章小结

家庭社会工作包含接受机构强制服务解决特定问题的工作。在这些情况下,订立契约和确定边界起着至关重要的作用。机构授权产生的服务和服务对象感知到的需求之间的共同点为工作指明了方向。家庭禁忌领域对试图实现特定目标的工作者来说是一个特殊的挑战。家庭工作可以在许多场所中进行,如儿童福利机构或学校。单亲家庭的家庭工作中存在的一些独特问题也需要被纳入考虑。同时,被派遣的士兵及其家属的家庭工作日益成为社会服务需求的前沿领域。

能力要点

下面列出了本章援引的社会工作教育委员会在《教育政策与认证标准》(2015年)中为社会工作学生推荐的能力和实务行为。

第一项能力 体现符合伦理的专业行为:
e. 运用督导和咨询来指引专业判断和行为

第二项能力 将多样性和差异性融入工作实践：

a. 在微观、中观和宏观工作中运用并能交流对多样性和差异在塑造人生经验中的重要性的理解

第三项能力 促进人权和社会、经济与环境公正：

a. 运用自身对社会、经济和环境公正的理解，在个人和制度层面倡导人权

第四项能力 投身实务与研究的结合和研究与实务的结合：

b. 运用批判性思考来分析定量与定性研究方法及研究发现

第六项能力 与个人、家庭、小组、组织和社区建立关系：

b. 运用同理心、反映和人际技巧有效地与多样性的服务对象和不同群体建立关系

第七项能力 预估个人、家庭、小组、组织和社区：

c. 基于批判性地预估服务对象和不同群体内在的优势、需要和挑战，形成相互同意的干预目的和目标

第八项能力 对个人、家庭、小组、组织和社区进行干预：

c. 恰当运用跨专业合作获得有益的工作成果

d. 同各种各样的服务对象和不同群体一道并代表他们做协商、调解和倡导工作

第九项能力 评估个人、家庭、小组、组织和社区：

a. 选择并运用适当的方法做结果评估

b. 运用人类行为与社会环境、情境中的人和其他多学科的理论框架方面的知识，进行结果评估

第四部分

小组工作

　　在第四部分，我们探讨小组工作实务的互动模式。我们描述了当一群有共同关心的问题的服务对象为了互相帮助而聚集在一起时，互助的动力。你会发现本书第二部分和第三部分中讨论的许多过程和技巧都可以在小组情境中使用。我们还将探讨小组工作的一些特色，以及互助的具体障碍。

　　在第十章中，我们探讨小组工作的准备阶段，首先讨论小组如何充当一个互助系统。我们将讨论和举例说明具体的互助过程。我们还将大致浏览一下小组筹建的原则，包括需要与潜在成员以及系统中的工作人员一起完成的关键准备工作。在第十一章中，我们详细考察小组工作实务的开始阶段。第十二章探讨实务的中间阶段，特别强调与两个服务对象，即个人和小组一道开展工作的重要性。最后，第十三章探讨小组实务的结束和转换阶段。

小组工作的准备阶段：小组互助系统

不同场所中服务于不同人群的小组，其目标、模式和结构各异，但所有小组都有促成某种形式的互助的潜力。互助过程将小组成员间的互助作为一种资源，是小组工作的核心概念。我相信互助作为一种元素，可以被整合到运用其他理论框架（如心理动力理论、寻解治疗、认知行为理论、动机访谈等）的小组工作当中。第二章中关于抗逆力的讨论强调了社会支持作为缓冲器和保护性因素的重要性。互助过程就是社会支持的一种形式。无论是老年人支持小组、预防物质滥用小组或康复小组，还是为失去父母或其他亲近的人的儿童提供的辅导小组，提供和接受其他成员的关怀和帮助都是我们在小组中与人们合作的主要原因之一。

由于要讨论和说明互助过程是如何运作，以及小组带领者是如何使其实现的，我将用本章内容来描述在由拥有共同目标和相似关注点的人构成的小组中，互助的动力机制是什么。读者将会发现本章所讨论的许多过程和技巧在与个人和家庭一起工作时都适用；然而，这一章我的重点将是小组工作中的实践。我还将强调这些过程和技巧在小组工作中的独特特征，以及建立互助机制需要克服的具体障碍。我将介绍互助过程和小组带领者在其中的角色。在前面个人与家庭工作章节中，我已经介绍了两个服务对象的情况。在本章中，我将再次提及关于服务对象的这一观念，并将整个小组作为第二个服务对象。

什么是互助？

在一篇介绍互助概念的文章中，施瓦茨（Schwartz，1961）对助人小组的定义如下：

小组是一项互助的事业，是一个由有需要的个人组成的联盟，共同在不同程度上

努力解决某些共同问题。重要的事实是，这是一个助人系统，在这个系统中，小组成员需要彼此以及小组带领者。这种互相帮助从而创造不是一个而是多个助人关系的需要，是小组过程的重要组成部分，它构成了具体任务之外的成立小组的共同需求。(p. 18)

作为互助系统，小组通过带领者帮助小组成员互相帮助是一个很有吸引力的想法，但它也引发了许多有过小组体验的学生和工作者的疑问和困惑。作为小组成员和带领者的经历使他们对互助的潜力产生了质疑。一群有着相同问题的人究竟如何能够相互帮助？小组成员如何能够在一群陌生人面前谈论他们最私密的问题？小组的强制力是什么呢？个人如何在困难中站起来？如果成员之间互相帮助，那么小组带领者的工作是什么呢？这些问题和其他问题都是合理的。这些问题有时反映了小组带领者过去的小组经历，这些经历可能是伤害性的、非生产性的或无聊的，远不是互助的事业。

对于上述问题，我的答案是，任何小组都存在互助的潜力，但仅仅把人们聚集在一起并不能保证互助的出现。许多障碍可能会阻断小组成员接纳和帮助彼此的能力。这些与个人辅导中观察到的许多情况类似，但它们的影响在小组环境中会被放大。因为所有成员都会根据过去的团体体验（如学校、夏令营、委员会、小组工作），将自己的观念带到小组中来，而且过去的这些体验可能很差，所以需要小组带领者来帮助小组成员创造条件，使互助得以进行。小组带领者的任务是试图帮助小组成员发展与这些障碍相关的技能。

在小组中发展互助是一个复杂的过程，成员必须克服他们对人、小组和帮助过程本身的许多成见。他们将需要从小组带领者那里得到所有能得到的帮助。由于小组带领者也受到过去小组经历的影响，所以小组带领者早期的任务之一就是面对自己的情绪感受，审视自己的刻板印象。如果没有这种自我审视，小组带领者可能就无法向成员们传达一种对他们具备互相帮助的潜力的信念。坚信团体力量的信念将为小组成员在努力中取得成功做出重要贡献。

在本章的其余部分，我将开始解决小组带领者的疑惑和问题，列出小组成员可以互相帮助的一些方法。这些就是互助的过程。此外，我还会简要综述一下可能出现的阻碍这种潜力发挥的障碍，并对小组带领者的作用进行概述。

互助的动力

接下来将详细介绍互助过程，并以一系列小组工作例子进行说明。为了帮助读者从总体上理解互助的概念，本章会提供一些例证。

分享信息

小组成员之间互相帮助的一种最简单又最重要的方式就是分享相关信息。小组成员有不同的生活经历，通过这些经历，他们积累了知识、观点、价值观等，这些可以帮助小组中的其他人。例如，在第十一章中将详细介绍的我所带领的一个夫妻小组中，有一对夫妻已经超过 60 岁了。他们经历了许多日常生活危机，也经历了社会压力所带来的危机（例如，20 世纪 30 年代的大萧条）。当其他 50 多岁、40 多岁、30 多岁、20 多岁的成员描述他们的经历和问题时，这对夫妻往往能够分享一种从时间的角度来看待这些危机的见解。作为小组带领者，我经常发现自己在学习这对夫妻的经验。我们在小组中创造了一种大家庭的形式，在这种形式中，一代人把自己的生活经验传给下一代人。反过来，这对老夫妻不仅能在这个小组中解决眼前的问题，还能把这个小组作为回顾他们共同生活的地方。（这可能是他们人生这一阶段的重要工作。）

在另一个小组中，在职母亲有能力分享观点被证明有助于其安排日常生活。互联网的力量使许多小组成员能够获取以前未获得的资源信息。成员们分享了他们所发现的社区服务的名称，每个母亲都学习了其他人的经验和智慧。无论这些信息是关于具体问题的具体提示（工作、可用的住房、资金管理等）、价值观，还是关于人际关系的想法，每个成员都可以为共同的知识库做出贡献。小组带领者也将贡献信息，这些信息与其他小组成员的信息相结合，为成员提供丰富的资源。

一个处在物质滥用早期康复阶段的艾滋病患者小组（被称为艾滋病/康复小组，由作者共同带领），定期分享关于恢复过程和应对艾滋病及其治疗的具体信息。例如，一位小组成员告诉另一位小组成员："这是你康复的第二年——情绪年的开始，所以不要对你所感受到的所有痛苦感到惊讶，因为你没有喝酒和吸毒来掩盖它。"在另一次会面时，小组成员分享了他们对当时新的三联疗法的经验，并为那些没有参加试验小组的人提供了如何取得联系的信息。

实务要点：在下面的例子中，小组成员提供了如何增加被艾滋病人特殊住房项目接受的机会的建议。作为小组带领者，我的工作是帮助小组与该成员建立联系，促进这种形式的互助。

我提到，特丽莎曾表示她有兴趣进入独立生活场所。我想知道我们是否也可以通过解决这个问题来帮助她。她告诉我们，她之所以对提出申请有所担心，是因为她认为自己还不够资格申请单人间。这时，住在该院的杰克和塔妮娅开始提出策略和想法，告诉她如何与工作人员接触，怎样才能最大限度地提高她的申请能力。他们强烈鼓励她现在就提出申请，因为现在还有空缺，几个月后这些空缺可能会消失，就没有她的位置了。他们说，如果她能搬进这栋楼，他们认为那就太好了。

塔妮娅（一位变性人）指出，如果你看一下的话，就会发现这栋楼应该是为艾滋病患者准备的，但是如果你仔细看的话，你会猜到它基本上是为男同性恋者准备的。她说她是整栋楼里唯一的女人，整栋楼里唯一的单身女人。她对特丽莎说，如果情况更糟，你可以随时告诉他们这是歧视，这样就会引起他们的注意。她说："我就是这么进来的。"

他们继续与特丽莎交谈，讨论她如何展示自己的责任，她做过的事情，她对康复的承诺，以及她想离开她目前居住的地方的事实。尽管那应该是一栋安全的建筑，但每个人都知道那里一直在进行毒品交易，在那里让人很害怕。她接受了这一切，感谢他们的建议，并说她要去申请。

思辨过程

当每个成员就所讨论的问题分享观点时，重要的思辨就会产生。小组成员可以冒着风险提出他们的初步想法，并将小组作为一个传声筒——一个让他们的观点受到挑战并可能被改变的地方。在小组中挑战想法并不总是那么容易，我将在后面讨论如何发展这种"工作文化"。当这种小组文化存在时，两个或多个成员之间的争论就有了辩证的性质。当一个成员提出论点，另一个成员提出反面观点时，小组成员可以倾听。在每个成员倾听的过程中，他可以利用讨论来形成个人的综合意见。

这个过程的一个例子发生在我带领的一个夫妻小组中，当时有一对超过 60 岁的夫妻讨论了他们与成年已婚子女间的问题。他们描述了他们对子女处理他们婚姻中难题的方式的负面看法，以及这如何影响他们的婚姻。在他们说话的时候，我可以从一对 20 多岁的年轻夫妻眼中看到愤怒。他们正面对着与妻子的父母之间的难题，他们认为父母"干涉"了他们的生活。当我接触到非语言线索的语言表达时，战斗开始了。年长的夫妻必须捍卫自己的观念，反对年轻夫妻的争论，因为年轻夫妻从他们孩子的视角看问题。而年轻夫妻则不得不从老夫妻的视角来看待自己与妻子父母之间紧张的关系，因为老夫妻可以理解妻子父母的观点。在我的主持下，每对夫妻的辩论都使他们的观点有了一些修改，并使他们对各自的子女和父母可能的感受有了新的认识。从讨论中可以明显地看出，其他小组成员正在利用眼前的对话，对自己的经历进行联想。

值得注意的是，对抗是互助的一部分。差异不是被压制，而是必须在一个可以用来学习的舞台上表达。我相信，小组成员常常会对某一主题提出强烈的观点，正是因为他们有疑惑，迫切需要一个具有挑战性的观点。后面将探讨如何帮助小组成员以相互尊重和关怀的方式建设性地利用这些冲突。这个例子也说明了一个事实，即小组可以成为培养诸如坚持自我等技能的实验室，从而使各个小组成员在小组外的关系中变得更加有影响力。年长夫妻和年轻夫妻之间的对话构成了与各自的孩子和父母进行重要讨论的演练。当小组带领者指出这一点时，小组成员能够利用这个经历达到这个目的。

讨论禁忌领域

每个小组成员都会给小组带来行为规范和我们大文化中存在的社会禁忌。规范是被社会中的主流群体普遍接受的行为规则。这些规范可以在心理咨询小组或其他系统内重新建立。当小组成员表现得好像规范存在一样时，规范的存在就显而易见了。例如，群体行为的一个规范可能是避免讨论社会禁忌领域，如性关系。墙上没有禁止这种讨论的标志，小组成员也没有公开达成协议，回避与性有关的问题。只有当小组带领者注意到即使是相关的讨论，也没有这方面的讨论时，这种规范才会变得明显。

在工作的开始阶段，小组在这个微社会中再现了一般的社区"文化"，由小组成员在小组外遇到的规范、禁忌和规则组成。因此，直接谈论诸如权威、依赖（对人和/或药物的依赖）、死亡和临终以及性等主题都被视为禁忌。小组带领者的任务之一是帮助小组成员建立新的规范，自由地挑战一些禁忌，使小组能够更有效地开展工作。这就是所谓的帮助小组形成一种积极的工作文化。

每个小组成员对讨论主题的紧迫感都会与其他成员有些不同，每个成员对禁忌的力量也会有不同的体验。随着工作的进行，小组中舒适度的提高（帮助这种情况发生的技巧将在后面的章节中讨论），一个成员可能会直接或间接地承担第一个风险，将小组带入一个困难的讨论领域。通过第一个冒险，该成员让比较害怕和不愿意冒险的成员看着禁忌被触犯。当他们体验到积极的工作时，他们就会允许进入以前的禁忌领域。这样，所有的成员都能从带头成员的特殊紧迫感、较低的焦虑程度或更大的风险意愿中获益。

我把这个成员称为内部带领者，小组工作者则是外部带领者。不同的小组成员可以扮演与不同禁忌问题相关的内部带领者角色。在这个简短的例子中，我们有一个与性有关的社会和群体禁忌，一个尊重这个禁忌的群体共同规范，以及一个扮演内部带领者角色的成员挑战这个规范。这些都是小组文化的要素。

在我的艾滋病/康复小组中，一位成员谈到了她自己过去的受虐史，以及她是如何逃离家庭，转向街头和"你能想象到的各种毒品和酒精饮料"的。她接着描述了她为了筹集毒资而卖淫的经历，以及她对自己和自己的所作所为并不感到骄傲。她说："当我在街上的时候，我和很多男人在一起，但我真的没有和男人在一起。"这些披露为其他成员打开了一扇门，让他们分享自己的性经历，他们为了筹集毒资而进行"可卡因约会"，往往是有辱人格和具有剥削性的。能够在一个支持性的、非评判性的环境中讨论他们的情绪，似乎产生了一种宣泄的效果，创造了一种文化，在这种文化中，其他禁忌的问题也得到了讨论，例如他们自己的疾病、他们被朋友和家人拒绝、他们身边的人痛苦地失去亲人，以及他们自己对与艾滋病有关的衰弱和死亡的恐惧。

在另一个为8～10岁儿童设立的咨询小组的例子中，所有儿童都失去了一位近亲（如父母、祖父母），会谈中会使用绘画材料。小组带领者认识到，与谈论死亡和失去亲人等痛苦问题有关的禁忌阻碍了对成员感受的讨论。相反，孩子们正在通过不适应的行为来表现他们的痛苦。在一次会谈开始时，一个男孩画了一张关于他爷爷的画，然后在上面画了几条线。小组带领者指出画的意思是他的爷爷已经死了，这个男孩开始在房间里跑来跑去，说他"不想让任何人谈论他的爷爷"。小组里的一个小女孩说，他之所以到处跑，是

376

因为他不想谈论他爷爷的死。另一个孩子说，没有人愿意谈论死亡，因为一谈论死亡就会做噩梦。由第一个男孩的绘画引出话题后，当他们开始用语言表达自己的感受时，工作就开始了。第一个男孩通过绘画媒介的运用，起到了内部引导的作用，间接地提出了亲人死亡这一禁忌话题。

"同舟共济"现象

在小组进入一个以前的禁忌领域，倾听了其他人的感受后，小组成员往往会发现自己的情感，而这些情感是他们所不知道的，可能对他们的生活产生了强大的影响。他们还发现了一个令人欣慰的事实，那就是他们的感受并不是个例，小组成员能够同舟共济。知道别人和他们有同样的担忧和感受，在某种程度上会让他们不那么害怕，更容易处理问题。当作为小组成员，发现并不是只有他一个人感到被问题压倒，或担心自己的性能力不足，或想知道自己是谁、从哪里来（例如，一个被寄养的青少年），或因为"病毒"（艾滋病）而遭遇排斥时，人们往往能够更好地动员自己来有效地处理问题。

发现小组中的其他成员也有同样的感受，往往可以帮助小组成员释放自己的力量。当一个人发现有"邪恶"的想法和感觉是正常的，并且被其他人分享时，对这些想法和感觉的内疚感就会减轻，自我毁灭的循环就会被打破。例如，有身体或精神残障的孩子的父母，如果听到其他父母也觉得他们孩子的状况代表了"上帝的惩罚"，可能会更好地应对自己的内疚。这可能是互助过程中产生的最强大的改变力量之一。而个案工作者试图向服务对象保证其他人也有同样的感受，却不会有同样的影响。在小组会谈中，听到其他人对它们的阐述，会产生独特的印象。这是小组工作相比个案工作的优势之一。

在艾滋病/康复小组中的另一个案例中，一位成员谈到她害怕被男友拒绝，因为她有艾滋病而他没有。尽管男友知道她有艾滋病，而且似乎也接受了她有艾滋病这个事实，但她不敢要求他做出更强有力的承诺，因为她认为他会拒绝她，她会失去他。虽然她是一个有魅力的年轻女性，但她担心因为"病毒"的缘故，没有人能够爱她。一位男性成员回应说："这就是你最害怕的事情——被拒绝。我只是拔掉电话线，待在自己的房间里，因为我知道如果我接近某人，我就会再次被拒绝。"

形成普遍视角

教育政策 2a
教育政策 2a
教育政策 3a

扩大一个人的视角是上述同舟共济现象的一个特例。许多小组成员，特别是那些属于受压迫和弱势群体的成员，可能会将更大的社会赋予他们的负面定义内化。因此，被殴打的妇女、性虐待的幸存者、有色人种、精神病人或艾滋病患者可能会把他们的麻烦归咎于自己，并把他们的困难看作他们个人缺陷的产物。心理健康专业人员可能会强化这种情况，因为他们关注个人病理，而忽略了制造并不断强化消极自我形象的社会经济因素。

在一个有共同受压迫经历的小组中，小组成员更容易认识到自己生活问题的根源可能是外在的。在妇女运动早期，这一过程在旨在帮助妇女更好地意识到影响其生活的性别刻板印象和压迫问题的意识提高小组中得到了体现。有了更普遍的视角来看待自己的问题，为自己的烦恼承担所有责任的额外负担可能会被解除。对压迫的愤怒——这种愤怒往往潜藏在抑郁、屈服和冷漠的外在表现之下——可以被释放出来，并转化为处理个人和社会问题的正能量。

在第十四章将详细描述的一个例子中，一群年轻的性虐待女性幸存者相互支持，认识到她们所经历的性别压迫和暴力的社会根源。在一次关键的会谈中，小组带领者宣布，下周将在她们所在城市举行反对暴力侵害妇女的"夺回夜晚"游行，并询问小组成员是否愿意参加。妇女之间的重要讨论强调了这些妇女是如何被教导接受她们的"受害者"身份的，这促使她们决定作为一个小组参加游行。这种团体经验——源于她们有能力使自己的观点普遍化——很可能是这个小组最具有治疗作用的方面之一。

在艾滋病/康复小组的一个例子中，一位妇女谈到了她多年来卖淫时遭受的性剥削。小组中的一位变性女性成员愤怒地指出，根据她的经验，大多数男人只对性感兴趣，如果可以的话，他们会利用和剥削你和你的感情以便获得性。为了强调自己的观点，她指出："我知道，因为我两者都做过！"在小组成员对她的评论停止了善意的笑声之后，小组的男女成员就亲密关系、找到真正关心自己的人有多难、失去关心自己的人有多痛苦等问题进行了讨论。

在一个针对失业男女的职业咨询小组中，通过讨论大家认识到，所有成员都是在他们在组织中获得更高级职位时失去了工作，被年轻的、工资较低的员工取代。他们清楚地认识到，他们被"解雇"不是因为他们不再具有生产力，而是因为他们受到了年龄歧视。这引发了一场讨论，不仅讨论了如何继续找工作，还讨论了他们可以利用哪些法律补救措施以及如何利用这些措施。

相互支持

当小组文化支持公开表达感情时，小组成员之间的共情能力就会显现出来。在小组带领者通过表达个人感受和理解他人来设定基调的情况下，每个成员都能观察到同理心的强大效果。由于小组成员有一些共同的关注点，他们往往能够比小组带领者更深入地理解对方的感受。这种同理心的表达对于接受同理心的小组成员和提供同理心的小组成员来说，都是一种重要的治疗剂。当小组成员理解他人的感受，而不苛责他人时，他们开始以新的方式接受自己的感受。这就是给予他人帮助对自己有帮助的一个例子。对于正在为某一具体问题而苦恼的成员来说，在困难时期，小组的接纳和关怀可以成为支持的来源。

我刚才使用了"小组的接纳和关怀"这一表述，它提出了一个新的概念，这将在第十

教育政策 6b

377

378

三章中详细探讨。这里的重要因素是小组，即人们聚集在一起时产生的实体。这个实体，我称为作为一个整体的小组，它所涉及的不仅仅是各部分（成员）的简单相加。例如，互助小组中的支持往往具有不同于在与单个共情者互动中得到的支持的品质。这不仅仅是人多意味着同理心多的数量上的差异。在小组中的关键时刻，人们可以感受到一种普遍的语气或氛围，通过语言、表情或身体姿态表现出来，传达出"团体"对个体的关怀。人们几乎可以"在空气中"感受到它的存在。这对小组成员个人来说，似乎有着特殊的意义和重要性。作为一个整体的小组的属性，在第十三章有详细的描述，在这一章，我将探讨将小组作为第二个服务对象与之合作的理念。

在下面这个同样来自我所带领的艾滋病/康复小组的支持案例中，因害怕失去男友而不愿面对男友的小组成员问变性人成员她看上去如何。

实务要点： 我感受到了与患有艾滋病的影响有关的潜在问题，并表达了特丽莎的感受。

> 再一次，特丽莎问塔妮娅自己长相如何，她说："你是个女人。我知道，作为女人，你会对我坦诚相待，请告诉我你的想法。你觉得我看起来还行吗？"塔妮娅似乎很困惑，说："嗯，当然，你看起来很棒。"我说："我不知道特丽莎实际是不是在问：'我够漂亮吗？我够吸引人吗？如果我的男朋友离开我，即使我有艾滋病，我还能找到一个爱我的人吗？'"她说："就是这样。"说着说着差点哭了。她说："我好怕，如果失去他，我就找不到别人了。"她说："我知道我可以有男人，我知道我可以做爱，我喜欢做爱。在监狱里的那段时间，我肯定会很想念，但别的男人能爱我吗？"

> 成员们试图安慰她，说她是个很好的人，塔妮娅说："这不是指你外表的样子，而是指你内心的样子。"她说："亲爱的——你真的做到了。"

在第十三章中详细描述的另一个例子中，一个醉驾小组中的一位成员终于透露，他喝酒的诱因是回忆起自己酒后开车撞车，导致妻子死亡。小组带领者描述了其他所有人是如何向他靠拢的，在他为自己的丧失而挣扎时，他们在身体上和言语上支持他，同时也体验到了自己因喝酒而造成丧失所带来的感受。

相互要求

这一实务框架的核心是帮助关系的概念，它由支持和要求两个要素组成，并以独特的、个人化的方式综合起来。在小组工作实务环境中也是如此。互助是通过期望以及提供关怀来实现的。一个例证是小组成员之间的对抗方式。例如，在我带领的夫妻小组中，两位男性成员的对抗能够挑战第三位成员——他坚持认为问题的源头是他的妻子，她是"已确认的病人"，而他来小组只是为了"帮助她"。这两位对质的小组成员在我们的第一次会谈上采取了同样的立场，并慢慢修改了自己的观点。他们降低了自己的防御，接受了这个问题是"夫妻"问题的观点。这种对第三位成员的要求有一种不同的特质，即它来自成员，而不是小组带领者。

随着小组文化的发展，小组文化可以包括期望成员冒着风险说出自己的真实想法和主意，倾听对方的意见，有时也会放下自己的顾虑去帮助另一个人，等等。这些期望有助于形成一种富有成效的"工作文化"。另一个小组期望可以是成员努力解决自己的顾虑。在小组成员感到不知所措和无望的时刻，这种期望可能会帮助他们采取下一步行动。小组足够关心他们，不会让他们放弃。我曾目睹小组成员采取一些困难的行动，例如对抗老板或更有效地处理亲密关系。当接下来一周讨论行动时，他们表示，促使他们采取行动并承担风险的因素之一，是想到要回到小组承认自己没有行动。相互要求与相互支持整合在一起，可以成为推动变革的强大力量。认为必须在支持和对抗之间选择的错误二分法再次受到了挑战，因为关怀性的对抗是支持性的。

在我带领的艾滋病/康复小组中，成员们经常利用他们通过参加匿名戒酒会（AA）和匿名戒毒会（NA）等十二步治疗小组而获得的对康复过程的见解和理解，当他们的行为威胁到他们的康复时，他们会相互对抗。在一个例子中，一位在复吸可卡因后刚刚在戒毒计划中待了两周的小组成员描述，他很难不在他所有朋友都在的台球厅里"闲逛"。他描述了他每天都摇摆不定，不知道自己是否能和他们联系起来并且不再复发。另一个成员用一个明显是其他人通过匿名戒酒会经历而知道的类比说："你知道吗，约翰，如果你在理发店里待的时间够长的话，"（停顿）其他成员齐声回答，"你一定会理发！"成员们都笑了，约翰回答说："我知道，我知道，你说得对，我的康复会因此有很大风险。"

个人问题解决

互助小组可以是个人提出问题并寻求帮助的地方。例如，在我带领的夫妻小组中，一位年轻的母亲讨论了她和自己母亲之间的紧张关系。她的母亲就住在她附近，经常打电话要求过来。这位小组成员一直非常沮丧，而且正经历着忽视家务工作的时期（碗碟堆在水槽里等等）。每次母亲过来，她都觉得，因为母亲的行为，她被斥责为一个糟糕的家庭主妇和一个年幼孩子的糟糕母亲。由此产生的紧张关系导致了很多争吵，包括夫妻之间的一些争吵。该小组成员认为，她虽然已经27岁了，但母亲仍然把她当作一个孩子。

小组成员讲述了这个问题并逐渐引发了许多情绪和泪水。成员们纷纷伸出援手，给予支持和理解，他们能够用自己的经历来分享类似的感受。小组中年长的成员能够从不同的角度来看待这位母亲的行为，他们能够认同这位母亲的感受，并且能够用自己的经验来分享类似的感受。他们能够理解她的感受，并指出她对如何帮助女儿的不确定感。小组成员的对话和所描述的事件得到了讨论，并对互动提出了新的解释。很明显，这位成员的看法常常被她不适当的和苛刻的自我判断所扭曲。小组带领者（本作者）从一个新的角度描述了这个问题，那就是生活中的常规性危机，这对年轻的夫妇在寻求新的方式与这位女士的父母沟通，而父母则在放手的同时努力寻找亲近的方式。此外，还有其他问题与该成员抑郁的一些原因有关，如她作为一个女人被困在家里的感觉。这些都是在后面的环节中出现的。

实务要点：值得注意的是，当小组成员向有问题的个人提供帮助时，他们同时也在帮助自己。每个小组成员都能对类似的问题产生联想。他们都能看出母女之间的沟通是多么容易误入歧途。当他们试图帮助成员澄清自己的感受，以新的方式理解母亲的反应，并看到相互的成见是如何干扰沟通真实感受的能力时，其他成员可以将这些想法与自己的亲密关系联系起来。这就是互助小组中给予帮助的重要方式之一，也是一种自助的形式。在别人的关系中，总是比在自己的关系中更容易看到问题。通过和每个成员一起做具体的解决问题的工作，可以提高成员的一般学习能力。小组带领者可以通过指出潜在的共同主题来帮助大家。

这个互助过程提供了另一个例子，它挑战了通常出现在满足个人需求和小组需求之间的错误二分法——小组带领者觉得他们必须在关注有具体问题的个人和关注小组之间做出选择。这种错误的二分法可能会导致在小组中进行个人辅导，而其他成员却在等待轮到自己的时候，或者因为害怕失去小组而忽略个人问题。正如我在本章后面和其他章节中所说明的那样，如果小组带领者认为自己的工作是帮助个人向小组求助，并帮助小组做出回应，那么就没有必要在"一"与"多"之间做出选择。小组带领者可以同时与两者为伍。这是前几章所提倡的"两个服务对象"观念的另一个例子。

演练

互助小组提供帮助的另一种方式是提供一个场所，让成员可以在其中尝试各种想法或演练技能。从某种意义上说，小组成为一个安全的地方，可以让成员冒险尝试新的交流方式，并练习成员认为可能难以做到的行为。继续前面的例子，当小组讨论接近尾声时，小组带领者察觉到成员的矛盾心理，指出成员似乎在指出她母亲的问题时犹豫不决。下面摘录我的过程记录，从成员的反应开始。

381

萝丝：我不知道能不能跟我妈妈说这件事。我该怎么说？

带领者：这是个好问题。要不就在这里试一试？我会假装是你妈妈打电话来问你。你可以练习一下你会怎么回答，大家可以就你的回答听起来怎么样给一些想法。听起来这个建议还行吗？

萝丝：（她现在已经停止了哭泣，直挺挺地坐在椅子上，脸上带着些许微笑。）好吧，我知道了。你给我打电话，告诉我你想和我一起吃午饭，我应该让孩子们放学回家，这样你就可以看到他们了。

带领者：（角色扮演）你好，萝丝，我是妈妈。

萝丝：嗨，妈妈。你和爸爸都好吗？

带领者：不太好。你知道的，你爸爸很容易生气，他一直感觉很糟糕。（小组成员曾表示，妈妈经常用爸爸的健康来试图让她感到内疚。）

萝丝：就是这样！她就会这样说，让我感到内疚。（小组成员此时都在笑。）

实务要点： 讨论开始了，小组成员一致认为，别人很容易让他们感到内疚。小组带领者询问萝丝在这时有什么感受。很明显，接下来的讨论将包括她对母亲想让她"躺在罪恶感上"的间接反应。在讨论了母亲真正的感受和难以启齿的地方可能是什么（例如，她和父亲到底有多关心女儿，以及她有多想见她，她可能觉得很难承认）之后，小组与萝丝一起制定了打破惯常的间接沟通循环的策略。非正式角色扮演的关键时刻是，母亲要求萝丝把孩子们留在家里，以便母亲在午饭时到访。萝丝曾抱怨，母亲从不愿意单独见她，总是和孩子们在一起。母亲来看望时，总是要求把孩子们留在家里。她认为母亲不信任她和孩子们在一起，总是检查她。

实务要点： 有一次，小组带领者感觉到萝丝的矛盾情绪还在继续，就问她是否真的想和母亲谈谈。

带领者：（以母亲的身份发言）萝丝，我在想，我总是要求让孩子们在场，是不是有一部分原因是我们在一起时我感觉不舒服。我不知道我该跟你说什么，整整两个小时。我想让孩子们在身边帮我充实谈话内容。

萝丝：你知道，我也不知道我该对我妈妈说什么。我真的不知道该跟她说些什么。

弗兰：（另一位成员）你能不能试着告诉你妈妈，当她让你把孩子们留在家里的时候，你会很不高兴，因为你想和她单独待一会儿？也许你妈妈能理解。（沉默）

带领者：你真的想和你妈妈待在一起吗？

萝丝：我不太确定。

带领者：那这是第一步。当你确定的时候，我想话会更容易说出口。如果你告诉你妈妈你的真实感受，这可能是你们之间坦诚交流的开始。也许她可以分享一些她的真实感受作为回应，而不是总是间接地、以容易被误解的方式去做。如果你能做到这一点，你的母亲也许会认为这是你成熟的标志。

实务总结： 萝丝试图更清楚地表达她的感受，但显然仍有困难。她说，在接下来的一周里，她和母亲谈起了当母亲试图为她做事（例如洗碗）时，她的感觉如何。母亲的反应是描述当她来时，她从来都不知道该做什么——她到底要不要帮忙？萝丝觉得这样一来，虽然没有讨论到其他的问题和感受，但也算理清了头绪。

角色扮演作为一种演练形式的有趣之处在于，它往往揭示了小组成员在讨论中所感受到的但没有表达出来的潜在矛盾和阻力。演练不仅给成员提供了一个练习的机会，也向成员本人、小组带领者和其他成员揭示了如果成员希望自己的努力成功的话，需要处理哪些感受。

在我带领的艾滋病/康复小组中，有一次，提出男友问题的成员通过小组来思考如何向男友提出她的担忧。一位成员通过角色扮演来帮助特丽莎处理谈话。

我们回到特丽莎身边，我说："特丽莎，你确实害怕他会离开你。也就是说，如果你在其他女人的问题上和他对质，他真的可能会离开你，是吗？"她同意这是她的担忧。这时，我想知道是否可以帮助特丽莎想出她可能会对男友说什么。特丽莎说那会很有帮助，因为她不知道什么时候说以及怎么说。然后她笑着说："也许我应该在床上说。"塔妮娅说："哦，不。不要在做爱前说，也不要在做爱后说。"我又说："做爱的时候也不要说。"这时大家都笑了起来，塔妮娅是个专业的脱口秀演员，她一边模仿着和特丽莎的男朋友对话，一边在沙发上上下抽动，就像在床上和他做爱一样。

塔妮娅接着说："你要找一个安静的时间，而不是在吵架的时候，你要把你的感情发泄出来。"我问塔妮娅是否能告诉特丽莎如何做到这一点。她开始说话，就像在和特丽莎的男朋友说话一样。我扮演男友，说："哦，但是特丽莎，你就是没有安全感，不是吗？"塔妮娅做得非常好，没有让我把她打发走，而是把问题摆了出来——我（扮演特丽莎的男朋友）是准备做出承诺，还是会觉得非常没有安全感？

实务要点：矛盾和恐惧往往是我们的服务对象无法迈出困难一步的原因。在前面的例子中，这位年轻女性虽然对母亲不愿与她单独相处表示失望，但她并不确定自己是否真的想与母亲交谈。在特丽莎的处境下，面对男友时的矛盾心理与不确定自己是否想听到答案有关。这又与小组的目的有关——患有艾滋病对他们生活的影响。

特丽莎说："我知道我必须和他谈谈，但是，你知道，他告诉我，他不确定自己是否想被束缚，他喜欢拥有自己的自由。"杰克点头说："是的，这就是问题所在，他们想要自己的自由，不想做出承诺，你害怕，如果你逼他，他会因为你感染了病毒而离开你。"特丽莎说，她意识到她必须坐下来和他谈谈，不能一直如此继续下去。她会因为太过愤怒而做出一些疯狂的事情，以致搞砸自己的康复。她说，当她在感恩节和他吵架时，他确实给他的担保人打了电话，而且回来的时候温柔多了。她觉得自己已经让男朋友理解了，但她必须另辟蹊径，再跟他谈谈。否则，这件事就这样继续下去，她心里会很难受。

"数量优势"现象

有时，作为一个小组做事情比作为个人做事情更容易。在前面提到的一个例子中，一群性虐待的女性幸存者参加了"夺回夜晚"的游行。"数量优势"现象起到了减少她们的孤独感和个人风险的作用，这鼓励了小组成员为自己的安全感权利提出要求。个人的恐惧和矛盾心理可以通过参与群体努力来克服，因为自己的勇气会因为他人的勇气而得到

383

增强。

在公共电视台重播的一部关于南方各州黑人民权斗争（种族隔离）时期的纪录片《美国民权之路》（*Eyes on the Prize*）中，人们可以看到大批民众为争取国会通过的《民权法案》（Civil Rights Act）所保障的权利而游行示威的巨大影响。这部影片以戏剧性的方式记录了密西西比州警察为阻止示威游行而对游行者的攻击。这场特殊的游行是为了继续一场由一位民权领袖领导的游行，而这位民权领袖在游行途中被枪杀。游行者面对白人沿途的种族主义言语与人身威胁和攻击，继续前行，人数上的优势现象十分明显。显然，即使面对危险，众人的支持依然为他们提供了动力，让他们为了固有的权利而游行和歌唱，让他们具备令人难以置信的勇气。

互助动力总结

大量的实例说明了互助过程中的动力机制如何发挥作用。分享信息、思辨过程、讨论禁忌领域、"同舟共济"现象、形成普遍视角、相互支持、相互要求、个人问题解决、演练、"数量优势"现象等都是互助发挥功能的过程。需要注意的是，我并不是说小组工作是首选方法。选择个人辅导还是小组辅导受到很多因素的影响，特别是小组成员在一对一的基础上而不是在小组场所中处理他们的关注点时的舒适度。

正如我在后面将详细解释的那样，对一个小组成员来说，同时提供个人辅导和小组辅导往往是有帮助的，这样就可以有效地利用这两种经验。两者的侧重点会略有不同，而且可以期待每一种经验都能为另一种提供重要的刺激。对许多小组成员来说，小组可以提供独特的形式（在某些情况下）来帮助他们处理生活问题。同时进行的个人辅导可以为小组成员提供一个机会，使其在小组中开始的工作得到扩展。听到其他小组成员提出的问题，可能会促使个人向个案工作者提出他自己的问题。如果一个社会工作者带领小组，另一个社会工作者提供个案咨询，那么在得到服务对象的许可后，工作者就各自的内容和过程进行良好的沟通是很重要的。

384

我已经尝试辨别了其中的一些互助过程，但重要的是要认识到，小组不会因为成员们被召集在一起就提供这种帮助。在下一节中，我将讨论一些可能阻碍互助过程的障碍。这些障碍和其他内容将在后面的章节中详细探讨。

互助的障碍

在小组发展的早期阶段，互助的一个潜在障碍是每个小组成员对参与的兴趣明显不同。即使是在一个目标清晰明确的小组中，一些小组成员也可能对自己的紧迫感有不同的

教育政策 9b

认识。即使共同的关注点存在，小组成员也可能无法确定他们的共同点。各个小组成员可能觉得自己的关注和感受是独特的，与其他成员的关注和感受无关。成员之间的吸引力可能是局部的、微妙的、难以察觉的。在很多方面，小组是社会的一个缩影，这种"自我"与"他者"之间的利益扩散反映了个体的社会遭遇。因此，当每个成员开始面对小组参与时，成员会问："我与其他成员有什么相同或不同？"

识别共同基础

小组带领者的早期任务之一是帮助小组成员开始确定他们的共同点。随着小组发展出一种成熟的关系方式，个别成员开始能够明白，他们可以通过给予帮助和接受帮助来学习和成长。当每个成员发展出提供帮助和接受帮助所需的技能时，这些技能也会被发现与他们在小组外的个人关注有关。例如，学习如何识别自己的感受并在小组中分享感受的小组成员，可能会在与家人和朋友的其他亲密关系中应用这些技能。然而，在开始阶段以及在小组期间，成员无法察觉他们与他人的联系，而这将构成一个重要的障碍。

作为一个整体的小组的复杂性

385

第二个障碍来自这样的事实，那就是即使是一个小团体也可能是一个复杂的系统，如果它要有效地工作，就必须处理若干发展任务。只要有一个以上的小组成员参与，就会产生一个新的有机体：作为一个整体的小组。这个小组不是其各部分（即各个成员）的简单相加。例如，这个新的有机体需要制定规则和程序，以使其能够有效地运作。有些规则和程序会被公开讨论，而另一些规则和程序可能会在成员相互同意的情况下在表面下运行，尽管这些同意未被言明。角色可能会被巧妙地分配给小组成员，如替罪羊、离经叛道的成员、内部带领者等等。其中一些角色分配代表了作为一个整体的小组避免直接处理问题的方式。例如，小组"守门员"可能会在每次讨论接近一个痛苦的主题时进行干预，以分散小组的注意力。许多未明文规定的关系规则会对小组的目的产生反作用。这些因素以及将在第十三章讨论的其他因素，都是小组这个复杂有机体的特征，要使小组有效地运作，小组带领者必须处理好这些因素。

在禁忌领域公开沟通的困难

小组潜在问题的最后一个主要来源是公开沟通的困难。我已经讨论了一些使小组成员难以表达其真实感受和关切的障碍。这些障碍与社会文化有关，社会文化已经隐含和明确地制定了一些行为规范，并确定了禁忌领域，在这些领域中，诚实的沟通很难实现。每个成员都会将这种文化的一部分带入组内，因此，在小组工作的早期阶段，组内文化与周围的社会文化很相似。这往往使成员在关注的焦点领域，很难与对方交谈和倾听对方的意见。在小组带领者的帮助下，成员需要发展一种新的文化——小组工作的文化，在这种文化中，规范被修改，禁忌失去了力量，因此成员之间可以自由地交流。

我刚才概述了互助的潜在障碍主要有三个：个别成员难以辨别自己的利益和其他小组成员的利益，建立互助系统所涉及的复杂任务，以及真诚沟通的困难。这些潜在障碍的存在，有助于确定小组带领者的工作。这些问题并不是反对将小组作为互助系统的论据，而是代表了小组带领者的一个工作事项表。如果小组不面临这些问题，如果人们可以很容易地联合起来互相提供援助和支持，那么就不需要小组带领者了。

小组带领者的角色

虽然小组带领者的作用可能因小组的类型、目的、成员等而有所不同，但施瓦茨（Schwartz，1961）提出其具有调解个人与小组互动的一般功能。施瓦茨因此提出了关于小组实务的一个最核心、最有用的观点：小组带领者总是有"两个服务对象"——个人和小组。在这个框架中，小组带领者的角色是调解这两个实体之间的互动。

教育政策 2b

随着小组进程的展开，小组带领者既要关注每个成员，又要关注小组。例如，当个别成员提出一个具体的关注点时，带领者会帮助该成员与小组分享这个关注点。由于小组成员可能很难描述他们所关心的问题，因此，要扮演好小组带领者这个角色，需要一些关键的技巧。其中一些技巧在前面的章节中已经提到，其他的技巧将在后面的章节中更详细地讨论。这些技巧包括：读懂间接沟通信息并给予直接回应；在需要的时候，阐明小组成员的关注和感受；表达感受；鼓励阐述。这样做的目标是帮助个别小组成员与小组交谈，澄清他们的关切。

当带领者帮助一个人（个人）与许多人（小组）交谈时，我们也要对互动进行监控，看小组成员是否在听，是否由倾听关注到自我。如果他们似乎被拒之门外，带领者要探索他们的感受和反应。也许个人的问题对小组成员来说是痛苦的，引起了他们自己的相关感受，使他们很难倾听。无论实际情况如何，小组带领者只要有明确的角色意识，就会在同一时间里，同时关注个人和小组的问题。

这样做的能力是一种日积月累形成的技能。新手小组带领者可以和个人联系起来，但不能同时看到小组的情况。随着对小组作为一个有机体和一种团体文化的理解，随着个人技巧的提高，带领者可以开始看到小组这个实体。经过一些实践、督导和自我反思，小组带领者会发现自己能够同时看到这两个方面。

对小组的关注需要带领者帮助小组成员处理前面所说的障碍。例如，如果小组文化使

386

小组成员难以讨论他们对某一特定问题的真实感受，那么带领者可以提醒小组成员注意这一点。公开消除障碍的努力，是帮助小组成员更好地认识自己这一过程的第一步。在小组带领者的协助下，小组成员可以讨论在敏感领域公开交流的障碍如何使他们的工作受挫。随着理解的加深，小组的工作方式也会变得更加成熟。一个新的协议，包括更有成效的新规范，可以公开地达成。在很多方面，小组带领者是小组成员面临的制定有效互助制度这一复杂任务的指导者。重要的一点是，这是成员的小组，加强小组的工作是他们的工作，而小组带领者的作用是帮助他们完成这项工作。我需要强调这个概念。小组是属于成员的，而不是其他模式中可能提出的带领者的小组。

一般来说，小组带领者的职责有两个方面的特征：帮助个人和小组有效地相互联系；帮助小组以更加成熟的工作方式运作，使其释放互助的潜能。当然，这个过程比这里简单的解释要复杂得多。在剩下的几章中，我将探讨互助小组工作方式的基本假设，以及小组带领者的任务和技能要求。但首先，我需要讨论在准备小组实务中必须完成的重要工作。

387

为小组实务做准备

筹备（组建小组）阶段可能是小组工作中最复杂的阶段之一，因为在第一次会谈召开之前必须处理一些关键问题。关于小组实务的文献除了讨论小组类型（如心理教育、教育、治疗、支持）、结构（如会谈频率和次数）、小组组成等问题外，对这一阶段的问题竟然很少关注。一个经常被忽视的问题的例子是，小组带领者认为组建一个小组会有帮助，因而与同事联系以获得适当的转介——这种情况并不少见。在某次员工会议上，大家可能会普遍同意支持这个小组；但是，小组带领者等了两个月，却没有得到一个转介。在分析这类例子时，我总会发现，小组带领者遗漏了让同事有意义地参与的重要步骤。我常常能判断出员工会议中为接下来的挫败感埋下伏笔的那一刻。

即使建议成立小组的工作者感觉到了同事们的矛盾心理，他也会接受一个勉强的赞成意见，而不是使用"当一切顺利时寻找麻烦"的技巧。例如："我听到你说赞同，但如果你有一些保留意见，我也不会感到奇怪。如果你有，我们就讨论一下，因为我希望这是我们的小组，而不仅仅是我的小组。"

同样，一个小组带领者可能会发起一个小组，并准备与 10 个答应参加的成员举行第一次会谈。晚上会谈时间到了，在等待迟到者的漫长而痛苦的 30 分钟后，带领者必须面对现实：只有两个参与者来了。失望的源头往往可以追溯到小组带领者或其他工作者在转介过程中与服务对象开展的准备工作中遗漏的步骤。在对访谈和电话交谈的分析中，往往可以找出小组带领者察觉到准成员的矛盾心理却没有伸出手的时刻。当一切似乎都在向你的预期方向发展时，识别困难的技巧同样适用于与潜在成员的交谈。

在接下来的章节中，我们将讨论这些问题和其他小组组建的问题，重点是描述和说明能够增加发起有效互助小组的可能性的策略。

在筹备小组的时候使其他专业人员加入

一个首要原则是认识到，一个机构、学校、医院或其他场所的小组必须与服务有关。如果小组带领者因为想发展新的技能或因为他认为（没有让其他员工参与）需要这样一个小组而试图组建一个小组，那么这个小组很可能会失败。一个常见的例子是，学生被安排到一个机构进行实习，并且正在学习小组工作的课程。虽然模拟的班级小组经常被用来满足学生带领小组的需求，但大多数人认为在现场实习中的小组带领经验会更有帮助，所以很多学生努力在现场组建一个小组。相当多的时候，小组从来没有召开过第一次会谈，因为学生的需要并不是发展小组的一个合理理由。小组的想法必须从确定一个潜在的未被满足的需求领域开始，而这个领域是小组方法能够满足的。小组必须反映相关部门或团队的共识，这样才不会被看作是小组带领者个人"所有"。

教育政策 8d
教育政策 6a
教育政策 8c

388

组建小组的难易程度可能取决于不同场所中的小组经验。在那些小组是一种常见的服务形式，而且所有工作人员都轮流担任带领者的场所中，成立小组的问题可能会减少到最少。在其他场所中，小组是一种不寻常的服务形式，这些问题可能会加剧。例如，一个小组带领者如果试图将小组工作引入一个从未开展过小组工作的场所，就必须认识到可能会给其他工作人员造成威胁。正如前文所讨论的那样，小组恐惧综合征可能是常见的。

一些小组带领者可能会担心一次面对不止一个服务对象，或者怀疑自己带领小组的能力。如果他们没有良好的小组经验可以借鉴，或者如果他们在学生时代尝试建立一个小组而不成功，他们可能会对小组工作犹豫不决。试图发起小组服务的小组带领者必须认识到，在某种程度上，同事们可能会想，如果服务成功，他们是否会被要求接下来带领一个小组。这种担心往往是间接表达的，比如说："小组在这个机构里会很好，但我们真的有时间吗？"小组服务的开展会对员工体系产生重要的影响，小组带领者在准备协商建立小组时，应利用对焦技巧。

如果一个机构或组织的管理部门因为管理式医疗的压力或其他资源的削减，决定将小组工作作为一项削减成本的措施，也会引起员工的抵触情绪。实际上，小组实务可能会增加成本，因为在那些需要个人辅导的情况下，小组实务很少能起到替代作用。在许多情况下，如果一个成员在小组中出现了问题，可能会导致需要对其他成员进行更深入的个别咨询，而不是减少咨询。只有当小组工作是针对人群和问题的最佳模式时，才应将其作为实务模式的选择。当削减成本是唯一的理由时，员工因担心能力问题而产生的抵触情绪往往被员工对"自上而下"强行开展小组实务的愤怒所掩盖。无论发展小组工作实践的理由是合理的还是虚假的，毫无疑问，小组工作在实践中的应用已经有了很大的扩展。

就服务达成共识

小组的构想可能在不同的场所中以多种方式出现：服务对象的反馈、小组带领者发现一些服务对象的共同关切，或工作人员团队发现服务中的重要差距。无论小组的构想是在哪里提出的，重要的是所有参与的工作人员都有机会对潜在的服务进行诚实的评论。一个常见的错误是，小组带领者认为需要成立一个小组，然后开始向同事"推销"这个想法。小组带领者可能会试图对同事施加不适当的影响，造成一种错觉，认为他们正在让其他人参与到这个过程中来，而不是提出他们自己的观点，邀请他们进行反馈和讨论。小组带领者可能会发现出现了一种表面上无条件支持的、人为的赞同。而熟练的小组带领者不会在没有接触到潜在的保留意见之前就离开会谈。例如，带领者可能会说："看到大家这么快就支持我的想法，我很高兴，但你们知道，这可能会给你们带来一些问题和不便。大家不觉得我们也应该谈谈这些吗？"

触及员工潜在的抗拒　小组带领者往往能感觉到潜在的阻力，但又害怕去触碰它。人们认为，如果不把负面情绪表达出来，它们或许就会消失。但它们永远不会消失。这些保留、消极反应、恐惧等都会以有意识或无意识地破坏带领者计划的形式回来纠缠小组带领者。如果想要真正组建小组，带领者必须坚持它是为团队、机构、学校或其他什么机构服务的，而不仅仅是恰好在这个场所中进行的带领者个人的小组。如果没有其他员工的真正支持，当问题出现时，小组带领者将是孤独的。

例如，我曾见过一个开展出色的小组工作服务，当校长敷衍地同意让一个小组在学校里成立后，一位主要在社区中工作的小组工作者问道："如果我们不能给你们学校的孩子提供这个小组，你会不会很难过？"校长顿了一下后回答说："我之所以同意开展这些小组，是因为学区主管人员和教育委员会的人喜欢在学校里看到这些小组。其实，我和教职员工都常常发现这些小组的麻烦比价值更多。"只有到了这个时候，真正的讨论才开始，小组带领者才可以开始与机构或场所认真订立契约。如果因为小组带领者急于求成而跳过这个阶段，那么当组内的情况变得不乐观时，缺乏真正的投入就会带来伤害。甚至可能还没走到那一步，带领者就会发现在小组唯一可以会面的时间里，小组房间已经没有了。

幸运的是，带领者通常有机会在犯错后再试一次。这一点很重要，因为小组带领者如果在一个场所中提出组建小组，却没有把小组的目的与场所的一般服务联系起来，那么往往被认为只是要求提供小组空间。当管理者和工作人员察觉到他们的服务和小组的目的之间的联系时，他们更有可能投入小组的发展中去。相比于被要求带领小组进行一般性讨论（如"我想和需要社会化经验的儿童一起工作"），一个小组带领者主动提出为那些被教师认定为在学校有问题的儿童带领小组，会更容易被工作人员接受。

保密：与同事分享信息 与其他工作人员讨论保密问题也很重要。从本书所阐述的助人角色来看，调解的方法，在小组成员和系统之间起到沟通的桥梁作用，是非常重要的工作内容。如果带领者在与其他员工开始工作时，就说明他们不参与小组内容的讨论，他们的恐惧和焦虑可能会导致直接或间接地破坏努力。在一个案例中，一个青少年教养院的小组带领者完全忽略了寄宿团队带领者的关注点，特别是她对投诉的恐惧，也未声明所有的讨论都会保密。当小组带领者到达时，寄宿工作人员按响了铃铛，并大喊"小组治疗时间到了"，这让小组带领者大惊失色。在其他例子中，带领者的同事向个别服务对象描述小组的方式，起到了加重服务对象对参与的恐惧感的作用："我们将提供这个小组，但是如果你不想，你不是必须参加。"

如果小组带领者的职能包括在服务对象和系统（包括机构）的互动过程中提供帮助，那么这必须是契约的一部分。儿童照料小组带领者、教师和其他小组带领者必须被视为同事，每个人都要参与小组的运作。讨论的重点应该是小组带领者和其他工作人员如何处理反馈。工作人员必须认识到反馈的意义，以及服务对象可能将个人咨询师或小组带领者作为反馈渠道的方式。契约中可以包括达到最佳效果的方法，其中每个人都将尝试协助小组成员向对方提供直接反馈。我发现，这种讨论往往会把很多工作人员从负面反馈的可能性威胁中解脱出来，把它变成工作者的重要技术问题。关于如何处理小组成员的恐惧，以及小组带领者如何有效地与其他工作人员分享反馈的细节，将在后面的章节中处理。

当我探讨为什么小组带领者不愿意采取行动，把系统的其他人当作同事，并制定出相互分享相关信息的契约时，他们通常会对同事是否接受这种契约表示担忧。虽然这种担心有一定的依据，但我经常发现，除此之外，他们对面对同事的"坏消息"也有自己的担心。你如何告诉一个每天和你一起喝咖啡的同事，他的服务对象或学生或病人觉得他不理解自己？保密可以作为对小组带领者的保护，但最终仍会导致问题。

经常有小组带领者透露，他们已经对同事形成了"无效"咨询师（差劲的老师、麻木不仁的医生等）的刻板印象，那么分享又有什么用呢？我可以理解他们不愿意扮演这个角色，然而如果小组带领者接受了老师、同事或者其他身份其实都是封闭的、不愿意改变的看法，这种接受就意味着为成员服务的一个重要环节将不再存在。当前文所描述的"数量优势"现象促使成员分享他们的真实感受时，小组带领者将不可避免地陷入严重的困境。这种情况会使得小组带领者除了忽视或维护制度外，无法对问题做其他任何事情。这往往会导致成员的冷漠和不参与。

在这次讨论中，保密问题已经扩大到包括一个更大的问题：助人者在他自己的帮助系统中的角色。这一点将在以后的章节中用几个实例来探讨。现在，我想把我的观点总结一下：在讨论小组组建时，向其他工作人员保密这个问题是一个中心问题。我希望把它公开化，我希望以负责任的态度与工作人员和小组成员订立契约，让他们自由交流小组内容。

识别小组的类型和结构

教育政策 8a

同事们也可以帮助识别小组的类型及其结构问题。例如：它是由固定成员组成的小组，在一段时间内进行会面，还是开放式小组，每周都有不同的成员到达和离开？第十一章将讨论与开放式小组有关的特殊问题、动态和策略；然而，对于某些目的和场所，它们提供了比固定成员小组更好的选择。与此相反，一个为性虐待的青少年幸存者而设的小组需要一些时间来建立所需的信任水平，以探索以往痛苦的秘密经历。一个成员不断变化的开放式小组不适合这样的人群。在最初的会谈之后，可能会增加一些成员，但在某个时候，这样的小组需要封闭。

小组有时是由正在进行中的自然小组形成的，例如在寄宿场所或学校。在我目前指导的一个预防校园暴力的项目中，社会工作专业的学生确定了自然形成的青少年男孩和女孩的同龄人团体，并在学校午休时间与他们定期会面，讨论与学校和家庭有关的问题，以及同辈群体的冲突和欺凌。教养院是另一个很好的例子，因为它代表着一个生活小组，每周7 天，每天 24 小时运作。每周两次的 2 个小时里，在持续的小组生活中，在特定的时间召开家庭会议，集中讨论小组生活的问题，如寄宿者之间的问题和寄宿者与工作人员之间的问题。这些会谈是正在进行的小组生活中的结构性事件，旨在提高有关各方的生活和工作能力。

另一个问题与小组会谈的内容有关。人们可以通过谈话以外的方式提供互助。互助可以通过人与人之间的其他"交流媒介"来提供（Shulman，1971）。例如，寄宿中心的老年人可能会利用开展的活动来安排自己的时间，提供娱乐或教育，给他们发展新技能的机会，或者只是享受他人的陪伴。在第十二章中，我将更详细地讨论项目活动在小组生活中的地位和小组带领者的任务。在组建阶段，重要的是要考虑通过活动进行的互动是否代表了小组目的的一个重要部分，是否符合场所的总任务。

在上学期间为一群在班级里表现不好的孩子提供的社区中心活动，即使小组带领者认为间接帮助了学生，也可能会被学校工作人员视为对表现不好的"奖励"。当这些活动在儿童工作中被用来代替对班级问题的讨论，或者当带领者担心青少年不会来参加"谈话小组"时，这些活动可能会损害基本工作，而不是提供帮助。这个问题将在后面的章节中详细讨论，但现在重要的是，关于小组类型（谈话、活动或两者）的决定需要与场所的使命和小组成员的感觉需求直接相关。

小组辅导与个人辅导

前面提到的另一个可能给小组带领者带来困扰的问题是小组辅导和个人辅导的兼容

性。有些小组带领者认为，不应该单独对小组成员进行辅导，因为这将降低小组经验的强度。个案咨询师也常常担心服务对象会利用他们的小组会谈来讨论核心问题。这可能会引发这是谁的服务对象的争议，对个人和小组工作的相互依赖性的误解，以及对服务对象参与服务决策的不接受。

个人实务与小组实务的互动　关于第一个问题，服务对象可以根据自己的需要，对不同的问题同时寻求个人和小组帮助。例如，当小组就某一成员的关注点开展工作时，讨论可能会引起其他成员的类似关注，他们希望有机会讨论一般问题的特殊情况，但在小组中可能没有足够的时间这样做。个人辅导可以提供这种机会。小组讨论非但不会夺去个人辅导的活力，反而往往会丰富个人辅导会谈的内容。当成员处理问题时，当他们了解了别人是如何遇到问题的，他们可能会接触到自己以前未觉察的感受。发现他人有与性等禁忌领域有关的恐惧，可能会大大增强服务对象在个人辅导中讨论自己关注的问题的意愿。

同样，个人辅导中的工作也可以加强服务对象在小组中提出个人关注点的能力。对于一些服务对象来说，在小组背景下开始谈论他们的一些最私密的感受和关注可能太困难了。当他们发现他们可以单独与小组带领者分享这些，而不会受到严厉的评判时，他们可能更愿意在小组中分享这些感受。因此，小组辅导和个人辅导可以并行不悖，相互依存，服务对象可以自由选择在何时何地使用这些资源进行咨询。服务对象的选择问题是第二个问题。在我看来，这些选择，在任何特定的时刻，都在于服务对象。服务对象在这种情境中还是在那种情境中处理问题感到舒服，他们会做出相应的决定。小组带领者可以分享意见，提供支持，甚至提供具体的帮助（例如，在个人辅导中进行角色扮演，展示服务对象如何在小组中提出问题）。

当有两个甚至更多的助人者为同一服务对象工作时，助人者之间的良好沟通变得至关重要。应该建立保证定期沟通的机制，使每个人都能了解服务对象选择如何处理问题，使小组带领者在相关工作中能够互相帮助。例如，在前面介绍的我带领的夫妻小组中，还有两个共同工作者。他们是以个人辅导的方式来见大多数的夫妻。在每次小组会面前举行的对焦会谈中，他们都会总结个人辅导中所处理的具体问题。我们利用这个准备工作来预测潜在的小组问题。我坚持着一个工作惯例，那就是不在小组中直接提出在个人辅导中讨论过的问题，除非成员们希望提出这些问题。必须由小组成员掌控在小组中提出什么，如何提出，以及何时提出。

通过对焦过程，我更有效地接收到了他们的暗示。当有共同助人者参与时，他们能够将小组中经历的内容融入个人辅导中。如果他们不能参加，我也会分享我的小组过程和夫妻总结报告的副本，这样他们就可以知道夫妻状况的进展。当会谈被录下来时，录像带也会提供给他们使用。我们有三个专业人员，各自通过不同的模式提供服务，而不是争夺服务对象的所有权。正如前面关于保密问题的讨论所指出的，如果没有分享信息的自由，就不会有这种公开的交流。

知情同意和同事沟通　这就提出了知情同意的问题。本章后面将详细讨论小组工作中的知情同意问题。知情同意的定义如下：

> 服务对象允许小组带领者和机构或其他专业人员使用特定的干预程序，包括诊断、治疗、随访和研究。这种许可必须建立在充分披露做出明智决定所需的事实的基础上。知情同意必须基于对风险和替代方案的了解。（Barker，2003，p. 114）

在这种情况下，知情同意过程的一部分是解释个人辅导员和小组带领者之间将如何进行交流。服务对象需要允许这种交叉讨论，并需要知道他将控制分享的内容。知情同意的其他要素将在本章后面讨论。

机构或场所对小组的支持

除了同事的支持外，还可能需要机构或场所管理部门的帮助。例如，开展小组活动可能会产生特殊费用。在白天开展工作的母亲小组可能需要照看婴儿服务。有些小组活动可能会涉及招募宣传、交通费、咖啡等项目。此外，发展小组的带领者可能需要减少个案工作，如果工作人员中没有顾问，则需要外部顾问。这些问题应该在小组成立时进行讨论。

在一些场所中，小组还不是服务的一个组成部分，可能要求小组带领者对开展小组辅导承担个人责任。例如，如果小组带领者能够"利用自己的时间"发展小组，就鼓励他们这样做。许多小组带领者因为急于看到服务开始或在小组实务中发展新的技能，承担了这个责任，但可能很快就后悔了。如果服务是机构职能的一部分，就不应该由小组带领者作为个人来承担责任。小组需要时间，如果小组带领者没有看到小组被视为他们职责的一部分，那么对他们的额外要求以及他们对这些要求的感受，往往会影响他们的小组工作。

即使机构支持小组服务的发展，有时也是出于错误的原因。管理者可能认为在小组中与服务对象会面可以节省时间，因此将小组作为在不增加工作人员的情况下为服务对象提供更多服务的一种方式，鼓励转向小组项目。随着成本控制项目的增加，在某些情况下，以小组形式接待服务对象可以节省时间。例如，在高中为家长举行的迎新会，可能是一种一次与多个人沟通的有效方式。然而，正如前面所指出的那样，小组服务的发展往往会增加工作人员的工作量，因为可能会发现新的问题和关注点，需要额外的个人辅导。所以，应将小组本身视为一项重要的服务，而不是将其视为服务的替代品。小组带领者需要时间对个别成员进行跟进，与其他工作人员会面，建立一个记录小组工作的系统，以便对机构负责，并进行个人学习。

即使组建进度可能会比较慢，比较令人沮丧，也要在一个良好的基础上开始小组服务。从长远来看，小组带领者在花时间去解读小组的目的，以及确定与建立新的小组有关的特殊需要和潜在问题时，会得到回报。如果对小组实务的好处存在怀疑，小组带领者可以建议将小组作为一项实验性服务，进行密切监测和评估，对成本和效益进行记录。机构工作人员和行政部门可以把第一批小组作为一种新的服务形式的经验积累方式。重要的一点是，小组服务应该是由服务场所拥有的，而不是小组带领者的个人项目。如果是后者，则往往会出现这样的情况：第一个小组服务很好，但当带领者不再能够或不愿意亲自提供服务时，就会发现这种服务难以为继。

小组的构成、时间与结构

我与一群观摩我每周小组课的学生的谈话，有助于说明策划小组时涉及的一些迷思和问题。我带领的一个夫妻小组由五对处于婚姻困境中的夫妻组成。在得到小组成员的同意后，学生在另一个房间的监控器上同时观察到了小组的情况。每次小组会谈结束后，我都会与观察者和我的共同带领者会面，讨论小组的情况。在第一次会谈结束时，由于小组成员的参与度很高，我被问及小组如何组建的问题。第一个问题是问我怎样的构成带来了小组的活跃和互动。第一对夫妻 20 多岁，第二对 30 多岁，第三对 40 多岁，第四对 50 多岁，最年长的一对夫妻已经超过 60 岁。我解释说只有这五对夫妻被转介参加这个小组，这让学生们很失望。

另一个学生问我是如何确定这五对夫妻的。我指出，我们使用的是一个工作室，除了我自己和我的共同带领者，空间只够再容纳五对夫妻。随后，他们又问我们是如何决定小组会谈次数的，其中的原则是什么。我指出，婚姻困境涉及许多长期存在的问题，短期小组似乎无法提供足够的时间。"你们是如何准确地确定要 23 次会谈的？"这是另一个问题。我又一次让大家失望了，我解释说，我们确定无法在 10 月 15 日之前做启动小组所需的前期工作。我们只是简单地计算了一下距离学年结束的周数。然后，我们继续讨论了我认为的在科学小组组成的神话与现实的差距中如何做出决定。

学生们希望得到处方和准则，而我认为，也许大可不必，因为准则其实并不那么清晰。在现实中，我们常常"各取所需"。我们的经验和一些研究结果为我们提供了一些准则。例如，我们知道，极端的做法往往会导致问题。小组规模如果过大，显然无法为每个人提供参与的机会；如果太小，则无法提供持续的核心成员。虽然就像我的夫妻小组一样，小组有时可以接受一定跨度的年龄范围，但在青少年等某些人群中的极端的做法却会造成严重的问题。例如，一个 12 岁的寄养儿童所面临的生活任务与一个 17 岁的寄养儿童所关注的问题有很大不同。在一个全是白人的群体中，一个有色人种可能会有一种孤立感，而另一个人的加入很可能有助于缓解这种孤立感。当小组中只有一个男性、女性、同性恋或西班牙裔时，他们会觉得自己是小组中的局外人，我把这种情况称为"唯一综合征"。如果一个由性虐待幸存者组成的小组是开放式的，新成员不断加入，原有成员不断离开，那么这个小组在建立亲密关系方面可能会有很大的困难。

文献提供了关于小组构成和结构问题的观察基础，但不幸的是，它也提供了支持矛盾意见的规则和证据。例如，关于有效讨论小组的最佳规模的报告是相互矛盾的，支持不同数量的报告都具有说服力。在完全忽视这些问题与过分依赖僵化的规则和结构之间必须取得平衡。

例如，科里等人（Corey & Corey，2006）提出以下建议：

> 什么是一个小组的理想规模？答案取决于几个因素：服务对象的年龄、带领者的经验、小组的类型和要探讨的问题。例如，一个由小学生组成的小组可能保持在3～4人，而一个青少年小组可能由6～8人组成。发展性小组辅导班的孩子可能有20～30人之多。对于一个每周持续进行的成人小组，大约8人加上一个带领者可能是最理想的。这种规模的小组足够大，可以提供充分的互动机会；也足够小，让每个人都能参与其中，并有一种"群体"的感觉。(p. 117)

雅各布斯、马森和哈维尔（Jacobs，Masson，& Harvill，2006）认为较小的小组规模适合大多数小组：

> 小组规模肯定会影响到小组的动力，所以带领者应该非常留意确定小组成员的数量。小组人数的多少在一定程度上取决于小组的目的、每次小组会谈的时间长短、可用的场所和带领者的经验。我们建议大多数小组的理想人数是5～8人。对于多元文化的小组，带领者和成员可能会更喜欢不超过5人的小组。(p. 42)

这里所主张的立场是，每一场所都必须根据自己的经验和其他因素来制定自己的准则。鉴于这一状况，小组带领者必然会遇到一系列问题，必须运用同事的经验和自己在其他场所的经验来给出一些初步的答案。每一个小组都代表着一个实验，它可以为小组带领者在开始新的小组时汲取经验做出贡献。一些需要讨论的问题在本节余下的部分会加以强调。我不会为这些问题提供明确的答案，而是会提供一种探讨问题的方式。

挑选小组成员

挑选小组成员的关键因素是他们的个人需求与小组的目的之间有某种共同点。无论这个目的是广义的还是狭义的，每个成员都必须能够在个人的紧迫感和涉及的工作之间找到某种联系。即使这种共同点在开始时对准成员来说并不明显，小组带领者也应该对它的存在有一定的感觉。在夫妻小组的例子中，每对夫妻都有严重的婚姻问题。另一个共同点是，这五对夫妻在开始时都有一些承诺，试图巩固他们的婚姻关系。那些已经决定分开的夫妻，如果他们希望在不给对方或家人带来额外痛苦的状况下分开这一过程中获得帮助，他们就不属于这个小组。

在艾滋病流行初期，我作为共同带领者带领的一个艾滋病/康复小组，有 5 名成员，包括一名白人男性同性恋者、一名变性女性、一名异性恋女性以及两名非洲裔美国男性。虽然他们的生活经历有很大的不同，但所有成员的共同点是都患了艾滋病，而且都处于比较早的康复期（一周到一年多一点），从多种物质滥用（如酒精、可卡因、海洛因等）中恢复过来，并经历过某种形式的早期创伤。小组成员在艾滋病方面的状况各不相同。两名成员当时正在接受一种实验性治疗，这种治疗已经将他们的艾滋病病毒载量（计数）降低到几乎为零，并将他们的 T 细胞（保护性）计数提高到接近正常水平。其中一位服务对象正在等待她的病毒载量和 T 细胞计数达到可以参加新药实验性临床试验的程度。另一位服务对象符合条件但拒绝治疗。第五位变性人的健康因使用激素和非法药物而受到严重损害，从而导致她的病情太重，无法接受实验性治疗。对于这位服务对象来说，她的病毒载量每周都在攀升，她的 T 细胞计数不存在，而且她正在经历一系列艾滋病后期常见的机会性感染。尽管存在这些显著的差异，但每个成员都能与其他成员建立联系，因为他们与艾滋病、早期物质滥用康复以及两者之间的相互作用进行了共同的斗争。

小组的构成和成员的年龄　当小组带领者确定小组的目的并考虑潜在的成员时，常识可以帮助确定潜在的差异，这些差异可能会给小组就工作重点达成共识带来困难。在考虑年龄和小组构成时，小组目的是重要的。例如，在前面介绍的夫妻小组中，五对夫妻的年龄差异提供了意想不到的好处。每对夫妻都经历着与他们特定的生活阶段和婚姻阶段相关的危机；然而，有一些共同的主题贯穿于所有阶段。在许多方面，年长的夫妻能够与年轻的夫妻分享他们的经验和观点，这个小组看起来像一个大家庭一样。在一次会谈上，老年夫妻生活阶段的一些问题得到了清楚的描述，最年轻夫妻中的丈夫幽默地说："我开始怀疑这是否是我们未来必须经历的事情！"最年长夫妻的妻子回答说："是的，但你们的优势是有这个小组帮助你们面对这些问题。"

小组是只包括男性或女性，还是两者都包括，同样必须根据小组的目的来决定。在那些以性别问题为中心的小组中，性别可能是一个合理的纳入或排除标准。例如，虽然可能既有性虐待的男性幸存者，又有女性幸存者，但虐待的影响和由此产生的问题可能存在性别差异，需要有同质的性别成员。第十三章将探讨一些理论，这些理论有助于我们理解我所称的作为一个整体的小组。其中描述的一种模式专门提出了妇女小组动力，并探讨女权主义的实践模式。这些小组的成员将仅限于女性。

洛可可、居洛、罗威尔森和科维尔瀚（Lo Coco, Gullo, Lo Verson, & Kivlighan, 2013）在最近的一项关于性别构成对小组氛围影响的研究中指出，目前缺乏研究探讨小组中女性和男性的比例如何影响小组成员对小组氛围的感知与其他小组成员对小组的综合感知（p. 270）。研究对全男性、全女性和混合治疗小组进行了比较，但研究者指出占比可能是这些研究中缺少的关键因素。

在他们开展的研究中，共有 110 名意大利研究生（96 名女性，占 87%；14 名男性，占 13%）被分在 6 个训练小组中进行研究，每个小组有 10 次会谈。参与者参加后完成了小组氛围问卷调查。研究的主要结论是：

> 随着妇女在小组中的比例增加，被访者和其他小组成员认为小组的参与度更高，冲突更少。此外，随着小组人数的增加，被访者认为该小组有更多的冲突，而其他小组成员认为该小组参与度较低，有更多的冲突。(p. 276)

研究人员认识到他们研究的局限性，并认识到使用性别比例作为预测变量分析性别对小组氛围感知的影响的研究很少。他们提议在这一领域开展更多的工作。

在思考这一发现时，我们应该认识到，这些小组被定义为"过程"小组，这与互助方法中描述的社会工作小组有根本的不同。在大多数情况下，它们被设计成与一个比较被动的带领者（工作者）一起工作，除了考察成员之间的互动之外，没有其他的外部焦点。在我看来，一个没有外在目的的小组，其带领者大多不活跃，小组会有自己独特的动力。被动的带领和缺乏外部目的这两个问题，对小组氛围的感知影响可能和性别比例一样大，甚至更大。

我觉得在决定小组成员资格时经常讨论的其他一些因素，比如对成员"个性"的判断，有些值得商榷。我看到一个精心组建的小组，有适当数量相对被动的学生与可管理的活跃的学生相平衡，理论上是为了保证互动，用主动的成员刺激被动的成员。此外，对活跃成员的一些限制被认为是为了帮助带领者解决潜在的控制问题。遗憾的是，没有人告知小组成员他们的预期角色。在第一次会谈中，带领者拼命地处理"被动"成员的行为问题，而"主动"成员则在一旁看得津津有味。

事实上，服务对象在每种情况下的表现都不尽相同。一个在个人会谈或课堂上不积极的服务对象，在接触到新的环境时，可能会有不同的表现。服务对象不会一直停留在"被诊断"的框里——例如主动的或被动的——而不被明确识别。他们的反应一定程度上取决于周围人的行动，特别是小组带领者的行动。

种族、民族和语言　多样性对实务的影响在第四章中有详细的讨论。在本章中，在组建或带领一个小组时，需要考虑种族、民族和语言问题。咨询类研究文献指出了在小组实务中理解多元文化背景的重要性。科里（Corey, 2006）提出以下建议：

> 实现文化多样性在一个多元化的社会中是被认可、尊重和鼓励的。在小组内部，小组带领者和小组成员的世界观也各不相同，这里也是承认和促进多元主义的自然场所。多元文化小组工作涉及培养对文化、民族、种族、性别、阶层、宗教和性身份认同等领域的多样性理解和欣赏的策略。我们每个人都有独特的多元文化身份，但作为一个小组的成员，我们有一个共同的目标：小组的成功。为此，我们希望更多地了解作为个人和不同文化群体成员的自己。(p. 11)

一些关注多元文化小组工作问题的研究者，如迪露西亚-瓦克（DeLucia-Waack, 2006）、迪露西亚-瓦克和多尼吉安（DeLucia-Waack & Donigian, 2004），以及小组工作专家协会采用的《最佳实务指南》(*Best Practices Guidelines*)(Thomas & Pender, 2007)，都强调了关注这一问题的重要性。然而，关于多样性对咨询小组构成决策的影响的研究却很少。

罗德里格斯(Rodriquez，1998)虽然没有专门论述过小组的构成，但他研究了小组内价值多样性对个人满意度、小组创造力和小组有效性的影响。他报告了这一发现："在考虑种族/国籍、性别和年龄的多样性之后，价值多样性预测了更大的个人满意度，以及更高的群体创造力和有效性感知。"(p. 744)

基于对传闻和经验的观察，戴维斯(Davis，1979，1981，1984，1999)论述了种族对小组构成和实务的影响。在回顾关于种族构成影响的文献时，戴维斯(Davis，1981)讨论了一些观察到的过程。当种族比例改变和少数族裔成员增加时，就会出现包括分裂、出现临界点和白人逃离等在内的过程。在分裂过程中，小组分裂成不同的种族子团体。临界点是指少数族裔成员的数量使多数族裔成员产生焦虑，从而对"出局"群体的成员产生攻击性。关于白人逃离，他提出，白人经常处于多数群体中，当他们被安排在一个比通常的多数群体更小的群体中时，他们可能会体验到一种处于"心理上的少数"的状态，比如有色人种的比例超出10%~20%这个范围时，有时会导致白人逃离反应(Davis & Proctor，1989，p. 103)。相反，面对这一比例的少数群体成员，即使他们的绝对人数不到50%，也可能体验到自己是"心理上的多数"。

如同许多此类观察一样，这些心理上的少数和多数的概念可能不会对小组构成的相关决定产生重大影响。相反，它们的作用是使小组带领者注意到可能影响小组运作的小组的构成所产生的潜在小组动力。小组带领者对这一过程的认识，以及在出现这些问题时的处理意愿，可能有助于小组更有效地应对这些问题。

戴维斯和普罗克特(Davis & Proctor，1989)在总结20世纪80年代末关于种族和小组的文献时提出：

> 有一些证据表明，白人和少数群体可能喜欢种族构成的多样性：白人和少数群体似乎都不喜欢在数量上被远远超过。小组中使用的语言也可能很重要。例如，如果一些成员讲西班牙语，而其他成员不讲西班牙语，那么不讲双语的人可能会被孤立。(p. 115)

戴维斯和普罗克特(Davis & Proctor，1989)也总结了关于小组领导力的调查发现：

> 与小组成员的种族不同的带领者可能得到的合作较少。双种族共同带领可以加强不同种族群体的沟通。然而，在双种族共同带领时必须保持警惕，防止一个带领者被视为领导者，而另一个带领者被视为其助手。(p. 116)

最后，在谈到缺乏实证研究时，这些研究者指出：

> 没有证据表明，小组治疗更适合或更不适合任何特定的族裔群体。此外，几乎没

399

有证据表明，无论是同族群体还是异族群体，小组治疗结果都是优越的。很少有研究试图评估小组带领者的种族对小组成员的影响。此外，涉及带领者种族的研究报告也是喜忧参半。然而，这些研究一致发现，先前的小组带领者在少数族裔咨询中的经验似乎对小组有有益的影响。（p.117）

关于小组构成和同质性问题，最近对非洲裔美国士兵创伤性悲痛的研究表明，在这一群体中，拥有共同的种族和军事经历可能对组建支持小组很重要。约翰逊等（Johnson & Johnson，2013）指出，战争相关的创伤和种族创伤可能会产生独特而具体的需求，需要专门的治疗。对于没有经历过种族创伤的退伍军人来说，支持小组可能更难确定共同点，也更难建立互助支持。

非洲裔美国士兵所面对的压力源既是多层次的，又是相互关联的。像许多退伍军人一样，非洲裔美国士兵回到美国的土地上常常感到孤立无援和孤独。然而，对于黑人士兵和退伍军人来说，他们面临的与战争的恐怖有关的心理健康挑战、体制性的种族主义，以及在返回家园后必须努力获得必要的资源和支持，是远远超出忍受范围的。（p.727）

400　　**拉美裔儿童的预防干预计划**　虽然本节的大部分讨论都是考察多样性或同质性对小组构成的影响，但也有一些小组，其中种族、语言和共同的创伤经历可能是构成小组的中心变量和目标。例如，由马尔西利亚、佩纳、尼尔利和长筱（Marsiglia，Pena，Nieri，& Nagoshi，2010）报告了一个名为"真正的小组"（Real Groups)的互助支持小组计划的案例，服务对象是由学校老师介绍来的五年级拉美裔儿童，这些儿童来自位于美国西南部大都会区中心城区的以墨西哥裔美国人为主的学校。

在校内基于课堂的"保持真实"（keepin'it real）项目的试点研究中，这115名学生被转介参加了一个额外的8周更密集的小组计划，然后在结果测量上与306名没有接受小组干预的墨西哥裔同学进行了比较。作者承认研究设计具有局限性，例如，五年级学生现有的物质滥用问题较少，以及教师可能没有按照原定计划转介物质滥用的高危学生，而是转介了有行为问题的学生。然而，该项目确实为使用互助模式对适应性儿童进行特定文化的小组干预提供了一种模式，这也是本书小组实务方法的核心。它还提供了面向未来研究的建议。我将把重点放在模式上，而不是结果喜忧参半的研究上。

小组会谈帮助学生讨论、演练并将真实抗拒策略（real resistance strategies）应用到与他们的原生文化中保护他们免受风险方面有关的真实生活情境中，如文化上支持反毒品的规范……小组会谈为成员提供了讨论、解决、澄清和重新定义关于他们和他们的原生社区的误解和成见的机会。（p.108）

作者所描述的模式鼓励小组带领者（MSW学生）积极地让成员参与到自己的小组中来，鼓励支持性活动，并为讨论提供方向。这个项目使用了一个结构化的手册模板来让成员参与讨论。主要议题有：

1. 当你不认识的时候——培养关系中的相互性。
2. 什么是名字里的内容？——认识和维护与原生文化相关的个人需求。
3. 让我们给每一个人留出空间——平衡独特性与包容性。
4. 你来自哪里？——重视自我和移民历史。
5. 我的邻居——珍视自我作为他人的资源。
6. 梦想与行动——保持对未来的憧憬，并为实现这一憧憬而行动。
7. 我的家人和朋友——培养归属感。
8. 你可以指望我——与支持网络保持联系。(p. 108)

两组之间的预期差异总的来说方向是正确的，但没有达到所要求的重要程度。研究者在对未来研究设计的建议中，承认需要获得各组实际互动的数据，也就是我一直所说的"过程"数据，这些数据或许可以从参与者以及观察者的感知中获得。增加对这些过程变量的结果控制能力，以及纳入学生带领者的具体干预，可能会得到更显著的结果。

人工干预研究中的一个普遍问题是假设所有的小组带领者都会按照手册的描述实际执行，并且能够自发地、熟练地应对手册中没有描述的小组过程问题。增加这些要素，以及包括小组带领者的人口统计学数据，可能会产生重要的文化间和文化内信息，从而影响结果。即使这些研究有一定的局限性，该模式本身也提供了一个很好的关于种族同质成员的小组案例，而种族同质成员对小组来说是很重要的。

建立小组的时间

当建立一个小组时，有许多与时间有关的因素需要考虑。小组会谈多久进行一次？每次会谈将持续多长时间？小组会谈要持续多久？（例如，六次会谈，四个月。）再一次，每一个答案都必须借助于常识、机构的经验和文献，而且都必须与小组目的有关。

在夫妻小组中，我们选择每周会谈一次，每次会谈 2 个小时，为期 23 周。会谈必须在晚上举行，以便双方都能参加。这个小组的目的是在夫妻处理婚姻问题时为他们提供长期的支持。例如，对于处于危机中的夫妻来说，短期的密集体验似乎会引发更多的、夫妻二人无法处理的问题，因此没有考虑周末密集会谈这一备选方案。另外，夫妻关系从一开始就很牢固的周末婚姻充实小组工作坊，作为教育和技能发展的体验可能是有益的。

决定每周会谈一次是基于这样的认识，即两次会谈之间较长的间隔时间可能会分散体验的强度，使每次会谈看起来像一个新的开始。2 个小时的时间似乎足够让每次会谈在开始阶段发展中心主题和问题，同时留出足够的时间来有效地处理具体的个人和小组问题。超过 2 个小时可能会让小组成员和小组长都感到疲惫。

无论对某一小组达成什么决定，与小组成员讨论和澄清计划都很重要。小组成员对小组的时间框架有自我感受，它会受到会谈的特定阶段或小组生活中的阶段的影响。如前所述，"门把手疗法"现象可以加速重要问题的呈现；但是成员需要知道什么时候伸手的时间已经近在眼前。在我的夫妻小组中，引人注目的是，当我们临近小组生活的尾声时，每对夫妻似乎都会轮流利用最后五次会谈中的一次来处理他们婚姻中一些最有力的问题。如果小组成员执行任务的时间较少，就有可能更有效地工作。

例如，在关于短期治疗的工作中，瑞德和薛尼（Reid & Shyne, 1969）曾讨论过时间对小组带领者和服务对象的影响。然而，处理多少事情是有限度的，所以需要建立明智的平衡，留出足够多的会谈来处理预期的关注主题。这个限度将来自机构对每个小组的评估经验，将小组成员作为评估过程的一部分。在小组成立之前，通过探索准成员们对时间建议的反应，可以非常有效地利用他们来设置初始参数。关于一周中的哪一天或具体的开始时间的反馈可能会帮助小组带领者避免不必要的冲突。

小组形成中形式服从功能　建筑学中的一种说法，"形式服从功能"，对思考小组形成阶段的时间很有用。在建筑中，这意味着一个特定建筑的设计（形式）应该考虑到它的用途（功能）。同样，小组的形式与时间的关系也需要与小组目的相联系。机构关于时间的观念会随着新的小组服务经验的评估而改变。

在一个例子中，我曾担任一个机构的顾问，该机构为艾滋病患者以及他们的朋友、恋人和家庭成员提供广泛的小组服务。这些小组服务是在艾滋病流行的早期和使用三联药物治疗之前提供的。根据我与他们合作之前该机构制订的原始计划，一个小组将从被诊断为艾滋病病毒阳性的服务对象开始，并随着成员在疾病的各个阶段（艾滋病病毒相关综合征）和艾滋病本身的进展而继续发展。当小组成员的病情逐渐加重，大多数人最终死亡时，这个小组将作为一个微型社区继续下去。如果这个小组的目的是为其成员提供一个替代性的支持来源，那么这种结构似乎是有意义的，因为他们中的许多人感到与生活中的其他系统（如家庭、工作和朋友）隔绝。实际上，这些小组并不是这样运作的。当小组成员看到其他成员死亡或病重时，大多数小组就开始解散了。

这种经历引起了人们对小组目的的重新思考。这些小组不是由机构提供的替代性社区，而是有时间限制的，重点是帮助成员实现疾病不同阶段的过渡（例如，一个小组是为最近被诊断为艾滋病病毒阳性的服务对象设立的；另一个小组是为面临严重医疗问题的服务对象设立的）。这并不总是容易做到，因为疾病的发展既不总是直线式的，也不是可以预测的。然而，机构并没有试图提供替代性社区，而是将重点改为帮助小组成员动员他们自己的家庭、朋友关系和社区系统中现有的支持。因为考虑到艾滋病流行中的潜在服务对象的数量，提供替代性社区这项任务最终会使机构不堪重负。

对小组进程的分析表明，小组带领者过快地接受了小组成员的观点，即这种支持对小组成员来说是封闭的，只有小组才能提供这种支持。小组中的工作要求越来越高，成员必须仔细审视自己与社会支持系统相联系的努力。进入时间有限的小组对工作性质产生了重要的积极影响。一旦明确了小组的功能，形式的问题就比较容易解决了。

在我带领的一个为艾滋病患者而设的早期物质滥用康复小组的经验中，出现了新的时间问题。例如，我们小组的一些成员正在使用当时新的三联疗法药物，他们的健康状况也因此得到了改善，我们把这个小组看作一个持续的支持系统，旨在帮助成员（对他们中的大多数人来说）与艾滋病共存而不是死于艾滋病。同时，与成员独自面对艾滋病相比，康复问题需要更多的长期支持。这个小组开始于某年的10月，重点是帮助成员度过感恩节、圣诞节和新年前夜这些压力极大的节日，因为参加与朋友和家人的聚会对他们的康复构成了严重威胁。该小组在新的一年里再次组织会面，并一直持续到暑假期间，此后成员将评估是否需要在秋季再次组织会面。小组成员个人得到了与我一起工作的共同带领者的持续支持，他是小组成员的物质滥用顾问。

在与私人执业心理健康小组带领者的一次咨询会谈中，一位小组带领者透露，他已经与同一个小组定期会面工作了6年。在我看来这是过分的，我问为什么会持续这么久。经过一番周折，这位小组带领者终于告诉我，在他职业生涯的早期，当他结束一个类似的小组时，一位成员自杀了。很明显，他自己也经历了一次间接的创伤，他对当前小组是否继续存在的判断受到个人和职业未解决的问题的影响。我建议他考虑结束这个小组，研究如何帮助成员安全过渡到其他支持来源，然后为自己寻找一个小组来处理他的悲伤和对服务对象的担心。

小组的结构、场所与规则

在小组组建阶段，有一些问题与小组结构和场所有关。例如，需要考虑会面地点。乘坐公共和私人交通工具是否方便可能是一个因素。在公共场合举行关于敏感和可能令人尴尬的问题（例如，虐待儿童）的会面，成员可能担心会被认出，这是一种错误做法。

房间本身应该为小组成员提供面对面的座位（例如，围成一圈或围着桌子）和隐私保护。舒适的椅子和周围环境通常会增加小组成员在第一次会面时的舒适度。即使是对于较大的、信息集中的小组，与其把椅子摆成直线，不如简单地把椅子排成半圆形，以圆形剧场的方式来传达一些小组参与感，这样成员在提问或回应讨论时可以更容易看到对方。另外，与儿童一起工作，活动会成为工作的一部分，可能需要相应的"活动防护"设施，这样成员和带领者就可以放松下来，而不用一直担心秩序和礼仪问题。

最后，小组的"规则"需要在第一次小组会面之前加以澄清。例如，对于儿童小组，可能会设定身体活动的限制。即使对于一些成人小组，也可能需要澄清使用武力的界限。例如，在一次面向监狱假释犯的小组会面上，一名成员拿出一把刀，开始清理自己的指甲，其目的是威胁另一名成员。小组带领者与成员就携带武器参加会面的问题进行了协商，并明确表示不会容忍威胁行为。

对出勤率的期望也很重要。小组成员对环境和小组的期望以及小组带领者对成员的期望都应该得到讨论。此外，每个成员对其他成员有什么期望？（例如，分享材料的保密性。）例如，在我带领的夫妻小组中，第一次会面讨论的三条规则是：每个成员只要没有生病，每周都要来；想退出小组的夫妻要多来一周讨论；小组成员要尊重保密原则。以我带领的艾滋病/康复小组为例，会面是在一个"干净而令人清醒"的住宅里举行的（有三个成员住在这个房子里）。成员们参加会面时，不能把药物带进小组，也不能受到药物的影响。

关于小组规则的问题，众说纷纭。例如，有人认为小组成员之间不应该在小组会面之外有接触。小组实务领域还远远没有达到我们可以在这些问题上达成一致的程度。我的一般认识是，小组成员拥有自己的生活，我的小组只是他们一周中的一个事件（我希望是一个重要的事件）。因此，我很难坚持规定阻止他们在组外接触。事实上，在许多小组中，通过电话和组外的非正式接触而形成的互助纽带，对个别成员来说是强有力的支持。

在一些小组中，小组带领者担心小组成员会在小组外"行动"（如发生性接触），在我看来，这些小组带领者对成员的生活承担的责任比成员自身还多。在一些小组中，例如艾滋病/康复小组，这种外部活动可能会在成员生命中特别脆弱的时候对他们的康复构成明显的威胁。这些问题需要作为小组结构的一部分来讨论。

此外，如果小组成员愿意，他们应该可以自由地将他们的外部互动带入小组，因为它们可以成为小组工作内容的一个重要入口。一般来说，小组开始时所说的规则应该牢牢地扎根于现实情况，而不是源自小组带领者的任意权威或个人喜好。它们应该被小组成员视为从工作的需要中产生的。对这些规则的充分讨论应作为知情同意程序的一部分。

五周后，我回到自己带领的夫妻小组，该小组在健康科学中心的一个房间里会面，我发现小组成员在医院餐厅喝咖啡时进行第二次会面。我相信他们作为一个"社会团体"的互动其实是有益的，这让他们在咨询小组中可以更有效地处理问题。有的时候，我也不知道哪个会面的帮助更大。

小结

这几部分提出了一些与小组的构成、时间、场所、规则和结构有关的问题，目的是提醒读者注意在小组开始之前需要考虑的问题。我对这些问题的看法并不是作为真理来分享的，而是作为一个实践者如何从他的经验和其他人的经验中发展自己的观点的说明。与本书分享的其他所有观点一样，读者必须根据自己的现实感受和正在进行的小组经验来检验这些观点。

405 # 与可能参加小组的成员面谈

在调动了行政管理者和工作人员的支持，确定和讨论了合作的潜在障碍，并就组建问题做出决定之后，还剩下一个步骤：招募小组成员。与个人和家庭工作不同的是，很少有一群服务对象来到机构门口要求提供服务。这种情况有可能会出现在一些自然形成的团体中，例如，当一个学校的一群青少年向小组带领者寻求帮助时。这是例外而不是常规性的。大多数小组咨询实务需要外展，必须将咨询服务带给潜在的服务对象。因此，招募小组成员是组建阶段的关键因素。

这个过程也可能是复杂的，因为服务对象对接受帮助普遍会有矛盾心理，而且对小组背景有独特关注。当人们考虑加入小组时，通常会有一定程度的矛盾心理。我将集中讨论旨在处理生活问题（如婚姻问题、养育技巧、酗酒或吸毒、学校困境）的互助小组的例子，相信其中一些原则也适用于其他类型的小组。

服务对象可以通过回应海报、报纸报道和机构信件，或其他宣传小组服务的方式，表明自己的身份，成为潜在的小组成员。如果处理得当，使潜在的小组成员了解小组的步骤可以帮助潜在的服务对象转向服务。例如，海报或信件的措辞应该清晰，不使用行话，使潜在成员对小组的目的有一个清晰的认识。这将是知情同意过程的第一步。确定一些可能与服务对象的紧迫感有关的关注主题可能会有帮助。如果小组带领者因为为难而使用委婉的语言，或者如果小组带领者有改变服务对象"袖手旁观"的想法这一隐藏的议程，并试图通过笼统而模糊的服务提议来掩盖这一点，那么潜在的小组成员可能会转身离开。与同事和服务对象一起检查信件或海报，明确它们的意思，并就如何使措辞直接且不具威胁性提出建议，可能会有所帮助。小组带领者可能会为潜在服务对象对服务内容措辞的理解感到非常惊讶，特别是在使用了普通读者无法理解的专业术语时。

其他服务往往是由同事或其他专业助人者介绍的，或者是由小组带领者从他们的个案中挑选出来的。不管是哪种情况，即使是服务对象主动联系的，从考虑加入小组到参加第一次会面之间的差距也会很大。许多已经确定的技能可以帮助增加成功开始的机会。我现在要研究的两个方面是：在同事同意招募小组成员后与他们合作（真正的协议），以及小组带领者与潜在成员之间的电话或面对面接触。

制定有效的转介策略

一个小组带领者可能在建立小组的过程中与同事一起做了有效的工作，甚至得到了他们的真心支持，但在第一次见面时，还是会因为转介人数或服务对象到场人数相对较少而感到失望。一个重要的问题常常被忽略，那就是同事如何进行转介面谈。认为一个积极的同事可以独自有效地进行转介，而不需要一些衔接工作和策略的想法是错误的。例如，该同事可能对小组的目的有一个大致的认识，但无法清楚地表达出来。没有与小组合作过的人可能对服务对象间接分享的一些潜在的感觉和矛盾情绪不敏感，从而失去帮助这些服务对象克服某些阻碍进入小组的机会。

举行一次对焦会谈通常是有帮助的，无论是一对一还是与工作人员小组一起。在这次会谈中，小组带领者应共同努力，对服务对象加入小组可能有的关切点以及这些关切可能出现的间接方式保持敏感。然后，工作人员可以通过询问或阐明服务对象潜在的顾虑的方式分享策略。此外，转介面谈中的简单的角色扮演，可能会让小组带领者发现同事们无法表达目的，那就可以在这个技巧上下功夫。例如，如果学校的小组带领者将小组描述为一个让学生以不惹麻烦的方式处理来自老师、学校、父母和朋友的压力的地方，而不是建议他参加愤怒管理小组，可能会得到不同的结果。这样的过程也可能会让小组带领者的矛盾情绪或者在实际的转介面谈之前需要处理的未解答的问题浮出水面。

招募对伴侣有身体虐待行为的男性　这个过程的一个例子是我为社会服务专业人员开办的一个转介工作坊，该工作坊是为了提供一个新的、（当时）实验性的小组服务，服务对象是对妻子或伴侣有身体虐待行为的男性。认识到专业转介对启动项目的重要性，也知道在这种情况下转介过程可能非常困难，我们提供了一个"对焦"和共同制定策略的机会。为了使讨论集中在技巧上，我要求大家举出类似性质的困难的转介例子。

一位小组带领者凭着记忆描述了他试图为一位服务对象的同居"丈夫"进行的转介。该服务对象是一名妓女，她的"丈夫"也是她的皮条客，但她拒绝报告虐待事件或离开他（由于存在许多类似的情况，所以该项目为有关男性建立了小组）。在分析小组带领者与"丈夫"的互动时，很明显，带领者从未提及身体虐待，而是试图间接引导"丈夫"同意寻求帮助。

在分析这个例子提到这一点时，小组带领者透露他担心激怒"丈夫"，担心"丈夫"会把怒火发泄到"妻子"身上。随后进行了重要的讨论，其他人谈到了他们的恐惧，不仅担心"丈夫"可能会报复伴侣，也担心自己。当然，这提出了知情同意方面的伦理问题。工作坊的参加者认为他们面临着道德上的两难境地，因为他们既想保护伴侣不受进一步的身体虐待，又知道他们会在小组的目的上误导潜在的小组成员。

工作坊中讨论了他们的两难处境，并制定了直接提出这个问题的策略，以避免加重施虐者的防备心理。第一位小组带领者尝试通过角色扮演说明如何在招募成员的同时保持诚实。如果没有完成这个准备工作，小组带领者就会遇到阻碍，从而因为担心而间接影响小组服务。当然，一旦这些人进入小组，就会发现自己被误导了。

我们再来看另一个说明小组目的有问题的例子。在一次关于如何描述小组目的的角色扮演中，小组带领者在描述小组时明显会让潜在成员相信自己最担心的事情——这个小组只是为了责备他的行为，并教育他认识到他对伴侣的影响。当我指出小组带领者似乎对准成员很生气的时候，我的评论释放了一股对这些准成员感到愤怒的情绪，房间里的许多人都有同感。所有的专业人员起初都同意，除非男性认为应当对自己对妇女的暴力行为负责，同时认为小组将他们视作服务对象帮助他们，否则这些小组不可能是有效的。这种思想上的一致在角色扮演中消失了，取而代之的是一种基本上是惩罚性的因而无效的服务。

小组带领者有机会讨论和接触这些自然而又经常被否定的感觉，可能有助于确保小组的呈现，使潜在成员转向接受服务，而不是增加他们的抗拒。人们认识到，对许多这样的男人来说，即使是最有效的服务提议也不一定能引起回应。对一些人来说，需要他们的伴侣离开他们，或者法院的命令才能让他们来参加第一次会面。虽然这个小组的例子可能是一个极端的例子，但我认为，在大多数情况下，组建小组的小组带领者最好花一些时间与同事讨论转介的技术问题。

最初面谈中小组带领者的技巧

教育政策 7d

小组带领者经常与个别成员进行初步接触，当面或通过电话，讨论他们参加小组的问题。这些面谈可以看作探索过程的一部分，在这个过程中，小组带领者描述小组可以提供什么，并与服务对象核实以确定可能需要什么。前面简述的澄清目的和角色以及寻求反馈的技巧在这个面谈中是有用的。描述小组的结构（如何工作）以及时间安排有助于为潜在成员提供所需的信息，以便他们做出使用服务的决定。它也有助于满足知情同意的另一个方面的要求。

除了一般性的对焦服务对象对开始一段新关系的感受外，对焦与开始小组相关的具体关注也很重要。一般人都会接触到一些关于小组的报道，从"团体心理治疗"到"会心团体"都有。此外，服务对象可能会根据过去的经验（如学校的班级团体、夏令营经历）产生对小组的刻板印象，这对他们参加小组的感受会有一定的影响。他们也会想到有相同问题的人如何互相帮助的问题。

学校家长小组的招募：面对同意的假象　大部分的犹豫和担忧可能潜藏在表面之下。它们可能通过间接的方式表达出来，小组带领者必须留意，直接接触到间接的暗示。

实务要点：在下面的例子中，一位学校小组带领者在描述一个家长小组，发现家长显然是很能接受的。当带领者具体到日期时，暗示就出现了。

> **带领者**：我们将在两周后的周三晚上进行第一次会面。我可以期待你到场吗？
>
> **家长**：（长时间的停顿）好的，听起来不错。如果那周工作不是太忙的话，我会尽量去的。

实务要点：如果带领者立刻离开并接受同意的假象，她可能会发现家长不会出现。带领者即使能感受到服务对象声音中的矛盾情绪，往往也不会采取消极的态度。当我询问带领者为什么不去探索这种不确定的线索时，他们告诉我，他们害怕把疑惑公开会强化这些疑惑——我称之为恐惧，如果他们接触到问题，就会带来问题。他们相信，说得越少越好。实际上，这些疑惑和问题都是有效的，而带领者却失去了一个帮助服务对象探索这些问题的机会。

如果没有这种探索，服务对象可能在第一次见面时干脆不来，尽管他已经答应参加。当带领者回头打电话时，服务对象会有很多内疚感，并对自己的缺席做出大量的解释。（例如："我真的是想来的，只是那天太忙了，我忘了。""是这个星期吗？我还以为是下周呢！"）

实务要点：回到与家长的面谈中，当小组带领者看到线索时，应该注意到工作中的转向。

带领者：你听起来有点犹豫。你是担心参加小组活动吗？这是很正常的，大多数人对小组都有很多疑问。

家长：嗯，你知道我在小组里从来都做得不怎么好。我发现我很难在陌生人面前说话。

带领者：你是否担心你要大声说话以及被人当场批评？

家长：我不介意谈论育儿的事情，只是在小组中我常常会保持缄默。

带领者：我能理解你的担心。很多人都有这样的感觉。我现在就可以告诉你，除了说出你的名字和孩子的名字、年龄，没有人会让你当场发言。有些人在早期的会面中总是说得很多，而有些人则喜欢听。你可以先听，直到你觉得可以放心发言为止。如果你愿意，我可以帮助你在小组中开始说话，但只有在你准备好的时候。我经常对有这种感觉的人这样做。

家长：你是说不只是我有这种感觉？

带领者：完全不是只有你。这很常见，也很自然。对了，你对这个小组还有其他的担心吗？

家长：没有。这是最大的一个问题。其实，听起来参加小组一点也不像个坏主意。

实务总结：我们再次看到探索间接线索的重要性，它会让带领者对矛盾心理的根源有更清晰的认识。很多带领者会犹豫是否要探究这种暗示，因为他们会觉得这是对小组（和带领者）礼貌性拒绝的表现。当被问及为什么会有这种不必要的假设时，他们往往回答说，他们对自己的能力和小组的质量不确定。他们以自己的感受来回应服务对象的矛盾心理。在刚才所举的案例中，需要讨论在小组中发言的恐惧。如果知道小组带领者所理解的，并且知道有这种感觉是正确的，就可以帮助服务对象克服参加小组体验的障碍。

在其他情况下，这些障碍可能是对过去小组经历的回忆，或者是朋友或亲戚讲述的关于在严厉的和对抗性的团体中遭遇的恐怖故事，或者是与陌生人分享个人细节的尴尬。小组带领者需要尽可能地澄清现实，真诚地共情恐惧，并仍然尝试帮助服务对象迈出困难的第一步。在小组带领者的这种帮助下，很多准成员都能克服恐惧和疑虑，对小组进行尝试。对服务对象来说，知道带领者理解他的感受是一个巨大支持的来源。

为阿尔茨海默病患者招募照顾者家庭成员　还有一种并不罕见的阻力发生在社区心理健康机构给服务对象的照顾者、支持者或亲属提供小组服务时。在一个例子中，一位小组带领者正招募在家照顾老年阿尔茨海默病患者的亲属小组成员。

实务要点：面对最初的、暗示的不情愿，带领者表达了一下关心，说了如下的话：

"史密斯太太，你听起来很犹豫，不太愿意来小组。你能告诉我原因吗？"服务对象颇有感触地回答："只是因为我的任务清单上多了照顾母亲这一件事情。我没有时间照顾自己！"带领者回答说："史密斯太太，我想我能理解照顾你母亲的工作量有多大，但我认为我在描述这个小组时，没有把它的目的说清楚。这个小组不是为你母亲准备的，而是为你准备的。其他成员也会因为患有阿尔茨海默病的亲属对他们提出的要求而感到不堪重负，我们可以讨论的部分内容就是你如何获得你所需要的支持。"

实务总结：通过触及潜藏的负面情绪和矛盾心理，小组带领者创造了一个向潜在成员澄清小组目的的机会。当带领者听到一些不情愿的间接或直接的提示时，一个常见的陷阱就是试图更加努力地"推销"小组。

小组成员的挑选标准

在本章的前面，我提出，确定某人会成为小组实务的候选人的关键因素是与其他成员有一个潜在的共同点，这样他们就会感到与小组的目的和其他小组成员有联系。我还确定了一些人口统计学因素，如年龄、性别等，当这些因素与小组目的相关时，在组成小组时就应该考虑到。前文还研究了如何让潜在成员参与个别访谈，以鼓励他们参与小组，并积极让其他工作人员参与有效的推荐。

410

但是，对于那些根据一般标准可能符合条件，但并不真正适合小组实务的个人怎么办呢？这就涉及筛选标准的问题，在最初的面谈中，小组带领者可能不接纳特定的服务对象。一个问题严重的成员可能会提前退出，对整个小组造成影响；或者继续留在小组中，但导致其他人退出。

关于我们能否在筛选面谈中识别出那些在小组中表现良好、不会退出，事实上也会受到其他小组成员欢迎的潜在成员的问题，文献的观点不一。一个例外是甘斯和康斯曼（Gans & Counselman，2010）的一篇文章，该文章确定了一些标准，可以用来在临床筛选面谈中评估潜在小组成员。我应该指出，他们指的是长期的、开放式的、以心理动力学为导向的小组治疗的招募，以及在许多情况下的私人小组治疗实践。不过，其中的一些原则可以应用于本书所描述的机构和场所中的小组。他们指出：

小组成员退出，或更普遍地说，个人与小组之间的不匹配使小组士气低落，甚至导致小组的消亡，会浪费宝贵的专业知识、时间和精力，并常常使退出的人不愿再寻求治疗。过早的单方面终止，尤其是早期终止，对成员和带领者来说都是不快乐的经历。因此，治疗师应该采用筛选的方法，确保选择最合适的人进行小组心理治疗。（pp. 197-198）

作者对比了他们多年的实践经验，他们在长期的、每周一次的开放式门诊治疗小组中，通过 16 周的时间，保留了 90% 以上的患者。他们承认，许多因素可能促成了保留率，但他们认为，"我们对组前筛查面谈的几个方面的密切关注是核心，是我们成功的关键"（Gans & Counselman，2010，p. 198）。他们指出，如何进行筛查面谈可能会对治疗联盟的开始产生重要影响，他们承认这可能是最重要的预测因素。

两位作者还指出了一些可能影响退出的因素，包括小组是否准备好接受新成员，对带领者的技术技巧的限制或带领者管理与困难成员有关的反移情的能力，以及带领者管理令人痛苦的情绪影响的能力，而这种情绪如果表达出来，将使其他小组成员与新成员联系起来。（在第十一章关于开放式小组的讨论中，一个关于将新成员带入一个正在进行的男性艾滋病患者小组的技术技巧的例子，说明了与新成员和小组合作的重要性。）

作者建议，组前面谈应尽可能包括以下内容：

411

（1）识别潜在的或确定的不合格因素；（2）引出、评估和讨论对成为小组治疗患者的抵触和/或矛盾心理；（3）探讨其他小组经验；（4）评估角色扮演（如果使用了的话）[①]；（5）分析在选择过程中对临床错误的反移情贡献；（6）识别评估自己的个体患者进行联合治疗的具体问题。（Gans & Counselman，2010，pp. 203-204）

作者对这些领域逐一进行了研究，并确定了一些实际的合格或不合格因素，如是否有能力在会面日参加会面、前往会面地点的路程或需要出差的工作要求以及儿童照料等。其他因素还包括阻力或矛盾心理，表现为迟到或错过接诊会面，或在转诊数月后才打电话预约等早期行为。他们建议探索矛盾性，即使它潜藏在表面之下，其方式类似于我所说的"当一切顺利时寻找麻烦"的技巧。过于顺从的患者可能是另一个线索，比如他们说："我的治疗师认为我应该参加小组治疗。"

以前的小组经历可能会让小组候选人对小组治疗有错误的假设，表现为在自然而然会有一些问题的时候却不问问题。一个特别的"危险信号"是，潜在的小组成员不允许小组带领者与前任或现任治疗师交谈。作者还呼吁小组带领者对可能影响自己接受或拒绝潜在成员的因素进行自我反思（上文第 5 条和第 6 条）。

最后，作者承认潜在成员的羞耻感是影响其决定是否参加和继续参加小组治疗项目的一个因素，例如，有一个潜在成员因她有恋童癖的儿子感到羞耻。虽然这可能不是影响开始和继续参加小组治疗的决定性因素，但应该加以探讨。甘斯和康斯曼（Gans & Counselman，2010）建议：

我们很容易将这种担心降到最低，或者向病人保证小组会理解他，而不是探讨病人预期的羞耻感的深度。虽然这种恐惧需要得到尊重，但它不一定是小组成员的绝对

---

① 作者提到的是一个技巧，即面谈者提出在小组中可能发生的一些事情（例如，另一个成员的对抗），然后询问小组成员，他可能会如何反应。

禁忌。(p. 209)

本节结束了对小组实务初期阶段需要采取的步骤的讨论。下一节将思考小组工作这一阶段特有的一些伦理问题。

小组实务中的伦理问题

本节将讨论与服务对象集体会面所引起的特殊伦理问题。其中一些问题与前面讨论过的问题有所不同，例如澄清工作者与服务对象接触时的保密承诺和限制。当其他服务对象参与小组时，这些问题就会发生巨大变化。因此，在小组组建阶段必须特别考虑这些问题。

教育政策 2b
教育政策 1a

布拉本德（Brabender，2006）在一篇探讨团体心理治疗师的伦理问题和困境的系列介绍性文章中指出：

412

> 团体心理治疗师的培训相当重视理论和技术的掌握，以使治疗师能够有效地帮助成员实现个人和小组的目标。培养符合伦理要求的团体心理治疗师是一项始终没有被那么认真接受的任务，内容包括训练治疗师了解伦理原则，并能在心理治疗小组展开工作的过程中，在日常决策中运用这些原则……然而，对团体治疗师伦理层面的培训给予密切的关注是有必要的。团体心理治疗师所犯的伦理和法律错误一旦暴露，就会危及公众对一般心理治疗，特别是团体心理治疗的信任。此外，有效的小组工作需要伦理实践。(pp. 395-396)

布拉本德指出，当小组成员发现小组带领者的决策没有考虑到伦理因素时，就有可能出现信任危机和小组承诺的减少。

虽然不可能为每一种可能发生的情况做好准备，但熟悉专业实践的基本期望将提醒小组带领者注意潜在的严重情况和可能的失误，因而鼓励与同事或督导员进行讨论。这些期望可能通过从机构和其他组织的正式声明到关于小组带领者可接受行为的非正式协议的方式加以阐明。在本节之后，我们将继续研究法律和法律制度如何更明确地定义伦理问题，如知情同意、保密和保护责任。虽然许多伦理和法律问题可以适用于任何服务对象（如个人、家庭、小组）的工作模式，但我将特别关注小组工作实践中特有的问题。

冈伯特和布莱克（Gumpert & Black，2006）在提到小组实务的独特性质时指出，它是——

> 一种复杂的、多层次的实务模式，需要对小组成员之间、每个小组成员和工作者之间、每个成员和整个小组之间以及小组和工作者之间的互动进行评估和干预。至

少，小组实务工作者必须具有广阔的视野、专业的知识与技能，才能对小组过程中的多个层面进行干预。鉴于小组实务的复杂性，小组过程中特有的伦理问题和困境自然会出现。（p. 62）

小组工作实务指南

虽然许多关于个人或家庭实务的伦理准则也适用于小组工作，但同时会见一个以上的服务对象会产生独特的伦理问题。例如，《团体咨询师伦理准则》中提到的由于在小组工作中存在其他服务对象而引起的保密问题的变化。

- 让成员意识到在小组环境中执行和确保保密原则的困难。

413

- 小组带领者提供一些非恶意地破坏保密原则的例子，以提高小组成员的保密意识，并帮助降低这种失信行为发生的可能性。
- 小组带领者告知小组成员故意违反保密原则的潜在后果。（American Association for Counseling and Development，1989）

虽然小组带领者可以明确自己在保密问题上的立场，但带领者也必须承认，不能把保密的"规则"强加给成员。小组本身必须讨论这个问题，并制定适当的基本规则。

在对小组社会工作促进会成员中的美国和加拿大小组带领者进行的一项邮寄匿名调查中，参与者被要求根据他们在实务中遇到的频率对 17 个伦理问题进行排序（Gumpert & Black，2006）。这 17 个问题是在调查前的两次焦点小组讨论中确定的。在 350 份邮寄的调查问卷中，有 90 份（有效问卷的回收率为 27%）将以下 10 个伦理问题列为最相关的问题（按重要性排序）。

1. 小组成员之间的沟通；
2. 小组的最大利益与成员个人的最大利益之间的冲突；
3. 小组规范和价值观与社会规范和价值观之间的冲突；
4. 小组成员的意外终止；
5. 机构政策与小组成员的最大利益之间的冲突；
6. 小组成员违反保密规定；
7. 小组成员独立性与成员间相互依赖性之间的冲突；
8. 小组决策不民主；
9. 工作者的专业能力不足；
10. 同事之间的问题干扰了小组进程。

小组心理治疗领域的研究者提出了与多人一起开展实务工作时暴露出的复杂问题（Roback, Purdon, Ochoa, & Bloch, 1992）。作者对美国团体心理治疗协会的 100 名成员进行了一项多学科调查。其中 36 名受访者是小组带领者。调查描述了对小组的保密性构成威胁的六个假设的小组治疗事件：

(1) 某小组成员在小组外披露了另一个小组成员的高度敏感信息；(2) 某小组成员披露了目前参与的非暴力犯罪活动；(3) 某中度抑郁、门诊治疗中的小组成员威胁要对其前妻进行身体伤害；(4) 一名中度抑郁的住院治疗中的小组成员威胁要对其前妻进行身体伤害；(5) 一名青少年小组成员披露遭遇了几年的身体虐待，但目前并不存在；(6) 一名 8 岁的小组成员披露有离家出走的意图，但没有证据表明有身体或性虐待。(p. 172)

这些例子中的每一个都具有特殊的意义，因为披露是在小组背景下进行的。例如，在那些保护患者与治疗师之间的保密沟通的情形和情况下，是否会因为第三方（即其他小组成员）的存在而使保护失效？

研究中的受访者回答了有关每个事件的四个问题。这些问题涉及处理信息披露的最合适的背景（小组、个人或两者），应该与谁讨论（治疗师、小组或披露者），谁对管理这种情况负有主要决策责任，以及小组带领者应该采取什么行动。

该研究的一些结果提供了关于小组带领者如何处理与这六种情况相关的伦理和实务问题的见解。例如，80％的小组带领者表示，他们不会在听到披露参与非暴力犯罪活动时与当局联系；但是，53％的小组带领者会鼓励小组成员这样做。开放式回答表明，犯罪的性质和对他人的潜在威胁会改变小组带领者的反应。例如，纵火比商店行窃严重得多。

几乎所有的治疗师（94％）都报告说，如果面对门诊病人威胁要伤害他人，他们会联系当局，92％的治疗师会对住院病人的威胁做出反应。一个有趣的相关发现是，性别影响了处理这类威胁的情况，男性小组带领者更可能在组内处理这类威胁。

同样的性别差异也出现在青少年披露以前遭受身体虐待的情况下。总的来说，89％的小组带领者表示，如果遇到这种情况他们会联系当局。大约 50％的受访者在面对不再发生的虐待报告时，会采取以下四种选择中的每一种：

(1) 与小组成员讨论并评估指控的合法性；(2) 与小组成员讨论他对虐待的感受，并信守他想做的事情（如果有的话）；(3) 向小组解释治疗师有责任向适当的机构报告这些信息，并着手去做；(4) 与小组成员讨论他们对虐待的感受，并尊重他们选择的解决策略。(Roback et al.，1992，p. 178)

显然，即使是经验丰富、训练有素的小组带领者也面临着许多独特的问题和复杂的困境。为了让大家了解这些困境的现实影响，下面举例说明一个性虐待幸存者小组的工作以及小组带领者作为强制报告人的问题。

性虐待幸存者小组和强制报告人　尽管在有人面临危险的情况下，伦理问题和实务准则是明确的，小组带领者强制报告人的责任也消除了许多含糊不清的地方，但这个过程对所有有关方面来说仍然是痛苦的。下面的例子就来自一个由八名童年遭受性虐待的幸存者组成的小组。这是一个长期的、开放式小组，虽然小组已经聚会两年，但这是小组共同带领者合作的第一年。学生代表、州儿童福利机构的代表和当地社会服务机构的治疗师共同带领了这个小组。

实务要点： 在第一次会谈的订立契约过程中，小组共同带领者明确指出了保密的限制情况。一旦明确了这一点，共同带领者就可以认为，如果成员分享了需要报告的信息，成员就知道带领者有义务向有关部门报告。在这种情况下，小组成员在分享信息时，往往会有意无意地希望带领者采取他们自己很难采取的下一步行动。

> 保密是一个特别突出的问题，因为，虽然参加这个小组对这些妇女来说是自愿的，但我是儿童福利机构的雇员这一事实对她们来说是令人担忧的，直到她们了解我并对我感到舒服为止。
>
> 在这次会谈之前的一个星期，她们的情绪非常激动，因为其中一位妇女谈到了对她儿子最近和他父亲见面回来后的行为的担忧。对他行为的描述和他所说的事情表明，在他们一起洗澡后，父亲用手指插入了男孩的肛门。我提醒大家，我是一名强制报告人，并表示我将提交一份报告，指控小男孩的父亲对他进行性虐待。我告诉这位母亲，我认为我很清楚，她在小组中提出这个问题是她试图寻求帮助的方式。我赞扬了她的勇气和对儿子的关心。
>
> 小男孩的母亲艾琳确实表达了一些担忧，她担心她的前夫会对她发火，而她对前夫仍有感情。玛丽是一位年轻的女性，她正在对她的继父提出指控，因为她小时候曾遭受过性虐待。她表示，她认为我立即做出了保护孩子的反应，这让她感到很有力量，因为她的母亲在听她说遭遇性虐待的时候，从来没有相信过她。短暂的讨论后，小组结束。

实务要点： 虽然小组带领者的反应是直接、诚实、必需的，我也相信她把艾琳提出的担忧心理解为求助是正确的，但艾琳接下来一周的反应并不罕见。在回到家里后，服务对象提出了对事件的怀疑，再次考虑了披露事件，并对小组带领者产生了愤怒。此时，带领者的不设防和其他成员的反应是至关重要的。

> 在下一次小组会谈开始时，出现了大约2分钟的长时间沉默。几位成员都在打量着艾琳，她在座位上不安地动来动去。
>
> **带领者：** 艾琳，你看起来很不高兴。你有什么事吗？
>
> **艾琳：** 这对我来说非常困难。我真的生你的气了，现在面对你很困难。我跟爱丽丝（她的个人治疗师）谈过你上周做的事，她告诉我，我应该告诉你我的感受。
>
> **带领者：** 你听起来很生气。我很想听听你有什么话要说。（有大约30秒的沉默。）
>
> **艾琳：** 我想我们在小组里说的话应该是保密的！你把我上周很不安时在小组里说的话拿出来然后用来对付我。我到底该怎么再相信你呢？
>
> **带领者：** 你觉得我递交了一份针对鲍比的报告，就是背叛了你的信任。你觉得小

组里是不安全的，因为没有真正做到保密。

　　艾琳：是啊！我怎么能再相信你呢？鲍比在责怪我。我了解我的儿子，我知道他什么时候在夸大其词，什么时候没有。

　　玛丽：确实如此！我敢肯定，这和我们的母亲在我们被虐待时使用的借口是一样的。

　　带领者：艾琳，我想知道我举报鲍比对你意味着什么。你认为这意味着我不相信你会保护你的儿子，或者我认为你是个坏母亲？（艾琳开始哭泣，当她哭泣时，其他人在椅子上扭动。）

　　艾琳：（抬头）是的，这说明我不比我的妈妈好！

　　实务总结：在小组带领者对这一事件的分析中，她描述说，尽管她知道自己做的是正确的事情，她别无选择，但听到服务对象愤怒的表达，她还是很痛苦。小组带领者的技巧显而易见，她没有落入解释和为自己的行为辩护的陷阱，而是探索成员痛苦的根源。因为小组带领者已经清楚地描述了她作为强制报告人的角色，并说明了在什么情况下她将不得不披露保密信息，所以她可以合理地确信该成员知道她将采取行动。许多未犯罪的父母本身受到过性虐待，而且没有得到父母中的另一方的保护，他们后来报告说，他们希望他们的个案工作者或小组带领者进行干预以保护他们的子女，因为他们自己无法这样做。

保密与小组辅导：独特的困境

　　拉斯基和莉娃（Lasky & Riva，2006）引述韦费尔（Welfel，1998）的著作，概述了小组实务中一些独特的保密问题：

　　　　除了向治疗师披露个人信息外，小组服务对象还向其他小组成员披露信息，但不能保证其他人会对这些信息保密。治疗的有效性正是基于小组成员之间的相互依赖和互动，这就需要相互披露个人信息。就信息披露的性质和深度，或会谈之间发生的事情，特别是保密相关问题等方面而言，治疗师对会谈进展的控制相对较少。（p. 459）

　　其他成员在大多数州都是"第三方"，他们的存在使小组带领者和患者之间的沟通特权原则无效，其影响是深远的。除非在同意接受服务时明确告知，否则小组成员可能不知道小组其他成员可能被要求在民事或刑事诉讼中作证。作者指出，即使在少数几个保护小组带领者和成员在小组会面中的特权的州，许多治疗师也不知道这一特权，其他小组成员可能也不知道。即使意识到了，如果其他小组成员决定放弃这一特权并提供信息，也不会有任何后果。当然，这是小组工作和个人工作之间最重要的区别之一。这就更需要明确理解知情同意的原则。

本章小结

在这一章中，我讨论了小组成员实现互助的一些方法——它们可以在所有类型的小组中使用，包括分享信息、思辨过程、讨论禁忌领域、"同舟共济"现象、形成普遍视角、相互支持、相互要求、个别问题解决、演练以及"数量优势"现象。

本章界定并说明了小组互助过程中的三大障碍来源：成员可能难以识别他们的共同基础；为了形成积极的工作文化，小组必须完成的任务；公开沟通的普遍困难。小组带领者的角色被定义为本书前面描述的调解功能在小组环境中的延伸。小组带领者要在个人和作为一个整体的小组之间进行调解。

在本章中，我还探讨了小组咨询实务的形成阶段所涉及的三个主要工作领域。第一个领域聚焦于与自己的机构和同事合作所需的技巧，以便让他们作为积极的伙伴参与到小组服务的发展中；提出了应对可能导致破坏小组咨询工作的潜在障碍的策略。第二个领域涉及小组的构成、时间和结构问题。为了最大限度地提高小组组建成功的可能性，提出了一个提前探讨问题的模式。第三个领域的工作是研究和说明招募可能对参加小组会面感到矛盾的成员所需的技巧。特别是，当一切顺利时寻找麻烦的技巧被认为是避免服务对象答应参加但没有出现的同意假象的重要因素。会面还讨论了选择小组成员的一些可能的标准。

最后，总结了小组工作实务中涉及的独特的伦理和法律问题，特别是在开始阶段。

现在，小组带领者已经完成了小组组建任务，服务对象也准备好了参加，小组带领者要关注第一次会面的开始和动态。这些话题将在下一章探讨。

能力要点

下面列出了本章援引的社会工作教育委员会在《教育政策与认证标准》（2015 年）中为社会工作学生推荐的能力和实务行为。

第一项能力 体现符合伦理的专业行为：

a. 运用《全国社会工作者协会伦理守则》、相关法律和法规、做伦理决定的模式、研究伦理操守和适用于其他具体情形的伦理守则做出合乎伦理的决定

b. 运用反思和自律管理个人的价值观并在实践中保持专业性

第二项能力 将多样性和差异性融入工作实践：

a. 在微观、中观和宏观工作中运用并能交流对多样性和差异在塑造人生经验中的重要性的理解

b. 以学习者的身份与服务对象和不同群体建立关系，将他们视为自身经验的专家

第三项能力 促进人权和社会、经济与环境公正：

a. 运用自身对社会、经济和环境公正的理解，在个人和制度层面倡导人权

第六项能力 与个人、家庭、小组、组织和社区建立关系：

a. 运用人类行为与社会环境、情境中的人和其他多学科的理论框架，与服务对象和不同群体建立关系

b. 运用同理心、反映和人际技巧有效地与多样性的服务对象和不同群体建立关系

第七项能力 预估个人、家庭、小组、组织和社区：

a. 收集和组织数据，运用批判性思考解读从服务对象和不同群体处获得的信息

d. 基于预估、研究知识和服务对象及不同群体的价值观和偏好，挑选合适的干预策略

第八项能力 对个人、家庭、小组、组织和社区进行干预：

c. 恰当运用跨专业合作获得有益的工作成果

d. 同各种各样的服务对象和不同群体一道并代表他们做协商、调解和倡导工作

第九项能力 评估个人、家庭、小组、组织和社区：

a. 选择并运用适当的方法做结果评估

b. 运用人类行为与社会环境、情境中的人和其他多学科的理论框架方面的知识，进行结果评估

第十一章

小组工作的开始阶段

与个案工作开始阶段有关的许多问题同样适用于第一次小组会谈，但有一个重要的补充：个人服务对象还必须面对一个新的系统——小组。在个体背景下，服务对象的前两个核心问题是："我们在这里一起做什么？""这个小组带领者会是什么样的人？"在小组背景下，又增加了第三个问题："其他小组成员会是什么样的人？"

许多与新的开始相关的不确定性和恐惧会在第一次小组会谈中出现，它们会因为参与的公共性而加剧。"例如，一个成员害怕被权威人士操纵，想到任何潜在的不足之处的表现都可能被同伴目睹，导致羞辱，就会加剧这种恐惧。"因此，除其他原因外，特别关注第一次会谈是很重要的，这样就可以为接下来的工作搭建一个适当的舞台。如在与个人和家庭的工作中一样，小组带领者在第一次会谈中的任务将被描述为订立契约。

在这一章中，我将概述第一次小组会谈的一般结构，回顾第一章中概述的一些基本假设，并考虑与小组工作有关的一些独特动力。本章将概述小组成员和小组带领者的任务，并明确一些具体的技巧。在这一概述的背景下，我通过对我所带领的一个夫妻小组的第一次会谈的详细分析，来说明第一次小组会谈的动力，同时探讨"重新订立契约"的问题。在这个过程中，带领者通过提供一个更清晰的目的声明或探讨小组成员对服务的抵触或缺乏联系，来重新讨论订立契约的问题。我将讨论一种并不罕见的情况，即带领者加入一个正在进行中的，还没有制定出明确的工作契约的小组当中。一个详细的案例会被用来说明与带领者和小组合作启动重新订立契约过程的技巧。然后，本章还将讨论共同带领中涉及的潜在优势和问题，以及处理这些问题的策略。

本章还将简要讨论下列问题：当一个工作者带领一个开放式小组，成员在不同的时间开始、继续和离开时，可能会出现在开始阶段的变化；单次会谈小组；互联网上的线上小组。最后，我以学校中的欺凌问题为例，讨论以电话为媒介的小组和单一目的小组中的变化。

第一次小组会谈的动力

在探讨小组工作的每一个阶段——开始、中间以及结束和转换阶段时，我将使用第一章中描述的实务理论构建模式。首先，我将讨论我们对所描述的小组工作各阶段的人们大体知道什么。我们要对参加第一次小组会谈的人做一个大致了解。其次，在这些知识的基础上，我将探讨我们希望在这些假设的基础上实现什么。最后，我将确定并说明旨在实现有价值的结果的策略和干预措施。这些就是实务理论的要素：知识、有价值的结果和干预。本章将介绍我们在开始阶段对小组的了解，我们希望通过干预措施达到的目标，以及用于实现这些结果的具体技巧。

教育政策 9a
教育政策 7d

对于第一次小组会谈我们知道多少？

大多数服务对象在第一次参加小组会谈时，就像他们在与权威人士的所有新接触中一样，带有一定程度的试探性。他们关于自己是否够格、是否能满足对自己提出的要求的正常担心，可能会因为这种会谈是在公众面前进行而加剧。大多数服务对象在第一次会谈时会带来丰富的团体经验（例如，课堂、夏令营），其中许多可能与痛苦的回忆有关。当个别学生被挑出回答问题、解决黑板上的数学问题或给出一些完成作业的思路时，我们都曾目睹或经历过课堂上令人痛苦的困难时刻。当一个同学在麻木不仁的老师手中遭受讽刺这个惩罚性武器时，可以感受到他的尴尬。事实上，在一对一的咨询情境中，新的遭遇会产生对未知的恐惧，而新的团体遭遇则往往会重新唤醒基于过去经验的旧的恐惧。

科里（Corey，2008）强调第一次会谈的重要性如下：

> 小组的开始阶段是一个定位和探索的时段：确定小组的结构，熟悉和探索成员的期望。在这一阶段，成员们了解小组的运作方式，确定自己的目标，明确自己的期望，寻找自己在小组中的位置。在最初的会谈上，成员们倾向于维持"公众形象"。也就是说，他们呈现的是他们认为社会可以接受的自我层面。这个阶段的特点是对小组的结构有一定程度的焦虑和不安全感。成员们是试探性的，因为他们正在发现和测试极限，并想知道自己是否会被接受。(p. 77)

在个人和家庭咨询中所需的尽早澄清目的，在小组中也是至关重要的。只有通过提出一个明确的结构，带领者才能帮助减少成员的焦虑。这个概念体现在"结构束缚焦虑"的表述中。服务对象的第一个问题会是："我们来这里是为了什么？"一旦清晰地描述了小

421

组体验的边界，成员就会更容易选择合适的回应。当小组带领者的期望和成立小组的场所或机构明确时，小组成员的安全感就会增加。如果目的仍然模糊不清，那么所有对能力不足的恐惧都会增加。实际上，我是想说，经常提出的结构与自由之间的二分法是错误的，事实上，结构可以创造自由。当然，它必须是一个旨在创造自由的结构，而不是一个会剥夺自由的结构。这一点在接下来的讨论中会变得更加清晰。

举个例子，我们中的很多人都有过这样的课堂经历，特别是在 20 世纪 60 年代和 70 年代，一位教师在没有书面教学大纲或课程大纲的情况下，问我们："那么你们想学什么呢？"我自己通常的回答是："我想知道这个时候还有没有其他课程开设。"我本能地知道，没有结构就没有学习的自由。

回到我们的小组工作。当小组开始时，小组成员会以浓厚的兴趣观察小组带领者。在经历过权威人士的影响后，他们知道必须尽快"掂量"这个新的权威人物。这就引出了服务对象的第二个核心问题："这个小组带领者会是什么样的人？"在小组成员能够清楚地了解这个带领者的运作方式以及他们将受到的影响之前，他们需要直接或间接地测试带领者。在成员们确定自己的个人安全得到保障之前，防御措施会一直不退缩。

所有这些动力都与任何新的帮助关系开始时经历的动力相似。小组环境中的主要区别在于有其他成员在场。随着小组会谈的进行，每个小组成员也会对其他成员进行评估。许多问题会出现。这些人是谁？他们是否和我有同样的问题？我发现自己的能力不如他们，会不会感到尴尬？他们看起来是同情和支持我，还是在这个小组中有些人可能会攻击和对抗我？虽然服务对象在第一次会谈中最关心的是小组带领者，但关于小组成员的问题紧随其后。成员们不仅想知道他们能从体验中得到什么来满足自己的需求，而且想知道为什么要在小组中得到帮助。"如果其他人和我有同样的问题，他们怎么能帮助我？"

迪露西亚-瓦克（DeLucia-Waack，2006）指出：

> 提供具体信息，说明在小组会谈上将会发生什么，以及小组带领者的作用，将有助于减少小组成员的焦虑。他们的焦虑也会因为参加筛选面谈和第一次会谈而减少。披露自己的情况，并发现其他人也有类似的情况和/或加入小组的原因，对减轻最初与小组参与有关的焦虑特别有帮助。通过建立联系、确定小组如何运作、讨论具体活动以发展新技能，能够灌输希望。（pp. 95-97）

虽然文献中一致支持在第一次会谈中澄清目的的重要性，但库兰和斯曼（Kurland & Salmon，2006）指出，在实务的开始阶段，小组带领者会犯以下六个常见的错误。

（1）实务工作者在没有充分考虑到服务对象需求的情况下，推广小组目的。

（2）实务工作者混淆了小组目的和小组内容。

（3）实务工作者在陈述小组目的时过于笼统，以至于目的模糊不清，毫无意义，因此它对小组的指导作用不大。

（4）实务工作者不愿意与成员分享他们对小组目的的认识和想法。

（5）实务工作者带着心中隐藏的目的运作，他们不与小组分享。

（6）实务工作者不理解目的是一个动态的、不断发展的概念，它会随着小组的生活而改变。相反，他们认为目的是静态和固定的。(p. 108)

带着这些注意事项，我现在谈谈我们在第一次小组会谈中要实现的东西。

我们想获得什么——我们看重的结果是什么？

考虑到这些问题，带领者应该设计第一次会谈的结构以达到以下目标：

教育政策 2b
教育政策 7c

- 互相介绍小组成员。
- 做一个概括的、简单的、非专业术语的开场白，尝试澄清学校、机构或协会在提供小组服务中的利害关系，以及小组成员可能感到迫切的潜在问题和关切。
- 从小组成员那里获得反馈，了解他们对自己需求的想法和场所对其提供的服务的看法之间的契合感（契约）。
- 澄清小组带领者在帮助小组开展工作中的角色和方法。

423

- 直接处理任何可能阻碍这个特定小组有效运作的具体障碍：小组成员可能对小组或权威人士持有的固有观念，或小组成员在非自愿参加时的愤怒情绪。
- 开始鼓励小组成员之间的互动，而不是只在带领者和小组成员之间进行讨论。
- 开始发展一种支持性的小组文化，让小组成员有安全感。
- 帮助小组成员制定未来工作的暂定议程。
- 澄清机构和小组成员的相互期望。例如，小组成员对带领者有什么期望？此外，带领者对小组成员有什么期望（例如，定期出勤、会谈准时开始）？这些有关结构的规则和条例是小组契约的一部分。
- 要让小组成员对下一步的具体步骤达成一些共识。例如，他们是否有希望在下周或未来一周的讨论中开始的中心主题或问题？如果小组内容已经结构化，成员的兴趣与内容大纲如何配合？
- 鼓励大家诚实地反馈和评价小组的效果。

乍一看，第一次会谈的目标清单可能会让人难以接受。一个刚开始带领小组的人可能会审视这份清单，并决定坚持做个人咨询。事实上，其中许多目标可以很快地得到处理，而且大多数目标是相互依存的，因为一个目标的工作同时会影响到其他目标。然而，显然，除非提供一个明确的工作结构，否则这些目标不可能在第一次会谈中实现。本章余下部分将详细说明建立这种结构的方法，它是作为一种一般性陈述提出的，承认各要素的顺序和重点可能因带领者、小组成员、他们共同工作的性质和环境而有所不同。

订立小组契约的技巧：搭建工作的结构框架

教育政策 6b
教育政策 7a
教育政策 1a

424

　　以下是一份技巧和干预措施清单，目的是在小组的第一次会谈或几次会谈上实现上述我们看重的成果。它们与前几章中描述的订立契约技巧相似，但是，它们根据小组的情况进行了调整。

　　● 澄清小组的目的。由小组带领者发表简单的、"非行话化"的声明（通常包含在小组的开场白中），用小组成员能够理解的语言描述小组的总体目的。例如，不要告诉五年级的学生，他们因为在课堂上的行为而被介绍到一个小组——"愤怒管理"小组，带领者可以在开场白中说，每个成员都是由老师派来的，因为他们在课堂上的行为给他带来了麻烦，并且可能使学校对他们来说没有多少乐趣。带领者可以继续说，这个小组的目的是让他们每个人互相帮助，找到处理他们的情绪，例如他们的愤怒和悲伤的方法，并想办法让学校和班级对他们所有人都更好。

　　● 澄清小组带领者的角色。对带领者和共同带领者所要扮演的角色进行说明，让小组成员知道带领者将如何帮助他们。例如，在学校小组中，可以简单地说："我的工作是帮助你们每个人互相交谈和倾听，找出你们在学校里的问题，帮助你们互相帮助。如果你们愿意，我也可以和你们的老师谈谈，看看能不能帮助他们更好地理解你们。"

　　● 获得成员的反馈。带领者为确定成员对自己需求的看法以及希望从小组中得到什么而做出努力。在小组中，我把这项工作称为"问题交换"。例如，仍然在学校小组中，带领者可以说："怎么样？学校对你来说是不是没有什么乐趣？你的老师或你的父母是否在为难你？其他的孩子是不是在为难你，欺负你？你是否担心过不了关甚至被停学？"我把这种干预称为为成员们提供"工作的抓手"，它们在本质上是潜在的讨论领域，这就使他们能够自由地抓住一个切中要害的问题。

　　我们需要从小组成员的角度和他们如何面对自己的问题上来措辞。重要的是，不要将其变成指责。这样的开场白从孩子们自身以及他们与之斗争的感受和问题的角度陈述了契约，而这些感受和问题会导致问题行为。这与将行为本身视为问题的开场白形成鲜明对比，在后一种开场白中孩子们会感到被指责了。将小组的目的描述为"愤怒管理"可能会导致这种情况。除了明确可以讨论的事情种类外，小组带领者还开始对成员表现出一些同理心，这是发展工作关系的开始。

　　● 确定共同点。小组的起始工作契约包括场所中的服务和小组成员感受到的需求之间的共同点，以及小组成员共同的问题。继续这个例子，在成员们做了一些分享之后，带领者可以说以下的话：

看来大家在课堂上和家里都有同样的问题。如果我们谈论这些事情，你们也许可以互相帮助。这也是学校让我成立这个小组的原因，帮助你们找到处理这些顾虑和感受的方法，让你们不会有那么多的麻烦，也许还可以让老师、父母和朋友们不再为难你们，你们甚至可以开始享受上学的乐趣。

● 在禁忌领域支持成员。帮助小组成员谈论通常被视为禁忌的问题和关注点（如性、死亡、权威、依赖性）。例如，在我们目前的项目中，在市中心区的学校中，它可以是如下内容：

425

当我和像你这样的孩子交谈时，我有时会发现他们在生活中和家庭中都发生过非常悲惨的事情。有的人看到过驾车枪击事件，或者有朋友或家人被别人伤害；有的人经常担心家人，甚至担心朋友吸食了太多的毒品；有的人被逼着加入帮派，虽然他们不想加入，但他们不敢说不。

● 处理权威议题。带领者要努力澄清彼此的期望、保密问题和权威主题。小组带领者必须从一开始就明确指出，小组中讨论的内容是保密的，除非他得知他们在考虑伤害自己、伤害他人或做其他违法的事情。带领者也要明确，他的工作之一是确保每个人在小组中感到安全，所以不能允许在小组内甚至小组外打架。处理权威议题也要解决他们对带领者作为权威象征的任何疑问。例如："你是老师吗？"

保密问题必须在第一个环节解决。在一定程度上，它与前面有关知情同意的伦理讨论有关。此外，小组带领者是强制报告人，根据法律规定，当与儿童一起工作时，如果有人对自己或他人有危险，他们必须报告。

解决小组中的安全问题也很重要。在我在布法罗大学校园里开展的一个小组项目中（本书后面会有介绍），我们转介过因为打架、吸毒和持有武器而被布法罗学校停学的孩子。当孩子们到达项目地点时有一名安保人员，每个孩子在一天的开始都要通过金属探测器。我们不得不处理学校董事会个别成员对这一保护措施的抵触情绪；然而，孩子们、他们的父母和我们的工作人员都感到更安全了。在本书后面描述的另一个假释犯的小组中，当一个成员用一把锋利的刀子清理自己的手指甲，同时用敌意的眼光看着另一个成员时，小组就执行了不把这种物品带到小组的规定。

我在描述和说明这些基本的订立契约的技巧时，读者心中可能会有很多疑问。比如，如果这件事不顺利，成员们开始行动了怎么办？如果少年们只是坐在那里盯着你看怎么办？如果是法官要求参加强制小组的醉酒驾驶者，或者是那些曾经殴打过妻子和伴侣，但不相信自己有愤怒和暴力问题的男人怎么办？所有这些问题都是中心主题的变体，将在本书后面的章节中详细探讨。在这里我只想说明，这些技巧，旨在以一种或另一种形式实现那一长串有价值的结果，无论环境、小组成员、要处理的问题等是什么，它们都是使工作开始的核心。

下一节用我几年前带领的一个夫妻小组第一次会谈的录像带节选来详细说明第一次会

426

谈的情况。

第一次小组会谈实例：一个夫妻小组

该小组是在某大学健康科学心理健康中心的门诊主持下进行的。[①] 有五对夫妻从不同的渠道被介绍过来。所有的夫妻都在婚姻关系中遇到了问题。在这五对夫妻中，每对夫妻都有一方被另一方认定为患者。最年轻的夫妻是约翰和露易丝，20多岁，有两个小孩。里克和弗兰30多岁，结婚七年，没有孩子。雷恩和莎莉40多岁，结婚20年，有一个10多岁和一个20多岁的孩子。弗兰克和简，50多岁，各自经历过一段婚姻，离婚之后，二人最近才结婚。简的10多岁的儿子此时正和他们一起生活。最后，卢和萝丝已经超过60岁了，有很多已婚的孩子，他们又有自己的孩子。卢和萝丝最近一直在医院住院。莎莉曾在医院看过病，正考虑以住院病人的身份入院。弗兰克和简、里克和弗兰被转介到该小组进行婚姻咨询。每对夫妻都是由我在小组中的两位共同带领者单独面谈过的；然而，他们是在当晚第一次见到我这个资深小组带领者。我的两位共同带领者，一位男性（社会工作者）和一位女性（护士）也在场。

第一次小组会谈的开始时段

小组会谈室铺着地毯，有舒适的椅子围成一圈。会谈过程由放置在相邻演播室的摄像机记录。摄像机和摄像师在单向玻璃的另一侧。此外，一群研究生在另一个房间观察录像，作为他们团体咨询课程的一部分。这些夫妻知道这次观察，提供了知情同意书，并理解到如果他们在讨论某个问题时感到不舒服，可以要求关闭摄像机，或者要求删除录像带的某一部分。

当夫妻们到达时，我在门口迎接他们，向每对伴侣介绍自己，并鼓励他们坐下。雷恩——莎莉的丈夫，由于在外地出差，不得不错过第一次会谈。弗兰克和简在这周对参加这个小组表示了最多的矛盾和不确定，在会谈开始时没有出席。我首先建议大家在房间里转一圈，让成员们分享他们的名字，他们结婚多久了，以及他们是否有孩子。我说这是我

427

---

① 这是我多年来带领的不同类型的小组之一，也是医院确定的对其心理健康和家庭服务很重要的一个小组。我主要负责小组的带领工作，医院的两名全职员工是共同带领者。其中一位共同带领者是一位男性社会工作者，曾是我的学生。另一位是精神科的女护士，她主动提出担任共同带领者，以增加她的经验。书中小组成员的名字已被更改。小组成员在知情的情况下同意将小组内容用于教学和发表，并在最后同意前有机会观看两次会谈。正如一位成员在给予最终同意时所说的那样："这个小组对我们很有帮助，我希望它能对其他人有所帮助。"书中的名字并非DVD上的真实名字。之所以做此改动，是因为文字版会谈的发行范围更广。

们互相认识的一种方式。

　　实务要点：注意，我开始鼓励成员们互相交流，而不是只跟我交流。

　　　露易丝：我是露易丝·刘易斯。我们已经结婚 6 年了，我们有两个孩子。

　　　带领者：请说吧，约翰（对坐在露易丝旁边的她的丈夫说），请和成员们分享。（我指着其他成员。）

　　　约翰：我叫约翰。（停顿）

　　　带领者：（微笑）和同样的孩子们在一起！

　　　约翰：（和其他成员一起笑）是的，我希望如此。

　　成员们继续绕圈，说出自己的名字和家庭的信息。介绍的好处是帮助成员打破僵局，从一开始就发言。此外，带领者还向他们传达了一种认识对方很重要的感觉。在这些介绍过程中，经常会有人发表幽默的评论，然后是紧张的笑声。然而，即使是这些最初的贡献也能帮助成员们安定下来。重要的是，此时应要求提供最低限度的相关信息，因为关于工作契约的讨论，比如小组的目的、共同带领者的角色等都还没有进行。小组成员稍后将有机会分享他们前来的原因。这将在澄清小组目的之后进行，这将提供必要的结构。另一种方法是在要求自我介绍之前，先简短地陈述一下目的。如果小组成员不知道小组的目的，这一点可能特别重要。

　　实务要点：虽然成员们已经对录像和观察提供了知情同意，但我认为他们需要另一个机会来表达他们的决定。在介绍之后，我提出了录像的问题，因为我知道他们可能会想到这个问题。

　　　带领者：我知道你们和我的共同带领者讨论了录像的问题，但我想我要重复一下对这些会谈进行录像的原因，同时也给你们另一个机会来分享你们的反应。如你们所知，这是一个培训机构，我们参与教授其他健康专业人员一些技巧，包括如何与小组合作。我们发现使用这样的小组录像是很有帮助的，这样新手小组带领者就可以有实例来帮助他们学习。此外，我和共同带领者每周都会利用这些录像带，以此来更有效地帮助这个小组做好工作。

　　　我接着解释说，如果他们觉得更舒服的话，他们可以在课程中的任何时候要求关闭摄像机。另外，如果保留了录像的片段，他们将有机会查看，并可以决定是否要删除它们。我问他们是否有任何疑问，在沉默了片刻和口头同意没有问题之后，我继续进行。我相信录像还在他们的脑海里，会再次出现。但是，他们此时还没有完全准备好接受我的邀请。

　　澄清目的和角色　在澄清录像问题后，我开始了订立契约的过程。首先涉及的技巧与本章前面介绍的类似：澄清目的和角色、寻求服务对象的反馈。

　　实务要点：我准备了一份开场白，试图解释提供小组的利害关系，确定成员对小组的

428

潜在兴趣，并说明我们作为带领者的角色。在我的共同带领者的协助下，这个声明已经被重新修改了好几次，直到我们觉得它没有行话，简短而直接。

带领者： 我想我首先要解释一下我们如何看待这个小组的目的和我们将扮演的角色，并从你们那里得到一些反馈，谈谈你们认为这次会谈的内容是什么。今天晚上可能还有一对夫妻会晚一点到来，小组中的所有夫妻的婚姻都遇到了一些麻烦。这是一个危机四伏的时期，并不容易。然而，我们认为，这也是一个改变、成长的机会，也是一个在你目前拥有的婚姻中创造新婚姻的机会。

现在我们知道这并不容易，学会一起生活可能很艰难。这就是我们组织这个小组的原因。基本上，我们认为，这将是一个让你们互相帮助的机会——一种互助小组。当你们互相聆听，当你们分享一些问题、一些感受和一些顾虑，当你们尝试互相帮助时，我们认为你们会学到很多可能对你们自己的婚姻有帮助的东西。所以，这基本就是小组的目的。

作为小组带领者，我们有几项工作。第一，我们将努力帮助你们彼此交谈和倾听，因为要做到这一点并不容易，尤其是与你不认识的人交谈。第二，我们会一路分享我们本身关于亲密关系的想法，有些可能会对你们有所帮助。这样做有意义吗？你们有人对此有什么疑问吗？听起来是不是和你们所想的目的一样？（大多数人都在点头，有的人低声说"是"。）

带领者： 为了让我们开始，我想不妨花点时间做一些问题交换。我想让你们做的是，彼此分享一下你们发现的夫妻之间的一些问题和困难。我希望你们也能分享一些你们希望看到改变的东西。你希望你们的关系如何？我们可以花一些时间来了解你们所关心的问题，然后再从那里着手。有人愿意开始吗？

达到反馈的目的——问题交换练习 问题交换的目的有两个。第一，提供必要的反馈，以便开始制定服务对象方面的工作协议（契约）。这些问题和关注点将成为小组工作的起点。在最初阶段，小组成员很可能会分享一些"相近问题"，这些问题并不会直接影响到一些比较困难和难以讨论的问题。这是他们的测试方式，他们试图确定使用小组的安全程度。带领者必须尊重和理解他们的防御措施，以此作为开始新体验的适当方式。在这个特殊的小组中，每对夫妻实际上都在这第一次会谈中间接地提出了他们关系中的一个核心问题，而这个问题是在最后五次会谈，即结束和过渡阶段才清晰地显现出来的。中间阶段的工作很扎实，处理了其他虽然重要但不那么强有力的问题。在小组最后一次会谈结束后看第一次会谈的视频，我可以看到他们是如何间接地分享问题，并给出我所说的"首个提供的线索"。

问题交换练习的第二个目的是鼓励成员进行互动。在服务对象生活的大部分时间里，他们参加的小组基本上都是在小组成员和带领者即权威人士之间进行讨论。这是一个长期的习惯。他们需要学习新的小组联系方式，而问题交换练习是一个很好的开始方式。

在每个个体成员分享问题或关注点时，小组带领者都会关注两个服务对象。本书行文至此，两个服务对象的观念应该更容易看出，而且这个概念具有普遍性。第一个服务对象是此刻正在发言的个人（或本例中的夫妻）。第二个服务对象是小组。带领者通过监测成员的眼神、姿势等透露出的反应来关注小组这个服务对象。在这个练习中可以看到带领者的调解功能，他鼓励个别成员在小组发言，分享他们置于重要位置的关切点，同时帮助小组成员对个人做出回应。当小组成员听到别人描述问题时，他们自己也能更好地发现问题。此外，听到自己的关切点得到其他成员的呼应，知道他们"同舟共济"，他们会有一些欣慰。每个成员可能会觉得自己作为一个人以及作为婚姻关系中的伴侣在某种程度上失败了，这种负担可以开始释放，因为他们的关切点得到了其他成员的呼应分享。

第一次会谈中的沉默　在开场白之后的第一次会谈中，沉默并不罕见。这种沉默可以代表一些交流，每个小组成员都有不同的交流。有些人可能正在思考他们愿意在那个时候与小组分享什么；有些人可能会害羞，害怕成为第一个发言的人；还有一些人则表示，如果他们提出了一个问题，就会被晾在当场，他们不知道其他成员或带领者会有什么反应。

这些都是没有经验的带领者所害怕的问题。他们觉得，沉默证实了他们反复做的关于第一次小组会谈的噩梦。他们担心在他们做完开场白和邀请反馈后，没有人发言。新手小组带领者告诉我，他们发现自己在想："我多希望我带了一部电影！"这时，带领者接管小组，提出讨论的主题，或者在某些情况下播放准备好的电影或进行演讲，并不罕见。

这当然会导致一个自我实现的预言，带领者向成员传达的信息是，虽然要求他们参与，但带领者不愿意等待。在短暂的延迟之后，另一种选择是通过承认例如开始时很难，而且很难与不认识的人讨论这样的主题，来探索沉默。通常情况下，这种支持性的评论可以让成员释放风险。如果不是这样，小组带领者可以问成员是否可以讨论一下，是什么原因使他们在第一次小组讨论中难以开口，以及什么会使讨论更容易。这个策略是非常有效的，因为当成员们讨论为什么很难说话的时候，他们必然会开始转换问题。当他们分享什么会让事情变得更容易时，他们开始形成一种支持性的工作文化。

一个成员开始：权威主题出现　在这个夫妻小组的案例中，60岁以上的成员卢对开始工作有强烈的紧迫感，并准备直接跳进主题。他就坐在我的左边。（第十二章将详细讨论，我左边的这把椅子具有特殊的意义，会谈开始时选择坐在这把椅子上的成员会在会谈中流露出强烈的情绪。它被一位成员称为"哭泣椅子"。）

当卢发言时，他把话题引向其他成员。他首先把问题描述为他妻子的抑郁症。他的声音很平淡，他的妻子呆呆地坐在他旁边，没有任何表情变化。在整个会谈期间，她一直保持这个姿势，几乎直到会谈结束，一言不发，虽然她似乎听到了别人说的一切。当卢发言时，其余的人都聚精会神地听着，显然对他开始发言感到欣慰。如果他没有开始，我会承认很难开始，而这往往足以鼓励大家做出反应。

实务要点：注意，当卢不断提到他的妻子时，我集中精力表达我对他的同情。当他说她处境很艰难时，我承认这一点，并说他的处境也很艰难。（这与前面章节对愤怒的服务

430

对象格雷戈里先生的访谈类似，他谈到了他的孩子，而工作者一直把话题拉回他的感受上。）

  卢： 首先，正如你所听到的，我们的关系一直走在崎岖的道路上，在很大程度上是由于我们家庭发生的悲剧。虽然这确实是一个促成因素，但社会条件、经济条件和家庭关系也是促成因素。我在这只是简单描述，因为大部分内容会在后面说出来。我想这些梗概就够我们聊了。由于我所提到的这些事情，萝丝真的患了抑郁症。她关于家庭的所有牵挂似乎都没有了。结果，她变得难以控制。问题是如此严重，她决定去看心理医生。她去了，我陪她去了两年半。心理医生为她打开了一些大门，但还不足以真正让她自由地控制。不幸的是，她的抑郁症发展成对我和孩子们的敌意。现在只要抑郁症的症状一出现，对她来说，事情就会变得理直气壮。她的抑郁症症状一消失，我们就没有问题了。（这句话是面对小组带领者强调的。）我们有意见分歧，但我们没有问题。

  带领者： 听起来她处境很艰难，对你来说也是如此。

  卢： 哦，是的！就我们而言，不幸的是，心理医生并不了解我们的关系状况。他把我们的问题当成了家庭问题。他的建议是，如果我们无法相处了，那么我们应该分开。我觉得我真的不喜欢这样，因为我知道那不是问题所在。问题是要让萝丝走出抑郁症。

  实务要点： 卢开始提出问题的方式经常出现在夫妻小组中。问题实质是另一个伴侣，在某种程度上，需要被"修理"。这是伴侣中的一方经常拥有的认定事情的方式。重要的是，小组带领者在呈现问题时，要尝试理解并表达对成员感受的理解。当我把这次会谈展示给学生看时，经常会有学生质问我，为什么"允许"卢把他的妻子说成是"已确认的病人"。班上很多学生都认同他的妻子，并对卢没有为自己在问题中的角色负责而生气。有人建议我应该让卢使用"我陈述"。（这是小组工作中一种流行的人为设置，要求成员只谈论自己——"我"，而不是谈论对方。）

  我向我的学生指出，在这次会谈的前几分钟，这对夫妻正在呈现他们来寻求帮助的问题。卢说："你们想看看我是如何否认问题，并把责任全推给萝丝的吗？看着我吧！"萝丝说："是的，看我如何被动地坐在这里，让卢说我。"我向学生们指出，我对这些服务对象发火是没有意义的，因为解决他们的问题正是小组成立的目的。另外，在我面质卢之前，我必须建立一个支持基础。在这种情况下，我试图通过我关于这种经历对他的妻子和他自己而言都很难的评论来做到这一点。他谈到了他的妻子，而我则回到了他的身上。在稍后的会谈中，这位服务对象放弃了他的一些辩护。

  一些观察者对我让卢继续说话而不是立即让其他成员参与进来感到奇怪。在我看来，很明显第二位服务对象，也就是小组，正在听卢说话，并不介意他继续在一定时间长度内说下去。小组成员在第一次会谈开始时，行为模式各不相同。习惯于在新情境中安静、退缩的人，会以另一种方式开始；习惯于说话和快速跳入的人，如卢，会以这种方式开始。每个成员在开始的时候都有自己的防御和参与模式，带领者必须尊重他们。当小组成员发言一段时间，紧扣主题时，通常只有带领者感到紧张，其他成员往往会因为有人开始讨论而松一口气。

实务要点： 在这个案例中，我的共同带领者进行的个人会谈工作已经提醒我们，卢对那些他认为没有帮到他的专业人员有强烈的情绪。他在会谈的最后提出了这个问题。了解到权威主题和"这个小组带领者会是什么样的人？"的问题总是出现在第一次会谈中，我已经制定了策略，如果我觉得有间接的线索与我们这些带领者有关，就直接让二者联系起来。此时我是这样做的：

> **带领者：** 你是否担心我和其他带领者会对你和萝丝采取同样的立场？
>
> **卢：** 嗯，我不知道（声音微微上扬，带着恼怒）。我不担心，我已经过了那个阶段（伴随着刺耳的笑声）。我只是把发生的事情说出来，因为我知道自己的处境（用强调的语气说）。非常坦率地说，我对心理医生的评价是非常低的，我可以举出我两个小时的经历以及我的朋友们都经历过的事情来说明我的意思。因为这个问题，心理医生就建议我们分开，这就是一个很好的例子。
>
> **带领者：** 经历了 45 年，我可以想象让你们分开对你的打击一定很大。
>
> **卢：** 当然是这样。
>
> **带领者：** 卢，你觉得我们能不能围绕圆圈移动一下，也听听其他人的意见，听听他们看到的问题是什么。

实务要点： 回想起来，我认为卢的反应是有些愤怒，部分原因是出自我的陈述方式："你是否担心我和其他带领者会对你和萝丝采取同样的立场？"我想让卢说说对我们会成为什么样的带领者的担忧，然而，我的尝试既不直接，也不够明确。我没有要求卢进一步阐述，或者询问小组中的其他人是否有类似的经历，而是建议我们通过"绕圈"的方式让其他人交流问题。鼓励这样的问题交流是很重要的。然而，对权威主题的进一步探讨也很重要。幸运的是，在稍后的会谈中，当我回到卢最初提出的担忧时，我有机会"抓到自己的错误"。卢对我提出的"听听其他人的意见"的建议做出了回应，他转向妻子。

> **卢：** 当然，你来。来吧，亲爱的。（他转向他的妻子。）
>
> **萝丝：** 我想跳过。（用一种缓慢的、匀速的方式说，未受到影响。）
>
> **带领者：** 好。那其他人呢？不必按顺序来，你知道，如果你愿意，你也可以回应卢刚才说的话，以及补充一些自己的问题。今晚我们不会解决所有的问题，我希望你们能意识到这一点。（成员们发出一些笑声。）我们想尝试做的是，了解一下这些问题在你们看来现在是什么样的。这可以帮助我们了解我们需要谈论什么，我想卢已经帮助我们开始了。（这时，约翰脱下外套，似乎在椅子上坐稳了。）

432

　　实务要点：见证了带领者如何回应卢，接受并承认他的感受后，小组中的其他人感到更愿意分享。注意，露易丝在分享自己的问题的同时，也强调了卢与专业助人者之间的问题。还请注意，我要求露易丝关注她提到的情绪是如何影响她与丈夫的关系的，因为婚姻关系是这个小组的主题。

　　露易丝：（约翰的妻子，现在直接与卢对话的人）我可以理解卢的意思。因为抑郁症也一直是我们的问题。我已经陷入了这样一种抑郁状态，以至于我无法发挥作为母亲或妻子的功能。我觉得我已经失去了自己的身份。（这些都是用一种很平淡的语气说的。）我也不认为分离是解决问题的办法。而且我也遇到过一些很糟糕的心理医生，所以当你说这些的时候，我真的很同情你，卢。我可以理解这一点。但问题是要能够理清并找出自己真正的情绪，认识到它们是什么，并努力让自己走出所陷入的困境，这才是艰难的部分。

　　带领者：这对你和约翰的关系有什么影响？

　　露易丝：这很艰难。当我病倒的时候，会有很多的压力，很紧张，我把照顾家庭的责任放在约翰的肩上。他有一个爆发点，我想在我们到达那里之前抓住它。（停顿，带领者在点头，其他成员在认真倾听。）就这样吧。（短暂的沉默。）

　　约翰：我们最大的问题，或者说露易丝最大的问题缘于她的偏头痛。她从 5 岁起就有偏头痛了。偏头痛以及在过去几个月里得的抑郁症就是整个问题的根源。

　　带领者：在过去的几个月里，有什么特别的事情发生吗？

　　约翰：没有，这个夏天其实一直很平静。

　　露易丝：我觉得是一些已经发酵了很久的事情。

　　带领者：比如说？

　　露易丝：我不知道。我也说不清是什么事情。

　　带领者：（对约翰说）抑郁症对你来说很意外是吧？

　　约翰：是的，确实如此。

　　带领者：约翰，你如何看待这个问题？你希望在这段关系中看到什么不同？

　　实务要点：我试图鼓励约翰和露易丝更加具体地说明最近发生的事情，但被婉拒了。约翰继续描述他们作为夫妻在一起做的事情已经不多了，他希望看到露易丝重新振作起来，这样他们就可以像以前一样有一些乐趣。小组的绕圈讨论还在继续，弗兰和里克互相看了看，好像在问谁先来讲。我口头上确认，弗兰就央求着说，如果马上开始她觉得不舒服，她会晚一点再加入。她的丈夫里克回答我的问题时说，他不知道自己为什么会在那里，他知道他或者他们有问题，但问题是什么却很难界定。弗兰这时告诉他，在他耳边轻声说了"沟通"这个词。他们似乎同意这就是问题，但当我要求详细说明时，里克说："这不是我的问题，这是弗兰的问题。"

　　实务要点：里克进一步将小组带入了一个禁忌领域，提出了两性的亲密关系。这在第一次会谈开始时就给我带来了惊喜。我不得不多次要求里克说得更具体一些，结果他又分享了另一个令人惊讶的、通常是禁忌的问题：肢体冲突。

> **里克**：我想如果直奔主题的话，那一定是两性亲密关系。我已经走过了七年多一点的时间，现在我发现我总是一个人。弗兰去旅行了，我们真的处于非常不稳定的分手阶段。（说话的时候声音里有一些情绪。）这半年来，我们也算是在努力恢复，但还是很不稳定。
>
> **带领者**：你现在肯定感觉很不确定。
>
> **里克**：是的。（声音中带着委屈。）
>
> **带领者**：你希望有什么不同？你希望你的婚姻有什么改变？
>
> **里克**：（深深地叹了口气，让自己喘口气）有的时候，一切都很好，似乎进展得很顺利，但如果只是说我希望什么，就很难去形容。
>
> **带领者**：你希望和弗兰的关系如何？
>
> **里克**：我想我希望它始终是平静的。我们已经吵了很多架，就在最近，我们已经发生了很多肢体冲突。和平的关系才是我真正想追求的。
>
> **带领者**：那你呢，弗兰，你现在有什么想法吗？
>
> **弗兰**：没有。可以回到我这里吗？
>
> **带领者**：当然可以。

实务要点：如前所述，每个成员（本例中是每对夫妻）都要控制自己的分享量。我的做法是要求详细说明，但也尊重成员的自我防御，不过早地逼得太紧。莎莉继续讨论她的婚姻。她的丈夫雷恩不在场，这个讨论因此很困难，她从自己的角度描述了这段婚姻。她的描述充满了解释，显然是多年来参与各种形式的分析所收集的。大家都很认真地听着她的故事。她还回应了露易丝关于偏头痛的讨论，提到她也有过偏头痛，然后她和露易丝互相给予了一些支持。莎莉描述完后，大家似乎不知道该往哪里走，陷入了长时间的沉默。请注意在下面的摘录中，我已经决定回到权威主题和卢，我觉得我之前把他搁置了。

> **带领者**：（转向卢）我之前并没有阻止你的意思，卢，如果你想再进入的话。
>
> **卢**：不，没关系（笑）。我可以说上几个小时。
>
> **带领者**：哦，他们不会介意的，你知道（指着成员），他们会很高兴的。（大多数成员都因此笑了。）
>
> **卢**：我想给别人发言的机会，因为毕竟我结婚很久了，所以我有生活事件的积累。

回归权威主题　此时，我又选取了许多演讲中共同的主题："帮助那些没有真正被帮助过的人"。在早些时候的会谈中，我曾就我和我的共同带领者所扮演的角色讨论过这个主题，但卢没有接受我的邀请。我相信在每个新的小组开始时，小组和带领者之间的关系

434

都是一个核心问题。需要对这个问题进行一些讨论，这样小组才能开始研究我所说的权威主题，即提供帮助的人和接受帮助的人之间的关系。这是小组第一次会谈的一个有力因素，为了使小组正常发展，小组带领者必须开始处理这个问题。

实务要点：在交换问题的过程中，我试图对他们提出的关切问题做出同理心的回应，同时注意不对他们的感受和行动做出判断。即使是这段短暂的时间，也建立了足够的积极关系（融洽、信任和关心），我能够就这个困难的主题进行一些讨论。如果这个小组要发展成一个健康的有机体，它就需要首先弄清它与作为权威人士的我这个带领者和我的共同带领者的关系。由于这是一个禁忌话题，所以我需要付出相当大的努力，让大家清楚这个话题是可以讨论的。我决定回到"没有帮助的助人者"这个主题。值得注意的是，我直接回到这个问题上，向小组成员指出，我认为这样的讨论可能是重要的，这样他们就可以在充分了解过程的情况下参与进来。

随后的小组讨论由卢带领，他是这个问题的内部带领者，是促成小组气氛发生显著变化并使讨论成功开始的关键因素。在后面处理成员在小组中扮演的个人角色的一章中，我将讨论我所说的"偏差成员"，即由于评论的性质或者像本案例中对助人专业人员的攻击而被带领者体验为"敌人"的小组成员。我将在后面论证，偏差成员实际上可能是你的盟友，而不是你的敌人。我认为卢通过用感情和能量来提出权威主题，起到了这种功能作用。

带领者：我注意到有一个主题贯穿于你的一些发言中。我认为我们应该讨论一下这个问题。你多次评论那些不是很成功的助人者——你过去的心理医生、医生等等。（小组成员都点头说是的。）你能不能先停下来想想看你的经历中觉得困难的事情？我认为这一点很重要，因为它是让我和我的同事们知道什么是你认为的从我们这里得不到的帮助。

实务要点：这是我第二次收集到成员们对我们的看法。这次，在小组关系建立的开始阶段，我用一种不那么具有威胁性的方式去了解观点，成员们也已经准备好要告诉我他们的看法。卢自告奋勇地开始了讨论。他把我们带回了 1940 年，那一年他有了自己的生意。他描述了他所面临的一些压力，包括经济状况和他腿上的皮疹。他的医生把他介绍给了医院里一个新来的心理医生，那是心理医生的第一份工作。卢在描述这段经历时的热情和感受吸引了全组的注意力。大家在他继续讲述自己的故事时微笑着点头同意他的看法。

让晚到的夫妻加入并继续讨论　当卢正在描述他与心理医生的遭遇时，小组房间的门开了，第五对夫妇弗兰克和简姗姗来迟。小组成员在第一次会谈时迟到的现象很常见。这通常会给带领者造成一种两难局面：我该怎么做？在这个小组案例中，我让新来的夫妻介绍了自己的名字，请其他夫妻也说出自己的名字。然后，我简要地介绍了契约的内容，解释说我们会一直倾听一些问题以帮助了解使夫妻们来到这里的关切点。我还指出，小组中不断重复出现的一个主题是，我们要做的是帮助那些一直没有得到很好帮助的人。我说我们现在就在关注这个问题，就在他们进入之前我们正说到卢在 1940 年的状况。就这样，我转向卢请他继续说，大家也都回到原来的讨论位置。

实务要点： 我认为意识到小组中新成员进入，并帮助他们与小组建立联系十分重要，但同时，我也认为花大量时间重新开始是错误的。正如将在以后的小组会谈中清楚地看到的，这些小组成员迟到是有原因的。迟到是他们应对一个新的、有挑战性的经历的方式。

卢继续讲述了他与年轻的心理医生第一次相遇的故事，精神科医生曾试图间接引导他认识到他有婚姻问题。正如卢所说："我说的是经济状况和当时的问题，他不断地把话题拉到妻子和孩子上，妻子和孩子上，妻子和孩子上，直到我对他说：'你是想告诉我，我的问题出在我的妻子和孩子上吗？'"卢继续说，当心理医生表示是这样的时，他站了起来，称心理医生是一个骗子，并迅速走出办公室，心理医生从办公桌后面走出来，对他挥了挥拳头。

> **卢：** 我知道我的妻子和我的家人是问题的一部分，但我也知道他们不是问题的核心，他们只是社会和经济条件的一个促成因素。我去找这个人是要祛除我腿上的皮疹，而不是让他告诉我，我的妻子和孩子给我带来了问题。皮疹花了一段时间才消失，但好在它最终确实消失了。这是排在第一位的。我将跳过很多对家庭中的干预事件，谈一谈近期的家庭生活经历。我们在社区看了两年半的心理医生——（然后强调一下）两年半的时间。我知道我必须和她一起去，给她一些支持，而且我想要知道她生病的原因。我无法理解她的抑郁症。我有过沮丧的时候，但从来没有像她那样抑郁的感觉。心理医生问了她很多问题，也问了我很多问题，试图让我们做一些角色扮演并让我们试着讨论问题。"你们不是在沟通。"这是医生常说的一句话。我不知道他在说什么。当他说我们没有沟通时，我们试着沟通。但其实并没有什么结果，因为我们知道我们没有在沟通。

实务要点： 当卢讲述他的经历时，他描述了一些用来帮助他和妻子处理他们的问题的技术。其中的中心主题似乎是一个助人者，他确定问题所在，并且采取行动教育他们去了解问题的本质。

卢对这种方法感到不满，并在大部分小组会谈中都表示反对。然而，他内心深处的那部分知道确实存在一个问题，他试图用自己的方式处理它。他描述了一件事，他拿着录音机回家，录下与妻子的对话，事后再回听，他描述录音的结果是其中包含了夫妻俩第一次公开表达的，但还没准备分享的悲伤和痛苦。

实务要点： 在本案例中，我认为有必要让卢首先来分享一下他向助人者分享了自己的伤痛，却不被理解的愤怒和挫败感。我告诉他"别着急"，给他喝水是我对他情绪的自然反应。注意：再一次，我又回到了关注卢的情感和他的感受上。

> **卢：** 我们谈了大约 15 分钟，当我们播放录音的时候，我才意识到我在对着萝丝大喊大叫，我从来没有意识到我是在对她大喊大叫，但现在我听到了我的声音。（卢

436

这时清了清嗓子，然后开始哽咽起来，显然是有感而发，努力忍住泪水。）这对我来说有点困难，能给我点水吗？

437

带领者：（从玻璃水瓶里倒了一杯水）当然可以，卢，别着急。

卢：我对她大喊大叫的事实，让我有点难以接受。然后我意识到当我对她大喊大叫的时候，我把她当成了一个孩子。我把录音给了心理医生，他没有听到大喊大叫，他什么也没说出来。

带领者：他似乎不理解你听到自己大喊大叫时的感觉。

实务要点：然后，卢讲述了心理医生为帮助他们进行沟通而介绍的一项练习。卢和他的妻子尝试了他们互换角色的建议，但很明显，他并没有感觉到这是有帮助的，因为他是按照指示来做的。我猜测心理医生是在尽力帮助他，但在那个时候，在卢对自己的行为如此不满的情况下，对卢的感受进行一些探索可能会更有帮助。

卢：没错，他甚至没有听到我的大喊大叫。另一件事是他试图让我们互换角色，她来做我，我来做她。好吧，我们试过了。但是，当我们这样做时我在想："现在除了愚蠢之外，我真不知道该怎么形容。"（这时转向我）但你是个心理医生，你知道分数是多少。我的感觉和她的感觉不一样，而她的感觉和我不一样，怎么能互换角色？我怎么能沟通呢？好吧，就是这样的事情，已经持续了两年半，当结束的时候，与开始的时候相比，我感觉并没有得到帮助，从而能够更好地和萝丝生活在一起。现在，已经过去两年半了（强调一下）！我们不是没有尝试过，我们曾经讨论过这个问题。萝丝又去看医生了，但我说我不会去，因为我发现我只是越来越沮丧。

这时，小组成员对录音机的使用进行了一些讨论。里克认为这是个好主意，不知道卢有没有再试过。卢说他没有。谈话又回到了他的挫败感和没有得到帮助的感觉。

实务要点：我对卢的故事的理解是，他想确定我和我的共同带领者会倾听并尝试理解。这是我澄清我们作为小组带领者的角色的机会，我们要强调我们识别和理解他们感受的能力。虽然我已经在开场白中指出了我们的角色，但我不确定是否有人真正听到并理解了这句话。现在是再次讨论这个问题的时候了。

卢：我觉得自己很愚蠢。心理医生一直在告诉我一些事情，无论我怎么努力，我根本听不懂。

带领者：你似乎也在说，不仅你听不懂他的话，而且他似乎也不理解你。

卢：是的。很奇特的是，我没有这个想法。我觉得，好吧，你是一个专业人士（此时面对带领者），所以你所做的事情是有目的的。你知道你应该做什么，而你是否理解我并不重要，这不是游戏的意义所在。如果你是心理医生的话，我有责任理解你在说什么。（他的声音里充满了愤怒。）

438

带领者：如果你是问我们（指其他共同带领者），在这个小组里我不是这样看的。

我想，如果我们能对你或其他成员有所帮助，帮助就在于我们愿意倾听，在于我们试图了解你到底是怎么看的。各种小技巧和那些似乎在你身上得到尝试的东西，并不是我认为我们可以帮助你的。你得等着看我是不是这个意思。

卢：是的，我们会看到的。

带领者：我想你们这些人有很多强大的力量可以互相帮助。从本质上讲，我将努力做的就是帮助你们做到这一点。我也会分享我自己的想法。但我没有答案，也没有简单的解决方案。

卢：那么，好吧。（组内普遍沉默，因为这一次成员们似乎都在领会这句话的意思。）

共同带领者：卢，我想知道，随着小组的进展你是怎么看待事情的。所以，如果你觉得自己很愚蠢或者其他什么，你要让我们知道。

带领者：可能是因为我们说了些蠢话。（小组里有些压抑的笑声。）

实务总结：虽然我在开场白中把小组描述为互助小组，但到了这个时候，成员们才真正开始对小组的工作方式有所了解。而且，这次交流中包含的对带领者角色的澄清被真正"听到"了。扮演小组内部带领者角色的卢能够表达出成员对投入小组带领者角色的潜在权力的恐惧和担忧。他为我们提供了一个初步澄清我们作为带领者是谁以及我们会做什么的机会。在这个环节中，接受和理解他的感受和挫折，以及帮助他将过去的经历与当下联系起来的技巧是至关重要的。在小组中的感觉是，我们已经走过了建立关系的第一步。权威主题作为讨论的主题还没有结束。但是，我们可以感觉到，我们已经有了一个重要的开始。在这次交流之后，小组成员能够以更多的精力、参与度和成员间的互动进入订立契约的工作中。

另外，我曾表示，每对夫妇都在第一次会谈中间接地提出了一个核心问题，但我们无法意识到和理解，直到它在更晚的一次会谈中被提出。在卢的案例中，当他说他要跳过与精神科医生的其他一些经历时，他指的是他和妻子与住在另一个城市的已婚儿子通电话时的一次创伤性经历，儿子正在接受心理治疗。儿子曾告诉他的妻子萝丝，他的心理医生说，他所有的问题都是她的错，他再也不想见到她了。据萝丝说，儿子说："千万不要来见我，否则我就杀了你！"我们在小组会谈接近尾声时发现，这是导致萝丝之前两年多严重抑郁症和最近住院的诱发事件。

第一次小组会谈的中间时段

在两个小时的会谈中，我们可以通过交换问题、澄清目的和小组带领者的角色，开始努力集中在一个小组中发生的案例上。

弗兰克和简与重组家庭的问题　有趣的是，弗兰克和简这对晚到的夫妻提供了一个这样做的机会。在我的精心协助下，弗兰克开始分享他们遇到的一个问题，这个问题与他妻子的与他们同住的十几岁的儿子们有关。这是一个有趣的例子，一个小组成员试探性地提出了一个问题，谈话在问题对这对夫妇的影响和他与孩子们的关系之间迅速地来回转换。他谈到了他们在性方面的问题，同时把大部分的问题归结为他的医疗问题，也归结为他们家里缺乏隐私。卧室的门在任何时候都没有锁，孩子们会在不经意间徘徊进来。当弗兰克分享这个难题时，他用他和继子们的问题来表述，但在整个讨论过程中，人们可以听到他和妻子关系的暗示。每次当我想确认，哪怕是轻描淡写地确认他对关系的暗示，他都会稍稍退缩，他和简都会迅速向大家保证他们的沟通是积极的。

实务要点：小组成员利用早期会谈提出"相近问题"，将其作为问题提出的同时又为其辩护，使其不被讨论，这种情况并不少见。这在一定程度上体现了成员处理现实问题的矛盾心理。对成员来说，审视小组带领者和其他成员的反应也是必要的。小组成员往往会觉得，在不知道自己的感受和想法会被如何对待，会得到支持还是对抗，以及是否可以分享自己的真实感受和担忧之前，贸然地直接进入是不明智的。

小组成员不仅担心带领者和其他成员，也担心自己的伴侣。在这样的小组中，你实际上有三个服务对象：个人、小组和作为一个有机体的夫妻。每对夫妻在婚姻中都已经形成了一种文化，包括某些规范、行为、禁忌区、交往规则等等。小组在很多方面会成为他们学习如何改变这种文化，或者至少是那些不利于巩固婚姻的部分的地方。然而，由于要考虑的因素太多，小组成员会在接近关切点的同时，观察伴侣、其他小组成员和小组带领者的反应，这是很常见的。

在第一次会谈中，时机是很重要的，因此，如果带领者在成员需要防御的时候去面质和攻击防御，那将是一个错误。此外，这个例子为我们提供了一个机会，让我们向成员传达互助是如何运作的，同时也让成员参与决定是否要继续讨论弗兰克的例子。我还通过请弗兰克分享一些与他的继子们的对话，来介绍前面几章中提到的从泛泛而谈到具体化的技巧。

实务要点：当弗兰克开始描述他与孩子们一起处理隐私问题的努力时，我建议用这个例子来说明小组成员之间互相帮助的方式。（对小组成员说）

也许我们可以用这个例子来说明我们如何能够提供帮助。弗兰克可以描述他和他儿子们的对话，其他成员可以回应，如果他们是儿子，他们会有什么反应。我们可以和弗兰克一起思考一下他如何处理这种问题。

小组成员表示同意，弗兰克还详细讲述了一些对话细节，他开玩笑地跟儿子暗示他们需要一些隐私。在一些成员支持他的隐私权后，我的共同带领者指出，很难认真对待他的话，因为他在描述事情时似乎总是在开玩笑，而且似乎从来没有真正生气过。这引发了他妻子简的回应。

简：啊哈！就是这样。弗兰克很难发火。从小到大，他就不敢直接对人发火。我一直跟他说：你为什么不让自己生气，发泄一下呢？他说，他觉得这就是不应该做的事情。他就是不做。我一直都在做。我以前不这样做，但现在我做了，我每天至少会生气几次。

> **弗兰克：**你知道孩子们都怕你，因为你经常生气。
>
> **带领者：**（注意到莎莉似乎想说什么）说吧，莎莉，请讲。
>
> **莎莉：**（笑着对弗兰克说）你一定要见见我的雷恩（缺席的丈夫）！（包括弗兰克在内，全场哄堂大笑。）你们听起来很像，并且很难相处。

实务要点：小组的讨论已经脱离了权威主题，我们进入了工作状态。在莎莉的评论下，成员们毫无防御地笑起来，我想，成员们真正开始明白了小组的工作方式。在接下来的摘录中，就像对卢所做的那样，我试图触及弗兰克的感受。

> **带领者：**弗兰克，是什么让你当时很难认真地和儿子说话？
>
> **弗兰克：**我不知道。嗯，你知道继父的形象就像童话书里讲的一样，他就像一个怪物。我和这些孩子已经开始建立起美好的关系，我不想破坏它。
>
> **带领者：**你怕你直接说实话，他们会生气。
>
> **简：**（笑着说，但又带着一丝愤怒）这都是你自己想出来的。
>
> **带领者：**你知道吗，简，我想弗兰克真的很担心这个问题。
>
> **弗兰克：**我确实很担心。我真的如此。

实务要点：针对带领者提出的"你担心会发生什么"，弗兰克接着描述了孩子们与简的前夫的关系，描述了他对无法防止同样的冷淡继续下去的一些担心，以及他所设想的这种关系中的问题。

> **弗兰克：**正是因为我不想伤害那段或多或少反映了我的真实意思的关系。
>
> **带领者：**你算是暗示了你的感受，而不是直接说出来。
>
> **弗兰克：**嗯，就像你在洗手间里，看到有人在地上撒尿。你可能会说："嘿，你尿偏了，伙计。"（成员和带领者对他的故事哄堂大笑。）

弗兰克接着描述了他最后是如何与儿子直接对话的。他描述说，令他的妻子感到惊讶的是，在一次非常直接的谈话中，他向儿子解释了问题。弗兰克的观点是，自从那次之后，儿子对不应未经允许就进入房间的事情更加理解了。

小组内部带领者卢：我们如何在关系中处理愤怒？　在小组会谈的这一点上，一直在认真倾听的卢站了出来，承担起了推动小组进程的责任。在小组发展的早期阶段，卢直接从对愤怒和间接沟通的一般性讨论转向这一问题对每对夫妻的影响，这是内部领导力的一个显著例证。带领者在讨论过程中注意到，有好几次卢都试图对妻子萝丝耳语，并向她提问，但她拒绝回应，只是无动于衷、面无表情地坐着。

实务要点：卢现在利用小组和这个主题来处理他的担忧，这也是所有成员共同的担

441

忧。我相信，他之所以能够进行这种直接的切入，并在小组中承担一定的带领责任，是因为我们之前已经通过对带领者角色的讨论为此扫清了障碍。这是卢接受我的邀请，让小组成员开始拥有自己的小组的一个例子。这是一个重要的转变，因为成员们通常一开始就认为这是带领者的小组，带领者会控制这个过程。

> **带领者**：（注意到卢间接地表达了他想加入讨论的愿望）你是不是想说点什么，卢？
>
> **卢**：这里出现了一些问题，如果可以的话，我希望每对夫妻依次回答。（转向约翰，问了他的名字，约翰告诉他。）如果可以的话，我希望每对夫妻依次加入这个讨论。约翰，你会不会对露易丝很生气？我是说真正的生气。你会对她大吼大叫吗？你会对她这样说话吗？
>
> **约翰**：不会。
>
> **卢**：为什么不呢？
>
> **约翰**：那是我的风格，我一生都是这样的。
>
> **卢**：露易丝，你呢？
>
> **露易丝**：我可能会尽可能地忍耐，最后以掉眼泪，或者摔橱柜或碗碟，或者给约翰一个冷眼而结束，而不是直接说我很生气。（露易丝说话的时候，卢点头称是。）
>
> **卢**：为什么？对了，我现在问这个问题是指萝丝和我自己，我想听听大家的意见。
>
> **约翰**：这种情况有时会发生，但我们真正互相吼叫的情况真的很少。（露易丝表示同意。）
>
> **卢**：你们两个人都害怕生气吗？
>
> **约翰**：我不认为我害怕。我对别人大吼大叫没有问题。这很奇怪，我也不知道为什么。
>
> **卢**：你们呢，弗兰克和简？
>
> 简和弗兰克都提到过她经常生气，总是气鼓鼓的。她表示这让她很担心。弗兰克说他很难直接对简发火，并举了一个例子，说她不分担家务（他们都有工作），他一直为此很生气，因为这给孩子们树立了一个坏榜样，但他没有直接告诉她。说到这里，他停顿了一下，然后说："我想我是今晚才对你说的。"

实务要点：会谈进行过程中，我一直在监督成员，确保他们参与和关注。偶尔我也会对一些感受做些评论。

442

> **卢**：（直接对简说）你对发火没有反感，我是说自发的发火？
>
> **简**：还有什么其他办法可以让人发火？
>
> **卢**：你不会把任何事情都积攒起来，然后让它沸腾起来？
>
> **简**：不会了，现在不会了。

实务要点：对于一个新手带领者来说，卢实际上已经在小组中扮演了内部带领者的角色，并为讨论提供了方向，这一点会让人感到紧张。但从我的角度来看，这个过程向我表明，这个小组的开端很好，而且进展异常迅速。

停顿了一下，我转身对卢说："继续。"卢回应道："好吧，因为这里发生了一些曾发生在我们身上的事情（指着他沉默的妻子萝丝），我想听听组里每个人对这件事的看法。"这时，他问至今拒绝发言的弗兰是否生气了。

> **弗兰**：我忍了一小会儿，然后我就开始挑剔，我会在这个问题上停不下来。我常常连当时的问题是什么都无法确定。既然搞不清楚是什么问题，我就全盘托出，确保自己能找到正确的问题。而且，也许我应该让里克为自己说话。我的意思是他很安静。他听着这些却不回话。这真让我抓狂。我无法忍受这种沉默。他要是大叫就好了！即使我错了，我也知道我错了。但就像我说的，我跑遍了整个球场，因为我知道我可能会击中正确的球，因为正确的球就在那里的某个地方。没有太多的反应，因为里克是安静的类型。他不喜欢争论或打架。他越安静我就越生气。我必须更加努力。就在最近几个月，我们开始打起来了。我们已经结婚七年了，现在这事才刚刚浮出水面。好吧，我不认为里克有崩溃的临界点可以让他气得发疯。我甚至没有意识到我可以那么疯狂，但我可以。我是推动者，我是那个说话绝对会让你毛骨悚然的人。

> **里克**：她基本上替我说了一遍。

> **弗兰**：这很正常。

> **卢**：（微笑着表示支持）你的头发看上去很直，里克。

> **里克**：（叹气）今天真是漫长的一天。是的，我是安静的类型，我的导火线也很长，但是一旦到了最后，就要小心了。我当时做了一些愚蠢的事情，它们通常最终让我付出代价。我想我只是达到了我的崩溃点，并在某个地方把沮丧表达了出来。如果弗兰把她的气发泄在我身上，我就会试着冷静下来，只要我能做到，但我只能承受这么多，最后我们就会互相攻击。就是这样。

> **卢**：让我问你一个问题，里克。当弗兰那样对你的时候，你是不想或者怕伤害她的感情，以免她反过来伤害你的感情，让事情雪上加霜，还是说你有一种不情愿的感觉，你觉得让她把话说开，事情就会平息下来？是哪一种呢？

> **里克**：我想我只是希望她能把事情说出来，然后让事情平息下来。但事情并不是这样的。

> **带领者**：（转向卢）卢，在你继续说下去之前，我想先问里克一个问题。当弗兰这样推进对话内容的时候，你是怎么想的？你的感觉是什么？

> **里克**：（长长地叹了一口气）嗯，我想我是在试图把所有的事情都忘掉。这就是我变得安静的原因，甚至到了看报纸的地步，试图彻底消除它。

> **带领者**：因为它带来伤害吗？

443

里克： 对。

实务要点： 这是会谈中一个引人注目的部分，因为卢依次询问每对夫妻在他们的关系中如何处理愤怒。当我和学生们一起看这次会谈的录像时，他们经常问我："你为什么让卢接管你的小组？"他们特别注意到，我转向卢，问他是否可以在他继续讲之前问里克一个问题。我必须向他们指出，这不是我的小组。学生们认为卢试图篡夺我的带领者权力。我相信这是来自学生的不安全感。在我看来，卢是一个内部带领者，当他开始提问的时候，我会密切观察其他成员，如果他们感到痛苦，我会进行干预，但事实上，他们一点也不痛苦。他们是在回应卢，而我感觉这个小组已经接受了我的邀请，超越了权威主题，开始拥有这个小组。当学生们开始意识到卢在这个充满活力的第一阶段所做的贡献时，我开玩笑地表示，我应该为他们自己的小组建立一个"出租卢"的服务。

卢转向莎莉继续进行。莎莉也描述了她对弗兰的看法，因为她的丈夫雷恩和里克一样，都是安静型的人。她举了很多类似的例子，最后说："我想我还没有找到他的沸点。如果我能做到，愿上帝保佑我。"

带领者： 那一定和找到它一样困难。

莎莉： 是的，我想是的。问题是你把伤痛藏起来了，但一旦有机会攻击的时候，你马上就会把它们找回来。让人难过的是，我真的觉得雷恩一点也不吝啬。

萝丝决定发言 在这之后，大家沉默了很长一段时间，都在期待着。下一个发言者应该是卢的妻子萝丝，她在整个会谈期间没有说过一句话，也没有改变过她的表情。她一直在专心地看和听。由于她的沉默，她在这一点上的评论对小组成员和带领者都产生了惊人的影响。

萝丝： 嗯，我认为每个人都面临同样的困扰，其中一部分就是愤怒，夫妻之间可能会有一些相互指责。有些人已经学会了忍受它，但显然，我们这里的人还没有学会。不管你结婚多久，这仍然是你不知道如何处理的问题。我发现我在这里很生气，我想告诉卢不要这样说我。

带领者： 你是说今晚在这里。

萝丝： 是的，但我不想打断我丈夫，告诉他我不希望他说那些话，或者我不喜欢他说的话，所以我退回到了0，而不是1。我可以收拾行李回医院了。（听到这番话，她的丈夫卢似乎痛苦地退缩了一下，看着带领者。）我不愿意谈论它。

带领者： 即使现在也很困难，不是吗？

萝丝： 是啊，但我已经下定决心了，我已经到了该收拾行李或说话的时候了。

带领者： 我很高兴你已经开始说话了。

卢：（他的脸变得明亮起来）嗯，我一直在想，这大概是我能让萝丝开口说话并敞开心扉的唯一办法。

　　萝丝：当然，我知道是这样的。

　　卢：她什么也不想跟我说。我问她在小组中是不是很生气，她说她很生气。我问她是否要说些什么，她说不。

　　萝丝：对，我说不。

　　卢：另外，事实上在我们的一生中，我们都害怕伤害对方。

　　萝丝：所以我们保持沉默。或者是其中一个说话，且说得太多。我总觉得卢说的话比我多。现在，我有机会在医院说了五个星期的话，当然，我发现这对我很有帮助。我告诉自己和那里的人，我要试着记住使用他们教给我的一切。真的没有办法。因为出现了不同的情况，也就是说它们不在我看过的书里。

　　带领者：那我想你得自己写书了。

　　萝丝：对的。我的反应不是很快，我觉得我的思维也不是很快。但如何处理愤怒似乎对每个人而言都是特别的问题。（在大家领会了萝丝的话后，停顿了一下。）

第一次小组会谈的结束和转换时段

实务要点：这两个小时过得很快，很明显我们必须结束本次小组会谈。我现在的目标是总结和赞扬他们的工作，并将其过渡到下一次会谈。我也想开始请他们反思这次会谈的过程，给我以及其他小组成员提供一些反馈。

　　带领者：我们的会谈快结束了，我想知道我们是否还没有确定一个我们可能想要在下周更深入讨论的共同的主题和问题。或许你们可以准备好分享一些事件和困难，因为我认为如果你们能将一些外部的讨论带入小组这个更安全、周围全是希望提供帮助的人的环境中，也许可以不受伤地学到应对办法，正如刚才萝丝所做的那样。也许你们可以说出真正的想法和感受，而不是将伤害储存起来。我个人的感觉是，任何真实的亲密关系都包含了爱和争吵，它们应当有各自的领地，但这很难做到。我们只是还没有学会如何去做。也许小组是一个安全的测试地。这对小组其他成员有什么意义吗？（小组成员点头。）也许我们可以在下周将它作为我们感兴趣的话题继续讨论。你们如何找到一种方式来表达你们对对方的真实想法和感受而不伤害对方？

　　简：有办法吗？

　　带领者：我想有，但是我们为什么不在小组里测试一下呢？如果没有，我认为我们就有麻烦了，因为如果你们不能对彼此生气，你们就不可能真正关心对方。这对整个小组来说有意义吗？（有些人再次点头表示同意。）我们可以做的是请不同的夫妻举一些例子。也许这周你们会有一段艰难时光。好吧，我们可以和你们一起在小组里复习一下，看看我们是否能找到一种方法来帮助你们识别你们的真实感受，并且能够以一种保持交流畅通的方式直接清晰地表达出来。我想这个办法是有用的。即使只有一对夫妻提出了一个具体的例子，我们其他人也可以在帮助他们处理具体案例时有所收获。所以，即使你们没有谈论你们自己的婚姻，你们也会从每周的会谈中有所收获。

实务总结： 有了明确的契约和会谈开始时一些帮助创造小组内安全环境的工作，小组成员可以自由地自我探索。在卢帮助处理权威主题后，小组成员能够更舒适地投入小组工作中。这一权威主题将在小组的整个过程中持续存在，但至少我们已经开始处理了。

此外，该小组还直接将话题转到了婚姻关系中的一个核心问题。令人赞叹的是，小组成员自己引导着提出了这个主题。每个小组都是不同的，它既反映了小组成员的长处和经验，也体现了他们的弱点。卢带来了一种紧迫感并愿意在小组中自我探索，这不仅帮助小组直接且建设性地面对权威主题，也帮助小组从早期防御状态转到共同关注他们彼此之间的关系。虽然这个小组在第一次会谈期间的工作方式是独特的，但我不认为它的工作水平或开始工作的速度是不同寻常的。我相信这反映了小组成员的紧迫感、小组目标的明确以及带领者的角色。成员们愿意直接面对权威主题，带领者则不断地尝试表达清楚小组成员表达出的感受，甚至略微在他们表达之前。具备了这些核心条件，小组成员的动力将把他们带向高效的工作。

总结和会谈评估

实务要点： 现在会谈已接近结束，并已就下一阶段的主题协商达成一致意见，本次会谈的结束和过渡阶段继续进行，这一阶段有机会提出评价意见。我希望在第一次会谈上鼓励各成员讨论小组的工作方式。

带领者： 我们还剩五分钟。这是我们的第一次会谈。我希望你们能花几分钟时间和大家分享一下你们的反馈。你们的感受和想法是什么？你们觉得这次会谈怎么样？关于今晚的会谈，你们在回家的路上会对彼此说些什么呢？你们现在讲出来很重要。

萝丝： 嗯，我有一种感觉，出门的第一件事就是卢会问我他说了什么让我生气。我现在还讲不清楚。我得把它从脑子里整理好拿出来。

446

露易丝： 这是艰难的。要弄清楚是什么让你生气真的很难。我也有这种感觉。当我是一个住院病人的时候，有人告诉我，我对住院医生发火了，问我为什么会生气。好吧，我可以大喊一声把火气发泄出来。但要说出我的感受并不总是那么容易。

带领者： 也许这就是我们能做的——帮助你们找出这些感觉是什么。（转向卢）你的反应是什么？我对你的反应真的很感兴趣，因为我有一种感觉，你来到这里，想到了过去所有没有帮助到你的人。到目前为止，我们的情况如何？

卢： 到目前为止，我觉得我们开始有了一点新的突破。其实，今晚对我来说最重要的事情就是萝丝生气了。

带领者： 当你知道她的立场时，是不是更容易处理？

卢： 不，不是的，我不知道她的立场。我知道她在生气，我让她告诉我她在气些什么，但她不说。我之所以感觉良好，是因为她刚刚经历了五个星期的住院治疗，我可以向你保证（声音裂开），我也刚刚经历了同样的五个星期。

带领者： 我觉得这些事情是一步步改变的，也许今晚就有了一个开始。也许如果你对自己不是太苛刻，要求不是太高，你就有机会做到。我很高兴这样触动到你。其他人呢？今晚你们会有什么反应？

弗兰克： 啊哦！

简： （笑）我想我们之前对今晚会在这里发生什么都很忐忑，这一点都不好笑。

带领者： 你们在担心什么？

简： 嗯，我想是对未知的恐惧吧，然而当我们来到这里的时候，我们马上就开始感受到这里的人的关注和爱护，这种感受凸显出来了。

卢： 拉里，我想在这里说两句。我们的小儿子已经36岁了，他向我们抱怨的一件事是："你从来没有教过我如何和我的妻子吵架。"我很纳闷，他到底是从哪里得来的认为有必要和对方争吵这种想法。随着时间的推移，我才发现，以前我们吵架，都是把事情憋在心里。如今儿子遇到问题，昨晚他打电话给我，说的就是这个问题。他说的很重要的一句话是："你没教我怎么吵架。"哦，对了，不仅如此，他还说："你没有教我如何争论，如何在争论中获胜。"（成员和带领者大笑。）

其他成员也有机会发表意见。弗兰克指出，他和简之所以迟到，部分原因是他们对来这里很矛盾。他整个星期都在告诉我的共同带领者，他不确定自己是否真的属于这里。当他描述他的对话时，他和其他成员一起笑了起来。他们都承认，来参加第一次会谈的时候很害怕。弗兰克接着说，给他留下深刻印象的是小组中的人；他们似乎真是一群很好的人，这对他的帮助很大。卢说，他发现自己并不孤单，而且其他人也有同样的感受，这让他感到欣慰。

获取消极因素

实务要点： 在补充了一些积极的意见后，我指出分享他们的消极反应或问题也是很重要的。这些很难分享，但也很重要。莎莉表示她担心这个小组是否真的会有帮助，是否真的会有什么改变。她还担心她丈夫雷恩已经错过了第一次会谈。我们讨论了这个问题，我要求小组制定策略，帮助雷恩尽快参加第二次会谈，因为他错过了第一次会谈，会觉得自己有点像个局外人。我再一次指出他们是小组的主人，以及他们需要参与帮助小组工作。帮助雷恩加入第二次小组会谈不仅仅是我的责任，他们也有一些责任。

然后我告诉莎莉，没有承诺，没有肯定的答案，也没有简单的解决办法。正如她所知道的那样，婚姻是件辛苦的事，但通过这个小组，我们也许能够提供一些支持，帮助他们完成困难的任务。她点头同意。弗兰和里克回应说，他们曾感到有些害羞，觉得在小组里说话很困难。约翰和露易丝跳出来安慰他们说，他们已经参与了不少。我指出，他们在小组讨论中冒险讨论一些非常困难和难以启齿的话题，并给予他们肯定。里克说，一两个星期后，他可能会发现更容易加入；我告诉他慢慢来，他觉得舒服就可以加入。

小组的规则　当评估即将结束时，我指出，我们在小组中要遵守三个规则。我说期待成员们每周都来，即使伴侣因为生病或其他原因不能来，也可以来。我说，他们彼此分享的材料应该被视为机密，这样他们都能感觉到小组中的其他夫妻不会向外人谈论他们。我还要求，如果他们在我们计划的 23 次会谈结束前的任何时候想退出小组，他们要同意在退出前回来和小组讨论。所有的人都同意这些看起来合理的规则。然后，我赞扬了他们，我认为这是一个很好的开始。我告诉他们，我可以理解他们一开始的紧张感，因为我也有一点这种紧张感，但我认为他们正在进行一些重要的工作，这对我们的未来是个好兆头。会谈在这时结束了，但大家并没有马上离开，而是和其他成员以及带领者在一起聊天。然后，慢慢地，小组成员离开了房间。

第一次会谈的反思　回到不止一位同学在看了卢主动询问夫妻关系中的愤怒问题后给出的评论上来：视频呈现了我的面部表情，这清楚地表明了我对他进入带领者角色的喜悦，以至于我需要打断时要发出请求。我指出，他们接受了我的邀请，在第一次会谈中接替我的工作，这是一个非常积极的信号，也是小组成员力量的表现。这种交流引发了一个重要的讨论，那就是没有经验的小组带领者害怕"失去对小组的控制"。小组带领者需要有一定的经验和不断增强的信心，才能认识到"放下"控制的过程是有效带领小组的核心。

448　第一次会谈后的重新订立契约

教育政策 1b
教育政策 2b
教育政策 7d
教育政策 7c

另一种常见的学生对刚才所说的夫妻小组的录像的反应是感到有些害怕。正如他们经常说的那样："我的第一次会谈并不是这样的！"我向他们保证，我早期的小组会谈也不是这样的。即使新手带领者做了很好的准备工作，对契约的内容很清楚，并和督导员一起角色扮演做了开场白，也可能出现意想不到的事件和问题。事后分析往往会发现，带领者有遗漏的地方，或者说与精心构思和排练的开场白不相像。

新手小组带领者完成第一个小组工作时的紧张是可以理解的，他们不应该对自己太苛刻。他们还需要认识到，如果第一次没有做好，他们通常有机会与小组重新订立契约。即使他们能够完全按计划开始，小组成员也可能听不到或听不懂开场白。在一个正在进行的小组中，订立契约总是要经过若干次的会谈。接下来的两个例子说明了重新订立契约的努力。

另一个常见的问题是，当带领者加入一个已经开始运作的小组时，必须围绕着他们作为带领者的角色和小组的目的重新订立契约。共同带领者加入一个正在进行的小组，却发现从来没有订立过契约或契约订立得很糟糕，这也会让人感到不安。一位学生这样说：

"这在课堂上听起来很好，但我认为带领我们小组的心理医生从来没有读过你的书！"在某些情况下，正在进行的小组带领者采用了一种小组实务模式，这种模式的运作假设与这里提出的互动模式、优势视角、互助模式不同。需要向学生明确提供帮助的框架有很多，这个小组为他们提供了一个看到另一种模式运作的机会。另外，互动模式的要素往往可以很容易被整合到其他框架中。在一些例子中，根本就没有什么模式。小组可能是无组织的，没有重点，成员和小组带领者对目的不清楚。小组会谈可能类似于小组中的个人咨询，每个成员都被小组带领者轮流"帮助"。在第二种情况下，小组带领者的工作就是尝试与共同带领者和成员一起影响这个过程，为建立一个更有效的小组重新订立契约。

与你的小组重新订立契约

通常可以在以后的会谈中再发起订立契约讨论。在本部分，我们有一个例子是小组带领者从第一次的努力中吸取了教训，同时也鉴于受虐妇女庇护所中妇女的变化，获得了第二次机会，重新开始。

庇护所中的受虐妇女小组　在下面的例子中，我们看到一位来自社区精神健康中心的社会工作者在一个受虐妇女庇护所中带领的一个开放式小组。她在心理教育小组的第一次小组会谈开始时，就这个小组的目的给出了混杂的信息。在她的开场白中，她简要地提到了一些与导致这些妇女进入庇护所的虐待和压迫有关的强有力的主题。然而，在安排第一次会谈的时候，她立即进入了提供"独立生活技能"信息的议程。带领者并没有安排时间进行问题交换，而是为她们做了决定。这些问题交换本来可以让妇女们对议程有一定的控制权。运用第二章所概述的压迫心理学，鼓励这些妇女控制自己的小组，可以看作走向"独立生活"的重要一步。

教育政策 1b
教育政策 2b
教育政策 6a
教育政策 6b
教育政策 7d
教育政策 8a
教育政策 9c

449

实务要点：一些成员发出信号，她们的需求与小组相关的需求是错位的。虽然独立生活技能、工作机会等对这些女性来说都很重要，但此刻她们的紧迫感可能更多地与她们的受虐和生活环境有关。带领者继续控制着第一次会谈，提供了一个关于"社区支持"重要性的说教。正如我们将看到的，在接下来的几次会谈中，随着她与妇女们重新进行对话，她的理解和技巧也在不断发展。

第一次会谈　我说："这个小组的目的是为你们提供一些有用的信息，你们离开家后就可以使用。这个小组还将为你们提供一个机会，让你们谈谈你们的感受、经验，以及你们对我们将要讨论的不同话题可能有的担忧。今晚的主题是独立生活技能。"我接着说："你们中有些人是因为受到男友或丈夫的虐待而来到这里。今晚你们可能会发现你们彼此之间有一些共同的感受。你们中的一些人可能是因为虐待以外的原因而来，你们可能有自己想分享的自身状况。我的作用是帮助你们说话，互相倾听。所以我希望大家今晚不仅能从我带来的材料中学习，还能从彼此分享的意见中学习。"

实务要点： 虽然带领者直接说了开场白，但她并没有让成员对妇女带来的问题进行任何反馈和确认。她有自己的议程，并直接进入议程，介绍了就业培训计划。有些成员做出了回应，但其他成员却有不同的紧迫感，没有回应。带领者注意到了这一点，但并没有着手去找原因。

我首先给妇女们介绍了两个就业培训项目的信息。一位名叫琳达的妇女谈到了她参加过的一个就业培训项目，以及她后来如何找到了一份工作。另外两位妇女谈到了她们的技能，一位是会计，另一位从事文字处理和速记工作。七名妇女中，有四名妇女对此感兴趣。另外三名妇女则完全没有表现出兴趣。我没有问她们为什么看起来不感兴趣。

从那以后，我们转入了社区支持的话题。我说，许多人认为寻求帮助是软弱的表现。在很多情况下，人们认为自己处理问题很重要。我说，我不同意这种想法。有这种想法的人往往更糟糕，因为个人并不总是有能力自己处理出现的情况。我说，向社区寻求支持的人，在很多方面都可以过得更好。然后我问妇女们，当她们离开家时，她们是否有任何关于去哪里寻找社区支持的想法和建议。一开始没有人提供建议，所以我提到了一些地方，如教堂、当地社区行动项目等。

450　　**实务要点：** 虽然带领者写的是"我们转入……话题"，但她实际应该写"我转入"。很明显，成员们没有跟她一起转入。对她的问题没有回应，说明她们没有和她的信息联系起来。接下来小组中出现了一个内部带领者，让妇女们开始讨论她们"此时此地"的经历，以及她们所承受的虐待的痛苦。虽然小组带领者想要分享的信息是有用的，也是重要的，但它并没有考虑小组成员此刻的处境。

一位妇女说，她很高兴能来到这。她说，她来到庇护所时还在想其他妇女会是什么样子，结果发现很多妇女都和她一样。她说："和有同样问题的人在一起，感觉很好。"她说，当她和丈夫住在一起时，她会整天想着他，会担心他回家后是什么样子。在她来这里之前，当丈夫虐待她时，她会和她的父母待在一起。最后，她的父母会劝她跟丈夫回去。她说："在这里，你会得到支持。你被告知他有问题，而不是你。"她说她很高兴听到这句话。我说："所以听起来好像你在这里松了一口气。"她说："是的。"

另一个妇女说，她曾经怀疑丈夫回家后会发现什么问题。她还说，他不允许她和朋友聊天。我说："你现在觉得很好，可能是因为你现在没有那种压力了。"她表示赞同。此外，她还说她打算离开家后就参加匿名戒酒会的聚会以寻求支持。

实务要点： 在接下来的摘录中，其中一个成员向带领者发出了一个信号，即会谈没有满足她的需求。带领者关于"反应形成"的书面评论表明，她注意到了负面的反馈，并做出了内怒外笑的反应。带领者早期对做好工作的焦虑使她很难听到负面反馈。成员对自己对庇护所的依赖性的焦虑，可能使他们很难分享。讨论最后转向金钱和经济压迫的问题，这些问题与这些妇女所经历的焦虑的主要来源——经济生存密切相关。

　　一位离开小组 15 分钟的妇女回来说："我错过了什么？"安吉拉——其中一位不感兴趣的妇女说："哦，你只错过了一些无聊的信息。"我本应该问她为什么觉得这些信息如此无聊。相反，我只是对她笑了笑。（反应形成？）然后珍妮丝——一个夜间工作人员加入了这个小组。一切都很好，直到她开始和旁边的妇女聊天。她们之间继续交谈了大约 5 分钟。我不知道如何处理这种情况。

　　当我们开始谈论财务管理领域，我提到预算时，一位妇女说："关于预算，我想知道什么？我没有钱可以做预算。"然后她说，其实她确实想知道预算。她觉得应该有人和她在福利办公室坐下来，告诉她如何让自己的钱发挥最大的作用。安吉拉说，她总是担心钱不够用，她不明白预算有什么用。安吉拉有四个孩子，其中一个是残障者。成员们开始讨论她如何为脑瘫的残障儿童寻求帮助。她们建议她或她的社会顾问给脑瘫基金会打电话。我转身对安吉拉说："你有时一定会很灰心。"她表示同意。

实务要点：第十三章将详细介绍我所说的作为一个整体的小组，即个体聚集在一起后形成的有机体。拜昂（Bion，1961）提出了一个情绪理论，该理论认为，在早期状态下，一个小组可能难以处理焦虑情绪，当面临经济安全等问题时，一个不适应的反应是小组会逃离。小组的这种行为是给带领者的一个信号。带领者并没有理解下面摘录的逃离行为的含义，相反，她认为自己需要在制定规则方面做得更好，而这一步会切断感情的表达，而不是处理感情。

　　随着关于财务管理的讨论继续进行，讨论变得有些混乱。大家议论纷纷，互相割裂开来。她们从一个话题跳到另一个话题。我最后请她们一次谈一个。大多数情况下，都是三个妇女在说话。我看得出，其他妇女都没有注意。下周我想制定一些讨论的基本规则，并强调每个人都有重要的意见，我们应该花时间互相倾听。

实务总结：事后看来，带领者也许可以通过承认讨论对所有人都有冲击力来解决第二个服务对象——小组的问题。她可能会发现成员们同时说话这种逃离行为是一种可以理解的表达，体现了与经济上的压迫和福利上的羞辱有关的焦虑。这些妇女在考虑逃离虐待家庭时，必须表现出非凡的勇气来突破社会对她们的经济限制。经济支持的不足起到了社会"枷锁"的作用，帮助将妇女锁在压迫性的家庭环境中。带领者原本可以通过同理心来回应这个小组的成员，就像之前她对安吉拉说"你有时一定会很灰心"时一样。当另一位工作人员提出下个星期天去教堂的建议时，带领者感到很惊讶。有可能这位工作人员正用她觉得可能会有帮助的东西来回应这次逃离行为。

　　突然，庇护所的工作人员珍妮丝问是否有人想在下个星期天去教堂。这个问题有些扰人，因为我们此时正在讨论财务管理的问题。她可能是在回应我们之前关于寻找社区支持的讨论。这很难说。当琳达问到关于找公寓的信息时，讨论又变得集中起来。一位妇女说，交通是个大问题。大家都对此进行了讨论。另一位妇女说，她们应该给州长写一封信，要求他为庇护所提供一辆车。这时妇女们兴奋起来。我同意这听起来是个好主意，我问谁负责写这封信。帕姆自告奋勇。工作人员珍妮丝说，她们可以在第二天的会议上讨论这封信。

452

我告诉他们，我们已经讨论了一些重要的问题。我说希望他们能思考下周关于单亲的问题和想法，并说下周三晚上见。

一个新的开始的机会和不同的第一次会谈　在多次会谈之后的第四周，这个小组进行了又一次会谈，在这次会谈中，小组带领者允许小组有更多的方向。随着每次会谈的进行，带领者变得越来越自如；她仍然会提供一个结构化的议程，但也会让小组成员对谈话的方向承担更多的责任。即使是那些看起来很无聊和没有联系的成员也变得很投入，并且实际上开始发挥内部领导力。这次会谈有六名新加入的妇女，给了带领者一个重新开始的机会。

教育政策 2a

实务要点：我把这段话摘录下来，是想告诉读者，如果一个人乐于接受反馈，愿意进行自我批评（虽然不是太深入的自我批评），那么作为一个小组的带领者，就可以从错误中学习，并快速成长。把这次会谈与她三周前的第一次会谈进行比较，小组带领者的持续成长是显而易见的。

第四次会谈　本周的小组会谈有六名新加入的妇女。因为新的小组构成，我告诉了她们一些关于我自己的信息，然后让她们告诉我她们的名字，她们有几个孩子，以及她们在庇护所待了多久。然后，我说明了小组会谈的目的。我说："这个小组将给你们提供一个互相交流和倾听的机会。这就是所谓的互助小组。在座的各位都因为受虐的关系，在生活中遇到了一些困难。对你们来说，这不是一个轻松的时刻。事实上，这是一个危机时刻。因为你们经历过类似的困难，这个小组会谈将给你们一个互相帮助的机会。当你们互相倾听、分享你们的一些问题和感受时，我想你们会从对方身上学到很多东西。"

实务要点：注意小组带领者从开场白转向问题交换的关键区别，而不是立即呈现准备好的材料。

"为了让小组讨论开始，我希望你们进行一些问题交换，也就是互相分享一些你们在受虐关系中遇到的问题和困难。如果你们愿意，你们可以分享一些你们现在希望在生活中看到的不同的东西。通过问题交换，我们会发现你们最关心的问题是什么，然后讨论的重点可以放在这些问题上。如果讨论的问题不是你们关注的问题，那么讨论就没有意义了。"我问："谁愿意开始？"乔伊斯说："我现在的问题是，我没有钱，上次我想申请福利，他们告诉我我没有资格。"她们聊了几分钟，并试图为乔伊斯提供领取福利的建议。接下来，琳达说，她的生活非常混乱。此时，她不知道自己要走向哪里。

实务总结： 讨论继续深入到一些细节上，即她们在刚刚离开的关系中感受到的恐惧和压迫感。我将在后面的章节中回到这个小组，更详细地讨论她们在与男性伴侣的关系中体验到的一种被奴役的方式。这里的关键点是，小组的内容来自成员的感觉需求。这并不意味着小组带领者从不提供信息，仅带来一部电影，或邀请外部发言人。这个例子说明了与一个小组的契约是如何随着时间的推移而变化的，也说明了小组进程如何教育带领者加深对小组动力、小组技巧以及服务对象重要主题的理解。

453

共同带领小组

教育政策 8c

在成立一个新的小组时，订立契约的问题是复杂的。当一个带领者中途加入一个正在进行的小组时，这些问题就会变得更加复杂，因为该小组可能已经运作了一段时间，但没有明确的工作契约，或没有实现有效工作的契约。在这种情况下，新的带领者不仅要和成员打交道，还要和正带领小组的带领者打交道，因为他们对当前的状态有贡献。当学生报告说，他们以共同带领者的身份参加小组讨论，并清楚地观察到与契约订立不力、共同带领者关于契约的冲突或者仅仅是对小组过程的不理解有关的问题时，他们经常提出这是一个复杂的问题。当学生们读到其他模式，在课堂上聆听直接适用于自己小组的介绍时，紧张的气氛就会形成。然而，作为"单纯的学生"，他们对干预和实现变革感到畏惧。在像下面例子中的情况下，当小组带领者也是其他学科的人时，他们的压力就会增加，这就引入了地位和权力的问题。

加入一个正在进行的小组的讨论，让我想到了共同带领的问题。每当带领者们提出共同带领的一般性问题时，我都会询问他们是否有与另一名工作人员在一个小组中一起工作的经历。几乎无一例外，他们都有过，而且这种经历往往很糟糕。问题清单包括对小组基本方法的分歧，对小组会谈控制权的微妙争斗，以及在小组会谈期间对具体干预措施的分歧，特别是那些由共同带领者介绍的干预措施，这些似乎切断了带领者认为富有成效的讨论路径。

在所有这些问题的背后，是小组会谈内外的共同带领者之间缺乏真诚的沟通。在小组会谈之外与他们的共同带领者对质常常使带领者感到不好意思，并认为在会谈期间提出不同意见是不专业的。这种立场类似于许多家长所经历的"不在孩子面前争论"的综合征。有一种不合理的期望，即他们必须在任何时候都表现出一致。这种缺乏诚实的态度通常反映了带领者双方的不安全感，并经常导致防御性和合作工作的假象。此外，由于权威主题在所有小组中的重要性，小组成员对共同带领者之间的分歧迹象非常敏感，无论这些迹象是公开表达还是潜藏在表面之下。假设在前面描述的夫妻小组中，共同带领者示范了不正常的沟通，请考虑一下其中的讽刺意味。我的观点是，无论如何，你无法隐藏分歧，那么为什么不处理它呢？下文所述的反思性实践，提供了一种处理问题的方法。

小组共同带领中的反思性实践

阿蒂诺（Atieno，2008）引用了一些作者的观点，他们认为反思性实践，即咨询师反思其个人和临床经验，对帮助专业人员有效工作至关重要。她引用米勒（Miller，2005）的观点，认为小组工作中的反思性实践目标是——

> 帮助人们反思自己和他人在工作场所的经历，以建立洞察力和意识，使人们有更多的行动选择。（Miller，2005，p. 367）

阿蒂诺认为，在共同带领中缺乏反思性实践会导致许多经常出现的问题，如"不信任、竞争、权力斗争、个人或理论分歧、亲密关系过度、共同带领者之间的嫉妒、无能"（p. 237）。

米勒（Miller，2005）提出，共同带领小组中的反思性实践涉及一些过程，并且随着时间的推移而不断发展，需要共同带领者投入努力并致力于实现这一过程。这些过程包括：

- **一个内省的过程。**"一种内部对话，共同带领者批判性地和定性地思考他们在共同带领中的经验以及小组互动。"（pp. 239-240）
- **一种人际交往过程。**"反思性实践可被描述为一种口头互动，其特点是系统地谈判和自我披露，而这些来自共同带领者在人际交往过程中获得的见解。"（p. 241）
- **一个评估过程。**"这种评估功能发生在个人内部和人际关系两个层面。当共同带领者反思他们关系中的人际模式以及他们与小组成员的互动时，他们就会参与到一个评估关系质量的过程中。这个过程还包括共同带领者检查他们作为带领者的个人表现，他们的共同带领者的表现，以及他们的小组的效果。"（p. 242）

在小组内外，共同带领者分享这些信息的能力，为加强共同带领者之间的积极关系，增加信任、合作和提升效率提供了可能。正如本章前面所描述的那样，当思想和感觉并不总是积极的时候，分享可能会变得困难。如果共同带领者在经验、培训、理论框架或权力方面也存在差异（例如，督导员和学生共同带领一个小组），那么诚实分享对实践的反思就会受到阻碍。有效实践所需的许多相同的技能也可能对在共同带领中实施反思性实践模式有用，本章后面分享的一个例子将说明这一点。然而，首先，我想讨论一下共同带领中潜在的积极因素。

共同带领可能的好处

　　共同带领在一个小组中可以起到帮助作用。小组是复杂的，在发挥帮助功能的过程中，另一个带领者的帮助可能是一种受欢迎的帮助。在我带领的夫妻小组中，有一位女带领者是护士。她能够为工作补充与我的观点截然不同的观点。例如，她对小组中提出的与妇女有关的问题有不同的观念上的反应。我们能够很好地合作是基于一些因素。首先，我们对帮助过程使用的方法达成了基本一致。虽然我们的理论框架不同，而且我们使用不同的概念模式来理解小组成员的行为和动力，但我们对服务对象、互助以及激发服务对象力量的重要性的态度是相似的。如果我们没有达成共识，认为这是一个以互助为导向的小组，我们就不会在一起工作。在这个共同的框架下，我们不同的概念模式事实上丰富了我们与这个小组的工作。

　　其次，我们安排了时间来讨论这个小组。在第一次小组会谈开始前，我们开会准备策略，在每次会谈开始前也对焦，利用前一次会谈以及从我的共同带领者可能与夫妻们的个人接触中获得的任何其他知识。每次会谈结束后，我们都会留出时间来讨论小组的情况。我们的讨论是与一群在学校接受培训的学生一起进行的，他们通过视频监控观看小组会谈。我们尽一切努力鼓励大家就会谈和我们对相互间的建议的反应进行诚实的交流。这并不简单，因为我是资深的带领者，是大学的教授，共同带领者要挑战我并不容易。随着我们关系的发展和信任的建立，更多的直接沟通是显而易见的。

　　最后，我们有了一个共识，就是在组内可以随意提出不同意见。在很多方面，我和护士共同带领者要成为行动中的男女关系的典范。如果我们支持诚实、愿意对质，但同时在组内保持对对方的职业"礼貌"，那就是对我们努力的嘲讽。观察到共同带领者在小组中可以互不同意，甚至争吵，但仍然尊重和关心对方，这对成员来说是强有力的一课。

　　小组成员的观察力很强，他们可以发现带领者之间关系紧张的微妙线索，无论带领者如何努力隐藏这些线索。这一点在这个夫妻小组的中期评估会谈中就已经体现出来。这个小组中的第三位共同带领者是我以前的社会工作学生，虽然他在这之前一直参与小组，但另一位共同带领者的存在以及他对与以前的老师和导师合作的感受抑制了他。我们在与学生观察员的会谈中讨论过这个问题，他们很快就发现了他的犹豫。在夫妻小组的中期评估会谈中，我询问了成员们觉得我们在下半年应如何提高小组领导力。成员们非常敏锐，我们超过 60 岁的成员萝丝（前面所说的第一次会谈中卢的一直沉默的妻子）转身对我的共同带领者说："我希望你不要把我要说的话当作是针对你的。我认为你有很多东西可以给这个小组，我希望听到你更多的意见。我认为你不应该因为拉里（作者，资深带领者）更有经验就让他吓到你。"他回答说："你知道，萝丝，我也一直在担心自己的参与问题。我很难在想要加入的时刻加入进去，但我也会努力的。"事实上，这次简短的对话是一个转折点，之后他在小组中的参与度大幅提高。

处理小组共同带领者的冲突的技巧

在本章的下一个例子中，我聚焦于一位学生在精神健康中心所做的工作，她试图影响资深共同带领者——一位来自其他学科的全职工作人员，使他以一种新的、基于优势视角的方式来思考精神病患者群体。在工作初期她就清楚地认识到员工对精神病患者的认知，它们低估了精神病患者在群体中有效工作的能力。

实务要点：一开始，这个学生对自己的努力没有得到很好的回应感到很沮丧。经过一番反思以及撰写工作分析的课堂作业报告，她对如何与同事有效合作有了更专业的认识。她开始内化环境本身和员工是"第二个服务对象"的观念。她的报告是从和高级职员布朗医生一起澄清小组目的的努力开始的。

当我在另一个时间继续追问小组目的时，布朗医生终于问我有什么建议。

带领者：嗯，我们可以说："这是一个人们可以学习如何相互支持、如何更好地相处的地方。"

布朗医生：嗯嗯。我想这对他们来说可能太吓人了。精神分裂症患者很难与他人建立联系，如果我们试图告诉他们必须互相交谈，他们可能会感到害怕。我不认为我们真的需要告诉他们什么。我们可以说得很笼统。

带领者：比如说是什么？

布朗医生：我们可以说有太多东西可以交流，但我们没有足够的机会这么做，所以小组就是一个与他们在一起的机会。

我当时就按照他的建议做了，但在以后的小组督导会议上我继续提出这个话题。

这名学生在课堂上讲述到这里时，挫折感和愤怒感增加了。她决定以书面形式来讨论她和医生的工作，她认识到要影响共同带领者和督导员对小组的看法，至少要运用和她在小组中使用的一样多的思考和技巧。这意味着她的思想发生了重要的转变，从抱怨问题的存在到认识到自己有责任努力解决这个问题。一开始，她还是很难对焦共同带领者的关注和感受。

实务要点：她在工作中的重要变化是，她开始注重为自己在互动中可以控制的部分承担一些责任。这是一个很好的反思性实践的例子。

我（小组带领者）最终确实得到了关于我的共同带领目的的大致答案，但我没有充分地站在小组带领者的位置上，没能充分理解他可以自由地做什么。在上面的例子中，布朗医生给出了一个重要关切点的例证：服务对象的心理安全感。在下面的摘录中，布朗医生指出了其他的关切点。

布朗医生：我想你会发现他们的反应并不像你所期望的那样。如果我们把他们逼得太紧，我不知道他们会怎么做。

　　带领者：对，我不想把他们逼得太紧。但我觉得他们也许能处理好一些人际关系方面的问题，然后我们可以看看会发生什么，如果有人很不高兴，我们就会退让。

　　带领者的反思：我试图说服他按照我的方式去做。我没有真正关注他的顾虑，也没有探索他认为可能发生的事情。由于我没有真正尊重他的顾虑，也不相信这是一个有效的顾虑，所以我忽视了它的重要性，错过了一个真正对焦的机会，错过了一个接触负面因素的机会，也错过了一个对小组以及服务对象的需求表达同理心的机会。如果让我重来一次，我会询问更多关于他的顾虑的信息，承认这些顾虑，然后尝试和他一起解决预期的问题。事实上，我确实在后来的会谈中又做了一遍，而且当时的对焦也做得比较好。

　　带领者：我认为他们能够挑战彼此，并真正与对方互动，真是太好了。

　　布朗医生：是的，但我很担心。弗雷德似乎对发生的事情感到不安。

　　带领者：他有过这样的焦虑史吗？

　　布朗医生：是的，其实几年前他就因为用刀子攻击别人而被送进了司法精神病机构。

　　带领者：难怪你这么担心！我不了解这个情况。

　　布朗医生：是的，那是几年前的事，但你永远不知道这些人会怎样。

　　带领者：我们从来没有真正讨论过如果有人在小组中变得暴力，我们会怎么做。我接受过一些非暴力自卫的训练，但这个部分的流程是什么？

　　带领者的反思：我们可以讨论流程以及其他关于小组中可能发生的事情。同样，我认为我可以通过问"你认为在小组中可能会发生这样的事情吗"，来对布朗医生的顾虑给予更多的关注，而不是马上谈论流程，但这似乎至少承认了他的顾虑的重要性，这是我以前没有做过的。

　　实务要点：重要的是，对同事的对焦和共情的回应要真诚。当训练导致专业人员以一种伪同理心（说了话却没有感受到感情）来回应时，从最糟的意义上讲，可以观察到一种对被"治疗"或"社会工作"的敏锐的感知，这通常会导致消极的反应。在这个例子中，由于该学生能够更好地审视和管理自己在这种情况下的感受，所以她对她的同事真正共情的能力增强了。

　　在接下来的摘录中，该学生描述了她为影响共同带领者而制定的一种策略。她没有直接面对他的"缺陷"，而是邀请他和她一起分析自己的工作。她是通过分享她为督导会谈写的过程记录来实现的，其中包括她对自己实务工作的分析。

　　第一次会谈结束后，我开始通过过程性记录与我的共同带领者分享我在小组中的想法。我开始每周写一份关于小组中发生的事情的描述，我看到的重要主题，我的总体印象，以及我的后续计划，我每周都会给我的共同带领者一份。我希望以书面的形式与他分享我的想法，这样他可以更好地接受我的想法，而不必马上回应。我觉得，我可以在这些记录中更深入地展示我对小组的设想范围，通过给我一个机会，让他看到我想说的东西。虽然我还不能说出来，但他可能会更相信我的判断。

实务要点：请注意，在后面的小组带领者评论中，她选择了分享自己关于实践的关切点和问题，并邀请她的共同带领者与她讨论。她是在分享她的反思性实践，并请他和自己一起分析。下面是她与他分享的一个例子，来自第九次小组会谈。

描述：海伦开始谈论她的家庭，以及她的孩子和孙子们是如何让她保持年轻的。她还谈到了她在图书馆的工作和她在那里做的具体事情。我说听起来她真的很喜欢她的工作，她也同意。她讲得比较多，大部分是对我讲的，其他的人没有被包含在内，我觉得不舒服，所以我回应了她几次后，没有继续追问，希望其他人到时候能跳出来。

反应/分析：我现在明白了，这不是一个好策略！也许我可以说说自己的感受并更多地把它们带到小组里，或者说我觉得海伦说得很有意思，想知道其他成员在听海伦说她的工作时的感受，或者问她是否需要从小组里得到什么。

这种策略似乎很有效。当布朗医生读完后，我见到他时，他说他很喜欢我的记录，并期待得到更多的小组过程记录。然后，我们更多地谈论了小组的状况和下一次会谈的计划。虽然我们很少谈及记录的具体内容，但给布朗医生提供记录似乎确实有助于他更好地了解我、信任我，渐渐地我们确实能更好地合作。我相信这些记录对我们的关系发展得如此之好有很大的影响。

共同带领关系的现状：在让共同带领者接受一些用于这些病人的不同的目标和形式的可能性方面，已经取得了巨大的进步。通过大量的讨论，他已经能够接受以安全和授权的方式相互交流的可能性，更重要的是，他已经开始审视那些不利于患者在许多领域独立运作的系统做法。他已经开始看到他们在小组中拥有更多的独立性的可能性，这是他以前没有看到的，他表现出对继续鼓励这种独立性的兴趣。现在小组的结构已经设置得相当好了，尽管目标和目的还需要向小组成员和整个治疗团队更清楚地说明，还有很多工作要做，但在创造更多的授权和有效的目标、结构方面已经取得了很多成就。

实务总结：这个例子不仅说明了一个随着时间推移而重新订立契约的过程，也说明了"两个服务对象"——机构或场所是第二个服务对象——的观念的重要性。场所中对小组实务的态度，反映了对与精神病人一起工作的普遍态度。学生心理咨询师对小组中的个别成员是有帮助的，然而，她最重要的影响是对系统的影响。她不再仅仅停留在对系统缺失的苦恼和愤怒上，而是开始将解决这些问题视为自己角色的核心。她对该系统的影响在她离开工作场所后很久都能感受到。她还了解到，为了给服务对象授权，工作人员必须首先处理自己的无权感。

当分享这个或其他类似的例子时，我经常听到有人说："但我只是个学生！等到我成为专业人员后，我就可以和同事、上司或机构/场所打交道了。"我理解这种犹豫，因为学生想升学，想通过专业实习，想最终毕业。在某些情况下，与上述情况不同，可能根本难以影响共同带领者或系统。我告诉我的学生，我相信下一步的努力很重要，至少要试一试。我认为，就像上面的例子一样，需要培养具有专业影响力的技巧。助人行业已经变得非常善于识别服务对象的长处，然而，我们却不太善于从同事和我们工作的系统中看到这些长处。我向学生们指出，在他们毕业后，他们仍然会有督导员，仍然会被评估，仍然可能会失去工作，所以拥有学位的魔力并不能真正保护他们。所以，我认为，他们不妨在学生时代就开始学习和使用这方面的职业技巧。

有关共同带领最后想说的话

在上面的例子中，我与其中资历较深的那位小组共同带领者探讨了共同带领的问题。两位共同带领者都是小组实务的新手这种现象是很常见的。我相信，对于两个处于初始阶段的小组带领者来说，要想一起工作是很困难的，但不是不可能。他们自己的焦虑往往是如此之大，以至于他们经常成为对方的问题而不是帮助。与一个更有经验的带领者一起带领，为初学者提供了一个测试自己翅膀的机会，而不必对结果承担全部责任。当共同带领者之间形成相互信任和分享关系时，带领者可以成为彼此支持的重要来源。在成员之间、带领者与成员之间形成的温暖和关怀的感觉，也必须存在于共同带领者之间，因为他们要完成与小组合作的复杂任务。如果小组带领者之间存在良好的工作关系，即使是两个新手小组带领者，也能使伙伴关系发挥作用。当然，我们必须牢记，共同带领的问题在这一简短的讨论中只是部分地被阐述。

开放式小组、单次会谈小组与网络在线小组

460

前面我已经指出了小组工作开始阶段的基本问题。本章余下的部分将集中讨论以下几点变化：开放式小组、单次会谈小组、电话小组以及迅速出现的计算机或互联网在线小组。我还将以解决校园欺凌问题的小组为例，讨论单一目的小组的影响。

教育政策 4b

开放式小组

一个不限成员名额的小组是一个成员不断变化的小组。在小组的整个生命周期中，新成员加入，老成员离开。这与封闭式小组（或固定成员制小组）不同，在封闭式小组中，

同样的人在规定的时间内会面；成员可能会退出，也可能会在早期会谈中加入新成员，但一般来说，封闭式小组的成员数量是不变的。

科里（Corey，2008）指出：

> 作为管理式医疗的结果，许多小组往往是短期的，以解决方案为导向的，并具有成员变化的特点。小组是开放的还是封闭的，可能部分地由人口和场所决定。但这个问题需要在小组会面之前，或在最初的会谈上讨论和决定。（p. 70）

决定以开放还是封闭的方式管理一个小组取决于几个因素，包括契约的性质、服务对象的特点和场所的结构。例如，在一个处理婚姻问题的夫妻小组中，如果小组成员不断变化，讨论个人问题（如性生活不和谐）的难度就会增加。在性虐待幸存者小组中也是如此，因为在小组中很难披露创伤经历。稳定的成员是这类小组发展必要的互信和工作文化的关键。

另外，开放式小组更适合寄宿机构中的青少年，因为每个人入住和离开的时间不同。在这种类型的小组中，与成员变动有关的问题被所有人都在场的优势消除。医院中的小组也是如此，处于不同疾病阶段的病人，如癌症病人，可能在任何一次会谈期间加入或离开小组。因此，在决定组建开放式小组还是封闭式小组时，必须考虑到成员的特点、小组的目的和场所。

不限成员名额的小组具有某些优势。例如，一个已经形成良好工作文化的小组，可以迅速引入新成员。当新成员听完讨论后，自己的冒险意愿可能会因为其他人的开放程度而增强。此外，那些已经在小组中待了一段时间的人可以协助新成员解决他们自己已经处理过的问题。与不限成员名额的小组有关的一个技术问题是，每一次会谈对一些成员来说可能都是一个新的开始，对其他成员来说则可能是一个结束，或者两者都是。

461 科里（Corey，2008）指出：

> 开放式小组的一个缺点是，新成员可能很难成为小组的一员，因为他们不知道在他们加入之前已经讨论了什么。另一个缺点是改变小组成员会对小组的凝聚力产生不利影响。因此，如果要保持小组的流动，带领者需要花时间和精力来培养新成员，帮助他们融入小组。（p. 70）

托斯兰和里瓦斯（Toseland & Rivas，2005）讨论了增加新成员的时机问题。

> 如果可以控制成员加入和离开的时间，咨询师应该在计划过程中考虑什么时候是增加新成员的最佳时机。例如，咨询师可能会决定最好是在最初的几次会谈中增加新成员，然后封闭小组成员。或者，咨询师可以计划在任何特定的会谈中增加不超过一个或两个新成员。（p. 172）

在短期的小组中，成员不会停留很长时间，带领者可以负责引进新成员并承认旧成员的离开。在成员持续时间较长的小组中，小组成员自己可以讨论这个过程，并开发出一套系统来处理不断变化的小组组成。这一部分将以让一个新成员加入一个艾滋病人的小组作为例子来加以说明。无论哪种方式，所涉及的技巧都要求带领者能够向新成员清楚而简短地陈述小组目标。这样，尽管成员发生了变化，小组的工作仍能继续进行。

开放式小组，特别是短期小组，其特点是需要带领者的更多指导。由于小组缺乏连续性，带领者需要主动提供结构上的支持。然而，这并不意味着小组成员被排除在处理结构性问题的责任之外。一个常见的例子是，一名新成员加入了一个相对稳定的开放式小组。通常，新成员一开始感觉像个局外人。反过来，正在进行中的小组成员可能会憎恨新成员，并担心他的加入对小组动态产生影响。

持续参与的成员可能不会直接表达他们的感受，因为他们觉得这样的感觉是不对的。他们心里可能会说："我正在接受帮助，难道别人不应该得到帮助吗？"与此同时，他们的内心可能还会说："我喜欢这个小组本来的样子，我担心新成员会把它搞砸！"除非这个问题被公开探讨，否则他们的真实感受可能会以他们与新成员的关系的方式表现出来。带领者可能也有一些矛盾心理，他接受保持小组开放的机构政策，但又担心一个"好的小组"可能会随着一个未知的新成员的加入而改变。结果很可能是造成一种工作错觉：带领者宣布下周将有一位新成员加入，然后小组很快转移到另一个话题上；或者，如果小组提出反对意见，带领者可能站在新成员一边，完全忽略了第二个服务对象——小组本身的关切点。

另一种选择是，带领者倾听自己的感受，以及小组成员的感受，并使用第十章中描述的技巧，即当一切顺利时寻找麻烦。下一个例子将对此进行说明。

462

让一名新成员加入艾滋病患者小组 下面这个艾滋病患者小组的例子说明了带领者是如何要求小组成员为带一名新成员加入小组承担真正的责任的。

实务要点：带领者必须首先挑战工作错觉，即小组成员似乎对新成员的加入没有任何问题。小组带领者与其接受第一个积极的回答，不如使用前面描述的当一切顺利时寻找麻烦的技巧，这样，带领者会触及潜在的负面因素。

> **带领者**：我想让你们知道，下周将有一个新成员加入我们小组。正如你们所知道的那样，机构的政策是，如果我们有空间，我们会对新成员开放。我不是在这里要求投票，但由于我们最近一直保持固定的成员，我想知道你们对增加一个新成员有什么感觉。
>
> **约翰**：没问题。毕竟，我们在某个时候都是新来的。
>
> **带领者**：约翰，我很欣赏这个想法，但根据我的经验，尽管这不是完全合理的，但现有成员有时会害怕让新成员加入一个运行良好的小组中，甚至产生怨恨。我想知道是否有人这么想。
>
> **泰德**：这是不是意味着我们要从头开始？我是说，一切从头开始？我已经开始信任这些家伙了，我不确定新成员加入是不是一个好主意。

　　带领者：这正是我的意思，泰德。你们其他人呢？你们很努力地在这里建立了一个很好的小组，如果新成员的加入让你们感觉麻烦，我一点也不感到惊讶。

　　里克：我不确定我是否想要看到一个人经历我们第一次被确诊时经历的一切。我的意思是，我现在已经克服了这一切，我想解决其他问题。

　　实务要点：带领者的技能和对自己角色的理解，以及泰德作为内部带领者可能扮演的角色，使他能够信任泰德，并在其他小组成员身上获得类似的感受。这在接纳新成员的表面之下引发了一些重要的担忧。带领者通过列出这些问题来加以细化。

　　带领者：我觉得让一个人进来可能会再次唤醒所有的恐惧和焦虑，有点让人害怕。我听到了三个问题：这个新成员会不会让我们回到老问题上？我们会对小组失去信任吗？当我们再次面对我们最初的感觉时，我们会有什么感觉？让我们来讨论一下这些问题，看看我们是否能想出一个办法来让这个新成员加入并有效地应对它。我愿意提前和他一起工作，帮助他进入小组，但是我觉得你也都需要提供帮助。我们接纳他的速度越快，我们就越有可能不失去我们已经拥有的东西。

　　实务要点：在带领者的建议下，小组成员用剩余的时间关注他们第一次加入小组时的感觉，以及如何帮助他们与小组联系或暂时搁置。当成员把自己置于新成员的角色时，他们开发了带领者和现有成员都可以采用的欢迎新成员的策略：承认他将加入一个正在开展工作的小组，可能需要一些时间让他感觉与小组有联系；在第一次会谈时为他留出一些空间来处理最初的震惊，同时仍然确保他认识到自己存在的问题；让新成员知道，只要他觉得舒服，他就可以参与进来；如果新成员愿意的话，他可以通过电话联系该小组中的一个"伙伴"。

　　经过进一步讨论，带领者提出了另一个与新成员加入有关的潜在问题。事实上，正是因为一个现有成员的意外死亡，才腾出了现有的空间。尽管这件事发生时已经讨论过了，但带领者仍与小组成员探讨了持续的丧失感可能会如何影响他们彼此间的关系，以及他们与新成员的关系。

　　实务总结：带领者不需要为每一个加入的新成员进行这样的对话。相反，带领者应监测小组成员的变化，并在情况需要时定期提出问题。如果我们把小组看作一个有机体，而不是其各部分的总和，这个概念就会更清楚了。如果我们把小组看作一个独立于其成员的实体，存在着不断变化的成员，那么显然需要处理其（小组）与新成员有关的任务。

单次会谈小组

　　有些小组是短期和/或单次会谈的小组。例如，资讯会谈或教育会谈（例如，在学校举行的旨在帮助父母协助子女解决家庭作业问题的会谈）。这些小组通常比我迄今为止所描述的小型、面对面的小组要大。

　　雅各布斯等人（Jacobs et al.，2006）指出，澄清小组目的在单次会谈小组中尤为重要。

　　带领者需要非常清楚小组为什么要开会，然后筹划一个能在分配的时间内完成预期目标的小组。小组的目的可能是讨论和确定病人的治疗计划，解决冲突，或者筹划活动。明确的目的将有助于带领者有效地利用时间，达到预期的效果。通常在单次小组会谈中，几乎没有什么成就，因为成员们不断地转换话题，而带领者不能把讨论集中于小组目的上。(p.62)

　　这些小组带领者往往认为，时间限制和小组规模将消除小组互动或参与的可能性。因此，他们直接说明要分享的信息，然后是提问时间。以这种方式组织的会谈可能相当有效，但直接说教式的说明有一个缺点，就是人们并不总是能听到、理解或记住所说明的材料。如果他们关心某个特定的问题，或者对参加小组有感觉，这些可能会阻碍他们的听讲能力。

　　第二个问题是，分享的信息太多，会导致小组成员因信息过载而无法理解。在后续会谈上提出的问题往往表明，虽然小组带领者已经分享了数据资料，但小组成员并没有接受。我相信每个读者都能记得他们在课堂上经历过的一次演讲、一次研讨会的演示或一场说教式的讲座，他们体验到的是超载（例如，太多带着小字的滑动的幻灯片）或只是无聊。你可以记住这个事件，但不能记住实际内容。带领者面临的挑战是以一种允许参与者与所给信息互动的方式来组织会谈，并使其更有意义。

　　小组的规模和有限的时间并不自动排除参与者的积极参与，迄今为止所讨论的许多原则都可以适用于这种情况。带领者应该首先把每个小组当作一个"小团体"来思考，并尝试根据小组的局限性来调整基本模式。例如，工作阶段的概念仍然是有帮助的，但开始、工作和结束/转换阶段都必须包含在一次会谈中。我经常发现，在资讯会谈中，颠覆通常的先说后听的顺序（即先做介绍，然后再提问），是很有帮助的。即使是在一个非常简短的、有条理的会谈开始时，在小组带领者陈述目的之后，问小组成员想从会谈中得到什么，也能使他们与说明联系起来的能力有很大的不同。分享一些简短的例子，也就是我前面所说的"工作的抓手"，可以帮助成员思考他们在这方面的顾虑，也可以让他们放心，他们并不孤单。在会谈开始阶段的订立契约是至关重要的，下面这个关于寄养父母招募会谈的例子就说明了这一点。

单次资讯小组会谈：寄养父母招募　儿童福利的一个主要问题是为儿童找到合适的寄养家庭。补贴通常很少，需要寄养父母自己支付一些费用。此外，许多被转介到寄养家庭的儿童都曾受到严重的忽视和/或虐待，其结果可能是行为异常。如果亲生父母仍有参与，他们可能有受监督或不受监督的探视权。有关父母缺席探视或处在药物或者酒精的影响下的报告，以及由此导致的孩子的行为异常，并不罕见。

　　鉴于一些负面因素，仍有许多家庭深感有义务帮助这些儿童。第一次资讯会谈的目的是鼓励小组成员考虑成为寄养父母，并解决实际或想象中的问题，或从邻居那里听到的

464

担忧。

请注意，这个例子里的结构要素如下：

- 一个明确的关于目的和作用的声明；
- 寻求反馈和关注；
- 把一些关注的问题阐述为"工作的抓手"；
- 对可用时间的确认。

我解释说，该机构举办这些会谈是为了鼓励家庭考虑为我们的受照顾儿童提供一个寄养家庭。第一次会谈的目的是让我们与他们分享一些关于寄养的信息，尝试回答他们的问题，并讨论他们心中可能有的顾虑，以帮助他们确定进一步的尝试是否可行。我指出，这个小组人数众多（超过 40 人），我意识到这可能会让他们难以开口，但我希望他们能把今天晚上的会谈当作一次谈话，而不是一次演讲。我对听取他们的意见和分享自己的信息一样感兴趣。我接着问，这是否是他们所理解的会谈目的。大家普遍点头，于是我继续说。

我说，如果我可以先问他们一些关于寄养的问题——他们心中的一些问题，则可能会有帮助。我会把这些问题列成清单，尽量确保我们在讨论中涵盖这些问题。沉默了一会儿后，有人举起了手。

465 **实务要点**：在这个例子中，带领者选择在开始提供信息之前获得小组的反馈。如果没有人立即举手，带领者在短暂的停顿后，可以提供一些"工作的抓手"。例如：

有些人刚开始接触寄养，不知道他们将承担多少责任。他们想知道他们能从该机构得到哪些支持，包括经济、情感和与孩子打交道方面的援助，这并不罕见。他们不知道怎样与孩子的亲生父母联系，也不知道拥有一个寄养的孩子会对自己的孩子有什么影响。

实务要点：这就是前面提到的"先听后说"的方法。这种方法的一个好处是，它可以帮助带领者识别和处理成员的需要。如果人们对这个话题有迫切的关注，在这个关注得到处理或至少得到承认之前，听任何其他谈话对他们来说都是很困难的。一旦他们知道自己被"提上日程"，他们的精力就会释放出来，投入到吸收其他数据中去。仅仅是抛出这些例子，往往就会激发小组成员的反应，他们确信自己不是一个人在担心，有这些问题是可以的，而且小组带领者似乎理解并想解决真正的问题。另外，参与者可能会想，如果他们提出自己的担忧，他们是否会被判断为不适合收养。这种情况在收养前的小组中并不少见，在这些小组中，急于被机构接受、急于收养孩子的夫妇可能会倾向于说他们认为带领者想听的话，而不是他们的真实想法和感受。

提出问题或交换问题所需的时间由总体时间决定。例如，在一个 2 小时的会谈中，人们希望花不超过 15 分钟的时间来订立契约和交换问题，而在一个 3 小时的会谈中，可能会用更多的时间来探讨问题，并就议程达成小组共识。在小组会谈中，时间总是很重要的，而在单次会谈小组中，时间自然就显得特别紧张。带领者需要记录时间，并不断地向小组指出时间与工作之间的关系。例如，带领者可以说："你提出了这么多好问题，我想我们可能需要见一周的面来处理才行。然而，我们只有 2 个小时。我想，我们是否有可能集中在一两个核心问题上，并对其进行挖掘。"或者带领者可以解释说："我希望在最后有一些时间来讨论今天晚上的活动，评估这个会谈，看看你觉得你从这个会谈中得到了什么。我们能不能确保留出最后 15 分钟来做这件事？"

小组带领者经常提出许多理由，说明他们为什么没有让服务对象更积极地参与单次会谈或大规模小组的工作。第一个是，他们担心自己有很多事情要做，没有时间进行小组讨论。然而，正如前面所指出的，我们大多数人在自己的教育经验中都注意到，一个忙于覆盖议程的老师不一定能教出什么。"覆盖"这个词本身可以有这样的含义：完成议程或涵括各种信息。我们往往最好缩小工作领域，限制自己的目标。在议程可控的情况下进行有效的工作，比起试图覆盖一个广阔的领域要好得多。那么，处理这类会谈的第一个技巧就是缩小潜在的工作领域，以适应现有的时间。我会对自己的短期小组说："我希望努力把当下的事情处理好，而不是试图处理所有的事情。"

第二个令人担忧的方面是，小组可能会提出一些问题，而带领者并不准备回答。这是令新手带领者特别担心的，因为他们已经够紧张了。他们可能在这个领域没有什么经验，并且已经为处理他们预先确定为重要的具体领域做了大量的准备。他们的笔记都写得很详细，或者他们已经准备好了幻灯片，他们最不希望的就是有人提出一个他们没有准备好的问题。这是可以理解的，因为让小组打造工作方向需要信心。当带领者意识到小组成员对他们的评判不是看他们是否掌握了所有的答案，而是看他们如何让小组成员参与到这个过程中来时，他们往往更愿意冒风险使会谈朝着新奇和意想不到的方向发展。当他们这样做的时候，他们会发现他们和小组成员一样，从这样的会谈中学到了很多东西。每一次会谈都能帮助带领者调整好状态，为下一次会谈做准备，这样处理小组真正关注的问题的能力就会随着经验的增长而增长。另外，承认自己不知道某个具体的信息，并提出要找出答案，然后与参与者联系，也是可以的。

第三个值得关注的方面是一个成员可能会因为与契约无关的个人或私人问题而接管小组，特别是在大规模小组中。我们在第十三章中对偏差成员的讨论将说明在这种情况下，带领者可能需要采取强硬的态度，并积极地保护契约。这种能力也是随着经验的积累而产生的。同样，如果要获得更多成员参与的好处，带领者必须愿意冒使用这种方法的风险。

网络在线小组

技术正在对咨询工作的方式产生越来越大的影响，特别是利用互联网开展个人、家庭和小组实务。

466

肯尼迪（Kennedy，2008）在《今日咨询》的一篇封面文章中指出，越来越多的咨询师开始承认他们的职业也不能幸免于技术的影响，即使有时是勉强地承认。相反，他们正在积极寻找技术对助人职业的"帮助"方式。因此，新技术正在影响咨询的获取、传递和教学方式。（p.34）

计算机中介咨询（computer-mediated counseling）被定义为"任何使用计算机提供服务的咨询类型，无论是通过电子邮件、聊天室、在线支持小组还是视频会谈"（p.34）。

美国咨询协会成员在一次协会调查中提出的一个问题是"如果在线治疗的服务对象居住在与咨询师不同的州，那么可能会出现无意中违反许可法的状况"（p.34）。

肯尼迪引用古德里奇的话，建议在考虑计算机中介咨询时采取一些预防措施。这些措施主要包括：

- 加密对话，以确保保密性。
- 进行风险评估：了解服务对象的联系信息和位置，以便在有自杀倾向或其他严重心理健康风险的情况下，可以将这些服务对象转介给当地资源。
- 了解服务对象的访问权限和基本的计算机知识。
- 对法律问题有认知。
- 了解作为远程咨询师的道德规范。
- 获得适当的执照和远程咨询的资格证书。

就小组实务来讲，虽然使用网络在线小组——包括聊天组——仍是一种相对较新的方法，但其数量已经在增长。豪格、赛德威和科迪（Haug, Sedway, & Kordy, 2008）指出：

> 在过去的几年里，通过互联网以计算机为媒介的人际交流迅速增加。像互联网聊天组这样的在线治疗方法为预防和治疗心理健康问题创造了新的机会……这种小组为那些行动不便、时间受限、获得心理健康服务机会有限的人提供了获得服务的可能，包括那些生活在偏远地区的人，那些缺乏合适的治疗师的人，或者那些没有机会与其他有类似问题的患者组成治疗小组的人。病人或治疗师参加小组的唯一要求是能够使用连接互联网的电脑，并有能力使用这种技术。（p.36）

在本章的这一节中，我将讨论目前网络在线小组所使用的多种交流方式中的两种：纯文字交流和视频交流。

提供后续精神健康照顾的互联网聊天文字小组 治疗性互联网聊天文字小组的基本要素是，沟通是同步的（有能力直接回应），并且有治疗师在场指导互动。豪格等人（Haug et al.，2008）指出：

> 治疗性互联网聊天文字小组的模式是，在传统的面对面小组治疗场所中，小组成员（通常为3～15人）在事先安排的预约时间与治疗师或其他精神健康专业人员见面。在线聊天组的互动是在"聊天室"中进行的，参与者可以同时登录某个网站进行

互动和交流。与电子邮件或留言板等异步交流形式相比，网络聊天的互动性更强，因为输入的每一句话都会立即显示在屏幕上，供所有参与者使用。(p.37)

这些作者指出，使用互联网聊天文字小组有利有弊。例如，由于交流是以文字为基础的，因此缺乏面部表情，甚至缺乏感情色彩。处理这一问题的一些方法包括使用表情符号或声音词（如"嗯"）。其他一些作者也记录了由于缺乏视觉线索而难以复制面对面的小组过程（例如参见 Schopler，Galinsky，& Abell，1997）。

在有利的方面，豪格等人（Haug et al.，2008）指出，互联网的匿名性可能使个人更容易披露自己的信息，因为年龄、性别、社会地位和外表等方面的障碍较少。(p.27)

应注意到，将面对面的小组治疗与在线治疗进行比较的过程研究很少，或者是用很小的样本进行的。这些作者报告了他们自己的研究，该研究关注一个"阶梯治疗"项目的小组评估和小组过程，在这个项目中，121 名患者接受了住院小组辅导，并参与了每周治疗师指导的互联网聊天文字小组。该研究能够控制以前在医院与其他小组成员和/或治疗师的接触；然而，所有参与者都分享了住院小组辅导经验。研究的核心发现是，当住院小组与互联网聊天文字小组进行比较时，小组过程没有显著差异。

468

该研究表明，在出院后护理场所的广泛样本的基础上，传统的住院面对面小组和互联网聊天文字小组的小组过程没有实质性的差异。我们发现，我们的小组评估和过程随着治疗时间的推移而增加……尤其是小组评估，从治疗开始到随后的聊天护理结束，似乎一直遵循着一个一致的上升过程。(p.48)

一个照顾者的在线网络视频支持小组　在另一个使用技术提供小组服务的例子中，达米南科斯、克里曼斯和马兹里（Damianakis，Climans，& Marziali，2008）报告了对 8 名社会工作者和 1 名护士进行的在线调查的结果，探讨了他们从面对面过渡到基于网络的视频支持小组，为患有阿尔茨海默病、帕金森病、中风、额颞痴呆和创伤性脑损伤的家庭成员照顾者提供服务的经验。在 4 年的时间里，这些小组采用了每周 1 小时，共 10 次会谈的模式。

这些封闭式小组的目的是提供社会心理支持，并提高照顾者在家中照顾家庭成员时解决问题和处理问题的能力。(p.103)

研究人员为小组带领者和参与者提供了计算机和网络摄像头设备。小组带领者接受了使用设备的培训，并获得了一本手册，以便通过互联网提供小组治疗，重点是照顾者所照顾的人的特殊疾病（如阿尔茨海默病）。带领者的理论方向包括认知行为学、叙事学、心理动力学和寻解治疗等。所有的治疗师都有为老年群体服务的经验。在线调查由六个开放性问题组成，涉及他们在五个关键领域的经验。

（1）与面对面相比，在线工作的经验多少；（2）从促进性面对面小组过渡到视频互联网小组的经验；（3）对小组成员之间关系质量和治疗结果的评估；（4）通过互联网视频会谈展开工作的优势和劣势；（5）对其他临床医生开始在线工作的建议。（Damianakis，Climans，& Marziali，2008，p. 104）

研究人员报告说，尽管一些技术挑战影响了小组进程，但治疗师认为这是一种普遍积极的体验。网络在线小组的互动和治疗效果被认为与面对面的支持性小组相当。治疗师们报告说，实现转变涉及以下几个方面：

（1）小组成员在小组准备阶段的额外安排；（2）关注小组成员对技术故障的挫折感，但同时也认识到对小组凝聚力的潜在优势；（3）适应结构化技术排序带来的群体交流模式的变化。（Damianakis，Climans，& Marziali，2008，p. 105）

显然计算机辅助小组工作的应用仍处于发展和研究的早期阶段，但也很明显，随着技术的快速发展，互联网的普及，以及 Go-to-Meeting 和 Zoom 等新的更先进的软件的出现，这种发展需要密切关注。

以电话为媒介的小组工作

469

在另一个使用技术的例子中，海德（Hyde，2013）介绍了澳大利亚的一个项目，该项目旨在为精神疾病患者的"照料者"提供互助支持小组。作者主张使用"以康复为中心"的模式，与精神健康领域传统的"生物医学"模式形成对比。与大多数农村地区一样，提供这些服务的一个问题是距离问题，以及照料者在面对面寻求帮助时面临的困难。作者提供的一个解决方案是使用以电话为媒介的小组工作，名为电话小组咨询项目。海德指出，这种模式在澳大利亚已经使用了几十年，然而，新技术的出现使其成为减少相关费用情况下的一个更重要的选择。海德指出：

电话小组已被用来为健康和福利领域的一些不同目标的服务对象提供情感支持、提供信息、协助解决问题、分享经验和减少孤立等方面的服务，特别是对那些在地理上分散或远离主流服务的服务对象。（p. 47）

在该项目中，两名小组工作带领者利用电话会谈服务联系 6 名参与者，进行 8 次各一小时的会谈。多年来开展的 10 个小组的参与者在注册时填写了小组前的调查问卷，然后在 8 次会谈结束时由没有参与会谈的人通过电话进行访谈。总共 56 名参与者（几乎都是女性）中，对 51 份登记表进行的分析表明完成率为 91%，而 49 份项目后评估表明完成率为 88%。报告结果包括以下几点：

● 大多数参与者认为电话小组咨询满足了他们的需求（74％满足，9.3％基本满足），在满足期望方面也有类似的结果（67.4％满足，16.3％基本满足）。

● 96％的受访者认为通过电话进行小组交谈很舒服，积极因素包括方便、隐私、非面对面交谈时的轻松、非评判因素和匿名性。

● 最受欢迎的优点是感觉到支持、感觉到被理解和分享经验。

● 在七年的项目中，照护者对自己的健康状况的评价，从计划前的水平到计划后的水平，都有一个普遍的正面趋势，从一般到非常好。（pp.51-52）

在回答"你最喜欢这个项目的什么"这个开放式问题时，主要的看法包括：

能够与其他高度重视安慰和信任的"同舟共济"的人交谈和倾听他们的意见。此外，还包括有机会倾听别人在管理困难状况方面的工作方法，从彼此那里获得关于资源的知识和信息。（p.53）

引人注目的是，本书前一章所描述的互助过程在非面对面的支持小组中似乎很明显。尽管在提供电话带领方面存在困难（例如，无法观察面部线索），以及无法"看到"整个小组的问题，但至少在这项有限的研究中，电话媒介似乎是有效的。

单一目的小组：以校园欺凌为例

最后，可以在某一场所中建立有特定重点的小组。学校中的欺凌行为（包括在操场上、外出活动中和网上的欺凌）最近受到关注，原因是发生了一些自杀事件，仔细研究后发现，持续的欺凌行为可能起到了一定作用。欺凌过程的参与者包括欺凌者、遭受欺凌的人和旁观者。学校已经制订了全校性的和小组性的预防欺凌计划，旨在提高对欺凌行为的情感影响的认识；与欺凌者本身合作，假设欺凌行为也是在传递关于他们自己的信息；让孩子们意识到他们不被欺凌的权利，以及在需要时如何寻求帮助；提醒旁观者，如果目睹欺凌行为他们的责任是什么。拉钦斯基和霍恩（Raczynski & Horn，2013）在关于欺凌的心理教育和咨询小组的一章中，引用了威拉德（Willard，2007）对欺凌类型的描述：

欺凌可以通过身体、语言、关系和基于技术的手段实施。身体欺凌包括打人、绊倒、破坏财物和其他威胁人身安全的行为。关系欺凌通过谣言、背信弃义、排斥和其他形式的社会操纵来破坏一个人的关系。最后，网络欺凌包括使用互联网、手机或其他形式的技术使受害者感到尴尬或受到威胁。（p.495）

作者建议的一个小组活动叫作"框定欺凌者"。这是小组成员处理自己对欺凌的想法和信念的一种方式。小组成员被要求通过画图、使用符号和写几个字的方式来定义欺凌。他们可以对自己的画作进行补充，同时讨论以下一些问题：

- 想一想你青少年时期发生的一次欺凌事件。谁参与了？发生在哪里？发生了什么事？你扮演了什么角色？你的感受如何？
- 现在，当你遇到一个具有欺凌特征的人（学生或其他成年人）时，你会如何反应？
- 你认为攻击性的人是如何看待自己的这些特征的？
- 你认为攻击性的人是如何形成这些特征的？
- 我们如何将欺凌者的负面特质重新定义为正面特质，并帮助欺凌者以正面的方式使用这些特质？（p. 504）

艾伦（Allen, 2013）在对美国一所富裕且治学严谨的高中的欺凌行为进行的基础理论分析中，要求学生和教职工在学校环境中讨论他们对欺凌行为的理解。

471

> 扎根理论分析的结果表明，对欺凌行为的理解是社会建构的，理解欺凌行为的方式受到语境和语境中身份协商的影响。受试者关注的是戏剧这种被认为远比欺凌更常见的社会互动形式。研究结果表明，对欺凌行为的研究可能会受益于将其重点转移到定义欺凌行为和确定普遍性上，以探索青少年的情境和发展角度。（p. 413）

在一份案例研究报告中，辛格（Singh, 2013）描述了她培训和督导 8 名研究生院咨询专业学生的工作，这些学生在一所中学中带领了大众意见领袖（Popular Opinion Leader, POL）小组，关注同性恋欺凌问题。大众意见领袖小组背后的理论是，如果你能在某一问题上影响至少 15％ 的特定人群，那么该小组就能将观点"注入"更大的人群中，并减少攻击行为。（这位作者指出，这与目前医学上关于"群体免疫"或社区免疫的观点有一个有趣的重合，即对相当一部分人口接种疫苗可以使更多的人口免受传染病的影响。）

本案例中，主题为 LGBTQQ（女同性恋者、男同性恋者、双性恋者、跨性别者、酷儿和性取向存疑者）在中学的攻击行为。大众意见领袖小组模式包括为期 4 周的每周例会，以及与大众意见领袖小组成员或其他学生之间的非正式对话。

> 在第一组中，大众意见领袖的学生成员讨论了他们在学校目睹和/或经历的 LGBTQQ 攻击的类型和频率……在第二组中，大众意见领袖学生回顾了这些非正式的对话是如何进行的，为他们的对话选择了新的内容，并在他们的社会网络中选择了两个额外的（和单独的）同伴，与之一起谈论 LGBTQQ 攻击。第三组大众意见领袖需要生成和设计他们可能用来干预 LGBTQQ 攻击的旁观者问责方法，此外还需要确定他们想要与同龄人群体讨论的积极的社会群体规范……在第四组中，大众意见领袖学生反思了他们的学习和对话，集思广益地思考了未来与同龄人进行非正式对话的挑战和机会，并制作了记录他们小组学习 LGBTQQ 攻击的海报。（p. 191）

从每周培训小组的讨论中可发现一些问题。第一，被选中的成员不清楚为什么他们被选为大众意见领袖。第二，一些大众意见领袖学生在闭会期间没有对他们与同伴的对话采取后续行动。这个问题在男生身上比在女生身上表现得更严重。第三，很明显，与性别歧视和种族主义有关的问题也是令人关注的问题，如果不解决大众意见领袖学生所经历的攻击问题，关注 LGBTQQ 的攻击问题，就不会有那么大的成效。

关于学生在小组会谈之间没有跟进同伴对话的问题，作者想知道前面几章所确定的当一切顺利时寻找麻烦的技巧是否会有帮助。这就需要小组带领者询问学生，是什么原因使他们即使同意与同伴交谈，也很难就这个话题进行交谈。另外，这也是一个讨论性别问题的机会，讨论这些问题对男性和女性大众意见领袖来说可能有不同的体验。研究报告的作者指出，这些人是相对缺乏经验的小组带领者，其中一些问题可能已经由更有经验的小组带领者在大众意见领袖小组中发现和处理了。

本章小结

472

本章讨论了小组工作中第一次会谈时订立契约的核心技巧。通过对一个夫妻小组第一次会谈记录的详细分析，说明了澄清目的和小组带领者的角色、寻求服务对象的反馈、处理权威议题等问题。认识到第一次订立契约并不总是顺利，小组可能需要若干次会谈才能处理所有的问题，这是讨论重新订立契约的核心。在这个过程中，带领者向正在进行中的小组提出重新订立契约的问题。

本章还特别以"反思性实践"模式为例，讨论了发展有效的共同带领关系的策略和技巧。在这个例子中，一个学生与其他学科的资深工作人员即共同带领者进行某种形式的反思性实践的能力对小组实务产生了重要影响。

小组实务中的核心要素有一些差异，包括与以下小组合作所需的独特过程和技巧：(1) 不限成员名额的小组，其成员不断加入和离开小组；(2) 单次会谈小组，通常规模较大，为提供信息或应对某一特定事件或创伤而举行会谈；(3) 新出现的使用互联网的小组以及初始和后续咨询；(4) 以电话为媒介的小组；(5) 预防学校欺凌小组所展示的单一目的的小组。

能力要点

下面列出了本章援引的社会工作教育委员会在《教育政策与认证标准》（2015 年）中为社会工作学生推荐的能力和实务行为。

第一项能力　体现符合伦理的专业行为：

a. 运用《全国社会工作者协会伦理守则》、相关法律和法规、做伦理决定的模式、研究伦理操守和适用于其他具体情形的伦理守则做出合乎伦理的决定

b. 运用反思和自律管理个人的价值观并在实践中保持专业性

　　第二项能力 将多样性和差异性融入工作实践：

a. 在微观、中观和宏观工作中运用并能交流对多样性和差异在塑造人生经验中的重要性的理解

b. 以学习者的身份与服务对象和不同群体建立关系，将他们视为自身经验的专家

第四项能力 投身实务与研究的结合和研究与实务的结合：

b. 运用批判性思考来分析定量与定性研究方法及研究发现

第六项能力 与个人、家庭、小组、组织和社区建立关系：

a. 运用人类行为与社会环境、情境中的人和其他多学科的理论框架，与服务对象和不同群体建立关系

b. 运用同理心、反映和人际技巧有效地与多样性的服务对象和不同群体建立关系

第七项能力 预估个人、家庭、小组、组织和社区：

a. 收集和组织数据，运用批判性思考解读从服务对象和不同群体处获得的信息

c. 基于批判性地预估服务对象和不同群体内在的优势、需要和挑战，形成相互同意的干预目的和目标

d. 基于预估、研究知识和服务对象及不同群体的价值观和偏好，挑选合适的干预策略

第八项能力 对个人、家庭、小组、组织和社区进行干预：

a. 批判性地选择和落实干预措施，实现工作目的，并增强服务对象和不同群体的能力

c. 恰当运用跨专业合作获得有益的工作成果

第九项能力 评估个人、家庭、小组、组织和社区：

a. 选择并运用适当的方法做结果评估

c. 批判性地分析、监测和评估干预和项目过程与结果

小组工作的中间阶段[*]

小组工作的中间或工作阶段

在本章中，我将重新讨论时间对实务的影响，将准备、开始、中间、结束阶段的概念，应用到整个小组过程中。正如我在第五章中描述与个体合作的中间阶段时所说的一样，为了将这些元素与随时间变化的阶段区分开来，我把它们称为时段。就像在时间的背景下看小组辅导有助于我们理解小组生活的过程一样，在一个小组过程中使用相同的背景也是很有启发性的。

在本章中，我首先重点介绍小组带领者的角色。正如在开始阶段和订立契约一章指出的，策略、干预和具体技巧是重要的，然而它们需要以小组带领者对其在小组中角色或功能的认识为指导。"我在小组里的工作是什么"是核心问题。对于这个问题，可能有不同的观点，有些人认为"角色"的变化取决于小组的目标和环境，但我认为核心工作不会改变，只是阐释方式有所不同。我也相信澄清角色并能够保持始终如一，有助于小组带领者处理小组中出现的意外事件。

教育政策 9a
教育政策 6a
教育政策 7a
教育政策 7c

475

除了带领小组所需的其他职责外，重点应是小组带领者如何帮助个人向小组提出他们的关切点和问题，同时协助成员做出回应。我将再次建议和说明间接沟通要求小组带领者倾听并理解个体成员或全体成员可能在说什么。除了帮助个人与小组建立联系外，我还将重点介绍小组带领者如何帮助成员做出回应并提供帮助。互助对大多数人来说是一个学习

---

* 由于小组工作的中间（工作）阶段与个体工作的中间（工作）阶段有很大相似之处，故本章与第五章内容部分重复。英文原书如此，故未做改动。——译者注

的过程，小组带领者正是帮助小组成员学习如何实践的人。

虽然本章的重点是动态的个人和小组之间的互动，但重要的是要认识到个人和小组都需要进一步的详细检查。在第十三章中，我将分析个人在小组中的角色（例如，替罪羊、独断者和守门员），并探讨作为一个整体的小组的概念。

我还将对第五章中介绍的小组工作阶段进行回顾；然而，这次我将把它们应用于小组环境中，并使用小组例子进行说明。读者将会清楚地看到，在帮助过程中有一个核心，这些基本思想（不变的要素）需要被详细阐释，因为它们是适用于各种不同实务模式（变的要素）的。换句话说，你可以在服务个人和家庭的工作中使用已经理解的内容，将这些概念和技巧应用于小组环境中。

虽然本章中的大多数例子都针对某种特定形式的小组，但所提出的模式同样适用于任何其他形式的小组工作。由于小组的环境和类型（如心理教育小组、物质滥用康复小组、以任务为中心的小组等）不同，主题会有所变化，但相同的四阶段框架将有助于指导小组带领者的干预行动。所有小组会谈都包括开始、中间和结束阶段；在小组会谈开始之前，小组带领者为会谈做准备是非常重要的。

正如本章和后续章节中的例子所表明的那样，即使是在一个教育或心理教育小组中，小组带领者也应该通过某种形式的陈述来分享大量信息，许多一般原则也将适用。我认为，简单地说这些话并不意味着成员会倾听、理解、记忆或对活动内容产生影响——所有这些都应该是真正需要整合和学习的。如果我们反思自己的受教育经历，我们很可能发现我们忘记的比我们记得的更多。然而，如果老师对该课程有热情，或者善于帮助我们看到要学习的内容与我们自己的即时需求之间的联系，这位老师就更有可能被记住，课程内容也是如此。一个经验丰富的研究方法老师在课堂开始时，如果能认识到学生学习这门似乎是一门外语的课程时所感受到的焦虑，就更有可能帮助学生克服这种情感障碍。一位社会政策老师如果能将社会保障、医疗保险、医疗补助等项目的历史发展与我们服务对象当前的生活紧密联系起来，就会引起我们的关注。在某种意义上，即使在一个以教育为中心的小组中，教师的角色可以被描述为课程内容和课堂学习者之间的中介，两个服务对象的观念也是成立的。有效的会谈对焦、会谈订立契约等在这些小组中也很重要。

我将从咨询小组或支持小组带领者的角色开始谈起。

小组带领者的角色

我们对咨询小组或者任何小组的沟通了解多少？在小组环境中，公开沟通有许多障碍。这些包括由于产生的依赖感而寻求帮助的矛盾心理、对讨论某些主题（例如，性别、物质滥用、性取向）的社会禁忌、成员与特定问题有关的痛苦感受以及助人环境的背景

（例如，助人者权威的影响）。这些障碍通常会导致成员在分享问题或疑惑时使用间接的沟通形式。这类似于在前面章节中描述的个人或家庭工作中使用的间接沟通。

例如，在心理教育小组中，成员可能会暗示一个问题（以非常笼统的方式陈述一个特定的问题），提出一个普遍性却有特定关切点的问题并采取行动（通过对带领者或其他成员生气，用愤怒掩盖痛苦），使用隐喻或寓言来提出问题（比如，讲一个看似无关的故事），使用艺术作品或其他媒介（比如，孩子可能画出实施虐待的父母照片），以非语言形式传达信息（比如，痛苦却沉默地坐着或生气地坐在小组外），或用经典的"我朋友有个问题"来阐释。

在某些情况下，成员可能会表现出相反的关注或感受，比如，请成员讲述所遭遇的问题或一周的进展情况时，他们运用技巧以积极的态度和表述说："过去的几天都很好，不像这周开始时那样。"当（以及如果）带领者询问本周开始时发生了什么，叙述、态度和影响会发生巨大的变化，真正的问题就会被提出来。

间接沟通可能导致成员和带领者在小组初期错过重要的线索。然而，一个成员可能会提出关切点，但以隐藏与之相关的深层次感觉的方式进行，从而隔离其他成员。带领者的职能是协助小组理解单个成员的间接沟通。

在小组中主动发起与单个成员的沟通

由于个人与小组之间的沟通存在问题，所以小组带领者应在每次小组会谈的开始阶段集中精力帮助单个成员向小组表达他们的问题。每一次小组会谈的开始都应被视为一个尝试性的过程，以了解小组的情况，从而确定哪个成员或哪些成员尝试引起小组对他们自己问题的关注，并探索这些问题如何成为小组关注的主题。即使是在一个以说明开始的心理教育小组中，成员们也可能间接地提出问题。比如，在给寄养父母小组做关于孩子如何处理他们对亲生父母的担忧的说明时，成员可能会问："所有被收养的孩子都想知道他们的亲生父母是谁吗？"带领者会问："你的孩子也和你一样对这个问题感到好奇吗？"由此可以发现孩子可能在一周前问了这个问题，而家长不知道该如何回答。通过类似的方式，小组可能得以处理本周成员关切的主题，因此，某个成员的问题可能是小组主要关切的具体问题。

无论关注是源于单一成员还是源于全体成员，带领者都应在小组开始阶段集中关注"他们（成员）在小组会谈中应该做什么"这个问题。重要的是，带领者在为个人和家庭提供服务时，不要在真正理解问题之前就回答问题。信息共享后，带领者需要掌握成员的反应。不清楚成员的初次成果（评论）就匆忙提出自己的议题可能是错误的。

同样，带领者如果仅仅因为小组在上一次会谈结束时或在本次会谈开始时同意处理某一具体问题或个人关切，就将其定为本次会谈的主题，这是错误的做法。即使会谈是成员在上一次会谈结束时一致同意的情况下开展的，带领者也应在会谈开始时监测对话，同时注意确认主题或暗示各成员正在进行的主题。在结构化小组中，比如心理教育小组，每次会谈的议程可以预先计划，并确定要展开的主题，但带领者仍须警惕另一个或相关问题的出现，并且需要认识到所提出的主题可能产生了具体问题或强烈的情绪。

更重要的一点是，带领者应该意识到，即使对话似乎不是针对小组的目标的，但它也是有目的的。为了清晰地阐释，我将在这里重点探讨一些早期的讨论旨在提出关注的特定主题的例子。之后，我将探讨早期对话的目的是提出与小组或带领者工作有关的问题的例子。在这两种情况下，带领者都应该在早期的对话中问自己："这种对话与我们的工作怎么联系起来？""这个成员有什么问题？"这样可以有更好的机会先听取意见，然后再帮助成员在小组中提出关切点或提出问题。

儿童哀伤辅导小组　下面的例子是失去亲密家庭成员的 10 岁和 11 岁的孩子组成的小组。由于他们在学校或其他地方出现了行为问题，难以应对死亡，所以他们被转介到这个小组。成员们给小组起名为失去和获得小组，因为他们失去了一个亲密的家人，但又找到了彼此（Vastola, Nierenberg, & Graham, 1994）。

478　　　**实务要点：**在小组会谈开始后，作者描述了马克如何与成员讨论他们的丧失过程，并用笔和纸写下复杂的信息。他反复写他刚去世的祖父的名字"鲍勃"。

> **卡尔：**马克，你的祖父去世了吗？
>
> **马克：**我不想让任何该死的人谈论我的祖父，谁谈我会踢谁的屁股。
>
> **带领者：**听起来你很生气。
>
> **马克：**我没有生气。我只是不想让任何人谈论我的祖父。
>
> **带领者：**这很难。
>
> **马克：**这并不难。我不想让人说他死了。（他的愤怒正在升级。）
>
> **格洛丽亚：**没有人想谈论有人死亡。
>
> **迪克：**是的，我们都不想谈这个。
>
> **带领者：**为什么？
>
> **格洛丽亚：**这就是他（马克）到处跑的原因。如果他不想，就不能强迫他。
>
> **带领者：**（对马克说）这是你四处乱跑的原因吗？这样你就不用谈烦心的事了？
>
> **马克：**并不是。
>
> **带领者：**也许你觉得很难谈论。
>
> **马克：**不，对我来说谈论任何事都不难……但这提醒了你，你可能一直在做梦。
>
> **卡尔：**是的，当你谈论你母亲的时候，你可能会做一个星期的梦，然后大约需要五天的时间尝试化解它，但它又回来了，它停止了，它又回来了……我讨厌噩梦，我讨厌谈论我妈妈。(p. 87)

实务总结：马克的行为表明了他在处理丧失方面的困难。成员因为这个共同的问题为其辩护。实际上，马克也代表了其他有类似感受的成员。带领者坚持向马克（和小组）发出了不会放弃解决困难的信息。当带领者通过承认困难并询问马克不想谈论丧失的原因来探索马克的抗拒时，成员们开始敞开心扉。有趣的是，请不情愿的成员讨论导致问题难以解决的原因时，成员通常可以把抗拒向其他成员或带领者表达为："我们需要一些帮助，因为这是一个痛苦的领域。"另一种有用的策略可能是，在第一次会谈中直接询问什么会让谈论这个痛苦的话题变得困难，然后使其成为订立契约工作的一部分。问题的时机取决于带领者对特定儿童小组工作的评估。

在前面的例子中，带领者已经准备好应对死亡和悲伤的禁忌话题——当涉及儿童时，这是一个非常令人痛苦的话题。通过对行为做出回应，并试图设置限制来阻止马克在房间里跑来跑去，带领者实际上是在暗示反对讨论。争吵的行为本来可以避免马克和带领者的痛苦。这就是带领者在尝试解决这些重要的议题时获得督导员的支持非常重要的原因（Shulman，2010）。

教育政策 1b
教育政策 2b
教育政策 1e

479

成人哀伤辅导　另一个以行为作为沟通方式的例子来自一个正在进行中的开放式小组，这个小组由已逝的艾滋病患者正经历哀伤的朋友、伴侣和亲人组成。一个刚刚失去儿子的女人参加了她的第一次小组会面。会面开始时进行了常规的签到，然后每个成员简单分享了前一周发生在自己身上的事情。这位新成员以非常快速、不间断的独白开始，讲述了她自从儿子去世后多么忙碌。她描述了每天忙碌的内容，除了暗示着潜在的焦虑外，几乎没有流露出任何情绪。她显然是在"逃离"丧失的事情，并间接表达了这种逃离。她好像在说："你想看看我是怎么应对的吗？看吧！"我们再次看到了行为是如何作为一种沟通方式而出现的。

过了一会儿，带领者打断了她的分享，并提出应该听一下所有成员的看法。带领者之后的分析表明他已经感觉到了她的焦虑，但暂时不知道该如何处理。其实如果他能诚实地面对自己当时的感受，他原本可以分享对她经历的感受——不确定如何提供帮助，感受到了她突如其来的丧失的感觉，不知道是否应该继续做签到式分享。这些评论中的任何一个或所有评论都可能为进一步讨论和表达她的焦虑情绪打开大门。

成员也以分享自己逃离过程的方式加入了讨论。他们处于哀伤中不同的阶段，这个新成员的行为可能唤起了他们曾经的感觉。这个例子还揭示了一些与固定程序相关的问题，比如签到，如果他们教条地遵守这些程序，他们就可以按自己的意愿行事。这类问题会阻止深化工作，而不是提供处理成员个人问题的机会。回想起来，带领者本可以识别出该成员的间接沟通，并在小组中提出，询问他们是想立即做出回应，还是想继续做签到式分享。但无论哪种方式，识别个人痛苦行为背后的感受都将为处理其丧失和在小组第二次会面中引起的感觉奠定基础。

最后一个例子来自同一个小组，也就是已逝艾滋病患者的朋友、伴侣和亲人组成的哀伤小组，这个例子表明信息可以不仅仅通过文字传递。小组开始时，第一次参加会面的新婚妻子坐在成员围起的圆圈中，但丈夫坐在圆圈外的门边。当带领者邀请他加入小组时，他回答说："我只是开车来送我妻子参加会面。"这传达了这对夫妇处理他们儿子死亡问题的信息。妻子面对痛苦，独自做着艰苦的工作，丈夫则坐在小组之外，躲在她的痛苦和防御后面。这是第一次会面，带领者没有直面信息，也没有强迫丈夫加入小组。当成员们开始讨论时，他们有权防御；后来，当丈夫听到其他成员处理他们的丧失问题时，如果带领者在适当的时候邀请丈夫发表评论，则可能会降低他对儿子死亡造成的深切痛苦的防御。

480 　　第一部分的重点是帮助个人和小组进行沟通。在许多情况下，尤其是当所表达的感觉反映了成员们的感受时，小组是带领者的第二个服务对象，似乎反而远离了个人。在下一部分，我将讨论这种动态的含义。

寻求小组对特定成员的回应

　　当特定成员关心的问题出现时，很容易看出带领者是如何与这个特定成员的感受产生共鸣的。如果成员们表达了强烈的情绪，带领者可能会感到支持和保护。毫不奇怪，如果其他成员似乎没有什么反应，带领者的常见反应是感到沮丧和愤怒。令带领者震惊和惊讶的是，成员们没有在倾听，他们因迷失在自己的思想中而眼神呆滞，成员之间开始窃窃私语，或者突然改变主题或直接拒绝透露内心的真实想法。

　　在这样的时刻，带领者澄清角色和"两个服务对象"（即个人和小组）的观念可能是最重要的。带领者不应该生气，而应该把成员明显不感兴趣的反应看作是一个信号，不是他们对正在说的话不感兴趣，而是这个主题可能会对他们产生巨大影响。换句话说，整个小组也可能在以间接的方式向带领者传达这样的信息："我们很难倾听"或"这正在引起我的痛苦感受"。

　　这里所描述的带领者角色（可称之为调解角色）的任务要求带领者在个人和小组之间最有分歧的地方寻找共同点。这种清晰的功能感引导带领者对那些表现出明显抗拒情绪的成员的感受表达同理心，正如共情其他成员的感受一样，也要对成员抗拒的感受产生共情。带领者必须同时与两个服务对象在一起。陷入对个人和小组之间错误二分法的信念和行动的陷阱，因此，选择一个而非另一个，是最常见的带领者的错误之一。

　　这种观察和同理心技巧将会随着时间的推移而发展。首先，新手带领者应将每个成员作为与小组不同的独立实体来做出回应。当自我反思或督导揭示这一趋势时，新手带领者往往会关注小组，而忽视个体成员。例如，一个成员提出一个问题，带领者立即询问其他成员的反应，却忘记解决最初的个人问题。通过足够的努力、自我反思和从错误中学习，带领者有一天会发现他可以在同一时间"关注"小组和成员这两个实体。我不确定这一转变是如何发生的，但如果带领者清楚地同时看到两个服务对象的需要以及带领者的角色，这种转变就会发生。

　　精神障碍者小组　　下面的例子来自社区精神健康治疗中患有慢性精神病的一个成人小
481 组，他们关注的问题是家庭问题。在第五次会谈中，一名成员表达了对孩子惨死五周年的沮丧情绪。

　　实务要点：小组成员保持沉默，带领者进行干预以支持第二个服务对象——小组——

和个体成员。

　　小组会谈开始时，在成员落座并介绍后，琼开始讲话。她直勾勾地盯着前方，大部分时间都是低垂着眼睛，偶尔会和我（其中一个共同带领者）进行眼神沟通，或者在说话的时候偷偷地环顾小组。琼说："我只想告诉大家，我女儿的五周年忌日（女儿被强奸和谋杀）这周就要到了，这让我很烦恼。它一直困扰着我。我试着处理好，但我不是总能知道该怎么做。我开始思考，想得越多，我就越害怕会失去控制或做一些不利于自己的事情。我试着勉强自己接受事实，但当我想到失去她的时刻时，总是很难接受。所以不管怎样，我已经安排好了使用 24 小时病床（位于中心的紧急病床），因为当我有这种感觉时，我太害怕了。"

实务要点：注意带领者的下一次干预中，澄清角色和两个服务对象的观念如何引导带领者回应小组的信号——沉默，而不是急忙回应琼。

　　成员完全沉默了，我也沉默了片刻。当我环顾小组时，发现成员们直视前方，或低头看着他们的脚，或表现得不舒服，好像不知道该说什么。我说："你提出了一个相当沉重的问题，这个问题似乎对人的打击很大。"成员仍然沉默，我停顿了一下。就在伊丽莎白要说什么的时候，我的共同带领者说："我想知道成员们对琼刚才说的话有什么想法或感觉，以及是否很难做出回应。"又是一阵沉默，然后琼继续说："也许我不该提起这件事。这里的每个人都知道这对我来说是个问题。我只是觉得和她离得很近。我记得她的出生，也记得她的存在，他们在她出生后没有把她带走，做他们必须做的事，而是把她放在我身上，所以我感觉我和她比和其他人离得更近。这些我记得很清楚。但也许我不该在这里提出来。"

实务要点：小组带领者发现了琼对恰当提出问题的关注，回应了她的感受，支持她借助小组的力量。她还帮助琼找出和小组的共同点，即失去在乎的人的痛苦。

　　等了一会儿，我再次环顾小组，然后说："你说的是很重大的丧失事件，特别是因为她是你的女儿，因此在这个小组中谈论是非常适合的。组内的每个人都经历了身边人的死亡；也许其中一些人看起来不像其他人那样表现得惊天动地，但我们都知道我们的家庭会以这样或那样的方式经历丧失。"

　　之前要发言的伊丽莎白说："是这样的。想着你的女儿和 24 小时的病床，这很严重。"温迪说："是啊，太可怕了。我的意思是，我一直在想我的事故（前几天她发生了车祸，长期以来一直担心她可能在车里自杀），也在想离婚时失去儿子抚养权的事，这真让我烦恼。"

　　我说："所以，我们不仅要关注丧失家庭成员，也要关注如何应对它们，并寻找应对它们和感到安全的方法。"

实务总结：在带领者的帮助下，成员透露，他们的沉默并不代表对琼缺乏感情或关心。实际上，恰恰相反，琼对丧失的感受触发了他们的同感。琼意识到这个小组是可以放心提出这些问题的地方，而且也知道并不孤独，这给了她很大帮助——这就是我之前描述的"同舟共济"现象。

正如我在带领者的角色部分所描述的，个人咨询所需的许多动态因素和技巧都可以被识别出来。这些是实践技巧的共同核心，即通用要素。这项工作的不同要素源于这些重要系统之一，即小组的存在，以及带领者需要注意其对回应的需求。

视听受损的老人小组：成员的死亡

目的： 下面例子中描述的小组以老人为小组成员，每周在老年中心举办一次时长为一小时的会谈，这种会谈是老人主要的有时是唯一的支持资源（Orr，2005）。

小组成员： 小组由 12 名视障或失明老人组成，其中 4 人还有听力障碍。年龄从 61 岁到 92 岁不等。10 名成员（男女不限）丧偶，独居。

实务要点： 这次会谈是在货车司机告诉他们一名成员——75 岁的麦蒂前天死于严重的心脏病后进行的。丧失对于这个年龄的人的生活来说非常重要。他们失去了以前的生活，失去了视力，失去了家人和朋友等等。在孤独的生活中，他们需要支持资源来应对丧失，并在这常常痛苦的生活中建立他们的"储备"。小组谈论在没有正式开场时就开始了。

> **泰西：** 我不敢相信麦蒂死了；我每天都给她家打电话，找她丈夫说话，但没有人接。我知道有什么地方不对劲。（轻声而绝望地说）（简短的沉默）
>
> **罗斯：** 你在哭吗，泰西？
>
> **泰西：** 我不知道我是不是在哭。（沮丧地说）
>
> **戈迪：** 不要哭，泰西，你只会心烦意乱。
>
> **泰西：** 我怎么能不哭呢？现在是麦蒂，以后每周都会有其他人离开。（开始公开哭泣）罗斯斜着身子，伸出手去找泰西，用胳膊搂住她。
>
> **罗斯：** 但是我们很难过，戈迪，她为什么不哭呢？我们为什么不能哭呢？今早我在货车里发现的时候就哭了。我们都很难过。
>
> **汉娜：** （有严重听力障碍的人）谁在哭？
>
> **戈迪：** （悄悄对工作人员说）我们不应该告诉汉娜。她住在护理院，有人死在那里，她会很难过。她没必要知道。

实务要点： 可以看到戈迪某种程度上是在试图避开与死亡相关的痛苦感觉，同时也在试图保护成员。根据护理院的情况，汉娜所在的地方可能不会处理居住者的死亡问题，因为工作人员认为这会让居住者感到难过。有人死了，所有房间的门都被关上，尸体被移走，居住者都知道接下来会有新的人住进来。事实上，这是最令人难过的：一个居住者的死亡被忽视，而不是对其他居住者进行适当干预。此时，带领者可以通过介入来支持汉娜的知情权和获得支持的权利。

> **带领者：** （对戈迪说）你觉得汉娜发现后会怎么想呢？

戈迪：（沉默了一会儿）她会难过的。

带领者：我认为罗斯是对的，我们都很难过。汉娜是小组的一员。

戈迪：（大声对汉娜说）麦蒂昨天去世了。

汉娜：我知道出事了。我能感觉到。天啊，麦蒂的事太令人难过了。

实务要点：讨论一个成员的死亡，提醒了他们自己经历的丧失和他们自己不可避免的死亡。一个成员建议站起来默哀，并且为了纪念逝者，她向中心捐款。然后另一个成员也发表了评论。

罗：然后我们就可以停止谈论了。泰西很难过，约瑟芬很难过，我也很难过。谈论它是无济于事的。我们可以继续做别的事情。我们本来是有安排的。

实务要点：带领者理解每个成员都想要避免面对丧失的现实，因为他们这样做就可以避免面对生活中所有丧失的现实。然而，她明白，每个成员周末都要回家，如果没有人在身边提供支持，丧失的影响会更强。她用艺术的方式表达了我所说的同理心需求。

带领者：但是如果我们不在小组里谈论我们的感受，那我们如何处理我们的感受呢？今天是周五，在过去的几个月里，尤其是发生了一些令人难过的事情时，关于周末对你们中的大多数人来说是多么困难，我们进行了很多次讨论。周末我们是否要带着所有的悲伤、痛苦和空虚回家呢？（Orr，2005，pp. 480-483）

实务要点：带领者有意识地使用"我们"这个词，因为失去一个成员对她也有影响。在结束讨论中，涉及在家中无人倾诉的困难、他们自己最近的丧失以及对自己死亡的认识的有力讨论。在带领者的提议下，小组还讨论了麦蒂对他们的意义，而不仅仅是她死亡的影响。带领者也分享了她自己的感受，并开始讨论她无法道别和结束的困难。讨论过程中，带领者走到泰西身边，用双臂抱住了她。在进一步讨论他们的丧失之后，带领者结束小组会谈时说：

484

带领者：我们失去了一个非常特别的人。麦蒂以一种非常特别的方式触动了我们每一个人的生活。我想今天我们都为彼此分享了很多感受而感动。（Orr，2005，p. 489）

遭遇障碍威胁时开始工作

本节将探讨过程（工作方式）与内容（小组目的）的联结。例如，带领者和小组成员之间的情感沟通——权威主题——早已被确定为工作的潜在障碍以及变革的动力。需要注意这些感受，在开展工作之前必须承认这些感受。我们在对第一次小组会谈的分析中强调了同样的问题，当时着重讨论了带领者-小组关系的重要性。在小组背景下，必须处理成员之间发生的交换——施瓦茨将其称为"亲密"主题（Schwartz，1961）。

虽然下一章将对权威主题和亲密关系进行更全面的讨论，但也需要在实践的中间阶段提及它们。例如，在成员之间讨论这个过程可能是很重要的，可以让个人信任小组从而提出在痛苦和敏感方面的关切。通常被认为是强大的且可能具有威胁性的带领者，也必须与每个成员和整个小组建立良好的工作关系（治疗联盟）。

孩子被诊断为多动症的母亲　早在前面关于抗拒含义的讨论中，已经描述了整合过程和内容的另一种方法。例如，成员似乎不愿意进入困难的工作领域，带领者感觉到成员不愿继续下去。这种抗拒被认为是这项工作的核心，也可能表明成员正在谈论一个重要的内容。工作者需要重点探索抗拒。同时，一个小组可以通过发动沉默的合谋来躲避痛苦。这通常是成员在小组会谈的早期阶段退缩的原因。带领者的任务仍是公开障碍，以使成员摆脱其控制。

实务要点：下面是一个教育咨询小组的例子，小组成员是被诊断为多动症儿童的母亲，早期的主题是不被理解的家长对学校官员、教师、邻居和其他孩子的愤怒。她们也承认她们对自己孩子的愤怒。带领者感同身受，但她也指出了一种逃避困难的模式，她说：

> "这让你非常沮丧。你想发泄你的愤怒，但你觉得如果你这样做，会让事情变得更糟。"几句话之后，又回到一般性话题的讨论。我告诉成员，她们似乎又在泛泛而谈了。玛莎说，她们似乎不想谈论痛苦的事情。我也认为这似乎很难。每当她们谈论到一个令人痛苦的话题时，她们就会转向更安全的话题。我想知道上次的会谈对她们来说是否痛苦。玛莎说这是一次艰难的会谈，她们的感受非常类似，这个周末她有很多事情要考虑。莉莉说上一次会谈她感觉精疲力竭，以至于她晚上无法入睡。我问她是什么让她沮丧。她说当她们谈论学校董事会和像自己孩子这样的孩子们缺乏帮助时，她感到很无助。多琳说并不是没有希望，她在与校长交谈时曾经发现了一些新信息。

实务总结：有趣的是，当带领者问"是什么让你沮丧"之后，对这个旨在探索抗拒的问题的答案使小组重新开始工作。这是一种简单、有效却通常未被充分利用的干预措施，它能用来探索并克服抗拒。当成员说"我不想谈论这个"时，带领者通常需要追问："为什么不愿意谈论这件事？"当成员讨论不想谈论的原因时，他们通常会发现自己实际上正在谈论它。在这个例子中，在小组会谈的后期，带领者意识到成员对孩子的愤怒和谈论这种愤怒的困难，结果是相似的。

如果带领者不把抗拒看作是对他们缺乏技能的评论，他们就更容易探索抗拒。当带领者感受到抗拒时，常常问自己："我做错了什么？"这很讽刺，因为在很多情况下正是由于我们做对了，所以我们感觉到小组的抗拒。帮助我探索而不是逃避抗拒现象的重要话语是：抗拒是工作的一部分。如果该小组进展顺利，并已开始处理棘手问题，那么我们应该期待抗拒。如果我们永远解决不了它，那么危险就是我们陷入了工作错觉——没有影响的肤浅的交谈。有许多话语可以帮助带领者探索抗拒，例如："你们现在都很安静，这很难说出口吗?""我从你们那里得到的信息是,你们都不确定是否希望我继续谈论这个问题。你们觉得很难谈论吗?""每次我们谈到这个问题,你们似乎都在回避它。有想过为什么会这样吗?"正如本章前面所提到的,在许多情况下,抗拒是小组或成员在表达:"帮帮我,这对我来说很难。"

避免在小组内进行个人辅导

未能认识到带领者的角色(即在个人和小组之间进行调解)的后果是,新手带领者(尤其是那些进行过个人咨询的带领者)经常会遇到问题。为了解决个人的困扰,他们在小组中做个人咨询。这是一种常见的模式,带领者向小组中的成员提供个人建议。例如,假设一个成员在小组开始时提出了一个问题,带领者则以适当的详细阐释和同理心技巧做出回应。成员详述了他们的担忧,带领者试图帮助处理问题,而其他成员倾听。当解决这个问题后,带领者会从另一个成员的问题开始,其他人耐心地等待轮到自己。这和动员成员与其他成员的互助形成了鲜明对比。

会谈结束后,带领者担心在成员面前做了个人咨询。为了避免再次出现这种情况,带领者可能会在下一次会谈前制定策略,不要再次被困住而导致犯另一种错误。当一个人以直接或间接的关切开启会谈时,带领者要注意小组工作的"小组"方面,他试图通过拒绝用详尽的技巧来回应。例如,家长小组的一位成员可能会说:"现在培育青少年很难,他们可以在广播里听到很多内容,比如说唱的东西,他们在 YouTube 上也可以看到很多内容。"带领者迅速回应,询问其他成员是否认为确实如此。他们逐一讨论了培育青少年的普遍难题。讨论很快就变得过于笼统和肤浅,同时,第一个成员焦急地等待着解决具体的问题,她特别担心前一天晚上和她的女儿关于遭受网络欺凌事件的争执。

当试图处理个人问题时,带领者可能会发现自己在小组中进行了个人咨询;当试图关注小组时,带领者可能会发现自己组织了一场过于笼统的讨论。这两种适应不良的模式都反映了带领者在将小组概念化为互助系统以及理解个人问题与小组一般问题之间微妙联系方面的困难。施瓦茨先前关于"两个服务对象"观念的讨论可以帮助解决明显的困难。他建议,带领者必须同时关注个人和小组这两个服务对象,而行动领域涉及两者之间的互动。因此,带领者的职能不是在"一个"和"多个"之间进行选择,这是一种错误的二分法,带领者的职能是调解两者之间的关系。在这一点上,在指出了一般社会工作在个人和家庭工作以及小组工作中的作用之后,施瓦茨使我们作为调解个人-社会参与的专业角色的概念更加清晰。在下一节中,我们在讨论带领者的角色和小组互动的动力时,将增加对时间和工作时段的讨论。

中间阶段的小组工作技巧因素

第五章已经介绍了工作阶段的技巧。在本节中，我们将重新讨论、扩展和说明小组环境中的框架。读过前几章的读者熟悉这些具体的技巧。为了提醒你，工作阶段的技巧已经被组织为一般类别，称为技巧因素。技巧因素由一组密切相关的技巧组成。使用该技巧的带领者的一般意图是特定技巧集合的共同元素。例如，在这个模式中，所有与带领者处理小组和成员感受的努力相关的行为都被归为"同理心技巧"。此外，小组的中间阶段会谈可能不会按照所提出的确切顺序进行。表12-1列出了这个中间阶段会谈模式中包含的技巧因素。

表 12 - 1　中间阶段会谈模式技巧因素

1. 准备时段	探索禁忌话题
会谈期间的对焦技巧	指出障碍
2. 开始时段	识别过程与内容的联结
会谈期间的订立契约技巧	分享数据资料
3. 中间时段	帮助小组成员以新的方式看待生活
阐释技巧	**4. 结束和转换时段**
同理心技巧	会谈结束
分享小组带领者的感受	会谈转换技巧
提出工作要求	

准备时段

会谈期间的对焦

在初始或准备时段，带领者试图在每次会面之前对会谈期间可能出现的问题形成预期的敏感性。回顾上次会谈，成员或其他人传递的信息，或确定工作中出现的微妙模式，可以提醒带领者注意成员当前潜在的问题。如果发生了严重的且可能是创伤性事件的事情，例如癌症患者小组的一名成员死亡，带领者会关注他们丧失的感觉，也会关注他们可能成为下一个去世者的恐惧。另外的例子是，"9·11"双子塔的悲剧、康涅狄格州纽敦市校园枪击案、地震或飓风等强烈的社会创伤都会对那天甚至那一周的小组会面产生影响。如果不知道胡德堡枪击事件的影响及其与小组目标的联系，就不可能在军人创伤后压力支持小组中开始谈论任何话题。

　　有时带领者会在会面开始前进行对焦。例如，在我带领的农村单亲父母三阶段咨询小组的第一次会面中，一位提前到达的单亲男性成员与另一位成员谈到，为了参加会面，他要找个保姆，而这很难。这种会面我称为"初始会面"，一般在正式会面开始之前。如果带领者在听，实际上此时会面已经开始了，这些评论是要让带领者听到的。以类似的方式，当一个人在走进小组会面室时对带领者随意发表评论也可能是提出问题的一种方式。这些可能都是我之前描述的第一种方式。

　　带领者可以制定一些初步的策略来直接回应这些间接线索，包括使用前面描述的将小组成员的感受转化为语言的技巧。在上述情况下，我在开场介绍中提到，当你是单亲家长时，你面临的其中一个困难就是找保姆，找到保姆，你才有空参加这样的活动，并照顾好自己。我提到了早期成员的谈论，随着小组的发展，他非常艰难和痛苦的挣扎成为他和小组的主要工作。

开始时段

会谈期间的订立契约

　　在每次会谈的开始时段，带领者的中心任务是找出成员或整个小组目前关注的问题。订立契约技巧可用来澄清手头的即时工作。正如前文所讨论的，会谈期间的对焦可能会对带领者听取一个或多个成员正在进行的工作的能力产生重大影响。在某些情况下，带领者可能会提出一些需要解决的问题，然后将这些问题纳入订立契约的讨论。在心理教育小组或信息分享小组中，可能已经制定了会谈议程。由于成员经常使用间接沟通来表达他们的担忧，因此带领者必须确定成员当前更紧迫的议程，然后才能迅速进入工作。例子如下。

　　准收养父母小组　例如，在准收养信息分享小组中，带领者可能会说："我已经安排了一次介绍如何以及何时告诉你的孩子他被收养了的说明。但在我开始说明之前，我想了解你们是否有其他想讨论的事情。"在一个实际的例子中，他们没有回应带领者的邀请，但随着说明的进行，带领者会得到暗示，他们最关心的是如何判断他们是否适合成为准收养父母。在讨论开始前，可以发现，成员说出了他们认为带领者想听的话，创造了我所谓的工作错觉，他们没有说出他们的真实想法和感受。当带领者发现了这个问题的暗示，成员们也确信如果他们已经做到了这一步，即他们被认为是很好的候选人，他们会遇到对准收养父母来说最困难的问题："我怎么知道孩子是否会爱我？""我怎么知道我能不能爱这个孩子？"一旦契约明确了，工作就会强有力地推进，因为成员解决了他们关于收养矛盾

心理的真正问题。带领者需要让他们放心，这些感觉和担忧是正常的，不会影响他们成为
准收养父母。

489

中间时段

在初步确定小组契约后，将进入小组中间时段。如本章前面所述，这一时段的一个优
先事项是带领者使用阐释技巧来帮助成员讲述他们的故事。同理心技巧鼓励分享信息的情
感部分。带领者也必须准备好以专业的方式，尽可能自发地分享带领者的感受。由于许多
问题涉及禁忌领域，所以带领者必须准备好帮助成员突破经常阻碍自由讨论的社会规范，
并探索禁忌的感受。

随着工作的进行，遇到来自成员的一些抗拒是很正常的，他们通常对继续工作有两种
想法。一部分总是在追求成长和改变，另一部分是退缩并抓住那些舒适和已知的东西。这
种矛盾心理常常出现在会谈开始顺利进行的时候。可以从回避反应（例如，关注点从一个
变到另一个）、防御、绝望的表达和其他形式的抗拒中看到。

带领者需要意识到抗拒是工作的正常部分。如前所述，带领者通常认为成员的抗拒是
由于带领者做错了事情，但具有讽刺意味的是，事实恰恰相反。缺乏抗拒可能意味着带领
者没有尽力而为，会谈构成了"工作错觉"，而抗拒常常表明带领者在做正确的事情。如
果带领者将抗拒行为视为成员沟通的方式，就会有一个难以面对的领域、难以体验的情
感、对行为负责的问题等，那么带领者将欢迎而不是害怕抗拒。

成员似乎在说："请看这里，带领者。我们正在接近一个困难的领域，我需要你的帮
助来探索造成困难的原因。"本书提出的框架，重点在于探索成员的抗拒，或者带领者与
成员识别并讨论这种抗拒的能力，包括对工作的同理心需要，它可以帮助成员准备采取重
要的后续步骤。其他一些实务模式建议"滚动""规避"，或者简单地"避免"产生抗拒的
领域。在大多数情况下，我不同意以上观点。虽然我同意时机很重要——例如，在建立牢
固的关系之前，在工作的早期时段尊重抗拒——但我认为在工作或实践的中间时段避免抗
拒是错误的。这种回避会导致工作错觉，成员会说出自己认为带领者或其他成员想听到的
内容。这也意味着抗拒所表现出的问题、担忧和感受仍没有被表达、探索和解决。带领者
不愿意探索抗拒的原因可能是不了解其在过程中的重要性，或者带领者自己有意识或无意
识地不愿处理困难领域。成员可能会将带领者的不情愿理解为带领者还没有准备好解决问题。

490

小组成员与带领者之间情感的流动

随着中间或工作时段的进行，可能会出现阻碍成员为自己利益而努力的障碍。例如，

成员和带领者之间的情感流动本身可能成为一种障碍。当带领者提出工作要求时，成员可能会对带领者做出反应，这种反应反过来会影响工作关系。带领者和成员必须注意出现的这些障碍。由于带领者-成员关系类似于成员的其他关系，讨论这些障碍可能有助于成员理解他更大的关注点。当带领者注意到工作中的模式时，这些障碍就会暴露出来。

另一个技巧类别称为识别过程与内容的联结。这个技巧的中心思想是带领者和成员之间或成员之间互动的过程或方式通常会提供有关工作内容的线索。实际上，成员可以（有意或无意）以工作关系为媒介来提出和处理对正在讨论的实质性问题至关重要的问题。例如，致力于发展思想和行动独立性的成员可能表现出对带领者的极端依赖。就好像成员在说："你想看看我在依赖和独立方面的问题是什么吗？看我！"这里的重点是行为具有意义，有时我们必须努力理解行为背后的真正意义。然而，我们可能在会谈期间找不到这种意义，但是会谈后的分析可能会有所帮助，然后我们可以在下次会谈中处理这一问题。

阐释技巧

以下技巧可以帮助成员讲述他们的故事，并从最初的提议中加深我们对他们面临的问题的理解。

克制　当一个或多个成员尝试开始讲述他们的故事时，带领者经常在其讲述整个故事前试图提供帮助或邀请其他成员提供帮助。对于那些刚开始接触助人的人来说尤其如此。对助人的渴望如此强烈，以至于他们经常会提出一些无益的建议，这些建议并不是针对成员的实际担忧的。克制是一个有趣的技巧，因为它表明不采取行动——带领者克制自己的能力——是一种积极的干预措施。

作为一个在纽约长大的人，作者习惯了一种社会交往的模式，在这种模式下，一个人甚至可能在另一个人讲完之前就开始讲话。虽然有些夸张，但克制是我在个人和职业发展中学习到的一个重要技巧。不应将这个技巧与面对沉默时保持沉默相混淆（将在后文讨论）。带领者可以非常活跃；然而，禁令是禁止带领者真正了解问题之前就提出解决方案或答案。

专注倾听　倾听是我们一直在做的事情；然而，专注倾听涉及尝试专注于成员或小组信息的特定部分。我在前面讨论过即使是最简单的沟通也可以很复杂。在会谈开始进行复杂的沟通时，带领者必须把重点放在成员或小组在特定时刻正在从事的工作上。通过带有目的地倾听早期沟通，带领者有更好的机会听到信息。如果带领者全神贯注于自己要提供的信息，那么即使不是完全不可能，至少也很难听到个人或小组的信息。

一个简单的类比是，在人头攒动的社交活动中很难同时听到两个对话。如果人们以一般的方式倾听，则所有人听到的都是嗡嗡声。然而如果一个人试着专注于某个特定的谈话，对话则开始变得清晰起来，嗡嗡声逐渐消失。同样，当一个人晚上在农村地区开车时，有时会同时听到两个电台的声音。司机必须调到一个电台或另一个电台，才能真正听清声音。同样，成员早期沟通的声音可能使带领者难以理解代表基本问题的那条线。专注倾听——旨在确定关注点——往往会使主题清晰醒目。更具体地说，带着小组的目的或会谈的特殊目的集中倾听将使带领者听到原本可能错过的内容。一个常见的错误是，在带领者没有及时理解沟通的含义时，他会控制会话。实际上，带领者会在他不知道问题的实质之前就回答该问题。专注倾听是指尝试倾听成员努力工作中的沟通，并在联系不明显的情况下寻找联系。带领者可以寻求成员的帮助。例如："你能帮我把这次讨论与你在会谈开始时对女儿的担忧联系起来吗？"成员往往能够立即或经过思考后这样做。然而，如果带领者已经确定他们根本不工作，并且需要更多的带领者活动和控制，那么他们就不会获得机会。

带领者经常问我如何处理没有真正联系并且成员通过改变主题来逃避工作的情况。专注倾听也会澄清这一点。成员实际上是通过避免工作来工作。这听起来可能是矛盾的，但成员是抗拒特定的主题——也许是因为它太痛苦或令人尴尬，而这种抗拒是带领者应该注意到和解决的。同时，如果带领者意识到它的真实含义——在面对困难时寻求帮助，那么抗拒就是工作的一部分。

提问 在详细阐述过程中提出的问题涉及要求提供更多有关问题的信息。作为初出茅庐的高中学校的新闻记者，我被鼓励在文章中回答"五个 W 问题"：故事的谁、什么、何时、何地和原因。这些问题对探索成员关注的细节也是有用的。例如，之前分享的一对母女的例子中，带领者试图引导成员从泛泛而谈转向对具体问题的讨论时，成员描述了与她女儿的冲突，探索就完成了。

实务要点： 在小组会谈的下一部分，我们可以看到带领者的问题是为了了解更多关于会谈期间发生的事情的细节。

492

成员： 苏凌晨 2 点到家时，我们有一些争吵。

带领者： 发生了什么事？

成员： 她告诉我她要和一个朋友去看电影，但当她晚上 11 点还没有回家时，我真的很担心。

带领者： 你担心她会出事？

成员： 嗯，你知道我们附近有些男人很成问题。

带领者： 当苏到家时，你对她说了什么？

成员： 我会让她有好受的。我告诉她，她是一个不负责任的人，我让她在家里待两个星期。

带领者： 她又对你说了什么？

实务总结： 随着对话的进行，带领者帮助该成员阐释了互动的细节，并与其他成员分享。描述带领者和成员之间这一过程的术语是"记忆工作"，在这个过程中，成员会通过记忆来回想事件。在其他情况下，带领者可能会把她的问题放在更全面地了解成员的担忧上。一旦问题明确，带领者可以向成员寻求反馈，并就如何处理这个问题提出建议。这样，带领者就避免了在小组中进行个别辅导的错误。

探寻沉默的内涵　在小组会谈中保持沉默可能是一种重要的沟通形式。保持沉默的困难在于通常很难准确理解成员或小组"所说的话"。在一种情况下，该成员或所有成员可能正在思考对话的含义。在另一种情况下，讨论可能释放了成员难以表达的强烈情绪。成员可能正处于遭受压抑和痛苦感觉的临界点。当成员停下来决定是否沉浸在困难的工作领域中时，沉默可以表示一时的矛盾情绪。当对话涉及通常被视为禁忌的领域时，这种情况并不罕见。沉默也可能表明带领者先前的回应与成员表示的关切无关。带领者"错过了"成员或小组的信息，沉默是礼貌的表达方式。最后，成员或小组可能会对带领者感到生气。小组会谈中频繁的沉默可能反映了一种通过不参与而被动地表达愤怒的系统性尝试。

由于沉默具有多种含义，因此带领者的回应相应地有所不同。一个重要的辅助手段是带领者自己在沉默中的感受。例如，如果沉默表示难受的情绪的出现，带领者可能已经根据对话的内容或成员表达的非语言沟通预期了这种反应。姿势、面部表情和身体紧张、大声说话都可以向观察的带领者传达信息，并能引发同理心反应。因此，带领者可能会体验到与成员同样的感受。在这样的时刻，带领者可以用沉默或非语言的支持来回应沉默。所有这些回应都为成员提供了一些支持，同时也让他们有时间体验这种感觉。

如果带领者感觉到成员正在思考讨论的重点或考虑相关的问题，简短的沉默则可以让成员有思考的空间。沉默表明对成员工作的尊重。然而，如果带领者保持沉默太久，就会出现问题。如果带领者不了解沉默，或者它被用来传达负面反应或消极抗拒，沉默也可能特别麻烦。在这种情况下，成员们可能会感觉沉默是一场"意志之战"。沟通形式可能很快就会转变为成员们说："除非你先开口，否则我不说话。"在这场斗争中，带领者和成员都是输家。在这种沉默中，探寻沉默的内涵的技巧最重要。

这一技巧涉及探寻沉默的意义。例如，带领者对沉默做出回应："在过去的几分钟里，你们都沉默了。在想什么？"鼓励成员分享他们的想法。在另一种情况下，带领者可以尝试阐明沉默可能意味着什么。例如，在犹豫不决的成员描述特别困难的经历时可以回应："我知道这很难让你谈论。"带领者再次以自己的感受引导他探索或承认沉默。带领者必须对猜测可能是错误的这一事实持开放态度，并必须鼓励成员随意发表看法。

带领者经常发现小组会谈中的沉默时刻是困难的时刻。他们受到社会规范的影响，这种社会规范让人感到谈话中的沉默是令人尴尬的，他们可能会觉得最有帮助的事情是填补空白。当一个人与来自不同文化的成员一起工作时，就会被这些社会规范的差异所影响。例如，小组中的美国印第安人描述了与非土著咨询师交谈很难，因为他们从不保持沉默。正如一位土著成员对我说的那样："白人咨询师的问题在于他们从不停止'喋啵'。"她指出，印第安文化尊重沉默，这是反思的时间，但非印第安咨询师继续交谈是因为他们自己的焦虑，他们没有给土著人一个思考的机会。在某些情况下，土著成员可能只是想将非土著带领者的英语翻译成母语，然后再翻译回英语。

为什么我们不愿意探索沉默？ 我在第五章分享了我的初步研究发现，当时我指出了研究中不情愿的工作者如何探索沉默。如在个人和小组录像中观察到的，沉默 3 秒或更长时间后，最常见的反应是说话，最常见的做法是改变话题。这些发现从统计学上反映了我自己的观察，即个别咨询师和带领者似乎常常不愿探索沉默。除了已经提出的理由外，咨询师曾说他们经常会把在小组会谈中出现的沉默视为一个问题。如果有沉默，带领者一定做错了什么。具有讽刺意味的是，沉默往往是由于带领者做了正确的事情。带领者经常把沉默视为负面反馈，即使在那些可能意味着其他事情的情况下也是如此。

带领者在可能出现负面反应时是否愿意探寻沉默的内涵，直接与工作中的舒适感和处理负面反馈的意愿有关。可以理解的是，一个带领者可能不知道如何处理存在于沉默中的感觉和担忧，他可能会选择改变主题，而不是探寻沉默的内涵。此时，在带领者成功地帮助成员阐释了关切之后，讨论就需要转移到感受和如何处理它们的问题上。

当在培训会谈中与带领者分享这些发现时，他们的反应为使用这项重要技巧的频率明显较低提供了进一步的线索。许多人表示，他们的技巧训练特别提醒他们不要把成员的想法或感受说出来。他们说他们被鼓励只问开放性问题，并避免"教成员怎么说话"或"替成员做事"。一位带领者说，一位督导员告诉他，这"就像给成员系鞋带一样"。尽管这些都是合理的担忧，但这些反复的发现和我作为教师、培训师的经验表明，与带领者作为的错误（表达错误的情感）相比，带领者犯了更多的不作为的错误（未能表达情感）。我意识到这可能是有争议的问题，然而这是我的观点。

从泛泛而谈到具体化 在小组订立契约阶段已经提到了这种干预措施，但它在整个小组会谈中都很重要。成员经常提出与特定事件有关的普遍关切。一般性陈述可以被视为成员向带领者第一次提供线索，它可能以空泛的陈述方式来讲述，因为成员当时就是这样的体验。这种泛泛而谈可能也反映出成员对深入处理关切的问题的矛盾心理。

教育政策 1b

举个例子，在我带领的一个单亲家长小组会谈开始时，一位母亲说："当你母亲总是批评你时，抚养孩子可真难。"在回应这种宽泛的主题时，小组可能会讨论不断变化的习俗、同辈群体的压力、获得毒品的可能性等等。而一个从泛泛而谈到具体化的示例是问："这周你和你的女儿或婆婆相处得不好吗？"在这个例子中，成员描述了她和 15 岁女儿的争吵，她的女儿凌晨 2 点回家且拒绝说出去了哪里。当她惩罚女儿时，女儿打电话给她的祖母，祖母打电话给这位成员并指责她对女儿太严厉了。这里对问题的第二次陈述就较为具体和可处理了。换句话说，在我们的社会中养育十几岁的孩子是个紧迫的一般性问题，但这个小组的成员和带领者对此无能为力。然而这位母亲与女儿和婆婆的关系是可以改变的。

大多数早期的一般性陈述背后是特定的问题或感觉。如果带领者不鼓励详细讨论，则在会谈结束时，问题可能会以"门把手沟通"的形式出现（结束时成员把一只手放在门把手上准备离开时才提出问题）。小组中的青少年在一般性讨论中可能对当天早上发生的事情随意评论说："父母只是不理解。"社区诊所的病人对护士说："医生一定很辛苦，因为他们总是看起来很忙。"这可能是病人对医生的简短评论做出的反应，而他由于太害怕或不知所措而不敢询问。在每一种情况下，带领者的技能都涉及获取更具体的信息。

专业助人者向我提出了关于为什么他们可能会避免触及一般性评论背后具体问题的三个主要原因。第一个原因是，他们不知道具体的工作必须如何。也就是说，他们没有意识到他们只能根据问题的细节提供帮助。一个人不能单独通过一般性评论来帮助父母处理青少年问题，只有通过讨论父母和孩子之间的具体互动来进行学习。带领者可以帮助家长和其他成员制定关于他们与子女关系的一般原则，但这些原则必须来自对具体事件的讨论。如果不进行具体讨论，母亲和其他成员可能会将带领者的归纳总结视为理论建议。即使是在按照规定的大纲进行有组织演讲的家长教育小组中，重要的也是探索这些概念如何在具体的例子中实际应用。有些可以由带领者给出，另一些可以由成员给出。

例如，这位母亲可能描述了她与女儿的对话，但她没有分享她的痛苦和伤心，而是让位于表面的愤怒情绪。一段时间后，带领者和其他成员可能会帮助成员了解在一次又一次的事件中，她发现很难向女儿敞开心扉，表达自己的感受，比如她对女儿安全的恐惧和担忧。因为讨论具体事件的反应以及小组中其他家长的支持，可以发现成员可能能够理解这一点。讨论应该建立一个经验基础，成员可以在此基础上形成新的理解，重新定义她对问题的看法，以及可能的解决方案。该成员可能无法在改变我们的社会习俗方面做很多事情，但她可以用不同的方式与女儿进行下一次谈话。缺乏对具体讨论的力量的理解可能会导致带领者忽视这种阐释技巧的有用性。在与婆婆打交道时也可以进行类似的谈话。

带领者不触及具体问题的第二个原因是，虽然他们感觉到具体问题与成员泛泛的提示有关，但他们并不确定他们是否想处理这个问题。例如，社区诊所的带领者指出，他们不会探寻病人对忙碌的医生的评论，因为他们不确定他们能做些什么。正如有人所说的："我发现医生太忙了，都无法回答我的问题，那么我如何帮助服务对象呢？"带领者矛盾心理的来源可能有所不同，但矛盾情绪很常见。我相信，当带领者对提供帮助更有信心时，他们就更容易了解具体情况。在本书的第五部分，我将提供一些例子来说明带领者试图对环境中的与成员有重要互动的其他工作人员（如教师）和其他系统（如诊所）产生积极的专业影响。

我提出了第三个不太明显的原因，这与前面描述的带领者和督导员之间的平行过程有关。通常，一个带领者或学生会向督导员提出这样的问题："你对处理成员愤怒的技巧有什么想法？"除非督导员询问，"你经历了艰难的面谈吗"，否则谈话的其余部分可能会停留在宽泛的层次上。如果这个示范是正确的，督导员从一般性话题转到具体问题的示范就教导了这一技巧的使用。反过来，督导员也需要管理者对自身的帮助，以触及其一般性议题背后的具体问题。然而，我对督导员接受督导的经历的研究表明，这种情况很少发生（Shulman，2010）。在关于如何处理困难的学生或员工的小组会谈上，督导员可能会得到一般的帮助，但在对话中的互动过程很少得到帮助。因此，在个人或小组督导工作上的谈话往往聚焦于案例，而不是实践过程，这也就不足为奇了。

同理心技巧

教育政策 6b
教育政策 7a

当成员讲述他们的故事时，带领者可能会使用一些技巧，通过让成员在讨论中投入情感来使讨论变得有意义。成员经常分享困难的经历，同时似乎否认与他们相关的情感。对一些人来说，这种经历可能十分痛苦，因而他们压制了这种情绪，以至于自己也不清楚自己的感受。对其他人来说，这种情绪可能看起来很奇怪或不能接受，他们害怕与小组和带领者讨论这些情绪。无论是什么原因，影响都是存在的，它将对成员施加强大的力量，直到它能被承认和处理。成员可以用三种不同的方式处理感受：

（1）成员与带领者分享感受可以释放重要的能量来源；

（2）成员可以学习情绪如何直接影响他们的思考和行动；

（3）成员可以学习技能，理解这种感受，在没有苛刻的自我评价的情况下接受它们，并向那些重要的人透露。

这可以被描述为感受-思考-行动的联系。我的感受会影响我的思考和行动，我的行动会影响我的思考和感受。这种感受、思考和行动之间的相互作用形成了本书中描述的模式，在该模式中，带领者处理成员感受的技巧对于帮助成员解决他们的问题发挥了重要作用。

对带领者来说，在很多方面表达对成员或小组的同理心都很困难。了解成员感受的能力与带领者承认自己感受的能力有关。在带领者能够理解情绪在成员生活中的力量之前，他们必须在自己的经历中发现它的重要性。带领者常常发现很难在特定的个人领域表达同理心。带领者也是人，他们要面对日常生活中所有的压力和困难，包括危机。当带领者听到成员表达自己难以理解的感受时，同理心就会变得迟钝。带领者对成员的权威可能是同理心的另一个主要障碍。例如，带领者是强制报告人，他必须报告可能的儿童虐待情况，在一个育儿小组中可能会发现他对父母成员的同理心反应可能在最需要时被阻断了。

由于这一技巧领域存在的困难，带领者必须随着时间的推移发展他们的同理心能力。同理心能力随经验而增长。对这一发展持开放态度的带领者可以从每个小组了解更多关于生活的信息，这将帮助他们更好地理解下一个小组。我相信每个带领者都应该从一个小组经历中有所改变。带领者还可以了解自己的感受和对他人困境的真实反应。意识到自己情感盔甲中的敏感区域将有助于避免在出现困难情绪时否认或使困难情绪化。随着带领者逐渐适应其影响，尤其是负面情绪的影响（无论是带领者的还是成员的），带领者将更容易允许成员分享更困难的情绪——它们构成了任何帮助关系的自然组成部分。

再次，督导员可以在带领者的情感发展中发挥重要作用。平行过程的概念表明，督导员、带领者、实习导师与学生之间的帮助关系同带领者（学生）与成员之间的关系平行。因此，督导员必须在督导关系中建立有效的同理心技巧。这就是"领悟到的比教给的更

497

多"这一短语的含义——被督导者密切关注他们的督导员,并从互动的本质中学到很多东西。

本节其余部分描述的三种同理心技巧是:探寻感受、显示对小组成员感受的理解和将小组成员的感受转化为语言。

探寻感受 探寻感受是要求成员或小组共享消息的情感部分的技巧。然而,在继续描述之前,我应澄清在前文中简要提出的观点。这一过程有时是以仪式的方式进行表面的处理,从而否定了它的用处。带领者经常问一位成员:"你感觉如何?"但并没有真正敞开心扉去体验感受。这时成员可能认为带领者并不是真正关心他们。有经验的成员经常对这个反复提出的问题做出消极反应。当然,他们回应的是带领者的高谈阔论,而非有效的实践。真正的同理心包括站在对方的立场上,唤起尽可能接近对方经历的情感反应。

感受必须是真实的,这意味着带领者必须在此刻感觉到尽可能接近成员的感觉。在大多数情况下,成员会知道带领者的情感表达是真实的,还是仅仅是一种技巧。虽然学习使用一种没有相关情感的技术比学会体验这种情感更快、更容易,但后者在实践和生活中有真正的影响。我经常向我的学生指出,如果他们对以"我听到你说的是"为开头的陈述会感到更自在,他们可以继续这样做,但实际上他们必须尝试去感受情绪。真正重要的是成员对带领者的真实感觉,而不是他们所说的话。最终,学生会建立自信,找到自己的语言和声音。

显示对小组成员感受的理解 显示对小组成员感受的理解的技巧包括通过语言、手势、表情、身体姿势或触碰(在适当的情况下)表达带领者对成员情感的理解。带领者要尝试理解成员的感受,即使带领者认为现实情况并不足以证明他们的反应是合理的。此外,带领者需要克制那种急于安抚和试图帮助成员的自然冲动。试图安抚成员的努力通常会被成员理解为带领者没有理解。这就是克制技巧的作用,即不立即做出反应的能力会有所帮助。

治疗过程的一个要素包括成员与有爱心的带领者和成员分享感受。这是小组实践中的一个重要区别。我前面提到了"同舟共济"现象——有其他类似问题和情绪的成员是帮助和治疗的重要来源。当带领者公开且准确地表达同理心时,他会为其他成员示范这一过程。记住,这种同理心也可以针对小组本身,而不仅仅是针对个体成员。

带领者经常表达对强烈情绪的恐惧。他们常担心某个成员可能会变得过于沮丧,担心让情绪涌现出来可能会导致更多的问题。注意,情绪本身并不会造成问题;相反,成员无法面对自己的感受才会带来问题,无法与对他们重要的人分享自己的感受才会带来问题。当表达和处理这些感受时,这些感受对成员产生的影响力可能会消散。更大的危险不是面对感受,而是否认感受。唯一比生活在强烈的情绪中更糟糕的是一个人感到孤独,没有人能理解。

如果带领者清楚参与的功能和目的,在一定程度上就可以减轻带领者对被情绪压倒的恐惧。带领者的功能意识要求对成员提出工作要求(后文将讨论)。无论成员有多强烈的绝望感，他们总能采取下一步行动。带领者需要体验成员不知所措的感觉（同理心），同时仍然表明期望成员对情况做些什么（要求）。对成员优势和抗逆力的信任使带领者能够提出这一要求。

在目标明确的情况下，带领者可以帮助成员找到情绪和讨论目的之间的联系。只有在表达和承认感受之后，与成员在痛苦领域的工作才能进行。带领者与成员之间、成员相互之间的情感和理解的流动是下一步工作的必要前提。同理心反应建立了一个积极情感的储备库，带领者以后可以使用。储备库的比喻描述了一个过程：把钱存进去，然后可以在需要的时候取出来。这个储备库是一个缓冲，帮助成员体验带领者后来的关怀。

499

将小组成员的感受转化为语言　到目前为止，我已经描述了带领者如何探寻感受并承认已经陈述过的感受。然而有时某个成员或小组接近表达一种情绪却又很快停止。成员可能无法完全理解这种感觉，因此无法表达出来。在其他情况下，成员可能不确定是否有这样的感觉与带领者分享。将小组成员的感受转化为语言，是提前把成员的情感表达出来的技巧。在带领者对焦阶段，当成员阐释一个问题时，大量的同理心工作会促使成员之间产生情感上的联系。

在关于工作准备阶段的章节中分享的例子说明了该技巧。母亲小组的参与者问带领者是否有孩子。带领者回答说："没有。你为什么这样问？你担心我可能无法理解你作为家长的经历吗？"母亲并没有确切地说，带领者已经注意到了她的担忧并表达了对她的关注。带领者没有仅仅通过询问她的感受而"落后于"小组成员，而是领先小组成员半步。我建议领先"半步"，因为我想要接近所表达的感受，而且不是领先得太多。

这是助人职业中一个有争议的问题。有些人建议不要将服务对象的感受转化为语言，因为这样做可能是错的。其他人则认为这样做会助长依赖。我听过这样一句话："这就像给服务对象系鞋带。"我的教学、实践和研究都提出了不同的建议。我认为我们犯了更大的不作为错误，而不是对服务对象感受预测的错误——这暗示着不存在的感受。无论如何，正如一再指出的那样，我们总是可以回过头发现错误。

第五章中回顾的一些研究结果为描述如何使用技巧——包括同理心——与成员发展工作关系（治疗联盟）的结构提供了额外的支持。对成员关心的表达符合我自己研究中的关怀这个术语。所有与关心相关的行为都可以被认为是成员对带领者的看法，即"像我的孩子一样关心我"和"在这里帮助我而不仅仅是调查我"（Shulman，1978，1991，2016b，2016d）。

应对绝望和长期失业　职业培训和就业项目有一个基本假设，即一旦参与者完成了练习，学会了写简历，发展了面试技能等，工作就会随之而来。事实上，这类培训项目通常是在就业市场萎缩、工作岗位被转移到海外、整体经济没有扩张的时候推出的。在撰写本书时（2018 年年中），美国仍在从几十年来最糟糕的经济中恢复，它被认为是 20 世纪 30 年代的大萧条以来最严重的经济衰退。年纪较大的工人很难重返工作岗位，因为他们的年龄和失业的月数或年数导致他们的申请被排除在外。简而言之，他们失业的时间越长，接到面试通知的机会就越少。

经济衰退时期，绝望的情绪是可以理解的、不可避免的，也是继续努力寻找工作的主要障碍。在这样的经济形势下，由于不再寻找工作而脱离失业名单的失业人数可能会减少，而正在寻找工作但仍处于失业状态的人数可能会增加。在下面的例子中，内部带领者会唤起这些强有力的感觉。

实务要点： 当一个工作培训小组使用书面和口头练习以及信息披露而高度结构化时，很容易错过参与者的内在感受，这可能会对他们利用信息和技巧培训的能力产生重大影响。在下面的例子中，我们看到带领者在第二次小组会谈中首先对一个成员的负面评论做出防御性反应，然后在会谈中发现自己并探寻这些话背后的含义。这并不奇怪，因为当带领者尝试带领一个试图培育出希望的小组时，他也会对令人沮丧的工作情况有感觉。这个"偏差成员"原来是一个内部带领者，提出了需要纳入讨论的重要问题。

> 蒂姆说在开始开会之前他有话要说。他说，他发现上周的练习和角色扮演浪费了时间。他觉得这回避了他们在找工作时面临的真正问题。我对他的评论感到愤怒和沮丧。我说："嗯，很抱歉你觉得这个小组没有多大帮助。我希望这周会更有用。如果你更多地参与讨论，而不是批评，这可能会有帮助。"听完我的评论后，整个小组都表示认同，我有一种很糟糕的感觉，觉得自己搞砸了，但我没有办法阻止自己和改变方向。我只是埋头继续完成这周计划的演讲，越往前进不安的感觉越强烈。

实务要点： 当带领者发现自己的错误时，接下来的干预至关重要。他通过在面对批评时道歉示范了有效的成人行为，并为真正的讨论打开了大门。在我看来，在同一阶段发现错误确实是非常熟练的练习。

> 在会谈进行到一半时，我恢复得很好，试图回到蒂姆身边。我打断他们说："我想向蒂姆道歉。我告诉过你们，我想得到关于小组进展的真实反馈，第一次有人给我反馈时，因为我不喜欢听我就为自己辩护。蒂姆，你能再给我一次机会吗？你说上周我们没有讨论真正的问题是什么意思？你真正的问题是什么？"沉默了一会儿，蒂姆说，谈论求职面试、打电话找职位和写简历都没问题，但如果你放弃了所有的希望呢？如果你得到的只有拒绝，继续尝试有什么好处呢？当我开始感觉到他的绝望时，我沉默了一会儿。

> 我问其他成员是否有和蒂姆同样的感受。我说："我不知道你们中有多少人在进行角色扮演的同时，也在想这是否值得付出这么多努力。"在短暂的沉默之后，塔米说不仅仅是蒂姆，她也感觉很低落。我说，也许我急于讨论寻找工作的方法，没有真正花足够的时间让他们谈论他们内心的想法。我认为这也很重要，我感谢蒂姆的勇气让我慢下来。我说我们应该谈谈他们正在经历的事情，然后我们可以看看这些实践是否有帮助。

实务总结： 通过将偏差成员视为盟友，带领者开始允许该小组坦率地讨论，不仅讨论他们在这个小组的经历，而且讨论他们令人失望的工作寻找状况。小组中的其他人感到可以自由地表达不满，因此成员开始承担起使小组更有效的责任。这个问题使一些成员表示在逆境中必须下定决心，而不是让所有的拒绝（尽管如此痛苦）阻止他们做出努力。这也让他们努力提高求职技能，而这正是该小组的基本目的。

分享小组带领者的感受

基本技巧与带领者向成员展示自己作为一个"真实"的人的能力有关。严格遵循医学模式的助人过程理论已经将理想的带领者作为一个客观的、临床的、独立的和知识渊博的专业人员呈现出来。在这些模式中，直接表达带领者的真实感受被认为是不专业的。这产生了一种专业化的概念，要求带领者在个人和专业的自我之间进行选择。我相信这是另一个困扰我们实践的错误二分法。真正的技巧在于整合个人自我和专业。

整合个人自我和专业自我 具有讽刺意味的是，带领者不与成员分享适当的感受：带领者要求成员冒险、开放、诚实和脆弱地分享感受，而他的专业要求却恰恰相反。结果往往是塑造了"机械的"带领者，他总是保持自我控制，他把一切都安排好了，从不失言或慌乱——简而言之，他很难以任何有益的方式与人相处。当成员体验到带领者是一个真实的人而不是机械的人时，他们可以更有效地借助带领者的助人功能。如果带领者没有表现出人性化的迹象，成员要么不断地试探，找出假象中的缺陷，要么将带领者理想化为所有问题的答案。一直不知道带领者在哪里的成员会很难相信带领者。读者应该记住本书前面提出的论点：必须整合个人自我和专业自我，带领者需要防范不恰当的情绪表达，澄清小组的目的和带领者的角色将有助于理解这些界限。

对带领者而言，直接表达感受对成员来说一样重要。压抑情绪的带领者必须利用情绪能量才能做到这一点。如果释放出这种能量来进行同理心反应，则可以为成员提供重要的帮助。带领者不能在克制和持续压抑自己的感受的同时体验成员的感受。带领者也可能会脱离重要的间接沟通形式，在这种形式中，成员可以借助带领者的感受来表达自己的想法。投射性认同的概念（Bion，1961）在第十三章探讨关于小组的理论时将有详细的讨论。目前，拜昂建议一个小组或其成员将他们的情绪投射到带领者身上。例如，如果他们进行防御，他们可能会让带领者有同样的感觉，这是一种间接沟通的形式。成员可能不知道此过程，忽视自己感受的带领者可能会错过一个重要信息。

第十九次夫妻小组会谈：带领者生气了 请思考下面来自我带领的夫妻小组第十九次会谈的例子，该例子在前面的章节中进行了简要说明，并将在后面的第十三章中详细介绍。我的共同带领者在会谈前曾与一对快要分手的夫妻见过面。然而，由于这个小组同意在本次会谈中处理另一对夫妻的问题，因此这对快要分手的夫妻中的妻子间接提出了她的担忧。我将在下章中详细分享她是如何做的以及我的回应。从会谈的某一时刻起，她开始用完全避免了任何情绪的表达的理智方式描述这个问题，在我看来，这是抗拒的迹象。听了一段时间后，我对她产生了轻微的愤怒，也许更好的描述是激怒，我通过声音挑战了她的工作错觉——避免处理他们之间痛苦的感情。值得一提的是，这是在第十九次会谈中，即在本章前面提到的我和我的共同带领者在关系中建立关爱的储备库很久之后。（我的愤怒，除了是因为对成员的无奈之外，还因为我最近摔断了手指，打了石膏，而且在会谈期间用完了医生开的止痛药。）

我对感受的表达突破了她的理智，释放了我的能量来回应成员的感受。她立即进入了情感层面，这成为其他夫妻和小组工作的一个重要转折点。我指出她有愤怒的表情，她表示她很生气。当我问她到底是什么感觉时，她回答说："去他的！"她指的是她的婚姻，然后哭了起来。当她起身离开房间时，她的丈夫跟着她，他们在几分钟后回来时，已经解决了他们关系中的核心问题。我相信是我表达的沮丧和愤怒让她有能力打破她理智的伪装。

表达带领者对成员获得成功的投入 在迄今所展示的例子中，我看到了带领者在关怀关系中公开表达的愤怒或沮丧情绪是如何帮助成员的。这种诚实而自发的情感表达延续到带领者的一系列反应中。另一个例子是，一个带领者对于成员进步的投入感。例如，一个成员说："有什么用？我还是退学吧。"如果带领者表示相信他，关心他的成功，并且如果他退出，带领者会感到失望，那么带领者可能会分享他非常需要听到的感觉。先前引用的关于抗逆力的研究支持这样一种观点：即使只有一个人相信你，并足够关心你，对你设定高期望，这也可能成为你应对生活及其压力的关键因素。

提出工作要求

503

到目前为止，我在构建中间阶段会谈模式时已经提出了六个重要的组成部分：通过会谈期间对焦来为会谈做准备，订立小组契约，确定单个成员或小组的议程，帮助成员阐释其问题，确保成员一起投入工作，以及分享带领者的感受。在这一基础上，我应该研究矛盾心理和抗拒问题。成员可能会对继续他们的工作犹豫不决：代表他们力量的一部分将走向理解和成长；代表他们抗拒的另一部分将使他们从自认为的困难过程中退缩。

工作往往需要降低建立已久的防御，讨论痛苦的话题，体验困难的感觉，认识到自己对问题的贡献，对自己的行为负责，放弃对生活的长期认知框架，以及面对重要的人和系统。无论遇到什么困难，成员都会表现出某种程度的矛盾心理。

珀尔曼（Perlman，1957）将成员矛盾心理描述如下：

> 了解个人的感受需要知道他们往往是多面性的、混合的，他们可能同时在两个方向上拉扯。每个人都经历过这种双重性，既强烈渴望得到某样东西但又退缩不前，下定决心但始终都没有执行计划。这就是矛盾心理的部分含义。在同一时刻，一个人可能受到自己内心的两种对立力量的影响——一个说"是的，我会的"，另一个说"不，我不会的"；一个说"我想要"，另一个说"不是真的"；一个在肯定而另一个在否定。（p. 121）

　　一个关键的概念是，抗拒是工作的一部分。缺乏经验的带领者如果不明白这一点，当感觉到抗拒时，可能会从重要的工作领域退出。他们对自己所做的事情没有信心，所以当成员表现出防御或不愿意处理一个棘手问题的迹象时，他们就会拖延。如果带领者对该领域有矛盾心理，情况尤其如此。

　　然而，在困难领域的矛盾心理沟通可以被视为该成员的表达："这对我来说很难谈论。"也可能是问带领者："你真的准备好让我们讨论这个问题了吗?"这是生活中的一种情况，在这种情况下，一个人说他不愿意进入这个禁忌领域，通常希望你不要真的相信他。表面上的信息是"让我一个人待着"，而真正的信息是"别让我把你赶走"。在小组会谈中的这些时刻，提出工作要求的技巧是至关重要的。

　　施瓦茨（Schwartz，1961）提出的工作要求的概念对我们理解助人过程发挥了重要作用。他的描述如下：

　　　　工作者还代表了所谓的工作要求，在这个角色中，他不仅试图实施契约的实质性内容——我们的工作目的——而且维护工作环境。事实上，这个要求是工作者提出的唯一要求，它不是为了某些可感知的结果，或认可的态度，或习得的行为，而是为了工作本身。也就是说，他在不断地挑战服务对象，使其坚定地处理自己的问题，并精力充沛地去做应做的事。（p. 11）

504　　工作要求并不局限于单一的行动，甚至是一组技巧；相反，它贯穿于所有的工作中。例如，工作开始阶段的公开、直接订立契约的过程是工作要求的一种形式。带领者试图将成员的感受带入过程中，这是对工作的另一种要求。在一群与孩子分离的父母中，一位愤怒的父亲说，由于法院的命令，他太长时间没见到他的孩子了，他说："这对孩子来说时间很长。"带领者回答说："对你来说也是如此。"父亲在谈论孩子的感受，而带领者却一直在评论他作为父亲的感受。这是对工作的同理心要求的另一个例证。

　　请注意，这种要求可以是温和的，且需要支持。它不一定是对抗性的。我强调这一点是因为人们倾向于将抗拒视为消极和不关心的。一些实务模式，特别是在物质滥用领域，被设计为使用对质来打破防御。正如动机访谈模式所描述的那样，当成员处于前意向阶段时，他们不允许解决问题，也不允许越过否认，相反，这往往会强化抗拒。带领者很可能对工作提出具有同理心的要求，正如前面所强调的，如果在积极的工作关系中进行对质，就会被视为关心。

　　我将几项具体的干预措施归类为工作要求技巧：

- 拆分服务对象关注的问题；
- 保持专注；
- 查看潜在的矛盾心理；
- 挑战工作错觉；
- 指出障碍。

每一种情况都与小组情境下的特定动力有关，这些动力可以作为抗拒的形式。请注意，只有在结合前面描述的同理心技巧的情况下，对工作要求技巧的一致使用才有效。当带领者通过同理心表达他们对成员的真正关心时，他们才能建立积极情感的储备库，这是工作关系或治疗联盟的一部分。只有当成员意识到带领者理解他们，而不是严厉地评判他们时，他们才能回应要求。

同理心和工作要求的结合是必要的。一方面，有能力共情成员的带领者可以发展积极的工作关系，但不一定有帮助。另一方面，成员会感觉带领者只对他们有要求，而没有同理心，他们与带领者的关系是严厉、充满评判且没有帮助的。带领者以结合关心和要求的方式提供帮助是最有效的。

无论是在助人关系中还是在生活中，这都不容易做到。人们普遍倾向于将这两种关系一分为二，带领者可能会认为自己是在这两种关系之间来回穿梭。例如，通过同理心来表达关心某人，但一无所获会导致失望、愤怒和要求，同理心反应也会随之冷却。然而，正是在这一点上，当对成员提出关键要求时，同理心能力是最重要的。

牢记这一准则，我将在后文探讨四种工作要求技巧。提醒读者：虽然我指的是成员，但所有这些动力和技巧也可以应用于整个小组。 505

拆分服务对象关注的问题　成员经常感到压倒性的担忧。带领者可能会发现，成员的评论（也许在签到期间）包括对大量问题的叙述，而每个问题都会对其他问题产生一定的影响。成员所经历的无助感与解决许多问题的难度有关，这和问题本身的性质一样重要。成员感到无法动弹，不知道如何以及从哪里开始。此外，以这种形式维持问题可以代表一种抗拒。如果问题是压倒性的，成员可以证明不可能对它们采取任何措施。

从本质上讲，拆分是一种问题处理技巧。解决复杂问题的唯一方法是将其分解为各个部分，并逐一解决这些部分。要想改变过去的无助感和被束缚的感觉，首先要在问题的一个部分迈出一小步。这是带领者对工作提出要求的一种方式。

实务要点：当带领者倾听成员的担忧，并试图理解和承认成员被压垮的感觉时，带领者同时开始帮助成员将问题分解成更易于处理的小问题。下面家长小组的例子说明了这个技巧。

带领者：你似乎对你儿子昨天打架非常不安。你能告诉我是什么让你感到不安吗？

成员：打架之后一切都乱了套。因为我儿子把刘易斯太太的儿子打成了黑眼圈，刘易斯太太很愤怒，她威胁说要报警。她向房东投诉，房东威胁说如果孩子们不改好就把我赶出去。我试图和弗兰基谈一谈，但毫无进展。他只是对我大喊大叫，然后跑出了家门。我真的很担心他这次做的事情，我对整件事感到恶心。如果他们把我赶出去，我该去哪里呢？我租不起别的房子了。而且你知道警察上次给了弗兰基一个警告。我很害怕，如果刘易斯太太真的投诉会发生什么。我真的不知道该怎么做。

　　带领者： 这听起来确实一团糟；难怪你会觉得被逼到了墙角。你看，如果我们一次只解决一个问题也许会有帮助。刘易斯太太非常生气，你需要处理和她之间的事情。你的房东也很重要，我们应该考虑你可以对他说些什么，让他在你处理弗兰基的问题时不要再给你压力。既然这件事让你们两个处境更糟，你能对弗兰基说什么呢？我猜这是个大问题。刘易斯太太、房东和弗兰基——我们应该从哪里开始？

　　带领者声明中隐含的要求是温和又坚定的。带领者可以感觉到成员不知所措的感觉，但她不会让工作就此停止。在这个例子中，我们可以清楚地看到三组任务：带领者的任务，有问题的成员的任务，以及需要回应其他成员的任务。该成员提出担忧，带领者帮助她解决问题；该成员必须根据她的紧迫感开始处理这些问题；其他成员需要集中精力解决一个问题。这就是工作的互动性，带领者的任务和成员的任务是相互作用的。

　　当带领者把一个难以解决的问题拆分成几个部分，并要求成员着手解决这些问题时，他也在遵循助人过程的一个关键原则行事：总是有下一步。下一步就是成员要开始处理这个问题。对于临终关怀小组的身患绝症的成员来说，接下来的步骤可能意味着找到一种应对疾病的方法，让自己的生活井然有序，控制自己剩余时间的生活质量，与家人完成未完成的事务，等等。当一个成员得不到例如住房保障等社会支持时，下一步可能涉及对该制度的游说和对抗，如果所有其他措施都失败，则应试图找出尽量降低恶劣的住房条件的影响的方法。虽然带领者可能无法提供彻底解决问题的希望，但带领者需要帮助该成员和其他成员找到下一步。当一个成员感到不知所措和绝望时，他最不需要的是一个和自己有同样感觉的带领者或支持小组。

　　此外，当在实务工作的开始阶段使用拆分技巧时，该技巧在与工作关系中的关怀要素的相关性方面，在八个技巧中位列第五；在与工作关系中的信任要素的相关性方面，它排在第二位；在对助人有效性的影响方面，它的重要性排在第一位。拆分技巧和工作关系之间的这种关系验证了我早期的一个研究发现，即这个技巧通过其对关系的影响而提升了助人的效果（Shulman，1978）。

　　那么，为什么使用拆分技巧会对建立关系产生积极的影响呢？一种解释可能是，带领者使用拆分技巧向成员传达了几个重要的想法。第一，带领者认为成员面临的任务是可以管理的。第二，带领者传达出成员可以采取下一步行动的信念，也就是说，当问题被恰当地分解成可管理的小部分时，成员有能力处理这个问题。它是优势视角的直接表达。第三，由于拆分技巧也有助于明确工作重点，因而它可能是澄清角色和目的的另一种形式。无论如何，关于拆分技巧的研究表明，特别是在早期，带领者可能会做得很好，以帮助成员清楚地识别他们向小组提出的问题的组成部分。

　　这些想法与优势视角的最新发展及寻解方法相一致（在第十七章中将更详细地讨论）。从本质上讲，带领者向成员传达了一种信念，即如果他们能逐步地解决问题，他们就有能力处理他们的问题。让成员反思他们能够更有效地处理问题的时刻（一种寻解技术），以帮助成员改变他们对生活和能力的认识。读者若对自己面临的问题感到不知所措，应考虑自己的生活经历，分解问题，一次解决一个，这样就会产生积极的行动，并开始打破恶性循环。

保持专注　当成员开始处理一个特定的问题时，与其他相关问题的联系往往会导致一种杂乱无章的形式，在这种形式中，成员很难专注于一个问题。保持专注（要求成员关注一个问题）是第二个解决问题的技巧，它包含了对工作的要求。从一个关注点转向另一个关注点可能是在逃避工作；如果成员不留在一个问题上，他就不必处理相关的感受。

实务要点：保持专注会向成员和小组传递这样一个信息：带领者打算讨论更强烈的情绪和担忧。这一技巧在前面的单亲家长的例子中有所说明。在该成员决定先处理刘易斯太太的问题（因为她害怕警察介入）之后，讨论继续进行：

> **成员：**刘易斯太太上门的时候，对我大喊大叫，说我的弗兰基是个罪犯，她不会让他再打她的儿子。
>
> **带领者：**你一定很害怕和不安。你对她说了什么？
>
> **成员：**我只是冲她大喊回去，告诉她她的儿子不是什么好人，他可能是自找的。我真的很不安，因为我看到房东的门开着，我知道他一定在听。你知道他警告过我，他不会再容忍这些吵闹。如果他真的把我赶到大街上，我该怎么办？
>
> **带领者：**我们能不能先讨论刘易斯太太的事情，然后再去处理房东的问题？我能看出来你当时肯定很生气、很害怕。你对刘易斯太太的感受有什么想法吗？

实务总结：通过承认痛苦（支持），然后回到处理刘易斯太太的问题上（要求），带领者帮助成员专注于这个问题，而不是让成员被焦虑压倒。

查看潜在的矛盾心理　助人时的危险之一是，成员可能会选择附和带领者，表达一种虚假的共识或赞同，同时对一个观点或下一步的决定感到矛盾。因此，查看潜在的矛盾心理是带领者的另一项重要任务。

由于多种原因，成员可能会附和带领者。如果成员觉得带领者或其他成员对"解决方案"投入很多，可能不想通过表达怀疑来激怒带领者或其他成员。该成员可能不知道他目前的疑虑，或在尝试采取困难行动时可能出现的疑虑。最后，该成员可能会隐瞒疑虑，以避免处理核心问题。在这个意义上，成员表现出另一种形式的抗拒，这是微妙的，因为它是被动表达的。在这种情况下，当我们说了一些话，但没有任何实际情况发生时，我们就会产生工作错觉，这是有效实践的最危险的威胁。在加拿大法语区——魁北克省蒙特利尔市生活了六年之后，我学会了把这种舞蹈称为"治疗的双人舞"——一种由带领者和成员共同发展出的奇妙的维持错觉的舞蹈形式，即一些真实的事情正在发生，且都有其发生的原因。

有时，带领者意识到成员潜在的怀疑、恐惧和担忧，但选择忽视它们。正如一位带领者所说的："我知道我们只是在原地打转，但我害怕与成员对质。"小组认为，提出这些问题可能会导致成员决定不采取下一步行动。他们认为积极的思考是必要的，他们不希望通过承认和讨论这种矛盾情绪来加重成员的矛盾心理。然而，事实往往相反。正是在这样的时刻，带领者应该查看潜在的矛盾心理。这就是我之前所说的"当一切顺利时寻找麻烦"的技巧。

当成员有机会表达矛盾心理时，带领者和其他成员可以接触到成员的真实感受，并可以提供帮助。当小组带领者和成员讨论时，负面情绪通常会减少。也许成员高估了所涉及的困难，小组可以帮助澄清现实情况。在其他情况下，下一步确实很困难。小组的帮助包括对困难的共情理解和表达对成员面对这些感觉时的优势和抗逆力的信心。无论犹豫的原因是什么，都必须加以探讨，以免妨碍成员在小组外的工作。

当成员同意采取重要的下一步行动时，带领者需要克服兴高采烈的情绪。例如，在与有物质滥用问题的成员合作时，热情的带领者可能认为成员会参加治疗项目，然后在成员没有出现时感到失望。仔细回顾会谈可发现，该成员发出的信号表明他仍处于"意向"阶段，尚未准备好进入寻求帮助的"行动"阶段。带领者常常承认感觉到成员的犹豫，但相信通过积极的鼓励可以克服这种犹豫。当会谈结束后出现矛盾和恐惧时，这个错误再次困扰着带领者。

如果在下一次会谈中，带领者可以承认自己推进得太快，并鼓励成员去探索复杂的感受，那么就不会造成失败。这提供了一个很好的机会来阐释先前的观点，即抗拒是工作的一部分。仅仅将成员的抗拒视为进步的障碍是错误的；相反，抗拒本身有一些重要的"工作的抓手"。在有物质滥用问题的成员的例子中，带领者探索了成员的抗拒，可能会出现重要的工作主题：对接受物质滥用问题的担心、雇主如何看待他、羞耻感和作为触发因素的创伤性事件的回忆等等。如果小组的其他成员也有同样的担忧，或者过去曾有过这些担忧，并且能够克服它们，则可能会有所帮助。除非带领者鼓励，否则不会进行讨论。

在另一个例子中，一名年轻的大学生在自杀未遂后被送进精神病院，她在第一次会谈的时候就宣布不会讨论她的男朋友或家人，因为这意味着她责怪他们。同时，她表达了抗拒情绪，她最关心的一个问题是对自己的愤怒和怨恨感到内疚。探索为什么她不想讨论男朋友或家人，直接引出了她关注的中心主题——事实是她确实责怪她的男朋友和家人。

挑战工作错觉　如前所述，对有效助人的最大威胁可能是成员或小组创造工作错觉的能力。虽然可以通过非语言手段，如触碰等行为来提供帮助，但许多助人过程是通过语言沟通来实现的。我们都曾参与过没有真正意义的对话。很容易看出，这种无须带领者多言就能让成员说很多话的能力是如何整合到助人的互动关系中的。这代表了一种微妙的抗拒形式：通过创造工作错觉，成员可以避免挣扎和成长的痛苦，同时看起来仍在工作。然而，要使错觉发生，每个人都必须参加这个仪式。带领者和成员必须愿意让错觉产生，从而积极维持这种错觉。带领者说，他们与成员建立了长达数月甚至数年的关系，而在此期间，带领者内心深处一直知道这一切都是错觉。

施瓦茨（Schwartz，1971）在关于小组实践的文章中描述了工作错觉：

> 带领者不仅能够帮助人们交谈，而且必须帮助他们相互交谈；谈话必须是与契约有关、有目的的；谈话必须有感情，因为没有感情就没有投入；它必须是关于真实的事情，而不是一种伪装、一种错误的共识或一种旨在产生工作错觉的而不是在过程中引起任何注意的游戏。(p. 11)

挑战工作错觉包括花一些时间了解错觉的模式（可能在一段时间内），以一种促进性的方式让成员面对这种错觉。

一个婚姻咨询小组的例子说明了这一过程。一对夫妇曾要求帮助解决他们婚姻中的问题。随着会谈的进行，带领者发现大多数谈话只涉及他们工作中的问题、与父母以及与子女的问题。这与他们的婚姻问题有关；然而，他们似乎建立了一个心照不宣的联盟，不处理他们夫妻关系的细节。无论带领者多么努力地从他们提出的话题中寻找与这对夫妇相处情况的联系，他们似乎总是回避他。最后，带领者说：

> 你们知道，当我们开始辅导的时候，你们都觉得需要获得帮助来解决你们婚姻中的问题，改变你们与对方相处的方式。然而，在我看来，我们谈论的都是你们如何与其他人相处。你们似乎在回避棘手的问题。为什么会这样？你们是不是担心它可能太难处理？

带领者对错觉的挑战得到了迅速的回应，这对夫妇探讨了他们的一些担忧，他们害怕如果他们真的开始工作会发生什么。这种对错觉的挑战有助于这对夫妇开始艰难的、有风险的改变过程。此外，他们的抗拒本身也揭示了许多潜在问题。他们向小组和带领者展示了他们是如何避免相互谈论真正的问题的。其他成员因为他们在处理自己的关系时犹豫不决，参与了创造和维持这种错觉。

在禁忌领域支持小组成员

当进入助人关系时，成员会带来一种社会文化意识，其中包括禁止公开讨论某些敏感领域的禁忌。禁忌可能与一般社会情况有关，也可能与更具体的特定社会经济、种族或社区小组工作或家庭有关。当我们把一群人聚集在一起时，我们可以确定的是，从第一次会谈开始就立即建立起一种有一套行为规范、角色（带领者、成员、守门员等）的文化，并同时有声明和未声明的规则以及禁忌主题。（第十三章将详细讨论小组文化的概念。）

例如，我们从小就被教导说至少在我们这一代，直接询问和讨论性是不被接受的。在其他领域，我们被巧妙地鼓励不承认我们对依赖、权威、丧失和经济问题的真实感受。下面的两个例子说明了禁止讨论性、乱伦、种族和权威的禁忌的力量。

确定禁忌主题 在一个社会禁忌影响的例子中，一名社会工作者在为行为问题学生小

510

组的高中青少年提供服务时发现了一些迹象，其中一个女孩暗示家里可能有问题，还间接暗示了性虐待。咨询师在单独的治疗中发现了障碍，她在会谈后对女孩说，一些女孩在家里遭受了某种形式的虐待，但由于一些原因，她们总是很难谈论这一点。这个十几岁的女孩没有回应；然而，在下一次会谈开始之前，女孩透露，她与父亲发生了乱伦，并一直感到羞愧、内疚，害怕告诉任何人。

在另一个关于种族和权威主题影响的例子中，一名非洲裔美国高中生在一所主要是白人的学校里，很难与他的白人社会工作者讨论他被白人学生欺负的经历。这位社会工作者指出，当他的社会工作者也是白人时，学生很难谈论作为一名白人为主的学校里的黑人学生所经历的事情。通过指出这个障碍，社会工作者为接下来的讨论打开了大门。

成员为避免讨论某些问题而做出的明显努力也可以确定其他禁忌领域，即使它们与小组的目的有关。例如，感觉依赖往往被认为是软弱的。"真正的男人"或"真正的女人"的不真实形象塑造出一个独立的人，一个不用帮助就能处理生活中的问题的人。然而，在现实世界中，生活是如此复杂，以至于我们总是以某种方式依赖他人。无论有意识与否，大多数人都经历过这种窘境，感觉到的是一回事，应该感觉到的却是另一回事。这就是我所说的"应该是"和"是"的问题。我们文化的规范中有明确的禁忌，包括对人以及酒精、毒品和赌博等的依赖，这使真正谈论依赖变得困难。

金钱也被认为是一个禁忌主题。许多家庭对与其经济状况有关的问题深为反感。在我们的社会里，贫穷是令人尴尬的。不愿与专业人士讨论费用是实务中禁忌影响的一个例子。成员有时在不询问费用的情况下订立服务契约，因为他们觉得询问会很尴尬。在一个靠福利生活的母亲的例子中，一名成员在上次会谈中对另一名答应去她家，给她一些钱帮助她度过这个月的成员表达了愤怒。第二个成员道歉说，她本来是想这么做的，但发现囊中羞涩，不好意思说出来。小组的讨论转向了与自我价值相关的感受及其与贫困的相互作用。

最大的禁忌之一是对权威的感觉。家长、教师和其他权威人士一般不鼓励儿童就这种关系的性质给出反馈。我们很早就知道，对这种关系发表评论，特别是负面的评论充满了危险。权威人士有能力伤害我们，所以我们最多只能暗示自己的感受和反应。在小组咨询的环境中，担心在同龄人面前尴尬，会加剧这种恐惧。向权威人士表达积极情绪几乎同样困难，因为这被认为是一种贬低，或者用通俗话来说，是"拍马屁"。

我已经在前面的章节中谈到了权威主题，因为成员们都想知道带领者是什么样的人。即使在一开始就直接回答了这个问题，比如"你有孩子吗"，权威问题依然存在。禁止公开谈论权威主题的禁忌会在整个小组运作过程中给带领者与成员之间的工作关系造成一个重要问题。

丧失是另一个禁忌主题——它有多种形式，影响着不同类型的成员和工作领域。例如，由于死亡或分离而失去一段关系可能被认为很难直接讨论。如果孩子出生时就有身体或精神问题，父母可能会暗自为失去他所希望拥有的完美的孩子而悲伤，并对这种感觉感到内疚。儿童时期遭受过性、情感或身体虐待的幸存者可能会为失去正常的童年和他的纯真而悲伤。酗酒者的成年子女可能会为失去曾经希望的家庭而悲伤，但他可能不愿意讨论这个问题，因为家人告诉他这个问题必须保密。

老年人可能会为失去家人、朋友、社区以及他们的健康和独立能力而悲伤。在老年人之家的小组会面中，成员对餐厅提供的食物的质量和种类表示不满。带领者帮助他们与工作人员一起解决了这个问题，但也开始了对潜在问题的讨论——他们失去了自己做饭的能力。我们社会的许多信息表明，直接讨论丧失是不可接受的。

带领者如何认识到禁忌的存在？墙上没有任何标识，也没有任何书面协议禁止讨论某个特定的禁忌话题。带领者认识到小组文化中禁忌的存在，是因为小组的行为就像禁忌存在一样。避免谈论禁忌话题的模式——即使当它对所有成员都是显而易见的——是不解决问题的共同规范的标志。第十三章将更详细地探讨小组文化的主题，但目前的概念是我们了解我们的小组文化（行为规范、非正式规则、成员所承担的角色、禁忌等），因为该小组的行为就好像文化存在一样。因此，除非我们从成员的行为中推断出它们的性质，否则它们是不可见的。我们如何知道一个小组有特定的共同行为规范和未声明的不提出禁忌主题的协议？我们知道这一点，是因为成员一直避免讨论该话题，即使它与工作有关。认识到禁忌时，带领者公开提出禁忌，并开始协商小组会谈的新的行为规范。

改变小组文化　为了帮助成员讨论禁忌的感受和担忧，带领者必须与成员合作，在小组中创造独特的文化。在这种文化中，讨论成员在其他地方可以接受的被视为禁忌的感受和担忧。然而，禁忌不会在所有情况下都消失。我们有一些很好的理由让我们不在所有场合自由和亲密地谈论我们在禁忌领域的感受，就像讨论分享带领者的感受那样（例如，带领者对成员的性吸引力）。

在小组会谈期间讨论禁忌话题不是为了在所有生活情境中永远改变成员的态度，而是为了允许在当前的情况下工作。带领者通过监控与成员之间的互动来进行讨论，并在讨论过程中留意可能揭示禁忌的线索。过去与成员相处的经验和对焦过程可能会提高带领者对一个禁忌话题的敏感性，而这个话题就隐藏在会谈的表面下。

带领者需要防范对契约的微妙颠覆，如果对障碍的讨论成为工作的重点，就很容易发生这种情况。帮助既不是为了探究禁忌存在的原因，也不是为了让成员在所有情况下都摆脱禁忌的力量。澄清小组的目的和带领者的角色可以帮助带领者避免陷入因全神贯注对过程进行分析而丢失原有任务的陷阱。

处理权威和亲密主题　之前我曾建议，小组在任何时候都要处理其工作（契约）或工作方式（权威主题和/或亲密主题）。我需要研究这些通常是禁忌话题的权威和亲密关系，以了解它们对小组的影响。

施瓦茨（Schwartz, 1971）将权威主题描述为"一种熟悉的斗争，以解决与一个养育的和苛刻的人之间的关系。后者既是个人的象征，也是一个强大机构的代表"（p. 11）。当成员借助带领者的帮助来处理这项任务时，就会产生积极和消极的感觉。有时，成员会对

512

513

这个提供关心和支持的人产生好感。在其他时候，成员会对一个要求成员处理痛苦的感觉并为自己在生活中的角色承担责任的带领者感到愤怒。带领者不是从不犯错的完美个体。即使是最富有技巧的带领者有时也会错过成员的信息，忘记自己作为带领者的角色，开始说教或者严厉地评判成员，而不是满怀关怀参与到成员为内心的挣扎而改变的过程之中。成员的反应和感受会因此产生。

当人们进入助人关系时，权威主题的问题应该被视为工作的正常部分。事实上，带领者和成员之间无论是积极的还是消极的能量流动，都可以为工作提供动力。

权威主题的两个核心过程是移情和反移情。根据弗洛伊德的精神分析理论，斯特林（Strean，1978）描述了它们对带领者-成员关系的影响，具体如下：

> 这种关系有很多方面：微妙的和明显的，有意识的和无意识的，前进的和倒退的，积极的和消极的。服务对象和工作者不仅在客观现实中体会自己和对方，也感受到各自希望对方成为什么样子和担心他成为什么样子。"移情"和"反移情"现象存在于任何两人或两人以上的关系中以及专业或非专业的关系中。在社会工作者与服务对象的每一次接触中都应考虑这些现象。所谓"移情"是指服务对象出于对过去重要他者（父母、兄弟姐妹、扩大家庭、老师）的反应而产生的感受、愿望、恐惧和防御，这些会影响他现在对社会工作者的看法。同样，"反移情"是指社会工作者从前的感受、愿望、恐惧等等，会影响他对服务对象的看法。(p.193)

不幸的是，权威主题是我们社会中最有影响力的禁忌领域之一。成员很难谈论他们对带领者的反应和感受，就像他们很难谈论诸如性之类的话题一样。如果这些感受和反应不被讨论，助人关系就会受到影响。这些强烈的情感隐藏在表面下，并以许多间接形式出现。成员或整个小组变得冷漠、会面迟到或不履行承诺。带领者寻找由成员或小组行为引起的问题的答案。带领者可能试图从成员"个性"的角度来理解这种行为。然而，这些问题的答案往往更贴近实际，也比无形的个性概念更容易理解。答案往往可以在带领者和成员之间的互动过程中找到。

处理权威主题的技巧包括对关系的持续审视。如果带领者感觉到工作是不真实的，产生了工作错觉，或是工作上遭遇阻碍，则可以关注阻碍性因素。如果阻力和权威主题相关，可以直接对这些阻碍性因素做出回应。与其他禁忌主题一样，带领者试图在这种情况下创造一种文化，让成员感知到一种新的规范："把带领者当作一个真实的人对待，并说出你希望带领者如何处理你的问题。"在订立契约阶段，带领者可以直接回应成员早期发出的关于希望有什么样的带领者的暗示，从而开始这一过程。

当成员探测到这种奇怪的权威似乎欢迎直接反馈，甚至是消极的反馈时，小组中将逐渐发展出一种新的文化。当成员了解到带领者不会惩罚他们时，反馈会比以前更频繁、更快地出现。同样重要的是，成员可以看到一个非防御性的带领者展示出检查自己的行为和乐于改变的能力——这正是带领者要求成员做的事情。这是整合内容和过程的另一个例子。

成员之间也会出现亲密主题的问题，这些问题隐藏在表面之下，创造和支持工作错觉。与带领者一起解决问题可能很困难，但与其他成员打交道也同样困难。当我们被普遍教导要礼貌和避免消极的互动时，对抗是很困难的。当一名成员被另一名成员的评论激怒或伤害时，他可能会隐藏这些感觉，并将其发泄出来或间接地挖苦冒犯的一方。

成员之间的移情可能是另一个问题。G. 科里和 M. S. 科里（Corey & Corey，2006）对小组环境下处理移情和多重移情的论述如下：

> 成员不仅可以投射到带领者身上，还可以投射到小组中的其他成员身上。根据小组的不同类型，成员可能会识别出那些让他们产生感觉的人，这些感觉是他们对过去或现在生活中重要的人的回忆。同样，根据小组的目的，可以有效探索这些感受，使成员意识到他们如何在当前的关系中保持这些旧模式的功能。小组本身提供了一个理想的让人们了解特定的心理脆弱性模式的场所。成员可以深入了解他们未解决的冲突是如何产生某种功能失调的行为模式的。通过关注小组会谈中发生的事情，小组提供了一个关于人们如何在小组之外的情况下运作的动态理解。（p. 211）

需要注意的是，在权威和亲密主题下，一个常见的错误是把小组变成一个失去最初目的的"过程"小组。例如，一些专业培训项目，包括我参加的教育心理学博士项目，使用过程或培训小组的方法来教授小组带领能力是很常见的。这一模式是在国家培训实验室开发的，它在第一堂课上有一个被动的讲师，他会坐在教室里，一言不发。他会默默地看着一些学生试图与讲师互动（"你拿了报酬，不是吗？"），而另一些学生则试图发挥领导作用，学生的焦虑加剧。在很长一段时间，包括长时间的沉默之后，讲师将带领学生讨论小组是否需要一位带领者并将其描述为依赖问题。在我看来，这与有效的带领者做法相反。除了与相对被动的带领者一起审视小组进程外，缺乏外部目的会创造出一个虚拟小组。理论上，带领者削弱了他在小组中的权力。在我看来，这种被动增加了带领者的权威。下一章将更详细地探讨这个问题。

作者对处理禁忌主题的研究　在我早期的研究中，从服务对象的角度来看，在禁忌领域支持服务对象的技巧是区分最有效的咨询师和最低效的咨询师的四个技巧之一（Shulman，1978）。在最近的研究中，这一技巧在被审视的八个技巧中位列第六（Shulman，1991）。服务对象报告说，他们的工作者使用该技巧的频率在"很少"和"经常"之间。这是意料之中的，因为工作者面临着与服务对象相同的禁忌。工作者需要经验和督导，才能有勇气直接谈论这些问题。

在对技巧的分析中引入时间后有一些有趣的发现：

- 在工作开始阶段（初次会谈）使用在禁忌领域支持服务对象这一技巧时，在与服务对象对工作者关怀的看法有关的八个技巧中，该技巧的相关性位列第三（$r = 0.52$）。
- 在小组中间阶段使用该技巧的相关性略高（$r = 0.58$）。

这些发现是意料之中的，因为任何形式的支持，特别是在敏感和痛苦的工作领域，都

教育政策 4b

可能有助于服务对象认为工作人员关心他。这为这种观点提供了一些理由，即带领者在处理禁忌问题时，最好是比成员更敢于冒风险，而不是过于谨慎。

识别过程与内容的联结

两种带领者技巧跟识别过程与内容的联结有关：（1）识别这些联结；（2）向成员指出这些联结。知道自己使用过程处理内容的方式的成员可以从这种意识中学习并控制自己与他人的互动。例如，认识到依赖带领者的意义可以使成员在工作中承担更多的责任，从而使其在助人关系中更加独立。反过来，这又成为让成员练习新的独立技能的培训媒介，这些技能后来可以转移到其他重要关系中。

在帮助成员看到小组过程与工作内容的联结的一个例子中，一名因暴力而被停学的非洲裔美国高中学生在布法罗大学设立的愿景、诚信、结构与责任项目中心的一次小组会谈中遇到了一个白人带领者。带领者巧妙地解决了来自城市中心区的黑人青少年和来自郊区的白人带领者之间的跨文化禁忌问题，这是加强工作关系的重要一步。在理解了过程与内容的联结之后，讨论迅速转向了这个学生与种族主义的白人老师和管理人员之间的冲突。因此，过程（与带领者的关系）和内容（黑人与白人老师和管理人员打交道）被整合在一起。

这次讨论可能有助于学生更好地评估他何时真正遭遇了种族主义，或者根据他的生活经历，是否有许多好的理由认为种族主义并不总是存在的。这也可能帮助他找到更适应的方式来应对这些高度紧张的互动，从而减少他的问题。他可能仍然需要面对种族主义的专业人士和学生，但他可以在他的回应中制定出更有效的策略和干预措施。

这本书中引用了另一个例子，在为患有慢性病的住院孩子的母亲组成的互助支持小组中，一位愤怒的母亲在第一次会谈中攻击了新手带领者。然后我提出这位母亲实际上是在向带领者展示她如何利用愤怒来避免处理痛苦的感觉，以及她在最需要帮助时没人帮助。这展示了应如何处理与小组工作直接相关的过程（权威主题）。

与权威主题有关的过程和内容　我之前提到过，在任何时候，小组会谈中的对话都与过程或内容有关。然而，由于成员沟通的间接性，往往很难知道哪些是真正在讨论的。例如，在旨在解决儿童、就业以及朋友和家庭关系等问题的小组中的一位单亲家长，可能在会面开始时明显地谈论内容——她的朋友和亲戚都不理解她的痛苦。这个问题对她来说是真实的，但自从上次会谈以来，她也对带领者很生气，因为带领者错过了她的痛苦信号，或者对她的痛苦信号进行了最小化处理。

这个例子强调了本章前面讨论过的对焦和会谈期间订立契约的重要性。如果带领者能够适应成员围绕权威问题进行间接沟通的模式，实际上他可以更好地留意关于过程（带领者的理解能力）而不是内容（朋友和亲戚）的讨论。如果带领者过早地认为讨论只是与内容相关的，会谈可能会变成工作错觉，而过程问题就会被隐藏。

　　到目前为止，已经对术语内容和过程进行了描述和说明；然而，将两者结合起来的观念需要进一步阐释。带领者常犯的一个错误是没有看到过程和内容之间可能的联系，然而这两者是可以综合起来的。带领者经常在处理过程或内容之间左右为难。他们试图平衡这两者，花一些时间在过程（小组是如何工作的）上，又花一些时间在内容（小组是关于什么的）上。他们没有意识到陷入了接受过程与内容的错误二分法的陷阱。当带领者接受这种错误的二分法时，他们会陷入困境。带领者必须找出过程与内容的联结，这样对过程的讨论可以加深对内容的讨论，反之亦然。

　　回到我们的单亲家长的例子中，寻找这种整合的带领者可能会认识到（通常是在会谈之间，很少是在会谈期间），成员间接地表达对带领者缺乏同理心的愤怒和感到受伤的方式是这个成员处理与朋友或其他重要人物的关系的一个很好的例子。当她的需求得不到满足时，她会生气，因为她希望其他人能直观地感觉到自己的感受。她不承担直接讲述自己痛苦从而帮助他人理解的责任。在这种情况下，如果带领者对权威主题展开讨论，成员可以更深入地了解她必须学习的技能，以创建和维护社会支持系统。该成员可以对她自己在与带领者的关系中以及在与她生命中其他重要人物的关系中承担责任。因此，我在这个例子中看到，工作的内容可以与过程问题进行综合，并且可以把过程问题整合到内容中。在讨论了权威主题后，带领者可以从成员与带领者或其他成员打交道的方式的具体问题转向成员如何寻求朋友和家人满足其需求的一般问题。

　　在另一个例子中，一位带领者探讨了已婚成员在让自己感到依赖于女性带领者时的困难，以及他在表达需要帮助时感到的不适。这个困难似乎与他对"真正的男人"应该是什么样的诸多观念有关。关于权威主题的工作直接导致了关于他如何努力让妻子直接知道他有多需要她是多么困难的讨论。

　　在上述的例子中，处理权威主题有两个不同的作用：它使工作关系摆脱了潜在的障碍，并直接促成了有关契约的重要实质性工作。但是，只有当带领者拒绝过程-内容二分法，转而寻找两者之间的潜在联系时，这种情况才会发生。

　　读者可能已经注意到，我经常质疑我所说的错误二分法和错误二元论。它就是："我是处理小组过程还是内容？"一旦带领者看到两者之间的联系，带领者就不再需要选择其中之一了。

分享数据资料

　　成员也必须被允许获得带领者有关自己的数据资料。与某些要求带领者保持中立的观点相反，我认为带领者分享诸如事实、想法和价值判断等的数据资料是助人过程的重要组成部分。在一些小组中，例如教育和心理教育小组，共享数据资料是小组的目标。即使在这些小组中，带领者也需要考虑何时共享数据资料是合适的，以及如何共享数据资料。为了确保带领者没有暗箱操作，即试图操纵成员，需设立四个条件。带领者须注意只能共享以下数据资料：

- 其他成员无法使用；
- 与成员的工作有关；
- 公开分享；
- 以成员可以自由地接受或拒绝带领者的观点的方式分享。

518　　　我将带领者数据资料定义为带领者从自己的经验中积累并可以提供给成员的事实、想法、价值观和信念。

带领者分享数据资料很重要，不仅因为它对成员有潜在的有用性，而且因为分享数据资料的过程有助于建立工作关系。在困难领域，成员将带领者视作获取帮助的资源。如果成员感觉到带领者在隐瞒数据资料，不管出于什么原因，这都可以被视为一种拒绝。一个成员可能会说："如果你真的关心我，你会告诉我你所知道的，或者你对我的问题的看法。"

虽然分享数据资料的技巧听起来很简单，但是关于人们如何学习的一些误解，以及对助人角色缺乏明确的认识，使得简单的行为变得复杂起来。这些问题可以从带领者的行为中看出，他们有重要的信息给成员，但不告诉成员，认为成员必须自己学习。这些问题在声称让成员自己学习，而自己却间接"插入"他们想法的带领者的行为中很明显。这在小组会谈中是最容易识别的，在小组会谈中，带领者引导一名成员回答出带领者早已想好的答案。这是一种"苏格拉底式教学法"，在这种方法中，知情的人提出设计好的问题，旨在引导不知情的人找到正确答案。他们的信念是，只有成员说了带领者想听的话，才会有所学习。根据我的观察，无论是带领者还是老师运用这种方法，学生们都能很快感受到这个过程，他们不会去解决问题，而是努力想弄清楚带领者/老师想让他们说什么。

在后文，我将确定数据资料分享所涉及的一些技巧，并讨论一些令带领者看起来不是那么直接的问题。

提供相关数据资料　提供相关数据资料的技巧是指直接分享带领者所知的事实、想法、价值观和信念，这些与成员手头上的紧迫任务有关。两个关键的要求是：数据资料与工作契约相关，并且是成员当前工作所必需的。

对于第一个要求，如果带领者清楚会谈的目的，并且这个目的已经与成员公开协商过，那么带领者就有一个关于分享数据资料内容的指导方针。当带领者想要间接地教成员一些东西，并使用沟通巧妙地介绍个人想法时，就会产生问题。带领者的这种错误的功能意识根源于这样一种模式：带领者试图通过巧妙地提出"好"的想法来改变成员。问题是成员很快就会意识到带领者有一个隐藏的议程，不应将带领者视为完成议程的资源，必须权衡带领者的话，看看"他的衣袖里"有什么。

这种隐藏的目的往往会让带领者在直接分享数据资料时陷入困境。一方面，分享可以帮助成员；另一方面，将意识形态强加于成员，则把成员视为一种需要塑造的对象。带领
519　者的矛盾心理表现在他的观点是间接的。然而，如果数据资料是与公开同意的目的相关的，

那么带领者便可以自由地直接分享它们。

直接共享数据资料的第二个要求是，数据资料必须与成员的直接关注相关。即使某些东西与工作契约有关，成员也不会仅仅因为带领者觉得这些东西在将来对他们有用而学习。想法、价值观等对人们的吸引力与他们当时的有用感有关。会谈期间订立契约之所以重要，原因在于带领者需要明确成员当前的紧迫感，并必须分享成员认为有帮助的数据资料。

预备收养的夫妇小组　根据我对预备收养的夫妇教育小组的观察，我可以提供一个关于分享间接相关数据资料的例子。为了评估夫妇是否适合作为养父母，以及帮助他们讨论收养问题，通常会采用个人或小组会谈。带领者通常会为小组会谈准备一个完善的议程，涉及他们认为夫妇作为养父母将需要面对的所有问题。不幸的是，这样的议程可能会忽略养父母对收养工作、机构关于接受和拒绝潜在父母的程序的迫切关注。在下面的例子中，在第二次小组会谈中，预备收养的夫妇回应带领者的问题："我们应该告诉被收养的孩子他们是被收养的吗？我们应该在什么时候告诉他们？我们应该怎么做？"

实务要点：要记住的重要一点是，这些夫妇仍在等待是否会收养孩子的消息，而且所有人都在期待婴儿。是否告诉孩子他们是被收养的问题要等到孩子被收养几年后才会出现。

弗兰克斯先生：我认为你应该告诉孩子，否则你就不诚实了。

贝克先生：但如果你告诉他，他可能会一直对他真正的父母好奇，这可能会让他觉得你不是他的父母。（这句话引发了男人们之间关于孩子对养父母感受的激烈讨论。带领者利用这个机会间接表达了自己的观点，而她对自己的问题已经有了一个"可以接受的"答案。）

带领者：贝克先生，我想知道，如果你不告诉孩子，而他后来发现了，你认为孩子会有何感想？（贝克意识到自己可能给了带领者一个错误的答案，带领者也会判断他是否适合成为养父母，于是他迅速改变了立场。）

贝克先生：我以前没这么想过。我想你是对的——马上说明将会容易得多。

实务总结：当成员显然达成了带领者从一开始就想要达成的共识时，她就把讨论转移到了何时以及如何做决定的问题上。这就是我所说的工作错觉的一个例子。不幸的是，"告知"问题的紧迫性并不是迫在眉睫的。领养前的夫妇更关心自己、家人和朋友对领养孩子的感受。这是一个敏感的话题，特别是因为领养前的夫妇不确定收养机构的接受标准。他们经常担心，如果他们没有表达"正确的"态度和感受，就会被拒绝。这阻断了支持性经历，他们可能会发现大多数预备收养的父母都面临同样的问题，有疑虑很正常，收养机构不会因此而反对他们收养。事实上，能够有这些情感通常使他们可以成为优秀的养父母。带领者因为忙于"教授"未来使用的观点，错过了最重要的问题。

将前面的示例与下面的摘录进行比较。在这种情况下，父母们提出了这样的问题："应该讲出来吗？"而带领者则留意着当前问题的线索。

弗里德曼先生：（回应一个成员的观点：孩子们不会觉得养父母是他们的亲生父

母。）我不能同意这个观点。我觉得真正的父母是养育你的人，即使是领养的孩子，也知道这一点。

实务要点： 请注意，带领者现在是如何通过提出他们对孩子的感受的疑问来打开讨论禁忌话题的大门的。此外，她将这些感觉正常化，从而允许对棘手问题进行真正的讨论。

> **带领者：** 在这个问题上，你们都很努力，想知道你们收养的孩子对你们有什么感受，但我想知道你们是否也关心过你们对孩子的感受？（沉默）
>
> **弗里德曼先生：** 我不明白你的意思。
>
> **带领者：** 你们每个人都准备好领养其他父母所生的孩子。根据我的经验，夫妻在这个阶段有时会想他们对孩子的感受，这是很正常的。"我能够像爱自己的孩子一样爱这个孩子吗？"在我看来，这是一个非常合理的问题。
>
> **里德夫人：** 我丈夫和我在家里谈过这个问题，我觉得我可以像爱自己的孩子一样爱这个孩子。
>
> **带领者：** 你们知道，我希望小组是一个你们可以谈论你们真正关心的问题的地方。坦率地说，如果你们有这样的疑问和担忧，那并不意味着你们就不考虑收养孩子了。能够面对你们真正的担忧和感受对你们非常有利。如果不是我们觉得你们会成为很好的养父母，你们就不会在这个小组里。如果真有这种罕见情况，那我不得不重新考虑。

实务总结： 带领者与成员分享了一些与小组的一般契约和他们的紧迫感相关的重要数据资料。他们了解到他们的感觉、疑虑和担忧并不反常；该机构没有因为未来的养父母是普通人、有正常的担忧而拒绝他们；这个小组是讨论这些感受的地方；最后，他们在小组中的出现表明他们都被认为是优秀的申请者。

这句话之后是他们对未来孩子和收养的更深层次的讨论。问题包括他们担心可能会从"坏种"那里得到一个孩子，他们担心朋友和家人的反应，以及他们对与该机构打交道时的拖延和程序感到愤怒。正如一位成员所说的"拥有自己的孩子只需要 9 个月。这个领养过程永远不会结束！"带领者在这些领域分享的数据资料对这些准父母来说比关于未来问题的信息更有意义。

用开放地面对查验和挑战的态度提供数据资料 带领者有时害怕分享他们自己的恐惧、价值观等等，因为他们真的担心会影响需要做出艰难决定的成员。举个例子，一个未婚母亲正面临着一些痛苦的决定，她要决定是堕胎，还是生下并养育孩子，抑或是生下并送养孩子，而这些决定都是不容易的。每一种选择对她的未来都有着重要的影响。经验丰富的带领者会帮助这样的成员详细探讨这些影响和她潜在的矛盾情绪。

在这个过程中，成员可能会对带领者说："如果你是我，你会怎么做？"对于这类问题，带领者通常会有自己的看法，但会把它们保留下来，通常会用自己的问题来回答。我认为带领者最好先分享他们的感受，表达他们的观点，然后让成员把他们的观点作为一种现实意见来源。例如：

> 你问我这个问题确实让我很为难。我不是你，不管我怎么努力，我都不能成为你，因为我不用承担这些后果。不管怎样，我想你已经说得很清楚了，如果留下这个孩子，对你来说会非常艰难。我可能会把孩子交给其他人收养。现在，说到这里，你知道你仍然有可能完成它，而且只有你知道你现在做了哪些准备。所以我猜想我的答案并没有解决你的问题，是吗？

那些不愿发表意见的带领者之所以这样做，是因为他们担心成员会把它作为唯一的现实意见来源。相比于隐瞒，带领者可以既允许成员了解他们的观点，又防止成员利用这些观点来逃避困难的事情。

以个人观点的方式提供数据资料　到目前为止，我已经描述了带领者如何以一种开放的方式向成员提供数据资料，方法是确保成员仅将数据资料作为现实意见的一个来源。另一个需要考虑的问题是，确保分享的内容是作为带领者自己的观点、信念、价值观等而不是作为事实来呈现的。对于许多带领者来说，这是最难理解的观点之一，因为它与正常的交换观点的社会模式相矛盾。带领者会对自己的观点有所投入，并经常试图直接或间接地说服成员相信他们的观点的有效性。我们习惯于用一切可能的方法来证明我们的观点是事实。新手带领者尤其觉得，他们必须向成员展示自己的资历，让成员们相信他们知道自己在说什么。

然而，在现实中，我们对生活的看法、我们的价值观，甚至我们所认为的"事实"都在不断地变化和发展。略读育儿手册就会使任何人相信，昨天的金科玉律常常被今天的理论推翻。我发现，缺乏经验的带领者在他们感觉最不确定的领域往往最爱独断专行。这种反应是可以理解的，也是一个信号，表明需要进行有效的督导。

以一种可供审视的开放方式分享数据资料的技巧意味着带领者必须对陈述进行限定，以帮助成员理清他们的现实和带领者感知到的现实之间的区别。带领者不应该是一个想法的推销员，而应该把观点的所有局限性都展示出来。自信而诚实地使用诸如"这是我看待问题的方式"，或"这是我所认为的，但并不意味着它就是对的"，或"许多人这样认为，但其他人不这样想"，这样的表达方式会传达出带领者信念的试探性。当这些想法与成员的想法不符时，带领者必须鼓励成员去挑战它们。

帮助小组成员以新的方式看待生活

具体形式的数据资料非常重要，可以作为一个单独的技巧类别。这是带领者帮助成员重新审视关于他们自己、他们的生活状况或他们生活中重要的人或系统（如丈夫、父母、学校）的看法（认知）的技巧。这一技巧是一种叫作认知行为治疗的实务模式的核心（关于这种方法和其他方法的更全面的讨论，见第十七章）。

522

简单地说，成员已经形成了他们自己的人生观。考虑到沟通的困难，他们很可能扭曲了他人的行为，或者内化了对自己和自己生活经历的认知，从而导致负面的认知和感觉，以及自我挫败的行为。通过与成员合作探索不同的观点，带领者试图帮助成员重新思考他的生活状况，纠正负面和不准确的"自动化思维"和看法。这种方法也与一些以解决方案为重点的技术和策略相一致。"重构"这个术语也经常被用来描述这种技能。

在有一段糟糕的经历后，现实关系中的障碍就成为成员（有时是系统）对现实本身的唯一看法。带领者需要帮助成员探索这种适应不良的模式，打破阻止成员与对成功至关重要的人和系统连接的循环。在这些时刻，带领者可提供希望，并通过分享系统中其他人的观点，让成员看到一些相互吸引的可能性。只有当带领者自己看到这些可能性时，这才有可能实现。例如，一个带领者帮助一名青少年看到他父母设置宵禁限制可能表明他们关心他，意识到他正在长大，虽然带领者没有解决问题，但至少他为互动带来了新的解释。

结束和转换时段

教育政策 6a

523

我现在来谈谈任何小组会谈结束和转换时段都会涉及的技巧因素。小组会谈的结束和转换是重要的动态，需要带领者的注意。此外，在整个会面过程中间接提出的问题可能会在成员准备离开时在某种力量的推动下出现（前面讨论过的经典"门把手疗法"现象）。最后，需要向接下来的会谈和未来的行动进行转换。带领者使用结束和转换的技巧结束会谈，并将单个会谈与成员未来的工作或生活中的问题联系起来。

与开始时段和中间时段一样，结束时段包括独特的动力，对带领者的技巧也有特殊要求。我把这个时段称为解决时段。经常出现的情况是，带领者执行了会谈期间的订立契约，并就成员关切的问题敏锐地工作，但在结束会谈时没有解决工作。

我所说的"解决工作"，并不是说每次会谈都要结束得十分干净，所有的问题都得到充分的讨论，矛盾情绪消失了，下一步行动也有了仔细的规划。高级技巧的一个标志是带领者可以容忍模糊和不确定性。处理了困难的工作后，在会谈结束时这种模糊和不确定性仍然存在。如果对于成员而言，在会谈结束时存在不确定性，解决时段就需要确定讨论的状态。本节其余部分将讨论五种具体技巧，包括总结、推广、确定下一步工作、演练和识别"门把手沟通"。

在我们研究这些技巧之前，有必要谈一谈成员在会谈之间的活动。带领者有时会表现得好像成员在两次会谈之间没有生活一样。他们回顾一次个人辅导会谈或小组会议，然后准备从上次"我们中断的地方"开始下一次会谈。带领者需要认识到，成员有生活经历，他们会与其他助人系统接触，在这一周里可能会有新的问题出现，还有时间对上一次会谈中讨论的问题进行思考。在思考如何帮助成员解决某个问题后，带领者可能会惊讶地发现成员在两次会谈之间已经解决了这个问题。如果不能意识到这些会谈之间的活动并使之合理化，那将是个错误。

总结

成员经常学习有关生活的知识，并试图发展新的技能，以更令人满意的方式管理生活。利用会谈的最后时刻来帮助成员确认学到的东西是很重要的。成员是如何积累经验的？在理解与他人的关系方面，成员有什么新的见解？成员确定的下一个最紧迫的任务是什么？成员对哪些方面感到绝望，需要更多的讨论？我相信总结的过程可以帮助成员确定他所学到的东西。有时是成员总结，有时是带领者总结，有时是他们一起完成任务。请注意，并非所有会谈都需要总结。这不是一种无意识的仪式，而是在关键时刻使用的技巧。

推广

前面的讨论强调了从泛泛而谈到具体化的阐释技巧的重要性。向相反的方向发展也很重要。例如，一位家长提出了一个关于她十几岁儿子的具体的问题，在解决了迫在眉睫的问题之后，带领者可能会帮助个人和小组确定涉及的一般原则。当这位母亲一个问题接一个问题、一个系统接一个系统地讲出细节后，带领者可以帮助她总结经验，并帮助她认识到她的学习如何适用于整个类别的经验。通过这种方式，所有成员都可以将自己的见解或技巧与他们自己对同一问题的看法联系起来，并且特定的成员已经学会了如何在类似的情况下使用他的知识。这是一种关键的生活技巧，因为它使成员能够在没有带领者或小组的情况下继续生存，并使用新发现的技巧来应对新奇和意想不到的经历。

确定下一步工作

在某些时候，当我们参与到某种由于缺乏后续跟进而毫无进展的工作时，我们都曾经历过挫折。一个很好的例子是，在委员会或员工会议上做出了决定，但执行决定的分工安排被忽视了，没有采取行动。带领者必须有意识地帮助员工识别工作中涉及的下一步。不管情况如何，也不管看起来有多不可能，采取下一步总是可能的。带领者会要求成员讨论。我称这一原则为"总有下一步"。下一步可能是一小步，也可能是艰难的一步，但当所有其他方法都失败时，它总是存在。

下一步必须是具体的。也就是说，成员希望实现的总体目标要被分解为可处理的部分。一位靠救济金生活的失业母亲，如果在工作培训小组中提出需要找工作，下一步可能包括为她的孩子寻找日托中心，并会见就业顾问。如果一对夫妇在婚姻咨询中感到他们的关系正在恶化，那么他们的下一步可能是找出具体的困难领域，以便在接下来的一周进行小组讨论。从本质上说，确定下一步代表了对成员工作的另一种要求。

成员缺乏计划并不总是代表糟糕的生活管理技能，这可能是另一种形式的抗拒。谈论一个棘手的话题可能很难，而采取行动可能更难。通过要求关注未来的具体行动，带领者可能会把另一种需要处理的恐惧、矛盾和抗拒情绪带到表面。

有时，带领者的理解、支持和期望的表达正是成员调动资源所需的。对于成员来说，当两个真正相互冲突的需求出现时，可能没有简单的方法和解决方案来完成任务。对于成员来说，向一个善解人意但又要求严格的带领者和小组表达困境可能是行动的关键。在其他时候，成员需要帮助弄清楚如何采取行动的细节。例如，成员可能需要一些关于社区资源的信息。

演练

525　　谈论与另一个人就困难的人际关系内容进行对质是一回事，但真正执行起来又是另一回事。一个成员抗议说"我不知道该说什么"，他可能是在确定重要的障碍来源。

带领者可以通过提供安全的面谈环境作为成员排练的场所来给予帮助。带领者扮演另外一个角色（老板、老师、丈夫、母亲、医生等等），并对成员的尝试给出可能的反馈。带领者经常会跳过这个简单而有力的方法来帮助成员，他们会说："到了那个时候，你就会知道该说什么。"但对大多数人来说，语言表达并不容易，尤其是在涉及他们最困难的感受时。在带领者和成员的帮助下，个人可能会说出必须说的话，并且在一些成功的演练下，可能会感到更有信心去做。即便一个带领者认为他在帮助成员学习如何有效地与重要他者打交道方面做得很出色，但当这个成员构思要说的话时，他会发现还需要做更多的工作。

识别"门把手沟通"

"门把手沟通"通常出现在服务对象把手放在门把手上准备离开时，或者最后一次或最后几次会谈中。这种普遍观察到的现象，根据心理治疗的文献的描述，指的是成员在会谈结束时提出了一些有意义的问题，而当时已经没有足够的时间来处理它们。我们都经历过在与成员会谈或与朋友交谈时，在讨论了相对平常的话题之后，他说："这周只发生了一件事。"然后我们听说他丢了工作，或者发现他的女朋友怀孕了，或者收到了驱逐通知，或者注意到他的腹股沟有个奇怪的肿块。通过对会谈的反思，带领者可以看到，这些问题的第一个线索是在开始阶段间接地提出的。但也可能根本没有任何线索。

门把手式的讨论是向带领者表明成员对讨论该工作领域的矛盾心理。这个问题是在来不及充分讨论的时候才提出的。这可能是一个禁忌领域，或是成员经历了太多痛苦而无法谈论的领域。不论原因如何，处理这个问题的愿望最终压倒了抗拒的力量。问题的紧迫性以及面谈时间所剩不多造成的压力最终使问题被提出来。这类讨论实际上是阻断成员工作能力的特殊例子。与其他各种形式的抗拒一样，它是过程中的一个自然部分，为带领者提供了机会来指导成员了解他们自己的工作方式。

关于会谈结束技巧的讨论结束了我们对工作阶段的分析。这个分析的目的是在协商达成工作契约之后，识别给予和接受帮助的关键动力。一个与孩子患有多动症的母亲一起工作的例子说明了提出工作要求和过渡到结束阶段的重要性。

孩子被诊断为多动症的母亲

实务要点：在下面的例子中，一位带领者带领孩子被诊断为多动症的母亲，帮助成员们在互助小组的工作中朝着更现实的下一步迈进。在提出这一工作要求时，带领者识到认抗逆力的力量，这表明无论情况看起来多么绝望，成员都可以从为了自己的利益采取措施开始。

> 我们交换了很多问题情境，每个人都提出了自己的问题。她们似乎迫切需要分享她们的问题，从其他成员那里得到一些理解和道义上的支持。通过她们的故事，主题浮现出来：对孩子行为的处理不一致（缺乏与丈夫的合作）；过度保护的倾向；她们不愿相信自己的孩子。"没人理解"的问题再次被提起，我意识到她们需要有人理解她们正在经历的事情。贝蒂说她的儿子从来没有被邀请到邻居家玩，因为众所周知他是一个爱捣乱的人。还有一些人也有同样的经历，她们的邻居不希望她们过度活跃的儿子或女儿在身边。我表达了她们对此感到的伤害，她们表示认同。

实务要点：在认识到他人理解的重要性后，带领者注意到成员转移到他们的孩子令他们感到更加困难的领域。

> 在进一步讨论了她们的孩子对其他人（老师、邻居、孩子）的影响之后，她们开始讨论孩子的行为如何影响她们。罗丝说她最后总是不停地唠叨；她为此恨自己，但她停不下来。她儿子使她大为光火。其他人也认为她们是世界上最爱唠叨的人。我问她们为什么这么唠叨。大家一致认为，孩子们会一直坚持下去，直到精疲力竭，最终屈服。而且，如果她们想让孩子们做点什么，她们就得唠叨，因为孩子们听不进去。我说，孩子们真的了解她们，了解她们的反应，也了解她们为了达到自己的目的会做些什么。她们同意了，但她们说无法改变孩子们，也无法不继续跟孩子们纠缠。

实务要点：成员表达了两种不同的观点：一方面，她们"不能改变"；另一方面，她们不能不"继续纠缠"。她们很快转向讨论药物治疗，把它作为改变的希望。带领者指出，她们对这个解决方案的态度是矛盾的，一方面她们认识到药物会使人上瘾，然而她们却不能找到解决问题的根本之策。这样的小组进程是拜昂（Bion，1961）所称的"配对"的例子，在这一小组进程中，成员在讨论中似乎产生了未来的某件事或某个人将能够解决问题的希望。

对于这些成员来说，药物提供了这种希望，但也给了成员一个机会来避免讨论她们可以做什么来处理这个问题。在某种程度上，它表示了一种"原始的"小组响应：试图通过不面对问题来处理问题带来的痛苦。当会谈接近尾声时，带领者感觉到了成员因绝望而产生的沉重心情和沮丧。她对这些感觉感同身受，但现在需要向成员们提出工作要求，让他们探索如何解决这个问题。

527

实务要点： 当成员们提出另一种希望，即希望有外部专家能够帮助她们解决问题时，带领者指出了她们的真实感受，即没有"局外人"可以帮助她们，她们需要从自身寻求帮助。通过这种方式，这位带领者帮助她们解决了一个困难和痛苦的讨论，她向她们传达了她对她们的力量的信心，以及她对下一步具体措施的看法。

> 关于孩子们不良的社会行为和母亲们自己对这些孩子长大成人后会如何表现的担忧有了进一步的讨论。他们会怎么样呢？他们能否在社会中找到自己的位置？我感受到了小组的沉重，并指出这对她们来说是多么大的负担。我们的时间到了，我试图结束会谈，但她们继续讨论。我认识到她们解决问题的紧迫性，以及相互沟通和相互支持的必要性。玛丽莲说她很好；她离开的时候，觉得能谈论自己的感受让她轻松多了，而且她肯定对自己有了新的认识。
>
> 讨论转到孩子们的问题上，以及她们该如何处理这个问题。我问她们想做什么。艾德娜建议她们请行为矫正治疗师帮助她们找到解决办法。其他人认为这是个好主意。我说这是一种可能，但我想知道，如果她们想让一个"专家"参与进来，她们是否正在寻找一个人来为她们解决问题。她们说是的。我问她们是否认为这些专家都能做到这一点。她们说这事还没发生。我想知道我是否可以利用这个小组来达到它成立的目的，即帮助彼此解决问题。我建议下周我们集中讨论一些特殊的问题，共同努力，看看我们能想出什么样的解决方案。她们似乎对此很高兴，决定写下这周发生的一个问题，并把它提出来。然后我们可以看一些问题。我们就下周的议程达成了一致意见，会谈结束了。

到目前为止，大多数例子都涉及以谈话为中心的小组。对于一些小组，特别是儿童小组，游戏和绘画等活动可能提供了促进互助的媒介。由于本次会谈结束时，家长小组讨论了与孩子有关的工作，现在似乎可以过渡到儿童小组，以说明随着时间的推移，练习以及活动在小组工作中的重要性。

小组中的活动

活动小组是一个术语，通常用于指除了对话之外，参与一系列活动的小组。项目是另一个用来描述在这样的小组工作中进行的活动的术语，如表达性艺术（诗歌写作、绘画、舞蹈）、游戏、民间歌唱、社交聚会、烹饪——事实上，几乎包括所有由小组工作使用的娱乐或社会活动。在我早期的一篇文章中，我研究了人与人之间的关系，认为把说话和做事一分为二是错误的。人与人之间的关系最好的描述是我所说的混合交易模式。我的解释如下。

在人类互动的复杂过程中，人们通过各种媒介表达感情、想法、支持、兴趣和关心，即人类的一系列反应。混合交易模式提出了这样一种观点：当一个人考虑交易协商和完成的方式时，所有媒介——文字、面部和身体的表情、触摸、各种共同的经验以及其他形式的沟通（经常同时使用）——都应该包括在内。带领者不应该将人类的互动划分为"说话"和"做事"等类别，而是应该关注交易中的共同特征——这里确定为人们相互给予和索取的交换。带领者关心的是帮助那些追求共同目标的人进行互惠互利的交易。

在我分析成员利用共享活动进行互助的方式时，我驳斥了那些认为特定活动可能导致创造"自发或有创造力的个人"或"增强自我"的宏大说法。相反，我建议有必要描述有关活动在互助过程中可能发挥的具体和直接的作用。

在小组中活动的作用

这里有五种经过鉴定的小组活动的功能：

1. 人际接触：以满足人类社会互动的基本需求为重点的活动（如为孤独的老年人设立的黄金时代俱乐部）。

2. 收集数据资料：旨在帮助成员获取更多与任务有关的信息的活动（例如，为青少年就业做准备，可安排一系列的商务或工业旅行；将要升入当地一所中学的六年级学生参观该中学一天）。

3. 演练：为特定的生活任务发展技能的一种方式（例如，一个青少年聚会为成员创造一个机会来练习求爱阶段所需的社交技能）。

4. 允许偏差：在成员之间创建一种流动的影响，建立积极的关系，允许成员偏离公认的规范和提出顾虑、问题，否则它们可能会是禁忌领域（例如，十几岁的男孩通过许多共享活动已经对彼此和带领者有所了解，他们更愿意接受带领者的邀请，讨论他们真正担心的性和身份问题）。

5. 导入：小组计划的特定活动，作为进入一个困难讨论领域的一种方式（例如，在儿童创造角色和情境时扮演他们，以揭示他们当前关注的问题，或通过艺术工作使戒毒者表达问题）。

两种类型的活动小组

除了这些功能之外，我们还可以看到活动小组可分为两大类，在其中，活动被用作交

528

换的媒介。第一类小组，活动本身构成了其工作的目的。例如学校或社区中心的青少年俱乐部，或精神病人日间治疗中心的活动小组。第二类包括为治疗或教育目的而建立的小组，在这些小组中，一项活动被用作交换媒介，以达到特定的治疗或教育目的。一个通过绘画或艺术治疗来处理悲伤的儿童小组就是一个例子。另一个是物质滥用康复小组，他们被要求画图，例如，他们如何看待自己的成瘾和（或）画出他们想象的康复后的样子。这两个类别将分别讨论，因为每一个类别都涉及特殊问题。

活动即是目的的活动小组

在第一类小组工作的例子中，最典型的问题是，带领者或环境将治疗目的归于构成隐藏议程的小组工作。成员可能认为他们正在参加一个学校俱乐部，但带领者将小组视为一个媒介，通过它他们可以改变成员。这一观点反映了早期和现在仍然占主导地位的在某些情况下将项目活动作为"带领者的工具"的观点，这种观点来自早期区分职业社会工作带领者和娱乐带领者的努力。按照这种思路，专业人士在选择项目时应该具备特殊的技巧，从而促成预期的行为改变。举个例子，一个孩子在一群人中当了替罪羊。在早期模式中，带领者可能会确定这个孩子拥有什么技能领域，然后选择一个活动或影响小组选择一个活动，让替罪羊孩子在这个活动中脱颖而出。这一切都是在小组中成员和替罪羊不知情的情况下进行的，忽略了替罪羊现象的意义。

我自己的训练就是基于这种实务观。在一个场景中，我的议程涉及尝试影响成员（青少年）的宗教联系。该机构是由犹太社区赞助的，他们担心第二代青少年可能会"逐渐远离"他们的宗教传统。项目是我影响成员的工具，使他们参与机构范围内的活动，例如与宗教节日和庆祝有关的活动。当这些活动在成员的直接参与和规划下进行时，它们为加深文化联系和社区意识提供了强大的机会。

不幸的是，有时我忙着偷偷地"影响"成员们，结果错过了成员们所提供的间接线索，他们真正关心的问题与他们在基督教主导的文化中作为一个少数群体的身份有关。在一些重要时刻，社区的关注和成员的需求是一致的；我没有找到共同点，因为我被误导了，认为我可以暗中影响这个过程。

如果机构或场所有其他对小组很重要的议程，那么这些议程必须在订立契约阶段公开呈现，带领者必须尝试着找到任何可能存在的共同点。然而，正如带领者会保护小组工作的契约不被成员颠覆一样，他也必须保护它不被场所或机构颠覆。成员在关系、问题解决和其他领域将学到很多，因为他们努力创建和运行他们的小组；然而，带领者必须将小组本身视为目标，而不是将其作为实现隐藏的专业目的的工具。这不仅仅是与小组有关的社会工作的问题，它也是一个在咨询行业普遍存在的问题。书中都是献给带领者的"最喜欢的活动"，用来完成我所谓的"隐藏的议程"。我应该指出，这种观点很可能只是少数人的观点。

带有直接的治疗或教育目的的活动小组

第二类小组活动具有直接治疗或教育目的，通常包括表达性艺术。科里（Corey，2008）提出了一种被称为"表达性艺术治疗"的活动形式。这一特定的方法是基于娜塔莉·罗杰斯（Rogers，1993）的作品，她扩展了她父亲卡尔·罗杰斯（Rogers，1961）的以人为本的方法，通过使用表达性艺术来促进个人和小组工作中的个人成长。[①]

> 在以个人为中心的表达性艺术方面接受过培训的小组指导师、咨询师和心理治疗师为他们的成员或小组提供了创造运动、视觉艺术、日志写作、声音和音乐的机会，以表达他们的感受，并从这些活动中获得洞察力。（Corey，2008，p.260）

科里引用了娜塔莉·罗杰斯表达性艺术治疗的基本原则，其中包括以下内容：

● 所有人都有一种天生的创造力。

● 创造过程是治愈性的。富有表现力的产品为个人提供重要的信息。然而，正是创造的过程带来了深刻的变革。

● 通过深入我们的情感来实现自我意识、理解和洞察力。悲伤、愤怒、痛苦、恐惧、喜悦和狂喜的感觉是我们通往自我意识、理解和完整的必经之路。

● 我们的感觉和情绪是一种能量来源。这种能量可以被引导到表达性艺术中去得到释放和转化。（N. Rogers，1993，p.7）

虽然由娜塔莉·罗杰斯所开发的表达性艺术治疗是一种广泛的个人成长模式，但出于我的目的，我想强调创造性艺术如何与情感表达和发现联系在一起，这是我之前所称的混合交易模式的一部分。

儿童诗歌俱乐部　马勒科夫（Malakoff，2007）描述了表达性艺术使用的一个例子，即在一所另类学校为患有严重情绪障碍的幼儿（5岁、6岁和7岁）建立了一个以教室为基础的诗歌俱乐部。马勒科夫强调与教师密切合作，并试图整合小组目标和学术目标。例如，幼儿园的目标是：

● 在完整的句子中使用语法正确的语言；

● 参与讨论，倾听，轮流发言；

● 表现出独创性和创造性；

● 理解一个故事（诗歌）；

● 回忆一个故事（诗歌）；

● 识别感觉以及如何表达它们。（p.126）

实务要点：马勒科夫描述了一个与年龄相适应的例子，在每次会谈的开始都有一个仪

531

---

① 科里指出在写这部分时就创造力和创造性表达曾与娜塔莉·罗杰斯合作。

式——"猜猜看"，即提供一首描述某个东西的诗，由成员们一起来猜描述的是什么。

> 为了制造谜题，诗中的关键词被拿掉了。小组的任务是猜一猜这首诗描述的是什么。诗读完后，小组被指导着围在一起，像一个足球队那样，讨论这首诗可能是关于什么的。最后，当他们认为已经得到正确答案时，可以说出来。第一首诗是关于长颈鹿的。(p. 127)

> 孩子们在听完以下诗句后，能猜出来答案是长颈鹿。
> - 因为它们的头颅高高在上；
> - 因为它们的脖子伸向天空；
> - 因为它们安静、平静、胆小。

实务总结： 马勒科夫描述道，孩子们享受着挽着彼此的胳膊、搭着彼此的肩膀围成一圈，一起讨论和做决定的快乐，当他们成功地猜到长颈鹿后，他们"击掌"庆祝。在那之后，作业是让每个人创作自己的"猜猜看"诗，并与他人分享。长期项目包括成员们完成关于自己的开放式句子，被称为"创作中的诗歌"。成员们每周都对自己的作品进行改进，然后把它们作为期末项目的一部分写进《诗歌俱乐部杂志》里。最后成员向学校的老师、校长和其他工作人员分享包装好的杂志复本。

应对父母分居和离婚的孩子 第二类活动小组的主要关注点是具体的目的，而不是活动本身。另一个例子说明了用来帮助达到这些目的的活动。在这个小组中，带领者以绘画、木偶、讨论场景作为表达的媒介，帮助 8 岁和 9 岁的儿童处理对父母分居和离婚的创伤。

我之所以详细地分享这个例子，有很多原因。首先，这是一个很好的例子，说明了新手带领者如何随着时间的推移分析他们的工作，以及如何不断提高探索儿童痛苦感受的技能。对他们以及大多数新手带领者来说，第一步就是认识到他们自己对这项艰巨工作的抗拒。其次，它揭示了使用的各种各样的活动或工具，包括绘画、木偶，以及完成小组带领者提供的真实的和想象的场景和在回应画作中简单地完成练习（例如，悲伤或快乐的脸），或者解决问题："分离有什么好和不好的地方呢？"最后，这个例子证明了当孩子们了解到关心他们的大人和其他孩子愿意倾听和帮助他们时，他们在面对家庭中令人心碎的经历时会表现出力量和勇气。

532　　**实务要点：** 在阅读以下摘录时，请注意这样几点：
- 当带领者认识到自己的抗拒时，他们会变得更有勇气去感受痛苦。
- 带领者使用了广泛的活动或工具，包括绘画、木偶，以及回应准备好的场景和孩子们创造的场景。
- 带领者仔细倾听暗示——无论是直接通过对话还是间接通过活动给出的暗示，并探寻其潜在含义。
- 成员与带领者的关系以及成员彼此之间的关系变得更加融洽，并逐步开始应对一系列情绪，包括悲伤和愤怒。

● 成员们控制披露的速度，当他们接近最严肃和最痛苦的讨论领域时，带领者会温柔地敦促他们。

小组类型：这是一个持续的小组，让孩子有机会讨论他们的恐惧，面对改变，并找到处理家庭破裂这一令人痛苦的危机的方法。

成员：8 岁和 9 岁的儿童；白人；中低收入者；两个女孩和一个男孩。

日期：10 月 31 日—11 月 28 日。

工作总结：

第一次会谈

我很着急要组建一个成员都是儿童的小组。我的共同带领者乔安妮有很多与儿童打交道的经验，她没有像我一样感到焦虑，这让我松了一口气。她为她曾经管理过的一个小组的孩子们编写了一些活动，她和我一起修改了活动，以满足这个小组的需要，因为我们知道，允许成员表达意见也很重要。有两个成员很早就来了。在第一次会谈中，我们原以为会有三名成员，但被告知有一名成员会迟到。我们准备了点心，试图让两位成员感到舒服，并解释说我们将等待第三位成员到达，然后才能真正开始小组活动。

我觉得有必要先接触这两位成员。我做了自我介绍，问了他们的名字和年龄，以及他们在哪里上学，并鼓励他们自己吃零食。亨利（9 岁）和史黛西（8 岁）一开始很害羞，但接到邀请后，他们自己倒了些果汁，拿了些饼干吃。史黛西开始谈论她的家庭。时间流逝，第三个成员没有来。乔安妮和我决定正式开始这个"小组"。我们认识到，只有两名成员，我们可能需要改变一些计划好的活动，以降低这两个孩子的活动强度。我问他们知不知道他们为什么来这里。我想感受一下他们被告知的关于这个小组的情况，并记录下他们的反应。两人都表示，这是因为他们的父母"正在分居"。

实务要点：我们再次观察到带领者没有做某种形式的开场白来让成员们了解这个小组是做什么的，而是仅仅说明他们为什么会被送到这个小组。开场白可以这样说："当父母分居或离婚时，对孩子来说可能非常艰难。他们会感到悲伤，有时也会感到愤怒。有时他们觉得自己必须站在父亲或母亲一边，但当他们同时爱着父母双方时，这很难做到。在这个小组中，你们可以互相帮助，我们也可以帮你们度过这个艰难的时期——通过谈论这对你来说是什么感觉或通过活动，例如画画，来帮助我们和其他成员知道你感觉如何。我们将从做一些有助于我们互相了解的事情开始。"

虽然孩子们可能不会在这样的开场陈述中掌握所有的信息，而且很可能有必要重新概括，但至少可以解释小组的目的和活动的目的。还要注意，带领者描述了他在等待"启动"小组。随着两个成员的到来，小组已经开始了，他们的行为表明他们已经准备好开始工作。

我们开始第一个活动，包括成员画或写他们对善意问题的反应：他们喜欢的东西，他们不喜欢的东西，每个人想成为的一种动物和他们希望拥有的一个东西，然后让他们分享他们的工作以增加他们对共享的舒适度。亨利说他不喜欢孩子争吵，他说那是在学校发生的事。我想知道，考虑到这是一个处理分居和离婚问题的小组，他是否也不喜欢他的父母吵架——那是什么感觉，把他置于何种境地。史黛西说她不用担心这个，因为"我班上的每个人都喜欢我"。

实务要点：带领者开始努力将孩子对争吵的评论与家庭中经历的争吵联系起来。另一个可能的联系是，当孩子们因为争吵和分离而感到悲伤和不安时，有时他们会生气，这可能会导致他们在学校里打架。提出这两种解释将有助于孩子详细阐述关于争吵的线索。

我想在这个小组中树立一个先例，即成员们可以相互沟通，这样成员们就可以找到解决问题的新方法。我问史黛西是否可以给亨利一些关于怎样才能避免可能发生的争吵的建议。她对亨利的回应是，如果有必要，她会反击。她说这是她父亲教她的。

关于愿望，亨利和史黛西都画了一大笔钱（绿色矩形）。我一直没有意识到这一愿望的重要性，直到回顾文字记录后，我才明白，在孩子们的心目中，金钱可以填补他们每个人心中的空虚感。

实务要点：对画钱的另一种解释可能是，自从离婚后，甚至在那之前，没有足够的钱可能是夫妻之间的一个重要问题。通过询问孩子们为什么要画钱，带领者也许能够帮助他们表达这些画背后的感情。两位带领者都是这项工作的新手，因此需要一些时间来制定适当的干预措施。

接下来的活动是每个成员画一幅家庭图画。亨利在这里遇到了很大的困难。他先画了一扇门，然后又画了一扇窗，然后要求去洗手间。史黛西画了她的整个家庭：五口人面带微笑，爸爸妈妈站在一起，一颗大大的心围绕着他们。亨利难以画他的家庭成员和史黛西一厢情愿的图画似乎分别反映了某种回避和某种否定。（亨利回来后确实完成了他的画，画了一个微笑的孩子，他的母亲搂着他。）

由于他们的年龄和第一次小组会谈的事实，正如前面提到的问题，我选择不探讨这个活动如何进行的意义。我知道这些将是持续的和必要的探索主题，正如艺术作品所展示的，我的共同带领者和我将需要帮助这些孩子说出他们的感受——如果这个小组是有效的。我也知道，在探索这些情感上的、痛苦的问题时，我需要注意自己的抗拒或犹豫。

实务要点：由于孩子们已经大致了解这个小组是关于什么的，我们可以假设这些画与家庭的不幸有关。当带领者发现自己拒绝指出自己不愿讨论这种关系的原因时，她可能正在切中要害。一种选择是识别所表达的情感，例如，"当感到你的家庭不再幸福时，你很难画出他们"或者"我猜你可能在画一个幸福的家庭，因为这是你希望拥有的家庭"。两种评论都只是简单地确认了某种消息，不需要在第一次会谈中进行"探测"。通常情况下，成员已经准备好开始，但当内容很痛苦时，犹豫的是带领者。

带领者意识到自己不愿意探索痛苦的问题，这是帮助她触及成员们潜在的受伤、愤怒和巨大丧失的重要一步。在这种情况下，带领者需要督导或咨询，以帮助他们探索自身的阻力。这些孩子是周围成年人敏锐的观察者，他们已经得到了这样的信息：这种感觉是禁忌，不应该被讨论。当他们意识到这些成年人愿意听他们说话时，他们做出回应的机会就会大大增加。

第二次会谈

实务要点：尽管让成员参与解释小组目标的意图是可以理解的，但考虑到处于小组初期且与持续参与小组活动的成员之间的契约还不明确，较好的做法是对新成员做出清楚的声明，然后让其他成员参与。注意，塔拉知道他们为什么去那里，但不能真正描述小组的目的，或他们的存在将如何起作用。

> 亨利、史黛西和塔拉（9岁）今天参加了小组。因为塔拉错过了我们的第一次会谈，我问亨利和史黛西是否可以和她分享第一次会谈的情况。亨利和史黛西都能告诉塔拉我们所做的活动，亨利甚至还能回忆起每次绘画活动的细节。乔安妮和我问他们是否能回忆起他们来这里的原因。就像亨利和史黛西一周前说的那样，塔拉知道这是因为她的父母分居了。

实务要点：带领者现在进入一个更专注于小组目的的活动。再一次，事后看来，即使是向这些年幼的孩子解释为什么他们被要求专注于"离婚"这个词也不难。这也可以解释为，通过相互倾听，他们可以互相帮助。

> 在这次会谈中，我们计划集中讨论"离婚"这个词。当孩子们听到这个词的时候，他们被要求提供一些词，并决定这些词对他们来说是积极的（"好的"）还是消极的（"坏的"）含义。成员们对这次活动反应热烈。每个人轮流在黑板上写一个单词或词组，他们写完后，我们讨论他们写的东西。他们列出的清单相当全面："好的"清单包括"不再争吵""父母仍然爱我们"，"坏的"清单包括"分居""经常哭泣""孩子感到难过""有些人认为这是我们的错"。"孩子"是一个很重要的词，而史黛西很难写出这个词，亨利建议她写："我们感到悲伤。"我的理解是，他能够认同她的说法，并让语境更贴近家庭。
>
> 当亨利写道"有些人认为这是我们的错"，我问他："哪个人?"我想深入了解他的话，让大家更接近他说的话。他的回应提到了"孩子们"，这让我们开始讨论，是否每个成员都认为他们的父母分居/离婚是他们的错。他们谁也不相信这是真的；每个人听起来都像是在重复从父母那里听到的信息——他们不觉得自己有责任。

实务要点：工作开始深化；然而，带领者保留了一种可能非常有用的直觉。例如，她可以说："我想知道你们是否从你们父母那里听说那不是你们的错，但即便如此，还是感觉那是你们的错。你们很难不这么想。"

在讨论之后，成员们画了一些画来说明刚才讨论的问题。亨利的画令人难以置信。页面的顶部写着"分离"，在这个标题下，他在页面的中间画了一个哭泣的孩子，独自一人，妈妈从右边走过来，爸爸从左边走过来。你只能看到父母的一条腿和一只手。这是亨利理解的关于分离的一个强有力的、生动的和感人的描述。

会谈的最后一部分是阅读一系列陈述，成员们要判断这些陈述是对是错。不知何故，动物木偶被传递出去，也传递给了带领者们，我们都同意通过木偶来回应。我不知道这是由于困难的主题，还是因为时间太晚，或者两者都有，但所有人似乎都在同时做出反应。我让一个木偶说一次话。我意识到，这是该小组迄今为止参与的最敏感的一项工作。

实务要点：孩子们强烈需要处理这些情感，至少要理解成年人如带领者引导他们把活动作为一种强有力的沟通形式。小组带领者干预制定规则，实际上可能更多的是出于她的不安，而不是由于成员们的不安。为了避免重复制定规则，她可以指出小组工作中正在发生的事情："你们知道，当谈论这些悲伤的事情时，很难一次只谈论一个。你会有太多感觉，你无法控制它们。也许我每次提醒你们中的一个能帮上忙。这样会有帮助吗？"

然而，我再次注意到，讨论似乎是在每个成员和我的共同带领者之间，或成员和我之间进行的。我再次试图鼓励成员们进行讨论。每当有人对某种说法做出回应时，我就说："史黛西和亨利，塔拉认为这种说法是正确的，因为……你们认为呢？"我的努力只换来了他们对我的回应。

536　　**实务要点：**有时回想起来，正确的干预似乎是如此简单。例如，如果带领者相信她的直觉，她可以观察到孩子们每次说话或回答一个问题时，他们都是在对带领者说话，而不是相互说话。她可以问他们认为为什么会这样。对这个过程的讨论很可能表明，他们不明白其他有同样问题的孩子怎么会有帮助。这可能导致最初的订立契约部分被遗漏——互助到底是什么？有相同问题和感受的孩子如何互相帮助？

我真希望这最后一项练习能再多获得些时间。这些陈述引起了很多感受和分享，但会谈结束了。与前一周的会谈相比，我确实感觉到了与分居和离婚相关的情感讨论已经展开，而且通过他们的文字、图画和木偶，他们分享了很多。目前只有第二次和第一次小组会谈，它们使三个成员在一起。在我写这篇文章的时候，我实际上被这些成员表现出的勇气和脆弱所震惊。我希望下星期的会谈将为成员们提供另一次机会，让他们分享他们的感受，并承认他们的互助能力。

第三次会谈

乔安妮问这群人，当父母分居或离婚时，有什么变化。我听到史黛西和亨利都说了一个词——消失。我说，他们都用过这个词，并请他们每个人分享他们对这个词的理解。我试图通过向成员们展示他们的反应是相似的来搭建一座桥梁。

实务要点：通过敏锐地倾听，并要求孩子们详细说明"消失"这个词的用法，带领者在小组中开启了一个新的、有力的、令人心酸的主题。不只是实体物品会消失，重要的人也会消失。这位带领者也尊重孩子们之间的差异，她没有让亨利难堪，而是承认不同的家庭会有不同的分离。

> 史黛西说东西会消失，比如沙发或电视——父母中的一个得到沙发，另一个得到电视。我看了看亨利的反应，他立即提出，父母可以消失。因为我从乔安妮那里得知亨利的父亲4年前就离开了，我知道在亨利所分享的一切背后隐藏着许多感情。组里的另外两名成员在生活中都离不开父母，他们的父母也有有兄弟姐妹和新伴侣；亨利只有母亲。我认为其他成员不了解亨利言论的重要性，因此对他所分享的内容不敏感。我挣扎着思考如何继续下去。我选择指出离婚在不同的家庭是不同的。我讨论说，对一些人来说，离婚可能意味着他们的生活中有了新的人，如果父母有了新的男朋友或女朋友，这可能是积极的，也可能是消极的；我还说，对父母来说，离婚可能意味着单身，这种状态可能是孤独的，对孩子来说也是；我还说，离婚可以是指离开一个人曾经住过的地方，离开学校、朋友、祖父母、其他家庭成员，或者搬到一个离亲戚或家庭朋友更近的地方。当孩子们开始讲述他们父母的伴侣、祖父母和同样经历父母分居/离婚的朋友们的故事时，他们之间产生了讨论。

实务要点：我们再一次看到带领者用一个有创意的想法来帮助成员将他们的感受跟与离婚相关的问题联系起来。通过把它们写下来，然后分享，一个讨论和分享这些感觉的结构被提出。悲哀的是，他们认为离婚"最好"的一点是家庭争吵已经停止。

> 我们这次会谈的活动是给每个成员一张纸，上面有三张脸，一张脸反映快乐，一张反映悲伤，还有一张反映恐惧。每个孩子要在三张脸下面分别写下关于离婚的最好的、最坏的和最可怕的事情。孩子们立刻对这个任务做出了反应；很明显，所有人都在专注于他们写的东西。当他们写完后，他们分享他们所写的东西。所有人都同意"不再争吵"是离婚的最大好处，他们可能在前一周就已经想起了这个主题。
>
> 孩子们写了各种各样的答案，乔安妮和我都鼓励每个成员去思考其他人写的是否适用于他们。毫不奇怪，孩子们能对其中几个例子产生共鸣。他们都同意塔拉的观点：离婚的另一个"好处"是"你的父母仍然爱你"。而亨利的观点是，离婚的一个"坏处"是"一些孩子认为这是他们的错"。虽然许多主题在前一周已经讨论过了，但我看到成员们正在把一些在我们小组中被分享的东西整合在一起。此外，本周在文字的背后似乎还有更多的感情。我想知道，我和乔安妮是否能很好地带领孩子们，是否能创造一个安全的环境，让孩子们的感觉得以释放。当成员似乎觉得与彼此相处更舒

服时，反过来，他们也更愿意分享。

实务要点： 除了对每周提出的一般主题进行对焦和发展小组过程主题外，带领者们还要对焦日历的影响。家庭分离和家庭功能会受到节日的影响。节日可能是争吵更加明显的时候，例如，随着感恩节的临近，家庭成员和家庭结构的丧失将更加严重。在冲突发生之前，作为重要的和积极的家庭经历的节日，可能就已经不存在，成了被怀念的日子。

第四次会谈

随着本周感恩节来临，我认为这是合适的时机将我们第四次会谈的主题聚焦于成员们对即将到来的节日有何感受，它对他们来说意味着什么，他们过去是如何度过，和谁一起度过的，他们每个人都发生了什么变化，以及他们对这个节日有什么期待。我和我的共同带领者谈了这个想法，她同意这是有用的，我们可以修改任何活动，包括这个活动。正如所描述的那样，到目前为止，每周都重新讨论了如何表达对离婚的悲伤、愤怒和幸福的感觉。虽然在某些方面这似乎是多余的，但我的共同带领者和我认识到，这个小组的目的是让成员们感到越来越自在地承认和表达他们的感受。感恩节似乎是一个绝佳的工具，可以用来引出每个成员目前可能正在经历的困难。

当会面开始时，我注意到所有的三个成员立即开始聊天，吃他们的零食，并以一种比我在前几周看到的更活跃的方式询问今天的计划。我利用这个机会开始工作，我问他们，本周发生了什么事情，使得这周变得特别。每个孩子都说今天是感恩节。我问他们是否能告诉大家每个人将如何度过这段时间。三个成员立即开始发言。我问小组是否可以重新审查小组契约。塔拉和亨利举起了手。我解释说没有必要举手；但他们的想法似乎是对的。塔拉说一次只能一个人说话。我评论说，他们三个似乎都有一些有趣的东西要说，我不想错过任何人的贡献。史黛西问她能不能优先，因为她最小。孩子们描述了他们将如何度过假期，然后画出了他们想象的那天的感受。

三位成员都表示，之前的感恩节是他们最喜欢的感恩节；乔安妮和我以疑惑的眼神看着对方。因为我们知道，尤其是史黛西，她父母的婚姻早已陷入了严重的困境。每个孩子都说他们和家人在一起，吃得很好。史黛西详细地讲了她祖母做的汤。我回想起在我们的第一次小组会谈中，史黛西很难专注于她的个人情况。

我提到，节日是非常特别的，因为对许多人来说，节日是与所爱的人一起度过的，但当家庭发生变化或有人想要同时待在两个地方时，他会觉得很困难。成员们继续画画。塔拉说她有个姑姑画得很好，但不如亨利画得好。

尽管成员们无法容忍我试图提出的问题，但这是我第一次听到一个成员主动评论另一个成员。虽然这可能表明一个成员与另一个成员结盟，而不是处理手头的问题（逃避），但在会谈中出现的这种互动的其他例子支持了我最初的感觉，即成员之间似乎产生了更多联系并愿意彼此交谈。尽管如此，乔安妮和我看了看对方，一致认为我们需要继续另一项活动；成员们都沉浸于他们的艺术作品中，需要推动。

实务要点：在小组发展的过程中，带领者引入其他可以促进工作的创造性活动形式。分享图画可以为探索困难的感觉提供一些结构。再一次，不难用简单的语言向孩子们解释这些图画是如何起作用的，为什么它们可能会有帮助。

乔安妮和我轮流创作图画，成员们必须决定图画中描述的人会感到高兴、悲伤、愤怒还是失望。我们自发地创设了与孩子们本周可能面临的情况相关的情景。我第一个提出："玛丽的父亲原本应该在感恩节上午 10 点来接她。但他在上午 11 点打电话给她说他不能来了，因为他决定去他女朋友家。玛丽觉得……"

当乔安妮和我介绍了继父母和继兄弟姐妹的问题，以及其他可能涉及成员的矛盾主题时，情况变得更加复杂。每个孩子对这个活动的反应都很积极。他们精神抖擞，全身心投入，每一个人都有充分的理由让角色有这样的感觉。通常，这些成员会通过说出他们的感受来使场景个性化。乔安妮和我每人设计了两个场景后，塔拉问她是否可以设计一个。史黛西随后描述了一个情况，一位母亲的男朋友对一个孩子生气，把孩子摔下了楼梯。她想知道母亲的感受。

亨利和塔拉一起回答说，孩子受伤了，母亲会难过的。我感到迫切需要做出一个更强有力的声明，以及为成员们自己强烈感情的可接受性进行示范。我用非常坚定的语气补充说，如果我是孩子的母亲，我会很生气，因为我的男朋友伤害了我的孩子，不管我的孩子表现如何，都不应该受到伤害，我男朋友的行为是绝对不能接受的。回想起我们在前一次会谈中的活动，史黛西表现得像个法官，她说我已经为那个场景给出了最佳对策。这是乔安妮和我需要注意的一个场景。

539

实务要点：史黛西分享的场景为带领者们敲响了警钟，他们需要在单独的会谈中解决这个问题。带领者是强制报告人，即使是关于可能的虐待行为的间接沟通也必须加以探讨，如果得到证实，就必须与适当的儿童福利机构分享。即使个人谈话不能证实，带领者们也应该通知儿童保护办公室，以便进行更彻底的调查。回想起来，关于保密的讨论，在任何开始会谈阶段都是至关重要的，但这个小组会谈的记录中没有这些内容。如果之前没有明确表示，则应该在此说明。关于保密和强制报告问题的更完整的讨论可在第四章中找到。

孩子们的图画既复杂又发人深省。每个成员似乎都是一个内部带领者——创建一幅图画，倾听每个人关于为什么有人会有和他一样的感受的讨论。这个活动似乎减少了我之前感觉到的否认和回避的数量；通过将焦点从三个成员身上移开——在一个三人小组中焦点可能过于集中——成员可以更自然地袒露他们的感受。时间已经到了，成员们不想离开。我告诉大家，每个人都做出了出色的、有创造力的、善解人意的贡献，我们下周会进行更多的讨论。我想要赞扬和加强他们敢于冒险的意愿，以及通过构思自己的故事来掌控自己的小组的意愿。

第五次会谈

我和我的共同带领者决定把这周会谈聚焦在愤怒上。小组会谈之前，我和她已经同意，我们将再次使用图画，因为这似乎是一个让每个成员表露自己情感的有效方式，有时是通过分享角色的感受，有时是通过小组成员的感受识别角色。该小组像上周一样照常进行；成员们一边吃零食，一边互相聊天，谈论着他们是如何度过感恩节的，看起来很舒服。成员们问我们今天要做什么，乔安妮回答说我们将谈论愤怒。我觉得有必要回顾一下我们为什么聚在一起，并提醒大家，我们的会谈有一个共同的目的。我问大家，在过去的几周里，我们在一起讨论了什么，是什么让我们走到了一起。塔拉马上回答说："离婚。"我点了点头，然后问是否有人能说得更具体些。史黛西说我们聊了"快乐、悲伤和生气"。我问他们，这和他们在学校做的事情是否不同，如果不同，在哪些方面不同。每个人都说这是不一样的，在学校人们不讨论自己的感受。我问他们为什么会这样认为。大家沉默了一段时间。

540

我想，成员们可能会感到不舒服，他们的沉默反映了他们自己的不舒服和一种被孤立的感觉，因为他们难以在学校甚至在小组中自由地讨论他们的家庭状况。我错过了一个承认他们不安的机会，相反，我试图教育他们，让他们对常见的离婚经历有一个正常的认识。我问他们是否认识学校里其他父母分居或离婚的孩子。我的共同带领者指出，几乎有一半的婚姻以离婚告终。不出所料，我的共同带领者，或许还有我的理智，几乎没有什么反应，于是我和我的共同带领者继续展开我们计划好的活动。

实务要点：这里，带领者把孩子们带到了一个重要讨论的边缘。关于是什么让谈论这些话题变得困难的问题是正确的；然而，孩子们的沉默使带领者们转移了话题。此时，也许可以通过提供一些具体的可能的原因来帮助孩子们加深对话。带领者在她的学习过程中表现出了重要的洞察力，因为她认识到自己的理智反应。也许沉默和理智的产生是因为讨论愤怒——会谈的焦点——对带领者和孩子们来说都特别困难。

我们问孩子们是什么让他们对离婚感到愤怒。他们想出了几个原因。我试着把他们拉出来，让他们展现出他们在前几次会谈中所有的深度，我还指出了在我看来明显相似的情况下与其他反应的联系。然后乔安妮和我轮流创作我们知道会引起成员们共鸣的图画。接下来是一场漫长的讨论，讨论父母的缺席、父母生活中的新伴侣以及与这些伴侣的孩子之间的矛盾。

塔拉和亨利都描述了想要杀死场景中的人物——"沃尔特的母亲和她的男友"刚生下的一个婴儿。我认为认可他们对自己感情的表达是重要的，并试图弄明白为什么他们想要杀了这个孩子，他们还对谁感到生气，如果他们真的杀死婴儿将会发生什么，亲人可能会对他们有什么感觉。在他们有机会上演这一场景之后，我问他们是否真的可以杀死一个婴儿。所有的成员都说不。然后我问，有没有人能想出其他的办法来解决这个难题，因为杀死一个婴儿真的是不对的。我希望这将使人们对每个成员自己解决问题的能力产生信心。亨利和史黛西笑了。家里新添了一个孩子的塔拉没有笑。亨利是家里唯一的孩子，他说也许"沃尔特"可以和婴儿一起玩。我问亨利那有什么用。他回答说："沃尔特可能会喜欢。"我承认，沃尔特可能还是喜欢有个弟弟或妹妹的，尽管他的感觉可能仍然很复杂。这似乎使塔拉得以讨论有弟弟妹妹是很困难的，她希望自己不是家里最大的一个。

其中一幅画描绘了这样一个场景：一位朋友想和某人谈谈他父母离婚的事。我问这群人，这位朋友可以和谁说话。亨利说他会让这个人去找社会工作者或老师谈谈。我说这是一个很好的建议。然后我向小组强调，他们每个人都可以非常好地支持一个朋友，因为他们经历过类似的情况，这可能会帮助这个朋友感到不那么孤独。我们再次开始讨论为什么谈论这些感觉是困难的。我注意到三个孩子都走到角落里，专注于一个玩具屋，背对着我和乔安妮站着。这一次，我不想错过承认他们不安的机会。我对大家说："我有一个问题要问你们。你们现在谈这些事感到困难吗？"我被他们诚实的反应惊呆了。亨利立刻点了点头。史黛西和塔拉说："是的。"我选择更进一步，让他们认识到自己的不适。"为什么？"我问。没有回答，这次会谈结束了。我想再次赞扬他们敢于冒险和分享感受的意愿和勇气。我说："没关系。你们今天都做得很好，讨论了对每个人来说都很难解决的问题。这并不容易，你们都很勇敢。"

实务总结：随着小组会谈接近尾声，为一群失去重要的成年人的儿童终止会谈做准备将是很重要的。考虑到记录显示，他们和这些孩子已经变得很亲近，而这些孩子也和他们很亲近，一个好的开始将是带领者对焦自己的感情。

为无家可归的青少年母亲建立的编织小组：为成员和带领者赋权 雷布曼（Rebmann，2006）写了她作为一个社会工作硕士（MSW）学生在一个为无家可归的青少年母亲设立的寄宿场所的第一年实习。作者将活动置于赋权的视野下观察，她的成员和她自己描述了一个来自她的现场实习督导员的最初的消极反应。引用弗洛伊德（Freund，1993）的话，她形容自己和小组经历了"从依赖到自信和冒险，以及个体和作为一个整体的小组间的共同合作"（p. 5）。

雷布曼（Rebmann，2006）确定了这些成员面临的许多问题：

> 无家可归的有色青少年母亲面临贫困、失去家园、种族主义、母性和教育问题。她们要与男友、婴儿爸爸、朋友、家人、老师和社会工作者周旋。通常，当成员表现得特别艰难时，青少年生活项目（TLP）的工作人员会提醒自己，如果这些女孩有其他地方可去，她们就不会来这里了。在找到永久住所之前，这些女孩的平均停留时间是 10 个月到 2 年，这取决于她们进入项目时的年龄，小女孩停留的时间最长。（p. 7）

这个项目出现在一个生活技能小组，在这个小组里，每个人，包括带领者，都被要求说一些关于自己的积极的事情。当带领者穿着（用她的话说）"一件对我来说大约大了十码的相当不讨人喜欢的手工编织的绿色毛衣"（Rebmann，2006，p. 8），向这个小组提出建议时，女孩们都很兴奋，要求尽快教她们编织。然后，她们列出了许多他们想为自己和孩子们创造的东西。带领者向她们保证，她会看看能做些什么。

对编织的兴趣出现在实习进程过半的时候。学生/作者发现与她的督导员沟通有一些普遍的困难，她的督导员不同意这项活动，甚至在要求学生提供预算后也拒绝资助它。被剥夺权力的学生带领者退回了购买的用品，放弃了编织小组的想法，被迫接受了组织方面的障碍。当带领者被告知她的工作将被一个外来的冲突处理小组接管三周，这个小组想要在这个小组工作上尝试他们的技术时，整个小组和带领者的权力被剥夺的程度增加了。作者描述了发生的事情：

> 随后的三次会谈是痛苦的。女孩们已经习惯了邀请嘉宾演讲，但她们对在场的工作人员感到困惑。当她们探究角色扮演冲突的例子时，她们对引导者的提示的反应最低。她们一开始是来领糖果的，但后来只是耸耸肩说："我不知道。"（Rebmann，2006，p. 11）

作者描述了女孩们摆弄手机、互相交谈、口头攻击员工不同意但又不能改变的规定（例如宵禁）时的主动和被动侵犯行为。外部的引导者似乎不知道该如何干预，而学生小组的带领者则退缩到"埋在沙发里"的被动状态。

就在这个时候，带领者开始坚持自己的主张。首先，运用她的个案管理方法与一个叫帕特丽夏的女孩会面，这个女孩表达了学习编织的最大愿望，并带来了她自己的剩余材料。该小组带领者称这是她的"秘密和未经批准的任务"。第一步是教她如何"打活结，穿在针上"，然后如何"起针"。（我不得不承认，在阅读这篇文章的时候，我作为一个非编织者，对这篇文章印象深刻，但迷失了方向。）大家一起唱起了一首圣歌："在洞里，到后面，绕过去，把它拉过去。"（p. 13）当帕特丽夏开始编织时，她也开始大叫："愚蠢的家伙，快上去吧……猴子，走吧！"带领者已经告诉她要做好大喊大叫的准备。帕特丽夏问："这就是织毛衣时发生的大喊大叫吗？"带领者说是的，然后在她旁边坐了45分钟，直到"给整排人起好针"。

他们第二次见到帕特丽夏时，安也来了，她是20岁的牙买加女子。安费了些劲，又喊了几声，但没有帕特丽夏成功，因为帕特丽夏已经掌握了窍门。有一次，安因为自己织的毛衣太"丑"而感到沮丧，带领者让她想起了他们谈论织毛衣的第一个晚上带领者穿的那件毛衣。带领者指出，那件毛衣真的很丑，安也同意，但带领者很自豪，因为是她自己织的。在接下来的几个星期里，其他女孩也加入了进来，很明显，许多女孩把编织活动当作一种社交活动，与其他女孩和带领者交谈。一些早期的编织者，如帕特丽夏，能够承担起教导新女孩的任务，并开始帮助她们发展技能。随着编织材料摊开在地板上，这种活动变得不那么隐蔽了，但仍然未经批准。当督导员走进来发现吵闹的活动时，这个学生很担心，于是她走进了督导员的办公室，准备接受预期中的训斥。但事实并非如此：

> "哇？"她（督导员）惊呼……她们真的感兴趣吗？她兴奋地问……令我大为惊讶的是，她对整个干预活动非常热心。我拿了一张单子，解释发生了什么，以及女孩们是多么渴望学习。作为回应，我的督导员批准了课程，并为该项目提供了支付用品的资金。(p. 19)

这个例子里有许多重要的课程。正如前面所指出的，一项活动可以是重要的互助形式得以发生的媒介。年轻的无家可归的母亲可以被赋权为自己和他们的孩子做一些事情。我在督导中发现的平行过程（Shulman，2010），一个很好的例子就是作者描述的督导中所经历的权力被剥夺，随后扩展到她的服务对象及小组。长期以来，我一直在想，那些在自己的机构中感到压抑、绝望、无助和无能的带领者，如何才能帮助那些在生活中有同样感受的成员。这个学生使用秘密行动来为自己和她的成员赋权，这在任何系统中都有一些缺陷。在第十五章中，我将着重讨论帮助成员与机构协商的技巧，这些机构可能会提供更好（和更安全）的替代方案。

543

这两个与以活动为中心的小组一起工作的例子结束了我们对互助小组工作阶段模式的描述。在介绍了个人-小组工作互动的一般模式之后，我现在可以深入研究这些元素，并探索主题上的一些变化。接下来，我将研究个人在小组中的角色，集中于成员如何被非正式地指派扮演功能性角色，如替罪羊、偏差成员和内部带领者。我还将探讨整个小组的需要，以及带领者如何帮助小组完成其中心任务。

本章小结

我们在这一章的讨论说明了一些要点。第一，我们看到在小组会谈的开始阶段，带领者需要如何与成员和小组合作。第二，我们发现互助不仅涉及个人的特定问题，也涉及普遍关注的主题。本章的例子说明了小组工作如何从一般到具体，并从具体到一般。最后说明了在小组结束时争取结束和转换的重要性。

为了努力用简单的术语来描述这个复杂的过程，我不得不过分简化中心思想。中间阶段或工作阶段的会谈并没有像我在这里概述的那样在四个时段中进行。此外，这些技巧类别并不相互排斥。例如，随着会谈期间订立契约的进行，带领者将使用澄清、同理心和工作要求技巧。用过于简单的形式描述这个复杂过程的好处是，它为我们提供了一种模式，在进一步探索每个时段和每个技巧因素时，我们可以根据这个模式进行定位。

我想强调一个读者已经注意到的想法。这种小组会谈中间阶段的模式可以很容易应用于个人或家庭工作或者其他形式的咨询和任务小组的情境中。

本章探讨了在小组中使用活动所涉及的独特问题，并提供了一个长期与儿童小组和为无家可归的青少年母亲建立的编织小组一起工作并为成员和学生/带领者赋权的例子。

能力要点

下面列出了本章援引的社会工作教育委员会在《教育政策与认证标准》（2015 年）中为社会工作学生推荐的能力和实务行为。

第一项能力 体现符合伦理的专业行为：

b. 运用反思和自律管理个人的价值观并在实践中保持专业性

e. 运用督导和咨询来指引专业判断和行为

第二项能力 将多样性和差异性融入工作实践：

b. 以学习者的身份与服务对象和不同群体建立关系，将他们视为自身经验的专家

第四项能力 投身实务与研究的结合和研究与实务的结合：

b. 运用批判性思考来分析定量与定性研究方法及研究发现

第六项能力 与个人、家庭、小组、组织和社区建立关系：

a. 运用人类行为与社会环境、情境中的人和其他多学科的理论框架，与服务对象和不同群体建立关系

b. 运用同理心、反映和人际技巧有效地与多样性的服务对象和不同群体建立关系

第七项能力 评估个人、家庭、小组、组织和社区：

a. 收集和组织数据，运用批判性思考解读从服务对象和不同群体处获得的信息

c. 基于批判性地预估服务对象和不同群体内在的优势、需要和挑战，形成相互同意的干预目的和目标

第九项能力 评估个人、家庭、小组、组织和社区：

a. 选择并运用适当的方法做结果评估

同个人和小组一道工作

已有模式表明，小组带领者通常需要面对两个服务对象：个人和小组。接下来将分别讨论这两个服务对象，以加深读者对这两者互动的了解。首先，我将关注小组工作中的个人，讨论成员如何在小组互动中发挥他们个性的作用。角色的概念是用来帮助描述个人的个性是如何嵌入小组互动中的。以下的第一部分描述和说明了几种个人-小组关系的常见角色，例如，替罪羊、偏差成员、守门员和垄断者。当个体被作为对象进行深入的分析时，应更加认识到，如果不把作为个体的成员放在小组工作互动的环境中进行考察，通常是不可能理解他们的。

接下来的第二部分以小组作为对象。该部分将介绍一种有机体模式，它把小组工作描述为一个不断生长和变化的有机体，同时与环境相互作用。此外，还会举例说明当带领者必须介入以帮助第二个服务对象——小组成长时，他们会有哪些任务。

教育政策 4b

动态系统中的角色概念

_546_

讨论小组工作中个体的两个核心概念是角色和动态系统。阿克曼（Ackerman，1958）描述了角色这一术语的使用方式，并提出了自己的定义：

> 社会学、社会心理学和人类学通过使用特殊的概念和技术来处理角色问题。他们以两种截然不同的方式使用这个术语，一种是指一个人在特定的、短暂的社会位置中的"角色"，另一种是指由其社会阶层地位决定的个人在社会中特有的"角色"。在心理动力学的参考框架下工作，我将使用这个术语来代表在行动中的人格适应单位。"社会角色"在这里被认为是"社会自我"运作的同义词，或在一个确定的生活情境

的背景下的人的社会身份。（p. 53）

阿克曼认为，个体既有私人的"内在自我"，也有社会的"外在自我"，后者强调他个性的外部导向方面。我将以如下的方式使用这个社会角色的概念：当小组成员开始一个小组工作时，他们将他们的外在自我作为他们适应小组工作环境的压力和要求的方式。他们的行为模式代表了他们的社会角色。阿克曼认为，内在自我的现实和外在自我在一个小组工作中的呈现之间的不协调会导致紧张。在许多方面，小组带领者的任务包括帮助个人在小组中找到表达内在自我的自由。其核心思想是，每个成员都为小组带来一种既定的模式，将独特的个性转化为社会行动。

压迫对社会角色的影响

教育政策 2a
教育政策 3a

当我们考虑被压迫者和弱势群体小组工作时，我们可以将阿克曼关于角色的概念融入第二章中描述的压迫心理学概念中。压迫幸存者的外在自我代表了他们对所定义的压迫情境的适应行为。我们可以理解他们在社交场合表现出来的外在自我与作为一种防御机制来应对的内在自我之间的不协调。正如法农所描述的那样，这种不协调是一种自我认同的异化形式（Bulhan，1985）。互助小组致力于帮助成员利用小组工作来整合内在自我和外在自我，寻找更多的适应机制来应对压迫，包括个人和社会行动。这个小组是大社会的缩影。如果我们考虑压迫的影响，我们对压迫幸存者在小组工作环境中所扮演的角色的理解就会加深。

记住个体角色的概念，我们可以把小组看作一个动态系统，其中每个部分（成员）的变化部分地受到其他部分（其他成员）的变化的影响。这一观点植根于库尔特·勒温（Lewin，1935，1951）的经典著作，他经常被认为是小组动力学的创始人。因此，成员将他们的外在自我带入小组这个动态系统，然后通过他们的社会角色来适应这个系统。所有的小组成员都参与了这个适应过程。

最近，印象管理的概念作为一种模式出现了，人们通过向他人展示自己来影响他们希望别人如何看待他们。这种模式植根于欧文·戈夫曼（Goffman，1959）的早期经典著作《日常生活中的自我呈现》（*The Presentation of Self in Everyday Life*），它探讨了我们有意识或无意识地塑造投射给他人的形象的方式。最近，社会心理学家一直在探索自我表现、印象管理和人际行为在许多背景下的主题。例如，可参见利尔利（Learly，1996）和施伦克尔（Schlenker，2003）的著述。这些理论家描述了个人的努力，以控制他们和他们的想法如何被视为人类互动的基本要素。

小组中正式和非正式的角色

模式化的社会角色最容易用一个正式的、有组织的任务小组的例子来说明，例如学生协会。为了有效地发挥作用，协会通常确定成员必须承担的具体任务，然后通过某种形式的劳动分工来分配这些工作。例如，协会可能需要一名主席或会长、一名秘书、一名财务主管和一名计划协调员。其基本思想是，小组工作角色在功能上是必要的，是生产性工作所必需的。在扮演这些角色时，特定的成员会带来他们自己的社会角色感。例如，根据他们的经验、背景、技能和社会角色意识，不同的成员会以不同的方式执行主席的角色。由于小组是一个动态的系统，小组及其成员个人也会在一定程度上影响主席这一角色的扮演。主席的行为最好被描述为个人的社会角色意识、由小组定义的主席的角色以及小组及其成员的特定动态之间相互作用的产物。

刚才描述的角色是正式的。每个小组都设立非正式的角色来帮助其工作，即使这些角色可能永远不会被公开承认。重要的是要记住，当我使用"小组"这个词时，我指的是我所称的作为一个整体的小组这个实体，它是由成员创建的，而不是其部分的总和。例如，在一个由专业带领者带领的小组中，一个或多个内部带领者可能会出现，就好像他们是正式选举出来的。在一个小组工作中承担内部带领者角色的个人在这个小组工作中扮演一个社会角色，并发挥作用。通过对他们的积极回应，成员鼓励内部带领者承担这个重要的角色。这里的关键和实际上重要的概念是，小组本身与分配个人角色和鼓励个人角色的发挥有关。回想一下你参加过的小组。还记得那个你和你的同学用你们的笑声鼓励的班级小丑吗？回想一下你在正式或非正式的小组中，一个或另一个成员是如何发挥带领者作用的，通过跟随他，你能认识到这个人的带领能力。

另外，在小组中还会出现其他建设性较小的功能角色，这反映的是小组的功能失调而不是健康的发展。例如，替罪羊经常在小组中产生，因为他们拥有成员最不喜欢或害怕的个人特征。因此，一群担心性别身份的青少年男孩可能会选择看起来最没有"男子气质"或至少在他的陈述中不太自信的青少年作为替罪羊。当然，这些成员不会为这些角色投票。这并不是说，成员在小组会面之前举行了一次非正式会面，并要求志愿者充当小组的替罪羊、内部带领者、偏差成员等等。然而，如果小组需要这些角色，他们将通过一个微妙的、非正式的过程选择成员来填补这些角色。使用替罪羊的不正常方面是，它经常导致成员通过将自己的担忧和感受投射到替罪羊身上来避免面对自己的担忧和感受。

同样，没有个体会举手自愿充当替罪羊，指出自己一生中大部分时间都在家庭和社会团体中成功扮演了替罪羊的角色。小组中的替罪羊可能会潜移默化地自愿扮演这个角色，因为这与个人对其社会角色的概念是一致的。通过扮演这种社会角色来适应小组，对于替罪羊个人和整个小组来说都是不正常的。小组作为一个动态系统的概念再次帮助我们以一种动态的方式理解替罪羊的作用过程。（下一节将更详细地探讨替罪羊的角色。）

在后文中，我将探讨在小组中形成的非正式角色，如替罪羊、偏差成员、垄断者和守门员。在每个案例中，讨论的重点是分析动态，因为它们反映了个人在小组中的社会角色。此外，我将考察带领者的技巧，因为他在实施工作的个性化部分，同时面向第二个服务对象——小组。

548

替罪羊

教育政策 2a
教育政策 3a

　　关于小组中个人角色的讨论始于替罪羊，因为这是小组工作中最常见的问题之一，也是最令人苦恼的问题之一。替罪羊是一个成员，受到其他成员口头或身体上的攻击。这些成员通常把自己的负面情绪投射到替罪羊身上。替罪羊的角色在本质上通常是互动的，替罪羊在小组中扮演功能性角色。无论是出现在儿童和青少年小组中的明显的替罪羊，还是出现在成人小组中的更微妙的类型，对小组和带领者的影响都可能是深远的。当我详细探讨这个特殊的角色时，我将介绍几个关于小组中的社会角色和带领者的功能的重要概念。当我研究其他角色时，这些中心思想将重新浮现。这个讨论可以作为一个通用模式来分析小组中的个人角色。

　　首先，我们必须考虑替罪羊这个词的历史。道格拉斯（Douglas，1995）将这个词的起源归功于 15 世纪的圣经学家兼翻译家廷代尔。廷代尔翻译的《利未记》中提到了希伯来人在赎罪日举行的一种古老仪式。有人把两只活山羊牵到会堂的祭坛前。其中一只羊被杀作为祭品，把皮剥去，称为"脱皮"，在大祭司把他自己和民众的原罪一起转移到第一只被脱皮的山羊身上之后，原罪就转移到第二只山羊身上，第二只山羊被带到荒野，放了出来。道格拉斯表示，"如果廷代尔知道希伯来语中的山羊是'带着罪孽逃跑'的想法，那么他所创造出来的'替罪羊'的意思就更清晰"（p. 8）。道格拉斯认为替罪羊仪式本质上是一个净化的过程，这意味着在本质上，替罪羊仪式的实践者认为他们被日常生活中的违法行为所污染，替罪羊仪式将驱散这种污染，使他们在自己的眼中，更重要的是在自己的生活中、在上帝的眼中得到净化（p. 14）。

　　所有人，如非洲裔美国人、西班牙裔美国人、犹太人、精神病患者、残疾人、移民和同性恋者，都遭遇过极端形式的替罪羊模式，即第二章所述的系统性压迫。其中包括将消极的刻板印象作为奴隶制的基本理由，以及当前更多形式的经济和社会压迫；反犹太主义和大屠杀——数百万犹太人（以及许多同性恋者、吉卜赛人等）被有计划地杀害；以及攻击同性恋活动，同性恋者在街上受到人身攻击，或者成为同性恋恐惧症者的笑柄。最近，拉美裔移民，无论合法还是非法，都成了政客们的政治替罪羊，他们试图利用这一群体来挖掘部分拉美裔人口潜在的刻板印象和偏见，一些社区发生了针对移民的令人震惊的、随机的人身攻击事件。

　　贝尔和沃格尔（Bell & Vogel，1960）描述了这一现象在家庭小组中的动态，强调替罪羊通过把所有问题都推到自己身上来维持家庭平衡的功能作用。小组中的许多替罪羊都是通过他们的家庭经历而融入社会角色中，并准备在他们进入的每一个新小组中承担这个角色。

加兰德和克洛德尼（Garland & Kolodny，1965）也讨论了替罪羊，他们对实务中普遍存在的替罪形式进行了有趣的分析：

> 没有任何一种现象比替罪行为更让外部观察者感到不安。它经常暗含暴力，虽然不是以实际形式出现的，但它违反了我们社会正式认可的每一个伦理原则。作为那个社会的一部分，在互动中面对替罪羊的小组工作者常常发现自己陷入了一种原始情感的混乱之中，惩罚的和怜悯的，并受到对命运不公的病态思考的困扰，这种不公平导致一个人软弱，另一个人坚强。(p.124)

在我之前的一篇文章中，我提到了实践中常见的错误，我称之为先发制人的干预，在这种情况下，小组带领者会介入替罪羊和小组之间的互动，这种介入会让小组或个人都没有机会解决问题（Shulman，1967）。在大多数情况下，当带领者保护替罪羊时，其他成员的敌意会表现得更隐蔽。呼吁公平或要求给成员一个机会似乎没有帮助，带领者通常感到沮丧，替罪羊受到了伤害，而成员感到内疚。

当我们思考小组工作中的替罪羊时，社会角色的概念和小组作为一个动态系统为我们提供了这种互动意义的线索。我们不能把替罪羊的行为简单地理解为他"个性"的表现。相反，它是替罪羊的社会角色感和小组工作功能需求相互作用的结果。如果小组失去了替罪羊（例如，成员退出了小组），那么个人角色和小组需求之间的关系就变得清晰了。就像在一个无意识的命令下操作一样，这群人立即寻找新的候选人来接替替罪羊的位置。通常有一个成员在等着这么做。在家庭动态中，当一个替罪羊长大离开家时，另一个孩子会接替这个角色，这是很常见的。

下面是一个关于一群学校少女的例子。读者要记住的关键概念是，避免偏袒某一方，要同时与个人和小组站在一起。另一个重要的概念是把找替罪羊的过程本身看作是一种与带领者沟通的形式。我称之为作为一个整体的小组这个实体间接地——而且很可能是无意识地发出了一个关于成员内部斗争的信息。因此，再一次，在过程和内容之间不存在二分法。

非洲裔美国人和西班牙裔女学生　这个例子说明了寻找替罪羊的过程中带领者面临的一些陷阱以及有效的干预策略。在这个例子中，我们看到一个新手带领者对一群十几岁的女孩在学校环境下进行了为期两个月的干预。小组带领者是白人，女孩们是非洲裔美国人和西班牙裔美国人。带领者开始这项工作时，对寻找替罪羊的过程进行了深入的了解，并对焦她的感受。

实务要点：她对替罪羊的保护反应很微妙；她试图间接地解决这个问题，因为她担心可能会伤害到作为替罪羊的成员。虽然她从未直接面对过替罪羊的过程，但她确实处理了第二个成员——小组的担忧，这使得小组对替罪羊的需求减少了。

成员描述和时间框架：这是一个由12~13岁的青少年（3名非洲裔美国人和2名西班牙裔女孩）组成的七年级女孩同伴支持小组，来自城市的一个种族混杂、低收入地区。时间范围从12月5日到次年2月6日。

问题描述（来自带领者的看法）： 这个小组将其依赖性需求投射到一个人身上，导致小组停留在发展的初始阶段。这个人——瑞秋，会为整个小组表现出这些依赖需求。瑞秋做自己的事，不参与任何小组活动，独来独往。小组集中于替罪羊的角色，既阻碍了小组的发展，也帮助小组走向下一个阶段——亲密关系。

问题是如何引起带领者注意的： 1月23日，我观察到瑞秋坐在远离小组其他成员的地方，拒绝参加小组活动（画画），也不愿意说话。这种行为在小组工作中引起了负面反应，其他女孩猜测她为什么表现得像一个孤独的人。当丽莎提出一个她参与其中的"假设"情况时，小组很快就忽视了这种行为。丽莎说她厌倦了一个曾经是她朋友的女孩。丽莎向成员征求关于该怎么做以及怎么告诉这个女孩的意见。

这时，我意识到她说的那个女孩是瑞秋。当被其他女孩问及这个女孩是谁时，丽莎不愿说。这一刻，我对自己的带领者地位以及在这种情况下该怎么办，都很不确定。我的第一反应是认为这是一个只需要瑞秋和丽莎来处理的问题，但经过进一步思考，我认为这确实是一个小组工作问题，特别是考虑到我们的小组工作目标是改善同伴关系。我清楚地意识到，这种对替罪羊角色的需求是整个小组的问题。

实务要点： 带领者一开始倾向于认为这是瑞秋和丽莎之间的问题，这并不罕见，因为她并未以动态的方式看待整个小组。她也刚刚开始理解过程和内容的整合。也就是说，这两个女孩之间的明显冲突，以一种间接的方式得到处理，在这个年龄的女孩中并不罕见，因此意味着有一个机会来解决更大的问题——同伴关系问题。

工作总结：

12月5日（第一次会谈）

我们讨论了小组的目的，我问她们认为一些规则应该是什么。大多数成员纷纷提出建议，其中许多人表达了对机密性和"秘密"的担忧。瑞秋和金坐在我的两边，两人都没说话，但当丽莎和艾米问她们对一条规定或她们提出的一个想法有什么看法时，她们点了点头。

我试图让瑞秋和金进行对话，我允许大家制定自己的规则。我问她们，如果有人违反了我们的保密原则，我们作为一个小组应该怎么做。她们都显得很困惑，耸了耸肩。瑞秋说："我不知道你是什么意思。"丽莎立刻插嘴，问瑞秋是不是"聋子"并产生了"惩罚"的想法，让瑞秋瘫在椅子上，低头看着地板。

我能感觉到发生了什么事，但我不知道该如何回应。回过头来看，这些问题都与"权威"这个主题有关。我不想阻止任何人说她想说的话，我也不想强迫任何人说她不想说的话。我只是很兴奋有人在说什么，她们对这个小组很热情。

实务要点： 带领者在早期会谈中的诚实让人耳目一新。她对正在进行的任何对话感到高兴，但也不清楚如何实现该组织的目标，尤其是她所扮演的角色。还要注意的是，新小组的替罪羊瑞秋选择了带领者旁边的席位。回想起来，这是她需要保护的第一个信号。在接下来的会谈中，带领者更清楚了，她试图帮助金向小组寻求帮助。然而，随着小组讨论的深入和对话的进行，带领者仍然不清楚该如何回应。

12 月 12 日（第二次会谈）

金遇到了一个问题，我支持她向小组提出这个问题。金告诉小组，她有一个问题，她想问每个人她应该怎么做。那周早些时候她卷入了一场斗殴，现在她不得不上法庭。她说她害怕自己会被送到一所"非常严格的学校，不让你做任何你想做的事情"。她问我她能做些什么，问我能不能帮她去跟校长谈谈。我告诉她我很高兴她在小组提出这个问题。我问小组对这种情况的看法。丽莎说，如果这种情况发生在她身上，她不会担心，因为她知道妈妈不会生她的气，也不会在意。我完全错过了这个声明！金正在和玛丽讨论整件事，而小组开始对打斗的细节感兴趣。我开始对谁对谁做了什么、谁应该对什么负责感兴趣，试图确定金是否真的会受到法院系统的严厉惩罚。

552

实务要点：事后看来，丽莎关于母亲不关心的评论是很有力的。虽然这个时候可能不合适，但有时带领者可能想回到这个问题上来。其他女孩呢？如果她们遇到麻烦，她们的母亲会在意吗？

金告诉大家，她打架是因为学校里有人散布谣言说她怀孕了。她说她必须让所有人都知道她没有，所以她别无选择，只能和那个散布谣言的人打起来。小组一致认为，她确实必须与这个女孩打一架，因为毕竟她无权说这样的话，而且她毁了金的声誉。（我错过了小组提出的一个重要问题，让小组去解决更明显的问题。）我问她们，在这种情况下，她们可以做些什么来避免打斗，而不是把重点放在怀孕的问题上，回想起来，我认为这才是真正的问题。

实务要点：由于同时出现了这么多问题，如果带领者能把女孩们提出的问题区分开来，然后帮助她们一次解决一个问题，那么将会有所帮助：斗殴、法庭、父母对怀孕的反应、谣言传播者，当然，还有怀孕本身。带领者确实注意到，瑞秋——这个小组的替罪羊，在讨论过程中安静地坐在带领者旁边。如前所述，坐这个位置可能是一种需要保护的信号。

在这个小组里，几乎每个人都积极参与了这场关于班内谁可以信任、谁不可以信任以及学校里哪些人在散播谣言的讨论。我错过了瑞秋不参加讨论的意义。在小组快要结束时，我意识到瑞秋并没有积极地参与谈话，事实上，她又坐在了我的旁边。我也意识到我在处理这个问题时很不自在。

实务要点：在后来的一次会谈中，这位带领者意识到她错过了关心金的中心主题。尽管金提出了打架和由此产生的纪律方面的问题，但这实际上是她第一次提出更深切的担忧——她怀孕的事实。这个问题直到第五次会谈才重新出现。下一次会谈是在圣诞假期之后举行的，在假期之前的一次会谈中，成员们对会谈中断表示失望。她们开始竞相争夺带领者的注意，因为一个成员——瑞秋能够提前离开课堂以会见带领者。当瑞秋作为替罪羊间接出现时，带领者感觉到了这一点，觉得有必要保护这个替罪羊。

1月23日（第四次会谈）

553

在小组开始之前，瑞秋走进来告诉我，丽莎对她表现得很不友好，这让她很难过，因为她们本来应该是最好的朋友。我们讨论了一些她可以用来面对丽莎以及处理这段友谊的方法。瑞秋告诉我她想一周会面两次而不是一次。我鼓励她在小组里提出这个问题。

当所有人都来到的时候，女孩们都问瑞秋为什么要提前离开教室来和我说话。瑞秋受到了"特别关注"，她们似乎很生气，但当丽莎提出问题时，她们就忘记了这一讨论。我支持丽莎来小组寻求建议，但我忽略了一个潜在的问题。丽莎告诉我，她有一个问题，并问我们能否在这周谈论。她接着说，这是一种假设的情况，与她们认识的任何人都无关。丽莎说她有一个朋友，总是和她做一样的事，和她穿一样的衣服，和她说一样的话，甚至喜欢她喜欢的男孩。

实务要点： 与瑞秋的冲突再次出现——这可能被认为是提供给带领者的升级的信息。对上一次会谈中描述的替罪羊的反应——保护替罪羊的先发制人的干预——在下面的例子中可以明显看出。带领者认为她是唯一一个知道发生了什么事的人，实际上，即便不是所有成员都知道，大部分成员也都知道。她们正在等待带领者的信号，说她们可以解决这个问题。

我感觉到丽莎说的是瑞秋，我有一种强烈的冲动，想要保护那个成为替罪羊的人。成员就这个问题展开讨论，并表示她们多么讨厌这种行为。瑞秋坐在房间的角落里，望着窗外的一群人。我说，也许这位朋友真的很喜欢丽莎，想成为她那样的人。金跳了进来，同意了我的看法，并告诉丽莎她应该感到受到了赞美。我提出工作要求。我问她们在这种情况下会怎么做。我假设自己是唯一一个知道全部情况的人，并采取了相应的行动。每个人都沉浸在她们描绘的画面中，似乎不想讨论这个话题。

实务要点： 在这样的时刻，当带领者认为瑞秋是替罪羊时，就引出了关键的问题。如果带领者和瑞秋站在一起，那谁和小组站在一起？显而易见的答案是没有人。再次，一个错误的二分法困住了带领者，因为她最有帮助的角色是同时与个人和小组站在一起。她感受到了瑞秋的不适，但不能理解丽莎所表达的小组工作感受。

回想起来，我发现成员都清楚地知道发生了什么事，然而是我自己的不安让我回避了这个问题。为了保护替罪羊，我避开了提出的主要问题。丽莎坚持要听我对这个问题的意见，即使我把它扔给小组的人去寻求答案。我注意到金和玛丽正在进行对话，并开始和辛迪谈论一个她们不喜欢的老师。丽莎把她的问题重新摆到桌面上讨论。我对她的坚持感到很恼火，我告诉她，我们已经回答了她的问题，如果她愿意，可以晚些时候来和我讨论。那天成员们离开时，丽莎把我拉到一边，告诉我这个人是瑞秋，她不想让瑞秋知道。我可以把她作为一个单独的小组成员加以支持；我告诉她，那天上午晚些时候我可以和她谈谈，并给了她一张离开课堂的通行证。

实务要点： 替罪羊的问题没有被直接解决。瑞秋、其他成员以及带领者都知道这件事。带领者的不情愿源于不想伤害瑞秋，然而持续的替罪羊模式比任何直接的讨论都要令人痛苦。小组的带领者往往不敢开启这样的话题，因为他们不确定会发生什么，也不知道事情会发展到什么地步。带领者处理问题的间接努力与成员自己使用的间接沟通相互作用，从而阻碍了小组的发展。当小组工作文化变得更加积极时，成员能够处理他们的一些问题，减少他们找替罪羊的需求。金将会用"我有一个朋友……"来介绍一个重大的个人问题。

1 月 30 日（第五次会谈）

我支持金向小组提出问题。金提出了她目前正在处理的一个问题，并向成员寻求建议。她说她有个朋友，这个朋友认为自己怀孕了。她朋友的表妹让她喝下"一种可怕的东西"来摆脱孩子。她说她的朋友不想要这个孩子，但她朋友的男朋友非常想要。现在她的朋友不知道该怎么跟男朋友说。我感受到了大家的感受。这群人立即质问金，想知道她说的是不是她自己。金说那是一个朋友。我说，这一定非常困难，是一种可怕的情况。我用语言表达小组的非语言行为。我承认，在怀孕这个话题上似乎存在着很大的紧张，而且这是一个很难讨论的话题。辛迪说如果她怀孕后回家，她妈妈会杀了她，她为这个女孩感到难过。我向大家指出，这个问题不仅是个人的问题，也是整个小组的问题。讨论怀孕的话题时，成员们显得不太自在，她们希望改变话题，谈点别的。

实务要点： 当带领者立即同第二个服务对象——小组说话时，她对自己作为带领者的角色意识明显增强。她们回避困难和禁忌话题是一个信号，表明她们需要从带领者那里得到一些指示，同时也表明这个话题是可以接受的，带领者不用害怕讨论它。在带领者对金的勇气和小组情绪的评论中，我们可以看到带领者将与两个服务对象——怀孕的金和被她的话语影响的成员——在同一时间的工作进行整合。

为了避开这个话题，她们把注意力集中在同学中谁可能怀孕的问题上。我提出了工作要求。我向小组指出，有一个成员提出了一个重要的问题，这是一个需要她们注意的问题。我问小组，如果遇到类似的情况，她们会告诉男朋友什么。丽莎说她会直接甩了他，不告诉他，因为他一定是疯了才会认为一个 12 岁的孩子会有孩子。瑞秋说她没有男朋友，玛丽说她会告诉他，希望他没有离开她。就在这时，金开始插话，

554

告诉大家她说的是她自己。我说，每个人都可能会感受到大量情绪，一定需要很大的勇气和信任，才能来到这个小组讨论这个问题。成员们集中讨论了当时的情况，给金提出建议，并讨论了自己在这种情况下应该怎么做。

在这次会谈上，该小组似乎不需要替罪羊；谈话很激烈，每个人都齐心协力解决手头的问题。我开始感到小组正在进步，而且我对小组中发生的事情的感觉更加协调了。我能够更快地控制自己，也没有那么强烈地想要保护每个人。

问题现状：目前的状况（带领者的看法）　　小组已经进入亲密阶段，我们可以做"真正的工作"，讨论她们想谈的问题。替罪羊的情形有时仍然会出现，但我能够在一定程度上认识到它并处理它。我发现，当我唤起对替罪羊行为的注意时，这不再是一个问题（至少当时是这样）。瑞秋更经常地融入这个小组中，在过去的几次会谈中，她并没有扮演替罪羊的角色。

该小组能够讨论与她们有关的问题，如男孩、友谊和她们在社区经常看到的暴力。其他问题对她们来说仍然很难谈论，比如种族主义，作为一个城市的黑人或西班牙裔是什么感觉，以及我来自中产阶层，是一个少数族裔女孩小组的白人带领者的事实。权威主题仍然是这个小组工作的一个问题——她们很难理解她们已经控制了这个小组。我需要努力让她们更确信这一点。

实务总结： 请注意，这位学生带领者认为种族是女孩日常生活中的一个问题，也是女孩和她自己之间的一个问题。这是一个跨文化问题的例子，需要带领者发起对话。她甚至把它纳入了对问题现状的评估中，尽管她认为这是成员难以讨论的问题。她在处理这个关键问题上的挣扎并不罕见，她需要支持和督导来认识到她的成员在探索种族这一潜在的危险领域方面的困难反映了她自己的不情愿。当她们清楚她准备好了，她们会回应的。

通过了解替罪羊行为的作用机制，带领者可以更容易地避免走入偏向个人或小组的陷阱。这种自然的反应忽略了一个重要的信息：小组工作和替罪羊正在利用这个过程作为一种尝试——尽管是适应不良的——来提供一个关注的主题。因为寻找替罪羊可能是成员所知道的唯一一种处理自己想法和感受的方式，所以带领者不应该对小组或替罪羊感到太难过。带领者的任务包括帮助成员和替罪羊认识到她们的模式，并找到一种新的方法来处理她们共同关心的问题。通过将个人和小组都视为需要帮助的成员，带领者可以更好地理解和共情这两个服务对象的感受。

解决替罪羊问题的策略

解决替罪羊问题涉及几个步骤。
- 带领者随着时间的推移观察其运作模式。
- 带领者必须了解自己在这种情况下的感受，以避免支持或反对替罪羊。

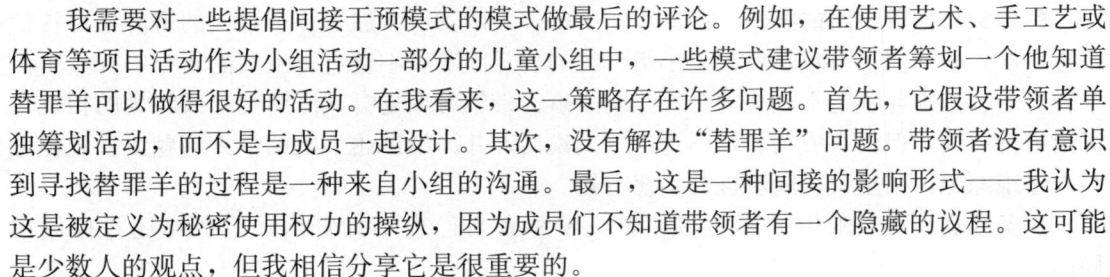

● 通过使用对焦技巧，带领者可以尝试寻找替罪羊和小组之间的潜在联系。成员们不喜欢自己的哪些方面，或者她们在努力解决哪些问题，并把这些问题投射到替罪羊身上？

● 如果带领者不清楚这些联系，可以让成员反思这个问题。

● 向小组和替罪羊指出模式。模式，带领者要求小组审视自己的工作方式，并开始努力寻找一种更积极的适应模式。

当带领者质疑这种替罪羊的过程时，他们不应该批评小组或替罪羊，指责其发展出这种处理他们潜在感受的方式。事实上，共情和理解面对这些感受有多难的能力正是带领者提出工作要求的原因。工作要求包括两个任务：要求小组考虑为什么她（瑞秋）是替罪羊，并要求替罪羊反思她自愿承担这个角色的原因。对这一过程的讨论旨在让成员们能够进一步探索她们的潜在感受。重要的是，讨论的重点应继续与小组的宗旨直接相关。这不是集体治疗。鼓励持续讨论作为替罪羊的个人（瑞秋）的生活模式是错误的。如果这个小组现在开始分析寻找替罪羊的过程——它是如何工作的——而忽略了这个小组最初的目的，那也是有问题的。当讨论是诚实的、充满感情的，并且触及所有成员时，这个小组就不再需要替罪羊了。讨论可能有助于成员们减少她们对自己的苛刻判断，以免她们需要找一个替罪羊。反过来，替罪羊可能会发现她的感觉并不是唯一的。

我需要对一些提倡间接干预模式的模式做最后的评论。例如，在使用艺术、手工艺或体育等项目活动作为小组活动一部分的儿童小组中，一些模式建议带领者筹划一个他知道替罪羊可以做得很好的活动。在我看来，这一策略存在许多问题。首先，它假设带领者单独筹划活动，而不是与成员一起设计。其次，没有解决"替罪羊"问题。带领者没有意识到寻找替罪羊的过程是一种来自小组的沟通。最后，这是一种间接的影响形式——我认为这是被定义为秘密使用权力的操纵，因为成员们不知道带领者有一个隐藏的议程。这可能是少数人的观点，但我相信分享它是很重要的。

偏差成员

对于带领者来说，最难对付的成员之一就是他们所遇到的偏差成员。在这次讨论中，术语"偏差"被广泛地用于描述一个成员的行为偏离了小组的一般规范。偏差行为可以指非常不恰当的、脱轨的行为（例如，一个参与者在第一次会谈中拒绝停止说话或某个成员表现出精神性行为），也可以指轻微的或偶尔的偏离行为（举例来说，当小组的其他成员在深入参与讨论时，一个成员注视着窗外）。

在我的实务中，我对这种行为做了两个主要假设。首先，偏差行为总是一种沟通形式。带领者的问题在于弄清楚成员在说什么。这一困难还因为带领者经常会体验到直接针对自己的行为，从而激发带领者强烈的情感。例如，在一个儿童小组中，带领者可能会把

556

教育政策 2a
教育政策 9b
教育政策 6b
教育政策 8a
教育政策 9c

557

表现出的行为视为对他权威的挑战，有时确实如此。

其次，小组中的偏差行为可能传达了一种对整个小组有意义的沟通。也就是说，正如小组工作可能使用替罪羊作为处理困难情绪的手段一样，偏差成员可能为其他成员扮演着重要的社会角色。这一假设与将小组工作视为一个动态系统的观点有关。在本节中，我将探讨这两个假设。

极端偏差行为与轻微偏差行为

同样，我们可以把偏差行为看成是一个从极端到轻微的连续统一体。极端的情况是成员表现出完全不适合该小组工作的怪异行为。当面对社区开放或未进行潜在成员筛选时，就会发生这种情况。当这种情况在第一次会谈中发生时，对带领者和整个小组的影响是深远的。当这个成员说话的时候，你可以感觉到整个小组在尴尬和有时在恐惧中萎缩。带领者需要承担责任，温和但坚定地要求成员保留评论，或者在极端的情况下，离开会谈。在早期的会谈中，成员没有准备好处理极端的异常情况，因此依赖于带领者来澄清界限，并在需要时执行限制。

寄养父母招募小组的案例　在这个例子中，一位女性参加了一个单次的寄养父母资信招募会谈，她回应了对带领者关于小组契约的公开声明和小组进行反馈的要求，开始了一个漫长的、基本与主题不相关的个人悲剧故事。带领者反复尝试澄清契约或将她的担忧与讨论进行关联，但没有成功。她不允许别人说话，并详细讲述了她的个人问题以及她担心有人在跟踪她，甚至说房间里被装了窃听器。

实务要点：成员眼中的不适很明显。带领者自己也不太舒服，但最终还是控制了局面。

> **带领者：**潘恩夫人，很明显你现在过得很艰难，但我实在不能让你在小组里继续讨论这件事。我不得不请您离开了，但我很乐意另行安排时间与您进一步讨论您的担忧。

> **潘恩夫人：**你们这些该死的社会工作者都是一样的。你一点都不关心我们，你和其他人没什么不同。你带走了我的孩子，我要他们回来。

> **带领者：**对不起，潘恩夫人，我现在不能和你谈这件事。你得走了，我明天再和你讨论这件事。

最终潘恩夫人走了，带领者转向大家，承认她对刚刚发生的事情感到十分难过。成员表达了他们自己的感受。在情绪平息后，带领者记录了成员对潘恩夫人的反应，潘恩夫人是该机构照看的孩子的家长。这导致了关于父母的讨论，他们对安置的感觉，以及亲生父母和寄养父母之间的联系。再一次，我们看到了一个如何将过程（心理失常的亲生父母的行为）和内容（寄养父母与亲生父母的可能联系）整合在一起的巧妙例子。

第二天，带领者又去找了潘恩夫人，果然见到了她。他们的谈话时间很长，有时是散漫的，有时是断断续续的。在谈话过程中，带领者不断地试图接近潘恩夫人，了解她的感受。潘恩夫人离开时转向带领者说："我为昨晚说的话道歉。你知道，我只是太生气了，我太想我的孩子了。"潘恩夫人在会谈中的行为是用偏差行为来表达内心深处情感的一个极端例子。小组的带领者不允许这次会谈被潘恩夫人控制，她用她所有的勇气来保护——或者用另一个术语来说，守护——小组的契约。

寻求偏差行为隐含的信息

令人惊讶的是，带领者经常惊讶地发现在他们认为是人身攻击的初始偏差行为背后存在着相对正常的反应和感受。例如，一个成员的第一个评论是质疑对小组本身的需求，或者他对自己的帮助需求做出防御性回应，这在一开始可能看起来很不正常，但在行为的源头被发现之后就不会了。有时候，我们所需要做的就是直接面对成员，询问他们行为的意义。在下面的例子中，读者需要记住三个关键观念：

- 需要容忍偏差行为；
- 了解潜在信息的重要性；
- 理解"偏差者"有时代表小组说话。

在学校陷入困境的儿童小组　考虑下面这个例子，这个例子来自一群在学校有困难的孩子。下午会面在学校举行，约翰一走进小组活动室就开始胡闹起来。他和吉姆打了一架，撞倒了桌子，似乎准备接着对付带领者。

带领者：约翰，到底怎么回事？你进来之后就一直很生气。（约翰仍然沉默，瞪着眼睛，紧握着拳头。）你是不是刚跟人打过架？还是史密斯先生（老师）？你和他吵架了吗？

约翰：（仍然很生气，但稍微放松了一些）他总是找我的茬，这个混蛋。

带领者：好的，现在慢一点，告诉我发生了什么。也许这次我们能帮你。这就是这个小组的意义所在。

实务总结：带领者能够理解这种行为背后的意义，而不是卷入与约翰的较量，因为他明白自己的角色，明确小组的目的，明白孩子们经常通过用行动表现出来的方式间接提出问题。如果提供帮助的专业人士不仔细倾听，并试图理解行为背后的感觉，问题只会升级。在上面的例子中，带领者试图理解在爆发之前发生了什么，这激发了潜在的情绪，并提出了整个小组的工作议程。

成员并不总是立即回应带领者的努力，以超越自身行为；然而，他往往理解带领者的意思，有时会在稍后回应邀请。澄清角色是很重要的，因为如果带领者只专注于他的设定限制功能（例如，停止争吵），他可能会错过工作的其他部分。澄清角色这种技巧通常既包括设定限制，也包括探索行为背后的意义。

作为功能性角色的偏差行为

正如前面提到的，偏差行为可能在某种程度上反映了整个小组工作的感受。这一概念源于小组是一个动态系统的观点，其中一个成员的举动在某种程度上受到其他成员举动的影响。偏差成员可以被简单地看作是这样的一个成员：因为各种各样的原因，他比其他成员更强烈地感受到一种特殊的顾虑或情绪。这种更大的紧迫感会导致偏差成员以一种间接的方式表达更广泛的感受。

施瓦茨（Schwartz，1961）将小组中偏差成员的作用界定为：

> 这类成员往往在小组中扮演着重要的角色，表达别人可能感觉到但又不敢表达的想法，更快地催化问题，把需要检查的负面因素带出来，等等。这帮助我们看到，这样的成员不应该立即被认为是小组的"敌人"，使其偏离其目的，而应作为有自己需求的成员，而且这些需求往往是其他成员需求的戏剧性和夸张版本。(p. 11)

因此，重要的是，带领者不能因为偏差成员表现出个人问题而过快地放弃他。这将构成试图理解动态系统（小组）中一个成员的行为而不理解系统中其他成员行为的错误。虽然这个成员可以给所有小组带来这个特殊的社会角色，但人们不能简单地把他作为一个单独的实体来理解。第一个假设应该是，成员可以代表整个小组说话。事实上，这个经常被带领者视为敌人的成员是他的盟友。在前面章节描述的夫妻小组的第一次会谈中，攻击"专业人士"的年长成员（卢）正在执行处理权威主题的重要任务，这是整个小组的一个问题。他对我和我的共同带领者如何管理小组存在担忧和恐惧，其他成员显然也有同感。

实务要点：下面的例子展示了偏差行为在发挥功能的两种具体方式：展开小组目标的讨论和深化已经在进行中的工作。

心理健康中心的咨询小组：小组目的是什么？　在以下摘录中，一个成员在会谈中攻击了小组的目的：

怀特先生：（在前两次会谈的大部分时间里，他一直保持沉默，尽管他的脸上似乎有一种批评的表情）我认为这真的是一堆废话！我们坐在一起，像这样说话到底有什么好处？

塞缪尔斯夫人：嗯，你知道，你真的没有太多话要说。也许你说出来会更有价值。

实务要点：对于大多数缺乏经验的带领者来说，这种攻击的力量会被当作是针对个人的，因为带领者会感到对小组的成功负有完全的责任。对于带领者来说，将怀特视为消极、敌对和抗拒的人，并开始挑战他或鼓励成员"与他较量"，这种情况并不罕见。例如，带领者可能会错误地说："怀特先生似乎并不认为这个小组能帮上什么忙。其他人也是这么想的吗？还是跟塞缪尔斯夫人一样？"

根据这个问题的提问方式，听众可能会认为这是在邀请他们与怀特较量。然而，如果将怀特先生的行为放在动态互动的背景下来看待，如果带领者将他视为潜在的盟友，带领者可能会帮助他详细阐述。

带领者：我认为我们应该听听怀特先生的意见，这很重要。如果在他看来，小组有问题，也许我们可以通过讨论来解决。这个小组有什么困扰你的？

怀特先生：嗯，首先，我认为我们没有坦诚相待。我们并没有真正说出我们的想法。每个人都忙着给对方留下深刻印象，没有时间诚实。你知道，这经常发生在新小组的前几次会谈中。人们不确定期待什么。你们其他人有这样的感觉吗？

彼得斯先生：上周没有，但这周我认为讨论有点肤浅。

实务总结：通过将偏差成员视为盟友而不是敌人，带领者允许成员们开始坦率地讨论他们是如何工作的。组里的其他人感到可以自由地表达他们的不满，结果，成员们开始承担起使小组更有效的责任。这种讨论对所有小组都是必要的，但在这种场合直接说话通常被认为是不礼貌的。成员们不希望"伤害带领者的感情"或其他成员的感情。在小组进行的过程中，带领者发现怀特先生有几个紧迫的问题想要解决——而不是不想工作。他的紧迫感使他说了出来。通常，在一个小组中，看起来最消极、最生气的人，恰恰是想努力工作的人。然而，很容易理解的是，带领者的情绪可能会让人很难以一种更积极的方式看待怀特。

家长小组的深入讨论　在一个小组中表达反常的观点往往是带领者可以借以深化讨论的杠杆。例如，在一个关于育儿技巧的心理教育小组中，托马斯表达了这样一种观点，即"所有这些担心孩子感受的言论对社会工作者来说是好事，但对父母来说没有意义。有时候，放手才是他们需要的"。其他成员向托马斯发起了攻击，随后就展开了一场口角之争。再一次，对于那些不清楚自己的功能的新手带领者来说，表达一个与他们对良好教育的看法相反的想法会引起强烈的反应。

实务要点：一个没有经验的新手带领者可能会被对社会工作者的嘲笑激怒，可能会开始"教育"托马斯先生。与此不同，这位带领者认为托马斯表达了一种情感，这种情感在某种程度上适用于所有家长，但在这个小组工作中表达并不"合适"。在替罪羊部分所阐述的原则，即与个人和小组同时站在一起，在下面的摘录中再次得以体现。带领者表态支持托马斯先生：

带领者：你们都在猛烈抨击托马斯先生的立场。然而，我有一种预感，你们肯定有很多次都有同样的感觉。我说得对吗？（沉默）

菲斯克先生：有些时候，我唯一感兴趣的是，当我让他吃苦头的时候，他背后的感觉。

实务要点： 在带领者的帮助下，托马斯先生允许家长们开始讨论养育孩子的现实，包括愤怒、发脾气和受挫。带领者继续问托马斯先生，为什么他觉得他必须如此强烈地表达这一立场。

带领者： 你知道吗，托马斯先生，你在这个位置上表现得如此强势，然而你给我的印象却不像是一个不在乎孩子感受的人。为什么会这样？

托马斯先生：（安静地，低下头说话）感情会让人太伤心。

带领者： 你是什么意思？

托马斯先生： 当我的孩子们的母亲去世时，跟他们说话真不容易。

带领者：（沉默了一会儿）你真的知道那是什么感觉，不是吗？（托马斯先生只是点点头。）

西姆科先生： 我从来没有遇到过这么棘手的事情，但我知道当你的孩子们倾诉痛苦时，你说听他们倾诉是一件很难的事是什么意思。

实务总结： 总之，偏差成员对带领者权威的挑战为小组工作提供了负面反馈，提出了与小组规范相反的观点，或争取到了一个强烈的、带有情感的可能在小组的动态系统中扮演重要的功能性角色的位置。如果带领者能够处理好个人的情感，并倾听作为小组信使的偏差成员的想法，那么小组中的偏差成员就可以成为带领者的盟友。这一观念将在本章及以后章节的许多例子中得到加强。在前面的例子中，我们可以看到一个偏差成员如何随着时间的推移变成一个积极的参与者。

内部带领者

不明确自己角色的带领者往往会把内部带领者视为对自己权威的威胁，甚至把他们视为异常成员。然而，如果互助过程是工作的核心，带领者应该明白，内部带领者出现表示工作进展顺利。当内部带领者挑战带领者的权威时，将内部带领者视为偏差成员的错误在与青少年和儿童打交道时最为明显。

应对问题青少年：社区中心小组 以下摘录自我在第一年的专业（MSW）培训期间带领的一个小组的第一次会谈。作为实习的一部分，我写了小组会谈的过程记录，以便与我的督导员讨论。我分享这个例子有几个原因。第一，学生们需要意识到，所有的小组带领者都是以相似的感觉开始的，并且犯了大部分相同的错误。许多读过我与已婚夫妻、单亲父母或艾滋病患者合作的例子或看了我工作的录像的学生不知道我在职业发展过程中犯了很多错误，并且现在仍然在犯错。第二，这个特殊的青少年小组，可能是令我最痛苦和压力最大的小组之一。我仍然清楚地记得，我对早期的小组活动感到恐惧，这似乎是一场永恒的意志之战——一场我和小组都注定要失败的战斗。第三，它提供了一个很好的例子，说明小组带领者最初如何将内部带领者视为敌人而不是盟友。第四，这是一个社区中心小组的例子，其中小组活动是工作的核心部分。在某些情况下，这类小组常常构成小组实务的主体。

该小组由 13 岁和 14 岁的青少年组成，他们是犹太社区中心俱乐部成员。我被警告说，他们是一个棘手的小组，过去他们给其他小组带领者留下了痛苦的记忆。虽然这个小组成立的目的是让俱乐部成员可以自己策划活动，但该机构在第一个晚上就计划在体育馆举办一个大型体育项目。

实务要点： 小组成员首先想到的问题是"这将是一个什么样的带领者"，但我接受的督导使我错误地认为我必须"在第一次会谈中展示我的权威，并坚持我自己是带领者"，这实际上开始了意志之战。

> 到晚上 7 点 45 分，只有五个男孩出现了，所以我们花了 10 分钟讨论了去年的俱乐部。这时，艾尔出现了，完全改变了我们会谈的状态，似乎前五个男孩一直在等待终于到来的催化剂。艾尔喋喋不休地谈论他那天下午参加的学校足球赛，这是他们三年来的第一场胜利。

> 当我问他情况如何时，他突然描述自己的情况。然后他想知道那天晚上我们在做什么。当我解释预先安排好的晚间项目时，他变得非常消极。"跳绳（比赛项目之一）是女生玩的。"他回答说。我告诉他拳击手用跳绳来训练，他回答说："我不是拳击手，我也不是女孩。"虽然其他男孩在我早些时候描述这个晚间项目时并没有对这个节目太热情，但随着他们认可艾尔的说法，他们的语气也发生急剧变化。

角色定位的模糊和最初的紧张使我对活动产生了防御，并把艾尔看作是小组领导权的竞争者。我所接受的小组带领者模式表明，我与小组合作的技巧取决于我对活动和项目的了解，我必须直接或间接地影响成员。这个框架实际上是操纵性的，尽管当时我还不明确这一点。例如，正如前面所提到的，如果小组中有一个男孩是替罪羊，不能像前面女孩学校小组的例子那样直接处理，我应该选择一个替罪羊表现得好的活动。没有人会知道我的目标"藏在袖子里"。我会利用自己作为成年人和带领者的角色，在成员不知情的情况下影响他们。我后来明白这是有问题的，会导致不信任，而非产生信任。

实务要点： 回到我作为学生的实践中，订立契约是不明确的，我因为自己的恐惧和误解，错过了关于带领者在与成员关系中的作用的重要讨论。随着会谈的进行，我陷入了更严重的困境：

> 我试着和男孩们讨论下周的项目。来自另一家俱乐部的姑娘们开始把脸贴在窗户上，我还没来得及阻止他，艾尔就开始进攻了。糟糕的氛围立即蔓延开来，原本安静的一群男孩现在正跟着艾尔起哄。我跳了起来，让他们无视这些女孩。然而，他们选择无视我。我走到门口，把门关上，礼貌地引导他们回到桌子旁。这一次，当他们坐

563

下的时候，艾尔的脚放在桌子（一种木制成品）上。另外五个人立即加入了艾尔的队伍（测试正如火如荼地进行）。我所能想到的只是我的实习老师的建议，相当于"告诉他们谁是老板"。我要求他们把脚移开，因为可能会损坏桌子。乔和肯回应了，但其他人没有。我努力保持轻松而坚定的立场。他们慢慢地回应说，去年的带领者让他们保持这样的姿态。另一位说，他们的带领者去年让他们做了很多事情，而我可能不会。我说过，我只允许他们做机构可以接受的事情。其中一个男孩问我什么是机构。我解释说我指的是中心（实务工作的第一周，我已经过度使用专业术语）。此时正好到了去体育馆看比赛的时间（让我松了一口气）。

很明显，我的角色意识——"驯服小组"，并设置和执行限制，导致我错过了重要的问题。讨论上一个带领者的角色是有帮助的。此外，考虑到他们的年龄，他们与女孩的关系对这一小组来说是一个新兴的、令人不安的主题。他们的行为非常适合这一年龄和所在的生命周期的阶段，只是我没有理解它的意义。艾尔是唯一的俱乐部成员，在晚上这个项目的社交部分与女孩跳舞。他问起和一个女孩小组举行聚会的事，我暂缓了他的要求，说："我们需要提前计划这件事。"艾尔在几个方面发挥了带领者作用，表达了对小组的感受和关切，但由于我忽略了他的角色的重要性，一场关于"谁带领着这个小组"的争论由此产生，我以为我做到了。

实务要点： 因为我错过了信号，间接测试继续。艾尔带领成员们在俱乐部房间里乱扔纸片，并探出窗外，向其他打算离开中心的成员吐痰。我一直在努力设限，同时不让自己生气（这被认为是不专业的）。最后，我的直觉战胜了我。

我说，在我们结束之前，我想说几句话。我原本试图重申我先前设定的限制，但我自己的感受占据了我的全部想法。我解释说今晚对我来说真的很难熬，可能对他们来说也是。我说，如果我们不能放松下来讨论接下来的项目，这个小组可能就结束了。在这一点上，我说了一些让我吃惊的话。我说要么他们的行为得以改善，要么他们会找到一个新的带领者。他们回答说，与今晚没有出现的成员相比，他们表现得很好。对这样的回应我感到有些恐慌。

实务要点： 在这种情况下我的恐慌是显而易见的。我的专业理念是能够在不发脾气的情况下"处理"这个小组。事实上，回想起来，在会谈结束时，当我透露我的真实感受时，我开始与成员建立专业关系。在几次断断续续的会谈之后，我开始讨论权威主题的问题，并帮助成员确立自己的内部带领者和结构。

我告诉男孩们，因为我已经和他们在一起5周了，他们可能会有兴趣听听我对这个小组的看法。他们对此感到振奋。伯特说，"你爱我们"，大家都笑了。我说，在这段时间里，我能和他们每个人单独交谈，似乎相处得很好。然而，当我们聚在一起作为一个小组时，我们似乎从一开始就不能良好沟通。不管他们怎么说，我认为他们每个人都关心偷窃的事情，总是表现得很聪明，并且不尊重别人。艾尔说（这次非常认真地说）当他们在小组里的时候，情况是不同的。我问为什么会这样。伯特问所有的人有没有偷过东西，他们都承认偷过。

实务要点： 在下面的摘录中，我直面自己所认为的在大声说话和挑战消极行为中存在的禁忌。这将被认为是"沉没"（sucking up），同辈小组的接纳对这个年龄和生命阶段至关重要。我的诚恳为他们打开了解决权威问题的大门，权威问题其实是这样一个问题："这是谁的小组？"我的训练让我相信是我的，但我的经验很快告诉我，这必须是他们的小组。

经过一番讨论，我告诉他们，我觉得他们真的不敢说出他们在小组中的想法。伯特说他不怕。我问过其他人。艾尔嘲讽地举起拳头说："我不害怕小组里的任何人。"我和其他人一起笑，说我认为用拳头表现勇敢很容易，但说一些你认为其他人不喜欢的事情需要更多的勇气。我说那是他们的俱乐部，虽然这对我很重要，但对他们来说更重要。乔说了一句俏皮话，但肯让他闭嘴，肯说："那正是他（指着我）说的那种话。"

随着讨论的继续，男孩们解释说，他们经常不喜欢我的活动提议，我鼓励他们以后说出来，因为这是他们的俱乐部。有一种令人惊讶的感觉出现了，这群人开玩笑的行为，大部分都是针对一个表现得很好但当晚不在场的男孩。他们谈论如何规划自己的活动。成员建议我从其他俱乐部借鉴一些想法，然后他们再决定他们想要什么。在这一点上，艾尔建议他们选出一个主席。在讨论了各自的职位后，他们选出了一位主席（艾尔）、一位副主席（伯特）和一位财务主管（肯）。他们还成立了一个社交委员会，与女孩俱乐部讨论举办一次聚会。

在会谈的时候，我意识到我们在积极讨论一些事情，没有开玩笑，也没有挑战我。我第一次感到很安心。我对他们说了这件事。艾尔说："我们不可能一直这样做。"我说我意识到了这一点，而且还会有很多人在开玩笑。只要他们有时能齐心协力完成工作，那就没问题了。艾尔说这是他的工作，当他们失控时他可以告诉他们。我同意了。

在过程记录结束时，我评论说，当我离开中心时，"所有的男孩都热情地向我道别"。从这一刻开始，大部分工作开始转向帮助成员发展自己的结构。例如，应艾尔的请求，我在会谈前会见了他，以帮助他规划议程，并讨论他在主持会谈时遇到的问题。

实务总结： 这次小组会谈是痛苦的第一课，因为需要澄清我的角色并承认小组的内部带领者。我曾认为艾尔是该小组的偏差成员，但实际上，他是小组的内部带领者。我告诉他们这是他们的小组，但我早期的行为与此相矛盾；遵循不同的实践范式，我相信这确实是我的小组，因为它正在实现我的目标。我鼓励他们在我已经想到"适当"的活动时就计划好活动。我把艾尔当作我的敌人，但他实际上是我的主要盟友。在本章的后面，我将进一步举例说明我在这个小组中的工作，其中我描述了小组教给我的关于帮助成员与系统协商的内容，在这个案例中，主要的系统包括学校、他们的家庭以及社区中心本身。我一直很感激他们没有放弃我，开启了我的带领者教育，有时虽然很痛苦，但非常重要。直到后来，我才意识到这是范式转变的开始，这对我的实践、教学、研究和写作至关重要。

守门员

前文指出，偏差成员往往是对某一特定问题有最强烈紧迫感的人。从某种意义上说，越轨行为是一种推动小组朝着真正的方向努力的行为。内部带领者通常以更健康、更直接的方式发挥这一功能。一个小组可能像一个个体一样，会对工作产生矛盾情绪，成员可以承担起为小组表达这种矛盾情绪的职责。这有时表现为守门员的角色，成员守卫着小组必须通过的"大门"，以使工作深化。当小组讨论到一个困难的话题时，守门员会介入以转移讨论。

在一个成人支持小组中，似乎每次讨论到接近带领者（导师）的权威和行为问题时，一名女性成员就会点燃一支臭味雪茄，或以其他方式引起小组的愤怒。（这是在普遍接受的禁烟政策出现之前。）这群人会上钩，更困难的权威主题就会被抛弃。在观察了这种模式之后，在一次会谈中，带领者指出了这一点，描述了他所看到的："你们知道，在我看来，每次你们快要谈论我的时候，帕特都会点燃一支雪茄，或者说一些背道而驰的话。我说得对吗？"该小组拒绝了这一解释，并怒气冲冲地攻击了带领者，从而开始处理权威主题。小组活动快结束时，帕特评论说，带领者的观察可能是准确的，因为她一直害怕看到她的父母打架，可能在童年也做过同样的事情。在小组里讨论帕特或小组的模式的原因是不合适的，成员也不需要同意观察的结果。对模式的陈述就为小组提供了直面带领者的机会，帕特不再需要扮演这个角色。

人们经常用幽默来掩饰所经历的困难和痛苦。一个成员，通常是一个已经学会在他的生活的大部分领域扮演这个角色的人，会采取行动，讲笑话，做鬼脸，等等，努力让成员和带领者大笑和分心。本章后面将其描述为一种"逃离"模式。请注意，幽默也可以用来帮助推进小组工作，并不总是代表守门的手段。有时，当面对痛苦的工作时，笑是有帮助的。

专业人士有时会用我所说的方式——恐怖幽默，来处理与工作有关的紧张关系。例如，他们可能会讲关于服务对象或其他人的故事，而这些他们永远不会公开分享。然而，当这种幽默是释放紧张情绪的唯一手段，而压力和创伤所带来的潜在情绪却得不到处理时，这种幽默可能会导致社会工作者崩溃，而不是阻止它。例如，我在一本关于督导的书（Shulman，2010）中谈到了这种对继发性创伤的不适应反应。随着时间推移，需要观察这一模式对于服务对象、带领者的作用，并注意使用幽默的结果。如果幽默总是导致工作错觉，那么守门员的作用就是一种可能的解释。在下面一个针对性虐待少女幸存者小组的例子中，读者应注意以下几点：

- 守门员的行为总是与痛苦的讨论联系在一起；
- 该小组加强了阻止讨论这些痛苦领域的作用；
- 当文化被改变，禁忌部分解除时，就不再需要守门员了；
- 守门员被证明是最有理由把守大门的成员。

性虐待少女幸存者 在一个针对性虐待少女幸存者的小组中，带领者谨慎地确保每个女孩都能控制自己是否以及何时披露自己遭受虐待的情况。尽管她们在幼年时无法控制自己是否受到虐待，但重要的是，她们必须控制披露虐待的行为。当讨论变得严肃和痛苦时，一个女孩会采取行动。她唱着下流的歌，站在桌子上，跳起挑逗性的舞蹈，还表现出性感的行为。该小组通过披露一些成员的受虐待细节，最终形成了一种更为信任的文化。在更积极、更安全的文化氛围中，带领者对守门员的行为进行了描述，并表达了其意义。女孩随后透露了她遭受虐待的程度，父亲带她去酒吧，让她在桌子上跳舞，把她交给顾客，用性换取饮料。就在我写这个例子的时候，这种虐待的可怕影响仍是强大的。守门员往往是成员，他们遇到这个问题时遭遇比其他人更惨痛，因而更需要保护。在这种情况下，守门员也最需要支持，她的"越轨"行为是大声呼救。

防御性成员

防御性代表了它自己的社会角色，尽管其他社会角色也可能涉及防御性。防御性成员拒绝承认存在问题，拒绝为自己在问题中的角色承担责任，或拒绝在问题提出后接受小组的建议或帮助。"是的，但是……"这个情况并不少见，因为防御性成员有他不能处理问题的原因，并以"是的，但是"开头的句子回应每一个建议。成员对防御性成员的回应通常是攻击，最终放弃并忽视他。

勒温（Lewin, 1951）描述了一种模式，它可以应用于个人、小组、家庭和组织等多个层面的防御。简单地说，个体人格在与环境的联系中已经发展出一种准稳态社会平衡（quasi-stationary social equilibrium），实现了某种形式的平衡。对于防御性成员来说，否认是解决痛苦问题的一种方式。这大致相当于变革的"思考前期"（precontemplation）阶段（DiClemente et al., 1991）。勒温改变模式的三个步骤包括"解冻"这个平衡，进入一个不平衡阶段，并在一个新的准稳态平衡下冻结。经历一段不平衡的时期对真正的改变是必不可少的，但也可能是可怕的。值得一提的是，防御对个人来说是有价值的，而期望解冻的过程容易跳过小组动力的本质。问题越严重，个人对核心自我的感觉越强烈，防御就越僵化。就像抗拒，成员的防御能力是一个信号，表明工作是真实的。要开始解冻过程，带领者或小组必须挑战个人。然而，个体需要各种支持、理解和帮助，将解冻转化为运动，然后转化为一个新的、更健康的准平衡水平。

带领者经常低估他们和成员在呼吁人们改变过去的防御和否认时要求人们所做的事情的困难。这一进程的困难需要得到重视。只有将支持和需求微妙地结合起来，才能创造出一种条件，使成员能够感到足够自由，放下自己的障碍。读者应在下一个例子中注意以下内容：

- 带领者与个人、小组在一起；
- 带领者试图促进个人接触小组，并帮助小组做出反应；
- 带领者认识到防御和抗拒是工作的一部分。

家长小组中的防御性父亲　　在下面的例子中，一位父亲描述了他与 18 岁儿子的冲突，导致儿子离家出走，家庭陷入混乱。随着事态的发展，其他家长指出，父亲一直很固执，不听儿子的话。他们试图让他选择不同的表达方式，但对每一种表达方式，他都会以一种典型的"是的，但是……"的方式回应，无法理解他们所说的话。

实务要点：最后，在这之后几分钟，大家都安静了下来。带领者通过指出障碍物进行干预。

带领者：在我看来，泰德提出了一个问题，你们都试图给出一些答案，但泰德对你们的每一个建议都说"是的，但是……"。你们看起来要放弃他了。是吗？

艾丽斯：我们似乎没有进展。不管别人怎么说，他都有答案。

带领者：泰德，我想你一定觉得自己被大家逼到了墙角。你似乎很难接受他们的想法，为什么？

泰德：我想他们不会理解我的问题。这和他们的情况不一样。他们似乎都在责怪我争吵，那是因为他们不明白事情到底是什么样子的。

带领者：如果你能告诉他们和你儿子争吵的过程带给你的感觉，也许会有所帮助。

泰德：我给了这个孩子太多，从小把他养大，现在他把我和他妈妈不当回事。我已经尽力了——他不明白吗？

带领者：我认为当你觉得你用你的方式爱你的孩子，而且你仍然把他看作你的孩子，但他似乎想离开，这是很让人难受的。你仍然觉得对他负责，但你也觉得有点无能为力，似乎无法控制他了。你们有谁能理解泰德现在的感受吗？

成员开始理解泰德的感受，其他人则讲述了类似的经历和感受。一时间，人们的注意力转移到了成员之间的共同感受上，而不是那些似乎让他们感到沮丧的障碍。

实务要点：正因为泰德比他们中的任何人都更严厉地评判他自己，所以带领者感觉到泰德需要被理解，而不是被其他父母严厉地评判。在建立了这种支持之后，带领者抓住了这一抗拒背后的感情。

　　带领者：泰德，如果我是你的话，我想我会花很多时间去想这段感情到底出了什么问题。我想知道，当我这么努力的时候，这怎么可能发生——如果我能做得不同的话。对你来说是这样吗？

　　弗兰（泰德的妻子）：他熬夜，他睡不着觉，因为他很难过。

　　泰德：当然，很难。你尽了最大的努力，但你总是在想，你是否应该多待在儿子身边，少工作一点，有更多的时间。你知道吗？

　　带领者：我想这就是你很难相信别人能理解的原因，而你自己也觉得很糟糕。其他人是否同意，如果你是泰德的话倾听挺困难的？

　　雷：我想我们是站在泰德的立场上。当我看到他在这群人中变得固执时，我看到了我自己和我自己的防御。

　　实务总结：小组讨论的重点是如何在小组中听取建议，尤其是当成员自己感到不确定时。随着话题的转移，带领者可以感觉到泰德在身体上的放松和倾听姿态。过了一会儿，泰德让大家再看看他的问题。他说："这真的很艰难，但我不想完全失去孩子。"

　　通常情况下，防御性成员需要比一次会面更多的时间来感受足够的安全从而"前进"。带领者通常会发现，在会谈结束后，成员会深入思考自己的反应方式，以便在以后的会谈中表现出改变和解冻的准备。这是程序中服务对象的部分；同样，带领者只能负责为变革创造最佳可能条件——其余的由服务对象决定，并取决于许多因素。我的一项研究发现，服务对象对问题的接受有助于他们增强改变的动机以及他们接受和使用帮助的能力（Shulman，1991）。

　　另一个例子是，在与一群青少年合作的中间阶段，小组中的一名防御性成员也对帮助她的每一个努力做出了"是的，但是……"的回应。带领者和她关系很好，在这段关系中建立了积极向上的感情。有一次，带领者温和地与她对质，问她是否有任何方法可以在这个问题上打开她的心扉，或者说由于她是如此封闭，他们（小组）是否应该让她一个人待着，以后再试一次。这个成员想了一会儿，然后回答说："不，你可以继续尝试。"这时，在控制过程中，她开始听到他们在说什么。这也是一个很好的例子，带领者将科学（共情对抗需要）与自身工作艺术性结合了起来。

　　对于一些成员来说，问题的压力太大，以至于他们在特定的时候无法接受任何帮助。尽管这种情况令人沮丧，而且常常令人悲伤，但它们确实存在。接受这一点是一个新手带领者能做的最重要的事情之一。他必须避免为成员在法律程序中的角色承担责任。尽管如此，由于对这一点缺乏明确的认识以及失败感的影响，带领者经常感到内疚，这种内疚感导致带领者对不合作的防御性服务对象感到愤怒。注意，在我们家长小组的例子中，来自其他成员的愤怒似乎是由于他们看到他们自己的一些感情和态度在成员的防御中被夸大了。事实上，他们越推他，他的防御能力就越强。

安静的成员

安静的成员是在很长一段时间内保持明显安静的人。在小组中，带领者和其他成员经过几次会谈会注意到有人很少说话或什么也不说。一个沉默的成员会给小组制造麻烦，因为其他成员不知道他在沉默中会有什么想法和感觉。成员倾向于认为，深入思考的成员坐在那里评判他人，而不分享自己的问题，或者觉得小组中的其他人说得太多。带领者也常常感到不自在，认为没有发言的成员可能不会参与进来。

成员的安静类似于一对一面谈中的安静。正如我们所看到的，这是一种难以理解的沟通方式。对于一些成员来说，这仅仅意味着他们在小组里说话不舒服，这是最常见的解释之一；一些人可能会觉得被排斥或不参与小组，因为他们觉得他们的问题是不同的；另有一些人坐在那里批判小组的活动（就像偏差成员部分所讨论的防御性父母一样）。根据我的经验，坐在审判席上是沉默的最不明显的理由，但有趣的是，这往往是活跃的成员和带领者对沉默给出的最频繁的解释；这可能反映了他们自己的感受和不安全感。以下两个例子将介绍考察沉默的成员中谁害怕发言和谁被排除在外。首先，让我们看看当带领者对一个沉默的成员做出反应时，他是如何帮助小组的。

小组带领者策略

认为所有成员都需要平等发言是错误的。个人发展的社会角色包括通过言语积极参与和通过倾听积极参与两种模式。一个成员在没有直接参与的情况下，也可以从讨论中得到很大的好处。另外，小组有一种共同的责任感：冒着风险的成员觉得其他人也应该这样做。事实上，安静的成员通常会对"接受"而不是"给予"感到不舒服。此外，许多安静的成员已经习惯于在小组中保持较长时间安静，以至于他们没有发展出介入所需的技能。一些安静的成员说他们的思维总是太慢。对他们来说，小组行动太快了，等他们能加入的时候，想法已经被阐明，小组已经继续前进了。也有人说，在一个小组的好几次会谈中都保持安静之后，他们害怕"如果我开始说话，成员会从椅子上跌落"。而所有成员都应该能够按照自己的节奏参与一个小组，尽管平等参与不是目标，但安静的成员经常需要一些帮助才能加入这个小组。

带领者有时试图直接——通过对质——或间接地处理这个问题。每种策略都可能适得其反。例如，如果一个成员因为说话不舒服而保持安静，那么带领者突然转过身来说"我注意到你在小组里还没有说话，想知道你在想什么"，可能会使该成员因尴尬而更加不知所措。这种直接对质可能正是不说话的成员所担心的。

间接手段同样具有破坏性。带领者注意到一个成员没有口头参与讨论，转身说："弗兰，你对这个问题有什么看法？"一个害怕发言的成员经常会发现，在这个恐慌的时刻，她的任何想法都完全消失了。另一种间接的技巧是，带领者在房间里四处走动，收集所有成员的意见，因为如果只征求不说话的成员的意见，可能会被成员们视为操纵的和虚伪的行为。这是我前面描述的"对服务对象采取行动"而不是"与服务对象一起行动"的一个例子。

因此，我们的任务是既直接又不具威胁性。我的策略是基于这样一种信念，即人们有权对自己的防御和他们特有的社会交往模式进行保护。作为带领者，我的工作是协调每个成员和小组之间的互动，因此我觉得有责任与一个安静的成员进行沟通，看看互动情况如何。如果成员和小组之间互动有障碍，我可以提供帮助。

害怕发言的成员　正如我们所看到的，成员们有时只是害怕发言。他们在小组中可能总是退缩。下面的谈话发生在一个小组的第二次会谈之后。理查德在两次会谈中都特别安静，尽管他的眼神似乎表明他正参与其中。

> 带领者：你走之前有时间聊天吗？
>
> 理查德：当然，怎么了？
>
> 带领者：我注意到这两次会谈中你没有在小组里发言，我想了解你的情况。我知道有些人需要比其他人花更长的时间参与进来，这并没有多大关系。我只是想确定一切顺利。
>
> 理查德：你发现了。
>
> 带领者：什么意思？
>
> 理查德：过去在学校度过的所有的岁月，我从来没有在课堂上发言，现在看来我好像被发现了。
>
> 带领者：对你来说，在一个小组里讲话很难吗？
>
> 理查德：我总是不确定我要说什么，而且，当我弄清楚的时候，小组已经跳过我了。有时候，很难让每个人同时发言。
>
> 带领者：你看，我从你的眼神里可以看出你积极参与了讨论。然而，过一段时间，你可能会发现由于发言让你觉得不舒服，发言变得越来越难。
>
> 理查德：我通常就是这样。
>
> 带领者：不只是你，你知道的。很多人都有这种感觉。如果你愿意，我可以关注你并帮助你；如果我从你脸上或身体上的姿态感觉到你想参加会谈，或者如果你给我一个信号，我可以给你发言机会。你想让我这么做吗？
>
> 理查德：听起来不错。如果我给你一个信号，你会叫我吗？
>
> 带领者：没错！过去我用这样的方法帮助了一些人。

实务总结：这个方法的关键是把带领者干预的控制权交给成员。在下一次会谈中，理查德在头 15 分钟里避开了带领者的眼睛；他可能害怕发出错误的信号。他呆呆地坐着，双臂放在身体两侧，也是因为他害怕突然的动作会被误解。讨论很激烈，带领者不停地瞥理查德一眼。过了一会儿，带领者注意到理查德微微前倾，眉毛拱起，看着带领者。带领者简单地说："来吧，理查德。"大家停了下来，理查德开始说话。再次强调，重要的是带领者始终与服务对象一起行动，避免对服务对象采取行动。

感到被忽视的成员 另一种类型的不说话的成员认为他的特殊关切和问题可能小组不感兴趣，或者他的问题与其他人不同。这样的成员不会与其他成员分享问题，过了一段时间，他们会感到被忽视了，其他成员会想知道发生了什么。在下面的例子中，特伦克夫人与小组分享了一些困难的经历，她说，当小组没有回应她的感受时，她感到失望。戴维森夫人在这群人中一直很安静，她支持特伦克夫人的想法。

实务要点： 带领者鼓励特伦克夫人详细说明。

> 带领者说："也许我们可以听听特伦克夫人是怎么对这群人失望的。"特伦克夫人接着说："我觉得我不是这个小组的一员，我不会从中得到任何东西。"戴维森夫人插嘴说："是的！我们不听别人的烦心事，因为我们已经受够了自己的烦心事！"

> 带领者转向戴维森夫人说："你感到失望，被排除在小组之外了吗？""不，"戴维森夫人说，"我觉得我的处境和他们不一样——他们有丈夫。"（班纳特夫人伸出手来摸了摸戴维森夫人的胳膊。）带领者问戴维森夫人没有伴侣的感觉是什么。戴维森夫人回答说："悲伤，沮丧——我想知道他是否能像我一样为孩子们感到骄傲。"她接着说，如果她丈夫还活着，事情可能会有所不同——也许孩子们可以做得更好。

这个问题一提出来，带领者就表示，这个问题已经存在一段时间了，成员们想知道独处的感觉。班纳特夫人扮演"守门员"的角色，她通过挑战处理情绪的重要性去打断小组工作。

实务要点： 带领者指出了这一过程，认识到小组所有成员都会对戴维森夫人提出的痛苦感到困难。最有可能的是，那是他们保持安静时的感觉和想法。

> 带领者说，他觉得戴维森夫人几周来一直觉得自己与小组格格不入。戴维森夫人同意这种说法。班纳特夫人说，这可能是因为她没能和大家分享她所关心的问题。大家都同意。一阵沉默后，带领者回应说："我觉得小组很想知道是什么问题，独自一人的感受是什么。你需要什么帮助？"班纳特夫人插嘴说："你又在说那种感觉理论了。"我们谈论感受时，带领者问班纳特夫人是否担心。"不，"她说，"但这很重要吗？"带领者说，这似乎很重要，因为这个小组的每个人都很难谈论和分享自己的感受，同时他们对别人的感受很感兴趣。"你看到我们在这里做了什么吗？当我们开始了解戴维森夫人的感受时，有人建议我们回避这一问题，我们都同意了。让我们回到戴维森夫人的感受上来吧！"

> 戴维森夫人说："当在家里和孩子们在一起时，我觉得自己很糟糕。"带领者插嘴

说，如果她感觉自己很糟糕，他可以理解，但她为什么会有这种感觉？"当他们争吵的时候，我很抓狂（指向上腹部）。我一辈子都在争吵，先是在自己家里，然后是和丈夫，现在是和孩子们。""这对你意味着什么？"带领者问。"我觉得自己很孤独。"特伦克夫人插嘴说："我知道那种感觉。我和丈夫有过争执。我能做什么？为什么总是我？"带领者问戴维森夫人是否可以和小组分享一个具体问题，她照做。内容包括设定限制，然后放手，让孩子们用自己的方式行动。

男性小组：一个成员向"安静的成员"伸出援手 就像通常的情况一样，仅仅承认成员没有参与就足以鼓励她分享她的关切。有时候，主动去接触一个不说话的成员是在小组开始的时候。比如，过了一小会儿，一个成员转向一个安静的人，问他："你在想什么？"

实务要点：再次，带领者对两个服务对象（个人和小组）的关心以及角色的澄清，可以帮助小组和成员进行重要的讨论。

雷：我一直在关注你，弗雷德。到目前为止，你在小组里什么也没说。怎么会这样？（所有的目光都转向弗雷德。）

弗雷德：（看起来很不舒服）哦，我一直在听。

带领者：（对雷说）弗雷德不说话，和你有关吗？

雷：是啊，我开始怀疑是我说得太多了，或者他认为我在自取其辱。

带领者：小组里的其他人也对此感到疑惑吗？（点头）我想当你少说话的时候会让别人不舒服，弗雷德，因为他们不知道你在想什么。你对此有什么想法？

弗雷德：事实上，我坐在这里一直在想你的问题和我的问题有很多相似之处。我想和大家分享一些，但在小组中发言会让我不舒服。

带领者：现在，这对你来说并不容易，是吗？

弗雷德：是的，一点也不容易，但我很高兴说出来了。

雷：也许如果我闭嘴，你会有更多发言的机会。

带领者：我不这么认为，雷。有些人在一个小组里说得更多，而有些人则通过倾听来做很多工作。你似乎也很关心别人要说的话，所以我希望你不会觉得需要退缩。其他人呢？

卢：雷，你提出了有趣的观点，这有助于小组继续前进。如果你闭嘴，我会想你的。（雷笑了。）

带领者：我可以在小组里关注发言的情况，如果我看到有人想发言，我会给他机会。这样行吗？（成员点头表示同意。）

弗雷德：我会发言的。我只是需要更多的时间。

雷：没关系。不要感到有压力。你觉得舒服的时候再发言。

实务总结：一旦沟通得以澄清，安静成员的问题就解决了。弗雷德确实在接下来的一周参与了讨论，向小组提出了一个问题，并得到了积极的回应。

574

垄断者

与上一节安静的成员相对的成员是说了很多并且有时被称为垄断者的人。我的观察结果是，说得多的人对带领者来说往往比对其他成员来说更麻烦。特别是在第一次会谈中，成员很高兴看到有人参与讨论。然而，当发言的人不听别人的话，切断成员间的联系，并在小组中产生负面反应时，就会出现问题。带领者将这种情况视为一种模式，而不仅仅是紧张的成员在早期会谈中的健谈反应。一种方法是简单地询问该成员是否可以推迟一段时间，给其他人一个发言的机会。在大多数情况下，直接而温和地指出这一点就足以帮助成员意识到需要一些克制。带领者也需要认识到这个成员和小组的其他成员一样，必定强烈地感受到问题，并且渴望得到一些帮助。

如果这种模式持续存在，带领者可以通过成员的语言或非语言信号来感知成员对垄断谈话的不满，并需要更有力的干预。如果带领者直接指出正在发生的事情，并对过程展开讨论，通常有助于缓解问题。如果带领者询问成员为什么在小组中这样做，通常会发现谈话是一种表达感情、避免问题或对小组行为表示关注的方式。过度发言的成员的话通常是一种处理感觉的方式，这一感觉与安静的成员所感知的一样，但应对方式却截然不同。

小组中的一种模式是，成员开始谈论一个似乎与讨论主题无关的问题。再次强调，理解这一明显变化的主题的意义是重要的。在某些情况下，讨论已经到了一个痛苦的地步，表面上的垄断者承担起了如前所述的守门员的角色。带领者的直接反应是一旦模式建立便指出它，并且询问成员听到其他人谈论问题和感受是否是困难的。在另一些情况下，该成员对他的感觉和问题感到不知所措，以至于他似乎没有精力处理其他人的问题。带领者直接的回应可能是："约翰，我想有时你或者我们所有人，都被自己的痛苦压倒了，很难去倾听别人的痛苦。"

虽然一些小组实务模式规定了诸如"切断"成员等间接干预措施，但我认为，打破这一模式的更直接的方法会对垄断者以及小组其他成员更尊重和更有帮助。例如，当一个成员开始谈论一个看起来像是偏离主题的话题时，带领者可能会说："约翰，我不清楚你现在提出的问题和我们讨论的主题之间的联系。你能帮我们找到它们的关系吗？或者小组中的其他人能找到吗？或者约翰，这是你想让我们讨论的问题吗？"我认为，仅仅训练或教导小组行为而不理解其内在含义是不够的。

孩子患有创伤性脑损伤的家长的心理教育小组　下面的简短摘录说明了当面对垄断者时，带领者和其他成员都能感受到独占。这个成员——道恩，以强势的说话方式回应医生的陈述，借此表达她的焦虑。

575

机构类型： 儿童康复中心

小组目的： 一个心理教育小组，教育成员了解其子女的医疗和治疗情况，并告知他们脑外伤儿童的安全预防措施

成员性别： 男 3 人，女 11 人（含带领者）

年龄范围： 20 多岁到 40 岁出头

当托马斯医生开始解释经历过创伤性脑损伤的孩子往往容易冲动，道恩就开始描述她孩子的遭遇，以证明她同意医生的观点。她不停地讲了将近 10 分钟，没有人干预。然后，她开始谈论她的另一个孩子丽莎，以及上周末在家里发生的事情。我转向道恩说："道恩，我知道你有很多话要说，但是我们为什么不回到艾琳的行为上来呢？"道恩回答说："我知道，我知道。但让我说完。这也和艾琳有关。"房间里的人都翻白眼，但我没有反对。她又讲了 3 分钟左右，最后说："所以我告诉我的孩子们，学校永远是最重要的。"我插嘴说："很好。我们何不问问梅丽莎（医院的导师）关于学校的事？"包括道恩在内的人都笑了。当梅丽莎讲述完艾琳在学校的问题后，我鼓励道恩向梅丽莎提问。然后，我宣布，我们的小组会谈的时间快到了，所以想请大家的发言简短而准确。他们点头。

实务总结： 回顾过去，第一次会谈几乎完全集中在一位成员关心的问题上。尽管其他成员翻白眼表示不满，但带领者可能对如何干预不知所措，还是任由道恩继续。具有讽刺意味的是，医生的陈述涉及了孩子们的"冲动"，而我们有证据表明有一个冲动的家长小组成员。如果带领者能更直接、更坚定地进行干预，这位带领者会对道恩和其他成员有所帮助。在小组会谈中，垄断者往往会因为主导了谈话而感到尴尬，而其他成员则会对这个小组的价值产生怀疑。在第一次会谈中，带领者必须负责提供结构并遵循以下策略：

- 直截了当的支持性方式；
- 负责维护结构；
- 如果垄断继续（成为一种模式），探索它的意义；
- 关注第二个服务对象——小组的想法和感受；
- 意识到过程和内容的联结。

在这种情况下，也许带领者可以说：

> 等一下，道恩。我知道你的孩子受伤了，这些讨论在你身上激起了很多感情，你可能觉得你需要尽可能多地帮助你自己的孩子。但我们需要给每个人留出空间，让他们提出问题和发表意见，所以如果你们其他人同意的话，我就扮演交通警察。

576

如果道恩继续尝试，比如说，就像她在会谈中说的那样，"让我说完"，带领者需要说一些类似"很好的尝试，但我们需要给别人一个机会"的话。语气不是批评，而是理解。持续的坚持需要讨论这样一个重要的问题：一个人的感情如此丰富，以至于别人的感情几乎没有空间释放。例如："我知道当你对你的女儿感到如此不安时，很难克制。"还有一个

很好的机会是，道恩刚刚呈现了她与朋友和其他家庭成员的问题——用她的问题压倒他们，无法对他们的问题做出反应。"我想知道你是不是用这种方式向朋友和家人寻求帮助。我怀疑，有时当你们对这种情况感到绝望时，你们所有人都很难忍住。我说得对吗?"我们可以看到小组过程和内容的整合。

如果带领者直接、公开、平静而非愤怒地处理此类干预，并在可能的情况下，带着非羞辱性的幽默，他会使小组确信，带领者不会让垄断者改变小组的目的或表现出他的焦虑。问题是，这种干预违背了社会规范，而社会规范鼓励被动地允许垄断者长期存在，采取收效甚微的间接干预，或由于带领者对一个垄断者控制小组感到沮丧而愤怒地进行干预。在大多数情况下，垄断者希望带领者设定限制，因为结构有助于约束焦虑，并帮助成员更多地控制必然造成毁灭性后果的局面。有趣的是，很有可能限制孩子的冲动行为正是父母需要做的。带领者需要在小组中树立榜样，因为"孩子领悟到的比教给他的更重要"。

作为一个整体的小组

在本章的前半部分，我探讨了个体在小组中扮演的各种角色，以及个体在动态系统中的相互作用。在本章的剩余部分，我将小组视为一个实体，类似于一个有机体，具有自身的属性和动态，然后我将更详细地探讨带领者对其进行干预的策略。接下来，我跟踪小组的任务，因为它试图处理成员与带领者的关系（权威主题）、成员之间的关系（亲密主题）、小组的工作文化以及小组的内部结构（沟通模式、角色等）。小组工作要求探讨小组与环境——小组的所在地（学校、机构、团体）的关系。我将在本章后面的部分讨论这个任务，当我研究带领者在帮助服务对象（本例中是小组）协商环境方面的作用时。读者应该注意到，我说的服务对象是"小组"，因为我认为它是一个实体，超过了它的部分（成员）的总和。

577 期待更好地理解小组动力的专业工作者可以获得大量的小组理论和研究。本章的重点不在于描述一系列文献，而在于工作者如何运用理论模式和研究成果来开发自己的小组实践的整合模式。为了说明这个过程，我选择了三个经典的理论模式和一个相对较新的框架来讨论小组任务：发展性（Bennis & Shepard，1956）、情感性（Bion，1961）、环境性（Homans，1950）、女性主义自我关系（Butler & Wintram，1991；Butterfield，2003；Collins & Coleman，2007；Fedele，1994；Freedberg，2009；Schiller，1993）。虽然最近有更多的小组理论成果发表，但在我看来，大多数人都是在这些早期模式上构建小组理论结构的。我认为这将有助于读者了解这三个经典理论模式所提供的基础。正如在讨论中所看到的，这些理论中的每一个都有与所有小组任务相关的观点。

描述作为一个整体的小组

要把第二个服务对象称为作为一个整体的小组并不容易。在某种程度上，困难来自这样一个事实：我们实际上难以描述一个小组的属性。当我们观察到一个小组在行动时，我们会看到个体的集合。我们将其与实际物体（如椅子）进行比较。当我们被要求描述实际物体的特性时，我们会立刻想到材料（塑料、木材、铬）、零件（靠背、座椅、腿部）、形状、尺寸等视觉参照物。

描述小组的属性比较困难。例如，在一个小组中，凝聚力可以定义为成员之间的一种纽带：一种相互认同感和小组整体认同感。观察者看不到被称为"凝聚力"的小组特性，但是如果我们观察一个小组一段时间，我们可以看到所有的成员都表现得好像这个小组有凝聚力。小组的其他属性包括共同的行为规范和禁忌主题。我们看不到小组规范或禁忌，但我们可以看到一种行为模式，从中我们可以推断出规范或禁忌的存在。例如，在我们之前讨论的夫妻小组的例子中，我注意到成员们都避免过早讨论与性关系有关的问题，尽管成员们表示在这方面存在问题。从这种行为模式中，我们可以推断性关系是我们社会中的一个禁忌领域，因此，一种规范已经形成，便不能公开讨论。这一规范在夫妻小组中被复制，事实上，它也存在于伴侣之间，这也是问题难以处理的原因之一。

对于刚开始活动的带领者来说，当他们观察小组时，他们看到的是数个个体的集合。当一个带领者开始理解小组的属性，并认识到集体行为是小组属性的一种表现时，他开始"看到"这个有机体，我称之为作为一个整体的小组。通过实践，可以看到个人的集合，也可以看到小组。有了经验——我并不是在这里建议花大量的时间，带领者可以在同一时间看到个人和整个小组。这是一个概念上的突破，显著提高了带领者关注两个服务对象（个人和小组）的能力。

作为一个有机体的小组

578

我们需要从探索小组的理念开始。当尝试描述一个复杂的小组时，使用一个模式是很有帮助的。如第一章所讨论的，模式是抽象或具象的、符号化的表示。我们大多数人都去过天文馆，坐在房间里观察天花板上围绕太阳的球体。除非我们很年轻，否则我们都知道这不是我们的太阳系，而是一个代表它的模式。有了这个模式有助于我们理解真实的事物。

为了建立一个模式来描述小组，我们必须找到一个合适的比喻。文献中常用的两个隐喻是机器和有机体。在机器模式中，观察者使用诸如"输入""吞吐量""输出"等过程来描述小组。这是 20 世纪中期描述组织、小组等的流行用语。另外，许多对人类社会系统

教育政策 4b
教育政策 1b
教育政策 4b
教育政策 9a
教育政策 8a

感兴趣的理论家采用了最合适的组织模式。选择有机体而不是机器作为模式反映了有机体的生长能力和应急行为。这些术语描述了一个过程，在这个过程中，一个系统超越了自身，创造了一些新的东西，而不仅仅是它各个部分的简单总和。

为了将这一理念应用到小组中，我们需要确定当一组人和一个带领者聚集在一起时，所创造的东西超出了每个成员贡献的总和。哪些属性是仅适用于小组的描述，而不是对单个成员的描述？这类属性的一个例子是创造一种由小组所有成员共享的目标感。这一共同目标是促进发展的一种纽带，将各成员联系在一起，我们称之为凝聚力。

小组文化是第二个例子。随着小组过程的开始，小组中的活动受到由若干因素构成的小组文化的支配，这些因素包括公认的行为准则。在第一次会谈中，小组文化通常反映了成员所接受的社会文化。随着会谈的继续，这种文化会发生变化，允许出现新的规范并指导成员的活动。例如，考虑一下发展新规范对父母酗酒的成年子女小组的重要性。父母酗酒的问题可能是"家庭秘密"，每个人都知道，但从来没有讨论过，当然不仅仅在家庭之外没讨论过。这种禁忌在第一次小组会谈中也出现了，改变这种规范对于有效的工作进展至关重要。因此，共同目标和小组文化是小组属性的两个例子，这两个属性超越了各部分即个体成员的简单总和。

第三个例子是本章讨论过的角色的创建。当动态地考虑行为时，小组属性包括角色的分配，如偏差成员、替罪羊、守门员等。

第四个例子是小组与其环境的关系。由于小组受其所处环境——例如机构、学校、医院或社区——或作为机构代表的带领者的影响，小组必须发展适应性行为来维持自身。这种适应性行为模式是小组属性的又一个例子。我将在本章后面提出一个观点，即个体在不了解小组与环境互动的情况下，就不会想到小组。事实上，直接或更大的环境对小组和成员行为的影响可能比带领者所说或所做的任何事情的影响都要大。例如，在一所学校的儿童心理教育小组中，成员的行为很可能部分地反映了教师和其他工作人员与学生的关系。如果带领者忽略了环境的影响，那么他们可能是在应对症状，而不是实际问题。在另一个引人注目的例子中，我最近督导的一个暴力预防项目的学生透过他们的教室窗户目睹了一起创伤性事件——持械劫持停在街上的一辆汽车。枪声响起，学生们躲在课桌下。环境如何才能不对当天晚些时候举行的小组会谈产生影响？

环境影响不一定是创伤性的，可能是系统性的。例如，在一所位于市中心区的学校里，近95%的学生是非洲裔美国人，有资格获得联邦政府提供的午餐援助。他们的老师大多是白人、中产阶层，住在郊区。尽管管理人员大多是非洲裔美国人，但这种师生种族混合是一个重要的环境因素，它能够而且确实影响我们带领者的小组的表现。

总而言之，我们实际上无法将一个小组视为一个实体。这就是为什么像有机体这样的模式是有用的。然而，我们能看到的是一群人的活动，他们似乎受到这个被称为小组的实体的影响。例如，当小组目标明确时，我们可以将成员的行为解释为对该目标的贡献。再次，小组压力、小组期望和成员的归属感都会影响成员的行为。由于相信小组的存在，一个成员的行为发生了变化，这一事实使这个小组变得真实。

在本章的结语中，需要注意的关键观点如下：

- 我将把该小组称为一个实体；
- 使用有机体作为隐喻；
- 专注于小组的发展性任务、内部和外部任务。

小组的发展性任务

两项主要的小组任务已经被提到，但没有具体描述每项任务。这些说明了一个小组如何拥有不同于每个成员特定任务的任务。在第十一章关于小组开始的章节中，我讨论了所谓的小组组建任务。该小组需要订立一份工作契约，反映个别成员的需求以及赞助方的服务利益。此外，需要达成一个小组共识。这一共识反映了各成员的共同关切，也反映了就工作可从何处开始达成的协议。与多个服务对象（小组、家庭、夫妇等）合作时，达成共识是一项独特的任务，因为个体这一服务对象只是从他们希望的地方开始，没有必要与其他服务对象达成共识。该小组的组建任务还包括初步澄清双方的义务和期望。小组的有效性取决于完成组建任务的程度。第十一章将带领者帮助小组完成组建任务的技巧描述为订立契约技巧，并通过一系列的初次会谈加以说明。

第二个关键的小组任务是满足个别成员的需求。小组要生存和发展，就必须有个体成员。当成员感觉到自己的相关需求得到满足时，他们会有归属感，并在小组中形成利益关系。如果这些需求得不到满足，成员们就会脱离小组，要么不参加，要么干脆退出。在关于小组工作阶段的第十二章中，我们看到了当成员受到太大的打击时，小组很容易错过成员提供的关切点，或者远离这些关切点。在其他例子中，个别成员没有立即看到小组工作与自身紧迫感之间的关系。在本章的前面，我们看到了成员如何在小组中扮演职能角色，其中一些角色使他们无法利用小组来满足自己的需求。在每一种情况下，带领者都试图帮助成员更有效地使用小组，更有效地伸出援手和提供互助，或者两者同时进行。所有这些努力都是为了帮助小组完成满足个别成员需求的任务。因此，为了生存和发展，一个小组必须解决形成和满足个体成员需求的任务。

小组致力于处理与带领者的关系（权威主题）和成员彼此之间的关系（亲密主题）。施瓦茨（Schwartz, 1971）将这两项关键任务描述如下：

> 在小组文化中，两个主要的主题影响成员们共同工作的方式：一个是个案工作者非常熟悉的权威主题，在这个主题中，成员们专注于他们与助人者的关系，以及这种关系帮助他们实现目的的方式；另一个更奇怪且产生威胁的主题，则是亲密主题，成

580

员们关心的是他们的内部关系和互助问题。正是这些因素的相互作用——外部权威和相互依赖——为小组体验提供了很强的驱动力。（p.9）

小组处理与权威和亲密关系相关的问题的能力，与通过共同目标和小组行为规范建立的工作文化的发展密切相关。

最后，小组需要制定出工作结构，以使其能够有效地执行任务。例如，通过分工来分担责任，并对正式或非正式的角色进行分配。

本章将介绍以下五个主要任务领域：

- 与带领者的关系（权威主题）；
- 小组成员之间的关系（亲密主题）；
- 培养工作文化；
- 形成工作结构；
- 与环境的关系。

显然，这些任务有很多的重合之处：一个领域的工作通常包括其他领域的工作。虽然是人为划分，但这种划分仍有帮助。如前所述，对这些任务的讨论将借鉴来自三个基础模式和一个相对较新的模式的小组理论元素，并将重点放在似乎相关的结构上，将它们应用于实践示例。

与带领者的关系：权威主题

在第十一章中，我讨论了权威主题，即带领者和成员之间的关系，这是小组早期需要解决的一个重要问题。我提出了一个问题："这个小组的带领者是谁，他会是什么样的人？"在小组开始时，所有成员都会想到。即使第一次会谈直接讨论了这个问题，权威主题也不会简单地消失。它仍然是一个重要的主题，需要在小组发展的不同阶段加以探讨。后文将使用至今仍指导小组实践的经典理论框架来探讨这一主题。熟悉最新小组发展模式的读者将重新认识本尼斯和谢泼德（Bennis & Shepard，1956）。

本尼斯和谢泼德模式——权威问题

本尼斯和谢泼德（Bennis & Shepard，1956）在他们的小组发展模式中提出了权威主题和亲密主题，他们的几个关键概念在解释小组过程中是有用的。然而，他们的观察是基于他们与实验室训练小组（T 小组）的合作，研究生们在这个小组中以他们自己的小组经历来研究小组动力。因此，他们理论中的一些观点可能是针对特定小组的，或许不适用于本书所讨论的小组类型。我们的分析将说明一个实务工作者如何在一个优秀理论中使用他喜欢的东西，而不采用理论的全部。

下面的例子说明了小组成员的两种感受：一方面，他们害怕带领者和带领者的权威；另一方面，他们希望带领者对小组负责。本尼斯和谢泼德（Bennis & Shepard，1956）将这两种情感归因于小组中存在的两种性格的成员：依赖成员和反依赖成员。他们认为依赖性会给成员带来很大的不确定性，而小组发展的第一个主要阶段，即依赖性阶段，就涉及这个问题。他们描述了第一个主要阶段中的三个分阶段。

- 第一个分阶段，"依赖-逃离"，小组由被依赖的带领者控制，他们寻求带领者更积极地参与控制小组。
- 第二个分阶段，"反依赖-逃离"，反依赖的带领者进入并试图接管该小组。在这一分阶段，小组经常会对带领者很愤怒，形成了支持结构的子群体和反对结构的子群体。
- 第三个分阶段，"解决-宣泄"，不受影响的——独立的、相对不受权力问题困扰的——成员承担小组的领导责任。

根据本尼斯和谢泼德的说法，这种对带领者的"推翻"导致每个成员都要对这个小组负责：带领者不再被视为"领导者"，权力斗争被有共同目标的工作取代。

在考虑这一模式时，重要的是要理解，作者研究的小组是由一群带领者组成的，他们在一开始极为被动，在我看来，这增加了成员对权威主题的焦虑。理论上说，如果带领者是被动的，我的意思是对成员要求某种形式干预的呼吁没有反应和保持安静，小组最终将不得不承担责任，发展自己的内部带领者。作者将此描述为一个晴雨表事件，它影响并标志着小组从一个阶段到下一个阶段的转变，例如，当带领者被"推翻"时。

在我自己的博士研究生培训期间和之后，我对这类小组的观察发现，第一个也是最有力的晴雨表事件实际上源于带领者的被动。第二个问题是，除了审视小组的进程之外，缺乏明确的外部目的。即使在今天，有些小组也是这样组织的，被称为"过程"小组。因此，接下来的许多互动直接是带领者早期被动的结果，除了分析过程之外，缺乏明确的外部目的。同时，小组必须首先解决权威主题和"推翻"带领者，然后对小组承担责任并处理亲密主题的观点，是有用的建构。这是一个很好的例子，说明了一个人如何能采纳一个理论的一部分而不全盘采纳。尽管本尼斯和谢泼德模式的许多细节仅限于观察到的特定小组，但我们可以将这场关于依赖的斗争的大致框架应用于所有小组。

讨论中探讨的权威主题包括以下五个问题：

- 谁拥有这个小组？
- 作为局外人的小组带领者。
- 小组带领者的工作要求。
- 小组带领者的局限性。
- 作为一个关怀和给予者的带领者。

在下面的第一个例子中，我们可以看到在"谁拥有这个小组"这个问题上权威主题的

582

早期萌芽。

谁拥有这个小组？——夫妻小组和权威主题　在夫妻小组的第二次会谈中，成员们在观察我是否会扮演我在第一次会谈中所描述的角色。然而，我的干预实际上是对成员采取行动而不是与成员一起行动。再次强调，卢，这位 69 岁的成员在第一次会谈中抱怨过治疗师，暗示了成员们对这个问题的关注。

实务要点： 请注意，我发现了我的错误，并以此为机会进一步澄清权威主题，我鼓励成员在我犯错误时提醒我。

583
　　　　　一对夫妻提出了一个问题，涉及丈夫的另一段婚姻中的成年孩子。我注意到每一位配偶都在向成员讲述对方的事情，而不是直接与对方交谈。我打断了弗兰克的话，他 50 多岁，已经和简再婚了，我建议他直接和妻子谈谈。在明显的犹豫之后，他开始和她说话，但他很快又和我说话了。我又打断了他。再一次，他似乎被我的行为吓了一跳。

　　　　　当这一切进行时，我注意到卢看起来很苦恼，盯着地板，用手捂住嘴。看了一会儿，我了解了情况："卢，你看起来好像有话要说。"他回答说："不，没关系。我可以再等等。"我说："我觉得这很重要，我想这和我有关。"我一直觉得不舒服，但不知道为什么。卢说："嗯，如果你现在想听的话，我就说吧。每次你那样打断弗兰克，我想他就失去了思路。告诉他和简说话的事就像我上周描述的那样。"他说的话让我很惊讶，我在接受时保持安静。

　　　　　弗兰克说："你知道，他是对的。每次你打断我的话时，你都会让我把思路抛在脑后。"我说："我想我最后还是做了我上周说过的那种我尽量不做的事。弗兰克，我还没有向你解释，为什么我认为直接和你妻子谈话会有帮助，而不是向我描述。我想你一定感觉到了我的话，因为你不太明白我为什么这么说，就好像在推你。"弗兰克说："嗯，有一点吧。"卢说："这正是我的意思。"我回答说："我不是完美的，卢。我也会犯错。所以你的提醒对我很重要，就像你刚才那样。为什么要等到我来问？"卢说："提醒你不容易，你是带领者。"我说："我想我能理解你，只有你能看到，如果你这样做，将会加速工作进程。"

实务总结： 第二周的讨论比第一周更重要，因为成员们有机会看到我面对一个错误，不仅承认了错误，而且赞扬了卢，鼓励他更直接地表达。他们认为他们有权利且不应该让我的权威妨碍他们。在这一点上，你可能会认为，要获得或鼓励这样的负面反馈对一个初期带领者来说是很困难的。具有讽刺意味的是，当他最不自信和最不准备听的时候，带领者最需要成员的这种诚实。带领者最初期望在会谈中错过这些信号，但是随着他们信心的增长，他们应该在同一次会谈或随后的会谈中开始面对消极状态。这就是我在书中早些时候所说的，我建议我们缩短从犯错误到发现错误的距离。在我看来，在同一次会谈或下一次会谈中发现错误是非常熟练的练习。

在类似的讨论中，权威主题出现过很多次。例如，关于我们工作的议程。当我似乎回到一个工作领域而没有审视小组的兴趣时，成员们会产生一种明显的工作错觉。当我质疑这种错觉时，我们可以讨论当他们认为我在引导他们远离他们的担忧时，为什么他们很难让我知道。

实务要点：在对工作成效负责方面也出现了控制问题。在下一个例子中，一对夫妇花了非常长的时间讨论一个问题，却没有切中要害。我能看到小组里的反应，并询问发生了什么事。

584

> 弗兰这位30多岁的成员回应说，越来越无聊了，她在等我做点什么。因为这是小组中间阶段的会谈，我发现自己很恼火，因为每个人都在等我。我有些感慨地说："你们为什么要等我做什么呢？你们知道，这是你们的小组，我想你们也可以承担这个责任。"

实务总结：最终的讨论表明，成员们觉得在亲密主题上互相讨论是有风险的，所以他们把它留给了我。我们能够确定，成员们也需要为小组的有效性承担责任。我们讨论了如果成员们彼此更直接一些，他们会担心什么。在另一个关于如何整合过程和内容的突出的例子中，我问他们，这是否也是他们作为夫妻难以面对对方的原因。整个小组会谈的一个重要主题是，直接与对方沟通是多么困难和危险，特别是在他们关系尴尬的领域。

作为局外人的小组带领者

控制问题只是与带领者关系这一总主题的一个方面。第二个方面是带领者作为小组局外人的地位，尤其是在带领者没有相关生活经历的小组中，而相关生活经历是成员关注的主题的核心。

例如，在一个为被诊断为多动症的儿童的家长设立的小组中，出现了一个问题，即没有孩子的带领者是否能理解他们以及他们的问题。这是在工作开始阶段的讨论中提出的类似问题的演变。以下摘录说明了小组中权威主题斗争这一方面。

多动症儿童的父母：作为局外人的小组带领者

实务要点：请注意小组带领者不必变得有防御性，要承认自己是局外人，并强调向父母学习的重要性。这通常被成员视为能力的象征，而不像缺乏经验的带领者所认为的那样，是软弱的象征。

> 讨论又回到了多动症的起因上。安认为这是遗传性的，她解释说，她的丈夫认为他自己在孩提时就过度活跃，只是没有人这么说。玛丽莲说，她的丈夫也说过，他以前也一直像她的儿子一样多动，他认为儿子会长大的。这群人接受了这个想法，似乎认可了这种可能性。贝蒂问我是怎么想的。我说我不知道答案，但据我所知，还没有足够的研究论证。小组开始向我提出问题，涉及一般情况和药物，我无法回答。我承

认我对多动症知之甚少。我绝对不可能成为那些问题的专家。

有人问我有没有孩子。我说我没有。比阿特丽斯想知道我为多动症儿童以及把这项工作推广到有其他问题的儿童身上做了什么。我尽可能诚实地回答。她不知道我是否真能认可他们的感情。我回答说，她和在场的其他人真的很关心我对他们的感受，以及我是否真的理解作为一个多动症孩子的母亲的感受。她同意了。我补充说，上周，当我说我感到不知所措的时候，我真的进入了有这样一个孩子的感觉。有人向我指出，我是小组中唯一一个没有多动症孩子的人，我才是真正的局外人。比阿特丽斯提议把她的儿子借给我一个周末，这样我才能真正了解那是什么样子。大家都笑了。（我想他们对此很高兴。）我说他们告诉我要理解它是什么样的很重要，我也想知道我是否真的理解了。他们不这么认为。他们谈得越多，我对他们的经历的感知就越深刻。接近尾声时，有很多小组讨论正在进行中，我在等待结束（感谢休息）。

小组带领者的工作要求

权威主题的第三个方面与小组对带领者的反应有关，带领者是一个提出工作要求的人。为了让小组变得有效，带领者必须做的不仅仅是明确订立契约和具有同理心。小组经常会遇到障碍，其中许多障碍与成员在讨论困难问题时的矛盾心理有关。当带领者提出工作要求时，成员不可避免地会产生负面情绪。如果带领者做得很好，成员有时会因为带领者拒绝让他们摆脱困境而生气。如果成员对他们的带领者感到愤怒，那么带领者很可能没有做好他们的工作。反过来说，如果成员总是对他们的带领者生气，那也是一个问题。回想一下前面描述的支持和对抗之间的错误二分法以及建立一个"储备库"以便在提出工作要求时加以利用的想法。

当然，服务对象也有积极的感受，因为带领者是具有同理心的，并且非常关心小组，能够提出这些要求。然而，负面情绪需要被表达出来；否则，它们可能会在暗处蔓延，并在无意识中表现出来，比如常见的无动于衷。正如我们所看到的，带领者必须对自己的角色感到舒服，才会愿意应对这种负面反馈。

创伤后应激障碍越战老兵小组 在下面的例子中，我们看到了一个微妙的过程，即在弗吉尼亚州一家医院的门诊部，一群仍受创伤影响的男性越战退伍军人和一名年轻的女研究生（她担任新手共同带领者，和她的督导员一同工作）之间发展了良好的工作关系。她以一种大胆而富有创造性的方式，向这些人提出挑战，以化解他们内心深处的负面情绪，这种情绪是他们从战争中返回家园时所遭受的待遇造成的。尽管对返回的伊拉克战争和阿富汗战争的士兵的反应有着显著的不同——因为对越战争的反战抗议者的大部分对抗是针对政府而不是针对士兵的——但从这个例子中仍然可以吸取教训。

教育政策 1b
教育政策 2a
教育政策 2b
教育政策 8a

实务要点：在这些摘录中注意以下几点：

- 带领者在解决性别问题上的勇气；
- 她对他们在荣誉问题上的挣扎有同情心；
- 她不屈不挠地发掘和寻找成员的优势；
- 前面所描述的我们的感觉、思考和行为之间的联系是如何相互作用的；
- 她认识到小组与环境（医院和社区）的关系是工作的核心。

下文所述的第一次会谈讨论的是一位年轻女性作为新手带领者的问题。我相信这些会谈为她以后对成员提出工作要求奠定了基础，因此对这些会谈做了一些详细的描述。

　　组别：创伤后应激障碍越战老兵小组

　　成员年龄范围：50 岁出头至 60 岁出头

　　性别、种族背景、性取向和种族信息：平均每两周一次的小组由 10 名男性组成。每个成员都被诊断为创伤后应激障碍，有些成员因这一诊断而获得与残疾相关的服务。目前，该小组已结束，所有成员至少参与了 2 年。

　　记录表涵盖日期：2006 年 9 月 14 日至 2006 年 11 月 9 日

　　小组任务：与环境的关系

　　问题陈述：从 2006 年 9 月中旬开始，该小组在若干年后首次与一名共同带领者举行了会谈。作为小组中的新权威人物，我作为一名年轻女性实习生和小组共同带领者的角色需要澄清。在这个过程完成后，我的目标是面对这些退伍军人在越南服役后回到美国感受到的耻辱、伤害和内疚，以及他们得到的非常负面的公众反应。

　　这个问题是如何引起我的注意的：在参加了第一次简短的小组会谈大约 20 分钟后，在一种紧张的精神状态下，出现了混乱的陈述和肢体语言，这意味着他们对小组的认可，但也意味着一些成员的不安。我意识到我需要及时解决这些问题。

　　工作总结：

　　我在会谈中间进入了小组房间，因为我处于强制性入院培训期。我的督导员打招呼，并介绍我是他们期待的来访者。我对此说："你们好，我叫妮可。很高兴终于见到你们所有人。"退伍军人们都友好地打招呼，并表示欢迎，一个叫乔治的人让我随意就座。让正在讲话的那个人讲完剩下的故事之后，我进一步介绍了自己。我告诉他们我是一名二年级研究生，并解释说我在医院的角色是实习生。我将加入他们的小组，直到明年 5 月毕业。此外，他们的带领者约翰是我的督导员，他希望我毕业后能在弗吉尼亚工作。

　　在陈述了我的角色之后，大家都安静了。随后，我的督导员要求每个成员向我介绍一下他自己以及他的背景。令我惊讶的是，老兵们毫不避讳地提供信息，直到第三个小组成员乔治发言时。他开始自我介绍说："你知道，我觉得房间里很紧张，因为你很漂亮。我不知道其他人是否有这种感觉，但我只是想把这句话从我的内心说出来。"完全措手不及，我觉得自己的脸因尴尬而变得通红，注意到没有人回应乔治的陈述，我回答说："嗯，谢谢你。"我立刻觉得我的外貌对成员是一种障碍。作为一个年轻的且缺乏经验的带领者，我也担心我不能被视为带领者，而只是一个性对象。

实务要点： 学生的反应是可以理解的，很难做出任何不同的反应。然而，深思熟虑后她会发现，这些男人所面临的问题之一是他们对女性的反应以及他们处理这种遭遇的方式有些不恰当，乔治可能已经暗示了这一点。就好像乔治在说："你想看看我们和女人打交道的方式有多不合适吗？"这个问题只能等待下一次会谈去解决，但人们可以再次看到过程如何与内容联结。同样显而易见的是，一个人可以在事后有见地，但当带领者正在经历这一时刻时，就不那么容易了。一个男人提出了实习生作为局外人的问题，而她则毫不防御地直接回应。

倒数第二个人做了自我介绍，然后用强烈的语气问了我两个问题，是关于我对他正在讨论的主题的理解。他说："你明白吗？"我回答"是的"，尽管我有点困惑。我说："我意识到我是新来的，还有很多东西要学。我认识到我还年轻，我可能有一些问题，所以我希望每个人都能教我，即使我的一些问题看起来很愚蠢。"成员非常理解，因为他们回答了"肯定"和"没问题"。我仍然想知道，如果有人不理解他们的经历，他们是否会质疑他该如何帮助他们。

最后一个发言的人叫丹尼斯，他非常友好，并向我保证，成员都不会伤害我。我非常感激他，但我并不认为他们会伤害我。成员相互交谈，含糊不清地回答"别担心"和"是的"。这些话让我觉得，成员认为我以一种可怕和消极的方式看待他们。

实务要点： 事后来看，我们可以发现，关于不伤害带领者的评价也是一种间接的沟通，涉及成员对他们作为越战老兵的反应的关注。在我的实践课上展示了这个片段之后，学生至少小范围地解决了这个问题。请注意，她已经注意到成员可能关心的问题，并直接分享她的直觉。

在第三次会谈期间，我通过与丹尼斯交谈开始了小组对话，丹尼斯之前说过，成员中没有人会伤害我。我向他表示，我不清楚他这是什么意思，并表示我认为我们有必要谈论这一点，因为我不想让成员感到我对他们有任何负面印象。我解释说，我对这句话有三种不同的理解。由于我的年龄和我不完全了解所有的战争条款和经历，我想知道他们是否觉得他们的讨论会对我造成太大的创伤，或者使我害怕他们，因为我知道他们杀了人了。我想知道，他们是否认为我对他们的负面印象来自反对战争媒体报道和后来制作的那些没能呈现战争和他们经历的全貌的电影。

丹尼斯不同意我的看法，并向我透露，他不希望让我认为该小组的成员是肮脏和悲惨的人，他们不赞成我在他们的小组中出现。他说："实际上，我们都是大泰迪熊。"我向大家表示，我没有被他们吓倒，我相信没有人会伤害我，我非常感谢大家对我的友好态度。

我提到了自己在第一次会谈中说的话，如果我有问题希望成员能教我，因为我还在学习。我向他们明确表示，我认识到这是他们彼此分享感情的时候，并解释说，我知道小组会谈是有时间限制的，我希望他们都能从会谈中获得最有益的经历，而不是打断我问不相关的问题。这些人的回答包括："提问是可以的。""自由提问，因为你们年轻人可以帮助别人了解我们的经历和真实感受。""对时间限制来说这并不是负担。"

实务要点： 再一次，带着勇气，她回到了第一次会谈中乔治提出的关于自己魅力的评论。

我把注意力转向乔治，他说他因为我的出现而感到房间里很紧张。当我提起这个话题时，我注意到乔治立刻显得有点紧张，因为他坐起来而且脸色发红。我向他描述，我不是想让他感到不舒服，也不是想让他感到不安，但我想知道，我在小组中的出现是否会引发其他人同样的紧张情绪。这群人保持安静。我说，我个人在发言时感到有点不舒服，想知道我作为一名年轻女性而出现是否会对该小组产生影响，使他们不能像我进入该小组之前那样自由地分享信息。成员回答说，他们没有这种感觉，而且在我加入小组之前，他们已经习惯了和一位有魅力的女性共同带领者一起工作。

实务要点： 这名学生的直接性以及愿意触及前面评论背后的意义，表明了她的优势和敢于冒险的精神。她对自己不适的坦诚——一种分享自己感受的方式，也促成了工作关系或治疗联盟的开始，以及他们对她的尊重——用以回应她对他们的尊重。她仍然忽略了该评论对女性和小组以外其他人关系的影响；然而，她在发展工作关系方面取得了良好的进展。在下面的摘录中，她开始探索他们内在的负面情绪。

根据关于越战老兵回国时不受尊重和受到羞辱的小组谈话，显然，成员们对他们的兵役缺乏自豪感，并且不好意思承认他们在越南服役。在接下来的几个星期里，我开始了第四次会谈，主题是退伍军人节。我问他们，在这个特殊的日子里，他们是否能描述在这个节日拥有自豪感或羞耻感。我收到了一些否定的答复，包括："这是一个除越战以外所有战争的退伍军人的节日。""如果这是一个真正的节日，那么只有退伍军人才能在这一天得到特价福利。""如果我甚至不敢承认我在越南服役，我怎么能庆祝这个节日并感到自豪？""这对我来说只是平常的一天。""我唯一感到安全的就是和其他了解彼此经历的越战老兵一起庆祝这个节日。"这些人达成了一个普遍共识，即他们在退伍军人节没有感到骄傲，也没有提高自尊水平。

我问退伍军人们，他们是否可以讨论一些具体的事件——这些事件是使他们在这个节日和一般情况下感到羞耻的原因。退伍军人们讨论了退伍的问题，包括他们回家后家人和雇主对他们的态度和行为，他们的名誉，人们对他们的战争经历缺乏兴趣，似乎没有人认识到他们在军队里必须按照命令行事，而要适应平民生活是多么困难，因为普通公民似乎不了解越南战争的现实。我对他们说，我非常尊重他们在越南服役的经历，知道他们回国后受到如此恶劣的待遇，我很生气。我表示，我开始了解在战争中目睹和经历的创伤的严重程度，并说，我认可他们的很多荣誉，因为他们内心坚强，并通过小组和个人咨询寻求帮助。

实务要点：因为越南战争已经过去几十年，年轻的带领者很难理解越南的动乱，也很难理解反战运动的规模和强度，以及它对已经饱受创伤的退伍军人的影响。最近我们对强大而广泛的创伤后应激障碍的理解变得更加清晰。这个学生可能体验到了伊拉克和阿富汗的战争，虽然这个国家有许多人反对最初的战争和战争的继续，但这些感情一般不会延续到返回的军队身上。在机场和其他地方，经常看到陌生人走近穿制服的人说："谢谢你为我们服务。"这与对许多越战老兵的反应形成鲜明对比。

这段对话为学生提供了重要的教育，并促使她表现出对成员的关怀和尊重。这个表达是很重要的，因为它为她提出工作要求奠定了基础——成员将知道它来自关心，并了解她要求他们采取的步骤将是多么艰难。在令人印象最深刻的时刻，她拒绝接受"不"这个词，坚持让他们采取必要的步骤来面对心中的恶魔。她凭借幽默和毅力，甚至在他们试图通过躲藏和吸烟来避免暴露在公众面前时与他们对抗。当她上交作业时，我对她的作业评论说："你很严谨。"关键是，通过提出工作要求促使他们变得坚强，她传达了她相信他们是坚强的这一信息。

就在这个时候，我请老兵们把他们的勋章带来，并穿上一件表明他们在战争中服役的衣服或者戴上一顶这样的帽子参加下一次小组活动，因为离退伍军人节还有两天。我向他们描述，我希望他们为自己在军队中的职责感到自豪，我希望他们能够承认，他们可以被承认为越战老兵，而不会受到公众的敌视。老兵们在抱怨他们真的不想这样做，也不知道把勋章放在了哪里之后，同意了这一点。我向他们解释说，我们需要共同努力，战胜这些年来困扰他们生活的情绪和想法。

第五次会谈开始时，老兵们传看他们的勋章和证书。令我惊讶的是，八个人中有六个人带来了勋章，七个人戴着越战帽，还有一个人带来了一本目录，方便把勋章放错地方的人更换位置。一位老兵带来了红色罂粟花别针和一摞崭新的加拿大硬币，因为每年一个新单词都会被印在硬币背面来代表退伍军人。

实务要点：带领者建议的练习帮助这些人开始找回他们在努力消除回家后的反应时失去的自豪感。她的下一步是让他们把自我带出小组房间，面对公众。

分享过程结束后，我告诉大家，我想让他们穿上越战服装，作为一个小组去自助餐厅或门诊入口附近的主候诊室等 20 分钟。我向小组解释，我之所以选择这些特定的地方，是因为这些地方会有来自不同战争的退伍军人、雇员以及退伍军人的朋友和家人。他们的下意识反应是拒绝这个建议，并说："如果大厅里的人看到一群越战老兵，他们会躲起来或者穿上防护装备，因为我们是一群疯子。"我告诉他们，我相信他们可以这样做，因为他们有彼此的支持。我劝他们抬起头来，无论是否有人询问他们作为一个小组在医院里活动，都要保持自信。我告诉小组，我将在 5 分钟内检查他们，以确保他们真的去了其中一个地点。

我下去的时候，发现那群人在外面抽烟，他们两个地方都没去。他们回答说："你怎么知道我们在这里？"我和他们开玩笑说："如果我不能抽烟，你也不能！"他们道："哇，我很惊讶你能走出这里，独自面对一群男性！"我笑着说："就因为你周围的人都很害怕，但我没有！"然后我告诉他们，我们应该一起去自助餐厅喝点咖啡。

我们一起做了这件事，老兵们最终停留的时间超过了计划时间，并与我和其他人在自助餐厅吃饭交谈。老兵们表示有兴趣在没有我的督导员在场的情况下与我进行个人对话。他们询问我对于跟与他们类似的老兵一起工作的看法，以及我在心理健康诊所做的其他事情。我认为这有助于提高我们的舒适度，建立更融洽的关系。

实务要点：治疗联盟的进步是显而易见的，因为这些男性开始把这个咨询师视为一个他们可以用来解决个人问题的人。在努力推动这些人迈出艰难的公开的一步后，小组返回小组房间，带领者开始探讨他们对这次经历的反应。

当我们回到小组房间时，我提出了一个问题："我意识到你们都避免在一个没有其他人在场的地方吸烟，这种经历是否像你们最初想象的那样困难？"老兵们说，他们震惊于没有收到任何负面评论，并感到像在一个被认同的越战老兵小组里一样舒服。我问他们这对他们是否是一次有益的经历，他们的回答是肯定的。一个人的反应是承认在小组里可以让他们的感觉正常化，但直到现在，他们还从来没有离开小组的安全空间，作为一个小组进行一项户外活动。我问他们将来是否愿意在小组活动之外再做一次新的活动。他们对此表示同意。

现在的问题：我觉得我已经成功地解决和澄清了我作为一个新手助人者的角色。我已经表明，我有信心关注禁忌话题，并有兴趣与成员一起进一步澄清我的角色和讨论的主题。我开始确信，我和小组之间的融洽关系已经深入到一个更深的层次，当老兵们感到足够舒服，他们可以问我相关的问题，并作为教育者在自助餐厅和我交谈。这告诉我，他们有兴趣了解我这样一个人，并愿意付出他们有限的小组时间的一部分，以帮助我进一步了解他们的感受和经历。我认为该小组已经发生了积极的变化，当提出新的干预措施和在安全的小组房间之外开展活动时，这种变化将继续得到加强。

实务总结：学生带领者与跨文化、跨性别、跨年龄、跨经历工作的男性建立了积极的工作关系，并展示了她对改变他们能力的信念和信心。随着时间的推移，她的实务摘录表明了她在解决性别问题上的勇气，她对他们在自豪感问题上挣扎的共情能力，她如何坚持不懈地触及成员的能力并找到它，以及我们的感受、思考和行为之间的联系是如何相互作用的。本章后面还可以将此作为帮助小组与场所协商的例子。

小组带领者的局限性

第四个问题是，小组需要面对带领者有局限性的现实。成员们希望带领者或其他专家能够解决他们的问题。这在一定程度上是对小组依赖的必然结果。一旦成员意识到带领者没有解决办法，他们自己的工作才真正开始。然而，这种认识对成员和带领者来说都是痛苦的。

592　　**实务要点：** 在多动症儿童的家长小组一次特别痛苦和令人沮丧的讨论结束后，当成员们意识到药物和专业人员不会"让问题消失"时，一名成员呼吁由带领者来让他们振作起来。

　　多动症儿童的家长：有人能让我高兴起来吗？　　我们已经超时很久了。我开始总结今天的一些感受。我说，他们一直在说感到无助，因为他们不能做任何事情来帮助孩子，他们感到绝望，因为他们没有解决办法。玛丽莲对我说，这就是他们的感受，沮丧和无助。她说我总是在最后想出一些办法让他们感觉更好，期待我今天想出点好东西，因为他们需要它。我说我也有同样的感觉，我在想："我能说什么来消除沮丧和伤害呢？"我告诉她，我没有一个有魔法的方案，也许我可以提出一些建议。我知道她和他们都非常希望我能帮助他们解决问题。罗斯说他们感到沮丧，但他们不应该自责。我说沮丧的部分原因可能是他们自己没能更多地帮助他们的孩子，他们对此感到很难过。她似乎比以往任何时候都更加沮丧。我知道的，因为那正是我此刻的感受。

　　在出去的路上没有太多的讨论，因为我不知道该对他们说什么。（通常我们会开玩笑。）玛丽莲对我说，我让她失望了——我没有想方设法激励他们。我认为她非常沮丧，她希望我说一些事情，使事情变得容易。她想要一个解决办法，但我没有。她对我说，也许我可以，但我现在在退缩。我对她说，她很失望，因为我没能使事情变得容易些。我真希望我有一个他们希望的魔法方案解决这一问题，但我没有。之后，成员们离开了。

作为一个关怀者和给予者的带领者

权威主题的最后一个方面要求小组处理他们对作为一个关怀和给予者的带领者的反应。成员会观察带领者与他和小组中其他人的关系。如果带领者深深地感受到了伤害，成员们就能看到他脸上的痛苦；过一段时间，他们就能感受到共情的真挚。带领者的这一面在小组中激起了强烈的反应，并产生了积极的影响结果。在我带领的夫妻小组中有一个有趣的讨论说明了权威主题这一方面的重要性，以及小组对这个问题的认识。

　　夫妻小组和"哭泣椅子"　　在圣诞节假期前的会谈（总的来说是第八次会谈）中，一位成员迟到了，心烦意乱。她坐在我左边的空椅子上，第一次和我分享她丈夫面临的可怕的医疗问题。在此之前，这名成员似乎是"没有问题"的，因为在她心目中，她的丈夫就是已确认的病人。她讲故事的时候我安慰她，我试着用语言和非言语形式帮助她——抚摸她的手背，传达我对她的共情反应。该小组也伸出援助之手表示支持。在会谈的第二部分，眼前的问题得到某种程度的解决，成员的状况得到改善之后，我们对小组进行了计划中的中期评估。

593

实务要点：在讨论我们作为一个小组的工作方式时，一位成员提出了权威主题。注意他们是如何认识到一个我曾经错过的正在进行的小组过程的。

　　弗兰说："简一进门，我就知道这是要寻求帮助的夜晚。"（简是那个一直在哭的成员。）当我问她怎么知道的时候，她说："因为她坐在哭泣椅子上。"她接着指出，所有在会谈中哭泣的人——10名成员中的4名——在会谈开始时都坐在那张椅子上。事实上，有些人是第一次和他们的配偶分开坐。其他成员点头承认弗兰观察的准确性。我问他们有没有想过为什么会这样。萝丝说："因为那是你旁边的椅子，当事情变得艰难时，我们坐在那里寻求一些支持。"我回答说："你能谈谈是什么原因让你坐在那里，或者觉得我可以支持你？这作为我们评估的一部分很重要，同时它也可以告诉我们一些你可能想要的东西。"

实务要点：要求提供具体细节的目的是鼓励讨论成员对带领者的感受，并关心他们。此外，通常情况下，小组进程可以帮助成员更清楚地了解自己的关系。他们相信自己能从我这里得到的，也是他们想从伴侣那里得到的。我的记录还在继续：

　　露易丝说："这是因为我们可以随意对你说任何话，而你不会评判我们。我们可以告诉你我们的感受。"萝丝接着说："我们知道你真的感受到了我们的创伤。"69岁的卢在第一次会谈中对专业工作者最为挑剔，曾经坐在那个椅子上哭，他说："你旁边很安全。我们可以分享内心的感受，知道你不会让我们受到伤害。"当我倾听成员们的心声时，我深深地被他们话语中的情感所感动，我也和他们分享了这一点。"你知道，让你有这样的感觉对我来说意义重大——你可以感觉到我对你的感情。我对你越来越关心了。这让我感到惊讶，有时候，这个小组中的困难的事情对我的打击很大——你变得多么重要。"

实务总结：权威主题是一条双向通道，带领者对成员的感觉和成员对带领者的感觉一样多。反移情的动力机制需要成为讨论的一部分。带领者坦诚的情感、自由的表达，往往是帮助小组处理与带领者关系的关键，因为它涉及与带领者的关系。

权威主题总结

　　总之，在小组工作中要处理的权威主题的一些方面包括带领者的控制、责任和作为局

594   外人的地位，以及小组对带领者的工作要求、限制和关怀的反应。尽管小组处理问题的阶段从来都不是整齐有序的，但一种模式出现了：随着权威主题得到处理，小组更愿意转向第二个主要的发展任务，即小组成员之间的关系（亲密主题）。这是我们可以从本尼斯和谢泼德那里得到的另一个概念。

小组成员之间的关系：亲密主题

小组的第二个主题和驱动力是亲密主题。这是指成员之间相互联系的方式。最近的研究强调，除了带领者的治疗联盟（权威主题）外，治疗联盟已经发展成被称为作为一个整体的小组（亲密主题）的实体——被称为小组同盟。

作为一个整体的小组的凝聚力和联盟

教育政策 4b

最近的研究，例如，在小组心理治疗领域，越来越重视作为一个整体的小组的观念，并探讨了小组发展问题及其对结果的影响。例如，虽然治疗师和患者之间的"治疗联盟"的概念已经被研究过，其对结果的积极影响在文献中已经很明显，但在整个小组（小组同盟）方面还没有得到广泛的研究。林德格伦、巴伯和桑达尔（Lindgren, Barber, & Sandahl, 2008）认为，在治疗模式中，小组进程被预测为治疗因素，只强调个别患者和治疗师之间的关系是违反预期的。(p. 164)

在他们自己对接受短期心理动力小组治疗的被诊断为职业倦怠抑郁患者进行的试点研究中，他们发现了小组同盟的患者报告（使用加利福尼亚州心理治疗联盟量表的小组版本）与他们的三个测量结果中的两个之间的关联。

在控制了结果测量的初始水平和成员身份后，均值组对焦虑和全球症状的减少有显著的预测作用，但在抑郁中没有。在控制初始症状水平和成员后，作为一个整体的小组联盟解释了 50%～55% 的全球症状和焦虑变化的方差，以及 22% 的抑郁变化的方差。(p. 173)

有一个有趣的发现与本章提出的模式有关：小组首先发展与带领者（权威主题）的工作关系，然后发展与其他小组成员（亲密主题）的工作关系。研究人员发现，在研究的小组的早期阶段，与整个小组的联盟程度较低，但在小组的中间或工作阶段，联盟程度更高。此外，中间阶段小组联盟与结果量表的关联性显著强于初期联盟。虽然这项试点研究有许多局限性，包括最终分析中的患者人数（19），但作者认为，增加对整个小组的过程研究将是有益的。

在乔伊斯、派珀和奥格罗德尼祖克（Joyce，Piper，& Ogrodniczuk，2007）对小组治 *595*
疗联盟和凝聚力的另一项研究中，作者们研究了每一项对短期小组治疗结果的影响。

> 因此，在小组环境中，患者与治疗师（联盟）的关系、患者与其他患者的凝聚
> 力、患者对整个小组的凝聚力体验或这些关系的某种组合可能会促进治疗。在这项研
> 究中，我们的目的是进行以下探索：第一，国际上联盟和凝聚力的测量工具如何整
> 合；第二，它们如何共同影响小组治疗的结果。（p. 270）

为了实现这些目标，研究人员使用了凝聚力的测量方法，从每个成员和带领者的角度
评估患者与整个小组的关系质量（承诺），以及与治疗师和其他成员的关系质量（相容性）
（p. 273）。患者在两个人格变量上匹配，然后随机分配到解释性或支持性小组接受治疗，
每组分配一名治疗师。107 名患者完成 12 次会谈（其中有 32 人参加的会谈少于 8 次，被
视为主动退出），两个小组人数大致相同。同样，这两个小组成功地取得了一些积极的结
果，例如，缓解悲伤症状。

作者报告了以下重要结果：

- 与患者相关和与治疗师相关的联盟变量之间有一定程度的重合。患者和治疗师对联
盟水平的看法相似。
- 治疗师对联盟的看法与患者对小组的承诺程度以及其他成员对患者的相容性等级较
为相关。
- 患者等级联盟与三个结果因素——一般症状、悲伤症状和目标/生活满意度的改善
直接相关。治疗师对联盟的看法与患者对小组的承诺等级以及其他成员对患者的相容性等
级相关。

尽管这两项研究都报告了重要的局限性，但它们标志着一项有趣的冒险，涉及如何操
作关键概念，如小组同盟、兼容性、承诺、凝聚力等，以及它们对彼此和结果的影响。随
着研究的深入，我们对这个被称为作为一个整体的小组的实体的理解将会增加。研究还应
该在小组实践中提供机制变化的洞察。下面我将回到经典的本尼斯和谢泼德模式，但这次
是关于亲密主题的探讨。

本尼斯和谢泼德模式

本尼斯和谢泼德（Bennis & Shepard，1956）的理论再一次提供了有益的见解。除了
对依赖性的关注之外，成员内部不确定性的第二个主要方面涉及相互依赖。这与亲密关系
的问题，也就是说成员对他们希望彼此接近的程度的担忧有关。

在本尼斯和谢泼德的模式中，小组从第一阶段（与依赖相关，以关注权威关系为特 *596*
征）进入相互依赖阶段（以同伴小组关系问题为特征）。与这个问题相关的两组成员人格
是超个人和反个人人格，它们平行于第一阶段的依赖人格和反依赖人格。再次，确定了三

个分阶段。

- 迷失-逃离分阶段：在这个阶段，良好的感觉比比皆是，并且努力愈合伤口。
- 醒悟-逃离分阶段：在该阶段中，对抗者开始接管，以回应日益增长的亲密。
- 一致性确认分阶段：在此阶段中，不受困扰的成员再次支持带领者，小组需要进入一个新的工作水平，其特点是成员之间诚实地沟通。

如前所述，本尼斯和谢泼德模式的细节与训练组（T小组）的动态关系最为直接。然而，在大多数小组中，可以观察到成员之间对诚实沟通的矛盾心理。在处理了权威主题之后，小组通常会经历一个以成员之间积极情感为标志的阶段，就像迷失-逃离分阶段所暗示的那样。随着工作的深入，成员们不再只是互相支持，他们开始互相对抗，更多的负面情绪和反应随之出现。当成员们开始在工作中互相摩擦时，这些感觉是很自然的，应该是这个过程中预期的一部分。然而，成员从他们在其他情况下（例如，家庭、小组、他们作为学生参加的课程）的经历中了解到，直接谈论对他人行为的负面反应是不礼貌的，也是有风险的。这种条件也是带领者经验的一部分。通常情况下，带领者和成员会对成员们感到愤怒，但仍然会保留他们的反应。

如果没有小组的直接反馈，个体成员就很难理解他们对小组的影响，难以从这种理解中学习，也难以制定新的应对方式。如果我们认为小组是大社会的缩影，那么一个成员在小组中的关系可能会提供重要的线索，说明该成员如何与他的家庭、学校、工作场所中重要的其他人打交道。带领者的任务是使这些人际障碍引起成员的注意，并帮助小组发展讨论这些障碍的能力。带领者往往害怕公开讨论他们在小组中感受到的愤怒情绪，因为他们担心事情会"失控"，他们会不知所措，个人会受到伤害，小组会受到威胁。事实上，对小组最大的威胁是过分的礼貌和由此产生的工作错觉。表达愤怒可以释放关怀和其他积极的情感，这也是小组亲密关系的一部分。

当然，带领者需要注意小组的契约不被颠覆。有时，讨论集中在成员间的关系上，从而忽略了小组形成的最初原因。这是我对本尼斯和谢泼德研究的小组类型（T小组）的主要批评之一：他们除了分析成员之间的相互作用之外，没有任何外部小组目的。这种小组通常被描述为教育小组，在那里成员可以了解小组动态和他们自己的人际行为。带领者必须警惕的第二种可能性是，相关成员可能试图利用小组来处理小组中的个人行为模式，这是颠覆小组目的的另一种企图。

这与模拟小组形成对比，例如，在小组工作实践课上，存在明确的小组目的（例如，家长支持模拟小组），学生扮演成员角色，一名学生担任带领者。当学生在学习小组工作，而实习中没有小组经验时，这种形式是非常有帮助的。

大学生心理咨询小组与亲密主题 下面的例子来自一个大学生心理咨询小组，该小组的一名成员在适应校园生活的第一年遇到了困难，她发展了一种关联模式，在这种模式中，她总是切断与其他成员的联系，不认真听他们的话，并试图直接向带领者提出自己的问题和担忧。

实务要点：带领者感觉到她只和他有关。其他成员对她的行为给出愤怒的肢体信号，而她没有察觉到。这个记录是在一个特别引人注目的例子之后开始的。

> 我注意到当露易丝说话的时候，小组的成员们都转过身去了。他们的脸上流露出强烈的负面反应。我决定提出这个问题："现在有一些事情正在发生，在这个小组工作中似乎发生了很多事情。露易丝问了很多问题，打断了一些人的谈话，我感觉你们其他人对此不太高兴。我说得对吗？"安静了一会儿，露易丝第一次直视着其他成员。我说："我知道这不容易谈，但我觉得如果我们不能坦诚地告诉对方我们是如何共同工作的，我们就不可能成为一个有效的小组。我想露易丝会想知道这是不是真的。我说得对吗，露易丝？"她回答说："我没意识到我在做这件事。是真的吗？"弗朗辛回答说："坦白说，露易丝，我坐在这里对你越来越生气了。你好像真的不听小组里其他人的话。"

实务要点：带领者通过指出小组中的模式打开了大门，打破了直接承认人际问题的禁忌。这使成员们得以探索这一敏感领域。读者应该记住，这不是第一次会谈。在带领者开始发展工作关系之前，在成员经历一些积极的工作之前，这种对质可能会让每个人都闭嘴，而不是开始讨论。要记住的一点是，时机是至关重要的。

> 弗朗辛说完后，大家安静了一会儿，然后露易丝哭了起来，说："你知道，我似乎在我生活的各个方面都在这样做。我所有的朋友都生我的气，我男朋友不跟我说话，现在我又这样做了。我怎么了？"这群人似乎对她表达出的感觉感到震惊。

598

实务要点：因为这是小组中第一次真正讨论人际问题，所以带领者需要以契约为准则，澄清讨论的边界。我称这种干预为"守护契约"；其目的是防止成员提出其他问题，从而破坏工作契约。这群人感到内疚，露易丝感到不知所措。这位带领者指出了这两种感受。

> "我想你们一定很担心这对露易丝的打击有多大吧？"成员们点了点头，但没人说话。我接着说："露易丝，恐怕这件事对你打击很大。我要说清楚的是，我们不能谈论你生活中其他你现在感到困难的领域——这在这个小组中是不合适的。不过，我很高兴在小组结束后和你谈谈，如果你愿意，我们可以探索其他的帮助途径。就目前而言，你能紧跟小组正在做的事情吗？为什么你看起来如此急切地问所有的问题，为什么你看起来如此与小组隔绝？"露易丝想了一会儿，然后对大家说："我想我只是觉得我真的很关心学校里发生的事情，我想尽快得到一些帮助。我想确保自己从希德（带领者）那里得到尽可能多的东西。"我停了下来，看着小组。弗朗辛回答说："你知道，这可能就是我生你气的原因，因为我也是这样，我坐在这里也有同样的感觉——我也想得到尽可能多的帮助。"露易丝说："好吧，至少你对我很坦诚，我很感激。如果你能感觉到有什么不对劲，但别人就是不跟你说实话，那就更糟了。"

实务要点： 露易丝和弗朗辛沟通之后，大家似乎都放松了。露易丝乐于接受负面反馈而不设防，这对小组产生了影响。在其他情况下，成员可能会感到更加脆弱，需要带领者能在支持方面给予各种帮助。当露易丝能够表达她体验到的潜在情感时，其他成员能够认同她，这就释放了他们的情感和担忧。露易丝能感觉到他们对她的关心，这使她更容易感到自己是这个小组的一部分，而不是只与带领者有关。带领者接着强调了成员之间诚实沟通的重要性，然后通过接触沟通中暗示的隐含工作来避免对过程的关注。

> 我想刚才对露易丝和你们其他人来说真的很艰难。然而，如果想要这个小组有所帮助，我想我们必须学会如何坦诚相待。正如露易丝所指出的，有时听不见可能更难。我认为，我们在前进的过程中不要失去工作的主线，这一点也很重要。我注意到露易丝和弗朗辛都提到他们现在急需得到帮助来解决问题。我们能否更具体地了解这些问题是什么？

实务总结： 弗朗辛接受了邀请，表达了她对某门特定课程的担忧。从那以后，露易丝对小组更专心了，显得轻松多了。有几次插嘴后，她发现自己的问题并道歉。会谈结束后，带领者与她进行了交谈，并安排了个人咨询预约。从那时起，成员们在讨论中也显得更加投入和积极。

一个小组需要建立一种信任的氛围，让成员减少防御。一个强大的信任障碍可以通过成员留下未说的话来维持和抬高。成员可以感觉到其他成员的积极和消极反应。当这些反应停留在表面之下时，它们的影响就增加了。另外，公开表达感受可以让成员自由，当他们知道自己与小组的立场时，他们会感到更加自信。

带领者通常认为成员间的问题特别难处理。当他们发展小组经验时，他们会熟练地处理与权威主题相关的问题；然而，他们会花更长的时间才能冒险处理亲密主题。禁忌是如此强大，他们对伤害的恐惧是如此强烈，他们对被伤害的恐惧也是如此强烈，以至于他们会尝试许多间接的途径，最后才甘冒坦诚的风险。这种不情愿可能部分源于带领者的感觉，即他们有责任"处理"任何来自成员间消极因素的事情。正如摘录所呈现的，一个拥有一小部分积极情感的小组，更适合处理自己的问题。该小组需要带领者的干预作为催化剂，给予成员许可，并支持他们进入以前的禁忌领域。

斯通中心：亲密与关系模式

另一个帮助我们理解亲密主题的理论模式是关系模式。这一模式源于马萨诸塞州韦尔斯利的斯通中心所做的工作，该中心致力于研究妇女发展中的独特问题以及与她们有效合作的方法。该中心建立在让·贝克·米勒的早期工作的基础上，他的出版物《走向新的妇女心理学》（Miller，1987；Miller & Stiver，1991）为关系模式奠定了基础。

在这一领域，许多不断发展的工作可以在出版物和来自斯通中心的一系列工作文件中找到。在关系理论中，这一框架通常被归为自我的一般范畴。在这个模式的小组工作阐述的一个例子中，费代莱（Fedele，1994）借鉴了关系理论中反复发现的三个核心概念：

- 悖论（包含真理的明显矛盾）；
- 联结（"充分体验到彼此的存在并互相通信和形成对比的人们之间的连接关系"）；
- 共鸣（"响亮的；回响的；以最复杂的形式回应的能力，就是共情"）。（p. 7）

悖论 关于治疗，费代莱（Fedele，1994）指出了几个悖论："脆弱性导致成长；疼痛可以在安全中体验；谈论断开联结会催生联结；人与人之间的冲突可以在连接中被容忍。"（p. 8）她还指出了治疗中的其他主要悖论，即治疗中"转移"和"真实"关系之间的悖论，以及"在不平等的治疗师-服务对象关系背景下建立相互共情关系的重要性"（p. 8）。她说：

> 这些困境在小组心理治疗中非常明显。治疗师和成员合作创造一个情感关系空间，让成员在自己的意识和小组中重新获得越来越多的经验。在这个新的关系空间里，过去的感觉可以被容忍。它允许我们在安全的背景下重新审视痛苦的体验。创建一个允许表达脆弱的小组环境的困难之处在于向参与者提供安全感的复杂性。（p. 8）

在将这一理论应用于小组治疗时，她发现了一个"基本的悖论"，即渴望联结，同时努力保持分离，以此作为免受伤害的一种形式——这是从早期痛苦经历中产生的一种需要。"相似性与多样性"的悖论描述了与普遍情感的联结和对因差异而孤立的恐惧之间的紧张。费代莱指出，共情的相互关系使参与者感到被理解和接受。带领者创造一种安全的人际关系，通过努力对差异的共情来培养这种安全环境中的联结。（Fedele，1994，p. 9）

另一个相关的悖论是，分享断开联结的过程本身就会催生新的联结。例如，"当成员给带领者打电话报告对小组的愤怒或不满时，带领者可以鼓励他们在小组中分享这种经历。通常，如果一个人感受到了这种断开联结的感觉，很可能其他成员中的一个或多个也会有类似的感觉，并与不满的感觉产生共鸣"（p. 10）。因此，当成员分享断开联结的感觉时，这些感觉会催生联结。

最后，"有关冲突"的悖论描述了在安全和接受不同现实的背景下管理冲突和保持愤怒的重要性。正如费代莱所指出的："看待愤怒的一种方法是把它看作是在强烈渴望联结的情况下对断开经历的反应。"（Fedele，1994，p. 11）

联结 费代莱（Fedele，1994）在描述关系理论的第二个主要结构"联结"时说：

> 带领者和成员的首要任务是增进一种联结感。在小组工作的关系模式中，带领者会小心地理解小组中的每一种互动、每一种动态，将其作为保持联结的主要手段或保持联结之外的策略。在人际治疗小组中，带领者通过理解和感同身受过去的经历，鼓励成员意识到他们在小组的此时此刻的关系中的可用性。但正是对联结的渴望，而不是与生俱来的分离或独立的需要，推动了他们在此时此刻和过去的发展。（p. 11）

600

601　　　**共鸣**　最后，第三个主要概念"共鸣"，断言"在愈合连接中体验痛苦的力量源于一个人与另一个人共振的能力"（Fedele，1994，p.14）。她认为，共振在小组工作中表现为两种方式：

> 首先是一个成员能够简单地与另一个成员在小组中的经历产生共鸣，并因为这种共鸣而体验到某种替代性的解脱。成员不需要在小组中讨论这个问题，但这种经历使她更接近于了解和分享自己的真相，而不必做出回应或阐明。另一种共振在小组中的表现方式是成员之间能够对彼此的问题产生共鸣，从而回忆或重新联系自己的问题。在所有小组中，这是小组过程的一个重要因素，但在有创伤史的女性小组中，这一点非常明显。通常，当一个女人谈论痛苦的东西时，另一个女人会安慰。这是小组工作的一个强有力的方面，如果承认，小组工作可以帮助妇女建立联系。如果妇女被击败或感动，也会造成问题。带领者需要通过帮助每个成员发展设法改善的技能和控制紧张情绪的技能来调节这种共鸣。（p.14）

这一理论的许多结构，尤其是其对小组工作的影响，与本书提出的互助框架非常吻合。对共振过程的描述与对"同舟共济"现象的动力学过程的描述非常相似。另一个例子是，琳达·斯弛勒（Schiller，1993）能够利用自我关系框架重新思考一个被称为波士顿模式的经典小组发展理论（Garland et al.，1965），使之适应女性主义视角。当我们在第十七章讨论女权主义小组实践时，我们将回到对性别相关模式的讨论。来自斯通中心出版物的更多最新见解将被分享，这些见解提出了关于这一模式是否适合所有妇女小组的问题，因为最初的观察对象主要是白人和中产阶层。

癌症妇女支持小组

实务要点：在下面的例子中，在一个以社区为基础的癌症妇女支持小组中，我们可以使用关系模式来解释随着时间推移的互动模式。我们在每一次的工作中都会看到悖论、联结和共鸣的例子。

成员：来自不同种族和社会经济背景的四名 45～58 岁的白人妇女。她们都被诊断出患有乳腺癌，要么正在治疗中，要么刚刚结束治疗。

记录日期：11 月 14 日至 12 月 5 日

小组任务：满足个体需求

问题描述：这个小组的任务是让成员们互相联系，寻找与癌症诊断相关的痛苦问题的支持。特别是一位成员似乎在向小组表达痛苦和愤怒。我开始意识到的问题是，这位成员对她的癌症诊断充满了情绪。她通过投射到小组成员和医务人员身上的愤怒

602　和不信任来表达她的情绪。我怀疑所有成员在某种程度上都有类似的感受，但无法认识到这些感受与她们的疾病有关。我和我的共同带领者发现我们面临两个问题：

（1）我们需要找到适当的方法来处理愤怒的成员或似乎是偏差成员的情绪，以了解潜在的信息；（2）我们需要帮助整个小组自由表达和处理她们的痛苦感受，而不是

让这个个体成员承担责任。

这个问题是如何引起带领者注意的：通过交谈和讲述个人故事，从小组一开始，这个女人就明显地对一般人不信任。我最初怀疑她是一个在她一生中都没有发现值得信任的人的人。在第二次会谈后，我开始怀疑这种性格是否与她最近的癌症诊断也有关系。她给我的共同带领者打电话，表示希望退出这个小组，因为她"处理（她）疾病的方式与其他成员的方式截然相反"。

这时，她还特别提到了一位成员的名字。虽然她继续参加，但很明显她带着愤怒，特别是对她点名的成员。每当这个女人说话时，她都会翻白眼或低声咕哝什么。其他成员不认可这一点，也不认可行为所针对的女人。

工作总结：

第一次会谈

在简单的介绍之后，我讨论了保密性的问题与小组的规则和宗旨："这是一个乳腺癌妇女的支持小组。它是在肿瘤门诊的要求下创建的，我希望它能成为一个安全的地方，让她们分享自己的经历和对疾病的感受，同时也是一个她们可以互相学习的地方。"然后，我的共同带领者说，她也希望把这里变成一个安全的地方，让女人们分享她们的故事，然后她邀请每个人谈谈自己的经历。

每个成员都讲述了自己的故事，讲述了自己的经历。我注意到，没有一个女人带着很多情感来讲述她们的故事，只是对她们的经历进行描述性说明。然而，有一个叫琼的女人在叙述中确实很引人注目。她表示不信任医疗系统，并说，到目前为止，她还没有发现任何医生或护士带来帮助。"我自己做研究和阅读。我不能指望他们给我答案。他们在一眨眼的工夫内进进出出。"另一位名叫朱迪的女士补充说，她过去也有类似的经历，最后换了医生。琼朝向朱迪，为不能换医生找了个借口，厉声说："我只是应付而已。"

实务要点：如果我们把小组讨论看作一个动态系统，每个成员都扮演着一个角色，那么琼的行为就可以理解为她不经意间引发了她们都经历过的与诊断相关的情感，以及她们是否能信任医生的潜在担忧。这对共同带领者来说是一个困难的问题，因为他们必须涉及医务人员，而且对给医生的负面评论一定感到有些不舒服。这一点显而易见，因为他们没有在这个问题上取得进展。

当每个女人都和这个小组分享了信息后，我的共同带领者问她们是否有人曾经参加过小组。只有一名妇女先前参加过小组，她谈到了该小组的每个成员是如何死亡的。房间里一片寂静。我没有让安静的气氛蔓延，然后说出它的意义，而是问这个女人，开始另一个小组是什么感觉。她说，这有点可怕，并补充说："但我们必须继续下去。我们别无选择。"然后我问其他成员，听到她谈论另一个小组是什么感觉。

　　她们都说这对她来说一定是一次可怕的经历。我的共同带领者问："这会让你们开始考虑自己的死亡吗？"有几个成员说，她们并没有考虑太多，琼说，这确实让她想了想，但仅此而已。我和我的共同带领者没有就此提出异议，而是让谈话回到了一开始，成员们告诉芭芭拉，要成为这个小组的一员一定很难。琼再次给了我们一个机会，让我们认识到她真的很想在小组里工作。首先，她提出了愤怒问题，然后她承认想到了死亡。这两个问题对这个小组的所有成员来说都是非常现实和痛苦的问题。我们没能理解她的意愿。

　　随着共同带领者总结她所听到的女性经历中的共同点，我们结束了会谈。死亡和愤怒没有被提及。我们都感谢她们来参加这个小组。

　　实务要点：琼在提出问题的同时，又似乎利用自己的愤怒——例如她对朱迪做出愤怒的回应——将人们推开，从而展示了关系模式中的基本悖论，即渴望联系的同时又努力保持不联系，以此保护自己不受伤害。共同带领者通过在总结中不提死亡和愤怒的方式强化了小组中的禁忌。在下一次会谈中，我们看到带领者们试图鼓励联系和共鸣，因为琼提到了处理自己的癌症和照顾他人是多么困难。这一次，朱迪在回应琼的情感陈述时表现出了断开联结的行为，她转向了理智的讨论。

第二次会谈

　　我们要求每个成员做一个简短的介绍，以便每个人都能了解其他成员的情况。琼最后一个介绍，她指出了这样一个情况：她女儿当时正在接受化疗，而她自己目前正在照顾一个抑郁的朋友。成员们因为找到共同点而展开了讨论。原来，她们每个人都在照顾年迈的父母。因此，所有这些妇女应对自己疾病的同时都扮演了照顾者的角色。我问："不仅要担心自己的健康和日常生活能力，还要担心照顾别人，这是什么感觉？"芭芭拉说："你必须做你该做的。"每个人都同意。

　　然后朱迪开始改变话题，谈论在她不照顾母亲的时候，她是如何致力于一项研究烟草和癌症相关问题的提案的。她想知道其他女人是否有兴趣帮助她。芭芭拉和盖尔问起这件事，琼静静地坐着，显得有些恼火。我和我的共同带领者都没说什么。当时我没有意识到，这是朱迪逃避处理痛苦情绪的方式，也是小组处理问题的方式，以及琼默默请求做了这项工作。

　　实务要点：通常情况下，成员会为带领者提供另一个解决实际问题的机会。琼认为小组是一个由成员扮演各种角色的动态系统，实际上，她试图通过情感的表达使小组更深入地投入工作中，尽管愤怒掩盖了她的痛苦。朱迪提醒每个人，包括带领者，在远离痛苦话题的情况下很难去谈论它。这一次，带领者们讨论了这个过程，但没有说出成员的名字，也没有确定她们所扮演的角色。

　　女人们继续谈论她们自己在保持忙碌方面所做的努力，然后琼插嘴说："由于我接受了大量的化疗，我一直无法回去工作。我很难照顾别人和我自己。"朱迪回应说，她知道自己的感受，因为她希望自己有更多的时间来完成她的提案。她接着谈到了起草一份提案需要多长时间。琼翻了翻白眼。其他成员似乎又掉进朱迪的圈套。

我的共同带领者说："我注意到这个小组把注意力从似乎给你们每个人带来痛苦情绪的问题上转移了出来。你注意到了吗，桑德拉？其他人注意到了吗？"盖尔问她是什么意思。她解释说，无论何时，当这个小组工作接近不得不分享经历或"现实"对她们的影响时，她们似乎转向谈论不那么情绪化的话题。她接着说："我想知道为什么会这样。"

在这里，我们开始指出该小组在解决痛苦问题方面正在建立的模式。我们没有做到的是意识到和使用琼在小组中的经历，将其作为一种方式来命名成员避免讨论的痛苦的感觉。盖尔说她没有注意到这一点。朱迪和芭芭拉说她们也没有注意到。她们每个人都露出尴尬的微笑。琼不愿看这群人，她只是重重地叹了口气，让大家都看着她。没人说什么。

实务要点：在关系理论框架中，作者描述了控制联结和共鸣的重要性，并牢记成员可能会被情绪"淹没"。朱迪和琼可能在用不同的方式表达感受，模式会敦促带领者帮助每个成员发展"管理和控制"强烈情感的技能。虽然带领者敦促琼做出回应，但她们仍然避免表达愤怒，这仍然是小组的禁忌。避免讨论困难的议题是小组的一个问题，朱迪和琼只是表现出在这个问题上想要联结，同时又想要避开它们的矛盾心理。

芭芭拉说，这里变得多么安静。这打破了安静，其他成员开始承认，她们"可能"一直在回避令人痛苦的问题。琼仍然静静地坐着。我说她已经安静了一段时间了，我们的时间不多了。我想知道她是否想和小组分享什么。她说不。我的共同带领者询问她认为她的安静意味着什么。她非常生气地说，有时"只是不说话"更容易些。然后，小组开始询问，说她们在一起是为了互相帮助，如果她们能帮助琼，她们愿意提供帮助。琼只是摇了摇头，说她很好。我们再次避免提起当时的愤怒。也许我们（我的共同带领者和我）不想处理它？

然后这个小组开始讨论化疗的一些副作用。朱迪是小组里唯一一个没有头发的人。她表达了对没有头发的感觉："它会长回来的。"其他人谈到头发变薄和她们知道的其他副作用。琼最低限度地参与了谈话。我们仍然忽视了她偏离小组规范的可能意义。

实务要点：琼关于想退出小组的决定很符合关系模式中的另一个悖论，在这个悖论中，分享断开联结的过程会催生新的联结。带领者鼓励琼把她关心的问题带到小组中，以此来建立她既渴望又抗拒的联结。

回想起来，我认为我们错过的是，琼代表了这个小组面对痛苦问题时的矛盾心态。此外，我们没有真正注意到朱迪对她，也可能对其他成员意味着什么。朱迪是唯一一个完成化疗或放疗的人，她是聪明人（或逃离的发起人），她的秃头提醒着小组中的其他人可能会发生什么，她正在重新开始她曾经搁置的工作和生活的其他部分。与朱迪不同的是，其他成员仍然面临许多不确定性。在成员描述其他形式的帮助后，带领者通过直接询问谁提供情感支持来提出共情的工作要求。

第三次会谈

通过让每个成员签到的方式，小组会谈继续进行。琼看上去比我预料的要高兴一些。芭芭拉从小就对照顾母亲和自己感到疲惫。这开启了一场关于她们如何支持他人的讨论。我问小组成员："谁支持你们？"朱迪开始谈论她的朋友们过去在她生病治疗时是如何为她提供交通和饮食的。其他人也分享了她们的"支持"故事。我最后说，她们刚才谈到的支持是具体需求的支持，例如食物、交通等。然后我问是谁给了她们情感上的支持。房间里一片寂静。朱迪开始变得理智起来。琼转了转眼睛，摇了摇头。我指出她们是在"重蹈覆辙"，这指的是她们逃避痛苦问题的既定模式。

除了琼，其他人都尴尬地笑了。我对她们说，除了琼，每个人都在微笑，我想知道她们真正的感受是什么。她们安静了。我说我想她们很难在这里谈论她们的疾病，尤其是当她们还在治疗的时候。我的共同带领者借此机会询问小组，有一名成员已经结束了治疗，而她们仍然在接受治疗，这是什么感觉。琼保持安静。盖尔泪流满面，开始滔滔不绝地说，她"吓得屁滚尿流"，担心自己的头发会出什么问题，担心自己会病得多厉害，也担心化疗不会奏效。我说我刚才看到她比以前更激动。我说："你好像突然间感到悲伤、害怕和愤怒。"她泪流满面。

实务要点：在下面的摘录中，带领者最后与琼对质，并且当琼直接表达了愤怒时不让她逃开。

我看着泪流满面的琼。我的共同带领者问成员："你们每天都怎么处理这些情绪？"琼发出一种恼怒的声音。我的共同带领者问她那声音是什么意思。琼只是摇了摇头。共同带领者说盖尔的这些感受是可以理解的，她一直有这些感受很不容易。然后我利用这个机会把焦点缩小到愤怒上，因为这似乎是一种不止一个成员（盖尔和琼）在那一刻分享的情绪。

我最终选择了一个适当的时机来消除琼的愤怒，而不让她感到孤立无援。当我提到处理愤怒一定很困难，并问她们是如何处理的时候，琼马上开始说起她在医院里有多生气，以及她抑郁的朋友。讨论一直持续，直到盖尔说，她只是希望自己能回到生病前的状态。通过这次讨论，成员能够谈论她们的愤怒，她们都承认有这种情绪。她们承认这"可能"是因为她们"不幸"患有癌症，但没有人会就此给出明确的"是"。

那天小组会谈结束时，房间里有一种平静的感觉。回顾我在这次会谈中的记录，我们似乎做了大量的工作，克服了文献中提到的实务障碍。通过触及潜在的情感和非言语信息的含义，我们能够打开一些痛苦的领域，这些领域显然是小组对分享感到矛盾的地方。我们也能够把个人的问题（愤怒）作为一种共同的感觉让成员表达出来，而不是把它留给一个人。不过，有一件事没有解决，那就是琼对朱迪的愤怒。我想我们不敢碰这件事。

实务要点：到目前为止，这项工作一直在积累下一个强大的共同情感，琼每周都在间接地培养这种情感，她对"权力"的惊人评论将整个小组带到了问题的核心——她们的痛苦和无助感。

第四次会谈

小组照常以签到的形式开始。成员们分享了本周发生的一些事，其中两人服用了新药。一场关于副作用的讨论又开始了，这让琼开始讨论她对去看医生的愤怒，因为医生"几分钟之内进进出出很多次"。这时，芭芭拉对琼说："你好像对这个医生很生气。我希望你和她们在一起的经历没有那么可怕。如果你觉得你得到了很好的照顾，事情就简单多了。"大家开始讨论这个想法，琼坐下来倾听。她看上去没有生气，只是陷入很深的思考。我的共同带领者问她在想什么。琼说："我只是觉得我的生命掌握在它们手中。它们有所有的力量；癌症有力量，药物有力量，我什么也没有。"

成员第一次真正开始谈论自己对癌症诊断感到无助。在我们认识到并呼吁注意琼的非言语信息后，小组再次受益于琼将共同问题摆在首位的能力。此外，成员们开始对自己提出的问题感到满意。

实务总结：虽然带领者们已经认识到琼在小组中扮演着重要的角色，但他们没有看到朱迪也扮演着重要的角色。如果他们承认这种相互作用，琼对朱迪的直接和间接的愤怒表达，他们可能会发现琼对朱迪表达的部分愤怒，可能是她在以某种否定的形式生活时感觉的一部分。当别人的行为触动了我们内心的某个部分时，我们对他们最为愤怒。在一个从断开联结中产生联结和共鸣的例子中，正如关系模式所描述的那样，通过处理琼的愤怒情绪表面之下的和其他成员一样可能威胁生命的疾病，带领者们打开了一扇通向那些强烈的无助感的大门。

为什么带领者避免处理成员之间的愤怒　之前的例子说明了，有时小组带领者直接处理成员之间的愤怒是多么困难。在对人际关系的误解中，尤其是对小组的误解中，存在着这样一个观点：愤怒是消极的，是要避免的。愤怒是一种情绪，就像其他任何情绪一样，如果我们想了解潜在的情绪，就需要面对和处理它。一旦被避免，愤怒就会隐藏在表面之下，阻碍人们联结和共情。此外，如癌症妇女支持小组的例子所示，成员的愤怒之下是巨大的痛苦。

肯德勒（Kendler，2002）指出，对于带领者，特别是新手带领者，公开处理小组中的愤怒和冲突是非常困难的，他呼吁应有一个个人反省的过程，让小组带领者了解他们自己的恐惧。

再多的专业经验也无法完全消除带领者对解决小组冲突的恐惧。尽管如此，一个小组是否可以在促进个人成长和发展成员互助方面具有独特潜力和力量，取决于带领者在这方面的能力和技巧。

有的带领者需要有意识地努力克服自己的恐惧，即使在多年的小组工作经验之后也要努力克服。小组带领者的时间和经验肯定会逐渐帮助带领者克服对冲突的厌恶，从而磨炼他们的技巧和干预措施。但是，光靠时间和经验还不足以使带领者达到将冲突视为小组活动中的一种积极力量的意识和专业水平。(pp. 25-26)

608

在培养他们处理小组冲突的技巧的过程中，我观察到带领者通常首先在处理与权威主题相关的冲突和对自己作为带领者的愤怒上获得某种程度的安慰。只有在一些亲密主题上，他们才能更好地解决成员之间的冲突和愤怒。肯德勒（Kendler，2002）提出了解决小组冲突的五项建议：

（1）在成员尚未到达冲突的核心之前，不要过早地切断对抗；（2）不要让对抗持续太久，以致成员相互诋毁，或者到了默不作声地观察冲突的不参与的成员不再能够容忍冲突存在的地步；（3）同情并验证每个成员的感受；（4）指出小组中的共同点；（5）指出小组的总体目标。(p. 26)

当然，这仍然给小组带领者留下了是否可以以及如何面对或管理此类冲突问题的时间。我将在第十七章回到这个问题，讨论如何处理创伤后压力小组，以及这个作者在带领的纽约人应对2001年9月11日世贸中心恐怖袭击事件的一个小组中是如何回答这些问题的。

关于成员在处理两项主要发展任务（与带领者的关系和成员之间的关系）时所面临的困难的描述涉及一项更一般的任务，即培养工作文化。在下一节中，我将更详细地探讨小组文化问题。

培养工作文化

迄今为止，在人类学/社会学意义上使用了小组文化一词，特别强调小组规范、禁忌、行为规则和角色。在这一章的前面我对角色的概念做了一些详细的阐述，所以我将在这里重点介绍规范和禁忌。

规范与禁忌

黑尔（Hare，1962）将小组规范定义为被成员视为合法的行为规则或适当的行为方式。规范规定了成员所期望的行为类型。这些要求成员遵守的行为规则或标准在很大程度上源于小组为自己设定的目标，规范定义了实现这些目标所必需的或一致的行为类型（p. 24）。

禁忌通常与原始部落联系在一起，他们制定了神圣的禁令，使某些人或行为不可触碰或不可提及。正如我所讨论的，现代文化中的"禁忌"一词是指与习俗或传统有关的社会禁忌。规范和禁忌是密切相关的，例如，一个小组的规范可能是制定特定对象禁忌的传统。

随着小组的形成，每个成员都会给小组的微观社会带来一套强有力的行为模式和对禁忌领域的认同。因此，该小组的早期文化反映了成员的外部文化。正如黑尔（Hare，1962）所指出的，一个小组的规范应该与实现其目标所必需的规范相一致。然而，问题是我们的社会规范和普遍遵守的禁忌常常给小组中的生产性工作造成障碍。如前所述，与讨论死亡相关的禁忌可能会阻碍癌症支持小组的生产性工作。一个主要的小组任务是制定一套新的规范，从而使成员能够自由地处理以前的禁忌话题。

609

我们已经解决了帮助成员发展工作文化的问题。例如，在我们的文化中，权威和依赖通常是禁忌话题，我们不会随意谈论我们对这两者的感受。多年来在课堂上的经历教会我们不要挑战权威，并提醒我们，如果我们在同龄人面前承认对权威人士的依赖感，会产生危险。本章前面对权威和亲密主题的讨论描述了带领者帮助小组讨论这些禁忌领域并制定一套新的更有成效的规范的努力。这一努力既不是为了改变社会规范，也不是为了驱除禁忌。许多行为模式有充分的依据，许多禁忌在我们的生活中有适当的位置。相反，这项工作的重点是在小组内部建立一种新的文化，但仅限于小组有效运作所需的文化。将这种经验转移到小组之外可能是适当的，也可能是不适当的。

例如，夫妻小组的成员必须处理禁止公开讨论性这一禁忌，而性是小组工作的一个关键领域。小组的坦率的讨论使夫妻可以在会谈之外发展更开放的沟通。他们婚姻文化的这种变化对他们来说很重要，因此是适当的学习转移。另外，如果夫妻利用他们新获得的自由在附近的鸡尾酒会上讨论性功能的问题，他们可能会很快发现同辈压力的力量（或者被邀请参加更多的聚会）。为了说明带领者在帮助小组完成重要任务方面的功能，我将考察带领者为发展小组文化所做的一些努力。然后，我将考察种族对小组文化的影响。本节使用拜昂（Bion，1961）概述的小组理论来再次说明实践者可以如何利用文献来构建自己的小组功能模式。熟悉最新关于情绪和小组表述的读者会再次认识到，它们植根于拜昂早期具有创新性的工作。

拜昂的情感理论

拜昂（Bion，1961）可以帮助解释处理情绪的困难，情绪是小组的共同特征。他的工作基于对带领者的心理治疗小组的观察，在这些小组中，他扮演着解释成员行为的相对被动的角色。再一次，与早期的理论一样，他的模式中的一些元素是特别针对这类小组的，而其他方面则很适合推广。

拜昂理论的中心思想是工作小组，它由与小组任务相关的心理活动组成。当工作小组运作时，可以看到成员将他们的想法和感受转化为适应现实的行动。例如，在本章前面描述的一个针对多动症儿童家长的小组的例子中，工作小组在工作时，成员们诚实地讲述了他们内心深处痛苦的情感。正如拜昂所描述的，工作小组代表了一个"先进的"小组运作水平。在刚刚描述的癌症患者的小组中，成员们对治疗的恐惧、愤怒和无助感的坦诚讨论，都代表了拜昂所说的工作小组的实际行动。

610

值得注意的是，当拜昂描述工作小组时，他并不是在谈论工作小组中的一个子小组，甚至不是一个分裂的小组。这是对他的理论的普遍误解。他所说的工作小组和下文所述的其他"基本假设组"的意思是，成员的行为就好像根据基本假设而一起工作或避免工作。因此之后，当我描述拜昂的"基本假设依赖组"时，指的仍然是同一组人；然而，他们的行为现在看起来好像他们走到一起不是为了工作，而是依赖于带领者的基本假设行事。正如我们在前面的例子中所看到的那样，小组会谈可以以工作小组的形式开始，但是，当一种困难的情绪产生时，小组立刻变成依赖性小组，寻求带领者来帮助他们解决痛苦。在前面的例子中，多动症儿童的母亲恳求带领者让他们振作起来，这便是拜昂所描述的行动中的依赖性小组的一个例子。

拜昂认为，大多数小组都是从一种更"原始"的文化开始的，在这种文化中他们拒绝处理痛苦的情绪。因此，小组发展是避免成长的痛苦的原始本能与变得更加成熟并处理感受之间的挣扎。小组早期的原始文化反映了我们大社会的原始文化，在这种文化中，人们避免直接和公开地表达感受。

在下面的一个家长小组的例子中，带领者描述了这个问题是如何引起她的注意的，指出了当这个小组开始讨论肤浅的问题时，更痛苦的话题是如何被忽略的。这符合拜昂的一个关键思想。他认为，工作小组可能会受到阻碍，然后转移注意力，有时还会得到经历强烈情感驱动的成员的帮助。他的术语"基本假设组"指的是这样一种观点，即成员的行为似乎是由一个关于小组的目的的共同的基本假设（而不是所表达的小组目标）所激励的。

战斗-逃离基本假设组：避免困难的讨论　拜昂确定的三个基本假设组之一是战斗-逃离小组。在一个原始小组中，当工作小组接近痛苦的感觉时，成员们会在一个瞬间无意识的过程中团结起来，形成一个战斗-逃离小组，其基本假设是小组目标是通过回避来避免与工作过程相关的痛苦（即话题从痛苦的地方立即改变；用幽默来冲淡问题）或争吵（即在小组中形成的从情感层面到理智层面的争论）。拜昂从个体心理学和生物学中提取了一个概念，即内在的对危险的战斗-逃离反应，并将其应用于这个被称为小组的有机体。这很可能是一种无意识的反应，成员不知道他们是如何避免困难的工作的。例如，我们在上一章中看到，就在困难即将出现时，一群人中的"小丑"是如何使用幽默分散注意力的。

611

当目标对象突然对危险产生战斗-逃离反应时，这一过程在小组语境中与个案工作中注意到的矛盾心理相似，即通过改变主题来表达抗拒。拜昂处理这一问题的策略是让小组关注行为，努力教育小组，使其能够在更复杂的层面上发挥作用。下一个例子说明了这个过程。在阅读例子时，应该关注以下几点：

- 每当讨论到令人痛苦的问题时，小组以何种方式进入拜昂的战斗-逃离模式；
- 带领者指出这一点的重要性；
- 带领者的同理心表达为提出工作要求奠定基础（也称为促进性对抗）；
- 带领者努力提出工作要求，以解决根本问题。

多动症儿童的父母：接受困难的感觉　第一个错觉是带领者努力帮助多动症儿童的父母分享他们对孩子问题的痛苦和愤怒的感觉。这是前面提到的同一个小组，说明成员需要处理因工作需要而产生的感受。

问题描述：成员们发现很难谈论自己对多动症儿童的感受。相反，他们持续关注其他人，如老师、邻居、丈夫和亲戚对孩子的感受。尽管他们不愿意关注自己的感受，但他们偶尔会给我一些线索，表明这是他们潜在的担忧，而且，由于这也是契约的一部分，我觉得我们必须探索他们的感受，并对其进行处理。

这个问题是如何引起带领者注意的：在最初的几次会谈中，成员们持续谈论这个小组对他们来说有多么重要，因为它给了他们一个机会，让他们聚在一起讨论他们与多动症儿童有关的问题，并获得彼此的支持。感觉是没有人了解他们的感受以及他们正在经历什么，甚至他们的丈夫或妻子也不了解。每当他们开始谈论自己的感受时，他们都会转而讨论药物、学校等，换句话说，讨论更加安全的话题。然而，成员们总是以不同的方式提出需要谈论他们的感受。这一模式始于第二次会谈，当时一位成员提出了早期情感剥夺导致的多动症问题。这群人浅尝辄止地触及了这个问题，但放弃了这个话题，转向安全的东西。随着我对成员们的逃离模式越来越清楚，我可以帮助他们理解他们在做什么，从而帮助他们处理自己的感受。

实务要点：当我回到带领者在这个问题上的服务记录时，我们会看到，她早期的努力是有系统地鼓励表达感情，并用自己的感情承认这些，试图建立一种工作关系。随着使用逃离模式，或者用拜昂的话来说，随着战斗-逃离基本假设组的出现，带领者发展了利用这种工作关系来指出回避的模式并提出工作要求。

第三次会谈

612

我听取了成员们的发言，并鼓励他们谈谈对多动症儿童的感受。玛丽莲告诉我们，自从她开始参加会谈以来，她注意到她对过于活跃的儿子改变了态度，现在他对她的反应更积极了。她一直认为他是个正常的孩子，但是他却不能像正常的孩子那样做出反应，这使她很沮丧。事实上，她已经为他设定了他无法达到的期望。我鼓励她继续谈论她对他的感情。她说她认为她真的不能接受他过度活跃的事实，但在会谈后，她开始接受这个事实。我问她现在感觉如何。她说感觉好些了，然而伤痛还在。

实务要点：到第五次会谈时，小组已经接近讨论一些更困难的潜在感受；然而，每次他们接近时，他们都使用逃离模式来避免痛苦。这些父母所体验到的一些感受与他们期望的自己的感受背道而驰，以至于他们很难向其他人甚至自己承认这种感受。在第一次会谈期间，带领者通过努力理解体验对成员的意义，建立了一个信任储备库。

在下面的摘录中，她利用了信任储备库，并通过指出成员的逃离模式提出工作要求。即使她这样做，她也试图表达对小组在满足需求方面所经历的困难的同理心。

第五次会谈

这个小组有时会了解他们的感受，我试图对他们提出工作要求，也就是说，坚持主题，真正谈论他们的感受。我指出了他们潜在的愤怒，不允许他们逃跑。贝蒂又开始谈论乔治和学校，其他人都非常支持，提供了具体的帮助。她表达了对学校的愤怒，但也谈到了乔治和他如何不适应——他不能阅读和应付课程，而且他不在乎。我发现她有些愤怒是冲着他来的，我问贝蒂此时对乔治有什么感觉。她说她同情他。我不知道贝蒂是不是也有这种感觉——乔治给她惹了那么多麻烦，让她那么生气。米尔德雷德也认为，她的反应很消极。

实务要点：带领者将同理心和需求结合起来，这是一种促进性的对抗，有助于小组改变文化，并创建一种新的规范，在这种规范中，即使他们感觉到的是不合理的，他们也不会因为他们的感受而受到严厉的评判。当他们表达对孩子的愤怒情绪时，成员的信任度和开放度提高到了一个新的水平。在带领者的帮助下，他们描述了自己想"杀死"孩子的时刻，在她温和的催促下，他们探索了自己如何面对一个"不完美的孩子"，以此来觉察自己是个坏父亲或母亲。这种态度反过来又影响了孩子们被父母接受的感觉，这有时会导致孩子们进一步表现出来。理解和接受这些感受是打破这种恶性循环的第一步。带领者在会谈结束时的评论承认了讨论中的重要变化：我意识到谈论他们的感受是多么困难，他们是多么痛苦。

613　　我把工作归功于成员们的努力，并试图在他们中间吐露我理解的感觉。丹尼斯一直在谈论自己对儿子的感情，她的感情似乎得到了很好的控制。她说她很敏感，很难谈论这个问题。我说也许她正在说的是她也有其他人提及的感觉，但是她发现它们难以被讨论。其他人说很难谈论他们的担忧，很难承认这些孩子和其他人不一样，想为他们感到骄傲却不能。

我同意他们一天 24 小时都在这种情况下生活很艰难，他们对这些孩子有感情。成员们讨论了他们受到亲戚们的多大批评，非常不安。我说，人们只是不知道做这样一个孩子的母亲是什么感觉，而且他们也没有感受到父母所感受到的痛苦和挫折。说完我等了一会——一片寂静。我注意到我们的时间早就到了，我说他们做了一些非常艰苦的工作。像今天这样交谈，分享他们对孩子的沮丧和敌意，我想知道他们现在的感受。玛丽莲说她不可能什么都懂，我试着让成员去思考和尝试新的东西，我也让玛丽莲以不同的方式看待事情。我说他们这么做不容易，我知道，我经常感觉到他们的痛苦。

实务总结：我们已经在前面的摘录中看到，带领者需要知道如何帮助这个小组表达自己的愤怒，以回应工作要求。拜昂可能会把这些沟通作为战斗-逃离小组的逃离反应模式的例子。另一个基本假设组，如拜昂所描述的是依赖组。在依赖组中，小组似乎是由带领者支持的。这是工作小组回避的另一种形式，它在之前的工作摘录中已被说明，在依赖组中，工作小组希望带领者"让他们振作起来"。拜昂理论中的第三个也是最后一个基本假设组是配对组。这个小组经常通过两个成员——"一对"之间的对话，通过讨论一些未来的重大事件来避免工作的痛苦，这些重大事件可能是发现一种新的药物或程序，将治愈病人。另一个例子是有人或组织来解决问题。这组"新药"或"外部专家"的讨论可能会为他们的问题提供解决方案，这是配对组在行动中的一个例子。

拜昂的情绪理论、他对工作小组的概念和三个基本假设组（依赖组、战斗-逃离组、配对组），植根于一个小组无意识的想法——即使没有成员的意识也能行动。我们不必了解模式中精神分析的核心概念，就能观察到他所描述的过程。我们在这本书中看到过这样的例子：当讨论痛苦的问题时，成员之间发生争论（战斗）或无法集中注意力（逃离）。我们已经看到许多例子，成员希望带领者能够帮助他们解决问题（依赖），这样他们就不必处理相关的感受。在前面的例子中，我们也看到了两个成员（配对）谈论一种新的神奇药物可能改变他们的孩子，使他们的孩子可以是"正常的"。拜昂的作品往往是难懂的、复杂的，然而，这些基本概念可以帮助我"看到"和理解这个被称为小组的有机体以及许多处理或避免处理情绪的方式。

614

帮助成员形成工作结构

随着小组的发展，它需要创建一个工作结构：成员为促进小组工作而确定的正式和非正式规则、角色、沟通模式、仪式和程序。有些规则是由机构或主办机构制定的，不受成员的控制。有时，当冲突持续时，小组带领者可能会试图帮助小组改变规则。在其他情况下，规则来自成员本身。下面的例子说明了这个过程。

成瘾青年康复小组　在下面的例子中，一个成瘾青年康复小组的成员提出了带孩子参加小组会谈的问题。结构问题是该服务对象以及带领者对小组需要机构额外支持的问题。

在一家医院的酒精和药物门诊部有一个成瘾青年康复小组，这个小组的目的是让成员们在清醒的生活方式中互相学习和支持。第一次会谈有两男两女，最多可以再增加四名成员。成员的年龄从 19 岁到 27 岁不等。两个女人是黑人，一个男人是黑人，另一个是白人。带领者是白人，其中一个是门诊部的咨询师。

实务要点：尽管机构已经向服务对象解释过规则，但带领者还是决定在会谈中提出这个问题，希望得到服务对象的支持。注意带领者如何解释机构的立场，然后向成员征求他们对此事的意见。

我们刚复习完小组规则，成员都很安静。贝丝（我的共同带领者）问成员是否想增加更多的规则。沉默了一会儿，阿曼达对贝丝说："你知道我想要什么规则吗？"贝丝点点头，说也许阿曼达可以向大家解释她的意思。阿曼达回头对大家说，她有一个三个月大的孩子，她希望尽快把孩子从社会服务部门接回来。她不确定能不能找到一个她信任的人来照看孩子。这是她的第一个孩子，她和孩子分开太久了，她不想离开孩子。她说当她在小组里的时候，她会担心孩子，她在小组前的面谈中问过贝丝带孩子是否合适，但我们（贝丝和我）告诉她不能带孩子。阿曼达看着贝丝。

615

贝丝说，传统上，门诊部没有太多女性服务对象，而且这个问题在门诊部以前也没有出现过，所以她没有马上给阿曼达一个答案，而是和其他工作人员谈过后，说让孩子在小组里可能会造成混乱和分心。阿曼达仍在和贝丝说话，她说孩子可能大部分时间都在睡觉。贝丝说问题是孩子不会一直是三个月大。贝丝说，也许珍（另一位成员）对这个问题有一些想法。阿曼达转向珍。珍笑着说，她还记得女儿和儿子小时候的情景，她从来没有想过离开他们。她说，离开宝宝很难，但如果房间里有宝宝，即使宝宝睡着了也很难忽视他们，因为宝宝太可爱了，总想抱他们，或者和他们一起玩，或者抚摸他们，所以在小组里有宝宝可能会引起混乱。

实务要点：注意其他成员的支持性评论以及他们对阿曼达需求的关注如何更容易让她听到。她还通过这一要求提出了修改规则的一些其他潜在问题。其中包括：

- 我真的是个好妈妈，很关心孩子。
- 我想让社会服务部门在我的孩子回来后让我留下他。
- 我很难同时满足自己和孩子的需求。

阿曼达似乎深思熟虑地接受了这个评论，然后她转向利奥和赫伯说："你们觉得怎么样？"沉默了一会儿后，利奥说自己没有孩子，但他对孩子和老人有好感。他说，他知道为什么阿曼达很难离开她的孩子，阿曼达似乎处在一个两难境地：如果她带着孩子可能会分散她和其他人的注意力；如果她不带孩子，也可能会分散她的注意力，因为她会想着她的孩子。阿曼达花点时间关注自己的康复是很重要的，把孩子带到小组里可能会妨碍她的康复，也会分散她的注意力。

阿曼达似乎对此很满意，于是转向赫伯，赫伯说他基本上同意利奥的观点。赫伯说，他非常喜欢孩子，但他认为孩子可能会分散注意力，让阿曼达花时间集中在自己身上会有好处。阿曼达说，她能理解每个人的观点，她仍然觉得自己不想离开自己的孩子，但她会尽最大努力找一个保姆。利奥建议，也许阿曼达现在还不应该太激动，因为她还需要几个星期才能把孩子抱回来，也许从现在到那时会有一个解决办法。最后，他说了一句"别着急"，赫伯和珍很快又跟着喊了两个"匿名酗酒者"的口号。包括阿曼达在内的所有人都笑了起来。然后是短暂的沉默。

实务要点：带领者提出下一次干预有两个服务对象：小组成员和机构。阿曼达的冲突引发了一个问题，即机构对有类似问题的服务对象的支持。这位带领者对自己的角色有着明确的认识，因此她说她将继续与该机构商讨是否需要额外的支持。 *616*

我同意利奥的观点，并说这个问题出现是好事，因为这个问题是第一次出现，但肯定不会是最后一次。我说，我认为这表明门诊部的服务还有缺口，这是贝丝和我可以进一步探讨的问题，看看我们是否能找到解决问题的办法。成员们点了点头。贝丝说，医院白天有婴儿照顾服务，但晚上的服务显然还有缺口。阿曼达说她不了解白天的服务，但是晚上不提供服务让她很生气。她说，如果有人来看护自己的孩子，可能会有更多的女性来门诊部。其他成员同意。贝丝说也许可以解决一些问题，比如合作照看孩子，她问我是否可以在周一早上的工作人员会谈中提出来，因为她周一不在。我说一定会的，我会告诉他们发生了什么。

实务总结：规则的讨论经常会给服务对象带来很多问题，在这种情况下，阿曼达关心的是如何关怀她的孩子，而不是再次把孩子送到儿童福利机构。在阿曼达把她的孩子带来的问题上，带领者仍然负责执行机构的政策。在这个例子中，带领者让其他成员参与到规则的讨论中。最重要的是，带领者对服务对象和系统之间的中介角色的感觉使她立即开始识别潜在的系统的工作，以解决提供儿童保育资源的问题，这样成员就可以放心地参加小组，而不必担心孩子的照顾问题。这与本案中两个服务对象的观念是一致的，即成员是第一个服务对象，机构及其政策作为第二个服务对象。成员可能间接提出另一个问题，即对她的生活需求的担心，这源于她作为母亲的责任，带领者提供了一个如何整合过程和内容的例子。通过把孩子带到小组中，服务对象可能会间接地说："看看我要同时照顾好自己的生活和孩子有多难。"带领者可能还想把这作为阿曼达和其他成员关注的主题。

帮助成员协商环境

迄今为止，讨论的重点是小组的内部任务。然而，一个小组并不会存在于真空中，而是存在于一个机构、一所学校或一个社区中。当我探索协商环境的小组任务时，我将使用开放社会系统这个术语。这个词用来表示这个小组与其周围环境之间的界限并不固定。事 *617*

实上，小组的活动会对小组与环境的关系产生一定的影响。反过来，与环境的互动也将对小组的内部运行产生影响。在本节中，我将探讨这个额外的小组任务：协商环境。

除了关于订立契约的那一章之外，我一直在讨论小组，就好像它与外部世界隔绝一样。在订立契约一章中，我着重于在场所服务和成员需求之间找到共同基础。小组与其外部系统之间的联系一直存在，这是小组必须关注的现实之一。本节讨论小组和环境相互作用的两个方面。首先，讨论小组与环境在相互的义务和期望方面的关系。下面这个例子来自一个社区中心，这是我在第一次实地实习中带领的活动小组。我将此作为例子，告诉读者，作为这本书的作者，我是如何从开始学习"小组工作"的错误中吸取教训的，无论一开始学习看起来多么困难，我也希望读者怀着希望。

青少年：社区中心的宣泄行为　社区中心这个例子涉及我之前在小组内部带领者的讨论中所描述的青少年俱乐部。背景是一个中产阶层社区 YM & YWHA（希伯来青年男女协会），这个小组在中心有着很长的历史。一天晚上，我正在大楼里做过程录音，准备接受督导，一位员工督导员告诉我"让你小组的孩子们安静点"，因为他们在游戏室里打闹。他显然对他们很生气。

我的第一反应是惊慌失措；我一直在努力战胜艰难的开端，试图挽回我早先施加的限制和建立我的权威的错误。我刚刚在这项努力中取得了一些进展，并将这种对抗视为一种潜在的倒退。当我向督导员解释时，他的反应是："怎么了？你在设定限制和使用你的权威方面有困难吗？"正如所有接受培训的学生所知，督导员询问的"问题"会引起强烈的反应。我决定直面督导员给我的责任，然后去战斗，我知道这将是一场意志之战。对我所做的事感到不安只会让我变得更坚强。

我发现那些家伙在大厅里跑来跑去，尖叫着，我大声叫他们"停下来"。他们放慢了脚步，我对他们说："听着，如果你们不停下来，我就把你们扔出大楼。"我接着说："不管怎样，这是什么样的行为？你们知道的还不止这些。我以为我和你们在一起，但我想我错了。"我的话似乎是一种额外的催化剂，我发现自己在大楼里追着他们，一个接一个，然后送他们出去。

618　　我的错误是自然的。当时我不清楚偏差行为是一种沟通的概念，所以我没有尝试找出他们如此激动的原因。即使我已经很清楚了，我在功能上的混乱也会使我无法有效地处理它们。如今如果面对同样的情况，我会向我的督导员更清楚地解释我的职能角色，建议由我和孩子们谈谈，看看发生了什么事，试着让他们长时间冷静下来，以便和督导员谈谈大楼里发生了什么以及为什么。如果我不成功，那么督导员可以把小组成员们赶到外面，我会让他们了解发生了什么事，并找到一种更有效的方法来回应 Y，因为他们也希望被接纳。Y 关心这个小组的行为，也为对这个小组和 Y 之间的关系的改善提供了机会。

我并不是说永远不会有一个时候，我觉得有义务限制男孩，并代表机构或社会行事。在我们在一起的时间里，会有很多这样的场合。例如，如果身体受到暴力威胁，我的工作就是设定限制并试图阻止它，这样我们就可以为小组中的所有成员创造安全。然而，在这一刻，当他们被赶出去的时候，他们最需要他们的带领者。后来我发现，那一天是学校的成绩公布日，由于成绩不好，而且被报告在学校有类似的行为问题，小组里的大多数男生当晚都不敢回家面对父母。这种装模作样的行为是间接的求助。我错过了一个极好的工作机会，主要是因为我不清楚自己的角色，再加上督导员要求处理"你的"孩子的压力。

与环境有关的霍曼斯社会系统模式

霍曼斯是一位小组理论家，他本可以帮助我对这个问题进行不同的概念化。在他的经典著作《人类小组》中，霍曼斯（Homans，1950）提出了人类互动的一般理论，用五个著名的社会互动领域研究来说明他的观点。他描述了行为的三个主要元素，他称之为互动、情绪和活动。互动是指人与人之间的任何接触；情绪是指感觉或驱动力；活动是指任何行动。因此，霍曼斯可以进行描述性社会研究，并将其分解为以下三个部分：互动、情绪和活动。他的兴趣集中在这些社会行为要素的相互依赖性上。例如，小组中的情绪如何影响互动；反过来，互动如何影响情绪。在刚刚描述的小组例子中，男孩们对自己成绩差的感觉（情绪）和来自父母的预期批评影响了他们相互联系（互动）的方式，进而产生了表现出的行为类型（活动）。

霍曼斯的第二个主要理论贡献在这里也很重要。他在"内部"系统和"外部"系统这两个相互依存的系统中观察互动、情绪和活动。内部系统包括小组内部的互动、情绪和活动以及它们之间的相互依赖。外部系统由小组和成员之间相同的三个基本要素（互动、情绪和活动）组成。Y 是这个案例的环境。需要注意的是，霍曼斯没用外部系统来指代系统本身（在本例中是 Y）。这是概念体系的一个常见用法，也是对霍曼斯的一个常见误解。在霍曼斯看来，外部系统是小组和 Y 之间的互动、情绪和活动这三个要素，而不是 Y 本身。

男孩们在 Y 内部形成了一种行为模式，产生了成员的负面情绪，从而影响了 Y 成员与小组之间的互动，进而产生了更多的负面情绪等。任何处理成员在小组内的行为的努力都必须考虑到学校、家庭和机构等外部系统的影响。虽然我过分简化了霍曼斯的理论，但我认为核心要素再次证明了理论结构如何帮助带领者以新的方式将问题概念化。

在后面的章节中，帮助小组协商的问题将回到最重要的位置。我要说的是，如果社会工作者认为他可以把这个小组带到一个房间里，与它一起工作，而不考虑环境问题，那么他将失去助人的一个重要方面的角色以及带来强有力的影响的机会。关于这一想法的更多内容将在本书后面介绍。

本章小结

本章考察了小组中个人角色的常见例子。社会角色的概念有助于解释替罪羊、偏差成员和守门员以及防御性成员、安静的成员和垄断者的模式化反应。在每种情况下，带领者都可以通过了解成员的动态来为小组提供最好的服务。例如，一个被感知为"偏差成员"的人可能实际上在代表更多的成员说话，所以不要试图将这种行为理解为"个性"的产物。

在一个小组中，寻找替罪羊的过程被定义为一种类似的方式：小组将自己内在的负面情绪投射到替罪羊身上，在某些情况下，替罪羊自愿扮演这个角色。本章的关键要素是小组带领者与"两个服务对象"——个人和小组同时站在一起的观念。

带领者的第二个服务对象，被称为小组的有机体，必须经历一个发展过程。早期任务包括形成问题和满足个别成员的需要。作为一个整体的小组的观念正受到越来越多的研究关注，一些研究重点是小组凝聚力的发展以及所谓的治疗联盟对整个小组的影响。必须面对的问题是，如何将带领者作为权威身份的象征（权威主题），以及同伴小组关系（亲密主题）所涉及的困难。需要关注小组文化，以便制定与实现小组目标相一致的规范。如果想要讨论有意义，就必须掌握和挑战阻碍小组进步的禁忌。正式的或非正式的结构必须形成。该结构将包括分配的角色、分配的地位、沟通模式和决策过程。

三个经典的小组理论和一个较新的理论被作为模式提出，以帮助带领者了解小组、其发展需求以及与环境的关系。在小组中有效的工作将培养凝聚力，这反过来又将推动今后的工作。最后，小组存在于一个动态的环境系统中，带领者的任务之一就是协助小组与其社会环境之间进行互动。

能力要点

下面列出了本章援引的社会工作教育委员会在《教育政策与认证标准》（2015 年）中为社会工作学生推荐的能力和实务行为。

第一项能力 体现符合伦理的专业行为：

b. 运用反思和自律管理个人的价值观并在实践中保持专业性

第二项能力 将多样性和差异性融入工作实践：

a. 在微观、中观和宏观工作中运用并能交流对多样性和差异在塑造人生经验中的重要性的理解

第三项能力 促进人权和社会、经济与环境公正：

a. 运用自身对社会、经济和环境公正的理解，在个人和制度层面倡导人权

第四项能力 投身实务与研究的结合和研究与实务的结合：

b. 运用批判性思考来分析定量与定性研究方法及研究发现

第六项能力 与个人、家庭、小组、组织和社区建立关系：

b. 运用同理心、反映和人际技巧有效地与多样性的服务对象和不同群体建立关系

第八项能力 对个人、家庭、小组、组织和社区进行干预：

a. 批判性地选择和落实干预措施，实现工作目的，并增强服务对象和不同群体的能力

第九项能力 评估个人、家庭、小组、组织和社区：

a. 选择并运用适当的方法做结果评估

b. 运用人类行为与社会环境、情境中的人和其他多学科的理论框架方面的知识，进行结果评估

c. 批判性地分析、监测和评估干预和项目过程与结果

第十四章

小组的结束和转换阶段

通过考察工作的结束和转换阶段，本章将完成对小组工作阶段的讨论。本章探讨独特的动力以及与结束帮助过程和帮助成员做出适当转换相关的技巧。实务例子将说明这是工作中最有力和最有意义的阶段，因为成员会做出第三个决定来处理早期阶段暗示的核心问题。本章还将探讨这一阶段可能暂停工作的危险，在这一阶段，成员和带领者都参与了一种工作，具体来说，技巧是为了增加积极的结束和转换的可能性。

小组工作的结束阶段

回想一下，在开始阶段，成员面临着第一个决定。他们必须决定是否准备好与带领者和其他人接触，必要时降低防御性，并开始工作。在第二个决定中，过渡到工作阶段，成员同意承担一些责任、扮演一些角色以及面对所涉及的情感痛苦。在第三个决定中，成员必须决定是否在工作关系即将结束时处理最困难的问题。

结束阶段为强大而重要的工作提供了最大的潜力。当成员意识到时间所剩无几时，他们会有一种紧迫感，这会促使他们引入一些最困难和最重要的关注主题。在这一阶段，带领者和成员之间的情感动力也会增强，因为他们准备离开对方。关系的终止可以唤起成员和带领者的强烈情感，带领者通常可以将这些讨论与成员的一般关注点和任务联系起来。结束阶段具有巨大的工作潜力，但具有讽刺意味的是，这一阶段往往效果不好，表现有错过会谈、迟到、冷漠、退行到早期阶段等。而且，带领者和成员有时都会表现出这些行为。

在许多方面，结束会谈对带领者和成员来说都是很困难的。这种紧张的根源来自我们

教育政策 6a

在处理重要关系结束时遇到的普遍困难。我们的社会几乎没有训练我们如何处理分离；事实上，一般的准则是否认与之相关的感情。例如，当一位有价值的共同带领者离开机构时，告别派对往往是一种试图用乐趣来掩饰悲伤的尝试，并且通常是不成功的。这种聚会上的笑声往往有点勉强。

迪露西亚-瓦克（DeLucia-Waack，2006）认为，即使在心理教育小组中，带领者也容易忽视结束阶段的重要性，并且可能导致不同原因造成的问题。

> 带领者往往低估了终止会谈和巩固学习的重要性。其一，心理教育小组往往过于简短，以至于很难考虑给不教授新技能或策略的主题一整次会谈的时间……［此外，］终止会谈会带来悲伤和失落的问题，有时小组带领者可能不想体验与此阶段相伴的情绪，因此他们会尽可能避免这种情绪。(p. 129)

陈和雷巴克（Chen & Rybak，2004）还讨论了他们所称的"终止阶段"的丧失问题。

> 一个小组的终止阶段的特征与一个人生命中黄金时代的特征相似：贯穿始终的是失落和悲伤的主题，结局可能充满悲伤。治疗关系的结束会引发很多情感问题。尽管整个小组的经历可能会让人感觉像是和其他人——他们在某个人的生活中变得重要——一起生活了一小段时间，但它的结束可能会让人感觉是一种巨大的丧失。当感觉到结束临近时，一些成员开始感到分离焦虑。(p. 318)

带领者-成员联盟就是这种更大现象的一个具体例子。终止一段亲密的关系可能是痛苦的；当你在一段关系中有意义地投入，分享了一些最重要的感情，给予和接受了另一个人的帮助时，发展起来的纽带是牢固的。斯特林（Strean，1978）描述了终止亲密工作关系的困难。

> 无论带领者与成员之间的关系是五次面谈关系还是一百次面谈关系，如果带领者确实与成员的期望、对自己的看法以及与他的社会轨道相关，那么成员都将体验到有意义的相遇，带领者将体验到有意义的人。因此，与这个"重要的另一半"分离，必然会引起复杂而矛盾的情绪。不过，与带领者的长期关系在结束时可能会比短期关系结束时有更强烈的情绪。
>
> 长期关系通常会刺激依赖性需求和愿望、移情反应、秘密的揭示、尴尬时刻、兴奋、悲伤和喜悦。这场相遇已经成为成员每周生活的一部分，因此结束它就像是向一位有价值的家庭成员或朋友告别。(pp. 227-228)

科里和科里（Corey & Corey，2006）也强调了小组现阶段工作的重要性。

> 小组生活的最后阶段是巩固成员的学习，并制定策略，将他们在小组中学到的知识转化为日常生活技能。此时，成员需要能够表达小组经历对他们来说意味着什么，并陈述他们打算从这里走向何方。对许多成员来说，结束是困难的，因为他们意识到

624

小组的时间是有限的。成员们需要面对现实，学会说再见。如果小组真的有治疗作用，成员们将能够使他们的学习拓展到外部，即使他们很可能会经历悲伤和失落。（p. 265）

结束的动力和技巧

教育政策 4b
教育政策 6b

施瓦茨（Schwartz，1971）描述了群体背景下的结束阶段：

在我称之为"结束和转换"的最后阶段，需要带领者使用技巧来帮助成员利用自身和彼此来处理从一种经历转换到另一种经历的问题。对于带领者来说，这意味着要脱离成员的生活轨道，尽管他从一开始就走上了这条轨道。关键是，开始和结束对人们来说是非常困难的，它们经常在带领者和成员中唤起深刻的情感，并且需要很多技巧来使人们互助以度过这些时刻。（pp. 17—18）

结束阶段的情感流动

其中一个让结束变得困难的动力是，与结束一段大量投入的关系有关的痛苦。除了痛苦，一种负罪感也可能浮出水面。成员可能会觉得，如果他们在这段关系中更加努力，更有效地发挥自己的作用，冒更多的风险，也许他们可以做得更好。这种负罪感有时会间接出现，成员们会说："我们不能有更多的时间吗？"

625　与许多在结束阶段的感觉一样，负罪感通常由带领者分享，他们可能觉得自己应该对小组更有帮助。也许，如果带领者更有经验或更有能力，他就可以在一些悬而未决的问题上提供更多帮助。带领者没有理解到成员们将需要持续地解决生活中的问题，而是为没有"解决"所有问题而感到内疚。学生们经常表达这种感觉："如果小组有一个真正的带领者就好了！"通常，他们低估了自己给予的帮助。

由于讨论消极和积极反馈的一般困难，带领者和成员都可能有许多未阐明的感觉，需要在最后阶段加以处理。事情之所以没有说出来，可能是因为人们不愿意诚实地谈论权威的作用。这一主题需要讨论，然后关系才能恰当结束。例如，带领者的言行可能会让成员生气。相反的情况也可能是这样，小组带领者对成员们不能承担风险和向小组带领者敞开心扉感到有些沮丧。

提供这种反馈的带领者，如果反馈涉及带领者对成员的真正关怀，则可以起到净化空气的作用。即使带领者和成员相处不好，对即将到来的分离感到欣慰，最后进行的讨论也应该是真正的讨论。带领者的哪些方面让成员无法与其建立联系？反过来，成员们应该知道是什么让带领者难以与他们建立联系。任何一方或双方都可能存在误解，讨论这些问题可以帮助澄清这些误解。这对将来可能选择进入另一种帮助关系的成员非常有帮助。反馈给带领者的重要性是显而易见的。此外，如果不处理负面情绪，成员可能会将其转移给下一任带领者。

对于带领者和成员来说，比消极情绪更难处理的可能是积极情绪。我们任何人都不容易告诉身边的人，特别是权威人士，他们对我们意义重大。此外，许多带领者发现要优雅地接受积极的情感非常困难。我曾多次观察到，当一位成员真诚地表示感谢时，带领者会反对说："其实不是我，我没有做那么多，真的都是你努力的结果。"在一节课上，一个学生问她是否可以接受一个年长的成员在一起工作结束时给她的水果蛋糕。这不是一个成员试图向带领者支付服务费用的情况，这是自由的。它只是这个女人对关心她的带领者说谢谢的方式。我问学生水果蛋糕是否看起来不错，如果看起来不错，学生应该接受它。

当我向带领者讲述他们在这种情况下感到尴尬的原因时，他们通常会指出反对表现得自高自大的普遍文化障碍，以及自己不可能真正提供那么多帮助的想法。后一种反应反映了对提供帮助的效果的低估。成员对一个有爱心、诚实的带领者会有很好的反应；他们通常不会像带领者那样对带领者可能做了什么持批评态度。了解到可能存在文化障碍，在一段关系结束时相互分享积极的情感非常重要，因为这使成员和带领者都能重视他们之间的关系，并使它恰当地结束。无论是成员还是带领者，都会在彼此久别后对未说出的话怀有遗憾之情，从而使实际的收尾过程更加漫长和困难。延迟结束的问题在于，它限制了双方在投入到新关系上所需的能量。

626

时间点的把控与结束阶段

这个阶段的时间取决于关系的长度。例如，对于持续一年的每周小组会谈，最后八周左右通常构成结束过程。在短期工作中——例如六次会谈中——当带领者收到成员反应的微妙线索时，关于结束的感觉的证据可能出现在第四次或第五次会谈中。尽管这些提示标志着结束阶段的开始，但关于结束的想法甚至在开始阶段就已经存在。通常，成员会在进程的早期，甚至是在第一次有用的会谈之后就询问会谈会持续多久。时间是一个重要的因素，成员会相应地调整自己。工作阶段的长时间休息，无论是由于带领者的疾病、休假还是节日，都会引起结束感，因为成员们将休息与即将到来的结束联系在一起。在这样的休息之后立即观察到冷漠、戒断和其他过早结束的症状并不少见。

在我教的一个为期一年的实践课上，我在第二学期开始的时候观察到了 MSW 二年级学生的这种不寻常的冷漠。当我指出这一点并将其与 14 周后即将结束的课程联系起来，同时也与他们的学校经历的结束以及他们与学校和许多同学的关系联系起来时，一个关于丧失的讨论出现了。一个学生这样说："我不确定我想了解更多我还不知道的东西！"这次讨论达成了一项协议，利用这最后一学期的时间来处理最重要的问题和学习。第二周课上的变化很明显。

重要的是，带领者要让成员注意这些信号，并开始讨论成员是否已经开始考虑结束。然后，带领者和成员可以制定策略，确保他们不会过早结束工作，并充分利用最重要的工作时间，而不是暂停工作。

结束阶段的时段

施瓦茨（Schwartz，1961）概述了小组工作结束过程的时段，如下所列：

- 否认；
- 愤怒的直接和间接表达；
- 悲伤；
- 试探尺度；
- 告别会综合征。

627　熟悉库伯勒-罗斯（Kubler-Ross，1969）关于死亡和临终阶段的经典著作的读者会注意到相似之处。尽管对库伯勒-罗斯模式本身、上述分离时段以及它们很少以线性方式进行的事实存在一些疑问，但实践经验告诉我们，该模式对于理解这一工作阶段的小组动力是有用的。每一个结束都代表着一种丧失，虽然没有死亡那么强大，但仍能唤起强烈的情感。施瓦茨提出的每一个时段都会被进行更详细的讨论，并确定和说明所需的带领者技巧。

否认

首先是否认结束，在这种情况下，成员似乎忽视了即将结束的小组。这与我们面对生活中结束重要关系有关的所有方面的感受的普遍困难有关。如果读者考虑到个人关系的结束，有可能回忆起面对这些结束有多难。

在小组环境中，成员与希望被认为是关怀的和支持性的专业人士的带领者以及其他成员宣告结束。读者应该还记得在前几章中作者带领的夫妻小组，一些摘录揭示了成员们在分享他们的生活经历时是如何彼此亲近的。在大学的健康科学中心的一个房间里工作的这个小组大约进行了一半，我发现成员在会谈结束后在自助餐厅一起喝咖啡。互助过程在这五对年龄、生活经历和社会状况迥然不同的夫妻之间建立了纽带，这个小组成了一个安全的地方，在那里他们可以在艰难的家庭斗争中得到帮助。如今这种纽带也即将断开。他们会失去小组带领者，也会失去彼此。

按照我在本章后面给出的建议，我在第 20 次会谈中指出，在小组结束之前，我们只剩下四次会谈。我表示，如果他们在小组里有话要说，接下来的四次会谈就是该说的时候。该小组的一名成员不同意我的意见，并表示我在第一次会谈中说过，该小组将继续工作到 5 月底，而不是 4 月底。他说："我们实际上还剩八个座位。"其他成员同意他的说法。由于所有的会谈都被录了下来，我决定在下一周播放第一次会谈的部分内容，并表示我们将在 4 月份结束最后一周的会谈。录像停止后，这名成员说："看，你说的是 5 月底。"否认是完全有效的，甚至视频证据也不会动摇成员。然而，当我们在接下来的一周进入下一时段时，我的陈述确实启动了这一进程。

愤怒

否认之后往往伴随着对结束的愤怒，这种愤怒以直接和间接的形式出现，而且往往集中在带领者的身上，成员觉得带领者正在抛弃他们。有时，在工作的这一时段，成员之间的冲突实际上是一种间接表达对带领者愤怒的方式。

在学校环境中结束一个儿童小组：愤怒阶段出现 在学校环境中的一个儿童小组的例子中，一位小组带领者告诉成员他必须在几周内离开，这并不是他自己的选择。那次会谈中没有任何回应；成员们继续他们的小组活动，好像他们没有听到。这个小组是为那些因打架和其他行为而陷入困境的男孩设立的。

经过一整个学年，他们开始能够谈论自己的问题，比如他们对老师和家长的愤怒。但从带领者宣布离开的一周后的会谈开始，男孩们似乎出现了行为倒退，开始宣泄情绪和打架，对带领者设置限制的努力没有反应。在一次象征性的行动中，小组的内部带领者把胶带贴在嘴上，其他成员也迅速跟着做了这一动作。男孩们转过身来，向带领者挥舞拳头。最后，同样处于否认阶段的带领者说：

> 我知道你们都在为我的离开而生气，而且，在这种愤怒之下，你们是悲伤的。我也很难过。一年来我们彼此非常亲近。但我们这一年大部分时间都是一个谈话小组，我希望我们可以谈谈我的离开。

成年人可以通过错过小组会谈或对小组的价值发表轻蔑的评论来表达他们的愤怒。当成员报告他们无法处理在小组生活早期就能够解决的问题时，倒退可能就开始了。这种倒退可能是一种间接的求助："不要离开我们，我们还没有准备好。"

悲伤

悲伤时段的特点通常是冷漠和小组中普遍的悲伤基调。这可以被视为一个悲伤的时期，因为结束的现实开始触动人心。当我在夫妻小组中提醒成员只剩下四次会谈后的第二次会谈，即只剩下两次会谈时，我走进灯光明亮的小组房间，发现没有人打开头顶的灯。

此外，每个成员都静静地坐着，大多盯着地板，没有像往常一样彼此交谈。我清楚地表达了自己的第一反应："发生了什么事？"我们的成员——69岁的卢，在第十一章提到的第一次会谈中对专业人士很生气——说："这是一次守夜。再过几周，小组就结束了。"随后讨论了小组结束对成员的影响以及转换阶段工作的开始对他们今后如何获得帮助以及他们可以依靠谁获得支持的影响。

关于结束，我发现最有趣的是，我和我的共同带领者们会在会谈前后与一群学生会面，他们在班上观察这个小组，作为他们小组课程的一部分（得到成员的知情同意）。当我在这个特别的小组会谈之后进入观察室与学生们见面时，我突然意识到我将不得不在同一个晚上处理两个小组的结束。当我提到观察室里的那种像唤醒一样的感觉时——它反映了我刚离开的小组会面的房间的感觉——其中一个学生说："我离他们和他们的生活如此近，因此很难去想结束。"另一个学生说，她在超市的收银台前看到一个小组成员，差点走过去打招呼，她才想起那个成员从来没有见过她。还有一个学生问："星期四晚上我要做什么？"

试探尺度

在"试探尺度"时段，成员独立于带领者进行操作，或者花大量时间谈论新小组或新带领者。我注意到这一点，在我的教学（一个教育小组）中，当我发表评论时，一个学生正在就继续学习的想法做报告。班上的学生们转向我，看了一会儿，然后又回到他们的讨论中，好像他们没有听到我说的话似的。当第三次发生这种情况时，我意识到他们正准备毕业，再也没有教授来帮助他们了。他们可能需要更多地依赖他们的共同带领者，我可以看出他们正在试探尺度。我在评论这件事时指出了我的想法。他们转过身来，看着我，然后又继续他们的谈话。我意识到我只需要坐下来观察，并为他们如何学会相互依赖而感到高兴。

告别会综合征

最后，在告别会综合征这一时段，成员似乎通过避免讨论其消极方面来保护小组。带领者可能会要求反馈小组的运作情况：哪些是积极的，哪些是消极的？带领者做得如何？成员们实现目标的情况如何？当反馈几乎都是正面反应的时候，便意味着要告别了，因为没有一个小组总是伟大的。带领者需要抓住消极的一面，这样成员就不会仅仅通过反思积极的一面来"填充"经验。

为了避免结束带来的痛苦，成员建议举办一场真正的告别派对也并不罕见。经常被忽略的是关于小组结束后的丧失的讨论。我并不是反对举办一场好的、老式的告别派对，而是说它不应该代替告别。

在另一个关于逃避的例子中，考虑的是一个离开寄宿机构的工作人员。工作人员可能会有真正的告别会，避免处理与员工离职相关的影响。同时还要考虑到，丧失是寄宿儿童面临的核心问题。他们可能已经失去了父母、兄弟姐妹、家等等。失去一个寄宿咨询师对这些孩子来说是另一个丧失，需要公开讨论。如果工作人员没有处理自己对失去共同带领者的感受，他们可能就无法处理孩子的感受。了解这一同时发生的过程的督导员将发起一场严肃的讨论，讨论工作人员的丧失、它如何影响工作人员以及之后可能怎样影响孩子们。从这一讨论中，可能会发展出一种策略，鼓励工作人员讨论失去工作人员的具体问题，并酌情讨论儿童生活中可能面临更大丧失的问题。

630

小组带领者与结束工作有关的策略

带领者在小组工作中处理结束的策略与对个人和家庭的策略相似。具体如下：

- 带领者应尽早提醒成员注意结束，从而建立结束过程。
- 当小组经历以下这些时段时，应指出它们，带领者要接触间接线索，并阐明发生的过程：否认、愤怒、悲伤等。
- 因为小组结束对带领者也有意义，所以他可以给小组分享个人感受和回忆。
- 应鼓励讨论结束时的感受，带领者应充分参与正面和负面反应的沟通。
- 带领者还应帮助成员详细评估其共同工作。例如，当一个成员说"这是一个伟大的小组！"时，带领者应该问："是什么让这个小组变得伟大？"
- 最后，带领者应超越告别会综合征，鼓励成员分享负面反馈。例如："我很高兴你们都觉得小组讨论很棒，但不可能总是很棒。不是有些不太好吗？"

由于成员对结束有不同的反应，因而带领者应该鼓励表达和接受不同的观点。不是每个人的体验都一样，正如本章前面所指出的，结束对某些人的影响可能比对其他人的影响更大。

小组带领者与转换有关的策略

带领者还必须注意结束阶段的转换方面。例如：

- 如果成员继续与其他带领者保持联系，他们如何以积极的方式开始关系？
- 如果成员完成了他们的工作，他们学到了什么？他们如何在新的经历中使用他们的学习？

● 如果成员们发现小组有帮助，他们如何在生活中找到类似的支持来源？

这样，带领者就可以确保结束讨论既处理实质性问题，又处理结束过程。

631 在某些情况下，帮助也可以采取转换物理空间的形式。在一个即将升入中学的六年级学生的小组中，小组带领者安排小组参观新学校，并会见校长和七年级老师。这也是帮助小组应对环境的一个例子。

最后，带领者应寻找结束过程与小组实质性工作之间的微妙联系。这将是另一个认为过程和内容一致以及寻求两者整合的例子。例如，如果一组即将分娩的年轻母亲选择将孩子送养，那么小组的结束可能就是她们同孩子分离的开始。在另一个例子中，在一个性虐待幸存者小组中，十几岁的女孩对她们的两个女带领者表达了强烈的愤怒情绪，因为这个小组经过一年的努力和强有力的工作后即将结束。成员表示对带领者感到不安。在带领者的帮助下，成员消除了这种愤怒，然后将其与她们对未能保护自己免受虐待的母亲的愤怒联系起来。这在这个小组中是一个禁忌话题，直到最后几次会谈中才出现。这是"门把手疗法"的一个例子。这些联系有助于丰富结束的讨论。它们代表着成员做出了第三个决定，开始处理前面提到的一些最困难的问题。后文将演示这些动力和技巧。

带领者离开：过渡到临时带领者

当主要带领者需要休假并打算返回时，可以采用另一种结束模式，即小组由临时带领者带领。虽然有大量关于带领者或成员结束关系的文献，但暂时休假的问题并没有得到很好的解决。随着环境和个人生活中的角色变得越来越复杂和要求越来越高，这种休假需求可能会越来越频繁。

波地尔（Pudil，2007）利用自己在一个青少年艾滋病病毒阳性小组休假时的经历来发展和说明这个模式。她建议，在提前知道休假的情况下，需要计划和实施五个步骤：

1. 为宣布主要带领者离开提供充分的时间。
2. 建立临时带领者与主要带领者会谈交接制度。
3. 向成员介绍临时带领者。
4. 处理成员对转换的感受和反应。
5. 当休假结束，临时带领者离开时，将成员重新介绍给主要带领者。（pp. 218-219）

作者举例说明了暂时离开青少年组要实施的五个步骤的第三个，向成员介绍了最复杂的信息。主要带领者和临时带领者同意第一次会面要简短，以便在临时带领者离开小组房间后，成员有时间表达他们的关切和感受。临时带领者做了自我介绍，然后每个成员依次*632* 做了自我介绍。有些介绍更接近于表达成员的感情。例如，阿基拉说："我是阿基拉。我有一个女儿，我现在怀孕了。我住在曼哈顿。我参加这个项目很长时间了，我不喜欢新人。"（Pudil，2007，p. 224）不难理解她指的是哪些"新人"。另一位成员则表达了失落的心情："嗨，我是金姆。我和C医生在一起很长时间了。"（p. 225）

主要带领者邀请成员向临时带领者提问，他们沉默以对。（注意：通过接触其中可能的负面信息，这可能是一个很好的时机来探索沉默。）临时带领者离开后，反应如带领者所描述的：

> 他们表示不喜欢她和她那悠闲、安静的性格。成员们认为她太与众不同了，无法满足他们的需求，这让主要带领者感到震惊，但重要的是要记住，他们仍然是对主要带领者请假的想法做出反应。此外，由于许多成员对自己的艾滋病病毒状况保密，他们在过去一直试图与新人保持距离，自动地认为新人会做出判断并拒绝他们。事实上，他们所处的情况经常使他们遭受拒绝。（Pudil，2007，p. 225）

回想起来，这些可能是沉默中的一些问题。在临时带领者在场的情况下，向小组阐明这些问题，可能会为新带领者提供一个机会，展示她的同理心和对他们关切的理解。对于该小组的转换所采用的策略包括让临时带领者参与和主要带领者及共同带领者的一些会谈。最终，临时带领者开始在带领该小组方面发挥越来越积极的作用。此外，成员有机会指出他们希望小组在转换期间发展的方向。在转换过程中，最重要的是他们能够公开表达自己的情绪；表达当他们知道主要带领者正在回归时，他们对于投入于另一位带领者的担忧；展示与过去经历的丧失的更深层次的联系。在缺席数月后，主要带领者逐渐重新介入并召集了若干次会谈，使该小组成功完成了重新过渡。

将结束和转换个别化以满足个人的需要

每一位成员都可能会根据他的特殊环境和生活经历，以不同的方式经历小组的结束。格拉丁（Gladding，2003）指出，不管带领者在终止阶段有多仔细和彻底，总会有一些成员可能需要更多的帮助。对于这些人，他指出了三种选择：

1. 个人咨询，在其中可以给予特别关注。
2. 转介至其他小组或组织，以提供更具体或专门的协助。
3. 循环利用，个人可以再次体验类似的集体经历，并吸取第一次错过的教训。

(p. 182)

大多数作者，包括上面提到的作者，都同意结束过程会引发小组带领者和成员最深的感情。因此，在这一阶段，双方都可以做有力的工作，如果不处理这些感受，也可能做无效的工作。

633

三个小组实例

工作的结束阶段提供了一个强有力的机会，通过整合过程和内容来深化工作。结束一个小组所带来的丧失往往会引发亲密关系的问题，并在成员生活的其他方面造成丧失。通过不断地寻找结束过程的动力与特定小组的实质性工作之间的联系，带领者可以帮助成员将结束作为一种重要的学习经验。

听障青少年小组的结束 在这个例子中，一位带领者帮助一个小组回忆过去，为新带领者的到来做准备。这个小组由听力受损的青少年组成。工作的开始阶段艰难，因为咨询师需要发展一种与成员沟通的方式，并帮助他们相互沟通。

实务要点： 他们对新带领者的担忧加剧了，他们担心外人可能会因为他们的残疾而不接受他们。该小组采用讨论和活动相结合的方式运作。那天晚上计划的活动是玩雪橇：

> 我到的时候，成员们已经到了。大家照常互相问候，我们坐下来等待是否会有更多的成员加入。比利说："我想我们应该等十分钟，然后离开。"凯西说她已经和几个成员谈过了，他们表示不会来了，因为这是一个糟糕的夜晚。我说坐雪橇很冷。很遗憾我们不知道天气会怎么样。比利说他把帽子带来了，这样可以保暖。他主动为我们示范，让所有成员开怀大笑。

> 这时，比利问新的带领者什么时候来。我说芭芭拉下次会来。斯蒂芬说："她像你吗？"我回答说，她和我一样是学生，她很年轻，很高兴能来参加这个小组。我转向凯西说："我们正在谈论下星期将要来参加我们会面的新带领者。"凯西转向阿米莉亚和安娜，用手语表示新带领者下星期会来。阿米莉亚做了一个哭泣的手势，其他成员笑了起来。

> 斯蒂芬说："她有没有在我们这样的小组工作过，比如和聋人一起工作？"比利转向斯蒂芬，说："在我们之前，露西尔从来没有和聋人一起工作过。"凯西回答说："没错。"

正如带领者需要培养监控作为一个整体的小组、讨论的内容和过程以及时间的能力一样，他们也必须监控每个人。在这个小组中，因为成员听力的挑战和他们在看和阅读他人的唇语方面的困难，带领者必须积极监控缺乏参与的迹象。

实务要点： 在下面的摘录中，带领者提醒小组囊括每个人，并直接触及他们对失去她、对新带领者可能的态度的担忧。

> 阿米莉亚、乔-安和安娜伸长脖子想知道发生了什么事。我指出，有些成员被排除在我们的会面之外，我们必须努力记住要包括所有人。比利做了一个嘲弄的手势，大意是"又来了"，他示意三个成员靠近一点。我说："让每个人都知道发生了什么是一项艰难的工作。"比利回答说："是的！"

> 我说比利和斯蒂芬似乎有点担心新带领者的到来。凯西笑了笑，像是说："你一针见血。"斯蒂芬："我们只是想知道她是什么样的人。"我说我想凯西也是这么想的。我说："我说得对吗，凯西？"她点了点头。

> 阿米莉亚喃喃地说了些我听不懂的话。比利转向她，然后翻译给我听。阿米莉亚

634

说这就像是重新开始我们的小组。乔-安问什么又开始了。凯西向乔-安解释了发生什么事。乔-安摇了摇头。安娜完全是个哑巴,她看上去好像身处另一个世界;我知道她并不理解我们的谈话。我朝她笑了笑,她也笑了。比利看着我说:"我会向安娜解释的。"

小组咨询师认识到,对于任何一个小组来说,其成员们都会对新带领者在结束和转换期间的表现感兴趣。在听力受损的年轻人的例子中,一个新的听力健全者引起了他们将被如何看待的担忧——被视为个体或残疾人。

实务要点:在触及关切情绪的同时,带领者不会直接提出由听力健全者带领小组的问题。

然后我转向阿米莉亚说:"你很紧张,就像你第一次来见我一样。""紧张吗?紧张吗?"她带着困惑转向斯蒂芬。斯蒂芬很慢地说:"还记得我们第一次来这里的感觉吗?"阿米莉亚看了他一眼,说:"我当然知道。"我说我猜又是这样,因为知道新的带领者要来了。斯蒂芬点点头说:"你为什么要走?"接着,斯蒂芬又开玩笑地说:"我想你不再喜欢我们了。"我说:"我当然还是喜欢你们。"然后,斯蒂芬拍了拍比利的背。比利说:"我们是一个很好的小组,不是吗?"我笑着说我们一起经历了很多。凯西点点头,这条信息很快传递给所有的成员。

凯西说:"天哪,我真希望我们能有一个能留在小组里的带领者。"斯蒂芬说:"是的。"我说我猜他们也会因为我要离开而生气。斯蒂芬说:"不,不,那不对。"比利说:"我们在这个小组中玩得很开心。"我说:"同样,我也明白,重新认识一个新的带领者是件很难的事。"凯西说:"是的,我们刚开始了解。"阿米莉亚又做了一个哭的手势。与此同时,乔-安和安娜正在用手语交谈,我想他们已经完全脱离了谈话。

实务要点:带领者直接触碰到成员们对她离开的怒火。尽管如此,重要的是要进行观察,甚至加以重复。这传达了这样一个信息:当他们准备好谈论愤怒时,她准备好倾听。为了摆脱痛苦的感觉,他们对她开了个玩笑,而不是直接回应。

乔-安接着用手语对比利说:"我们什么时候去玩雪橇?"比利翻译给我。我说已经过了比利建议我们等的十分钟,我问她:"你准备好去了吗?"乔-安摇了摇头。我说:"你很难知道发生了什么事。"重复了几次直到她明白。她微笑着点头,然后朝安娜微笑。比利和斯蒂芬说他们准备好了。比利戳了戳凯西说:"准备好了吗?"凯西点点头。我说安娜是不是被排除在外了?比利翻译给她听,她点了点头。

我说我去拿雪橇,马上就回来。当我回来时,令我沮丧的是,这群人都不见了。我看了好几个房间,然后决定坐下来等。几秒钟后,比利吹着口哨进来了。我跳起来说:"哎呀,小组发生什么了?"比利调皮地说:"哎呀,我不知道。我只是出去走

635

走。"他说："我们为什么不看看大厅呢？"我说我猜成员们会回来的。这时他坚持地说："不，我们去大厅看看吧！"我们照做了。五张喜气洋洋的脸出现了，凯西说："惊喜！"大家都笑了，我也笑了，但是我说："你们为什么想离开？"

斯蒂芬说："我们要你去找我们。"阿米莉亚笑着说："你担心吗？"我说："你想让我担心吗？"有几声紧张的笑声。然后我说："我想小组想在我离开之前离开我。"对此，他们强烈反对。比利说："我们只是开玩笑。"我说："尽管如此，我还是不确定每个人都知道我为什么要离开。"斯蒂芬说："你要回萨斯喀彻温省，你是不是从那里来的？"我说我要在 6 月份之前完成我的研究工作。凯西说："我们仍然会有一个很好的小组。"斯蒂芬戳了戳凯西说："你仍然会在这里。"凯西说："我们所有的成员都会在这里。"我说我认为他们可以继续拥有一个很好的小组，但这在很大程度上取决于他们。比利点点头，他好像明白了。凯西说："就像你常说的，我们得努力。"成员笑着分享最后一条信息，然后我们准备离开。

实务总结：这个例子让我回想起，我自己在早期夏令营经历中不愿意直接面对成员的身体缺陷。即使当一个人变得十分习惯于身体的一些方面，例如，进入一个露营小屋，把支架、拐杖、假腿等挂在椽子和折叠轮椅上，一个没有身体残疾的人可能仍会觉得不愿意讨论身体缺陷。

636 　　经过深思熟虑，我认为我自己的犹豫不决与我对那些经历过另一种形式的污名化和压迫，遭遇过偏见以及我自己根深蒂固的偏见的人的愤怒的理解有关。我记得许多年前在这个营地带领一群年轻人讨论，他们有一系列身体问题，包括囊性纤维化、肌营养不良、脑瘫、脊髓灰质炎，以及通常因事故而失去四肢。这是一个当前事件的讨论小组，讨论的主题包括怀孕期间使用导致出生缺陷的药物所发现的问题。

　　在早期的小组讨论中，我完全错过了寻找替罪羊的机会。在小组讨论中，更有能力的成员——可能在一次事故中失去了肢体，会间接地将自己与瘫痪的成员进行正面比较，这些瘫痪的成员不经历痉挛的动作根本无法坐着和说话，而且他们难以理解语言。只有当这些成员中的一个对说他们比其他人更"笨手笨脚"和"失去更多的人类能力"以及被认为"不那么聪明"发起愤怒的长篇大论时，替罪羊的过程才变得清晰起来。能力更强的成员会把自己对自己的苛刻判断投射到能力更差的成员身上。就在那时，他们共同的痛苦和愤怒变得清晰起来。该小组能够找出他们的共同基础并提供支持性互助（Shulman，2014）。这是我在这个领域工作的教育真正开始的时候。

　　一个多发性硬化症患者支持小组　在下面的例子中，一个小组带领者与一组多发性硬化症患者（该小组将继续）展开讨论。即将到来的结束的宣布引发了一场关于与疾病相关的亲密和丧失的有力对话。

　　实务要点：请注意，在小组的"此时此地"体验中，带领者会让成员回到他们自己的结束。此示例说明了以下几点：

- 结束会引发一系列与小组工作相关的情感；
- 成员谈论自我意识的丧失以及亲人的丧失；
- 带领者需要让成员们回到即将失去的小组。

带领者： 你知道，今天以后我只能和你们再见一次面。你们将继续见面，直到 6 月。你对这个小组几个月后结束有什么看法？

鲍勃： 我不期待夏天的到来，因为天气太热了……这会让我的多发性硬化症发作。

艾伯特： 我知道……天气太热的时候，我总觉得很累，很累。然后小组解散了，我没有任何人可以真正谈论我的多发性硬化症。我以前很期待夏天的到来，但现在我有些害怕了。

鲍勃： 我也会想念大家的。也没人跟我说话。我妻子很棒，但她并不真正了解我的感受。

带领者： 即使小组在夏季不会面，你们也保持联系吗？

艾伯特： 不是这样的……

弗雷德： 我经常和另一个小组的罗伯谈话。

鲍勃： 艾伯特，你住的地方离我不远。今年夏天我们应该偶尔聚一聚。或者至少打个电话。

艾伯特： 我喜欢这个主意……我确实想保持联系。

实务要点： 当小组接近尾声时，只能再与这位带领者进行一次会面，我们可以看到前面描述的"门把手疗法"现象出现：一名成员提出了一个强有力的问题，即外表问题和其他人如何看待他。另一位成员指出，缺乏明显的症状也会导致问题，因为其他人不了解疾病的痛苦。带领者鼓励对这两个主题进行详细阐述。

詹姆斯：（到现在为止一直很安静）我以前经常跳舞和跑步，但现在不能了。人们看着我好像我很奇怪。

鲍勃： 我也一直喜欢跳舞。

带领者： 詹姆斯，你说人们看着你好像你很奇怪。这是什么意思？你对此有什么感觉？

詹姆斯： 我生气是因为我不奇怪，我只是坐在轮椅上，他们不知道我以前能做什么，他们只看到我的外表。

带领者： 你说得对。陌生人不知道你是谁，也不知道你是什么样的人，就像我们一样。他们不了解你，他们根据你的外表或坐在轮椅上来判断你是不公平的。

弗雷德： 这就是问题所在，没有人能看到多发性硬化症。他们看不到我们腿上的疼痛，也看不到我们关节的疼痛。

艾伯特：（其中一个多发性硬化症没有那么严重的成员；他仍能走路）人们甚至

不知道我有什么问题，因为我没有坐轮椅。但我还是有多发性硬化症的症状。当它们爆发时，我会感到疲倦，有时会失去平衡，就像喝醉了似的。

实务要点： 随着结束的临近，这段对话表明成员们已经做出了我之前所说的"第三个决定"。他们将讨论一些最痛苦和最困难的问题，带领者将尽可能地与他们共情。

带领者： 这对你来说一定很难，艾伯特，因为人们看不到你的病，而且当你尝试解释你的身体症状时，他们可能不理解。

艾伯特： 是啊，这种事经常发生。当人们发现我患有多发性硬化症时，他们不相信我，因为我没有坐轮椅，他们会自动将多发性硬化症与坐轮椅联系起来。

弗雷德： 我第一次被诊断的时候经历了很多。我尽我所能地努力不坐轮椅。我很幸运我能一直工作到 60 岁，但在退休后不久，我就不得不坐轮椅了。

詹姆斯： 是啊……当我第一次出现这些症状时，警察经常拦住我问我是不是喝醉了，因为我摇摇晃晃得太厉害了。那是我第一次意识到出了问题。后来情况越来越糟，直到我坐上了轮椅。

实务要点： 带领者将讨论提升到另一个层次，开辟了一个对成员来说最痛苦的领域——失去亲人。随着讨论的深入，请注意同样受到强烈情感影响的带领者是如何开始关注症状的，从而使他们脱离这个痛苦的主题。

带领者： 因为这种疾病，你们失去了与身份相关的重要东西。你们中的许多人在想辞职之前就不得不辞职……你们中的一些人失去了重要的关系。

詹姆斯： 那就是我想念的……拥有一个女朋友。（他停顿了一下。）

带领者： （在看起来他不会自己继续下去之后）告诉我们更多，詹姆斯。

詹姆斯： 我只是想念公司。我不在乎性。我真希望有人陪我。我需要有人跟我说话，和我一起做事。我爱我的儿子和父母，但我希望有一个与我年龄相仿的人和我在一起。**（带领者标注：**詹姆斯是一个 30 岁出头的年轻人，除了被限制在轮椅上，他还有语言障碍，胳膊和脖子发抖。回想起来，我真希望我能多了解一下他外表的变化和残疾程度的加深是如何影响他浪漫的可能性的。他有一个 8 岁的儿子，但我不知道他和孩子的母亲是什么关系，也不知道他残疾时孩子的母亲是否离开了他。我敢肯定，这是所有男人都必须面对的——他们的男子气概的变化，以及社会对残疾人的看法。）

弗雷德： 我知道，詹姆斯。友谊很重要。

鲍勃： 有很多多发性硬化症的症状人们看不到，我们也不谈论。比如我们的膀胱和肠道问题，不能一直控制它们是非常有辱人格尊严和令人尴尬的。（其他人都表示同意。）

带领者： 我知道几周前你有兴趣请 C 医生（泌尿科医生）来和你谈谈这些问题。她来过吗？

艾伯特： 还没有。

带领者： 我会和护士再谈一次，尽量安排她将来做发言人。（我在这里也退出了一个敏感而尴尬的话题。我可能应该更多地探讨他们对这个问题的感受。）

实务要点： 虽然讨论是重要的，并提出了强有力的问题，但它回避了小组的结束和小组所涉及的丧失。好像成员在等着看带领者是否会回到她在会面开始时提出的问题上来。她的确也这么做了。

带领者： 我想再谈谈我们的结束。我知道最近几次我们见面时我都提到过。当别人进入你的生活或离开你的生活的时候，对你来说真的很难。

艾伯特： 是的。好像我们刚开始和你在一起，现在你就要离开。

带领者： 我想让你知道这对我来说也很难。我不得不对我已经开始关心的人说很多次再见。但我相信，当我离开这里时，我会带走你们所有人的一部分，并将其内化，尤其是你们的勇气。我从你们身上学到了很多关于和多发性硬化症一起生活的感觉，以及应对所有症状是多么困难。但我看到的主要是你们所经历的一切，你们是那么勇敢和积极，这鼓励了我。我相信我能从你们的立场上帮助别人，因为你们告诉我如何处理像多发性硬化症这样的慢性疾病，我感谢你们这个小组和这次经历。

鲍勃： 我知道你会做得很好。你是一个善良的人，很真诚，会关心人。当我说我们很高兴你在这里时，我想我代表了所有人。（其他人点头表示同意。）

带领者： 谢谢。很高兴听到你这么说。我真的很高兴成为这个小组的一员，认识你们所有人。（时间到了，我们互相道别，并谈论了两周后的继续会面的安排。）

实务总结： 随着结束的临近，小组和带领者之间总有未完成的任务需要探索。考虑到内化污名的主题，带领者必须分享她对他们作为真正有勇气的人的看法。在下一个示例中，我们看到一个带领者随着时间的流逝而结束一个小组。

儿童期遭受性虐待的成年女性幸存者：随着时间的流逝而结束 正如前面的例子所示，一个小组的结束和转换阶段是随着时间的推移而到来的。对于一个正在进行中的小组来说，时段在最后三到四次会谈中是显而易见的，首先是带领者提醒小组即将结束。下一个例子是儿童期遭受性虐待的成年幸存者小组最后六次会谈的摘录。

这个小组的成员们都经历了多个层面的压迫。她们小时候都受到过性虐待，大多数是被她们认识并应该信任的人虐待。作为妇女，她们继续遭受与其性别有关的压迫。其中一些成员是西班牙裔，面临种族歧视，这与性别歧视相结合，严重影响了她们的生活。最后，有些人是女同性恋或双性恋，这也使她们在小组中通常会经历偏见和压迫。因此，所有的成员都体会了大量的痛苦和内部的压迫。

当成员进入结束和转换阶段时，当她们一起回顾和评估她们的工作时，可以注意到她们的勇气，她们对彼此的爱，以及她们的带领者对她们的内在力量的信念，即她们不仅要在压迫中生存，而且要战胜压迫和反抗压迫。在许多方面，该小组的工作遵循了第一章和

教育政策 2c
教育政策 2a
教育政策 3a
教育政策 3b
教育政策 6a
教育政策 6b
教育政策 7a

639

第二章所述的三个发展阶段，在这三个阶段中，被压迫者试图从内部压迫者和外部压迫者手中解放自己。

此外，利用新的女性主义视角（Miller，1987；Miller & Stiver，1991）——斯通中心的工作为小组过程中的自我关系模式奠定了基础（见第十三章），可以解释工作中遇到的一些悖论。

实务要点：特别强调，这个例子说明了几个悖论：脆弱性会带来成长，谈论断开联结会催生新的联结，疼痛可以在安全中体验，人与人之间的冲突可以在相互联结中被容忍（Fedele，1994）。小组带领者在一般的小组工作中都很有经验，特别是在幸存者的工作中，这一点在她们的实践中很明显。

640

成员描述和时间范围：这是一个为儿童期遭受性虐待的成年女性幸存者提供的为期 24 周的小组。它由一个社区强奸危机中心组织，有两位女性带领者。会面的时间范围是 8 月 28 日至 10 月 16 日。七名成员的年龄从 22 岁到 40 岁不等。所有成员都是工人阶级或中产阶层妇女。两名成员是西班牙裔，其余是白人或来自其他不同种族。两个女人是同性恋，一个是双性恋，四个是异性恋。

问题描述：当小组开始其结束阶段时，成员们不愿意面对即将结束的痛苦和丧失，以及这种转换对她们生活的潜在影响。作为性虐待的幸存者，许多妇女在面对强烈的情感时感到极度恐惧和不适。她们描述了原生家庭，在这些家庭中，人际关系的发展和结束的模式没有得到很好的示范，她们学会了对自己的感受和恐惧保持沉默。带领者的任务是帮助建立一种小组文化，在这种文化中，可以探索结束和丧失的禁忌主题，使成员们能够自由地处理结束的任务。我们必须帮助小组建立一种规范，既支持亲密关系和风险，又充分尊重每个成员对安全和自我保护的需求。

问题是如何引起带领者的注意的：在我和共同带领者简准备终止小组时，我们利用我们关于幸存者问题的一般知识和对这个特殊小组的工作、挣扎的了解作为指导，对焦这个时段的潜在问题。自第一次会谈以来，安全对于小组中有意义和有成效的工作至关重要。成员们努力认识到自己何时感到不安全或有危险，学会采取措施保护自己。因为联结和联系是小组创造安全和信任文化的核心，我们便假设当成员开始分离时，她们可能会感到不安全。

实务要点：请注意，即使是一个创造了安全文化的小组，也可能需要在即将结束的时候再次处理小组问题。带领者意识到，这仍然是一个脆弱的年轻妇女小组，需要在整个小组的发展过程中定期处理安全问题。

我们认为，该小组可能需要创造一种不同的"安全文化"，以便面对即将到来的结束。8 月 28 日，我们了解了小组的告别准则以及与结束有关的禁忌主题和感受。当被问及小组的目的对她们意味着什么这一直接问题时，成员们沉默以对，并告诉我们，她们通常会逃避和忽略结束。

工作总结：

8 月 28 日

琳达描述了她最近是如何不得已大量进食咸的和高胆固醇的食物的，以及这对她的高血压而言是多么危险。我注意到，过去她在感情非常强烈的时候会这样做，我问她这些天在她被迫狂欢的时候感觉如何。她哭了起来，说："太多的痛苦，太多的丧失。"她描述说，如果她与她的母亲（导致她遭受性虐待的人）对质她害怕会失去整个家庭；一个失踪的表妹死亡，尸体被发现；她在 18 岁时因为被强奸差点被杀；她失去了我作为她个人治疗师的权利；即将失去小组以及第一个相信和支持她的人。面对这一切，她说自己真的很孤独，想吃东西。

实务要点： 在这个关于重要事件的列表中，有些事件是较早时候的，有些是最近的，都对成员和带领者产生了情感上的影响。在结束阶段，带领者关注小组内部的支持状况，以及如何在小组结束后继续获得支持。

我尝试争取这个小组的支持来对抗她的孤独。我说："琳达，听起来你好像被这些痛苦淹没了，而在你需要一些支持的时候，你却一个人。小组现在有什么办法可以帮助你吗？"她回答说，当她最痛苦的时候，她最孤独，但是小组可以通过接触她来帮助她，当她有这种感觉的时候，她需要和人们在一起。一些成员对此表示支持，并表示愿意打电话谈一谈或与她在一起。成员们承认看到她很痛苦时自己有多难受，而她能分享痛苦是多么重要。

实务要点： 带领者利用琳达分享时需要联结却又努力切断联结的机会，解决小组即将结束的问题。

我说琳达和我一样对小组即将结束感到非常难过，我想知道小组里的其他人对即将到来的结束有什么感受。一片寂静。我继续等待，想她们可能需要时间来回应。

小组的共同带领者简询问成员通常如何道别。成员回答说："我通常只是离开。""嘿，我不说'再见'。""我说'再见'。""我从不说再见，我直接消失。""我试着假装什么都没变。"简说，她觉得让成员们了解她们通常如何应对告别是很重要的，这样她们就可以在这一次选择如何处理这个结束问题。在小组工作中，信任、亲密和丧失是很重要的问题，我们可以在最后几周在这些方面做重要的工作。时间到了，我说下周我们会花更多的时间讨论小组即将结束的事情，以及成员们希望如何努力。

实务要点： 小组带领者认识到，在这样的小组中，这一时段可能是最重要和最有力的工作时间，也可能是暂停工作的时间——因为成员和带领者避免面对与分离相关的痛苦情绪。在希望成员充分把握最后几次会谈机会的同时，带领者也表示理解让这些年轻妇女控制披露虐待细节的重要性。当我称之为"门把手疗法"的治疗接近尾声时，成员通常会披露其最难处理的问题和秘密。由于无法控制过去家庭成员对她们所做的一切，因而至关重

642 要的是，这个小组的成员必须控制她们的披露。

9 月 11 日

玛莎的一个主要目标是花时间在小组里讲述她被虐待的故事，但每次她打算这么做时，她都觉得无法坚持下去。她感到恐惧和痛苦。这个小组已经讨论了为什么披露这么困难，并提出了她准备和应对这种"披露"的不同方法，但仍然没有效果。

这一次，她觉得自己无法在小组中冒险，她认为，当小组接近尾声时，她会被其他成员拒绝和抛弃。她说在这群人里已经不安全了。我说，也许她想告诉我们的是，这个目标现在不适合她，保证自己的安全是最重要的，她正在选择如何保护自己。

实务要点： 由于受害儿童往往觉得自己不值得被保护，永远不会感觉到真正的安全，因此安全和自我保护在小组的工作中非常重要。带领者意识到，这不仅是玛莎的问题，也是整个小组的问题。它还是不被个人和小组之间的错误二分法束缚的例子。她们利用这一机会，在最后一次会谈快要结束时讨论了小组规范。

我说，在接近尾声时，我们需要谨慎地保持平衡，尽可能努力工作，尽可能冒风险，但也要尊重每个人的安全需要。我告诉玛莎，如果她想披露，我们会帮助她，但没有人会强迫她这么做。玛莎和小组讨论了一会儿，然后简谈到了玛莎的目标和总体目标，以及对我们来说回顾这些目标和评估我们在未来四周需要处理的工作是多么重要。

实务要点： 在下面的摘录中，成员越过否认，开始表达与结束阶段相关的愤怒。带领者评估小组和成员取得的进展的努力可能是避免这一痛苦过程的一种无意识的方式。一旦愤怒被表达出来，带领者的反应就直接与结束联系在一起。

我问我们现在是否可以花点时间听取每个人的意见，谈谈她们到目前为止取得了什么成就，她们还需要做些什么，以及她们对小组结束的感觉如何（我立刻意识到自己的错误，但不知道如何改正）。大家都沉默了。简接着说，她明白这对整个小组来说有多困难，但对她们来说，评估一下她们的处境是很重要的。她们仍然可以完成很多，但她们需要知道……乔迪突然插话说："我只想告诉你闭嘴。你们俩一直在谈论这个，我真的很生气。我希望你能让我们继续谈我们想谈的问题，不要再浪费时间了。"

我说她显然感到非常生气，她觉得我们在给大家施压。我等了一会儿，然后说，当人们即将失去对他们来说非常重要的东西时，他们常常感到非常愤怒。我想知道她的愤怒是否与结束本身有关。丽塔说："我们不会失去小组。"其他人都同意。我直面那群人的否认。"这是真的，"我说，"作为个人或作为一个小组，你可以选择继续你的朋友关系，但这个星期一晚上的小组是特别的，就像它有自己的身份一样。"米歇尔说她不知道以后的星期一该怎么办。其他人也加入了进来，诉说她们会多么想念这个小组。两位带领者都反映了这些感受，并分享了自己对小组结束的感受。

实务要点： 小组带领者认识到，在询问关于目标的问题时，她的压力过大，而且比成员们目前的状况更差。她很好地认识到了自己的错误。

我说在之前关于目标的问题上，我一下子要求了很多。这些问题真的很难谈论，可能需要一些思考。或许成员可以在本周认真想一想她们的进展和未来需求，我们可以在下周留出时间讨论这些问题。我们还需要更深入地讨论最后一次会谈。现在，我想知道我们是否可以花点时间谈谈处理这件事的感受。我们在会谈的最后几分钟讨论了这个问题。

实务要点： 通过处理结束的过程和相关的影响，带领者创造了条件，使成员可以做出第三个决定，即处理工作中最困难和最痛苦的部分。在这种情况下，玛莎——一个直到现在都无法自我披露的成员，终于分享了她痛苦的童年经历。

9 月 18 日

我提醒大家，本周我们计划花一些时间来评估小组对她们意味着什么，以及在最后四次会谈期间我们需要把精力放在哪里。成员们对此进行了大量的思考，小组花了一些时间进行评估和排序。玛莎为自己澄清了关于披露的问题。她发现，在感到不安全的情况下，她试图强迫自己在小组"观众"面前讨论虐待问题，她一直在重现她小时候遭受虐待的情景。她的父亲把她带到酒吧，在那里，她受到了各种陌生人的性虐待，而其他人却在观看。在小组的支持和理解下，她得以披露与虐待有关的情况，在她开始感到不安全时，小组予以回应。我们相信她在实现目标的同时保护自己的能力在不断增强。简和我都对玛莎的成长以及她既能保证自己的安全又能朝着自己的目标前进的能力给予了积极的反馈。

实务要点： 接下来，带领者将讨论最后一次会谈的结构。虽然她们分享了前几次会谈如何处理这一问题的例子，但她们继续明确表示，该小组归成员所有，成员们将对如何组织最后一次会谈拥有最终发言权。

后来，简提出了最后一次会谈的问题，向成员解释说，会谈通常是围绕着反馈进行的，既有正面的，也有负面的。她要求小组考虑一个对其他小组有效的结构，即每个成员依次向其他成员和小组带领者提供反馈。过去的小组选择给每个人写一条特别的信息，这样反馈就会被保存和记住。一些成员急于这样做，而另一些成员则对评价自己和他人表示相当焦虑。我说，有些人似乎很想这样做，但其他人似乎对此感觉很不舒服。最后，如何处理最后一次会谈的决定权掌握在小组手中，但我想知道现在我们是否可以探讨成员们对此的看法。是什么使它看起来很恐怖，它看起来又有什么积极的意义？对此进行了一段时间的探索。

然后小组成员让我和她们一起回顾本地"夺回夜晚"游行的信息。几周前我们告诉她们有个反对针对妇女的性暴力的游行，在探讨了她们对参加公开示威的恐惧之后，她们决定集体参加游行。我支持小组准备独立行动，在新的经历中相互支持。我告诉她们我对她们想一起游行感觉很棒，并给她们提供了所需的信息。

实务要点： 第十七章将进一步讨论女权主义的实践取向。其中一个重要的主题是赋权的重要性，在这个例子中，年轻的妇女们经历了性虐待和身体虐待。游行是一项让妇女作为一个小组，通过克服恐惧来维护自己权利的活动。这是前面讨论互助时所描述的"数量优势"现象的一个例子。在游行之后的会谈中，这个过程被记录下来。

9 月 25 日

我们支持这个小组日益独立，并与她们分享了我们的感受：当小组讲到游行带给她们的感受时，简和我分享了看到她们在那儿，游行，不停地喊口号和唱歌时，我们感到多么有力量。我们还分享说，对我们来说见到她们和知道这个小组即将结束，并不容易。这个小组对我们来说很特别，很难让它就这么完结。

（我陷入了工作错觉，让小组偏离了轨道。）丽塔已经谈论了一段时间她的问题和与父母的冲突。一开始，带领者和成员都在积极讨论她的问题，但我逐渐开始觉得我们哪儿也去不了，我试图让成员参与进来也没有结果。我现在认为丽塔表达的一些愤怒是间接针对带领者和（或）小组的，但我当时错过了这一点，因为她有充分的理由对她的父母感到愤怒。

实务要点： 在接下来的干预中，这位经验丰富的带领者展示了她与小组中的每个人和作为一个整体的小组——我称之为"两个服务对象"——同时站在一起的能力。她观察到小组似乎已经"退出"了，这是对她们的非语言暗示的认可。当她接触到与一个成员——琳达的非语言线索相关联的潜在情感时，她为所有成员带来了强大的丧失感以及新兴的希望和力量感。

一段时间以来，我注意到琳达似乎非常激动，似乎在努力克制自己。丽塔停顿了很久，我问道："琳达，你怎么了？"琳达似乎吓了一跳："谁，我？为什么？有什么问题吗？"我回答说："好吧，丽塔谈论她的家庭已经有一段时间了，我知道你的家庭一直是你痛苦的根源。你现在看起来很沮丧，我想知道发生了什么事。"琳达开始说自己一直很痛苦。她说，她的丧失最近已经完全压倒了她，她只是不知道她将如何好起来。我立刻感觉到这群人复活了。

琳达和其他成员谈了一段时间，说她感到多么绝望。我触及她应对痛苦的能力。"我只是听说你现在有这么多的痛苦和悲伤，我想知道你在这么多的伤害下做了什么。"她说她哭了很久，只是让自己感受悲伤，她还在日记里写东西，写诗。她提到她今天刚刚写了一首诗，描述了她的痛苦和痛苦带给她的感受。

有几个人问她是否愿意读一下，她照做了。诗的名字是《彩虹之子》，它描述了光束在透过一滴水的时候如何破碎散落，又如何形成生机勃勃的彩虹再现。这首诗说的是，她和所有康复中的幸存者就像一束光；如果她们能挺过痛苦，就会变得充满活力、美丽且完整。我们几个人（包括我在内）都热泪盈眶，当她说完，大家都在一阵沉默中感受到了力量。

我保持沉默，让大家控制这一刻。成员们感谢她分享了她个人的、痛苦的、充满希望的一面。我做琳达的个人咨询师已经有一段时间了，我发现离开她和机构非常困难。我承认她的感受，分享我自己的感受，并相信她有能力应付。我分享说，我觉得这首诗非常感人，我能感觉到她有令人难以置信的痛苦，但她的艺术和创造能力是推动她前进和转变痛苦的强大工具。小组很快就结束了。

实务要点：在下一次会谈中，我们可以看到玛莎最终能够在小组中披露关于她被虐待的情况，以及她通过参与"夺回夜晚"赋权的影响。这个过程帮助她现在通过与虐待她的父亲对质来维护自己。

10月2日

玛莎告诉小组，自从上一次小组讨论以来，她一直在与父亲对质。我们都很惊讶，因为这是玛莎在未来几个月甚至几年都不希望达到的目标。她遭受了很严重的虐待，她的父亲一旦能够与她接触，便会继续持有对她的令人难以置信的权力。在她打电话之前，她一直和琳达在一起，她说："只是觉得自己很强大，很安全。我能看到琳达和我的室友就在那里，我能把整个小组都记在心里，感觉到你们在支持我，帮助我获得安全。我以前从未有过这种感觉。他很虚弱！他似乎无能为力。"

玛莎在打完电话后烧了一张她父亲的照片，以此来驱除他对她的控制，她把灰带到了小组里。后来，这群人聚集起来，把灰冲下厕所。两位带领者都称赞玛莎令人难以置信的快速成长，并将其与结束以及她如何控制自己想要实现的目标和接近小组终点联系起来。小组给了玛莎反馈，并讨论了作为她安全感的一部分的感觉。

实务要点：在下面的简短摘录中，小组带领者在事后将一个成员对她的心理医生的愤怒与对小组带领者的愤怒联系起来。这对带领者来说是一个重要的生长点。

接下来，唐娜提出了她的心理医生的问题，以及他是如何告诉她要继续生活，不要再沉溺于她的抑郁和对她的虐待。这群人愤怒地回应。我允许我自己愤怒，以及我的方法和心理医生的方法之间的真正差异，使我看不到这群人的愤怒中可能朝向我的部分。我们在帮助唐娜评估她的治疗方面做了很好的工作，但是我们错过了另一个机会来探究小组对结束的愤怒以及我们作为带领者的角色。我认为这个小组对我来说是如此特别，我发现个人、小组和机构的终止是如此令人难以接受，以至于我不知道她们的愤怒。

10 月 16 日最后一次会谈

每个成员和带领者都为其他成员和带领者准备了书面反馈，成员们轮流互相阅读她们的信息。（带领者分发了书面的个人反馈，并向整个小组提供了全面的反馈。）这些材料非常个人化和感人，并将小组的工作与结束的强烈感觉联系起来。带领者协助成员准备阅读，并帮助小组做出回应。一些成员哭了，表达了深深的痛苦和丧失感。带领者也直接对她们的反馈做出了回应。

一些女性选择分发个人反馈，并在成员阅读个人材料时与成员进行一般性交流。虽然我相信这些材料是真实的，但它只关注积极的方面，两位带领者都错过了获得负面反馈的机会，陷入了告别会综合征。

实务要点： 虽然这项重要任务没有完成，但成员确实完成了她们的目标，即创建一种安全的文化，在这种文化中，成员可能会在小组结束时甘冒亲密和信任方面的风险。通过断开联结而产生的共鸣和联结再次显现出来。

玛莎读了每一张纸条，最后都以"爱你！玛莎"结束。丽塔说："这真的很难启口，但我不得不问。你对每个人都说了'爱你'，但你没有对我说。我肯定你是忘了，但我得说，我有些受伤。你不也爱我吗？"说完这些话，她哭了起来。玛莎显然忘了，转身对丽塔说："我很高兴你告诉我。我只是觉得这一切太难了，我甚至没有意识到……我真的爱你。对不起，我忘了你，这很伤人。来，让我把它写在给你的纸条上面。"

我问丽塔冒这个风险是什么感觉，我说我记得她 6 个月前就加入了这个小组，说她从不让自己在别人面前变得脆弱。丽塔说，这是一个比以前更安全的地方。她分享了她的故事，她的羞耻，她的脆弱。她知道她可以信任我们。"这是真的，"玛莎补充说，"我从来没有去过这样安全的地方，甚至比单独治疗更安全。"米歇尔补充说："这个地方就像我们从未有过的安全之家。你就像我们的父母。你对我们很好，我们学会了坦诚相待。我们可以感觉良好，感觉不好，彼此意见不同，甚至发疯，但一切都被接受。我们可以学着做我们自己。你以我们父母应有的方式陪伴着我们。"在成员们的建议下，我们进行了长时间的"集体拥抱"，吃了一些成员点的蛋糕。蛋糕上写着："幸存者们努力奋斗，茁壮成长！"

实务总结： 琳达的诗中的隐喻，将康复中的幸存者们视为"一束光；如果她们能挺过痛苦，就会变得充满活力、美丽且完整"，是非常强大和感人的。它很好地捕捉到了这些年轻的、受压迫的和脆弱的女性如何努力摆脱本应养育她们的人强加给她们的受损的自我形象。当她们感到如此不自在时，她们勇敢地加入了"夺回夜晚"游行，这是对她们愿意反抗和推翻压迫者的肯定。这是她们反对压迫的个人革命的社会并行努力，其中一名成员努力对抗冒犯她的父母。互助小组的独特力量充分体现在她们共同工作的内容中和最后一次会谈蛋糕上的"幸存者们努力奋斗，茁壮成长！"的字样中。

最后一个例子完成了结束和转换阶段的说明。本章还将重点放在四个阶段的工作上。

与结束相关的伦理问题

曼吉欧尼、福蒂和亚库齐（Mangione，Forti，& Iacuzzi，2007）呼应了处理结束的重要性，并提出了需要考虑的伦理问题。

教育政策 4b

> 丧失和结束是影响服务对象生活、疗愈和成长的重要因素。鉴于我们有一种不关心结束的文化氛围，服务对象有着复杂而矛盾的历史，因此至少一些心理治疗学派认为，良好的结束对服务对象的福利至关重要……考虑到结束引发的内在困难和情绪波动，小组心理治疗师需要拥有道德工具，以解决可能在其服务对象和自己身上产生的、影响临床决策的情绪紧张和冲突。(p. 27)

这些作者还指出了尊重种族、种族差异和文化差异的重要性，以及对结束的不同理解和反应。

> 在强调关系延续性的文化中，结束可能被视为关系的中断，而非永久的结束。在另一个文化小组中，结束则可能被视为永久的割裂。当这些不同的观点在结束一个治疗小组中出现时，会产生伦理困境。(p. 28)

这些作者对美国团体心理治疗协会成员开展了一项与结束有关的伦理问题的调查，结果有 275 名治疗师（占成员总数的 11%）做出了回答。其中一半来自私人实务领域，另一半则来自医院、学校、诊所或大学等机构。以下是他们对关键问题的调查结果：

- 几乎所有经验丰富的治疗师都认为结束很重要，他们花了大量时间准备和处理结束过程。
- 59% 的人赞成在组前筛查中讨论结束期望，13% 的人说他们根本不谈论结束期望。
- 超过三分之一的人（36.2%）认为结束应该由治疗师、服务对象和小组共同决定。
- 超过四分之一的受访者表示成员曾通过口头或行为上的呼吁，要求延续小组，并认为有必要延续小组，以应对成员出现更多症状的情况，尽管他们了解改变商定的框架所涉及的道德问题。
- 尽管存在道德问题，仍有 20% 的样本在服务对象的要求下延续了短期小组。当一些服务对象陷入困境且无法进行后续跟进时，14% 的人会对不延续小组表示伦理上的担忧。
- 针对成员意外离开的情况，四分之三的受访者希望与成员讨论他们对离开的看法；但是，同样数量的受访者意识到，如果他们这样做，他们有义务保护服务对象的隐私。
- 一小部分受访者曾经历过成员自杀，他们表示自己需要支持，也需要与成员讨论事件和分享悲痛的机会。

- 超过一半的受访者曾要求至少一名成员离开小组，主要是因为其破坏性行为或个人与小组的不匹配。
- 超过一半的受访者经常因为生活状况（如怀孕）和更复杂的问题（如遭遇成员的身体威胁）而不得不离开小组。（Mangione，Forti，& Iacuzzi，2007，pp. 28–34）

这项调查的结果和我自身的实践经验表明，结束确实可能是复杂的，它们可能会对带领者提出伦理挑战。有机会探讨这些问题，并有一个有优势的伦理审查委员会和适当的风险管理模式是非常有益的。

本章小结

小组工作的结束阶段是一个非常重要的阶段，因为成员们把一些最重要和最困难的问题放在了重要位置，这一现象有时被称为"门把手疗法"现象。然而，由于在结束小组工作时涉及的强有力的问题，亲密和权威主题都需要重新处理，以避免结束成为工作的暂停。

带领者需要帮助成员识别并度过几个常见但不普遍的结束时段：否认、愤怒、悲伤、试探尺度以及告别会综合征。这一阶段的带领者干预包括提前指出结束，探寻感受，确定结束的时段，分享带领者的感受，提出工作要求以避免成员逃避结束，以及在适当的情况下，将结束过程与小组的目标联系起来。

649　成员还需要考虑向新体验的转换，以及小组结束时个别成员的"下一步"。当带领者离开，小组继续发展时，会产生特殊的动力。

能力要点

下面列出了本章援引的社会工作教育委员会在《教育政策与认证标准》（2015 年）中为社会工作学生推荐的能力和实务行为。

第二项能力 将多样性和差异性融入工作实践：

a. 在微观、中观和宏观工作中运用并能交流对多样性和差异在塑造人生经验中的重要性的理解

c. 运用自我意识和自律，管理在与形形色色的服务对象和不同群体一道工作时个人的偏见和价值观的影响

第三项能力 促进人权和社会、经济与环境公正：

a. 运用自身对社会、经济和环境公正的理解，在个人和制度层面倡导人权

b. 投身促进社会、经济与环境公正的工作

第四项能力 投身实务与研究的结合和研究与实务的结合：

b. 运用批判性思考来分析定量与定性研究方法及研究发现

第六项能力 与个人、家庭、小组、组织和社区建立关系：

a. 运用人类行为与社会环境、情境中的人和其他多学科的理论框架，与服务对象和不同群体建立关系

b. 运用同理心、反映和人际技巧有效地与多样性的服务对象和不同群体建立关系

第七项能力 预估个人、家庭、小组、组织和社区：

a. 收集和组织数据，运用批判性思考解读从服务对象和不同群体处获得的信息

第五部分

宏观社会工作实务：影响机构/场所、
社区并影响社会变革

第五部分由两章组成，重点介绍社会工作者与机构或场所中其他专业人员（如教师或医生）的宏观实务、社区组织（地理性或环境）、社会行动（个人或通过专业协会）以及致力于社会变革的社会政策工作。继续以社会工作者有"两个服务对象"为主题，我们将探讨一个从事临床直接实务工作的社会工作者，或一个专注于宏观直接或间接实务的社会工作者，如何与服务对象一道或代表服务对象发挥积极影响。

在第十五章中，我们讨论并说明工作者帮助服务对象同系统协商的努力。描述个人与社会环境互动的基本框架在此再次出现，并强调社会工作者的调解和倡导职能。本书的前四部分所描述的技巧和动力在与其他专业人员合作的分析中重现。本章还将着重描述社会工作者对自己所在的场所或机构以及更广泛的社区施加专业影响的责任。

第十六章描述社区社会工作实务的发展，重点是以赋权为导向的渐进式实务框架。有效开展社区工作的基本原则是社会工作情境中社区组织的潜在的哲学。本章讨论社区工作的一些模式，从"基层"组织到运用计算机加强数字民主。

第十六章的最后一部分回到时间框架，即工作阶段，说明社区组织在开始、中间和结束/转换阶段的原则和模式。引人注目的是，贯穿本书的沟通、关系和问题解决技巧如何运用到在社区开展宏观实务工作中。换言之，一个好的宏观实务从业人员同临床实务从业人员一样，需要在同样的实务技巧方面有坚实的基础，并有其他的与其实务工作层面相匹配的技巧。反之，临床实务从业人员也是如此，他们也需具备宏观实务技巧。

最后，第十六章通过回溯我们专业的历史根源，主张一种包括通过致力于社会和政治行动从而影响社会变革的通才实务，延展了对宏观实务的审视。

专业影响与帮助服务对象同制度体系对话

本书的第一到第四部分，我们探讨了与个人、家庭和小组一道工作的助人模式。大部分的重点是准备和帮助服务对象与重要的系统打交道。在第五部分，我们考虑另一个层面的互动，即服务对象与他们所接触的社会设置之间的关系，如学校、医院、住房机构、政治制度体系和寄宿式照护中心。

宏观实务

本书这一部分先考察通常所说的"宏观"社会工作实务。对于一些社会工作者来说，这是一个专门的领域，对应于那些通常被称为"微观"或临床实务的人的工作。我持有通用观，认为所有的社会工作者都要从事一些宏观活动，即使他们是在医院或学校等机构或私人执业机构工作，主要从事直接的临床实务工作。

反过来，有效的宏观实务涉及运用前几章中界定的与个人、家庭和小组一道工作所需的同样的互动技巧。例如，当试图影响一个场所中的员工（例如，教师、医院中的主要的其他专业人员），加深他们对服务对象所面临问题的感同身受和理解时，社会工作者必须表现出对员工的感同身受，这很重要。将权益倡导等同于对抗是错误的，尽管有时在跟服务对象一道工作时需要运用对抗技巧。

首先，我们需要界定宏观这一术语。朗、提斯和莫里森（Long，Tice，& Morrison，2006）将其定义为：

宏观意味着规模大或宏大。在社会工作中，它涉及能够从大局着眼并进行干预的能力，特别是从社会经济环境中的较为大型的系统着眼。宏观社会工作实务可以包括

与消费者合作，以强化和最大限度地增加人们在组织、社区、社会和全球层面的机会。（p. 3）

作者们阐释了社会工作实务中宏观实务的历史渊源，并认为优势视角与宏观实务的原则有良好的契合。

布吕格曼（Brueggemann，2006）叙写了宏观社会工作的简史，并提出以下观点：

> 社会工作专业从开端，就一直最关心社会环境方面的福祉，而宏观社会工作一直是社会工作者投身这方面努力的一个途径。许多早期的社会工作者志在强化社区，使政府组织更加民主，在市、州和国家层面工作，去创设更好的社会政策，积极参与社会运动，并将自己关注的事宜的范围扩大到国际社会。（p. 4）

布吕格曼（Brueggemann，2006）有一个广义的宏观社会工作定义，包括下述内容：

- 社区社会规划；
- 社区发展；
- 社区组织；
- 组织中的项目开发；
- 社会工作行政；
- 组织发展；
- 社会政策与政治；
- 社会行动与社会运动；
- 国际社会工作。（pp. 10—12）

虽然我们的重点是社会工作实践，但必须指出的是，咨询等相关专业也在做权益倡导工作。迈尔斯（Myers，2014）追溯出咨询领域的权益倡导模式出现在 20 世纪 60 年代，当时美国正处在与反越战运动、民权和呼吁妇女平权有关的社会变革时代。她引用了美国咨询协会前任主席考特兰·李的话："起初它更像是一种哲学理念，咨询师需要充当社会变革的媒介。随着发展演进，权益倡导变成了多元文化土地上社会公正运动的组成部分。"（p. 33）

辛格和萨拉扎（Singh & Salazar，2014）主张利用小组工作促进社会公正变革。他们指出：

> 小组带领者可以对许多类型的小组发挥催化作用，从任务小组和心理教育小组直到心理治疗小组，而且在所有小组工作中对社会公正的关注都是显而易见的。小组带领者的工作增强了成员的归属感、对小组进程的掌控以及为实现个人和集体目标而进行的协同努力，这些都为给成员赋权，让他们为自己的生活带来改变提供了丰富的机会。社会公正小组的工作带来了更多的收益，增进了对社会变革的意识、理解和潜能。（p. 288）

虽然社会工作专业的历史植根于权益倡导，例如简·亚当斯和 20 世纪初的社区睦邻运动，但 20 世纪 60 年代的社会变革也有其影响，它让社会工作专业牢记其历史使命。

在本书这一部分的两章中，我们要介绍与宏观实务的四个实务领域相关的基本概念，即组织变革、社区组织、社会政策与政治和社会行动。

社会系统取向

当我们来看这一层面的个人与社会的互动以及工作者要促进互动所需发挥的作用和具备的技巧时，我们便会知晓可以应用之前已经介绍过的许多概念。采用基于系统理论的取向使其有可能得以实现，因为不同层面的系统具有一些共通之处，对一个层面的洞察能充当理解另一个层面问题的假设。

第二章介绍了系统或生态取向，作为理解服务对象所处的宏大社会背景的总的框架。第二部分、第三部分和第四部分侧重于工作者努力帮助服务对象与其生活中的各种重要制度体系（例如家庭、学校、互助小组等）斡旋。我们会看到，工作者一直都有两个服务对象，即个体服务对象和系统，开展其中一个服务对象的工作所发展出的许多原则可以用来开展另一个服务对象的工作。实务方面的举例说明包括了社会工作者尝试对医生、寄宿照护人员、其他社会工作者、教师等施加专业影响。在本章和下一章中，与其他专业人员、组织和社区系统的合作是讨论的要点。

这一层面的系统的工作是所有实务的一个要素，它让社会工作专业有别于其他专业，尽管其他相关职业——例如咨询领域的小组工作专家——也可以声称自己有践行社会公正和采取社会行动的历史（参见 Singh & Salazar，2010）。

迈向整合的社会工作实务理论

656

如果回顾一下我们社会工作的历史，赫恩（Hearn，1962）作为社会工作理论家之一，最早描述了一般系统理论对发展统一的社会工作实务理论的潜在价值。他说：

> 如果有一些原则适用于一般的有机系统，如果个人、小组、组织和社区可以被视为这样的系统，那么这些原则总的来说就可以在一个统一的实务理论中有其价值。这会提供一个共同的框架，将个人、小组、组织和社区视为"服务对象"，或是向"服务对象"提供服务的手段。(p. 67)

赫恩在此建议我们用对一个层面的系统的理解来更好地理解另一个层面的系统。举一个这一理念的例子，回想一下我们讨论过的家庭与其偏差成员之间的动力；常常，这个偏差角色表现出的行为是在向整个家庭发送信息。再想一下，小组中偏差成员的作用也是如此。在本章和下一章中，我们也会采用看待偏差成员的角色的相同概念，并将其应用于组织和社区层面。

例如，在给大型组织（如医院）提供咨询时，我经常发现某个服务或部门被认为是系统中的偏差成员。这个部门不断陷入混乱，面临频繁的人员更替，与其他部门发生冲突，等等。在儿童福利机构中，保护部门常常扮演这一角色。在县或州的机构中，常常会有一个地方办事处被认为是有问题的。

沿用之前的类比，我们可以以用对一个群体中的偏差成员所做的诠释来解释某个组织的部门的所作所为。因此，作为《平价医疗法案》的一部分或是由于联邦拨款的削减，管理型医疗或竞争所做出的成本控制努力使医院承受着越来越大的压力，特定部门可能会把整个系统的压力表现得淋漓尽致。与小组和家庭一样，偏差成员通常是最难应对普遍压力的单位。在医院里，通常是急诊室、重症监护病房或外科服务部门承担这一角色。系统的这些组成部分通常在高压下运行。

在一个更大的实体中，例如美国的一个州或加拿大的一个省，一个州级机构，如儿童福利局，可能会代表所有其他社会服务系统发出承压信号。另一个例子是，替罪羊也很常见；一些社会服务系统认为其他系统"不太专业"，并将自己的问题转嫁到这些系统的工作人员身上。

一旦这一系统取向被整合到社会工作者的理论框架中，他就能够动态地看待各个层面的系统，并将其作为可能的干预目标。此外，这一观点为从理论上提炼社会工作者的功能，识别所需的技巧提供了方向。本章探讨个人与系统的互动，所使用的术语与之前的表述大致相同，用调解来描述社会工作者的角色功能，其中包括权益倡导和对抗。示例来自多个场所，将展示社会工作者所开展的服务对象的工作，这些服务对象有时是个人，有时是群体，正努力跟系统及其代表（如教师、校长、医生、房管局的管理人员）斡旋。你会看到，许多已经识别出的技巧在与系统的代表打交道时如同在与服务对象打交道时一样有用。因为变革也经常涉及与系统和社会压力的对抗，所以我们也会讨论这些过程。

本章还展示了员工如何利用开展服务对象工作的经验来指引影响机构政策、结构、程序和方案的工作，以更好地满足服务对象的需求。这种影响更大系统（第二个服务对象概念）的特殊责任是历史的，它让社会工作专业在我们的社会中被赋予了独特而至关重要的角色。简言之，社会工作者需要停止抱怨他们的工作所处的或与之打交道的系统（例如学校、医院、机构、社区等），克服淡漠，并开始做一些事情，尝试影响系统，使之做出改变。

个人–系统的互动

教育政策 1d
教育政策 8d

　　在一个以城市为主的现代化工业社会中，个人和社会之间的关系变得相当复杂。大量的机构和设施建立起来，代表社会与个人打交道。例如，福利机构照顾那些不能独立生活的人（尽管"福利改革"的一些努力已使这一作用受到质疑）；学校为个人提供所需的教育，以便融入社区并发挥作用；医院为身体疾病提供医疗照顾；心理治疗中心治疗有情感障碍的人。然而，正是这些为解决问题而设立的机构，其自身已经变得如此复杂，以致产生新的问题。即便是对于那些学习了如何与其打交道的人来说，社会、医疗和教育系统都有可能很难去沟通诉求，更不用说那些没怎么受过教育和资源有限的人了。为人们提供的服务常常太过复杂，让服务对象很难去使用。最近一个令人震惊的丧失作用的例子是，一些退伍军人管理机构的医疗中心被曝光有极长的等候服务名单和虚假的服务报告。

　　除了复杂之外，其他因素也加剧了个人与系统的相互作用。举例来说，许多服务本身在提供给服务对象时就是矛盾的。因此，尽管设立福利是为了满足贫困者的需要，但是它的行政管理方式却往往表现出一种评判和惩罚的态度。比如，常常让接受福利的人觉得他们的支票是公共"救济金"，是一个慷慨的社区的礼物，而不是权利，接受福利表明个人既不是对社会有贡献的一员，也不是社会的一个重要成员。

　　过去几年福利立法的变化强化了这种观点。有零星报告称，在经济状况良好的情况下，以及在适当的日托、培训和其他支持到位的情况下，从依靠福利到工作谋生的努力可能对一些福利接受者有帮助。这些报告还指出，不加区别地对无法做到这一转换的家庭和个人适用新规定，可能会给我们人口中最脆弱的成员造成无法承受的艰辛。

　　最近，伴随严重的经济衰退和数百万人失业，与现实背道而驰的类似的指控也在流传，认为拿失业保险会鼓励领取者不去找工作。一些领取长期失业保险的人受到攻击，即使他们在经济不景气的情况下为找工作做出了巨大努力，这实际上也是对社会支持项目有组织的攻击。认识到经济增长缓慢和创造就业机会迟缓而试图延长长期失业保险金的努力遭到了保守党掌控的国会和保守党总统的阻挠。

　　导致个人与系统关系破裂的第三个因素是官僚机构的规模。例如，在一个大型政府机构中找到合适的部门可能会是一个令人挫败，甚至是不胜其烦的事情。作为一个学生进入一所一个年级有 2 000 人的大型高中，很容易在这个学校系统中迷失自我。这可能会妨碍学生获得成功完成某个课业所需的专门帮助。（许多学校系统已经开始认识到这一点，并正在试图创建较小的初中和高中学校，或是将大型学校拆分成较小的学部。）

　　第四个错综复杂的问题是人际沟通的困难。例如，一个学生，即使是在一个小环境中，像在一个特定的班级中，也可能会觉得老师不在乎，而老师，反过来，对学生可能也会有同样的感觉。两者都可能被误解。在另一个例子中，有色人种的学生可能会觉得白人老师是种族主义者和惩罚者。在某些情况下，这种感觉或许是准确的。而在另一些情况下，它可能反映了不同种族和文化的成员之间的交流和关系所涉及的巨大复杂性。

当然你可以举出自己的例子，说明系统的规模和复杂性、沟通的困难，或是系统对待服务对象的矛盾心理使其无法获得所要求的服务。因为要用该系统的个人也很复杂，对接受服务有些矛盾，并且在沟通方面有困难，崩溃几乎难以避免。

当然，我们都知道，仅仅是创建一个服务来满足需求并不能保证需求得到满足。认识到这一现实，施瓦茨（Schwartz, 1961）提出，社会工作专业的功能是调解个人与社会的联结。他认为，这是社会工作专业得以发展的历史原因：在服务对象与他们需要去沟通诉求的个人和社会系统之间起到缓冲作用。其他专业人员（心理学家、护士等等）或许也可以恰当地发挥这一作用。然而，根据施瓦茨的观点，只有社会工作专业才把这一作用视为己任，即它是自身工作的一个非常重要的组成部分。

调解个人与系统间的关系

教育政策 8d

工作者在履行这一职责时面临的一大问题是他们自己的感受。他们大多数时候过于认同个别服务对象而不是系统及其代表。在我们之前讨论的家庭工作和小组中的替罪羊工作时，我们看到了工作者怎么由于自身的生活经历，往往认同关系中的一方。

因为我们都知道官僚机构的复杂性，行政管理人员的威权和麻木不仁，看起来毫不在意的教师，等等，所以对服务对象与系统间的问题有这样的第一反应是可以理解的。我见过工作人员对服务对象一方的偏差行为有很好的容忍度，能够透过表象看待问题，捕捉到服务对象潜在的优势，并理解服务对象的矛盾心理。然而，同样是这些工作者，当他们在一个系统或系统的代表那看到同样的表现时却不能容忍偏差行为，会被表象愚弄，不能接受矛盾心理。

659

有时愤怒是唯一恰当的回应，对抗是唯一的答案。然而，工作者往往会在尚未尝试理解其中的动力前，就做出这样的反应，因此他们可能会对教师、医生或福利工作者做出似乎是刻板的反应。当服务对象需要工作者的帮助去与系统沟通诉求时，工作者的回应可能会进一步切断服务对象与系统的联系。然后，工作者可能会说这个系统让人无法打交道，而不是查看在这个过程中个人是否感情用事，并批判性地分析自己这一方的责任。

我们需要的是对专业影响方面的技巧的反思。在这一领域，特别是在社会工作教育中，需要做出更多努力的一个证据是，缺少使用记录设备（例如过程记录设备）来分析开展特定系统的工作。社会工作的实习导师或课堂上教实务课程的老师可能会要求学生写一份与服务对象互动的描述，但当开展工作的是老师、医生、护士等人时却很少会这样要求。下面是在学校环境中与系统打交道的一个例子。

一所学校里的一位土著工作者和一位白人教师　我主持过一个工作坊，对象是加拿大的印第安土著妇女，她们是当地乐队的社会援助人员，工作坊中有工作者怎么超越自己最初的反应的值得关注的例子。这些妇女的工作是帮助乐队成员与许多员工是白人的机构和设施（学校、福利部门等）打交道。我要指出的是，在工作坊开始的时候，我直接承认了我们在种族、性别、文化背景甚至地理位置上的差异，因为我是白人男性，来自一个大城市的大学。我表示会需要她们来帮助我理解她们作为农村地区的土著工作者所面临的具体问题。虽然此时她们什么也没说，但我注意到有人肯定地点头。我相信，这一起初的说明有助于弥合在随后的讨论中可能有的距离。

教育政策 2a
教育政策 2c
教育政策 3a

一位土著工作者举了一个例子，说她努力帮助一位土著青少年，他有门功课快不及格了，教课的是个白人老师。这位工作者经常抨击学校的不足。下面是根据我所做的工作坊的过程笔记呈现的工作者与白人教师之间的对话。

　　工作者：我听说你课上的阿尔伯特的英语成绩有问题。

　　教师：这不是我的问题，是他的问题。

　　工作者：我真的觉得你对他太放手了。

　　教师：是这样，如果他想有好成绩，就得努力加油。我真的没时间争吵。如果他想通过英语考试，他就得更加努力。

　　工作者：说到时间，你知道，我们确实支付了你的部分工资。我的确觉得你可以宽大一点。

　　教师：我会尽量记住的。

　　工作者：你要这样做。

实务要点：在讨论这个简短的交流时，参加工作坊的人都是土著印第安工作者，他们觉得这位工作者对老师太严厉了。两人似乎都挺带防御性的：老师可能觉得尽管阿尔伯特表现不佳，工作者还是希望她让他及格，而工作者觉得老师其实并不真的关心阿尔伯特。

660

小组成员一致认为，工作者和老师之间的关系没搞好，会谈并没有为改善老师和阿尔伯特之间的关系带来多少希望。老师既没有对阿尔伯特的感受有更好的了解，也没有意识到什么妨碍了阿尔伯特的学习。此外，工作者把老师对阿尔伯特学业表现的期望理解成拒绝帮助阿尔伯特。尽管如此，许多工作坊的成员也指出，一些教师根本没对土著印第安学生提任何要求；他们只是放水让他们通过，这是一种真正的放弃和种族主义。工作坊小组的成员们制定策略，看怎样可以让工作者再去见这位老师，就他们的关系有个约定，并尝试重新开始。

实务要点：虽然这位工作者看似同意，但我感觉到她犹豫不决，特别是在向老师承认她表现得太强势时。我开始发掘她内心的感受：

> **工作坊带领者：**你好像有点犹豫。我觉得你不急于回去再试一次。我说得对吗？
>
> **工作者：**（沉默了很长时间）回去跟那个老师谈会伤我的自尊。（又是长时间的沉默。）
>
> **工作坊带领者：**你能解释一下为什么会伤自尊吗？
>
> **工作者：**我想你不会明白。三十年前，我是在那所全是白人的学校上学的第一批五个印第安孩子之一。

实务要点：我相信是我早前关于自己跟参加工作坊的人有所不同的声明使谈话得以继续，并进入痛苦的领域。讲话的人接着描述了她在一所白人占主导地位的学校的经历，那里让她和其他印第安学生对自己的种族和传统感到羞愧。他们被禁止说自己的母语，被老师和白人学生嘲笑衣着和举止糟糕，而且总的来说让他们觉得自己是外人。文化冲击的一个例子跟运用沉默有关。当在课堂上被提问时，一些印第安学生会花很长时间才回答，因为他们在思考答案（就像他们在家里见到的谈话习惯一样），或者试图翻译成他们的母语，然后再翻译成英语。不了解沉默的重要性的教师通常会把迟迟才回答理解为表明这个学生不知道答案，他们会转向另一个学生。经过一段时间，土著学生甚至都不想再说话了，教师也不再问他们什么。

实务要点：在工作坊的小组中，其他人分享了自己的经验。一些成员温和地指出，当今的情况不一样了，有些白人教师努力理解自己的学生。我试着去说明这位举例子的工作者的感受。

> **工作坊带领者：**我想每次你走进那所学校，一定会想起特别多的痛苦和屈辱。我现在能理解为什么你会觉得这会打击你的自尊心。我不确定我现在是否能帮上忙。让我印象深刻的是，对你来说，要用不同的工作方式和这位老师互动，你必须处理好自己对白人世界的感受，也就是你所经历的所有伤害，这是一项艰巨的任务。

其他的工作坊成员在此刻也都加入进来，讨论聚焦到他们怎么避免把当今世界的土著青少年视为和自己过去帮助过的青少年完全一样的倾向，尽管二者仍然有许多相似之处，而且证据清楚地表明存在着持续的偏见和压迫。他们对目前感受到的不公正的愤怒是明摆着的。尽管如此，如果他们要帮助孩子们改变现状，他们就必须尝试从自身做起。

实务总结：在这个特殊的案例中，工作坊的成员们认为，如果工作者简单地放弃学校，对阿尔伯特没有任何帮助。为了让阿尔伯特通过这门课程，必须有人开启他的老师与他之间的交流。这位工作者同意她能看到这一点，并说她必须考虑她要做什么。

牢记作为一名社会工作者的我的社会公正角色，我指出，这个例子提出了一个更大的问题，即乐队的孩子们与他们的父母和学校工作人员之间的关系。他们有没有想过尝试对乐队和学校做点什么？其他土著印第安家长是否也对学校有点惧怕？也许学校的员工觉得跟乐队中断了联系，畏惧乐队。这是一个值得探索的领域吗？工作坊的参加者继续讨论这一具体案例对学校里土著儿童的普遍问题的意义。

从具体事例上升到更普遍的问题，或从"个案"追溯"原因"，是后文将要探讨的一个重要的工作思路。现在要明白的是，这位工作者的感受会强烈影响她对于系统及其代表的认识。如果这位工作者只看到系统中显示出阻力的部分，就可能会掉入陷阱，漏掉系统中仍在伸出援手的部分。这便是个人和系统之间潜在共生关系的基本假设，每一方都需要对方才能成功发展，这一点至关重要。它有助于我们避免陷入对制度的刻板印象，从而失去产生建设性影响的机会。

当然，工作者不需要亲历前面描述的这种特殊的事情来体会令人望而却步的学校环境。例如，我的一个研究生描述了他第一天的实习经历。他被安排在他小时候就读的同一所小学做学生社会工作者。第一天早上，他在大厅里遇到了以前的四年级老师，她说："特里，你在这里干什么？"他回答说："我是新来的学生社会工作者。"他形容她的脸展露出了灿烂的笑容，她说："这是不是挺好啊？"他脸红了，觉得和这位老师一起卓有成效地开展任何工作都没可能了。因此，要在系统工作中更有效地发挥作用，第一步是让工作者意识到自己对系统的代表的个人感受，尤其是那些处于权威地位的代表。这一点极为重要。

教育政策 8c

当学生被停学时开展学校系统的工作　以下更详细的例子，是关于一个被停学的年轻人的，它说明了工作者在行动中的调解角色和两个服务对象观念的重要性。这位工作者显示了她与这位年轻人、他的母亲和系统的代表建立关系的能力。这是她成功的关键。

662

服务对象是一位 61 岁的妇女，她曾联系过当地医院社区心理科的工作人员。这名工作者一直在医院开展的小组活动中与她的儿子见面，服务对象琼斯太太打电话告知这名工作者，尽管法院指令她必须让儿子鲍比上学，但她无法让学校接收她儿子鲍比。这名工作者说，服务对象在处理学校的事情上有些无能，对学校为什么不遵守法院的指令也讲不清楚。这位工作者感到琼斯太太对学校的问题忧心忡忡。她入户走访了服务对象，和她谈了谈她的问题。

工作者：我知道你承受了这么多对你孩子的指责，这对你来说很难。

琼斯太太：（看起来很沮丧）我在尽力。我不想法院把鲍比送到其他地方，但是学校不让他回来，他陷入了更多的麻烦。

工作者：这像是在兜圈子，每个人都在告诉你要做什么，但没人教你该怎么做。

琼斯太太：现在他们会说我疏于照顾鲍比。（愤怒地）法院说让他上学，学校说他不能来上学。我不知道该怎么办！

她继续说她无法理解为什么学校拒绝鲍比返校。我们谈话的时候，其他孩子在大喊大叫。琼斯太太非常急躁。好几次她抓住小家伙们让他们安静下来。我说她好像要受不了了，问她我能帮什么忙。她说如果我和学校谈谈会好很多。她搞不懂"那些人"。也许我可以。她解释说，要去学校，还得照顾其他所有孩子，对她来说多么不易。我说我会和学校的工作人员谈谈，并和她保持密切联系，告知她进展。她似乎松了一口气，向我道谢。

实务要点： 对这个要被压垮的母亲来说，工作者表达同理心和支持是很重要的。还要注意，工作者是如何提出代表这位母亲和孩子去与学校系统直接沟通的。在某些时候，这位母亲会需要人帮助，由她自己处理学校的事宜，但在这一时刻，工作者适时地提出由她来承接这件事。她首先做的是直接和鲍比谈。

稍后我和鲍比谈了谈，想了解他的感受。我跟他说话的时候他正在街上，他看起来不太开心，但看到我有了些精神。他即时的反应是："你要让我上学吗？"我告诉了他一些我想采取的步骤，并补充说，我知道他和他的母亲一直在非常努力地争取。我的话引出了更多的讨论。

鲍比： 我知道为什么学校不要我。

工作者： 我想知道为什么。

鲍比： 老师们不喜欢我，他们不想让我留在那所学校。

663 他闷闷不乐，心里似乎很难受。他看着我，眼睛湿润了。我主动去探查他的感受。

工作者： 我知道这很难，但是说出来，告诉我你的感受。

鲍比：（哭）我想回学校。在街上没什么可做的！法院要把我送走了，我妈妈一直在对我喊叫！

我们谈了很多他的感受，他一直在说他对上学的恐惧。如果他回到学校，他不确定是否能做得好。他担心同样的经历会重演。大多数时候，我只是倾听，尽可能地给予支持。

实务要点： 工作者触及了鲍比的感受，并给予带有支持性的同理心。但正如我们在本书前面的例子中所看到的，仅仅有同理心往往是不够的。工作者促进性的对抗，或者说提出工作要求，让鲍比知道他也需要在这个问题上努力。

工作者： 我知道这很难，鲍比。我想帮助你，尽力让你父母和学校明白，你想做对事情。但这并不容易，你得帮我来做。

鲍比： 我试试。

工作者： 你已经尽力了。让我知道你在想什么肯定非常不容易。

鲍比沉默不语，但我觉得他明白了我的意思。我走的时候，他提醒我那天晚上有小组的旅行，我说我会去的。

实务要点： 工作者开始工作，跟琼斯太太和鲍比订立她怎么能帮上忙的契约。她试着了解他们是如何看待这个难题的，并尝试鼓励他们表达对问题的感受。在这些谈话之后，你可能会想这个工作者大概要去学校为鲍比而战了。因为有法院的指令，这位工作者可能要用法院的力量迫使鲍比重返学校。这样的方式可能会奏效，但工作者意识到这将会是一时的胜利。如果鲍比和学校系统之间的问题得不到解决，它们之后会卷土重来，他很快就会再次被停学。此外，虽然工作者可能已经能够迫使学校让鲍比返校，但她想要的更多，她希望他们做更多的工作来帮助鲍比留在学校。为了获得他们的帮助，她需要把学校的教职员工当作尽力给鲍比施以援手的盟友，而不是敌人。学校将是她的第二个服务对象。

工作者没有通过抨击学校代表，激起防御和消极的反应来制造自我实现的预言，而是通过订立契约，运用澄清目的的技巧，开始与学业指导老师的第一次接触。通常，由于怀揣着一些想法，工作者在开始跟系统打交道时不会直截了当说明自己要干什么。目的不太明确对于系统代表和服务对象来说都是种威胁，也不会有工作成效。这位工作者还鼓励学业指导老师详细说明她对问题的看法。如果工作者把老师视为敌人，并且过于认同鲍比的话，那么她可能会在老师做出最初的反应后开始反击。这位工作者写道：

> 我拜访了那所学校，目的是弄清不让鲍比入学的原因，并挖掘出他就学困难的根源。我见了学业指导老师戈登女士，在简要描述了我与这个家庭的关系之后，我跟她说了我的目的。
>
> **工作者：** 法院已经要求鲍比回学校。琼斯太太告诉我学校拒绝让鲍比重新入学。
>
> **戈登女士：** 我知道法院已经指令鲍比回学校了。可是他被停学时，是由地区主管做的决定。所以，只有那个办公室才能让他上学。
>
> 然后我要求澄清鲍比停学是怎么回事。我想知道停学的学生要等这么久才能重新入学是不是很常见。她说，鲍比的情况有所不同，因为他在学校里非常爱捣乱（强调捣乱）。她强调他去年和午餐室老师打架的事。进一步的交谈表明，有可能鲍比是被激怒了。在我和她分享鲍比对当时的情形的感受时，她明白了这一点。我透露了鲍比的一些特点，我觉得学校应该知晓。我有两个目的：（1）我知道鲍比在那所学校的记录会跟着他，我想把它清除；（2）由于对老师的要求，孩子与学校的纷争和他自己的挣扎往往会被忽视。

实务要点： 工作者直接说明目的并愿意倾听，因此老师开始向工作者敞开心扉。工作者倾听并尝试对老师和她遇到的困难感同身受。在这一情形下，工作者试图同时与服务对象和系统"在一起"。虽然不听系统面临的问题会更容易，但就像任何关系一样，必须有了真正的理解才有可能提要求。还有，让老师理解鲍比的最好方法就是先来理解老师。

> **戈登女士：** 我注意到鲍比是个敏感的男孩，在他强悍的外表下是一个胆怯的孩子。
>
> 戈登女士似乎很沮丧，因为她无法调动鲍比积极的方面，我揣测我探寻鲍比停学的细节问题使她感到挫败和受威胁。我对她说："你可能想更积极地回应。鲍比的工作没能做到位，可能会让你感到不舒服。"戈登女士诚恳但又犹豫不决地继续说下去。

戈登女士： 很多老师都不敏感，校长也不大合作。此外，还有大量捣乱的孩子频繁被送来办公室。对这些孩子缺少足够的人手，使我们无法做好本职工作。

她继续讲了一段时间，谈她的种种挫折。我试图把讨论的重点重新放到鲍比身上，但几次都没有成功。然后我决定最好让她发泄一下情绪。我听她告诉我她是如何尽力帮助这些孩子的，过去她在让老师与捣乱的学生相处方面怎样实实在在地挣扎过。她恼怒地说："学生们确实需要帮助，但老师们很难给他们帮助，尤其是有这么多人！"我抓住这个机会回到鲍比的问题上来。

实务要点： 虽然倾听和真诚地与老师感同身受很重要，但是要求做工作是必需的，以确保谈话不会忽略鲍比和他的问题。

工作者： 戈登女士，我能理解这对你和老师们来说是多么令人沮丧，但鲍比也同样沮丧。他想就学，我知道学校想帮助他。

戈登女士：（非常担心地）我不会把这方面的任何记录寄给鲍比的新学校。我不想让老师们对他产生偏见。我会在记录里写鲍比是个敏感的男孩，开朗、有能力，但需要一些特别的帮助。我觉得这会给他更好的调整机会。

戈登女士然后给了我一些在地区办事处的联系人的名字。她说她很喜欢和我聊天，因为她很少有机会跟人说她的沮丧。我说我们可以多谈谈，这句话引发了关于为学校找一名社会工作者的长时间讨论。

实务要点： 由于工作者的立场和技能，以及她明确的角色，学业指导老师成为一个重要的盟友，一起努力让鲍比回到学校。工作者们经常想知道如何在与其他工作者交往时运用同理心技巧。他们会问："这不是像给一个员工开展'社会工作'吗？他们不会反感吗？"我认为，当他们这样说的时候，他们用的是"社会工作"一词最糟糕的含义，指的是一种不真诚的、仪式性的同理心反应，其他工作者很快就会体会到这是一种试图操纵他们的行为。在这个例子中，在学校里与鲍比这样的孩子打交道确实挺难的，如果工作者希望老师和学校员工倾听鲍比的心声，理解他的难处，对他的感受有同感，她对他们也应如此。

当然，学校的学业指导老师和其他员工不是服务对象；这位工作者需要牢记，他们是专业的同事，对于同一个服务对象，每个人都有不同的职能。然而，如果工作者要帮助鲍比和他的母亲，并且对鲍比与学校之间的互动产生积极影响，那么同事之间的相互尊重和理解以及愿意去了解事情的复杂性意义重大。在与系统代表一道工作所做的过程记录中，工作者经常在谈及系统中问题之后的会谈中陷入困境。工作者们要求对服务对象感同身受，却拒绝对同事感同身受。

实务要点： 这个实例中的工作者接下来向主管层了解了更多信息。当她发现自己的参与可能会引起一些反应时，她在谈话一开始就去探寻可能的负面反应。她知道在她到访前，学校系统里的小道消息会传关于她的事。在这种情况下，她之前与学业指导老师的良好工作有了回报，为得到积极的接待奠定了基础。

在地区办事处，我的策略是找出是什么或谁在阻止鲍比重返学校。我找指导协调员里尔登女士谈了谈。在自我介绍后，她说她听说过我。我很惊讶，问她听到了什么。她说她在几份法院报告中看到了我的名字，我是圣卢克医院的家庭社会工作者。戈登女士也打电话告诉她我要来。里尔登女士似乎很紧张，我决定探究一下她对我参与这件事的感受。

工作者： 我来是想让一个离校很久的孩子回到学校。你一定对我这事有点烦。

里尔登女士： 一开始我有这种感觉，但和戈登女士聊了之后我改变了想法。我挺感动，有人有兴趣既倾听学校的问题，也倾听孩子的问题。

工作者： 你一定和社会工作者有过不愉快的经历吧？

里尔登女士：（有些恼怒地）太多的社会服务机构抨击学校。他们闹得满城风雨，当孩子回到了学校，他们就消失不见了。我不喜欢鲍比辍学这么久，但我在等儿童指导部的报告，然后才能让他回学校。

工作者： 我知道你想让鲍比和其他孩子都得到最好的。对老师的要求这么多，很容易有个别孩子没被顾及到。

里尔登女士： 真是这样。像鲍比这样长期失学的学生太多了。家长们认为我们不在乎，但孩子们有这么多的需要，老师们却无法给予满足。我们需要帮助！

然后我尝试把关注点放到鲍比的事情上，同时承认学校系统的整体问题。我说我知道学校的情况有多难。

工作者： 学校需要社会工作者和心理医生，最重要的是我们需要有同情心的老师。但我关心的是我们能一起为鲍比做些什么。

里尔登女士：（显得很尴尬）哦！原谅我！我刚对戈登女士说，我会探索在本地区至少有一所学校获得社会服务的可能性。

实务要点： 这是一个从个案追溯原因的很好的例子。鲍比是这个工作者关注的核心，但像鲍比这样的学生有很多。这名工作者提出与学校工作人员一起去争取额外的支持性服务，以此表明她致力于社会变革的担当。

我邀请她参加我和戈登女士的会面，我们不得不去为学校争取服务。然后我提出了一些我们能为鲍比做些什么的建议。我请她打电话给儿童指导部，确认报告什么时候能弄好。当她打电话时，她发现儿童指导部的观点是法院要做心理评估。里尔登女士随后打电话给法院，与缓刑监督官交谈，缓刑监督官告诉她，他们的心理评估只给父母做，而儿童指导部要给鲍比做。里尔登女士沮丧地告诉我："没有人真正地相互沟通。"她愤怒地打电话给儿童指导部的主任班纳特，得到了对鲍比做心理评估的承诺。

实务要点： 工作者申明问题后，集中精力解决鲍比眼前面临的问题，提出了工作要求。协调员与缓刑监督官的谈话说明了系统的复杂性如何经常导致服务对象"掉进夹缝里"。在下面的摘录中，工作者感觉到了协调员内心的矛盾，并直接去触及这些感受。她想确定她和协调员的谈话是"实打实的"，因为任何没有讲出来的疑虑都会在以后冒出来，困扰鲍比。另一个重要步骤是，工作者认识到她必须开始与鲍比新学校的工作人员建立工作关系。因此，她建议协调员修改对工作者的角色的描述，以防止误解。这是一个重新订立契约的技巧的例子，它对于系统的代表和服务对象来说同等重要。

> 我告诉里尔登女士我之前与鲍比和琼斯太太的谈话，并表达了他们希望他马上回到学校的愿望。里尔登女士说，她也想让他马上上学，但我感觉她有些保留意见。我抓住了她的矛盾感受。
>
> **工作者：**你似乎有些想让他回来，又有些不想让他回来。
>
> **里尔登女士：**你说得对。我忧心送他去哪所学校。这个地区的大多数其他学校都挤满了有问题的孩子。有一所学校比其他学校好，但有些严苛。我希望鲍比能有尽可能好的机会，但那是唯一一所能容纳他的学校。
>
> 我提出了一个行动计划，并征求了一些反馈意见。
>
> **工作者：**如果你能把我介绍给这所新学校的校长，也许我们可以一起和那儿的老师们发挥支持性作用，增加鲍比做出令人满意的调整的机会。

实务要点：通过与里尔登女士建立关系，成为同盟，这位工作者现在在处理新学校的问题上得到了她的支持。这位行政人员分享了这所学校的一些问题，帮助工作者避免可能犯的增加工作难度的错误。特别要注意的是，当这位行政人员在起草的一封信中建议，未征求这位工作者的意见，不能做出任何决定时，这位工作者是多么有技巧。一个不太老练的工作者会对这个建议感到满意，但这个工作者预计这可能会让校长觉得有麻烦。她建议修改措辞。

> 里尔登女士觉得这是个好计划。她认为这所学校会感激我的帮助。不过，她建议我与这所学校的社会工作者和老师们合作，因为他们可能会讨厌我直接去找校长解决问题。我说我不太明白她想告诉我什么。她解释说，校长和老师们的关系"相当不稳定"，她不想妨碍我尝试提供帮助。她给校长写了一封信，解释我是谁，以及我在与学校紧密合作帮助鲍比方面将扮演什么角色。她在信的结尾说，涉及鲍比参与的任何事情，在做决定之前，都应当征求我的意见。我建议修改这封信的措辞，以免给人留下剥夺决定权的印象。我告诉她，只要让我作为一个提供资源的人参与进来，让他们可以在更充分知情的情况下做出决定就可以了。
>
> 我对里尔登女士协助推动让鲍比重新就学表示了感谢。
>
> **工作者：**我知道让鲍比回学校不是一个容易的决定，你需要我的时候，我会在身边帮忙。
>
> 在我要离开的时候，里尔登女士说关于戈登女士在学校获得社会服务的事让我会

面时和她联系一下。

实务总结：这位工作者认识到，让鲍比回到学校只是工作的开始，当然不是问题的最终解决办法。她设法与学校保持联系，并监控鲍比的事情的进展，这样一遇到麻烦，她就能到场提供帮助。在这部分重要的工作中，她早先与学校工作人员建立积极工作关系的努力取得了成效，使她有了开展工作的信任基础。

这位工作者的这些初步工作是基于这样一个假设，即最好是去获取制度的优势，并"说软话"，而不是从对抗开始，从而让服务对象能以一种新的、更有益的方式重新与学校系统建立联结。此外，她不仅为加强自己与学校系统的专业关系，而且为强化医院社会服务部与学校之间的关系做出了大贡献。如果她需要再次与这个学校系统打交道，她便有可能从这个细致的系统工作中获得重要的好处。这位工作者还认识到她有责任与其他专业人员一起工作，解决像鲍比这样的孩子获得所需资源这一更大的问题，这反映出更宽泛地发挥社会工作作用的问题。下一章中的例子说明了从鲍比的"个人麻烦"上升到影响所有像鲍比一样的孩子的"公共问题"的步骤。

最后，尽管工作者为鲍比的母亲工作，克服阻碍鲍比重新就学的直接障碍，行动得当，但是工作者也应该努力加强琼斯太太与学校系统之间的关系。未来会冒出其他问题，这位工作者可能并不总是有空出面解决。

具体来说，她应该探究琼斯太太称学校职员为"那些人"。琼斯太太是非洲裔美国人，而这位工作者不是。可能存在隐蔽的种族主义问题，也可能体会过存在种族主义。当然，琼斯太太可能会认为非洲裔美国人父母不会受到大部分是白人的学校系统的尊重。她可能发现很难直接跟这位工作者谈这个问题，而工作者也可能对跟她谈这个问题感到不自在。

我自己目前有个兼职工作，是负责纽约州资助的一个预防校园暴力项目，该项目落地在布法罗市中心区的一所学校，我加入其中为教师提供了"教育日"的一些培训活动，其中一个重点是跨文化问题。教师大部分是白人，而家长和学生大部分是非洲裔美国人。学校的行政管理人员、助教和其他工作人员都是非洲裔美国人。通过白人教职员工分享的与家长接触的例子，很快就可以清楚地看出，老师和家长沟通不畅，相互都带有刻板印象。有色人种的工作人员在这些培训活动中表现得卓有成效，帮助白人工作人员了解过去的经历和父母的不信任，以及制定如何跨越沟通和信任方面的鸿沟的策略。最引人注目的是，即使有一位非洲裔美国人校长和一位副校长，这个问题也深藏不露，从未公开讨论过。讨论种族被认为是禁忌。工作人员还透露，他们的研究生教育训练中没有这种讨论。

对质、社会压力与倡导

如果我们把机构和设施看作是社会系统，借用前面用于描述小组的有机体模式，在小

669

组中观察到的一些进程可能也适用于更大型的系统。勒温（Lewin，1951）将系统描述为维持一种准稳态社会平衡，在这种平衡中，习俗和社会习惯会对变化产生内部阻力（见第十三章）。这种改变的阻力在个人、家庭、群体、社区、机构和设施中都可以见到。在迄今为止呈现的模式中，这位工作者努力在服务对象和相关系统之间（如，个人和群体之间）开启沟通，以帮助克服获得内在的共同点的障碍。这位工作者一直在服务对象和系统中发掘改变的愿望。

由于其固有的变革阻力，系统及其代表并不总是愿意处理障碍。即使是一个了解该系统的问题并尽一切努力以积极的方式影响该系统的工作者，也可能毫无进展。在这种情况下，需要对抗和施加社会压力。也就是说，需要一些额外的力量来战胜系统的改变阻力，并向系统显示它需要以新的方式对服务对象做出响应。这种额外的力量打破了准稳态平衡，使系统更开放地对待改变。

这一论点与危机理论有共鸣，危机理论认为，当危机使维持一种局面变得岌岌可危时，个人和家庭最愿意改变。在协商失败或被拒绝的情况下，系统的矛盾心理带来的阻力如此之大，以至于主宰着双方的互动。需要一些东西来打破功能失调的平衡。

为一位不堪重负的服务对象寻找住房：一个加拿大的案例　下面的例子说明了一个工作者是怎么做到这一点的，他为一位不堪重负的服务对象做权益倡导工作，这位服务对象被一个顽固的官僚机构视而不见，正面临住房危机。与前一个例子一样，这个工作者并没有受聘充当这位服务对象的权益倡导者，而是将倡导视为他身为工作者的工作的一部分。在本案例中，这名工作者受聘于加拿大一个大城市的儿童福利机构。他的服务对象是一位讲法语的妇女，名叫贝朗格夫人，35 岁，单亲母亲，有四个孩子。在丈夫离开她后，她因严重抑郁而要求过把孩子安置到机构中。

经过几次面谈，这位工作者看到了贝朗格夫人突然陷入的一个危机：在过去 6 个月内，由于她居住的楼房所有权发生变化，她被迫搬了两次家。她没有合适的负担得起的住处。作为接受安置孩子的替代方案，这位工作者提出了以下计划：贝朗格夫人继续看心理医生，帮助她治疗抑郁症；工作者去安排家务助理服务，帮助她照顾孩子；他还会与她一起努力解决住房问题。服务对象同意了。这位工作者感觉，这是一个很好的事例，说明在处理住房系统的问题时，有了给个人的支持和帮助，服务对象就有能力维持自己和子女的生活。由于没有为这个家庭提供合适的住房，社会对这个问题负有部分责任。于是，这位工作者开始了为期 4 个月的艰苦努力，给我们上了住房系统复杂性的一课，也证明了坚持的力量。

实务要点：在与贝朗格夫人协商后，第一步，工作者给市房管局写了一封信。该信摘录如下：

9 月 26 日

这封信是代表贝朗格夫人写的一个三居室住房申请。毋庸置疑，这是一个紧迫的问题，贝朗格夫人和她的孩子们被迫在很短的时间内搬了两次家，因为她的房东把房子卖出去了。我们有理由对此提出严重关切，因为贝朗格夫人的健康状况需要一个稳定的环境。受经济情况和健康状况所限，她获得适当的住所取决于您的协助。

据我所知，贝朗格夫人是一个安静内敛的女人，有很好的打理家务能力，孩子们也很听话。我认为她会是一个很好的房客。为了让家人能在一起，保留这个家，她急需尽快搬到自己选的法语区合适的单元。

感谢您为贝朗格一家提供的任何帮助。

实务要点：在这位工作者为贝朗格夫人提供服务的过程中，他得到了同盟的帮助。第一个是治疗服务对象的心理医生。这位心理医生写给安置专员的信如下：

9 月 26 日

上述在您的住房排队名单上的服务对象，在我的直接照护下已经有两年了。她已竭尽全力为自己和四个孩子寻找住房。急切需要在这个月找到合适的住处，否则她的精神健康状况可能会再次变差，对她自己和孩子们都有不良影响。

实务要点：回信指出服务对象不符合城市限定的房屋居住资格要求。从技术上讲，贝朗格夫人居住的地区是被一个更大的城市环绕的另一个自治市。安置专员建议工作者联系省（在加拿大相当于美国的一个州）政府住房管理局寻求帮助。这位工作者向小些的那个自治市的市政当局的住房管理局又发了这封信。得到的答复是，由于法语区住房短缺，市政当局几乎没有采取任何措施来弥补这种短缺，贝朗格夫人唯一能得到的帮助是在英语区的一套公寓。贝朗格夫人不会说英语，因此，她在这个区域会陷入社会隔离，这会加重她的问题。

这位工作者确保在工作过程的每一步都与贝朗格夫人协商，以确保她理解并同意接下来的步骤。她对现在的住房感到满意，害怕搬进讲英语的住宅区。他们同意放弃居住要求，以便在该市获得住房。第二封信是寄给市房管局安置专员的，另外还附有支持家务助理服务的信。此外，这名工作者还安排了一次与小点的自治市的市长的会晤，当时他提出了贝朗格夫人的问题，并得到市长将尽力提供帮助的保证。

尽管做出了这样的承诺，还是拖了几个月都没什么行动。这名工作者安排了市房管局安置官员与他的服务对象的会面。他的印象是，这位官员在执行规定时不像他那样对服务对象的困境那么关注。随着这位工作者遇到一个接一个的挫折，他注意到自己越来越抑郁。在体会服务对象的处境，尝试与政府官僚机构协商了仅仅 2 个月，他就觉得他不久也要出现抑郁症的临床症状了。这让他对服务对象和她的孩子们在机构的复杂性中晕头转向更加愤怒，这些机构之所以存在原本是要满足他们的需要。在得到贝朗格夫人和他的督导员的同意后，这位工作者给联邦政府的代表（议员）写了以下这封信：

11 月 21 日

我代表你们的一位选民贝朗格夫人写这封信，她在有限的开支范围内很难找到适合的住所。随函附上的信件表明，我们代表贝朗格一家采取了一系列行动，支持她申请廉租房。我紧急促请她的医生和定期入户的家务助理简要说明他们参与支持这一请求。这些信件均已被接收，并马上与市长、省政府的约翰逊夫人和住房管理局的罗尔夫先生进行了面谈。不幸的是，我们走进了死胡同。

您会在随附的赫尔弗林夫人的信中注意到，贝朗格夫人自己付出了诸多充满挫折的努力。她还是没有成功。在过去一年里，她被迫搬了两次家，这两次都是因为售房换了房东。另一次搬家会在这月底，因为她已经收到了一份搬家通知。这些必需的搬家，并非贝朗格夫人及其子女的过错，但正非常严重地影响着她的健康，在所附的代表她利益的各机构写的信中都记载了这一情况。无须多说，住房问题和由此造成的母亲的抑郁只会给孩子带来负面结果。我们关心的是防止随着贝朗格夫人的健康状况进一步恶化而不可避免地会发生的事：把她的孩子安置到寄养家庭。

我请求您立即代表您的选民进行干预。我毫不怀疑您会比我做的努力有效得多。

在电话里，议员的秘书答应会调查情况。随着贝朗格夫人收到腾空房子的通知，问题变得更加紧迫。她要在本周末搬出公寓。正是在这一工作过程中的这个时点，这名工作者在我带领的一个工作坊上讲述了这一案例。该工作坊是为他所在机构的工作人员开办的，提供系统工作方面的培训，涉及的技巧是帮助服务对象与机构和设施协商。他回顾了自己迄今为止所做的努力，读了信件的摘录，并根据自己的回忆描述了几次会面的情况。在结束案例介绍时，他分享了对服务对象的遭遇感到的极大挫败和愤怒，以及他无能为力的感觉。从他的同事们的反应和他们脸上的表情，我可以看出，他们也有同样的无力感。他们手头负责的个案中也有类似的案例。下面是我的工作坊的笔记摘录：

> **工作坊带领者：**可以说这个个案对你来说意义重大。它可能象征着所有那些让你对服务对象的遭遇深感不公又感到似乎自己能做的微乎其微的个案。这一定很让人受伤，让你觉得很痛苦。
>
> **工作者：**如果贝朗格夫人最终要住进环境恶劣的房子，抑郁，然后把她的孩子交给我们，那么谈论针对系统的工作还有什么用？
>
> **工作坊带领者：**我想事情还没有结束。总可以采取下一步的行动。有人有什么想法吗？
>
> **工作坊参与者：**我唯一想做的就是呐喊，发泄我对这件事有多么气愤。
>
> **工作坊带领者：**这样啊，那你为什么不去做呢？如果贝朗格夫人愿意的话，是不是到了该有人使她的问题引起公众注意的时候？如果你不对公众讲，他们怎么会知道人们遭遇了这种事情？
>
> **工作者：**我是机构的人。怎么才能去跟报社联系？
>
> **工作坊带领者：**听起来你需要在机构内部做一些工作，以获得把事情进一步公开化的支持。你跟机构的主任谈过这一可能吗？
>
> **工作者：**没有，我还没有谈过。我想机构不会想要这种公众的关注。

672

工作坊带领者：为什么不问问你的主任呢？他就在这儿。

实务要点：在随后的谈话中，那位主任表示，他觉得有时需要社会压力，而这似乎是一个那样的时候。他界定了他认为员工可以操作的空间。他希望向他通报个案的进展情况，并确保在向新闻界发布信息之前已经做了所有能做的事情。之后，如果工作人员认为让公众意识到这一问题是剩下的唯一选项，那么他会配合他们。这位主任和工作者达成一致，在工作坊结束后碰头计划在这种情况下如何运用媒体。我发现有意思的是，这名工作者在没有询问的情况下就假设机构行政管理部门会拒绝将此事向公众公开。

工作者们经常采取这种立场，在一些个案中，他们确实遇到了强硬的反对。这意味着，他们在自己的机构系统内要做一些工作，以获得同盟，并去尝试改变断然拒绝代表服务对象利用机构施加社会压力的政策。如果不成功，那么他们可能不得不考虑换工作或采取其他措施来改变机构的政策。

然而，事先甚至都不试一下就假定会被拒绝是错误的。在这种情况下，工作者逃避卷入冲突，但仍然可以将问题归咎于机构。工作者们说，挑战自己的机构系统需要很大的勇气，我同意。社会变革从来都不容易。然而，超越只是作为一个机构的员工的专业认同感要求工作者们在工作过程中承担一定的风险。

经过与服务对象讨论，她同意了该策略后，这位工作者联系了负责该市社会服务报道的本地记者。以下节选自报纸上有关贝朗格夫人事件的报道，标题是《"带走我的孩子"——妈妈的恳求》。

11 月 29 日

如果贝朗格夫人在一个月内得不到帮助，她将被迫把她的孩子交给儿童援助协会。儿童援助工作者罗恩·斯特朗说，这名要跟孩子分离的妇女的处境非常危急，因为她和她的四个孩子一直靠每月 464 美元的母亲的津贴生活。这是她丈夫 4 月份离开后唯一的收入来源。

问题是住房。这个家庭这周末今年第三次被迫搬家，因为他们住的房子已经卖了。斯特朗先生说，她有两个男孩，两个女孩，年龄在 8 岁到 12 岁之间，需要一个三居室的住房，费用不能占去她一半的月收入。

另外一个问题是，贝朗格夫人只会讲法语，必须住在讲法语的地区。她一直住在……斯特朗先生说，这给她带来了另一个问题。

住在社区边界外，从技术上讲，她只有在本市居住满一年后才有资格获得房管局的一套住房。斯特朗说："省住房公司在城市的其他地区没有成套住房，只有在更远的地方才有，即使这样，他们也没给她提供什么。""她已经放弃了所有的希望"，他说。她已经向协会问过 8 次他们是否会把这些孩子带走。

"协会正努力防止把孩子带走，"斯特朗说，"我几乎全部时间都在忙着寻找解决这一问题的办法。"有解决办法吗？

他说："城市住房部门可以在12月份豁免申请资格，他们必须这样做——没有其他的可行途径。"斯特朗说："如果不这样做，协会将不得不收留这些孩子。""她是个好母亲，好房客，"斯特朗说，"但再等一个月，情况就会变得危急。"

674

实务要点： 这篇文章发表后几天，这位工作者和贝朗格夫人见了一位联邦代表、国会议员，他对把这件事公之于众感到有些不快。尽管如此，他还是表示支持。不久之后，市房管局的安置官员打电话通知这名工作者，一年的居住要求被豁免。不久之后，贝朗格夫人得到了一套合适的公寓。有趣的是，治疗贝朗格夫人的心理医生说，在她和工作者参与将近4个月的为住房而战的活动的过程中，她的精神病症状消失了。为自身利益而行动，去影响他人，而不是被动地受制于体制，证明相当有疗愈性。这一经历看来对这位工作者也有好处，因为他的一些抑郁症状（有时被称为"儿童福利工作者忧郁"）也得到了缓解。

实务总结： 这个例子表明，在服务对象和社会系统之间做调解工作，有时需要工作者充当服务对象的权益倡导人。在这个例子中，这位工作者确保服务对象参与每一步的决策过程。在跟系统（机构）打交道时，他表现得好像他相信，如果施加社会压力，他们就可以提供所需服务。在某种意义上，他利用压力来提出工作要求，并发掘制度的力量。另一个关键因素是，他在这一过程中做事公开诚实。我的观点是，尽管用欺骗手段在短期内似乎可以奏效，但这些反过来总会以明显的方式困扰工作者。这名工作者在任何可能的地方都去吸纳盟友（心理医生、家务助理等等）。他坚忍不拔，在起初遇到障碍后没有屈服。他也没有被体制通过推卸责任或做出含糊不清的行动承诺来"给他降温"的努力所愚弄。他确保参与并知会自身所在的机构系统，这样他的机构（主任、督导员）会感觉到是这一工作过程的组成部分。最重要的是，他秉持这一信念，即总可以迈出下一步。总有下一步这一基本原则对我们的工作和生活至关重要。

同系统建立工作关系

因为我们没有这位工作者和他与之打交道的系统代表之间对话的详细过程记录，所以无法分析这一工作所运用的具有特色的技巧。然而，海曼（Heyman，1971）谈及了工作者在冲突的时候与系统的代表建立关系时所使用的技巧问题。他以一名认同房客的房租抗议行动的社会工作者为例，详细描述了这位社会工作者尝试发挥调解作用并向房东提供协助的方式，而这反过来又证明对他的服务对象有所帮助。这位工作者取得成效的关键在于，他总是对房东的摇摆不定持开放态度，这种摇摆不定与接受工作者帮助的强大抵制力量形成了对冲。只要工作者们不把系统看成是完全封闭的、单向的、没有矛盾的，他们就可以运用到目前为止识别出的所有有助益的技巧。

前面关于住房系统的例子引出了机构另一个值得关切的领域。贝朗格夫人是一个服务

对象遭遇公共住房问题的例子。然而，镇上许多不是该机构服务对象的贫困者也有这些问 *675*
题。这位工作者在这一个案例上投入了大量的时间，这显然不可能对工作者手头的每个个
案都适用，更不用说对更大的人群了。倘若像贝朗格夫人这样的人没有一个为她做权益倡
导的工作者，她会怎样？从这个角度来看，贝朗格夫人面临的问题这一个案，给机构及其
专业工作人员提出了贫困者的住房安置这个普遍性的问题。几乎每个个案都会引发一些公
共政策问题。尽管工作者们不能一次解决所有这些问题，但他们有责任处理其中一些问
题。在该机构，这一行动促使成立了一个社会政策委员会，负责领导确定和制定工作人员
方案，以处理个别服务对象面临的问题所涉及的社会政策问题。在本章接下来的部分，我
们将探讨这方面，即专业人士对服务对象的私人问题和社会的公共问题的双重责任。

专业对系统的影响

在本章的其余部分，我们将讨论社会工作者如何对其自身和其他机构内的政策和服务
以及影响服务对象的更广泛的社会政策产生专业影响。我们还会考察社会工作者如何给一
个场所中和两个场所间的跨专业关系带来积极的改变。社会工作者尝试影响更大的系统、
专业团队等的例子将示范调解功能，它是互动模式的核心。

教育政策 5a

专业影响一词在本章中定义为社会工作者旨在影响以下两个领域改变的活动：
（1）本机构和其他机构的政策和服务，以及影响服务对象的更广泛的社会政策。
（2）影响本机构内部以及与其他机构、设施的员工关系的工作文化。
这一细分有点类似于前面提到的工作内容（上述第一点）与过程（上述第二点，工作
方式）之分。
对第一个领域的兴趣直接源于工作者的实务经验。当工作者们处理各个服务对象关心
的问题时，他们会意识到影响某些类别的服务对象的普遍问题。举例来说，在我们刚刚的
例子中，那位工作者看到贝朗格夫人的特殊困难是公共住房不足这一普遍问题的一个缩
影。工作者试图提升机构对住房问题的关注，并致力于影响住房政策，把它视为机构工作
人员和专业协会成员的分内之事，这些都是对机构、社区设施和社会政策施加专业影响的
例子。类似地，一位工作者可能会对机构行政管理部门指出，机构的某项政策对给他的服
务对象提供服务产生了负面影响；这也是试图在系统内施加专业影响的例子。
产生专业影响的第二个领域是机构员工系统内部和不同机构的员工间存在的工作文 *676*
化。在处理服务对象的问题时，工作者们经常要与其他专业人士见面并互动。为服务对象
提供的服务直接受到相互依存的工作人员彼此配合得如何的影响。
一个机构的员工系统形成了一种类似于一个小组的文化。阻碍员工文化有效形成的障
碍也相仿。事实上，我对员工系统的观察表明，员工间相处的难题往往占据了员工最多的

时间和精力。当有人问员工他们的挫折感的主要来源是什么时（特别是在大型复杂系统中，尤其是在员工是跨学科的情况下），他们通常会回答"其他工作人员"。社区内不同机构的工作人员之间通常也存在类似的问题。他们本应是满足服务对象需求的合作伙伴。有些服务对象因为两个地方的员工互不联系而受折磨。工作人员努力改善员工之间的关系，为工作创造更富有成效的文化，这是施加专业影响的第二个领域。

除了向服务对象提供直接服务外，助人专业人员还应承担职责，致力于对这两个主要领域的政策和服务以及系统的工作文化产生建设性影响。当然，工作者不可能处理工作中出现的所有社会政策、方案或员工互动问题；事实上，仅仅识别出所有关心的事宜就是一个庞大的工作。尽管如此，一个工作者一次仍可以解决数量有限的问题。例如，一组同事可以着手处理某个问题，即使这件事可能需要几个月甚至几年才能解决。回想一下本书第二部分，将问题分解成更小的部分（化整为零），然后通过迈出第一步，接着是第二步等来解决问题的过程，对服务对象很有帮助。同样的过程也有助于处理施加专业影响的问题。早先确立的"总有下一步"的原则适用于员工，也适用于服务对象。

施加专业影响有难度的因素

尽管如此，尝试施加专业影响仍然并非易事。让我们来梳理一下可能让这件事变得有难度的一些因素。除了这些问题本身的艰巨性，工作者们还必须处理他们自己对变革的许多感受。工作者们也常常感到无助，认为自己无法施加有意义的影响。我们的社会化经历通常鼓励我们适应社会结构。家庭、学校、同龄人群体和工作环境并不总是鼓励个人的主动性。尽管所有的系统都与鼓励成员做出独立判断并通过挑战系统和肯定自己的独特性来做贡献息息相关，但是无论是系统还是成员都并不总是能认识到这一需要，更不用说采取行动了。虽然鼓励成员成为系统的一环有其紧要性，但是系统往往以牺牲个人的主动性为代价来实现这一目标。将个体加以整合会形成鼓励从众的制度规范。然而，我们经常开展工作的服务对象是那些对影响自己的生活感到无助、绝望和无力的人。对于有同样想法的员工，怎么能指望他们帮助这些服务对象呢？

系统阻力与前意向阶段　鉴于诸如此类的生活经历，许多工作者倾向于将承担施加专业影响的责任视为他们与诸多系统，尤其是与当权者的关系的重大改变。即使工作者们愿意为社会变革而努力，但在机构工作的经历往往使他们取消了进一步的努力。当工作者们的最初尝试遭遇阻力时，他们往往不能意识到机构的变革潜力，从而就此放弃。

同一位工作者，他能富有技巧地处理来自服务对象的阻力，明白阻力是改变过程的核心组成部分，但在对待机构系统时却忘记了这一洞见。一位理解认识服务对象改变的前意向阶段的重要性的工作者，可能会忽略这一点，在机构或设施还没有准备好时，便立即进入行动阶段。如果工作者们记住机构是动态系统，对改变持开放态度，但同时也有抵触，那么便会知道，最初的拒绝并不一定意味着对工作者的努力关上了大门。改变可能要求工作者一方坚持不懈。时机也很重要。就像个人和小组一样，机构也会随着时间的推移而成长和改变。在某一时点解决问题的努力可能会受阻，但是同一机构在后面的发展阶段可能会欢迎这一尝试。

　　坚持很重要，即使最初的工作毫无成效，也愿意继续努力解决问题，这对带来改变意义重大。在我为行政人员开办的一个有关督导和管理的工作坊上，一位行政人员问我是否听说过"事要过三原则"。我很感兴趣，要求详细阐述。他回答说：

　　　　有人第一次提出问题的时候，你手头的问题太多了，你没有真的听进去。如果他第二次提出这个问题，那你会听，但你可能没做什么。如果他第三次来，你就需要注意了，看看能不能做点什么。

　　他接着说，大多数员工不会找第二次，很少有人会找第三次。

　　简单地说，尽管好的行政管理需要第一次就倾听，但鉴于系统庞大、复杂、经常受到挑战的现实，找第三次可能是施加影响和实现变革的唯一途径。请注意，在前面有关直接实践的章节中，在处理服务对象的抵触时找第二次或第三次的理念非常重要。为什么在开展机构这个"第二个服务对象"的工作时，会有所不同呢？

　　害怕报复　在许多情况下，工作者们只是害怕坚持自己的主张。如果机构文化阻断了先前的努力，或者如果员工觉得他们会被视为"制造麻烦的人"，他们的工作可能岌岌可危，那么他们就不大愿意提出有关服务或政策方面的问题。在某些情况下，例如行政人员极端抵触或该机构受到政治上的施压，这些担心是有根据的。处在这种情形下，根据个人情况和自身对问题所涉及的专业伦理问题的感受，工作者不得不自行决定是否愿意承担风险。如果在某个特定的场所实现变革的努力有风险，那么工作者们明智的做法是在尝试之前先汇聚盟友。

　　冒着失去终身教职的风险挑战大学的行政管理　虽然我多年来在教学和写作中倡导这些观点，但作为一名有大学终身教职的员工，我这样做是因为有一个相对安全的职位。终身教职的目的是让人们能自由地在教学、研究和参与大学治理方面冒些风险。许多年前，我在一所几年前才离开的大学担任教工委员会主席时，由于一个学术自由问题，我所有与施加专业影响有关的理论、实践原则和技巧都受到了考验。在穷尽了所有的协商途径之后，我作为主席领导的教工委员会面临着做一个决定，即发布一份有争议的报告，其中描述了 30 个行政上限制学术自由的例子。我收到一封来自大学行政管理部门的信，信中隐晦地威胁，如果我继续的话，要取消我的终身教职并解雇我，我感受到了涉及试图抗衡一个态度坚决的强大系统所冒的风险的全部影响。教工委员会的报告发布了，而威胁的事并没有执行。虽然我对社会工作者改善其系统的责任的立场没有改变，但这一经历提醒我，为什么在某些情形下，采取行动是没有可能的，或者是极其困难的。

　　对行政管理的刻板印象　在其他情形下，工作者们仍会不参与，因为他们对机构或设施的行政管理持有先入为主的观念，倒不是因为在机构中有任何实际的经历让他们害怕打击报复。尽管如此，想要施加专业影响往往需要勇气。缺少时间也会极大地影响工作者挑战系统的能力。一些机构要求不可能完成的个案量；在这种情况下，投身机构或社会的变革似乎完全不现实。然而，只是对工作情形做些事便会是迈向系统性变革的第一步。通常，外部组织，如专业协会或工会，是对此类变化施加影响的最佳媒介。

总之，问题的复杂性和艰巨性往往会阻碍施加专业影响的努力。工作者们对坚持自我主张的总的感受以及在机构的特定经历可能会起到抑制作用。害怕失去工作或经历其他打击报复也可能是投身的障碍。最后，不切实际的高个案量可能会阻碍工作者尝试施加专业影响。

从个人问题到社会行动

教育政策 9d

施瓦茨（Schwartz, 1969）在阐述他关于社会工作专业的功能的立场时认为，工作者必须既关注服务对象面临的具体问题，也关注这些问题所呈现的社会问题。他反对将这两个问题分开的专业趋势，即一些专业人员只处理个人的问题（临床工作者），而另一些专业人员只专注于社会变革问题（活动家）。他认为每个专业人员都有责任处理这两个问题。他引用赖特·米尔斯（Mills, 1959）的话，拒绝接受对个人关切和政策问题的这种二分法。

679

> 在我们这个时代，赖特·米尔斯最清楚地看到了个人与社会之间的联结跟人们在社会中的挣扎息息相关。他指出了他所说的"源于周遭情境的个人困扰"与"关乎社会结构的公共议题"之间的区别，并指出，困扰是一种私人事务，而议题是一种公共事务。最重要的是，他强调，每一方都必须借助对方的情形以及两者之间的相互作用来解读。（Schwartz, 1969, p. 37）

施瓦茨指出，如果"我们理解一个私人困扰只是某个公共议题的具体事例，而公共议题是由许多私人困扰构成的，那么就不可能将工作者的这两个责任分开"（Schwartz, 1969, p. 37）。认识到机构和社会设施可能是复杂和矛盾的，他建议工作者的作用是充当"第三方力量"或"对冲系统本身的复杂性"（p. 37）。

> 这种作用来源于机构本身，其意图是对机构效用进行内部监督和防止自身的僵化。从这一角度看，社会工作者的行动对服务对象与机构的关系中的双方都有增强作用。对服务对象，也对服务对象的互助系统，工作者提供机构的服务，其方式是帮助他们以更强有力、更自信的方式主动接触系统，并尽可能把他们的个人经验提炼转化为机构的政策；避免掉入盲从和惯性的陷阱。在许多情况下，由此而来的活动与权益倡导者所期望的相近，除非行动的目的是指向服务，工作者们感兴趣的是这个过程，而不会对它失去信心。对于系统，即同事、上级和其他管理者，工作者反馈他的服务对象苦苦挣扎的直接经验，寻求员工重视开拓和创新，并尽可能使行政管理部门与服

务对象直接接触，以寻求新的服务方式。(p. 38)

在本章前面，我们看到了工作者帮助服务对象"以更强有力和更自信的方式"接触系统的几个例子。下面的例子显示工作者提出了系统的普遍性问题，这源于他与服务对象打交道的经验。

机构变革的实例

能够觉察到服务对象的需要与机构的服务之间的持续紧张关系的工作者，会寻找机会，提炼自己的直接实务工作，使其成为政策问题。注意到负责的个案中经常出现某个特定的问题，可能意味着需要修改机构的服务。例如，一位与年轻未婚母亲的父母打交道的工作者注意到，父母们似乎承受着压力。当她与所在部门的其他员工分享了她察觉的情况后，一个非常成功的帮助这些服务对象的团队建立了起来。下面是这一过程的几个例子。

医院急诊室服务　一名医院的工作者不断从她的病房小组病人那听到他们讲在第一次接触急诊室时的压力（比如几个小时没人理会，这加剧了他们及其亲属的焦虑，以及获取信息的困难），这促使她向急诊室的工作人员了解这些问题。开始这项工作的记录如下：

> 我要求和急诊部的护士长见面。我在托马斯女士交班的时候见到了她，我说她看起来好累。她告诉我，这是特别艰难的一天，有两起车祸造成四名受害者。我说，我能看出真的很忙，并感谢她花一些时间与我交谈。我解释说，我一直在与东 2 楼的病房小组见面，病人的一个共同话题是抱怨他们要通过急诊室入院。
>
> 我告诉她我之所以把它提出来是因为我认为她会想知道这些问题，而且我想从员工的角度更好地了解困难所在，这样我就可以当问题出现在小组会面时加以处理。托马斯女士似乎对我的话很恼火，身体绷得硬邦邦的，说她和她的员工没空像社会工作者那样坐下来和病人交谈。

实务要点：尽管这位工作者对护士长较早表达了同理心，并尽可能以非评判的方式进行了一开始的说明，但是护士长即刻的反应是防御。这位工作者对此有所准备，立即回应并澄清了是想提供帮助。

> 我马上向她保证，我不是来批评她或她的员工的。我告诉她，我担心她会误解我的意图，我想她确实是误解了。她能给我一个解释的机会吗？我说："我知道这不是搞野餐，我来这里的部分原因是想看看社会服务是否能帮上更多的忙。像你这样在压力下工作很不容易。"托马斯女士似乎放松了点，我问我能帮上什么忙。她说，她认为有一位社会工作者更常在这会有帮助。我对她说那可能是一个办法。我想知道我们可否安排一个跟其他员工的见面会，由我来分享病人的反映并收集他们的反馈。我还没有固定的想法，但如果我们集思广益，也许能想出一些办法。她同意了，我们定了

680

会面的时间。

实务要点：工作者的直奔主题和目的陈述有助于划清讨论的边界。她通过分享自己的担忧来直接回应间接的防御线索。通过认可真实的困难，并提出看看她作为社会工作者可以怎样帮忙，这名工作者很快就改变了情形，从一名员工批评另一名员工变成了两名员工各自有自己的职能，利用病人的反馈来审视自身的服务。随后的会面很成功，员工向社会工作者讲述了他们面临的困难。此外，他们还确认了对于患者的反应可以做出的改变。这位工作者自己则在候诊室一个安静的角落里为候诊的病人和亲属成立了一个开放式小组。该小组在上午聚会半个小时，让患者和亲属可以问问题，并处理他们对急诊情况的一些焦虑。员工和病人都觉得这个小组很有帮助。

后来，这位工作者建议，在病人离开医院前，间或办些跟他们的会面，谈谈他们在急诊室的经历，向医院的工作人员提供反馈。两个月一次的会面证明是有效的。社会工作者和其他急诊室的工作人员都靠近了医院的其他方并在有需要时争取他们的援手。例如，建立了一个试验项目，由年轻志愿者在相邻的门诊候诊区开办一个儿童小组，解决感到无聊的孩子们在大厅里四处游荡的问题。

实务总结：在未婚母亲的父母小组（在本章前面有所描述，一位工作者注意到了服务对象的共同需求并与同事合作建立了这个小组）和急诊室问题的例子中，同时处理具体问题和政策问题的双重责任感使工作者们迈出了第一步。在这些例子中，工作者们利用了服务对象的直接反馈来致力于影响服务。有时反馈会比较间接，因此工作者必须仔细查看问题与机构的服务之间的关系，以观察两者之间的关联。在这种情况下，工作者还可以运用理解小组和家庭工作过程的某些动力机制。例如，前面一些章节中指出了"偏差成员"可能是发出作为一个整体的小组有某个问题的信号。系统中的问题，恰如服务对象群体不正常的或"偏差的"行为，也可能是提供间接形式的反馈。

截瘫康复机构　多年前有一个例子，是利用小组工作的原则来理解更为复杂的系统，这个例子来自一个截瘫患者康复机构。我当时正在为中心的工作人员提供咨询，有一位小组的带领者提出了这个问题。该机构有一项规定，禁止病人周末回家，因为当时的政府政策规定，为病人付费仅依据其在医院过夜的天数。工作人员和行政部门做了系统方面的工作，包括组织病人向政府官员反馈意见，推动政策做出改变，批准周末外宿。新政策实施三个月后，负责的行政官员把社会工作者叫去，提出了一个问题。他指出，病人带着严重的褥疮返回医院，如果这种情况继续下去，他将不得不暂停准许周末外宿方案。然而，在做出这样的改变之前，他要求这位工作者与病人委员会开会讨论这个问题。这位行政官员之前因为未与病人协商就做出政策改变受到过批评，因而希望避免再次发生冲突。

以下节选自这位工作者与病人委员会的会议记录。

工作者：曼斯菲尔德见了我，告诉我很多病人带着褥疮回来了。他对此非常忧虑，并认为自己可能不得不取消准许周末外宿的政策。

　　路易斯：（非常生气）他不能那样做。如果他剥夺了这一优待，我们就坐轮椅去他的办公室，他就要处理静坐示威。

　　约翰：他以为他是谁？我们好不容易才争取到这个权利，他不能夺走。（其他人则愤怒地表示同意。）

　　工作者：我能理解你们为什么这么生气。周末外宿对你们来说真的很重要。见你们的家人很重要。但是，告诉我，我不明白：为什么这么多人带着褥疮回来？（长时间的沉默。）

　　泰瑞：（说得很慢，说的时候盯着地板）在中心，护士们在我们躺在床上时一直帮我们翻身。当我们在家时，我们的家人没这么做。 *682*

　　工作者：（突然明白了）你们不好意思让他们帮忙，是吗？

　　实务要点： 在随后的讨论中，小组成员心酸地谈了他们对新发现的依赖性的感受。许多人觉得自己已经失去了"男子气概"，对突然需要他人帮助上厕所和在床上翻身觉得羞愧。所以，他们根本没有让人帮忙。当他们谈论家人的反应时，发现他们的妻子常常不好意思问他们需要什么样的帮助。很快，这位工作者就明白了褥疮问题间接表达了需要一个重要的新的服务领域：处理依赖性问题，病人和家庭成员对它的感受，以及如何解决这一问题。这位工作者的下一步工作是要求召开一次各部门负责人的会议，这样她就可以向委员会汇报自己这次会面的情况。

　　工作者：当我和病人谈褥疮的时候，出现了一个非常有趣的问题，我想和你们分享一下，得到你们的反馈和想法。

　　在这位工作者讲述了与病人们交流的内容之后，员工们都不做声了，部门负责人在思考这个反馈对他们的工作的意味。这位工作者提议，由于整个机构都在处理依赖性问题，探讨这个问题可能会有益，可以看看是否需要对它给予一些特别的关注。

　　实务总结： 这名工作者再次采取吸收她的专业同事共同讨论与其工作有关的问题的立场。从这次讨论中酝酿出了一个计划，在各个部门提出这一问题，并发展新的服务来处理这个问题，例如建立最近瘫痪的病人的亲属小组，专门聚焦于他们对事故的反应以及他们对现有关系方面的问题，尤其是如何处理他们肯定会遇到的依赖性问题的感受。还制定了针对患者的方案，并讨论了员工培训的意义。因为这位工作者对她的工作场所是一个动态系统，改变是有可能的，持开放的态度，所以她能够争取同事的帮助，让重要的改变付诸实施。

　　养老院中老年人的性问题　另一个例子是，一位社会工作学生的思维定式极大地影响了她如何描述养老院中的一个问题。在一次员工大会上，一名病房助理提出了有关一名患者经常在公共场所自慰的问题。这对员工和其他住在养老院的老人都有影响，这位社会工作专业的学生被指派去和她谈谈这个问题。员工会议上对此的讨论很简短，员工注意到这种行为，不知如何是好，他们的不自在显而易见。这个学生对于不得不去见这位女士感到不开心，不确定自己能做些什么，但是在跟她的督导员讨论了之后，她开始明白自己的不

683　　自在、工作人员的不自在，都与养老院从来没有提出过性问题有关。事实上，员工系统在运作时就好像所有的入住老人都过了对性感兴趣的时候。这与员工对老年人的看法以及他们在考虑这个问题时的尴尬有很大关系。其结果是缺乏对入住老人真实的性需求的关注。在许多方面，这是一种制度性压迫。在进入该机构时，成年居民就被切断了进行任何形式的性活动的机会。

　　学生开始检验这是一个更大问题的信号的直觉。当她走近各类员工，说出自己的感受时，她惊奇地发现，自己解封了员工没有处理的几大问题。员工对这个领域感到不自在，不知道如何提出这个问题。例如，一些上了年纪的男性一直试图让女性居住者和员工跟他们上床。员工拿这些事开玩笑，尽管他们的真实感受是不舒服，开玩笑实际上是一种逃避。在初步调查之后，这个学生带着她的发现回到会面中。结果，员工决定做一个调查，以确认员工和入住的人所看到的问题，讨论处理员工的感受的方法，并跟入住的老人一起制定处理这一问题的新方法。员工参加了一个由外部顾问主持的老年性问题工作坊。这位学生社会工作者意识到"个人困扰"和"公共议题"之间的联结，在以前禁忌的领域开启了重要的工作。它还为她的社会工作硕士的社会政策课和实务课的课程论文提供了一个非常好的案例。

　　在一所中学中运用女孩焦点小组来解决暴力问题　　在最近的一个例子里，莱坦德和威廉姆斯（Letendre & Williams，2014）描述了在学校环境中运用焦点小组来为青春期女孩经历的暴力"发声"。它代表的是将实践和研究方法有趣地整合到一起，尝试带来机构（学校）的改变。

　　　　在社会科学中，焦点小组被用来理解社会问题。这篇文章呈现了由两位社会工作研究人员在一所学校中给青春期女孩办的关于女孩打架和约会暴力的焦点小组（p. 114）。

　　研究人员描述了整个过程，首先是获得机构的合作，为小组发展出一个框架，招募参加者，运用小组工作技巧营造一个安全的环境以鼓励讨论的多样性，然后向学校的工作人员介绍研究发现，以防止或干预这一问题。作者指出：

　　　　鉴于同龄群体在少女发展中所起的重要作用，焦点小组为研究人员提供了一个独特的机会，利用发生的自然互动来理解一个特定的社会现象。在正向的女孩小组中的归属感和交互印证，可以培育对女孩有情感意义和社会意义的各种主题的思想和信息的交流。成立一个培育健康的思想和观点交流的女孩焦点小组，印证了女孩们的观点是有价值的。当然，文化观念和角色期待会影响她们的观点。（p. 117）

　　作者描述了小组中涉及性、种族和其他困难话题的一些对话，以及可能导致暴力的一些对抗。"主持人"（小组带领者）描述了当只有非洲裔美国女孩开口说话，白人和拉美裔女孩保持沉默时，她尽力让所有的女孩开口说话。

684

当黛西谈到她被称为"边境跳蚤"而受到歧视的经历时，用了探察方法，但是还需要额外的鼓励来听到"少数人的声音"。当其中一个女孩取笑"边境跳蚤"这个词时，另一个参加者质疑她。面对同龄人的质疑，安德里亚能够解释说，这是一个她从未听过的用语，她不是"种族主义者"。然后，女孩们就能在讨论中互相支持，举例说明她们在学校里看到的对墨西哥裔学生的偏见和歧视。然后这让凯利讲述了她被叫作"拉炮"时的感受，以及这怎么会让她跟人打架。(p. 124)

从作者的例子中可以清楚地看出，这些小组有两个目的。第一，它们为成员组成了重要的互助小组，因为每个人都开始了解种族主义言论对其他人的影响。第二，作者撰写了两页的小组讨论摘要，然后将其提交给学校的行政管理人员和教辅人员，这些人"急于了解为什么女孩会打架，因为这个问题会让员工付出大量的时间，特别是学业指导老师和校长助理"(p. 125)。

在焦点小组中运用头脑风暴为校长提的建议放在了摘要中，包括提高对女孩打架的情绪压力的意识，女孩需要在一个安全的地方谈论导致她们跟人打架的问题，以及建议提供跨种族和民族群体的互动机会。讨论很活跃，行政管理人员和教辅人员（包括社会工作者）参加了几次如何改变，使他们能够防止和干预女孩打架的对话。一个过渡性方案被制定出来，用来支持从街区小学进入中学的学生，并由第一作者制定和实施了一项小组干预措施，支持女孩发展应对同伴互动的技能。(p. 125)

在前面的章节中，我们已经见到了一些方法，可以与第二个服务对象即机构或系统一起开启改变工作。在下一节中，我们将讨论在机构或系统，或者是相关系统中与其他专业人员一道工作时施加专业影响的问题。在我的工作坊的报告中，参加者表示，他们至少有50％的麻烦事不是来自做服务对象的工作，而是来自与其他专业人士一起工作。下一节将探讨这个问题的一些成因，以及为了服务对象的利益我们可以对此做些什么。

施加专业影响与内部员工关系

施加专业影响的第二个领域涉及机构内部和机构之间影响员工关系的工作文化。这在一定程度上类似于助人关系的"过程"方面，但我在这里指的是员工彼此联系的方式。让我来澄清几点。首先，我关心工作关系。员工在从事自己的工作时，需要有效地处理彼此之间的关系。在员工系统内可能会发展出个人友谊，它们可能会增强工作关系，但是不一定对一个同事友善才能一起做好工作。糟糕的员工工作关系通常会对向服务对象提供服务产生非常大的负面影响。例如，斯坦顿和施瓦茨（Stanton & Schwartz, 1954）的一个有趣的早期研究项目表明，精神病医院的员工紧张情绪与患者的精神症状相关。如果研究也

教育政策 4b
教育政策 6b

685

发现这对员工来说也是如此，我不会感到惊讶。

再来看看另外一个例子，青少年寄宿中心的员工关系，通常在这样的场所中都是明摆着的。大多数居住者来自功能失调的家庭，他们最不需要面对的就是功能失调的员工。在我的经验里，心理学工作者和寄宿助理的冲突，或者夜班和白班之间的持续冲突是普遍存在的。除了对寄宿者有影响外，员工情绪上的消耗以及在这类问题上花费的时间和精力可能非常多。我会说，这部分归结于缺乏施加专业影响的技巧，但也是因为常常忽略了员工经受的压力。

其次，加强员工工作关系和处理有效合作的障碍的责任在于督导员和行政人员。如果我们把员工系统看作一个群体，那么我们就可以运用本书第二部分的讨论来建立一个督导和行政职能模式。在我为督导员和行政人员开办的工作坊上，我通过使用前面描述的许多概念体系和模式，帮助参加者分析员工系统中的问题。例如，员工系统通常有一个成员在扮演与服务对象小组中有偏差行为的成员相同的角色。正如我们所见到的，在更大型的系统中，整个部门或科室可能扮演替罪羊的角色，系统通过将问题转嫁到最薄弱的部分来逃避问题。

通过过程记录分析，我们可以找出迄今为止所描述的所有技巧，包括订立契约、阐释、同理心、提工作要求以及其他的对员工管理职能有用的技巧。因此，帮助员工发展一种积极的工作文化类似于处理本书前面描述的亲密主题。在我的著作《互动式督导》第三版（Shulman，2010）中可以找到有关这种模式在督导和员工管理中的应用的讨论。尽管进一步讨论督导问题超出了本书的范围，但是要明白，处理员工系统的问题的职责属于督导员和行政人员。尽管有这一一般性立场，但员工系统的每个成员都可以为员工的有效互动做出贡献。这是他施加积极的专业影响的一部分责任。

作为社会系统的机构

在我之前的一篇文章中，我将机构描述为一个社会系统，并强调关注员工间关系的重要性：

> 被称为"机构"的复杂有机体由两个主要子系统组成：员工和服务对象。服务对象子系统可以进一步划分为更小的单位，如家庭、小组、病房、村舍。员工子系统以功能为主线细分。我们有行政人员、社会工作者、督导员、文员等等。为了分析一个复杂系统的某个部分，我们必须用一个边界，即一个能集中我们注意力的人为分界线来把它区隔开来。在社会工作中，我们一直是把服务对象子系统区分出来。我们研究家庭动力、病房行为、群体过程等等。虽然这是必要的，但有一个危险，那就是我们可能过于严肃地对待这一边界。我们考察我们的服务对象的互动，就好像他们处在一个"封闭"的系统中，在这个系统中，与其他子系统的互动没有重大的影响。例如，

我们会尝试把一些医院患者的异常行为理解为他们的问题，而不是将这种行为视为医院照护问题的信号。或者，当我们的服务对象不再来我们的机构时，我们会将他们描述为"没有动力"，而不是将他们的退出解释为"用脚投票"，反对糟糕的服务。

如果我们把自己的机构视为开放的、动态的系统，其中每个子群体在某种程度上受到其所接触的其他子群体活动的影响，我们就不能把自己的服务对象割裂为分离的实体。相反，我们必须将服务对象和员工之间的全部互动视为助人过程的一个重要组成部分。反过来，如果员工之间的互动对机构服务在一定程度上有直接影响，那么也必须将其列入我们的议程。因此，员工关系对机构的"生产力"所产生的影响与对服务对象的服务问题直接相关。（Shulman，1970，p. 22）

这是前几章描述的互动范式中的一个关键概念：员工关系会严重影响服务。阻碍公开谈论员工系统中的问题的文化障碍与小组工作章节中所描述的那些问题类似。在任何复杂的社会系统中，利益冲突、隐藏的议程、不良情绪的残余、沟通上的误解等都必然会出现；尽管如此，系统仍把讨论这些问题视为禁忌。组织理论家阿格里斯（Argyris，1964）描述了正式组织如何强调"认知现实"（相对于真实情感的表达）、人际关系中的单方面控制以及"过程和任务"的人为分离。他指出这干扰了真诚的人际反馈，对新思想、感受和价值观持开放态度，拥有自己的观点并包容他人，做试验和冒险，即干扰了所有这些对组织的生产力有至关重要影响的因素。尽管存在这些问题，组织仍在继续运作，在阿格里斯所称的伪有效性下运作，这在某种程度上与我之前描述的工作错觉相呼应。关于系统中真正问题的最重要的谈话是在大厅里、在吃午餐时，或者是在小团体内，周五下午边喝酒边吐槽无法与之共事的员工。不仅社会服务机构如此，任何一个在机场或餐馆里仔细听过男女商务人士谈话的人，都会听到同样一连串的关于工作场所的抱怨。显然，对服务对象的服务在这种情况下肯定会受到影响。

人们越来越认识到员工相互合作的重要性。例如，布雷格和霍洛威（Braeger & Holloway，1978）写了一本关于这一实务领域的优秀著作。他们聚焦于"从下面（促成）改变"所涉及的问题，探查了影响稳定和改变的力量、初始评估阶段以及改变过程本身。他们和我一样，强调了在这个过程中发展"盟友"的重要性，以便社会工作者的声音可以获得其他人的声援。

与"聚焦过程"的员工会议有关的问题

与此对照的是，机构处理此类问题的努力有时会借鉴"敏感性训练"运动的方法，例如周末静修、会心小组和当下的 T 小组（培训团体）。外部的组织发展专家经常被招募来协助员工发展更真实的沟通。在某些情况下，这些努力可以带来不错的回报，但更常见的是它造成的问题多于解决的问题。员工可能会在培训师营造的人为气氛中受到刺激，分享了其他员工或行政管理人员无法应付的想法和感受。当活动结束，培训师离开后，这种如实相告的持续性的负面影响会加深裂痕，加剧不良情绪。此外，那些可能因这次经历而感到"焦头烂额"的员工可能会确认他们的观点，即关注过程是破坏性的，他们对任何形式的员工间关系的公开讨论的抗拒也会加剧。

我通常在工作坊和演讲的一开始就会说，我们可以从反思工作坊的过程以及我尝试示范自己对带领者小组的看法的方式中学到一些东西。因为我知道许多参加者在参加自认为的一个实务工作坊时，可能会发现自己处于"过程性"小组中，所以我必须迅速向他们保证，这不会是一个会心小组。我通常会补充说，他们不必向旁边的人透露自己幼年的亲密关系细节，也不会有"煽情"（至少在工作坊结束之前是这样）。你能感觉到这群人立刻松了一口气。

因此，我认为，只有在一个场所已经持续深入地开放交流的情况下，定期对该场所中的工作关系进行全面省察才会有所助益。它应该由督导员和行政管理人员主持，活动后他们仍然会在身边处理产生的影响。

处理与问题有关的过程

由于大多数员工系统尚未达到这一水平，因此需要另一个过程。不去尝试全面分析系统中的工作关系——这一尝试在任何时候都是有威胁性的历程——而是聚焦于直接与服务议题相关的具体问题，往往更有帮助。我的意思是，不应该讨论"我们如何合作"，而应该讨论"我们在这个特别的个案或在机构的这个领域或在服务对象关心的这件事上如何合作"。这样的讨论需要在机构持续进行，而不是留给特别的静修活动或会议。通过讨论具体问题，人们可以避免掉入针对个人的陷阱，像是员工要处理彼此的"个性"问题。机构的员工会议不是"治疗"会谈，员工有权以自己独特的、希望是相互尊重的方式交往。唯一适合讨论的议题是与该机构的业务直接相关的问题。正是由于担心会议会变成个人性的会心小组，员工才对进行讨论产生抵触。

688　　　持续关注具体的问题，可以让员工培养用自己的节奏彼此坦诚相待所需的技能。当员工发现冒险坦诚说出自己的想法和感受会带来有效的结果时，他们会逐渐降低自己的防御，并基于这一初次经验增添自己真实沟通的能力。如前所述，如果行政人员和督导员能够富于技巧地帮助员工处理相互间的问题，这一过程就会非常具有促进性。当然，情况并非总是如此［我在另一本书《互动式督导》第三版（Shulman，2010）中从督导员和管理者的角度讨论了这个问题］。在这两种情况下，员工都可以形成自己与他人建立联系或作为一个群体去改善机构的工作文化的技能。尽管强有力的领导可以加快这一进程，但是正如下面的例子所示，改变可以从系统的任何地方和任何层级起步。

这些例子呈现了机构社会工作者面对的几个常见情况。第一个例子是，一名员工试图厘清她与另一名员工的关系，后者跟她一起为一个特定的服务对象工作。第二个例子是，一个大型组织的某个科室迈出了第一步，在一个系统中开启了沟通，惊讶地发现这会带来重大的改变。在第三个例子中，一个系统的员工面临着与一个相关机构的员工建立更好工作关系的责任。第四个例子处理的问题是，发现某个特定的服务对象正接受众多机构和工作者的服务，而这些机构和工作者从未交流过。你们有些人会发现这些问题挺熟悉。

开展一位服务对象的工作时跨学科的合作 当不同的工作者处理同一个服务对象的问题时，员工之间经常出现紧张的情况。如果工作者来自不同的学科，紧张往往会加剧，比如社会工作者和心理医生之间的冲突。这一斗争变相表现为一场我称之为"服务对象归谁"的竞争。在更大型的系统中，一群专业人士如果认为另一群人正在冲击他们的角色，通常会变得相当担心。地位常常受到威胁。最近，随着成本控制工作的全面展开，丧失专业职责可能会威胁到整个专业团队继续受聘用。

有一个例子是，护士开始带领医院的病房小组，其他专业人员（社会工作者和心理学工作者）感到他们的传统地盘受到威胁。受管理式医疗和奥巴马医疗法案的影响，各种专业团体尝试开辟自己的"地盘"，这类冲突也随之出现。在这个具体的案例中，为解决冲突而讨论角色问题失败了，因为在要求这两个专业团体描述他们所做的事情时，他们都说得模糊和笼统。

通常，一个人参加一个跨学科的会议，不会听不到一句不包含术语的话。在前面的章节我描述了当我母亲问我毕业后做什么时，我回答说："我和人们一起工作，提升他们的社会功能，促进他们的成长，强化他们的自我。"她的回答是："但是你到底做什么？"在回答类似问题时，我现在仍然听到专业人士回应的是促进、提升和使能。

当一个专业团体清楚自己的职能以及在特定环境下，针对特定服务对象执行该职能的方式时，成员们就不会那么防御，不需要诉诸行话。跨专业领域的冲突往往表明每个群体内部对于自身职能都不够明晰，并缺乏督导或行政上的领导。解决这些冲突的第一步是让每个专业群体建立自己在特定的机构或系统中的角色意识，然后将它表述出来，不是用大量的行话，而是通过分享他们工作的具体实例来说明。通过这种方式，不同的群体可以更清楚地意识到他们在做服务对象的工作时的相似点和不同点。一个系统内的分工可以通过共同讨论服务对象的需求是什么，以及每个群体如何在机构或设施服务的背景下发挥最有效的作用来满足这些需求。

689

一位社会工作者和一位医生之间的冲突：服务对象归谁？ 交出与获取服务对象可以发生在同一个员工的身上，因为不同专业群体的成员会明确怎样共同开展针对特定服务对象的工作。在下面的例子中，一位社会工作者正在处理一个在医院看门诊的 17 岁的女孩辛迪的问题，她担心主治医生和自己之间缺乏合作。她觉得他不尊重她的工作做出的贡献，这种抱怨经常出现在跨学科工作的场所。这位工作者没有简单地向同事抱怨，而是直接向医生提出这一问题。

我很不安，辛迪要中断与门诊的所有联系，一个可能的帮助来源。我也担心医生会如何看待这个病例，他有什么打算，以及他是否觉得我在这个病例中的角色和观点是有价值的。

我向他提出了这些担忧，起初他的反应是防御，说他觉得辛迪需要一个有经验的心理医生，而不是一位社会工作者。我说，也许他是对的，但我觉得目前她接纳和接受医生、社会工作者和学校辅导员的帮助已经相当困难，更不用说心理医生了（她对心理医生表达了一些非常强烈和负面的情绪）。他平静下来，我对他在面谈中跟她相处的难处表示感同身受。

实务要点：这位社会工作者在这个问题上的直言不讳（她的话）（我们不知道她的语气是什么）带来了防御反应。她没有回应医生说的社会工作者帮助辛迪克服自我防御的能力问题，而是澄清她的担忧并认可医生的感受，从而化解最初的防御。

然后，我尝试澄清我们在病人治疗方案中的角色。我们详细地讨论了在哪些方面我们可能会有交叉，让辛迪感到困惑，并决定在处理该个案涉及的某些问题领域前，我们进行协商。

实务总结：这一讨论的重要结果不是两位专业人员在工作中不再有冲突，而是他们开始发展一种工作关系，在这种关系中，他们可以预见冲突或者更快地跟对方提出这些冲突问题。这位工作者迈出了提出问题的第一步，解除了在这个敏感领域直接讨论的强大的禁忌。如果员工在开始一起工作时就明白一定会有一些冲突和混乱，那么他们就更有可能建立一个维护系统，以便及早自我纠偏。回想一下，在共同带领者小组过程中（在前面章节中讨论过），带领者之间诚实沟通的重要性。

在一个大型系统中跨部门的沟通　大型系统中一个常见问题是专业人员的子群体（如部门）将系统中的所有问题归咎于其他部门。一群员工甚至可能被认定为替罪羊或充当了"偏差成员"。囿于规定或出于礼貌，还有各部门在维持现状方面都有一定的利害关系，所以对问题没有正式的讨论，"问题"部门也随之而来。非正式系统中的谈话常常是臆想"只要另一个部门理顺关系"事情就会好太多。

当问题部门传递广泛忧虑的问题时，其成员会持续地通过间接方式提请该系统注意这一问题。然而，当这个部门最终开始直接影响其他部门的工作时，回应往往只是头痛医头，脚痛医脚。这是错误的：即使具体问题得到解决，如果根本问题得不到解决，还会出现另一个问题。

在一个寄宿场所中影响员工系统　为了说明这一过程以及员工如何用一个具体的对质来处理员工关系中的大问题，我会讲一个自己的经历。它发生在我学术生涯的早期，当时我是社会工作学院的全职实习老师（Shulman, 1968）。在这个案例中，我指导的是一个科室的攻读社会工作硕士学位的一年级社会工作学生，他们被安置在一个青少年寄宿机构，这些青少年当时被诊断为"轻度弱智"。

在这个环境中待了 3 个月后，我和学生们观察到许多我们不赞同的做法，特别是宿管人员使用的控制手段。寄宿生活部负责监督寄宿者并维护设施的规定。这个部门的员工没有受过专业的寄宿辅导员培训，事实上，大多数人受过的教育都非常有限，或者是从军队或执法部门来的。他们跟专业人士（社会工作者、心理学工作者、教育工作者、辅导员）有沟通鸿沟。这些专业人士经常非正式地对一些限制性比较强的政策表示厌恶，但他们从未在正式会议上提出反对意见。我们的科室也随波逐流，满足于划出我们的服务领域，而忽略了这些普遍问题。

在有个宿管拒绝让小组成员参加由我的一个社会工作学生带领的一次小组会谈时，这种准平衡被打破了。一些寄宿者被禁足（对违规行为的惩罚），宿管员工认为参加俱乐部小组是一种奖赏。督导员告诉我的学生，他一次只能见一个成员，他要用这次会谈来"好好教他们如何表现"。我们在第二天的科室会议上的第一反应是感到震惊，我们被教导如何做我们的工作。然而，经过反思，通过分析我们参与其中的员工系统，我们开始看到，这一事件是一个更大问题的信号，即反映出部门之间缺乏沟通。

我们本可以很容易地"赢得这场战争"，获准按我们的条件见我们的小组成员，因为行政部门希望该机构继续获得联邦政府资助的社会工作学生培训项目。然而，这样做我们会进一步与宿管人员疏远，可能会发现我们的项目遭到暗中破坏。举例来说，当我们本应与小组成员会面时，他们会"碰巧"被安排去完成其他任务。因而，我们选择以这次事件为例，主攻更大的沟通问题。我们清楚地看到，该机构在管训和治疗服务之间的裂痕已经构成了工作的一大障碍。

边界上的重合与沟通不畅结合在一起导致了很少有机会解决冲突的问题。在这种情况下，员工的挫折感不断累积，并开始置身事外。员工并没有去增加沟通渠道，而是通过避免讨论冲突问题，使那些公开的沟通不大有意义。宿管人员执行机构的控制职能，成为容易批评的对象。调动员工的潜力做出调整，以保持系统处于"稳定状态"越来越难。这些问题最严重的后果是，系统做调整所必需的反馈被阻断。

我们的行动策略包括三个。第一，我要求批准参加机构管训部门负责人每周的例会。这是第一个弥合治疗与管训之间的鸿沟的正式桥梁，并为讨论冲突议题提供了一个场所。不理会对真实交谈的禁忌，我可以直接提出忧心的事宜，由此产生的讨论有助于澄清双方的误解。很明显，所有部门的员工对其他领域的人的反应都像是带有刻板印象，这导致了持续地缺乏沟通。面对面的接触让员工们较难直接摒弃对方。随着沟通的开启，各部门负责人之间的相互依赖开始显现，这个小群体也成为一个相互协助的场所。成员们发现他们可以互相帮助解决自己的问题，特别是那些与行政管理有关的问题。

我应该指出，事实证明在该机构的非正式系统中发展与其他部门的关系也是重要的。有一间娱乐室里有两张乒乓球桌，每天午餐时间打乒乓球已经有一段时间了。参加者排着队参加比赛，获胜者继续依次与每位参加者比赛。碰巧，一些最优秀的打乒乓球的人也是部门负责人，正是我在正式系统中遇到的部门负责人。我的乒乓球打得也不错，我曾在我大学本科学校的乒乓球室做过兼职。我不确定是乒乓球还是联席会议对建立良好的工作关系发挥了作用，也许两者都有。① 第二个策略的工作是，科室的 5 个学生要求每周与各自的宿管人员会面，以帮助弥合沟通上的鸿沟。这些会面的一个结果是，学生们有了更多的从宿管人员的角度看待他们与寄宿者打交道时所面临的问题的意识。他们发现，自己对宿管人员的刻板印象是由于只听了寄宿者的观点而形成的，并且由于人们对机构的宿管人员的普遍态度而变得更加确信，随着宿管人员分享他们在努力工作时受到的"束缚"，这种刻板印象很快就消失了。

692

学生们还轮流在一个周末来这里，感受在这个没有其他专业人员在机构，时间安排得不那么紧凑的时候，员工和寄宿者面对的问题。随着学生们开始倾听和理解，宿管人员对学生社会工作者的看法有了巨大的改变。随着学生们对宿管人员的工作的实际情况有了更好的理解，对他们的看法也成了"脚踏实地"。这一主动出击的努力在该系统的其他领域继续进行。例如，为了更好地了解职业培训领域的问题，学生们轮流与寄宿者一起帮助准备饭菜或在中心的洗衣房工作。这些举措得到了这些领域的工作人员的高度赞赏。

第三个策略的工作影响最为显著。为了打破部门之间的隔阂，我们试着改善与社会服务部本身的沟通。我在与社会服务部负责人的一次会议上简要地说了这个问题，如我的笔记所示：

> 我向保罗太太解释说，我之所以担心，是因为学生们觉得自己是学校里的飞地，甚至跟社会服务部也断了联系。我告诉她，我们觉得我们对这一孤立状态也有责任，我们没有参加会议，也没有早点说出这些感受。我们问是否可以和部门的员工开会讨论这个问题，看看可以采取什么措施来纠正这个问题。保罗太太告诉我，她很高兴我提出这个问题，因为她总是对缺乏联系感到不妥，但不知道该怎么做来加以纠正。她说她总是不敢提。我问她为什么，她表示，她觉得她不能像对待她的员工那样对这个科室提要求，所以她不想看起来是在促使我们有更多的参与。我笑着指出，我们担心的事是一样的，但又不敢提起。她同意其他员工可能也有同样的想法，我们决定在下次社会工作会议上把它列为议程。

在会议上，每个人都可以澄清问题，随着员工和社会工作学生提出了他们担心的事宜，发现了一些有关彼此对学生参与的态度的误解。然后，他们讨论了让学生更有意义地参与部门工作的具体策略。我将这个问题推而广之，指出我们感到社会服务与机构其他部分的工作的疏离，特别是寄宿生活。我举了个例子，讲述了我们最近的经历，一位宿管主管迟迟不批准寄宿者参加一个小组会面，并分享了我们开启更好的沟通的最初努力。我问其他人是否也有同样的感受，结果涌现出大量的例子和感受。

很明显，我们讲出了社会工作部门成员的共同感受，但这些感受从未被表达过。会议

---

① 20 世纪 70 年代初，美国和中国之间有交换乒乓球运动员活动。这一事件标志着中美关系解冻，为尼克松总统访问北京铺平了道路，"乒乓外交"一说由此出现。

的另一部分是制定策略，我们可以主动联系寄宿生活部门，讨论社会工作者与宿管人员之间的工作关系。我们邀请寄宿生活部门的主任和他的一线主管们讨论这个问题，我们确定了一个日期。随着时间的临近，有关这次会议的传言迅速传播，非正式系统中的评论透露出一些线索，说为什么以前没有举行过这样的会议。对于会议有各种各样的描述，"决战""干架""对抗"等，会议时间到了，所有员工都很紧张。令我们惊讶的是，所有其他部门的负责人也不请自来，主动参加了会议。

　　会议举行了三次，那些期待火爆场面的人并没有失望。许多工作问题是第一次公开，往往深有感触。有趣的是，我参加管训部门负责人的每周例会在此刻获得了回报。一个初始的工作关系已经建立，当一个特定的领域受到攻击时各部门的负责人会出手相救，包括对我的学生的部门的活动。当我们承认我们帮助别人的方式使他们的工作更加困难时，以及当我们尝试消除防御时，其他员工的防御就减弱了。

　　讨论的焦点很快就从相互指责转向找出共同问题，有些问题需要各部门处理，有些问题则需要行政部门改变政策。随着关切事项被列出了清单，很明显，有许多工作要做，我们甚至无法在本次会议上提出质疑。这群人决定组成四个工作团队，处理每个大类问题。来自每个部门的一线和主管人员以及至少一名社会工作专业的学生参加了每个工作团队，以便所有的意见都能在讨论中反映出来。此外，团队里的社会工作学生提出担任委员会的"工作人员"，做讨论记录并完成诸如此类的任务。这群人成立了一个执行委员会，由各领域的部门负责人或主管负责监察工作进程，并为报告设定了截止日期。

　　在这个时候这一群体向行政部门的人寻求对这一特别工作的正式支持。一些员工曾担心行政人员可能不重视他们为机构改革所做的努力。他们已经形成了一种刻板印象，认为行政人员是一个反对任何会破坏现状的努力的人，但当有人接近他时，他的回答是："我总是被那些告诉我各种问题的人围攻。有员工带着一些解决方案找我能让我松一口气。"一份致全体员工的备忘录清楚地概述了他对该项目的支持。我们学生的科室发起的对我们与社会服务部门的关系的质疑，变成了一种机构范围内的、得到正式认可的努力，去解决长期存在的问题。此外，还建立了一个新的体系，大大加强了部门主管和一线员工等的跨部门沟通。

　　工作团队最终提出了 38 项政策和体系方面的变革建议。在每个部门的一线员工同意了这个报告后，变革就开始在机构中进行。这些建议的示例能让你感受到涉及的方方面面：

- 成立一个寄宿者代表委员会，每月与机构主管和部门负责人会面。
- 取消对寄宿者的行为的评级以及控制他们参加娱乐项目的机会的"金卡"制度。员工普遍认为这一制度无效。
- 改变餐厅用餐安排，允许男女同餐。
- 允许寄宿者在分配院内工作任务时有一定程度的选择权。
- 将社会服务扩展到晚上和周末，员工和寄宿者感到此时最需要这些服务。

644 助人技巧：个人、家庭、小组和社区工作方法（第八版）

● 将管训委员会和治疗服务委员会合并为一个委员会。

当然，这些变革并没有解决该机构的所有问题。关键在于，员工发现他们可以互相交谈，并且这样做可能会带来积极的结果。结构上的变革（比如成立寄宿者委员会以及管训委员会和治疗服务委员会的合并）也会增加员工和寄宿者更好地持续提供反馈的机会。有趣的是，也毫不奇怪的是，随着员工在系统中感觉到更多的赋权，他们对给居民赋权也更加开放。

最重要的是，这次经历让员工的精力得到了极大的释放，冷漠和相关的无望感得到了抑制。员工们懂得了，变革可以从系统的任何地方着手，他们必须冒风险，投身自己真正想要的东西。这些社会工作学生和我这位他们的实习导师没有遗失这一课。一个该项目的报告被收入了许多出版物，作为机构变革潜力的一个例子（Shulman，1968，1970）。

与其他机构的员工的关系的影响

在向服务对象提供服务的同时，工作者要与其他为同一服务对象服务的私人或公共机构的工作人员接触。在反复接触之后，员工关系的模式就形成了。关系是积极的，便会加强专业人员之间的合作。关系是消极的，由于直接或间接地表现出敌意或缺乏互信，就会构成障碍，有可能切断服务对象所需的服务。

紧急服务工作者与医院员工发生冲突 在一个工作坊上，紧急服务工作者描述了医院精神科是如何中断给他们的服务对象提供服务的，当把他们带到医院时，精神科拒绝接收与吸毒有关的精神病发作的服务对象。由于几名工作者有过类似的经历或遭到过医院工作人员的敌视，所以机构就把这家医院注销了，标示为不合作，不再尝试将其作为一个资源。因此，对另一个机构的工作人员的负面评价可以很快成为机构文化的一部分。跟另一个机构没打过交道的新员工，甚至会被警告不要去尝试。这一过程的另一个例子是，假释官不会告诉他们的被假释者使用某个特定的政府就业服务，因为过去的经验让他们感觉这项服务对自己的服务对象有偏见。

当对那个不合作的精神病服务的事例进行了仔细的审视，并对工作者和医院工作人员之间的实际对话做了分析后可发现，很明显，工作者在跟医院工作人员接触时就好像他们期望被拒绝一样。我在前面的章节提到这是"自找麻烦"。例如，他们对待护理人员咄咄逼人的态度，得到了有敌意和防御的回应。护理人员同样用刻板印象看待工作者，双方开始的每一次接触，都是准备好要斗争。

当我询问是否有任何努力，无论是个人还是机构，来探索这种糟糕的工作关系时，我并不惊讶地发现答案是否定的。工作者们在碰面中感受到了紧张和敌意，但他们从未直接主动去探究造成这一困难的原因。作为一个员工群体，他们从未想过要求与医院员工会面，讨论沟通中的明显困难。正如经常发生的那样，每方机构的工作人员都事先确定，情况是没有希望的。

不同员工群体之间发生冲突的例子不胜枚举，表明问题的根源在于每个群体在工作中所承受的压力。压力可能来自服务对象的问题的性质。例如，处理青少年与毒品有关的精神病发作充其量是有难度，而自杀的可能性使这项一线工作特别令人心悸。在这些高压力工作中，缺乏对一线工作者的支持，往往使他们无法捕捉其他机构中的工作者的感受和关切。我们最近开始称这种情况为"继发性创伤"，会在第十七章中详细讨论这一概念。

工作人员群体之间的冲突往往反映出拜昂所说的"战斗-逃离综合征"，本书之前已有所描述，此时逃离问题或愤怒地对抗成为应对痛苦的不良适应手段。在资金和服务被削减，所谓的"缩减"项目期，工作过劳、受到威胁和不被欣赏的前线员工及其群体间的紧张关系会升级。不幸的是，社会服务工作人员群体在他们最需要支持的时候却被切断了彼此的联系。然而，这种循环有可能被打破，如果员工着手系统地查看这一过程，而不是将冲突视为个性使然。

在工作坊对处理青少年和吸毒问题的案例进行了分析之后，机构工作者与医院的员工举行了一次会议。对焦、订立契约和其他技巧帮助社会工作者制定策略，开启坦诚探讨，而不是把医院员工逼到角落里。这次会议后，来自工作者的反馈显示，医院员工对与该机构的关系同样感到不快。他们感受到了工作者们的敌意，尤其是工作者们对医院人手不足，对他们带来的病例有些承受不住缺乏理解。反过来，工作者们也分享了他们在处理此类个案时遇到的问题。他们的许多问题与医院员工所面临的问题类似，例如，正向一个因吸毒而精神恍惚的年轻人提供帮助，又接收到一个正虐待儿童的举报，并被期望同时处理这两个个案。

这次会议带来的结果是更好地划分了这两个机构各自的责任，并制定了一个程序，以便在任何一个系统处于吃紧状态时处理应急问题。此外，这两个群体同意共同合作，把员工配置问题提请各自机构的行政部门和监督管理组织注意。虽然问题没有马上解决，但医院和机构的工作者再次对彼此敞开心扉。在之前的假释官和就业服务机构的案例中，双方举行了一次联席会议，都更好地了解了为假释人员找工作所涉及的特殊问题，并成立了一个专门的工作者小组，负责处理转介和充当假释服务机构的联络人。

很明显，工作者们会被强加给他们的要求压得喘不过气来，以至于他们对其他系统中的问题没有多少耐心。通常在讨论专业影响力技巧的工作坊上，在关键时刻，当一个常见的事例摆在我们面前时，我会问："你们是否都被自己的压力压得喘不过气来，几乎没剩下什么同情心给其他人？"

沟通的中断导致了刻板印象的形成，然后成为自我实现的预言。服务对象的服务最终会受到不利影响。工作者们辩称，他们没有时间来努力改善机构间的工作关系，然而仔细分析会发现，沟通不畅往往导致花费的时间超过了面对和解决问题所需的时间。

"工作人员太多……"问题 另一个施加专业影响力的例子涉及一个常见的问题"工

作人员太多"。以下摘录提供了一个很好的证明。有位工作者报告说，他与一位有六个孩子的年轻母亲做了面谈，这位母亲来见工作者是因为她有可能虐待儿童。在一次很好地订立了工作方案的面谈之后，这位工作者要安排第二次会面，但令她吃惊的是，她发现了这位母亲面临的另一个问题。

> **工作者：** 我很高兴你觉得这次会面很有帮助。我们星期五再碰面好吗？
>
> **服务对象：** 我很乐意，但恐怕我星期五早上要去见特德的缓刑监督官。
>
> **工作者：** 好的，下午怎么样？
>
> **服务对象：** 不行，我约了家访的护士，她在帮我照顾最小的孩子。
>
> **工作者：** 星期一可以吗？
>
> **服务对象：** 我不知道，那时家务助理会来，家庭支持工作者也在那时来。
>
> **工作者：**（开始有点沮丧）你能告诉我你下周的日程安排吗？也许我能找个时间？
>
> **服务对象：** 好吧，星期二我要去精神健康中心看莱斯利的精神病医生，星期三家庭法庭的工作人员想和我谈谈。
>
> **工作者：** 天哪，那你什么时候有自己的时间？
>
> **服务对象：** 你知道，这确实是个问题，但有些人我必须去见，而另一些人挺好的，我不想伤害他们的感情。
>
> **工作者：** T太太，我想知道这些人是否都知道你在和其他人见面？
>
> **服务对象：** 可能不知道。

实务要点： 尽快确定一个时间会面所遇到的问题揭示了服务对象面临的一个核心问题：有太多专业人员未经协调在开展服务对象的工作。这位工作者没有成为另一个其中一员，而是迅速地重新订立工作方案，提出帮助服务对象跟所有这些系统打交道。

> **工作者：** 如果我试试召集一个所有你在见的工作者的会议，这样我们就都可以了解你的情况，也许能想出一些办法来减少这些，会有帮助吗？
>
> **服务对象：** 拜托！做什么都行。

这一面谈并不罕见。有许多问题的家庭经常发现自己卷入了错综复杂的服务体系，他们需要一个工作者来帮助他们理出头绪。这位工作者召集了一个会议，这位母亲也参会。每个人都震惊地发现，有14个不同的服务和工作者与这个家庭有关，其中一些人提供重叠的服务。他们决定由这位社会工作者担任这个母亲的主要工作人员，并根据需要帮助协调其他服务。这群人还讨论了各项服务怎么更好地利用登记方法，随时了解彼此在同一家庭中的工作情况。最近出现的一个用于此类协调活动的术语是"打包服务"，指的是围绕服务对象或家庭把服务加以整合的过程，澄清角色和沟通是其中的重要一环。

向外推脱责任：都是别人的错 最后一个例子以某种方式总结了我们所讨论的过程。在我的培训工作坊里，当我讨论施加专业影响的议题时，工作者们通常会有一种反应模式。首先，他们倾向于向外推脱，把问题完全归咎于系统中的"其他人"。当我对此提出质疑时，他们一般会变得防御和愤怒。他们经常声称我只是"不了解具体情况"。对互动细节的仔细查看往往会使防御性降低，特别是如果我能真心地对所涉及的困难和员工的感受感同身受。认识到他们可能在进程中发挥了某些作用，往往会促使员工对过去或现在的经历表示内疚，他们觉得自己可以用不同的方式来处理这些问题。随之而来的是重新激起对采取行动的可能性的热情。

看似无望的情况可能仍然很难处理，但有某些可能的下一步是确定无疑的。当工作者们意识到他们只需要对自己的下一步负责，而系统有自身的责任时，他们就放心了。工作者们通常希望相信会有下一步，他们能产生一些影响。尽管他们最初可能会反对这个想法，但如果我同意他们明显的宿命论，他们会非常失望。我不认为员工需要激励才会去尝试对他们的系统施加专业影响。相反，他们需要支持现有的行动动力。

本章小结

社会工作者在调解他的服务对象（个人、家庭或小组）与对他们来说很重要的系统之间的互动方面发挥着重要作用。服务对象与学校、医院和住房系统之间关系的调解实例说明了"两个服务对象"的观念，即工作者尝试既与服务对象也与系统的代表有效地合作。有时，权益倡导和对抗是解冻那些被证明没有回应的系统的必要策略。

员工需要注意施加专业影响的机会，以改善机构和社区的社会政策，促进更好的员工关系。在这样做的过程中，员工必须克服最初的冷漠和无望情绪，避免被巨大的问题压倒，相信系统变革的潜力，并利用人际交往技巧改善关系。

能力要点

下面列出了本章援引的社会工作教育委员会在《教育政策与认证标准》（2015 年）中为社会工作学生推荐的能力和实务行为。

第一项能力　体现符合伦理的专业行为：

d. 合乎伦理地、恰当地运用技术来促成获得工作成果

第二项能力　将多样性和差异性融入工作实践：

a. 在微观、中观和宏观工作中运用并能交流对多样性和差异在塑造人生经验中的重要性的理解

c. 运用自我意识和自律，管理在与形形色色的服务对象和不同群体一道工作时个人的偏见和价值观的影响

第三项能力　促进人权和社会、经济与环境公正：

a. 运用自身对社会、经济和环境公正的理解，在个人和制度层面倡导人权

第四项能力 投身实务与研究的结合和研究与实务的结合：

b. 运用批判性思考来分析定量与定性研究方法及研究发现

第五项能力 投身政策方面的工作：

a. 识别本地、州和联邦层面影响福祉、服务递送和服务获取的社会政策

第六项能力 与个人、家庭、小组、组织和社区建立关系：

b. 运用同理心、反映和人际技巧有效地与多样性的服务对象和不同群体建立关系

第八项能力 对个人、家庭、小组、组织和社区进行干预：

c. 恰当运用跨专业合作获得有益的工作成果

d. 同各种各样的服务对象和不同群体一道并代表他们做协商、调解和倡导工作

第九项能力 评估个人、家庭、小组、组织和社区：

b. 运用人类行为与社会环境、情境中的人和其他多学科的理论框架方面的知识，进行结果评估

d. 运用评估发现提高微观、中观和宏观层面的工作成效

社区社会工作：
哲学、模式、原则与实务

在本章中，我们将审视社会工作者在开展社区中的服务对象的工作时背后的哲学、模式、原则以及所扮演的角色。本章会使用广义的社区的概念，包括邻里社区和环境社区（例如，寄宿机构和精神病病区）。开展社区中的服务对象的工作通常被认为是宏观实务的组成部分，对应于开展个人、家庭或在临床场所的支持性小组的工作，后者一般被称为微观实务。

许多社会工作活动属于宏观实务范畴。例如，社会工作者可能从事社会政策研究以影响立法。社会工作者可能从未实际上直接开展服务对象的工作。这就是所谓的间接宏观实务的一个例子：社会工作者代表社区开展活动，不涉及直接跟服务对象一道工作。与之相对照，致力于组织某个住房项目的租户，帮助他们改善住房条件，是直接宏观实务的例子：涉及直接跟服务对象一道工作去实现社区的目标的社会工作。在直接和间接的宏观实务中，本书描述的互动技巧是践行这两种角色的重要工具。

本章主要侧重于直接的宏观实务，并对间接实务活动有所表述。本章的第一部分探讨社区社会工作实务的发展，识别这一实务背后的哲学思想以及主要实务原则。本章还将介绍一些社区实务模式。在本章的第二部分，我们回到工作阶段框架，并举例说明社区社会工作者的行动。

社区社会工作实务的发展

《社会工作与社会照护牛津词典》（Harris & White，2013）将社区工作定义为：

> 以生活在特定地理区域的人们为中心的一种实务形式，通常这些人正处在贫困和

劣势状态。它的出发点是让人们参与寻求他们在当地遇到的问题的解决之道。（p. 103）

米兹拉希（Mizrahi，2001）认为，对具有社区实务技巧的社会工作者的需求正在增长。她指出，社区组织的发展需要受过良好教育的实务工作者，他们可以专攻某些问题，诸如在经济繁荣时期那些被"漏掉"的在经济萧条时期受到强烈影响的人所受到的冲击。

甘布尔和威尔（Gamble & Weil，2008）指出：

> 尽管社区居民一直都在为共同需求而协作努力，但美国正式的社区工作实务干预起源于 19 世纪末。随着社会工作作为一个专业正式形成，社区组织成为一个被认可的社会工作方法，越来越多的专业人员开始从事社区工作。从关注社区问题中产生的社会工作现在被称为社区实务。（p. 355）

考克斯（Cox，2001）追溯了在社会工作中社区实务的发展，描述了它在过去 10 年中发生的变化和再次涌现：

> 社区工作的重心和重点已经从最初的重点转向：（a）社区组织（社区/地方为本）；（b）以问题为本的社会行动（地方-州和/或国家范围内）；（c）以规划和协调为重点（与服务提供系统有关的工作）。重点的转移与这一时期的政治、社会、经济环境密切相关。（p. 39）

她指出，这些不同形式的社区实务出现在不同时期，也有过交叉，特别是在过渡时期。考克斯接着指出：

> 通常，关注的对象从社区问题的社会意义延展到这些问题的经济影响，诸如民权运动……社区实务……一直的特色也与社会运动高度相关，包括 20 世纪 20 年代和 30 年代的工会运动、40 年代和 50 年代的社会主义运动、60 年代和 70 年代的民权运动、80 年代的自助运动以及 90 年代的新社会运动。（Cox，2001，p. 39）

赋权取向和渐进式实务模式

尽管有许多社区组织实务模式，但是我们本章讨论的重点将放在赋权取向的渐进实务模式上，与本书的直接实务方法保持一致。考克斯（Cox，2001）借鉴了李阐述的赋权实务的目标，即"社会经济公正，减少制度权力障碍和社会污染，改变社会经济结构和制度，使之成为赋权结构"（Lee，1994，p. 24）。考克斯认为，赋权实务的干预策略包括在其他社会派别使用的范围广泛的知识和技巧中，涵盖了小组工作和社区实务。问题所涉及的个人、人际、组织和政治等方面以及平等的工作者与服务对象关系的意识提升过程也是大多数赋权取向的实务方法的关键组成部分。

所以，尽管工作的重点是向社区、更大的系统或政治进程倾斜，但许多实务原则和干预策略与前面章节中描述的开展服务对象的工作类似。然而，目标、价值和策略需要依托社区社会工作专业人员所特有的职能和角色。尽管其他专业可能会做社区组织工作，但我认为，前面所述的调解功能，即工作者站在一个或多个服务对象与对他们重要的系统之间，为社区社会工作提供了一个与社会工作的专业渊源和历史发展相一致的角色。在此，有必要提醒读者，"调解"并不排除必要时的对抗，以便至少引发系统的关注。

因此，我们将回到两个服务对象的观念，第二个服务对象是影响服务对象生活的社会制度和政治体系。社会工作的社区组织者与服务对象一道开展工作，给他们赋权，使他们能够有效地与更大的系统建立关系，这些系统通常更有权势，并时常具有威胁性。作为一个策略，工作者可以做权益倡导；但是，在任何时候，他们都应该帮助服务对象培养为自己做权益倡导的技能、力量和信心。对应于自身的职能，社会工作社区组织者应该富有技巧地识别可能阻碍服务对象影响这些重要系统的能力的障碍。当面对服务对象的内在障碍时，例如需要培养领导技能或需要解决真的害怕和担忧参与可能有风险并带来报复的问题，社会工作者必须直接处理这些问题，以帮助服务对象解决它们。除了其他一些例子，本章中的例子会包括组织租户群体对抗一位抗拒的公共住房管理者，一个让青少年领袖参与社区的项目，以及在一家精神病院中为退伍军人赋权。

在这一模式中，工作者也可以开展需要有效干预的第二个服务对象即系统的工作。如前一章所述，富有技巧地践行这一角色通常有助于帮助服务系统、组织或政治系统更好地响应服务对象或服务对象社区的需求。通过先尝试有效地让系统的代表参与进来并建立积极的工作关系，社会工作者增加了协助社区和系统找出共同点并采取行动的可能性。在与服务对象打交道时用到的与"促进性对抗"相关的技巧在与困难系统打交道时同样重要。

不被人视为缺乏阅历，我认识到无论工作者如何有效地尝试，跟一些系统有互动都可能是不现实的。强大的社会经济、意识形态和政治力量往往都会维持并不令人满意的现状。这就是为什么人们经常需要权益倡导和对抗来克服制度对变革的否定和抵制。本章后面的公共房屋租户群体的例子说明了运用权益倡导和对抗，用勇气和技巧挑战一个抵触改变的管理者。

有效的社区组织原则

有效的社会工作社区组织应遵循以下原则：

- 从服务对象中培养内部带领者，而不是在出现问题时接管领导权，这一点十分重要。

- 归根结底，服务对象必须掌控目的、目标和策略，即使社会工作者可能有其他观点。

- 社会工作者的一个关键作用是帮助小组成员发展和拥有有效工作的框架和文化。前面章节中描述的许多与小组发展相关的概念（例如，权威主题、亲密主题以及正式和非正式角色）在聚焦社区事宜的小组中同样重要。

- 社会工作者必须慎重对待现存的障碍，无论是当下的障碍还是从之前的经历中产生的障碍，这些障碍可能会使服务对象群体难以采取下一步行动，直到成员都做好准备。这方面包括认识和接受改变的过程，以及对本书前面提到的工作阶段的理解。这些包括前意向阶段、意向阶段、决定阶段、行动阶段等等（Prochaska & DiClemente，1982）。（请注意在社区工作原则中使用了循证的动机访谈的概念。）

- 社会工作者需要知道什么时候帮助服务对象"柔和"地与系统交流，以获得系统的力量（即协商），什么时候要"大声"喊话，以促使系统做出反应（即对抗）。

- 社会工作者必须认识到，一旦获得系统的关注和响应，就必须从对抗转向协作。

- 社会工作者需要充分理解，前面所描述的对所谓临床实务至关重要的所有动力和技巧，在服务对象是一个社区时同样重要。小组的目的和目标可能不同，但过程却并非迥异。

社区组织的哲学理念与模式

基于实践智慧，社会工作作为一个专业从一开始在尝试界定自身的角色时就包括了社区工作。在早期构建社区组织概念体系的工作中，罗斯曼（Rothman，1979）指出，这一实务在社会工作和类似领域中往往被边缘化。他还描述了当时的理论发展中有"相当大的变动、转型和混乱"（p.25）。为了更清晰地构建这一实务的概念体系，他描述了有目的的社区变革的三个取向：

　　A模式：地区发展。该模式预设，通过地方社区层面范围广泛的各类人群参与确定目标和行动……社区变革可以最好地得以实现。

　　B模式：社会规划。该模式强调解决实质性社会问题的技术过程，如犯罪、住房和心理健康……社区参与的程度可能有大有小，这取决于问题本身的状况以及涉及哪些组织因素。这种方法预设，在复杂的工业环境中的变革需要专家做规划师，他们通过运用技术能力，包括管理大型科层制组织的能力，能够技巧娴熟地指导复杂的变革过程……

C 模式：社会行动。该模式的前提是，人口中的弱势群体需要组织起来，也许与其他人结成联盟，以便向更大的社区提出充分的要求，增加资源或获得更符合社会公正或民主的待遇。它的目的是让主要机构或社区实务做出根本改变。在此，社会行动是寻求权力、资源或社区决策的再分配和/或改变正式组织的基本政策。(pp. 26-27)

基层社区组织

本章关注的社区实务领域可以描述为 A 模式和 C 模式的混合体，最符合前面描述的赋权模式。另一个常用于描述这一模式的术语是基层组织。斯特普尔斯（Staples，1984）为组织者提供了一本手册，从基本的哲学开始，然后描述了实施组织工作的策略。他以政府和社团对处于弱势地位的社区的人们产生了直接和不利影响的行动为例，提出这些都是美国各地中低收入者面临的典型问题。这些问题源于人们对影响他们生活的机构没有控制权，这种控制权的缺失反过来又源于美国社会权力、金钱和声望在分配上的不平等。在地方层面是如此，在州和国家层面也大多如此。不平等是生活事实，在当前的政治制度中正在加剧。

教育政策 2a
教育政策 4b

为了解决问题，人们需要对日常生活中的具体情形有所控制。组织起来就是寻求做到这一点。一个独自行动的人拥有的权力微乎其微。当人们联合在一起，有所组织时，他们让事情得以解决的能力就能有所提高。目的是增强他们实现社会变革的集体能力。(Staples，1984，p. 1)

基层组织意味着社区成员积极参与并发挥领导作用。鉴于大多数社区成员甚至那些已经表现出领导特质的人都没有接受过组织和领导技能方面的培训，因此在有效的社区组织之前，往往要先进行领导力培训。扎卡里（Zachary，2000）对一个名为父母领导力项目（Parent Leadership Project，PLP）的大型培训项目进行了探索性案例研究，该项目是由纽约市立大学负责实施。在研究期间，超过 400 名父母领导者参与了研究，大多数是女性（超过 90%），非洲裔美国人或拉美裔美国人（超过 80%），非大学毕业生（80%）。项目的目的是协助父母增加当代教育问题方面的知识和他们的领导技能，以便能够更有效地对公立学校有影响力。

1995 年夏天，该项目的研究者对 40 名参与者进行了质性访谈，考察了参与者体验到的最有帮助的培训方面。扎卡里的研究参与者认为，以下要素对培养他们的领导技能和鼓励他们承担重大风险至关重要：确定关系仪式，分享权力，以安全、尊重和高期望为特征的参与文化，技巧娴熟但谦逊地促进团体内部的团结与平等（Zachary，2000，p. 71）。

社会工作实务的这一社区组织模式注重施佩希特和考特尼（Specht & Courtney，

1993）对社会工作专业的一个趋势的批判，该趋势放弃了其为穷人与权利被剥夺者工作的传统使命。他们呼吁社会工作专业回归到其历史的、"未完成"的使命：为社区建立意义、目的和义务感。

> 只有创建一个社区，我们才能奠定承诺、义务和社会支持的基础。我们必须建立一个对儿童照护制度感到振奋的社区，这个社区发现照顾有精神疾病的人和年老体弱的人令人欢欣鼓舞，要求人们身体力行、有所贡献并相互关爱。（p. 27）

针对几个问题领域以社区为本的社会工作干预措施的例子已经涌现。例如，马尔罗伊（Mulroy，1997）描述了建立邻里网络以防止虐待和疏于照顾儿童的努力。马尔罗伊和谢伊（Mulroy & Shay，1997）说明了非营利组织基于邻里间的协作如何带来了预防虐待儿童的创新性方案。阿莫迪奥、威尔逊和考克斯（Amodeo，Wilson，& Cox，1996）描述了在一个有多元文化的城市环境中开展社区酗酒和吸毒预防工作的经验教训。

沙佩勒（Chapelle，2014）提供了一个参与社区发展的最新的、富有创造性的例子。她指出，只见问题而忽略社区的优势是危险的。

> 基于我的人类学和社区发展的知识，我选择作为社区生活的学习者和参与者进入社区。我的第一个任务是发现邻里有孩子的家庭，这一任务通过为幼儿园的孩子及其家人举办一个社区活动得以完成。手工艺品、面部彩绘、小丑、游戏和食物吸引了大量的人到场，签到单上的许多名字都附了电话号码。晚会的录像带是这个项目的第一份记录。（p. 24）

作者描述了对每一位母亲的拜访，特别是贾斯敏，她在看聚会的视频的时候很高兴。事情很快就搞清楚了，虽然不知道如何解决社区的问题，但贾斯敏和其他母亲一样，坚定地致力于为自己的孩子做点什么。随着时间的推移，小组会谈组织起来了，一个特定的事件成为社区行动的催化剂。一位长者描述了她的孙女，一位刚生完孩子的年轻女孩，"被母亲扫地出门"，这位祖母收留了这个年轻女孩。她说自己的孙女不知道"抚养孩子该先做什么，也什么准备都没有"，她说这种情况"让你心碎"。

小组中的母亲们谈论了婴儿服装和其他她们可以捐赠的物品，不久虚拟的"婴儿箱"就变成了现实，小组成员去看望了这位年轻的妈妈，并给她提供了支持。由此开始了一个社区项目，婴儿箱被有组织地设置起来，并交给年轻贫困的新妈妈。婴儿箱项目"诞生"了，邻居们找到了一种方法，用他们个人和团体的力量来帮助这些年轻的母亲。

尽管基层组织模式在社会工作的历史中有很深的渊源，但许多社区的现实是，以社区行动为关注点的机构的工作人员常常没有受过专业培训。这至少有三个可能的原因。首先，资助专业人士直接开展社区组织工作的资金非常有限，这可能导致社会工作学士或硕士毕业生缺少相应的岗位。其次，缺少获得专业学位的社会工作者，这让学生获得参与直接的社区干预工作的实习机会受局限；专业认证要求学生接受至少有 2 年实务经验的有社会工作硕士学位的人的督导。一些社会工作院校试图通过提供一位兼职社会工作督导员来应对这一现实，以完成在该机构的督导任务。最后，在我看来，最重要的是，社区组织工作往往希望组织者来自同一社区。如果组织者不住在该社区，但在种族或民族方面与该社区有某种关联，会有助于开展工作，但这不是必需的。鉴于美国有一位非洲裔总统，他在家乡芝加哥市担任过社区组织者，人们对基层社区组织的兴趣或许会有所增加。

基层社区实务的工作阶段

让我们再次回到基本的时间框架，来审视社会工作者的实务工作。与开展个人、家庭和小组工作时一样，工作的四个阶段——准备阶段、开始阶段、工作阶段和结束/转换阶段，有助于思考社区工作实务。下面的例子说明了前文描述的总的哲学理念和实务原则如何用于开展社区群体的工作。

社区实务的准备和开始阶段

到此为止，本书描述的所有动力和技巧都适用于社区实务，但是小组的目的可能不同（例如，影响人们的外部问题与个人或家庭关注的个人性问题）。尽管社区和社会问题通常与个人和家庭问题密切相关（例如，下一个例子中描述的公共住房问题对所涉及的家庭有重大影响），但如果小组的目的是解决宏观问题，社会工作者需要关心的是帮助小组成员始终对这种差别保持清楚的认识。这本书自始至终都在强调的订立契约技巧，在社区（宏观）实务中如同在临床实务中一样重要。社会工作者可能会单独开展小组成员的工作，但是允许推翻订立的契约是错误的，例如，原本开会是要解决所有租户面临的社会问题，但演变成了帮一个成员处理他的特定家庭问题。社会工作者可能需要亲自维护订立的契约，帮助被选出的小组领导者这样做，或者找出个人问题和议程上的社会问题之间的联系。

因此，我们再次转向对焦技巧，这次我们讨论参与社区组织群体可能担心的问题。在下面的这个例子中，一个非常脆弱的群体居住在公共住房中，他们担心如果破坏现状，住房管理部门或工作人员会威胁打击报复。然而，如果他们要利用对社会变革工作至关重要的"数量优势"，那么就必须在工作者的帮助下公开面对这种恐惧，并加以克服。转折点出现在工作者为委员会找志愿者时，大家都默不作声。本书的前几章指导工作者使用对焦技巧"探寻沉默的内涵"并"探索禁忌问题"，它是小组发展的核心。前面也说明了澄清目的和工作者的角色的订立契约技巧，以及从成员那里获取反馈的技巧。

订立契约：公共住房中的租户小组　在下面的例子中，社会工作者尝试在他组织的公共住房租户的第一次会谈中订立契约。公共房屋的租户通常在经济上受到压迫。她们也往往属于少数群体，或身为单亲母亲受到性别歧视。在她们接受公共住房时，有时会发现自己被当作二等公民对待，甚至缺乏基本的租户权利。破败的住房、维修不够和无动于衷的官僚作风，添加了新一层面的压迫，增加了她们的绝望感。

正如我们在第二章有关压迫理论的讨论中所描述的那样，被压迫者可能会将这种压迫内化为一种消极的自我形象，这会导致他们把强加在自身上的压迫用身体暴力或精神暴力的方式发泄出来。他们也可能彼此暴力相向。因此，他们可能成为"自动压迫者，因为他们进行自我毁灭，伤害自己、自己的亲人和邻居"（Bulhan，1985，p.126）。继而，压迫者用这种自我毁灭的行为作为更多压迫的理由。

只有帮助这样的服务对象找到共同点，并通过质疑压迫来肯定自己，工作者才能打破这一循环。在我们的例子中，工作者认为租户小组是一种方式，帮助租户处理压迫造成的后果（例如，他们的邻里冲突）和压迫本身。压迫理论提供了一个有益的棱镜去理解第一次会谈提出的问题。

在这个例子中，这位社会工作者通过挨家挨户的接触和面谈完成了准备阶段的工作，从而了解了租户们关心的问题。这次会谈通过传单和海报进行了宣传。通过访谈，识别出了住宅区的天然领袖，这位工作者请求他们的帮助，以保证第一次会谈的出席人数。由于第一次会谈没有框架安排，工作者向45名租户先做了开场白。

> 自我介绍后，我解释说，我是当地住宅区聘用的一名社区社会工作者，我的工作是与公民群体一道努力，帮助他们组织起来改善社区状况，包括他们的住房、学校、儿童的娱乐服务等等。在这个住房项目上花了一些时间后，我清楚地感觉到，租户们有一些诉求，他们觉得管理人员不作为。今晚会谈的目的是讨论这些诉求，看看他们是否认为组织一个租户小组来更有效地处理管理问题会有所帮助。我会尝试帮助他们起步，并与这个小组并肩努力，帮助它有效运作。然而，这必然会是他们自己的小组，因为靠我自己为他们做不成什么事。我问他们对此有何想法。

讨论一开始，小组成员抱怨房屋维修得不好，某个傲慢的管理者无视简单的请求，等等。房间里充满了怒火，这位工作者边表示了解边追随提出的问题。他除了让小组成员按顺序发言，并在适当的时候相互回应之外，几乎没怎么干涉。过了一会儿，成员之间的对话比跟工作者讲的多起来。讨论还转到了租户之间的抱怨（例如夜间的噪声、收音机声音大、乱扔垃圾等）以及儿童服务方面的不足（例如，没有安全的玩耍场所）。讨论很活跃。当问题清单似乎已经完成时，工作者又回到了他的角色问题上。

实务要点：这位社会工作者通过开场白和分享可能要解决的问题领域为讨论奠定了基调。然后他鼓励"交换问题"，并克制自己不去太快干预。他不断强调自身的角色，即帮助他们处理自己的问题，而不是替他们做，这一点很重要。他提议组建一个执行委员会，目的是让这个处于早期发展阶段的群体开始培养一种内部带领者意识。

> "你们这有很多问题，我认为如果你们把自己组织成一个小组，就可以来解决。

管理有问题，彼此相处有问题，觉得需要新的服务。现在，我在一开始就告诉过你们，要让你们起步，但是你们必须组建自己的小组来处理这些关切。我建议你们今晚选出一个执行委员会，参加的人可以开会讨论下一步行动。例如，他们可以讨论你们是否需要有一个协会。如果需要，那么应该是什么样的协会，等等。怎么样？"有人低声表示同意。随后，我征集志愿者，大家都默不作声。

实务要点：在摘录的剩余部分，我们会看到工作者是如何触及沉默背后的担心，这一点他在会前就已感知到了。如果很容易组成一个小组一起来解决这些问题，为什么租户自己没能做成呢？这名工作者已经了解到，如果居民被认定是该住房项目的"麻烦制造者"，他们害怕遭到打击报复，工作者决定在此刻来谈这一问题。

沉默还在继续，我问他们为什么看似不太情愿做志愿者。没有人回应，我根据直觉冒险说："你们知道，我在开会前就在想这个问题，我在想如果你们组织起来，你们是否会担心遭到打击报复。你们知道，你们靠这个地方解决住房问题，如果你们担心管理的人可能会不高兴，我可以理解。"被认定为社区领袖之一的凯恩太太在此刻开口说话了："你知道布朗先生过去挑起过事并一直在投诉。前不久他喝醉了，他们就用这个来针对他。"我问他们是不是害怕这种事发生在自己身上。讨论开始探讨可能会发生什么，他们的恐惧等。凯恩太太最后说："我想我们确实要冒一次险，但如果事情激化，我知道你们其他人会站在我的身后，不会跑掉躲起来，那么我会考虑去做。"

此刻，其他人表示他们会在委员会里帮忙。我说："看来你们的一些邻居愿意承担一些责任来领导这件事，组织起这个小组，但是他们想知道你们会支持他们。"另一个成员，一个头发花白的高个子老人，整个晚上都没说话，他说："我们该站起来反抗那些混蛋了！"笑声打破了当时的紧张气氛，人们可以感觉到已经达成了一致。

我想在结束当晚的活动前完成对我的角色的约定。"我想明确，我会帮助你们大家组织起来，帮助你们一起工作，但是这必须是你们的小组。你们需要自己的主席，你们必须自己做决定。"小组成员对此表示同意。"我们可以稍后讨论这一点，但或许我可以在稍后与管理人员交谈，帮助他们了解小组如何也能对他们有利。"会谈要结束时，我赞扬他们有了一个非常不错的开端，并安排执行委员开一个简短的会议，以便我们自己组织起来。

实务总结：这个例子再次证明了处理小组过程的重要性以及使用迄今为止所描述的技巧的重要性。订立契约、澄清目的、澄清角色和获得反馈等原则是这个小组有效起步的核心。除了订立契约技巧外，工作者的对焦、有效阐释以及共情技巧帮助小组审视并克服了他们组织起来的一个主要障碍。如果工作者无视他们的恐惧，试图用"数量优势"的说教来战胜他们，或者干脆跳进去，同意代他们承担采取下一步行动的责任，而不是与他们一起共同努力，那么，小组发展这一工作者追求的核心目的很可能会被严重搁置。而他的做法是，用共情和提工作要求帮助他们开始发现自己的力量。

乡村的社区组织实务

在社区组织的文献中有许多来自城市场景的例子，但来自农村地区的例子较少。这一差异有重要意义。正如索伊费尔（Soifer，1998）指出的：

> 城乡之间存在着社会文化、经济和政治上的差异。农村社会工作实务人员必须认识到这些差异，并花时间加以了解，才能取得工作成效。（p. 2）

索伊费尔提供了佛蒙特州一个农村社区组织工作的例子，它将几个不同的社区组织模式整合在一起。该项目是为了应对中低收入和流动房屋的公园居民面临的许多问题。其中首要的问题是，居民们被房东吓得心惊肉跳。尽管州法律中有大量的保护措施，但像他们这样的居住者在这个州住房供给紧张，他们害怕遭到报复和失去家园。

解决这一问题的方法是发展当地的租户协会，这些协会通过佛蒙特州一个名为"公平对待租户联合会"（Tenants United for Fairness，TUFF）的组织在全州范围内联结在了一起：

> 该组织的主要目标是赋予租户权力，使他们的居住条件在本地、本地区和州的层面得到有品质的改善……实现这一目标所采用的方法包括在基层组织起来，培养本地租户群体的领袖，教租户了解佛蒙特州法律赋予他们的权利，动员租户做权益倡导，对有关租户和房东问题的州法律进行根本性的修改。（Soifer，1998，p. 3）

到 1993 年 8 月，一个由 23 个租户协会组成的网络建立起来，代表佛蒙特州 750 个租户。当年秋天的全州代表会议包括了培训和教育计划。索伊费尔描述了在本地和州里产生的重大成功影响。该社区组织项目循序渐进的工作包括挑选适宜的地点、挨家挨户做组织动员、委员会会议、租户组织组建会议和组织负责人会议。索伊费尔（Soifer，1998）相信，这一渐进过程决定了为行动计划以及制订和执行这一计划所建立的组织基础。

根据索伊费尔的观点（Soifer，1998），让农村社区组织有别于城市社区组织的问题包括：许多开展本地组织工作的住宅区体规模较小（在这个案例中，为 15 个单元）；驾车距离，加上道路和冬季条件差，使出席州里的会议有困难；在小城镇使用激进行动的根本困难在于，在那里人们必须与跟他们关系十分密切的邻居、朋友和政治家打交道。此外，农村地区的高贫困率可能比城市地区更为隐形。

索伊费尔（Soifer，1998）没有提到的另外一个不同点，是我在工作坊的发言中观察到的"只是城里人的游戏"问题。较小的更偏农村的地区，没有多少解决经济、卫生、教育和其他问题的服务和资源。如果没有相关机构愿意提供帮助，大型社区组织项目的工作就很难开展。此外，工作者个人可能不得不提供范围很广的服务，这可能导致工作量巨大，只有有限的时间来做机构批准的社区组织活动。尽管有这些明显的障碍，许多社会工作者还是会在工作或个人生活中找到方法，解决影响他们的服务对象的社会问题。

运用互联网开展社区实务

由于电脑拥有量和高速网络连接的增长，社区组织者找到了新的工具来实现自己的目标。尽管"社区"一词最初可能以地理位置为界限，但现在它可以指的是一个网络社区，在这个社区中，共同的兴趣和关注点将成员聚集在一起。

尽管这有可能是组织和社会变革的一个有力工具，但是许多低收入或受教育程度有限的人没有使用它所需的设备、技术和知识。这可能导致所谓的"数字鸿沟"，即能够利用"数字民主"的人和不能利用它的人之间的截然不同（Shelley，Thrane，Shulman，et al.，2004）。① 因此，在穷人和受教育程度较低的人中，许多人可能都已经在这一计算机革命中出局，任何利用这一强大工具进行社区组织和社会变革的努力，都需要将有途径使用计算机和计算机培训纳入其中，给社区成员赋权，使他们能够积极参与进来。

雪莱、瑟兰和舒尔曼等人（Shelley，Thrane，Shulman，et al.，2005）对来自艾奥瓦州、宾夕法尼亚州和科罗拉多州的 478 名受访者进行了研究，探讨了这个问题。他们对"电子政治中的数字鸿沟"和六大变量的影响很感兴趣。这六大变量是：

1. 社会人口特征；
2. 地点效应；
3. 投票；
4. 对使用技术（摄像机、手机等）和计算机冷漠的态度；
5. 对技术的态度；
6. 互联网的具体运用。

他们的研究发现，早期研究中报告的物理差距（如家用电脑、高速互联网连接等）仍在持续，某些人群缺乏连接互联网的途径。此外，前面描述的变量组也对公民参与有影响。雪莱等人（Shelley et al.，2005）得出结论：

> 在被边缘化的公民成为电子公民之前，必须提供接触信息技术的公共途径。在低薪服务经济部门就业使许多人勉强满足基本生活需要，他们的生活不能出什么差错。由于种族和阶层的双重影响，贫困少数族裔处于非常不利的地位。只有 8% 的黑人和 9% 的西班牙裔是互联网用户。此外，只有 5% 没有高中文凭的人使用互联网，收入低于 3 万美元的家庭中只有 18% 的人是互联网消费者（Lenhart et al.，2003）。公共途

---

① 这篇论文的合著者斯图尔特·舒尔曼是本书作者引以为豪的儿子。虽然他的学术道路走的是政治学，但他当时和现在仍在从事的工作的重点是如何增加公民投入对政府法规的影响。他成立了一家软件公司（Texifter），其中包括一个分析联邦机构制定法规所需的公民投入的程序，以及用于一系列监管和其他目的的社交媒体大数据分析。

径将消除其中一些阶层障碍。（p. 24）

纳茨和斯科什（Nartz & Schoesch，2000）识别出了互联网社区工作的四种模式：信息传播、社区营造、动员和社区规划。他们建议这些模式使用六种主要的互联网工具：

1. 电子邮件：允许用户撰写信息，并在几秒钟内将其发送给世界各地的某个或多个收件人。

2. 文本：允许用户阅读网站页面上的文字和图片，并通过可单击的链接浏览网站和网页。

3. 搜索引擎：通过搜索用户指定的关键字，帮助用户查找信息或资源。

4. 电子邮件列表分发服务：允许用户接收和发布有关一些话题的信息，每条信息都发送给邮件列表上的所有订户。

5. 新闻组：允许用户访问互联网上的一个地方，查看有关一些主题的上一条信息，并添加新信息。

6. 聊天：允许一组同时连接的用户实时互相发送信息。（p. 45）

这些工具是发展社区行动的有力助手。最近，脸书和推特等社交网站的使用越来越广泛，可以作为联结邻里的媒介。再一次强调，需要牢记可能存在的数字鸿沟问题。随着先进手机和平板电脑等设备的推出，以及公共的互联网连接站点的增加，这一鸿沟可能有所缩小。

如果能够解决这个问题，少量人就能动员、教育和领导许多人参与社区营造和社会政策变革，这一点是显而易见的。

互联网可以让基层组织有能力对抗和影响大型组织、政府机构、金融机构、企业等，而不会因缺乏相应的财力和权力而受挫。我相信，我们才刚刚开始了解和运用这一有力的方法，为社区和社会公正而战。

邻里社区

社会科学的文献反映出对社区概念日益增长的专业兴趣。其中一个兴趣点是"近邻"的概念及其社会、认知和情感成分。安格和万德斯曼（Unger & Wandersman，1985）回顾了多个学科的文献，包括社会心理学、环境心理学、社区心理学和社会学。作者们将近邻定义为"社会互动、象征性互动以及个人对生活在周围的人及其居住地的依恋"（p. 141）。他们的文献回顾识别出了许多重要的社会支持领域：

● 个人性/情感支持。邻居们愿意互相问候和拜访可以作为一种社会归属感的来源，并减少城市中经常滋生的社会隔离感。

- 工具性支持。邻居们可以互相充当非正式的帮手。
- 信息支持。邻居们在互动时相互提供信息。这些信息可能有助于找到所需的资源。
- 个人社交网络。邻居们为了个人利益而与邻里中的关键人物建立联系。他们利用这些联系来发现并让自己进一步链接到邻里和更广大社区的资源，以解决问题。
- 邻里社交网络。邻里社交网络是由一群邻居建立起来的联系。（pp. 142-149）

安格和万德斯曼（Unger & Wandersman，1985）还把认知地图描述为"邻居们常规性参与的活动。特别是在临时的、不稳定的社区，对于确定邻居在哪感到出行安全以及选择在哪与其他人进行社会交往具有重要意义"（p. 150）。

最后，安格和万德斯曼（Unger & Wandersman，1985）阐述了邻里之间的情感纽带：

> 作为一个邻居涉及情感的层面。由于邻居们在邻里街区有来有往或孤立隔绝，带有他们与邻里和邻里街区关系特色的各种各样的情感会生发出来。这些感觉可能会影响居民对邻里街区的满意度，也可能会影响他们参与解决邻里街区问题的动机……有三种情感纽带：(a) 互助意识；(b) 社区意识；(c) 对本地的依恋。（p. 154）

713

工作者在社区中的角色

显然，开展邻里社区的工作会涉及特定种类的知识和技巧。正如先前讨论开展个人、家庭和小组社会工作时一样，首先要解决的问题是工作者的角色。

在开展社区工作时，工作者常常要扮演更复杂的角色，因为他必须在一个有正式结构的任务小组中发挥作用。例如，如果小组中有一个成员担任负责人或主席，并且这个人在主导讨论，那么社会工作者要做什么？我们之前看到，所有群体都会非正式地发展内部带领者，而在这些社区任务小组中，内部带领者可能会被选举出来，并有明确规定的在小组章程中详细说明的职责。

教育政策 **2b**

那么，社区社会工作者的角色是什么呢？作为一个答案，斯特普尔斯（Staples，1984）谈了做带领工作和做组织工作的区别：

> 组织者的工作是让其他人带头。他们必须被激励和招募、鼓励和说服，他们真的能做到。他们的知识和技巧必须得到拓展，他们的自信心需要得到支撑，他们对集体行动的投入需要加深。无论谁充当组织者，都不应该是一个正式的官员或该组织的公众之声。他不应该制定政策或告诉人们该做什么。（p. 8）

埃利斯等（Ellis et al.，2006）以工作手册的形式提供了有效开展社区工作的指南，有分步骤的有效开展组织和社区工作的策略。他们强调了系统评估、规划和为有效变革做准备的重要性。这项工作要包括以下内容：

- 评估；
- 战略规划；
- 应急计划；
- 招募合作伙伴；
- 获得支持并尽量减少反对；
- 制定公共关系方案。

本章后面提供的案例将包括有效开展宏观实务工作的每个要素的说明。它们还会说明社区组织者如何在社区小组成员追求自己的目标时提供一个资源，而不是自己取而代之，充当领导角色。我们再一次回到实务的核心模式，即用时间框架来分析我们的工作。

714

虽然我认为所有社会工作实务的核心或持续动力和技巧都与社区工作有关，但也有一些变动的因素。例如，社会工作者的独特角色被认为是跟一个正式的、可能主持会议的小组内部带领者一道工作。此外，社区小组关注的是社区和/或社会问题，而不是个人问题。虽然成员的个人问题可能导致需要解决更大的问题；但是，逐个解决成员的问题并不是小组的目的。这一区别很重要，工作者的重要任务之一就是维护订立的契约，这样任务小组就不会变成治疗小组。

学生非暴力协调委员会（SNCC）：从服务对象（社区）出发 "从服务对象（社区）出发"这一至关重要特性的一个经典例子是学生非暴力协调委员会志愿者所做的工作。他们是 20 世纪 60 年代南方战胜种族主义和种族隔离斗争的早期社区组织者。他们第一年的工作包括尝试克服合理的恐惧，并在白人权力机构系统性地拒绝非洲裔美国人投票的社区动员选民登记。第一年的努力并不完全成功。第二年，志愿者们询问社区成员他们最关心的是什么，回应中很快出现的是孩子们的教育质量。由于在第二年成功地组织了与学校问题有关的活动，工作关系得到了发展，同时还带来了赋权感。到了接下来的这一年，这些社区已经准备好与学生非暴力协调委员会携手解决投票权问题，这最终促成了强大的民权革命。

一些州和地方政府最近的做法再次使少数群体成员难以投票。这些做法包括关闭方便的投票地点，缩短投票时间，以及要求诸如出生证明或驾照等选民可能没有的身份证明。它们得到了一项有争议的最高法院判决的帮助，这项判决不再要求某些州，那些有着压制选民历史的州，在付诸实施前将所做的修改提交给联邦司法部。显然，这场争取社会公正的斗争还没有结束。

在社会工作社区组织实务和文献中可以观察到的一个问题是，专业人员时常认为他们知道目标应该是什么以及实现目标的方法。在一些社区小组中，可以观察到成员被直接或间接操纵以实现工作者的目标。这些小组注定会失败，因为成员拥有小组并决定其目标的原则至关重要。

　　我发现具有讽刺意味的是，社区组织领域的一些早期领导人，自己呼吁在更大的政治和权力结构中建立一种赋权模式，却并不总是能认识到，用自己的判断来代替成员的判断实际上是在削弱人们的权力。这些都是代为行动而不是一同行动的例子，是社区组织层面上医学模式的例证。

实务的中间阶段或工作阶段

　　在本部分，我们将重温前面关于小组工作的章节中描述的许多议题和问题。然而，现在我们把重点放到有外部目标的任务小组上，而不是先前讨论过的以个人问题为核心的小组上。在第一个例子中，我们会看到一个内部带领者会带来的关键不同，在这个案例中，他是一个被选出来的主席，实际负责管理这个小组和小组成员给他指定的进程。社区小组的内部带领者可能缺乏培训、经验和技能，无法用一种让小组所有成员都参与并分享权力和责任的方式发挥领导力。这个例子说明了社会工作者所扮演的重要而积极的角色，他们尝试加强领导而不是接管领导。

　　结构与维持：公民反贫困行动小组　在下面的摘录中，我们通过反贫困行动小组查看工作者的干预措施。成立该行动小组是为了鼓励穷人利用人数上的优势，尝试改变一些影响他们生活的本地的福利和学校政策。有 50 多个成员在最初的组织会议上报名。因为没有某种形式的组织，50 个人就不能共事，所以他们显然需要建立组织。早期的一项任务是确定有效运作所需的角色。根据黑尔（Hare，1962）的定义，这里使用的术语"角色"比以前更为狭义："小组成员对与小组中某个职位相关的行为的共同期望，而不管是由谁来担任该职位，被称为角色。"（p. 24）

　　一个小的执行委员会开会起草了小组结构的大纲，并确定了小组成员需要完成的职能任务：领导职位（一名主席）、负责与其他社区小组的关系（一名联合主席）、负责小组的资金（一名财务）、负责维护小组的记录和通信（一名秘书）。随着该小组的发展，其他角色变得必需并被创造出来（例如，一些特别项目的委员会主席）。

　　通过设立这些角色，小组投入劳动分工中，发展小组结构，让要执行的任务以正式或非正式的方式分配给成员。在小组成员中分配劳动可以让每个成员分担一部分负担，但不是全部。当责任分工处理不当时，例如，当一位主席试图完成所有工作时，工作过度的成员可能会压力很大，而其他成员则会感到愤怒、成了局外人和冷漠。越是冷漠，主席就越觉得有必要承担责任。

　　在这些情况下，明确工作者的职能至关重要。除了帮助成员建立有效运作的结构外，工作者还必须检查该结构运行的情况，并提请成员注意任何出现的问题。这项小组任务称为结构与维护，指的是小组成员做的发展、检查和保持良好的工作秩序的工作。在主席不分担责任的例子中，工作者的作用是在主席和其他小组成员的投入方面做调解。

　　实务要点：以下摘录说明了在一次反贫困行动小组执行委员会的会议上工作者做的

这项工作。小组成员担心主席主宰小组的一切，以及没有跟进为抗议行动做准备所需完成的工作。挑战内部带领者就像挑战外部带领者，即这位社会工作者一样，有可能是个禁忌，所以这个问题仍未浮出水面。注意这位社会工作者是如何探寻沉默，让问题呈现出来的。

716

　　我从一些成员那得到一些信息，他们对事情的走向感到不开心，特别是对希德的领导感到不满。他承担了一些跟进事宜但没有处理好。结果，小组计划好的在那个周末举行的静坐示威遇到了一些严重问题。会议开始时一切照常，希德宣读议程并征求补充意见。没有人提出意见。然后开始讨论一些小的事项。最后到了行动计划问题上，我能感觉到紧张情绪在加剧。萨拉开始说："希德，是真的吗？我们星期六可能没有公共汽车？"希德生硬地回答："我正在解决这件事，所以别担心。"小组陷入沉默。我说："我想这里有些事。怎么了？"

实务要点：此刻澄清角色至关重要。请参阅前一章中关于社会工作者在个人和群体之间发生冲突时的角色的讨论。在这个例子中，我们看到这位社会工作者认识到他有两个服务对象，一个是这位主席希德，另一个是整个小组，他必须同时站在这两个服务对象一边。在这个问题浮现的过程中调解角色开始变得清晰。这位工作者善于识别沟通问题，并在希德的防御之下捕捉他的真实感受。

　　萨拉接着说："听着，希德，我不想让你觉得这是针对你的，但是这个星期六有几个事情都搞砸了，我真的很担心。"希德反驳道："那么，你想要怎样？你知道，我承担了很多事却没有得到多大帮助。"特里插嘴说："每次我们要给你一些帮助，你都拒绝我们。"希德看起来很受伤。我插嘴说："我认为有个问题已经有一段时间了，你们还没能在这个问题上坦诚相见。希德，你觉得你不得不在这背负很多重担，而小组成员并没有真正意识到这对你有多难。我说得对吗？"希德点头表示同意。我转向其他人："我想你们其他人都觉得愿意分担一些，但是你们感觉希德似乎坚持自己做，所以你们没提出分担。然后当事情不顺利时，你们挺生气。"他们也点了点头。我说："我知道这很难，但如果我们把这件事说出来，也许我们能想出一种分担责任的方法，这对小组会更有帮助。"

实务要点：社区社会工作者需要清楚，自己的职责是帮助小组成员完成他们的任务。遇到这种小组的工作者常常和小组的成员一样对正面冲突感到不安。其结果是，他们可能会试图用间接的方法施加影响，或是接管这位主席的一些工作，或者甚至尝试让小组把这个主席换掉。我在技能不那么娴熟的社会工作者的工作中目睹了所有这些错误，他们不清楚自己的角色。这反映出对小组发展任务缺乏理解。小组在维持其工作结构时经常会遭遇此类问题。事实上，如果这个小组能够轻松地工作，没有这些障碍，它就不需要有个社会工作者了。

对于像这样的一个小组来说，真正的问题出现在成员们不能公开讨论这些困难的时候。正如本书前面所描述的辅导小组一样，即使是开展家庭工作，也需要发展一种工作文化，使成员能够说出他们真正的想法和感受，避免陷入发挥作用的错觉陷阱。在我们的社会里，对于直接表达负面的东西有禁忌；对此加以描述的一种方式是就像"房间里的大象"，每个人都能看到，但没有人说出来。

这个问题有助于界定助人专业人员的工作：不是管理结构本身的细节问题，而是促进小组成员发展和维护其结构。在我们的例子中，这位工作者就是用这种方式帮助这个小组，在这种情况下，工作者知道小组成员的感受与大多数的沟通问题有很大关系，而运用这方面的技巧会有助益。工作在继续进行：

> 尽管他们感到不舒服，他们还是同意花些时间来讨论这个问题。我问小组成员为什么他们以前没有和希德讲。鲁迪说："希德，我们都很喜欢你。所以我们请你当主席。我不想伤害你的感情。自从你当了主席，你似乎忘记了我们其他人，坦率地说，我开始生气了。"我说："鲁迪，你觉得并不需要你吗？"鲁迪说："就是这样！突然间，希德打算一个人做所有事。"我问希德，为什么他觉得自己要承担所有的责任。他说："这是我第一次主持事情。我们谁在这方面都没有太多经验，我担心我们会失败。我请一些人去做过一些事情，他们搞砸了，所以我不再找其他人了。我就自己做。"我说："你担心吗，希德？你会丢脸，碰得鼻青脸肿。"他沉默了，然后说："当然。"我等待着。
>
> 丽塔说："我可能是让你失望的人之一，对吧？"希德点了点头。她接着说："好吧，我本该跟进和召开分委员会会议。但我就是一直拖延。"我问："你以前主持过会议吗？"丽塔说："没有。"我接着说："我想你可能是对这件事感到紧张。"她同意她一直很紧张。鲁迪对希德说："希德，我能理解你对这群人的担心。我们都有同样的感觉。但你真的不必自己一个人扛。这不是我们对你的期望。我们可以帮忙，如果我们失败了，我们就都失败了。"希德放松了一点，说："如果我不必感到负有全部责任，那会容易很多。"我指出，整个小组可能对他们的任务以及他们能做得多好感到惴惴不安，就像希德和丽塔说出的那样。"我不认为这有什么特别的，事实上，我认为你们在谈论这件事是一个很好的迹象。至少你们可以对这个问题做点什么而不让它把你们小组搞得四分五裂。"他们同意这是一个开始，接下来花了 20 分钟时间分析要做的工作并重新分配职责。

实务要点：除了处理分工问题，小组还必须发展正式和非正式的沟通模式。在我们当前的例子中，小组需要确定谁向谁汇报，各个分小组要多久开一次会，谁要得到会议记录的副本，以及如何管理会议上的沟通。另一项任务是制定一个决策过程，这一过程富有效率，但仍然能让每个成员有参与感。

这位工作者关注了正式结构，但也观察到了在起作用的非正式系统。例如，他发现沟通中有些快捷方法，方便在现有框架内各个分小组做协调。对这一点必须加以监督，因为非正式沟通系统也可能被用来颠覆正式系统，从而本身变成一个障碍。这名工作者还观察到对不同成员地位的非正式指定。在小组中表现出色并展示出最受赞赏技能的成员获得了更高的地位，他们在讨论中的发言因此往往更受重视。因为地位上的区别可能会在小组中引起摩擦，这位工作者需要监控成员对它的反应。

从某种意义上说，工作者被赋予了特殊的责任，即关注小组在处理这些重要的结构性任务上的方式，监控这一过程以获得显示有困难的信号，并帮助小组成员关注这些问题。然而，社区社会工作者有时会忽视这些至关重要的小组任务，而专注于与外部系统（福利部门、学校理事会、政府官员等）相关的行动和对抗策略。过了一段时间，这些工作者可能会发现，小组内部的争斗越来越激烈，已经开始削弱小组的力量。这种下滑会导致丧失小组凝聚力，即成员彼此感觉到的相互吸引。

试图通过社交活动（如聚会）或者更为常见的攻击另一个系统并尝试团结成员对抗共同的敌人来发展更强的凝聚力，只在短期内有用。开展社区（以任务为中心的）小组工作与开展关注成长和发展、支持和稳定或治疗的小组工作有着惊人的相似之处。发展小组的任务是相似的，工作者协助第二个服务对象——小组所需的技能也是相似的。

公共住房里的领取福利的母亲：对抗角色　在下一个例子中，我们进一步扩展了对工作者在社区组织中的角色的界定，重点关注他如何帮助成员与她们所处的环境斡旋。在这个案例中，小组由住在公共住房区里领取福利的母亲组成，与前面的例子中描述的环境有些相似。这一次，我们探讨"第三方力量"的角色，因为社会工作者尝试在小组和小组成员必须与之协商的系统间开展工作。我们可以看到，当系统的代表没有回应时，工作者的调解角色怎样涵盖了对抗和权益倡导。

在这个例子中，州里的福利机构成立了这个小组，探讨领取福利的家庭面临的问题，并在必要时帮助解决这些问题。（这个实务案例发生在《福利改革法案》和"从福利到工作"运动之前。）7名妇女，年龄在23岁至45岁之间，是小组的成员。小组第二次会谈期间的讨论表明，她们与房管局和所居住的住房项目之间的问题是核心关切点。

布朗太太：我对这幢楼和租金没有任何怨言，但如果我们不管是因为什么从福利中得到了更多的钱，他们（房管局）就会提高我们的租金。但是如果我们的支票减少了，他们就会说不能违反我们的租约减少租金。

梅尔顿太太：他们还让我们为一些东西付费，而那些不靠福利生活的人就不必付费。

工作者：比如说呢？

史密斯太太：夏天的时候，一个煤气公司的人过来，把一根管子安在我的灶台上，这样我就可以移动灶台了，房管局寄给我一张26美元的账单。

工作者：你打电话给煤气公司修灶台了吗？

史密斯太太：没有，他就这么进来了。

工作者：你和办公室说过这事吗？

梅尔顿太太：那没什么好处。

史密斯太太：我告诉他们我没钱付钱。他们说我把管子弄破了，所以我要么付钱要么搬家。所以我付了钱。但我没有弄破什么管子。

莱瑟太太：去年夏天，孩子们在球场上玩，打破了四块我公寓的窗户玻璃，我不得不付钱修。窗户玻璃被打破的时候我给办公室打了电话，告诉他们窗户玻璃是怎么破的，但是不管怎样都要我付钱。

史密斯太太：你住在这个项目的建筑里时，没有大多数房东都有的为租户更换损耗的物品这一说。

布朗太太：他们是这么告诉我们的。

梅尔顿太太：如果他们走进我们的公寓，看到窗帘有磨损，我们就得付钱。

工作者：你知道福利委员会为哪些维修或更换付钱吗？

史密斯太太：是的，D小姐叫我们把这些账单寄去，福利委员会会支付水管、窗帘、烤箱门之类的费用。

工作者：你的租约上说房管局负责什么更换或维修吗？

史密斯太太：租约背面全都是"不要"怎么样，别的什么都没有。

梅尔顿太太：他们什么都让我们付费，我认为这不公平。

实务要点：工作者听了一连串的投诉后，事情更加明朗，真正的问题是租户被大楼的管理方支配。由于这些租户依赖自己的住房，她们对抗受恐吓和缺乏尊重的能力有限是可以理解的。与早前的例子一样，数量优势原则至关重要。请注意，工作者首先建议联系管理者，当租户表示不认为管理者会回应时，工作者提出了"工作要求"。

工作者：你们有没有一个租户小组负责把投诉转给办公室？

史密斯太太：有的，但是他们（房管局）站在了管事的人一边，他们对投诉什么也不做。他们叫我们为麻烦制造者，并试图把我们排斥在会议之外。（小组成员都同意。）

工作者：你们想让我邀请默里先生（住房项目管理者）来参加一次我们的会谈吗？这样你们就能搞清楚房管局到底负责什么，你们的责任又是什么。

梅尔顿太太：这没什么用。他很善于倾听，但对投诉什么也不做。

史密斯太太：是的，我们问问他吧。但我想他不会来。

工作者：你们要他来还是不来？（小组成员都表示要他来。）

实务要点：当她们讨论与住房项目的关系时，她们发现有许多相同的抱怨。数量优势使她们相信，尽管有过去的经历，但是一些改变是有可能的。然而，抱着推进工作的热情，这位工作者没有注意到谈话中暗含的心底的恐惧和疑虑。如果做住房项目工作这么容易，为什么租户们以前没有做成？在下一次会谈中，这位工作者抓住机会并巧妙地纠正了她的错误，并在开始时试着确定住房问题是否仍然是大家关心的核心问题。

请注意，工作者没有决定小组成员应该解决哪些问题。社区组织中的一个常见错误是，工作者提前选择人们应该关注的问题。他们认为自己的工作是施加直接或间接的影响，说服成员按照未言明的议程行事。正如前面学生非暴力协调委员会的例子所示，工作的驱动力必须来自服务对象有紧迫感。这一过程可能会很艰难，但服务对象需要感受到对问题有承诺，才能坚持到底。在我们的例子中，在下一次会谈中，谈话反映了这一周小组中出现的一些恐惧和疑虑。沉默暗示着这些感受。

为了让小组成员了解她们的立场，这位工作者重新界定了小组的目的，并简要总结了节日前最后三次会谈表达的关切。然后，这位工作者问小组成员她们想关注什么话题。她们同意，她们与房管局之间的问题需要立即得到关注（最近有 14 张福利支票被从信箱盗走）。

工作者：我给默里先生的办公室打了电话，他的秘书说她认为默里先生愿意见这个小组。也许我们应该利用这个时间计划一下和他见面的事。列一张你们想问的问题清单，以及用什么方法问。

麦克维尔太太：我想知道我们是否可以有更安全的信箱或者另一种类型的信箱锁。

梅尔顿太太：任何人都可以打开这些信箱，哪怕是个拿着棍子或指甲锉的孩子。

金太太：邮递员来的时候我在那儿，所以没人拿走我的支票。

梅尔顿太太：我不能坐在信箱旁等那个人。我还有别的事要做。

史密斯太太：我们为什么要等呢？如果信箱好一点，就不会有问题。

麦克维尔太太：我投诉过那些信箱，但他们（房管局）说我们对自己的事说得太多了。他说窃贼知道谁拿的钱最多，支票什么时候来。

史密斯太太：大家都知道支票是先到的。

金太太：我从未告诉任何人我在领取福利。

史密斯太太：如果你住在这个住房项目里，人们就会认为你靠福利生活。

斯通太太：为什么支票到的那天警察不在那？有人撬开了我的信箱，我还得为此付 2.5 美元。

麦克维尔太太：没错。他们（房管局）说，不管是不是我们破坏了信箱，我们都要对信箱负责。

史密斯太太：那不公平。为什么我们要为自己没做的事付出代价？

麦克维尔太太：大多数人都不敢报警。

梅尔顿太太：你说得对。你永远不知道那些人（吸毒者）会对你或你的孩子做什么。

麦克维尔太太：你还记得砖头扔进我窗户的事吗？那是因为我给房管局打电话说那些大男孩在大厅里闲逛。

梅尔顿太太：他们肯定会对你干坏事的。

麦克维尔太太：如果你投诉噪声或大厅肮脏之类的，别的租户会叫你麻烦制造者。

史密斯太太：我一直向办公室投诉，并不是说这有什么好处。我不管其他租户怎么想。我得照顾我的家人。

布朗太太：没错！看看去年夏天你遭遇了什么。（小组的笑声）

实务要点：回想起来，小组成员的笑声实际上是在小组工作部分讨论过的战斗-逃离反应的一个版本。幽默是用来掩饰事件引起的真实的恐惧。在这名工作者的帮助下，她们开始着手解决不仅要对抗房管局，还要对抗邻里的青少年所蕴含的风险。

工作者：发生了什么，史密斯太太？

史密斯太太：有许多大些的男孩在我的门外吵闹。我让他们离开，因为我母亲病了，但他们不肯，所以我给办公室打了电话。警察让他们走了，但他们又回来了，打开了消防水龙头，淹没了我的公寓。（沉默）

赖特太太：他们会整你的，对吧？（小组表示同意。）

实务要点：这位工作者在沉默中感觉到了恐惧，但没有去触及这一问题。在这种情况下，工作者有时不敢挑明私下的恐惧和矛盾感受。一位工作者告诉我："如果我去捕捉它，我可能会得到这些感受，然后他们会非常害怕，他们会打退堂鼓。"这种观点低估了当事情与自己利益攸关时人们面对困难和可怕的任务的力量。与其吓跑小组成员，不如公开承认这些恐惧，而这可能会为做出与对抗有关的第二个决定提供所需的额外力量。第一个为自身权利采取行动的决定产生在激烈地交流不满的过程中。

第二个决定，即真正的决定，必须在成员有机会对自己的大胆行动进行思考之后做出。他们必须反思所涉及的风险，并体会与采取诸如此类的行动有关的恐惧。不注意帮助服务对象克服这些感受的工作者往往会发现，当危机来临时，服务对象还没有准备好采取下一步行动。然后，工作者常常会接手服务对象的事，例如，在一场冲突中成为发言人，而如果经过更多的准备，服务对象可能自己已经能处理这个问题。然而，在这个小组中，住房管理者拒绝参加会谈，加上一个当地福利权利团体威胁小组中的一名成员，使这个问题到了白热化的程度。

小组已经为房管局管理者默里先生参加本次会谈制订了计划。这位工作者告诉小组她自己与默里先生的会面以及他拒绝参加小组会谈的情况。所有成员表达的普遍态度是悲观、失望和"我早就告诉过你了"。这位工作者鼓励小组成员从"轻言细语"开始，争取与管理层可能的接触。当这不起作用时，下一步就是通过某种形式的对抗"高声呐喊"。

梅尔顿太太：我想我们应该越过他，因为他拒绝来。（大家都同意。）

史密斯太太：让我们和专员朗谈谈。他是黑人，最近刚被任命为房管局委员。（大家都同意。）

实务要点：在会谈的这个时候，迟到的金太太来了，显得心烦意乱。针对工作者和其他小组成员的担忧，她透露，由于她参与了这个小组，她受到了她和其他人所属的一个福利权利团体的成员的威胁。下面是一个例子，当权益倡导者认为系统——在这种情况下是福利部门和带领小组的福利工作者——永远是敌人时，会出现问题。她们没有探索自己的小组目标与机构的目标之间的真正共同点，而是试图强迫成员退出小组。

梅尔顿太太：我告诉过你，佩恩太太，他不会来的。他不在乎我们。没人在乎。（这时，金太太进来了，看上去很不高兴。她为迟到道歉，说她差点来不了。）

工作者：我宁愿你迟到也别不来。

史密斯太太：怎么了？罗尼（她儿子）还好吗？

金太太：他没事，不是这事。

梅尔顿太太：你不大好吗？

金太太：（沉默了几分钟。）

工作者：如果你不想讨论这个问题，我们就继续讨论房管局的事。

金太太：没事，我来告诉你们。

随后，她详细讲述了福利权利团体的一些成员是如何来到她的公寓，指责她加入这个小组，给这个房屋项目的人带来麻烦，并对她说应该离开这个小组。她否认了这些指控，但表示他们离开时，她很不开心，担心他们可能会因为她参加了这个小组而找她麻烦。她说她今天早上很生自己的气，因为让他们对自己指手画脚，所以她穿好衣服来参加会谈。

梅尔顿太太：他们怎么能给你制造麻烦？他们没什么权力。

史密斯太太：他们怎么知道你是这个小组的？

金太太：我不知道。我一个都不认识。有两个我见过，住在我的楼里。我没烦过任何人。我自己待着，只管自己的事。

工作者：这个团体的人找过你们谁吗？（都说没有。五个参会的人中有两个是这个福利权利团体的。）

梅尔顿太太：他们再找过你的麻烦吗？

金太太：我真的不知道。我的信箱里有两张纸条要我去办公室（房管局）。住在我下面的那位女士投诉说，我让水从我公寓的墙上流下去了。

史密斯太太：我记得你跟我说过这件事。

金太太：我打翻了一些打扫卫生时擦洗用的水，这些水从暖气管之间的洞里流了出去。我道过歉，说那是个意外。

梅尔顿太太：无论如何，他们（房管局）应该把那些洞堵上。

金太太：另一个原因是我儿子太吵了。

工作者：在这些事之前你收到过投诉吗？

梅尔顿太太：没有。

小组：（长时间沉默。）

实务要点：这一次，这位工作者策略性地触及沉默这个现象，探索小组成员的感受，并要求她们面对第二个决定，这对处于被压迫和弱势地位的人来说有可能是令人胆战心惊的。

工作者：我相信这让你们所有人都感到麻烦，我能理解你们的担忧。让我们花几分钟时间想想这个小组和你们参与进来这件事。你们觉得怎么样？你们从小组里得到什么了吗？（沉默）

金太太：我一直在想这个问题，想了很多。我不会让别人告诉我该怎么做。我真的不知道我来这里得到了什么。我喜欢来，而且我能认识一些新朋友。我想我更了解你们机构了。

梅尔顿太太：佩恩太太，你看，大家害怕报复。我年纪大了，所以他们不来烦我。这些会谈让我得到了很多东西。对我来说事情更明白了。你帮我处理了房管局的账单。另外，这给了我一个外出的机会。

戴维森太太：我懂得了很多。我想我对社会工作者的态度有了改变。我现在知道他们并不都是坏人，我有责任让他们知道我的家庭需要什么。出现了一些我不知道的事情，他们向我解释了其他的政策。我不再为自己感到难过，因为我看到别人的问题比我的更糟。

梅尔顿太太：我喜欢来这里，我脑子里对福利的许多疑问现在都清楚了。你帮了我很多。此外，如果我们能推进房管局对待我们的投诉的工作，只这一点就了不起。

金太太：我也学到了很多关于福利的知识，这是我以前不知道的。我喜欢这个小组，我会继续来的。很可惜更多的人不来了。知道他们会从我们所有的辛勤工作中获得好处让我很生气。

小组：是这样。

工作者：那我就认为你们想继续？（大家都同意。）我会坚持到底，如果我们有客人的话，我会在开会前告诉你们。

实务要点：在与市政专员取得联系后，住房项目管理者默里先生改变了不跟小组会面的想法。小组成员发现，如果她们了解政治体系，就可以借助它在适当的地方施压。有关公共住房的决定在本质上是种政治；只要没有公众投诉，问题就可以被忽略。把政治制度作为公民的工具是变革的重要一步。很多时候，贫穷和受压迫群体的成员放弃了尝试跟"体制"打交道的希望，"你不能跟市政厅斗"的态度占主导地位，导致公民放弃为满足其需要而建立的设施、体系和机构。工作者必须传达这样一种理念：总有下一步可走。

　　在工作者澄清了与默里见面的目的后，小组成员开始了她们的对质。

　　史密斯太太：我想知道房管局对消耗品的看法。我不认为我应该为我住进公寓时就已磨损的窗帘或是挂了5年的窗帘付费。

　　默里先生：如果公寓空着的时候窗帘有磨损，我们会把窗帘换掉。你们搬进来的时候，所有的公寓的物品都是完好有序的。

　　小组：（所有人都不同意。）

　　默里先生：你们搬进来的时候，会签署一份一切都完好有序的说明书。如果你们不同意，就不要签字。

　　史密斯太太：我在单子上写了窗帘有磨损。你们换了，但是你们收了我的钱。去问佩恩太太，她把这笔钱给了我。

　　默里先生：不应该收你们那些窗帘钱。

　　麦克维尔太太：你看，这就是我们投诉的。我们不知道哪些应该付哪些不该付。你的人让我们什么事都付费。即使我们不同意，你也相信他们的话。

　　小组：没错。

　　默里先生：你们觉得收费不合理的时候应该来找我。

　　小组：（发出笑声。）

　　史密斯太太：你总是不在，如果我们留个纸条，则不会有什么行动。

　　小组：（同意。）

　　实务要点：随着会谈的进行，管理者表达了他对租户的感受。很明显，他对租户有一种刻板印象——来自那些损坏了公寓财产却没有加以维修的租户。此外，作为一名白人管理者在与一群非洲裔美国人租户交谈时，用"你们这些人"一词带有种族主义色彩。在这个案例中，工作者也是非洲裔美国人。

　　默里先生：问题是你们这些人不爱护自己的公寓。你们让孩子毁了这个地方，因为不是你们的房子。你们也有责任，你们知道的。

　　麦克维尔太太：我讨厌这样。我们大多数人都让我们的地方保持干净。我知道有些人不在乎，但是为什么我们其他人要不得不跟着承受呢？

　　默里先生：我们每四年清洁一次地面，做一次修缮，粉刷一次大厅。维修自己的公寓是租户的责任。

　　布朗太太：杜松子酒瓶、啤酒罐和尿液留在大厅里好几天，你们的人也不把它们清理掉。

　　默里先生：打电话给我。我会盯着处理掉。

　　麦克维尔太太：信箱呢？我们能不能有更好的带防扒锁的信箱？我们的支票总是被偷，箱子被损坏，我们得赔钱。

默里先生：没有防扒锁这东西。我知道你们收支票时遇到了麻烦，很抱歉，但是如果我们承担这项开支，那么每次你们丢钥匙的时候，你们这些人都会把锁撬开。

麦克维尔太太：我不同意。我不认为租户会故意撬开信箱。

默里先生：他们是这样做的，如果我改变规定，他们会更经常这样做。

实务要点：这个大多数服务对象是有色人种的住房项目的白人管理者对待租户的方式带有种族主义和刻板印象。他提出要处理这些事情，主要是为了解除这群人的武装，可能是因为他担心她们人多势众。当成员们觉得她们不能让这位管理者去掉防御时，她们再次诉诸政治压力，并第一次奏效了。管理者的回应是，她们为什么不向他投诉，报复问题被揭露出来。工作者介入，试图帮助管理者看到居民们这样做是想改善她们的居住状况。

史密斯太太：谁与房管局预约见面？

默里先生：市政专员们预约了见面。

史密斯太太：我们能有个人去市政专员们那里让他们知道我们的问题吗？

默里先生：我的委员会每月开一次会。它对公众开放。委员会是自治性的。它遵循联邦指南制定了自己的规则。我们会听你们的投诉。

史密斯太太：我们也希望他们采取一些行动。

小组：（全部同意。）

梅尔顿太太：我们不认为大楼的代表能代表我们。我不知道选管事的人的事。

默里先生：都告诉过你们会议的事，我知道。

小组：（不同意。）

麦克维尔太太：（其中一个委员会的成员）也许代表们没有花时间告诉他们楼里的所有人。

史密斯太太：我楼里的那个男的不能代表我。他不合格；再说，他也不在意我们。

默里先生：你们这些人有很多不满，但是从来没反映给办公室。

麦克维尔太太：大多数人之所以不去投诉是因为他们害怕办公室找麻烦。

默里先生：我们没有因为投诉而赶走过任何人。我不明白你们为什么要害怕。没有理由。

工作者：小组的意思是，办公室有办法给这些人施加压力。恐惧在这，不可能一夜之间改变。这些人来这不是要对你进行人身攻击，而是反对那些制定这些不公正规定的人。这些人是积极主动的，这就是她们来这的原因。她们想改善自己的居住环境。这要靠你和你的委员会来帮助她们。

默里先生：如果租户认为代表们不符合她们的要求，那么我会留意这件事，举行新的选举。

麦克维尔太太：人们觉得你不愿意和他们见面。他们觉得你不感兴趣。

默里先生：我会尽我所能并把你们的投诉提交委员会。如果你们愿意，你们可以成立自己的委员会。

史密斯太太：我们会参加你们下次的会议。

实务要点：会谈必须结束了，因为它已经超过预定时间 45 分钟。房屋管理者对此事的反应在意料之中，他突然下令对所有公寓进行检查。在下一次会谈上，这位工作者再次尝试探究成员们对她们的果敢行为所带来的反应的感受。注意，当她们没有立即回答她关于感觉如何的问题时，工作者再次回到这个话题。

史密斯太太：办公室里每个人都在谈论这件事（小组跟默里先生见面）。来检查我公寓的人很生气，因为我拒绝在检查表上签字。我告诉他原因，他问我一直在跟谁聊：佩恩太太（工作者）吗？

小组：（发出笑声。）

布朗太太：他们认为我们错了。他（维修工）说今年这个房屋项目的维修费超过了 6 000 美元，我们要为此负责任。

金太太：安迪（维修工）说是时候该有人来说说了。我有些邻居为这个检查责备我们，因为他们一直没有被检查过公寓。

小组：（全部同意。）

史密斯太太：我就知道默里先生会做些什么报复我们。

小组：（全部同意。）

工作者：那么，你对发生在自己身上的事有什么感受？

史密斯太太：我不介意。我知道他会做点什么报复我们。但是有了（福利）机构的支持，他知道他无法再逃避这些事了。

布朗太太：我听说他们在检查公寓，所以我准备好了。我的公寓非常干净整洁。

梅尔顿太太：他们（房管局）有两年或两年多没有检查我们的公寓了。为什么现在检查？

小组：（同意。她们似乎轻描淡写地看待这一情况，并拿它开玩笑。）

工作者：但是你们还是没有告诉我你们对所有这一切的感受，来自房管局和你们的朋友与邻居的批评、压力。

布朗太太：我不介意。有些事情必须要做，所以我们来做。

史密斯太太：我不介意当替罪羊。我想我们还能做更多。如果他们（房管局）批准我们的一些要求，我们会从中受益，那些叫我们麻烦制造者的人也会的。这也是为他们，不只是为我们。

金太太：我唯一不喜欢的是他们在我不在家的时候进我的公寓。

小组：（全部同意。）

工作者：通知你们要检查了吗？

小组：没有。

史密斯太太：他们（房管局）想做的时候随时可以进你的公寓，这写在租约上。只要是合理的时间，他们都可以进。

金太太：我还是不想让他们进我的地方。

工作者：没领取福利的租户的公寓也被检查了吗？

小组：是的。

金太太：如果那是他们自己的地方，他们不会喜欢的。

梅尔顿太太：他们什么也没放过。我们甚至还得为窗帘上的流苏和丢失的螺丝付钱。

工作者：换句话说，他们用一把细齿梳子仔细过了一遍你们的公寓。

小组：（发出笑声，同意。）

布朗太太：他们甚至把窗户上的纱窗拿下来清洗还修理了。我让那个人不要拿我的，因为那些窗户很高，孩子们可能会掉出来，他说我应该给我所有的孩子绑降落伞。我看得出他很生气。（成员们就在检查中她们签了什么、没签什么聊了很多。她们的总体态度出奇地轻松愉快。）

工作者：我认为你们明天要继续按计划开会，对吗？

小组：（都同意，说"当然""为什么不呢？"等等。）

史密斯太太：我们都问过我们楼内的租户，但大多数人不会来，因为他们害怕报复。他们总问我们在做什么，挺感兴趣。

工作者：你们害怕报复吗？

小组：（大家插嘴）不怕，当然不怕。

史密斯太太：不怕，我总是投诉事情，不是它有什么好处。我们认为我们是对的。我们没有任何不合理的要求。

布朗太太：我的朋友说她不来，但会帮我照顾孩子，这样我就可以去参加。（所有人都说她们不害怕，周四晚上会去。）

实务要点：然后工作者建议她们考虑会议的策略。成员们担心在公共场合讲话，要求工作者宣读她们的要求。工作者拒绝了，她强调了租户为自己说话的重要性。工作者信任她们很重要。她表示愿意去那里帮忙，但她说这是她们的战斗，她相信她们能做到。

工作者：你们打算用什么方法？

梅尔顿太太：我们能不能像我们开会时那样做？

小组：（全部同意。）

布朗太太：也许该有个人来读一下诉求单。佩恩太太你能做吗？

工作者：不能，应该由你们之中的一个人来读。委员会希望听到你们这些租户的声音。我要做的是列出你们的要求，并给你们和委员会成员每人一份。然后他们可以问你们问题。我会和你们在一起，尽我所能地支持你们，但要靠你们去阐明自己这边的要求。

金太太： 这是个好主意，如果他们问我们问题会有很大帮助。

梅尔顿太太： 有时候，我很混乱，说不出我想说什么。

工作者： 让我们都尽量保持冷静，最重要的是要有礼貌。

小组： （笑声。有人拿佩恩太太开玩笑。）

实务要点： 关于粉刷公寓的讨论仍在继续，特别是关于所用的廉价油漆的质量、没多少颜色可选、不粉刷受处罚以及差别对待一些租户等。会谈暂停，计划周四晚上 8:00 碰面商讨参加委员会会议的事宜。

实务总结： 在参加委员会会议时，成员们表现得很好，委员会立即批准了 11 项请求中的 9 项。有两项请求很复杂，需要进一步研究，但委员会认为将会做出积极的答复。小组成员和工作者都很高兴。通过借助政治系统，成员们发现她们可以行使自己的权利。权力的平衡发生了变化，不采取行动和顺从（因为恐惧）的格局被打破；该小组迈出的首要几步也鼓舞了其他租户。当然，许多问题依然存在。与房屋项目管理者的关系还是很差，但是工作者制定了如何帮助他认识到承认租户权利会对他有利的策略。还需要关注租户之间的摩擦问题，因为，让租户承担责任以更好地维护该房屋项目，有同样际遇的人的压力可能是最重要的因素。在小组取得初步成功后，这些下一步的行动似乎更易于执行了。

除了迄今为止所描述的角色外，开展任务小组工作的社区社会工作者还有许多前几章中描述的与临床小组一道工作的相同功能。前面描述的一些动力，诸如偏差成员冒出来，会出现在任务小组中，就像下一个例子中描述的那样。这个例子还提出了社区小组普遍存在的一个基本问题：如果工作者对某个问题或该小组应该选取的方向非常有意见，那该怎么办？

动员社区中的青少年朋辈领袖 在下一个社区小组的例子中，我们考察了一个常见的方案类型，即把一个住房项目中的青少年组织起来，为社区提供服务。社会工作者工作的重点是帮助青少年克服他们内在的不足感，这种不足感被有关他们能力的负面的社区成见所强化。这个例子表明，这类小组的每个成员都会给小组进程带来自己的优势和问题，并非所有成员都能取得希望的积极成果。与小组在社区任务上取得成功形成鲜明对比的是成员们对经历的问题和挫折令人心痛的描述。这强烈地提醒我们，社区和家庭的压力所施加的力量，以及即使是已在社区有所成就的时候，"重蹈覆辙"会怎么发生。

小组类型： 青少年朋辈领袖任务小组

年龄范围： 13～19 岁

性别和种族： 四名非洲裔男性、一名非洲裔女性、两名西班牙裔女性和一名白人女性

日期： 10 月 15 日至次年 1 月 13 日

问题说明

朋辈领袖在他们工作和生活的社区缺乏信誉，引来父母、资助机构、房管局和租户委员会的批评。很少有人相信这个小组可以在这个住房项目里组织正面的活动，这种态度损害了朋辈领袖的潜力和目标。

问题是如何引起工作者注意的

在我每周两次给朋辈领袖开办的培训会谈中，小组会谈论他们的母亲、邻居、租户委员会或房管局任务小组指控他们的谣言和评论。我看着这个小组从拿最新的谣言开玩笑到越来越泄气，怀疑自己创造积极的事的能力。11 月下旬，我向小组宣布，资助机构将放弃这个项目，因为这个住房项目开始收到有关青少年的负面报道。

工作总结

30 名来自这个小型住宅项目的青少年接受了做朋辈领袖的面试。8 人被录取：4 男 4 女。在他们第一天上岗时的第一次正式会议上，契约显示了这个小组的任务：协调其与环境的关系。

基思（17 岁，非洲裔美国人）提到，租户委员会主席玛丽可能不会让他们每天使用这个社区中心。艾米（15 岁，非洲裔美国人）详细描述了"绿色怪兽"是怎么仅仅因为看了她就对他们大喊大叫的。我问他们为什么叫她"绿色怪兽"。布鲁斯（15 岁，非洲裔美国人）把手指向了中心角落里一间绿色隔断的办公室。大家都笑了。我问我们使用这座大楼是否还有什么规定。他们都咭哝着并咯咯地笑，露西（19 岁，白种人）启发了我，问我是否有一整天的时间坐下来听她把规定列出来。我去触碰他们对自己环境的看法，也表达了我向他们了解情况的意愿。

随着小组开始确定他们想要解决的问题和要处理的事件，他们更好地意识到朋辈领袖小组是做什么的。然而，该小组对于要充当积极的青年榜样的理念有挣扎。艾米的孪生兄弟杰克（15 岁，非洲裔美国人）提到，在这个城市，青少年没什么可做的。"我们做的就是去上学，回家，然后惹麻烦。"格温（14 岁，西班牙裔）补充说，周末很无聊，"需要有人在这里做一些改变"。我们问他们认为谁应该做这些改变。我想协助他们把做朋辈领袖的目标与创造改变的任务联系起来。布鲁斯回答并坚持只有房管局能够带来变化，因为钱都在他们手上。基思的弟弟丹尼（14 岁，非洲裔美国人）突然加入进来，说："是的，如果他们是警察，我们都会被关在州监狱里。"然后他们继续说他们跟房管局糟糕的遭遇。

我问他们是否认为可以做些改变。我再一次希望能帮助他们把自己和自己的目标联系起来。凯伦（13 岁，西班牙裔）使劲地点了点头。房管局被视为拥有所有的权力，他们仍然很难看到自己有能力创造积极的改变。我也感到被这个强大的组织压迫，但我也意识到我需要了解房管局的任务小组，所以我决定不定期参加他们的会议。

实务要点： 在接下来的摘录中，生活在一个犯罪、毒品交易和谋杀都太常见的邻里街区的现实戏剧性地呈现给了社会工作者。这些青少年面临许多环境压力，工作者必须对他们在逆境中生存和茁壮成长的抗逆力有信心。

> 11月初，小组召开了来自该房屋项目的青少年的第一次会议。45个青少年出席了会议。会议的基本目的是建立一个青年组织，对未来的活动集思广益，并在他们的朋辈中树立自己的领袖地位。在接下来的星期一，我准备回顾一下他们第一次组织会议的成功经验；然而，他们来做事的时候泄气又默不作声。我问他们怎么愁眉苦脸的。几个人耸耸肩，然后丹尼看着基思说："告诉她吧。"
>
> 基思接着告诉我，他在周末因袭击他人而被捕。我立即问基思是否被判有罪。他告诉我他被指定了两个月内的一个日子开庭。我故意回避逮捕的细节，因为我不想让自己成为道德教师或法官。不过，露西对基思很不高兴，问他，如果他们都到处打人，他觉得这个小组怎么会好。这次谈话持续了45分钟，最后他们把订立的契约进行了重大修改。他们决定，他们要"全天候"充当积极的榜样，而不仅仅是每天活动的2小时表现好。他们还以书面形式写明，如果他们中的任何人被逮捕、被查获有非法毒品或持枪，该小组的成员资格将立即终止。他们一致认为基思不应该被开除，因为他出事时还没这条规定。

实务要点： 社会工作者很容易像这些年轻人一样感到气馁；然而，如果认为这么快就能带来变革，那就太天真了。问题不在于他们是否"退步"，而在于他们如何处理这样的事件。他们认识到自己要"全天候"尽责是积极的一步。

小组成员还必须面对另一个冲击。在让他们讨论了自己的感受后，这位社会工作者要求他们反思这一事件对他们作为一个小组的工作的影响。

> 在11月的最后一周，他们的一个朋友杰德在社区中心门前身中七枪而亡。杰德是当地的一位英雄，因为他刚刚与一家唱片公司签约，并且已经制作了一张说唱专辑。他还贩卖可卡因，这导致了他的死亡。小组的人对于这件事在口头上拒绝接受。他们把杰德的死浪漫化了。在我看来，基思、丹尼和杰克内心在挣扎，要决定选择积极的行为而不是消极的行为。每天围绕着他们的世界充满了痛苦和消极的选择。他们对于自己充当朋辈领袖角色的矛盾心理经常在小组中表现出来，使他们面临更高的负面行为风险。

> 对杰德之死谈了一个小时后，我让他们思考杰德被谋杀对他们小组的影响。我认为这场悲剧是一个机会，可以用来说明这个社区需要朋辈领袖。基思愤怒地说，全世界都会不惜一切代价让黑人趴下。杰克表示同意，补充说杰德是要去某个地方，总得有人去并把他"带出来"。我再次要求他们把注意力集中在小组的事情上，因为它与杰德有关。我意识到他们回避谈论谋杀的事实，比如毒品指控，以及凶手也是黑人青年的悲惨现实。在这个时候处理这个问题似乎不合适，因为他们刚经历悲痛。因此，

我深感有必要探查他们自己作为朋辈领袖与其他年轻人被杀害的环境之间的关系。

在短暂的沉默之后，格温说没有人真正"在乎"他们。丹尼插嘴说，他母亲认为他们是一群流氓，她很惊讶他们里面的人早上还能起床。没人笑。布鲁斯补充说，他认为整个社区都反对他们，他们都认为这个小组的成员就像杰德一样。"我们就是像杰德，"杰克脱口而出，"我活不到18岁。"大家都陷入了沉默。

实务要点：这是小组发展的重要时刻。最初有热情很容易，但现在，面对他们的现实情况，他们需要做出第二个决定，决定继续下去，尽管他们感到害怕、愤怒和自我怀疑。工作者并没有跳进去安抚他们，而是让他们感受这一刻。

沉默是有力量的。我深深地被他们的话感染。我和他们一起愤怒。我感受到他们的痛苦，也很难过。"我厌倦了杀害！"艾米喊道，"先是我哥哥被人杀了，然后你（看着杰克）今年夏天被刺伤，现在杰德死了！"艾米转过身对着我，直视着我的眼睛说："蒂娜，没人在乎我们。我们能改变什么？"

我回答说："艾米，你可以通过证明给别人看你非常在意自己的生活，你希望看到生活得到改善来证明自己。"

我能从我们都感到的愤怒中看到很多希望。我觉得我们比以往任何时候都更接近有一个共同的愿景。我可以看到在痛苦中有一些光在闪烁，一种新的工作的能量被重新点燃。我也对我们要做的事情有了一种紧迫感。是时候了，我们需要抓住这个机会。他们决定不在圣诞节举行青少年舞会或聚会，而是面向整个社区举办一项活动，重点是庆祝节日和疗愈。他们需要资金、信赖和成功。

假日集市将提供世界各国的食品、抽彩售货、给所有孩子的免费礼物、圣诞老人、手工活动区、面部彩绘、涂鸦墙以及艾米和基思的演讲。他们向几家报纸和电视频道发送了新闻稿。他们特别希望第七新闻频道能有人来，因为是他们台报道了杰德的故事。他们喜欢新闻组回来报道青年的正面故事的想法。我无意中听到艾米对新闻记者说："我相信在美国，年轻人需要被倾听。我们有很多话要说，也有很多东西可以给你们成年人，所以仔细听。"

活动期间，房管局局长站在麦克风后面，提醒大家注意，然后向社区讲话，说他觉得这些朋辈领袖对这个房屋项目有多重要，以及他多么为他们感到骄傲。然后他在小组成员的父母、朋友、兄弟姐妹和邻居面前宣布，房管局会资助9 000美元，让他们继续开展工作。

小组被这个消息惊呆了。露西、艾米、基思和布鲁斯飞奔向我，被这个好消息弄糊涂了。他们问了我很多问题，例如："他说他要给我们钱了吗？""你事先知道吗？""他什么意思？""你听到他说我们的那些很棒的话了吗？"我问他们这么成功有什么感受。我看到他们听到房管局令人鼓舞的消息时感到震惊，正是这个机构在过去3个月让他们感到那么压抑。我觉得我有必要帮助他们把局长宣布的消息和他们的成功联系起来。他们消化好消息的速度很慢，我希望他们能够尽情享受这一刻的荣耀，而不只是事后去回顾。最后，好消息深入内心，朋辈领袖们开始拥抱我，彼此拥抱，高呼："我们做到了！"

假期我们停止活动了两个星期，然后举行了 1 月 6 日的重大活动后的第一次会议。杰克从报道我们当晚活动的当地新闻节目中录了 7 分钟录像，所以我安排一起看。我们看了两遍，然后讨论了我们最喜欢的部分是什么。"得知我们可以继续工作。"露西说。布鲁斯补充道："是啊，当局长站起来表扬我们做的那些很酷的事时，我很震惊。我还害怕他会把我们踢出社区中心。"我们都笑了。然后我告诉他们我还有一些好消息。不仅房管局承诺捐款，禁毒资助机构也捐了一些。他们齐声喊叫："多少钱？"我很兴奋地告诉他们金额是 1 万美元。我真的很想让他们作为一个小组体味他们的成功，所以我停留在细节上。"那就是 19 000 美元，"布鲁斯说，"我们原本希望通过卖吃的东西和汽水筹集 200 美元。我们真让他们刮目相看了。""'他们'是谁？"我问。

我希望我们能调和一些几个月来的批评带给他们的痛苦。我也希望他们真的开始把自己看作是有创造力的积极的人。把"敌人"标示出来并意识到他们也有能力改变，可以向这些年轻人揭示一些关于自身力量的非常重要的真理。我们讨论了观察到的他们作为一个青年小组取得成功的每一个细节。

实务要点：社区的积极反应和资金投入是帮助成员开始相信自己是变革的推动者的强大力量。对于社会工作者来说，这个项目的成功和她即将宣布的城市将创建五个像这样的小组的消息，让她意识到自己也希望感觉到能对社区产生影响。然而，充满热情的她忽略了宣布这一消息对小组的影响。

在 1 月 13 日的下一次培训会谈中，我们聚焦在下一次重大的活动上。我在小组开始的时候说了一些新的信息，房管局的任务小组正在会议上讨论这些信息。"因为你们小组取得了成功，房管局联合资金机构，希望在本市再成立五个朋辈小组。他们看到了青少年能成功地通过努力改善自己的环境。这是不是太棒了？这个城市年轻人的声音将会很大。"我自己对这个新进展感到非常兴奋。在我看来，这是迄今为止最好的消息，因为它会为年轻人提供更多的就业机会，并影响到广大选民。

小组沉默了。我很惊讶他们看起来并不兴奋。露西接着脱口而出："我们呢？"我懵了，说："你是什么意思？因为你们才有了这一切。"我真的没领会到重点。露西接着说："我们呢？他们可能会来管我们，并想改善我们的发声。""是的，"丹尼补充说，"他们完全忘了我们。""我们需要一个青年中心，"布鲁斯加入了进来，"我们不能一直在这座丑陋的大楼里，坐在这些金属椅子上开会。""我们甚至不能在这里挂海报，"基思补充道，"他们甚至不让我们在这个中心吃零食。"

这些话持续了 15 分钟，然后我问有什么问题。我觉得还有些别的事情我不知道。

他们又开始对机构及其周围环境感到丧气。他们继续谈论不想被忘了。然后我问他们是否愿意帮助培训其他朋辈领袖小组。我开始意识到，他们有多么需要得到持续的认可，他们有多么害怕自己的胜利被夺走。或许，如果在其他小组中能给他们某种地位，他们可能会感到更可控。

说了这话之后，他们完全改变了态度。他们开始计划教这些年轻的新秀做青年组织者的诀窍。他们幻想着自己成为市里最优秀的青年工作者，以及市长会怎样给他们颁发杰出公民奖。我对他们被人接纳的需要感到既伤心又高兴。我意识到作为贫困少数族裔在一个房屋项目中生活的持续存在的现实，他们害怕被驱逐，这是一个非常沉重的负担，而我太快就忘记了。尽管如此，听他们去描绘梦想还是挺美好的。他们很难想象能有个美好的未来。

问题的现状：当下的情况

问题仍然存在。然而，该小组让他们有机会看到，正是那些感觉如此强大的压迫他们的机构受到了朋辈领袖献身精神的影响，这使他们认识到，他们确实可以对自己的环境有些控制。然而，对其中一些年轻人来说，日常生活中持续存在的挣扎就像是一场无休止的战斗。丹尼在1月底被开除了，因为他母亲发现他有可卡因。她告发儿子的唯一原因是为了不收到驱逐信。如果租户在委员会给他们写信前承认自己的过失，他们就会避免被驱逐。

杰克也在与自己的街头生活做斗争。他两个朋友被杀时，他在场；他经历了一个兄弟的死亡，另一个最近被逮捕；他自己也亲身经历了暴力，在夏天被刺伤。有传言说杰克买了把枪。我们没有证据，杰克否认这一指控。2月8日，基思前一年10月份做的事被指控为袭击。他要服一年的缓刑。义卖活动前两周，露西与在州立监狱服刑的一名38岁的男子结婚。露西还是个孩子的时候，他就一直是"家里的一位朋友"，现在他因强奸罪服刑。这些严峻的现实无疑影响了该小组新近获得的声誉。进两步退一步。

734

下一步的具体措施

我现在每周和这些朋辈领袖一起工作3天。我们目前正计划在本市开展一个预防月活动，这期间朋辈领袖们将在高中表演戏剧，举办海报和征文比赛，并举办宴会/娱乐晚会，邀请市政府官员和提供资助的人参加。该小组的内部问题与他们所处的环境直接相关，它继续在削弱小组的工作。然而，我的大部分时间都花在与父母和机构的协商上，让他们相信这些年轻人，并鼓励他们做出努力。处理功能失调和小组动力是一个我需要花特别多精力关注的领域，它要具有敏感性和技巧，但这是一个全新的故事。

实务总结 这个例子给人留下深刻印象的是，工作者对青少年战胜逆境的能力始终抱有信心。她理解他们所表现出的偏差行为的含义，并仍然寻求他们的优势。正如她所指出的，永远是进两步退一步，但他们中许多人的总的势头会是向前迈进的。

工作的结束/转换阶段：以环境为社区

在本章关于社区工作的这一部分，我们重点讨论社区的环境以及社区工作的结束和转换阶段。对于许多服务对象来说，他们的社区是一个寄宿中心或医院病房。尽管治疗方案会影响他们的生活，但与工作人员和其他居住者一起生活和工作的日常经历总是会有最强大的影响。如果一个治疗小组教授如何给生命赋权，但是其成员在环境中感受到的是失去权力，那么真实的信息会强化软弱无力而不是自身的优势，强化病态而不是抗逆力。服务对象已经在同与精神疾病相关的内化了的污名做斗争，在医院环境中感受到被削弱权力只是强化了这一污名。

在一家退伍军人医院，通过一份报纸为患者赋权　在下面的例子中，社会工作者运用病房报纸作为媒介来帮助退伍军人医院的精神病患者更有效地与他们所在的社区进行沟通协商。报纸成为与员工沟通的工具，也成为成员发现自身优势的手段。它也成为一种媒介，通过这种媒介，成员们可以交流他们必须处理与精神疾病有关的压迫的内心感受。这个例子带我们从最初的充满热情的开始阶段出发，再到问题重重的中间阶段和需要做出第二个决定，最后到工作者（社会工作学生）怎样帮助小组和系统建立起在她离开后继续运行所需的结构。

成员： 白人男性退伍军人——退伍军人医院精神病区的患者

日期： 9 月 30 日至 12 月 2 日

问题描述

这个小组面临的任务是跟它所处的更大的系统交涉，以便办一份病人简报。小组面对的一些挑战是来自更大系统（医院）的阻力、小组内部的阻力（害怕掀起波澜）、成员害怕工作人员的打击报复、失去权力的感觉以及小组内外的怀疑。主要问题集中在小组成员所表现出的失去权力的感觉上。这显示在他们不愿在简报中诚实地表达自己。第二个相关问题是医院对患者的期望值较低，以及医院对变革的矛盾心理。我面临的问题是如何在患者和医院这两个系统间找到一种调解方法。

问题是如何引起工作者注意的

几起事件导致了这一评估。在简报开办的开始阶段，我观察到小组成员和工作人员都表现出极大的热情，但是在最初的几次会议后，这种热情开始衰减。许多成员未能完成他们自愿承担的任务，外部系统也没有如所承诺的那样提供支持。工作人员讨论了在简报分发之前对其进行审查的必要性，这增加了小组成员的恐惧，使其有更多保留。我意识到，如果小组要进一步开展工作，其中有些问题需要解决。

实务要点： 与开始阶段相关的实务原则要求社会工作者从订立契约开始，明确说明小组的目的和作用。在第一次会谈中，我们看到小组成员对这一提议做出回应，并做出参与的第一个决定。尽管小组工作是开展这些患者工作的一种主要方法，然而，大多数小组都会经历工作错觉，工作人员和成员在一种又一种类型的小组中只是走过场。正是因为有如此多的小组，这位学生社会工作者才提出办报纸这一不同做法。病房里的工作人员、精神科医生、护士和社会工作者们的最初反应是，动员起这些病人的可能性很小，但他们祝这位社会工作学生好运。工作人员对她的建议的这种反应表明了他们对病人的刻板印象。一个新的会出版报纸的小组的想法引起了病人的兴趣。

工作小结

第一次会谈洋溢着兴奋之情。工作者对小组充满了希望和期待，成员也是如此。这是一个大型小组，共有 17 名成员。空气中弥漫着一种期待的感觉。我筹备这个小组已经有好几个星期，这个小组的新颖性让成员们很感兴趣。大多数退伍老兵都对我有了足够的了解，他们怀疑在发生什么非同寻常的事，即这个小组会与项目中的其他小组有所不同。

在小组活动开始时，我向小组说了我对简报的想法，以澄清小组的目的："正如你们中的一些人已经知道的，我有一个创办一份简报的想法。简报将由你们所有人来制作。你们来写文章，决定简报的选稿，多久发行一次，以及诸如此类的事情。换句话说，它会是你们的简报。我还认为这是一种帮助这个项目的成员相互联结的方法，让彼此了解这里发生了什么事情。我们可以把印的简报寄给你们的朋友和家人，让他们知道你们在这里做什么。我也会不时贡献自己的想法，并随时帮助成员解决可能遇到的任何问题。如果你们在写作方面有困难，也会有其他一些学生和志愿者提供各种帮助。现在我想听听你们的看法。你们对这个主意有什么想法吗？"

实务要点：正如在小组组建和招募成员那一章所讨论的，小组带领者倾向于忽视有矛盾或有疑虑的线索。如果工作者已经触及她感觉到但逃避的潜在问题，那么在第一次会谈的时候被称为"当一切顺利时寻找麻烦"的技巧会有所帮助。她会有另一个机会。一位扮演"偏差成员"角色的老兵带着讽刺口气提出了报纸标题，呈现出内化了的污名问题。这位社会工作者仍然急于让小组起步，选择回避这一信号。

许多成员表示感兴趣，并说这是一个好主意，尽管我感觉到他们有一些疑虑。我有一种模糊的感觉，他们只是在逗我。我没有直接去对质，而是继续说，希望届时他们能有更多的投入。如果我当时挑战他们的想法，可能会开启讨论，并呈现他们所感受到的一些顾虑和疑惑。

我们决定了简报的名字，大家自愿工作。关于叫什么简报，有很多争论。一位成员用讽刺的语气，提出可以用"东方精英报"作为标题。他看起来很生气。我把他提出的名字加在其他要投票的简报名字上，我说我认为这是一个有趣的名字。他没有说话，我继续收集其他名字。我意识到我没有收到他间接发送给我的信息。我错过了处理他所感到的某些愤怒的机会，我没有对焦到当时对他而言紧迫的事。我没能把自己的议程放到一边。假如我去处理他的愤怒，我就能认识到他的感受代表了该小组大部分人的感受。对于这个小组（和我）来说幸运的是，这种愤怒会再次在以后的小组活动中浮现出来，帮助打破工作错觉。

在第二次会谈中，成员们自愿承担工作。一位名叫乔治的年长的男人以一种略带嘲讽的口吻，推举德纳这位比较年轻的成员担任编辑。德纳通常非常安静、寡言少语，很少参加其他小组。我回答说我认为这是个非常好的主意，并问德纳是否会考虑接受这个职位。他似乎对此感到高兴，并接受了。大家一起鼓掌。这时，另一位年长些的男人哈罗德说，他在部队的时候，曾经拍过很多照片。我问他是否想当摄影师，他同意了。房间里的能量似乎增强了，每个人都开始自愿承担工作。我们决定小组每周开一次会，每月出版一期简报。

实务要点： 成员们已经做出了参与的第一个决定，这是一个容易做出的决定。除了看到出现偏差成员角色外，现在还有证据表明，嘲讽地提名德纳担任编辑是在寻找替罪羊。在第一次会谈中，用了"精英"一词，给报纸提出了具有讽刺意味的名字，而嘲讽性地建议一个被动的成员担任编辑，回顾起来，可以被认为是初次和再次提出与内部压迫者以及这些男人已经内化的污名有关的背后问题。当小组成员面临更困难的第二个决定时，这些问题将再次出现。工作者得体地提供支持性鼓励，仍然回避了解决更痛苦的背后问题。

在第五次会谈中，她去触及真实的感受，回应冷漠和厌烦的信号。吉姆——最早的那位偏差成员，原来是该小组的内部领导者，他表达了他们的愤怒和挫败感。社会工作者非常清楚地认识到，她同时站在小组成员和工作人员两边的重要性。

在这一个月里，一些成员忙着采访和撰写人们的故事。另一些人没有做好自己的工作，并为自己为什么做不到找借口。我觉得这是因为他们对自己的能力缺乏信心，所以我在这段时间的大部分工作都聚焦在表达我对他们有能力胜任工作的信心上。我开始意识到一个普遍的主题正在浮现，跟成员们感到权力被剥夺有关。

在第五次会谈期间，我注意到许多成员难以集中注意力，似乎对小组完全不感兴趣。我主动探寻发生了什么事："今天怎么了？似乎每个人都很难集中注意力关注这个话题。你们看起来都很厌倦、疲惫。"丹回答说："我们都刚刚出门在外面走了很长一段路。我们累了。"理查德补充道："他们让我们在这里忙得不可开交，我们所有的事就是参加各种小组。他们从不让我们自己待着。"我问其他人是否有这种感觉，如果有，他们是否愿意花几分钟来讨论这个问题。许多成员对此表示同意，小组太多，他们感到吃不消。

我试图证实他们的感受，说有时有很多小组要参加，然后我问他们有没有和工作人员谈过，表达过他们的担忧。吉姆这位在第一次会谈中非常生气的成员回应说，这没有什么好处，工作人员不关心他们想要什么，把他们都当成孩子一样对待。我知道我在这里必须小心。我自然倾向于站在小组成员一边。我常常被这些工作人员对待他们的傲慢态度激怒。对我来说，推波助澜，开始批评医院是很容易的，但我知道那没用。因而，我去触及他的感受，说："被这样对待一定会感到相当沮丧。毕竟，你不是孩子，你是成年人。"

实务要点： 成员们回应她有技巧地触及的"潜藏的负面因素"，她打开了讨论污名和工作人员对待患者的方式的大门。这是帮助他们做出第二个决定的关键步骤。她富有创意地指出，报纸很可能是他们表达某些不满的载体。

这开启了一个漫长的关于身为一个精神病患者和失去对自己生活的控制的感受的讨论。我尝试把谈话拉回到主题上，提议简报或许可以成为一个讨论区，男士们可以用它来发声，表达他们的一些关切。罗兰，一个我一直认为非常讨好工作人员的成员，热切配合，害怕制造麻烦，被普遍认为是一个"好"病人，说："哦，不，我们不能这样做，他们永远不会让我们印出来。再说，这里也没那么糟。工作人员都挺好，对我们也不错。"另一位成员因这一交流而焦虑不安，完全改变了话题。时间快到了，所以我说，如果大家愿意，下次见面时我们可以继续讨论这个问题。

实务要点： 当这个潜在的令人畏惧的问题浮现时，一直扮演着"守门员"角色的罗兰，表达了所有成员害怕与工作人员对抗这一点。改变主题的成员表明了前面章节中讨论的战斗-逃离反应。这些意见都是以典型的"门把手"方式在活动要结束时出现的。这位工作者也有些矛盾，她至少没有识别出出现了恐惧这个主题以及在下次活动中解决这个问题的必要性。随着谈话的内容被传出来，这位小组带领者开始和工作人员讨论事态的发展。她在开玩笑的背后探寻了他们潜在的担忧。

下一次的小组会谈涉及我们计划的外出旅行，再下一次的会谈，会有娱乐治疗师加入小组。显然，关于我们所说的事情的消息已经传开了。我告诉工作人员，我鼓励小组成员写一些对他们有意义的事情，有时，这可能涉及对医院的批评。他们开玩笑说我把病人都惹火了。我感觉到幽默背后有些怀疑，所以我问他们是否认为这是个坏事。这让问题浮出水面，并为我提供了一个机会，与工作人员谈谈患者的一些感受。

实务要点： 随着小组带领者和成员之间的信任——这是我所说的工作关系（治疗联盟）的一个要素——不断增长，成员们开始冒险谈其他一些通常与治疗、缺乏知情同意、身体约束和处罚有关的禁忌话题。罗兰再次扮演了守门员的角色。杰克谈到服药带来的性无能副作用，这是信任在发展的另一个迹象，因为与女工作者说这个是很困难的。

在下一次的小组会谈中，我们回到这一讨论，回到之前的话题。成员们似乎分心了，也不感兴趣。他们在完成自愿承担的任务上也遇到了困难。我问他们情况怎么样。一个只偶尔参加活动的成员吉米回答说："你怎么能指望我们做什么呢？我不能写字，看我的手。"他举起手来，明显在颤抖。"他们让我们在这里做那么多吃药治疗

739

的事，我们甚至没办法清醒地思考。"杰克表示同意："这些医生把我们当作小白鼠。一个接一个地给我们试用药物。我们是他们的实验对象，他们不把我们当作人类对待。"罗兰开始感到紧张："是的，但是我们需要吃药，因为它对我们有帮助。我准备好打下一针了。如果我不打针，我会很容易激惹。"

杰克回应说，药物对他没有帮助，药物毁了他的生活。他谈到他如何无法与女性谈情说爱或过上正常的生活。他说："这个房间里的任何人都会告诉你，这些药使你性无能。你怎么可能去见一个女孩或者考虑结婚？"有几个男人点头表示同意。我说这对他们来说一定很不容易，我问他们有没有让医生知道他们的药物问题。杰克再次回答说："他们不在乎。如果你拒绝吃药，他们就会把你关起来。"他接着讲述了他是如何在医院被强行关禁闭的。其他几个小组成员也表示同意，他们讲述了自己是如何被关在隔离室、被护工毒打，或是被强行送进医院的。他们说，当他们告诉别人的时候，医生会说这只是他们偏执的症状。杰克说他正在学会不去对抗，他不再是年轻人了。

我对小组成员所经历的事情感同身受，并说总是有人质疑他们对现实的感知肯定很难。然后我提议杰克或许愿意给简报撰稿，写写他的经历。我希望开始帮助他们赋权，让他们看到有一种方式可以让他们的关切得到倾听。杰克对此表示心情矛盾。我说我能理解他有保留意见，如果他愿意的话，他可以花点时间考虑一下，也可以匿名写。这一切都是罗兰无法接受的。

实务要点： 随着讨论的深入，以及显现出通过简报暴露一些问题的可能性，罗兰表现出愤怒，我们看到了战斗-逃离反应中的"战斗"元素，它把谈论恐惧想法转换到在系统中为自己挺身而出。

他嘀咕着，但声音大到每个人都能听见。罗兰表达的愤怒让我大吃一惊。我也不知道他在和谁说话。杰克生气地回答："你叫我什么？"罗兰朝他的方向看了看，这次声音更大，说："医生只是想帮助我们。你总是到处搅和事。"杰克对此非常生气；老兵认为这是最大的侮辱。杰克对罗兰说："你别这么说我。我有权说出我的感受。"我担心情况会升级为暴力，因为杰克极其愤怒。（我也感觉到我的母性本能出来了。）

我插嘴说："罗兰，看来你是从一个角度看问题，杰克是从另一个角度看问题。但我认为，我们指名道姓说话是没有用的。"我本来打算营造一种文化，允许讨论这些问题，并且成员相互尊重和倾听。但是，在匆忙为杰克辩解时，我传递了一个信息：我不相信他能照顾好自己，他需要我的保护。对于已经感到受压迫的人来说，这不是一个有用的信息。如果我再等一会儿，让他们自己解决问题，我可能会处理得更好些。

罗兰向杰克道歉，并说他只是有点"不在状态"，因为他还没有打针。杰克接受了这一道歉，谈话又回到了讨论有人正在为简报写的一篇文章。活动结束时，我鼓励各位成员考虑为简报撰写他们在医院的经历。

问题的当前状态：现在的情况

我可以放心地说，简报已经作为项目的一部分牢固地创办起来。我注意到更多的工作人员开始投入，使其能持续下去。我走后，曾讨论谁来接管这个项目。项目负责人要了一份出版的简报连同项目的半年一次的报告一起提交，另一位工作人员在她就项目所做的介绍中也有所提及。我目睹了一些积极的变化，因为现在该系统在用不同的方式跟这些退伍军人打交道。我注意到一些工作人员现在说"成员"或"退伍军人"而不是"病人"，一些工作人员对这些人所展示出的才华感到惊讶。对于我和这个小组做什么，也少了担心和怀疑。我们还在解决审查问题，因为我仍在争取尽可能少地做审查，确保简报仍然掌握在病人手中。

小组成员仍在解决在简报中表达自己的想法的分寸问题。许多成员仍然感到很没有权力和与人疏远，但他们得到了医院社区大量的积极肯定，这使他们的自信心和自尊得到了极大的提升。

简报小组的一些成员正在努力向一份国家期刊投稿，该杂志刊登残疾人和住院退伍军人的作品。另一些人则表示有兴趣学习如何打字，以便自己能打简报稿。有一位成员决定开始为高中同等学力考试而学习。目睹这些真是一个令人兴奋的过程。

下一步的具体步骤

- 我会继续鼓励成员们利用简报作为讨论区来表达他们的关切。
- 我会努力在小组内营造一个安全的氛围，让成员们可以自由地讨论对他们真正有意义的事情。
- 我会继续开展更大型的退伍军人系统的工作，使其敏锐了解退伍军人的一些感受、需求和关切。
- 我希望继续使简报成为一个成员们感到为自己所拥有的项目。
- 我会继续寻找系统与小组之间的联结，帮助为退伍军人创造更开放的系统和更健康的环境。
- 我会利用每一次机会努力给成员个人和整个小组赋权。
- 最后，我会继续提高自己作为一名小组工作者的技能，以便将来"犯更复杂的错误"。

用这些退伍军人出版的报纸《战争纪念报》的一些摘录来结束这个例子似乎是恰当的。他们在第一期并没有直接涉及他们对医院和员工的一些忧虑和感受；然而，他们确实采用了间接的沟通方式。例如，第一期的喜剧部分包含了下面三个关于精神病医生的笑话：

埃德的笑话

1. 神经病、精神病和精神科医生有什么区别？神经病人在云中造了些城堡。有个精神病人住到里面。一位精神科医生为他们收房租。

2. 换一个灯泡需要多少精神科医生？一个，但是灯泡必须愿意被换了。

3. 有个家伙去看精神科医生，他跟精神科医生交谈，精神科医生说："你疯了！"那家伙说："我想听听第二个人的意见。"精神科医生说："好吧，我也觉得你很无礼。"

随着成员们信心的增强，他们开始变得更加直接，包括一些栏目中对病房政策和手续的关切，以及为了平衡，有一些访谈强调工作人员的观点。在他们的第三期，他们包括了社论和诗歌，节选如下：

本简报是这家退伍军人管理医院社区支持方案的一个项目。所发表的观点和看法，并不一定反映医院员工或行政管理部门的观点和看法。

政治家

作为个人，我们不应该通过言辞和媒体的曝光来形成对政治家的看法，而应该通过他们的实际投票记录来形成，这些记录应该公示。他们的教育背景、宗教背景如何？有哪些特殊利益集团在物质和经济上支持他们？这将决定他们的投票记录和真实的自我。新闻媒体应该对此承担责任，更多地客观报道。

个人哲学

我是越战老兵。我因身体和精神问题进出退伍军人医院很多年了。这并不意味着我没有很好的智商或常识。

在经济方面，我们美国人应该购买美国产品，让美国人去工作。我们的产品更好，一样好，或者可能达不到国外产品的品质。每个人都通过购买创造了我们的经济和就业机会。

在政治上，是时候看看我们的代表和他们提出的政策了。他们是为了金钱、什么人和特殊利益集团投票，还是为美国人民投票？停止政治诽谤，着手解决经济问题。在国会、总统和最高法院之间，我们有一个很好的制衡体系。如果我们不同意正在进行的事情，我们也有权请愿。如果我们不去查看和投票，我们就有可能丧失这个系统。

汤姆的诗

感觉忧郁
当我外出在树下的时候
我看着花儿在微风中翩翩起舞
我感到痛苦和悲伤环绕着我
我想要的是阳光普照，雨水倾泻
没人被遗弃，渺小伫立

说再见

你总是泪如泉涌，永不干涸

人们悲哀地活着，他们注定要死

设想绵深的一觉

设想树木在微风中摇曳

设想你可能见过的清凉的山涧

只是在梦里

去找你热切想要的答案

只要确定生活不只是一场梦

泰迪熊

我希望我是你的泰迪熊

我会挤出你的眼泪

我会挤出你的悲伤

我会挤出你的恐惧

我会紧紧拥抱你

告诉你我如此爱你

永远，永远不让你离开

退伍军人发行《战争纪念报》已经 5 年多了（可能还在出版）。它已经是一份成熟的报纸，赢得了工作人员的尊重和支持。当退伍军人们为该报创刊举行 5 周年庆祝活动时，他们邀请了帮助过他们组织班底的那位社会工作专业学生，感谢她的新方案和对他们能力的信心。刚刚引用的这些摘录是对服务对象的抗逆力和勇气的致敬，也是对一个拒绝放弃他们或系统这个第二个服务对象的学生所产生的深刻影响的致敬。这个例子向我们的专业传达了一个重要的、恰当的信息，提醒我们社会工作的根和两个服务对象观念的重要性。

社会工作者与社会行动

本章主要关注社会工作者如何开展社区和社区小组的工作，给他们赋权，以带来变革。我建议社会工作者帮助社区成员发展带来变革的技能，而不是自己担当领导角色，这一点很重要。例如，在先前公共房屋租户小组的工作事例中，在帮助成员准备与房管局的委员会会面时，社会工作者抵御了为租户代言的诱惑，取而代之的是跟他们一起形成他们自己的发言。我们可以从会议报告中看到，委员会成员直接从租户那里听到不满增强了影响力。

社区中的社会行动

工作者与服务对象的接触往往使他们在社区和社会政策方面处于独特的位置。这些工作者的第一手经验能让他们洞察到服务对象的需求、服务差距以及需要提请决策者和社区注意的现有政策的影响。我们社会的复杂性常常使社会很难知悉许多"被遗忘"的群体正在经历什么。此外，社会在不揭示问题的真正本质上也存在一些利害关系。再次强调，在服务对象和系统（在此指的是社区）之间发挥调解作用，可以为工作者的工作指引方向。这些工作可以包括写信给报纸，工作者个人或是作为专业组织的一部分准备材料向政府部门介绍情况，就特定的立法组织游说活动，等等。

这一过程的一个例子来自我在一个大城市郊区的一个带有乡气的小社区的早期工作。这个例子的情况让我能够从"个案"追溯到"原因"，即有两个服务对象出现了一个特殊的情况，导致我参与进尝试影响我工作所在城镇的政策。我是一个年轻的工作者，在一个犹太人社区中心为中产阶层提供服务。随着时间的推移，我注意到有两个青少年在参加我们的休息室项目，但他们不是中心的服务对象群体的成员。在我与这些年轻人接触并建立了工作关系之后，男孩们开始说他们在城里的帮派活动。很明显，他们来到中心是为了远离同龄人，因为他们害怕受到严重伤害或有法律上的麻烦。作为镇上一名新的青年工作者，我过去没有意识到存在这个问题，也没有在当地媒体上看到过任何提及这个问题的报道。与该项目中其他青少年的谈话证实了问题的严重程度。

744　　大约在同一时间，我应邀参加了最近成立的市长青年委员会，该委员会用来规划该镇在青年项目方面的优先事项。100多名当地青年组织的工作人员和志愿者参加了第一次会议。在我听取发言时，我清楚地看到，每个组织都在为支持自己的活动做汇报。同样明显的是，青年帮派群体不会涉足讨论的内容。事实上，由于这些年轻人难处理的行为问题，他们通常被禁止加入派代表参加会议的组织。我试图提出这个问题，但天真而惊讶地看到，参加的人不愿承认这个问题。我的会议记录描述了这个过程：

> 得到主席的许可后，我说我们忽视了镇上一个重要的青年问题。我指出，没有人提到帮派问题，但这肯定是困扰我们所有组织的一个问题。沉默了很久。委员会主席——一位市议员，说他认为这个镇没有帮派问题。他觉得帮派闹事通常是由从邻近城镇过来的孩子引起的，也许这些人就是我所指的青年。他转向县政府的规划和研究协调员，询问他们是否知道这个镇有任何严重的青少年犯罪问题或帮派问题。他从公文包里拿出一个文件夹，里面有一些统计数字，表明这一地区除了在邻近的城镇有一些有限的非正式帮派活动外，几乎没有这方面的困难。委员会主席接着表示，因为我是新来镇上的，所以也许可以理解为什么我认为来自邻近城镇的溢出问题才是我们真正要关心的问题。我坐下来，下决心以后闭嘴。

　　我仍然记得主席的傲慢态度让我感到的尴尬。一周后，经过一番思考，我意识到一个社区和一个家庭没什么大的不同，要承认一个问题并不容易。这个社区正处在前意向阶段。群体里的许多成员都不知道问题的严重程度，他们只需要从官员那里得到保证，就可以回到镇上棒球场数量是否充足等问题上。有些人意识到这个问题，但选择否认问题的严重程度。

　　我决定在下次委员会会议之前，制定一种更有效地提请他们注意这个问题的方法。我还决定，我需要盟友和一些关于如何处理这个问题的初步想法。当那两个十几岁的孩子那周和我见面时，我向他们解释了会上发生的事情，并问他们对和我一起录制一段关于他们帮派活动的谈话觉得怎么样，在录音带中我会去掉他们的名字，为他们保密。他们同意帮助我。我还询问社区中是否有其他与他们关系好的人有可能帮忙，使委员会相信这个问题确实存在。他们提到了一位警官，他在孩子们有麻烦的时候跟他们有来往，大多数年轻人都觉得他不错。我打电话给这位警官，和他共进午餐。我的见面记录如下：

　　　　我详细说了怎么参与到这个问题中，包括我提出这个问题的不成功的尝试。他告诉我，第二天他听说了，对这个事的反应是大笑不止。我问他为什么时，他告诉我他向市政厅提出这个问题已经两年了，但一无所获。我问他认为需要做什么。他觉得镇上非常需要一个青年局，可以集中精力直接开展帮派孩子的工作。他试着联系过，但这并不是他分内的事，他是一名警官，这带来了一些实实在在的冲突。我告诉他，我认为这个委员会可能是向市政厅施加压力的好地方，市政厅很难无视自己委员会的建议。我问他当我在下次会议上播放录音带并再次提出这个问题时，是否会支持我。他说，由于担心受到处罚，他不能亲自提出这个问题，但他会出席会议。如果委员会直接问他问题，他可以回答。我们同意我提出问题，他会给出回应。

　　　　我的下一步工作是录制一个时长 1 小时的跟两个青少年的谈话。在第一部分，我让他们谈论帮派的组织结构和在镇上的活动。在第二部分，我让他们谈谈自己，他们的希望和抱负，他们在努力实现这些目标时遇到的问题，以及他们认为可能有用的东西。我觉得，让委员会成员不仅对他们的自鸣得意感到震惊，而且让他们意识到这些青少年作为社区中的孩子需要他们的帮助，很重要。我们一起查看了这盘录音带，青少年们删掉了他们认为可能暴露了太多关于自己的信息的部分，并和我一起制定了策略，我应该给委员会放哪些部分以取得最大的效果。然后，我约了时间给警官播放这盘录音带，提醒他录音带的内容。

　　　　在委员会的下一次会议上，我解释了我所做的事情，并要求给我时间播放录音片段。委员会成员很感兴趣，他们同意了。他们聚精会神地听着这两个男孩对我的问题的回答，他们详细描述了镇上的帮派结构，每个帮派的名字，是白人还是黑人，每个帮派的成员人数，他们与县里较大帮派的关系，以及帮派的内部结构。然后，他们回顾了镇上最近发生的几起骇人听闻的事件，在电影院、比萨饼店和当地高中的帮派斗殴。他们详细描述了自己参与用钉靴"踩踏"孩子的情况。我问他们对这一切有何感想，其中一人回答说："糟透了，但我能做什么呢？如果我不跟那帮人一起走，我就只能靠自己了，没有人支持我。"男孩们接着谈到了他们未来的计划。

工作者：你想做什么样的工作？

汤姆：我想成为一名银行职员，或者在某个地方的办公室工作。但我需要上高中，我想我做不到。

工作者：那你觉得你最后会怎样呢？

汤姆：也许，我会像我哥哥一样进监狱。

录音结束时，房间里又是一片寂静，但这次委员会成员脸上的表情表明，他们对关于帮派结构的详细描述感到震惊，汤姆的宿命论触动了他们。一名成员问所描述的所有帮派斗殴是否真的发生过。警官被问到是否知道这些打架事件，他证实发生过这些事情。然后有人问他是否知道所描述的帮派，作为回应，他详细描述了过去两年中他与帮派打交道的经历。委员会主席问，他认为他们能对这个问题做些什么。警官描述了像在其他社区那样设立青年局的可能性。

第二天早上，镇上的报纸在头版刊登了这些帮派的故事，同时还刊登了一篇社论，强调处理这个问题的重要性。委员会最后的报告提出了若干建议，包括设立一个青年局，在其他青年组织内发展特别项目，以及让帮派群体的成员能够进入这些项目的活动中心。青年局在镇上的下一个预算中得到了资助，警官接受了第一任局长的职位，有两名外勤人员。

在这个例子中，我有很多优势：与一个对待意见相对开放的小镇打交道，在警官中找到一个有效的盟友，跟委员会提供的现成的场所一起工作，得到我的机构的行政部门和理事会的支持与鼓励，找到两个愿意冒险的年轻人。在其他情况下，从发现问题到改变政策可能并不容易。

倡导团体与政治活动

有时，社会工作者应该承担起直接或间接的权益倡导责任，以努力创造社会变革。例如，社会工作者可以支持权益倡导团体，诸如由本州或省专业协会赞助的政治行动团体等。通过资金或时间上的投入加入和支持单一议题团体是另一个途径。尽管社会工作者可能有不同的政治和政策观点（例如，反对人工流产和支持人工流产的立场），但所有社会工作者都以这样或那样的方式在不管是他们力所能及的什么层面参与影响"第二个服务对象"，这一点十分重要。正如在第一章讨论我们专业的历史根源时描述的，无论社会工作者是参与微观还是宏观实务、家庭辅导还是社区组织、儿童福利还是物质滥用治疗，都有专业责任，能够得知社会和政治方面的情况，并参与其中。

　　活动可以采取多种形式，可能包括为一位政治家的竞选委员会工作，他主张在诸如医疗保健或跟贫困和收入分配不平等有关的问题上给社会工作者地位做背书。某个实务领域（例如公立学校社会工作）的一位社会工作者可能有深刻的见解和丰富的经验，能帮助一位候选人构建一个平台或设立一个职位（例如，学校改革和增加服务的需要）。虽然没有人能够解决所有的重大社会问题，但社会工作者积极参与至少一个我们深切关注的问题，这一点很重要。

　　争辩我们直接的临床实务工作太忙了不是理由。在此倡导的立场是，除非我们同时关注和参与影响我们的服务对象的私人生活的公共问题，否则我们实际上并没有在做临床社会工作实务。邀请一群因校园暴力而被停学的中心城区学生参加一个支持小组——或者可能被称为"愤怒管理"小组——而不讨论这些学生每天面临的学校种族主义、贫困、社区帮派活动和社区暴力等问题，可能对一些学生有所帮助，但我们没有解决导致愤怒的问题。界定社会工作独特作用的"两个服务对象"观念要求我们设法找到某些方法，去着手解决大局问题。更为紧迫的是提醒我们自己、我们的同事和我们的学生这一重要的历史作用，因为社会工作专业采用从其他专业借鉴而来的循证实践，而这些专业往往缺乏跟社会工作一样的为社会变革而工作的明确承诺。

本章小结

　　社区社会工作者在开展社区任务小组的工作中扮演着特殊的角色。社区群体的社会工作实务被称为宏观实务，对应于微观实务，即临床实务。宏观实务可以包括直接和间接的社会工作活动。社区被广义地界定为包括一个地理区域，也包括一个设施环境。

　　在前几章中介绍的侧重于微观实务的小组动力概念和开展小组工作的技巧，也适用于开展社区小组的工作。这样的工作也带来独特的挑战，因为第二个服务对象常常对第一个服务对象的生活有意义重大的权力和控制。社区组织模式包括基层组织模式、社会行动模式、围绕特定问题组织模式、农村社区组织实务模式、网络"虚拟"社区模式。

　　在开展社区任务小组的工作中，社区社会工作者扮演着一个特殊的角色。这里使用的术语"社区"是一个地理称谓，包括了一种制度环境。在前几章中介绍的小组动力概念和开展小组工作所涉及的技巧也适用于开展社区小组工作。

　　除了给社区小组赋权外，社会工作者还可以从"个案"追溯"原因"，在影响社区政策方面发挥作用。政治活动和参与权益倡导群体是另一个致力于社会公正的途径。

能力要点

　　下面列出了本章援引的社会工作教育委员会在《教育政策与认证标准》（2015 年）中为社会工作学生推荐的能力和实务行为。

第二项能力 将多样性和差异性融入工作实践：

a. 在微观、中观和宏观工作中运用并能交流对多样性和差异在塑造人生经验中的重要性的理解

b. 以学习者的身份与服务对象和不同群体建立关系，将他们视为自身经验的专家

第三项能力 促进人权和社会、经济与环境公正：

a. 运用自身对社会、经济和环境公正的理解，在个人和制度层面倡导人权

b. 投身促进社会、经济与环境公正的工作

第四项能力 投身实务与研究的结合和研究与实务的结合：

b. 运用批判性思考来分析定量与定性研究方法及研究发现

第五项能力 投身政策方面的工作：

a. 识别本地、州和联邦层面影响福祉、服务递送和服务获取的社会政策

第七项能力 预估个人、家庭、小组、组织和社区：

a. 收集和组织数据，运用批判性思考解读从服务对象和不同群体处获得的信息

c. 基于批判性地预估服务对象和不同群体内在的优势、需要和挑战，形成相互同意的干预目的和目标

第八项能力 对个人、家庭、小组、组织和社区进行干预：

d. 同各种各样的服务对象和不同群体一道并代表他们做协商、调解和倡导工作

第六部分

实务模式与循证实践

　　本书的前五部分描述了关于人、社会和社会工作实务背后的哲学理念和核心假设，这些为发展出互动模式奠定了基础。随后，本书详细阐述和举例说明了该模式的核心（恒常要素），即它在不同形态下的实施要义，包括开展个人、家庭、小组和社区工作，以及在与其他专业人士一道工作中施加专业影响。这些代表了影响核心模式运用方式的各种变动要素。特定的场所、人口、问题等都为阐释实务工作增添了自己的元素。

　　在本章中，我们将分享其他的一些实务模式，认为我们可以从一系列的框架中汲取理念，并将其纳入我们自己的模式中。虽然这些模式中的许多概念和循证实践已经整合到了本书前五部分的内容中，但是在本章中，我们会更详细地对它们加以介绍。回顾关于循证实践的观点也可能会塑造我们的干预措施。

循证实践与其他社会工作实务模式

社会工作专业有多个模式和理论框架可用来开展个人、家庭、小组和社区实务工作。尽管本书呈现了一种互动取向的实务方法，但关于人类行为的基本假设，特别是实务，与其他模式是一致的。例如，本章分享的所有实务模式和理论都是从优势视角出发思考各个服务对象和群体。所有这些模式都基于这样一种信念，即个人有能力改变他们的思维方式、改变他们的情绪和改变他们的行为方式，并且认为这些因素（思想、情感或行动）的任何改变都会影响其他人。

这方面的一个例子可以参见第十四章所述的年轻女性的性虐待幸存者群体。其中一些妇女由于童年遭受虐待而认为自己是"损坏的物品"。这种内化的自我观，连同附带的情绪，导致了自我毁灭的行为，如吸毒和跟有虐待行为的伴侣生活。随着她们对自己的经历的理解发生了变化，她们不再为自己受虐待而感到内疚（例如，"一定是我惹火了父亲"），而是明白发生在她们身上的事不是她们的错，她们对自己的感觉也随之改变。她们能够在生活中采取更具适应性的步骤，结束虐待关系，停止用药物进行自我治疗，甚至自我肯定，对抗特定的施虐者并共同行动参加"夺回夜晚"游行，她们的力量和推动改变的能力都得到了增强。认知行为治疗、寻解治疗和女性主义实务方法的理论建构和策略在这个例子中都可以找到。

作为运用某个特定实务模式的替代方案，我们严格遵循该模式操作手册中的规程说明，具体的概念和技术可以纳入一个整合的实务框架中。例如，在开展正在从物质滥用中康复的服务对象的工作时，工作者可以运用寻解干预疗法，询问服务对象在他们的生命中什么时候能保持较长时间的戒断，当时发生了什么让他们能做到这一点。在康复小组中，与互助模式联系在一起的"同舟共济"现象，能够增强这种反思，因为每个成员都能注意到跟他人的相似之处和不同。听其他小组成员描述帮助他们延长清醒期的因素，可能有助于他们识别自己生活中的相似因素。

此外，本书第三部分呈现的互助模式的核心概念可用于理解使用其他框架的小组实务。例如，危机干预小组可以运用分阶段工作模式来加以分析，分为准备、开始、中间和结束/转换等阶段（如本章后面的一个例子所示），去识别与每个阶段相关的动力和技巧。社会工作者可以在创建自己的实务框架时广泛借鉴其他模式。我认为，重点应该是找到适合服务对象的东西，而不是保持理念上的纯粹，忠于一个特定的操作规程或仅仅是因为工作者便于操作。

越来越多的联邦资助的研究对识别哪些模式在处理特定人群和特定问题方面似乎具有优势有帮助。循证实践的通用准则已被用来描述一些框架，它们经过了某种程度的严格检验，其发现为将之运用于实践提供了一定的支持。尽管前面的章节中已经在相关之处介绍了这些模式中的一些概念，但是，本章将更详细地描述和说明这些概念。它们在前面的章节中可能是在后台，但在这一章会进入前台。

教育政策 4b

752

接下来会界定通常将认定的循证实践用于某个模式时的一些标准。在此之后会对循证实践进行概述，并简要总结三个已确认的对我们理解实务工作有重大贡献的循证实践模式。然后是其他一些模式，虽然它们还没有像循证实践那样为人所知，但对于我们理解实务工作也有积极的作用。

本章之所以选取这些具体模式是因为我认为互动模式和互助的概念可以很容易地嵌入它们的工作框架中，并且它们的基本价值观与本书所拥护的价值观一致。还有一些其他的模式原本可以纳入本书，它们也符合这些标准，但是受篇幅所限，只能分享这几个模式。

循证实践

教育政策 1a
教育政策 1d

由于有如此多的实务模式可供选择，所以每个专业人员都需要评估各种框架和策略，以便根据服务对象的最佳利益来完善工作。"循证实践"一词用来描述已被确定在特定的时间，在某些服务对象身上有一些结果的某种成功实践。

巴克（Barker，2003）对循证实践界定如下：

> 运用来自随机对照试验的结果研究和现有结果研究的元分析所获得的最佳科学知识，作为指引专业干预和有效治疗的基础，并与专业伦理标准、临床判断和实践智慧相结合。（p. 149）

伦理上的考虑、临床判断与实践智慧

专业伦理标准、临床判断和实践智慧被整合到最有效的循证实践模式中。很难想象，

比如，一个普遍接受的循证实践模式会违反助人专业的一些基本伦理前提，例如前几章中述及的知情同意。另一个例子是，一些早期的成瘾行为治疗模式有一些极端的破除障碍的对质形式，强迫人们承认问题。

一个极端的对质模式会是工作方法违反专业伦理标准、临床判断和实践智慧的例证。该领域的大多数专业人士都会同意，否认有问题是一个现实，服务对象需要面对并承认问题，然后才能去解决。米勒和罗尔尼克（Miller & Rollnick，1991）指出，对质是个目标、目的和追求。他们接着说："那么，问题在于，帮助人们审视和承认现实，尤其是不舒服的现实，最有效的方法是什么？"（p. 13）

尽管促进性的对质在任何助人关系中都是一个重要因素，但是重点在于"促进性"一词。正如本书前面所描述的，对质包含真挚的同理心、出于关怀，才是助人关系中的关键技巧。这一概念源于实证研究和实践智慧。

下面描述的前三种模式已经达到了循证的标准。

美国联邦政府卫生和公共服务部物质滥用和精神健康服务管理局（NREPP，2006）开发了一个资源，用于认定物质滥用和精神健康领域的循证实践。

753

操作手册化的干预、注意事项与可持续性问题

在运用实务手册实施循证实践的问题上有一点必须引起注意。出于研究和实践的目的，通常需要编写一本手册，为实务工作者提供一个框架，指导其实施特定的循证实践模式。在多站点研究项目中，使用手册来确保"剂量合规"，这意味着在不同站点运用模式的方式是相同的（"剂量"一词是从药物研究中借用的，指的是服用特定药物的方式）。但是，如果在实践中严格遵守该模式和手册，在某些情况下，可能会妨碍使用创新的干预措施或对群体中的意外事件做出回应。这是人为地用二分法将"科学"和"艺术"分开带来的核心问题。好的科学方法不应在科学的循证实践模式和运用社会工作者固有的个人工作艺术之间做选择，而应在实践中鼓励和支持独特的艺术性，而不是加以限制。

我观察到一个例子，父母小组是联邦政府资助的一个在全国16个地点实施的项目的一部分，该项目旨在防止物质滥用的代际传递。小组带领者被要求在小组会谈的固定时间提供亲子相处信息并做规定时长的讲解。带领者们的讲解被录下来，被进行分析，以确定与其他15个地点相比，做得是否到位。这种僵化的运用手册的方法导致在这个案例中的小组带领者无视小组成员提出的亲子问题，以及一些法庭指定的父母不情愿参与的明确信号（例如，抱着胳膊和参加者脸上的愤怒表情）。尽管小组带领者经验丰富，通常会处理最初的抗拒，并尝试回应成员提出的亲子问题，但他们感到手册和执行到位的要求束缚了他们的手脚。

有趣的是，摄像只要求拍小组带领者和他们的讲解，而没去看和评价成员与带领者之间或成员之间的互动。我在这本书前面提到过一个已有的假设：话语具有魔力。这是一种

信念，如果这些话是由小组带领者讲的，小组成员会倾听、理解，会被这些概念打动，并记住讲过的话。这与我们大多数终身得来的经验相背离。如果这个手册能够适应该人群的特定需要，并鼓励小组带领者发挥一定的自发性和艺术性，那么这个小组会受益匪浅。

我相信这种对科学和艺术错误的二分法是常被提及的"可持续性"问题的一个根源。在回顾美国退伍军人事务部卫生保健系统的循证心理治疗的传播和实施时，卡林和克罗斯（Karlin & Cross，2014）指出：

> 尽管循证心理治疗（循证实践）已经确认了有效性并在临床实践指南中常被推荐为一线治疗方法，但基本上未能进入主流临床场所。（p. 19）

作者将这一在其他实务领域的其他研究中得到重复印证的发现，归因于"一维"的传播方法。他们认为，改善实施和可持续性的一个方法是使用"多维模式和一些具体策略，涉及政策、提供方、地方系统、患者和问责力度，以在全国范围内推动循证实践在退伍军人事务部的传播和实施"（Karlin & Cross，2014，p. 19）。作者指出：

> 尽管退伍军人事务部目前提供循证实践的所有地点在其传播和实施方面都取得了重大进展，但不同地点的循证实践在实施程度上存在差异。（p. 28）

传播方法有可能在一定程度上解释有研究支持的循证实践在治疗中为什么实施不足和缺乏可持续性，他们的建议也会带来改观。然而，我相信这个问题也指明了实施范式本身的异常。如果员工接受了良好的培训，有督导，得到了所在机构和现场的循证实践协调员的支持等等，那么有理由期待采用更有效的治疗方法会被普遍接受；但事实并非如此。

作者认识到"艺术"的影响，指出重要的在于：

> 在循证心理治疗中，治疗关系和治疗过程以强调"心理治疗"为目的。不幸的是，循证实践经常被抨击为机械的或过于依靠技巧。在某种程度上，对技术的严格关注可能是源于力求广泛传播和适应认知行为治疗和其他循证实践而导致的保真度衰减。（Karlin & Cross，2014，p. 26）

我自己的观察结果是，当用结构性的、机械的方式并有严格的操作规程实施循证实践时，治疗师会抵制。正如服务对象的抵制是传递了某个信息一样，治疗师的抵制也是如此。这个信息可能是需要对科学进行重新思考，以便它能够解放而不是束缚治疗师的艺术性。本书所采用的取向和本章在平衡内容上的方法是寻找途径将循证实践整合到现有的实务模式中，而不是取而代之。

本章介绍的前三个模式和理论框架之所以被选中，是因为它们已经被认定为循证实践，符合前面提到的要求，并与本书介绍的互动和互助模式的基本价值观一致。

动机访谈

循证实践指定的实务例子可以在美国国家卫生研究院等机构资助的动机访谈模式的主要复制工作中找到。其中一个例子是运用动机访谈技术来解决成瘾行为问题（Miller & Rollnick，1991）。

梅森（Mason，2009）认为，动机访谈可以理解为卡尔·罗杰斯（Rogers，1961）的人本取向的更具指导性的演进，因为"它调动出了服务对象自己内在的改变动机；它是一种尊重服务对象自主权的支持性的、具有同理心的、反思性的和协作性的咨询方式"（p. 357）。

755

> 典型的动机访谈不同于罗杰斯的风格之处在于，动机访谈是指导性的、关注并增强有关当前行为问题的选择性改变的谈话。然而，非指导性与指导性咨询方法之间的区别可能并不像人们通常理解的那样清晰。（p. 357）

梅森引用了特鲁克斯（Truax，1966）的实证研究，该研究断言罗杰斯的心理治疗实际上兼具非指导性与指导性，并指出：

> 特鲁克斯对罗杰斯的治疗磁带做了详细的分析，他指出人本治疗中有明显的强化效应（指导性咨询），从而质疑罗杰斯的治疗是否完全是非指导性的。这种类型的临床行为，例如强化和鼓励积极的陈述，代表了一种临床沟通方式，这种方式与动机访谈的更具指导性，尽管以服务对象为中心的咨询非常相似。虽然如此，动机访谈使用了如果不是全部的话，也是罗杰斯在他的工作中提出的许多核心要素。（p. 357）

虽然呼应了罗杰斯的有效治疗的核心条件，如同理心和真诚以及运用反思性干预，但这些都可以在动机访谈的讨论中看到。米勒和罗尔尼克（Miller & Rollnick，1991）在运用动机访谈技术来处理成瘾行为问题时，把焦点放到了动机上：

> 因此，我们提出，动机不应该被视为一个人格问题，或者是一个人穿过咨询师的门廊带来的一种特质。动机是一种状态，准备好或渴望改变，它可能在不同的时间或情况下发生波动。这种状态是可以被影响的。（p. 14）

改变阶段

米勒和罗尔尼克（Miller & Rollnick，1991）基于分阶段改变模式（Prochaska & DiClemente，1982）建立了他们的框架，该模式在本书前面有比较详细的引述和介绍。简要回顾一下，这一模式的六个阶段分别是：前意向阶段、意向阶段、决定阶段、行动阶段、维持阶段和复发阶段。

该模式的关键在于，咨询师使用的干预措施与服务对象所处的改变阶段相适应。例如，如果服务对象还处于前意向阶段，甚至是处于意向阶段，咨询师不会期望他们开始讨论如何采取行动，解决他们所面临的特定问题。如果处置方法有对质，而服务对象处于前意向阶段或意向阶段，那么可能会产生更大的抗拒。因此，虽然被强制的服务对象可能会被迫参加这样一个小组，但是他们不能被强迫改变。充其量，在受强制的情况下，小组成员会装装样子，表现出我所说的工作错觉。

米勒和罗尔尼克（Miller & Rollnick, 1991）断言：

> 时不时地打破平衡，在一段时间内，这个人的陈述会反映出很多可能被认为是"动机"的东西。在这个"决定"阶段，服务对象可能会说这样的话：
>
> 我必须对这个问题做点什么！
>
> 这是认真的！有些事情必须改变。
>
> 我能做什么？我怎样才能改变？（p.17）

动机访谈模式建议治疗师在改变过程的每个阶段的任务如下：

- 前意向阶段：提出疑问，增加服务对象对当前行为的风险和问题的认知。
- 意向阶段：打破平衡，唤起改变的理由和不改变的风险；增强服务对象改变当前行为的自我效能感。
- 决定阶段：帮助服务对象确定寻求改变的最佳行动方案。
- 行动阶段：帮助服务对象采取措施实现改变。
- 维持阶段：帮助服务对象识别并运用策略来防止复发。
- 复发阶段：帮助服务对象回顾意向阶段、决定阶段和行动阶段的过程，不要因为复发而停滞不前或意志消沉。（p.18）

动机访谈的干预

动机访谈模式的要素与互动性的互助模式的主要假设和策略非常相近，包括从服务对象自身出发，与服务对象一道而不是针对服务对象开展工作，承认服务对象控制结果，通过运用同理心和其他技巧发展积极的关系，以及强调促进性的对质的重要性。尽管重点可能不同，但相似之处显而易见。

在物质滥用领域的动机访谈一章中，瓦哈布（Wahab, 2010）提到了"动机访谈的精神"（p.199）。她有如下建议：

> 所谓动机访谈的精神，是指实务工作者跟服务对象在一起时的风格、方式、意图和格式塔倾向。精神与技术不同，它通过给技巧和技术提供支持和基础，超越了实践

机制。技巧和技术可以传授，精神却比较难以捕捉，它源于临床医生自身。(p. 199)

这种对动机访谈的"精神"的描述更接近于科学和艺术的结合，或者说实务"风格"，因为它暗示"精神"来自实务人员内在的东西，而不是局限于技术操作规程。作者引用了罗尔尼克和米勒（Rollnick & Miller，1995）所描述的动机访谈的精神的下述要素：

757

1. 改变动机是从服务对象那引导出来的，而不是从外部强加的。
2. 弄清和化解自身的矛盾心理是服务对象的任务，而不是咨询师的任务。
3. 直接说服不是化解矛盾心理的有效方法。
4. 咨询风格一般是柔和的、引导性的。
5. 咨询师在帮助服务对象审视和化解矛盾心理时是指导性的。
6. 准备好改变不是服务对象的一个特质，而是人际互动的变动性的产物。
7. 治疗关系更像是一种伙伴关系或陪伴关系，而不是专家与接受者的角色关系。

(p. 199)

动机访谈研究

在 2006 年的动机访谈研究综述中，国家注册中心（NREPP，2006）对该模式的核心要素描述如下：

动机访谈是一种以目标为导向，以服务对象为中心的咨询风格，通过帮助服务对象探索和化解矛盾心理来引发行为改变。动机访谈的操作性假设是，矛盾心理或缺乏决心是行为改变的主要障碍，因此审视和化解矛盾心理成为其关键目标。动机访谈已被广泛应用于与物质滥用有关的问题行为，以及健康促进、治疗的依从性和心理健康问题。尽管技术上存在许多差异，但动机访谈咨询风格通常包含以下要素：

- 与服务对象建立融洽的关系，反映性倾听；
- 询问开放式问题，探讨服务对象自己的改变动机；
- 肯定服务对象涉及改变的陈述和努力；
- 引导服务对象认识当前行为与渴望的人生目标之间的差距；
- 在提供信息或建议之前征求服务对象的许可；
- 在不直接对质的情况下回应服务对象的抵触（抵触是反馈的信号，让治疗师调整方法）；
- 鼓励服务对象增强对于改变的自我效能感；
- 制订服务对象愿意承诺的行动计划。

尽管大多数动机访谈的发展和研究成果已用于个人治疗，并侧重于治疗成瘾行为问题，但已经有人在将该模式转化为小组治疗模式。范霍恩（Van Horn, 2002）描述了一个面向有两种诊断疾病的住院患者的初步试验性动机访谈小组的情况，指出：

> 动机访谈是一种简短的治疗方法，旨在对成瘾行为产生快速的、有内在动机的改变。动机访谈显示了在吸引被诊断为有精神疾病和使用精神活性物质双重问题的服务对象参加治疗上有前景。虽然最初是作为一种个体治疗方法发展起来的，但增强动机的关键原则可应用于结构化的小组干预，以促进将其引入有两种诊断疾病的住院患者的治疗中。（p. 1）

研究人员提出了将核心的动机访谈模式调整后用于药物滥用领域的小组工作实践，建议作为治疗方案的一部分，发展"核心的动机小组"（Ingersoll, Wagner, & Gharib, 2007）。这一框架在小组模式中运用了诸如改变的时段、决定上的平衡、探索改变和保持现状的利弊、通过探索优势来支持自我效能、计划改变等主题，并结合了做报告、小组讨论和小组支持。

在一项关于在标准治疗前将动机访谈用于小组增强动机项目的影响的研究中，作者报告说，参加动机小组的 73 名服务对象与没有参加的 94 名服务对象相比，具有显著的更为积极的结果（Lincourt, Kuettel, & Bombardier, 2002）。在控制了诊断疾病、就业和年龄的情况下，参加动机小组的人在整个项目中有更高的出勤率和完成治疗率。

最后，在一项随机对照研究中，161 名酒精依赖住院患者在接受脱瘾治疗的同时在其病房接受了 3 次个人咨询，另有 161 人在接受脱瘾治疗的同时接受了为期 2 周的住院治疗和 4 次门诊病人小组活动。两种干预都遵循了动机访谈的原则和策略（John, Veltrup, Driessen, Wetterling, & Dilling, 2003）。研究人员发现，在治疗 6 个月后，小组治疗带来了更高的自助小组参与率，但在 12 个月后这种差异不复存在。两个小组的戒断率没有差异。

尽管将动机访谈方法调整后用于小组场景尚处于早期发展阶段，而且报告的结果喜忧参半，但是它为强化服务对象最初的参与以及他们参加和完成治疗的意愿提供了一个有前景的模式。梅森（Mason, 2009）指出：

> 许多现有研究都显示了动机访谈的有效性。然而，这一方法并不是解决所有问题的灵丹妙药，也不是没有局限性和值得忧虑之处。尽管动机访谈已经显示是有效的，但是解释它"为什么有效"和"如何有效"的工作尚未全部完成。（p. 360）

梅森指出，动机访谈是一种可以与其他咨询风格和方法有效结合使用的方法，它最初是让服务对象为治疗做准备的方法，而不是一种独立的方法。他建议，"动机访谈可以作为治疗的前奏，添加或整合进其他的咨询方法，或者如果在治疗中出现动机问题时做后援"（p. 360）。

男性酒驾者法院强制小组：前意向阶段 在下面一个给判决酒驾的服务对象开办的法

院强制小组的例子中，我们可以看到动机访谈的元素被整合到互助小组的实务模式中，并观察如何把它作为一个"前奏"来对待非常抗拒的人群。请注意，小组带领者没有攻击成员在第一次会谈中愤怒地断言他们不是酗酒者，也不认为他们应该被强制参加小组。相反，她让这些男性详细描述他们不想要的小组东西，比如被称为酗酒者或者负罪感，来应对抵触情绪。在参加了数次小组会谈后，他们才开始审视导致自己饮酒的"触发器"，从而能够进入对自己的问题开放的意识阶段，对一些人来说，这是下决心做一些事情，进入行动阶段前的阶段。

在第一次会面中，我们看到了一个相当典型的被判醉驾的人参加法院强制小组的开场。当年轻的女性小组带领者开始会谈时，抵触和否认的情绪弥漫在空气中。她没有正面去硬碰硬，发起不可避免的意愿之战，这在一些物质滥用治疗模式中并非罕见，她认识到抵触是大多数男性处于承认问题的前意向阶段的表现。在这样一个小组中，当出现抱怨时，小组带领者通常会感到自己的权威（和议程）受到威胁。在这个案例中，一位女性小组带领者和一群愤怒的男人打交道，所以性别问题会影响工作过程。

目的： 向服务对象介绍支持服务；鼓励服务对象探索自己的物质使用以及酒精和/或毒品在其生活中的作用；避免再次犯罪。

成员性别： 男性

年龄： 27～55 岁

成员的文化、种族或民族认同： 两名爱尔兰裔男性，一名印第安裔男性，七名欧美裔男性

过程记录摘录：

过了一遍订立的契约后，我分发了一张表格，上面写着小组的目的和要讨论的主题。当一些小组成员看起来在阅读这些主题时，有一些人不看一眼就把纸对折起来。我问他们觉得这些话题怎么样，是否有什么问题。沉默片刻后，一位小组成员愤怒地说："你知道，我都不应该在这。我被人陷害了。"（其他小组成员紧张地笑了起来。）他继续讲述自己被捕的故事，其他小组成员则显得很关注。当他说完后，我说："你来这一定很不容易，你甚至不觉得逮捕是正当的。我不知道其他人是否也有同样的感受。"

实务要点： 小组带领者没有对抵触视而不见或是与这个男人对质，而是选择用同理心来探索抵触，开始去联结他们内心的感受。这位带领者认识到，第一个挑战参加小组的必要性的成员是她的"盟友"，而不是她的"敌人"。她把很可能是所有男人都有的这些感受讲了出来。他和其他大多数小组成员都处于前意向阶段。她没有投入证明他们需要这个小组的"意愿之战"，而是通过一个练习来帮助小组开始探索什么促使他们有这些负面反应，从而能捕捉他们的能量，去追求小组的目标。这种对他们的抵触的反应和使用黑板列出"不想要的事"，可视为她在动机访谈的框架内添加的艺术性成分。

另一位成员发言说："嗯，我不明白的是，为什么我们要在酒驾司机课堂上谈论酗酒和艾滋病之类的事情（指的是发的讲义）。""是的，我们犯了一个错误，现在我们都成了酗酒者。"其他小组成员也加入进来，对这些话题表达了类似的不满。我回答说："你提出了一些重点。听起来你特别关心的一件事就是被贴上标签。我想知道我们是否能列出一些你们不想在这个小组中发生的其他事情。"

当我在黑板上写下"不想要的事"并在其下方写上"被贴标签"时，我向成员们征求进一步的建议。另一名成员说："负罪感。我不想为我所做的事有负罪感。"当我在黑板上写下"负罪感"时，我问他是否可以对此多说点什么。他回答说："我的意思是，我知道那件事是错误的，但我不想让人们不断告诉我这是错误的。"另一名成员补充说："是的，我觉得自己像个罪犯！""好吧，我们是罪犯，你还指望什么？"另一位成员评论道。我问："这样看待自己很难吧？""是啊，好吧，我想我们是罪犯，但我们本可以做更糟糕的事啊。"

实务总结：引人注目的是，小组带领者使用了列出"不想要的事"的单子，实际上让这些男人可以表达小组中要处理的重要问题。其中包括负罪感，感觉自己像个"罪犯"，以及担心被冠以"酗酒者"之名。每一个都代表着小组中需要探讨的重大主题。小组成员正在创建他们自己版本的议程，而且实际上在许多方面反映了带领者和机构的议程。这个例子演示了本书第一部分介绍中所用的表述：抵触是工作的一部分。

处于意向阶段的一个酒驾小组 在接下来的摘录中，我们看到了一个小组的开始阶段和过渡到中间阶段的过程，这个小组与刚才描述的那个类似。在这个小组中，一些男性已经开始面对他们有问题的事实，直面酗酒对他们生活大量的负面影响。他们已经进入"意向"阶段，正为过渡到"行动"阶段做准备。其中一个人，即"偏差成员"菲尔，仍在坚持并拒绝加入。尽管带领者错过了他发出的早期信号，把他看成小组的"敌人"，但是内部带领者出现了，帮助这个人和小组带领者理解这一行为，将其视为与创伤事件有关的强烈痛苦和内疚的信号。

实务要点：小组带领者明白菲尔是在扮演"守门员"角色，但不理解他为什么要选择扮演这个角色。这是一个跟小组同在却没有跟个人同在的错误的例子。我们再次看到，"偏差成员"是小组中跟其他成员面对同样的问题但感觉更为强烈的人。这一认识能让整个小组进入更深层次的工作。

第二次会谈

小组正因成员否认问题而纠结，汤姆开始敞开心扉，但是菲尔却试图破坏这个小组向前推进。菲尔似乎是守门员，因为每次提到喝酒和开车的问题，他都会试图阻止继续下去。我鼓励汤姆说说他酒后驾车的事情。汤姆开始谈他怎么因为酒驾而在一年内被逮捕了三次。我问汤姆可否和小组分享他对这件事的感受。他开口讲起来，但菲尔插进来说，没人想听这个故事。我告诉菲尔，汤姆有权讲，请他不要打断。菲尔不断打断我，我开始感到不高兴，但我希望别人会冒险说些什么。

实务要点：注意，这是菲尔最需要带领者帮助的时刻。但小组带领者不清楚"两个服务对象"的观念，站在了对菲尔很生气并质疑他的行为的小组成员一边。他之所以这么做，很可能是因为他生菲尔的气。

汤姆继续说，他知道他需要帮助，因为他一定是有问题的，否则为什么会有这些被捕。菲尔跳了进来，但这次皮特开口说他已经受够了菲尔，希望他不要再这么粗鲁。在内心深处我感到兴奋，皮特作为内部带领者曾提过意见，现在向前迈了一步，质疑菲尔的行为。我曾问过自己，该如何处理这一对我的领导力（第一次当小组带领者）和权威的挑战，但我意识到该小组在互助过程中取得了进展，而且该小组运行良好。这是一个很好的机会，可以向菲尔和小组指出，他正在转移小组的注意力，远离酒驾涉及的情绪问题。我问小组是否认为这是他们开始成为一个更有凝聚力的小组的迹象，除了菲尔，他们都回答是的。

实务要点：随着小组文化的发展，带领者开始明白成员们太容易制造出工作错觉。当他质询导致他们喝酒的触发器、想法、感受或事件时，第一反应是经典的用幽默来"逃离"痛苦和用人身攻击来"战斗"（如前文描述的与拜昂的情绪理论相关的战斗-逃离反应）。小组带领者明白这一点，说出这些人谈一个痛苦的话题的难处。然而，他仍然没有听到菲尔的心声。

第三次会谈

虽然我认为小组开始取得进展，但工作错觉阻碍了小组成员向前迈进。我提出工作要求，说要讨论导致他们喝酒的触发器。吉姆大声问我所说的触发器是什么意思。皮特回答说是独行侠的马。汤姆插了进来，说那是你用来开枪的东西。我不确定幽默是不是一个用来改变话题的防御工具。我回答说，这个问题可能触及了一个敏感点，所以我要求小组给予反馈。菲尔说吉姆问了最愚蠢的问题，想知道吉姆是怎么拿到驾照的。这不是吉姆第一次在敏感的情绪问题被带出来时受到攻击。我感觉到有些反移情的问题在我内心升腾，关于吉姆成为替罪羊，我对小组说，当他们攻击吉姆时，一定感觉相当强大。我问他们为什么觉得有必要这样做。（回想起来，我看到我站在了吉姆一边，把作为一个整体的小组忘了。我很惊讶在这一刻我没有失去小组。）

小组的内部带领者皮特，意识上有了一个飞跃，为自己的所作所为向吉姆道歉。汤姆、萨姆和菲尔也都道了歉。皮特继续说，他以前从来没有考虑过别人的感受，问我为什么。我把这个问题抛给了大家。有一位非常安静的成员鲍勃从第一次会谈开始以来首次发言。他说这和今天的话题——触发器有关。鲍勃说每个人都有触发器可以引发事情，但是他认为他的触发器来自过去的经历。他生活在一个酗酒和受虐待的家

762

庭里。我对鲍勃开口说话，讲出这些大吃一惊。我问他还有什么要说的。他说他从小就不被允许说太多的话，也不准发表意见，否则就会有恶果。他待了这么长时间才克服恐惧，在小组里讲话，但是在听到向吉姆道歉后，他觉得在小组里很安全。我说他非常勇敢地说出了自己的感受。

实务要点： 在第四次会谈中，我们看到出现了一位强有力的内部带领者，他明白小组的"偏差成员"菲尔之所以不愿开口可能是因为他在思考自己的触发器。常常是这样，有一位小组成员理解并对另一位成员感同身受，由此帮助小组迈出发展的下一步。在这个摘录中，我们也看到为什么菲尔从第一次小组碰面就表现出抵触情绪，并扮演了试图阻止处理更尖锐的问题和强烈的感受的角色。回到我们在前面几章中对成员所选择的非正式角色和小组是一个动态系统的概念的讨论中，我们可以看到菲尔在前三次会谈中的行为对于没有完全准备好在引发强烈情绪的问题上冒险的小组来说是有用的。随着小组文化的改变，分享变得更加安全，菲尔不再需要扮演这个角色。此外，我们再次看到，发挥这一作用的成员会是一个曾经尝试过，但到现在还不能面对由于自己过去的行为而带来的极为强烈的内疚的人。

第四次会谈

我告诉大家，上一次会谈表明大家都在进步，他们应该对自己的成就感到满意。我感觉关于触发器问题还有更多的工作要做，所以我把这个问题抛给了小组。皮特说，这周他做了一些思考，想知道小组是否能帮助他。除了菲尔，其他人都回答会帮忙。汤姆问菲尔为什么不愿意帮他，菲尔说他只是今天不想说话。鲍勃说，他认为菲尔正与自己的触发器做斗争，并问菲尔，在帮助了皮特之后，小组是否可以回到菲尔不想谈自己的事情上。菲尔轻声并闷闷不乐地说好的。

皮特说他想重新看看触发器，因为他觉得这是他的主要绊脚石。讨论成果丰硕，小组开始有了自己的生命力，处理亲密关系和人际关系问题。鲍勃、皮特和萨姆都很愿意关注这些问题，而菲尔和汤姆仍在抵触走近这些问题。

小组回到菲尔不想说的事，萨姆表现出感同身受和关怀，说菲尔可能有一些痛苦的记忆被触发了。整个小组都在为如何帮助菲尔而绞尽脑汁。看来小组终于找到了一个共同点：聚焦到触发器上。其他成员轮流讲述了自己如何受触发器的影响，酒精是如何占据了他们的生活及其后果。鲍勃谈到了他怎么丢了工作；萨姆说他丢了工作，妻子和他离了婚；皮特说他不得不经历了破产；吉姆最后说他因为酒驾不得不在监狱里待八个月，这影响了现在孩子们对他的看法。讲这些的时候有大量的情感表达，所有成员都坐在椅子上，凑在一起，就这样开启了触碰他们因酒精而经历的痛苦。

实务要点： 随着小组进入更深入、更多情绪表达的工作模式，我们看到小组带领者在运用实务工作的中间阶段识别出来的"克制"技巧。成员们已经走过了本尼斯和谢泼德所描述的权威主题，现在进入亲密主题。

　　他们现在转向菲尔，他看起来好像看到了幽灵，他们问他是否准备好分享他的触发器。菲尔说，一开始他认为这个小组很愚蠢，觉得一切都在他的掌控之中。我们都沉浸在菲尔的情绪中。他哭了起来，说来小组后他第一次认识到为酗酒而战自己并不孤单。他说，他觉得这是他终于可以谈谈笼罩着自己的噩梦的地方。我们都耐心地等待着，我被这个小组的力量折服。菲尔说，他多年酗酒的触发器是，他从未原谅自己开车出了交通事故，害死了妻子。整个小组都默默地坐着，为菲尔和自己失去的东西哭泣。

问题现在怎么样

　　我相信，我们已经创造了一个新的工作阶段，使小组能够敞开心扉，表达他们的痛苦感受。我吃惊地发现他们在进入小组工作的中间阶段时取得了那么大的进步。否认、防御、挑战我以进行控制、成员想要接手控制等困难，以及每个成员扮演的不同角色都极有吸引力。成员之间的互动方式发生了缓慢的变化，每个成员都在小组进入当下的状态中发挥了引人注目的作用。

　　这个小组的文化已经发展到可以开始运用富有同理心的倾听的技巧。这在开始阶段并没有。虽然我知道这个小组有机会经历找到共同点的过程，但是我不确定我们要怎样才能做到。回想起来，问题表述的意义跟刚开始的时候已有所不同。现在我看到他们的否认和抵触是他们用来应对的工具，而使用酒精则是他们用来隐藏恐惧和感受的方法。小组已开始以比最初更诚实、更加信任的方式处理一些最敏感的问题和丧失。成员们的身上带着过去的痛苦和否认，目睹他们让这一切浮出水面令人激动。我知道还有太多的工作要做，但是经历了菲尔的成长，让别人触及他的感受，这会永远伴随着我。正如各位成员冒了风险一样，我希望在我的工作中也能如此，向他们每一个人提出挑战，让他们更好地投入解决自己的问题中。

764

　　实务总结：小组带领者在欣赏菲尔和小组的成长的同时，也应该认可自己的长足进步。作为小组带领者，他从一开始要么站在某个人一边，要么站在小组一边，到现在已发展出能在同一时间跟"两个服务对象"同在的能力。这将是他专业成长的关键一步，实务工作从"意识"阶段进入"行动"阶段。

寻解实践

　　另一个要素与互动框架契合良好的实务模式被称为寻解实践或寻解短程小组治疗（solutionfocused brief therapy in group）。科里（Corey，2008）指出了作为一个关键概念的寻解实践背后的积极取向：

教育政策 2c
教育政策 9a
教育政策 7d
教育政策 7a

> 寻解短程小组治疗基于乐观的假设，即人们有抗逆力、足智多谋、有能力，并且能够拿出可以改变自己生活的解决方案……无论来治疗的时候处于何种状态，都认为服务对象是有能力的，咨询师的作用是帮助服务对象认识到他们已经拥有的资源。寻解治疗师跟服务对象谈论什么进展顺利、未来的可能性以及什么有可能带来成就感。（p. 424）

寻解实践的一些背后假设和干预技术有可能发挥作用，特别是在工作的开始阶段。实务工作者需要辨别它们什么时候适合特定的服务对象，什么时候不适合。本节会简要介绍该模式并认识核心的技术。

对助人关系的性质的几大假设

寻解模式建基于优势视角。作为一种"存在主义"的实务工作方式，它关注服务对象当前的问题，并假设在咨询师的帮助下，服务对象可以识别和使用内在的优势，这些优势在以病理学为导向的实践中可能会被忽略。简单地说，咨询师考虑的是服务对象的哪些方面是没问题的，而不是哪些方面是有问题的。咨询师还相信，改变的源头和方法也会来自服务对象。该模式结合了优势视角和对短程治疗的兴趣（deShazer，1988；deShazer & Berg，1992）。

帕特森（Patterson，2009）描述了在学校场所中成功应用寻解实践的情况。

765

> 学校咨询师和学校咨询教育人员对于寻解辅导一般会有三点共识：
> 1. 这种方法非常有意义，因为它要发掘的是学生的优势和成功。
> 2. 同其他在学校常采用的方法（即诊断问题和给予惩罚）相比，它常常在让有挑战性的学生改变上更为有效。
> 3. 说起来容易做起来难。（p. 34）

寻解实践中指导咨询师的一些具体假设包括：

- 干预的重点应放在当下以及服务对象自身带来的东西上。
- 实现当下行为的改变和对当下有影响的行为的改变，而不是解决过去的问题。
- 尽管它侧重于当下，但它也承认，长期治疗可能需要审视和解决过去的问题（例如，性虐待的幸存者）。
- 在与服务对象建立关系时，咨询师可能会承认服务对象的不适，但他们不会长时间地讨论病因和病理学。
- 个人拥有解决自身问题的内在资源和能力。
- 服务对象往往对自己的问题有无力感。

- 需要帮助服务对象想象没有问题之后他们的未来会是什么样子——如果他们"没一败涂地，"它是什么样子。

- 在开展被强制来的服务对象的工作时，必须承认关系的非自愿性质，并将其作为工作的起点。

在与服务对象建立关系和第一次会面之前，咨询师会尽量少用历史记录和机构的记录，而倾向于让服务对象来讲自己的事。这有助于咨询师避免基于以前咨询师的判断对服务对象有成见。例如，假设一位新咨询师告诉她的同事，她会让弗雷德·琼斯加入她的小组，而她的同事对此反应消极："哦，不，别要弗雷德·琼斯！"琼斯先生可能是我在本书前面提到的"机构服务对象"。许多咨询师都做过他的工作，发现很难跟他相处。这是经常会分配给新工作者和学生的服务对象。咨询师认为这会是一个困难的服务对象，制造了会导致自我实现预言的条件。

如前几章和本章开展被强制的服务对象的工作中的一些例子所示，工作者通常会要求成员分享他们对强制机构的期望和要求的看法。工作者承认并说明，尽管机构或法院可以要求某些改变，但服务对象是自己的生活想要或需要做什么改变的最终"权威"。当工作者问服务对象或小组成员想要什么时，得到的回答是："让该死的机构（或任何人）离我远点！"工作者可以回答说："好吧，让我们从你必须做的事情开始，来让机构离你远点。"基本上，服务对象是受到邀请的"专家"，将自己的情况告知咨询师。 766

寻解小组带领者的角色

科里（Corey，2008）描述了寻解小组咨询师的角色：

> 寻解小组咨询师采取"不知情"的立场，作为一个途径让小组成员充当自己生活的专家。在这种方法中，治疗师做专家被服务对象做专家所取代，特别是当涉及服务对象想要什么的时候。尽管服务对象被视为自己生活的专家，但他们经常陷入不能发挥作用的模式中。这些寻解实务工作者否认自己的专家角色，更倾向于秉持协助或提供咨询的立场，他们认为自己的工作是为服务对象创造机会，让他们把自己视为自身生活的专家。（p.427）

我对"不知情"立场有一个担心，如果僵化地或不正确地加以执行，它有可能阻止小组带领者分享可能对小组成员有帮助的数据信息、价值观、信念等等。对与服务对象直接相关的信息知情不报，并且社会工作者分享的方式受质疑都可能会对工作关系产生负面影响。

寻解方法的核心概念，即服务对象是自己生活的专家，是我在本书中介绍的交互模式的核心，而改变的关键在于服务对象的想法与这一模式也是一致的。例如，我更愿意把小组带领者和服务对象都设想为专家，但各有所长。服务对象是自身生活、麻烦、可能的解决方案等方面的专家，而小组带领者是领导小组方面的专家。小组带领者的角色包括让所有成员学习如何互帮互助，有时还包括对质和提供支持。

定义技术

寻解模式有一些特定的技术。这些技术都共同关注服务对象的优势和应对逆境的能力。适用于个人、家庭和小组实务的技术如下：

● 在为第一次小组会谈的人选或招募进行面谈时，询问见面前的改变：工作者认识到甚至在参加第一次会谈前服务对象就有可能已经有所改变。服务对象约好去见社会工作者或者是发现有一个小组，不管是否情愿，都可能已经开始了一个改变的过程。社会工作者会好奇地询问服务对象是如何做出这些改变的，以及谁带来了这些改变。

● 询问会谈间隔期的改变。社会工作者认识到成员在会谈间隔期有自己的生活（我的措辞）。许多因素会对服务对象的生活有影响，工作者会想在会谈一开始时就探讨这些因素。例如，工作者可能会问服务对象、家人或小组成员："如果这周有什么比上周好一些，是什么？""这周你脑子里在想些什么问题？"这是中间阶段的技巧的一个要素，我称之为活动期间的订立契约。

● 询问例外情况。这一技术要求服务对象去审视过去什么时候没有出现问题，是在什么情况下发生了这些例外情况。例如，在接受物质滥用咨询的服务对象透露复发后，工作者可以问："过去 5 年中，你至少有 3 次复发并再次开始饮酒，但你也能够保持越来越长的戒断期。在你保持戒断的时候有些什么情况，你是怎么做到的？"这个问题换一种问法是，询问什么时候问题没有那么严重或严峻、发生得不那么频繁或持续的时间比较短。目的是寻找并强化那些让事情不一样的因素。这是一个微妙但重要的转变，从关注问题转向识别可能的解决方案。在小组情境中，其他成员可以识别自己的例外情况，如果可能的话，带领者可以指出相似之处和不同之处。此外，成员之间的相互支持有助于维系希望和用优势视角处理问题。

● 询问"奇迹问题"。尽管"奇迹问题"有不同的形式，但最常见的是："想象一下你明天醒来，奇迹发生了。"奇迹是服务对象的生活变好了，"问题"解决了。工作者询问"你怎么第一时间知道事情不一样了？"或者"其他人怎么会注意到有些迹象表明问题已经不存在了？"之类的问题，用来帮助服务对象构想出渴望的改变。另外的变化形式包括："想象这不是什么大问题了。""这次活动如你所愿帮助了你。""未来三个月后，经过我们在一起的持续努力，问题已经解决。你怎么会知道？什么会有所不同？"工作者在提问时必须注意的一点是，服务对象不能回答根本不存在这一情况的问题。例如，一个丈夫去世的悲伤的女人不能在第二天醒来时发现她的丈夫没有死。

● 询问尺度问题。这项技术要求服务对象在第一次见面时用量尺认定问题的严重程度，0 代表最差，其他的某个数字表示最理想。小组带领者可以在工作的某个时点，询问服务对象什么数字代表他们在这个问题上所处的位置。通过这种方式，服务对象个人或小组成员或许就可以识别渐进的改变，而不是将问题视为"已经解决"或"尚未解决"。

● 询问应对问题。另一个注重服务对象的优势并帮助服务对象用新的方式看待自己的技术是询问"应对"问题。例如，当服务对象分享了一个严重的问题，社会工作者也承认了这个问题后，工作者可能会问："你是怎么想办法应对的？"另一个问的问题可能是："事情这么糟糕，为什么没有更不可收拾？你是怎么防止事情进一步恶化的？"同样，在小组中，如果小组带领者邀请成员参加讨论，处境类似的其他人也可以分享他们的应对经验。

认知行为治疗

768

第三个被认为是循证实践的模式借鉴了认知行为心理学和治疗。在认知行为治疗中，治疗师有目的地运用策略和技术，帮助服务对象纠正对自己、世界和未来的负面的、曲解的看法，以及背后导致这些认知的适应不良的信念（Beck，Rush，Shaw，& Emery，1979；Elkin，Parloff，Hadley，& Autry，1985）。

在本书前面，我指出了我们的感受和行为之间的强大互动。从本质上说，建立在社会学习理论基础上的认知行为方法喻示，一个人的所思所感与自己的行为会相互作用。

在有关基本行为和认知理论的一章中，塞耶和迈尔斯（Thyer & Myers，2014）称社会学习理论的一些基本经验原则简单而没有争议。

> 人类行为由我们的所作所为构成，包括可观察的行为和不可观察的行为：显性行为、隐性语言、想法和认知、感受和梦。……在很大程度上，人类行为大部分（但不是全部）是通过经验习得的。……似乎类似的基本学习过程很可能会催生不同文化和生活情境下的个体行为，并解释了规范和许多所谓的功能失调的行为、感受和想法……人际行为也受三个学习过程的影响，引发两人组合、群体组织、社区和社会现象。（p. 23）

作者描述了"三个主要的经验性的学习过程，它们共同构成了社会学习理论，即反应学习、操作学习和观察学习"（p. 23）。他们提出行为可定义为一个人的所作所为，思想和感受更多可视为身体行为的一部分，是公开的可观察的行为（p. 23）。他们认为，由于行为受到上述三个学习过程的强烈影响，因此可以通过"知情、专业地使用这种学习机制"来"治疗性地加以修正"。

在这里描述的认知行为治疗版本的观点是，当情感和认知扭曲结合在一起时，会导致适应不良行为，而这反过来又会强化认知扭曲，然后继续影响行为。在认知行为治疗模式中，治疗师帮助服务对象识别和修正认知扭曲，强化服务对象适应更良好的行为。

对助人关系的性质的几大假设

从贝克的认知治疗模式汲取的概念可以有效地结合进互助实务模式之中，该模式得到了广泛的认可和研究。贝克探索了抑郁症的成因与治疗（Beck et al.，1979）。黄和沙特尔伍德（Oei & Shuttlewood，1996）总结了贝克理论的三个维度。

769   第一，生活经验引导人们形成关于自己和世界的假设（"图式"或"内在倾向"），然后用来解释新的经验，管理和评估行为。"一些基于过去负面经验的假设可能会变得僵化、极端、抗拒改变，因此被称为功能失调或事与愿违。"（p. 93）第二，贝克提出存在"自动思维"，即与消极情绪相关的"内部对话"片段，会导致诸如"我是个失败者"的自我陈述。根据贝克的观点，频繁和"极为消极的自动思维"模式会发展成一个恶性循环，导致抑郁，进而带来更多的抑郁认知。第三，自动思维被视为包含"逻辑错误"，贝克称之为"认知扭曲"，包括过度概括、贬损积极的东西、灾难化、贬低和个人化等。

贝克的治疗方法"通过教导患者质疑消极的自动思维，然后挑战这些假设（图式）的根基，打破了抑郁症的恶性循环"（Oei & Shuttlewood，1996，p. 94）。

乳腺癌确诊妇女的认知行为与支持性表达小组研究   在对诊断为乳腺癌的妇女的认知行为与支持性表达小组治疗的有效性的文献回顾中，布廷（Boutin，2007）回顾了 20 项研究，这些研究考察了认知行为治疗、支持性表达小组治疗（supportive-expressive group therapy，SEGT）或这两种治疗联合使用对乳腺癌妇女产生的影响。这 20 项研究在研究方法上有所不同，大多数（80%）采用将研究对象随机分配到治疗组或对照组的方法。这些研究还涉及了不同的癌症分期、妇女的年龄以及治疗方案，包括支持性表达小组治疗、认知行为治疗或两者的结合。

不同研究和不同研究设计结果各异，包括较少情绪紊乱、无生存率差异、较少抑郁、较高自尊、活力和"斗志"增加、较少情感压抑、焦虑减少、较少痛苦和折磨等等。针对各项研究发现，布廷（Boutin，2007）指出：

> 尽管所有治疗都表明取得了成功，但认知行为治疗、支持性表达小组治疗以及认知行为和支持性表达小组联合治疗研究的结果的模式并不一致。从实施实验设计的研究中发现，与认知行为治疗以及认知行为和支持性表达小组联合治疗相比，支持性表达小组治疗重复出现积极结果的更多。此外，不太有实验控制的研究支持更严谨的支持性表达小组治疗的研究结果，但是没有证据支持更严谨的认知行为治疗或认知行为和支持性表达小组联合治疗的研究结果。结果有所侧重的一个促成因素是每个治疗发表的研究数量不等。（p. 279）

布廷指出了回顾性研究和单个研究的局限性。人群的差异、治疗时间的长短和其他一些因素，以及除了一项研究外每个治疗模式间没有直接做比较，限制了研究者可以做出的推论。但是布廷的确建议运用不同的模式做小组治疗，特别是支持性表达小组治疗，它似乎对一些重要变量有积极的影响。下面是一个认知行为治疗小组的例子，该小组在互助框架内整合了支持性表达小组治疗。

慢性精神病患者的认知行为治疗小组 艾伯特（Albert，1994）在举例说明一个小组带领者如何在将认知行为模式中的结构整合进互动框架时，描述了一个运用认知行为治疗的慢性精神病人互助支持小组。他描述了一个日间治疗中心的病人，该中心有太多的小组，以至于病人常常感到对于小组"分身乏术"，但这个病人让工作人员感到惊讶的是，她建议组建另一个小组。

> 她说："我们需要的是谈谈成为精神病人意味着什么，感觉如何。"一个接一个的病人支持这个动议。他们想说说精神病人的身份问题。家人和邻居都是怎么想他们的？他们应该如何看待自己？精神病人的污名有合理性吗？它是从哪里来的？它的影响是什么？尽管他们的"病人身份"是这些病人的共性的核心，但似乎仍然具有一种压迫性，一旦提及，就会太显而易见、太痛苦。(p.109)

实务要点：该小组有一个例子，病人正在处理永久性想法的观念，即当他们抑郁时，治疗似乎是"无休止的、徒劳的"。这种失败感和永久性的想法反过来影响他们继续应对的能力。

> 莎伦说："我把树叶耙成一堆，然后风又把它们吹得满院子都是。我想：'有什么用？叶子永远弄不干净。总是会有叶子。'然后我回到床上。我的身体开始感到沉重。我起不来床。"我（小组带领者）指出，莎伦在谈到住院治疗时也用了"总是"这个词。（"我总是又回到医院。"）我问："真的总有树叶吗？这事总是做不完吗？"莎伦说："这是一种看待问题的方式。"

> 我向小组征询其他的看问题方式。成员们建议莎伦想想她已经完成的其他事情。（争论）尼克说："也许你得重新耙一次或两次，甚至是三次，但并不是永远。（争论）我是说，你做你能做的，然后下雪了，你的事就做完了。"（笑声）我重复了一遍："你做你能做的。"（Albert，1994，p.110)

认知行为方法是一个很好的例子，说明大多数治疗框架如何发挥作用，只要它们的核心假设和信念是基于服务对象的优势，并能提供强有力的、可以整合到其他实务模式中的理念。此外，认知行为理论家注重行动者与研究者合一的模式，即社会工作者要不断评估自己的实践，这对实务工作也是有益的，因为它加速了向更以实证为本的实践的发展。

　　　其他的模式和理论

　　本节讨论的是那些可能还不能完全称得上是循证实践的模式和理论。但是它们有些要素被一再证明是有益的，已经获得了一些研究的支持或者是以共同的实践智慧和经验为导引。它们可能处于早期研究阶段，然而，它们对于行为、有价值的成果和干预策略有系统化的假设，可以操作化并带来持续性的研究发现。尽管有许多模式符合本节的要求，但是我选出了三个模式来加以说明。之所以选择这些理论模式是因为它们的核心建构和价值观与本书介绍的框架相合。

女性主义实务

　　女性主义小组工作包括多个模式和框架，试图解决我们社会中妇女面对的一些独特问题。它们包括社会和政治压迫问题，以及就性别而言普遍处于从属地位带来的影响。此外，还有人致力于就她们如何与他人建立关系和联结而发展一个独特的妇女心理学。这两种取向都对妇女工作的结构和内容有直接影响，本节将对此进行探讨并举例说明。我首先简要介绍一下女性主义实务的分类。

女性主义实务的类型

　　女性主义的实务方法已经分化出几个可识别的流派。索尔尼尔（Saulnier，1996，2000）试图识别出这些不同的观点。她所做的分类包括下述一些模式：自由女性主义、激进女性主义、社会主义女性主义、女同性恋女性主义、文化与生态女性主义、妇女主义、非洲裔美国妇女女性主义、后现代女性主义和全球女性主义。尽管有些人可能不同意这些模式的具体分类及其相关的描述、分析和评论，但索尔尼尔的贡献在于凸显了理论发展的这一重要领域，并识别出了对于社会政策和实务的意义。

　　桑兹和努乔（Sands & Nuccio，1992）特别论述了后现代女性主义理论的出现及其对实务的影响。作者描述了女性主义文献怎样可以依照哲学和政治上的女性主义取向分为三大类：自由女性主义、社会主义女性主义和激进女性主义。自由女性主义强调在现有的政治体制内获得政治权利、机会和平等。社会主义女性主义把女性受压迫归结为父权资本主义所产生的性别歧视、种族主义和阶层分裂之间的相互作用。激进女性主义认为父权制的影响无所不在，需要加以废除（p. 490）。

桑兹和努乔将后现代女性主义的兴起追溯到后现代哲学和法国女性主义理论。尽管他们承认这一模式的根源和新兴思维之间有差异，但他们指出了与美国女权主义共同的政治议程：

> 不管一位女权主义者是个自由主义者、社会主义者、激进分子还是有其他派观点的人士，她都渴望改变社会和政治秩序，使妇女不再受到压迫。因此，组织和采取政治行动来纠正不公正是后现代女性主义的重要面向。（Sands & Nuccio，1992，p. 492）

虽然这一简要的背景介绍的重点是女性主义取向的社会公正和社会政治含义，但其中的许多概念被转化为直接的实务干预。本章在后面的章节中会举例说明。我想先探讨一下发展以女性为中心的心理学的一些工作，这对实务工作有些启示。

新妇女心理学与关系模式

一个早期帮助我们理解女性实务工作的一些独特维度的理论模式是关系模式。这一模式兴起于马萨诸塞州韦尔斯利的斯通中心所做的工作，该中心致力于研究妇女发展中的独特问题以及与有效地开展她们的工作的方法。[①] 该中心建立在让·贝克·米勒早期工作的基础上，他出版的《走向新的妇女心理学》（Miller，1987；Miller & Stiver，1991）一书为关系模式奠定了基础。在这一领域，许多不断推进的工作可以在斯通中心的出版物和一系列的工作论文和书籍中见到。这一框架通常被归在关系中的自我理论的大标题之下。

更近一些时候，弗里德伯格（Freedberg，2009）讨论了关系理论和女性主义实务与社会工作之间的兼容性问题。她提出：

> 女性主义视角下的关系理论完全符合直接社会工作实务的核心原则和价值观。它提供了一个与社会工作的情境中的人的生态系统观相一致的处境关系中的自我观。这一思想流派特别促进了对女性的情感、社会、道德和认知的发展的理解。虽然大多数由男性构想的发展理论都强调与早期关系脱钩以分离出独立自我的重要性，但是女性的经历在很大程度上与这种理论相矛盾，并表明需要有一个新的发展模式。（p. 21）

在第十三章，当我建议这个框架可以作为四个模式之一，帮助我们理解作为一个整体的小组的动力时，我做了详细描述。我会简要回顾一些与小组工作实务直接相关的核心要素。我非常推荐读者回到第十三章的讨论中，以获得更详细的介绍。

在阐述这个模式的小组工作的一个例子中，费代莱（Fedele，1994）借鉴了关系理论中反复发现的三个核心概念：

[①] 斯通中心目前与研究中心结盟，称为"韦尔斯利妇女中心"。中心的学者进行社会科学研究和评估，发展理论并出版著述，实施以妇女的生活和妇女关切的问题为中心的培训方案。

- 悖论（包含真理的明显矛盾）；
- 联结（"充分体验到彼此的存在并互相通信和形成对比的人们之间的连接关系"）；
- 共鸣（"响亮的；回响的；以最复杂的形式回应的能力，就是共情"）。（p.7）

谈到治疗，费代莱（Fedele，1994）识别出了几个悖论："脆弱性导致成长；疼痛可以在安全中体验；谈论断开联结会催生联结；人与人之间的冲突可以在连接中被容忍。"（p.8）费代莱（Fedele，1994）在描述关系理论的第二个主要建构"联结"理念时说：

> 带领者和成员的首要任务是增进一种联结感。在小组工作的关系模式中，带领者会小心地理解小组中的每一种互动、每一种动态，将其作为保持联结的主要手段或保持联结之外的策略。在人际治疗小组中，带领者通过理解和感同身受过去的经历，鼓励成员意识到他们在小组的此时此刻的关系中的可用性。但正是对联结的渴望，而不是与生俱来的分离或独立的需要，推动了他们在此时此刻和过去的发展。（p.11）

共鸣 最后，第三个主要概念"共鸣"，断言"在愈合连接中体验痛苦的力量源于一个人与另一个人共振的能力"（Fedele，1994，p.14）。她认为，共振在小组工作中表现为两种方式：

> 首先是一个成员能够简单地与另一个成员在小组中的经历产生共鸣，并因为这种共鸣而体验到某种替代性的解脱。成员不需要在小组中讨论这个问题，但这种经历使她更接近于了解和分享自己的真相，而不必做出回应或阐明。另一种共振在小组中的表现方式是成员之间能够对彼此的问题产生共鸣，从而回忆或重新联系自己的问题。在所有小组中，这是小组过程的一个重要因素，但在有创伤史的女性小组中，这一点非常明显。通常，当一个女人谈论痛苦的东西时，另一个女人会安慰。这是小组工作的一个强有力的方面，如果承认，小组工作可以帮助妇女建立联系。（p.14）

这三个要素在互助模式中都能找到相通之处，其中对于亲近的矛盾心理（悖论）、与其他成员连接的力量（联结）和通过共情相互支持（共鸣）被描述为互助过程中的要素。

追随早期出版物中述及的关系模式，斯通中心的研究人员在其原创性的工作中把重点放到了固有的偏见上并加以言明。乔丹（Jordan，1997）在谈到早期工作时说：

> 它在很大程度上代表的是白人、中产阶层、受过良好教育的异性恋者的经验。当某个亚群体在发声时就好像它的现实就是唯一现实时，我们努力不再复制这些错误。我们不可避免地受到我们自己的盲点和偏见的束缚。我们越来越意识到谈论或代表"所有妇女"发声的危险性。我们实际上是在说"一些妇女"或许多妇女经历的某些方面的事。我们对多样性的领会需要拓展和深化（p.1）

在最近的女性主义研究中，基于这一早期的批评，这一概念被称为"交叉性"，单独的或"二元"的分类遭到拒绝，因为这一理论框架会审视交叉性身份带来的影响。格林格里和瓦希布（Gringeri & Wahib，2013）回顾了社会工作的女权主义研究，并提出：

> 模糊长期以来认定的二分身份类别也让对这些类别合在一起的可能性可以进行更犀利的分析。第二波女性主义受到批评，因为它们依赖性别的二元结构论（含蓄地，如果不是明确地）将所有妇女都置于同样受结构性和制度性性别歧视的地位。肤色女性主义者、女同性恋女性主义者和其他的女性主义者重新认识了这种相同性的假设，主张不去批判性地了解交叉性或是命名问题，而是领会相互交织的身份带来的影响及其复杂性。（p. 287）

肖特和威廉姆斯（Short & Williams，2014）报告了两个在发展之中的处理身份交叉问题的实务模式的例子。他们描述了有色的黑人非洲妇女的小组工作。作者引用了一个文献，佐证她们由于遭受性别歧视和种族歧视而内化负面自我形象的模式。这些负面的互动被描述为"微攻击"，包括微妙和不那么微妙的评论，以及表达出的跟她们的性别和种族有关的负面态度。这些模式被称为"姐妹圈"取向和"群体关系模式"。

> 姐妹圈方法是用来促进有色妇女和女孩内化了的种族和性别身份的整合，而群体关系模式是基于对妨碍群体发挥最佳功能的有意识和无意识的过程的评估，来增强小组的功能。（pp. 78-79）

姐妹圈方法包含了本书前面互助模式中描述的许多理念。群体关系模式借鉴了互助模式的奠基理论家如拜昂（Bion，1961）和勒温（Lewin，1951）等的许多思想。巴特勒和温特拉姆（Butler & Wintram，1991）在撰写关于当时女性主义小组工作的发展的文章时，告诫在描述妇女作为问题的承受者而不是问题的解决者时，不要越界：

> 在小组中有效的治疗应该鼓励妇女珍视和发展内在的力量，而不考虑社会规范。阻碍妇女的制度性和社会性障碍如此广泛，其侵蚀必然发生在许多方面。任何女性主义方法都必须利用妇女日益增长的不安于现状的动力，致力于认识压迫的作用机制，同时避免将她们病态化，视为脆弱、软弱和依赖他人的人。（p. 44）

作者们运用在英国开展的市中心区妇女小组的实务经验，发展出了自己的实务模式，用于探讨这些问题，但也形成解决办法。再一次，互助的理想虽然没有被明确讲出来，但是是他们的模式的核心。

> 我们的个人和专业经验告诉我们，团结在一起的女性可以为彼此提供支持、认可和力量，以及日益增强的个人意识，这是其他方式难以做到的。（p. 1）

他们的经历揭示了共同的主题：

> 恐惧、隔离和孤独是多年来我们打交道的许多女性经历的深层根源。这三个因素交织在一起，形成了她们各自的完好棱镜。恐惧源于实际发生的身体、性和心理暴力

或是相关的威胁。隔离是由物质上的局限造成的，例如缺乏交通、资金和儿童保育设施，这些都限制了流动。与其他人没有真正的接触。每个女性都认为，只有她才知道自己的感受和经历。这种情况下产生的孤独感不需要太多的阐述，尤其当一个女性经常被充分告知她是个失败者，她可能从事的无休止的家务劳动和低薪工作几乎得不到任何积极的肯定时。从任何角度来看，离婚的人感到不现实、要发疯或是正在发疯都很常见。在这种情况下，独自一人会滋生出无力感。（p. 2）

女性主义实务模式中的压迫标志

上述对影响这些女性的因素的描述呼应了法农心理学中压迫的关键标志。法农的模式，正如布尔汗（Bulhan, 1985）所描述的，是从奴隶制的经验中提炼出来的。压迫模式在第二章中被阐述为一个基本框架以理解应对压迫的适应不良的方式，因为"外部压迫者"变成了"内部压迫者"。在同一章中，关于抗逆力和优势视角的讨论聚焦在了受压迫人群充当可能的问题解决者上，巴特勒和温特拉姆对此有所描述。

布尔汗（Bulhan, 1985）识别出了客观评估压迫的几个关键标志。他认为"所有的压迫情形都侵犯了一个人的空间、时间、精力、流动性、联结和身份"（p. 124）。他以奴隶为例说明了这些标志：

男奴不允许有可以称之为自己的空间的地方。女奴可以提出的空间要求甚至比男奴还少。甚至她的身体也是别人的财产。普遍被忽视的是，这种对一个人的身体的占用意味着会给女奴带来更为可怕的后果。奴隶醒着的时间未经同意也被侵占了。奴隶为了主人的收益和舒适，在田里和厨房里不停劳作。奴隶的行动受到限制，没有"通行证"，他绝不能冒险越过指定的区域。

奴隶与他人的联结，甚至母子之间的自然联结，都受到践踏和侵犯。在种族隔离制度下，同样的对空间、时间、精力、流动性、联结和身份的侵犯也大行其道，这实际上就是现代的奴隶制度。（p. 124）

奴隶模式是一个极端的侵犯了空间、时间、精力、流动性、与他人的联结和身份这些压迫指标的例子。尽管非洲裔美国人在北美的奴隶制经历必须被视为压迫的独特例子，但是这些指标或许也可以用来评估对其他人群的压迫程度。这样，一个通用的心理模式可以帮助我们理解任何压迫关系中都存在的共性因素。注意在下面的例子中出现的压迫指标。

受虐待妇女小组

实务要点：当你阅读经历过和正在经历伴侣虐待的一个妇女小组的成员们的交谈内容时，思考一下布尔汗的六个指标。注意巴特勒和温特拉姆（Butler & Wintram, 1991）所描述的恐惧、隔离和孤独如何在这些受虐待妇女的工作中得到回应。

　　坎蒂说，有件事她不喜欢，她的丈夫必须一直是家里的老大。他觉得自己甚至应该比孩子们更重要。她说："男人一定要是头号人物，就像总统一样。他是个男人，他是头号人物。你看不到女总统，对吗？"我说："你是说男人有权虐待他的伴侣吗？"她说不，然后转身对女人们说："但是，谁是那个总是屈服的人？女人。"所有的女人都点头同意这句话。琳达说："为了家庭的安宁。"

　　坎蒂说："从长远来看，我们是错误的，因为我们没有离开受虐待的处境。"她说，她最终意识到，她的男人永远不会对她有任何帮助。从长远来看，她觉得如果她现在给孩子们一个美好的生活，孩子们会帮助她。她对孩子有非常强的责任感。

实务要点： 关于没有见过女总统的评论是在几年前说的，当时这似乎是不可能的。2016 年，一位女性——希拉里·克林顿作为民主党总统候选人的强势竞选尽管失败了，但可能正在改变这种看法。辛迪离开丈夫的强有力决定用行为表明了她具有"问题解决者"要素。

　　另一名妇女蒂娜说，当她报警求助时，他们认为是个大笑话。她说，当她必须在警察局填写一份报告时，警察拿这件事开玩笑。小组里的妇女们谈论她们自己在警察局的经历，这些经历都不太好。一名妇女在丈夫把一块砖头扔进卧室窗户后，不得不等了 35 分钟，警察才接她的电话。我说："和警察打交道的经历对你们所有人来说一定是一种耻辱。你正需要帮助，他们却嘲笑你。这是不对的。"

　　琳达谈到加利福尼亚州有一名女子被捅了好几刀，警方对此事没有做任何处理。我提起了康涅狄格州最近的一个案子，一名受虐待的妇女起诉警方，并赢得了数百万美元。我说："因为这个案子，康涅狄格州警方现在对虐待案件的响应更迅速了。"我说："我知道这对你现在的情况没有帮助，但事情会一点点变化。"我想这个故事会给这些妇女一些安慰，让她们知道，有些公职人员并不认为虐待是个笑料。

777

实务要点： 小组带领者干预的目的是处理这些妇女所体验到的无能为力感。她们愤怒的力量，最后被完全表达出来，因为她们有能力加入其他能认可自己的感受的妇女中，对一些人来说，她们可以从当前受伤害的恐惧中解脱出来。巴特勒和温特拉姆所指出的家务劳动的价值被贬低，也被表达了出来。

　　乔伊斯说她想杀了她的丈夫。这一愿望是一名受虐待妇女在上一次小组会谈中表达过的。小组里的其他妇女说，不值得。"他总是对我吼叫。他让我每天午饭时间去他工作的地方。孩子们和我得坐着看他吃饭。他从不给我们买吃的。另外，他想每时每刻都知道我在哪儿。他暗示我整天坐在家里无所事事。"

　　玛丽说她前夫过去也一直这样说她。她说："但现在我要从离婚协议中拿回我在家里'从未做过的工作'的报酬。"

实务要点： 小组中的信任和相互支持让乔伊斯讲述了她小时候经历性虐待的"秘密"。

她向现任丈夫透露这一受虐待的事，只是导致了他进一步的情感虐待。

然后乔伊斯说她要告诉我们一些她一生中只告诉过另外两个人的事情。乔伊斯说，她从5岁到7岁一直受到隔壁邻居帕特的猥亵。她说帕特对她父母很友好。她妈妈会说："去给帕特送杯柠檬水。"她第一次去送的时候，他就猥亵她。这之后，当母亲叫她给帕特送东西时，乔伊斯会设法逃脱，但她母亲会坚持让她送过去。帕特对乔伊斯说不要把发生的事告诉任何人。

这时，乔伊斯哭了起来。我说我明白这对她来说是一个很艰难的处境。坎蒂说："乔伊斯，这不是你的错。"乔伊斯说，这件事她隐瞒了差不多25年。最后，当她告诉丈夫时，他说："你可能是自找的。"乔伊斯说她想杀了他。坎蒂说："除了你自己，你不能不依靠其他人。但你最好不要和任何人说，因为当你开始去做时，除了你自己，你不能真正依靠任何人。"

我说我认为乔伊斯可以和一些人谈谈，包括专业人士。我说乔伊斯很不幸，当她最后决定谈谈她的经历时，她的丈夫没有给她所需要的支持。我说我们听了乔伊斯的诉说，知道了她儿时遭遇了那么可怕的事情。在乔伊斯又谈了一点这件事的情况并平静下来后，我问是否还有人在成长过程中也经历过或看到过家里的虐待。坎蒂说她看见过父亲打她母亲。她说她曾经问过妈妈为什么要忍受。她说，现在她明白了，摆脱一段关系说来容易做起来难。

实务要点：小组的支持引导成员开始审视"决定上的平衡"，这是本章前面介绍的动机访谈中的一个概念，要权衡离开受虐待情境会有的问题与离开的好处。小组带领者克制着自己不就此事表明立场，因为她尊重这个问题只有这些妇女才能决定的事实。在这种情况下，小组的带领者的确是个局外人。

坎蒂说，从长远来看，离开更好。留下来，孩子们会看到父亲虐待他们的母亲。"这会给孩子们树立什么样的榜样？"她觉得离开丈夫孩子们会更幸福。

乔伊斯说她的孩子们很高兴离开自己的父亲。她说："他们厌倦了听他一直大喊大叫。"她说儿子对丢下狗比离开父亲更难过。琳达说另一个离开的好理由是爱自己。她说："到了这个时候你知道如果你还留在他身边，他会杀了你。"她的男朋友对她说，他很乐意因为杀了她而坐牢。这些妇女提到的其他离开的好理由包括：离开不舒服的生活方式，远离虐待关系中的压力，不必遭受身体或精神上的虐待。

实务要点：在下一个点评中，小组带领者显示她已经远离了早期阶段的向这些妇女做宣讲，她探寻一个妇女可能会发现的留在这一关系中的原因。她不让自己按照想要说服这些妇女离开虐待关系的本能行事，她营造了一种文化，让她们诚实地面对自己的矛盾心理，并从彼此那里得到所需要的帮助。

到这一刻，还没有人提到留在虐待关系中的原因，所以我鼓励妇女们发表意见。

这些妇女说，钱、物品（许多妇女在来寻求庇护时把财产留在了家里），以及这一关系的便利是她们留下的理由。琳达说："有时候留下来容易些，因为至少你知道你会遭遇什么。如果你离开，你根本不知道等待你的是什么。这很难。"

由于小组时间已经用完，我总结这次活动，说看起来离开虐待情境的理由要多于留下来的理由。坎蒂说："是的，很容易看出离开是最好的做法。"我说："尽管从列出来的理由中我们可以看出离开比留下更好，但这并不意味着下决心离开是件容易的事。有很多妇女在离开后又决定回到伴侣身边。"我告诉这些妇女，我认为她们很坚定地下决心离开，我祝愿她们有新的生活方式。我感谢她们参加本次小组活动，并说她们的讨论看来对小组的每个人都有帮助。

与其他人群工作中的女性主义视角

将女性主义理论应用于实务工作的另一个例子，是福尔摩斯和伦迪（Holmes & Lundy，1990）呈现了他们称为"女性主义视角"的针对男性虐待者的工作。他们提供了基于女性主义理论和理念的假设的具体干预方法。其他借鉴女性主义观点的例子包括伯曼-罗西和科恩（Berman-Rossi & Cohen，1989）关注无家可归的有精神疾病的妇女的工作，以及布雷顿（Breton，1988）描述的一家庇护所的"姐妹"工作方法，这家庇护所面向无家可归的妇女，可随时入住。奥布莱恩（O'Brien，1995）识别出了一群非洲裔美国妇女的自我赋权，她们长期居住在公共住房，是活跃分子，这对她们的抗逆力和有效的照料有所助益。

斯雷布尼克和萨尔茨伯格（Srebnik & Saltzberg，1994）尝试将女性主义视角与认知行为方法相结合（本章前面讨论过），描述了内化的文化信息如何对女性的身体形象产生负面的影响。然后，作者提出干预措施，去影响思维模式和功能失调的行为。

在另一个例子中，柯林斯（Collins，1994）运用女性主义理论来挑战物质滥用实务工作中的相互依存概念。作者驳斥了这样一种观点，即女性需要将自己的关系优势视为病态。相反，她认为，她们可以通过命名和讨论在自己的关系场景中的不公正来让生活变好。

在这一领域的其他工作中，伍德和罗琦（Wood & Roche，2001）借鉴了女性主义和社会建构主义的立场、人类学和叙事理念，描述和说明了一个针对遭到丈夫和男友殴打和强奸的妇女群体的实务工作框架。他们强调抵抗和抗议在自我重塑中的作用，并通过确定的仪式来宣告（Wood & Roche，2001）。下面的例子说明了抵抗、抗议和确定的仪式的力量。

"夺回夜晚"游行 大多数与女性主义模式相关的文献都强调压迫的影响，以及拒绝接受内化了的无能为力的自我形象的重要性。在一个把临床工作与社会行动相结合的小组中（该小组被首次介绍于第十四章），小组带领者们开展的性虐待幸存者的小组工作到了快结束的阶段。经过几个月艰难而强有力地针对虐待对她们的生活的影响开展工作之后，社会工作者建议她们考虑参加当地的一个反对针对妇女的性暴力的游行。

> 然后小组成员让我和她们一起回顾本地"夺回夜晚"游行的信息。几周前我们告诉她们有个反对针对妇女的性暴力的游行，在探讨了她们对参加公开示威的恐惧之后，她们决定集体参加游行。我支持小组准备独立行动，在新的经历中相互支持。我和她们分享了我对她们想一起游行感觉很棒，并给她们提供了所需的信息。

> 我们支持这个小组日益独立，并与她们分享了我们的感受：当小组讲到游行带给她们的感受时，简和我分享了看到她们在那儿，游行，不停地喊口号和唱歌时，我们感到多么有力量。我们还分享说，对我们来说见到她们和知道这个小组即将结束，并不容易。这个小组对我们来说很特别，很难让它就这么完结。

参加游行之后，小组成员决定将她们的一些诗歌和艺术品送给一个探讨针对妇女的暴力问题的展览。她们还决定将出售艺术品所得的款项捐给一个专门用于资助像她们这样的幸存者支持小组的基金。这是一个将个人和政治结合起来的小组工作的例子，要确定她们的工作中哪一部分更偏"治疗性"是件难事。她们在最后一次会谈中分享的蛋糕甚至还写上了"幸存者们努力奋斗，茁壮成长！"

妇女小组的研究与实务

在最近的文献回顾中，基斯和里奇（Kees & Leech，2014）识别出了新出现的主题，包括：运用"文化相关"和"文化敏感的视角"；基于"女性主义和系统视角"，结合"社会正义视角"开展研究（ pp. 506−508）。他们还指出"整合取向"的涌现，并识别出了"多元文化女性主义和社会正义取向的辅导之间的共同主题"（p. 508）。

作者的文献检索，在删除了不符合他们的标准的文章后，确认了自 2001 年以来发表的 20 篇文章。

> 每篇文章被提取出九大主题，包括所研究的人群、抽样程序、主题、在小组中运用的治疗类型、样本大小、研究的小组的数量、参加者的年龄范围、研究设计和使用的数据分析方法以及结果。（p. 508）

文献回顾的结果总结在了一个表格中（pp. 509−512）。许多研究的干预措施、研究设计、人群和解决的问题都不同（例如，患过癌症的妇女，黑人妇女，无家可归的黑人妇女，有职业生涯问题的妇女，有饮食障碍的妇女，童年遭受暴力、性暴力的幸存者，有成瘾药物依赖的妇女）。作者也表明许多研究的样本量相对较小。设计包括"探索性"或"验证性"研究、测试前后的数据收集，有些有对照组（或等候名单组）。数据分析涵盖了从基本的统计分析到复杂的分析步骤等内容（p.513）。作者建议，对于研究结果需要考虑到这些局限性，然后提出了开展妇女小组研究的最佳做法。

在回顾了 20 项研究的发现后，作者得出了如下结论：

> 妇女小组继续发挥着多种作用。它们帮助妇女战胜社会隔离，认识到她们的经历并非个例。它们帮助妇女了解许多个人经历的系统性根源，小组带领者与成员一道，帮助改变她们工作和生活在其中的压迫性环境。小组为妇女提供了支持、希望和赋权，去战胜逆境，并提供了知识和教育，帮助改善妇女们的个人生活境况。成员们认识到她们是有价值的，可以通过分享经验、智慧和勇气来回馈彼此。（p.518）

开展男女同性恋、双性恋和跨性别服务对象的工作

教育政策 2a
教育政策 3a

近年来，开展女同性恋、男同性恋、双性恋、跨性别和酷儿（Lesbians，Gays，Bi-sexuals，Transgender，Queer，LGBTQ）服务对象的社会工作受到了业界和社会工作教育界更多的关注。直到 1977 年，社会工作教育委员会才建议将关于性多样性的内容列入课程；直到 1994 年，这一建议才成为要求。即使在今天，政治和宗教的影响也对学校和专业协会如何处理这个问题发挥着重大影响。我们看到，这一点体现在免除保守宗教学校遵守社会工作教育委员会这个要求的辩论中，因为有些这样的学校信守同性恋是一种罪恶。

压迫视角

在一个就社会地位、就业和人身安全而言，公开女同性恋、男同性恋或双性恋身份有风险的文化中，LGBTQ 表现为直男直女，不然就"藏在柜子中"的现象并不少见。害怕被"揭露"，或者泄露自己真实的性取向，也很常见。最近有这样的例子：一些政治人物和其他人表面上过着被认为是正常的异性恋的生活（例如结婚生子），他们要么否认自己的真实性取向，要么接受这一事实，一旦被揭露，他们就辞职。最近，一些著名的运动员公开了他们的同性恋性取向，并被许多公众和队友视为勇敢。

尽管激进的同性恋团体通过"同志骄傲"日和游行、挑战法律和立法倡议等活动竭力对抗这种压迫文化，并取得了一些成功，但是对于许多没有出柜和已经公开的同性恋服务对象来说，本书第一部分讨论的法农的内部压迫者依然在起作用。负面的攻击和同性恋恐惧症会冷酷无情。朋友和同事可能没意识到某人的性取向，听他们公开讲"同性恋"的笑话会给这个人带来伤害。对于其他一些受压迫的人群来说，对于性别歧视、种族主义、反犹太主义等本质的更深刻的认识往往会使这种行为更加隐蔽。然而，反同性恋行为还没有

走到这一步，虽然娱乐界的全国公众人物对此行为的纵容受到了广泛的抨击，但反同性恋行为却常常被容忍。尤其是当同性恋者的家人持刻板印象的态度时，他们会极为痛苦。彼得罗斯·莱沃尼斯（Levounis，2003）是一位男同性恋心理治疗师，他描述了自己开展的一个名为斯蒂芬的男同性恋患者的工作。他报告了斯蒂芬描述的对家人说出实情后的情形：

782

> 他 18 岁时就向母亲说出实情，希望能得到她的同情。但这让她经历了一次"神经崩溃"，她把自己锁在房间里好几天，最终向一位"使用催眠的心理医生"寻求专业帮助。她要求斯蒂芬也去看这位心理医生，进行个人的心理治疗，尝试他们一起解决他"出柜"的后果。斯蒂芬照着做了，结果两个月后却发现他母亲在第一次就诊后不久就停止了治疗：现在，唯一的病人是斯蒂芬，用他母亲的话说，他是"有问题的那个人"。"整个事情感觉像是一个圈套"，他回忆说，他觉得自己被母亲"哄骗了"，两个半月后就离开了每周一次的治疗。这是斯蒂芬之前唯一的心理治疗经历。（p. 18）

当然，许多年轻男女跟家人和朋友表明自己的性取向后，会得到接纳、爱和支持，这有助于缓冲负面的社会态度。而对另一些人来说，家人和朋友的反应可能带来创伤并一直延续。

处于物质滥用早期康复阶段的艾滋病患者支持小组：不给予支持的家庭成员　在我带领的处于物质滥用早期康复阶段的艾滋病患者支持小组中，塔妮娅是一个变性的服务对象，她描述了自己在中西部一个乡村小镇的成长经历。

> 我意识到自己与众不同，最终得出结论：我不只是个娘娘腔的男孩，而是男人身的真女人。我开始表现得更像我觉得的那个女孩，这让我在学校受到嘲笑，特别是当我开始穿得像个女孩的时候。当我告诉家人时，他们感到震惊、生我的气并觉得尴尬。他们试图"把我掰直"，但没有成功。最后，在我 16 岁的时候，我哥哥抓着我把我拖到屋外，用手枪指着我的头。他对我说我必须离开小镇，不然他就对我开枪。我知道他是认真的。我的女孩做派把他们都吓坏了。我决定离开小镇，从那天起我就再也没和我的任何家人联系过。我承受不了。

这时，塔妮娅哭了起来。小组中的一名男同性恋成员给了她支持，并描述了当他自己表明性取向时，他的家人是如何拒绝他和他的同性取向的。只有他的祖母接纳了他本真的样子。两位成员都描述了对这样的自己的憎恨。只有当他们看到自己并不孤单时，这种自我怀疑感才开始缓解，他们才开始重新为自己和自己生存下来而感到自豪。

对所有的服务对象来说，优势视角在帮助他们改变对自己的认知和感受方面或许很重要。对于那些经历过残酷的压迫的服务对象来说，这极为必要。

男女同性恋、双性恋、跨性别者敏感的实务工作策略：学校社会工作者的例子

埃尔兹（Elze，2006）描述了一位学校社会工作者如何在实务工作中对男同性恋、女

同性恋、双性恋和跨性别者具有敏感性。这是建立干预的一个关键阶段，在这个阶段，学生试图掌握自己的性取向，而更大的异性恋群体开始形成对有别于自己的人的态度。埃尔兹建议社会工作者要显示自己是个"可以问问题"的人，以回应所有学生。

> 向男同性恋、女同性恋、双性恋和跨性别青年发出你是一个给予支持的人的信号，这一策略可能会引发异性恋青年和同事询问问题，从而创造意识提升的机会。始终纠正学生和同事对男同性恋、女同性恋、双性恋和跨性别者表达出的误解、成见和其他错误信息。将性取向的多样性和性别的各种特异行为正常化，教育他人肯定性别表达的多样性。在向学生解释你的工作所做的事情时，将性取向、性别认同和性方面的关切纳入其中，举学生来找你谈论的这方面问题的例子。（pp. 861-864）

埃尔兹（Elze，2006）还建议社会工作者结合以下方法对这一人群开展工作：

> 在预估和干预会谈中，使用中性语言探讨年轻人的约会兴趣、浪漫关系、性行为以及对性的关切，用"伴侣""特别的人"或"女朋友或男朋友"这样的词。例如，你可以问："你有没有和别人约会过，女孩、男孩或者女孩子和男孩子？""你有没有被女孩或男孩吸引，或者两者都让你感到被吸引？"在讨论性行为时，问所有的年轻人："你们是否曾经或目前正在与男性、女性或者两者都有活跃的性生活？"在与年轻人谈论减少感染艾滋病病毒、其他性传播感染和怀孕的风险的策略时，这一点尤为重要。

> 如果学生对这样的问题感到愤怒或吃惊，用温和的、事实陈述的语气，肯定地说明男同性恋、女同性恋、双性恋和跨性别者是怎么回事。请注意，被同性吸引的学生可能会试探你，看你是否会同意恐同者的话。你也要避免让年轻人担心你"看穿了他们的某些事"，这些事向你表明他们可能是男同性恋、女同性恋、双性恋或跨性别者。（p. 864）

埃尔兹（Elze，2006）还讨论了针对学校的氛围做干预。这可能是关键的第一步，因为社会工作者要着手我所说的"第二个服务对象"的工作。教师、管理人员、学校董事会、家长和社区可能支持，也可能不支持目的是帮助男同性恋、女同性恋、双性恋和跨性别学生更有效地应对和改变学校氛围的活动。最近发生的一些事件，即放映儿童描述有"两个妈妈"的电影，引起了强烈抗议，对任何试图消除负面观点和刻板印象的资料的禁止，表明这一工作是何等重要。

改变态度并理解对系统施加影响的重要性在其他专业中也显而易见。格利克斯曼（Glicksman，2012）指出：

> 阅读、写作、算术……还有石墙历史课。当今的教育工作者和咨询师扮演着新的角色，为女同性恋、男同性恋、双性恋、跨性别和性取向存疑的年轻人做倡导。（p. 33）

他们指出，2011 年由同志直人教育网络（Gay，Lesbian and Straight Network）进行的一项全国学校氛围调查表明，女同性恋、男同性恋、双性恋、跨性别和性取向存疑学生是学校受侵害的主要目标。

> 他们对 8 584 名初高中的女同性恋、男同性恋、双性恋、跨性别和性取向存疑的青年进行了研究，发现在过去一年里，10 人中有 8 人在学校经历过某种形式的跟性取向有关的骚扰，从辱骂到身体攻击都有。(p. 33)

784

令人不安的结果包括，五分之三的女同性恋、男同性恋、双性恋、跨性别和性取向存疑的青少年在学校感到不安全。

> 最害怕的是更衣室、浴室和体育课。大约三分之一的学生说他们在过去的一个月里因为担心安全而至少逃学一整天。(p. 33)

作者报告说，在四个方面有所改变的学校产生了最佳结果。这四个方面是：
- 女同性恋、男同性恋、双性恋、跨性别和性取向存疑包容性课程。
- 提供支持的员工（教师和咨询员）。
- 同性恋与异性恋联盟。
- 全面的反欺凌政策，包括保护性取向和性别认同或表达。

最近，有作者（Asakura & Craig，2014）描述了一项针对女同性恋、男同性恋、双性恋、跨性别和性取向存疑的成年人的研究，探索他们在青少年时期的经历以及事情如何"变得好些了"。作者有如下陈述：

> 随着欺凌和自杀的报道的增多，对女同性恋、男同性恋、双性恋、跨性别和性取向存疑的青年的研究必须将重点从脆弱性扩展到抗逆力的发展。这项归纳性定性研究的目的是通过分析"会更好"社交媒体运动（$n = 22$）中发布的视频，探索女同性恋、男同性恋、双性恋、跨性别和性取向存疑的成年人抗逆力的发展。共出现了四大主题：(1) 离开敌对的社会环境；(2) 以有意义的方式体验"表明身份"；(3) 牢记社会环境；(4) 将挑战转化为机遇和力量。这些发现表明，尽管该运动做出了承诺，但女同性恋、男同性恋、双性恋、跨性别和性取向存疑参加者的生活并没有自动变得更好。更确切地说，研究发现为考察抗逆力的发展提供了一个细致入微的路径。(p. 253)

男女同性恋、双性恋、跨性别、性取向存疑服务对象的小组工作

霍恩、莱维特、里维斯和惠勒（Horne，Levitt，Reeves，& Wheeler，2014）描述了开展男同性恋者、女同性恋者、双性恋者、跨性别者、酷儿和性取向存疑者的最佳小组工作。他们提出，在开展这一人群的工作之前，小组带领者首先要查看"自己有关性和性取向的偏见和假设。需要反思他们在成长过程中所得知的关于同性恋的信息，以及他们可能

相信的刻板印象或错误观点（例如，女同性恋者、男同性恋者、双性恋者、跨性别者、酷儿和性取向存疑者无法维持长期投入其中的关系）"（p.254）。这相当于本书前面几章中描述的工作者自己进行的"对焦"。他们指出，小组可以是任务性的（例如，做倡导）、心理教育性的（例如，面向有感染艾滋病病毒风险的年轻男同性恋和双性恋青年）、咨询性的（例如，亮明身份的小组，女同性恋者、男同性恋者、双性恋者、跨性别者、酷儿和性取向存疑者刚刚开始整合他们的少数性或性别认同）。作者强调在开始工作时阐明小组的目的的重要性。小组也可以兼具不同类型小组的目的，成员资格也可以收窄（如，男同性恋）或混合不同性取向，这些都取决于小组的目的。当小组成员中有异性恋成员时，小组带领者需要事先试探一下小组成员在一个混合小组中谈性取向或性别认同是否感到自在。他们还建议不要把那些有强烈偏见的人吸纳进这些小组，他们的偏见可能会带来破坏作用或造成缺乏安全感。

　　小组带领者还需要意识到本章前面描述的小组成员之间个人特征上的交叉性。例如，小组成员在性取向上有共性，但在种族、民族、性别、宗教、残疾、地区和其他文化特征上可能有所不同（p.257）。在下面的例子中，我们可以看到在当时与退伍军人管理系统打交道时性取向（男同性恋）、医疗问题（艾滋病）和退伍军人身份的交叉情况。

　　患艾滋病的同性恋退伍军人——处理压迫的影响　在下面的例子中，我们看到了许多压迫的概念，以及在患艾滋病的同性恋退伍军人的小组工作中运用优势视角。这个例子聚焦于社会的压迫对小组文化发展的影响。在这个例子中，小组成员是同性恋退伍军人，他们的艾滋病病毒检测呈阳性或已被诊断为患艾滋病。一旦确立了性取向，这些服务对象就会发现自己被庞大的异性恋群体作为异己分子对待。他们经历了对他们的思想、心灵、精神和身体的偏见、歧视和攻击。他们可能是私下和公开场合中令人厌恶的段子（例如，电视节目和电影中的刻板形象）里的受嘲弄对象。如果这针对的是其他受压迫群体，例如，有色人种，会被视为种族主义，不可接受。

　　最近，由于有组织的男女同性恋团体日益增强的战斗力、组织能力和自我肯定，一些州通过了禁止基于性取向的歧视的法律。前总统也颁布了行政命令，限制联邦资助的组织有歧视行为，这些命令虽然在"宗教自由"的旗号下受到质疑，但最近得到最高法院微弱多数的支持。

　　尽管反对承认同性恋的禁忌已有所减弱，这在一些成功的电视节目中得到印证，这些节目有公开的同性恋角色和演员，但强烈的同性恋恐惧情绪很容易被激发。近年来，人们对同性结合和同性婚姻提案的情绪反应支持这样一种观点：同性恋恐惧症在我们的文化中仍然是一股强大的潮流。在这些群体中一些人也有把压迫者社会的消极自我形象内化并采取防御策略的倾向，其中有些策略是不良适应。

　　在一个充满压迫和威胁的社会里，通过把自己的性取向关在"柜子里"来冒充异性恋者成为一种生存方式。虽然在建立一个支持公开宣称和显示自己的男同性恋或女同性恋取向的普遍文化方面取得了重大进展，让许多人"出柜"，公开自己的性取向，但许多人仍然对朋友、家人、社会工作者和社区隐瞒自己的性取向。这类否认导致了法农所说的不容于社会感，如布尔汗（Bulhan，1985）所描述的那样，与自我、文化和社区疏离，这会造成情感上的痛苦和伤害。

艾滋病冲击了我们社会附着在疾病上的负面内涵，增加了受压迫的经历。很长一段时间，这种疾病被地方政府和联邦政府视而不见——这种情况直到艾滋病开始向大多数白人、异性恋社区传播时才有所改变，这是压迫态度根深蒂固的有力表征。与这种压迫背景相反的是，男女同性恋群体出现了令人鼓舞的有组织抵抗的信号，这与第二章所述的应对压迫的第三个也是最健康的阶段相吻合。

在下面的服务记录中讨论的小组的每一个成员都面临的这种歧视是一个明显的见证。他们都曾在美国军队服役，在那里公开承认他们的性取向会导致被开除。这项政策稍微做了修改，立场变成"不许问，不许说"，由克林顿政府提出，作为一种妥协，在撰写本书时原则上是有效的，尽管在实践中并不总是强制执行。（这项政策本身受到了质疑，一名联邦法官将其视为违反反歧视立法而予以驳回。在国会，立法被通过从而结束了这项政策。）就这个小组中的大多数男性来说，他们的同性恋倾向对军队、朋友和他们的家人都是保密的。现在，他们艾滋病病毒检测呈阳性或被确诊患了艾滋病，面临着在面对令人难以忍受的同性恋恐惧症时拖延下来的许多艰难的挣扎。

实务要点： 在这些摘录中，读者应注意以下要点：

● 在一个持续性的健康小组中，成员有不断恶化的症状，讨论可能会变得困难，因为他们会开始担心自己的未来。

● 很明显的逃离的例子（幽默，转移讨论他们疾病进展的重要话题）和战斗的例子（对医疗机构的愤怒）会在关键时刻出现。

● 带领者也是同性恋，因此出现了身处同一文化内的问题，导致了他自己的战斗-逃离反应。

服务对象描述

面向28～65岁男性的支持性的稳定小组。所有的成员都感染了艾滋病病毒，并认为自己在某种程度上是同性恋。所有成员都是美国退伍军人。

问题描述

该小组成员抵制公开谈论感染艾滋病病毒/患艾滋病问题。虽然成员们认同自己是同性恋，但是谈论同性生活方式问题却被刻意回避了。最重要的是，看着一个小组成员的健康每况愈下所带来的痛苦感受被小组压抑下来，没有讨论。在此描述的小组情况是在"三联疗法"药物治疗取得部分成功和艾滋病相关症状减少，如果不能最终治愈，至少能在患艾滋病的情况下生存的希望有所增加之前。

10 月 16 日

我想让小组成员谈谈他们看到其中一名成员到了艾滋病晚期时的感受。我知道鲁尼先生很难来参加这个小组，因为有些成员有艾滋病晚期的体征。大约有一半的成员对这个持续了两年的小组相当陌生。我设想他们也在努力接受自己的诊断，看到杰根先生这个有重症的成员咳嗽又喘，说话的时候还上不来气，他们就非常不安。

新成员之一鲁尼先生对此感到非常不安，在这次会面前他已经缺席了一次会面。当我在小组活动外就此事质询他时，他确认了我的怀疑，勉强同意参加今天的活动。患了带状疱疹刚刚从医院出院的鲁尼和小组谈了这次经历。我留意不把鲁尼单独拿出来说事，问小组成员看到彼此生病，被迫住院感觉如何。小组陷入沉默。贝恩先生问鲁尼先生带状疱疹发病的时候有多严重。就在那时，唐尼先生带着许多包裹到了，迟到了20分钟。

我抽身出来，让"逃离"反应和迟到带来的分心掩盖了我的工作要求。杰瑞（共同带领者）也对此听之任之，问唐尼先生带来的所有包裹都是些什么东西。

实务要点：这个例子中的小组带领者也是男同性恋，并且经历了许多艾滋病给个人带来的丧失。这会是本书前面描述的同一文化内工作的一个例子。考察这家医院的工作环境可发现，工作人员缺乏社会支持，这导致他们与许多病人一样有"战斗－逃离"的行为反应。咨询师的回顾性分析有助于他明了自己在工作错觉中扮演的角色。

在下一个摘录中，战斗反应同样是为了避免痛苦，在成员们攻击他们认为自己正在接受的医疗服务质量低下时出现了。由于医疗保健方面的制度性压迫是这一群体面对的现实，法农所说的"适应性偏执"是可以理解和必要的。在有相反的证据面前，小组成员仍持续这一愤怒反应可以理解为"战斗"反应。尽管小组成员对他们认为的因患艾滋病而得到的差劲治疗感到满腔怒火，但在流行艾滋病与同性恋密切相关的看法的现阶段，认为他们因性取向而受到歧视的情况也可能存在，但并没有直截了当表现出来。

实务要点：小组带领者忽略了挣扎背后的意义，反而与小组成员对质，试图帮助他们看清事件中的事实。直到做回顾性分析时，小组带领者才认识到愤怒背后的痛苦和恐惧。实际上，他说服小组成员的努力表明的是他自己的战斗－逃离反应。

11月6日

我被迫对质让误会继续下去的行为。威廉姆斯先生需要做疝气手术，经济上负担不起在这个机构之外寻求其他医疗服务。经过几周的术前准备、预约这些被威廉姆斯先生视为官僚主义的繁文缛节，他的手术被取消了。在这段时间里，威廉姆斯先生利用小组里的每个机会谈论他所经历的推迟手术事件，他指责这个系统，抱怨不得不忍受疝气带来的不便。有一段时间，这个小组开始对其中的意味感到极其愤怒，即不治疗艾滋病病毒感染者的歧视。

在这个关头，杰瑞（共同带领者）和我开始尝试找出无限期推迟威廉姆斯先生的手术的理由。传染病科主任认为，即使不考虑感染艾滋病病毒，威廉姆斯先生的整体健康状况也很差，他接受手术的风险比忍受疝气的风险更大。随后，传染病科主任（史密斯医生）向威廉姆斯先生解释了这一点，使他满意。在接下来的小组活动中，

787

788

当杰瑞问起威廉姆斯的健康状况时，他又一次把自己无法接受手术归咎于这个系统。正是在此刻，我提醒威廉姆斯先生他与史密斯医生的谈话，并向小组保证，他感染艾滋病病毒并没有受到歧视。

正是在这次活动中，蒂佩特先生结束了为期3周的假期回到了小组。他问威廉姆斯先生是否做了手术。威廉姆斯先生厌恶地摇了摇头，说："官僚们还没有把事情弄好。"蒂佩特先生对威廉姆斯先生从医院得到的看似糟糕的治疗感到无比愤怒。我等待某个小组成员和威廉姆斯先生对质。蒂佩特先生继续说这一切的不公正并看着我。我说："据我所知，史密斯医生和威廉姆斯先生谈过，并解释过，除了感染艾滋病病毒外，他还有其他严重的治疗上的问题，做手术对威廉姆斯先生来说更危险。"我请威廉姆斯先生确认。他点头表示同意。蒂佩特先生感谢我的澄清，并说他对医院感觉好多了。

实务要点：令小组带领者感到惊讶的是，在表达对"系统"的愤怒时，事实似乎被忽略了。他认为有必要代表医院和医务人员说话，而不是探讨在这一具体事件中他们的愤怒与治疗现实之间的明显不一致。

我觉得不能让蒂佩特先生继续认为威廉姆斯先生的手术无限期推迟是系统的错，特别是当蒂佩特先生不在的时候，其他成员都已经知道了真相。想到威廉姆斯先生会选择继续这种行为，我感到震惊和不安。我不能让这种误解继续下去。这会造成威廉姆斯和除了蒂佩特之外的小组其他人之间的共谋。如果我能再来一遍，我会把自己的感受放在一边，考虑第二个服务对象，然后说一些类似这样的话："被迫同时处理好几种不同的疾病一定很困难。"几乎所有这些绅士都能理解这种情况。

实务要点：其他小组成员没有与对该系统感到愤怒的成员对质让小组带领者感到惊讶。如果按照拜昂的理论，我们把威廉姆斯先生看成是这个小组的战斗-逃离领袖，这就一点也不奇怪了。小组成员一般都会鼓励他表达愤怒，而不会去跟这个成员对质。在下一个摘录中，小组带领者确实谈到了围绕着同性恋的污名，我们看到了压迫对小组成员公开处理疾病和性取向的能力的影响。

11 月 13 日

我想让这群人去探讨围绕着艾滋病病毒感染和同性恋倾向的污名。蒂佩特先生透露，他家里只有一个人知道他的病。其他一些成员也表示自己是同样的情况。蒂佩特先生说，他觉得自己只能告诉他的一个姐姐他感染了艾滋病病毒的事。我说："假设你决定告诉她，如果她问你你觉得自己是怎么感染上的，你会怎么说？"蒂佩特先生回答说："好吧，丹，我告诉你，一旦一个男人到了62岁，从未结过婚，我想很容易想明白这是怎么回事。"我微笑着问他，他认为他的姐姐对这个消息会有什么反应。

蒂佩特先生说，他认为她会"没事"的。我问其他人怎么想。班恩先生开始讲他自己的相关情况，他给中西部的哥哥寄了一封信，向他披露了自己是同性恋者。我让他继续说下去，杰瑞随后进一步问了他披露的细节。

我当时应该鼓励大家去探查与同性恋禁忌相关的感受和附着在艾滋病诊断上的污名。比如："我们现在谈论这件事有多难？或许，如果我们能谈谈这些身为同性恋者的坏感觉是从哪里来的，那么与所爱的人说说艾滋病病毒感染可能就不会看起来似乎是一件不可能的事。"

实务要点：随着小组带领者能更自在地敞开讨论迄今为止围绕他们的同性恋和家庭接纳的禁忌领域，他还决定在面对其他成员日益恶化的健康状况时，公开处理小组成员的感受。小组带领者鼓励一位因健康原因不能再参加会谈的成员最后来一次做个告别。

11月20日

我想尝试重新探究看到一些成员的艾滋病进入爆发期后的感受。退伍军人小组中有两个成员未能参加最后几次会谈，因为对他们来说参加会谈已经变得力所不及。我和我的督导员对其中一位先生进行了家访。杰根先生同意在接下来的那周的周二参加这个小组的会谈，同时跟艾滋病门诊预约了看病时间。他坐着轮椅早早地来参加小组会谈，打算和其他成员告别。

在会谈中，杰根先生解释说，他要离开这个小组，因为他的身体不允许他再来参加会谈。他接着说，他最近的缺席就是因为这个，但他同意我的督导员和我的意见，他想最后来一次，与小组做个了结。

我问小组中年纪较大的成员，看到最初的成员因病退出，他们有什么感觉。很少开口说话的米尼先生说，他已经参加小组一年半了，"一开始你会为那些生病的人感到难过，为自己感到害怕。你不想面对它"。他接着说，当一个人病了几次又恢复健康后，你开始用一种不同的方式看待其他人生病。米尼先生说："你仍然会对那些病得太重不能来参加小组会谈的人动感情，但你开始想自己拥有的福气，自己今天感觉还好。"小组陷入沉默。我感谢米尼先生做的分享。

维克托先生（他没有症状）说，他也要离开这个小组，因为他想和其他还没有生病的艾滋病病毒感染者在一起。他想从市里的"中心"得到更乐观的体验。他接着说，他仍然觉得自己需要支持，但他已经参加这个小组近两年了，相信是时候迈出新的一步了。杰瑞（共同带领者）说，你要走我们感到惋惜，希望未来的某个时候你决定回来。维克托先生说他可能会的。令我吃惊的是，会谈剩余的时间有生动的交谈，讲了每个成员在服役期间的同性恋往事。

问题的现状

这个小组尽力捕捉了一些与目睹同伴健康状况下降有关的感受。米尼先生说这是该小组尝试突破负面的小组规范的开端。说句为他们做辩护的话，在现代历史上还没有类似的例子表明，当面对带有污名的艾滋病这种疾病（在大多数情况下，该疾病只会带来缓慢的、在许多情况下痛苦的死亡进程）时人们该如何行动。

790

实务要点：如果放到今天来写这个案例，我会更多讨论艾滋病患者的带病生存，而较少讨论不可避免的早逝，尽管我怀疑污名问题会有很大不同。此外，最近披露的一些退伍军人中心糟糕的治疗、漫长的等待看病时间以及制作虚假的病例记录，可能对谈论医院耽搁治疗有些帮助。小组带领者继续分析：

> 社会告诉我们，至多是同情那些受这种疾病折磨的人，最坏是责备受害者。这些男人把我们社会的观点和他们在同性行为中成为"偏差者"时内化了的罪恶感（污名）带进了小组。我相信，根据上一次的摘录（11 月 20 日），这个根基已经被动摇，源于他们开始公开讨论有关同性恋的问题，以及在某种程度上折磨所有成员的疾病不可避免的进展。

实务总结：尽管小组已经能够取得一些突破，但有证据表明，小组带领者面对的丧失所带来的冲击影响到了成员的否认反应。在诸如此类的情形（成员有晚期疾病、死亡和濒临死亡等）下开展工作，重要的是建立一个支持小组，以协助这位工作者、共同带领者和系统中的其他员工处理他们正在经历的所有丧失。在随后的一次会谈之后，这位小组带领者明显意识到需要这种帮助，当时有位病重的成员在参加一次小组会谈，同时他也要去看门诊，他病情恶化得太快，不得不要求入院治疗。这对小组成员和小组带领者产生了极大的影响。事实上，这位带领者报告说，不久之后，他与给病人办理入院的护士发生了争执，后来他认识到这是由于他在挣扎着处理自己的伤痛。这使得他开始开展这个系统的工作，迈出了最初的步伐。助人者的继发性创伤问题将在本章后面讨论。

宗教与精神

助人专业的人在他们的工作中对宗教和精神领域的兴趣越来越浓厚。以前最显而易见的是这样或那样的宗教咨询，现在宗教和精神已经进入许多主流的实务模式中。

教育政策 1a

范霍克（Van Hook，2008）列出了将精神纳入实务工作中的四个原因：

第一，那些包括了精神和宗教，强调系统在个人和家庭生活中的意义的咨询模式，都要求咨询师了解塑造服务对象如何看待自己的世界的范式。（p. 37）

第二，健康专业人员越来越认识到，精神和宗教在各种文化背景的人们的生活中发挥着重要作用。（p. 38）

第三，越来越多的文献表明，精神，更具体地说是宗教在促进心理和身体健康方面可以发挥推动作用。（p. 38）

第四，将精神纳入咨询过程被确认可以增强抗逆力。（人们通过这一过程，不仅可以设法忍受艰难困苦，而且能创造和维持有意义的生活，并为周围的人做出贡献。）（p. 40）

　　穆迪（Moody，2005）在介绍一本关于宗教和精神应用于老龄人口的论文集时指出，早期实务工作的先驱植根于宗教运动。直到最近，助人专业才开始严肃探讨宗教和精神对服务对象生活的影响，并在学术界得到了更多的接纳。精神和宗教过去一直被边缘化，被排除在我们的科学模式之外。现在，借助于越来越重视开展老年人工作——宗教和精神已被发现在其中发挥着重要作用——这一领域有了新的要义。现在很难找到不包括一门相关课程（或多门课程）的专业培养方案。

定义

　　莫伯格（Moberg，2005）指出了界定精神的困难。他引用了奥尔德里奇（Aldridge，2002，pp.25-54）总结的精神的定义：

　　　　强调意义和完整是精神的精髓，八个定义将它解释为人的一个维度，超越自我或身边的任何经验，三个将它作为一种存在于个人之外的激励力量或对某种控制力的信仰，三个将它与呼吸及其活动联结在一起，四个源自后现代主义的解释，视其为不可观察的元经验的东西。并没有一个普遍接受的定义，但我们显然正在走向一个普遍的共识，即人身上有一种"东西"，我们可以称之为"人的精神"，因此这是一个我们可以标示为精神的现实。（p.13）

　　莫伯格认为，所有关于精神的定义，甚至是开发出来的用于经验性测量精神的量表，都只是触及这个概念的一些方面。他还指出，对于大多数人来说，尽管不是所有人，精神和宗教是如此紧密地联系在一起，以至于这两个术语可能很容易并列出现。他认为，大部分经验性工作都是关于宗教的，因为"精神"这个词比较难以捉摸，难以"观察"，而且直到最近才成为研究的主题。

　　更近一些时候，波斯特、康沃尔、韦德和塔克（Post，Cornish，Wade，& Tucker，2013）在小组工作中探讨了宗教和精神。他们认为：

　　　　宗教和精神之间的主要区别在于，这些现象是否是发生在特定的场景中，有可识别的人群提供佐证。因此，精神倾向于指一个人投身于神圣的东西，这些东西是具体的、个人性的，它可能内生于特定的信仰传统，也可能与此无关。（p.267）

　　范霍克（Van Hook，2008）指出：

　　　　将精神融入治疗过程并不代表一种特定的治疗技术，而是认识到精神可以在治疗过程中发挥至关重要的作用，找到适当的方法来支持这一特定方面的治疗很重要。精神作为治疗性再处理的组成部分，打开了通往人类存在的一个重要现实的大门，并发掘了个体内在的力量和议题。（p.31）

　　德雷舍（Drescher，2006）在一章论述精神在面对恐怖主义的灾难时，对宗教和精神给出了下述与众不同的定义：

> 在本章中，我们会把宗教定义为"一个社会群体共同分享的信仰、价值观、仪式和践行体系，作为体验和联结神圣或天赐对象的方式"。我们会把精神定义得相当宽泛，指"个人理解、体验和联结的超越自我的对象"。这种理解、体验和联结的对象可能是上帝、自然、一种宇宙能量，或者是对某个特定的个体具有独特性的其他东西。一个人的精神或许借助宗教来实现，也可能完全有别于任何形式的宗教。然而，在大多数情况下，宗教可以被理解为一种精神体验，而精神是描述这种体验的一种更广泛、更普遍的方式。(p. 337)

尽管有些人可能会质疑使用"元经验性的"或难以界定的概念，但毫无疑问，精神和宗教会对我们的服务对象产生深远影响，因此必须将其视为我们实务工作的组成部分。它可能不太是一个实务"模式"，而是认可这些概念在我们开展工作的那些人的生活中的重要性。尽管莫伯格（Moberg，2005）指出，越来越多的研究发现宗教和精神与心理健康甚至身体健康有关，但他也建议在从研究发现转化为干预措施时要谨慎。特别是，可能会出现需要考虑的伦理问题。他提出下述告诫：

> 但是精神涉及太多的个人选择和其他存在本身的先验问题，我们可能永远弄不清它的全部组成部分。那些信奉精神或宗教是因为渴望获得典型的与信念相伴的回报的人，与那些这样做是出于内在的个人信念而不计"回报"的人之间很可能有显著的区别，后者体验到其果实，但前者却没有。
>
> 最终，一些指定的疗法可能被证明是有害的，而其他被禁止的可能被认识到是积极的精神方面。(p. 32)

范霍克（Van Hook，2008）提出了对宗教和精神可能产生的负面影响的另一个忧虑，他举了一些这一强大资源的"阴暗面"的例子，并强调了预估在确定谁可能受益或不会受益方面的重要性。

> 某人因同性恋关系而感染了艾滋病病毒，可能会发现很难向谴责这种关系的宗教团体寻求帮助。某人的抑郁使其感到与上帝疏远，这会带来额外的罪恶感而使他感到有负担。对于精神传统对自己的期许有完美主义观念的人，如果没有达到这些标准，就会感到联结被切断了。(p. 41)

波斯特等人（Post et al.，2013）对 9 所大学的心理咨询中心的 54 名咨询师的信仰和实务工作进行了研究，探索小组辅导中宗教和精神方面的问题。

该研究要求咨询师阅读两个实务场景：第一个描述的是一位小组成员提出了一个精神问题；第二个描述的是提出一个宗教问题，然后询问咨询师，他们以不同方式做出回应的可能性。研究结果表明，对不同情形的回应没有差异。

参加者还对小组讨论的一些主题的恰当性进行了评分（例如，探索宗教或精神方面的挣扎；强调精神或宗教是一个力量源泉；促进成员分享他们的精神背景的小组活动）（p. 270）。他们还对宗教和精神干预的典型使用进行了评分（例如，提出精神或宗教的话题；运用精神语言或概念；询问小组成员关于宗教或精神信仰方面的问题）（p. 272）。

> 大多数人表示，宗教和精神是一个可用于小组辅导的适当主题，有些宗教和精神干预适宜运用。然而，咨询师们很少使用这些干预措施。同给宗教干预的评分相比，咨询师给精神干预的评分更高。（p. 264）

一项相伴的研究探索了服务对象对讨论宗教和精神问题的信念和偏好（Post，Wade，& Cornish，2013）。

> 本研究的一个主要发现是，平均而言，大学咨询中心（$N = 68$）的大多数（85%）服务对象报告，宗教问题是小组咨询中一个适当的讨论话题。然而，只有少数服务对象表示，他们愿意在小组中讨论宗教（24%）和精神（47%）问题。（p. 53）

干预实例：精神/宗教自传

794

可能并没有与本章前面描述的那些模式相同的精神/宗教实务模式；然而，有一些干预能促进对这些想法的尊重，组织新的仪式和活动来解决这些精神和宗教方面的关切。鼓励小组中那些认为宗教或精神对自己有重要意义的成员撰写一个精神自传就是一个例子。沙因等人（Schein et al. ，2006）在关于灾难性灾害的书中描述了在小组中做这一练习的方法。具体如下：

> 精神自传这一练习提供了机会，让小组成员可以做个人反思和分享。它被用来通过增进成员之间的社会支持感，来强化小组会谈的第三个主要目标。因为创伤常常让幸存者与他人隔绝，所以他们认为没人经历过自己所经历的事，也没人能理解他们的经历。在发生各种生活事件的背景下分享精神上的历程，经常会向成员揭示他们是多么相似。（p. 357）

这一概念在本书早些时候被描述为"同舟共济"现象，即互助过程之一。

在沙因等人（Schein et al. ，2006）描述的练习中，运用了一个图，它的底部从左到右有条时间线。一些符号用来描述或积极或消极的事件，诸如一颗心代表关系事件（结婚、离婚、出生和死亡）、向上的箭头代表正性事件，向下的箭头代表负性事件。这些符号被放置在事件发生的年代处。左轴代表事件发生时精神或宗教在个人生命中的重要性、强度或价值，范围从低到高。小组成员每人最后都会以图的方式形成自己的自传。将这些符号连线，就能从视觉上看到跟这些事件相关的影响的升降（p. 358）。然后，成员们用这张图互相分享自己的自传。

其他干预实例

在一个宗教和精神会怎么出现在咨询会谈中的实务案例里，一位服务对象提到她未成年的儿子在法律方面的问题时说："现在到了上帝的手中。"这位工作者回答说："但也许上帝希望通过你来达成他的意愿。"另一个例子是，一位父亲——南方的传教士，被指控过度使用暴力惩罚儿子，他对一名社会工作者的回应是，打开《圣经》，引用其中的一段话，暗示如果你不让孩子受棍棒之苦，你就会宠坏孩子。这位工作者对开展这一人群的工作有经验，她打开了自己手中的《圣经》，读了一个呼吁家长克制的段落。在这两个例子中，工作者都将特别与服务对象的精神和宗教信仰有关的干预纳入了他们的实践中。

虽然运用宗教或精神实务模式尚处于早期阶段，但是随着它的发展，将面临以下挑战：确保以服务对象为中心，而不是以咨询师为中心；尊重边界和伦理问题；不去改变宗教信仰和传教活动，而在服务对象现有的宗教和精神框架内开展工作；仍然忠于社会工作专业的角色。

795 最近，人们对所谓的"代为祷告"（Hodge，2009）的兴趣拓展了对宗教在实践中的作用的讨论。这种干预通常包括"………为另一个人受益而祷告"（p. 293）。通常，它可能包括向上帝或"祷告者"相信会改变其他人生活的某种其他类型的超凡实体提出无声或口头的请求（p. 293）。作为一种实务干预方法，它可能让社会工作者祈祷或跟服务对象一起祈祷。霍奇在他的文献回顾中断言，这种代为祷告在实践中运用得非常普遍，因此值得关注和研究，以确定其循证性。

在回顾了 16 项关于这一实践的研究后，可发现一些研究部分支持这一实践，而另一些研究显示没有或很少有正向的结果，作者得出结论，这一实践尚未达到归为有实证支撑的治疗的类别的标准（p. 306）。然而，他指出，在咨询领域对于使用这种形式的干预存在一定程度的争议。除此之外，用于评估特定实践有实证支撑的标准也有挑战。

"总之，代为祷告目前不能被视为对任何心理问题有实证支撑的干预。"（p. 306）他总结说："因此，在这个时间节点，这些研究结果可能不能被视为定论。事实上，这项研究得出的最确定的结果可能是：这些发现既不太可能让支持者满意，也不太可能让反对者满意。"（p. 313）

查看宗教和精神领域的实践是怎样与一个相关专业，即宗教咨询有所不同或有相似之处会很有趣。我们将在下一节回到这一讨论，在下一节中，我们将简要地探讨开展服务对象应对创伤事件的实务工作。

回应创伤和极端事件的实务工作

什么是创伤？ 布里埃和斯科特（Briere & Scott，2015）在最近出版的著述中谈论了这个问题，援引了《精神障碍诊断与统计手册》（第 5 版）（APA，2013）中的定义：

> 以下述一种或多种方式接触实际的死亡或死亡威胁、严重的创伤或性暴力：（1）直接经历创伤事件；（2）目睹发生在他人身上的创伤事件；（3）获悉亲密的家庭成员或亲密的朋友身上发生创伤事件，在实际的或被威胁死亡的案例中，创伤事件必须是暴力的或事故；（4）反复经历或接触创伤性事件的令人作呕的细节（例如，急救员收集人体遗骸；警察反复接触到虐待儿童的细节）。（注：诊断标准 A4 不适用于通过电子媒体、电视、电影或图片的接触，除非此接触与工作相关。）（p. 9）

作者指出，对于这个定义所包含的内容和它排除在外的内容有一些不相上下的争议，他们给出了自己的定义：

> 我们自己的结论是，如果一个事件令人极为不快，或至少会暂时让个人的内部资源难以承受，并产生持续性的心理症状，那么它就是创伤性的。（p. 10）

796

然后作者列出了他们认为的"主要创伤类型"：虐待儿童，群体性人际暴力，自然灾害，大型交通事故，火灾和烧伤，机动车事故，强奸和性侵犯，陌生人的身体攻击，亲密伴侣暴力，性交易，酷刑，战争，目睹或者面对他人被杀、自杀，危及生命的医疗病症，以及急救人员接触到创伤。（pp. 10-21）

创伤事件的影响：优势视角

在我给中国香港儿童福利社会工作者做的一次培训会谈中，有一位成员向我指出，"危机"这个词由两个汉字组成，即"危"和"机"。大多数关于危机和应对灾难的理论都使用了类似的概念。当然，"危"是指在经历任何形式的创伤后，身体和情感可能受到的冲击。"机"指的是在创伤事件期间或之后发生的解冻，这使服务对象处于开放状态，容易受到积极或消极变化的影响。

布里埃和斯科特（Briere & Scott，2015）提出："临床工作者对创伤及其治疗的看法各不相同，多种临床模式都可以提供有效的心理治疗。我们在本书中提倡的方法强调了人类处理跟创伤相关的记忆可能有的天生倾向，并在可能的情况下，向更具适应性的心理功能发挥迈进。"（p. 97）

当灾难发生时，例如 2001 年 9 月 11 日的恐怖袭击和卡特里娜飓风之类的风暴（包括缓慢和组织混乱的外部响应），或者桑迪胡克的儿童谋杀案，整个社区可能会经历某种程度的创伤，最终是创伤后的压力。人们不必直接遭遇灾难就可经历情感上的冲击，尽管那些直接受影响的人显然是最脆弱的。

巧合的是，当我为这本书的第七版撰写这部分内容时，我收到了一封来自我在布法罗城市中心区一所中学指导的反暴力项目的工作人员的下述电子邮件：

> 我今天在学校，事情太让人悲伤、太离奇！上周，一个教室的学生目睹了在学校门前发生的一起劫车未遂案。明目张胆地，两伙持猎枪的男人从不同的方向冲着汽车走过来，房主/车主把他的斗牛犬放进前院，使这些男人离开了。教室里的老师让所有的孩子都趴在课桌下面，他们照做了。然后，她让一个年轻孩子爬出教室去找校长，而她留在教室里。我们的现场协调员简和资源中心的另外两名全职工作人员汇报了教室里的情况，但是直到后来教室里又恢复使用，他们才得到指示这样做（反应有些迟缓）。

这提供了一个小型创伤事件的例子，尽管对该教室里的学生和教职员工来说并非小事。目睹驾车枪击案、帮派械斗、抢劫、强奸和其他身体攻击会对任何儿童或成年人群体造成严重后果。尽管极端事件一词最常用来描述灾难，包括疾病的肆虐蔓延、恐怖袭击或毁灭性风暴，但我认为，在许多社区有不那么明显的、持续的、缓慢发展的极端事件，只有当它们成为头条时才引起我们的注意。这些更频繁发生的、曝光率低的事件可能影响的儿童和成年人像公众广泛知晓的灾难影响的人一样多，或者更多。许多城市和郊区学校以及高等教育中都存在暴力或暴力威胁，但只有事关死亡和严重伤害时，我们才会关注这一事件。2007年弗吉尼亚理工大学的暴力案件提供了一个这类高曝光度的悲剧的最近事例。

布里埃和斯科特（Briere & Scott，2015）提供了一个处理创伤影响的模式，有一系列的干预措施，其中包括下述干预（建议读者去看一下原文，以获得这些干预措施的更详细的说明以及使用时的重要注意事项）。

心理教育：治疗师可以在必要时在这方面提供关于创伤性质及其影响的准确信息，并与幸存者一起将这些新信息及其含义纳入其最佳的整体观中。(p. 125)

减少痛苦和情感调节训练：这些干预包括当服务对象面对巨大的唤醒、痛苦和/或带强烈情绪的记忆时，让其"着陆"。(p. 133)

认知干预：一般来说，创伤后障碍的认知治疗包括引导服务对象重新思考因创伤而引起的对自我、他人和环境的消极认知和信念。(p. 153)

处理情绪：在创伤为主的治疗过程中，服务对象需要经历令人不快的感受和想法，这要求治疗师仔细地运用滴定法测量服务对象体验到的情绪活动水平。(p. 171)

在接下来的部分，我会简要介绍一个正在完善中的小组工作模式，它包含了源自危机理论、灾难理论和危机干预的要素。

危机理论与危机干预

米切尔和埃弗利（Mitchel & Everly，2006）描述了在任何危机中都很明显的三个主要特征。

1. 个人的思考和情绪之间的相对平衡被打破。
2. 面对重大事件时，通常的应对方法失效。
3. 有迹象表明卷入危机的个体或群体出现轻度至重度的损害。（p. 428）

米拉比托和罗森塔尔（Mirabito & Rosenthal，2006）探讨了 9 月 11 日世贸中心袭击事件后微观、中观和宏观层面的实务问题。作为曼哈顿下城一所大学的教员，他们从多个层面描述了咨询师的经历。在文献的基础上，他们首先通过探索危机理论为干预方法建立了基础知识。他们提到了厄尔（Ell，1996）建立的一个模式，包括以下内容：

- 在危机期间，个人会频繁经历一种严重的情绪失衡状态，表现为身体症状、认知功能损害和社会解组。
- 伴随危机而来的严重的情境困扰状态扰乱了个人通常的稳定状态。必须强调的是，这种不平衡状态不是一种病态。此外，危机可能在任何人生命中的任何时候发生。
- 处于伴随危机而来的不平衡状态中，个人自然会通过动员个人、家庭、社会和环境的支持，努力恢复到稳定或平衡状态。
- 在努力恢复到先前的稳定状态的同时，个体会经历一种时间有限的心理、情绪状态，可能还有身体的脆弱状态，这可能极其艰难和痛苦。
- 在伴随危机而来的脆弱状态增强期间，个人往往更容易接受和更能运用专业干预。
- 危机解除后，个人回到发挥功能状态，可能与危机前的平衡状态一样，或者比之前更好或更糟。（p. 44）

在思考危机带来的压力时，米切尔和埃弗利（Mitchel & Everly，2006）确定了四个大类：一般压力、累积压力、紧急事件压力和创伤后应激障碍。作者认为，一般压力和紧急事件压力是人们通常可以克服的正常的反应。而累积压力和创伤后应激障碍，如果不加以干预，可能会造成显著的生活混乱。他们对危机干预的目标描述如下：

1. 稳定和控制局势。
2. 减轻创伤事件的冲击。
3. 动员管理所经历的事所需的资源。
4. 使这一经历正常化（去病态化）。
5. 使个人恢复到可接受的适应性功能水平。（p. 430）

危机干预压力管理：一个小组实例

米切尔和埃弗利（Mitchel & Everly，2006）确认了四种主要的危机干预压力管理

（crisis intervention stress management，CISM）小组干预措施，以应对恐怖事件：

> 两个大型团体的干预措施被称为解除动员和危机管理简报，用于提供信息和指导。两个小型团体的干预措施，称为"化解"和"危机事件压力疏解"（critical incident stress debriefing，CISD），有助于帮助小型团体讨论或处理共同的创伤经历。（p. 436）

799

作者将解除动员干预描述为一个简短的、大型团体的信息沟通会谈，重点是在工作中接触创伤事件的人员（例如，第一批响应者）。会谈提供有关可能会出现的症状的信息，尝试将这一经历正常化，提供获取额外帮助的信息，并开启复原过程。

危机管理简报是一个大型团体的信息沟通会谈，针对的是亲历痛苦创伤事件的人。会谈中会提供关于该事件的细节和有关当局（例如执法、卫生和消防服务部门）为处理这一事件所做的工作的准确、真实的信息。这个简报可能会有精神健康工作人员以及社区领袖参加。

化解是一个小型团体的工作过程，用于事件后数小时内经历了同样的创伤事件的同质性小组。这是一个简版的危机事件压力疏解，有时被描述为"诉说故事"时间。目的是使反应正常化，并提供有关可能出现的症状和可用的资源的信息。（作者指出，早期干预在该领域存有争议，一些研究认为，在化解活动中存在"继发性创伤"的可能性，不谈论这一事件可能会有助于一些人淡化长期的负面影响。而其他研究则为这一干预过程提供了支持。）

最后，米切尔和埃弗利（Mitchel & Everly，2006）将危机事件压力疏解描述为一个具体的七阶段的小组危机干预过程，由经过专门培训的团队来完成。

> 危机事件压力疏解针对的是一个同质性小组，以减轻创伤事件对小组成员的冲击。小组通常在危机发生后几天内开办，持续 2～3 个小时。增加的时间让小组成员可以对事件进行比化解更详细的讨论。（p. 437）

除了即时的化解小组的目标（正常化，提供对身心可能有影响的信息），该次活动还可以发挥筛查作用，确定小组中是否有成员需要额外的个人关注，或者转介做治疗或咨询。

这些作者描述了七个阶段，并详细讨论了每个阶段的目标和干预措施。其详尽程度超出了本讨论的范围，这七个阶段分别是导言、事实阶段、思想阶段、反应阶段、症状、教授和再入（pp. 456-459）。

创伤小组

注意小型团体的过程原则可以强化处理创伤问题的小组。戴维斯、伯林盖姆和莱恩

(Davies，Burlingame，& Layne，2006）提出了以下观点：

> 创伤治疗是复杂的，往往需要跨学科的团队合作，以应对其多面性。没有多少情况比大规模灾难性事件的后果更复杂了，这些事件导致成百上千人需要照护。在这种情况下，可能要采用多种创伤治疗模式，其中一些针对受害者最初的反应，而其他一些则关注中长期的后遗症。(p. 385)

作者引用研究文献来支持这样一种观点，即小组治疗和个体或其他形式的治疗一样对于处理创伤压力有效。他们还指出，对相关研究的元分析结果表明，并不是特定的小组治疗模式（如认知行为模式）催生了积极的结果。从那些强调教导式的讲解到那些强调"过程"的不同的模式都被证明是有效的。

许多已经在不同实务模式中显示其重要性的元素包含了在本书前面所识别的那些要素。它们包括，例如，与小组带领者建立积极的关系（治疗联盟），体验到对事件的共同反应（我在第十章提到的"同舟共济"现象），来自小组其他人的情感支持，有助于正确看待创伤的信息（数据），等等。

不同的模式都有一些具体的练习可以用在小组中，以帮助创伤幸存者发展有效的应对技能。

开展儿童处理"9·11"事件创伤的工作　我们越来越多地意识到创伤事件对儿童的独特影响，可能是即时事件，例如"9·11"事件，或者是更持久性的慢性创伤，例如社区暴力。普费弗鲍姆（Pfefferbaum，2005）指出：

> 自然和人为的一系列压力源都有可能引起症状。自然产生的压力源包括龙卷风、地震和医学疾病等。人为事件包括事故、家庭和社区暴力、谋杀、恐怖主义和战争。其中有些是单一事件，而有些则是长期性的或反复接触的事件。儿童接触创伤似乎很常见。(p. 19)

作者指出，大多数数据都是回顾性的自我报告，还有一些因素没有得到很好的检验。她提到需要进行更多的研究，并举了一个例子：

> 非常令人感兴趣的是，特别是随着这个国家重大的恐怖主义事件的出现，人们以间接形式接触创伤和创伤后应激障碍。接触的影响主要是测量与创伤后应激障碍有关的症状或反应，这可能会掩盖正常反应与具有临床意义的反应的重要差异。儿童的主观反应是我们了解创伤后的过程和康复历程、疾病的生物学和心理学因素之间的关系、特定症状的相对重要性以及治疗计划的制订的核心。最后，儿童对创伤事件或经历的情绪反应不只取决于接触。许多个人、家庭和社会因素影响着这一关系，在临床实践和研究中都必须考虑接触发生的背景。(p. 24)

科恩（Cohen，2005）回应了呼吁针对创伤对不同类别的儿童的影响以及具体的治疗反应的效果进行更多研究的提法：

801

需要更多的研究来识别对创伤儿童的有效治疗方法，包括那些接触过各种不同创伤事件的儿童，那些伴有包括物质滥用障碍在内的精神疾病的儿童，以及那些在多个领域有严重功能损伤的儿童。此外，还需要研究聚焦创伤的认知行为治疗的关键要素和用量，以及可供替代的有前途的治疗模式，包括在有严重后果的大规模灾难后提供的那些治疗模式的有效性，以及单独使用或与心理社会治疗联合使用的精神药物的疗效。（pp. 117–118）

为直接或间接受"9·11"事件影响的儿童开办的一个小组 马勒科夫（Malakoff，2008）描述了一个小组工作的例子。该小组致力于向那些直接或间接受"9·11"事件影响的儿童提供创伤的长期影响的治疗。他指出：

2001 年 9 月 11 日（"9·11"）的恐怖袭击以最恐怖的方式表明，暴力、悲伤和创伤是无止境的，已经成为美国各地社区生活的一个事实。"9·11"事件的后果对那些直接受到影响的人来说是一个复杂的疗愈过程，这个过程涉及对自我和社区的基本假设。2001 年 9 月 11 日的恐怖袭击，也对数百万在电视上看到它、知道它并和在场的人一起悲伤的人产生了直接影响和涟漪效应。儿童和青少年特别容易受到这种毁灭性生活经历的后果的影响。（p. 32）

在电视上反复观看世贸大厦倒塌带来的冲击，更不用说因为失去家人、邻居甚至是住在曼哈顿下城附近而置身其中，都可能会产生深远的情感和认知上的影响，在事件本身之后长期挥之不去。马勒科夫将其中一些后果描述如下：

创伤和暴力的神经生物学和心理社会后果带来的令人困扰的冲击包括创伤后应激障碍和反应，如认知、行为和心理社会发展损害，思考和加工功能失调，注意力和专注力改变，焦虑，抑郁，分裂，攻击，暴力，多疑，不信任，感觉来日无多，与世隔离，朋辈和家庭关系改变。（p. 32）

马勒科夫（Malakoff，2008）指出，关键问题在于如何重新生发出相互依存和社区感。他提出，运用语言和非语言活动帮助孩子们"平静下来"和"用有趣的方式安抚自己"的互助性支持小组，可以帮助他们有准备地处理会引起较多焦虑的记忆。然后，他介绍了一些策略，这些策略可用于帮助在"9·11"袭击中失去父亲的孩子们处理难过情绪和记忆，同时仍能找到方法来记住对他们失去的父亲的那些积极情感。其中一些策略包括：

制作一个棋盘游戏来纪念父亲。用于进入青春期前的儿童的小组，成员制作一个棋盘游戏，方块用来描述情绪，卡片用来指示活动，例如表演与逝者有关的特定事件。甚至这

802

些游戏的棋子都是孩子们设计的，以代表关于自己的父亲的难忘的东西（例如，一个足球，用来纪念周日和父亲一起看比赛）。

小组工作中用来使年轻人应对侵入性思维的认知行为策略。一些活动被用来协助儿童

通过调节难过的感受、感到宽慰并使自己镇静下来获得控制（例如，在课本后面画一个停止标志，并把它分成几部分，分别代表安全的地方、想法或活动，给朋友打电话或是玩电子游戏）或激发他们的想象力（例如公园，家庭度假的地方，等等）。

帮助年轻人掀起浪潮：通过小组工作发声。措施可包括让他们参与社区事务，以便在那里他们产生一些积极影响。另一个例子是一位咨询师正在准备在全国哀伤辅导咨询师会议上发表一篇论文，她询问自己小组的成员说些什么会有帮助。他们列出了如下内容：

- 成年人需要知道孩子们有发言权。
- 成年人需要倾听孩子。
- 小组对于感觉好些、不感到孤独很重要。
- 成年人需要有耐心，并知道悲伤会延续很长时间。
- 可以笑。笑并不意味着你忘记了失去所爱的人或者你不再感觉伤痛。
- 可以玩得开心。毕竟，"这就是我们的父亲想要的"。(pp. 38-41)

马勒科夫（Malakoff，2008）同时提出了开展灾后儿童和青年工作的小组工作原则和赋权原则。它们包括：

- 提供保护、支持和安全。
- 为幸存者创建小组，重建联结并建立社区感。
- 提供机会采取行动，以战胜对帮助失去信心和绝望。
- 了解创伤性悲伤是一个包含两面的硬币，它既包括受欢迎的记忆，也包括不受欢迎的提醒。(pp. 44-46)

现役军人和退伍军人的创伤工作：处理创伤后压力

随着数千名伊拉克和阿富汗战争退伍军人的返回，人们注意到处理退伍军人以及现役军人和参加过之前几次战争的退伍军人的创伤后压力越来越受重视。格林等人（Greene et al.，2014）描述了退伍军人事务部内的一些用来治疗参战退伍军人艰难应对战争带来的情感创伤的不同小组。他们引用的研究表明："……据估计，在伊拉克和阿富汗服役的大约 30 万美军士兵会出现精神疾病的后遗症……创伤后应激障碍是最常见的精神障碍之一。"(p. 351)

作者还引用了一些研究，这些研究表明："……参加小组治疗的退伍军人出席的次数几乎是接受个体心理治疗的退伍军人出席次数的四倍，这表明小组可能是对退伍军人更具吸引力的治疗环境。"(p. 352)另一项发现是，患有创伤后应激障碍的退伍军人比那些没有创伤后应激障碍诊断的退伍军人更有可能参加个体或小组心理治疗。

退伍军人事务部的小组不仅处理与创伤后应激障碍有关的特定问题，而且处理退伍军人的一般健康和福祉问题。作者描述了一些不同类型的小组，包括认知行为治疗小组、团体心理治疗小组、健康促进小组（例如，戒烟小组）、向前小组（管理超重和/或肥胖）、慢性病自我管理技能小组、心理社会康复和康复取向小组、社交技能培训小组、疾病管理与康复（illness management and recovery，IMR）小组、退伍军人对退伍军人小组和家庭心理教育小组。最后一个项目强调的是，退伍军人的家庭需要持续性的支持，以便能为退伍军人提供必要的支持。

虽然承认最近的研究没有提供关于这些小组的益处的最终结论，但是作者认为临床观察和专业知识支持这一治疗方法。他们认为：

> 除了同质性小组特有的"普遍性"感觉之外，这种临床环境还培养了一种联结感、凝聚力和友情，复制了令人安心的在服役时的"你的后援"的安全体验。（p. 352）

最后，迈尔斯（Myers，2013）提出了开展军队服务对象工作的建议。他认为："更重要的是你如何对待这个群体，而不是所提供的具体治疗。"他指出：

> 有可靠的研究表明，某些循证治疗方法对开展这一人群的工作有效。然而，大多数研究似乎忽视了咨询师获得可靠治疗结果的必要先决条件，即与这一通常倾向于不信任他人，尤其是那些军队以外的人的服务对象群体建立信任的能力。（p. 62）

这呼应了本书早前关于融洽、信任和关怀等核心工作关系要素，也被称为治疗联盟的讨论。迈尔斯引用了一位前军队服务对象的话，他直言不讳地说："在我了解你是谁以及你代表什么之前，我不会让你给我的头脑上螺丝。"（Myers，2013，p. 62）他为建立这种信任关系提供了以下建议：

- 意识到他们的勇气和品格。
- 尊重他们的服役经历。
- 坦然面对精神。
- 运用一些自我披露来增加亲和力。
- 为他们做权益倡导。

这听起来像是开展所有服务对象工作的好建议，不管是军队的还是非军队的。

804

创伤对专业人员的影响：替代性和继发性创伤压力

本节第一部分探讨了创伤性极端事件（如"9·11"事件）对提供帮助的专业人员的影响。在本节的第二部分，我会探讨一种不同类型的创伤事件（例如，儿童福利案件中服务对象的死亡）的影响，以及专业人员工作的性质是时常接触经历过身体、情感和/或性虐

教育政策 1e

待的服务对象所带来的持续性继发性创伤压力。我的假设是，特定的创伤事件和持续性接触创伤的工作都会对专业人员产生负面影响，需要督导员或同事或双管齐下的某种形式的帮助。我的论点是，为他人提供支持的专业人员必须有给自己提供支持的来源。

在考虑灾难的冲击时，了解可能接触过灾难或开展幸存者工作的助人专业人员会受到怎样的影响，十分重要。米拉比托和罗森塔尔（Mirabito & Rosenthal，2006）对那些协助"9·11"事件幸存者的人提出了这样的看法：

> 许多在"9·11"事件后自愿提供协助的专业人员都是以专业助人者和个人的双重身份尽力做这件事，他们自己也在许多不同的方面受到事件的影响。他们受到自己的悲痛、哀伤和震惊的打击，竭力想从这些极其令人不安的事件中找到意义。此外，他们试图尽快从灾难的影响中恢复过来，以便开始帮助他人。(p. 55)

这是一个重要问题，因为助人专业人员开展幸存者的工作直接接触即时的创伤事件，会经历滞后的替代性创伤以及继发性创伤症状所带来的影响。替代性创伤指的是助人专业人员在反复接触创伤对服务对象的冲击时所发生的改变。

除了处理大规模灾难（如"9·11"袭击）的专业人员所经历的继发性创伤症状外，还有证据表明，长期从事创伤相关领域的工作，会出现同情疲劳，有时被称为倦怠。例如，处理虐待儿童或性虐待问题的专业人员在个人或团体治疗中体会到创伤受害者的情绪时，可能会有个人和专业方面的改变。

针对创伤工作者替代性创伤的单次会谈模式

克莱曼（Clemans，2004）描述了面向创伤工作者的心理教育小组单次会谈模式的例子，该小组用来协助他们理解和认识在自己的工作中的替代性创伤。这个两小时的小组会谈运用的是互助模式，包括做报告、做练习和讨论。这些会谈提供给在一些场所处理强奸危机/性侵犯、家庭暴力和儿童福利/儿童保护问题的机构创伤工作者。这些小组被称为"替代性创伤种子小组"，其目的如下："为工作者提供替代性创伤概述；评估替代性创伤在工作者中的发生情况；并且，通过互助过程产生有效的应对替代性创伤的策略。"(p. 61)

每个小组被分成四个部分，每个部分尝试回答下面一个特定的问题：

1. 开场。（为什么我们来这里？我能期待什么？）
2. 提供一个场景。（什么是替代性创伤？）
3. 认识并回应替代性创伤。（我如何帮助自己，进而帮助我的服务对象？）
4. 结束和转换。（我们做得怎么样？）

小组带领者要运用一种"主干填充练习"，这是一种写作练习，每个参加者来分享他对自己的创伤工作的个人感受。它要求参加者写下对提示语句的回应，例如："我个人具体受到家庭暴力受害者工作影响的是……"或者"我应对工作压力的一个具体方式（无论是消极的还是积极的）是……"（p. 64）。然后要求参加者自我介绍，并分享从他们的练习单中挑选出的回答。这些回答被用来搭建小组活动的过程和内容要素。

> B（参加者读她的练习单）：我的名字是 B。我在家庭暴力庇护所工作。我应对工作压力的一个具体方法就是睡大觉。

> R（参与者读她的练习单）：我的名字是 R。开展强奸受害者工作对我的一个具体影响是，我过度保护 13 岁的女儿 。（p. 64）

作者描述了讨论中出现的互助元素，诸如"同舟共济"现象，他们的反应的正常化，以及讨论禁忌话题的能力，如用睡觉或喝酒来处理压力（引用自 Shulman，2006）。

开场之后会介绍替代性创伤的简要定义和发展历史、三个特征和三个具体影响，接着是案例情景和讨论。每个情景都由一名成员大声读出来，并介绍以下主题中的一个：脆弱和恐惧，难以信任他人，世界观的改变。然后讨论了应对的策略，包括意识（关注感受）、平衡（保持工作、家庭和外部活动之间的健康联系）和联结（与他人建立积极的联结）。活动的结束阶段要求参加者给自己写一封关于"学到的经验教训"的信，并承诺处理和改变替代性创伤。随后对小组进行了评估。

儿童福利工作中的继发性创伤压力

本节的讨论借鉴了《互动式督导》（第 3 版）（Shulman，2010）一书第十二章中的内容。

当州儿童福利办公室的社会工作者们在周一早上上班时，他们能立即感受到危机的气氛。他们了解到，在他们负责的个案中，有一个在寄养数月后刚刚回到父母身边的孩子在周末被杀害了。当地的负责人正设法跟上中心办公室工作人员的紧急指令的要求，立即传真有关这一个案的所有文件。有来自当地媒体的电话要求采访，当地的一位政治人物也打来了电话。负责此个案的工作者坐在办公桌前，神情痛苦，他正尝试查看自己的个案记录，为中心办公室调查组的来访做准备，工作人员常常称这个组是"处决小队"。他相信，他们会找过错，或许是替罪羊。他读着自己的档案，但无法读完最初的工作记录，因为他的头脑一直被孩子的死亡和内疚感占据。

他的督导员正忙着打电话与一家相关签约机构的督导员沟通，提醒她，他们已经记录了这个家庭的问题，因此并没有过错。社会工作者们相互间小声交谈，但小心避开服务对象被杀的那位社会工作者。他们忙于查看自己的工作记录，以确保得到了及时更新，并且他们没有遗漏采取适当的步骤或完成规定的探访。办公室里弥漫着一种忙乱、过度活跃的气氛，似乎每个人都想在所有员工都最需要有人问一问他们最近过得怎么样的时候确认是谁的错。

这是一个对即时创伤事件危机的典型反应。除非各级系统能够以更具支持性的方式做出反应，并能够认识到创伤对所有工作人员的影响，否则办公室，可能甚至是这个地区或州的所有工作人员的从业行为都可能会在事件发生后数月甚至数年内受到影响。（Shulman，2010，p. 307）

除了认识到即时创伤的影响外，我们日益更多地了解较为长期的、持续性的继发性创伤压力，也被称为情感耗竭，它会影响在特别困难的实务场域从业的工作者，诸如"童年期虐待、犯罪受害、自然灾害以及战争和恐怖主义"（Bride, Jones, & Mac-Master, 2007, p. 70）。作者引用菲格利（Figley, 1995）的话，将继发性创伤压力描述如下：

> 越来越明显的是，创伤事件的影响超出了那些直接受影响的人的范围。"继发性创伤压力"一词被用来指观察到那些与创伤幸存者持续密切接触的人，包括社会服务专业人员，可能会经历相当大的情绪紊乱，并可能成为创伤的间接受害者。（p. 70）

继发性创伤压力虽然不那么严重，但也会对工作人员和服务产生负面影响。开展受虐待的妇女、遭受性虐待或身体虐待的儿童、重病成人或儿童以及其他人的工作，可能会让个别工作人员和整个机构付出代价。倦怠是继发性创伤压力的一个症状，这个词被用来描述工作者在一段时间内面对巨大压力而缺乏支持时表现出的一种综合征。虽然大多数时候是出现在儿童福利文献中，但是也在任何高压实务领域，特别是在大型政府机构的工作者的研究文献中出现。

当压力太大时，我观察到工作者、督导员、行政管理人员、支持人员和其他人会表现出一种多动状态。这种过度活跃既是对工作要求的一种反应（例如，10 张未回复的电话留言单放在一个员工的办公桌上，都标为紧急），也是员工自我保护，避免出现情绪反应的一种手段。如果一个工作者一直忙得手脚不停，就不会感到痛苦。

有些工作人员对压力的反应有延迟，会在开车回家时有这种感觉。另一种常见的反应是指控其他工作人员或机构对压力负有责任。（Shulman，2010，p. 309）

继发性创伤压力对服务递送的影响：儿童福利实例

这些事件的冲击，无论是单独的还是累积的，不仅会影响到专业人员，也会影响到他们的直接实践。在我对儿童福利实务与督导的研究中（Shulman，2010），我发现创伤事件（例如，正在接受照护的儿童死亡或一位专业人员受到人身攻击）对当事的工作者和与其同一部门甚至同一地理区域的工作者都有巨大的情感上的冲击。除非提供团体支持并常常是通过督导员的干预处理这一问题，否则冲击在事件发生后的一段时间内会直接影响到工作。

例如，我在加拿大不列颠哥伦比亚省的一项研究中发现，当该省某个地区发生一起引人注目的死亡个案被报道出来后，该地区所服务的儿童被送去接受他人照护的数量增加了，工作者建议把儿童送回其亲生父母身边的意愿有所降低（Shulman，1993b，2010）。接受替代性照护安排的时间也明显更长。相比之下，在那些由督导员或其他行政人员建立起某种形式的互助支持小组的地区办公室，参加者有机会处理自己的感受和担忧以及这些对工作的影响，职业倦怠、员工流动和不太恰当的儿童安置决定都减少了。

当创伤事件，诸如接受照护的儿童死亡变得广为人知，而隐含的指责往往不公平地落在当事的工作者身上时，如果专业人员经历的是省或州和地方行政人员追究"是谁的错"，而不是询问"你（工作人员）还好吧？"，那么对专业人员及其工作的负面影响就会加剧。从我开展的学生工作、在这一领域的专业人员的工作以及我的研究中得出的结论是，如果我们希望照护者能够关爱他们的服务对象，那么就需要付出更多的努力来呵护照护者。

一个面向处理创伤的工作者的互助支持小组　下面的例子来自我在一个儿童福利机构带领的一个支持小组的工作，这个小组是在一个引人注目的机构所负责的儿童被生母杀害后立即组织起来的。负责该个案的工作者曾经见过服务对象一次，他曾多次努力跟进该个案，但都找不到这位母亲或这个孩子。一位一直在给这个孩子看病的医生表示，他以为这个母亲带着这个孩子去另一个州度假了。这起案件在当地媒体上有广泛报道，加剧了每个人的压力。我被邀请去见工作人员小组，帮助他们应对这一事件带来的反应。

这一事件和其他事件让我提出了一个三阶段模式来处理任何这一类的创伤压力问题。这三个阶段是：

1. 哀伤和表达相关情绪。
2. 制定行动手册。
3. 查看对工作的影响。

在哀伤阶段，员工需要有一个机会来彼此分享与事件相关的大量感受。在这个第一阶段，工作人员会出现同舟共济现象，相互支持。在第二个阶段，即制定行动手册时，小组讨论可以立即采取的措施以及将来可以采取的措施，以解决事件带来的问题。例如，对实地工作人员的人身攻击会带来讨论该机构可以采取哪些步骤来应对创伤，以及在可能的情况下如何提供额外的保护。在第三个阶段才来探索对工作的影响，这在许多善意的处理创伤事件的努力中往往有缺失。如下面的例子所示，第三个阶段对于协助工作人员从事件的冲击中恢复过来至关重要。

会谈开始时，我与小组订立契约。我向他们陈述了下述目的：

> "你们最近都经历了一段非常艰难的日子。这次会谈的目的是帮助你们相互分担悲痛，想想在压力大的时候你能提供支持的方法，探讨这一悲剧可能对自己的工作的影响，并讨论对你的其他服务对象的影响。"我邀请员工从分享他们的一些反应开始。

哀伤阶段：一位工作者回应说："我还感觉不到什么。我整个星期都想哭，但就是哭不出来。"另一位说："我在家里一直不停地哭，但我来工作的时候会努力振作起来。"第三个说："我知道这很不理智，但不知道是什么缘故，我感到内疚，就好像我们是肇事者。"另一名工作人员说了当他们第一天被各种提供档案文件的要求围堵时，是多么愤怒。

处于风暴中心并与当事母亲打过交道的那位工作者说："我知道获取我的档案文件很重要，在这个个案中，我一直实时更新工作记录。我得到了很多支持。但如果我没及时更新呢？有时我们都会忙不过来，工作记录滞后。你做不到说干就干或说不干就不干，不管我是怎么处理的这个个案，我都需要帮助。"

一位当地的行政管理人员说，档案工作很容易使人忙得不可开交，现在回想起来，很明显，这在一定程度上是一种规避这种痛苦的方法。我指出，似乎每一个层面的人对这个个案都有很深的感触。另一名工作者说，如果我们在事发的第一天能一起聚在一个房间里，那会很有帮助："我们甚至不必说什么，就是为了彼此而在那。"还有一名工作者说："我到现在还不能真正面对这件事……"沉默了一会儿之后，她哭了起来，一些工作人员和我也哭了。

制定行动手册：按照我的要求，他们开始探索各自可以采取哪些步骤来回应这一压力，他们怎么能给涉事的这位工作者提供帮助，以及他们需要从彼此和机构那里获得哪些帮助。809

小组成员提出了一些具体的建议，从一名工作者提出的自己跟孩子的其他家庭成员会面让涉事的工作者不必勉强做这件事，到秘书们（他们是小组的部分成员）谈到在接下来的几周内可以怎样为这位工作者挡一挡。他回应说："那会大有帮助。我有时会晕头转向。我坐在办公桌前写个记录，但过了 15 分钟才发觉没写完一句话。"我说道，这样的事要花些时间才能恢复正常，可能有些感受不会轻易消失。

讨论转向尝试预估在这种情况下工作者能做什么，不能做什么。

一位工作者说："我们必须非常清楚自己的能力有上限；不管我们的工作做得多好，我们都无法阻止儿童死亡。"另一位说道，督导员跟所有工作人员而不仅仅是涉事的工作者面对这一切，是多么有帮助。他们觉得她是和他们一道，对这个个案负责，而不仅仅是想"给自己擦屁股"，这位工作者对她说："你告诉我不要担心，你会在这件事上和我站在一起，不会让我一个人面对，这对我极为重要。"

查看对工作的影响：当我们进入上午的最后一个环节时，我问他们是否还有精力讨论一下这件事对开展手头服务对象的工作的影响。我说服务对象看报纸、看电视。他们会知道这件事，可能会对他们产生一些影响。一些比较有经验的工作者说他们没有精力讨论自己的服务对象；他们还没准备好。其他人（主要是年轻的工作者）回应了我的邀请，他们自己的一些服务对象对他们谈了这件事，但这些服务对象还没有值得关注的太大的不安。他们说想讨论自己能做些什么。

小组表示赞同。在我的请求下，一位工作者描述了她同一位与这个个案中的母亲年龄相仿、处境相似的年轻母亲的谈话。当工作者到她家时，服务对象拿着报纸问起了这件事。这位工作者说，这是保密的，她不能谈，就此结束了谈话。

我让工作者们考虑服务对象可能会担心什么。他们很快看到了她的话里的间接意味，即她对自身情况的担忧。她会不会因为特别生气而伤害到自己的孩子？这位工作者用角色扮演的方式练习了她下一次接触这位母亲时可以怎样探讨这些担心。其他人讲了他们听到的一些类似暗示的例子，但是因为他们自己的情感反应而被忽略了。随着讨论转换话题，小组成员开始把焦点放到自身的专业责任上，屋子里的气氛明显发生了变化。悲伤仍然有，但精力似乎回来了，希望也随之而来。

810

小组在做评估时对这一讨论持积极的态度。他们问涉事的工作者是否知道他们有多难过，他说现在他知道了。得到他们的支持很有帮助。他接着说，他觉得自己还没有"走出困境"，他担心如果需要一个替罪羊，会发生什么。一个工作者说："我一直在想你是那么好的一个工作者，但这事仍然让你碰上了。我的天哪，这也可能会发生在我身上。"另一个工作者打破了紧张的气氛，说他们都是怎样迅速补上自己超时的个案记录的。我赞扬了他们对涉事的工作者的支持和彼此间的支持，希望他们能在接下来的几个月里继续提供支持。

不仅一线的社会工作者经历了可能导致职业倦怠的继发性创伤，一线督导员也有同样的情况。迪尔（Dill，2007）研究了压力源对一线儿童福利督导员的影响。她指出："儿童福利督导员的角色十分独特，因为这个角色有监察和行政上的职责，同时又要求为他人提供支持。"（p. 178）迪尔通过一些"案例研究"描述了工作超负荷和压力过大的督导员会怎样经历跟手下的员工的职业倦怠类似的职业倦怠。职业倦怠的短板，让他们和手下的员工出现"同情疲劳"，这会导致他们与服务对象的共情能力下降。本章前面描述的替代性创伤会导致"治疗师的情绪和心理图式因服务对象的创伤故事而发生变化"（p. 184）。督导员和一线工作者的继发性创伤是由于知道另一个重要他人经历了一个创伤事件（p. 185）。

迪尔关于创伤事件对一线督导员的影响的描述与我自己在加拿大和美国身为儿童福利领域的培训师、顾问和研究者的所见所闻相近（Shulman，1991，2010）。例如，当所负责的个案中有一个儿童死亡时，如前文所述，它不仅会给负责该个案的一线工作者带来重大冲击，而且会对该机构的督导员和其他工作人员，在某些情况下还会对更广大的社区，产生巨大的冲击。

我自己在加拿大不列颠哥伦比亚省的一项研究发现，政府或高层机构工作人员即时做调查的回应，是查找谁有错，而不是审视涉事工作者工作做得如何，这对该地区的许多工作者都有影响。我发现同死亡事件发生前相比，他们更可能早点把孩子从家里带走（转移），而不太可能把孩子送回亲生父母身边。然而，如果一线员工得到督导员和同事的支持，这种明显的过度谨慎反应就会减少。

一位督导员说道："我知道发生创伤事件时，我必须给我的员工提供支持，但我又从哪里得到支持呢?"研究数据证实了这样一个平行过程,即那些报告有支持性督导员的员工更能为他们的服务对象提供支持。反过来,管理人员提供了支持的督导员,其员工也表示获得了他们更多的支持。不幸的是,公众、媒体和政客制造的内疚感和防御可能会干扰这一进程。为什么在压力大又易受伤害的社会服务领域会有同情疲劳和职业倦怠,难道不让人想一探究竟吗?

本章小结

    本章描述并举例说明了几个循证实践模式。讲述的模式分别是动机访谈、寻解治疗和认知行为治疗。这三个模式符合循证实践理论指定的要求,因为它们运用了从随机对照结果研究和元分析对现有结果的研究中获得的最佳科学知识,作为指导专业干预和有效治疗的基础,并结合了专业伦理标准、临床判断和实践智慧。本章还提出,一定程度的灵活性是很重要的,这样采用一个带操作手册的模式便不会妨碍小组带领者用创造性的方式对小组的产出和突发事件做出回应。

    本章还总结了其他一些模式,包括女性主义实务、精神和宗教、创伤和极端事件干预,以及用来协助有继发性创伤的工作者的干预措施。本章讨论和举例说明了为处理创伤和极端事件(如"9·11"事件)以及在许多社区明显存在的持续性的创伤而发展出的模式。还讨论了危机理论、危机干预、创伤小组、宽恕方法以及处理持续性和即时创伤(如同情疲劳)对专业人员的影响。分享了替代性创伤单次会谈小组模式,可用作处理创伤受害者问题的工作人员的支持来源,以及作为给经历了所负责的个案有人死亡的工作者的一个互助支持小组。

    作者鼓励读者从任何有用的实务模式中汲取那些可以整合进有效的互助支持小组的要素或原则。

能力要点

    下面列出了本章援引的社会工作教育委员会在《教育政策与认证标准》(2015 年)中为社会工作学生推荐的能力和实务行为。

第一项能力 体现符合伦理的专业行为:

    a. 运用《全国社会工作者协会伦理守则》、相关法律和法规、做伦理决定的模式、研究伦理操守和适用于其他具体情形的伦理守则做出合乎伦理的决定

    d. 合乎伦理地、恰当地运用技术来促成获得工作成果

    e. 运用督导和咨询来指引专业判断和行为

第二项能力 将多样性和差异性融入工作实践:

    a. 在微观、中观和宏观工作中运用并能交流对多样性和差异在塑造人生经验中的重

要性的理解

c. 运用自我意识和自律，管理在与形形色色的服务对象和不同群体一道工作时个人的偏见和价值观的影响

第三项能力 促进人权和社会、经济与环境公正：

a. 运用自身对社会、经济和环境公正的理解，在个人和制度层面倡导人权

第四项能力 投身实务与研究的结合和研究与实务的结合：

a. 运用实务经验和理论来进行科学探索与研究

b. 运用批判性思考来分析定量与定性研究方法及研究发现

第五项能力 投身政策方面的工作：

a. 识别本地、州和联邦层面影响福祉、服务递送和服务获取的社会政策

第七项能力 预估个人、家庭、小组、组织和社区：

a. 收集和组织数据，运用批判性思考解读从服务对象和不同群体处获得的信息

d. 基于预估、研究知识和服务对象及不同群体的价值观和偏好，挑选合适的干预策略

第九项能力 评估个人、家庭、小组、组织和社区：

a. 选择并运用适当的方法做结果评估

act out　宣泄行为。通过行为来表达思想和感情，常常是以破坏性的方式。

active mistake　主动错误。工作者做出的一种回应，可能偏离目标，但由于它是主动而非被动错误（不作为），因此能让犯错的工作者成长。应鼓励社会工作者犯主动而非被动错误。

activity group　活动小组。一个术语，指有大范围的系列活动而不单是交谈的小组。"活动方案"是另一个术语，用于描述表达性艺术（绘画、舞蹈）、游戏、唱民歌、社交聚会和烹饪之类的小组活动。

advocacy　倡导。在社会工作中，通过直接干预或赋权来维护个人或社区的权利。（Barker，2003，p. 11）

"all-in-the-same-boat" phenomenon　"同舟共济"现象。一种互助过程，在这个过程中，小组成员通过发现其他成员有相似的问题、忧虑、感受和经历而获得支持。

ambivalence　矛盾。对一个问题、一个人或一个议题有复杂的感情。例如，服务对象可能希望最终解决某个问题，但是由于跟这个问题有关联的痛苦感受，服务对象可能也想否认问题的存在。

anger over the ending　对结束的愤怒。结束/转换阶段的一个时段，个人、家庭成员或小组成员看起来因为结束关系而生工作者的气。会以直接或间接的方式表现出来。

authority theme　权威主题。涉及服务对象（个人、家庭或小组）与社会工作者之间的关系的问题。

baseline reserve capacity　基础储备能力。个人当前在现有的内部和外部资源的情况下"最大的表现潜力"。

basic assumption groups　基本假设组。拜昂（Bion，1961）的观点，他认为驱动小组成员行为的似乎是一个共同的基本假设而不是说出来的小组目标，即小组要达到什么。

beginning (or contracting) phase　开始（或订立契约）阶段。在工作的订立契约阶段，工作者通过澄清目的和他将要扮演的角色以及通过征求服务对象对工作内容的反馈意见来与服务对象订立契约。权威问题也会在这个阶段处理。

bisexuality　双性恋。可能会受男人或女人吸引的人，或者像他们说的，被一个人而不是某个性别吸引的人。

burnout　倦怠。一个在有压力的从业环境中常见的问题，在这种情况下，员工的情绪反应会导致离职或不良适应行为，如过劳或关闭所有情绪反应。

caring　关怀。"工作关系"建构中的一个要素；服务对象感到工作者关心他，并且工作者想帮助解决服务对象认为重要的关切问题。

casework in the group　小组中的个案工作。一种常见形式，小组带领者在小组中为服务对象提供个人辅导。这与做工作动员其他成员参加以便为服务对象提供互助形成了对照。

causal path analysis　因果路径分析。一种统计分析方式，让研究人员可以创建一个过程模式，其中包括对结果变量有一定影响的预测变量。这一分析使研究人员能够确定影响的方向（路径）和影响的强度（系数）。因此，它是一个有用的以实证为基础的理论建构工具。

check-in　签到（查看情况）。在一些小组中在活动开始时运用的一个练习，让每个成员简要地分享他前一周经历的事。

checking for underlying ambivalence　查看潜在的矛盾心理。探索服务对象的矛盾心理，可能掩盖在一个虚假的赞同之下。

clarifying the worker's purpose and role　澄清工作者的目的和角色。确定工作的目的，机构或场所提供的各种服务，以及工作者可以提供帮助的具体方式。

cleavage　分裂。小组的一个进程，成员根据种族比例的变化分裂成不同的种族亚群体。它会在少数族裔成员增加或"组外"成员的增加超过某个临界点时出现。

closed group　封闭式小组。有固定成员的小组，同样的人在一段规定的时间内见面。在早期会谈中，有些成员可能会退出，新成员可能会加入，但一般来说，成员保持不变。

code of ethics (NASW)　伦理守则。《全国社会工作者协会伦理守则》，阐释了适用于身为其会员的所有社会工作者的伦理操守方面的价值观、规章和原则。

cognitive-behavioral psychology and therapy　认知行为心理学与治疗。在认知行为治疗中，治疗师使用策略和技术帮助服务对象纠正他们对自己、世界和未来的负面的、扭曲的看法，以及导致这些认知的潜在的适应不良的信念。

814

cohesion　凝聚力。描述成员感觉相互吸引的小组特性。

common ground　共同点。场所的特定服务与服务对象感到的需求之间的重合或共性。

confidentiality 保密。服务对象拥有的不与第三方分享隐私信息的权利。

consensual validation 一致性确认。小组发展相互依赖阶段的第三个分阶段（Bennis & Shepard，1956），在这个阶段中，没有异议的成员再次为小组提供了所需的领导力，使小组工作进入一个新的层级，其特点是成员之间能坦诚沟通。

containment 克制。约束自己不立即对服务对象的评论或问题做出回应的技巧。

content 内容。工作的实质性东西，包括构成工作契约的想法、议题、问题、关心事项等。

contracting process 订立契约的过程。由工作者发起的事宜，通常在工作的开始阶段，用来确定接触的目的，解释工作者的角色，在一定程度上了解服务对象的问题（反馈），并处理权限问题（如强制报告要求）。

correlation 相关。两个变量之间无方向性的关联的测量，其相关系数（r）范围为$-1.0 \sim 1.0$。

cost containment 成本控制。行政管理人员一方为降低服务成本所做的工作。它经常被借用是因为私人和政府机构或第三方付款人（如健康保险公司）削减了资助。

counterdependence-flight 反依赖-逃离。小组发展依赖性阶段的第二个分阶段，小组带领者试图管控小组，而小组成员在逃离，表现出害怕带领者的权威的行为（Bennis & Shepard，1956）。

countertransference 反移情。工作者对某个服务对象的复杂情感，可能包括与工作者自身的生活经历有关的想法和感受。

crisis 危机。社会工作者用两种方式使用的术语：（1）情绪变化和困扰的内在体验；（2）一个社会事件，即灾难性的事件破坏了现有社会体系的一些十分重要的功能（Barker，2003，p.103）。

crisis intervention 危机干预。用于帮助处于危机中的服务对象的治疗工作，促进其有效应对，通过承认问题，认识其影响，学习新的或更有效的行为来应对类似的可预见的经历，从而带来积极的成长和改变（Barker，2003，p.103）。

culture for work 工作文化。小组成员共享的，并对小组完成任务的能力产生正向影响的一套明确或隐含的价值观、禁忌、互动规则和其他概念。

cyber-community 网络社区。一种线上社区，共同的利益和关切让成员聚在一起。

data gathering 数据资料收集。小组会谈的作用之一，目的是帮助成员获取更多与其任务高度相关的信息。

dealing with issues of authority 处理权威议题。工作者努力澄清相互的期望、保密问题和权威主题。

defusing 化解。化解是一个小型团体的工作过程，用于创伤事件后数小时内经历了同样事件的人的同质性小组（Mitchel & Everly，2006）。

demand for work 工作要求。工作者与服务对象的对质，要求其有效完成自身任务，并将精力和情感投入其中。

demobilization intervention　解除动员干预。为一个简短的、大型团体的信息沟通会，重点是在工作中刚刚接触创伤事件的人员（例如，第一批响应者）（Mitchel & Everly，2006）。

denial of the ending　否认结束。结束/转换阶段的一个分阶段，即个人、家庭或小组成员似乎对会谈即将结束视而不见。

dependence-flight　依赖-逃离。小组发展依赖性阶段的第一个分阶段，小组成员处于逃离状态，表现出依赖小组带领者的行为（Bennis & Shepard，1956）。

dependence phase　依赖性阶段。小组发展的第一个主要阶段，其标志是小组成员对权威议题特别关注（Bennis & Shepard，1956）。

dependent group　依赖性小组。拜昂（Bion，1961）的基本假设组之一。小组会面似乎是为了让带领者来维系，而不是为了达到自身目的。

dependent member　依赖成员。小组的某个成员，在小组发展的依赖-逃离子阶段，表现出他依赖小组带领者，想要带领者控制小组（Bennis & Shepard，1956）。

detecting and challenging the obstacles to work　探查并挑战阻碍开展工作的障碍。察觉后直接对质阻碍服务对象开展工作的障碍。

developing a universal perspective　发展一个普遍性的观点。小组中的一个互助过程，在这个过程中，成员们开始察觉普遍性的问题，特别是与压迫有关的问题，从而使他们能够从一个更注重社会背景、较少责备个人的角度看待自己的问题。

developmental reserve capacity　发展性储备能力。是指个体能够被激活或增加的资源。

deviant member　偏差成员。行为与系统中的其他服务对象（如家庭或小组）明显不同的服务对象，但实际上可能代表其他服务对象发出情感和担忧方面的间接信号。

deviational allowance　允许偏差。小组会谈的作用之一；旨在在成员之间营造感情上的交流，建立一种积极的关系，让成员可以偏离普遍接受的规范，提出可能是禁忌的关切。

815　dialectical process　思辨过程。一个互助过程，在这个过程中，小组成员相互对质对方的想法，努力使所有小组成员形成一个整合体。

digital divide　数字鸿沟。一种通常基于收入和阶层的鸿沟，存在于那些能够利用"数字民主"的好处的人和那些不能利用"数字民主"的好处的人之间。

direct macro practice　直接宏观实务。直接开展服务对象的工作，以达到和实现社区的目的和目标的社会工作。

discussing a taboo area　讨论禁忌领域。一个互助的过程，由一个成员开启禁忌领域的讨论，从而让其他成员也能放弃顾虑，加入讨论。

disenchantment-flight　醒悟-逃离。小组发展相互依赖阶段的第二个分阶段，在这个阶段中，随着成员日益亲密，对抗性个体成员接管小组（Bennis & Shepard，1956）。

displaying understanding of the client's feelings　显示理解服务对象的感受。在服务对象表达了情感之后，通过语言或非语言的方式向服务对象表明工作者理解其感受的技巧（如，工作者回应哭泣）。

division of labor　劳动分工。小组结构上的发展，要完成的任务用正式或非正式的方式在成员中进行分配。

"doorknob" communication　门把手沟通。服务对象的沟通行为，通常在一次会谈要结束时（把手放在门把手上）或最后一次会谈时发生。这是结束和转换阶段的技巧之一。

duty to warn　警告的义务。社会工作者和其他专业人员在使用其专业技能和知识时，有法定义务警告第三方，以防止因其服务对象的疾病或心理状况而出现的危险。

dynamic interaction　动态互动。在互动过程中，涉及方会交互影响，即一方的行动会时刻影响另一方（其他方）。

dynamic system　动态系统。一个系统，在这个系统中每个参加者（如，员工和服务对象）的行为影响系统中所有其他成员的行为并受后者的影响。

elaborating　阐释。帮助服务对象讲述自己的故事。

empathy　同理心。帮助服务对象分享信息所包含的情感；社会工作者致力于尽可能地去感受服务对象的情绪。

empirically based practice theory　实证性实务理论。基于研究的对社会工作者看重的结果和干预措施的描述，这些结果和干预措施基于一系列关于人类行为和社会组织的基本假设以及一套专业伦理和价值观。

empowerment practice　赋权实务。力求实现社会经济公正，减少制度性权力障碍和社会污染，改变社会经济结构和制度，使之成为赋权结构的实践。

empowerment process　赋权过程。社会工作者与服务对象（个人、家庭、小组或社区）建立关系共同致力于改善其环境的过程。

enchantment-flight　迷失-逃离。小组发展相互依赖阶段的第一个分阶段，在这一分阶段中，充满着良好的感觉，并且努力愈合伤口（Bennis & Shepard，1956）。

ending and transition phase　结束和转换阶段。工作的终止阶段，在这一阶段，工作者准备结束关系，并帮助服务对象一起回顾工作，以准备转换到新生活。

entry　导入。小组会谈的作用之一，用于进入一个难以探讨的领域。

ethics　伦理。一个道德原则和对错认识体系，由此产生的操守哲学为个人、团体、组织或文化所践行（Barker，2003，p. 147）。

evidence-based practice　循证实践。运用从随机对照结果研究和现有结果研究元分析中获得的最佳科学知识，作为基础指导专业干预和有效治疗，同时结合专业伦理标准、临床判断和实践智慧（Barker，2003，p. 149）。

exploring client resistance　探索服务对象的抗拒。与服务对象一道识别并讨论其发出的抗拒信号的含义。

external leader　外部带领者。社会工作小组带领者，从外部来源（如赞助机构）获得权威。与内部带领者形成对照，内部带领者为小组的一员。

facilitative confrontation　促进性对质。利用积极的工作者与服务对象情感的资源，社会工作者运用带有同理心的对质来帮助服务对象解决和处理困难的问题。

family　家庭。一个自然的生活单元，包括所有在情感圈的交换中彼此有身份认同并受其影响的人（Ackerman，1958）。

family-as-a-whole　作为一个整体的家庭。作为一个整体的家庭作为有机体超过了家庭各部分（成员）相加的总和。它发展出了自己的文化，包括行为规范、交往规则、禁忌物、地位等。

family facade　家庭假象。家庭在与工作者的早期接触中表现出的一种虚假的姿态。家庭假象展示了家庭如何通力合作，向社会周边环境隐藏自己的问题。

family secret　家庭秘密。所有家庭成员明示或默许不直接处理的敏感和禁忌问题。家庭暴力、酗酒和性虐待都是家庭秘密的例子，常常隐藏在家庭假象背后。

family support（family counseling）　家庭支持（家庭辅导）。一种类型的支持，通常是短期的，目的是帮助家庭应对常规性的危机，诸如第一个孩子年满十几岁、新生婴儿出生或失业。工作的核心是帮助一个相对而言健康的家庭渡过难关，用经验强化而不是削弱家庭系统。

farewell-party syndrome　告别会综合征。服务对象一方在结束/转换阶段，通过策划某种形式的庆祝活动来避免结束关系的痛苦。此外，服务对象倾向于对经历的事只表达积极的反应，而不加批评。

fear-of-groups syndrome　小组恐惧综合征。工作者们在准备第一次带领一个小组时所经历的焦虑。

feeling-thinking-doing connection　感受—思考—行动的联结。一个过程，在这个过程中，我们的感受影响我们的行动和思考，我们的行动反过来影响我们的思考和感受。

feminist social work　女性主义社会工作。将社会工作的价值观、技巧和知识与女权主义取向相结合，以帮助个人和社会战胜性别歧视造成的情绪和社会问题（Barker，2003，p. 161）。

fight-flight　战斗—逃离。有机体对威胁做出的自然反应，要么攻击它（战斗），要么逃避它（逃离）。在人际关系中，战斗—逃离通常（但不总是）表现为对情绪上的痛苦的适应不良反应，这可能导致逃避真正去解决问题。家庭暴力是一个战斗的例子，吸毒和酗酒是逃离的例子。

fight-flight group　战斗—逃离小组。拜昂（Bion，1961）的基本假设组之一。当"工作小组"接近痛苦的感受时，成员们有时会在瞬间无意识的过程中联合起来，形成战斗—逃离小组，表现出这样一个基本假设，即小组的目的是通过逃离（立即改变有痛苦的主题）或战斗（小组从感情用事发展到理智的争论）来避免与解决问题相关的痛苦。

first decision 第一个决定。服务对象投身于以有意义的方式与工作者建立关系，并开始形成治疗联盟。

first offering 首个提供的线索。一种间接的沟通，由服务对象向工作者提供其关心的事宜的性质的线索。通常紧接着会有第二个（更直接的）甚至第三个或第四个线索，目的是增强信号的清晰度。

focused listening 专注倾听。把注意力集中到服务对象信息的特定部分。

function 功能。在社会工作中，专业人员在助人过程中扮演的角色发挥的特定作用。

functional diffusion 功能分散。丧失功能的清晰性，导致工作者分散了其活动并扮演了一个或多个此刻不合适的角色。

gatekeeper 守门员。每次讨论到一个令人痛苦的话题时，都可能会插进来，分散小组的注意力的小组成员。

gay and lesbian 男女同性恋。分别指男性和女性同性恋者的平行和同等的术语。

generalist practice 通才实务。社会工作从业人员有广博的知识和技能，并能全面地预估问题及其解决方案（Barker，2003）。

generalizing 推广。运用特定实例来帮助服务对象确定一般原则（如在不同情形下诚实对待自己的感受的重要性）。这是单次会谈结束和转换的技巧之一。

generic social work 通用社会工作。一个社会工作取向，强调跟社会服务供给相关的具有共性的核心知识和技能（Barker，2003，p. 174）。

grassroots community organizing 基层社区组织。基层组织意味着社区成员积极发挥领导作用。

grounded theory 扎根理论。格拉泽和施特劳斯（Glaser & Strauss，1967）首次在社会学领域描述的一种理论建构方法，该方法运用正式和非正式的实地观察来发展理论构想。实施正式的研究来检验假设，并用循环方式生成新的假设。

group alliance 小组联盟。小组成员间产生的积极情感，会带来更大的凝聚力和更有效的互助支持。它是社会工作者和小组间的治疗联盟的成员-成员版本。

group culture 小组文化。指引小组内普遍接受的行为方式的规范、禁忌、规则和成员角色。在一个小组的早期阶段，小组成员通常会重建一个代表更广大社区的小组文化。这种文化可以随着时间的推移而有所改变，从而更有利于有效地运作。

handles for work 工作的抓手。关心的事宜和问题，由工作者在一个公开的或订立的契约的说明中提出，它提供了服务对象的需求和机构的服务之间可能的结合点。

helping the client see life in new ways 帮助服务对象以新的方式看待生活。用于帮助服务对象改变对自己和世界的认知的技能（例如，以更积极的方式重新构建对一个情境的认识，运用寻解技术要求服务对象识别自己过去的优点，而不是只看到问题）。

heterocentrism 异性中心主义。与种族中心主义（适用于种族）平行的术语，用来表达通过占主导地位的群体的眼睛看世界的现象。

heterosexual privilege 异性恋特权。异性恋者每天都拥有并视为理所当然的权利和优势。

holding to focus 保持聚焦。要求服务对象专注于一个主题，而不是从一个问题跳到另一个问题。这是提工作要求的技巧之一。

holistic theory 整体理论。一种理论方法，在描述社会工作实务时包括范围很广的个人、互动、场景和跟时间有关的变量。

homosexuality 同性恋。同性之间的性吸引，往往但并不总是伴随着性行为。

hospice 临终关怀设施。为身患绝症处于疾病末期的人提供的一种居住场所。

817　human communications 人际沟通。一个复杂的过程，在这个过程中，信息由发送者编码，通过某种媒介（如文字或面部表情）传输，然后由接收者接收，并对信息进行解码。接收者的回应包括编码一个新的信息并发送出去，这样就保持了沟通的不断往来。

human contact 人际接触。小组会谈的功能之一；用来专门满足人基本的社会交往需求。

identified patient（IP） 已确认的病人。家庭系统中的服务对象，被认为有问题；通常是避免面对真正的家庭问题的一种方法。

identifying process and content connections 识别过程与内容的联结。一套技巧，使工作者能够了解服务对象如何利用工作关系（过程）作为媒介，提出和处理与在讨论的实质性问题（内容）相关的核心问题。

identifying the next steps 确定下一步。帮助服务对象利用当前的讨论来形成关于未来行动的想法。这是一次会谈的结束和转换技巧之一。

identifying the stage of the ending process 确定结束过程的时段。向服务对象说明结束过程各时段的技巧，目的是帮助服务对象感觉更能控制结束事宜。这些时段是否认、愤怒的直接和间接表达、悲伤、试探尺度和告别会综合征。

illusion of work 工作错觉。一个过程，在这个过程中，工作者和服务对象进行的谈话没有实质内容。这可能是一种被动的抗拒形式，服务对象试图通过假装工作来取悦工作者。

indicators of oppression 压迫的标志。布尔汗（Bulhan，1985）识别出了客观评估压迫的几个关键标志。他认为"所有的压迫情形都侵犯了一个人的空间、时间、精力、流动性、联结和身份"（p. 124）。

indirect macro practice 间接宏观实务。社会工作者代表社区的活动，如做研究或撰写立法报告，不涉及直接开展服务对象的工作。

individual problem solving 个体问题的解决。小组成员帮助某个成员解决特定问题的互助过程，他们自己接受帮助，同时向另一个成员提供帮助。

informational support 信息支持。邻里在交往时相互提供信息。这些信息可能有助于他们找到所需的资源。

informed consent 知情同意。服务对象允许小组带领者和机构或其他专业人员使用特定的干预程序，包括诊断、治疗、随访和研究。这种许可必须建立在充分披露做出明智决定所需的事实的基础上。知情同意必须基于对风险和替代方案的了解（Barker，2003，p. 114）。

instrumental support 工具性支持。邻里可以相互充当非正式的帮手。

intake worker 接案工作者。通常与服务对象进行初次接触并进行某种形式的是否适合提供服务的预估的工作者。

interactional model 互动模式。强调助人过程的互动性质的实务模式。在这种模式中，服务对象被视为一个能自我实现、产生能量的人，有特定的任务要完成，而社会工作者在其中发挥特定的作用。他们作为一个有机系统中相互依赖的行动者建立关系，对这个有机系统的最佳描述是交互性，每个人每时每刻都在影响另一方同时又受到另一方的影响。工作者与服务对象的关系是放入特定的社会背景下加以理解的，并受时间因素的影响。

interdependence phase 相互依赖阶段。小组发展的第二个阶段，与亲密问题有关，即小组成员关心自己希望彼此有多亲近（Bennis & Shepard，1956）。

internal leader 内部带领者。小组的一个或多个成员在某个情形下或一直扮演带领者的角色。这一角色需要得到其他小组成员的肯定。

intimacy theme 亲密主题。与小组成员之间的互动有关的主题。

key worker 关键工作者。通常在一个寄宿场所中，负有特殊职责向特定服务对象提供持续性服务的员工。

LGBT 一个缩写，指女同性恋、男同性恋、双性恋和跨性别者。

life-span theory 毕生发展理论。一个理论，认为在整个生命过程中，发展的特点是适应能力的增强（获得）、减弱（丧失）和维持（稳定）。

listen first, talk later 先听后谈。用于开展信息小组工作的一种方法，带领者首先听取小组成员的问题、议题和关注点，然后提供所需的信息。

looking for trouble when everything is going the worker's way 当一切顺利时寻找麻烦。当服务对象对一个有难度的提议立即做出积极回应时，探索背后的矛盾心理或隐藏的消极回应的技巧。

macabre humor 恐怖幽默。员工用来处理与工作有关的紧张。

macro practice 宏观实务。"宏观"指的是规模大或宏大。在社会工作中，这一实务涉及有大局观和干预能力，特别是指社会经济环境中更大型的系统。宏观社会工作实务会包括与消费者的合作，以最大限度地增加人们在组织、社区、社会和全球层面的机会。

mandated reporter 强制报告人。专业人员依法要报告特定类别服务对象（如儿童和老年人）存在风险（对本人或他人构成威胁或者遭受严重虐待或疏于照顾）。

mandatory client　被强制的服务对象。非自愿接受服务的服务对象，通常是因为机构的某个政策（如进入预备收养夫妇小组）、法庭（如进入男性施暴者小组）、雇主（如接受酗酒辅导）或家庭成员（如进入为成瘾者配偶开设的支持小组）而接受服务。

mediation　调解。社会工作者的一个功能性角色，帮助服务对象及其系统找出他们的共同点。这个词的使用范围很广，并可以纳入其他的活动中，如对质和权益倡导等。

medical model　医学模式。组织个人思考实务工作的四个步骤，通常被描述为研究、诊断、治疗和评估。有时也用来描述诊断服务对象问题的"病理学"模式。

micro practice　微观实务。在临床场所开展的个人服务对象、家庭或支持小组的社会工作。

micro society　微观社会。将小群体描述为社会中大型的个体-社会互动的特例。

middle (or work) phase　中间（或工作）阶段。服务对象和工作者集中精力处理开始阶段提出的问题或此后出现的新问题的工作阶段。

mixed transactional model　混合交易模式。从交易或交换的角度看待社会工作的一种方式，人们通过不同的交换媒介相互给予和索取，包括语言、面部表情和肢体表达、触摸、分享各种经验和其他形式的交流（通常同时使用）。

model　模式。一个抽象现象的具体的、符号化的呈现。

model A　A模式。一种社会工作方法，其预设是通过当地社区层面的人群普遍参与目标制定和行动，社区变革可以得到最大限度的实现。

model B　B模式。一种社会规划方法，强调解决实际社会问题的技术过程。

model C　C模式。社会行动方法，其预设是散沙式的弱势群体需要组织起来，可能与其他群体联合，对更大的社区提出增加资源或治疗的要求，以更符合社会公正或民主。

monitoring the group　监控小组。通过观察小组成员在某个人说话时给出的语言和非语言线索来观察第二个服务对象即小组的技巧。

monitoring the individual　监控个人。观察各个小组成员，对每个个体发出的语言和非语言线索保持警觉的技巧。这是后天习得的技巧。当这个技巧被整合后，小组带领者可以同时监控小组和每个成员。

monopolizer　垄断者。小组中的一员，会滔滔不绝，似乎垄断了交谈。垄断者通常被描述为不能很好倾听他人的人。

motivational interviewing　动机访谈。一个处理成瘾行为的技术，主要关注提高服务对象动机的问题，并借鉴了改变阶段模式。

mourning period　悲伤期。小组结束过程的一个时段，通常的特点是淡漠和普遍的悲伤感。

moving from the general to the specific　从泛泛而谈到具体化。帮助服务对象分享关于一个问题的具体细节，这个问题首先是泛泛提出的。

mutual demand　相互要求。一种互助过程，在这个过程中，小组成员通过对他人提出要求并对自身行为订出期望来相互提供帮助。

mutual support　互助。小组成员相互提供情感支持的互助过程。

near problems　相近问题。在关系初期服务对象提出的合情合理的问题，以便建立信任，再提出比较困难且往往具有威胁性的问题。

neighborhood social networks　邻里社交网络。由一群邻居建立起来的联系。

neighboring　邻里往来。一种社会互动、符号互动，个人对生活在周围的人和所居住的地方的依恋。

nonverbal forms of communication　非语言沟通。不运用语言的交流。例如，一个姿势或一个面部表情，一位服务对象起身离开会谈，或者一个带有感情的触碰。

norms of behavior　行为规范。社会中占主导地位的群体普遍接受的行为准则。这些规范可以在社会工作小组或其他系统内重新创建。当小组成员的表现好似存在规范时，那么存在规范就是不言自明的。

open-ended group　开放式小组。一种类型的小组，在小组中新成员可以随时加入，一直是成员的人可以在不同的时间离开。例如，医院的病房小组可能会有新成员在入院时加入，其他成员在出院时离开。

opening statement　开场白。在初次接触时工作者的陈述，试图确定接触的目的、工作者的角色以及可能与服务对象感受到的需求有关的领域。

oppression psychology　压迫心理学。一个关于社会压迫对弱势群体的影响的理论。

organismic model　有机体模式。一个比喻，喻示了一种成长和应急行为的能力，即一个系统自我超越并创造出一些不仅仅是其各个部分的总和的新东西的过程。

outreach process　外展过程。将社会工作服务带给潜在服务对象的过程。

outreach program　外展项目。试图将服务直接带给服务对象的项目，通常是送到其家中或所在社区。

pairing group　配对组。拜昂（Bion，1961）的基本假设组之一。该小组通常通过两个成员之间的交谈，避免因讨论一些未来的重大事件而带来的痛苦。

parallel process　平行过程。一种方式，即一个层面的工作（如督导员与工作者的工作）与另一个层面的工作（如工作者与服务对象的工作）齐头并进。

partializing the client's concerns　拆分服务对象关注的问题。通过将服务对象的复杂问题分解为多个组成部分并一次解决一个，帮助服务对象处理这类问题。

personal/emotional support　个人/情感支持。邻居们愿意互相问候和拜访的程度可以充当社会归属感的来源，并减少城市中经常产生的社会隔离感。

personal social networks　个人社交网络。人们为了个人利益与社区中的关键人物建立联系。他们利用这些联系来发现并进一步将自己与邻里和更广大社区的资源联结起来，以解决问题。

plasticity　可塑性。指个体对压力反应的灵活性。

pointing out endings early　提前告知结束时间。提醒服务对象工作关系即将结束的技巧，在最后一次会谈前留出足够的时间告知会有帮助。多早告知取决于工作关系的长短以及其他一些因素。

posttraumatic stress disorder（PTSD）　创伤后应激障碍。指由于某种形式的创伤（如"9·11"袭击、人身攻击）而导致的心理和情绪上的持续性压力，可严重破坏正常生活。

practitioner-researcher　从业人员-研究者。持续参与评估自身的实务工作并从实务经验中总结提炼的社会工作者。

preliminary（or preparatory）phase　初始（或准备）阶段。工作者与服务对象建立关系前的工作阶段。通常被工作者用来对服务对象的问题和关切产生预备同理心。

privileged communications　特许保密通信。工作者在与服务对象的沟通中被视为具有特权，因此社会工作者在未经服务对象许可的情况下，即使是在法律诉讼过程中，也不能披露这些沟通的内容。特权的具体例外情况通常列在确立特权的州立法中。

process　过程。在会谈中，工作者与服务对象之间发生的互动或一个服务对象与另一个服务对象之间发生的互动，相较于工作内容，其特征是工作方式。

professional impact　专业影响。社会工作者的活动，用来产生下述改变：（1）自己和其他机构、场所的政策和服务，以及对服务对象有影响的更广泛的社会政策；（2）对本机构、场所内部员工关系和与其他机构、场所间的员工关系有影响的工作文化。

program in group work　小组中的方案。在小组中，使用除话语以外的活动作为服务对象交流的媒介。

pseudo-effectiveness　虚假有效性。阿格里斯（Argyris，1954）将其定义为组织创造有效运作假象的能力。

psychosocial history　心理社会生活史。服务对象的故事，综合了可能对当前的生活状况有一定影响的个人、心理和社会因素。这通常是在接案面谈或早年经历中获得的。

putting the client's feelings into words　将服务对象的感受转化为语言。清楚表述服务对象的感受的技巧。在服务对象直接表达情感之前回应捕捉到或感知到的服务对象的间接表达。

quasi-stationary social equilibrium　准稳态社会平衡。勒温（Lewin，1951）使用的一个术语，用来描述改变的一个阶段，在这个阶段一个人与其社会环境处于平衡状态。这种平衡可能会被外力或内力破坏，导致一种不平衡状态，继而引发改变和一个新的准稳态平衡。

queer　酷儿。一个内部术语，例如在酷儿艺术和酷儿理论中被重新赋予意义。这个词的优点是可以涵盖所有的性少数群体。缺点显而易见。

questioning　提问。在阐释过程中，工作者要求服务对象提供更多关于其问题的信息，包括人、发生的事、地点、时间和原因。

quiet member 安静的成员。在很长一段时间内明显保持沉默的小组成员。

rapport 融洽关系。构建"工作关系"的要素之一，服务对象一方与工作者相处的总的感觉。

reaching for feelings 探寻感受。同理心技巧，要求服务对象分享信息中包含的情感。

reaching for the client's feedback 寻求服务对象的反馈。邀请服务对象谈谈与接触的目的和机构服务有关的关切点。可能是一个简单的问题，也可能是对可能的关注点的一个具体的举例说明（参见工作抓手）。

reaching inside of silences 探寻沉默的内涵。通过将服务对象可能的感受转化为语言来探索沉默的意义的技巧。（例如，"你现在生气吗？"）

recontracting 重新订立契约。一个过程，在这个过程中工作者通过更清晰的目的陈述，或者探究小组成员的抗拒或与服务缺乏联结，重新开启订立契约过程。

record of service 服务记录。一份书面记录，描述服务对象系统，认定主要问题领域，描述和说明随着时间的推移所做的工作，开展一段时间的工作后对问题状况的评估，然后确定下一个工作者继续这一工作的干预措施。

reframing the problem 重构问题。家庭理论家描述的帮助家庭用新的方式看待问题的过程。这方面的一个例子是帮助家庭不再把家庭问题视为只跟某个孩子（已确认的病人）有关，孩子可能是家庭问题的替罪羊。

regression analysis 回归分析。预计预测变量对结果变量的影响的统计方法。

820

rehearsal 演练。（1）一个过程，在这个过程中服务对象有机会通过非正式的角色扮演练习有难度的下一步行动，通常通过工作者扮演另一个人而实现。这是小组会谈结束和转换的技巧之一。（2）一个互助过程，在这个过程中小组成员通过提供一个可以试试一些想法或技巧的平台来互相帮助。（3）小组会谈的作用之一，用来培养特定生活任务的技能。

resiliency 抗逆力。人（个人、群体）和/或社区用身心健康的方式处理危机、压力源和正常经历的能力；一种有效的应对方式（Barker，2003，p.369）。

resistance 抗拒。服务对象一方的抵制行为，看起来是抵制工作者处理服务对象问题的努力。抗拒可以是公开的（主动性的）或间接的（被动性的）。通常是一个迹象，表明服务对象与要做的努力有关的痛苦。

resolution-catharsis 解决-宣泄。小组发展依赖性阶段的第三个分阶段，在这个阶段，由不受权力问题困扰（独立）的成员发挥领导作用（Bennis & Shepard，1956）。从理论上讲，这种"推翻"带领者会导致每个成员都要对这个小组负责；工作者不再被视为"魔法师"，权力斗争被共同目标的工作所取代。

resolution stage 解决时段。一个工作时段，在这个时段有一次会谈用来进行某种形式的结案或解决，可能包括认识到缺少结案，并决定接下来的行动。

role 角色。按照心理动力学的语义框架，指一个"具有适应性的在行动的人格单位"（Ackerman，1958，p.53）。

scapegoat 替罪羊。一个小组中遭到其他成员言语或身体攻击的成员，这些成员把自身的负面情绪投射到这个成员身上。替罪羊的角色在本质上往往是互动性的，替罪羊在小组中扮演一个发挥特定作用的角色。

second decision 第二个决定。服务对象决定在工作的中间阶段继续与工作者保持关系。这一决定是在面对一些挑战时做出的，例如，正在处理令人痛苦的问题和接受解决问题个人负有责任。

self-determination 自决。服务对象自我选择和做决定的权利，是社会工作的一项伦理原则。

sessional contracting skills 会谈期间的订立契约技巧。通常在一次会谈开始时使用的技巧，用来澄清手头马上要做的工作。包括探索服务对象的抗拒情绪、识别过程与内容的联结、帮助服务对象以新的方式看待生活。

sessional ending and transition skills 小组会谈中的结束和转换技巧。用来结束一次会谈并把单次会谈与服务对象生活中未来的工作或问题联结起来的技巧。包括总结、推广、确定下一步工作、演练和识别"门把手沟通"。

sessional tuning-in skills 会谈期间的对焦技巧。在每次会谈前，用来使工作者敏锐察觉工作中可能出现的潜在主题的技巧。包括对焦服务对象的紧迫感、工作者自己的感受、服务对象挣扎的意义、工作者的时间和压力现实以及工作者自身的生活经历。

sexual orientation 性取向。个体对同性、异性或两性的伴侣或情感伴侣的倾向。

sharing data 分享数据资料。小组中的一个互助过程，成员分享积累的知识、观点、价值观等，从而帮助小组中的其他人。

sharing worker data 分享工作者的数据资料。分享工作者根据自身的经验积累可提供给服务对象的事实、想法、价值观和信念。

sharing worker's feelings 分享工作者的感受。与服务对象适当分享工作者自身情感的技巧。在工作者发挥专业作用、追求专业目的时，应该分享这些感受。

skill factor 技巧因素。一套密切相关的工作者技巧（如，同理心技巧）。

skills 技巧。工作者一方特定的行为，在落实社会工作的职能时运用。

societal taboos 社会禁忌。我们社会共同的禁令，直接或间接地阻止我们谈论特定领域（如性虐待、死亡和濒临死亡）。更宽泛地说，禁忌是源自习俗或传统的社会禁忌。规范和禁忌是密切相关的，因为一个群体规范可能支持使某些主题成为禁忌的传统。

solution-focused practice 寻解实务。这一模式建立在优势视角之上。它聚焦于服务对象当前的问题，并假设在社会工作者的帮助下，服务对象可以识别和运用可能被病理导向的工作方法忽视的内在优势。

spirituality 精神。献身于人性非物质性的部分和本质，而不是世俗的东西，如占有物；对人们宗教、道德或情感本质的取向（Barker，2003，p.414）。

"strength-in-numbers" phenomenon "数量优势"现象。互助过程，在这一过程中

通过其他小组成员的支持，小组成员增强了承担困难任务（如挑战机构政策）的能力。

structure and maintenance 结构框架与维护。小组成员完成的工作，用来建立、检查并保持其工作结构框架（角色、规则、文化等）井井有条。

structure for work 搭建工作的结构框架。小组成员为促进小组工作而确定的正式或非正式规则、角色、交流模式、仪式和程序。

summarizing 总结。帮助服务对象确认一次会谈中讨论的主题。这是关键节点需要用到的结束和转换技巧之一，不一定在每次会谈中都运用。

supporting clients in taboo areas 在禁忌领域支持服务对象。鼓励服务对象讨论一个敏感或困难的领域或问题（如性、丧失）。

symbiotic assumption 共生假设。一种个人与滋养他的群体之间的关系，每一方都 821 需要对方来维系自己的生命和成长，并在特定时刻尽其所能走向对方。

symbiotic diffusion 共生性消散。由于情形的复杂性、需要各有不同或是沟通上的困难，人与社会环境之间的相互需要变得模糊。

systems or ecological approach 系统或生态取向。一种服务对象观，考虑服务对象与社会环境的动态互动。

systems work 系统工作。社会工作者试图影响对其服务对象有重要意义的系统和系统的代表（如医生、行政管理人员、教师、其他社会工作者）的系列活动。

taboo 禁忌。参见社会禁忌。

theoretical generalizations 理论概括。从研究中得到重复支持的可检验的命题。

therapeutic alliance 治疗联盟。一个普遍接受的概念，包含在大多数实务理论中，认为助人者的活动可以帮助其与服务对象建立积极的工作关系。

third decision 第三个决定。服务对象在工作关系快结束时做出的处理最困难的问题的决定。

tipping point 临界点。一个小组中不断变化的种族比例的"饱和点"，导致大多数小组成员对"外人"产生焦虑和攻击性反应。达到临界点会产生分裂和"白人逃离"等。

transgender 跨性别者。几种类型的性身份和成套的行为表现之一，涉及接受异性的属性。

triangulation 三角缠。一方试图在与第三方的斗争中获得第二方的效忠的过程（例如，父母联合治疗师对阵孩子），以此作为应对焦虑的一种手段。

trust 信任。构建"工作关系"的要素；服务对象认为自己可以冒险与工作者分享想法、感受、错误和失败。

trying the ending on for size 试探尺度。结束/转换阶段的一个时段，服务对象或小组成员无须工作者协助而独立行事，或是花大量时间谈论新小组或新工作者。

tuning in 对焦。捕捉到服务对象带到助人会谈的可能感受和担忧。要有效地做到这一点，工作者必须用自身的生活经历唤起类似的情绪，实际体验这些感受或接近它们。

two-client construct　两个服务对象建构。认为社会工作者在任何时刻总是有两个服务对象的观点（例如，个人和家庭、成员和小组、服务对象和系统）。

unconflicted member　不受困扰的成员。小组中独立的、不受权威影响的成员。

values　价值观。一种文化、一个群体或一个人认为可取的风俗、信仰、行为准则和原则（Barker，2003，p.453）。

vicarious and secondary traumatic stress（STS）　替代性和继发性创伤压力。创伤性极端事件（如桑迪胡克校园枪击案）对参与提供帮助的专业人员的影响。也被视为社会工作者长期处理受创伤的服务对象（例如，受虐儿童）的问题会出现的情况，可能导致职业倦怠。

vulnerable client　脆弱的服务对象。由于个人和/或社会因素（如缺乏强有力的家庭或朋友社会支持系统，或经济资源有限）而特别容易受到压迫和有压力的生活事件影响的服务对象。

White flight　白人逃离。当一个小组的种族构成比例发生变化时，白人成员离开该小组的过程，致使少数族裔小组成员的增加超过了临界点。

who owns the client?　服务对象归谁？一种非良性的斗争，在这种斗争中，助人专业人员表现出争夺对服务对象的职责的"所有权"，而事实上服务对象属于自己。

work group　工作小组。与小组任务相关的精神活动（Bion，1961）。当工作小组运作时，可以看到小组成员将他们的想法和感受转化为适应现实的行动。

worker data　工作者的数据资料。请参阅分享工作者的数据资料。

working relationship　工作关系。服务对象和工作者之间的专业关系，是社会工作者影响服务对象的媒介。一种积极的工作关系的特点是融洽，服务对象一方感觉他可以信任工作者，工作者关怀服务对象。

Ackerman, N. (1958). *Psychodynamics of family life* (3rd ed.). New York: Basic Books.

Addams, J. (1961). *Twenty years at Hull House*. New York: Signet.

Albert, J. (1994). Rethinking difference: A cognitive therapy group for chronic mental patients. *Social Work with Groups, 17*, 105–122.

Albright, D. L., & Rosellini, G. (2010). Treating veterans and their families: What civilian counselors need to know. In *Terrorism, trauma, and tragedies: A counselor's guide to preparing and responding* (3rd ed., pp. 59–63). Alexandria, VA: American Counseling Association.

Aldridge, D. (2000). *Spirituality, healing and medicine: A return to silence*. London: Jessica Kingsley Publishers.

Alexander, R., Jr. (1997). Social workers and privileged communication in the federal legal system. *Social Work, 42*, 387–391.

Allen, K. P. (2013). Understanding bullying in an affluent, academically rigorous U.S. High School: A grounded theory analysis. *Journal of Human Behavior in the Social Environment, 23*(4), 413–436.

American Association for Counseling and Development. (1989). *Ethical guidelines for group counselors*. Alexandria, VA: Author.

American Psychiatric Association. (1994). *Diagnostic and statistical manual of mental disorders* (4th ed.; DSM-IV). Washington, DC: Author.

Amodeo, M., Wilson, S., & Cox, D. (1996). Mounting a community-based alcohol and drug abuse prevention effort in a multicultural urban setting: Challenges and lessons learned. *Journal of Primary Prevention, 16*, 165–185.

Appleby, G. A., Colon, E., & Hamilton, J. (2001). *Diversity and oppression, and social functioning*. Boston: Allyn & Bacon.

Arincorayan, D., Applewhite, L., DiJoseph, E., Ahivers, A. & Mangindin, A. (2013). Army social work: helping at risk soldiers come home. *Journal of Human Behavior and the Social environment, 23*:6, 692–698.

Argyris, C. (1964). *Integrating the individual and the organization*. New York: Wiley.

Asakura, K. & Craig, S. L. (2014). "It Gets Better"...but how? Exploring resilience development in the accounts of LGBTQ adults. In DeLucia-Waack, J. L., Kalodner, C. R. & Riva, M. T. (Eds.), *Handbook of Group Counseling & Psychotherapy*, 2nd ed., Sage Publications, Inc., 253–266.

Atieno, J. E. (2008). Reflective practice in group co-leadership. *Journal for Specialist in Group Work, 33*(3), 236–252.

Atkinson, D. R., Maruyama, M., & Matsui, D. (1978). The effects of counselor race and counseling approach on Asian Americans' perceptions of counselor credibility and utility. *Journal of Counseling Psychology, 45*, 414–423.

Barker, R. (2003). *The social work dictionary* (5th ed.). Silver Spring, MD: National.

Beasley, M., Thompson, T., & Davidson, J. (2003). Resilience in response to life stress: The effects of coping style and cognitive hardiness. *Personality and Individual Differences, 34*, 77–95.

Beck, A., Rush, A., Shaw, B., & Emery, G. (1979). *Cognitive theory of depression*. New York: Guilford Press.

Bell, N. W., & Vogel, E. F. (1960). The emotionally disturbed child as the family scapegoat. In N. W. Bell & E. F. Vogel (Eds.), *A modern introduction to the family* (pp. 382–397). New York: Free Press.

Bennis, W. G., & Shepard, H. A. (1956). A theory of group development. *Human Relations, 9*, 415–437.

Berlin, S. B. (1983). Cognitive-behavioral approaches. In A. Rosenblatt & D. Wald Fogel (Eds.), *Handbook of clinical social work* (pp. 1095–1119). San Francisco: Jossey-Bass.

Berlin, S. B. (1984). Single-case evaluation: Another version. *Social Work Research and Abstracts, 19*(1), 3–11.

Berlin, S. B., & Kravetz, D. (1981). Women as victims: A feminist social work perspective. *Social Work, 26*, 449.

Berman-Rossi, T., & Cohen, M. B. (1989). Group development and shared decision making working with homeless mentally ill women. In J. A. Lee (Ed.), *Group work with the poor and oppressed* (pp. 63–74). New York: Haworth Press.

Bernstein, S. (1965). *Explorations in group work*. Boston: Boston University School of Social Work.

Bernstein, S. (1970). *Further exploration in group work*. Boston: Boston University School of Social Work.

Beutler, L. E., Moleiro, C., & Talebi, H. (2002). How practitioners can systematically use empirical evidence in treatment selection. *Journal of Clinical Psychology, 58*(10), 1199–1212.

Bion, W. R. (1961). *Experience in groups*. New York: Basic Books.

Boutin, D. L. (2007). Effectiveness of cognitive behavioral and supportive-expressive group therapy for women diagnosed with breast cancer: A review of the literature. *Journal for Specialist in Group Work, 32*(3), 267–284.

Bowen, M. (1961). The family as a unit of study and treatment. *American Journal of Orthopsychiatry, 31*, 40–60.

Bowen, M. (1978). *Family therapy in clinical practice*. New York: Jason Aronson.

Boyle, D. P., & Springer, S. A. (2001). Toward a cultural competence measure for social work with specific populations. *Journal of Ethnic and Cultural Diversity in Social Work, 9*, 53–71.

Brabender, V. (2006). The ethical group psychotherapist. *International Journal of Group Psychotherapy, 56*(4), 395–414.

Braeger, G., & Holloway, S. (1978). *Changing human service organizations: Politics and practice.* New York: Free Press.

Breton, M. (1988). The need for mutual-aid groups in a drop-in for homeless women: The sistering case. In J. A. Lee (Ed.), *Group work with the poor and oppressed* (pp. 47–60). New York: Haworth Press.

Bricker-Jenkins, M. (1991). The propositions and assumptions of feminist social work practice. In M. Breicker-Jenkins, N. Hooyman, & N. Gottlief (Eds.), *Feminist social work practice in clinical settings* (pp. 271–303). Newbury Park, CA: Sage.

Bride, B. E., Jones, J. L., & MacMaster, S. A. (2007). Correlates of secondary traumatic stress in child protective services workers. *Journal of Evidence-Based Social Work, 4(3/4),* 69–80.

Brueggemann, W. G. (2006). *The practice of macro social work* (3rd ed.). Belmont, CA: Thomson Brooks/Cole.

Bulhan, H. A. (1985). *Franz Fanon and the psychology of oppression.* New York: Plenum Press.

Burkard, A. W., & Knox, S. (2004). Effect of therapist color-blindness on empathy and attributions in cross-cultural counseling. *Journal of Counseling Psychology, 51,* 387–397.

Butler, K. (1997, March/April). The anatomy of resilience. *Networker,* pp. 22–31.

Butler, S., & Wintram, C. (1991). *Feminist group work.* London: Sage Publications Ltd.

Butterfield, E. (2003). Intersectonality: New directions for a theory of identity. *International Studies in Philosophy, 35*(1), 1–12.

Carter, J. A. (2002). Integrating science and practice: Reclaiming the science in practice. *Journal of Clinical Psychology, 58*(10), 1285–1290.

Castex, G. M. (1994). Providing services to Hispanic/Latino populations: Profiles in diversity. *Social Work, 39,* 288–296.

Chapelle, J. K. (2014). Case study I-3 a strengths-focused approach to community development. In *Case Studies in Social Work Practice*, 3rd edition. Hoboken, NJ: John Wiley & Sons, 21–30.

Chen, M., & Rybak, C. J. (2004). *Group leadership skills: Interpersonal process in group counseling and therapy.* Belmont, CA: Wadsworth/Thomson.

Christian, M. D., & Barbarin, O. A. (2001). Cultural resources and psychological adjustment of African American children: Effects of spirituality and racial attribution. *Journal of Black Psychology, 27,* 43–63.

Chung, R. C.-Y., & Bemak, F. (2002). The relationship of culture and empathy in cross-cultural counseling. *Journal of Counseling and Development, 80,* 154–159.

Cianluca, L. C., Gullo, S., Verso, G. L. & Kivlighan, Jr. D. M. (2013). Sex composition and group climate: a group actorl-partner interdependence analysis. *Group Dynamics: Theory, Research and Practice. 17*(4), 270–280.

Clay, C., & Shulman, I. (1993). *Teaching about practice and diversity: Content and process in the classroom and the field*

[Videotape]. Produced and distributed by the Council on Social Work Education.

Clemans, S. E. (2004). Recognizing vicarious traumatization: A single session group model for trauma workers. *Social Work with Groups, 27*(3), 55–74.

Code of ethical practice. (1991). Boston, MA: Board of Registration of Social Workers, 258 CMR-25.

Cohen, J. A. (2005). Treating traumatized children: Current status and future directions. In *Acute reactions to trauma and psychotherapy: A multidisciplinary and international perspective* (pp. 109–121). New York: Haworth Press.

Collins, B. G. (1994). Reconstructing codependency using self-in-relation theory: A feminist perspective. *Social Work, 38,* 470–476.

Collins, D., Jordan, C., & Coleman, H. (2007). *An introduction to family social work.* Belmont, CA: Thomson Brooks/Cole.

Congress, E. P. (1994). The use of culturagrams to assess and empower culturally diverse families. *Families in Society, 75,* 531–540.

Connell, J. P., Spencer, M. B., & Aber, J. L. (1994). Educational risk and resilience in African American youth: Context, self, action, and outcomes in school. *Child Development, 65,* 506–520.

Connolly, C. M. (2005). The process of change: The intersection of the GLBT individual and their family of origin. *Journal of GLBT Family Studies: Innovations in Theory, Research, and Practice, 1*(1), 5–20.

Constantine, M. (2007). Racial microaggressions against African American clients in cross-racial counseling relationships. *Journal of Counseling Psychology, 54*(1), 1–16.

Contrato, S., & Rossier, J. (2005). Early trends in feminist therapy theory and practice. In M. Hill & M. Ballou (Eds.), *The foundation and future of feminist therapy.* New York: Haworth Press.

Corey, G. (2008). *Theory and practice of group counseling* (7th ed.). Belmont, CA: Thomson Brooks/Cole.

Corey, M. S., & Corey, G. (2006). *Groups: Process and practice* (7th ed.). Belmont, CA: Thomson Brooks/Cole.

Cottone, R.R. (2013). A Paradigm Shift in counseling Philosophy. *Counseling Today, 56*(3), 55–57.

Council on Social Work Education. (2003). *Curriculum policy statement.* New York: Author.

Cowan, E. W., Presbury, J. & Echterling, L. G. (2013). The paradox of empathy: When empathy hurts. *Counseling Today, 55*:8, 56–61.

Cox, E. O. (2001). Community practice issues in the 21st century: Questions and challenges for empowerment oriented practitioners. *Journal of Community Practice, 9,* 37–55.

Coyle, G. (1948). *Group work with American youth.* New York: Harper.

Daly, A., Jennings, J., Beckett, J. O., & Leashore, B. R. (1995). Effective coping strategies of African Americans. *Social Work, 40,* 240–248.

Damianakis, T., Climans, R., & Marziali, E. (2008). Social workers experiences of virtual psychotherapeutic support groups of family caregivers for Alzheimer's, Parkinson's, stroke, front temporal dementia and traumatic brain injury. *Social Work with Groups, 31,* 99–116.

Danieli, Y., Brom, D., & Sills, J. (Eds.). (2005). *The trauma of terrorism: Sharing knowledge and shared care—An international perspective.* New York: Haworth Press.

Davidson, K. W. (1985). Social work with cancer patients: Stresses and coping patterns. *Social Work in Health Care, 10,* 73–82.

Davies, D. R., Burlingame, G. M., & Layne, C. M. (2006). *Integrating small group process principles into trauma-focused group psychotherapy: What should a group trauma therapist know?* New York: Haworth Press.

Davis, L. E. (1979). Racial composition of groups. *Social Work, 24,* 208–213.

Davis, L. E. (1981). Racial issues in the training of group workers. *Journal of Specialists in Group Work,* volume *1,* issue 2, 155–160.

Davis, L. E. (1984). *Ethnicity in social group work practice.* New York: Haworth Press.

Davis, L. E. (1999). *Working with African American males: A guide to practice.* Newbury Park, CA: Sage.

Davis, L. E., & Proctor, E. K. (1989). *Race, gender, and class: Guidelines for practice with individuals, families, and groups.* Englewood Cliffs, NJ: Prentice-Hall.

Deanda, D. (2000). Violence: Diverse Populations and Communities. *Journal of Multicultural Social Work, 8,* 1/2, 3/4.

DeLucia-Waack, J., & Donigian, J. (2004). *The practice of multicultural group work: Visions and perspectives from the field.* Belmont, CA: Thomson Brooks/Cole.

DeLucia-Waack, J. L. (2006). *Leading psychoeducational groups for children and adolescents.* Thousand Oaks, CA: Sage.

deShazer, S. (1988). *Clues: Investigating solutions in brief therapy.* New York: Norton.

deShazer, S., & Berg, R. (1992). Doing therapy: A poststructural revision. *Journal of Marital and Family Therapy, 18,* 71–81.

Devore, W., & Schlesinger, E. G. (1991). *Ethnic-sensitive social work practice* (3rd ed.). New York: Macmillan.

Devore, W., & Schlesinger, E. G. (1996). *Ethnic-sensitive social work practice* (4th ed.). Needham Heights, MA: Allyn & Bacon.

Diagnostic and statistical manual of mental disorders, 5th edition. American Psychiatric Association [APA], 2013.

DiClemente, C. C., Prochaska, J. O., Fairhurst, S. K., & Velicer, W. F. (1991). The process of smoking cessation: An analysis of precontemplation, contemplation, and preparation stages of change. *Journal of Consulting and Clinical Psychology, 59,* 191–204.

Dill, K. (2011). Impact of stressors on front-line child welfare supervisors. *The Clinical Supervisor, 26:1–2,* 177–193.

Dolgoff, R., Loewenberg, F. M., & Harrington, D. (2005). *Ethical decisions for social work practice* (7th ed.). Belmont, CA: Brooks/Cole.

Douglas, T. (1995). *Scapegoats: Transferring blame.* New York: Routledge.

Dreschler, J., D'ercole, A., & Schoenberg, E. (Eds.). (2003). *Psychotherapy with gay men and lesbians.* New York: Harrington Park Press.

Duff, C. T. (2010). Counsellor behaviours that predict therapeutic alliance: From the client's perspective. *Counselling Psychology Quarterly, 23*(1), 91–110.

Egeland, B. R., Carlson, E., & Sroufe, L. A. (1993). Resilience as process. *Development and Psychopathology, 5,* 517–528.

Elkin, I., Parloff, M. B., Hadley, S. W., & Autry, J. H. (1985). NIMH treatment of depression collaborative research program: Background and research plan. *Archives of General Psychiatry, 42,* 305–316.

Ell, K. (1996). Crisis theory and social work practice. In F. Turner (Ed.), *Social work treatment: Interlocking theoretical approaches* (4th ed., pp. 168–190). New York: Free Press.

Elze, D. (2006). Working with gay, lesbian, bisexual and transgender students. In C. Franklin, M. B. Harris, & P. Allen-Meares (Eds.), *The school services sourcebook: A guide for school-based professionals* (pp. 861–870). New York: Oxford University Press.

Engstrom, C. (2009). Social workers' ability to assess how clients experience investigation sessions—with and without the ASI. *Journal of Social Work, 9*(3), 309–323.

Fanon, F. (1968). *The wretched of the earth.* New York: Grove Press.

Fedele, N. (1994). *Relationships in groups: Connection, resonance, and paradox* (Working Paper Series). Wellesley, MA: Stone Center.

Fenell, D. L., & Wehrman, J. D. (2010). Deployment counseling: Supporting military personnel and their families. In *Terrorism, trauma, and tragedies: A counselor's guide to preparing and responding* (3rd ed., pp. 49–51). Alexandria, VA: American Counseling Association.

Figley, C. R. (Ed.). (1995). *Compassion fatigue: Coping with secondary traumatic stress disorder in those who treat the traumatized.* New York: Brunner/Mazel.

Fischer, J. (1973). Is casework effective? A review. *Social Work, 18,* 5–20.

Flanders, N. A. (1970). *Analyzing teaching behaviors.* Reading, MA: Addison-Wesley.

Fonagy, P., Steele, M., Steele, H., & Higgitt, A. (1994). The Emanuel Miller Memorial Lecture 1992: The theory and practice of resilience. *Journal of Child Psychology and Psychiatry and Allied Disciplines, 35,* 231–257.

Freedberg, S. (2009). *Relational theory for social work practice: A feminist perspective.* New York: Routledge, Taylor and Francis Group.

Freeman, D. S. (1981). *Techniques of family therapy.* New York: Jason Aronson.

Freud, S., & Krug, S. (2002, September–December). Beyond the code of ethics, part 1: Complexities of ethical decision making in social work practice. *Families in Society: The Journal of Contemporary Human Services, 83*(5/6), 474–482.

Freund, P. D. (1993). Professional role(s) in the empowerment process: Working with mental health consumers. *Psychosocial Rehabilitation Journal, 3,* 65–73.

Fuchsel, C. L. M. & Hysjulien, B. Exploring a domestic violence intervention curriculum for immigrant Mexican women in a group setting: A pilot study. *Social Work with Groups, 36*(4), 304–320.

Galloway, V. A., & Brodsky, S. L. (2003). Caring less, doing more: The role of therapeutic detachment with volatile and unmotivated clients. *American Journal of Psychotherapy, 57*, 32–38.

Galper, J. (1967). Introduction to radical theory and practice in social work education: Social policy. *Journal of Education in Social Work, 12*, 3–9.

Gamble, D. N. & Weil, M. (2008) Community Practice Interventions, in Davis, L., & Mizrahi, T., *Encyclopedia of Social Work-20th edition*. Oxford University Press and NASW Press, 355–368.

Gambrill, E., & Pruger, R. (1997). *Controversial issues in social work ethics, values, and obligations*. Boston: Allyn & Bacon.

Gans, J. S., & Counselman, E. F. (2010). Patient selection for psychodynamic group psychotherapy: Practical and dynamic considerations. *International Journal of Group Psychotherapy, 60*(2), 197–220.

Garfield, G. P., & Irizarry, C. R. (1971). Recording the "record of service": Describing social work practice. In W. Schwartz & S. Zalba (Eds.), *The practice of group work* (pp. 241–265). New York: Columbia Press.

Garland, J. A., Jones, H. E., & Kolodny, R. L. (1965). A model for stages of development in social work groups. In S. Bernstein (Ed.), *Explorations in group work* (pp. 17–71). Boston: Boston University School of Social Work.

Garland, J. A., & Kolodny, R. L. (1965). Characteristics and resolution of scapegoating. In S. Bernstein (Ed.), *Explorations in group work*. Boston: Boston University School of Social Work. (Published later under the same title by Boston: Charles River Books, 1976; Hebron, CT: Practioner's Press, 1984.)

Garmezy, N. (1993). Children in poverty: Resilience despite risk. *Psychiatry, 56*, 127–136.

Garmezy, N., Masten, A. S., & Tellegen, A. (1984). The study of stress and competence in children: A building block for developmental psychopathology. *Child Development, 55*, 98–111.

Garvin, C. (1969). Complementarity of role expectations in groups: The member-novice contact. In *Social work practice* (pp. 127–145). New York: Columbia University Press.

Gary, L. E., & Leashore, B. R. (1982). High-risk status of black men. *Social Work, 27*, 54–58.

Garza, Y., & Watts, R. (2010). Filial therapy and Hispanic values: Common ground for culturally sensitive helping. *Journal of Counseling and Development, 88*(1), 108–113.

Germain, C. B., & Gitterman, A. (1996). *The life model of social work practice: Advances in theory and practice* (2nd ed.). New York: Columbia University Press.

Gilgun, J. F. (1996). Human development and adversity in ecological perspective, part 1: A conceptual framework. *Families in Society, 77*, 395–402.

Gilligan, C., Lyons, N. P., & Hammer, T. J. (1990). *Making connections: The relational worlds of adolescent girls at Emma Willard School*. Cambridge, MA: Harvard University Press.

Gim, R. H., Atkinson, D. R., & Kim, S. J. (1991). Asian-American acculturation, counselor ethnicity and cultural sensitivity, and ratings of counselors. *Journal of Counseling Psychology, 38*, 57–62.

Gladding, S. T. (2003). *Group work: A counseling specialty* (4th ed.). Upper Saddle River, NJ: Merrill/Pearson Education.

Gladis, M. M., Gosch, E. A., Dishuk, N. M., & Crits, C. P. (1999). Quality of life: Expanding the scope of clinical significance. *Journal of Consulting and Clinical Psychology, 67*(3), 320–331.

Glaser, B., & Strauss, A. (1967). *Grounded theory*. Chicago: Aldine.

Glicksman, E. (2012). Psychologists are working to make schools more welcoming for LGBTQ youth. *Monitor on Psychology, 43*(11), 33–35.

Green, S., Nurius, P. S., & Lester, P. (2013). Spouse psychological well-being: A keystone to military family health. *Journal of Human Behavior in the Social Environment, 23*:6, 753–768.

Greene, L. R., Harpaz-Rotem, K. A., Sandeers, K. M., Wheat, A., Dorflinger, A. K. & Bullock, J. (2014). Group treatment within the department of veterans affairs. in DeLucia-Waack, J. L., Kalodner, C. R. & Riva, M. T. (Eds.), *Handbook of Group Counseling & Psychotherapy*, 2nd ed., Sage Publications, Inc., 351–363.

Guiffrida, D. A., & Douthit, K. Z. (2010). The black student experience at predominantly white colleges: Implications for school and college counselors. *Journal of Counseling and Development, 88*(3), 311–318.

Gumpert, J., & Black, P. N. (2006). Ethical issues in group work: What are they and how are they managed? *Social Work with Groups: A Journal of Community and Clinical Practice, 29*(4), 93–99.

Gutheil, I. A. (1992). Considering the physical environment: An essential component of good practice. *Social Work, 37*(5), 391–396.

Guttmann, D. (2006). *Ethics in social work: A context of caring*. Binghamton, NY: Haworth Press.

Hacker, A. (1992). *Two nations: Black and white, separate, hostile, unequal*. New York: Scribner.

Håkan, J. (2010). Therapeutic alliance and outcome in routine psychiatric out-patient treatment: Patient factors and outcome. *Psychology and Psychotherapy: Theory, Research and Practice, 83*(2), 193–206.

Hakansson, J., & Montgomery, H. (2002). The role of action in empathy from the perspective of the empathizer and the target. *Current Research in Social Psychology, 8*, 50–62. Retrieved from http://www.uiowa.edu/.

Hakansson, J., & Montgomery, H. (2003). Empathy as an interpersonal phenomenon. *Journal of Social and Personal Relationships, 20*, 267–284.

Haley, J. (1978). *Problem-solving therapy*. San Francisco: Jossey-Bass.

Hancock, A. M. (2007). When multiplication doesn't equal quick addition: Examining intersectionality as a research paradigm. *Perspectives on Politics, 5*(1), 63–69.

Hanna, S. M. (2007). *The practice of family therapy: Key elements across models* (4th ed.). Belmont, CA: Thomson Brooks/Cole.

Hardy, K. V., & Laszloffy, T. A. (1992). Training racially sensitive family therapists: Context, content, and contact. *Families in Society, 73*(6), 364–370.

Hare, P. A. (1962). *Handbook of small group research.* New York: Free Press.

Harris, J. & White, V. (2013). *Oxford Dictionary of Social Work & Social Care.* Oxford, London: Oxford University Press, 103.

Haug, S., Sedway, J., & Kordy, H. (2008, January). Group processes and process evaluations in a new treatment setting: Inpatient group psychotherapy followed by Internet-chat aftercare groups. *International Journal of Group Psychotherapy, 58*(1), 35–53.

Hearn, G. (1962). *The general systems approach to understanding groups.* New York: Society of Public Health Educators.

Herrenkohl, E. C., Herrenkohl, R. C., & Egolf, B. (1994). Resilient early school-age children from maltreating homes: Outcomes in late adolescence. *American Journal of Orthopsychiatry, 64*, 301–309.

Heyman, D. (1971). A function for the social worker in anti-poverty programs. In W. Schwartz & S. Zalba (Eds.), *The practice of group work* (pp. 167–180). New York: Columbia University Press.

Hodge, D. R. (2009). A systematic review of the empirical literature on intercessory prayer in Vaughn, M. G., Howard, M. O. & Thyer, B. A., *Readings in Evidence-Based Social Work: Syntheses of the Intervention Knowledge Base,* Thousand Oaks California: Sage Publications, 293–319.

Holmes, D. M. (2006). Spirituality courses become part of medical school curriculum. In *University at Buffalo New Release.*

Holmes, M., & Lundy, C. (1990). Group work for abusive men: A profeminist response. *Canada's Mental Health, 38*, 12–17.

Horne, A. M., & Passmore, J. L. (1991). *Family counseling and therapy* (2nd ed.). Itasca, IL: Peacock.

Horne, S. G., Levitt, H. M., Reeves, T. & Wheeler, E. E. (2014). Group work with gay, lesbian, bisexual, transgender, queer, and questioning clients. In Delucia-Waack, J. L., Kalodner, C. R. & Riva, M. T. (Eds.), *Handbook of Group Counseling & Psychotherapy,* 2nd ed., Sage Publications, Inc., 253–263.

Hulko, W. (2009). The time and context-contingent nature of intersectionality and interlocking oppressions. *Affilia: Journal of Women and Social Work, 24*(1), 44–55.

Hyde, B. (2013). Mutual aid group work: Social work leading the way to recovery-focused mental health practice. *Social Work with Groups, 36* (1), 43–58.

Ibrahim F. A. & Dykeman C. (2011). Counseling Muslim Americans: Cultural and spiritual Assessments. *Journal of Counseling & Development, 89*(4), 387–396. Ingersoll, K. S., Wagner, C. C., & Gharib, S. (2007). *Motivational groups for community substance abuse programs.* Richmond, VA: Mid-Atlantic Addiction Technology Transfer Center.

Jacobs, B. (2001). Taking sides: A white intern encounters an African American family. In S. McDaniel, D. Lusterman, & C. Philpot (Eds.), *Casebook for integrating family therapy* (pp. 171–178). Washington, DC: American Psychological Association.

Jacobs, E. E., Masson, R. L., & Harvill, R. L. (2006). *Group counseling: Strategies and skills* (5th ed.). Belmont, CA: Brooks/Cole.

Jaffee v. Redmond, 116 S. Ct. 1923 (1996). [Lexis, U. U. 3879]

Janzen, C., & Harris, O. (1997). *Family treatment in social work practice.* Itasca, IL: Peacock.

John, U., Veltrup, C., Driessen, M., Wetterling, T., & Dilling, H. (2003). Motivational intervention: An individual counseling vs. a group treatment approach for alcohol-dependent in-patients. *Alcohol, 38,* 263–269.

Johnson, O. J. & Johnson, I. N. (2013). Traumatic grief among African American soldiers exposed to combat: Implications for social work education. *Journal of Human Behavior and the Social Environment, 23* (6), 726–736.

Jordan, J. (1991). Empathy, mutuality, and therapeutic change: Clinical implications of a relational model. In *Women's growth in connections: Writings from the Stone Center.* New York: Guilford Press.

Jordan, J. (1993). *Challenges to connection: Work in progress* (Working Paper Series, No. 60). Wellesley, MA: Stone Center.

Joyce, A. S., Piper, W. E., & Ogrodniczuk, J. S. (2007). Therapeutic alliance and cohesion variables as predictors of outcome in short-term group psychotherapy. *International Journal of Group Psychotherapy, 57*(3), 269–296.

Karlin, B.E. & Cross, G. (2014). From the laboratory to the therapy room: national dissemination and implementation of evidence-based psychotherapies in the U.S. Department of Veterans Affairs health Care System. In *American Psychologist, 59*:1, 19–33.

Kees, N. & Leech, N. (2014). Women's groups research and practice trends. In Delucia-Waack, J. L., Kalodner, C. R. & Riva, M. T. (Eds.), *Handbook of Group Counseling & Psychotherapy,* 2nd ed., Sage Publications, Inc., 506–520.

Keith, D. V., & Whitaker, C. A. (1982). Experiential/symbolic family therapy. In A. M. Horne & M. M. Ohlsen (Eds.), *Family counseling and therapy.* Itasca, IL: Peacock.

Kendler, H. (2002). "Truth and reconciliation": Worker's fear of conflict in groups. *Social Work with Groups: A Journal of Community and Clinical Practice, 25*(3), 25–41.

Kennedy, A. (2008). Plugged in, turned on and wired up: How technology and the computer age are changing the counseling profession. *Counseling Today, 51*(2), 34–38.

Kim, B. S. K., Ng, G. F., & Ahn, A. J. (2009). Client adherence to Asian cultural values, common factors in counseling, and session outcome with Asian American clients at a university counseling center. *Journal of Counseling and Development, 87*(2), 131–142.

Kirk, S. A., Siporin, M., & Kutchins, L. (1989). The prognosis for social work diagnosis. *Social Casework, 70,* 295–304.

Kobasa, S. C., & Pucetti, M. C. (1983). Personality and social resources in stress resistance. *Journal of Personality and Social Psychology, 45,* 839–850.

Kubler-Ross, E. (1969). *On death and dying.* New York: Macmillan.

Kuhn, T. H. (1962). *The structure of scientific revolution.* Chicago: University of Chicago Press.

Kurland, R., & Salmon, R. (2006). Purpose: A misunderstood and misused keystone of group work practice. *Social Work with Groups: A Journal of Community and Clinical Practice, 29*(2/3), 105–120.

Lambert, M. J., Hansen, N. B., & Finch, A. E. (2001). Patient-focused research: Using patient outcome data to enhance treatment effects. *Journal of Consulting and Clinical Psychology, 69*(2), 159–172.

Lampropoulos, G. K., Goldfried, M. R., Castonguay, L. G., Lambert, M. J., Stiles, W. B., & Nestoros, J. N. (2002). What kind of research can we realistically expect from the practitioner? *Journal of Clinical Psychology, 58*(10), 1241–1264.

Lampropoulos, G. K., Schneider, M. K., & Spengler, P. M. (2009). Predictors of early termination in a university counseling training clinic. *Journal of Counseling and Development, 87*(1), 36–46.

Lasky, G. B., & Riva, M. T. (2006). Confidentiality and privileged communication in group psychotherapy. *International Journal of Group Psychotherapy, 56*(4), 455–476.

Learly, M. R. (1996). *Self presentation: Impression management and interpersonal behavior.* Boulder, CO: Westview Press.

Lee, J. A. (1994). *The empowerment approach to social work practice.* New York: Columbia University Press.

Lee, Y., & Yim, NY. (2013). Korean American dementia family caregivers' experience of a psychoeducational support group: Investigation of role of culture. *Social Work with Groups, 36*(1), 27–42.

Letendre, J. & Williams, L. R. (2014). "I hear you": using focus groups to give voice to adolescent girls' experiences with violence. *Social Work With Groups, 37*(2), 114–128.

Levounis, P. (2003). Gay patient—gay therapist: A case report of Stephen. In J. Dreschler, A. D'ercole, & E. Schoenberg (Eds.), *Psychotherapy with gay men and lesbians.* New York: Harrington Park Press.

Lewin, K. (1935). *Field theory in social science: Selected theoretical papers.* New York: McGraw-Hill.

Lewin, K. (1951). *A dynamic theory of personality: Selected theoretical papers.* New York: McGraw-Hill.

Li, X., Stanton, B., Pack, R., Harris, C., Cottrell, L., & Burns, J. (2002). Risk and protective factors associated with gang involvement among urban African American adolescents. *Youth and Society, 34*, 172–194.

Lidz, C. (1984). *Informed consent.* New York: Guilford Press.

Lincourt, P., Kuettel, T. J., & Bombardier, C. H. (2002). Motivational interviewing in a group setting with mandated clients: A pilot study. *Addictive Behaviors, 27*(3), 381–391.

Lindgren, A., Barber, J. P., & Sandahl, C. (2008). Alliance to the group-as-a-whole as a predictor of outcome in psychodynamic group therapy. *International Journal of Group Psychotherapy, 58*(2), 142–163.

Loewenberg, F., & Dolgoff, R. (1996). *Ethical decisions for social work practice* (5th ed.). Itasca, IL: Peacock.

Long, D. D., Tice, C. J., & Morrison, J. D. (2006). *Macro social work practice: A strengths perspective.* Belmont, CA: Thomson Brooks/Cole.

Lu, Y. E., Organista, K. C., Manzo, S. J., Wong, L. & Phung, J. (2001). Exploring dimensions of culturally sensitive clinical styles with Latinos. *Journal of Ethnic and Cultural Diversity in Social Work, 10*, 45–66.

Lubin, H., & Johnson, D. R. (2008). *Trauma-centered group psychotherapy for women: A clinician's manual.* New York: Haworth Press.

Lueger, R. J. (2002). Practice-informed research and research-informed psychotherapy. *Journal of Clinical Psychology, 58*(10), 1265–1276.

Luke, M., & Goodrich, K.M. (2013). Investigating the LGBTQ responsive model for supervision of group work. *The Journal for Specialists in Group Work, 38*:2, 121–145.

Lum, D. (1996). *Social work practice and people of color: A process-stage approach* (3rd ed.). Pacific Grove, CA: Brooks/Cole.

Lum, D. (1999). *Culturally competent practice: A framework for growth and action.* Pacific Grove, CA: Brooks/Cole.

Mailick, M. D. (1991). Re-assessing assessment in clinical social work practice. *Smith College Studies in Social Work, 62*(1), 3–19.

Malekoff, A. (2004). *Group work with adolescent: Principle and practice.* New York, NY: Guilford Press.

Malekoff, A. (2007). What could happen and what couldn't happen: A poetry club for kids. *Social Work with Groups: A Journal of Community and Clinical Practice, 29*(2/3), 121–132.

Malekoff, A. (2008). Transforming trauma and empowering children and adolescents in the aftermath of disaster through group work. *Social Work with Groups: A Journal of Community and Clinical Practice, V.32*, 1,2, 29–52.

Mangione, L., Forti, R., & Iacuzzi, C. M. (2007). Ethics and endings in group psychotherapy: Saying good-bye and saying it well. *International Journal of Group Psychotherapy, 57*(1), 25–40.

Marsiglia, F. F., Pena, V., Nieri, T., & Nagoshi, J. L. (2010). Real groups: The design and immediate effects of a prevention intervention for Latino children. *Social Work with Groups, 33*, 103–121.

Mason, M. J. (2009). Rogers redux: Relevance and outcomes of motivational interviewing across behavioral problems. *Journal of Counseling and Development, 87*(3), 357–362.

Massachusetts NASW Chapter. (1996). [Monthly newspaper.]

Masten, A. S. (2001). Ordinary magic: Resilience processes in development. *American Psychologist, 56*, 227–238.

Matthews-Juarez, P., Juarez, P. D., & Falknew, R. T. (2013). Social media and military families: A perspective. *Journal of Human Behavior and the Social Environment, 23*:6, 769–776.

McGloin, J., & Widom, C. S. (2001). Resilience among abused and neglected children grown up. *Development and Psychopathology, 13*, 1021–1038.

McNeece, C. A., & Thyer, B. A. (2004). Evidenced-based practice and social work. *Journal of Evidence-Based Social Work, 1*(1), 7–26.

Mendez-Negrete, J. (2000). "Dime con quien andas": Notions of Chicano and Mexican-American families.

Families in Society: The Journal of Contemporary Human Services, 81, 42–48.

Meyers, L. (2014). Advocacy in Action. *Counseling Today, 56*:11, 32–41.

Miller, J. B. (1987). *Toward a new psychology of women* (2nd ed.). Boston: Beacon Press.

Miller, J. B. (1988). *Connections, disconnections, and violations* (Working Paper Series). Wellesley, MA: Stone Center.

Miller, J. B., & Stiver, I. P. (1991). *A relational framing of therapy* (Working Paper Series). Wellesley, MA: Stone Center.

Miller, J. B., & Stiver, I. P. (1993). A relational approach to understanding women's lives and problems. *Psychiatric Annals, 23,* 424–431.

Miller, S. (2005). What's like being the "holder of the space": A narrative on working with reflective practice in groups. *Reflective Practice, 6,* 367–377.

Miller, W. R., & Rollnick, S. (1991). *Motivational interviewing: Preparing people to change addictive behavior.* New York: Guilford Press.

Mills, C. W. (1959). *The sociological imagination.* New York: Oxford University Press.

Mirabito, D., & Rosenthal, C. (2006). *Generalist social work practice in the wake of disaster: September 11th and beyond.* Belmont, CA: Thomson.

Mitchel, J. T., & Everly, G. S., Jr. (2006). Critical incident stress management in terrorist events and disasters. In L. A. Schein, H. I. Spitz, G. M. Burlingame, P. R. Muskin, & S. Vargo (Eds.), *Psychological effects of catastrophic disasters: Group approaches to treatment.* Binghamton, NY: Haworth Press.

Mizrahi, T. (2001). The status of community organizing in 2001: Community practice context, complexities, contradictions, and contributions. *Research on Social Work Practice, 11,* 176–189.

Moberg, D. O. (1955). Research in spirituality, religion and aging. In H. R. Moody (Ed.), *Religion, spirituality, and aging: A social work perspective.* Binghamton, NY: Haworth Press.

Moody, H. R. (Ed.). (2005). *Religion, spirituality, and aging: A social work perspective.* Binghamton, NY: Haworth Press.

Mulroy, E. (1997). Building a neighborhood network: Interorganizational collaboration to prevent child abuse and neglect. *Social Work, 42,* 255–264.

Mulroy, E. A., & Shay, S. (1997). Nonprofit organizations and innovation: A model of neighborhood-based collaboration to prevent child maltreatment. *Social Work, 42,* 515–524.

Murray, C. (2003). Risk factors, protective factors, vulnerability, and resilience: A framework for understanding and supporting the adult transitions of youth with high-incidence disabilities. *Remedial and Special Education, 24,* 16–26.

Myers, K. (2013). Effective treatment of military clients. *Counseling Today, 56*:2, 52–54.

Nartz, M., & Schoesch, D. (2000). Use of the Internet for community practice: A Delphi study. *Journal of Community Practice, 8,* 37–59.

Nathanson, I. L., Giffords, E. D., & Calderon, O. (2011). Expanding Awareness: Issues in the development of an ethics scale for the social work profession. *Journal of Social Work Education, 47.*1, 133–150.

Nathe, B. A., Gringeri, C. & Wahab, S. (2013). Nurturing "critical hope" in teaching feminist social work research. *Journal of social work education, 49,* 277–291.

National Association of Social Workers. (1990). *Promoting family support statements.* Washington, DC: Author.

National Association of Social Workers. (1999). *National Association of Social Workers code of ethics.* Washington, DC: Author.

National Institute of Mental Health. (2003). Treatment of depression collaborative research program: Background and research plan. *Archives of General Psychiatry, 42,* 305–316.

NREPP. (2003, 2006). *SAMSSSA's National Registry of Evidence-Based Programs and Practices,* http://www.nrepp.samhsa.gov/.

Nugent, W. R. (1991). An experimental and qualitative analysis of cognitive-behavioral intervention for anger. *Social Work Research and Abstracts, 27*(3), 3–8.

O'Brien, P. (1995). From surviving to thriving: The complex experience of living in public housing. *Affilia, 10,* 155–178.

Oei, T. P. S., & Shuttlewood, G. J. (1996). Specific and nonspecific factors in psychotherapy: A case of cognitive therapy for depression. *Clinical Psychology Review, 16,* 83–103.

Orr, A. L. (2005). Dealing with the death of a group member: Visually impaired elderly in the community. In A. Gitterman & L. Shulman (Eds.), *Mutual aid groups, vulnerable and resilient populations, and the life cycle* (3rd ed., pp. 471–492). New York: Columbia University Press.

Paterson, J. (2009). Beyond an elementary approach. In *Counseling Today,* June, 34–35).

Patton, J. D. (2013). Support for resilience theory with female adolescents who are Violent: A MIMIC model. *Journal of Human Behavior in the Social Environment, 23*:5, 648–660.

Perlman, H. H. (1957). *Social casework: A problem-solving process.* Chicago: University of Chicago Press.

Pfefferbaum, B. (2005). Aspects of exposure in childhood trauma: The stressor criterion. In E. Cardena & K. Croyle (Eds.), *Acute reactions to trauma and psychotherapy: A multidisciplinary and international perspective.* Binghamton, NY: Haworth Press.

Pilsecker, C. (1979). Terminal cancer. *Social Work in Health Care, 4,* 237–264.

Polowy, C. I. (1997). *NASW law notes for social workers [pamphlet].*

Porter, A. O. (2013). An examination of a case study with a military family and its involvement with child protective services. *Journal of Human Behavior and the Social environment, 23*:6, 777–788.

Post, B. C., Cornish, M. A., Wade, N. G. & Tucker, J. R. (2013). Religion and spirituality in group counseling: beliefs and practices of university counceling center counselors. In *The Journal for Specialist in Group Work, 38*:4, 264–284.

Post, B. C., Wade, N. G. & Cornish, M. A. (2013). Religion and spirituality in group counseling: beliefs and preferences of university counseling center clients. In *Group Dynamics: Theory, Research and Prctice*, 18:1, 53–68.

Prochaska, J. O., & DiClemente, C. C. (1982). Transtheoretical therapy: Toward a more integrative model of change. *Psychotherapy: Theory, Research and Practice*, 19, 276–288.

Proctor, E. K., & Davis, L. E. (1994). The challenge of racial difference: Skills for clinical practice. *Social Work*, 39, 314–323.

Pudil, J. (2007, January). I'm gone when you're gone: How a group can survive when its leader takes a leave of absence. *Social Work with Groups*, 29(2/3), 217–233.

Raczynski, K. & Horne, A (2013). Psychoeducational and counseling groups for bullying. In *Handbook of Group Counseling & Psychotherapy*, 2nd edition. J. L. DeLucia-Waack, C. R. Kalodner & M. T. Riva (Eds.) Thousand Oaks, CA, 495–505.

Radloff, L. S. (1977). The CES-D scale: A self-report depression scale for research in the general population. *Applied Psychological Measurement*, 1(3), 385–401.

Rak, C. F., & Patterson, L. E. (1996). Promoting resilience in at-risk children. *Journal of Counseling and Development*, 74, 368–373.

Ramos-Sanchez, L., & Atkinson, D. R. (2009). The relationships between Mexican American acculturation, cultural values, gender, and help-seeking intensions. *Journal of Counseling and Development*, 87(1), 62–71.

Reamer, F. G. (1990). *Ethical dilemmas in social services* (2nd ed.). New York: Columbia University Press.

Reamer, F. G. (1998). The evolution of social work ethics. *Social Work*, 43, 488.

Reamer, F. G. (2000). The social work ethics audit: A risk management strategy. *Social Work*, 45, 355–366.

Reamer, F. G. (2013a). The digital and electronic revolution in social work: Rethinking the meaning of ethical practice. *Ethics and Social Welfare*, Vol7(1), pp. 2–19.

Reamer, F. G. (2013b). *Social Work Values and Ethics*, 3rd edition. New York: Columbia University Press.

Rebmann, H. (2006). Warning—there's a lot of yelling in knitting: The impact of parallel process on empowerment in a group setting. *Social Work with Groups*, 29(4), 5–24.

Reed-Victor, E., & Stronge, J. (2002). Homeless students and resilience: Staff perspectives on individual and environmental factors. *Journal of Children and Poverty*, 8, 159–183.

Reid, W. J., & Shyne, A. W. (1969). *Brief and extended casework*. New York: Columbia University Press.

Reitzes, D., & Reitzes, D. (1986). Alinsky in the 1980s: Two contemporary Chicago community organizations. *Sociological Quarterly*, 28, 265–283.

Richard, M.C. (2013). Contributions to the study and promotion of resilience in socially-vulnerable children. *American Psychologist*, 68, 751–758.

Richards, M., Browne, C., & Broderick, A. (1994). Strategies for teaching clinical social work practice with Asians and Pacific Islanders. *Gerontology and Geriatric Education*, 14(3), 49–63.

Richmond, M. (1918). *Social diagnosis*. New York: Russell Sage Foundation.

Richters, J. E., & Martinez, P. E. (1993). Violent communities, family choices, and children's chances: An algorithm for improving the odds. *Development and Psychopathology*, 5, 609–627.

Roback, H. B., Purdon, S. E., Ochoa, E., & Bloch, F. (1992). Confidentiality dilemmas in group psychotherapy: Management strategies and utility of guidelines. *Small Group Research*, 23, 169–184.

Rodgers, K. B., & Rose, H. A. (2002). Risk and resilience factors among adolescents who experience marital transitions. *Journal of Marriage and Family*, 64, 1024–1037.

Rodriquez, R. L. (1998). Challenging demographic reductionism. *Small Group Research*, 29, 744–759.

Rogers, C. R. (1961). *On becoming a person*. Boston: Houghton Mifflin.

Rogers, C. R. (1969). *Freedom to learn*. Columbus, OH: Merrill.

Rogers, N. (1993). *The creative connection: Expressive arts as healing*. Palo Alto, CA: Science & Behavior Books.

Rollnick, S. and Miller, W.R. (1995) "What is Motivational Interviewing?", in *Behavioral and Cognitive Psychotherapy* 23(4): 325–34.

Rosenberg, M. (1978). *Logic of survey analysis*. New York: Basic Books.

Rosenwald M., Smith M, Bagnoli M., Riccelli, D., Ryan, S., Salcedo, L., & Seeland, D. Relighting the campfire: Rediscovering activity-based group work (2013). *Social Work With Groups*, 36, 321–331.

Rothman, J. (1979). Three models of community organization practice: Their mixing and phasing. In F. M. Cox, J. L. Erlich, J. Rothman, & J. E. Tropman (Eds.), *Strategies of community organization* (pp. 25–45). Itasca, IL: Peacock.

Salmon, R., & Graziano, R. (Eds.). *Group work and aging: Issues in practice, research and education*. Binghamton, NY: Haworth Press.

Sands, R., & Nuccio, K. (1992). Post-modern feminist theory and social work. *Social Work*, 37, 489–494.

Satir, V. (1967). *Conjoint family therapy*. Palo Alto, CA: Science and Behavior Books.

Saulnier, C. F. (1996). *Feminist theories and social work: Approaches and applications*. New York: Haworth Press.

Saulnier, C. F. (2000). Incorporating feminist theory into social work practice: Group work examples. *Social Work with Groups*, 23, 5–29.

Scannapieco, M., & Jackson, S. (1996). Kinship care: The African American response to family preservation. *Social Work*, 41, 190–196.

Schaefer, D. S., & Pozzaglia, D. (1986). Living with a nightmare: Hispanic parents of children with cancer. In A. Gitterman & L. Shulman (Eds.), *Mutual aid groups and the life cycle*. Itasca, IL: Peacock.

Schein, L. A., Spitz, H. I., Burlingame, G. M., Muskin, P. R., & Vargo, S. (Eds.). (2006). *Psychological effects of* catastrophic disasters: Group approaches to treatment. Binghamton, NY: Haworth Press.

Schiller, L. Y. (1993). Stages of group development. In *Women's groups: A relational model.* Paper presented at the 15th Annual Symposium of the Association for the Advancement of Social Work with Groups, New York.

Schlenker, B. (2003). Self-presentation. In R. Learly & J. P. Tangney (Eds.), *Handbook of self and identify* (pp. 492–518). New York: Guilford Press.

Schopler, M. D., Galinsky, M. J., & Abell, M. D. (1997). Connecting group members through telephone and computer groups. *Health and Social Work, 22,* 91–100.

Scott, C. B. (2013). Alzheimer's disease caregiver burden: Does resilience matter? *Journal of Human Behavior and the Social Environment, 23:*8, 879–892.

Schwartz, W. (1961). The social worker in the group. In *New perspectives on services to groups: Theory, organization, and practice* (pp. 7–34). New York: National Association of Social Workers.

Schwartz, W. (1969). Private troubles and public issues: One social work job or two? In *The social welfare forum* (pp. 22–43). New York: Columbia University Press.

Schwartz, W. (1971). On the use of groups in social work practice. In W. Schwartz & S. Zalba (Eds.), *The practice of group work* (pp. 3–24). New York: Columbia University Press.

Shallcorss, L. (2010). Managing resistant clients. *Counseling Today, 52*(8), 40–43.

Shelley, M., Thrane, L., & Shulman, S. (2005). Lost in cyberspace: Barriers to bridging the digital divide in e-politics. *International Journal of Information Policy, Law and Security, 1*(2).

Shelley, M., Thrane, L., Shulman, S., Lang, E., Beisser, S., Larson, T., et al. (2004). *Social Service Computer Review, 22,* 2–14.

Shier, M. L. & Graham, J. R. (2013). Identifying Social Service Needs of Muslims Living in a Post 9/11 Era: The Role of Community-Based Organizations. *Advances in Social Work,* Vol 14, No 2, 395–415.

Short, E. L. & Williams, W. S. (2014). From the inside out: group work with women of color. *The Journal for Specialist in Group Work, 39:*1, 81–91.

Shulman, L. (1967). Scapegoats, group workers, and the pre-emptive intervention. *Social Work, 12,* 43.

Shulman, L. (1968). *A casebook of social work with groups.* New York: Council on Social Work Education. (Published in Swedish by Student Litteratur, 1971; French edition published by Association Nationale des Assistantes Sociales, 1977.)

Shulman, L. (1970). Client, staff, and the social agency. In *Social work practice* (pp. 21–40). New York: Columbia University Press.

Shulman, L. (1971). Programs in group work: Another look. In W. Schwartz & S. Zalba (Eds.), *The practice of group work* (pp. 221–240). New York: Columbia University Press.

Shulman, L. (1978). A study of practice skills. *Social Work, 23,* 281.

Shulman, L. (1979a). *The skills of helping* [Videotapes]. Montreal: Instructional Communications Centre, McGill University.

Shulman, L. (1979b). *A study of the helping process.* Vancouver: University of British Columbia, School of Social Work.

Shulman, L. (1980a). Leading a first group session [DVD]. Insight Media, http://www.insight-media.com /IMGroupDispl.asp.

Shulman, L. (1980b). Social work practice with foster parents. *Canadian Journal of Social Work Education, 6,* 71.

Shulman, L. (1981). *Identifying, measuring, and teaching helping skills.* New York: Council on Social Work Education and the Canadian Association of Schools of Social Work.

Shulman, L. (1982). *The skills of helping individuals and groups.* Itasca, IL: Peacock.

Shulman, L. (1984). *The skills of supervision and staff management.* Itasca, IL: Peacock.

Shulman, L. (1991). *Interactional social work practice: Toward an empirical theory.* Itasca, IL: Peacock.

Shulman, L. (1993b). *Teaching the helping skills: A field instructor's guide.* Alexandria, VA: Council on Social Work Education.

Shulman, L. (2002). Learning to talk about taboo subjects: A lifelong professional task. In R. Kurland and A. Malekoff (Eds.), *Stories celebrating group work: It's not always easy to sit on your mouth.* New York: Haworth Press. (Copublished simultaneously in *Social Work with Groups, 25*(1)).

Shulman, L. (2010). *Interactional supervision* (3rd ed.). Silver Spring, MD: National Association of Social Workers.

Shulman, L. (2011). *Dynamics and skills of group counseling.* Belmont, CA: Brooks/Cole, Cengage Learning.

Shulman, L. (2014). Unleashing the healing power of the group: The mutual aid process, in DeLucia-Waack, J. L., Kalodner, C. R. & Riva, M. T. (Eds.), *Handbook of Group Counseling & Psychotherapy,* 2nd ed., Sage Publications, Inc., 120–132.

Shulman, L., & Buchan, W. (1982). *The impact of the family physician's communication, relationship, and technical skills on patient compliance, satisfaction, reassurance, comprehension, and improvement.* Vancouver: University of British Columbia.

Shulman, L., & Clay, C. (1994). *Teaching about practice and diversity: Content and process in the classroom and the field* [Videotapes]. Alexandria, VA: Council on Social Work Education.

Shulman, L., Maguin, E., Syms, C., Sheppard, S., & Manning, A. (2006). *The VISA Center: A report on a program for students suspended from the Buffalo Public Schools for violent and/or aggressive behavior, substance abuse, or weapons possession.* Buffalo: The University at Buffalo School of Social Work. www.socialwork.buffalo.edu /research/visa.asp.

Singh, A. A., & Salazar, C. F. (2010). The roots of social justice in group work. *Journal for Specialists in Group Work, 35*(2), 97–105.

Singh, A. A. & Salazar, C. F. (2014). Using groups to facilitate social justice change: Addressing issues of privilege and oppression, in Delucia-Waack, J. L., Kalodner, C. R. & Riva, M. T. (Eds.), *Handbook of Group Counseling & Psychotherapy,* 2nd ed., Sage Publications, Inc., 288–300.

Smalley, R. E. (1967). *Theory for social work practice*. New York: Columbia University Press.

Smith, A., & Siegal, R. (1985). Feminist therapy: Redefining power for the powerless. In *Handbook of feminist therapy: Women's issues in psychotherapy*. New York: Springer.

Soifer, S. (1998). A rural tenant organizing model: The case of TUFF Vermont. *Journal of Community Practice, 5*, 1–14.

Specht, H., & Courtney, M. E. (1993). *Unfaithful angels*. New York: Free Press.

Spitzer, R. L., Gibbon, M., Williams, J. B., & Endicott, J. A. (1996). Global Assessment of Functioning (GAF) scale. In L. I. Sederer & B. Dickey (Eds.), *Outcome assessment in clinical practice* (pp. 76–78). Baltimore: Williams and Wilkins.

Srebnik, D. S., & Saltzberg, E. A. (1994). Feminist cognitive-behavioral therapy for negative body image. *Women and Therapy, 15*, 117–133.

Stanton, A. H., & Schwartz, M. F. (1954). *Mental hospital: A study of institutional participation in psychiatric illness and treatment*. New York: Basic Books.

Staples, L. (1984). *Roots to power: A manual for grassroots organizing*. New York: Praeger.

Staudinger, U. M., Marsiske, M., & Baltes, P. B. (1995). Resilience and reserve capacity in later adulthood: Potentials and limits of development across the life span. In D. Cicchetti & D. Cohen (Eds.), *Developmental psychopathology* (Vol. 2: Risk, disorder, and adaptation, pp. 801–847). New York: Wiley.

Stern, S., & Smith, C. A. (1995). Family processes and delinquency. *Social Service Review*, 703–731.

Stevens, J. W. (1994). Adolescent development and adolescent pregnancy among late age African-American female adolescents. *Children and Adolescent Social Work Journal, 26*(6), 433–453.

Strean, H. (1978). *Clinical social work theory and practice*. New York: Free Press.

Swank, E., Asada, H., & Lott, J. (2002). *Student acceptance of a multicultural education: Exploring the role of a social work curriculum, demographics, and symbolic racism. Journal of Ethnic and Cultural Diversity in Social Work, 10*, 85–103.

Taft, J. (1933). Living and feeling. *Child Study, 10*, 100–112.

Taft, J. (1942). The relational function to process in social case work. In V. P. Robinson (Ed.), *Training for skill in social casework*. Philadelphia: University of Pennsylvania Press.

Taft, J. (1949). Time as the medium of the helping process. *Jewish Social Service Quarterly, 26*, 230–243.

Tanner, D. (2007). Starting with lives: Supporting older people's strategies and ways of coping. *Journal of Social Work, 7*(1), 7–30.

Tarasoff v. Regents of the University of California, 551 P.2d 334 (1976).

Thayer, L. (1982). A person-centered approach to family therapy. In A. M. Horne & M. M. Ohlsen (Eds.), *Family counseling and therapy* (pp. 175–213). Itasca, IL: Peacock.

Thomas, R. V., & Pender, D. A. (2007). *ASWG best practices guidelines*. Association for Specialists in Group Work. Retrieved from http://www.asgw.org/.

Thomlison, B. (2007). *Family assessment handbook: An introductory guide to family assessment and intervention* (2nd ed.). Belmont, CA: Thomson Brooks/Cole.

Thornton, S., & Garrett, K. (1995). Ethnography as a bridge to multicultural practice. *Journal of Social Work Education, 32*(1), 67–74.

Thyer, B. A. (1987). Contingency analysis: Toward a unified theory for social work practice. *Social Work, 32*, 150–157.

Thyer, B. A., & Thyer, K. B. (1992) Single-system research designs in social work practice. *Research on Social Work Practice, 2*(1), 99–116.

Topor, D. R., Grosso, D., Burt, J., & Falcon, T. (2013). Skills for recovery: A recovery-oriented dual diagnosis group for veterans with serious mental illness and substance abuse. *Social Work with Groups, 36* (2–3), 222–235.

Toseland, R. W., & Rivas, R. F. (2005). *An introduction to group work practice*. Boston: Allyn & Bacon.

Tracy, E. M., & Whittaker, J. K. (1990). The social network map: Assessing social support in clinical practice. *Families in Society, 72*(8), 461–470.

Trimble, D. (2005). Uncovering kindness and respect: Men who have practiced violence in intimate relationships. In A. Gitterman & L. Shulman (Eds.), *Mutual aid groups, vulnerable populations, and the life cycle* (3rd ed., pp. 352–372). New York: Columbia University Press.

Truax, C. B. (1966). Therapist empathy, warmth, genuineness, and patient personality change in group psychotherapy: A comparison between interaction unit measures, time sample measures, and patient perception measures. *Journal of Clinical Psychology, 71*, 1–9.

Truax, C. B., Wargo, D. G., Frank, J. D., Imber, S. D., Battle, C. C., Hoehn-Saric, R., Nash, E. H., & Stone, A. R. (1966). Therapist empathy, genuineness, and warmth and patient therapeutic outcome. *Journal of Consulting Psychology, 30*(5), 395–401.

Van Hook, M. P. (2008). Spirituality. In A. L. Strozier & J. Carpenter (Eds.), *Introduction to alternative and complementary therapies* (pp. 39–63). New York: Haworth Press, Taylor and Francis Group.

Van Horn, D. (2002). A pilot test of motivational interviewing groups for dually diagnosed inpatients. *Journal of Substance Abuse Treatment, 20*(2), 191–195.

van Wormer, K., Wells, J., & Boes, M. (2000). *Social work with lesbians, gays, and bisexuals: A strengths perspective*. Needham Heights, MA: Allyn & Bacon.

Vastola, J., Nierenberg, A., & Graham, E. H. (1995). The lost and found group: Group work and bereaved children. In A. Gitterman & L. Shulman (Eds.), *Mutual aid groups, vulnerable populations, and the life cycle* (2nd ed., pp. 81–96). New York: Columbia University Press.

Wahab, S. (2010). Motivational interviewing in social work practice. In Van wormer, K. & Thyer, B.A., *Evidence-Based Practice in the Field of Substance Abuse: a Book of Readings* (pp. 197–210). Thousand Oaks, CA: Sage Publications.

Watt, J. W., & Kallmann, G. L. (1998). Managing professional obligations under managed care: A social work perspective. *Family and Community Health, 21*, 40–48.

Weaver, H. N., & White, B. J. (1997). The Native American family circle: Roots of resiliency. *Journal of Social Work*, 2(1), 67–79.

Weaver, H. N., & Wodarsky, J. S. (1995). Cultural issues in crisis intervention: Guidelines for culturally competent practice. *Family Therapy*, 22(3), 213–223.

Weber, T., McKeever, J. E., & McDaniel, S. H. (1985). A beginner's guide to the problem-oriented first family interview. *Family Process*, 24(1), 357–363.

Weick, A., & Vandiver, S. (1982). *Women, power, and change*. Silver Spring, MD: National Association of Social Workers.

Welfel, E. R. (1998). *Ethics in counseling and psychotherapy: Standards, research, and emerging issues*. Boston: Brooks/Cole.

Werner, E. E. (1989). Children of the garden. *Scientific American*, 260, 106–111.

Westbury, E., & Tutty, L. M. (1999). The efficacy of group treatment for survivors of childhood abuse. *Child Abuse and Neglect*, 23, 31–44.

Willard, N. E. (2007). *Cyberbullying and cyber threats*. Champaign, IL: research Press.

Williams, C. U., McMahon, H. G., McLeod, A. L., & Rice, R. (2013). An exploration of secondary school counselors' experiences engaging in group work. *The Journal for Specialists in Group Work*, 38:2, 96–120.

Williams, E. E., & Ellison, F. (1996). Culturally informed social work practice with American Indian clients: Guidelines for non-Indian social workers. *Social Work*, 41(2), 147–151.

Willis, R. A., Mallory, K. C., Gould, M. Y., & Shatila, S. L. *The macro practitioner's workbook: A step-by-step guide to effectiveness with organizations and communities*. Belmont, CA: Thomson Brooks/Cole.

Wilson, G., & Ryland, G. (1949). *Social group work practice: The creative use of the social process*. Boston: Houghton Mifflin.

Wood, G. G., & Roche, S. E. (2001). Representing selves, reconstructing lives: Feminist group work with women survivors of male violence. *Social Work with Groups*, 23, 5–23.

Wright, L., & Leahey, M. (1994). *Nurses and families: A guide to family assessment and intervention* (2nd ed.). Philadelphia: F. A. Davis.

Zachary, E. (2000). Grassroots leadership training: A case study of an effort to integrate theory and method. *Journal of Community Practice*, 7, 71–93.

Zuroff, D. C., Kelly, A. C., Leybman, M. J., Blatt, S. J., & Wampold, B. E. (2010). Between-therapist and within-therapist differences in the quality of the therapeutic relationship: Effects on maladjustment and self-critical perfectionism. *Journal of Clinical Psychology*, 66 & 67, 681–697.

A

H

　　《助人技巧：个人、家庭、小组和社区工作方法》（第八版）是社会工作实务方法的鸿篇巨作，翻译本书是个庞大的工程。又因为其中涉及从微观到宏观的工作方法，包罗的知识和技巧范围很广，所以翻译工作充满挑战。

　　于我而言，牵头翻译本书的过程是一个增进对社会工作实务方面的认知，反思专业实践理念、方法与技巧的过程。它加深了我对助人工作的理解。这种理解从与遭遇不同问题的个人、家庭和小群体的共情开始，逐步迈向作为"队友"，一起通过系统的努力，减少问题所带来的不利影响，帮助服务对象获得更公平、公正的对待，提升生活质量。

　　这本书从多方面拓展了社会工作的核心理念"情境中的人"，将人与所处社会环境的互动作为工作的核心，并落到实处。虽然书中不乏理论阐释，但深入浅出，贴切地融入对具体助人活动的解析中，知行契合，深得应用社会科学的精髓。我也常会因作者所举的事例而联想到接触的一线工作者遇到的类似问题、情境，有打开一扇新的窗户，获得新视野的喜悦。

　　我尤为喜欢其中的案例分析和个人经验分享，它们让我看到了社会工作的专业知识如何转化到实践当中并发挥作用。它呈现了一个个鲜活的生命虽深处逆境但依然充满对美好生活的向往，展示了社会工作者所服务的个人、家庭、小组和社区拥有的内在力量，这种力量是助人工作有成效的立足之本。

　　特别感谢中国人民大学社会工作与社会政策系的年轻同事的鼎力相助，正是他们的助力让这本书能够与读者见面。本书翻译工作分工如下：我本人负责前言、第一章、第二章、第十五章至第十七章；吴蕾副教授负责本书第三章至第六章；张会平教授负责本书第七章至第九章；何欣副教授负责本书第十章至第十一章；祝玉红副教授负责本书第十二章至第十四章。翻译的分工考虑到了我们各自的研究领域和所教授的课程，尽可能发挥所长。年轻同事们在所负责的章节内容领域多有建树，是难能可贵的翻译团队成员，这使书稿的整体质量有了保证。能与她们并肩工作，我深感幸运。中国人民大学出版社的编辑盛杰也是我特别要感谢的人。因为她的温柔敦促、充分理解和有力支持，我才得以完成这项艰巨但非常有意义的工作。本书付梓之际正值国家新冠肺炎疫情形势再度严峻之时，社会特殊困难群体在应对疫情中的帮扶保障问题备受关注，衷心希望本书述及的助人方法和技巧能对化解人们所遭遇的急难困苦有些许贡献。

隋玉杰

2022 年 5 月 1 日

北京市版权局著作权合同登记号　图字：01-2020-6056

图书在版编目（CIP）数据

助人技巧：个人、家庭、小组和社区工作方法：第
八版/（美）劳伦斯·舒尔曼（Lawrence Shulman）著；
隋玉杰等译. --北京：中国人民大学出版社，2022.6
（社会工作经典译丛）
ISBN 978-7-300-30605-6

Ⅰ.①助…　Ⅱ.①劳…　②隋…　Ⅲ.①社会工作
Ⅳ.①C916

中国版本图书馆 CIP 数据核字（2022）第 087817 号

社会工作经典译丛

主　编　隋玉杰　副主编　范燕宁

助人技巧：个人、家庭、小组和社区工作方法
（第八版）

［美］劳伦斯·舒尔曼（Lawrence Shulman）　著

隋玉杰　吴　蕾　张会平　何　欣　祝玉红　译

Zhuren Jiqiao：Geren，Jiating，Xiaozu he Shequ Gongzuo Fangfa

出版发行	中国人民大学出版社			
社　　址	北京中关村大街 31 号		**邮政编码**	100080
电　　话	010－62511242（总编室）		010－62511770（质管部）	
	010－82501766（邮购部）		010－62514148（门市部）	
	010－62515195（发行公司）		010－62515275（盗版举报）	
网　　址	http://www.crup.com.cn			
经　　销	新华书店			
印　　刷	涿州市星河印刷有限公司			
规　　格	185mm×235mm　16 开本		**版　次**	2022 年 6 月第 1 版
印　　张	53.25 插页 2		**印　次**	2022 年 6 月第 1 次印刷
字　　数	1 142 000		**定　价**	198.00 元

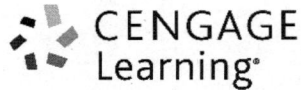

Supplements Request Form（教辅材料申请表）

Lecturer's Details（教师信息）			
Name： （姓名）		Title： （职务）	
Department： （部门）		School/University： （学院/大学）	
Official E-mail： （学校邮箱）		Lecturer's Address/Post Code： （教师通信地址/邮编）	
Tel： （电话）			
Mobile： （手机）			

Adoption Details（教材信息）　　原版□　　翻译版□　　影印版 □	
Title：（英文书名） Edition：（版次） Author：（作者）	
Local Publisher： （中国出版社）	
Enrolment： （学生人数）	Semester： （学期起止日期）

Contact Person & Phone/E-Mail/Subject：
（部门/学院教学负责人电话/邮件/研究方向）
（我公司要求在此处标明部门/学院教学负责人电话和传真号码并在此加盖公章。）

教材购买由 我□　 我作为委员会的一部分□　 其他人□〔姓名：　　　〕决定。

Please fax or post the complete form to（请将此表格传真至）：

CENGAGE LEARNING BEIJING
ATTN：Higher Education Division
TEL：（86）10-82862096/95/97
FAX ：（86）10 82862089
EMAIL：asia. infochina@cengage. com
www. cengageasia. com
ADD：北京市海淀区科学院南路 2 号
融科资讯中心 C 座南楼 12 层 1201 室　　100190

Note：**Thomson Learning has changed its name to CENGAGE Learning.**

VERIFICATION FORM / CENGAGE LEARNING

出教材学术精品　育人文社科英才

中国人民大学出版社读者信息反馈表

尊敬的读者：

　　感谢您购买和使用中国人民大学出版社的_____一书，我们希望通过这张小小的反馈卡来获得您更多的建议和意见，以改进我们的工作，加强我们双方的沟通和联系。我们期待着能为更多的读者提供更多的好书。

　　请您填妥本表后，寄回或传真回复我们，对您的支持我们不胜感激！

1. 您是从何种途径得知本书的：
　❏书店　❏网上　❏报刊　❏朋友推荐
2. 您为什么决定购买本书：
　❏工作需要　❏学习参考　❏对本书主题感兴趣
　❏随便翻翻
3. 您对本书内容的评价是：
　❏很好　❏好　❏一般　❏差　❏很差
4. 您在阅读本书的过程中有没有发现明显的专业及编校错误，如果有，它们是：_____
　_____
　_____

5. 您对哪些专业的图书信息比较感兴趣：_____
　_____

6. 如果方便，请提供您的个人信息，以便于我们和您联系（您的个人资料我们将严格保密）：
　您供职的单位：_____
　您教授的课程（教师填写）：_____
　您的通信地址：_____
　您的电子邮箱：_____

请联系我们：

电话：(010) 62515637

传真：(010) 62510454

E-mail: gonghx@crup.com.cn

通信地址：北京市海淀区中关村大街31号　100080

中国人民大学出版社人文出版分社